四庫全書

三

清·乾隆钦定
精注精译版
主编◎赖　咏

中国书店

四庫全書

目　　录

史　　部

史　记

汉　书

后　汉　书

三　国　志

资 治 通 鉴

国　语

战国策

史

部

史

记

五帝本纪①

黄帝者②，少典之子，姓公孙，名曰轩辕③。生而神灵④，弱而能言⑤，幼而徇齐⑥，长而敦敏⑦，成而聪明。

【注释】

①五帝：我国古代传说中的五个著名帝王。本纪：《史记》体例之一。它按世系和年代次序，记载帝王的大事。清代赵翼《廿二史劄记》说："司马迁参酌古今，发凡起例，创为全史。'本纪'以序帝王，'世家'以记侯国，十'表'以系时事，'八书'以详制度，'列传'以志人物，然后一代君臣政事，贤否得失，总汇于一编之中。自此例一定，历代作史者遂不能出其范围，信史家之极则也。"②黄帝：传说为中原各民族的共同祖先。他是有熊部族（住在今河南省新郑县一带）的首领。故号有熊氏。以后，他成为中原各部族联盟的共同首领，号称黄帝。③轩辕：皇甫谧《帝王世纪》说："黄帝生于寿丘，长于姬水，因以为姓。居轩辕之丘，因以为名，又以为号。"《国语·晋语四》："昔少典娶于有蟜（jiǎo）氏，生黄帝、炎帝。黄帝以姬水成，炎帝以姜水成，成而异德，故黄帝为姬，炎帝为姜。"很多典籍都认定黄帝姓姬。梁玉绳《史记志疑》认为，轩辕之丘是因黄帝得名，不是黄帝从轩辕之丘得名。《汉书·律历志》说："黄帝始垂衣裳，有轩辕之服，故天下号轩辕氏。"④神灵据神话传说，少典国君的妃子附宝，在野外祈祷，见大雷电绕北斗枢星，感而怀孕，二十四个月后才在寿丘（今山东省曲阜县东北）生下黄帝；黄帝生下来便相貌出众，头额如太阳，眉宇如龙骨。⑤弱：年幼，又特指初生不久的婴儿。⑥徇齐：通迅疾，机灵的意思。或曰亦通迅给，指口才锋利。⑦敦：诚实。　敏：勤劳敏捷。

轩辕之时，神农氏世衰①。诸侯相侵伐，暴虐百姓②，而神农氏弗能征。于是轩辕乃习用干戈，以征不享。诸侯咸来宾从③。而蚩尤最为暴，莫能伐。炎帝欲侵陵诸侯④，诸侯咸归轩辕。轩辕乃修德振兵⑤，治五气⑥，艺五种⑦，抚万民，度四方⑧，教熊罴貔貅貙虎⑨，以与炎帝战于阪泉之野⑩。三战，然后得其志⑪。蚩尤作乱，不用帝命。于是黄帝乃征师诸侯，与蚩尤战于涿鹿之野⑫，遂禽杀蚩尤。而诸侯咸尊轩辕为天子，代神农氏，是为黄帝。天下有不顺者，黄帝从而征之，平者去之⑬。

【注释】

①神农氏：传说中的古代帝王之一。世衰：指神农氏的后代衰败了。神农氏即炎帝族。②百姓：郑玄注《诗经》，孔安国注《尚书》，都说"百姓"便是"百官"。由于当时部族联盟的某一官职往往由某一部族世代承袭，该部族往往以官为姓，所以"百姓"便是在部族联盟中供职的各个部族。③咸：都。宾从：顺从；归复。④炎帝：传说中的古代帝王之一。此指其后代（《汉书》认为名叫参卢，《帝王世纪》认为名叫榆罔）。⑤振兵：训练部队。⑥五气：五行之气。古代以五行配四时，春为木，夏为火，季夏为土，秋为金，冬为水；一说指晴、雨、冷、热、风等五种气象。⑦艺：耕种。五种：指黍（黄米）、稷（小米）、稻、麦、菽（豆）等谷物。⑧度（duó）四方：规划丈量各地的土地。⑨罴：熊的一种，又叫人熊、马熊。貔貅（pí xiū）：豹一类的猛兽。一说即大熊猫。貙（chū）：比狸猫大而凶猛的野兽。熊罴等六种动物或认为是直接被训练来参加战斗的野兽；或认为比喻军队的猛勇；近来有人认为是指以这些兽类为图腾的六个氏族集团。《正义》案："言教士卒习战，以猛兽之名名之，用威敌也"。⑩阪泉：地名。在今河北省涿鹿县东。⑪得其志：指征服炎帝后代。⑫涿（zhuō）鹿之野：涿鹿山前的大原野。涿鹿山在今河北涿鹿县东

南。⑬平者去之：平服了的便带兵离开。

披山通道，未尝宁居①。东至于海，登丸山②，及岱宗③。西至于空桐④，登鸡头⑤。南至于江，登熊、湘。北逐荤粥⑥，合符釜山⑦，而邑于涿鹿之阿⑧。迁徙往来无常处，以师兵为营卫⑨。官名皆以云命，为云师⑩。置左右大监，监于万国⑪。万国和，而鬼神山川封禅与为多焉⑫。获宝鼎、迎日推策。举风后、力牧、常先、大鸿以治民⑬。顺天地之纪⑭，幽明之占⑮，死生之说⑯，存亡之难⑰。时播百谷草木⑱，淳化鸟兽虫蛾⑲，旁罗日月星辰水波土石金玉⑳，劳勤心力耳目，节用水火材物㉑。有土德之瑞，故号黄帝㉒。

【注释】

①披山：开山。②丸山：山名。在今山东省昌乐县西南临朐县东北。③岱宗：即泰山。④空桐：山名。在今甘肃省平凉县西北。或作"崆峒"。⑤鸡头：山名。或说即崆峒山，又名大垅山。⑥荤粥（xūn yù）：部族名。即秦、汉时的匈奴。⑦合符：验证符契。釜山：在今河北省怀来县北，一说在今徐水县西，一说在今河南灵宝县境，又一说在今河南偃师县南。⑧邑：都市。此处用如动词，建立都邑。《正义》："广平曰阿。"⑨以师兵为营卫：叫军队在驻地周围筑营守卫。⑩官名皆以云命：黄帝以云来任命官职。《史记集解》引应劭说："春官为青云，夏官为缙云，秋官为白云，冬官为黑云，中官为黄云。"⑪大监：官名。负责监察各地诸侯。⑫封禅：古代帝王登名山，封土为坛曰封，扫地而祭曰禅，祭祀天地山川，来庆祝成功和太平。黄帝之时，无下无事，因而封禅一类的事情较多。策：指蓍（shī）草，古人用它的茎占卜吉凶。传说黄帝得到一种神策，便命大挠造甲子，容成造历法（即黄帝历），以推算年月节气。⑬举：提拔，推举。风后、力牧、常先、大鸿：都是黄帝的大臣名。⑭天地之纪：天地四季运行的程序或规律。⑮幽明之占：对于阴阳变化的占卜。幽，指阴；明，指阳。⑯死生之说：养生送死的仪制。⑰存亡之难：国家存亡的规律。难，犹说。⑱时播：按季节播种。或曰，时通蒔（shī），栽种。⑲淳化：驯养。虫蛾：指蚕。传说黄帝的正妃嫘祖教民养蚕、缫丝、织帛。⑳"旁罗"句：指黄帝广泛地观察日月星辰的运行和水流、土石、金玉的性能，使它们为人所利用。罗，观察，研究。或说指黄帝的德泽普遍地覆盖一切，使天不降灾，水不兴波，土地丰收，山出珍宝。或认为"旁罗"是一种测天的仪器。㉑"节用"句：指爱护山林水产，按规定收采捕捉，节约用度。㉒瑞：祥瑞，吉利的兆头。古代有以五行（木、火、土、金、水）配五色的说法。传说黄帝在位时有黄龙地蚓出现，故有"土德之瑞"。

黄帝二十五子，其得姓者十四人①。

黄帝居轩辕之丘②，而娶于西陵之女，是为嫘祖③。嫘祖为黄帝正妃，生二子，其后皆有天下④。其一曰玄嚣，是为青阳，青阳降居江水⑤；其二曰昌意，降居若水⑥。昌意娶蜀山氏女⑦，曰昌仆，生高阳，高阳有圣德焉。黄帝崩，葬桥山⑧。其孙昌意之子高阳立，是为帝颛顼也。

【注释】

①姓：表明家族系统的称号。得姓，即由子孙繁衍而发展成为独立氏族。②轩辕之丘：地名。或说在今河南新郑县西北。因黄帝居住在这里，故名。③西陵：部族名。嫘（léi）祖：黄帝正妃。据说她发明养蚕。④正妃：嫡妻。其后皆有天下：指黄帝的后代，都成为天下的君主。如颛顼和舜，都是昌意的后代；帝喾和尧，都是玄嚣的子孙后代。⑤玄嚣（xiāo）：黄帝长子，号青阳。有的史书认为青阳（少昊）与玄

嚣是两个人，都是黄帝的儿子。降居：下封为诸侯。江水：指江国。在今河南省安阳县。⑥若水：地名。在今四川省。一说为水名，即今四川省雅砻江。⑦蜀山氏：部族名。⑧桥山：山名。在今陕西省黄陵县西北。

帝颛顼高阳者①，黄帝之孙而昌意之子也。静渊以有谋②，疏通而知事③；养材以任地④，载时以象天⑤，依鬼神以制义⑥，治气以教化⑦，絜诚以祭祀⑧。北至于幽陵⑨，南至于交阯⑩，西至于流沙⑪，东至于蟠木。动静之物⑫，大小之神⑬，日月所照，莫不砥属⑭。

【注释】

　①颛顼（zhuān xū）：传说中的古代部族头目名，号高阳氏。高阳：聚邑名，在今河南杞县西。颛顼部族所兴起的地方。得天下后便用作号。②静渊：镇定自若。③疏通：通达，有远见。④养材：生产物质财富。任地：开发土地。⑤载时以象天：按季节行事来顺应自然。⑥依鬼神以制义：信奉鬼神并制定礼仪。古代迷信鬼神，认为鬼神是聪明正直的，所以信奉它，并依从它的启示来规范人的行为。⑦治气以教化：用教化来陶冶人民的气质。⑧絜：同洁。古人祭祀鬼神前要斋戒沐浴，清洁身心，以表示敬意。⑨幽陵：即幽州。今河北省北部与辽宁省南部一带。⑩交阯：阯，亦作趾。古地区名，泛指今五岭以南和越南北部地区。⑪流沙：即古流沙泽，后称居延泽、居延海。由于淤塞，今分为两个湖（内蒙的苏古诺尔湖和嘎顺诺尔湖）。⑫动静之物：指动物与植物。⑬大小之神：国中的大小神祇。大神指四岳（泰山、华山、衡山、恒山）和四渎（长江、黄河、淮河、济水）等名山大川之神，小神指小山小河之神。⑭砥（dǐ）属：指四方都平服归属。砥，平定的意思。

帝颛顼生子曰穷蝉①。颛顼崩②，而玄嚣之孙高辛立，是为帝喾。

【注释】

　①穷蝉：《世本》作"穷系"。②颛顼崩：《帝王世纪》说：颛顼在位七十八年，年九十八。

帝喾高辛者，黄帝之曾孙也①。高辛父曰蟜极，蟜极父曰玄嚣，玄嚣父曰黄帝。自玄嚣与蟜极皆不得在位，至高辛即帝位②。高辛于颛顼为族子③。

【注释】

　①帝喾（kù）高辛：喾是名，高辛是他兴起的地方（部族所在地），得天下后用作号。②《帝王世纪》说，帝喾即位后都亳（bó），在今河南省偃师县境内。③族子：侄子。

高辛生而神灵，自言其名①。普施利物，不于其身。聪以知远，明以察微。顺天之义，知民之急②。仁而威，惠而信，修身而天下服。取地之材而节用之，抚教万民而利诲之③，历日月而迎送之④，明鬼神而敬事之。其色郁郁，其德嶷嶷⑤，其动也时，其服也士⑥。帝喾溉执中而遍天下⑦。日月所照，风雨所至，莫不从服。

【注释】

　①自言其名：生下来便叫出自己的名字。《帝王世纪》说："帝喾高辛，姬姓也。其母生见其神异，自

言其名曰岌。嚻龀（tiáo chèn）有圣德，年十五而佐颛顼，三十登位，都亳（bó）。"②顺天之义，知民之急：效法上天的德义，了解民众的迫切需要。③利海：因势利导。④历日月而迎送之：根据日月运行制作历法来推算季节朔望。⑤郁郁：通穆穆。端庄和悦的样子。嶷嶷（nì）：高峻的样子。指品德高尚。⑥其服也士：衣着俭朴，像一般士人一样。⑦溉执中而遍天下：指帝喾行政公平而不偏颇，使普天下都得到好处。中：中道，处理事情恰如其分。溉：或曰通概，平斗斛的木推，引申为公平；或曰如水灌溉，公平均一。

帝喾娶陈锋氏女①，生放勋；娶娵訾氏女②，生挚。帝喾崩，而挚代立。帝挚立，不善③，而弟放勋立，是为帝尧。

【注释】

①陈锋氏：部族名。又作陈丰氏。《帝王世纪》："帝喾有四妃，卜其子皆有天下。元妃有邰氏女，曰姜嫄，生后稷；次妃有娀氏女，曰简狄，生离（xiè）；次妃陈锋氏女，曰庆都，生放勋；次妃娵訾氏女，曰常仪，生帝挚。"后稷为周的始祖，离（契）为商的始祖。②娵訾（jūzǐ）：部族名。③不善：古本作不著。指帝挚在位无明显的政绩。

帝尧者，放勋①。其仁如天，其知如神②。就之如日③，望之如云④。富而不骄，贵而不舒⑤。黄收纯衣⑥，彤车乘白马⑦。能明驯德⑧，以亲九族⑨。九族既睦，便章百姓⑩。百姓昭明，合和万国。

【注释】

①尧：古代传说中的著名帝王。实为父系氏族社会后期（即禅让时期）部落联盟首领。号放勋，称陶唐氏，又称伊祁氏。②知：同智。③就之如日：形容其为人们所倾慕，就像人们想依附太阳一样。④望之如云：形容其恩德就像云雨滋润万物一样，为人们所敬仰。⑤舒：松懈，傲慢。⑥黄收：黄色的帽子。收：古代帽子名。纯，一作绌，通缁，黑色。又王引之《经义述闻》谓纯，当读黇（tǔn），黄浊色。故纯衣当为深黄色衣服。⑦彤（tóng）：红色。⑧明：修明。驯德：恭顺高尚的品德。⑨九族：指同族九代人，从自身算起，上推到四世高祖，下推至四世玄孙；一说指父族四，母族三，妻族二。⑩便（pián）章：辨别明暗。

乃命羲、和①，敬顺昊天②，数法日月星辰③，敬授民时④。分命羲仲，居郁夷⑤，曰旸谷⑥。敬道日出，便程东作⑦。日中，星鸟，以殷中春⑧。其民析⑨，鸟兽字微。申命羲叔，居南交⑩。便程南为，敬致⑪。日永，星火，以正中夏⑫。其民因⑬，鸟兽希革⑭。申命和仲，居西土，曰昧谷⑮。敬道日入，便程西成⑯。夜中，星虚，以正中秋⑰。其民夷易⑱，鸟兽毛毨⑲。申命和叔，居北方，曰幽都⑳。便在伏物㉑。日短，星昴，以正中冬㉒。其民燠㉓，鸟兽氄毛㉔。岁三百六十六日，以闰月正四时。信饬百官㉕，众功皆兴。

【注释】

①羲、和：羲氏、和氏。羲、和两部族都是世代掌管季节时令的，所以尧分别任命羲仲、羲叔、和仲、和叔掌管四方的季节时令。②昊（hào）：深远广阔。③数法日月星辰：观察日月星辰的运行来制定历

数。《尚书·尧典》作"历象日月星辰。"④敬授民时：慎重地教给民众农事季节。⑤郁夷：极东的地方。⑥旸（yáng）谷：传说是太阳升起的地方，或作汤谷。⑦敬道日出：恭敬地迎接朝阳升起。出日，指春天的朝阳。便程东作：有秩序地安排好春天耕种的农事；或说指辨别测定春日太阳东升的时刻。⑧日中，星鸟，以殷中春：指确定中（仲）春的节候（春分）。日中：春分时昼夜一般长，故称日中（中指昼夜平分）。星鸟：观察鸟星。鸟指春分黄昏时刻见于中天的朱鸟七宿中的第四星——星宿。古人在初昏时刻观察中天星座以确定节候，叫做夜考中星。殷：正，推定。根据《尚书·尧典》记载，当时大概只规定了四个节候，即仲春（春分）、仲夏（夏至）、仲秋（秋分）、仲冬（冬至），后来逐渐精密，发展为二十四个节气。⑨析：分散，分工。男女老幼各干各的农活；或说是分散到田野里干农活。微：通尾，交尾。⑩申：重，又的意思。南交：南方最远的边境。或说即古交阯。⑪便程南为：有计划地分配夏天的农事；或说指辨别测定日道向南移动的时刻。敬致：恭敬地办事以获得成功；或说是恭敬地祭日而记下日影的长短，即所谓昼测日影。⑫日永，星火，以正中夏：指确定中（仲）夏的节候（夏至）。日永：夏至白昼最长。火：夏至黄昏时刻，见于中天的苍龙七宿中的心宿，特指其中的主星大火，又名商星。不是行星之一的火星。⑬因：沿袭，指继续在田野里干农活。⑭希革：夏天，鸟兽换毛，皮上羽毛稀少。希，同稀。⑮昧谷：西方日落的地方。日落而天下昏黑，故曰昧谷。⑯敬道日入：恭敬地送太阳落土。《尚书》作"寅饯纳日"。蔡沈注云："饯，礼送行者之名。"纳日，指秋天落日。西成：安排好秋天收成的农事，或说指辨别测定日落时刻。⑰夜中，星虚，以正中秋：指确定中（仲）秋的节候（秋分）。夜中：秋分时昼夜一般长。⑱夷易：舒适快乐。秋天丰收了，气候又凉爽，所以民众生活愉快。⑲毨（xiǎn）：鸟兽更生新毛。⑳幽都：北方地名。《山海经》："北海之内有山名幽都。"或曰即幽州（州、都古音相通）。㉑便在伏物：注意安排好冬天积蓄储藏的事；《尧典》作"平在朔易"，或说即辨别测定日道向北方移换的时刻。在，有专注的意思。㉒日短，星昴（mǎo），以正中冬：指确定中（仲）冬的节候（冬至）。日短：冬至白昼最短。昴：冬至黄昏时刻见于中天的有白虎七宿，星昴指其中的第四星"昴宿"。㉓燠（yù）：暖和。指人们穿上冬装，在屋子里避寒。㉔氄（rǒng）：细软的毛。指寒冬鸟兽都密密地生长出细软的毛。㉕信饬（chì）百官：按时命令主管各种事务的官员。

　　尧曰："谁可顺此事？①"放齐曰："嗣子丹朱开明②。"尧曰："吁！顽凶，不用③。"尧又曰："谁可者？"讙兜曰："共工旁聚布功，可用④。"尧曰："共工善言，其用僻，似恭漫天，不可⑤。"尧又曰："嗟，四岳⑥！汤汤洪水滔天，浩浩怀山襄陵⑦。下民其忧，有能使治者？"皆曰："鲧可⑧。"尧曰："鲧负命毁族，不可⑨。"岳曰："异哉！试不可用而已。"尧于是听岳用鲧。九岁，功用不成⑩。

【注释】

　　①顺：继承。此事：指治理国家的大事。②放齐：尧的大臣。嗣子：父亲的继承人。丹朱：尧的嫡长子。③吁（xū）：感叹词。④讙兜（huān dōu）：尧的大臣。共工：人名；担任工师，或说担任水官。旁聚布功：广泛地聚集民众，开展各项事业；或说指防治水灾。⑤用僻：办事乖僻无能，或解释为用意邪僻。似恭漫天：外貌好像恭顺，内心却骄傲。漫天，连对上天都怠慢不恭。漫通慢。旧注解释为罪恶滔天。⑥四岳：分掌四方的诸侯首领。或认为四岳即太岳，为官名；或认为四岳即上文讲到的羲仲、羲叔、和仲、和叔。⑦汤汤（shāng shāng）：即"荡荡"，水波奔腾的样子。怀山：包裹山岭。襄陵：淹没高地。襄，上升。⑧鲧（gǔn）：人名，夏禹的父亲。⑨负命：违背教化命令。毁族：毁败同类的人。⑩九岁：另本作"九载"。《尔雅·释天》云："载，岁也。夏曰祀，周曰年，唐虞曰载。"功用不成：没有成就。指水害没有治好。

尧曰："嗟！四岳！朕在位七十载，汝能庸命，践朕位①？"岳应曰："鄙德，忝帝位②。"尧曰："悉举贵戚及疏远隐匿者③。"众皆言于尧曰："有矜在民间④，曰虞舜。"尧曰："然，朕闻之。其何如⑤？"岳曰："盲者子。父顽，母嚚，弟傲⑥，能和以孝，烝烝治，不至奸⑦。"尧曰："吾其试哉！"于是尧妻之二女，观其德于二女。舜饬下二女于妫汭，如妇礼⑧。尧善之，乃使舜慎和五典⑨，五典能从；乃遍入百官，百官时序⑩；宾于四门，四门穆穆，诸侯远方宾客皆敬⑪。尧使舜入山林川泽，暴风雷雨，舜行不迷⑫。尧以为圣，召舜曰："女谋事至而言可绩⑬，三年矣。女登帝位。"舜让于德不怿⑭。正月上日⑮，舜受终⑯于文祖⑰。文祖者，尧大祖也。

【注释】

①庸命：用命；执行命令，忠于职守。践朕位：指继位作天子。②鄙德：德行浅薄。忝：辱没。③贵戚：显贵；亲近。疏远隐匿者：指地位低名声小的人。④矜（guān）：同鳏。无妻的男子。⑤朕闻之：说给我听听；或理解为我听说过。⑥嚚（yín）：内心险恶，爱说坏话。《左传·僖公二四年》："口不道忠信之言为嚚，心不则德义之经为顽。"⑦烝烝：上进，做好事。奸：干坏事。⑧饬下二女：命令二女放下身分。妫（guī）：水名。黄河支流，源出于山西省历山，西流至蒲州入黄河。汭（ruì）：河道弯曲处或河流的北岸；有人认为汭也是水名，与妫水合流后进入黄河。传说蒲州的蒲坂城是舜的故都。如妇礼：用媳妇的礼节来要求二女。⑨五典：即五教，指父义、母慈、兄友、弟恭、子孝等伦理道德。⑩遍入百官：总领百官职事。序：工作井井有条。⑪宾：用如动词，迎接朝见的诸侯和远方的宾客。诸侯是隶属于中央的；远方宾客是没有隶属关系的异国客人。四门：明堂（天子朝会诸侯的地方）的四方之门。穆穆：庄敬肃穆的样子。⑫入山林川泽：指掌管山林川泽的事务。⑬至：周到。言可绩：说了便能做到。绩：功效。这里用如动词，奏效。⑭舜让于德不怿：舜用道德不能使人悦服来推辞。或断为："舜让于德，不怿。"不怿（yì）：不悦，不愿继承帝位。⑮上日：朔日；初一。⑯受终：接受尧的禅让。文祖：帝尧的祖庙。文祖是对祖先的美称。⑰大祖：即太祖，开国皇帝。

于是，帝尧老，命舜摄行天子之政，以观天命①。舜乃在璇玑玉衡②，以齐七政③。遂类于上帝④，禋于六宗⑤，望于山川⑥，辩于群神⑦。揖五瑞⑧，择吉月日，见四岳诸牧，班瑞⑨。岁二月，东巡狩⑩，至于岱宗，柴⑪，望秩于山川⑫。遂见东方君长⑬，合时月，正日，同律度量衡⑭，修五礼⑮、五玉、三帛、二生、一死为挚⑯，如五器⑰，卒乃复⑱。五月，南巡狩；八月，西巡狩；十一月，北巡狩：皆如初。归，至于祖祢庙，用特牛礼⑲。五岁一巡狩，群后四朝⑳。遍告以言㉑，明试以功㉒，车服以庸㉓。肇十有二州㉔，决川㉕。像以典刑㉖，流宥五刑㉗，鞭作官刑㉘，扑作教刑㉙，金作赎刑㉚。眚灾过，赦㉛；怙终贼，刑㉜。钦哉，钦哉，唯刑之静哉㉝。

【注释】

①观天命：古人迷信天意，故尧叫舜代理政事来观察舜继位是否符合天意，所谓"荐之于天"。②在：专注地观察。璇（xuán）玑玉衡：用玉装饰的观察天文的仪器（类似后世的浑天仪）。玑：仪器的旋转体。璇是赤色的美玉。璇玑就是用赤色美玉装饰的旋转体。衡：仪器上观察天文的横杆，用玉装饰故称玉衡。或认为"璇玑玉衡"即北斗七星。③齐：整齐；规正。七政：指日月五星（金、木、水、火、土）。齐七政，即观察日月星辰来校正历法。或认为"七政"指下面讲的祭祀、班瑞、东巡、南巡、西巡、北巡、归

祖等七件政事。④类于上帝：举行特殊祭礼，把事类报告上天。类，祭祀名。⑤禋（yīn）：祭祀名。把祭品放在火上烧，使香味随烟上达于天，故名禋。⑥望：祭祀名，遥望名山大川举行祭祀活动。⑦辩：通遍。普遍地祭祀。⑧揖：通辑，收回。五瑞：公、侯、伯、子、男五等爵位的诸侯所执的瑞信（即形状上圆下方的玉圭，是表示诸侯等级的符信）。⑨见：召见。诸牧：各地长官；诸侯。班：颁发，将所取瑞信再颁发给诸侯。⑩巡狩（shòu）：帝王巡察各地，检查诸侯政绩。⑪眺（chái）：一作柴。祭祀名。烧柴焚燎来祭祀天神。⑫望秩：按次序遥祭。秩，次序，等级。⑬君长：指诸侯（部族首领）。⑭同：统一。律：音律。古代音乐用竹管定音，分十二律。度：长度（丈、尺等）。量：容量（斗、斛等）。衡：重量（斤、两等）。⑮五礼：指吉礼（用于祭祀）、凶礼（用于丧葬）、宾礼（用于礼宾）、军礼（用于军事）和嘉礼（用于冠婚）。修明五礼是为了统一全国的风俗习惯。或说"五礼"指五等爵位诸侯的朝聘之礼。⑯挚：通赞。拜见时的礼物。五玉：即五瑞。三帛：荐玉的丝织品，有三种不同颜色。孔安国说，诸侯世子用绛色帛，孤卿（公的副职）用玄色帛，附庸之君用黄色帛。郑玄说，高阳氏后代用赤色帛，高辛氏后代用黑色帛，其余诸侯用白色帛。或说，诸侯用五玉作礼物，孤卿用三帛作礼物。二生：指活的羔羊与雁。卿与大夫用作进见的礼物。一死：指死雉（野鸡），士进见的礼物。⑰五器：即五玉。器，玉器。⑱如五器，卒乃复：至于五种玉器，礼仪完毕后便还给见进者，作为下次进见之用。其他礼物（三帛、二生、一死），则不退还。卒，完毕。复，归还。⑲祖祢（nǐ）：即文祖，指尧的始祖庙。何休说："生曰父，死曰考，庙曰祢。"特牛礼：以一头公牛作祭品的祭礼。⑳五岁一巡狩，群后四朝：五年当中，天子到各方巡视一次，其间四年，四方诸侯分别来京朝见一次。后：君长。此处指诸侯。㉑遍告以言：诸侯普遍向天子报告治理天下的情况；亦可解释为天子向各方诸侯宣布治理国家的意见。㉒明试以功：天子公开地考察检验诸侯的功绩。㉓车服以庸：对于政绩卓著的诸侯，则用车服作赏赐。庸，慰劳。㉔肇（zhào）：开始，这里指开始建立。㉕川：疏通河道。㉖像以典刑：把正常的刑律刻在器物上。象，刻画。典，常。有人把"象"解释为刑罚的象征性，即并没有真正受到刑罚的人，或处罚较轻。㉗流宥五刑：用流放的办法来从宽处理因无知而触犯五刑的人。流：流放。宥（yòu）：宽恕；从宽发落。郑玄："三宥：一曰弗识，二曰过失，三曰遗忘也。"马融："一曰幼少，二曰老耄，三曰蠢愚。"五刑：墨（刺字）、劓（割鼻）、剕（fèi，断足）、宫（阉割）、大辟（杀头）。㉘鞭作官刑：官府中用皮鞭施刑。㉙扑作教刑：学校中犯法者，用扑（夏木或楚木做的戒尺一类的刑具）惩罚。㉚金作赎刑：用金钱赎罪。㉛眚（shěng）灾过，赦：因无心或灾害造成的过失，则赦免。㉜怙（hù）终贼，刑：坚持并多次作恶，便施以刑罚。怙：倚仗；坚持。终：终不改悔。贼：残贼，作恶。㉝钦：慎重的意思。唯刑之静：静刑，希望用刑得当。

　　讙兜进言共工，尧曰"不可"，而试之工师，共工果淫辟①。四岳举鲧治鸿水，尧以为不可，岳强请试之，试之而无功，故百姓不便。三苗在江淮、荆州数为乱②。于是舜归而言于帝，请流共工于幽陵，以变北狄③；放讙兜于崇山，以变南蛮④；迁三苗于三危，以变西戎⑤；殛鲧于羽山⑥，以变东夷⑦。四罪而天下咸服。

【注释】

　　①进言：上奏推荐。试之工师：试用共工做工师（管理工程建筑的官）。此句主语应是讙兜。他违背尧的旨意而擅自使用不称职的共工。淫辟：骄横邪恶。②三苗：南方的一个部族，散居于今湘、鄂、赣、皖毗邻地区，可能是苗族的祖先。荆州：汉水以南地区，即今湖北、湖南、江西三省的部分地区。③归：巡狩归来。帝：指帝尧。④崇山：在今湖南省大庸县西南；或说在今广西壮族自治区西林县、凌云县一带。⑤三危：山名。在今甘肃省敦煌县东。此据《括地志》说。⑥殛（jí）：这里和"流"、"放"、"迁"同义，动词变化运用，都是流放的意思。段玉裁以为作"极"。蔡沈《尚书》注："殛，则幽囚困苦之。"下文还有"以变东夷"，故"殛"不可理解为诛杀。羽山：在今山东省蓬莱县东南。⑦东夷：夷、蛮、戎、

狄，都是古代对东南西北四方的部族或少数民族的称呼。

尧立七十年得舜；二十年而老，令舜摄行天子之政，荐之于天①。尧辟位凡二十八年而崩②。百姓悲哀，如丧父母。三年，四方莫举乐，以思尧③。尧知子丹朱之不肖，不足授天下，于是乃权授舜④。授舜，则天下得其利而丹朱病⑤；授丹朱，则天下病而丹朱得其利。尧曰："终不以天下之病而利一人。"而卒授舜以天下。尧崩，三年之丧毕，舜让辟丹朱于南河之南⑥。诸侯朝觐者不之丹朱而之舜，狱讼者不之丹朱而之舜，讴歌者不讴歌丹朱而讴歌舜。舜曰："天也！"夫而后之中国践天子位焉⑦，是为帝舜。

【注释】

①荐之于天：向上天推荐舜参看前"以观天命"注。②辟位：退位，退让帝位。辟，通避。③自"帝尧者，放勋"至此，多引自《尚书·尧典》与《尚书·舜典》。④不肖（xiào）：不相似，一般指子弟品行不好，不似父兄。此处指尧知丹朱不象自己，即不贤。⑤病：与利对举，指有害，困窘。⑥南河：此指黄河自潼关以下西东流向的一段。⑦中国：此指国都之中。舜都所在地，或说即尧都平阳，或说是蒲阪（今山西省永济县西）。

虞舜者，名曰重华①。重华父曰瞽叟②，瞽叟父曰桥牛，桥牛父曰句望，句望父曰敬康，敬康父曰穷蝉，穷蝉父曰帝颛顼，颛顼父曰昌意，以至舜七世矣。自从穷蝉以至帝舜，皆微为庶人。

【注释】

①虞：传说中的部落名，即有虞氏。舜：父系氏族社会部落联盟传说中的领袖。重华：舜名。据说舜目为重瞳子，故号重华。②瞽叟：舜父名。瞽（gǔ）是眼瞎的意思，结合前文"盲者子"看，瞽叟是个瞎老头子，并非专名。

舜父瞽叟盲，而舜母死①。瞽叟更娶妻而生象，象傲。瞽叟爱后妻子，常欲杀舜，舜避逃；及有小过，则受罪。顺事父及后母与弟，日以笃谨，匪有解。

【注释】

①舜母：《帝王世纪》说舜母名握登，生舜于姚墟，因而舜姓姚。

舜，冀州之人也①。舜耕历山②，渔雷泽③，陶河滨④，作什器于寿丘⑤，就时于负夏⑥。舜父瞽叟顽，母嚚，弟象傲，皆欲杀舜。舜顺适不失子道，兄弟孝慈⑦。欲杀，不可得；即求，尝在侧⑧。

【注释】

①冀州：古九州之一。相当于今山西、河南北部、河北省大部及辽宁西部。②历山：山名。据《括地志》，即雷首山，在今山西省永济县东南。此外，山东、河南、河北、浙江、安徽、湖南都有历山，大都

附会为舜耕作的遗址。③雷泽：一名雷水。古泽名。在今山西省永济县南。④陶：烧窑，代指陶器。⑤什
器：饮食器皿。寿丘：在今山东省曲阜县东北。⑥就时：乘时。乘时逐利，即作生意。负夏：邑名。在今
山东省兖州北。⑦兄弟孝慈：对弟弟尽兄长之道，对父母尽孝道。为两个动宾结构。⑧不可得：找不到机
会。即：假如。侧：指身边。

　　舜年二十以孝闻。三十而帝尧问可用者，四岳咸荐虞舜，曰可。于是尧乃以二女
妻舜以观其内，使九男与处以观其外。舜居妫汭，内行弥谨，尧二女不敢以贵骄事舜
亲戚①，甚有妇道。尧九男皆益笃。舜耕历山，历山之人皆让畔②；渔雷泽，雷泽上人
皆让居；陶河滨，河滨器皆不苦窳③。一年而所居成聚，二年成邑，三年成都④。尧乃
赐舜絺衣与琴，为筑仓廪，予牛羊⑤。瞽叟尚复欲杀之，使舜上涂廪⑥，瞽叟从下纵火
焚廪。舜乃以两笠自扞而下，去，得不死。后瞽叟又使舜穿井，舜穿井为匿空，旁
出⑦；舜既入深，瞽叟与象共下土实井，舜从匿空出，去。瞽叟、象喜，以舜为已死。
象曰："本谋者象。"象与其父母分，于是曰："舜妻尧二女与琴，象取之。牛羊、仓廪
予父母。"象乃止舜宫居⑧，鼓其琴。舜往见之。象鄂不怿⑨，曰："我思舜正郁陶⑩。"
舜曰："然，尔其庶矣⑪！"舜复事瞽叟爱弟弥谨。于是尧乃试舜五典、百官，皆治。

【注释】

　　①内行：家内的行为。弥：更加。亲戚：指父母及兄弟姊妹。②畔：田地的边界。③苦窳（yǔ）：粗
劣。④聚：村落。邑、都：集镇、都市。《周礼》说："九夫为井，四井为邑，四邑为丘，四丘为甸，四甸
为县，四县为都。"⑤絺（chī）：用葛纤维制成的细布。⑥涂：涂抹；修理。⑦匿空：在井壁上打的洞。旁
出：从井壁旁通向外面。⑧止：留住。⑨鄂：通愕。惊讶。不怿：不高兴。这里有难为情的意思。⑩郁
陶：忧愁痛苦。⑪尔其庶矣：你已经不错了（形容舜毫不介意）。庶：庶几；差不多。

　　昔高阳氏有才子八人，世得其利，谓之"八恺①"。高辛氏有才子八人，世谓之
"八元②"。此十六族者③，世济其美，不陨其名④。至于尧，尧未能举。舜举八恺，使
主后土⑤，以揆百事，莫不时序⑥。举八元，使布五教于四方，父义，母慈，兄友，弟
恭，子孝；内平外成⑦。

【注释】

　　①高阳氏：指颛顼的后代。恺（kǎi）：和善。《左传·文公十八年》："昔高阳氏有才子八人苍舒、隤敳
（ái）、梼戭（yín）、大临、尨（máng）降、庭坚、仲容、叔达，齐圣广渊，明允笃诚，天下之民谓之八
恺。"②高辛氏：指帝喾的后代。元：善良。《左传·文公十八年》："高辛氏有才子八人：伯奋、仲堪、叔
献、季仲、伯虎、仲熊、叔豹、季狸，忠肃共懿，宣慈惠和，天下之民谓之八元。"③十六族：指上述十
六人的后代繁衍，形成十六个氏族。④世济其美：世世代代都能成就他们的美德。济：成就；保全。不陨
其名：陨（yǔn），坠落。没有损伤过他们祖先的美好名声。⑤后土：掌管水土。⑥揆（kuí）：管理；计划
安排。⑦内平：指诸侯各族（国内）团结安定。外成：指边境外族向往教化，归复华夏。

　　昔帝鸿氏有不才子①，掩义隐贼，好行凶慝②，天下谓之"浑沌"③。少暤氏有不
才子④，毁信恶忠，崇饰恶言⑤，天下谓之"穷奇"⑥。颛顼氏有不才子，不可教训，

不知话言⑦，天下谓之"梼杌"⑧。此三族世忧之。至于尧，尧未能去。缙云氏有不才子⑨，贪于饮食，冒于货贿⑩，天下谓之"饕餮"⑪。天下恶之，比之三凶。舜宾于四门⑫，乃流四凶族，迁于四裔⑬，以御螭魅⑭，于是四门辟，言毋凶人也⑮。

【注释】

①帝鸿氏：即黄帝族。②掩义隐贼：包庇奸邪。义，通俄（古同声），奸邪。俞樾云："义，犹贼也。"凶慝（tè）：凶暴、邪恶。③浑沌：不开化、野蛮无序的意思。④少皞（hào）氏：黄帝以后的一位帝王，又称金天氏。⑤毁信恶忠：毁坏信义，憎恶忠直。崇饰恶言：宣扬和粉饰各种恶言恶语。⑥穷奇：极其怪僻的意思。⑦话言：指善长言辞。⑧梼杌（táo wù）：顽凶无比的样子。⑨缙云氏：炎帝的后代。黄帝时任缙云（赤云）之官。⑩冒于货贿：贪恋财物。冒，贪。⑪饕餮（tāo tiè）：贪婪的样子。⑫舜宾于四门：舜在四门主持接待四方宾客。⑬裔：衣边。引申为边远的地方。⑭以御螭魅（chī mèi）：用以杜绝坏人坏事。含惩一儆百的意思。螭（魑）魅：传说为山林中害人的怪物，这里比喻坏人。⑮四门辟：四门畅通无阻。辟，开。毋：通无。

舜入于大麓①，烈风雷雨不迷，尧乃知舜之足授天下。尧老，使舜摄行天子政，巡狩。舜得举用事二十年，而尧使摄政。摄政八年而尧崩。三年丧毕，让丹朱，天下归舜。而禹、皋陶、契、后稷、伯夷、夔、龙、倕、益、彭祖，自尧时而皆举用，未有分职。于是舜乃至于文祖，谋于四岳，辟四门，明通四方耳目，命十二牧论帝德②：行厚德，远佞人，则蛮夷率服③。舜谓四岳曰："有能奋庸美尧之事者④，使居官相事。"皆曰："伯禹为司空⑤，可美帝功。"舜曰："嗟，然！禹，汝平水土，维是勉哉！"禹拜稽首⑥，让于稷、契与皋陶。舜曰："然，往矣！"舜曰："弃，黎民始饥，汝后稷播时百谷⑦。"舜曰："契，百姓不亲，五品不驯⑧，汝为司徒，而敬敷五教，在宽⑨。"舜曰："皋陶，蛮夷猾夏⑩，寇贼奸轨⑪，汝作士⑫。五刑有服，五服三就⑬；五流有度，五度三居⑭。维明能信⑮。"舜曰："谁能驯予工⑯？"皆曰垂可。于是以垂为共工⑰。舜曰："谁能驯予上下草木鸟兽⑱？"皆曰益可。于是以益为朕虞⑲。益拜稽首，让于诸臣朱虎、熊罴⑳。舜曰："往矣，汝谐㉑。"遂以朱虎、熊罴为佐。舜曰："嗟！四岳，有能典朕三礼？"㉒皆曰伯夷可。舜曰："嗟！伯夷，以汝为秩宗㉓。凤夜维敬㉔，直哉维静絜㉕。"伯夷让夔、龙。舜曰："然。以夔为典乐㉖，教稚子，直而温，宽而栗，刚而毋虐，简而毋傲㉗；诗言意，歌长言㉘，声依永，律和声㉙，八音能谐，毋相夺伦，神人以和㉚。"夔曰："於！予击石拊石，百兽率舞㉛。"舜曰："龙，朕畏忌谗说殄伪㉜，振惊朕众。命汝为纳言㉝，凤夜出入朕命，惟信㉞。"舜曰："嗟！女二十有二人敬哉㉟。惟时相天事㊱。"三岁一考功，三考绌陟㊲，远近众功咸兴。分北三苗㊳。

【注释】

①大麓：管理山林的官。分（fèn）职：名分，职务。②明通四方耳目：使自己对四方的事无所不明白，无所不知。十二牧：十二州的长官。论帝德：讨论帝王应有的德行。③厚：宽厚，仁慈。蛮夷：古代称南方民族为蛮，东方的为夷。这里泛指四方的部族。率服：相率归服。④奋：奋发。庸：用；执行天命。美：作动词用，有发扬光大的意思。⑤司空：掌平治水土的官。⑥稽（qǐ）首：叩头致敬。⑦弃：即

前面说的"稷",又叫"后稷",事详《周本纪》。时：通莳（shì），种植。后稷：掌管农事的官。⑧五品：即五伦，指君臣、父子、夫妇、兄弟、朋友等五种伦常关系。⑨司徒：掌管教化的官。敷：布，传播。在宽：注意宽和，即逐渐感化，不过激。⑩猾：扰乱，侵犯。⑪寇贼奸轨：指坏人作恶。抢东西叫寇；杀人叫贼。奸，在内作恶；轨，通宄，在外作恶。⑫士：狱官（掌管刑法的官）之长。⑬服：服从，指判处五刑时轻重适中。孔安国《尚书注》："服，从也。言得轻重之中正也。"或说，"服"指天子威德所及之地，即执行刑罚的地方。三就：往三处地方执行，大罪在郊野执行，次罪在市朝执行，公族人犯罪由甸师氏（处置公族罪犯的机构）执行。⑭五流：五刑改为流放，仍分五等。即前文"流宥五刑"之意。度：指流放处所；《尚书》作"宅"。三居：三等流放区。大罪流放到四裔（四方边境）之外，次罪流放到九州之外，再次罪流放到国都之外。⑮维明能信：明白宣布罪行，便能使人信服。⑯工：百工，如金工、木工、石工、陶工等。⑰共工：管理百工的官名。⑱上：指高原山林。下：指低地川泽。⑲虞：管理山林川泽的官。"朕"字用第一人称口气。⑳朱虎、熊罴：人名。㉑谐：合适。㉒典：主管。三礼：祭天神、祭地祇（qí）、祭鬼的三种礼仪。㉓秩宗：主管祭祀的礼官。㉔夙夜：朝朝暮暮。㉕直：正直。静絜：公正而清明。㉖典乐：掌管音乐的官。㉗稚子：小孩子，特指贵族子弟。《尚书》作"胄（zhòu）子"。栗：通慄，颤抖。这里指严格要求。㉘诗言意：诗表达思想感情。歌长言：歌是能唱的诗。长言即拖长节拍。㉙声依永：乐声要依照拖长了的歌词。永，长。律和声：用音律来使歌声协调。古代按乐声高低分为十二律吕。㉚谐：和谐。八音：指各种乐器发出的声音。包括：金（钟）、石（磬）、丝（琴瑟）、竹（箫）、匏（笙、竽）、土（埙 xūn，用陶制的乐器）、革（鼓）、木（柷圉 zhù yǔ，木制的乐器）。夺：侵夺；干扰。伦：伦理；次序。和：和乐；愉快。㉛拊（fǔ）：拍打。百兽：各种兽类。率：相随；顺从。百兽率舞谓各种兽类顺着击磬的拍节跳起舞来。㉜谗说：伤害正直善良者的言论。殄（tiǎn）伪：灭绝道德的行为。伪：通为，人的行为。㉝纳言：主管传令和收集意见的官。㉞出入：传出命令与收集意见；或侧重于"出"，复词偏义。㉟二十有二人：指此次任命的禹、后稷、契、皋陶、垂、益、朱虎、熊罴、伯夷、夔、龙、彭祖等十人与十二牧。㊱天事：指上天所要求的事，即治理天下的大事。㊲考功：考察功绩，评定优劣。三考绌陟：根据三次考察的优劣而贬降或提升。陟：（zhì）提升。㊳分北：北，通背。把三苗的人根据情况分开，有的留在原地，有的流放。

  此二十二人咸成厥功①：皋陶为大理，平②，民各伏得其实③；伯夷主礼，上下咸让；垂主工师④，百工致功；益主虞，山泽辟；弃主稷，百谷时茂⑤；契主司徒，百姓亲和；龙主宾客，远人至，十二牧行而九州莫敢辟违；唯禹之功为大，披九山，通九泽，决九河，定九州，各以其职来贡，不失厥宜⑥。方五千里，至于荒服⑦。南抚交阯、北发⑧，西戎、析枝、渠廋、氐、羌⑨，北山戎、发、息慎⑩，东长、鸟夷⑪，四海之内咸戴帝舜之功。于是禹乃兴《九招》之乐⑫，致异物，凤皇来翔⑬。天下明德皆自虞帝始。

【注释】

  ①厥：其，他的。②大理：主管刑法的官员。③伏：拜伏；臣服。④工师：官员，即共工。⑤稷：这里以稷借代农业。⑥"唯禹"等句：参看《夏本纪》有关各注。⑦荒服：指距王畿最荒远的地方。参看《夏本纪》注。⑧北发：地名。《索隐》认为当作北户。北户在今越南境内。⑨戎、析枝、渠廋（sōu）、氐（dī）、羌（qiāng）：皆西方部族名。⑩山戎、发、息、慎：皆北方部族名。⑪长、鸟夷：长夷、鸟夷，东方部族名，一说鸟夷指今日本。⑫《九招（shào）》：乐曲名。⑬致异物：招致珍奇的动植物（凤凰即其中之一）。

舜年二十以孝闻，年三十尧举之，年五十摄行天子事，年五十八尧崩，年六十一代尧践帝位；践帝位三十九年，南巡狩，崩于苍梧之野①。葬于江南九疑②，是为零陵③。

【注释】

①苍梧：地区名。指今湖南省南部、广西省东北部和广东省西北部一带。②九疑：山名。在今湖南省宁远县南。③零陵：古地名。在今湖南省宁远县南。

舜之践帝位，载天子旗，往朝父瞽叟，夔夔唯谨①，如子道。封弟象为诸侯②。舜子商均亦不肖，舜乃豫荐禹于天③。十七年而崩。三年丧毕，禹亦乃让舜子，如舜让尧子。诸侯归之，然后禹践天子位。尧子丹朱，舜子商均，皆有疆土，以奉先祀④。服其服，礼乐如之⑤。以客见天子；天子弗臣，示不敢专也⑥。

【注释】

①夔夔：顺从恭敬的样子。②封弟象为诸侯：据《帝王世纪》记载，"舜弟象封于有鼻。"③豫：通预，事先。④奉先祀：奉行祖先的祭祀。⑤服其服，礼乐如之：穿他们（唐或虞）自己的服饰，礼乐也同样用他们自己的。⑥弗臣：不把他们当臣下对待。

自黄帝至舜、禹，皆同姓①而异其国号②，以章明德③。故黄帝为有熊，帝颛顼为高阳，帝喾为高辛，帝尧为陶唐，帝舜为有虞。帝禹为夏后而别氏，姓姒氏④。契为商，姓子氏。弃为周，姓姬氏⑤。

【注释】

①同姓：同出一姓，都是少典的后裔。②国号：指封为诸侯（独立成另一部族）时各有不同名号。③章：光明。明德：光明的德行。④夏后：禹的国号。⑤契为商：契的国号是商。其后代子孙灭夏后建立商朝。弃为周：弃（后稷）的国号是周。其后代子孙灭商后建立周朝。

太史公①曰：学者多称五帝，尚矣②。然《尚书》独载尧以来③；而百家言黄帝，其文不雅驯，荐绅先生难言之④。孔子所传《宰予问五帝德》及《帝系姓》⑤，儒者或不传⑥。余尝西至空桐，北过涿鹿，东渐于海，南浮江淮矣⑦；至，长老皆各往往称黄帝、尧、舜之处，风教固殊焉⑧。总之，不离古文者近是⑨。予观《春秋》、《国语》⑩，其发明《五帝德》、《帝系姓》章矣⑪，顾弟弗深考⑫，其所表见皆不虚⑬。《书》缺有间矣⑭，其轶乃时时见于他说⑮。非好学深思，心知其意，固难为浅见寡闻道也。余并论次，择其言尤雅者，故著为本纪书首⑯。

【注释】

①太史公：《史记》一百三十篇，每篇后面都有"太史公曰"加以评论，表明作者对有关历史人物与历史事件的看法。关于"太史公"的解释有三说：太史公是司马迁的官名，故用以自称；汉代只有太史令，"公"是后人尊称司马迁时所加；"公"是司马迁对其父司马谈的尊称。从《太史公自序》看，第一说

理由较充足。②尚：通上。久远。③《尚书》：我国最古老的史书，是儒家经典之一，保存了商、周时代的很多重要史料和远古传说。④百家：指儒家以外的各家。雅驯：典雅合理。荐绅：同缙绅，指士大夫，此处指有学问的人。⑤《宰予问五帝德》、《帝系姓》：即《五帝德》、《帝系姓》，皆《大戴礼记》及《孔子家语》中的篇名。《史记》关于尧以前的记述主要采自这两篇。⑥儒者或不传：《大戴礼记》不是正式儒家经典，因此汉儒一般不传授学习。⑦"余尝"等句：司马迁二十岁以后曾漫游全国各地，此处提到的空桐、涿鹿，都是古地名。⑧风教固殊：遗留在各地的风俗习惯，有显著差异。⑨古文：指古文《尚书》、《春秋》、《国语》等书。⑩《春秋》：儒家经典之一，是春秋时代的编年史。《国语》：春秋时期的一部国别史。⑪发明：发挥和阐明。章：明显。⑫顾弟：但是。弟，一般写作第。⑬其所表见：它们（指《春秋》等）的记述。虚：虚妄。⑭《书》缺有间（jiàn）：古文《尚书》缺亡，留下很多空白。一说"有间"指时间很久。⑮轶（yì）：散失。这里指《尚书》未记述的史料。时时：往往。他说：其他学说。⑯论次：研究编排。书首：写在前面。作为全书的第一篇。

【译文】

黄帝，少典族的子孙，姓公孙，名叫轩辕。生下来就显出神灵，七十天内就能讲话，年小的时候就心智周遍而且口才敏捷，长大后就敦厚机敏，二十岁成年时就见多识广对事明辩了。

轩辕之时，神农氏的子孙后代道德衰薄，各地方的诸侯互相侵犯攻伐，祸害黎民，可是神农氏没有能力征讨他们。在这种情况下轩辕就时常动用军事力量，去征讨诸侯中不来朝享的人，四方诸侯所以都来称臣归顺。但是蚩尤最算残暴，还没有谁能去讨伐他。

炎帝想侵犯凌辱诸侯，四方诸侯都来归复轩辕。轩辕就修治德政，整肃军旅，顺应四时五方的自然气象，种植黍、稷、菽、麦、稻等农作物，抚慰千千万万的民众，仗量四方的土地使他们安居，教导以熊、罴、貔、貅、䝙、虎为图腾的氏族习武，来和炎帝在阪泉的郊野作战，经过几番战斗，这之后黄帝就实现了要征服炎帝的愿望。

蚩尤发动叛乱，不服从黄帝的命令。于是黄帝就向四方诸侯汇集军队，和蚩尤在涿鹿的郊野进行战斗，就捕获并杀死了蚩尤。这样四方诸侯都尊崇轩辕做天子，代替神农氏，这就是黄帝。天下有不顺从的势力，黄帝跟着就去讨伐他们。平定了以后就离开这个地方。

披斩山林草木开通道路行进，从来都没有在什么地方安宁地居住过。往东到达了海滨，登过丸山，并到过泰山。往西到达了空桐，登上了鸡头山。往南到达了江水流域，登上了熊山、湘山。往北驱逐过少数民族荤粥，和四方诸侯在釜山验合过符契圭瑞，然后把都邑建筑在涿鹿山下广阔的平地上。迁移往来没有固定的地点，住地总是环绕军队建立营房以自卫。官职都用云瑞来命名，设立以云瑞命名的军队。设立左右大监，监察万国。万国和同，因此对鬼神山川封禅祭祀的事情，从古至今的帝王中推许黄帝时候的规模最大。获得了宝鼎，运用神蓍草来推算历数就可以预知未来的节气日辰。推举风后、力牧、常先、大鸿来治理民众。顺应天地四时的规则，预知阴阳五行的变化，创制表现人们死生的仪制礼则，研究国家安危存亡的规律。依照时节播种百谷草木，驯化各种鸟兽昆虫，黄帝的德政广泛传布，也使天（日、月、星辰）不异灾，土无别害，水少波浪，山出珍宝，烦扰勤苦自己的身心，教导民众对江湖陂泽山林的出产物都要按照时令收采禁捕，利用起来要有节制。由于有"土德"这样的祥瑞，所以就号称"黄帝"。

黄帝有二十五个儿子，他们中建立了姓氏的有十四人。

黄帝居住在轩辕之丘，并娶了西陵国的女子为妻，即嫘祖。嫘祖是黄帝的正妃，生了两个儿子，这两个人的后代都掌握过整个天下：其中第一子叫玄嚣，这就是青阳，青阳下封到地方居住在江水之滨；其中第二子叫昌意，下封到地方居住在若水。昌意娶了蜀山氏的女子为妻，她叫昌仆，生了儿子高阳，高阳是很有圣德的。

黄帝去逝后，安葬在桥山。他的孙子、昌意的儿子高阳继位，这就是帝颛顼。

帝颛顼高阳，是黄帝的孙子，也即昌意的儿子。宁静渊博因而很有智慧，疏旷通达因而知道各种道理，掌养财物以便发挥土地的作用，依照四时决定行动以便效法自然，依据对鬼神的尽心敬事来制订尊卑的义理，治理四时五行之气来教化民众，诚心诚意来进行祭祀。权力所及北边到了幽陵，南边到了交阯，西边到了流沙，东边到了蟠木。动如鸟兽静如草木等的物类，大如五岳四渎小如丘陵坟衍等的神灵，凡是日月的光芒所能照射到的地方，没有不因屈服而来归属的。

帝颛顼生了个儿子叫穷蝉。

颛顼去逝后，由玄嚣的孙子高辛继位，也就是帝喾。

帝喾高辛，是黄帝的曾孙。高辛的父亲叫蟜极，蟜极的父亲叫玄嚣，玄嚣的父亲名叫黄帝。玄嚣和蟜极都没有在位当政，到了高辛才继帝位。高辛对于颛顼来说是堂侄。

高辛生下来就很神灵，能够说出自己的名字。普遍布施利于他人的恩德，却不及于自己本人。聪明辨析能知悉遥远，明白事理能深察隐微。顺从上天的义理，知晓民众的苦难。仁爱又有威严，仁慈又很笃实，修善自身而使天下诚服。收取土地的财物又能依时节加以利用，抚慰教导万民又能以利训导他们，观察日月修订历法而合理地迎送弦、望、晦、朔，明了鬼神并恭敬地事奉他们。他的神态郁郁然非常庄严，他的道德巍巍然特别高尚。他的举动总是顺应天时，但他的衣着总是好象一般的士人。帝喾治理天下，像水灌溉农田一样，平等而公正地遍及天下，日月所能照射到的地方，风雨所能吹淋到的境地，没有不来臣服的。

帝喾娶了陈锋氏的女儿，生了个儿子放勋。娶了娵訾氏的女儿，生了个儿子挚。帝喾逝世，由挚继帝位。帝挚继位，政治衰弱不盛，由弟弟放勋继位，也就是就帝尧。

帝尧，就是放勋。他的仁爱如天之涵养，他的智慧如神之微妙。人们依府他就象葵藿一般的倾心向日，人们仰望他就像百谷一般的期求泽云。富有而不骄，高贵而不惰。头着质素色黄的冕，身穿士人的祭服，坐上朱红色的车，驾乘白颜色的马。能够宣明恭顺的德行，而且能亲密地团结九族。九族既已团结和睦，就能明确地划分百官的职责。百官政绩昭明卓著，万邦诸侯融洽和睦。

于是就任命羲氏、和氏，勤勉地顺应昊大的天象，推算日月星辰的运行来制订历法，很慎重地将一岁的节令告诉民众。分别任命羲仲，居住在东方郁夷，那个地方叫阳明之谷。虔诚地迎接日出，管理监督春耕事务。春分日，昼夜长短相等，黄昏时鸟星（朱雀七宿）出现在正南方，用以确定仲春的气节。这时候春事既已开始，民众中老壮就要分散劳作，鸟兽开始乳化交尾。再任命羲叔，居住在南交。管理督导夏季劝农的事务，敬行教化，致达事功。夏至日，白昼最长，苍龙七宿中的大火（心宿）黄昏时出现在正南方，用以确定仲夏的气节。这时候民众尽力助耕，鸟兽换上了稀疏的羽毛。再任命和仲，居守在西方，那个地方名叫昧谷。恭敬地送太阳落山，管理监督秋收事务。秋分日，昼夜长短相等，玄武七宿中的虚宿黄昏时出现在正南方，用以正定仲秋的气节。这时候民众欢乐祥和，鸟兽的羽毛更生。再任命和叔，居住在北方，名叫幽都。管理督导冬藏物畜。冬至日，白昼最短，白虎七宿中的虚宿黄昏时出现在正南方，用以正定仲冬的气节。这时民众进入室内居处，鸟兽都生出氄毳细毛来增强自身的温暖。一岁三百六十六日，置设闰月来正定各年的四时。切实地整饬百官，各种事业都兴办起来了。

尧说："哪个人可以顺应天时来继承帝位？"放齐说："您胤嗣之子丹朱开通明达。"尧说："哼！丹朱心既愚顽又喜欢争功，他不可用。"尧又说："哪一个是可用的人？"讙兜说："共工在广泛聚集人力方面已遍见功绩，可以用。"尧说："共工善于言辞，但他的用意邪僻，貌似恭敬却罪恶漫天，不能用。"尧又说："啊，四方诸侯，荡荡的洪水浊浪接天，浩浩然包围了山岗淹上了丘陵，下方的民众都非常忧愁，有哪一个能派去治理洪水的？"都说鲧可以。尧说："鲧的性格怪戾，违背教命，毁败善类，不可用。"诸侯们说："不是这样吧，试一试不可以用就算了。"尧于是听从诸侯们的意见任用鲧。经过九年，治水没有成功。

尧说："啊！四方诸侯：我在帝位七十年，你们中有谁能够顺应天命，来接任我的帝位？"诸侯们应答说："我们鄙俚缺乏道德，假若来执行天子的事情，是会辱没帝位的。"尧说："你们都来推荐贵族亲戚中的和被疏远而隐藏起来的人才。"大家都对尧说："有个还没有妻子的人在民间，名叫虞舜。"尧说："对，我也听说了，他怎样？"诸侯们说："他是一个盲人的儿子。他父亲不效法德义，母亲不讲忠信，弟弟狂傲无理，舜都能用孝义来亲和他们，使他们上进从善，不至于奸恶。"尧说："我就来试试他吧！"于是尧把自己的两个女儿嫁给舜做妻，通过这两个女儿来观察他的德行。舜告诫尧的两个女儿迁居在妫水的河边，让她们在虞家行妇人之礼。尧认为舜做得很好，就让舜担任司徒的职务来谨慎地和协父子、君臣、夫妇、兄弟、朋友间的五常教导，人们就都能遵从这五常之教。就又让舜普遍参与百官事务，百官事务处理得适时并井井有条。让舜在明堂四门迎接来朝的宾客，四门的接待表现肃穆，诸侯及远方宾客都很恭敬。尧派遣舜进入山林川泽，遇到暴风雷雨，舜往前行从不迷向误事。尧认为舜有圣智，召来舜说："你谋划事务能达到目的并且说过的话都有实绩可以考察，已经三年了。你来登帝位。"舜认为自己德望不堪胜任因而心意感到不愉悦而予以推让。

正月朔日，舜在文祖庙接受了尧禅让的帝位。文祖，就是尧的太祖。

于是帝尧告老回家，命令舜代行天子的政事，来观察上天的意志。舜就利用运转的璇玑和窥望的玉衡进行观测，来定准日月五星的实际位置及其运行。接着类祭上帝，禋祭天地四时，望祭名山大川，又普遍地祭祀各路神祇。收集五等圭璧，选择吉利的日子，接受四方诸侯君长的朝见，向他们颁发应该执掌的瑞信。每年的二月，到东方去巡回视察，一直到达了泰山，在这里进行了柴祭，又分别等级望祭东方诸侯国境内的名山大川。借这个时机会见东方各地诸侯国的君王，协正四时气节和月份大小，校正日的甲乙，统一音律和度量衡，修正吉、凶、宾、军、嘉五种礼仪，规定在进见时公、侯、伯、子、男五等诸侯所执的瑞玉，和三种用来垫玉的赤黑白缯物，卿所执活羔羊和大夫所执雁的两种生物，士所执的是一只死野鸡；如果是诸侯所执的五种瑞信物，礼仪结束后就归还。五月，到南方去巡回视察；八月，到西方去巡回视察；十一月，到北方去巡回视察：所做的事情都和开始去东方视察的时候完全一样。巡回视察归来，先到祖庙和父庙去祭祀，用一头公牛作祭品。每五年进行一次巡回视察。其间四年四方诸侯分别到京师来朝见。舜向他们普遍告诫治国的方法，并要明确考察各地诸侯的政绩，对有功的赏赐车辆服饰来进行表彰。开始将全国划分成十二个州，疏浚各地的江河。把常用的刑律刻画在器物上，用流放的方法处置符合宽赦犯有墨、劓、剕、宫、大辟五种刑罚的人，官府处罚触犯法律的人运用鞭刑，在学校有犯法的生徒就用木棍扑打，金钱可以用作赎减刑罚。因为过失造成灾害的可以赦免；有所凭恃终不悔改的就严施刑罚。谨慎啊，谨慎啊，执行刑罚要特别慎重！

讙兜引荐共工，尧说："不可以。"而讙兜仍然试着让他去做工师，共工果然淫恶邪辟。四

方诸侯推举鲧治理洪水，尧认为不能胜任，四方诸侯勉强请求尧试用，试用的结果就是没有成功，所以百官感到不适宜。三苗氏族在江淮、荆州地方几次作乱。依据这些情况，舜回到京师向帝尧进言，请求流放共工到幽陵去，来改变北狄的习俗；流放讙兜到崇山去，来改变南蛮的习俗；迁徙三苗到三危去，来改变西戎的习俗；流放鲧到羽山去，来改变东夷的习俗：结果是四个人受到了处罚并使天下人都心悦诚服。

尧即帝位七十年才得到舜，又经过二十年就称老回家，命令舜代行天子的政事，这样也就把舜推荐给上天来进行考验。尧禅让帝位总共二十八年就去世了。百姓非常悲哀，好像自己的父母丧亡一样。三年内，全国各地都没有举奏音乐，用这种方式表达对尧的思念。尧知道儿子丹朱是不贤能的，不值得把管理天下的权力授给他，于是就采取权变措施把帝位授给舜。授给舜，那么天下的人们可以得到好处而丹朱会受到损害；授给丹朱，那么天下的人们会受到损害而丹朱就得到了好处。尧说："终归不能拿损害天下的人们来使一人得利。"最终还是把管理天下的大权授给了舜。

尧逝世，三年的丧期结束，舜辞让并回避丹朱而到南河的南边去。诸侯朝觐的人们不到丹朱的住地反而来到舜的去处，有争执诉讼事情的人们不去上告给丹朱反而要去上告给舜，政绩歌颂的人们不歌颂丹朱反而来歌颂舜。舜说："这是上天的意思罢！"然后才回到京都登上了天子之位，这就是帝舜。

虞舜，名叫重华。重华的父亲叫瞽叟，瞽叟的父亲叫桥牛，桥牛的父亲叫句望，句望的父亲叫敬康，敬康的父亲叫穷蝉，穷蝉的父亲叫帝颛顼，颛顼的父亲叫昌意。从昌意到舜有七代了。从穷蝉开始一直到帝舜，都是地位低级的普通百姓。

舜的父亲瞽叟是个盲人，而且舜的生母早已去世，瞽叟又娶了妻子生下了象，象很奢侈傲慢。瞽叟偏爱后妻所生的儿子，常想杀掉舜，舜总是躲避逃过了；倘若有小的过错，就要受到罪罚。舜孝顺地奉养父亲和后母连同弟弟，一日比一日忠厚恭谨，没有丝毫怠慢。

舜，是冀州地方的人。舜在历山耕种过，在雷泽捕过鱼，在黄河边上作过瓦器，在寿丘做过各种家用器具，在负夏乘时逐利做过生意。舜的父亲瞽叟不讲德义，母亲丝毫不讲信义，弟弟象狂傲，都想杀舜。舜孝顺适从一点不违背做儿子的道义，想杀掉他，也找不到机会；如果有事要寻找舜，他又常常在父母身边。

舜年纪二十岁时就因为孝顺父母很出名。三十岁时就碰上尧帝询问有没有可以做天子的人，四方诸侯都推荐虞舜，说他可以。在这样的情况下尧就把两个女儿嫁给舜来观察他内在的德行，并派九个男子和他相处来观察他的外在表现。舜居住在妫河的水涯边，自身的修养更谨慎。尧的两个女儿从不敢拿高贵骄慢的态度来对待舜的父母弟妹，特别讲究妇人之道。尧的九个男子事奉舜也都更加忠实谨敬。舜在历山耕种，历山的农人都互让田畔；在雷泽捕鱼，雷泽上的渔人都让居处；在黄河水滨作瓦器，黄河水滨出产的瓦器都不粗制滥造。一年内舜所居处的地方变成村落，二年成了乡邑，三年成了都会。

尧于是赐给舜细葛布衣和琴，替舜构筑仓廪，给他一些牛、羊。瞽叟又想杀害他，让舜爬上去涂抹廪房，瞽叟从下面放火焚烧廪房。舜就用两顶斗笠护住身体跳下，逃离了火境，得以不死。后来瞽叟又让舜去挖井，舜挖井时设了一个暗道可以从旁边的井口出去。舜挖井已经很深了，瞽叟和象同时往井下填土，舜就从暗道中逃出，脱离了险境。瞽叟、象非常高兴，认为舜在井中已死。象说："最先出这个主意的是我象。"象和父母分割舜的家室财物，于是说："舜妻尧的两个女儿，和一把琴，由象分得；牛、羊、仓库分给父母。"象就停留在舜原来的屋室居住，敲着分得的那把琴。舜回来见象。象惊愕不快，就假意说："我思念哥哥舜，正在非常忧郁不乐！"舜："是，你的兄弟间的友谊情义可说得上是很深厚的了！"舜重新侍奉瞽叟和爱护弟弟就更加恭谨。于是尧就用推行五种伦理和担任各种官职来考察舜，舜把各方面都治理得很好。

过去高阳氏有才子八个人，社会上得到了他们辅佐的利益，称他们叫"八恺"。高辛氏有才子八人，社会上称他们叫"八元"。这十六个才子的后代，世世代代成就他们的美德，不使他们的名声降低。到了尧的时代，尧没有能够举用他们的后代。舜举用八恺的后代，让他们主持有关土地方面的事务，以此他们所总管的百方事务，没有不是完成得顺时并很有顺序。举用八元的后代，让他们在四方布施教诲，使得父亲们都仁义，母亲们都慈爱，做兄的都友善，做弟的都恭谨，做儿子的都孝顺，中原的各个部族都很安定，边远地区的部族一心向往中原的教化。

过去帝鸿氏有个不才之子，掩没仁义，阴为贼害，好行凶恶之事，天下人称呼他叫浑沌。少皞氏有个不才之子，毁败信义，憎恶忠直，用心饰用恶毒的言语，天下的人称呼他叫穷奇。颛顼氏有个不才之子，凶顽不可教训，不知道话语好坏，天下的人称呼他叫梼杌。这三个家族世世代代人们都对他们感到忧惧。到了尧的时代，尧没有能除去他们的患害。缙云氏有个不才之子，贪恋酒食，图求财货，天下的人称呼他叫饕餮。天下的人们憎恶他，把他比作三家凶族。

舜掌管四方之门的迎宾事务，就流放四家凶族，将他们迁到四方边远地带，并用他们来抗御更加邪恶谄媚的人，这样做了以后四方之门通达，称得上是没有凶恶的人了。

舜进入高大的山麓，遇到强烈的雷暴风雨也不迷向误事，尧就知道舜是值得把整个天下传授给他。尧称老归家，让舜代行天子的政事，并到全国各地巡回视察。舜受到推举任用有二十年，然后尧才让他代行政事，代行政事八年尧就去世了。三年丧礼结束，让给丹朱，但是天下的人归服于舜。禹、皋陶、契、后稷、伯夷、夔、龙、倕、益、彭祖等人从尧帝的时代开始就都被推举任用，却没有分配给他们主管的职务。于是舜就来到文祖庙，召集四方诸侯进行谋划，开放四方门庭，明白通晓全国所反映的意见，命令十二位地方长官讲论尧帝的功德，了解只要推行惇厚的道德，使民众远离邪佞的人，能这样做就会使蛮夷从服。舜对四方诸侯说："有谁是能奋力光大尧帝事业的人，可以让他总领官位辅佐我的政事？"都说："伯禹做司空，可以发扬光大尧帝的功业。"舜说："嗯，是！禹，你去平定水土。希望你努力完成这项任务啊。"伯禹跪拜叩头，推让给后稷、契和皋陶。舜说："就这样，去罢。"舜说："弃，民众中开始出现饥饿，你去做负责农事的官员，组织他们播种各类谷物。"舜说："契，百姓之间不亲和，五常的伦理不顺，你去做司徒，去谨敬的布施五常的教导，主旨在于宽厚。"舜说："皋陶，蛮夷各族扰乱中原，抢劫杀人内外为患，你去做狱官之长，五种刑罚裁量要轻重适中，执行五种刑罚要在郊野、市、朝三个不同的地方；五种流放要有一定的尺度，要根据不同的远近建立三处居所；要求明察公允能使人信服。"舜说："哪个能够训治我的各种工匠？"都说垂可以。于是让垂做共工，统领工匠事务。舜说："哪个能够替我掌管山林水泽中的草木鸟兽？"都说益可以。于是就任命益做掌管山泽的虞官。益跪拜叩头，推让给其他的大臣如朱虎、熊罴。舜说："去罢，你们一起合作。"就让朱虎、熊罴做益的助手。舜说："唉！四方诸侯，有谁能够协助我掌管天、地、人三事的礼仪？"都说伯夷可以。舜说："喂，伯夷！任命你做秩宗，从早到晚一定要虔敬，掌礼施教都要正直而且肃静、清洁。"伯夷推让给夔、龙。舜说："好。任命夔做典乐官，用歌诗舞蹈教导国子，你要正直而且温和，宽厚而且严厉，刚毅而又不肆虐，简廉而又不傲诗的内容表现了人的情志，歌是拉长了音调咏叹诗中的意义，五声曲折要按照歌的需要，律吕音气相符五声配合自然美妙，金、石、丝、竹、匏、土、革、木八音能够谐调一致，不互相错夺侵扰，这样通过音乐神与人之间就能达到欢悦和谐。"夔说："哦！我拊击石磬，百兽为音乐所感发就会相率起舞。"舜说："龙，我畏恶忌讳利口谗说灭绝德行肆行诈伪的人，恐怕他们惊动我的众多臣民，任命你做纳言的官，早晚传递我的旨命，一定要追求诚信。"舜说："喂！你们二十二人，各自要谨慎地行使你们的职责，希望顺应时势辅佐我完成上天交给的天下大事。"每过三年考察一次政绩，三次考察来决定官员的升降，这样做了不管远近的各类事情就都兴盛起来。再次分别处理了流放在北部边境的三苗氏部族。

这些被任命的二十二人都成就了他们的事业。皋陶做管刑狱的大理，持法公平，民众从各方面都顺服他的判决能准确切实。伯夷主管礼仪，上上下下都表现谦让。垂主掌百工，各种制作都达到了应有的成效。益主掌虞官，山林水泽都得到很好的开发。弃主掌农官，各种谷物都顺应天时长得非常喜人。契主掌司徒，贵族百姓都亲近和睦。龙主掌接待宾客，远方的诸侯和外族都欣然来朝。十二个地方官的政令推行，那么九州范围内的民众没有谁敢逃避违背。只有禹的功劳算是最大，开通了九座大山，疏浚了九处湖泽，决导了九条河流，划定了九州方界，使九州的君长各自按照相应的职分来贡奉物产，不失掉他应有的规范。国土开拓纵横五千里，一直到达荒服的遥远地带。南边抚有交阯、北发，西边抚有戎、析枝、渠庾、氐、羌，北边抚有山戎、发、息慎，东边抚有长、鸟夷：四海之内，都感激帝舜的功劳。

在这样的背景下，禹就创作了歌颂帝尧的名叫《九招》的乐曲，招来了各方的奇珍异物，凤凰也飞来飞舞。普天之下清明的德政都是从虞帝时开始的。

舜二十岁的时候以孝顺闻名，三十岁的时候尧提拔他，五十岁的时候代行天子的政事，五十八岁的时候尧去世，六十一岁的时候接替尧登上帝位。登上帝位三十九年，到南方去巡回视察的时候，在苍梧的郊野去世。安葬在长江南部的九嶷山，此地就是零陵。

舜登上帝位以后，用车载着天子的旌旗，回去朝拜父亲瞽叟，夔夔然特别恭谨，仍然履行做儿子的孝道。封弟弟象做有鼻地方的诸侯。舜的儿子商均也不贤能，舜因此豫先告知上天要推荐禹代行政事。十七年以后就逝世了。三年的丧礼完毕，禹就推让给舜的儿子，和当初舜让尧的儿子一样。诸侯们都归附他，此后禹才登上了天子之位。尧的儿子丹朱，舜的儿子商均，都封有疆土，来供奉先祖的祭祀。他们仍然穿戴祖传的服饰，所用礼乐也和原先的一样。用宾客的礼仪朝见天子，天子不把他们作臣下看待，表示不敢专有天子的威严。

从黄帝至舜、禹，都出自同姓，但他们立国以后的称号却不相同，以便显示各自的光明德行。所以黄帝的号是有熊，颛顼帝的号是高阳，喾帝的号是高辛，尧帝的号是陶唐，舜帝的号是有虞。禹帝的号是夏后，却另有姓氏，姓姒。契是商的始祖，姓子。弃是周的始祖，姓姬。

太史公说：学者们有很多人称说五帝，但五帝的时代已经很久远了。然而《尚书》只记载尧以来的政事史料，而百家所叙说的黄帝，他们的文字都不是典雅的训释，缙绅先生们是很难照着说清楚的。孔子所记述的宰予问《五帝德》和《帝系姓》二篇，儒生们认为不是圣人的言论所以大多都不传习。我曾经西边到过空桐山，北边经过涿鹿，向东渐进到达大海，往南驾舟浮渡过长江、淮河，到那些被长老们都各自常常称说是黄帝、尧、舜遗迹的地方，知道风俗教化本来有所不同，总的来说还是没有背离古文记载的说法，比较接近正确。我研读《春秋》、《国语》，其中内容有阐发《五帝德》、《帝系姓》的地方是很显著的，只是人们没有深加考察就是了，其实，它们的记述都不虚妄。《尚书》缺失有许多内容早已遗漏了，它所散轶的就常常在其他的记述中可以看到。不是喜好学习，深加思考，心知其中的用意，这类事本来就很难对那些识见浅薄孤陋寡闻的人去说清楚的。我一并依据搜集的各种文献论说，选择其中记述得特别典雅的，以此编著成《五帝本纪》作为全书的首篇。

秦始皇本纪

秦始皇帝者，秦庄襄王子也①。庄襄王为秦质子于赵②，见吕不韦姬③，悦而取之，生始皇。以秦昭王四十八年正月生于邯郸④。及生，名为政，姓赵氏。年十三岁，庄襄王死，政代立为秦王。当是之时，秦地已并巴、蜀、汉中⑤，越宛有郢⑥，置南郡矣⑦；北收上郡以东⑧，有河东、太原、上党郡⑨；东至荥阳⑩，灭二周⑪，置三川郡⑫。吕不韦为相，封十万户，号曰文信侯。招致宾客游士，欲以并天下。李斯为舍人⑬。蒙骜、王龁、麃公等为将军⑭。王年少，初即位，委国事大臣。

【注释】

①庄襄王：孝文王中子，名子楚。前 249——前 247 年在位。②质子：派往别国去作人质的国王的儿子或贵臣。③吕不韦（? ——前 235 年）：卫国濮阳（今河南省濮阳县西南）人。④邯郸：今河北省邯郸市。⑤巴、蜀：均国名，巴在今四川省东部，湖北省西部。⑥宛（yuān）：县名。治所在今河南省南阳市。郢：都邑名。春秋战国时为楚都。在今湖北省江陵县东北。⑦南郡：郡名。治所在郢，后迁江陵。这是秦国占领楚国郢都一带后新置的郡。⑧上郡：郡名。辖无定河流域及内蒙鄂尔克旗等地。⑨河东：郡名。治所在安邑（今山西夏县西北）。辖山西省沁水以西、霍山以南地区。太原：郡名。治所在晋阳（今太原市西南），辖今山西省五台山以南、霍山以北地区。上党郡：治所在壶关（今山西长治市北），辖境相当今山西省和顺县以南沁水流域以东地区。⑩荥（xíng）阳：县名。治所在今河南省荥阳县东北。⑪二周：指西周、东周两小国。与历史上西周、东周王朝是两回事。⑫三川郡：地辖今河南省伊水、洛水流域和北汝河下游地区。治所在雒阳（今洛阳市东北）。⑬李斯（? ——前 208 年）：上蔡人，原为吕不韦舍人，后任丞相，帮助秦始皇建立中央集权的郡县制，推行焚书坑儒政策。秦始皇死后，与赵高策划废黜扶苏，扶助胡亥继位，后与赵高争权，被杀。⑭蒙骜（ào）：齐国人。蒙武的父亲，蒙恬的祖父。王龁（yǐ）：即王龁（hé）。

晋阳反①，元年，将军蒙骜击定之。二年，麃公将卒攻卷②，斩首三万。三年，蒙骜攻韩，取十三城。王龁死。十月，将军蒙骜攻魏氏畼、有诡③。岁大饥。四年，拔畼、有诡。三月，军罢。秦质子归自赵，赵太子出归国。十月庚寅，蝗虫从东方来，蔽天。天下疫。百姓内粟千石，拜爵一级。五年，将军骜攻魏，定酸枣、燕、虚、长平、雍丘、山阳城④，皆拔之，取二十城。初置东郡。冬雷。十六年，韩、魏、赵、卫、楚共击秦，取寿陵⑤。秦出兵，五国兵罢。拔卫，迫东郡，其君角率其支属徙居野王⑥，阻其山以保魏之河内⑦。七年，彗星先出东方，见北方⑧，五月见西方。将军骜死。以攻龙、孤、庆都⑨，还兵攻汲。彗星复见西方十六日。夏太后死⑩。八年，王弟长安君成蟜将军击赵，反，死屯留⑪，军吏皆斩死，迁其民于临洮⑫。将军壁死⑬，卒屯留、蒲鹤反⑭，戮其尸。河鱼大上，轻车重马东就食。

【注释】

①晋阳：邑名。在今山西省太原市西南晋源镇。战国时属赵，前247年被秦攻占。②卷（quān）：邑名。属魏。在今河南省阳县西。③畅（chāng）、有诡：均魏邑名。④酸枣：邑名。在今河南省延津县西南。燕：邑名。故址在今河南省延津县东北。虚：即姚虚。在今延津县东南；长平：在今河南省西华县东北。雍丘：在今河南省杞县境。山阳城：邑名。在今河南省焦作市东南。⑤寿陵：邑名。⑥东郡：秦王政五年（前242年）置郡。治所在濮阳（今河南省濮阳县西南）。野王：邑名。原属韩。在今河南省沁阳县。⑦阻：依恃。河内：地区名。春秋战国时指黄河以北地区。⑧彗（huì）星：星名。通常叫扫帚星。⑨龙：地名。在今河北省行唐县。孤：近庆都庆都：地名。在今河北省望都县。龙、孤、庆都三地相距很近。⑩夏太后：庄襄王生母。⑪屯留：原属韩。在今山西省屯留县境内。⑫临洮：县名。在今甘肃省岷县。⑬壁：壁垒；军营。壁死：《正义》："言成蛟自杀壁垒之内。"⑭蒲鹞（gāo）：地名。今地名不详。

　　嫪毒封为长信侯①。予之山阳地，令毒居之。宫室、车马、衣服、苑囿、驰猎恣毒②。事无小大皆决于毒。又以河西太原郡更为毒国③。九年，彗星见，或竟天。攻魏垣、蒲阳④。四月，上宿雍。己酉，王冠⑤，带剑⑥。长信侯毒作乱而觉，矫王御玺及太后玺以发县卒及卫卒、官骑、戎翟君公、舍人⑦，将欲攻蕲年宫为乱⑧。王知之，令相国昌平君、昌文君发卒攻毒⑨。战咸阳⑩，斩首数百，皆拜爵，及宦者皆在战中，亦拜爵一级。毒等败走。即令国中：有生得毒⑪，赐钱百万；杀之，五十万。尽得毒等。卫尉竭、内史肆、佐弋竭、中大夫令齐等二十人皆枭首⑫。车裂以徇⑬，灭其宗⑭。及其舍人，轻者为鬼薪⑮。及夺爵迁蜀四千余家，家房陵⑯。是月寒冻，有死者。杨端和攻衍氏⑰。彗星见西方，又见北方，从斗以南八十日⑱。十年，相国吕不韦坐毒免⑲。桓齮为将军。齐、赵来，置酒。齐人茅焦说秦王曰："秦方以天下为事，而大王有迁母太后之名⑳，恐诸侯闻之，由此倍秦也㉑。"秦王乃迎太后于雍而入咸阳，复居甘泉宫㉒。

【注释】

①嫪毒（lào ǎi? ——前238年）：吕不韦送进后宫的假宦官，被太后宠幸，权势极大。②苑囿（yuàn yòu）：帝王畜养禽兽、打猎及种植花木的地方。恣：听凭。③河西：春秋战国时指今山西、陕西二省间黄河南段以西的地方。④垣（yuán）：邑名。故址在今山西省垣曲县东南。蒲阳：即蒲邑。在今河南省长垣县。⑤冠（guàn）：古代贵族男子年满二十举行加冕礼，表示已经成年。⑥带剑：用以表示威严。⑦矫王御玺：盗用皇帝印。县：古代称帝王都城及其所辖地区，即王畿。戎、翟：均古代部族。翟，同狄。⑧蕲（qí）年宫：在陕西省凤翔县南。当时是秦始皇居地。⑨昌平君：楚国公子。曾经任相国，后来迁到郢，项燕立为荆王。昌文君：姓名不详。⑩咸阳：秦都城。故址在今陕西省咸阳市东北。⑪生得：活捉到。⑫卫尉：宫廷卫队长官。内史：管理京城政事的长官。中大夫令：中大夫的主管官。枭（xiāo）首：古代酷刑之一，割下人头悬在木竿上。⑬车裂：古代酷刑，把人肢体分绑在几辆车上，撕裂而死。徇（xùn）：示众。⑭宗：同祖；同族。⑮鬼薪：秦代徒刑的一种，为宗庙打柴，刑期三年。⑯房陵：县名。治所在今湖北省房县。⑰衍氏：魏邑。在今河南省郑州市北。⑱斗：指北斗星。⑲坐：因……犯罪。⑳母太后：指秦始皇的生母赵姬。㉑倍：同背，违反；背叛。㉒甘泉宫：咸阳南宫。非汉云阳之甘泉宫。

　　大索，逐客①。李斯上书说，乃止逐客令。李斯因说秦王，请先取韩以恐他国，于是使斯下韩②。韩王患之，与韩非谋弱秦。大梁人尉缭来③，说秦王曰："以秦之强，诸侯譬如郡县之君，臣但恐诸侯合从，翕而出不意④，此乃智伯、夫差、湣王之所以亡也⑤。愿大王毋爱财物，赂其豪臣，以乱其谋，不过亡三十万金，则诸侯可尽"。秦王从其计，见尉缭亢礼⑥，衣服食饮与缭同。缭曰："秦王为人，蜂准，长目，挚鸟膺，豺声，少恩而虎狼心，居约易出人下⑦，得志亦轻食人。我布衣，然见我常身自下我。诚使秦王得志于天下，天下皆为虏矣。不可与久游。"乃亡去。秦王觉，固止，以为秦国尉，卒用其计策。而李斯用事。

【注释】

①索：搜索。客：各国在秦国的游士。②恐：恐吓；吓唬；下：降服；制服。③大梁：魏都城。在今河南省开封市。秦国最高军事长官。缭：人名。名缭，姓氏不详。④合从：即合纵。翕（xī）：聚敛；集聚。⑤智伯：荀瑶。知氏是春秋战国时晋国的六家豪族权臣之一，至荀瑶，被韩、赵、魏三家所灭。夫差：是吴国国君。事详《越王勾践世家》。湣王：齐国国君。⑥亢礼：平等相待之礼。亢，同抗。⑦蜂准：高鼻子。挚：通鸷。猛禽，如鹰、鹏之类。膺：胸。约：穷困。

十一年，王翦、桓齮、杨端和攻邺①，取九城。王翦攻阏与、橑杨②，皆并为一军。翦将十八日，军归斗食以下③，什推二人从军④。取邺、安阳⑤，桓齮将。十二年，文信侯不韦死。窃葬⑥。其舍人临者，晋人也逐出之；秦人六百石以上夺爵，迁；五百石以下不临，迁，勿夺爵⑦。自今以来，操国事不道如嫪毐、不韦者籍其门，视此⑧。秋，复嫪毐舍人迁蜀者。当是之时，天下大旱，六月至八月乃雨。

【注释】

①邺（yè）：都邑名。属魏。②阏（yù）与：邑名。属赵。故址在今山西省和顺县西北。橑（liáo或lǎo）杨：同幏阳。邑名。在今山西省左权县。③斗食：秦代俸禄微薄百石以下的小官。④什：由十个单位合成的一组。⑤安阳：邑名。在今河南省安阳市西南。⑥窃葬：吕不韦服鸩（zhèn）酒自杀，他的门客把他偷偷地葬在洛阳北芒山。⑦六百石：秦国八级爵俸禄，相当于郡丞，县令。五百石：第十级爵俸禄，相当于中等县县令。⑧籍：编入簿册。

十三年，桓齮攻赵平阳①，杀赵将扈辄，斩首十万。王之河南②。正月，彗星见东方。十月，桓齮攻赵。十四年，攻赵军于平阳，取宜安③，破之，杀其将军。桓齮定平阳、武城④。韩非使秦，秦用李斯谋，留非，非死云阳⑤。韩王请为臣。

【注释】

①平阳：邑名。在今河北临漳县西南。②河南：即周雒邑王城。在今河南省洛阳市西郊。③宜安：邑名。在今河北省石家庄市东南。④武城：赵邑。在今山东省武城县西北。⑤云阳：县名。治所在今陕西省淳化县西北。

十五年，大兴兵，一军至邺，一军至太原，取狼孟①。地动。十六年九月，发卒受地韩南阳假守腾②。初令男子书年③。魏献地于秦。秦置丽邑④。十七年，内史腾攻韩，得韩王安⑤，尽纳其地，以其地为郡，命曰颍川。地动。华阳太后卒⑥。民大饥。

【注释】

①狼孟：县名。在今山西省阳曲县。②南阳：地区名。相当今河南省西南部一带。当时分属楚国和韩国。假：代理。腾：即下文的"内史腾"。③书年：登记年龄。④丽邑：丽，也作郦、骊。在今陕西省临潼县东。⑤韩王安：韩国末代君主。前238——前230年在位。⑥华阳太后：庄襄王之寄母。

十八年，大兴兵攻赵，王翦将上地①，下井陉②。端和将河内，羌瘣伐赵，端和围邯郸城。十九年，王翦、羌瘣尽定取赵地东阳③，得赵王④。引兵欲攻燕，屯中山⑤。秦王之邯郸，诸尝与王生赵时母家有仇怨，皆坑之⑥。秦王还，从太原、上郡归。始皇帝母太后崩。赵公子嘉率其宗数百人之代⑦，自立为代王，东与燕合兵，军上谷⑧。大饥。

【注释】

①上地：地名。在今陕西省绥德县一带。有人认为上地即指上党，在今山西南部长治市。②井陉（xíng）：秦置县。治所在今河北省井陉县。③羌瘣（huì）：秦将。东阳：地区名。在今河北省太行山。④赵王：即赵王迁。⑤屯：驻防。⑥坑：同坑，活埋。⑦赵公子嘉：赵国最后一个君王。前227年——前222年在位。代：原为国名。战国时被赵所灭。⑧上谷：郡名。属燕。辖今河北省北部部分地区，治所在沮阳（今河北怀来县东南）。

二十年，燕太子丹患秦兵至国①，恐，使荆轲刺秦王②。秦王觉之，体解轲以徇，而使王翦、辛胜攻燕。燕、代发兵击秦军，秦军破燕易水之西③。二十一年，王贲攻荆。乃益发卒诣王翦军④，遂破燕太子军，取燕蓟城⑤，得太子丹之首。燕王东收辽东而王之⑥。王翦谢病老归⑦。新郑反⑧。昌平君徙于郢⑨。大雨雪，深二尺五寸。

【注释】

①燕太子丹（? ——前226年）：燕王喜的太子，名丹。②荆轲（? ——前227年）：卫国人。③易水：在河北省西部。为大清河上游的支流。源出于易县。④诣：往；到。⑤蓟（jì）：燕，国都。在今北京城西南角。⑥辽东：郡名。治所在襄平（今辽宁辽阳市）。辖今辽宁省大凌河以东地区。⑦谢病老：称病、称老而申请退职。⑧新郑：县名。原属韩。治所在今河南省新郑县。⑨郢：此指寿春（今安徽省寿县）。

二十二年，王贲攻魏，引河沟灌大梁①，大梁城坏，其王请降②，尽取其地。

【注释】

①河沟：水名。即汴河。②其王：指魏王假，魏国末代君主。前227年——前225年在位。

二十三年，秦王复召王翦，强起之①，使将击荆②。取陈以南至平舆③，虏荆王④。秦王游至郢陈⑤。荆将项燕立昌平君为荆王，反秦于淮南⑥。二十四年，王翦、蒙武攻荆，破荆军，昌平君死。项燕遂自杀。

【注释】

①强：勉强；强迫。②荆：即楚。秦庄襄王名子楚，所以讳言楚。③陈：县名。治所在今河南淮阳。平舆：县名。治所在今河南省平舆县北。④荆王：指楚王负刍，楚国末代君主。⑤郢陈：即陈（今河南淮阳）。⑥项燕：（？——前223年）下相（今江苏省宿迁县西南）人。项羽之祖父。

　　二十五年，大兴兵，使王贲将，攻燕辽东，得燕王喜①。还攻代，虏代王嘉。王翦遂定荆江南地②；降越君③，置会稽郡④。五月，天下大酺⑤。

【注释】

①燕王喜：燕国末代君主。前254年——前222年在位。②江南：地区名，泛指长江以南。③降：降服。越君：越族君长。楚威王已灭越国，其余族未降者自称君长。④会稽（kuài jī）：郡名。治所为吴县（今江苏省苏州市），管辖今江苏省南部、浙江省大部、安徽省东南部。⑤酺（pú）：聚饮，指命令所特许的大聚饮。

　　二十六年，齐王建与其相后胜发兵守其西界①，不通秦。秦使将军王贲从燕南攻齐，得齐王建。

【注释】

①齐王建：齐国末代君主。前264年——前226年在位。

　　秦初并天下，令丞相、御史曰①："异日韩王纳地效玺②，请为藩臣③，已而倍约④，与赵、魏合从畔秦⑤，故兴兵诛之，虏其王。寡人以为善，庶几息兵革⑥。赵王使其相李牧来约盟⑦，故归其质子。已而倍盟，反我太原，故兴兵诛之，得其王。赵公子嘉乃自立为代王，故举兵击灭之。魏王始约服入秦，已而与韩、赵谋袭秦，秦兵吏诛，遂破之。荆王献青阳以西⑧，已而畔约，击我南郡⑨，故发兵诛，得其王，遂定其荆地。燕王昏乱，其太子丹乃阴令荆轲为贼⑩，兵吏诛，灭其国。齐王用后胜计，绝秦使，欲为乱，兵吏诛，虏其王，平齐地。寡人以眇眇之身，兴兵诛暴乱，赖宗庙之灵⑪，六王咸服其辜⑫，天下大定。今名号不更，无以称成功，传后世。其议帝号⑬。"丞相绾、御史大夫劫、廷尉斯等皆曰⑭："昔者五帝地方千里⑮，其外侯服、夷服，诸侯或朝或否⑯，天子不能制⑰。今陛下兴义兵，诛残贼，平定天下，海内为郡县⑱，法令由一统，自上古以来未尝有，五帝所不及。臣等谨与博士议曰⑲：'古有天皇，有地皇，有泰皇⑳，泰皇最贵。'臣等昧死上尊号㉑，王为'泰皇'。命为'制'，令为'诏'，天子自称曰'朕'。"王曰："去'泰'著'皇'，采上古'帝'位号，号曰'皇帝'。他如议。"制曰："可。"追尊庄襄王为太上皇。制曰："朕闻太古有号毋谥㉒，中古有号，死而以行为谥。如此，则子议父，臣议君也，甚无谓㉓，朕弗取焉。自今以来，除谥法。朕为始皇帝，后世以计数，二世三世至于万世，传之无穷。"

【注释】

①御史：即御史大夫。官名。掌文书和记事。管监察、执法。②效：献出。效玺，表示投降称臣。③藩臣：守卫边境的臣属。④倍：同背。⑤畔：同叛⑥庶几（jī）：也许可以。兵革：借指战争。兵，武器；革，甲胄。⑦李牧（？——前228年）：赵将。长期防守赵国边境，深得军心，曾打败东胡、林胡、匈奴。赵王迁三年（前233年），率军向秦反攻，大败秦军，赐封武安君。后因赵王中秦反间计，牧被杀。⑧青阳：县名。在今湖南省长沙市境内。⑨南郡：郡名。治所在郢（今湖北省江陵县东北），后迁江陵。⑩阴：暗地里。贼：行刺；暗害。⑪宗庙：本指帝王、诸侯或大夫祭祀祖宗的处所。⑫六王：指齐、楚、燕、韩、魏、赵等六国诸侯。辜：罪。⑬其：表祈使，副词。⑭绾（wǎn）：王绾。劫：冯劫。廷尉：官名。掌管刑法，为九卿之一。斯：李斯。⑮五帝：历史上有几种说法。《史记》所指是：黄帝、颛顼、帝喾、尧、舜。⑯侯服、夷服：按照周代制度，国王直接管辖的土地，直径一千里。此外为藩属，分为九服，由近及远，每隔五百里，定一个名称。⑰制：规定；控制。⑱郡县：地方政权组织。战国时在边区设郡，后来逐渐形成县统于郡的两级制。秦统一中国后，分全国为三十六郡，后增加到四十八郡，下设县。⑲博士：官名。掌史事典籍图书，参与议政。⑳天皇、地皇、泰皇：传说中的三皇。㉑昧死：谦词。冒死的意思。㉒谥（shì）：封建时代，在皇帝及达官贵族死后，统治阶级根据其生前事迹评定褒贬所给予的称号。㉓无谓：没有意义。

始皇推终始五德之传①，以为周得火德，秦代周德，从所不胜。方今水德之始，改年始，朝贺皆自十月朔②。衣服旄旌节旗皆上黑③。数以六为纪，符、法冠皆六寸，而舆六尺④，六尺为步，乘六马。更名河曰德水，以为水德之始。刚毅戾深，事皆决于法，刻削毋仁恩和义，然后合五德之数⑤。于是急法，久者不赦。

【注释】

①终始五德：战国时期阴阳学家邹衍的学说。指水、火、木、金、土五种物质德性相生相克和终而复始的循环变化，用来说明王朝兴废的原因。夏、商、周三个朝代的传递，就是火（周）克金（商）、金克木（夏）的结果；并虚构了一个五德终始的历史循环论体系，论证在政治上为了适应"五行配列"而定出的相适应的制度（如改正朔，易服色）的必要。②朔：阴历每月初一。十月朔：指以十月初一为元旦。③旄（máo）旌：用旄牛尾或五色羽毛装饰的旗。节：符节，使者所持的凭证。上黑：以黑为贵。④纪（jì）：基础。舆：车。⑤戾（lì）：暴烈。刻削：刻薄侵害。合五德之数：始皇认为秦承水德，而水为阴，阴主刑杀。

丞相绾等言："诸侯初破，燕、齐、荆地远，不为置王，毋以填之①。请立诸子，唯上幸许。"始皇下其议于群臣②，群臣皆以为便。廷尉李斯议曰："周文武所封子弟同姓甚众，然后属疏远③，相攻击如仇雠，诸侯更相诛伐，周天子弗能禁止。今海内赖陛下神灵一统，皆为郡县，诸子功臣以公赋税重赏赐之，甚足易制。天下无异意，则安宁之术也④。置诸侯不便。"始皇曰："天下共苦战斗不休，以有侯王。赖宗庙，天下初定，又复立国，是树兵也⑤，而求其宁息，岂不难哉！廷尉议是。"

【注释】

①填（zhèn）：通镇。安定。②下：交下。议：建议，意见。③周文武：周文王、武王。④术：手段；策略。⑤树兵：发动战争。

分天下以为三十六郡①，郡置守、尉、监②。更名民曰"黔首"③。大酺。收天下兵，聚之咸阳，销以为钟镶，金人十二，重各千石④，置廷宫中。一法度衡石丈尺。车同轨⑤。书同文字。地东至海暨朝鲜，西至临洮、羌中，南至北向户，北据河为塞，并阴山至辽东⑥。徙天下豪富于咸阳十二万户。诸庙及章台，上林皆在渭南⑦。秦每破诸侯，写放其宫室，作之咸阳北阪上，南临渭，自雍门以东至泾、渭⑧，殿屋、复道、周阁相属⑨。所得诸侯美人、钟鼓，以充入之。

【注释】

①三十六郡：三川、河东、南阳、南郡、九江、鄣郡、会稽、颍川、砀郡、泗水、薛郡、东郡、琅邪、齐郡、上谷、渔阳、右北平、辽西、辽东、代郡、巨鹿、邯郸、上党、太原、云中、九原、雁门、上郡、陇西、北地、汉中、巴郡、蜀郡、黔中、长沙，共三十五，加上内史，共三十六郡。②守：郡守。郡的行政长官。尉：郡尉。郡的军事长官。监：监御史。监察长官。③黔首：也称"黎首"。黔为黑色，劳动人民的脸晒得很黑，故称。④镶（jù）：如钟一类的乐器。石（shí）：重量单位：一百二十斤为石。⑤衡：秤。轨：车轮轮距。⑥暨（jì）：通及。临洮：县名。治所在今甘肃省岷县。羌中：指羌族聚居地。主要为甘肃省西南洮水流域。北向户：地区名。并：通傍。阴山：山名。在今内蒙古中部。⑦章台：离宫的台名。上林：苑名。⑧写：描摹。放：通仿。雍门：地名。在今陕西省高陵县境。⑨复道：阁道；天桥。周阁：四周装有窗户和栏杆可供远眺的楼阁。相属（zhǔ）：相连，相通。

二十七年，始皇巡陇西、北地①，出鸡头山②，过回中③。焉作信宫渭南④，已更命信宫为极庙，象天极⑤。自极庙道通郦山，作甘泉前殿。筑甬道⑥，自咸阳属之。是岁，赐爵一级。治驰道⑦。

【注释】

①陇西：郡名。治所在狄道（今甘肃省临洮县南）。北地：郡名。治所在义渠（今甘肃省庆阳县西南）。②鸡头山：一说今甘肃省平凉县西的崆峒山；一说甘肃省成县的鸡头山。③回中：宫名。故址在今陕西省凤翔县南。④焉：乃；于是。信宫：宫名。即长信宫。⑤天极：北极星。始皇建极庙以象征天极。⑥甬道：两旁筑有墙的通道。⑦驰道：宽阔的车道。宽五十步，高出地面。路中三丈宽的部分，专供皇帝行走，种树为界。

二十八年，始皇东行郡县，上邹峄山①。立石，与鲁诸儒生议②，刻石颂秦德，议封禅望祭山川之事③。乃遂上泰山④，立石，封，祠祀。下，风雨暴至，休于树下，因封其树为五大夫⑤。禅梁父⑥。刻所立石，其辞曰：

皇帝临位，作制明法，臣下修饬⑦。二十有六年，初并天下，罔不宾服⑧。亲巡远方黎民⑨，登兹泰山，周览东极。从臣思迹，本原事业，祗诵功德⑩。治道运行，诸产得宜⑪，皆有法式。大义休明⑫，垂于后世，顺承勿革。皇帝躬圣⑬，既平天下，不懈于治。夙兴夜寐⑭，建设长利，专隆教诲。训经宣达，远近毕理，咸承圣志。贵贱分明，男女礼顺，慎遵职事。昭隔内外⑮，靡不清净⑯，施于后嗣⑰。化及无穷，遵奉遗诏，永承重戒⑱。

【注释】

①邹峄（yì）山：又名邹山、峄山。今山东省邹县东南。②鲁：地区名。今山东省泰山以南地区。③封禅（shàn）：登泰山筑坛祭天，叫封；在梁父山上辟基祭地，叫禅。④泰山：山名。在山东省中部，主峰玉皇顶在泰安市北，古又称"东岳"、"岱山"、"岱宗"。⑤五大夫：爵位名。秦、汉二十等爵的第九级。⑥梁父（fǔ）：泰山南的一座小山。⑦修饬（chì）：对法制抱恭谨的态度。修，整治。饬，谨慎。⑧罔（wǎng）：无。宾服：诸侯或边远部落按期朝贡，表示臣服。⑨黎民：众民。⑩祗（zhī）：恭敬。⑪诸产：各项产业。⑫休明：美好清明。⑬躬圣：亲听。⑭夙（sù）兴夜寐：早起晚睡。⑮昭隔：明白划分。⑯靡（mí）：无。⑰施（yì）：蔓延；延续。⑱重：严；深。戒：命令；告诫。

于是乃并勃海以东①，过黄、腄②，穷成山③，登之罘④，立石颂秦德焉而去。

【注释】

①并（bàng）：通傍。沿着。②黄：县名。治所即今山东黄县东。腄（chuí）：县名。即今山东省福山县。③成山：山名。在山东省荣成县东北。④之罘（fú）：山名。在今山东省福山县东北海中的芝罘半岛上。

南登琅邪①，大乐之，留三月。乃徙黔首三万户琅邪台下②，复十二岁③。作琅邪台，立石刻，颂秦德，明得意。曰：

维二十八年④，皇帝作始。端平法度，万物之纪。以明人事，合同父子。圣智仁义，显白道理。东抚东土，以省卒士。事已大毕，乃临于海。皇帝之功，勤劳本事⑤。上农除末⑥，黔首是富。普天之下，搏心揖志⑦。器械一量，同书文字。日月所照，舟舆所载。皆终其命，莫不得意。应时动事，是维皇帝。匡饬异俗⑧，陵水经地⑨。忧恤黔首，朝夕不懈。除疑定法，咸知所辟⑩。方伯分职⑪，诸治经易。举错必当，莫不如画⑫。皇帝之明，临察四方。尊卑贵贱，不逾次行⑬。奸邪不容，皆务贞良。细大尽力，莫敢怠荒。远迩辟隐⑭，专务肃庄。端直敦忠，事业有常。皇帝之德，存定四极⑮。诛乱除害，兴利致福。节事以时，诸产繁殖。黔首安宁，不用兵革。六亲相保，终无寇贼。欢欣奉教，尽知法式。六合之内⑯，皇帝之土。西涉流沙⑰，南尽北户。东有东海⑱，北过大夏⑲。人迹所至，无不臣者。功盖五帝，泽及牛马。莫不受德，各安其宇⑳。

【注释】

①琅邪：山名。在今山东省胶南县。②琅邪台：有三说：一说在琅邪海滨有座山，形状象台；一说越王勾践曾在琅邪起台观；一说秦始皇在琅邪山上起层台，叫琅邪台。③复：免除赋税或徭役。④维：助词，用在句首以加强语气。⑤本事：根本的大事。⑥上：同尚。崇尚，重视。末：古代称工商业为末。⑦搏：同专。揖（jí）：通辑。会集。⑧匡饬：纠正和整顿。⑨陵：经过；超越。⑩辟：同避。⑪方伯：一方诸侯之长。这里指地方长官。⑫画：整齐；明白。⑬次行（háng）：等级。⑭辟：同僻。偏僻。⑮四极：四方极远的地方。⑯六合：天、地、东、西、南、北。⑰流沙：指流沙泽，后称居延泽、居延海。即今内蒙额济纳旗西北的苏古诺尔湖与嘎顺诺尔湖。⑱东海：东海所指因时代而不同。⑲大夏：即晋阳，在今山西

太原市西南。⑳宇：房屋。这里指居住的地方。

　　维秦王兼有天下，立名为皇帝，乃抚东土，至于琅邪。列侯武城侯王离、列侯通武侯王贲、伦侯建成侯赵亥、伦侯昌武侯成、伦侯武信侯冯毋择、丞相隗林、丞相王绾、卿李斯、卿王戊、五大夫赵婴，五大夫杨樛从①，与议于海上②。曰："古之帝者，地不过千里，诸侯各守其封域，或朝或否，相侵暴乱，残伐不止，犹刻金石，以自为纪。古之五帝三王③，知教不同，法度不明，假威鬼神，以欺远方，实不称名④，故不久长。其身未殁⑤，诸侯倍叛，法令不行。今皇帝并一海内，以为郡县，天下和平。昭明宗庙，体道行德，尊号大成⑥。群臣相与诵皇帝功德，刻于金石，以为表经⑦。"

【注释】

　　①列侯：爵位名。秦二十等爵中的最高一级。②与（yù）：参加；参预。③三王：指三代之王夏禹、商汤、周文王、武王。④称（chèn）：适合；相符。⑤殁（mò）：死亡。⑥大成：完备。⑦表：表率。经：典范。

　　既已，齐人徐市等上书①，言海中有三神山，名曰蓬莱、方丈、瀛洲②，仙人居之。请得斋戒③，与童男女求之。于是遣徐市发童男女数千人，入海求仙人。

【注释】

　　①徐市（fú）：一作"徐福"。方士。琅邪人。入海求仙，一去不返。②蓬莱、方丈、瀛洲：传说中的三座神山。③斋戒：古人准备向神祷告，为了表示恭敬虔诚，要实行斋戒，即绝嗜欲，沐浴更衣戒酒戒荤。

　　始皇还，过彭城①，斋戒祷祠，欲出周鼎泗水②。使千人没水求之，弗得。乃西南渡淮水，之衡山、南郡③。浮江，至湘山祠④。逢大风，几不得渡。上问博士曰："湘君何神？"博士对曰："闻之，尧女，舜之妻⑤，而葬此。"于是始皇大怒，使刑徒三千人皆伐湘山树⑥，赭其山⑦。上自南郡由武关归⑧。

【注释】

　　①彭城：县名。治所在今江苏省徐州市。②鼎：原是古代盛食物的器皿，后来成为礼器。③衡山：汉武帝移南岳之名于霍山（在今安徽，名天柱山），霍山始有南岳之名，一说以此衡山即霍山。安徽当涂县北亦有衡山。④湘山：一名君山，又名洞庭山。在湖南省岳阳县西洞庭湖中。⑤尧女，舜妻：相传尧的两个女儿娥皇、女英，同时嫁给舜为妃。⑥刑徒：被判刑而服劳役的人。⑦赭（zhě）：使呈红色。⑧武关：关名。在今陕西省丹凤县东南丹江上，非今址。

　　二十九年，始皇东游。至阳武博狼沙中①，为盗所惊。求弗得，乃令天下大索十日。

【注释】

　　①阳武：县名。治所在今河南省原阳县东南。博狼沙：一作博浪沙。在今河南省原阳县南。

登之罘，刻石。其辞曰：

维二十九年，时在中春^①，阳和方起^②。皇帝东游，巡登之罘，临照于海。从臣嘉观，原念休烈^③，追诵本始。大圣作治，建定法度，显箸纲纪^④。外教诸侯，光施文惠^⑤，明以义理。六国回辟^⑦，贪戾无厌，虐杀不已。皇帝哀众，遂发讨师，奋扬武德。义诛信行，威燀旁达^⑧，莫不宾服。烹灭强暴，振救黔首，周定四极。普施明法，经纬天下^⑨，永为仪则^⑩。大矣哉！宇县之中^⑪，承顺圣意。群臣诵功，请刻于石，表垂于常式^⑫。

【注释】

①中（zhòng）春：即仲春，夏历二月。②阳和：春气。③休：美善；烈：功绩；功迹；事业。④箸：同著，显明。⑤文：指礼乐制度。⑦回辟：邪辟，回，不直，辟，曲邪不正。⑧燀（chǎn）：光烈。⑨经纬：治理。⑩仪则：标准；曲型；法则。⑪宇县：天下。宇，宇宙；县，赤县。⑫常式：永久的典范。

其东观曰：

维二十九年，皇帝春游，览省远方。逮于海隅^①，遂登之罘，昭临朝阳^②。观望广丽，从臣咸念，原道至明。圣法初兴，清理疆内，外诛暴强。武威旁畅^③，振动四极^④，禽灭六王。阐并天下^⑤，灾害绝息，永偃戎兵^⑥。皇帝明德，经理宇内，视听不怠。作立大义，昭设备器，咸有章旗^⑦。职臣遵分^⑧，各知所行，事无嫌疑。黔首改化，远迩同度，临古绝尤^⑨。常职既定，后嗣循业，长承圣治。群臣嘉德，祗诵圣烈，请刻之罘。

【注释】

①逮：到达；抵。②昭临：观览。③旁畅：四达；普遍影响。④振：通震。⑤阐：开；广：尽。⑥偃：停止。戎：征伐，军队，兵器。⑦章旗：用以表示贵贱等级的服装、旗帜。⑧分（fèn）：本分；职分。⑨古：古稀。这里指老年。尤：罪过。

三十年，无事。

三十一年，十二月，更名腊曰"嘉平"^①。赐黔首里六石米^②，二羊。始皇为微行咸阳，与武士四人俱，夜出逢盗兰池^③，见窘^④，武士击杀盗，关中大索二十日^⑤。米石千六百。

【注释】

①腊：腊月，即夏历十二月。传说秦始皇希望长生不老，派人求仙求药，偶然听到一首歌谣，其中有"帝若学之腊嘉平"一句，因此改腊曰"嘉平"②里：古代居民聚居的地方。③兰池：秦始皇修建的护城河。旧址在今陕西省咸阳市东。④见：被。窘（jiǒng）：窘迫；处境危急。⑤关中：秦都咸阳，汉都长安，均位于函谷关以西，散关以东，武关以北，萧关以南，处四关之中，所以称这个地区为关中。

三十二年，始皇之碣石^①，使燕人卢生求羡门、高誓^②。刻碣石门。坏城郭，决通堤防③。其辞曰：

遂兴师旅，诛戮无道，为逆灭息。武殄暴逆④，文复无⑤，庶心咸服⑥惠论功劳⑦，赏及牛马，恩肥土域。皇帝奋威，德并诸侯，初一泰平⑧。堕坏城郭⑨，决通川防，夷去险阻⑩。地势既定，黎庶无繇⑪，天下咸抚。男乐其畴⑫，女修其业，事各有序。惠被诸产⑬，久并来田⑭，莫不安所。群臣诵烈，请刻此石，垂著仪矩⑮。

【注释】

①碣石：山名。在今河北省昌黎县北。②羡门、高誓：传说中的两个仙人的名字。③坏城郭，决通堤防：这两句与上下句不连贯，并且与碑文中的"堕坏城郭，决通川防"重复，衍文。④殄（tiān）：灭尽。⑤文：法令条文。复：通覆，庇护。复，一作伏。⑥庶：百姓。⑦惠：赐。⑧泰平：太平。⑨堕：同隳，毁坏。郭：外城。⑩夷：削平；诛锄。⑪繇（yáo）：同徭，徭役。⑫畴（chóu）：田畴；已耕作的田地。⑬被：及；到。⑭久：一作分。单人耕作。并：双人耕作。来田：麦田。⑮仪：法度；准则。

因使韩终、侯公、石生求仙人不死之药。始皇巡北边，从上郡入。燕人卢生使入海还，以鬼神事，因奏录图书①，曰"亡秦者胡也"②。始皇乃使将军蒙恬发兵三十万人北击胡③，略取河南地④。

【注释】

①奏：臣子向君主上书、进言。录：记载，抄写。②亡秦者胡也：这本是一句双关语。使秦朝灭亡的是胡亥，秦始皇却以为是胡人。③蒙恬（？——前210年）：秦朝名将。在抗击匈奴的斗争中，建立了功勋，后被秦二世逼迫自杀。④略取：占领；夺取。

三十三年，发诸尝逋亡人、赘婿、贾人略取陆梁地①，为桂林、象郡、南海②，以适遣戍③。西北斥逐匈奴④。自榆中并河以东⑤，属之阴山，以为四十四县，城河上为塞⑥。又使蒙恬渡河取高阙、阳山、北假中⑦，筑亭障以逐戎人⑧。徙谪，实之初县⑨。禁不得祠。明星出西方⑩。三十四年，适治狱吏不直者，筑长城及南越地⑪。

【注释】

①逋（bū）亡人：逃亡的人。赘（zhuì）婿：穷人把儿子典给富人做奴隶，称赘子，主家给赘子娶妻后称为赘婿。这与招上门的女婿称为赘婿不同。陆梁地：泛指五岭以南地区。②桂林：郡名。治所在今广西壮族自治区桂平县西南。象郡：一说治所在象林（今越南维川南茶桥）。一说治所在临尘（今广西崇左县境），地辖今广西西部、广东省西南部和贵州省南部一带。南海：郡名。治所在番禺（今广州市）。地辖今广东省澶江、大罗山以南，珠江三角洲及绥江流域以东。③适（zhé）：同谪。官吏因罪被降职或流放。戍（shù）：防守。④匈奴：即胡。战国时期居住在今内蒙古自治区一带的游牧部族。⑤榆中：要塞名，即榆林塞，或称榆溪旧塞，故址在今内蒙准格尔旗，陕西榆林东北。⑥城：筑城。用如动词。⑦高阙：地名。在今内蒙古自治区杭锦后旗东北石兰计山口。阳山：指阴山最西一段，即今内蒙古的狼山。北假：地区名，指今内蒙古五原西、河套以北、阴山以南地区。⑧亭障：在边疆险要处修建的、供防守的堡垒。⑨初县：新设置的县。⑩明星：彗星。⑪不直：不公正，不正直。南越：指桂林、象郡、南海诸郡。

始皇置酒咸阳宫，博士七十人前为寿①。仆射周青臣进颂曰②："他时秦地不过千里，赖陛下神灵明圣，平定海内，放逐蛮夷，日月所照，莫不宾服。以诸侯为郡县，人人自安乐，无战争之患，传之万世。自上古不及陛下威德。"始皇悦。博士齐人淳于越进曰："臣闻殷周之王千余岁，封子弟功臣，自为枝辅③。今陛下有海内，而子弟为匹夫④，卒有田常、六卿之臣⑤，无辅拂⑥，何以相救哉？事不师古而能长久者，非所闻也。今青臣又面谀以重陛下之过，非忠臣。"始皇下其议。丞相李斯曰："五帝不相复，三代不相袭⑦，各以治，非其相反，时变异也。今陛下创大业，建万世之功，固非愚儒所知。且越言乃三代之事，何足法也？异时诸侯并争⑧，厚招游学。今天下已定，法令出一，百姓当家则力农工，士则学习法令辟禁⑨。今诸生不师今而学古，以非当世，惑乱黔首。丞相臣斯昧死言：古者天下散乱，莫之能一，是以诸侯并作，语皆道古以害今，饰虚言以乱实，人善其所私学，以非上之所建立。今皇帝并有天下，别黑白而定一尊。私学而相与非法教，人闻令下，则各以其学议之，入则心非，出则巷议，夸主以为名，异取以为高⑩，率群下以造谤。如此弗禁，则主势降乎上，党与成乎下⑪。禁之便⑫。臣请史官非秦记皆烧之。非博士官所职⑬，天下敢有藏《诗》、《书》、百家语者⑭，悉诣守、尉杂烧之。有敢偶语《诗》、《书》者弃市⑮。以古非今者族。吏见知不举者与同罪。令下三十日不烧，黥为城旦⑯。所不去者，医药卜筮种树之书⑰。若欲有学法令，以吏为师。"制曰："可。"

【注释】

①为寿：敬酒祝酒。②仆射（yè）：官名。如博士仆射、尚书仆射等。根据所掌管的职事作称号。意思就是某一类官员的首长。③枝辅：辅助。④匹夫：古指平民中的男子，也指寻常的个人。⑤田常：春秋时齐国大臣，杀死齐简公，拥立齐平公。任相国。六卿：春秋后期，晋国有范氏、中行（háng）氏、知氏、韩氏、赵氏、魏氏六家为卿。⑥拂：同弼，辅佐。⑦三代：指夏、商、周三代。⑧异时：从前。⑨辟（bì）禁：刑法；禁令。辟，同避。⑩异取：标新立异。取，同趣。⑪党与：即朋党。⑫便：有利，适宜。⑬职：职掌；主管。⑭《诗》：《诗经》。《书》：《尚书》。百家语：诸子百家的著作。⑮偶语：相对私语。弃市：古代死刑之称。在闹市执行死刑，并将尸体暴露街头。⑯黥（qíng）：古代刑罚。在犯人脸上刺字，并涂上墨，也称墨刑。城旦：刑罚名。白天守卫，晚上筑长城，一般以四年为期。⑰卜筮（shì）：古代占卜，用龟甲称卜，用蓍（shī）草为筮。

三十五年，除道①，道九原抵云阳②，堑山堙谷③，直通之。于是始皇以为咸阳人多，先王之宫廷小，吾闻周文王都丰，武王都镐，丰镐之间，帝王之都也。乃营作朝宫渭南上林苑中。先作前殿阿房④，东西五百步，南北五十丈，上可以坐万人，下可以建五丈旗。周驰为阁道⑤，自殿下直抵南山。表南山之颠以为阙⑥。为复道，自阿房渡渭，属之咸阳，以象天极阁道绝汉抵营室也⑦。阿房宫未成；成，欲更择令名名之⑧。作宫阿房，故天下谓之阿房宫。隐宫徒刑者七十余万人⑨，乃分作阿房宫，或作丽山⑩。发北山石椁⑪，乃写蜀、荆地材皆至⑫。关中计宫三百，关外四百余⑬。于是立石东海上朐界中⑭，以为秦东门。因徙三万家丽邑，五万家云阳，皆复不事十岁。

【注释】

①除道：开道。②道：经过。九原：县名。治所在今包头市西，为九原郡郡治。③堑（qiàn）：挖掘。

埋（yīn）：填塞。④阿房（ē páng）：地名。在今陕西省西安市西北。阿，近，房，同旁。阿房宫直到秦朝灭亡，也未命名，因前殿在阿房，所以称为阿房宫。⑤阁道：即"复道"。在高楼间架空的通道。⑥表：标志。颠：同巅。阙：古代宫殿、祠庙和陵墓间的高建筑物。⑦阁道、营室：古星名。绝：横渡。汉：天河。这句写阿房宫的建筑模仿天极，阿房宫是地上的阁道，渭水是天河，隔河的咸阳是灿烂的营室。⑧令名：美名。⑨隐宫：即宫刑。古代酷刑之一。把男人的生殖器阉割后，要把受刑者关在阴暗的屋子里养息一百天，所以叫隐宫。⑩丽（lí）山：即骊山。在今陕西省临潼县东南。⑪石椁（guǒ）：作椁的石材。⑫写：同卸。运送。⑬关外：函谷关以东。⑭朐（qú）：山名。即在今江苏连云港市西南的锦屏山。

卢生说始皇曰："臣等求芝、奇药、仙者常弗遇，类物有害之者①。方中，人主时为微行以辟恶鬼②，恶鬼辟，真人至③。人主所居而人臣知之，则害于神。真人者，入水不濡④，入火不热⑤，陵云气⑥，与天地久长。今上治天下，未能恬倓⑦。愿上所居宫毋令人知，然后不死之药殆可得也。"于是始皇曰："吾慕真人，自谓'真人'，不称'朕'。"乃令咸阳之旁二百里内宫观二百七十复通甬道相连，帷帐钟鼓美人充之，各案署不移徙⑧。行所幸⑨，有言其处者，罪死。始皇帝幸梁山宫⑩，从山上见丞相车骑众，弗善也⑪。中人或告丞相⑫，丞相后损车骑。始皇怒曰："此中人泄吾语。"案问莫服⑬。当是时，诏捕诸时在旁者，皆杀之。自是后莫知行之所在。听事，群臣受决事，悉于咸阳宫。

【注释】

①类：好像。②方中：方寸之中，指自己的想法。辟：同避。③真人：道家称修真得道或成仙的人。④濡（rú）：沾湿。⑤爇（ruò）：焚烧。⑥陵：登；上升。⑦恬倓（dàn）：清静而无所作为。倓通淡。⑧案：同按，署：部署。⑨行：巡狩，巡视。⑩梁山宫：宫殿名。在今陕西省乾县东。⑪善：赞许；喜欢。⑫中人：皇宫中的人。指宦官或近臣。⑬案问：审问。

侯生、卢生相与谋曰："始皇为人，天性刚戾自用①，起诸侯②，并天下，意得欲从③，以为自古莫及己。专任狱吏，狱吏得亲幸。博士虽七十人，特备员弗用④。丞相诸大臣皆受成事⑤，倚辨于上⑥。上乐以刑杀为威，天下畏罪持禄⑦，莫敢尽忠。上不闻过而日骄，下慑伏谩欺以取容⑧。秦法，不得兼方⑨，不验，辄死。然候星气者至三百人⑩，皆良士，畏忌讳谀，不敢端言其过⑪。天下之事无小大皆决于上，上至以衡石量书⑫，日夜有呈，不中呈不得休息⑬。贪于权势至如此，未可为求仙药。"于是乃亡去。始皇闻亡，乃大怒曰："吾前收天下书不中用者尽去之。悉召文学方术士甚众⑭，欲以兴太平，方士欲练以求奇药⑮。今闻韩众去不报⑯，徐巿等费以巨万计，终不得药，徒奸利相告日闻⑰。卢生等吾尊赐之甚厚，今乃诽谤我，以重吾不德也。诸生在咸阳者，吾使人廉问⑱，或为訞言以乱黔首⑲。"于是使御史悉案问诸生，诸生传相告引⑳，乃自除犯禁者四百六十余人㉑，皆坑之咸阳，使天下知之，以惩后。益发谪徙边。始皇长子扶苏谏曰："天下初定，远方黔首未集，诸生皆诵法孔子，今上皆重法绳之㉒，臣恐天下不安。唯上察之。"始皇怒，使扶苏北监蒙恬于上郡。

【注释】

①自用：凭自己的主观意图办事，不虚心向人求救。②起：出身。③意得欲从：即得意从欲。从，通纵。放纵。④备员：充数；凑数。⑤成事：已成的事。⑥辨：通办。治理；办事。⑦持禄：保持禄位，尸位素餐。⑧慑（shè）伏：害怕畏伏。漫欺：欺骗；蒙蔽。⑨兼方：具有两种以上的方技。⑩候星气者：观测星象和云气的人。⑪端言：直言；正言。⑫衡石量书：一天称一百二十斤文件来看。衡，指秤。石，一百二十斤。⑬呈：通程。限额。中（zhòng）：满，正对上，达到。⑭方术士：古代指研究天文、医学、神仙术、占卜、相术等的人。⑮练：阅历；寻访；游历。⑯韩众：即韩终。⑰奸利：以非法手段谋取利益。⑱廉问：侦察；查访。⑲妖：同妖。⑳告引：告发。㉑自除：指秦始皇亲自削除儒生名籍。除，除名。禁：指法令或习俗所不允许的事情。㉒绳：约束，整治。

三十六年，荧惑守心①。有坠星下东郡，至地为石，黔首或刻其石曰"始皇帝死而地分"。始皇闻之，遣御史逐问，莫服，尽取石旁居人诛之，因燔销其石②。始皇不乐，使博士为《仙真人诗》，及行所游天下，传令乐人歌弦之③。秋，使者从关东夜过华阴平舒道④，有人持璧遮使者曰："为吾遗滈池君⑤。"因言曰："今年祖龙死⑥。"使者问其故，因忽不见，置其璧去。使者奉璧具以闻⑦。始皇默然良久，曰："山鬼固不过知一岁事也。"退言曰："祖龙者，人之先也。"使御府视璧，乃二十八年行渡江所沉璧也。于是始皇卜之，卦得游徙吉。迁北河榆中三万家⑧。拜爵一级。

【注释】

①荧惑：即火星。心：星名。也叫商星。二十八宿之一。②燔（fán）：焚烧。③歌：谱曲。弦：弹奏。④华（huá）阴：县名。治所在今陕西省华阴县。平舒：城名。在今陕西省华阴县西北渭水边上。⑤滈（háo）池君：水神名。这里借指秦始皇。⑥祖龙：暗指秦始皇。祖，开始。龙，皇帝的象征。⑦奉：同捧。⑧北河：约当今内蒙古境内黄河的北支乌加河（当时为黄河主流）。

三十七年十月癸丑，始皇出游。左丞相斯从，右丞相去疾守①。少子胡亥爱慕请从，上许之。十一月，行至云梦，望祀虞舜于九疑山②。浮江下，观籍柯，渡海渚③。过丹阳，至钱唐④。临浙江，水波恶，乃西百二十里从狭中渡⑤。上会稽，祭大禹，望于南海⑥，而立石刻颂秦德。其文曰：

皇帝休烈，平一宇内，德惠修长。三十有七年，亲巡天下，周览远方。遂登会稽，宣省习俗，黔首斋庄⑦。群臣诵功，本原事迹，追首高明。秦圣临国，始定刑名，显陈旧章。初平法式，审别职任，以立恒常。六王专倍，贪戾慠猛⑧，率众自强。暴虐恣行⑨，负力而骄，数动甲兵。阴通间使，以事合从，行为辟方⑩。内饰诈谋，外来侵边，遂起祸殃。义威诛之，殄息暴悖，乱贼灭亡。圣德广密，六合之中，被泽无疆。皇帝并宇，兼听万事，远近毕清。运理群物，考验事实，各载其名。贵贱并通，善否陈前⑪，靡有隐情。饰省宣义，有子而嫁，倍死不贞。防隔内外，禁止淫泆⑫，男女洁诚。夫为寄豭，杀之无罪⑬，男秉义程⑭。妻为逃嫁，子不得母⑮，咸化廉清。大治濯俗⑯，天下承风⑰，蒙被休经。皆遵度轨，和安敦勉⑱，莫不顺令。黔首修洁，人乐同则⑲，嘉保太平。后敬奉法，常治无极，舆舟不倾。从臣诵烈，请刻此石，光垂休铭⑳。

【注释】

　　①去疾：冯去疾。②云梦：泛指春秋战国时楚王的游猎区，大致包括江汉平原及东、西、北三面一部分丘陵区。九疑：一作九嶷，又名苍梧山。在湖南省宁远县南。③籍柯：山名。海渚（zhǔ）：《括地志》认为在"舒州同安县东"。舒州在今安徽庐江县西。江渚，又名牛渚，即今安徽马鞍山市采石矶。④丹阳：县名。治所在今安徽省当涂县东北。钱唐：县名。治所在今浙江省杭州市。⑤浙江：指今钱塘江上游的新安江。⑥会稽：山名。在今浙江省绍兴市南。南海：指今东海。⑦省（xǐng）：察看。⑧专倍：专横，背理。⑨恣：放纵，无顾忌。⑩间使：从事反间活动的使者。辟方：邪辟违拗。⑪善否：善或不善。⑫饰省宣义：文过饰非，混淆黑白。省，同眚，过失。宣，头发黑白相杂，引申为混淆的意思。泆（yì）：放荡；荒淫。⑬寄豭（jiā）：比喻有妻子但乱搞男女关系的男人。豭，公猪。⑭义：公正合理而应当做的。⑮子不得母：儿子不能认她为母亲。⑯濯（zhuó）：洗净；清净。⑰承：承领。⑱敦：勉励。⑲则：规则；法令。⑳铭：牢记；永远不忘。

　　还过吴①，从江乘渡②。并海上，北至琅邪。方士徐市等入海求神药，数岁不得，费多，恐谴，乃诈曰："蓬莱药可得，然常为大鲛鱼所苦，故不得至，愿请善射与俱，见则以连弩射之③。"始皇梦与海神战，如人状。问占梦，博士曰："水神不可见，以大鱼蛟龙为候④。今上祷祠备谨⑤，而有此恶神，当除去，而善神可致⑥。"乃令入海者赍捕巨鱼具⑦，而自以连弩候大鱼出射之。自琅邪北至荣成山⑧，弗见。至之罘，见巨鱼，射杀一鱼。遂并海西。

【注释】

　　①吴：县名。治所在今江苏省苏州市。②江乘：县名。治所在今江苏省句容县北。③连弩：装有机括，可以连续放箭的弓。④候：征候；征兆；迹象。⑤备谨：完备，恭谨。⑥致：招引；引来。⑦赍：携带。⑧荣成山：在今山东省荣成县境内。

　　至平原津而病①。始皇恶言死，群臣莫敢言死事。上病益甚，乃为玺书赐公子扶苏曰②："与丧会咸阳而葬。"书已封，在中车府令赵高行符玺事所③，未授使者。七月丙寅，始皇崩于沙丘平台④。丞相斯为上崩在外，恐诸公子及天下有变，乃秘之⑤，不发丧。棺载辒凉车中⑥，故幸宦者参乘⑦，所至上食。百官奏事如故，宦者辄从辒凉车中可其奏事。独子胡亥、赵高及所幸宦者五六人知上死。赵高故尝教胡亥书及狱律令法事⑧，胡亥私幸之。高乃与公子胡亥、丞相斯阴谋破去始皇所封书赐公子扶苏者，而更诈为丞相斯受始皇遗诏沙丘，立子胡亥为太子。更为书赐公子扶苏、蒙恬，数以罪⑨，赐死。语具在《李斯传》中。行，遂从井陉抵九原。会暑⑩，上辒车臭，乃诏从官令车载一石鲍鱼⑪，以乱其臭。

【注释】

　　①平原津：在今山东省平原县南。②玺书：古代以印信封记的文书。秦以后专指皇帝的诏书。玺，印，秦以后专指皇帝的印。③中车府令：官名。掌管皇帝的车辆。行符玺事：执行圣旨的发文事宜。④沙丘平台：在今河北广宗县西北。⑤秘：不公开。⑥辒（wēn）凉车：一种关门就温，开门就凉的卧车。⑦

参乘：陪乘的人。⑧书：书法；书写。⑨数（shǔ）：列举罪状。⑩会：恰好。⑪鲍（bào）鱼：盐腌的干鱼，有臭味。

　　行从直道至咸阳，发丧。太子胡亥袭位①，为二世皇帝。九月，葬始皇郦山。始皇初即位，穿治郦山②，及并天下，天下徒送诣七十余万人，穿三泉③，下铜而致椁④，宫观、百官、奇器、珍怪，徙臧满之⑤。令匠作机弩矢⑥，有所穿近者辄射之。以水银为百川江河大海，机相灌输，上具天文，下具地理⑦。以人鱼膏为烛，度不灭者久之⑧。二世曰："先帝后宫非有子者⑨，出焉不宜。"皆令从死⑩，死者甚众。葬既已下，或言工匠为机，臧皆知之，臧重即泄⑪。大事毕，已臧，闭中羡，下外羡门⑫，尽闭工匠臧者，无复出者。树草木以象山⑬。

【注释】

　　①直道：道路名。始皇三十五年（前212年）命蒙恬主持修建，北起九原，南至云阳。②穿：打通；凿穿。③三泉：三重泉，形容很深。④下铜：灌注铜汁，加以锢塞。⑤宫观、百官：陶制的房屋模型和偶人。奇器、珍怪：真的或仿制的日用品、奢侈品。⑥机弩矢：能自动发射的弓箭。⑦"以水银为百川江河大海"四句：据《光明日报》1985年3月29日报道，秦始皇陵考古队历时十二年，通过调查钻探，"发现地宫中心有大量集中的水银存在，分布面积达一万二千平方米，其他地方则无。地宫内水银的分布有一定的规则，构成几何图案。这些图案可以反映地宫的部分结构。"⑧人鱼膏：人鱼的脂膏。度（duó）：估计。⑨后宫：指妃嫔、宫女。⑩从死：跟着死，殉葬。⑪臧（zāng）：奴仆。重：多。⑫羡：同埏（yǎn）。墓道。下：放下。外羡门是从上往下吊的。⑬树：种植；栽。

　　二世皇帝元年，年二十一。赵高为郎中令①，任用事。二世下诏，增始皇寝庙牺牲及山川百祀之礼②。令群臣议尊始皇庙。群臣皆顿首言曰："古者天子七庙，诸侯五，大夫三，虽万世世不轶毁③。今始皇为极庙，四海之内皆献贡职④，增牺牲，礼咸备，毋以加。先王庙或在西雍⑤，或在咸阳。天子仪当独奉酌祠始皇庙。自襄公以下轶毁⑥。所置凡七庙。群臣以礼进祠，以尊始皇庙为帝者祖庙。皇帝复自称'朕'。"

【注释】

　　①郎中令：官名。掌管宫殿门户及百官出入。②寝庙：宗庙中寝和庙的合称。③轶（dié）毁：依次废除。轶，通迭。④极庙：地位极高的庙。职：赋税。⑤西雍：咸阳西面雍县，今陕西凤翔县南。⑥襄公（？——前766年）：春秋时秦国的创立者。前777年——前766年在位。西周灭亡时，护送周平王东迁，被封为诸侯，赐给岐（今陕西省岐山县东北）。

　　二世与赵高谋曰："朕年少，初即位，黔首未集附①。先帝巡行郡县，以示强，威服海内。今晏然不巡行②，即见弱，毋以臣畜天下③。"春，二世东行郡县，李斯从。到碣石，并海，南至会稽，而尽刻始皇所立刻石，石旁著大臣从者名④，以章先帝成功盛德焉⑤：

　　皇帝曰："金石刻尽始皇帝所为也。今袭号而金石刻辞不称始皇帝，其于久远也如后嗣为之者，不称成功盛德。"丞相臣斯、臣去疾、御史大夫臣德昧死言："臣请具刻诏书刻石，因明白矣。臣昧死请。"制曰："可。"

遂至辽东而还。

【注释】

①集附：归附，服从。②晏然：平静安逸的样子。③臣畜：奴役；统治。④著：刻；写。⑤章：表彰；彰明。盛：美。

于是二世乃遵用赵高①，申法令。乃阴与赵高谋曰："大臣不服，官吏尚强，及诸公子必与我争，为之奈何？"高曰："臣固愿言而未敢也。先帝之大臣，皆天下累世名贵人也②，积功劳世以相传久矣。今高素小贱，陛下幸称举③，令在上位，管中事。大臣鞅鞅④，特以貌从臣，其心实不服。今上出，不因此时案郡县守尉有罪者诛之，上以振威天下，下以除去上生平所不可者⑤。今时不师文而决于武力，愿陛下遂从时毋疑，即群臣不及谋⑥。明主收举余民⑦，贱者贵之，贫者富之，远者近之，则上下集而国安矣。"二世曰："善。"乃行诛大臣及诸公子，以罪过连逮少近官三郎⑧，无得立者，而六公子戮死于杜⑨。公子将闾昆弟三人囚于内宫，议其罪独后。二世使使令将闾曰："公子不臣⑩，罪当死，吏致法焉。"将闾曰："阙廷之礼，吾未尝敢不从宾赞也⑪；廊庙之位，吾未尝敢失节也⑫；受命应对，吾未尝敢失辞也⑬。何谓不臣？愿闻罪而死。"使者曰："臣不得与谋，奉书从事。"将闾乃仰天大呼天者三，曰："天乎！吾无罪！"昆弟三人皆流涕拔剑自杀。宗室振恐⑭。群臣谏者以为诽谤，大吏持禄取容，黔首振恐。

【注释】

①遵：沿。②累世：接连几代。③称举：抬举。④鞅鞅：同怏怏。不满意，不愉快的样子。⑤案：查明；查究。可：赞成；满意。⑥即：赶；趁。⑦收举：收罗；提拔。⑧逮：及，连逮：连及。少近官：近侍小臣。三郎：指中郎、外郎、散郎。⑨杜：县名。治所在今陕西省西安市东南。⑩不臣：不尽臣道。⑪阙廷：宫廷。阙，宫阙。宾赞：司仪人。⑫廊庙：指朝廷。⑬应对：用语言酬答；对答。言辞失当。⑭宗室：皇族。

四月，二世还至咸阳，曰："先帝为咸阳朝廷小，故营阿房宫为室堂。未就，会上崩，罢其作者①，复土郦山②。郦山事大毕，今释阿房宫弗就，则是章先帝举事过也。"复作阿房宫。外抚四夷，如始皇计。尽征其材士五万人为屯卫咸阳③，令教射狗马禽兽。当食者多④，度不足，下调郡县转输菽粟刍藁⑤，皆令自赍粮食，咸阳三百里内不得食其谷。用法益刻深⑥。

【注释】

①罢：停止。②复土：掘出墓坑，下棺后还复其土成坟陵。此指为始皇修墓。③材士：指身强力壮的人。屯卫：驻防，守卫。④食者：指材士和狗马禽兽。⑤调：征调。菽（shū）：大豆，豆类。刍（chú）：喂牲口的草。藁（gǎo）：庄稼的茎叶。⑥刻深：苛刻、严峻。

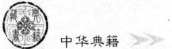

　　七月，戍卒陈胜等反故荆地①，为"张楚"②。胜自立为楚王，居陈③，遣诸将徇地④。山东郡县少年苦秦吏，皆杀其守卫令丞反，以应陈涉，相立为侯王，合从西乡⑤，名为伐秦，不可胜数也。谒者使东方来⑥，以反者闻二世。二世怒，下吏。后使者至，上问，对曰："群盗，郡守尉方逐捕，今尽得，不足忧。"上悦。武臣自立为赵王，魏咎为魏王，田儋为齐王⑦。沛公起沛⑧。项梁举兵会稽郡⑨。

【注释】

　　①陈胜（？——前208年）：字涉，阳城（今河南省登封县东南）人。②张楚：取张大楚国的命意。张为动词，楚为国名。以"张楚"为国名者，误。③陈：县名。在河南省淮阳县。④徇：夺取。⑤合从：即合纵。从，通纵。乡：同向。⑥谒者：官名。掌管传达，有时也奉命出使。⑦武臣、魏咎：均陈胜的部将。田儋（dān）：秦朝末年，重建齐国，后被秦将章邯杀死。⑧沛公：即汉高帝刘邦。沛：县名。治所在今江苏省沛县。⑨项梁：（？——前208年）：楚将项燕子，参加反秦起义。下相（今江苏省宿迁县西南）人。陈胜失败后，立楚怀王孙子熊心为怀王。

　　二年冬，陈胜所遣周章等将西至戏①，兵数十万。二世大惊，与群臣谋曰："奈何？"少府章邯曰②："盗已至，众强，今发近县不及矣。郦山徒多，请赦之，授兵以击之。"二世乃大赦天下，使章邯将，击破周章军而走，遂杀章曹阳③。二世益遣长史司马欣、董翳佐章邯击盗④，杀陈胜城父⑤，破项梁定陶，灭魏咎临济⑥。楚地盗名将已死，章邯乃北渡河，击赵王歇等于巨鹿⑦。

【注释】

　　①戏（xì）：水名。在今陕西省临潼县东。②少府：官名。为九卿之一。掌管山海池泽收入和皇室手工业制造。章邯（？——前205年）：率兵镇压陈胜、项梁领导的农民起义军，后被项羽打败，投降，封为雍王。楚汉战争中，兵败自杀。③章：指周章。曹阳：亭名。在今河南省灵宝县东南。④长（zhǎng）史：官名。⑤城父（fù）：邑名。在今安徽省亳县东南。⑥临济：县名。在今河南省封丘县东。⑦巨鹿：县名。治所在今河北省平乡县西南。

　　赵高说二世曰："先帝临制天下久，故群臣不敢为非，进邪说。今陛下富于春秋①，初即位，奈何与公卿廷决事②？事即有误，示群臣短也。天子称朕，固不闻声③。"于是二世常居禁中④，与高决诸事。其后公卿希得朝见⑤，盗贼益多，而关中卒发东击盗者毋已。右丞相去疾、左丞相斯、将军冯劫进谏曰："关东群盗并起，秦发兵诛击，所杀亡甚众，然犹不止。盗多，皆以戍漕转作事苦⑥，赋税大也。请且止阿房宫作者，减省四边戍转。"二世曰："吾闻之韩子曰⑦：'尧舜采椽不刮⑧，茅茨不剪⑨，饭土塯⑩，啜土形⑪，虽监门之养⑫，不觳于此⑬。禹凿龙门⑭，通大夏⑮，决河亭水，放之海，身自持筑臿⑯，胫毋毛⑰，臣虏之劳不烈于此矣⑱。'凡所为贵有天下者，得肆意极欲，主重明法，下不敢为非，以制御海内矣。夫虞、夏之主，贵为天子，亲处穷苦之实，以徇百姓⑲，尚何于法？朕尊万乘⑳，毋其实，吾欲造千乘之驾，万乘之属，充吾号名。且先帝起诸侯，兼天下，天下已定，外攘四夷以安边竟㉒，作宫室以章得意，而君观先帝功业有绪㉓。今朕即位二年之间，群盗并起，君不能禁，又欲罢先帝之所为，是上毋以报先帝，次不为朕尽忠力，何以在位?"下去疾、斯、劫吏，案责他罪。去疾、劫曰："将相不辱。"自杀。斯卒囚，就五刑㉔。

【注释】

①富于春秋：意谓来日方长，正在青年时代。春秋，指年龄。②公卿：泛指朝廷中的高级官员。③固：本来。④禁中：深宫中。⑤希：通稀。⑥戍漕（cáo）转作：指兵役和各种劳役。漕：水路运粮。转：转运。作：建筑工程。⑦韩子：指韩非。引文出自《韩非子·五蠹》。⑧椽：椽子。⑨茨（cí）：用茅草之类盖的屋顶。⑩饭：吃。用如动词。簋（liú）：盛饭的瓦器。⑪啜（chuò）：喝。铏：通型。盛汤的瓦器。⑫监门：守门人。养：供养。⑬觳（què）：俭薄，节俭。⑭龙门：在山西省河津县西北和陕西省韩城县东北，黄河到此，两岸峭壁对峙，形如阙门。⑮大夏：地区名。在今山西省太原市以南一带。⑯筑：捣土的杵。臿（chā）：掘土的工具。⑰胫（jìng）：小腿。⑱臣虏：奴隶。烈：厉害。⑲徇：同殉。⑳尚：犹，还。㉑万乘（shèng）：乘，一车四马。周制，天子能出兵车万乘，因以万乘指代帝位。大国诸侯能出兵车千乘，因以千乘指代大国。㉒攘：排除；排斥。竟：通境。㉓绪：世业；功绩。㉔五刑：五种刑罚。商、周时指墨刑（黥刺面孔）、劓刑（割鼻子）、剕刑（断膝盖）、宫刑（阉割生殖器官）、大辟（杀头）。

三年，章邯等将其卒围巨鹿，楚上将军项羽将楚卒往救巨鹿。冬，赵高为丞相，竟案李斯杀之①。夏，章邯等战数却②，二世使人让邯，邯恐，使长史欣请事③。赵高弗见，又弗信。欣恐，亡去，高使人捕追不及。欣见邯曰："赵高用事于中，将军有功亦诛，无功亦诛。"项羽急击秦军，虏王离，邯等遂以兵降诸侯。八月己亥，赵高欲为乱，恐群臣不听，乃先设验④，持鹿献于二世，曰："马也。"二世笑曰："丞相误邪?谓鹿为马。"问左右，左右或默，或言马以阿顺赵高⑤，或言鹿。高因阴中诸言鹿者以法⑥。后群臣皆畏高。

【注释】

①李斯被腰斩于咸阳。②数却：多次退却。③请事：请求指示。④设验：试探，考验。⑤阿顺：曲意逢迎。⑥中（zhòng）：中伤；陷害。

高前数言"关东盗毋能为也"，及项羽虏秦将王离等巨鹿下而前，章邯等军数却，上书请益助，燕、赵、齐、楚、韩、魏皆立为王，自关以东，大氐尽畔秦吏应诸侯①，诸侯咸率其众西乡。沛公将数万人已屠武关②，使人私于高③，高恐二世怒，诛及其身，乃谢病不朝见。二世梦白虎啮其左骖马④，杀之，心不乐，怪问占梦。卜曰："泾水为祟⑤。"二世乃斋于望夷宫⑥，欲祠泾，沉四白马。使使责让高以盗贼事。高惧，乃阴与其婿咸阳令阎乐、其弟赵成谋曰："上不听谏，今事急，欲归祸于吾宗。吾欲易置上，更立公子婴。子婴仁俭⑦，百姓皆载其言⑧。"使郎中令为内应，诈为有大贼，令乐召吏发卒，追劫乐母置高舍⑨。遣乐将吏卒千余人至望夷宫殿门，缚卫令仆射，曰："贼入此，何不止?"卫令曰："周庐设卒甚谨，安得贼敢入宫?"乐遂斩卫令，直将吏入，行射，郎宦者大惊，或走或格⑩，格者辄死，死者数十人。郎中令与乐俱入，射上幄坐帏。二世怒，召左右，左右皆惶扰不斗。旁有宦者一人，侍不敢去。二世入内，谓曰："公何不蚤告我⑪?乃至于此!"宦者曰："臣不敢言，故得全。使臣蚤言，皆已诛，安得至今?"阎乐前即二世数曰:"足下骄恣⑫，诛杀无道⑬，天下共畔足下，足下其自为计。"二世曰:"丞相可得见否?"乐曰:"不可。"二世曰:"吾愿得一郡为王。"弗许。又曰:"愿为万户侯。"弗许。曰:"愿与妻子为黔首，比诸公子⑭。"阎乐曰:"臣受命于丞相，为天下诛足下，足下虽多言，臣不敢报。"麾其兵进⑮。二世自杀。

【注释】

①大氐 (dǐ):大抵;大概。②屠:毁坏城池，屠杀人民。③私:秘密交往。④啮 (niè):咬。左骖 (cān) 马:驾在车左外边的马。⑤为祟 (suì):作怪。⑥望夷宫:宫名。故址在今陕西省泾阳县东南。⑦俭:谦卑。⑧载:同戴。⑨追:紧跟;紧随。劫:劫持;架走。⑩格:格斗。⑪蚤:同早。⑫即:走近。⑬无道:暴虐，没有德政。⑭比 (bì):相类，相等。⑮麾 (huī):指挥。

阎乐归报赵高，赵高乃悉召诸大臣公子，告以诛二世之状。曰:"秦故王国①，始皇君天下②，故称帝。今六国复自立，秦地益小，乃以空名为帝，不可。宜为王如故，便。"立二世之兄子公子婴为秦王。以黔首葬二世杜南宜春苑中③。令子婴斋，当庙见④，受王玺。斋五日，子婴与其子二人谋曰:"丞相高杀二世望夷宫，恐群臣诛之，乃详以义立我⑤。我闻赵高乃与楚约，灭秦宗室而王关中。今使我斋见庙，此欲因庙中杀我。我称病不行，丞相必自来，来则杀之。"高使人请子婴数辈，子婴不行，高果自往，曰:"宗庙重事，王奈何不行?"子婴遂刺杀高于斋宫，三族高家以徇咸阳⑥。子婴为秦王四十六日，楚将沛公破秦军入武关，遂至霸上⑦，使人约降子婴。子婴即系颈以组⑧，白马素车⑨，奉天子玺符，降轵道旁⑩。沛公遂入咸阳，封宫室府库，还军霸上。居月余，诸侯兵至，项籍为从长⑪，杀子婴及秦诸公子宗族。遂屠咸阳，烧其宫室，虏其子女，收其珍宝货财，诸侯共分之。灭秦之后，各分其地为三，名曰雍王、塞王、翟王⑫，号曰三秦。项羽为西楚霸王，主命分天下王诸侯，秦竟灭矣。后五年，天下定于汉。

【注释】

①故:从前;本来。②君:统治。③宜春苑:秦朝离宫有宜春宫，宫东为宜春苑。④庙见:皇帝即位后第一次到宗庙拜祖先、会群臣、受印玺的典礼。⑤详:同佯。⑥徇:向众宣示。⑦霸上:在今陕西省西安市东。⑧组:用丝织成的宽带子，古代用作佩玉或佩印的绶带。⑨白马素车:丧服。这里表示有罪。⑩轵道:一作枳道。亭名。为长安城东第一亭，在今陕西省西安市东北。⑪项籍:即项羽。从长:合纵集团的首领。⑫雍王:秦降将章邯，领有今陕西省中部和甘肃省东部地区。塞王:司马欣，领有今陕西省东部地区。翟王:董翳，领有今陕西省北部地区。

【译文】

秦始皇帝，是秦国庄襄王的儿子。当庄襄王在赵国做秦国质子的时候，曾经见到了吕不韦的姬妾，十分喜欢，便娶了她，生下了始皇帝。始皇帝是在秦昭王四十八年正月在邯郸出生的。等到降生的时候，他被取名叫政，姓赵。

年纪十三岁时，庄襄王去世，政即位为秦王。在这个时候，秦国的疆域已经兼并了巴、蜀、汉中，并且越过了宛而占有了郢，已经在此设置了南郡；在北方已收取了上郡以东地区，占有河东、太原、上党郡；东面侵占到荥阳，消灭了东西二周，在此设置了三川郡。吕不韦担任丞相，被封给食邑十万户，封号叫文信侯。招揽宾客游士，想依靠他们吞并天下。李斯担任舍人。蒙骜、王齮、麃公等人担任将军。秦王年纪小，又刚即位，国家大事便委托给大臣们处理。

　　晋阳县发生了反叛。元年，将军蒙骜平定了叛乱。二年，麃公率领军队攻打魏国的卷城，砍下敌军首级三万。三年，蒙骜进攻韩国，攻取了十三座城邑。这一年王齮去世了。十月，将军蒙骜进攻魏国的畼、有诡。这一年有严重的饥荒。四年，攻克了畼、有诡。三月，停止进军。秦国的质子从赵国回来，赵国的太子离开秦国回归本国。十月庚寅日，蝗虫灾害从东方袭来，遮天蔽日。瘟疫流行。平民百姓只要能够向政府捐纳一千石粟，就可封拜一级爵位。五年，将军蒙骜进攻魏国，平定了酸枣、燕、虚、长平、雍丘、山阳城等地，都被攻克了，共取得二十座城邑。秦国首次设置东郡。冬天，出现打雷的异常现象。六年，韩、魏、赵、卫、楚五国联合攻击秦国，夺取了寿陵。秦国出兵反击，五国联军解散。秦军攻克了卫国，进逼东郡，卫国国君角率领着他的宗族迁往野王，凭借着山势险阻而保卫坚守在魏国的河内地区。七年，有彗星先出现在东方，后出现在北方，五月又出现在西方。将军蒙骜去世。既而就出动军队去攻打龙、孤、庆都等城，回兵时又去攻打汲地。这时候彗星再次出现在西方，长达十六日。夏太后去世。八年，秦王的弟弟长安君成蟜率领军队攻打赵国，他谋反叛秦，死在了屯留城，随从反叛的军吏都被处死，把该地的百姓迁往临洮安置。前来讨伐成蟜的将军壁死了，屯留、蒲鹢二地的士卒又造反，鞭戮了他的尸首。黄河泛滥河里的鱼大量流上岸，致使很多人赶着车马向东逃荒而另寻生计。

　　嫪毐被封为长信侯。把山阳地区赐给他作为封地，让他居住在这里。所有宫室、车马、衣服、苑囿、畋猎场等，一概任凭嫪毐放纵使用。凡事无论大小，都由嫪毐来决定。又把河西太原郡改为毐国。

　　九年，彗星出现，有时光芒横贯长空。秦军进攻魏国的垣城和蒲阳。四月，秦王留宿在雍城。己酉日，秦王举行成年加冠的典礼，佩带刀剑。长信侯嫪毐密谋叛乱而被察觉，他假造秦王的御玺及太后玺印，调动县里的军队及侍卫兵卒、官骑、戎翟君公、舍人，将要进攻蕲年宫，发动叛乱。秦王知道了这件事，命令相国、昌平君、昌文君调集军队攻打嫪毐。双方在咸阳开战，砍下叛军首级好几百。平叛的功臣都授予了爵位，以及那些参加作战的宦者，也拜升一级官爵。嫪毐等人战败逃走。于是在全国下令通缉：有人能够生擒嫪毐的，赏钱一百万；有人能够杀死他的，赏钱五十万。结果嫪毐等人全部被捕捉。卫尉竭、内史肆、佐弋竭、中大夫令齐等二十人全被悬首、车裂以示众，并且杀尽了他们的家族。他们的那些门客，罪轻的罚劳役三年。至于那些被剥夺爵位而流放到蜀地的四千多家，都被安置在房陵居住。这个月冷，有被冻死的人。秦将杨端和攻打衍氏邑。有彗星出现在西方，又出现在北方，再从北斗附近转向南方，共持续了八十天。十年，相国吕不韦因受嫪毐案件的牵连而被免除相职。桓嫪被任命为将军。齐、赵二国有使臣前来，受到秦王酒宴款待。齐国人茅焦游说秦王说："秦国正处在以经略天下为大业的时候，而大王却有了流放母太后的罪名，恐怕各国诸侯听到这样的事，会因此而背叛秦国呢。"于是秦王就把太后从雍城迎回咸阳，还让她居住在甘泉宫中。

　　全国进行广泛的搜查，驱逐从各国来任职的宾客。李斯上书陈说利弊，才使逐客的命令废止。李斯进而游说秦王，请求先攻打韩国，用这样的办法来震慑其它的诸侯国家，因此秦王派

李斯攻打韩国。韩王对此非常忧虑，和韩非研究削弱秦国的计策。

大梁人尉缭来到秦国，向秦王建议说："凭借着秦国的强盛，其它诸侯犹如郡县的首长一般，臣怕的就是诸侯们联合起来，出其不意地联合进攻，这也就是智伯、夫差、湣王所以失败的原因。希望大王不要吝惜财物，拿去贿赂各国有权势的大臣，以此打乱他们的合谋计划，这不过损失三十万金，就可使各国诸侯全部被吞并。"秦王听取了他的计策，用相互平等的礼节召见他，自己的衣服、饮食也和尉缭同等。尉缭说："秦王的相貌：高高的鼻子，细长的眼睛，鸷鸟般的胸脯、豺狼般的声音，这个人缺德而有虎狼心肠，处在不得志的时候很容易对人表示谦卑，得志的时候也就会很轻意地伤害别人。我只是个平民百姓，可是他见到我时常常显出谦躬的样子。如果真使秦王实现得到天下的志向，天下人都将成为他的俘虏了。这种人是不能和他长久共事的。"于是他就准备逃走。秦王发觉了，执意劝止，任命他为秦国尉，最终采纳了他的计策。这时李斯主持秦国的政事。

十一年，王翦、桓齮、杨端和攻打邺城，夺取了九座城邑。王翦进攻阏与、橑杨，秦军数路合成一军，由王翦统一指挥了十八天。军队撤回，军中俸禄在斗食以下的，十人中推选二人从军。攻下邺、安阳，由桓齮担任主将。

十二年，文信侯吕不韦死，他的门客暗地里把他埋葬了。门客中那些临丧哀哭的，如果是三晋地区的人，也被驱赶出境；如果是秦国人而俸禄在六百石以上的，就削夺官爵并迁徙；俸禄在五百石以下而没有临丧哭吊的，也要迁徙，但不削夺官爵。从今往后，执掌国家大政而行事不遵循正道，像嫪毐、吕不韦那样的人，就要取消他全家人的户籍而充作奴隶，都要参照这种办法论处。秋天，赦免了被迁移到蜀地去的嫪毐的门客。在这个时期，天下遭遇大旱灾害，从六月份一直无雨，到八月份才得降雨。

十三年，桓齮攻打赵国平阳，杀死赵国将军扈辄，斩杀敌军首级十万。秦王亲赴河南。正月，彗星出现在东方。十月，桓齮进攻赵国。十四年，在平阳攻打赵国军队，占领了宜安，打败了赵军，杀死了赵将。桓齮平定了平阳、武城。韩非出使秦国，秦国听从李斯的计谋，扣留了韩非，韩非死在云阳。韩王请求成为秦国的藩臣。

十五年，秦国大举出兵，一路军队攻至邺县，一路军队攻至太原，夺取了狼孟。同年发生地震。十六年九月，派遣军队接收韩国所献的南阳地区，委任腾代理南阳郡守。开始下令男子要呈报年龄。魏国向秦国奉献土地。秦国设置了丽邑。十七年，内史腾攻打韩国，俘获韩王安，全部收纳了韩国的土地，在这个地区设置了郡，定名为颍川郡。同年发生地震。华阳太后去世。百姓遭到严重的饥荒。

十八年，大举进攻赵国，王翦统率上地军队攻下井陉，杨端和率领河内的军队，羌瘣攻打赵国，杨端和包围邯郸城。十九年，王翦、羌瘣完全战胜，夺取赵国的土地到达了平阳，俘掳了赵王。他们又率兵准备攻打燕国，在中山地区屯驻。秦王来到了邯郸，那些曾经和秦王出生地赵国的母家有仇的人，都被活埋了。秦王返还，经由太原、上郡回国。始皇帝的母亲皇太后逝世。赵国的公子嘉率领着他的宗族几百人逃到代地，自立为代王，和东方的燕国会合兵力，扎在上谷郡。同年又发生了严重的饥荒。

二十年，燕国的太子丹担心秦国军队进逼国境，非常恐惧，派遣荆轲去行刺秦王。秦王发觉了荆轲的阴谋，肢解了荆轲的身体示众，然后就派王翦、辛胜进攻燕国。燕国、代国出兵迎击秦军，秦军在易水的西边击溃了燕军。

二十一年，王贲攻打荆地。秦国调迁了更多的士卒前往王翦的军中，消灭了燕国太子的军队，攻占了燕都蓟城，获得了燕国太子丹的首级。燕王向东收拾辽东地区，并在此称王。王翦借口年老辞官回乡。新郑反叛。昌平君迁居郢地。天降大雪，积雪深二尺五寸。

二十二年，王贲攻打魏国，挖沟引黄河水灌淹大梁城，大梁城的墙被水冲坏，魏王请求投降，秦国彻底占领了魏国的土地。

二十三年，秦王再度征召王翦，强行起用他出任官职，派他带兵攻打楚国。王翦占领了陈县以南一直到平舆地区，俘虏了楚王。秦王巡游到达郢都和陈县。楚国的将军项燕扶立昌平君为楚王，在淮南地区起兵反秦。二十四年，王翦、蒙武攻打楚国，大败楚军，昌平君战死，项燕也因此而自杀。

二十五年，秦国大规模地发动军队，派王贲统率，在辽东地区攻打燕国，俘虏了燕王喜。回军攻打代国，俘获了代王嘉。王翦也最终平定了楚国的江南地区；制服了越君，设置会稽郡。五月，下令天下举行宴饮庆贺。

二十六年，齐王建和他的丞相后胜发动军队防卫齐国的西界，不和秦国交往。秦国派将军王贲从燕地向南进攻齐国，俘获齐王建。

秦刚刚统一天下，秦王对丞相、御史命令说："前些日子韩王奉纳土地和进献国玺，请求作为藩臣，不久就违背了盟约，和赵国、魏国联合背叛秦国，所以兴兵攻打韩国，俘获了它的国王。寡人认为这样做该很圆满了，大概可以停止战争了。赵王派他的丞相李牧前来订立盟约，因此归还了他们的质子。不久他们就背弃了盟约，在太原反叛我国，所以兴兵讨伐他们，俘获赵国国王。赵国公子嘉又自立为代王，所以又举兵消灭了他。魏王起初订立盟约表示臣服秦国，不久就和韩国、赵国联合袭击秦国，秦军官兵进行诛伐，于是打垮了他们。楚王奉献青阳以西的土地，不久就违背盟约，袭击我国的南郡，因此发兵进行讨伐，俘获它的国王，于是就平定了楚地。燕王昏庸乱政，他的太子丹才能够暗地里命荆轲到秦国来行刺，秦国的官兵们进行讨伐，灭亡了他的国家。齐王采用后胜的计策，断绝了和秦国的通使往来，想要作乱，官兵们前去进行诛伐，俘获了那个国王，平定了齐地。寡人以眇小的身躯，兴兵诛伐暴乱，仰赖宗庙祖先的威灵，六国的国王全都称臣认罪，天下完全得到安定。如今若不更改名号，就无法宏扬我所取得的功业，使它流传给后世。你们讨论一下帝王的称号。"

臣相王绾、御史大夫冯劫、廷尉李斯等人都说："以前五帝的疆土纵横千里，在这以外的侯服、夷服地区的诸侯们，有的朝贡天子，有的不朝贡，天子不能加以控制。如今陛下发动正义的军队，消灭了残暴的贼子，平定了天下，海内设立郡县，法令因而统一，这是自上古以来不曾有过的功绩，是五帝所不能达到的。臣等谨慎地讨论的结果是：'古代有天皇，有地皇，有泰皇，泰皇最为尊贵。'臣等冒死呈上尊号，王应称为'泰皇'。天子之命称为'制'，天子之令称为'诏'，天子自称叫做'朕'。"秦王说："除去'泰'字，留用'皇'字，再次采用上古'帝'位的称号，尊号叫做'皇帝'。其它就依照你们的建议。"于是天子下令说："可。"追加尊号称庄襄王为太上皇。又下达制书说："朕听说在上古时候有号而没有谥，中古时有号，死后又按照他的行为定立谥的称谓。就这样，就是儿子评论父亲、臣子评论君主了，这样做很没有好处，朕不能采取这种做法。从此以后，废除谥法。朕称始皇帝，后世以数字表达，从二世、三世直到万世，让它的传递无穷无尽。"

始皇帝推算金、木、水、火、土五德终始循环相生相克的原理，认为周朝得到火德，秦代替周的火德而兴盛，就必须推从周德所不能胜过的水德。现在应该是水德开始，就要更改每年的起始月，朝臣们元旦入朝庆贺都从十月初一日开始。衣服、旌旗、符节的色彩都崇尚黑色。

数目以六为基数，符信、法冠都是六寸，而车舆的宽度为六尺，六尺作为一步，每乘车拉车的马定为六匹。把黄河改名叫德水，由于开始运行水德。以刚毅狠戾刻薄作为施政的手段，凡事都依法办理，苛刻而没有仁慈恩惠和道义，认为这样做了以后才能符合五德运行的原则。于是施行残酷的刑法，犯罪的人很长时间得不到赦免。

丞相王绾等人上奏说："诸侯刚被消灭，燕、齐、楚地区偏远，若不设置王国，就无法镇守这些地区。请求封立各位皇子作为王，希望皇上能够允许。"始皇帝把这个建议下发给群臣们讨论，群臣们都认为这样做更便于治理。廷尉李斯建议说："周朝文王、武王所分封的子弟及同姓诸侯很多，但是后来宗属关系疏远，他们相互攻击如同仇人一般，诸侯们接连不断地相互征讨杀伐，周天子不能制止。如今海内仰赖陛下的神灵而成为统一的天下，各地都设立了郡县，各个子弟和功臣用国家的赋税收入重赏他们，这样做就很容易控制。使天下没有二心，这样才是安定国家的策略。设置诸侯不便于治理国家。"始皇帝说："天下的人都饱受了战争苦难，就是由于有诸侯王的存在。仰赖宗庙先祖的神威，天下刚刚安定，又要重新设立王国，这是在种下战争的祸根，而想求得天下安定发展，岂不是很困难吗！廷尉的意见是对的。"

全国分为三十六郡，郡中设置郡守、郡尉、监御史等官职。把百姓改称为"黔首"。赏赐天下的人宴饮共同庆贺统一。收集天下的兵器，聚集到咸阳，熔化铸成大钟，又铸造了十二个铜人，各重千石，放在宫廷中。统一法律和度量衡。统一车辆的规格。统一书写的文字。秦朝的版图东边到达大海及朝鲜，西边到达临洮、羌中，南边到达北向户，北方据守黄河作为关塞，并连及阴山直达辽东。把天下十二万户豪富迁徙到咸阳。各代先祖的陵庙以及章台宫和上林苑都设置在渭水南岸地区。秦每灭亡一个诸侯国，都描绘出这个侯国宫室的图形，在咸阳北阪地区仿建，南面滨临渭水，从雍门向东直达泾水、渭水的会合处，殿屋之间有天桥和环行的长廊相互连接。把从诸侯国所搜集到的美人、钟鼓，都安置在这些宫殿中。

二十七年，始皇帝巡视陇西、北地郡，越过鸡头山，经过回中宫。在渭水的南面建造长信宫，不久又改信宫名为极庙，象征天极。从极庙修筑道路直通郦山，建造甘泉宫前殿。又在驰道两旁筑造垣墙，从咸阳贯通到这里。这一年，普遍赏赐一级爵位，又增修供皇帝巡行各地的大道。

二十八年，始皇帝向东巡视郡县，登上邹地的峄山。树立了石碑，和鲁地的各位儒生商讨碑文，刻石歌颂秦朝的功德，并且议论了封禅、望祭名山大川的事宜。于是就登上泰山，建立石碑，筑土坛立祠祭祀天神。下山时，狂风暴雨骤至，在树下避雨休息，因此封这颗大树为五大夫。在梁父山修整地面而举行祭祀。立石刻碑，碑文内容是：

皇帝登临大位，制订昌明法规，臣下克谨奉行。时在二十六年，首次统一天下，无不降服称臣。亲自视察远方，登上这座泰山，遍览东土边极。随臣追思业迹，推求创业本源，恭敬歌诵功德。治国主张畅行，各种产业适合，一切都有法规。大义美好昌明，足以垂教后世，顺承而不变更。皇帝圣明勤勉，已经平定天下，治国仍不懈怠。每日早起晚睡，创造长久福利，专意推重教诲。训解经义通达，远近都加治理，全遵圣人意志。贵贱等级分明，男女依礼行事，人人慎遵职守。光明通照内外，到处安泰清明，功绩流传后世。教化无穷无尽，遵奉先皇遗诏，永受重大警诫。

于是就沿着渤海向东行进，经过黄县、腄县，越过成山峰顶，登上之罘山，树立石碑歌颂秦的功德，然后离去。

向南登临琅琊山，举行大型娱乐活动，在这里逗留了三个月。于是迁徙三万户百姓居住在琅邪台下，免除了他们十二年的赋税徭役。建造琅邪台，立起石碑，刻写碑文颂扬秦朝的功德，表明他踌躇满志的心意。碑文写道：

时在二十八年，始皇开始称帝。法度端正公平，万物有了纲纪。彰明人事之道，父子亲爱和合。皇帝仁义圣智，宣明各种道理。亲至东方安抚，同时慰劳士卒。大业已经完成，于是亲临海滨。皇帝功勋卓越，操劳根本大事。重农抑制工商，百姓因此富足。普天之下团结，专心实现帝志。器物统一度量，统一书写文字。日月所照之处，舟车行驶之地，彻底执行王命，无不称心如意。顺应天时地利，决策全由皇帝。匡正不良习俗，规划山川大地。忧恤民众疾苦，日夜不敢懈怠。除疑制定法律，都知遵守法纪。地方官长尽职，治理规范平易。措施必定得当，无不处理完善。皇帝非常圣明，亲临察视四方。无论尊卑贵贱，不越等级列行。奸邪无处容身，致力纯贞善良。大小事务尽力，无人敢于怠慢。无论远近偏僻，专求肃敬端庄。正直敦厚忠实，事业才能久长。皇帝浩大功德，存恤安定四方。平乱除去祸害，兴利致福无疆。按照时节兴事，百业繁荣增长。民众因此安宁，不需动用兵革。六亲相互连保，终无寇乱盗贼。欢欣遵奉教化，全都知晓法度。天地四方之内，都是皇帝疆土。西方跨过流沙，南方到达北户，东方拥有东海，北方超过大夏。人迹所到之处，无不归顺称臣。功业盖过五帝，泽惠施及牛马。无不受其恩德，人人安居乐业。

秦王兼并诸侯而拥有天下，建立名号称为皇帝。于是来抚慰东方地区，到达了琅邪。列侯武城侯王离、列侯通武侯王贲、伦侯建成侯赵亥、伦侯昌武侯成、伦侯武信侯冯毋择、丞相隗状（原文为"隗林"，误）、丞相王绾、卿李斯、卿王戊、五大夫赵婴、五大夫杨樛跟随巡视，皇帝和他们在海上共同商讨。说："古代的帝王们，拥有的国土不过方圆千里，诸侯们各自固守所受封土，或来朝或不来，相互侵扰作乱，残杀征伐不停。他们还刻金石，来记自己功业。古时候的五帝三王，知识教化不同，法令制度不明，借助鬼神威力，欺骗远方民众，实和名号不称，所以不能长久。自身还没亡殁，诸侯已经背叛，法令无法施行。如今皇帝统一海内，分为直辖郡县，天下和睦清平。显扬祖先宗庙，行大道施德政，尊号大称功业。群臣们共同称诵皇帝的功德，刻在金石上面，作为永久典范。

这件事完成以后，齐地人徐市等呈上奏书，说海中有三座神山，名叫蓬莱、方丈、瀛州，有仙人居住在那里。请求斋戒沐浴，率领童男童女前往寻觅仙人。因此派遣徐市率领几千名童男童女，进入海中去寻求仙人。

始皇帝从东方返回，经过彭城，亲自斋戒祈祷祭祀，想要把当年掉落在泗水中的周鼎打捞上来。派遣一千人潜入水中搜寻，没有得到。于是向西南渡过淮水，前往衡山、南郡。坐船在湘江中行进，到达湘山祠。遇到大风，几乎无法渡江。皇帝问博士说："湘君是什么神？"博士回答说："据传说，尧的女儿，舜的妻子，葬在这里。"因此始皇帝大怒，派遣三千名服刑的罪犯把湘山的树木全部砍光，使这座山现出红土成了光秃秃的。皇帝从南郡经由武关回到都城。

二十九年，始皇帝到东方去出游。到达阳武县博狼沙地方，被刺客所惊扰。没有抓到这个刺客，于是命令全国进行十天的大搜捕。

始皇帝登上之罘山，立碑刻石，碑文内容是：

时在二十九年，正当仲春季节，阳和气息刚起。皇帝东行游览，巡视登上之罘，亲临观赏大海。随臣称赞美景，想起伟业根源，追诵建功之本。大圣始创治道，建立确定法度，彰明大纲大纪。对外教化诸侯，布施文治恩德，晓明大义之理。六国回避教化，贪婪狠戾无已，暴虐杀伐不止。皇帝哀怜众生，出动军队讨伐，奋扬威武功德。仗义诛讨示信，神威慑服远方，无人敢不臣服。消灭强暴势力，振救无辜百姓，平定远近四方。广施英明法度，主宰治理天下，成为永世典范。多么伟大啊！宇宙神州之中，顺从遵循圣意。群臣称颂功德，请求刻之于石，流传后世作常法。

在东观刻石的颂辞是：

时在二十九年，皇帝春天巡游，观览视察远方。一直来到海边，于是登临之罘，欣赏初升朝阳。遥望广丽山川，随臣全都追念，立道极为英明。圣人法令初创，清理疆内异端，对外讨伐暴强。武威宏扬畅达，震惊远近四方，擒灭六国之王。开拓一统天下，根除灾难祸害，永远停息战乱。皇帝英明圣德，经略治理天下，视听处事不怠。谋划树立大义，设置各种器械，都有明显标志。臣子尽职守分，各自明确权限，政事都无嫌疑。民众移风易俗，远近同一法度，终身从无过错。常职已经确定，后代遵循先业，永远继承圣治。群臣赞美功德，称诵圣人伟绩，请求刻石之罘。

事后不久，就前往琅邪，经过上党回到京城。

三十年，没有特别的事情。

三十一年十二月，把腊月的名称改为"嘉平"。赏赐给民众每一百户六石米、二只羊。始皇帝穿着便装在咸阳暗中巡视，和四名武士一起，夜里出来，在兰池遇到盗贼行刺，被置于危险的窘迫境地，武士击杀了盗贼，在关中地区进行了二十天的大搜捕。米价涨到一千六百钱一石。

三十二年，始皇帝前往碣石，派遣燕人卢生寻求仙人羡门、高誓。在碣石城门刻立碑石。拆毁了内外城墙，挖通了堤防。刻石的碑文是：

皇帝发动军队，诛伐无道君王，为了平息叛逆。武力消除暴逆，文治平复无罪，民心全都顺服。按功颁行赏赐，德泽遍及牛马，皇恩肥育国土。皇帝奋起神威，以德兼并诸侯，开始一统太平。拆除关东城郭，挖通河川堤防，铲平四方险阻。地势既已荡定，百姓没有徭役，天下全都太平。男子乐于田作，妇人修治女红，事事都有秩序。恩泽广覆各业，合力勤奋种田，无不安居乐业。群臣诵称功绩，请求刻立此石，永垂后世楷模。

因而派遣韩终、侯公、石生去觅求仙人不死的奇药。始皇帝巡视北方边地，从上郡进入都城。派遣到海中寻求仙人的燕人卢生返回，为了鬼神的事，因而呈奏他所抄录的图谶书籍，书上说："灭亡秦的是胡。"始皇帝于是派遣将军蒙恬率领三十万军队向北攻击胡人，攻克了河南地区。

三十三年，征发那些曾经逃亡的罪犯、典押给别人家做奴隶的人、商贩，去攻取陆梁地区，设置了桂林、象郡、南海三个郡，派遣受贬谪的人去防守。在西北地区驱逐了匈奴。自榆中沿黄河向东，一直连接到阴山，设置了三十四个县，在黄河岸边筑城作关塞。又派遣蒙恬渡过黄河攻克高阙、阳山、北假一带地方，修筑亭台屏障等来驱逐戎狄。迁徙被贬谪的人，充实到新设置的县。发布禁令不能祭祀。有彗星出现在西方。

三十四年，贬谪那些不秉公办理讼狱的人，去修筑长城及戍守南越地区。

始皇帝在咸阳宫设置酒宴，有七十位博士上前祝酒。仆射周青臣上前称说："从前秦国的土地不超过千里，仰赖陛下的神灵圣明，平定了海内，驱逐了蛮夷部族，使日月所能照到的地方，无人不称臣顺服。把诸侯封国改成了郡县，让每个人都安居乐业，没有战争的灾难，这个伟大的功业流传万世，从上古以来没有人能赶得上陛下的神威和功德。"始皇帝非常高兴。博士齐地人淳于越进言说："我听说殷、周统治天下一千多年，分封子弟和功臣，来作为自己的枝叶和辅佐。如今陛下拥有海内,而您的子弟却是匹夫,一旦突然出现了像田常、六卿一样的乱臣,没有藩辅,将用什么来相互帮助呢?凡事不师法古制而能长久的,我闻所未闻。如今周青臣又当面奉承而使陛下加重过失,他不是忠臣。"

始皇帝把这件事下发给群臣讨论。丞相李斯说:"五帝的政治措施不相重复,三代的国家制度不相因袭,各自根据当时的需要来进行治理,他们不是有意相反,而是时势变异的结果。如今陛下创建了伟大的功业,建立了流传万世的功勋,根本就不是愚儒所能理解的。而且淳于越所说的是三代时候的事,又有什么值得取法的?从前是因为诸侯并立而互争短长,所以才用优厚待遇招揽游学之士。如今天下已经平定,法令出于一统,百姓居家就应该努力从事农工生产,士人就应该学习法令刑禁。如今那些儒生不效法当今而要学习古代,用来诽谤当今,搞乱百姓的思想。丞相李斯冒死进言:古时候天下分散混乱,没有人能够统一,所以使得诸侯并起,有所论说都是称引古代而损害当今,用虚言加以粉饰来搅乱事实,人们只认为他们自己私下所学是正确的,而指责皇上所建立的制度。如今皇帝拥有一统的天下,明辨了是非黑白并规定了一切决择于至尊。而那些私家之学相互勾结,非议法令教化,这些人一听到政令发布,就各自用他们所学的主张加以评论,上朝时内心指责,出来后就在街巷议论,在君主面前他们夸耀自己所主张的学说来博取名声,用有不同于当今的观点来表示高明,率领着一群追逐者对政府造谣。这样的情况不加以禁止,就能使在上的君主威势下降,在下的臣子结成朋党。我认为禁止这种风气是对的。我请求命令史官把除《秦记》以外的史书都焚毁。不是博士官的职务需要,天下若有人敢于隐藏《诗》、《书》、百家典籍的,都必须将这些典籍交到守、尉等地方官府一同烧毁。如果有人敢相聚论说《诗》、《书》的就要被当众处死。用古事来非议当今的人要被诛灭全族。官吏中若有知道和看见而不揭发的人和他们同罪。命令下达后三十天内仍不烧书的人,要被处以黥刑后发配到边疆去修筑长城。所不烧的书籍,是有关医药、卜筮和种植一类的书籍。如果想要学习法令,就应拜官吏为师。"皇帝下达制书说:"可以。"

三十五年,修筑大道,经过九原郡抵达云阳,挖山填谷,径直相通。这时候始皇帝认为咸阳人口太多,先王的宫廷又太小,我听说周文王定都在丰,武王定都在镐,丰、镐两城一带,才是帝王定都的地方。于是在渭水南面的上林苑中建造朝会的宫殿。首先建筑了前殿阿房宫,这座宫殿东西宽五百步,南北长五十丈,宫内可以坐下万人,下面可以竖起五丈高的大旗。周围环绕着回廊通道,从殿下一直通到南山。在南山的峰顶建造宫阙。又修造天桥,从阿房宫跨过渭水,连接到咸阳,来象征天空中的阁道星横跨银河抵达营室星。阿房宫还未建成,建成以后将要另外选择一个美好的名字来称呼它。由于这座宫建筑在阿房,所以天下的人把它叫作阿房宫。受过宫刑和判徒刑的七十多万人,被分别派去建造阿房宫,或是修筑骊山墓。在北山开采石料制作石椁,把蜀地、楚地的木材都砍伐运来。关中地区的宫殿总计建有三百座,关外建有四百多座。这时候在东海边上的胸县界内树立石碑,用它作为秦国的东大门。因而迁徙民众三万户到骊邑,五万家到云阳,都免除他们十年的赋税和徭役。

卢生劝导始皇帝说:"我们这些臣子去寻求灵芝奇药和仙人,常常是找不到,好像有什么东西伤害了他们。方术要和君主相合的时候,君主应该隐瞒行踪来远离恶鬼,远离了恶鬼,真人才能来临。君主所在的地方让臣子们知道了,就会伤害神灵。作为真人,是进入水中不会粘湿,闯入火中不会烧伤,凌驾在云气之上,和天地共长久的。如今陛下治理天下,还不能做到清静安宁。希望您所居处的宫殿不要让别人知晓,做到这样以后才或许可能求得不死之药。"于是始皇帝说:"我仰慕真人。"就称自己叫"真人",不再称"朕"。于是下令将咸阳周围二百里以内的二百七十座宫观，用空中的复道和有围墙的甬道互相连接起来，把帷帐、钟鼓、美女安置在其中，并分别登记在册而不准移动。皇帝有所临幸，如果有人透露出他所在地方，就要被处死。

始皇帝幸临梁山宫，从山上看到丞相拥有庞大的车骑卫队，很不满意。宫中有人将这件事告诉丞相，丞相以后就减省了随从车骑。始皇帝知道后大怒道："这一定是宫中有人将我的话泄露出去了。"立案审问而没有人肯供认。在这个时候，始皇帝就下诏逮捕当时在他身旁侍从的所有宫人，把他们全部处死。从此以后再没有人知道始皇帝的行踪。听取群臣们上奏国事，和群臣领受始皇帝的决策，都在咸阳宫中举行。

侯生和卢生相互谋划说："始皇帝的为人，是天性刚烈狠毒而且自以为是，从一个诸侯起家，兼并了天下，他的心志得到了满足、行动也为所欲为，认为自古以来的帝王没有能够胜过他自己的。他专门任用治狱的官吏，使治狱的官吏能够得到皇帝的亲近和宠幸。博士官虽有七十人，但只是备员充数而得不到任用。丞相和各位大臣都只是领受皇帝的成命，一切政务都要靠皇上来决策办理。皇上欢喜用刑法杀戮的方法来建立他的帝王威权，天下之人都害怕获罪而只想保持住自己的俸禄，没有谁敢于尽忠。皇上不能听到自己的过失而日益骄横放纵，臣下被皇上的威严所慑服而用说谎、欺瞒的方法来取得皇上对自己的宽容。秦法中规定，一种方术不能施用两次，如果没有应验，就会被处死。然而占候星象云气的虽多到三百人，他们都是良士，却因为畏惧皇帝的忌讳而拍马，不敢直言始皇帝的过失。天下的事无论大小都由皇上决定，以致于皇上每天批阅的上奏文书要用秤量，白天黑夜都有奏呈，不批阅完规定数量的奏文就不能休息。贪恋权势到了这种地步，我们不应该替他寻求仙药。"因此他们二人就逃跑了。始皇帝听说他们逃跑的事，就愤怒地说："前些时候我收集天下不合实用的书籍全都销毁了，广泛地召求了许多文学、方术人士，希望通过他们谋求太平，方士想要炼丹来求得奇药，如今听说韩众离去而不再还报，徐市等人花费的钱要用万来计算，最终没有能得到仙药，每日只是相继听到报告他们为奸谋利的消息。卢生等人，我对他们既很尊重又给予了很多的赏赐，如今他们却诽谤我，是夸大我的失德。各个方士儒生在咸阳的，我派人去调查了，有的人在制造妖言来惑众。"因此派御史全面查究审问那些方士儒生，那些方士儒生相互牵连告发，就从中查出触犯禁令的有四百六十多人，把他们全部活埋在咸阳，使天下的人知晓这件事，借以警告后人。又增派更多的流放人员迁往边境戍守。始皇帝的长子扶苏劝谏说："天下刚刚平定，远方的民众还没有归附，那些儒生都诵读诗书效法孔子，如今皇上一律运用重刑制裁他们，臣子担心天下不会太平安宁，希望皇上考虑这件事。"始皇听后大怒，派遣扶苏到北方的上郡去监督蒙恬的军队。

三十六年，火星扰乱了应有的行次，侵入了心宿三星。有一颗流星坠落在东郡，落到地面成了一块陨石。民众中有人在这块石上刻下文字说"始皇帝死后国土就要分裂"。始皇帝得知这件事，派遣御史逐一查问，没有人供服，就把在这块陨石旁居住的民众全部抓来杀掉，接着又把这块陨石焚烧销毁。始皇帝闷闷不乐，命令博士写作《仙真人诗》，等到他出游天下的时候，就传令乐工演奏歌唱。

秋天，使者在晚间从关东路过华阴平舒的道路，有一个人手里拿着一块玉璧担住使者说："替我把这块璧送给滈池君。"接着又说："今年祖龙将会死去。"使者询问其中的原因，那个人忽然就不见了，把他的那块玉璧放下后离去了。使者奉献了玉璧并将这件事详细报告给始皇帝。始皇帝听后沉默了许久，说："山鬼本来只不过是知道一年以内的事。"退朝以后又说：

"祖龙，是人类的祖先。"命令御府察检这块璧，原来是二十八年出外巡行渡过长江时所沉下的那块玉璧。因此始皇帝占卜这件事，卦辞显示的是巡游迁徙才会吉祥。迁徙三万家民户到北河榆中定居。赏赐每户一级爵位。

三十七年十月癸丑日，始皇帝出游。左丞相李斯随行，右丞相冯去疾留守都城。幼子胡亥因为羡慕出游而请求跟随，皇上准许了他的请求。十一月，巡行到云梦，在九疑山望祭虞舜。坐船顺江漂浮而下，观览籍柯，渡过海渚，经过丹阳县，到达钱塘县。来到浙江边上时，因水波汹涌，就向西行进了一百二十里，从江水最狭窄的地区渡江。登上会稽山，祭祀大禹，遥望南海，立石碑刻字而歌颂秦德。石刻的碑文是：

皇帝功业伟大，平定统一天下，德泽恩惠悠长。时在三十七年，亲自巡视天下，周游浏览远方。于是登临会稽，视察当地风俗，民众恭敬端庄。群臣称诵功德，寻求事迹本原，追叙道术高明。秦圣君临天下，始定刑名法度，发扬旧有规章。初定法规程式，审别百官职任，建立永久纪纲。六王专横背叛，贪婪狂傲凶猛，率众自行逞强。恣意施行暴虐，依恃武力骄纵，屡次挑起战争。暗地派遣间谍，从而奉行合纵，行为卑鄙猥狙。内心修饰诈谋，对外派兵侵边，导致兴起祸殃。扶义振威诛伐，铲除强暴背乱，乱臣贼子灭亡。圣德广布深密，天地四方之中，被受恩泽无疆。皇帝统一宇内，同时治理万事，远近尽都清明。调协掌理国务，考察验正事实，各使符合名分。贵贱都能通达，善恶陈说在前，没有分毫隐情。省过宣达大义，有子而又改嫁，视为叛夫不贞。内外分隔防范，禁止放荡淫乱，男女贞洁信诚。丈夫淫于他室，杀他没有罪过，男子应守规程。妻子逃走另嫁，子不认她为母，都受教化廉洁。盛世洁澄风俗，天下承受新风，广被美好常经。都能遵循法度，和睦安泰敦勉，无不顺从命令。民众美善清洁，人们乐于守法，天下永保太平。后世敬业奉法，永保盛世无极，国家不会覆倾。随臣称诵伟业，请求刻立此石，永远垂示美铭。

回程经过吴县，从江乘县渡过长江，沿着海岸北上，到达琅邪。

方士徐市等人入海寻求神药，好几年还没得到，花费很多，害怕受到谴责，于是他诈称："蓬莱仙药可以得到，但是由于经常被大鲛鱼所袭击，所以不能到达。我希望皇帝派遣善于射箭的人和我们一同去寻找，如果见到大鲛鱼就用连发的弓弩射杀它。"始皇帝梦见和海神交战，海神的形状如同人一般。询问圆梦的博士，博士说："水神不能看见，是因为有大鱼蛟龙在它的周围守候。如今皇上祈祷祭祀都很严谨，还出现这类恶神，应当把它除掉，这样善神就可以光临。"就命令入海求仙的人携带捕捉大鱼的用具，而始皇帝自己出海也装备了连弩等候见到大鱼出现的时候射杀它。从琅邪向北航行到荣成山，没有见到大鱼。再航行到之罘山，其间见到了巨大的鱼，射杀了一条。就沿着海岸向西走。

始皇帝到达平原津染上了疾病。始皇帝讨厌提到死，群臣没有人敢说死的事。皇上的病情更重，才写了一封加盖御印的书信赐给公子扶苏，上写："到咸阳来参加治办我的丧事而把我安葬。"书信已经封好，存放在中车府令赵高处加盖符玺，还没有授给使者传送。七月丙寅日，始皇帝在沙丘平台驾崩。丞相李斯因为皇上在都城外崩逝，恐怕各个公子及天下人会搞政变，所以封闭这件事，不发布丧事。始皇帝的尸体装进棺材而用既密闭又通风的辒凉车运载。由以前皇帝宠幸的宦官们陪乘驾车，所到之处如同以往一样进献食物。百官们也如同以往一样奏事，宦官就在辒凉车中批准他们所奏的事务。只有始皇帝的儿子胡亥、赵高及平时所宠信的宦官总共五六个人知道皇帝已死。赵高以前曾教胡亥读书和学习刑法律令等事，胡亥私下很宠幸他。赵高就和公子胡亥、丞相李斯阴谋打开始皇帝所签封的赐给公子扶苏的书信，而更换成诈称李斯在沙丘亲自接受始皇帝的遗诏，立儿子胡亥为太子。又另外写了一封赐给公子扶苏和蒙恬的书信，其中列举了他们的"罪状"，赐他们一死。这些事的详细内容写在《李斯列传》中。他们起程回咸阳，就从井陉抵达九原。恰逢暑热时期，皇上所居的辒凉车散发出臭气，于是诏令随从的官吏在车中载上一石鲍鱼，用这个办法掩饰始皇帝尸体的臭气。

一行人从直道赶回咸阳，发布治丧的公告。

太子胡亥承袭皇位，成为了二世皇帝。九月，把始皇帝安葬在郦山。

始皇帝刚即位的时候，就开凿了郦山而建造坟墓。等到统一了天下以后，又从全国各地送来七十多万徒隶，开挖三重泉水的深度，用铜水浇铸堵塞隙缝后再把外棺放进去，又把宫殿和所设的百官位次，以及奇器珍怪等宝物拿来满满地藏在其中。命令工匠制作带有机关的弩，假若有人盗墓穿凿进去就会被射杀。用水银模拟成百川江河大海，利用机关使它相互灌输流动，冢的顶壁上依据天文图案进行装饰，冢的下部依据地理图形加以布置。用娃娃鱼的脂肪做蜡烛，估计它能燃烧很久而不熄灭。二世皇帝说："先帝的后宫中那些没有生子的妃嫔不宜出宫。"都命令她们陪从皇帝而死，被赐死的人很多。灵柩下葬以后，有人说工匠们制造机关，对所藏宝物都十分了解，如此贵重的宝藏且夕间就会被他们泄露。所以安葬大事结束，珍贵宝物已经埋藏，就封闭了墓道中门。又把墓道的外门放下来，把工匠和负责填放宝物的人全部封在里边，没有能出来的人。在墓冢上种植草木而使它成为一座山的形状。

二世皇帝元年，胡亥二十一岁。赵高担任郎中令，他受到二世皇帝的信任而专权用事。二世皇帝下诏，增加始皇帝寝庙祭祀时候的牺牲等贡品及祭祀山川百祀典礼的贡物。又命令群臣们讨论推尊始皇帝庙的事。群臣们都跪在地上叩头说："古时候天子的祖庙是七庙，诸侯五庙，大夫三庙，虽经万世这个礼制仍然没有被废。如今始皇帝庙是极度尊贵而无以伦比的，四海之内都要按职阶贡献祭品，又增加了牛、羊、猪等祭牲数量，祭祀的礼仪都已完备，其他庙祭的各项标准没有比它还高的。先王的庙宇有的在西雍，有的在咸阳。天子所遵行的礼仪应当是只到始皇帝庙去亲自祭祀。从襄公以下的庙加以废毁，所建造祭祀先王的庙共七座。由群臣按照礼法前去祭祀，就把始皇帝庙尊奉为秦皇帝的祖庙。皇帝仍旧自称为'朕'。"

秦二世和赵高相谋划说："朕年纪轻，又刚刚登位，民众还没有归附。先帝到各郡县去巡察，来显示强大，以便用威权震服海内。我如今静享安然而不去巡视，就会被人看成软弱无能，这样就无法统治天下。"春天，二世到东方巡视郡县，李斯随从。到达碣石山，又沿海南下，到达会稽，并且在始皇帝以前所竖立的刻石上都又刻上文字，石碑边旁著录刻上从行大臣的姓名，借以表彰先帝的伟大功业和盛德：

皇帝说："金石碑刻全是始皇帝所竖立的。如今我袭号称皇帝，而金石刻辞中不称始皇帝，这样时代久远了以后，就好像是后世皇帝所竖立的，以致不能称扬始皇帝的功业和盛德。"丞相臣李斯、臣冯去疾、御史大夫臣德冒死上奏说："臣等请求把这份诏书全部刻在石碑上，这样就变得明白了。臣子冒死请求。"二世皇帝下达制书说："可以。"

结果巡行到辽东然后返回。

这时候二世皇帝就遵从采用赵高的策划，申明法令。他私下和赵高商议说："大臣们不顺服，官吏的势力还很强大，再加上各位公子必然要和我争夺帝位，对这些又该如何处理呢？"赵高说："臣子本来很愿意说，但是没有敢说。先帝的大臣，都是在天下人中具有世代功名的贵人。为国家积累功业世代辛苦已经相传很久了。如今我赵高平素就是一位无功的贱人，幸而得到陛下的抬举，让我官居高位，掌管宫禁中的事务。大臣们对这个安排都怏怏不乐，只是表面上顺从我，其实他们心里不服气。如今皇上出巡，还不赶快借这个时机清查出那些有罪的郡县守尉而把他们杀掉，这样在上可以振威天下，在下可以除去那些皇上平时所不满的人。如今这个时候不提倡效法文治而一切应该取决于武力，希望陛下依据时势当机立断不要迟疑，抓住群臣还来不及合谋反叛的时机采取行动。圣明的君主收揽重用前朝遗留下来的民众，对于地位卑贱的人，使他变得高贵，对于贫困的人，使他变得富足，对于前朝被疏远的人，给予亲近宠信，这样就能实现上下团结而使国家安定。"二世皇帝说："这个办法很好。"于是对大臣和各个公子进行诛杀，还假借罪名牵连逮捕了一些职位较低的近侍官中郎、外郎和散郎，没有一人能够免除罪责，并且还把始皇帝的六个皇子杀死在杜县。公子将闾等兄弟三人被囚禁在内宫中，因为等待议定他们的罪名被单独拖延在后。二世皇帝派使者传令将闾说："公子不臣服君上，你的罪过应当处死，官吏将要执行法令了。"将闾说："宫廷的礼法，我从来不敢不顺从赞礼官员的引导去做；朝廷上的位次，我从来不敢失节错乱；领受皇帝的命令回答提问，我从来不敢失言错答。凭什么说我不服？我希望能够清楚地知道我所犯的罪过以后再接受死罪。"使者说："我不可能参加谋议，只是奉诏书行事。"将闾于是仰天大呼上天三声，他叫道："天啊！我没有罪！"兄弟三人都流着眼泪拔剑自杀。宗室的人惊恐万分。群臣当中有人劝谏的就认定是诽谤朝政，大官吏们为保持他们的禄位而阿谀取容，民众震惊恐惧。

四月，二世皇帝回到咸阳，说："先皇帝因为咸阳朝廷太狭小，所以才营造了阿房宫。室堂还未建成，正遇到皇上崩逝，就命令那些营造的人停止建筑，去到郦山陵上增培坟土。郦山的事彻底结束了，如今如果放下阿房宫营造的事不去完成，那就是有意显示先帝兴办事业的过错。"又重新修建阿房宫。同时派兵安抚四夷，一切遵行始皇帝时的方针。又广泛地搜集了五万精壮兵丁守卫咸阳，让他们学习射箭和饲养供宫中玩赏的禽兽。咸阳附近应当消费粮食的人很多，估算粮食不足，所以向下调集各郡县的粮食和草料，并且命令运送粮草的人都要自带干粮，在咸阳三百里以内的地区不允许取用这些粮食。法令的施行更加严厉。

七月，戍卒陈胜等人在以前的楚地造反，国号为"张楚"。陈胜自立为楚王，据守在陈县，派遣各路将领去攻占土地。崤山以东各郡县中的青年人因受秦朝官吏迫害之苦，都把郡守郡尉县丞县令等官吏杀死后起来造反，来响应陈涉，他们相互扶立成为侯王，联合起来西进，打着讨伐秦朝的旗号，造反的人数多得数也数不清。谒者出使东方归来，把各地造反的情况报告给二世皇帝。二世皇帝听后大怒，把他关进了监狱。后来又有使者到来，皇上询问东方的形势，使者回答说："是一群土匪强盗，郡中的守、尉正在追捕他们，如今已经全部抓获，不值得担忧。"皇上听后十分高兴。

武臣立自己为赵王，魏咎立为魏王，田儋立为齐王。沛公在沛县起义。项梁在会稽郡起兵反秦。

二年冬天，陈涉所派遣的周章等人率领的军队向西攻到戏水，拥有兵卒几十万人。二世皇帝非常惊恐，和群臣商量说："这该怎么办？"少府章邯说："盗贼已经兵临城下，而且人多势强，如今要调发附近郡县的军队都已经来不及了。郦山的徒隶人数众多，请皇上赦免他们的罪过，发给他们武器来攻打盗贼。"于是二世皇帝大赦天下，委派章邯统率他们，打败周章的军队使他们溃逃，结果在曹阳杀死了周章。二世皇帝增派长史司马欣、董翳领兵协助章邯攻打盗贼，在城父县杀死了陈胜，在定陶县打垮了项梁的军队，在临济城消灭了魏咎。在原楚国地区有名的贼盗将领都被杀死以后，章邯于是向北渡过黄河，在巨鹿攻打赵王歇等人。

赵高劝谏二世皇帝说："先皇帝君临天下统治了很长时间，所以群臣们不敢为非作歹进上

奸邪的言论。如今陛下青春年少,又是刚刚即位,怎么能在朝廷上和公卿们决策国事呢?如果所决定的事一旦出现差错,就是把自己的短处暴露在群臣面前。天子处在万人之上而称朕,本来就不能让他们直接听见皇帝的声音。"因此二世皇帝经常住在宫禁中,和赵高决策各项政事。这以后公卿们很少能够朝见皇帝。盗贼越来越多,而且不停地调遣关中地区的士卒到东方去征伐盗贼。右丞相冯去疾,左丞相李斯、将军冯劫上言劝谏说:"关东地区成群的盗贼同时兴起,秦朝派军队去诛伐他们,杀死的盗贼非常多,但是这样仍然不能阻止住他们。盗贼众多的原因,都是因为戍守、漕陆运输和各种差役大多太苦,以及赋税太重。请求暂且停止修建阿房宫,减省四边的屯戍和物资转运。"二世皇帝说:"我听韩非子说过:'尧、舜建居室采用原木作椽子而不加刮削,用茅草盖铺屋顶而不加剪裁,用土簋煮饭,用土瓯喝水,即便是今日看门士卒的待遇,也不过这样。大禹凿通龙门,通达大夏,决通黄河壅塞的洪水,让它导入大海,他亲自手持挖土的杵和铁锹,泥水泡得他小腿都没有汗毛了,即使是臣仆奴隶的劳苦也不比他这样做更加剧烈。'凡是那些拥有天下而居于高贵地位的人,应该是随心所欲而为所欲为,君主威重而明布法令,在下的臣民们就不敢胡作非为,这样就能驾御海内了。至于说虞、夏的君主,高贵成为天子,还亲身处在穷苦劳作的生活中,来为百姓作出牺牲,那样做还怎么可以效法呢?朕尊贵为万乘君王,却没能享有万乘君王的实际。我想要建造千乘的车驾,组建万乘的徒属,以此来使我的名称得到切实的体现。而且先帝从诸侯起家,兼并了天下,天下已经安定,又对外抵御四方的夷狄而使边境得到安宁,建筑宫室来表示他已完成丰功伟绩的得意,你们看到了先帝的功业有了好的开头。如今在朕即位的二年间,成群的盗贼联合兴起作乱。你们不能禁止他们,又想要废止先帝所要做的事业,这样做首先是没有什么可以报答先帝,其次是不能为朕尽忠竭力,你们有什么资格居处高位?"把冯去疾、李斯、冯劫囚入监狱,立案责问他们别的罪过。冯去疾、冯劫说:"将相不能受侮辱。"他们自杀。结果李斯被囚禁,遭受五刑。

三年,章邯等人率领他们的军队包围了巨鹿,楚国上将军项羽率领楚军前往救援巨鹿,冬天,赵高担任丞相,终于判决了李斯的罪行而将他杀死。夏天,章邯等人作战屡屡失利,二世皇帝派人责问章邯,章邯恐惧,就派长史欣到朝中请求指示。赵高不肯接见他,又对他不信任。欣恐惧,逃出了咸阳,赵高派人捕捉他,没有追到。司马欣见到章邯说:"赵高在朝中总揽大权,将军有功也要被诛杀,无功也要受诛杀。"项羽加紧攻打秦军,俘虏了王离,章邯等人就率领军队投降了诸侯。

八月己亥日,赵高想要作乱,恐怕群臣不听从他的号令,就预先设法进行测验,他牵着一匹鹿献给二世皇帝,说:"这是一匹马。"二世皇帝笑着说:"丞相看错了吧?把鹿称作马。"又询问左右大臣,左右大臣有的人默不作声,有的人说是马而阿谀顺从赵高,也有人说是鹿。赵高因此暗地将说是鹿的人借用法律加害。以后群臣都很畏惧赵高。

赵高以前曾屡次说:"关东地区的盗贼是不会有什么作为的",等到项羽在巨鹿城下俘获了秦将王离等人而继续前进,章邯等人的军队多次败退,上书请求增援,燕、赵、齐、楚、韩、魏都拥立了自己的君王,自函谷关以东的地区,大多都已反叛了秦朝官吏的统治而响应诸侯,诸侯们都率领着他们各自的兵众向西进攻。沛公率领几万人已经攻下了武关,派人暗地里和赵高联络。赵高怕二世皇帝发怒,祸及自身,就以生病为由推辞而不朝见。二世皇帝梦见一只白虎咬了他车驾的左骖马,他杀死了这只白虎。二世皇帝心中不乐,感到很奇怪而去询问占梦的人。占梦的人卜卦说:"泾水的水神在作怪。"二世皇帝就在望夷宫斋戒,准备祭祀泾水神,把四匹白马沉入水中。派遣使者去责问赵高关于关东盗贼的事。赵高害怕，就私下和他的女婿咸阳令阎乐、他的弟弟赵成商议说："皇上不听劝谏，如今事态严重，就想把罪过推给我们家。我想更换另置皇帝，改立公子婴。子婴为人仁厚谦卑，百姓们都拥护他。"派郎中合作内应，谎称有大盗，命令阎乐召集官吏出动军队追击，又劫持阎乐的母亲安置在赵高府中作人质。派遣阎乐率领官兵一千多人来到望夷宫殿门，抓起了卫令仆射，说："盗贼从这里进去了，为什么不加阻止？"卫令说："宫殿四周设有士卒守卫，非常严谨，怎么会有盗贼敢进入宫殿？"阎乐就斩杀了卫令，率领官兵径直进入宫殿，边走边射箭，郎官宦者十分惊骇，有人逃跑有人格斗，格斗的人就被杀死，被杀的有几十个人。郎中令和阎乐一同进入宫殿，箭射到了皇上落坐的帷幄上。二世皇帝愤怒，召令左右的侍者，左右侍臣都惶恐混乱不敢挺身格斗。二世身旁有一个宦官，伺候他而不敢离去。二世进入内宫，对他说："你为什么不早告诉我？以至于走到这个地步！"宦官说："臣子不敢说，所以才能保全。假如臣子早就说了，都已经被诛杀了，怎么还能活到今日？"阎乐上前指着二世历数他的罪恶说："足下生性骄横，任意诛杀不遵天道，天下的人共同背叛足下，足下还是自己考虑该着办吧！"二世说："我是否能见丞相？"阎乐说："不可以。"二世说："我愿意得到一郡的地方作一个王。"没有得到允许。二世又说："我情愿作一个万户侯。"仍没有得到应允。二世又说："我情愿和妻儿在一起作平民百姓，如同各个公子一样。"阎乐说："臣子接受丞相的命令，为了天下的人诛杀足下，足下说了许多话，臣子不敢回报。"他指挥的士卒拥上前来。二世自杀。

　　阎乐回去向赵高报告，赵高就召集所有的大臣、公子，给他们通报了诛杀二世的情况。他说："秦过去是一个王国，始皇帝能够君临天下，所以才称帝。如今六国自己又重新拥立了国王，秦所控制的地区变得更小了，依然沿用空名而称帝，是不行的。应该像以前那样称王，如此更为便利。"拥立二世兄长的儿子公子婴作为秦王。按照平民百姓的礼仪在杜南宜春苑中埋葬了二世皇帝。又让子婴斋戒，到宗庙中去拜见祖先，接受国王的印玺。斋戒了五日，子婴和他的两个儿子商议说："丞相赵高在望夷宫杀害了二世皇帝，恐怕群臣诛杀他，才假装申张大义来扶立我。我听说赵高已和楚国订立盟约，灭亡掉秦的宗室以后他在关中称王。如今让我斋戒后去朝见宗庙，这是想要借朝见宗庙来杀害我。我如果宣称有病而不去，丞相一定亲自前来，来了就杀死他。"赵高多次派人来请子婴，子婴都不启行，赵高果真亲自前往，他说："宗庙朝见这样重大的事，王怎么不去呢？"子婴就在斋宫中刺杀了赵高，在咸阳当众杀了赵高的三族人。

　　子婴做了四十六天秦王，楚国将领沛公攻克秦军进入武关，就来到了霸上，派人去招降子婴。子婴自己用绳子拴着脖颈，坐着白马素车，捧着天子的印玺信符，在轵道亭旁请降。沛公就进入咸阳，封藏了宫室府库，退兵到霸上。

　　过了一个多月，诸侯的军队赶到，项羽是各路诸侯的盟主，诛杀了子婴和秦王室的各个公子以及宗室所有的人。就在咸阳大肆屠杀，烧毁秦国的宫室，抓走其中的宫女，没收秦国的珍宝和钱财，由诸侯们共同分享。灭亡了秦国以后，就把它的领土分割成三个王国，名叫雍王、塞王、翟王，号称三秦。项羽为西楚霸王，主持国命分割天下赐封诸侯王，秦朝最终被灭亡了。这以后五年，天下安定一尊于汉。

高祖本纪

　　高祖①，沛丰邑中阳里人②，姓刘氏，字季③。父曰太公④，母曰刘媪⑤。其先，刘媪尝息大泽之陂⑥，梦与神遇。是时雷电晦冥⑦，太公往视，则见蛟龙于其上。已而有身⑧，遂产高祖。

【注释】

①高祖：刘邦死后，庙号汉太祖。他的子孙和臣下因他功绩高，是汉的始祖，曾上尊号为高皇帝。习惯上称他为高祖。②沛：县名。治所在今江苏省沛县。丰邑中阳里：邑和里都是当时地方行政单位。③字季：汉高祖最初没有名字。做皇帝之后，才取名邦。这里的"季"不是他的字，而是他在兄弟中的排行最末位次。兄弟的排行顺序为伯、仲、叔、季。④太公：对老年男子的尊称。⑤媪（ǎo）：对老年妇女的通称。⑥其先：原先；当初。⑦晦冥：天色昏暗。⑧有身：怀孕。身，同娠。古代帝王为了巩固自己的统治地位，常常编造某些迷信故事来神化自己，欺骗人民。

高祖为人，隆准而龙颜①，美须髯②，左股有七十二黑子③。仁而爱人，喜施④，意豁如也⑤。常有大度，不事家人生产作业⑥。及壮，试为吏，为泗水亭长⑦，廷中吏无所不狎侮⑧。好酒及色。常从王媪、武负贳酒⑨，醉卧，武负、王媪见其上常有龙，怪之。高祖每酤留饮，酒雠数倍⑩。及见怪，岁竟，此两家常折券弃责⑪。

【注释】

①隆准：高鼻子。准，鼻梁。龙颜：上额突起，像龙额。②须髯（rán）：胡须。生在嘴下的叫须，生在两颊的叫髯。③黑子：黑痣。④施：施舍。⑤意豁如：性情开朗。⑥家人：平民百姓。⑦泗水亭：在今江苏省沛县东。亭长：官名。秦时县下设乡，乡下每十里设亭。亭有亭长，掌管治安、诉讼等事。⑧廷中吏：指衙门里的吏役。⑨武负：武大娘。负，通妇。贳（shì）：赊欠。⑩酤：买酒。雠：售，卖出。酒雠数倍，指酒的销售量比平日多几倍。⑪岁竟：年终。折券弃责：毁掉欠据，放弃债款。券，指赊欠的酒账。

高祖常繇咸阳①，纵观②，观秦皇帝，喟然③太息曰："嗟乎，大丈夫当如此也！"

【注释】

①常：通尝。曾经。繇：通徭。服徭役。咸阳：秦的都城，在今陕西省咸阳市东。②纵观：任人观看。当时皇帝车驾出行，戒备森严，禁止老百姓观看。③喟（kuì）然：叹气的样子。太息：叹息。

单父人吕公善沛令①，避仇从之客，因家沛焉。沛中豪桀吏闻令有重客②，皆往贺。萧何为主吏，主进③，令诸大夫曰："进不满千钱，坐之堂下④。"高祖为亭长，素易诸吏，乃绐为谒曰"贺钱万"⑤，实不持一钱。谒入，吕公大惊，起，迎之门。吕公者，好相人，见高祖状貌，因重敬之，引入坐。萧何曰："刘季固多大言，少成事。"高祖因狎侮诸客，遂坐上坐，无所诎⑥。酒阑，吕公因目固留高祖⑦。高祖竟酒，后⑧。吕公曰："臣少好相人，相人多矣，无如季相，愿季自爱⑨。臣有息女，愿为季箕帚妾⑩。"酒罢，吕媪怒吕公曰："公始常欲奇此女，与贵人，沛令善公，求之不与，何自妄许与刘季⑪？"吕公曰："此非儿女子所知也⑫。"卒与刘季。吕公女乃吕后也，生孝惠帝、鲁元公主⑬。

【注释】

①单父（shàn fǔ）：县名。治所在今山东省单县。善沛令：与沛县县令要好。令，汉时县的行政长官大县称"令"，万户以下小县称"长"。②桀：通杰。重客：贵客。③萧何（？——前193年）：刘邦同乡。辅佐刘邦统一天下后，任丞相，封为鄼（cuó此不音zàn）侯。主吏：即主吏掾（yuàn），也称功曹掾，是协助县令管理人事考核的官职。主进：主持收纳贺礼的事宜。进，同赆。赠送的钱物。④大夫：本爵位名。这里用作对贵客们的尊称，如同后来称"老爷"。坐之：使之坐。⑤易：轻视。绐（dài）：欺骗。谒（yè）：名帖之类的东西，上面还写着贺礼的价值。⑥诎（qū）：谦让。⑦酒阑：酒尽席残。目：使眼色。⑧竟酒：坚持到酒宴结束。后：走在最后。⑨臣：自谦之词。爱：爱惜，保重。⑩息女：亲生女儿。箕帚妾：打扫清洁的女仆。⑪与：嫁给。自：原因。⑫儿女子：相当于"妇孺之辈"，是蔑视人的话。⑬吕后：事详《吕太后本纪》。孝惠帝：刘邦长子刘盈，前194年继位，在位七年。鲁元公主：刘邦之女，后嫁给鲁元王张敖，所以称"鲁元公主"。

　　高祖为亭长时，常告归之田①。吕后与两子居田中耨②，有一老父过请饮③，吕后因铺之④。老父相吕氏曰："夫人天下贵人。"令相两子，见孝惠，曰："夫人所以贵者，乃此男也。"相鲁元，亦皆贵。老父已去，高祖适从旁舍来，吕后具言客有过⑤，相我子母皆大贵。高祖问，曰："未远。"乃追及，问老父。老父曰："乡者夫人、婴儿皆似君⑥，君相贵不可言。"高祖乃谢曰："诚如父言⑦，不敢忘德。"及高祖贵，遂不知老父处。

【注释】

①告归：请假回家。之：往；到。田：田间，乡下。②耨（nòu）：除草。③老父：老大爷。请饮：讨水喝。④铺（bǔ）：拿饭食给人吃。⑤具：详细，一一。客有过：有客人路过。⑥乡者：刚才。⑦诚：果真，的确。

　　高祖为亭长，乃以竹皮为冠，令求盗之薛治之①，时时冠之。及贵常冠，所谓"刘氏冠"乃是也。

【注释】

①求盗：亭长手下专管追捕盗贼的小卒。薛：县名。治所在今山东省滕县南。治：办理。

　　高祖以亭长为县送徒郦山①，徒多道亡②。自度比至皆亡之③。到丰西泽中④，止饮⑤，夜乃解纵所送徒。曰："公等皆去，吾亦从此逝矣⑥！"徒中壮士愿从者十余人。高祖被酒⑦，夜径泽中⑧，令一人行前。行前者还报曰："前有大蛇当径，愿还。"高祖醉，曰："壮士行，何畏！"乃前，拔剑击斩蛇。蛇遂分为两，径开。行数里，醉，因卧。后人来至蛇所，有一老妪夜哭⑨。人问何哭，妪曰："人杀吾子，故哭之。"人曰："妪子何为见杀⑩？"妪曰："吾子，白帝子也⑪，化为蛇，当道，今为赤帝子斩之⑫，故哭。"人乃以妪为不诚，欲告之⑬，妪因忽不见。后人至，高祖觉⑭。后人告高祖，高祖乃心独喜，自负⑮。诸从者日益畏之⑯。

【注释】

①徒：民侠。多为服劳役的犯人。郦（lí）山：即骊山。在今陕西省临潼县东南。②道亡：半路上逃跑。③度（duó）：推测；估计。④丰西：丰邑西面。泽：积水的洼地。⑤止饮：停下来饮酒休息。⑥逝：离去。指逃跑。⑦被酒：带着酒意。被，加。⑧径：小路。这里用如动词，抄小路走。⑨老妪（yù）：老妇人。⑩何为：为何，为什么。⑪白帝：古代传说中的五天帝之一。位于西方，代表五行中的金德。秦襄公供奉白帝，自称是白帝的子孙。⑫赤帝：五天帝之一。位于南方，代表五行中的火德。汉朝人崇奉赤帝，自认是赤帝的子孙。⑬告：告官。向政府告发其妖言惑众。⑭觉（jiào）：睡醒。⑮自负：自有所恃，即自命不凡的意思。⑯畏：敬重。

秦始皇帝常曰，"东南有天子气"①，于是因东游以厌之②。高祖即自疑，亡匿，隐于芒、砀山泽岩石之间③。吕后与人俱求④，常得之。高祖怪问之。吕后曰："季所居上常有云气，故从往，常得季。"高祖心喜。沛中子弟或闻之⑤，多欲附者矣。

【注释】

①常：通尝。天子气：方士们认为皇帝所在的地方，天空有一种特殊的云气。②东游：秦始皇称帝后，为了显示帝制的绝对权威，曾多次东巡，最后一次沿长江而下，一直到了会稽。厌（yā）：压制。镇压；制伏。③芒、砀（dàng）：均为山名。在今安徽省砀山县东南。④俱求：一同去寻找。⑤子弟：这里指一班年轻人。

秦二世元年秋①，陈胜等起蕲②，至陈而王③，号为"张楚"④。诸郡县皆多杀其长吏以应陈涉。沛令恐，欲以沛应涉。掾、主吏萧何、曹参乃曰⑤："君为秦吏，今欲背之，率沛子弟，恐不听。愿君召诸亡在外者，可得数百人，因劫众⑥，众不敢不听"。乃令樊哙召刘季⑦。刘季之众已数十百人矣。

【注释】

①秦二世元年：即公元前209年。二世：嬴胡亥。前210年至前207年在位。②陈胜（？—前208年）：秦末农民起义领袖。字涉，阳城（今河南省登封县东南）人。蕲（qí）：县名。治所在今安徽省宿县东南。③陈：县名。治所在今河南省淮阳县。④张楚：张大楚国的意思。张是动词。陈胜自称楚王，而非张楚王。⑤掾：县令属吏。曹参曾做过掌管刑狱的狱掾。⑥因：依靠；凭借。劫：威胁，挟持。⑦樊哙（kuài？—前189年）：刘邦同乡。原以屠狗为业，后来成为刘邦的得力将领。曾任左丞相，封舞阳侯。

于是樊哙从刘季来。沛令后悔，恐其有变，乃闭城城守①，欲诛萧、曹。萧、曹恐，逾城保刘季②。刘季乃书帛射城上，谓沛父老曰："天下苦秦久矣③。今父老虽为沛令守，诸侯并起，今屠沛④。沛今共诛令，择子弟可立者立之，以应诸侯，则家室完⑤。不然，父子俱屠，无为也⑥。"父老乃率子弟共杀沛令，开城门迎刘季，欲以为沛令。刘季曰："天下方扰，诸侯并起，今置将不善⑦，一败涂地⑧。吾非敢自爱，恐能薄，不能完父兄子弟。此大事，愿更相推择可者⑨。"萧、曹等皆文吏，自爱，恐事不就，后秦种族其家⑩，尽让刘季。诸父老皆曰："平生所闻刘季诸珍怪，当贵；且卜筮之⑪，莫如刘季最吉。"于是刘季数让⑫。众莫敢为，乃立季为沛公。祠黄帝⑬，祭蚩尤于沛庭⑭，而衅鼓旗⑮。帜皆赤，由所杀蛇白帝子，杀者赤帝子，故上赤⑯。于是少年豪吏如萧、曹、樊哙等皆为收沛子弟二三千人，攻胡陵、方与⑰，还守丰。

【注释】

①城守：据城防守。②保刘季：得到刘季的保护，指投靠刘季。③苦秦：为秦所苦害。④今：即将；马上就会。⑤完：完全。指得以保全。⑥无为：无意义；不值得。⑦今：这里相当于若、如果。⑧一败涂地：一旦战败就肝脑涂地。⑨可者：能够胜任的人。⑩种族：绝种灭族。"种"和"族"均用如动词。⑪卜筮（shì）：占卜吉凶。⑫数（shuò）：多次。⑬沛公：楚人称县令为公，故名。⑭蚩尤：传说中的部落首领，兵器的发明者。当时人认为，黄帝最善战略战术，蚩尤则首创各种兵器，所以作战前祭祀他们，以求取保佑。⑮衅（xìn）鼓旗：用牲畜的血涂在战鼓战旗上。这是古代的一种祭礼。⑯上：通尚。崇尚。⑰胡陵：县名。治所在今山东省鱼台县东南。方与（fáng yù）：县名。治所在今山东省鱼台县西北。

秦二世二年，陈涉之将周章军西至戏而还①。燕、赵、齐、魏皆自立为王②。项氏起吴③。秦泗川监平将兵围丰④，二日，出与战，破之。命雍齿守丰⑤，引兵之薛。泗川守壮败于薛，走至戚⑥，沛公左司马得泗川守壮⑦，杀之。沛公还军亢父⑧，至方与，未战。陈王使魏人周市略地⑨。周市使人谓雍齿曰："丰，故梁徙也⑩。今魏地已定者数十城。齿今下魏⑪，魏以齿为侯守丰。不下，且屠丰。"雍齿雅不欲属沛公⑫，及魏招之，即反为魏守丰。沛公引兵攻丰，不能取。沛公病，还之沛。沛公怨雍齿与丰子弟叛之，闻东阳宁君、秦嘉立景驹为假王⑬，在留⑭，乃往从之，欲请兵以攻丰。是时秦将章邯从陈⑮，别将司马尸将兵北定楚地⑯，屠相⑰，至砀⑱。东阳宁君、沛公引兵西，与战萧西⑲，不利。还收兵聚留，引兵攻砀，三日乃取砀。因收砀兵，得五六千人。攻下邑⑳，拔之。还军丰。闻项梁在薛，从骑百余往见之㉑。项梁益沛公卒五千人、五大夫将十人㉒。沛公还，引兵攻丰。

【注释】

①周章（？—前209年）：也叫周文。陈县（今河南省淮阳县）人。陈胜起义军将领。率兵攻入关中，后被秦将章邯战败自杀。戏（xì）：水名。在今陕西省临潼县东。②燕（yān）：国名。辖今河北省北部和辽宁省西部地区，都城在蓟（jì。今北京市西南隅）。赵：国名。在今山西省中部和河北省西南部地区，都城在邯郸（今河北省邯郸市）。齐：国名。辖今山东省泰山以北黄河流域和胶东半岛地区，都城在临淄（今山东省淄博市东北）。魏：国名。辖今河南省北部和山西省西南部，都城在大梁（今河南省开封市）。燕、赵、齐、魏都是战国时的诸侯强国，后为秦所灭。陈胜起义后，它们的后裔也纷纷起兵反秦。③项氏：指项梁、项羽叔侄。项氏为战国末年楚将之后，流亡在吴（今江苏省苏州市）。陈胜起义后，他们起兵响应，于公元前208年渡江西进。④泗川：即泗水，郡名。辖今安徽省北部和江苏省西北部地区，郡治在相县（今安徽省淮北市西北）。监：郡的监察官。秦时每郡设守（shòu）、尉、监三官。守为行政首长，尉管军事，监管督察官吏，由中央所派的御史充任。平：和下文的"壮"都是人名。⑤雍齿：刘邦同乡。随刘邦起兵后，曾一度背叛。汉初被封为什方侯。⑥戚：县名。治所在今山东省滕县南。⑦左司马：官名。掌管军政。这里指曹无伤。得：这里是"俘获"的意思。⑧亢父（gāng fù）：县名。治所在今山东省济宁市南。⑨陈王：指陈胜。他率领起义军攻下陈县之后，被推为王，所以称"陈王"。周市（fú）：陈胜手下的将领。后降魏，迎魏咎为王，自任魏相。最后为秦将章邯所杀。略地：用武力扩充地盘。⑩故梁徙：曾是梁的迁

都之地。⑪下：投降。⑫雅：素来；向来。⑬东阳宁君：东阳君（今江苏省金湖县西南、安徽省天长县西北）姓宁的某人。秦嘉：凌县（今江苏省泗阳县西北）人。响应陈胜，在郯（tán）县（今山东省郯城县北）起兵，自称大司马。景驹：战国时楚国王族的后裔，姓景名驹。假：暂时代理。⑭留：县名。治所在今江苏省沛县东南。⑮章邯（？—前205年）：秦末大将。率军镇压以陈胜为首的农民起义军，后投降项羽。楚汉战争中被刘邦击败自杀。⑯别将：配合主将在别处率军作战的将领。尸：古文"夷"字，又古文"仁"字。⑰相：县名。当时是泗水郡的郡治。⑱砀：县名。治所在今河南省夏邑县东南。⑲萧：县名。治所在今安徽省萧县西北。⑳下邑：县名。治所在今安徽省砀山县。㉑从骑（zòng jì）：随从的骑兵。㉒益：增拨。五大夫将：五大夫级的将领。五大夫是秦朝爵位的第九级。

从项梁月余，项羽已拔襄城还①。项梁尽召别将居薛。闻陈王定死②，因立楚后怀王孙心为楚王③，治盱台④。项梁号武信君。居数月⑤，北攻亢父，救东阿⑥，破秦军。齐军归⑦，楚独追北⑧，使沛公、项羽别攻城阳⑨，屠之。军濮阳之东⑩，与秦军战，破之。

【注释】

①襄城：县名。治所在今河南省襄城县西。②定死：确实已死。③怀王孙心（？—前205年）：楚怀王熊槐的孙子熊心。④盱台（xūyí）：即盱眙。县名。治所在今江苏省盱眙县东北。"治盱台"即定都盱眙。⑤居数月："月"字或为"日"字之误。⑥东阿（ē）：县名。治所在今山东省东阿县西南之阿城镇。⑦齐军归：东阿之围解除后，田荣引兵东归，驱逐了齐人所立的田假，另立田儋之子田市为王。田假逃到楚地，受到保护，田荣从此与项梁、项羽生怨。⑧追北：追击败退的敌军。⑨城阳：县名。治所在今山东省鄄（juàn）城县东南。⑩军：驻扎。濮阳：县名。治所在今河南省濮阳县西南。

秦军复振，守濮阳，环水①。楚军去而攻定陶②，定陶未下。沛公与项羽西略地至雍丘之下③，与秦军战，大破之，斩李由④。还攻外黄⑤，外黄未下。

【注释】

①环水：环城挖沟引水，以防御敌军。②定陶：县名。治所在今山东省定陶县西北。③雍丘：县名。治所在今河南省杞（qǐ）县。④李由：秦丞相李斯之子。当时任三川郡守。⑤外黄：县名。治所在今河南省民权县西北。

项梁再破秦军，有骄色。宋义谏①，不听。秦益章邯兵，夜衔枚击项梁②，大破之定陶③，项梁死。沛公与项羽方攻陈留④，闻项梁死，引兵与吕将军俱东⑤。吕臣军彭城东⑥，项羽军彭城西，沛公军砀。

【注释】

①宋义：战国末年楚国的令尹。随项羽起兵伐秦，曾任上将军，号称卿子冠军。②枚：形状像筷子之类的东西。古代军队秘密行动时，为了防止喧哗，命令士兵将枚横衔在嘴里，两头用绳子系在颈上，叫做衔枚。③大破之：下面省略了介词"于"。④陈留：县名。治所在今河南省开封县东南陈留镇。⑤吕将军：即吕臣。⑥彭城：县名。治所在今江苏省徐州市。

章邯已破项梁军，则以为楚地兵不足忧，乃渡河①，北击赵，大破之。当是之时，赵歇为王②，秦将王离围之巨鹿城③，此所谓"河北之军"也。

【注释】

①河：古代黄河的专名。②赵歇：战国时赵国的后裔。陈胜起义后，派部将武臣到赵地招抚。③王离：秦朝名将王翦的孙子。巨鹿：也作钜鹿。县名。治所在今河北省平乡县西南。

秦二世三年，楚怀王见项梁军破，恐，徙盱台，都彭城，并吕臣、项羽军自将之。以沛公为砀郡长，封为武安侯，将砀郡兵。封项羽为长安侯，号为鲁公①。吕臣为司徒②，其父吕青为令尹③。

【注释】

①鲁：县名。在今山东省典阜市。②司徒：楚官名。楚国的司徒职掌后勤事务，与一般所说的六卿之一的司徒（主管教化）不同。③令尹：楚官名。相当于丞相。

赵数请救，怀王乃以宋义为上将军，项羽为次将，范增为末将①，北救赵。令沛公西略地入关。与诸将约，先入定关中者王之②。

【注释】

①范增（前277年—前204年）：项氏叔侄的重要谋臣。居鄛（cháo。今安徽省安庆市北）人。曾劝项梁立楚怀王。项羽尊称他为"亚父"。②关中：地区名。一般指函谷关以西、散关以东、萧关以南、武关以北为关中。周平王东迁后，秦国一直占据着这一地区，因此通常称秦地为关中。王（wáng）：封为王。用如动词。

当是时，秦兵强，常乘胜逐北，诸将莫利先入关①。独项羽怨秦破项梁军，奋②，愿与沛公西入关。怀王诸老将皆曰："项羽为人僄悍猾贼③。项羽尝攻襄城，襄城无遗类，皆坑之④，诸所过无不残灭。且楚数进取，前陈王、项梁皆败。不如更遣长者扶义而西⑤，告谕秦父兄。秦父兄苦其主久矣，今诚得长者往，毋侵暴，宜可下。今项羽僄悍，今不可遣；独沛公素宽大长者，可遣。"卒不许项羽，而遣沛公西略地，收陈王、项梁散卒。乃道砀至成阳，与杠里秦军夹壁⑥，破秦二军。楚军出兵击王离，大破之。

【注释】

①莫利先入关：没有人认为先入关是有利的。②奋：愤激。③僄（piào）悍猾贼：勇猛凶残。④无遗类：一个不留。⑤更：改。长（zhǎng）者：宽厚而老成的人。扶义：仗义；按照仁义行事。⑥道：取道；经过。成阳：即城阳。在今山东省鄄城县东南。杠里：地名。在城阳西面。夹壁：对垒而阵。壁：营垒。

沛公引兵西，遇彭越昌邑①，因与俱攻秦军，战不利。还至栗②，遇刚武侯③，夺其军，可四千余人④，并之。与魏将皇欣、魏申徒武蒲之军并攻昌邑⑤，昌邑未拔。西过高阳⑥。郦食其为监门⑦，曰："诸将过此者多，吾视沛公大人长者。"乃求见说沛公。沛公方踞床⑧，使两女子洗足。郦生不拜，长揖，曰："足下必欲诛无道秦⑨，不宜踞见长者。"于是沛公起，摄衣谢之，延上坐⑩。食其说沛公袭陈留，得秦积粟。乃以郦食其为广野君，郦商为将⑪，将陈留兵，与偕攻开封，开封未拔。西与秦将杨熊战白马，又战曲遇东⑫，大破之。杨熊走之荥阳，二世使使者斩以徇⑬。南攻颍阳⑭，屠之。因张良遂略韩地轘辕⑮。

【注释】

①彭越：陈胜起义后，起兵响应，依附刘邦。汉初被封为梁王，后为刘邦所杀。②粟：县名。治所在今河南省夏邑县。③刚武侯：姓名失传。④可：大约。⑤申徒：官名。即司徒。⑥高阳：聚邑名。在今河南省杞县西南。⑦郦食其（yì jī）：说客。监门：看守城门的吏卒。⑧踞（jù）床：两脚岔开，坐在床上。这是一种极不礼貌的见客姿态。床，坐具。⑨足下：敬称。⑩摄：整理；提起。谢：道歉。延：引进。⑪郦商：郦食其之弟。汉初封曲周侯。⑫白马：县名。治所在今河南省滑县东。曲遇：聚邑名。在今河南省中牟县东。⑬荥阳：县名。治所在河南省荥阳县东北。⑭颍阳：县名。治所在今河南省许昌市西南。⑮轘辕：山名。在今河南省偃师县东南。山路盘旋，形势险峻，是有名的要隘。

当是时，赵别将司马卬方欲渡河入关①，沛公乃北攻平阴②，绝河津③。南，战雒阳东④，军不利，还至阳城⑤，收军中马骑，与南阳守齮战犨东⑥，破之。略南阳郡，南阳守齮走，保城守宛。沛公引兵过而西。张良谏曰："沛公虽欲急入关，秦兵尚众，距险⑦。今不下宛，宛从后击，强秦在前，此危道也。"于是沛公乃夜引兵从他道还，更旗帜，黎明，围宛城三匝⑧。南阳守欲自刭⑨。其舍人陈恢曰⑩："死未晚也。"乃逾城见沛公，曰："臣闻足下约，先入咸阳者王之。今足下留守宛。宛，大郡之都也，连城数十，人民众，积蓄多，吏人自以为降必死，故皆坚守乘城⑪。今足下尽日止攻⑫，士死伤者必多；引兵去宛，宛必随足下后：足下前则失咸阳之约，后又有强宛之患。为足下计，莫若约降，封其守，因使止守⑬，引其甲卒与之西。诸城未下者，闻声争开门而待，足下通行无所累。"沛公曰："善。"乃以宛守为殷侯，封陈恢千户。引兵西，无不下者。至丹水⑭，高武侯鳃、襄侯王陵降西陵⑮。还攻胡阳，遇番君别将梅铟，与皆，降析、郦⑯。遣魏人宁昌使秦⑰，使者未来。是时章邯已以军降项羽于赵矣。

【注释】

①司马卬（áng）：原为赵将，后归项羽，被封为殷王。②平阴：县名。治所在今河南省孟津县东北。③绝：切断。河津：指黄河渡口。④雒阳：雒，三国魏改作洛。县名。治所在今河南省洛阳市东北。⑤阳城：县名。治所在今河南省登封县东南。⑥南阳：郡名。辖今河南省西南部及湖北省北部地区。郡治在宛（今河南省南阳市）。齮（yǐ）：吕齮。犨（chōu）：县名。治所在今河南省鲁山县东南，属南阳郡。⑦距险：依险固守，以拒敌人。⑧匝（zā）：环绕一周。三匝：指重重包围。⑨自刭：用刀割颈自杀。⑩舍人：侍从于左右的亲信或门客。⑪坚守乘城：即乘城坚守。乘，登。⑫止攻：指停止前进，攻击宛城。⑬止守：留守。⑭丹水：县名。在今河南省淅川县西南、丹水北岸。⑮高武侯鳃：姓氏不详。襄侯王陵。西陵：地

名。在今湖北省宜昌市西。但此地方位与史文不符，疑为衍文。⑯胡阳：一作"湖阳"。县名。治所在今河南省唐河县西南。番（pó）君：即吴芮（ruì? —前202年）。秦时曾任番县令。皆：通偕。析：邑名。在今河南省西峡县。郦：县名。治所在今河南省南阳市西北。⑰使秦：指入秦与赵高通谋。

　　初，项羽与宋义北救赵，及项羽杀宋义，代为上将军，诸将黥布皆属①；破秦将王离军，降章邯，诸侯皆附。及赵高已杀二世②，使人来，欲约分王关中。沛公以为诈，乃用张良计，使郦生、陆贾往说秦将③，啖以利，因袭攻武关④，破之。又与秦军战于蓝田南⑤，益张疑兵旗帜，诸所过毋得掠卤，秦人意，秦军解⑥，因大破之。又战其北，大破之。乘胜，遂破之。

【注释】
　　①黥布：原名英布。因受过黥刑，人称黥布。②赵高（? —前207年）：以宦官任中车府令。③郦生：即郦食其。陆贾：刘邦的谋士。汉初拜太中大夫。④啖：以食与人。引申为以利诱人。武关：在今陕西省丹凤县东南丹江上。⑤蓝田：县名。治所在今陕西省蓝田县西。⑥卤：通虏。意：通喜。解：通懈。

　　汉元年十月①，沛公兵遂先诸侯至霸上②。秦王子婴素车白马③，系颈以组④，封皇帝玺符节⑤，降轵道旁⑥。诸将或言诛秦王。沛公曰："始怀王遣我，固以能宽容⑦；且人已服降，又杀之，不祥。"乃以秦王属吏⑧，遂西入咸阳。欲止宫休舍⑨，樊哙、张良谏，乃封秦重宝财物府库，还军霸上。召诸县父老豪杰曰："父老苦秦苛法久矣，诽谤者族⑩，偶语者弃市⑪。吾与诸侯约，先入关者王之，吾当王关中。与父老约⑫，法三章耳：杀人者死，伤人及盗抵罪⑬。余悉除去秦法。诸吏人皆案堵如故⑭。凡吾所以来，为父老除害，非有所侵暴⑮，无恐！且吾所以还军霸上，待诸侯至而定约束耳。"乃使人与秦吏行县乡邑，告谕之。秦人大喜，争持牛羊酒食献飨军士⑯。沛公又让不受，曰："仓粟多，非乏，不欲费人⑰。"人又益喜，唯恐沛公不为秦王。

【注释】
　　①汉元年十月：即公元前206年阴历十月。这一年刘邦被封为汉王，所以称"汉元年"。为汉纪元的开始。秦朝历法建亥，以夏历十月为岁首，汉承秦制，元年十月即汉元年的第一个月，也就是正月。②霸上：也作灞上。地名。在今陕西省西安市东，是古代咸阳、长安附近的军事要地，因地处霸水以西的高原上而得名。③子婴（? —前206年）：秦朝末代王，秦二世兄之子。公元前207年，赵高杀二世后，他被立为王。④系颈以组：用丝带系颈。组，丝织的宽带子。素车白马、颈上系带，表示自己该死，服降请罪。⑤玺（xǐ）：本为印的通称，从秦代起专指皇帝用的印。符：古代朝廷派遣使者传达命令、征调兵将用的凭证。⑥轵（zhǐ）道：一作枳道。亭名。在今陕西省西安市东北。⑦固：本来；原来。以：认为。⑧属（zhǔ）吏：交给主管官吏处理。属，交付。⑨止宫休舍：留住宫中休息。⑩诽谤者族：批评朝政的灭族。⑪偶语：相聚在一起议论。弃市：刑法名。在闹市执行死刑，并将尸体暴露街头示众，表示为人所弃，称为弃市。⑫约：约定，达成协议。⑬抵罪：当其罪。意思是根据罪行大小来确定刑的轻重。⑭案堵如故：一切照旧。案堵，即安堵，安定而不变动的意思。⑮侵暴：侵犯残害。⑯飨（xiǎng）：用酒肉款待、慰劳。⑰费人：叫人破费。

或说沛公曰："秦富十倍天下，地形强。今闻章邯降项羽，项羽乃号为雍王，王关中①。今则来②，沛公恐不得有此。可急使兵守函谷关③，无内诸侯军④，稍征关中兵以自益，距之。"沛公然其计⑤，从之。十一月中，项羽果率诸侯兵西，欲入关，关门闭。闻沛公已定关中，大怒，使黥布等攻破函谷关。十二月中，遂至戏。沛公左司马曹无伤闻项王怒⑥，欲攻沛公，使人言项羽曰："沛公欲王关中，令子婴为相，珍宝尽有之。"欲以求封。亚父劝项羽击沛公⑦。方飨士，旦日合战⑧。是时项羽兵四十万，号百万。沛公兵十万，号二十万，力不敌。会项伯欲活张良⑨，夜往见良，因以文谕项羽，项羽乃止。沛公从百余骑，驱之鸿门⑩，见谢项羽⑪。项羽曰："此沛公左司马曹无伤言之。不然，籍何以生此⑫！"沛公以樊哙、张良故，得解归⑬。归，立诛曹无伤。

【注释】

　　①"项羽乃号为雍王"二句：意思是项羽传出要封章邯为雍王的话，使之统辖关中之地。②则：如果。③函谷关：在今河南省灵宝县东北，是河南通往关中地区的门户。④内：通纳。⑤然其计：以其计为然，即赞同他的建议。⑥项王：《汉书·高帝纪》作项羽。这时项羽尚未称王，而且本篇此文之前各处都称"项羽"，唯独此处称"项王"，疑误。⑦亚父：即范增。⑧旦日：明早。合战：会战。⑨会：恰巧遇上。项伯（？——前192年）：即项羽的叔父项缠，字伯。当时在项羽军中任左尹。汉初封射阳侯，赐姓刘。⑩鸿门：在今陕西省临潼县东。因项羽曾驻军于此，所以后来又称"项王营"。⑪谢：赔罪。⑫籍：项羽名籍，字羽。这里是以名谦称自己。按："生"字疑为"至"字之误。"生此"应为"至此"。⑬解：解脱。

　　项羽遂西，屠烧咸阳秦宫室，所过无不残破。秦人大失望，然恐，不敢不服耳。

　　项羽使人还报怀王。怀王曰："如约①。"项羽怨怀王不肯令与沛公俱西入关，而北救赵，后天下约②。乃曰："怀王者，吾家项梁所立耳③，非有功伐④，何以得主约！本定天下，诸将及籍也。"乃详尊怀王为义帝⑤，实不用其命⑥。

【注释】

　　①如约：按原先的约定办，即"先入定关中者王之"。②后天下约：失约而落在人后。③吾家项梁：项羽这样直呼其叔，不大合情理。④功伐：功劳。伐，积功，与功近义。⑤详：通佯。假装；假意。义帝：有两种解释：一说"义"即"假"，义帝就是假皇帝；一说义帝即名义上的皇帝，相当于说"名誉皇帝"。二者都说明，项羽把怀王只是当作傀儡。⑥用：采用；执行。

　　正月，项羽自立为西楚霸王①，王梁、楚地九郡②，都彭城。负约③，更立沛公为汉王，王巴、蜀、汉中④，都南郑。三分关中，立秦三将：章邯为雍王，都废丘；司马欣为塞王，都栎阳⑤；董翳为翟王⑥，都高奴⑦。楚将瑕丘申阳为河南王⑧，都洛阳。赵将司马卬为殷王，都朝歌⑨。赵王歇徙王代⑩。赵相张耳为常山王⑪，都襄国⑫。当阳君黥布为九江王，都六⑬。怀王柱国共敖为临江王⑭，都江陵⑮。番君吴芮为衡山王，都邾⑯。燕将臧荼为燕王⑰，都蓟⑱。故燕王韩广徙王辽东⑲。广不听，臧荼攻杀之无终⑳。封成安君陈馀河间三县㉑，居南皮㉒。封梅鋗十万户。

【注释】

①西楚霸王：古代楚国有南楚、东楚、西楚之分，项羽建都的彭城，地处西楚，所以这样自称。所谓"霸王"，大致相当于春秋时期作为诸侯之长的盟主（霸主）。②梁、楚地九郡：指战国时梁国和楚国的部分地区，即今河南省东部、山东省西南部和江苏、安徽两省的大部及浙江省北部地区。至于九郡，说法不一。王先谦引全祖望说，认为是指黔中、南阳、东海、砀、薛、楚、泗水、会（guì）稽、东郡，均秦所立。③负约：指违背楚怀王关于先入关破秦者做关中王的约定。④巴、蜀、汉中：均郡名。⑤栎（yuè）阳：县名。治所在今陕西省临潼县东北。⑥董翳（yì）：原为章邯部下，任都尉，曾劝说章邯投降项羽。⑦高奴：县名。治所在今陕西省延安市东北。⑧瑕丘申阳：即原瑕丘令申阳。瑕丘为秦县名。治所在今山东省兖（yǎn）州东北。申阳为人名。⑨朝歌：县名。治所在今河南省淇县。⑩代：古国名。战国时属赵，秦置郡。⑪张耳（？—前202年）：魏国名士，与陈馀齐名。大梁（今河南省开封市附近）人。陈胜起义后，先后拥立武臣、赵歇为赵王。初附项羽，封常山王；后归刘邦，封赵王。⑫襄国：秦时为信都县，汉改襄国县，治所在今河北省邢台市西南。⑬六：县名。治所在今安徽省六安县北，是黥布的故乡。⑭柱国：楚官名。也称"上柱国"。共（gōng）敖：人名。⑮江陵：县名。治所在今湖北省江陵县。⑯邾（zhū）：邑名。在今湖北省黄冈县西北。⑰臧荼（tú）：原为燕王韩广的部将，曾领兵援赵，随项羽入关。后归附刘邦。⑱蓟（jì）：县名。在今北京市西南。⑲韩广：原为陈胜部将武臣的下属，后领兵攻取燕地，自立为燕王。辽东：郡名。辖今辽宁省大凌河以东、辽东半岛地区，在襄平（今辽宁省辽阳市）。⑳无终：县名。治所在今天津市蓟县。臧荼杀韩广事在这年八月，这里连带叙及。㉑成安：县名。治所在今河北省成安县东南。陈馀：魏国名士，与张耳齐名。大梁人。陈胜起义后，和张耳一起拥立赵歇为赵王，赵歇封他为代王。河间：汉置河间国，在乐成（今河北省献县东南）。《陈馀传》无"河间"二字，作"即以南皮旁三县以封之"。㉒南皮：县名。在今河北省南皮县东北。

四月，兵罢戏下①，诸侯各就国②。汉王之国，项王使卒三万人从，楚与诸侯之慕从者数万人③，从杜南入蚀中④。去辄烧绝栈道⑤，以备诸侯盗兵袭之，亦示项羽无东意。至南郑，诸将及士卒多道亡归，士卒皆歌思东归。韩信说汉王曰⑥："项羽王诸将之有功者，而王独居南郑，是迁也⑦。军吏士卒皆山东之人也⑧，日夜跂而望归⑨，及其锋而用之⑩，可以有大功。天下已定，人皆自宁，不可复用。不如决策东乡⑪，争权天下。"

【注释】

①戏下：即"麾（huī）下"，大将的指挥旗下。戏，大旗。②就国：到自己的封国去。③使卒三万人从：刘邦入咸阳时有兵十万，这时仅使卒三万人从，说明项羽已削夺刘邦的兵力。④杜：县名。治所在今陕西省西安市东南。蚀：谷道名。大约就是子午谷，在今陕西省西安市西南，是关中通往汉中的重要谷道。⑤栈道：也叫阁道。指在山崖上凿石架木构成的通道。⑥韩信（？—前196年）：汉初著名军事家。淮阴（今江苏省清江市附近）人。⑦迁：贬谪；流放。⑧山东：泛指崤（xiáo）山或华（huà）山、函谷关以东广大地区。⑨跂（qǐ）望：踮起脚跟向前远望。⑩锋：锐。这里指锐气。⑪东乡（xiàng）：向东（进军）。乡，通向。

项羽出关，使人徙义帝。曰："古之帝者地方千里，必居上游。"乃使使徙义帝长沙郴县①，趣义帝行②，群臣稍倍叛之③，乃阴令衡山王、临江王击之，杀义帝江南④。项羽怨田荣⑤，立齐将田都为齐王⑥。田荣怒，因自立为齐王⑦，杀田都而反楚⑧；予彭越将军印，令反梁地⑨。楚令萧公角击彭越⑩，彭越大破之。陈馀怨项羽之弗王己也，令夏说说田荣⑪，请兵击张耳。齐予陈馀兵，击破常山王张耳，张耳亡归汉。迎赵王歇于代⑫，复立为赵王。赵王因立陈馀为代王。项羽大怒，北击齐。

【注释】

①长沙：郡名。辖今湖南省大部和江西省西北部地区，郡治在临湘（今湖南省长沙市）。郴（chēng）县：县名。即今湖南省郴县。当时属长沙郡。②趣（qù）：催促。③稍：逐渐，陆续。倍：通背。④"杀义帝江南"二句：这里说项羽暗令衡山王吴芮与临江王共放杀义帝于江南。⑤项羽怨田荣：田荣是齐国王族后裔。陈胜起义后，他随堂兄田儋起兵，重建齐国。曾被秦将章邯围困于东阿，经项梁解救得脱。田荣归齐后，立田儋之子田市为王，驱逐齐王田假。田假逃归项梁。项梁击章邯于定陶，秦大军增援。项梁告急于齐，田荣不救，章邯大败楚军，项梁战死。⑥田都：田假部将。曾随项羽救赵，入关，被项羽封为齐王。项羽同时又封原齐王田建的孙子田安为济北王，而改封田荣所立的齐王田市为胶东王，使齐地一分为三。⑦"田荣怒"二句：田荣恼恨项羽不封己为王，先后击败田都，击杀田安、田市，尽并三齐之地，自立为齐王。⑧杀田都：田都被田荣击败后，逃归项羽，未被杀。⑨予彭越将军印，令反梁地：《汉书·彭越传》作"汉乃使人赐越将军印"，与此处记载不一。⑩萧公角：原为萧县县令，名角。公，是楚对县令的称呼。⑪夏说（yuè）：陈馀为代王时，曾任相国。⑫迎赵歇于代：指陈馀打败张耳收复赵地之后，将已徙到代郡的赵歇迎回一回事。

　　八月，汉王用韩信之计，从故道还①，袭雍王章邯。邯迎击汉陈仓，雍兵败，还走；止战好畤②，又复败，走废丘。汉王遂定雍地。东至咸阳，引兵围雍王废丘，而遣诸将略定陇西、北地、上郡③。令将军薛欧、王吸出武关④，因王陵兵南阳⑤，以迎太公、吕后于沛。楚闻之，发兵距之阳夏⑥，不得前。令故吴令郑昌为韩王⑦，距汉兵。

【注释】

①故道：县名。在今陕西省凤县东北，接甘肃省两当县。②好畤（zhì）：县名。治所在今陕西省乾（qián）县东。③陇西：郡名。辖今甘肃省东南部地区，郡治在狄道（今甘肃省临洮县）。北地：郡名。辖今内蒙古自治区、宁夏回族自治区和甘肃省、陕西省的部分地区，郡治在义渠（今甘肃县镇宁县西北）。上郡：郡名。辖今陕西省北部和内蒙古自治区西南部地区，郡治在肤施（今陕西省榆林县东南）。④薛欧：刘邦部将。以舍人身份随刘邦在丰邑起兵，后被封为广平侯。王吸：刘邦部将。后被封为清阳侯。⑤因：随着。这里指会合王陵在南阳的几千驻军。⑥阳夏（jiǎ）：县名。治所在今河南省太康县。⑦郑昌：项羽部将。

　　二年，汉王东略地，塞王欣、翟王翳、河南王申阳皆降。韩王昌不听，使韩信击破之①。于是置陇西、北地、上郡、渭南、河上、中地郡②；关外置河南郡③。更立韩太尉信为韩王④。诸将以万人若以一郡降者⑤，封万户。缮治河上塞⑥。诸故秦苑囿园池⑦，皆令人得田之⑧。正月，虏雍王弟章平，大赦罪人。

【注释】

①使韩信击破之：这句省略了主语"汉王"。②渭南、河上、中地郡：这三个郡分别成为后来的京兆

尹、左冯翊（píngyì）、右扶风。③河南：郡名。辖今河南省新安县以东、开封市以西地区，郡治在洛阳（今河南省洛阳市东北）。④韩太尉信：战国时韩襄王的后代。⑤若：或者。⑥缮治：修整。河上塞（sài）：指河上郡北部一带防御匈奴的工事。⑦苑囿（yuàn yòu）园池：古代畜养禽兽，种植花木的园林，这里指专供帝王与贵族游猎的风景区。⑧田：开垦；耕种。用如动词。

汉王之出关至陕①，抚关外父老，还，张耳来见②，汉王厚遇之。

【注释】

①陕：县名。治所在今河南省三门峡市西。②张耳来见：指张耳被陈馀打败后，前来归附刘邦。

二月，令除秦社稷①，更立汉社稷。

【注释】

①社稷（jì）：社稷坛。是古代君主祭祀土神和谷神的场所。常用来作为国家的代称。除去秦的社稷坛，再立汉的社稷坛，表示改朝换代。

三月，汉王从临晋渡①，魏王豹将兵从②。下河内，虏殷王，置河内郡③。南渡平阴津，至雒阳。新城三老董公遮说汉王以义帝死故④。汉王闻之，袒而大哭⑤。遂为义帝发丧，临三日⑥。发使者告诸侯曰："天下共立义帝，北面事之⑦。今项羽放杀义帝于江南，大逆无道。寡人亲为发丧，诸侯皆缟素⑧。悉发关内兵，收三河士⑨，南浮江汉以下⑩，愿从诸侯王击楚之杀义帝者。"

【注释】

①临晋：关隘名。在今陕西省大荔县东黄河西岸，是古代秦晋间的重要通道。因关下有蒲津渡，所以又叫蒲津关。②魏王豹：战国时魏国王族的后裔。③河内：泛指今河南省黄河以北地区。河内郡：治所在怀县（今河南省武陟县西南）。④新城：汉改为县。治所在今河南省伊川县西南。三老：官名。掌管一乡的教育与民俗。遮：拦住。⑤袒（tǎn）：裸露。古代丧服有袒露左臂的规定。⑥临（lín）：聚众举哀，祭吊死者。⑦北面：古代君主面南而坐，臣下北面朝见。⑧缟（gǎo）素：这里泛指白色的丧服。⑨三河：河南、河东、河内三郡的合称。⑩江、汉：长江、汉水。

是时项王北击齐，田荣与战城阳。田荣败，走平原①，平原民杀之。齐皆降楚。楚因焚烧其城郭，系虏其子女②。齐人叛之。田荣弟横立荣子广为齐王，齐王反楚城阳。项羽虽闻汉东③，既已连齐兵④，欲遂破之而击汉。汉王以故得劫五诸侯兵⑤，遂入彭城。项羽闻之，乃引兵去齐，从鲁出胡陵⑥，至萧，与汉大战彭城灵壁东睢水上⑦，大破汉军，多杀士卒，睢水为之不流。乃取汉王父母妻子于沛，置之军中以为质⑧。当是时，诸侯见楚强汉败，还皆去汉复为楚。塞王欣亡入楚。

【注释】

①平原：县名。治所在今山东省平原县南。西汉时改置郡。②系虏：拘缚掳掠。③汉东：汉军向东进

军。东，用如动词。④连齐兵：指与齐兵交战。⑤五诸侯：指常山王张耳、河南王申阳、韩王郑昌、魏王魏豹、殷王司马卬。劫：控制，把持。⑥鲁：县名。治所在今山东省曲阜县东古城。⑦灵璧：邑名。在今安徽省淮北市西南。睢水：鸿沟支流之一。⑧质：抵押品。此指人质。

　　吕后兄周吕侯为汉将兵，居下邑①。汉王从之，稍收士卒，军砀。汉王乃西过梁地，至虞②。使谒者随何之九江王布所③，曰："公能今布举兵叛楚，项羽必留击之。得留数月，吾取天下必矣。"随何往说九江王布，布果背楚。楚使龙且往击之④。

【注释】

　　①周吕侯：即吕泽。下邑：县名。治所在今安徽省砀山县东。②虞：县名。治所在今河南省虞城县北。③谒者：官名。为国君掌管传达等事务的侍从官。随何：刘邦的谋士。④龙且（jū）：项羽的部将。

　　汉王之败彭城而西，行使人求家室，家室亦亡①，不相得。败后乃独得孝惠，六月，立为太子，大赦罪人。令太子守栎阳，诸侯子在关中者皆集栎阳为卫。引水灌废丘，废丘降，章邯自杀。更名废丘为槐里。于是令祠官祠天地、四方、上帝、山川②，以时祠之。兴关内卒乘塞③。

【注释】

　　①行：将。亡：逃亡；失散。②上帝：泛指天帝、天神。③兴：发动，征调。

　　是时九江王布与龙且战，不胜，与随何间行归汉①。汉王稍收士卒，与诸将及关中卒益出②，是以兵大振荥阳，破楚京、索间③。

【注释】

　　①间（jiàn）行：抄小路秘密而行。②益出：大举出动。③京：县名。治所在今河南省荥阳县东南。索：城名。故址在今荥阳县境内。

　　三年，魏王豹谒归视亲疾①，至，即绝河津②，反为楚。汉王使郦生说豹，豹不听。汉王遣将军韩信击，大破之，虏豹。遂定魏地，置三郡，曰河东、太原、上党③。汉王乃令张耳与韩信遂东下井陉击赵④，斩陈馀、赵王歇。其明年，立张耳为赵王。

【注释】

　　①谒归：告假回家。亲：指父母。②绝河津：断绝蒲津关的黄河渡口，以阻止汉军东渡。③河东：郡名。辖今山西省阳城县以西、石楼县以南地区，郡治在安邑（今山西省夏县西北）。太原：郡名。辖今山西省雁门关以南、吕梁山与太行山之间地区，郡治在晋阳（今山西省太原市西南）。上党：郡名。辖今山西省沁源县与河北省涉县以西地区，郡治汉时在长子（今山西省长子县西）。④井陉（xíng）：县名。治所在今河北省井陉县西北。

　　汉王军荥阳南，筑甬道属之河①，以取敖仓②。与项羽相距岁余。项羽数侵夺汉甬道，汉军乏食，遂围汉王。汉王请和，割荥阳以西者为汉。项王不听。汉王患之，乃用陈平之计③，予陈平金四万斤，以间疏楚君臣④。于是项羽乃疑亚父。亚父是时劝项羽遂下荥阳，及其见疑，乃怒，辞老，愿赐骸骨归卒伍⑤，未至彭城而死。

【注释】

①甬道：两旁筑有高墙以防敌人劫夺的通道。属（zhǔ）之河：指从荥阳一直连通到黄河边上。属，连接。②敖仓：秦代修建的著名大粮仓。因地处荥阳以北的敖山上面得名。③陈平（？—前178年）：刘邦的重要谋臣。④间疏：挑拨离间，使之疏远。⑤愿赐骸骨：古代臣子事君，看作以身许人，"愿赐骸骨"是请求辞职退休的客套话。卒伍：古代乡间基层编制，以五家为一伍，二百家为一卒。归卒伍，即辞职为民。

汉军绝食，乃夜出女子东门二千余人①，被甲②，楚因四面击之。将军纪信乃乘王驾，诈为汉王，诳楚③，楚皆呼"万岁"④，之城东观，以故汉王得与数十骑出西门遁⑤。令御史大夫周苛、魏豹、枞公守荥阳⑥。诸将卒不能从者，尽在城中。周苛、枞公相谓曰："反国之王⑦，难与守城。"因杀魏豹。

【注释】

①女子：妇女。②被：通披。③诳（kuàng）：欺骗，迷惑。④万岁：原为古人欢呼、庆贺之辞，后来专用以称皇帝。⑤遁：逃。⑥御史大夫：官名。⑦反国之王：指魏豹。魏豹先依附项羽，后归顺刘邦，不久又叛变，反复无常。

汉王之出荥阳入关，收兵欲复东。袁生说汉王曰："汉与楚相距荥阳数岁①，汉常困。愿君王出武关，项羽必引兵南走，王深壁②，令荥阳、成皋间且得休③。使韩信等辑河北赵地④，连燕、齐⑤，君王乃复走荥阳，未晚也。如此，则楚所备者多，力分，汉得休，复与之战，破楚必矣。"汉王从其计，出军宛、叶间⑥，与黥布行收兵。

【注释】

①袁生：《汉书·高帝纪》作辕生。②深壁：深沟高垒，指坚守不战。③成皋：邑名。在今河南省荥阳县西北。④辑：收拾；安抚。⑤连燕齐：以赵地为纽带，把燕地和齐地连成一片。⑥宛（yuān）：邑名。在今河南省南阳市。叶：邑名。在今河南省叶县境内。

项羽闻汉王在宛，果引兵南。汉王坚壁不与战。是时彭越渡睢水，与项声、薛公战下邳①，彭越大破楚军。项羽乃引兵东击彭越。汉王亦引兵北军成皋。项羽已破走彭越，闻汉王复军成皋，乃复引兵西，拔荥阳，诛周苛、枞公，而虏韩王信，遂围成皋。

【注释】

①项声：项羽部将。薛公：原为楚国令尹，后归附刘邦。黥布叛汉时，他曾为刘邦献策，因而被封为千户侯。下邳（pī）：县名。治所在今江苏省邳县东。

汉王跳①，独与滕公共车出成皋玉门②，北渡河，驰宿修武③。自称使者，晨驰入张耳、韩信壁④，而夺之军。乃使张耳北益收兵赵地⑤，使韩信东击齐。汉王得韩信军，则复振。引兵临河南缮⑥，军小修武南，欲复战。郎中郑忠乃说止汉王⑦，使高垒深堑，勿与战。汉王听其计，使卢绾、刘贾将卒二万人⑧，骑数百，渡白马津⑨，入楚地，与彭越复击破楚军燕郭西⑩，遂复下梁地十余城。

【注释】

①跳（táo）：通逃。②滕公：即夏侯婴。刘邦同乡。玉门：成皋城的北门。③修武：秦县名。治所在今河南省修武县，是为大修武。城东小修武，即汉王所宿之地，在今河南省获嘉县境。④壁：军营。⑤益收兵赵地：到赵地征集更多的兵员。⑥临河南缮：《史记志疑》认为，"南缮"当作"南乡"。乡，通向。⑦郎中：官名。说（shuì）止：劝说阻止。⑧卢绾（wǎn）：刘邦的同乡好友。跟随刘邦起兵，汉初封长安侯，后封燕王。因谋反逃入匈奴。刘贾：刘邦堂兄。汉初封荆王，后为黥布所杀。⑨白马津：渡口名。在今河南省滑县东北，是当时黄河中下游的重要渡口。⑩燕：县名。治所在今河南省延津县北、汲县东。

淮阴已受命东①，未渡平原②。汉王使郦生往说齐王田广③，广叛楚④，与汉和，共击项羽。韩信用蒯通计⑤，遂袭破齐。齐王烹郦生，东走高密⑥。项羽闻韩信已举河北兵破齐、赵，且欲击楚，则使龙且、周兰往击之。韩信与战，骑将灌婴击⑦，大破楚军，杀龙且。齐王广奔彭越。当此时，彭越将兵居梁地，往来苦楚兵，绝其粮食。

【注释】

①淮阴：即淮阴侯韩信。淮阴是他后来的封地，在今江苏省淮阴市西南。②平原：即平原津。在今山东省平原县南。③田广：田荣之子。当时继位为齐王。④广叛楚：田广向来未曾归楚，这里说"叛楚"，不当。⑤蒯（kuǎi）通：当时著名的说客。范阳（在今河北定兴县西南。）人。⑥高密：县名。治所在今山东省高密县西南。⑦灌婴（？——前176年）：刘邦的得力将领。睢阳（今河南省商丘县南）人。绸贩出身，跟随刘邦起兵，屡建奇功，汉初封颍阴侯。后与陈平、周勃诛灭诸吕，拥立文帝，不久任丞相。

四年，项羽乃谓海春侯大司马曹咎曰①："谨守成皋。若汉挑战，慎勿与战，无令得东而已。我十五日必定梁地，复从将军②。"乃行，击陈留、外黄、睢阳③，下之。汉果数挑楚军，楚军不出，使人辱之五六日，大司马怒，度兵汜水④。士卒半渡，汉击之，大破楚军，尽得楚国金玉货赂⑤。大司马咎、长史欣皆自刭汜水上⑥。项羽至睢阳，闻海春侯破，乃引兵还。汉军方围钟离昧于荥阳东⑦，项羽至，尽走险阻⑧。

【注释】

①大司马：官名。掌管军政的高级官员。曹咎：原为蕲县狱掾，项羽叔父项梁因罪在栎阳被捕时，他曾写信给该县狱掾司马欣，为项梁说情，使事情得以了结。②从：这里是会合的意思。③睢（suī）阳：县名。治所在今河南省商丘县南。④度：通渡。汜（sì）水：水名。发源于河南省荥阳县西南的方山，北流注入黄河。⑤货赂：财物。⑥长（zhǎng）史：官名。丞相、大将军等高级官员的属吏。因为诸吏之长而得名。欣：即司马欣。初为栎阳狱掾，后为秦将章邯的长史。入项羽军后，被封为塞王。⑦钟离昧

(mò)：姓钟离，名眛。项羽部将。⑧险阻：指险要之地。

韩信已破齐，使人言曰："齐边楚①，权轻，不为假王，恐不能安齐。"汉王欲攻之②，留侯曰③："不如因而立之，使自为守。"乃遣张良操印绶立韩信为齐王④。

【注释】

①边：邻近。②韩信要称假王事，详见《淮阴侯列传》。③留侯：即张良。留侯是他的封号。留，县名。在今江苏省沛县东南。④印绶（shòu）：印和系印的丝带，即指印信。

项羽闻龙且军破，则恐，使盱台人武涉往说韩信①。韩信不听。

【注释】

①武涉劝韩信联楚反汉，三分天下。

楚汉久相持未决，丁壮苦军旅，老弱罢转饷①。汉王项羽相与临广武之间而语②。项羽欲与汉王独身挑战。汉王数项羽曰③："始与项羽俱受命怀王，曰先入定关中者王之，项羽负约，王我于蜀汉，罪一。项羽矫杀卿子冠军而自尊④，罪二。项羽已救赵，当还报，而擅劫诸侯兵入关，罪三。怀王约入秦无暴掠，项羽烧秦宫室，掘始皇帝冢⑤，私收其财物，罪四。又强杀秦降王子婴⑥，罪五。诈坑秦子弟新安二十万，王其将⑦，罪六。项羽皆王诸将善地，而徙逐故主⑧，令臣下争叛逆，罪七。项羽出逐义帝彭城，自都之⑨，夺韩王地⑩，并王梁、楚⑪，多自予⑫，罪八。项羽使人阴弑义帝江南⑬，罪九。夫为人臣而弑其主，杀已降，为政不平，主约不信，天下所不容，大逆无道，罪十也。吾以义兵从诸侯诛残贼，使刑余罪人击杀项羽⑭，何苦乃与公挑战⑮！"项羽大怒，伏弩射中汉王⑯。汉王伤匈⑰，乃扪足曰⑱："虏中吾指⑲！"汉王病创卧，张良强请汉王起行劳军，以安士卒，毋令楚乘胜于汉。汉王出行军⑳，病甚，因驰入成皋。

【注释】

①罢（pí）：通疲。疲惫；劳累。转饷：转运粮秣给养。②广武：广武山。在今河南省荥阳县北。山上有东西二城，隔广武涧相对，据传分别为项羽、刘邦所建。间，通涧。③数（shǔ）：这里指列举罪状。④矫：假托名义。卿子冠军：指宋义。"卿子"为敬称；"冠军"谓地位冠于诸将之上。⑤掘始皇帝冢：据《光明日报》1985 年 3 月 29 日报道，秦始皇陵考古队历时十二年，通过大面积调查钻探，在始皇陵"只发现两个盗洞，位于陵西铜车马坑道部位，直径九十厘米至一米，深不到九米，未能接近地宫，整个封土的土层为秦时原状。考古队认为，封土堆的土层未被掘动，地宫宫墙没有被破坏痕迹，地宫水银分布有规律，均可成为地宫未被盗毁的证明。"从两个盗洞的广度和深度判断，盗洞似非项羽及其部下所为。⑥强（qiǎng）杀：不该杀而杀了。⑦"诈坑秦子弟"二句：指项羽封秦降将章邯、司马欣为王，而将秦降卒二十万坑杀于新安（今河南省渑池县东）一事。⑧"项羽皆王诸将善地"二句：指项羽赶走原来受封的诸侯王，而把这些好地方封给他们的部将。如封臧荼为燕王，而徙燕王韩广为辽东王；封田都为齐王，而徙齐王田市为胶东王；封张耳为常山王，而徙赵王赵歇为代王。⑨都：建都。用如动词。⑩夺韩王地：在熊心

被立为楚怀王后，原韩国王族后代韩成曾先后被项梁、项羽封为韩王。⑪并王梁、楚：指项羽兼并了梁国和楚国的土地。⑫多自予：多给自己。⑬阴：暗地。⑭刑余罪人：受过刑法的罪人。⑮乃与公：似应为与乃公。乃公，相当于"你老子"。刘邦这样自称以骂人。⑯弩：一种装有机关，利用机栝（kuò）发箭，射程很远的弓。⑰匈：通胸。⑱扪（mèn）：按着；抚摸。⑲虏：对敌人的蔑称。指：指脚趾。⑳行（xíng）军：巡行视察部队。

　　病愈，西入关，至栎阳，存问父老①，置酒，枭故塞王欣头栎阳市②。留四日，复如军③，军广武。关中兵益出④。

【注释】
　　①存问：慰问。②枭（xiāo）：悬头示众。塞王司马欣被汉军打败后，在汜水自杀。市：集市；闹市。③如：往；到。④关中兵益出：指汉军开出关中增援前线。

　　当此时，彭越将兵居梁地，往来苦楚兵，绝其粮食。田横往从之①。项羽数击彭越等，齐王信又进击楚。项羽恐，乃与汉王约，中分天下，割鸿沟而西者为汉②，鸿沟而东者为楚。项王归汉王父母妻子，军中皆呼万岁，乃归而别去。

【注释】
　　①田横（？—前202年）：田荣之弟。狄县（今山东省高青县东南）人。本齐国贵族。秦末随兄田儋起兵反秦。田儋死后，他立田荣之子田广为齐王，自任齐相。韩信破齐后，他自立为齐王。败投彭越。②鸿沟：一作大沟。战国魏惠王时开凿沟通黄河与淮水的运河。

　　项羽解而东归。汉王欲引而西归，用留侯、陈平计①，乃进兵追项羽，至阳夏南止军，与齐王信、建成侯彭越期会而击楚军②。至固陵③，不会。楚击汉军，大破之。汉王复入壁，深堑而守之。用张良计④，于是韩信、彭越皆往。及刘贾入楚地，围寿春⑤，汉王败固陵，乃使使者召大司马周殷举九江兵而迎武王⑥，行屠城父⑦，随刘贾、齐梁诸侯皆大会垓下⑧。立武王布为淮南王。

【注释】
　　①留侯、陈平计：张良、陈平认为汉已得天下大半，楚又兵疲粮尽，如果失此机会，将会养虎遗患。因此，他们向刘邦建议乘胜追击，消灭项羽。②期会：约期会合。③固陵：邑名。在今河南省太康县南。④张良计：张良认为韩信、彭越失约，是因为分地的欲望未得到满足，因此劝刘邦答应将陈县至海滨之地、睢阳至谷城之地分别封给韩信、彭越，让他们为自己的封地而战。刘邦依计行事，韩信、彭越果然立即进兵。详见《项羽本纪》。⑤寿春：县名。即今安徽省寿县，当时为九江郡治。⑥周殷：项羽部将。武王：即黥布。⑦城父（fǔ）：地名。在今安徽省亳县东南。⑧垓（gāi）下：邑名。在今安徽省灵璧县东南沱河北岸。

　　五年，高祖与诸侯兵共击楚军，与项羽决胜垓下。淮阴侯将三十万自当之，孔将军居左①，费将军居右②，皇帝在后③，绛侯、柴将军在皇帝后④。项羽之卒可十万。

淮阴先合，不利，却。孔将军、费将军纵⑤，楚兵不利，淮阴侯复乘之，大败垓下⑥。项羽卒闻汉军之楚歌⑦，以为汉尽得楚地，项羽乃败而走，是以兵大败。使骑将灌婴追杀项羽东城⑧，斩首八万，遂略定楚地。鲁为楚坚守不下。汉王引诸侯兵北，示鲁父老项羽头，鲁乃降。遂以鲁公号葬项羽谷城⑨。还至定陶，驰入齐王壁⑩，夺其军。

【注释】

①孔将军：韩信部将孔熙。后封为蓼（liǎo）侯。蓼，县名。治所在今河南省固始县东北。②费将军：韩信部将陈贺。后封为费侯。封地费县，治所在今山东省费县西北。③皇帝：即汉王刘邦。刘邦与项羽决战垓下时尚未称帝，且此以前均称"沛公"、"汉王"等，因此，这里与下文的"皇帝"都应作"汉王"。④绛（jiàng）侯：即周勃（？—前169年）。刘邦同乡。曾以编织蚕箔为业，后随刘邦起兵反秦，率军转战各地，成为刘邦的重要将领，汉初封绛侯。⑤纵：纵兵伏击。⑥大败垓下：承前句省主语"楚兵"。⑦卒：《项羽本纪》和《汉书·高帝纪》均作"夜"，疑"卒"字误。⑧东城：县名。治所在今安徽省定远县东南。⑨谷城：邑名。在今山东省平阴县西南东阿（ē）镇。一说认为当在曲阜西北的小谷城。⑩齐王：即韩信。

正月，诸侯及将相相与共请尊汉王为皇帝①。汉王曰："吾闻帝贤者有也，空言虚语，非所守也②，吾不敢当帝位。"群臣皆曰："大王起微细③，诛暴逆，平定四海，有功者辄裂地而封为王侯。大王不尊号，皆疑不信④。臣等以死守之⑤。"汉王三让，不得已，曰："诸君必以为便，便国家⑥。"〔二月〕甲午⑦，乃即皇帝位氾水之阳⑧。

【注释】

①相与：一起；共同。②守：求取。③微细：轻微细小。④皆疑不信：意思是人心都会要疑虑不安。⑤守：保持。这里指坚持自己的意见。⑥诸君必以为便，便国家：意思是，大家坚持认为这样做好，是因为这样做有利于国家。⑦甲午：甲午日。即夏历二月初三。这里缺"二月"两字，《汉书·高帝纪》有。⑧氾（fán）水之阳：氾水的北岸。氾水，水名。故道在今山东省曹县北由古济水分出，流经定陶县北，注入古菏（gē）泽。此水今已湮没。

皇帝曰："义帝无后①。齐王韩信习楚风俗②，徙为楚王，都下邳。"立建成侯彭越为梁王，都定陶。故韩王信为韩王，都阳翟③。徙衡山王吴芮为长沙王，都临湘④。番君之将梅铅有功，从入武关，故德番君⑤。淮南王布、燕王臧荼、赵王敖皆如故⑥。"

【注释】

①义帝无后：此句语意未完。刘邦说这么半句话，是为徙韩信为楚王张本。②韩信习楚风俗：这是刘邦迁调韩信以孤立他的托辞。③阳翟（zhái）：县名。治所在今河南省禹县。④临湘：县名。治所在今湖南省长沙市。当时为长沙郡治。⑤德：感谢、报答人的恩德。用如动词。⑥赵王敖：即赵王张耳之子张敖。

天下大定。高祖都雒阳，诸侯皆臣属①。故临江王骓为项羽叛汉②，令卢绾、刘贾围之，不下。数月而降，杀之雒阳。

【注释】

①臣属：称臣归附。②故临江王骓（huǎn）：临江王共敖之子共骓。

五月，兵皆罢归家①。诸侯子在关中者复之十二岁②，其归者复之六岁，食之一岁③。

【注释】

①罢：遣散；复员。②复：免除徭役赋税。③食（sì）：供养。

高祖置酒雒阳南宫。高祖曰："列侯诸将无敢隐朕①，皆言其情。吾所以有天下者何？项氏之所以失天下者何？"高起、王陵对曰②："陛下慢而侮人③，项羽仁而爱人。然陛下使人攻城略地，所降下者因以予之④，与天下同利也⑤。项羽妒贤嫉能，有功者害之⑥，贤者疑之，战胜而不予人功，得地而不与人利，此所以失天下也。"高祖曰："公知其一，未知其二。夫运筹策帷帐之中⑦，决胜于千里之外，吾不如子房⑧；镇国家，抚百姓，给馈饷⑨，不绝粮道，吾不如萧何；连百万之军，战必胜，攻必取，吾不如韩信。此三者，皆人杰也，吾能用之，此吾所以取天下也。项羽有一范增而不能用，此其所以为我擒也。"

【注释】

①无敢隐朕（zhèn）：不要瞒我。朕，本为古人自称之词，从秦始皇起，专为皇帝自称。②高起：人名。孟康说："姓高名起。"③陛（bì）下：本意是帝王宫殿的台阶之下，古代臣子不能与君主直接对话，由陛下侍从转达，故以"陛下"尊称帝王。④降下者：指归降的和攻克的城地。⑤天下：这里指刘邦的部属，相当于说"大家"。⑥害：嫉恨。⑦运筹策帷帐之中：在营中定计决策。⑧子房：即张良，表字子房。⑨馈（kuì）饷：粮饷。

高祖欲长都雒阳，齐人刘敬说①，及留侯劝上入都关中，高祖是日驾，入都关中。六月，大赦天下。

【注释】

①刘敬：原姓娄，齐国人。最初只是一名戍卒，他求见高祖，主张定都关中。大臣们大都是山东人，反对西迁。由于张良劝说，刘邦采纳了娄敬的意见，并赐他姓刘。

十月①，燕王臧荼反，攻下代地。高祖自将击之，得燕王臧荼。即立太尉卢绾为燕王②。使丞相哙将兵攻代③。

【注释】

①十月：《汉书·高帝纪》作"七月"又据《秦楚之际月表》载，"八月，帝自将诛燕"，"十月"疑为

"七月"之误。②太尉：官名。③哙：即樊哙。按：当时樊哙并未任丞相，《樊哙列传》也无樊哙率兵攻代之事。两处记载不一。

其秋，利几反，高祖自将兵击之，利几走。利几者，项氏之将。项氏败，利几为陈公①，不随项羽，亡降高祖②，高祖侯之颍川③。高祖至雒阳，举通侯籍召之④，而利几恐，故反。

【注释】

①陈公：陈县（今河南省淮阳县）县令。②亡降：逃来投降。③侯：封为侯。用如动词。颍川：郡名。辖今河南省中部地区，郡治在阳翟（今河南省禹县）。④举通侯籍召之：即召集所有在名册上的通侯来洛阳。举，全部。通侯，即列侯。

六年，高祖五日一朝太公，如家人父子礼。太公家令说太公曰①："天无二日，土无二王②。今高祖虽子③，人主也；太公虽父，人臣也。奈何令人主拜人臣！如此，则威重不行④。"后高祖朝，太公拥篲迎门却行⑤。高祖大惊，下扶太公。太公曰："帝，人主也，奈何以我乱天下法！"于是高祖乃尊太公为太上皇⑥。心善家令言，赐金五百斤。

【注释】

①家令：即家臣。管理家事的官吏。②"天无二日"二句：语出《礼记·坊记》。③高祖：与家令口吻不合，也与情理不符（"高祖"是刘邦死后的庙号），此处当依《汉书·高帝纪》作"皇帝"。④威重不行：指天子贵重的权威不能推行于全国。⑤拥篲（huì）迎门却行：手拿扫帚，面向门户倒退着行走以引进贵人，表示自己地位低贱，愿为人清扫道路。⑥太上皇：帝王对父亲的尊称，始于秦始皇。

十二月，人有上变事告楚王信谋反①，上问左右，左右争欲击之。用陈平计，乃伪游云梦②，会诸侯于陈，楚王信迎，即因执之③。是日，大赦天下。田肯贺，因说高祖曰："陛下得韩信，又治秦中④。秦，形胜之国⑤，带河山之险，县隔千里⑥，持戟百万，秦得百二焉⑦。地势便利，其以下兵于诸侯，譬犹居高屋之上建瓴水也⑧。夫齐，东有琅邪、即墨之饶⑨，南有泰山之固，西有浊河之限⑩，北有勃海之利⑪。地方二千里，持戟百万，县隔千里之外，齐得十二焉。故此东西秦也⑫。非亲子弟，莫可使王齐矣。"高祖曰："善。"赐黄金五百斤。

【注释】

①上变事：指上报揭发谋反情况的书状。②云梦：泽名。③执：拘捕。④治：建都。秦中：即关中。因曾为古秦国之地，所以当时崤山以东之人又称其为"秦中"。⑤形胜之国：形势险要，足以取胜的地方。⑥县隔千里：形势险要，易守难攻，好像跟敌对诸侯隔绝千里一样。县，通悬。⑦百二：众说纷纭，一般认为，古人以"二"为"倍"，"百二"也就是"百倍"。⑧居高屋之上建瓴（líng）水：在高屋上让水从瓦沟中顺势流下，比喻居高临下，势不可挡。建通瀽（jiǎn），倾倒。瓴，瓦沟。⑨琅邪（yé）：郡名。辖今山东省东南部地区，郡治在东武（今山东省诸城县）。即墨：县名。治所在今山东省平度县东南。⑩浊河：

即黄河。因河水浑浊而得名。限：隔；断。⑪勃海之利：指勃海出产鱼盐。⑫东西秦：指齐地形胜而又富饶，可与秦地东西抗衡。

后十余日，封韩信为淮阴侯，分其地为二国。高祖曰："将军刘贾数有功，以为荆王，王淮东①。弟交为楚王，王淮西②。子肥为齐王，王七十余城，民能齐言者皆属齐。"乃论功，与诸列侯剖符行封③。徙韩王信太原④。

【注释】

①淮东：指今安徽省淮河东部和南部一带。②淮西：指今安徽省淮河西部和北部一带。③剖符行封：将符的一半给受封者，作为受封的凭证，以示信用。④太原：郡名。辖今山西省中部地区，郡治在晋阳（今山西省太原市西南）。

七年，匈奴攻韩王信马邑①，信因与谋反太原。白土曼丘臣、王黄立故赵将赵利为王以反②。高祖自往击之。会天寒，士卒堕指者什二三③，遂至平城④。匈奴围我平城，七日而后罢去⑤。令樊哙止定代地⑥。立兄刘仲为代王⑦。

【注释】

①匈奴：也称胡。先后叫"鬼方"、"混夷"、"猃狁"（xiǎnyǔn）、"山戎"。马邑：县名。治所在今山西省朔县。当时为韩王信的国都。②白土：县名。治所在今内蒙古自治区伊克昭盟。曼（wàn）丘臣：韩王信的将领。姓曼丘，名臣。王黄：韩王信的部将。③什二三：十分之二三。什，通十。④平城：县名。在今山西省大同市东北。⑤"匈奴围我平城"二句：高祖被匈奴围于平城东南的白登山，七日不得食。后用陈平计，厚赂阏氏（yānzhī，匈奴语称王后），阏氏以"两主不相困"等语劝冒顿单于解围一角，汉军趁大雾突围，与大军会合；冒顿也收兵而去。⑥止定代地：留下来平定代地。⑦刘仲：刘邦的二哥。"仲"是他的排行。

二月，高祖自平城过赵、雒阳，至长安①。长乐宫成②，丞相已下徙治长安③。

【注释】

①长安：西汉都城。在今陕西省西安市西北。②长乐宫：宫名。在长安城内东南隅，即今阁老门村。③丞相已下徙治长安：指丞相属下的整个中央政府机构，由栎阳迁至长安。已，通以。

八年，高祖东击韩王信余反寇于东垣①。

【注释】

①余：残余。东垣（yuán）：县名。治所在今河北省石家庄市东北。

萧丞相营作未央宫①，立东阙、北阙、前殿、武库、太仓②。高祖还，见宫阙壮甚，怒谓萧何曰："天下匈匈苦战数岁③，成败未可知，是何治宫室过度也？"萧何曰："天下方未定，故可因遂就宫室④。且夫天子以四海为家，非壮丽无以重威⑤，且无令后世有以加也⑥。"高祖乃说⑦。

【注释】

①未央宫：宫名。在长安城内西南隅，即今马家寨村。②阙（què）：宫殿前的高台建筑物。③匈匈：纷扰，动乱。与洶洶同。④因遂：趁此机会。就：建成。⑤重威：使威重。即"充分显示威严"的意思。⑥加：超过。⑦说（yuè）：通悦。

高祖之东垣，过柏人①，赵相贯高等谋弑高祖②，高祖心动，因不留③。代王刘仲弃国亡④，自归雒阳，废以为合阳侯⑤。

【注释】

①柏人：邑名。在今河北省隆尧县西。②贯高等谋弑高祖：赵王张敖是高祖的女婿。高祖先年在平城脱围，路过赵都时，对赵王傲慢无礼。赵相贯高等气愤不平，请杀高祖，张敖不肯。③高祖心动，因不留：据说高祖打算在柏人留宿时，心有所动。当得知县名为"柏人"时，便说："柏人者，迫于人也。"因此不宿而去。④刘仲弃国亡：当时匈奴攻代，代王刘仲不能守，便弃国而逃。刘仲名喜，刘邦次兄。⑤废以为合阳侯：指取消刘仲的代王封爵，改封为合阳侯。合阳，即郃阳。县名。治所在今陕西省合阳县东南。

九年，赵相贯高等事发觉，夷三族①。废赵王敖为宣平侯②。是岁，徙贵族楚昭、屈、景、怀、齐田氏关中③。

【注释】

①夷：灭。三族：其说不一，有说为父母、兄弟、妻子，有说为父族、母族、妻族，还有说为父、子、孙。②宣平：为张敖封号，非封邑名。③昭、屈、景、怀：都是战国时楚国王族后裔。田氏：战国时齐国王族后裔。

未央宫成。高祖大朝诸侯群臣，置酒未央前殿。高祖奉玉卮①，起，为太上皇寿，曰："始大人常以臣无赖②，不能治产业，不如仲力。今某之业所就孰与仲多③？"殿上群臣皆呼万岁，大笑为乐。

【注释】

①奉：恭敬地捧着。玉卮（zhī）：玉制的酒器。②无赖：没有赖以谋生的本领。③孰与仲多：即"与仲孰多"的倒装。意思是，与刘仲相比，究竟谁的产业多？

十年十月，淮南王黥布、梁王彭越、燕王卢绾、荆王刘贾、楚王刘交、齐王刘肥、长沙王吴芮皆来朝长乐宫。春夏无事。

七月，太上皇崩栎阳宫①。楚王、梁王皆来送葬。赦栎阳囚。更命郦邑曰新丰②。

【注释】

①崩：古代称帝王死为崩。②郦邑：县名。治所在今陕西省临潼县东北。"新丰"，含意为"新的丰邑"。

八月，赵相国陈豨反代地①。上曰："豨尝为吾使，甚有信。代地吾所急也②，故封豨为列侯，以相国守代，今乃与王黄等劫掠代地③！代地吏民非有罪也，其赦代吏民。"九月，上自东往击之。至邯郸④，上喜曰："豨不南据邯郸而阻漳水⑤，吾知其无能为也。"闻豨将皆故贾人也，上曰："吾知所以与之。"乃多以金啖豨将⑥，豨将多降者。

【注释】

①赵相国：下文说"以相国守代"，又《汉书·高帝纪》也作"代相国陈豨反"，所以此处似应为"代相国"。②急：认为紧要；看重。③乃：竟然。劫掠：劫持，指胁迫他人一同造反。④邯郸：都邑名。即今河北省邯郸市。汉初为赵国国都。⑤漳水：水名。源出山西省，有清漳、浊漳二支，合流后流经河北、河南两省边境，东北注入古黄河。⑥啖（dàn）：引诱；利诱。

十一年，高祖在邯郸诛豨等未毕，豨将侯敞将万余人游行①，王黄军曲逆②，张春渡河击聊城③。汉使将军郭蒙与齐将击④，大破之。太尉周勃道太原入⑤，定代地。至马邑，马邑不下，即攻残之。

【注释】

①游行：游击；运动作战。②曲逆（qiū yù）：县名。治所在今河北省完县东南。③张春：陈豨部将。河：黄河。聊城：县名。治所在今山东省聊城县西北。④郭蒙：汉将。曾以都尉为汉守敖仓，后封东武侯。⑤道：从；由。

豨将赵利守东垣，高祖攻之，不下。月余，卒骂高祖，高祖怒。城降，令出骂者斩之，不骂者原之①。于是乃分赵山北②，立子恒以为代王③，都晋阳④。

【注释】

①原：原宥；赦罪。②分赵山北：将赵国常山（即恒山）以北地区划归代国。③恒：即汉文帝刘恒，薄太后所生。④晋阳：县名。治所在今山西省太原市西南古城晋源镇。当时为太原郡治。

春，淮阴侯韩信谋反关中，夷三族。

夏，梁王彭越谋反①，废迁蜀；复欲反，遂夷三族。立子恢为梁王②，子友为淮阳王③。

【注释】

①彭越谋反：高祖领兵讨伐陈豨时，向彭越征兵，彭越称病不去。部将扈辄劝他叛变，彭越没有答应。②恢：即刘恢。高祖第五子，后徙为赵共王。③友：即刘友。高祖第六子，后徙为赵幽王。

秋七月，淮南王黥布反①，东并荆王刘贾地，北渡淮，楚王交走入薛。高祖自往击之。立子长为淮南王②。

【注释】

①黥布反：高祖杀死彭越后，把他剁成肉酱分赐各诸侯。黥布见状大恐，便决定叛变。②长：即刘长。高祖第七子。

十二年十月，高祖已击布军会甀①，布走，令别将追之。

【注释】

①会甀（kuài zhuì）：邑名。在今安徽省宿县西南。当时属蕲县。

高祖还归，过沛，留。置酒沛宫，悉召故人父老子弟纵酒①，发沛中儿得百二十人，教之歌。酒酣，高祖击筑②，自为歌诗曰："大风起兮云飞扬，威加海内兮归故乡，安得猛士兮守四方！"令儿皆和习之。高祖乃起舞，慷慨伤怀，泣数行下。谓沛父兄曰："游子悲故乡③。吾虽都关中，万岁后吾魂魄犹乐思沛。且朕自沛公以诛暴逆，遂有天下，其以沛为朕汤沐邑④，复其民，世世无有所与⑤。"沛父兄诸母故人日乐饮极欢，道旧故为笑乐⑥。十余日，高祖欲去，沛父兄固请留高祖。高祖曰："吾人众多，父兄不能给⑦。"乃去。沛中空县皆之邑西献⑧。高祖复留止，张饮三日⑨。沛父兄皆顿首曰⑩："沛幸得复，丰未复，唯陛下哀怜之。"高祖曰："丰吾所生长，极不忘耳，吾特为其以雍齿故反我为魏⑪。"沛父兄固请，乃并复丰，比沛⑫。于是拜沛侯刘濞为吴王⑬。

【注释】

①纵酒：开怀饮酒。②筑（zhú）：古代的一种弹拨乐器。外形像筝，有十三弦，演奏时左手按弦，右手以竹尺击弦发音。③游子：行游之客。悲：这里是"想念"、"眷恋"的意思。④其：副词。表祈使。汤沐邑：原指古代天子在自己的领地内，赐给诸侯以供其朝拜天子时住宿、斋戒、沐浴的封地，后用以称天子、诸侯、皇后、公主等的私邑。⑤无有所与（yù）：与徭役没有关系，即不服任何徭役。⑥道旧故：谈论往事。⑦给：供给。⑧空县：意谓全县出动。献：指献酒食。⑨张（zhàng）饮：在郊外搭起帐篷钱饮。张，通帐。⑩顿首：叩头。⑪特：只是。⑫比：比照。⑬刘濞（bì，前215年—前154年）：刘仲次子。二十岁为骑将，随高祖破黥布有功。高祖为了加强对东南一带的统治，特封他为吴王。

汉将别击布军洮水南北①，皆大破之，追得斩布鄱阳。

【注释】

①洮（tāo）水：水名。在今湖南省零陵县境内。《水经注》载，"洮水出洮阳县西南，东流注入湘水。"今广西全州，为汉洮阳县地。

樊哙别将兵定代①，斩陈豨当城②。

【注释】

①樊哙别将兵定代：《汉书·高帝纪》作"周勃定代"，且《樊哙列传》中无定代之事，疑此处史文有误。②当城：邑名。在今河北省蔚县东。

十一月，高祖自布军至长安①。十二月，高祖曰："秦始皇帝、楚隐王陈涉、魏安釐王、齐缗王、赵悼襄王皆绝无后②，予守冢各十家，秦皇帝二十家，魏公子无忌五家③。"赦代地吏民为陈豨、赵利所劫掠者④，皆赦之。陈豨降将言豨反时，燕王卢绾使人之豨所，与阴谋。上使辟阳侯迎绾⑤，绾称病。辟阳侯归，具言绾反有端矣⑥。二月，使樊哙、周勃将兵击燕王绾。赦燕吏民与反者。立皇子建为燕王⑦。

【注释】

①布军：指征讨黥布叛乱的大军。②楚隐王：即陈涉。"隐"是他的谥号。③魏公子无忌：即信陵君（？—前243年）。魏安釐王异母弟，战国时著名"四公子"之一。④赦代地吏民：下句既有"皆赦之"，这句的"赦"字当删。⑤辟阳侯：即审食其（yì jī）：刘邦同乡。受吕后宠信，封辟阳侯，后官至左丞相。文帝时被淮南厉王刘长击杀。辟阳，县名。治所在今河北省冀县东南。⑥端：迹象；苗头。⑦建：即刘建。高祖第八子。

高祖击布时，为流矢所中，行道病①。病甚，吕后迎良医。医入见，高祖问医。医曰："病可治②。"于是高祖嫚骂之曰："吾以布衣提三尺剑取天下，此非天命乎？命乃在天，虽扁鹊何益③！"遂不使治病，赐金五十斤罢之。已而吕后问④："陛下百岁后，萧相国即死⑤，令谁代之？"上曰："曹参可。"问其次，上曰："王陵可。然陵少戆⑥，陈平可以助之。陈平智有余，然难以独任。周勃重厚少文⑦，然安刘氏者必勃也，可令为太尉。"吕后复问其次，上曰："此后亦非而所知也⑧。"

【注释】

①行道病：在途中患病。②病可治：这是医生婉转的说法。③扁鹊：战国时名医。姓秦，名越人。齐国勃海郑（mò。今河北省任丘县）人。因医术高明，人们便以传说中黄帝时的神医扁鹊相称。④已而：随后；不久。⑤即：倘若；如果。⑥少：稍微。戆（zhuàng）：憨厚刚直。⑦重厚少文：稳重厚道，但缺少文才。⑧而：通尔。

卢绾与数千骑居塞下候伺①，幸上病愈自入谢②。

【注释】

①候伺：侦察。这里是观望等待的意思。②幸：希望。

四月甲辰①，高祖崩长乐宫。四日不发丧。吕后与审食其谋曰："诸将与帝为编户民②，今北面为臣，此常怏怏③，今乃事少主④，非尽族是⑤，天下不安。"人或闻之，语郦将军⑥。郦将军往见审食其，曰："吾闻帝已崩，四日不发丧，欲诛诸将。诚如此，天下危矣。陈平、灌婴将十万守荥阳，樊哙、周勃将二十万定燕、代，此闻帝崩，诸将皆诛，必连兵还乡以攻关中⑦。大臣内叛，诸侯外反，亡可翘足而待也⑧。"审食其入言之，乃以丁未发丧⑨，大赦天下。

【注释】

①四月甲辰：即公元前195年夏历四月二十五日。②编户民：编入户籍的平民。③此：此辈；这班人。怏（yàng）怏：因不平或不满而闷闷不乐的样子。④少主：小主子。指汉惠帝刘盈。⑤族：族诛；灭族。是：这些人。指诸将。⑥郦将军：即郦商。郦食其的弟弟。⑦还乡：反向；回过头来。乡，通向。⑧可翘（qiáo）足而待：指可在短时间内实现。翘足，翘起二郎腿。⑨丁未：夏历四月二十八日。

卢绾闻高祖崩，遂亡入匈奴。

丙寅①，葬。己巳，立太子②，至太上皇庙。群臣皆曰："高祖起微细③，拨乱世反之正④，平定天下，为汉太祖，功最高。"上尊号为高皇帝⑤。太子袭号为皇帝，孝惠帝也。令郡国诸侯各立高祖庙，以岁时祠⑥。

【注释】

①丙寅：夏历五月十七日。②立太子：指立太子刘盈为皇帝。③当时群臣尚在议论上尊号的事，不应先称庙号"高祖"。④拨乱世反之正：治理好乱世，使之回到正轨上来。反，通返。⑤尊号：即谥（shì）号。⑥以岁时祠：每年按时祭祀。祠，通祀。

及孝惠五年①，思高祖之悲乐沛②，以沛宫为高祖原庙③。高祖所教歌儿百二十人，皆令为吹乐，后有缺，辄补之④。

【注释】

①孝惠五年：即公元前190年。②悲乐：想念和喜爱。③原庙：即第二宗庙。④辄（zhé）：即；就。

高帝八男：长庶齐悼惠王肥①；次孝惠，吕后子；次戚夫人子赵隐王如意②；次代王恒，已立为孝文帝，薄太后子③；次梁王恢，吕太后时徙为赵共王；次淮阳王友，吕太后时徙为赵幽王；次淮南厉王长；次燕王建。

【注释】

①庶：旧时称姬妾所生之子。②戚夫人：高祖宠姬。生赵王刘如意。高祖晚年曾想废掉太子刘盈，另立如意为太子，因遭大臣反对而止。高祖死后，吕后先后将戚夫人母子杀害。③薄太后：高祖之姬。文帝刘恒即位后改称皇太后。

太史公曰：夏之政忠①。忠之敝②，小人以野③，故殷人承之以敬。敬之敝，小人以鬼④，故周人承之以文⑤。文之敝，小人以僿⑥，故救僿莫若以忠。三王之道若循环⑦，终而复始⑧。周、秦之间，可谓文敝矣。秦政不改，反酷刑法⑨，岂不缪乎⑩？故汉兴，承敝易变⑪，使人不倦，得天统矣⑫。朝以十月。车服黄屋左纛。葬长陵⑬。

【注释】

①忠：忠厚朴实。②敝：坏处。③小人：本为古代统治者对劳动人民的蔑称，这里用以称平民百姓。④鬼：迷信鬼神。⑤文：讲究礼仪。⑥僿（sài）：不诚。⑦三王：指夏禹、商汤、周文王和周武王，即三代开国之王。⑧"终而复始"二句：司马迁认为秦始皇应行夏政，严刑苛政是违反三王之道循环规律的，因而招致灭亡。⑨酷：使之严酷。⑩缪：通谬，错误。⑪承敝易变：承受弊病，加以改变。指高祖废除秦朝苛法，与民约法三章，实行与民休息的各项政策。承，受。⑫天统：天然的顺序、规律。⑬朝以十月：以每年的十月作为诸侯王入京朝见皇帝的时间。黄屋：用黄色丝织物作顶篷的车，供帝王乘坐。长陵：高祖陵墓。在今陕西省咸阳市东北。按："朝以十月"以下三句，文义不连贯，疑有脱误；且三句为叙事语气，与上文议论不合。从上句"得天统矣"的文气看，似为收束之语。

【译文】

高祖，是沛县丰邑中阳里人，姓刘，字季。他的父亲名叫太公，母亲名叫刘媪。在高祖出生以前，刘媪曾在大泽的堤岸上休息小睡，梦见和神相交合。当时雷鸣电闪天色阴暗，太公前来寻视，就看见有一条蛟龙卧在刘媪身上。不久刘媪怀有身孕，就生下了高祖。

高祖的状貌，是高鼻梁而脸面有龙相，胡须很美，左腿上生有七十二颗黑痣。他的性情仁厚爱人，喜好对人施舍，心胸豁达。常常表现出大度宽宏的心志，不干平常人家生产和经营的事。等到他成年以后，曾试着去做官，当了泗水亭长，对官府中的官吏没有不加以轻侮的。他喜欢饮酒和好女色，经常从王媪和武负二家的酒店中赊酒。他醉了以后，武负和王媪经常看见在他的上面有龙出现，他们感到奇怪。高祖每次买酒留在酒店中畅饮，他们都以高出几倍的价格出售。等看到高祖醉卧出现的奇怪现象以后，到年底算账的时候，这两家酒店经常折断赊帐的竹简而放弃高祖所欠的酒钱。

高祖曾到咸阳服徭役，眼界大开，看到了秦始皇，他非感慨地叹息说："唉，大丈夫就应当像这样！"

单父人吕公，和沛县令相好友善，他为了避开仇人而跟从沛县令到沛县客居，因而在沛县安家定居。沛县地区的豪杰和官吏们听说县令有贵客来，全都前去祝贺。萧何作为县令的属官，负责收受贺礼的事，他对各位宾客说："送贺礼不足千钱的人，在堂下就坐。"高祖作为亭长，平素看不起县中官吏，于是写了一张礼单假称"贺钱一万"，其实他没有带来一文钱。他入门拜谒，吕公见到他就非常惊奇，起身，在门前迎接他。吕公这个人，喜好为人相面，看到高祖的相貌，就很尊重他，引他入坐。萧何说："刘季常说大话，能够做成的事很少。"高祖因受吕公的敬重而随便轻侮各位客人，就坐在上座，不谦让。酒宴喝到尽兴时，吕公以目示意恳请高祖留下来。高祖喝完了酒，留到最后。吕公说："我从小喜好给人看相，让我看相的人已有很多了，还没有人能比得上你刘季的相貌，我希望你能够好自为之。我生有一个女儿，我愿把她嫁给你作为你执箕持帚的妻子。"酒宴后，吕媪对吕公发怒说："你平时一直认为这个女儿奇特不寻常，要把她嫁给贵人为妻。沛令和你相交友善，他来求婚你没有把女儿给他，为什么你自己盲目地把女儿许嫁给刘季呢？"吕公说："这件事不是你们女人家所能知道的。"最终把女儿嫁给刘季。吕公的女儿就是吕后，她生了孝惠帝和鲁元公主。

高祖在当亭长的时候，有一次请假回家处理农事。吕后和两个孩子在田中除草。有一位老父在田间路过来讨水喝，吕后顺便还给了他一些饭吃。老父仔细审视了吕后的相貌后说："夫人是天下的贵人。"吕后让他替两个孩子相面，老父看着孝惠帝说："夫人所以能成为贵人，正是因为这个男孩子。"又为鲁元公主看相，也都是贵人相。老父走了以后，恰巧高祖从一旁的田舍走来，吕后对他详细地讲了有一位路过的人，为我们母子看相认为我们都是大贵人。高祖问这个人现在在哪里，吕后回答说："还没有走远。"于是高祖追上了这个人，向老父询问面相的话。老父说："刚才我看过的夫人和孩子都和你的面相相似，你的相貌高贵得不能用语言来表达。"高祖感激他说："若真象老父您所预言，我不会忘记您的恩德。"等到高祖成为高贵的天子以后，却不知道这位老人住在什么地方。

高祖担任亭长，就用竹皮做成帽子戴，让担任求盗的人到薛地去找人制作，他时时戴着这种竹皮冠，等到后来显贵了还常戴着，后来被人们称作"刘氏冠"的就是这种帽子。

高祖以亭长的身份负责遣送本县去修郦山墓的徒隶，徒隶们有许多在道途中逃亡。高祖估计自己等到了郦山这些徒隶也就全逃光了，他们到达丰西的大泽中，停下来饮酒，夜间就把遣送的徒隶们都放了。他说："你们都逃走吧，我也从此而远走高飞了！"徒隶中有十余位壮士愿意跟从高祖。

高祖喝了酒，夜间在草泽中的小道行走，他命令一个人在前面开道。在前面行走的人跑回来报告说："前面有一条大蛇挡在道路当中，请求退回去。"高祖醉了，他说："壮士前行，有什么值得害怕的！"就继续向前走，拔出宝剑斩杀了这条大蛇。大蛇就被砍为两段，小路也就通畅了。又走了几里，酒醉得厉害，因而卧倒在地。后面的人来到有蛇的地方，看见有一位老妇人在深夜中哭泣。来人问她为什么要哭，老妇人说："别人杀了我的儿子，所以我在哭他。"来人又说："老妇人您的儿子为什么被杀？"老妇人说："我的儿子，是白帝的儿子，变成了一条蛇，挡在道路当中，现在他被赤帝的儿子斩杀，我因此痛哭。"来人听后认为老妇人说的话不诚实，准备打她，老妇人忽然不见了踪影。后来的人到达了高祖醉卧的地方，高祖酒醒，后来的人把这件事告诉高祖，高祖就在心中独自欢喜，自认为是赤帝的儿子。那些跟从他的壮士逐渐对他敬畏起来。

秦始皇帝经常说"东南地区有像征天子的云气"，因此他向东巡视以镇压。高祖自己怀疑始皇的行动是冲着他来的，于是他逃亡隐匿起来，藏身在芒山、砀山一带的山泽岩石之间。吕后和别人一同找寻高祖，经常能够找到他。高祖很惊讶地问他们为什么能找到。吕后说："在刘季所居处的地方，上面经常有云气环绕，因此我追随着云气寻找，经常能够找到刘季。"高祖听后心中欢喜。沛县地区的一些青年们听到这件事，有很多人都愿意跟从他。

秦二世元年秋天，陈胜等人在蕲县起义，行进到陈地自称为王，定称号为"张楚"。有许多郡县的人全都把他们的官长杀死来响应陈涉。沛县县令非常害怕，也想在沛县反秦而响应陈涉。狱掾曹参和主使萧何因此而对他说："您作为秦廷的官吏，现在却想要背叛秦，率领沛县的子弟起义，恐怕沛县子弟们不会听从您的命令。希望您能召集那些逃亡在外的人，能够得到几百人，用他们来强行驱使众人，众人定会听从命令。"于是命令樊哙招求刘季。这时候刘季的部众已发展到几十近百人了。

于是樊哙陪同刘季前来。沛县县令后悔，恐怕刘季来了会发生变故，就关闭了城门据守城池，准备诛杀萧何和曹参。萧何和曹参惊恐，越过城池来辅保刘季。刘季于是写了一封帛书射到城上，对沛县的父老们宣称说："天下的人受到秦统治的痛苦已经很久了。如今父老们虽然替县令守城，但是诸侯们一同反秦，现在就要屠戮到沛县。如果沛县的人共同诛杀了县令，从子弟当中选择可以扶立的人而拥立他，以此来响应诸侯，那样就可以保护家室完整。如果不这样，父子们都要被屠杀，就不会有什么作为了。"于是父老就率领子弟们共同杀死了沛县县令，打开城门迎接刘季，准备要把他选为沛县县令。刘季说："天下正在大乱时候，诸侯们一同兴起，如今选择首领若不妥当，将会一败涂地。我不敢爱惜自身，而是担心我的能力浅薄，不能保全沛县的父兄子弟们。这是一件大事，我希望你们重新推举能够担当这项重任的人。"萧何、曹参等人都是文官，而且他们顾惜自身，恐怕事业不成，以后会被秦国诛灭全家，所以他们全都推让给刘季。各位父老们都说："平时我们听说过有关刘季的一些超凡奇迹，刘季必当显贵，而且我们占卜过，没有人能够比刘季更吉利。"在这种情况下刘季多次推让。但是众人没有谁敢出任首领，于是就扶立刘季任沛公。刘季祠祀黄帝，又在沛县公庭中祭祀了蚩尤，而且举行了把血涂在旗上并且祭祀旗鼓的典礼。旗帜都做成红色，这是因为他所杀的那条蛇是白帝的儿子，而杀死这条蛇的人是赤帝的儿子，所以才以赤色作为尊贵的颜色。于是沛公收集了如萧何、曹参、樊哙等少年豪吏在内的沛县子弟二三千人，进攻胡陵、方与等地，退回后据守在丰邑。

秦二世二年，陈涉的将领周章率军向西攻到戏水后退回。燕、赵、齐、魏等地的豪杰都自立为王。项氏在吴起兵。秦国泗川郡监名叫平的率领秦军包围了丰邑，两天后，沛公率众出城和平率领的军队交战，打败了秦军。沛公命雍齿守卫丰邑，他率军去薛地。泗川郡守壮在薛地被沛公打败，逃到了戚县，沛公的左司马捕得泗川郡守壮并诛杀了他。沛公回师驻军亢父，到达了方与。

周市也前来攻打方与，还未交战。陈王派遣魏地人周市攻取土地。周市派人对雍齿说："丰邑，原来是梁惠王孙假在被秦所灭后迁徙的地方。如今魏地已经有几十座城邑被平定了。雍齿你如果现在归降魏国，魏国将封雍齿作为诸侯而让继续驻守在丰邑。如果不投降魏国，我们将要屠戮丰邑。"雍齿原来就不愿意附属于沛公，等到魏国来招降他，他就立刻反叛沛公而替魏国据守丰邑。沛公率军攻打丰邑，没有能攻下。沛公生病，军队退回到沛县。

沛公怨恨雍齿和丰邑的子弟们背叛他，他听说东阳宁君、秦嘉扶立了景驹作为代理王，驻军在留城，就前往跟他们，想要得到他们出军攻打丰邑。这时候秦国的将领章邯从陈地向其它地区进攻，他的部将司马![]另率一支军队向北平定楚地，屠戮了相城据守的军民，到达砀郡。东阳宁君和沛公率领军队向西方进攻，和司马![]的军队在萧县的西面交战，作战不利。就退回来收兵在留城，又率军攻打砀郡，经过三日激战而夺取了砀郡。因此收集了砀地的兵卒，得到五六千人。他们又进攻下邑，攻克了它。回师到达丰邑。听说项梁在薛地，就带着一百多名随从骑兵前往见项梁，项梁给了沛公五千兵卒，五大夫级别的将领十名。沛公回来后，率领着军队进攻丰邑。

沛公附从项梁一个多月后，项羽已经攻克襄城而回军。项梁把所有在外统兵的将领召集到薛城。他听说陈王肯定死了，就扶立楚王后代怀王的孙子名叫熊心的作为楚王，把盱台作为都城。项梁号为武信君。过了几个月，向北进攻亢父，援救东阿，打败了秦军。齐国的军队回归齐地，楚军独自追击逃跑的敌人，派遣沛公和项羽另外率军攻打城阳，屠戮了城阳的守军。在濮阳的东面驻军，和秦军交战，打败了秦军。

秦军又重新整顿军队，据守濮阳城，决开河堤放水环卫全城。楚军离开濮阳去攻取定陶，定陶没有攻下。沛公和项羽向西攻占土地到达雍丘城下，和秦军作战，大败秦军，杀了李由。他们回师攻打外黄，外黄没有攻下。

项梁第二次打败了秦军，产生了骄傲的情绪。宋义劝谏说骄兵必败，项梁不听。秦国增派了章邯的军队，趁着夜幕口中衔着枚来偷袭项梁的军队，在定陶打败了楚军，项梁战死。沛公和项羽正在攻打陈留，听说项梁战死，就率军和吕将军一同向东撤退。吕臣驻军在彭城东边，项羽驻军在彭城西边，沛公驻军在砀县。

章邯打败了项梁的军队后，便认为楚国地区的义军不足以为患，就渡过了黄河，向北进攻赵国，大败赵国的军队。在这个时候，赵歇立为赵王，秦将王离的军队把他的军队包围在巨鹿城中，在巨鹿的军队就是所谓的河北军。

秦二世三年，楚怀王见到项梁的军队被打败，害怕了，就把都城从盱台迁到了彭城，把吕臣和项羽的军队合并一处亲自率领他们。任命沛公担任砀郡长，封为武安侯，统率砀郡的军队。封项羽为长安侯，封号为鲁公。吕臣担任司徒，他的父亲吕青担任令尹。

赵国多次请求楚军救援，怀王就任命宋义作为上将军，项羽作为次将军，范增作为末将军，率军向北援救赵国。命令沛公向西攻克土地进入关中地区。和各个将领订下盟约，先进入关中的就可以在这个地区封为王。

在这个时候，秦国的军队很强盛，经常是乘胜追击败退的诸侯国的军队，各个将领没有人认为首先进入关中地区去攻打秦军是件有利的事情。唯独项羽因痛恨秦军打败了项梁的军队，很愤怒，要和沛公一同向西进军攻入关中。怀王的一些老将领们都对怀王说："项羽为人急躁凶悍而好兴祸端。项羽曾攻打襄城，攻下后襄城没有任何一个人能够活下来，全城人都被活埋了，他经过的各地没有一处不受到残酷地毁灭。而且楚军多次进兵要夺取关中地区，前有陈王和项梁的西进，他们都失败了。不如改派一位宽厚仁义的长者采用实行仁义的方式向西进攻，向秦国的父老兄弟讲明道理。秦国的父老兄弟因为他们的君主残暴而受苦已经很久了，如今如果能得到一位宽厚长者前往，不用侵伐残暴的手段，秦地应该是能被攻下来的。如今项羽暴躁凶悍，现在不能派他去。只有沛公是一位平素宽大的长者，可以派遣他前去。"最终没有答应项羽的请求，而派遣了沛公向西进军攻取土地。沛公收集原属于陈王、项梁而被秦军打散的士卒。就道经砀城到达成阳，和杠里的秦军对垒，消灭了秦支军。这时楚军在河北出兵攻击王离的军队，把这支秦军打得大败。

沛公率军继续西进，在昌邑县遇到了彭越，因而和彭越的军队共同向秦军进攻，战斗没有取得胜利，他们回军到达栗县，又遇到刚武侯，夺取了刚武侯的军队，获得了大约四千多人，合并到一处。和魏将皇欣、魏国申徒武蒲的军队共同进攻昌邑，昌邑没有攻下。

又向西路过高阳。高阳人郦食其对把守城门的官吏说："各个将领经过这里的很多，我看只有沛公是一位心胸宽大的长者。"于是他求见并开导沛公。沛公正坐在床边，命令两个女子为他洗脚。郦食其入见而没有行拜礼，只是作了一个揖，他说："足下若是想要诛伐无道的暴秦，不应该坐着接见年长的人。"因此沛公起身，穿好衣服而向他道歉，延请他坐在上座。郦食其劝导沛公袭击陈留，以获得秦积存在陈留的粮食。攻克陈留后沛公就封郦食其为广野君，任命郦商担任将军，率领着陈留的军队，和沛公的军队一同进攻开封，开封没有攻下。又率军向西和秦将杨熊在白马交战，又在曲遇东面交战，彻底打垮了秦军。杨熊逃到了荥阳，秦二世派使者把战败的杨熊斩杀了示众。沛公向南进攻颍阳，屠杀了坚守不降的军队。又借助张良的力量占领了韩地镮辕。

在这个时候，赵国的别将司马卬正在准备渡过黄河进入关中，沛公就向北攻打平阴，断了司马卬渡河所要经过的黄河渡口。又向南进军，在洛阳东面和秦军交战，军队没有取胜，回军到达阳城，收整军中的战马车骑，和南阳郡守吕齮在犨地东面交战，打败了秦军。占领了南阳郡，南阳太守吕齮逃跑，在宛城中坚守不战。沛公率军放过宛城继续向西进攻。张良劝阻说："沛公您虽然急切地想要攻入关中，但是秦军还很多，而且他们又凭借着险关拒守。现在如果不攻克宛城，那么宛城的秦军从我军后方攻击，强大的秦军主力又挡在前面，这是一条危险的道路。"因此沛公就率领军队从其他道路趁着夜幕返回，变换了旗帜，在黎明时分，把宛城包围了三重。南阳郡守想要自杀，他的舍人陈恢说："现在离死还早呢。"于是他越过城墙来见沛公，说："我听说您和各个将领立下了盟约，谁先进入咸阳谁就可以在关中称王。如今足下停留下来围守着宛城。宛城，是大郡的都城，连结的城市有几十座，人民众多，聚集的物品也很多，官吏们自己认为投降一定会被杀死，所以都决心据城坚守。如今足下整日留在这里攻城，士卒死伤的人一定很多；率军离开宛城，宛城的军队一定会尾随足下身后追击，这样，足下在前面已失去了先入咸阳的盟约，后面又有强大的宛城军队的威胁。为了足下着想，不如订立盟约而招降宛城，封赏它的郡守，因而让他留下来守住南阳，率领他的军队一同向西进攻。那些还没有被占领的城邑，听到足下招降的消息就会争着打开城门而等待您的军队来临，这样就会使足下畅通无阻地向咸阳行进。"沛公说："很好。"就封宛城的南阳郡守为殷侯，封陈恢为千户侯。领兵向西进军，没有不归顺的城邑。到达丹水，高武侯戚鳃和襄侯王陵都在西陵投降。回师进攻胡阳，遇到番君的别将梅铙，便和他联合作战，招抚了析城和郦城。派遣魏人宁昌出使秦国，在使者还没有回来的时候，章邯已经在赵地率秦军投降了项羽。

起初，项羽和宋义向北进军援救赵国，等到项羽杀了宋义，代替他作为楚军的上将军，黥布等各位将领都归属项羽指挥，打垮了秦将王离的军队，收降了章邯，诸侯都收附项羽。等到赵高杀死秦二世以后，派人前来，想要和沛公订立盟约分割关中的土地而各自为王。沛公认为这是诡诈的阴谋，就采纳张良的计策，派遣郦食其、陆贾前去劝降秦国的将领，以利引诱他们，沛公趁机攻打武关，打败了守关的秦军。又和秦军在蓝田南面交战，设置了许多旗帜来疑惑秦军用来表示沛公军队众多，所经过的地方不准虏掠，秦国的人十分高兴，秦军瓦解，因而打败了他们。又在蓝田北面和秦军交战，又打败了秦军，乘胜追击，就彻底打败了秦军。

汉王元年十月，沛公的军队就比诸侯们的军队先到达霸上。秦王子婴坐着白马拉着的素车，用绳子套在脖颈上，封存了皇帝的玺印符节，在轵道旁向沛公投降。各个将领中有人提出应诛杀秦王。沛公说："起初怀王派遣我向西进军入关，最根本的原因是因为我能够宽容待人；而且人家屈服投降，再要谋杀他，这样做不吉利。"就把秦王交给官吏们看守，接着向西进入咸阳。沛公想要住进秦国的宫室中休息，由于樊哙和张良的劝阻，才封了秦国的重宝财物府库，退到霸上驻军。沛公召来各县的父老豪杰们说："父老们受到暴秦苛法的苦难已经很久了，人们若是说一些和朝廷不一致的话就会被定为诽谤之罪而遭到灭族，人们相互私语就要被诛杀而在街市中示众。我和诸侯们订立了盟约，先进关的就在关中地区称王，因此我应当在关中称王。我和各位父老们订立盟约，只定下三章法律：杀人者处死刑，伤人和盗抢他人财物的人要各当其罪。其余的秦朝法律全部废除。各级官吏都象以前一样各守其职。我之所以前来伐秦，目的是为了替父老们除去祸害，不是要对你们进行侵凌施暴，大家不要怕！而且我退兵驻在霸上的原因，是等候诸侯们到来共同制定一个约法。"就派人和秦朝官吏到各县乡城邑巡行，把变化的情况告诉他们。秦国人很高兴，争着把牛羊酒食等物拿来犒劳沛公的军士。沛公又谦让而不接受这些礼物，说："仓库中粮食很多，我们不缺少这些东西，我不想让大家破费。"人们又更加高兴，唯恐沛公不在关中做秦王。

有人劝沛公说："秦国比全天下富有十倍，地理条件又占有强大的优势。现在听说章邯投降了项羽，项羽给他的封号是雍王，让他在关中称王。如今他们若来到关中，恐怕沛公您不能拥有关中地区。应该立刻派遣军队把守函谷关，不要让诸侯的军队进入，在关中地区征集一些士卒来加强自己的军力，抗拒他们。"沛公认为这个计谋有道理，就按计行事。

十一月中旬，项羽果真率领诸侯的军队向西进军，在准备进入函谷关的时候，关门却关闭了。他听说沛公已经平定了关中地区，大怒，派遣黥布等人攻克了函谷关。

十二月中旬，就到达了戏地。沛公的左司马曹无伤听说项王大怒，准备攻打沛公，他就派人对项羽说："沛公准备在关中称王，用子婴担任丞相，秦国所有的珍宝都归他所有。"他希望以此来求得项羽封给官爵。亚父范增劝项羽攻打沛公。当时让士卒饱餐，准备到早晨日出时和沛公军队作战。这时候项羽拥有军队四十万人，号称百万。沛公拥有十万军队，号称二十万人，力量敌不过项羽的军队。正赶上项伯想要救张良一命，在夜间前往霸上见张良，因而项伯对项羽讲说道理，项羽停止了向沛公的进攻。沛公带着随从的一百多名骑兵，驱马来到了鸿门，见到了项羽并向他道歉，项羽说："这是沛公的左司马曹无伤对我说起的，不然，我项籍为什么会生此疑心呢！"沛公因为有樊哙和张良勇智相助的缘故，才能够摆脱危险而回归军中。沛公回来以后，立即杀掉了曹无伤。

项羽就向西进军，屠戮和焚烧了咸阳城内的秦宫室，他们所到过的地方没有不遭到摧残和毁灭的。秦地人大失所望，但却因为害怕，不敢不服从项羽罢了。

项羽派人回去向怀王报告请示。怀王说："按照原先的约定行事。"项羽痛恨怀王不肯派遣他和沛公一同向西进军入关，却让他向北进军救援赵国，所以才在天下人争取谁先进入关中而称王的盟约中落后。项羽因此说："怀王这个人，是我家项梁所扶立的，他没有可资为王的功劳，凭什么主持订立盟约！实际上平定天下的人，是诸位将军和我项籍。"就假义尊奉怀王为义帝，其实不执行他的命令。

正月，项羽立自己为西楚霸王，统治梁、楚地区的九个郡，把彭城作为都城。他背叛了前约，另立沛公为汉王，统治巴、蜀、汉中地区，以南郑作为国都。把关中地区一分为三，立秦国的三位降将为王：章邯为雍王，以废丘为都城；司马欣为塞王，以栋阳为都城；董翳为翟王，以高奴为都城。楚的将军瑕丘申阳被封为河南王，以洛阳为国都。赵国的将军司马卬被封为殷王，以朝歌作为都城。赵王歇被迁徙为代王。赵相张耳被封为常山王，以襄国为都城。当阳君黥布被封为九江王，以六城为都城。怀王的柱国共敖被封为临江王，以江陵为都城。番君吴芮被封为衡山王，以邾为都城。燕国的将军臧荼被封为燕王，以蓟城为都城。原燕王韩广被迁到辽东为王。韩广不从，臧荼攻打他并在无终地区把他杀掉。把河间地区的三个县分封给成安君陈馀，他居住在南皮。封梅鋗为十万户侯。

四月，各路诸侯的军队在戏下解散，诸侯们各自回归封国。

汉王前往封国，项王分派三万士卒跟从汉王，楚军和诸侯军队中仰慕汉王而自愿跟从他的有几万人。汉王的军队道经杜县南进入名叫蚀的谷道。他们过去以后就焚烧了栈道而切断道路，以此来防备诸侯军队来袭击他们，同时也是向项羽表示汉王没有向东进攻之意。到达了南郑，已有很多将官及士卒在道途中逃亡回家，没有逃走的士卒都唱着想要东归回老家的歌曲。韩信劝导汉王说："项羽分封立有功劳的各位将军为王，而唯独大王您却被封在南郑，这是对您的贬黜。军官和士兵们都是太行山以东地区的人，他们日夜盼望着东回故乡，利用他们热烈盼望回乡的急切心情，能够建立大功。如果是在天下安定以后，人人都在乐享安宁，那时候将没有什么便利的形势可以利用，不如现在决策向东发展，争夺天下。"

项羽出了函谷关，就派人迁徙义帝。他说："古代的帝王拥有方圆千里的土地，一定要居住在江河的上游。"于是他就派遣使者把义帝迁徙到长沙郴县，催文帝起程。义帝的群臣稍微有背叛项羽的行动，项羽就暗地中命令衡山王、临江王袭击他们，在江南杀死了义帝。

项羽怨恨田荣曾不出兵援助项梁，所以立齐将田都为齐王。田荣对此愤怒，因此自立为齐王，杀死了田都而背叛楚国；授给彭越将军的印信，命令他在梁地造反。楚国命令萧公角进攻彭越，彭越打垮了他们的军队。陈馀怨恨项羽没有封自己为王，就命令夏说去游说田荣，请求他调遣军队由陈馀率领进攻张耳。齐国调拨了军队给陈馀，打败了常山王张耳，张耳逃跑归附了汉王。陈馀从代地把赵王歇迎请回来，重新拥立他作为赵王。赵王于是封立陈馀为代王。项羽得知这件事后大怒，向北进军攻打齐国。

八月，汉王采用韩信的计策，从原先来到汉中时所走过的故道还师关中，袭击了雍王章邯。章邯在陈仓迎击汉军，雍国的军队战败，退兵逃走，在好畤县停止败逃和汉军交战，又一次失败，逃到了废丘。于是汉王就平定了雍地。向东进军到达咸阳，率领军队把雍王围困在废丘，而又派遣诸位将领攻克平定陇西、北地、上郡。命令将军薛欧和王吸率军出武关，借助王陵在南阳的军队，来到沛县去迎接太公和吕后。楚国听到这件事，发动军队在阳夏阻击他们，让他们不能前行。又封原吴令郑昌为韩王，在韩地抵挡汉王的军队。

二年，汉王向东进军攻占土地，塞王司马欣、翟王董翳、河南王申阳都投降了汉王。韩王郑昌不服从汉王，汉王派遣韩信向他进攻并打败了他。就在这时设置了陇西、北地、上郡、渭南、河上、中地等郡。在关外设置了河南郡。改立韩国太尉信为韩王。各个将领如果是率领一万军或以一郡的地方投降的，就被封为万户侯。修筑河上郡的要塞。那些原来秦国所拥有的苑囿园地，都允许人们取得作为田地耕种。正月，俘获了雍王的弟弟章平。大赦天下罪犯。

汉王出函谷关而来到陕县，安抚关外的父老。回来以后，张耳前来拜见，汉王很优厚地接待了他。

二月，下令除去秦朝的社稷，改立汉朝的社稷。

三月，汉王从临晋县渡过黄河，魏王豹率军随从，占领了河内地区，俘获了殷王，设置了河内郡。又向南渡过平阳津，到达洛阳。由于义帝被杀的缘故，新城的三老董公拦阻汉王的车驾而向汉王叙说。汉王听说了这件事，袒露着左臂大哭。于是就为义帝发丧，亲自举办了为期三天的丧礼。汉王派遣使者告诉诸侯们说："天下人共同拥立义帝，我们都作为臣子而臣服于他。如今项羽把义帝流放到江南并杀了他，这是大逆不道。寡人亲自为义帝置办丧事，诸侯们都应该身着素白的孝衣。寡人将要出动关内所有的军队，会集河南、河东、河内三郡的士兵，坐着战船顺汉江漂浮南下，希望和诸侯王一同征伐杀害义帝的人。"

这时候项王正在向北进攻齐国，田荣和项王在城阳展开激战。田荣被打败，逃到平原。平原人杀死了田荣。齐国各地都投降了楚国。楚国因此焚烧了齐国的城邑，掳掠了他们的子女。齐国的人们又反抗楚国。田荣的弟弟田横立田荣的儿子田广作为齐王，齐王在城阳反击楚军。项羽虽然听说汉军向东方进兵，既然已经和齐国的军队交战，就打算打垮了齐军以后再去反击汉军。汉王因此能够驱使五路诸侯的军队，结果攻入了彭城。项羽听到这件事，就率军离开齐国，从鲁地出发而道经胡陵，到达萧县，和汉军在彭城灵壁东面的睢水岸上展开了激战，打败了汉军，杀死了汉军许多士卒，睢水因为有众多被杀死士卒的尸首堵住而不能畅流。而后又在沛县抓到了沛公的父母妻子，把他们安置在军中作人质。在那个时候，诸侯们看到楚国强大而汉军失败，反而都背叛了汉国而重又归顺楚国。塞王司马欣逃到了楚国。

吕后的兄长周吕侯为汉王统率军队，驻守在下邑。汉王战败后逃往这里，逐渐收集了一些溃逃的士卒，军队驻守在砀地。汉王就向西经过梁地，到达虞县。派遣使者随何前往九江王住地，对随何说："您假若能够让黥布举兵反叛楚国，项羽一定会留下来进攻他。项羽假若能被拖几个月，我争取天下的大业就一定能成功了。"随何前往劝说九江王黥布，黥布果真背叛楚国。楚国派龙且前往征伐黥布。

汉王在彭城战败以后而向西逃跑的时候，在行进途中派人寻求自己的家室；他的家室也纷纷出逃，没有能够相互遇到。彭城战事失败后只得到了孝惠。六月，立孝惠为太子，大赦天下罪犯。命令太子守栎阳，凡是在关中地区的诸侯王的儿子都汇集到栎阳充当太子的侍卫。汉军决引河水灌淹废丘，废丘城中的守军投降，章邯自杀。废丘更名为槐里。于是下令负责祭祀的官员祭祀天地四方上帝山川，按照时令举行祭祀。发动关内地区的士卒坚守要塞。

这时候，九江王黥布和龙且作战，没有取得胜利，他就和随何抄小路归附汉王。汉王逐渐聚集了一些溃散的士卒和各路将领，等到关中出动增援来的士卒，因此在荥阳的汉军势力大振，在京、索地区打败了楚军。

三年，魏王豹向汉王请假归家探视父母的疾病，当他到达了魏地以后就立刻断绝了河津的要道，反叛汉王而附属于楚国。汉王派遣郦食其去劝说魏王豹，豹不听从。汉王派遣将军韩信袭击他，彻底打垮了他的军队，俘虏了魏王豹。于是就平定了魏地，在这里设置了三个郡，它们的名称是河东郡、太原郡、上党郡。汉王于是命令张耳和韩信接着向东进军占领了井陉而进攻赵国，斩杀了陈馀及赵王歇。第二年，汉王封张耳为赵王。

汉王驻军在荥阳南面，修筑了连接到黄河岸边带有围墙的甬道，以此来获取敖仓的粮食。汉王和项羽相互对峙了一年多。项羽多次侵夺汉军运粮的甬道，汉军缺乏粮食，于是楚军把汉王的军队包围了。汉王请求和解，要求把荥阳以西的地区划割给汉国。项羽没有接受这个条件。汉王对此感到担心，就采用了陈平的计策，调给陈平四万斤黄金，用它来离间楚国的君臣。因此项羽就开始怀疑亚父范增。亚父当时劝项羽趁势攻克荥阳，等到他被项羽猜疑后，就很愤怒，以年老为由而辞职，希望项羽能赐给他一副年老身躯回去做平民百姓，他还没有到达彭城就病死了。

汉军的粮食断绝，于是在夜间使二千多名女子身披铠甲冒充军士而从荥阳城的东门出城，楚军因此向这支队伍四面进攻，将军纪信就乘坐着汉王的车驾，假扮成汉王，欺骗了楚军。楚国的军士误认为俘获了汉王而高兴地都喊万岁，来到东城观看俘获汉王的盛景，因此才使汉王能够带着几十名骑士出西门而逃出困境。汉王临走时下令由御史大夫周苛、魏豹、枞公守卫荥阳。那些不能作为汉王随从的将领和士卒，留在城中。周苛和枞公互相商议说："叛国的国王，很难和他一起守卫城池。"因此他们杀了魏豹。

汉王出了荥阳城而进入关中，他收聚军队而准备重新向东进攻。袁生劝导汉王说："汉和楚在荥阳对抗了几年，汉军经常受困。希望君王您出兵武关，项羽一定要率领荥阳的楚军向南转移，君王您深挖壕沟、高筑壁垒来据守不战而拖住楚军，使荥阳和成皋地区的汉军得到间息休整。派遣韩信等人去安抚黄河以北的赵地，联合燕国和齐国，那时君王再重新进军荥阳，也不为晚。这样，就会使楚国所要防备的地区增多，力量分散，而汉军得到休整，再重新和楚军交战，一定能够打垮楚军。"汉王听了他的计策，出动军队驻守在宛城和叶城地区，和黥布在行途中收聚散亡的军队。

项羽听说汉王在宛城，果真率军向南进兵。汉王坚守壁垒而不和楚军交战。这时彭越的军队渡过了睢水，和项声、薛公在下邳交战，彭越的军队打败楚军。项羽就率军向东进攻彭越。汉王也率领军队向北而驻扎在成皋。项羽打败了彭越的军队而使他逃走以后，又得知汉王重新驻军在成皋，于是重新率领军队向西进军，攻克了荥阳，诛杀了周苛、枞公，而俘虏了韩王信，趁势包围了成皋。

汉王冲出围困而长驱远走，单独和滕公夏侯婴共乘一车逃出成皋城北边的玉门，向北渡过黄河，奔驰到夜晚而在脩武住宿。汉王自称是使者，在早晨驰进张耳和韩信的营垒中，而强行收回了他们的军队。就派遣张耳向北在赵地去大量收集士卒，派韩信向东攻击齐国。汉王得到了原属于韩信的军队，就又重新振作起来。领兵来到达黄河边，向南进军而在小脩武城的南面犒劳军队，准备重新和楚军交战。郎中郑忠就劝止汉王让他高筑壁垒且深挖沟壑，坚守而不要和楚军交战。汉王听从了他的计策，派遣卢绾和刘贾率领步兵二万人、骑兵几百人，渡过白马津，进入楚地，和彭越的军队在燕县外城再度进攻并打败了楚军，结果重新收复了梁地十几座城。

淮阴侯韩信受命向东攻打齐国以后，还没有渡过平原城的时候，汉王派遣郦食其前往游说齐王田广，田广反叛楚国，和汉订立和约，联合进攻项羽。韩信采用蒯通的计策，趁机袭击而打败了齐军。齐王烹杀了郦食其，向东逃到高密县。项羽听说韩信已经发动黄河以北的军队攻破齐国和赵国，并且准备向楚国进攻，就派遣龙且和周兰率领军队前去攻击韩信。韩信和他们交战，他部下的骑兵将军灌婴攻击楚军打垮了楚军，杀死了龙且。齐王田广投奔了彭越。在这个时候，彭越率领军队居住在梁地，往来转战使楚国的军队很疲惫，并且断绝了项羽军队的粮道。

四年，项羽就对海春侯大司马曹咎说："你要谨慎地守住成皋。如果汉军前来挑战，千万不要和他们交战，只要不让他们能够向东发展就可以了。我在十五日内一定能平定梁地，那时再来和将军会合。"于是项羽率军在行进中进攻陈留、外黄、睢阳，攻占了它们。汉军果然多次向楚军挑战，楚军坚守不出，派人羞辱他们五六日，大司马被激怒，率军渡过了汜水。当楚国士卒渡河刚渡了一半的时候，汉军向他们发动了进攻，打败了楚军，获得楚国所有的金玉财货。大司马咎和长史欣都在汜水岸边自杀。项羽到达了睢阳，得知海春侯的军队被打败，就率军回师。汉军正在荥阳的东面围攻钟离眜，项羽来到，汉军全都奔走遣散到险阻地带。

韩信打垮了齐国以后，派人对汉王说："齐国是靠近楚国的边远地区，我的权力轻，假若不立为代理齐王，恐怕我不能安定齐国。"汉王想要攻打他，留侯张良对汉王说："不如顺其意而立他为王，使他能够为自己的利益而守卫齐地。"就派遣张良拿着印绶去封韩信为齐王。

项羽听说龙且的军队被韩信消灭，就很惊恐，派遣盱台人武涉前去劝说韩信。韩信没有听从。

楚、汉相互对峙了很久而没有决出胜负，壮年男子苦于军旅兵役，老弱疲于转运军粮，汉王和项羽在广武之间对话。项羽想要和汉王单独挑战。汉王历数项羽的罪恶说："当初我和项羽一同接受怀王的命令，说首先进入并平定关中地区的人就被封为关中的王，项羽负约，封我为蜀汉地区的王，这是第一条罪状。项羽假称诏令杀害卿子冠军宋义而提升自己为上将军，这是第二条罪状。项羽已经解救了赵国的围困，本应回师述职，却擅自强迫诸侯率军入关，这是

第三条罪状。怀王约定进入秦地后不许施暴掳掠，项羽烧毁了秦国的宫室，挖掘了始皇帝的坟墓，将秦国的财富据为己有，这是第四条罪状。逞强杀害了秦国投降的国王子婴，这是第五条罪状。使用欺诈的手段在新安活埋杀害了秦国子弟二十万人，却封他们的将领为王，这是第六条罪状。项羽把他的部将们都封在条件好的地区为王，而迁贬驱逐这些地区原有的君主，使他们的臣下为争王位而成为叛逆的人，这是第七条罪状。项羽把义帝驱逐出彭城，把这里作为自己的都城，剥夺了韩王的国土，把梁、楚的地方合并在一起占有，多分给自己封土，这是第八条罪状。项羽派人在江南暗杀义帝，这是第九条罪状。总之你身为人臣而屠杀君主，诛杀已经投降的人，处理政事不公，主持盟约不守信用，这是天下人所不能容忍的，是大逆不道，这是你的第十条罪状。我用扶持正义的军队而联合诸侯诛杀残暴的贼子，驱使犯罪服刑的人击杀项羽，何苦要和你单身独战！"项羽听后非常愤怒，埋伏下弓弩射中了汉王。汉王胸部受伤，却用手捂着脚，说："贼虏射中了我的脚趾！"汉王因受创伤而卧床养病，张良坚决请求汉王起床去慰劳军队，以此来安稳士卒的情绪，不使楚军占胜利的威势压倒汉军。汉王出来到军中巡视，汉王的病伤更重了，因此急驰进入成皋城中。

汉王的伤病痊愈了以后，向西进入函谷关，来到了栎阳，慰问父老，设酒宴款待他们，在栎阳市中砍下了原塞王司马欣的头挂在木杆上来示众。逗留了四天，又重新回到军中，驻军在广武。关中地区增派出更多军队。

在这个时期，彭越率领着他的军队在梁地往来转战，使楚军饱受往反奔波的困苦，断绝了楚军粮食的供应。田横前往跟从他一起作战。项羽多次前去攻击彭越等人，齐王韩信又进军攻击楚军。项羽害怕，就和汉王订立和约，中分天下，把鸿沟以西的地区划归汉，鸿沟以东的地区划归给楚。项王放回汉王的父母妻子，军队的官兵们都高呼万岁，就回师而分别离去。

项羽退兵而回到东方。汉王也想率领军队向西回归，又用了留侯张良和陈平的计策就进兵追击项羽，到达阳夏南面军队停止了追击，和齐王韩信及建成侯彭越约定了会合的时间而一起攻打楚军。汉军到达固陵，韩信和彭越没有按约前来会合，楚军攻击汉军，打败了汉军。汉王重新进入营垒中，挖掘深沟进行据守。采用了张良的计谋，因此韩信、彭越都率军前往。等到刘贾进入楚地，围攻寿春，汉王在固陵失败以后，就派遣使者召大司马周殷出动九江地区的军队迎接武王黥布，在行军途中屠杀了城父城中的守军，随刘贾及齐、梁诸侯的军队都到垓下大会师。汉王封武王黥布为淮南王。

五年，高祖和诸侯的军队共同向楚军发动进攻，和项羽在垓下展开了大决战。淮阴侯率领三十万士卒独当一面，孔将军熙在左边，费将军陈贺在右边，皇帝刘邦领兵在后，绛侯周勃和柴将军在皇帝的后面。项羽的士卒大概有十万人。淮阴侯先和楚军交战，战斗不利，军队后撤。孔将军和费将军纵兵交战，楚兵形势不利，淮阴侯再度乘势进攻，在垓下打败了楚军。项羽听到汉军唱起楚地的歌谣，认为汉军已经把楚地全都占领了，项羽就败退而逃，因此楚军大败。汉王派遣骑将灌婴追到东城逼死了项羽，杀死敌军八万人，就占领并平定了楚地。鲁城为了忠于楚国而坚守不肯投降。汉王率领诸侯的军队向北进军，向鲁城的父老们展示项羽的头，鲁城人才肯投降。就用鲁公的名号把项羽葬在鲁城。

汉王回师到达定陶，急驰进入齐王的军营中，夺走了齐王所率领的军队。

正月，诸侯和将相们聚在一起共同请求尊奉汉王为皇帝。汉王说："我听说皇帝的称号具有贤德的人才能拥有，没有贤德而徒具空言虚语的人，是不可以据守的，我不敢担当帝位。"群臣们都说："大王从平民起事，诛除暴逆，平定了四海，对于有功的人就分割给土地而封为王侯。大王如果不接受皇帝的尊号，那么功臣们对大王的封赏就会怀疑而不信。我们这些大臣誓死坚持要您接受皇帝的尊号。"汉王推让了再三，不得已，说："诸君假定肯定地认为我作为皇帝有利，为了有利于国家，我就接受这个尊号吧。"甲午日，汉王就在氾水的北岸登上了皇帝位。

皇帝说义帝没有后代子嗣，齐王韩信熟习楚地的风俗，迁徙他作为楚王，以下邳作他的都城。立建成侯彭越作为梁王，以定陶作为他的都城。原来的韩王信仍作韩王，以阳翟作为他的都城。迁徙衡山王吴芮为长沙王，以临湘作为他的都城。番君的将军梅锏立有战功，跟从我攻入武关，因此感激番君。淮南王黥布、燕王臧荼、赵王敖都仍旧为王。

天下全都平定了，高祖定都洛阳，诸侯都称臣归属于他。

以前的临江王骥，为了表示对项羽效忠而反叛汉朝，高祖命令卢绾和刘贾率军围攻他，当时没有能攻下。几个月后他投降，高祖把他诛杀在洛阳。

五月，士兵们都解甲回家。诸侯的儿子住在关中的免去十二年的赋税徭役，回到封国的免去他们六年的赋税徭役，国家供养他们一年。

高祖在洛阳南宫摆酒设宴。高祖说："列侯和各位将领们不要对朕隐瞒，都要直言真情。我能取得天下的原因是什么？项氏失去天下的原因是什么？"高起和王陵回答说："陛下为人傲慢而好轻视戏侮别人，项羽为人仁厚而爱护别人。然而陛下派别人去攻城略地，就把所攻克降服的地区封给他们，这是陛下能和天下人共享其利的美德。项羽妒贤嫉能，立有功劳的人就设法加害，有贤才的人就对他们猜忌，作战取得了胜利不给他们援功，取得了土地不给别人利益，这就是他失去天下的原因。"高祖说："你们只知其一，未知其二。在帷帐当中运筹谋划而能够决定千里以外的战争取得胜利这方面，我不如张子房。在镇守国家，安抚百姓，供给粮食，保证军粮运输不断这方面，我不如萧何。在率领百万大军，作战必胜，攻城必取这方面，我不如韩信。这三位，都是人中豪杰，我能够任用他们，这就是我之所以能够取得天下的原因。项羽有一位范增却不能重用，这就是他项羽被我擒获的原因。"

高祖想要长久地把洛阳作为都城，齐人刘敬劝说高祖，等到留侯张良劝说皇上进入函谷关而在关中定都的时候，高祖就在当日起驾，进入函谷关而在关中定都。六月，大赦天下。

十月，燕王臧荼造反，攻下了代地。高祖亲自率军攻击他，俘获了燕王臧荼。当即封太尉卢绾为燕王，命令丞相樊哙率领军队攻取代地。

在这一年的秋天，利几谋反，高祖亲自率领军队讨伐他，利几逃走。利几这个人，是项羽的将军。项羽失败以后，利几担任陈县县令，没有追随项羽，却逃走投降了高祖，高祖封他在颍川为侯。高祖来到洛阳，按照所有诸侯的名籍征召他，而利几担心会有不测，因此而谋反。

六年，高祖每五日朝见一次太公，如同一般人家那样行父子相见的礼节。太公家令劝说太公说："天上没有两个太阳，地下也不应有两个君王。如今高祖皇帝虽然是您的儿子，但却是君主；太公您虽然作为父亲，却是臣子。为何要让君主拜见臣子！若像这样，就会使皇帝的尊贵和威严得不到施行。"以后高祖再来朝见，太公抱着扫帚，在大门口迎接，倒退着走。高祖见状大惊，忙下车扶住太公。太公说："皇帝是君主，为什么要因为我而乱了天下的法度！"于是高祖就尊奉太公作为太上皇。心中认为太公家令的话说得好，就赏赐给他五百斤黄金。

十二月，有人上书举报楚王韩信谋反，皇上询问左右，左右大臣们争着想要去讨伐韩信。采用了陈平的计策，就假称到云梦泽去巡游，在陈地会集诸侯，楚王韩信前来迎接，就在这时捕了韩信。这一天，下令大赦天下。田肯前来祝贺，并劝导高祖说："陛下擒得了韩信，又统治着关中秦地。秦，是一个山川形势便利的国家，它具有由河山所形成的险阻，又和其它地区相距千里。如果关东拥有百万持戟的士卒前来攻击，秦只用二万的兵力就可抵挡住。这是因为它的地势便利，它的军队在和诸侯们交战时可以采用由山上向下进攻的形势，好比从高屋上而往下倒水一般势不可当。再如齐地，东方有琅邪、即墨的富饶，南方有泰山的险固，西方有黄河作为阻隔，北方有渤海的地利，土地纵横二千里。若有持戟百万的军队，从隔绝千里以外的地区前来进攻，齐国只用二十万的兵力就可以抵挡。因此齐秦二地实际上是东西二秦，如果不是陛下的亲属子弟，就不能派他去作齐王。"高祖说："很好。"赏赐给他黄金五百斤。

十几天以后，高祖封韩信为淮阴侯，把他原有的王国领土分割成两个王国。高祖说将军刘贾屡立战功，封他为荆王，统治淮东地区。封皇弟刘交为楚王，统治淮西地区。封皇子刘肥为齐王，统治齐地七十多个县城，凡是讲齐地方言的百姓都归属齐国。于是就评定功绩，分封功臣为列侯并各赐予分封的信符凭证。把韩王信迁到太原。

七年，匈奴人进攻韩王信所辖的马邑城，韩王信因此和匈奴人勾结在太原谋反。白土县人曼丘臣和王黄扶立原来的赵将赵利为王而谋反，高祖亲自率军前往攻打他们。恰逢天气寒冷，士卒中有十分之二三的人的手指被冻掉，结果就只到达了平城。匈奴人把我军围困在平城，十天以后才撤军离去。高祖命令樊哙留在代地平定叛乱。立兄长刘仲为代王。

二月，高祖从平城经过赵地、洛阳，来到长安。长乐宫建城，丞相以下的官吏都迁居长安治理政务。

八年，高祖率军向东在东垣攻打跟从韩王信叛乱的余党。

萧何丞相主持建造未央宫，建筑有东阙、北阙、前殿、武库和太仓。高祖回来后，看到宫阙非常壮丽，很生气地对萧何说："天下战火纷纷苦战好多年，成败还不可确知，你为什么建造如此过分豪华的宫室？"萧何说："就是因为现在天下还没有安定，所以才能够趁此时机建成宫室。而且天子是以四海为家，假若不建筑得壮丽就无法显示天子地位的尊贵和威严，并且这样可以不使后世再行修建时超过前代。"高祖听后才变得高兴。

高祖在率军到东垣去时，路过柏人城，赵国国相贯高等人阴谋要杀害高祖，高祖当时心有所动，因而没有在这里留宿。代王刘仲放弃了封国而逃亡，没有皇帝的允许就自己回到了洛阳，皇帝取消了他的王爵而贬封他作为合阳侯。

九年，赵相贯高等人阴谋杀害高祖的事被发觉，被夷灭了三族。废除了赵王张敖的王爵而贬封他为宣平侯。这一年，把楚国的昭氏、屈氏、景氏、怀氏和齐国的田氏等贵族迁徙到了关中地区。

未央宫建成。高祖在这里召集诸侯群臣举行盛大的朝会，在未央宫前殿摆设了酒宴。高祖捧着玉杯，起身向太上皇祝酒，说："当初大人经常认为我无所依恃，不能置产业，不如刘仲用力。如今我所成就的产业和刘仲相比谁多？"殿上的群臣们听后都高呼万岁，大笑取乐。

十年十月，淮南王黥布、梁王彭越、燕王卢绾、荆王刘贾、楚王刘交、齐王刘肥、长沙王吴芮都来到长乐宫朝见皇帝。春天、夏天国家都太平无事。

七月，太上皇在栎阳宫中逝世。楚王和梁王都前来送葬。赦免了栎阳的囚徒。把郦邑的名称更改为新丰。

八月，赵相国陈豨在代地造反。皇上说："陈豨曾经跟从我办事，很有信用。代地是我急需平定的地区，所以我封陈豨为列侯，以相国的职位而派他守代地，如今却和王黄等人劫代地！代地的官吏百姓没有罪，对此应赦免代地官吏百姓。"九月，皇上亲自前去征伐他们。来

到邯郸后,皇上高兴地说:"陈豨不向南据守邯郸而借漳水进行阻挡,我知道他不会有什么作为了。"又听说陈豨的部将原先都是商贾之人,皇上说:"我知道该用什么方法对付他们了。"就用许多黄金去引诱陈豨的部将,陈豨的部将有很多人投降。

十一年,高祖在邯郸诛杀陈豨等人的事务尚未结束,陈豨的部将侯敞率领一万多人流窜到各地,王黄驻军在曲逆,张春渡过黄河攻打聊城。汉朝派遣将军郭蒙和齐国的将领攻击他们,把他们打得大败。太尉周勃途经太原率军进入平定了代地。到达马邑,马邑坚守不降,就被汉军攻破城邑而消灭了他们。

陈豨的部将赵利据守东垣,高祖率军攻打他,当时没有攻克。过了一个多月,有士卒骂高祖,高祖被激怒。等到东垣城投降,高祖命令找出骂高祖的人斩杀了他们,没有跟着骂的人宽恕了他们。在这时就把赵山北地区分割出来,立皇子刘恒为代王,定都晋阳。

春天,淮阴侯韩信在关中谋反,被灭三族。

夏天,梁王彭越谋反,被废除了王爵而迁贬到蜀地;他又想再次谋反,结果被夷灭三族。立皇子刘恢为梁王,皇子刘友为淮阳王。

秋天七月,淮南王黥布反叛,向东侵并了荆王刘贾的国土,向北渡过了淮河,楚王刘交逃到薛城。高祖亲自前往征伐黥布,立皇子刘长为淮南王。

十二年,十月,高祖在会甄攻打黥布的军队以后,黥布逃走,就命令其它的将军追击黥布。

高祖回归关中,路过沛县,停留下来。在沛宫中摆设酒宴,召来所有的故人父老子弟尽情畅饮,征集到沛地一百二十个少儿,教他们唱歌。酒酣的时候,高祖亲自击鼓奏乐,自己作诗歌唱道:"大风起兮云飞扬,威加海内兮归故乡,安得猛士兮守四方!"命令那些唱歌的少儿们练习和唱这支歌。高祖就在少儿们的唱和中起舞,慷慨伤怀,洒下了行行热泪。高祖对沛地的父兄们说:"在外的游子一想到故乡就感到悲伤。我虽然定都在关中,但将来死后我的魂魄还会喜欢思念沛地。而且朕是以沛公的职位来诛除暴逆,才拥有了天下,因此要把沛地作为我的汤沐邑,免除沛县百姓的赋税徭役,世世代代不必交税服役。"沛县的父兄及长辈妇女和故交友们每日高兴痛饮极尽欢宴,讲述过去的旧事取笑作乐。十几天以后,高祖准备离去,沛县的父兄们恳请婉留高祖。高祖说:"我带的人很多,父兄们不能承担起他们的供给。"于是离去。沛县人们把县中所有的东西都拿了出来到县进献。高祖又停留下来,就在城外设置了帷帐而和他们饮酒三日。沛县的父兄们都叩首向高祖请求说:"沛县有幸能免除赋税徭役,但是丰邑还没有能免除赋税徭役,请陛下可怜可怜他们吧。"高祖说:"丰邑是我所生长的地方,是我最不能忘却的,我只是由于他们随从雍齿反叛我而归于魏的原故才不予免除。"沛地父兄们坚持恳请,丰邑才一同免除了赋税徭役,一切比照沛县。于是封沛侯刘濞为吴王。

汉将领兵在洮水南北攻击黥布军队,都把黥布的军队打得大败,追到了黥布,并在鄱阳把他斩杀。

樊哙另外率领军队平定了代地,在当城斩杀了陈豨。

十一月,高祖从征伐黥布的军中回到了长安。

十二月,高祖说:"秦始皇帝、楚隐王、陈涉、魏安厘王、齐缗王、赵悼襄王都断绝了后代,赐予他们各十家人负责为他们守护冢墓,其中秦皇帝增为二十家,魏公子无忌减为五家。"赦免代地那些被陈豨和赵利所劫持强迫跟随他们谋反的官吏和平民,都不追究他们的罪过。

投降于汉军的陈豨部将说陈豨谋反的时候，燕王卢绾派人到陈豨的住地，和他暗中一起谋划。皇上派辟阳侯审食其迎请卢绾，卢绾称病不肯前来。辟阳侯回到长安，详细地说明卢绾造反的事确有些头绪。二月，派遣樊哙和周勃率领军队攻打燕王卢绾。赦免燕国参与谋反的官吏和平民。立皇子刘建为燕王。

　　高祖在攻打黥布的时候，曾被流矢击中，在行军途中伤口发作，病得很重，吕后请来一位好医生。医生入宫进见，高祖问医生病情。医生说："您的病能够治愈。"因此高祖辱骂医生说："我以一个布衣平民的身份拿着三尺宝剑取得了天下，难道这不是由于有天命吗？我的命运既然是上天决定的，即使是扁鹊来临对我的命运又有什么好处呢！"于是就不让他治病，赏赐了他五十斤黄金了事。事后吕后问高祖："陛下百年之后，假使萧相国也死了，让谁代替他做相国呢？"皇上说："曹参可以。"吕后又问曹参以后的事，皇帝说："王陵可以，然而王陵过于耿直，陈平能够协助他。陈平的智略有余，然而他却难以单独胜任。周勃为人稳重仁厚而缺乏文化素养，但是能够使刘氏天下得到安定的人定是周勃，可以任命他担任太尉。"吕后再问以后的事，皇上说："这以后的事也不是你所能知道的了。"

　　卢绾和几千名骑士停留在塞下等候时机，希望皇上病愈以后亲自入朝谢罪。

　　四月甲辰日，高祖在长乐宫逝世。经过了四天仍然不发丧。吕后和审食其谋划说："那些将军们曾和皇帝同为编入户籍册的平民，如今他们北面为臣，这使得他们经常闷闷不乐，如今却要奉事年少的君王，如果不把他们全部诛杀灭族，天下将不会安定。"有人听说这件事，就告诉了将军郦商。将军郦商前去拜见审食其，说："我听说皇帝已经崩逝，经过了四天仍不发布丧事，准备诛杀各位将军。如真是这样，天下可就危险了。陈平、灌婴率领十万军队守卫荥阳，樊哙、周勃率领二十万军队平定燕、代。他们听说皇帝逝世，各个将领都将被诛杀，一定会联合军队调转方向来进攻关中。那时大臣在朝内叛乱，诸侯在外造反，天下灭亡之速可以翘首以待了。"审食其入宫向吕后述及这些事情，才在丁未日发丧，大赦天下。

　　卢绾听说高祖已经逝世，就逃亡到匈奴去了。

　　丙寅日，安葬了高祖。己巳日，立太子刘盈为皇帝，前往太上皇庙。群臣们都说："高祖起事于微细的平民，却能治乱世使之返归正道，平定了天下，成为汉朝的太祖，功业最高。"奉上尊号称为高皇帝。太子承袭皇帝称号，就是孝惠帝。下令在各个郡国诸侯都分别建立高祖庙，每年按照时令举行祭祀。

　　等到孝惠帝五年，孝惠帝想到高祖生前在沛县的悲乐情事，就把沛宫作为高祖的原庙。高祖所教歌唱相和的一百二十个少儿，都命令他们在原庙吹奏乐歌，以后假若有缺员，就给以补足。

　　高帝有八个儿子：长子为庶出，是齐悼惠王刘肥；次子孝惠帝，是吕后的儿子；第三子是戚夫人所生的儿子赵隐王刘如意；第四子是代王刘恒，后来被立为孝文帝，是薄太后所生的儿子；第五子是梁王刘恢，吕太后的时候被迁徙为赵共王；第六子是淮阳王刘友，吕太后的时候被迁为赵幽王；第七子是淮南厉王刘长；第八子是燕王刘建。

　　太史公说："夏朝的政治奉行忠厚。忠厚的弊端，是使百姓粗野缺乏礼节，所以殷朝承续夏政而奉行恭敬。恭敬的弊端，是使百姓相信鬼神，所以周朝承续殷政而奉行礼仪。礼仪的弊病，是使百姓讲究文饰而情薄不信，所以解救不诚信的弊端不若奉行忠厚。三王的治国之道如同循环往复，终而复始。在周秦交替之际，可以说已经是处于不诚信的弊端中了。秦国政治措施对这点不加更改，反而施行残酷的刑法，这难道不是错误吗？所以汉朝兴起，基于这样的政治弊端却能加以改变，使人们毫不怠倦，这正是得到了天道循环的道理。汉朝把十月定为朝会的岁首，规定皇帝乘坐的车驾要用黄缎子把车厢装饰得象黄屋一般，并在车前横木的左上方要插上牛尾或野鸡尾做成羽旗。高祖葬在长陵。

武帝纪

孝武皇帝①，景帝中子也，母曰王美人②。年四岁立为胶东王③。七岁为皇太子，母为皇后。十六岁，后三年正月，景帝崩④。甲子，太子即皇帝位，尊皇太后窦氏曰太皇太后⑤，皇后曰皇太后。三月，封皇太后同母弟田蚡、胜皆为列侯。

【注释】

①孝武皇帝：刘彻，景帝之中子，王氏所生，前140年至前87年在位。②王美人：汉武帝刘彻之母。王氏之母臧儿，初为王仲妻，生男信及两女（王氏及其姊），后改嫁田氏，生男蚡、胜。③胶东：王国名。今山东平度县东南。④崩：古代称帝王死为"崩"。⑤窦氏：汉武帝刘彻的祖母，好黄老之言。

建元元年冬十月①，诏丞相、御史、列侯、中二千石、二千石、诸侯相举贤良方正直言极谏之士。丞相绾奏②："所举贤良，或治申、商、韩非、苏秦、张仪之言，乱国政，请皆罢。"奏可③。

【注释】

①建元元年：即前140年。古代帝王自此始有年号。②绾：卫绾。③奏可：同意卫绾之奏。汉武帝独尊儒术，罢黜百家，始此。

春二月，赦天下，赐民爵一级①。年八十复二算②，九十复甲卒③。行三铢钱④。

【注释】

①赐民爵：汉朝举行重大庆典时，要授予文武官吏的家长一级爵位，以示普天同庆。②复二算：免除二口的算赋。③复甲卒：免除一子服役。④三铢钱：重如其文，参见本书卷二十四《食货志》。

夏四月己巳，诏曰："古之立教，乡里以齿①，朝廷以爵，扶世导民，莫善于德。然则于乡里先耆艾②，奉高年，古之道也。今天下孝子顺孙愿自竭尽以承其亲，外迫公事，内乏资财，是以孝心阙焉③。朕甚哀之。民年九十以上，已有受鬻法④，为复子若孙⑤，令得身率妻妾遂其供养之事。"⑥

【注释】

①乡里：古代的两级地方基层组织。县下设乡、乡下设里。指民间。②耆艾：年六十称耆，五十称艾。③阙（què）：通缺。④受鬻法：官府给米粟以为粥之法。⑤复：免除徭役。⑥遂：顺。

五月，诏曰："河海润千里，其令祠官修山川之祠①，为岁事，曲加礼②。"

【注释】

①山川之祠：山神河神的祭祠。②曲加礼：祭礼有所加益。

赦吴楚七国孥输在官者①。

秋七月，诏曰："卫士转置送迎二万人②，其省万人③。罢苑马④，以赐贫民。"

【注释】

①孥：妻子儿女。②转置送迎：去故置新。③省：减省。裁减。④罢：停止。苑马：专用于养马的牧场。

议立明堂①。遣使者安车蒲轮②，束帛加璧，征鲁申公。

【注释】

①明堂：古代帝王宣明政教的地方。②安车蒲轮：以蒲裹车轮，减轻颠簸，以取其安。

二年冬十月，御史大夫赵绾坐请毋奏事太皇太后，及郎中令王臧皆下狱①，自杀，丞相婴、太尉蚡免②。

春二月丙戌朔，日有蚀之③。夏四月戊申，有如日夜出。

初置茂陵邑。

三年春，河水溢于平原④，大饥，人相食。

赐徙茂陵者户钱二十万，田二顷。初作便门桥⑤。

【注释】

①坐：获罪；犯罪。②婴：窦婴。蚡：田蚡。③日有蚀之：有日食现象。④河水：专指黄河。平原：县名，今山东省平原县西南。⑤便门桥：在长安西北渭水上，以便赴往茂陵。

秋七月，有星孛于西北①。

济川王明坐杀太傅、中傅废迁防陵②。

【注释】

①孛（bèi）：指星芒四射的现象，因而以此作为彗星的别称。②中傅：官名。主辅导。出入宫门，在王左右。

闽越围东瓯①，东瓯告急。遣中大夫严助持节发会稽兵②，浮海救之。未至，闽越走，兵还。

【注释】

①闽越：王国名。在今福建地区。东瓯：王国名。在今浙东地区。②中大夫：官名。掌议论，属郎中令（后改名光禄勋）。会稽：郡名。治吴县（今江苏苏州市）。

九月丙子晦，日有蚀之。

四年夏，有风赤如血。六月，旱。秋九月，有星孛于东北。

五年春，罢三铢钱，行半两钱。

置《五经》博士。

夏四月，平原君薨①。

【注释】

①平原君：臧儿，王太后之母，武帝的外祖母。

五月，大蝗。

秋八月，广川王越、清河王乘皆薨。

六年春二月乙未，辽东高庙灾①。夏四月壬子，高园便殿火②。上素服五日。

【注释】

①辽东：郡名（今辽阳市）。高庙：高帝刘邦之庙。灾：古人把自然起因的火灾（如雷击等）称为灾。②便殿：即陵园之正殿。因宫庙均有正殿，乃贬陵园之殿曰便殿。

五月丁亥①，太皇太后崩。

秋八月，有星孛于东方，长竟天。

闽越王郢攻南越②。遣大行王恢将兵出豫章③，大司农韩安国出会稽④，击之。未至，越人杀郢降，兵还。

【注释】

①五月丁亥：夏历五月二十六日。②南越：王国名。在今两广及越南等部分地区。③大行：官名。后改名大鸿胪。掌接待宾客。豫章：郡名。治南昌（今江西南昌市）。④大司农：官名。掌租税钱谷盐铁及国家财政收支。

元光元年冬十一月①，初令郡国举孝廉各一人。

卫尉李广为骁骑将军屯云中②，中尉程不识为车骑将军屯雁门③，六月罢。

【注释】

①元光：以上年八月长星出现，故改元元光。②卫尉：官名。掌管宫门警卫，主南军。云中：郡名。治云中（在今内蒙呼和浩特市南）。③中尉：官名。掌京师治安，兼主北军。雁门：郡名。治善无（在今山西右玉南）。

夏四月，赦天下，赐民长子爵一级。复七国宗室前绝属者①。

【注释】

①属：指宗室属籍。

五月，诏贤良曰："朕闻昔在唐虞①，画象而民不犯②，日月所烛，莫不率俾③。周之成康，刑错不用，德及鸟兽，教通四海。海外肃慎④，北发渠搜⑤，氐羌来服⑥。星辰不孛，日月不蚀，山陵不崩，川谷不塞；麟凤在郊薮，河洛出图书。呜呼，何施而臻此欤①！今朕获奉宗庙，夙兴以求，夜寐以思，若涉渊水，未知所济。猗与伟欤⑧！何行而可以章先帝之洪业休德⑨，上参尧舜，下配三王⑩！朕之不敏，不能远德，此子大夫之所睹闻也⑪。贤良明于古今王事之体，受策察问，咸以书对，著之于篇，朕亲览焉。"于是董仲舒、公孙弘等出焉⑫。

【注释】

　　①唐虞：唐尧、虞舜。②画象：画衣服象刑，并不真正施刑罚。③率俾：犹"率从"。④肃慎：古代族名。在我国东北地区。⑤渠搜：古代国名。在我国西北地区。⑥氐、羌：皆古代族名。在我国西北地区。⑦臻：达到。⑧猗：美。伟：大。⑨章：明。休德：美德。⑩三王：夏禹、商汤、周文王。⑪大夫：举官称。⑫董仲舒：汉代著名的思想家。公孙弘：儒者，曾为丞相。

　　秋七月癸未①，日有蚀之。
　　二年冬十月，行幸雍②，祠五畤③。

【注释】

　　①七月癸未：夏历七月二十九日。②雍：县名。在今陕西凤翔南。③五畤：五帝庙的处所。

　　春，诏问公卿曰："朕饰子女以配单于①，金币文绣赂之甚厚，单于待命加慢，侵盗无已。边境被害，朕甚悯之②。今欲举兵攻之，何如？"大行王恢建议宜击。夏六月，御史大夫韩安国为护军将军，卫尉李广为骁骑将军，太仆公孙贺为轻车将军③，大行王恢为将屯将军，太中大夫李息为材官将军④，将三十万众屯马邑谷中⑤，诱致单于，欲袭击之。单于入塞，觉之，走出。六月，军罢。将军王恢坐首谋不进⑥，下狱死。

【注释】

　　①单（chán）于：匈奴最高首领的称呼。②悯：怜恤；忧伤。③太仆：官名。掌管车马及畜牧事务。④太中大夫：官名。职掌议论，是宫中顾问官。⑤马邑：县名。今山西朔县。⑥首谋不进：首先划谋，而临阵反惧不进击。

　　秋九月，令民大酺五日。
　　三年春，河水徙①，从顿丘东南流入勃海②。

【注释】

　　①河水处：黄河改道。②顿丘：县名。在今河南清丰县西。

　　夏五月，封高祖功臣五人后为列侯。

河水决濮阳①，泛郡十六。发卒十万救决河。起龙渊宫②。

【注释】

①濮阳：县名。在今河南濮阳西南。河水决于濮阳境内之瓠子。②龙渊宫：宫在长安西。

四年冬，魏其侯窦婴有罪①，弃市。

春三月乙卯②，丞相蚡薨。

夏四月，陨霜杀草。五月，地震。赦天下。

五年春正月，河间王德薨③。

夏，发巴蜀治南夷道，又发卒万人治雁门阻险④。

【注释】

①魏其（jī）：县名。治所在今山东省临沂县南。②三月乙卯：夏历三月十七日。③河间：王国名。辖今河北省东南部部分地区。都城在乐成（今献县东南）。④南夷：指西南各族。

秋七月，大风拔木。

乙巳，皇后陈氏废。捕为巫蛊者①，皆枭首②。

【注释】

①巫蛊：古代巫师使用邪术加害于人的迷信把戏。②枭（xiāo）首：悬头示众。

八月，螟①。

征吏民有明当时之务习先圣之术者，县次续食②，令与计偕③。

【注释】

①螟：螟灾。指因螟虫蛀食农作物所引起的灾害。②县次给食：每到之县均供给饮食。③令与计偕：令应征之人与上计薄使（郡国每年向朝廷报告财政情况的使者）俱来。

六年冬，初算商车①。

春，穿漕渠通渭②。

【注释】

①初算商车：开始对商贾的车辆征税。②漕渠：运河。

匈奴入上谷，杀略吏民。遣车骑将军卫青出上谷①，骑将军公孙敖出代②，轻车将军公孙贺出云中③，骁骑将军李广出雁门④。青至龙城⑤，获首虏七百级。广、敖失师而还。诏曰："夷狄无义，所从来久。间者匈奴数寇边境⑥，故遣将抚师。古者治兵振旅，因遭虏之方入，将吏新会，上下未辑⑦，代郡将军敖、雁门将军广所任不肖，校尉又背义妄行⑧，弃军而北，少吏犯禁。用兵之法：不勤不教，将率之过也⑨；教令宣明，不能尽力，士卒之罪也。将军已下廷尉⑩，使理正之，而又加法于士卒，二者并行，非仁圣之心⑪。朕悯众庶陷害，欲刷耻改行，复奉正义，厥路无由。其赦雁门、代郡军士不循法者⑫。”

【注释】

①卫青：汉代名将。上谷：郡名。治沮阳（在今河北怀来县东南）。②代：郡名。治代县（在今河北蔚县东南）。③云中：郡名。治云中（在今内蒙古呼和浩特市西南）。④雁门：郡名。治善无（在今山西右玉县东南）。⑤龙城：匈奴单于祭天与大会各部之处。⑥间者：近来。寇：侵犯；掠夺。⑦辑：和睦，和协。⑧校尉：武官名，位低于将军。⑨将率：将帅。率，通帅。⑩廷尉：官名。掌刑狱。理：法办。⑪仁圣：仁慈圣明。⑫循：遵守。

夏，大旱，蝗。

六月，行幸雍。

秋，匈奴盗边。遣将军韩安国屯渔阳①。

【注释】

①渔阳：郡名。治渔阳，在今北京市密云县西。

元朔元年冬十一月①，诏曰：“公卿大夫，所使总方略②，一统类，广教化，美风俗也。夫本仁祖义，褒德禄贤，劝善刑暴，五帝三王所由昌也③。朕夙兴夜寐，嘉与宇内之士臻于斯路。故旅耆老④，复孝敬，选豪俊，讲文学，稽参政事⑤，祈进民心，深诏执事，兴廉举孝，庶几成风，绍休圣绪⑥，夫十室之邑，必有忠信；三人并行，厥有我师。今或至阖郡而不荐一人⑦，是化不下究，而积行之君子壅于上闻也。二千石官长纪纲人伦，将何以佐朕烛幽隐⑧，劝元元，厉蒸庶，崇乡党之训哉？且进贤受上赏，蔽贤蒙显戮⑨，古之道也。其与中二千石、礼官、博士议不举者罪。”有司奏议曰⑩：“古者，诸侯贡士，一适谓之好德，再适谓之贤贤，三适谓之有功，乃加九锡⑪；不贡士，一则黜爵，再则黜地，三而黜爵地毕矣⑫。夫附下罔上者死，附上罔下者刑，与闻国政而无益于民者斥⑬，在上位而不能进贤者退，此所以劝善黜恶也。今诏书昭先帝圣绪，令二千石举孝廉，所以化元元，移风易俗也。不举孝，不奉诏，当以不敬论。不察廉，不胜任也，当免。”奏可。

【注释】

①元朔元年：公元前128年。朔，始。元朔犹言改元初始。②方略：计谋策略。③五帝：伏羲、神农、黄帝、尧、舜。④旅耆老：厚待耆老，如同宾旅。⑤稽参：考核和参验。⑥绍休圣绪：继承先帝之美业。⑦阖（hé）：全；整个。⑧幽隐：指隐居的贤士。⑨显戮：公开宣判，当众处决。⑩有司：有关官吏。古代设官分职，事务各有专司，所以称“有司”。⑪九锡：赐给物品，一曰车马，二曰衣服，三曰乐器，四曰朱户，五曰纳陛，六曰虎贲百人，七曰铁钺，八曰弓矢，九曰秬鬯。⑫黜爵地毕：削爵地至尽。⑬与（yù）闻国政：参预国家政事。与：参与。斥：排斥，弃逐。

十二月，江都王非薨。

春三月甲子①，立皇后卫氏②。诏曰："朕闻天地不变，不成施化，阴阳不变，物不畅茂。《易》曰'通其变，使民不倦'。《诗》云'九变复贯，知言之选'。朕嘉唐虞而乐殷周，据旧以鉴新③。其赦天下，与民更始。诸逋贷及辞讼在孝景后三年以前④，皆勿听治。"

【注释】

①三月甲子：夏历三月十三日。②卫氏：卫子夫，卫青之姊，武帝之后。③据旧以鉴新：追溯、观察历史旧迹，将它作为制订、推行新政的借鉴。④逋（bū）：逃亡。

秋，匈奴入辽西①，杀太守；入渔阳、雁门，败都尉，杀略三千余人。遣将军卫青出雁门，将军李息出代，获首虏数千级②。

【注释】

①辽西：郡名，治阳乐（在今辽宁义县西）。②首虏：指所获乱人首级。按"首虏"为一词，义同"首级"。

东夷秽君南闾等口二十八万人降①。为苍海郡②。

【注释】

①东夷：指东方各族。秽君：秽貊族之君。秽貊在今朝鲜半岛。南闾：秽君之名。②苍海郡：在今朝鲜北部。

鲁王余、长沙王发皆薨。

二年冬，赐淮南王、菑川王几杖，毋朝①。

【注释】

①毋朝：不必至京朝见。

春正月，诏曰："梁王、城阳王亲慈同生①，愿以邑分弟，其许之。诸侯王请与子弟邑者，朕将亲览，使有列位焉。"于是藩国始分，而子弟毕侯矣②。

【注释】

①梁王、城阳王：指梁平王襄、城阳顷王延。②藩国始分：这是所谓实行推恩令，以削弱诸侯国。

匈奴入上谷、渔阳，杀略吏民千余人。遣将军卫青、李息出云中，至高阙①，遂西至符离②，获首虏数千级。收河南地③，置朔方、五原郡④。

【注释】

①高阙：塞名。在今内蒙古杭锦后旗北。②符离：塞名。③河南地：河套以南地区，在今内蒙古伊克昭盟。④朔方：郡名。治朔方（在今内蒙古乌拉特前旗东南）。五原：郡名。治九原（在今内蒙古达拉特旗西北）。

三月乙亥晦①，日有蚀之。

夏，募民徙朔方十万口。又徙郡国豪杰及赀三百万以上于茂陵②。

秋，燕王定国有罪③，自杀。

三年春，罢苍海郡。三月，诏曰："夫刑罚所以防奸也，内长文所以见爱也④；以百姓之未洽于教化，朕嘉与士大夫日新厥业⑤，祗而不懈。其赦天下。"

【注释】

①三月乙亥：夏历三月三十日。②豪杰：才智出众的人。此指有名望的人士。赀（zī）：通资。资财。③燕：王国名。辖今河北省北部、中部地区。④长文：犹言尚文。⑤士大夫：泛指居官有职位的人。日新：日日更新。厥：其。

夏，匈奴入代，杀太守；入雁门，杀略千余人。

六月庚午①，皇太后崩②。

【注释】

①六月庚午：夏历六月初二日。②皇太后：即王太后。

秋，罢西南夷①，城朔方城。令民大酺五日。

四年冬，行幸甘泉②。

【注释】

①罢：停止。指停止征伐。②甘泉：宫名。在今陕西淳化西北。

夏，匈奴入代、定襄、上郡①，杀略数千人。

【注释】

①定襄：郡名。治成乐（在今内蒙古和林格尔西北）。

五年春，大旱。大将军卫青将六将军兵十余万人出朔方、高阙①，获首虏万五千级。

夏六月，诏曰："盖闻导民以礼，风之以乐②，今礼坏乐崩，朕甚悯焉。故详延天下方闻之士③，咸荐诸朝。其令礼官劝学，讲议洽闻，举遗兴礼，以为天下先。太常其议予博士弟子④，崇乡党之化，以励贤材焉。"丞相弘请为博士置弟子员⑤，学者益广。

【注释】

①大将军：官名。是将军的最高称号。②风（fēng）：通讽。教化：感化。③方闻之士：方正博闻之士。④予博士弟子：为博士置弟子。⑤弘：公孙弘。

秋，匈奴入代，杀都尉。

六年春二月，大将军卫青将六将军兵十余万骑出定襄，斩首三千余级。还，休士马于定襄、云中、雁门。赦天下。

夏四月，卫青复将六将军绝漠①，大克获②。前将军赵信军败，降匈奴。右将军苏建亡军③，独身脱还，赎为庶人。

【注释】

①绝幕：穿过沙漠。②大克胜：大败敌军，并多有俘获。③亡军：损失了自己所率领的军队。

六月，诏曰："朕闻五帝不相复礼①，三代不同法，所由殊路而建德一也。盖孔子对定公以来远②，哀公以论臣③，景公以节用，非期不同，所急异务也④。今中国一统而北边未安，朕甚悼之⑤。日者大将军巡朔方，征匈奴，斩首虏万八千级，诸禁锢及有过者，咸蒙厚赏，得免减罪⑥。今大将军仍复克获，斩首虏万九千级，受爵赏而欲移卖者，无所流虵⑦。其议为令。"有司奏请置武功赏官，以宠战士。

【注释】

①不相复礼：指礼制不相因袭。②徕远：悦近来远。③论臣：论选贤臣。④所急异务：所急需办理的事务不同。⑤悼：忧伤；忧虑。⑥得免减罪：指因立有军功而被免罪释放，或得以减轻处罚。⑦流虵（yì）：流转，转移。

元狩元年冬十月，行幸雍，祠五畤。获白麟①，作《白麟之歌》。

【注释】

①麟：颜师古说，麟，麇身，牛尾，马足，黄色，圜蹄，一角，角端有肉。

十一月，淮南王安、衡山王赐谋反，诛。党与死者数万人。

十二月，大雨雪①，民冻死。

夏四月，赦天下。

丁卯，立皇太子②。赐中二千石爵右庶长③，民为父后者一级。诏曰："朕闻咎繇对禹④，曰在知人，知人则哲，惟帝难之。盖君者心也，民犹肢体，肢体伤则心憯怛⑤。日者淮南、衡山修文学，流货赂，两国接壤，怵于邪说⑥，而造篡弑，此朕之不德。《诗》云：'忧心惨惨，念国之为虐⑦。'已赦天下，涤除与之更始。朕嘉孝弟力田，哀夫老眊孤寡鳏独或匮于衣食⑧，甚怜愍焉。其遣谒者巡行天下，存问致赐⑨。曰

'皇帝使谒者赐县三老、孝者帛，人五匹；乡三老、悌者、力田帛，人三匹；年九十以上及鳏寡孤独帛，人二匹，絮三斤⑩；八十以上米，人三石。有冤失职，使者以闻。县乡即赐⑪，毋赘聚'。"

【注释】
①雨（yù）：降下。用如动词。这里指降雪。②皇太子：刘据，卫子夫所生，死于巫蛊事件。史称"戾太子"。③右庶长：爵名，第十一级。④咎繇：即皋陶。⑤憯（cǎn）：悲痛。⑥怵（chù）：被诱惑。邪说：逆谋。⑦惨惨：忧伤貌。⑧眊（mào）：眼睛失神。⑨存问：慰问。⑩絮：粗丝棉。⑪即赐：就其所居而赐之。

五月乙巳晦①，日有蚀之。
匈奴入上谷，杀数百人。
二年冬十月，行幸雍，祠五畤。
春三月戊寅②，丞相弘薨。
遣骠骑将军霍去病出陇西③，至皋兰④，斩首八千余级。

【注释】
①五月乙巳：夏历五月三十日。②三月戊寅：夏历三月初八日。③霍去病：汉代名将。陇西：郡名。治狄道（今甘肃临洮）。④皋兰：山名。一说在今甘肃兰州市。

夏，马生余吾水中①。南越献驯象、能言鸟②。

【注释】
①余吾水：河名。流经今蒙古乌兰巴托市。②驯象：经过训练而能表演的象。

将军去病、公孙敖出北地二千余里，过居延①，斩首虏三万余级。

【注释】
①居延：县名。在今内蒙古额济纳旗东南。

匈奴入雁门，杀略数百人。遣卫尉张骞、郎中令李广皆出右北平①，广杀匈奴三千余人，尽亡其军四千人，独身脱还，及公孙敖、张骞皆后期②，当斩，赎为庶人。

【注释】
①张骞：西汉人，曾两次出使西域。右北平：郡名。治平刚（在今辽宁凌源县南）。②后期：指晚于所约定的时间到达，即迟到。

江都王建有罪，自杀。胶东王寄薨。
秋，匈奴昆邪王杀休屠王①，并将其众合四万余人来降，置五属国以处之②。以其地为武威、酒泉郡③。

【注释】

①昆邪王、休屠王：皆是匈奴族部落首领及王号。②属国：存其国号或族名而隶属于汉朝，故名。当时安定、上郡、天水、五原、西河五郡有属国。③武威：郡名。治武威（在今甘肃民勤县东北）。酒泉郡：郡治禄福（在今甘肃酒泉）。

三年春，有星孛于东方。夏五月，赦天下。立胶东康王少子庆为六安王①。封故相国萧何曾孙庆为列侯。

秋，匈奴入右北平、定襄，杀略千余人。

遣谒者劝有水灾郡种宿麦②。举吏民能假贷贫民者以名闻③。

【注释】

①六（ㄌㄧㄡ）安：王国名。辖今安徽省淮河以南，霍丘、六安等县以东及河南省固始县之地。②宿麦：隔年才熟的麦。③假贷：借。

减陇西、北地、上郡戍卒半。

发谪吏穿昆明池①。

【注释】

①谪吏：有罪而被罚服役的官吏。昆明池：在今陕西西安市西南。

四年冬，有司言关东贫民徙陇西、北地、西河、上郡、会稽凡七十二万五千口①，县官衣食振业，用度不足，请收银锡造白金及皮币以足用②，初算缗钱③。

【注释】

①西河：郡名。治平定（在今内蒙古准格尔旗西南）。②白金：其成份主要是银和锡。皮币：以白鹿皮为币，朝觐以荐璧。③算缗钱：汉时对商人、手工业者、高利贷者和车船所有者征的税。每二千钱或四千钱征一算（一百二十文）。

春，有星孛于东北。

夏，有长星出于西北①。

大将军卫青将四将军出定襄，将军去病出代，各将五万骑。步兵踵军后数十万人②。青至漠北围单于，斩首万九千级，至寘颜山乃还③。去病与左贤王战④，斩获首房七万余级，封狼居胥山乃还⑤。两军士死者数万人。前将军广、后将军食其皆后期⑥。广自杀，食其赎死。

【注释】

①长星：即彗星。②踵（zhǒng）：跟随。③寘（tián）颜山：杭爱山脉（在今蒙古中西部）南面之一

支，赵信城在此山间。④左贤王：匈奴族中部落首领及王号。⑤封：登山祭天，筑土为封，并刻石纪事。狼居胥山：在今蒙古乌兰巴托市东。⑥广：李广。食其：赵食其。

五年春三月甲午①，丞相李蔡有罪②，自杀。

天下马少，平牡马匹二十万③。

罢半两钱，行五铢钱④。

徙天下奸猾吏民于边。

【注释】

①三月甲午：夏历三月十一日。②李蔡：李广之从弟。③平牡马：当时竞乘牡马（公马），故平其价格。④罢半两钱：建元五年春罢三铢钱，行半两钱；这年又罢半两钱，行五铢钱。叙次不误。

六年冬十月，赐丞相以下至吏二千石金，千石以下至乘从者帛①，蛮夷锦各有差②。

【注释】

①乘从者：乘骑的侍从人员。②蛮夷：指各族大小首领。

雨水无冰。

夏四月乙巳，庙立皇子闳为齐王①，旦为燕王，胥为广陵王。初作诰②。

【注释】

①庙立：于宗庙中策命。②诰：指敕封诸侯王的策文。

六月，诏曰：“日者有司以币轻多奸，农伤而末众①，又禁兼并之途，故改币以约之②。稽诸往古，制宜于今。废期有月③，而山泽之民未谕。夫仁行而从善，义立则俗易，意奉宪者所以导之未明欤④？将百姓所安殊路，而矫虔吏因乘势以侵蒸庶邪⑤？何纷然其扰也！今遣博士大等六人分循行天下⑥，存问鳏寡废疾，无以自振业者贷与之。谕三老孝悌以为民师，举独行之君子，征诣行在所⑦。朕嘉贤者，乐知其人。广宣厥道，士有特招⑧，使者之任也。详问隐处无位⑨，及冤失职，奸猾为害，野荒治苛者⑩，举奏。郡国有所以为便者，上丞相、御史以闻。”

【注释】

①末：指工商业。相对“本”（农业）而言。②约：制约。③废期有月：指自去年三月改币以至于今，已一年有余。④奉宪者：指奉命执行的官吏。⑤蒸庶：百姓。⑥大：褚大，一作褚泰。六人：除褚大外，还有徐偃。其余四人无考。⑦行在所：天子行幸停留之处。⑧特招：有特殊才行而应当特召之士。⑨无位：指未被任用。⑩野荒：田亩荒芜。治苛：为政苛细。

秋九月，大司马骠骑将军去病薨①。

元鼎元年夏五月，赦天下，大酺五日。

得鼎汾水上。

济东王彭离有罪，废徙上庸②。

【注释】

①大司马：官名。"三公"之一。汉时本置丞相、御史大夫、太尉。武帝元狩四年（前119年），废太尉，设大司马，以冠将军之号。②上庸：县名。在今湖北竹山县西南。

二年冬十一月，御史大夫张汤有罪①，自杀。十二月，丞相青翟下狱死②。

【注释】

①有罪：坐怀诈面欺。②青翟：庄青翟。

春，起柏梁台①。

三月，大雨雪。夏，大水，关东饿死者以千数。

秋九月，诏曰："仁不异远②，义不辞难。今京师虽未为丰年，山林池泽之饶与民共之。今水潦移于江南③，迫隆冬至，朕惧其饥寒不活。江南之地，火耕水耨④，方下巴蜀之粟致之江陵⑤，遣博士中等分循行，谕告所抵⑥，无令重困。吏民有振救饥民免其厄者，具举以闻。"

【注释】

①柏梁台：台名。因用香柏作梁而得名。故址在今陕西省西安市西北。②仁不异远：远近如一。③水潦（lǎo）：雨水大。④火耕水耨（nòu）：古时的一种耕种法。烧草，下水种稻，草与稻并生，都割去，复下水灌之，草死，稻独长。⑤江陵：县名。今湖北江陵。⑥所抵：所到之处。

三年冬，徙函谷关于新安①。以故关为弘农县②。

【注释】

①函谷关：原在今河南灵宝东北，今东徙于新安（今河南新安）东。②弘农县：治所在今河南灵宝北。

十一月，令民告缗者以其半与之①。

正月戊子②，阳陵园火。夏四月，雨雹，关东郡国十余饥，人相食。

常山王舜薨。子勃嗣立，有罪③，废徙房陵④。

【注释】

①半与之：对于算缗钱，隐匿不报或自报不实者，令民揭发之，以被告之财半数奖赏。②正月戊子：夏历正月二十八日。③有罪：坐丧服奸。④房陵：县名。今湖北房山县。

四年冬十月，行幸雍，祠五畤。赐民爵一级，女子百户牛酒。行自夏阳①，东幸汾阴②。十一月甲子③，立后土祠于汾阴脽上。礼毕，行幸荥阳。还至洛阳，诏曰："祭地冀州④，瞻望河洛，巡省豫州⑤，观于周室⑥，邈而无祀。询问耆老⑦，乃得嫠子嘉⑧。其封嘉为周子南君，以奉周祀。"

【注释】

①夏阳：县名。在今陕西韩城南。②汾阴：县名。在今山西万荣县西南。③十一月甲子：夏历十一月初八日。④冀州：辖境约当今河北省地区。⑤豫州：辖境在今河南省东部及安徽省西北部等地区。⑥周室：指洛阳。⑦耆（qí）老：老人。耆，六十岁老人。⑧嫠子：庶子。非嫡妻所生之子。

春二月，中山王胜薨。

夏，封方士栾大为乐通侯①，位上将军。

六月，得宝鼎后土祠旁。秋，马生渥洼水中②。作《宝鼎》、《天马之歌》。

立常山宪王子商为泗水王。

五年冬十月，行幸雍，祠五畤。遂逾陇③，登空同④，西临祖厉河而还⑤。

【注释】

①方士：方术之士。指古代求仙、炼丹，自称能长生不死的人。②渥洼（wòwā）水：今党河支流。在今甘肃省安西县境内。③陇：陇山。在今陕西与甘肃交界地区。④空同：一作崆峒，山名。在今甘肃平凉西北。⑤祖厉河：流经今甘肃会宁、靖远等县，北入黄河。

十一月辛巳朔旦①，冬至。立泰畤于甘泉。天子亲郊见，朝日夕月②。诏曰："朕以眇身托于王侯之上③，德未能绥民，民或饥寒，故巡祭后土以祈丰年。冀州脽壤乃显文鼎，获荐于庙。渥洼水出马，朕其御焉。战战兢兢，惧不克任④，思昭天地，内惟自新。《诗》云：'四牡翼翼，以征不服⑤。'亲省边陲，用事所极。望见泰一⑥，修天文禅。辛卯夜，若景光十有二明。《易》曰：'先甲三日，后甲三日⑦。'朕甚念年岁未咸登，饬躬斋戒，丁酉，拜况于郊⑧。"

【注释】

①十一月辛巳：夏历十一月初一日。朔旦：朔日凌晨。②朝日夕月：早晨揖日，黄昏揖月。③眇（miǎo）：通秒。微小。④克任：能胜任。⑤四牡：四匹公马。翼翼：整饬貌。⑥望见：即望祭。遥望而致祭。泰一：也作太一。传说中最尊贵的天神。⑦先甲三日：指辛，寓意斋戒自新。后甲三日，指丁，寓意临事丁宁。⑧况：赐。

夏四月，南越王相吕嘉反，杀汉使者及其王、王太后。赦天下。

丁丑晦①，日有蚀之。

秋，蛙、虾蟆斗②。

遣伏波将军路博德出桂阳③，下湟水④；楼船将军杨仆出豫章⑤，下浈水⑥；归义越侯严为戈船将军⑦，出零陵⑧，下离水⑨；甲为下濑将军⑩，下苍梧⑪。皆将罪人，江淮以南楼船十万人。越驰义侯遗别将巴蜀罪⑫，发夜郎兵，下牂柯江⑬，咸会番禺⑭。

【注释】

①丁丑：夏历四月三十日。②虾蟆：即蛤蟆。这里指蟾蜍。③桂阳：郡名。治彬县（今湖南彬县）。④湟水：今广东北部之洭水。⑤豫章：郡名。治南昌（今江西南昌市）。⑥滇水：今广东北部之溱江。⑦严：人名，原为越人，降汉，封为归义侯。⑧零陵：郡名。治泉陵（今湖南零陵）。⑨离水：即今广西境内之漓江和桂江。⑩甲：人名，故越人，降汉为将。⑪苍梧：郡名。治广信（今广西梧州市）。⑫遗：越人，归汉，封为池义侯。⑬牂（zōng）柯江：今广西西南部之北盘江。⑭番（pōn）禺：县名。今广东广州市。

九月，列侯坐献黄金酎祭宗庙不如法夺爵者百六人①，丞相赵周下狱死②。乐通侯栾大坐诬罔腰斩③。

西羌众十万人反④，与匈奴通使，攻故安⑤，围枹罕⑥。匈奴入五原，杀太守。

【注释】

①不如法夺爵：汉朝于八月献酎祭宗庙时，令诸侯献金助祭（以人口数率千口奉金四两），皇帝临受。献金若斤两不足，或质量不好，受削邑、夺爵的处分。②赵周下狱死：赵周坐为丞相知列侯酎金轻，下狱，自杀。③诬罔（wǎng）：以不实之辞欺骗人。④羌：古族名。汉时活动于今青海、甘肃部分地区，以游牧为主。⑤故安：当作安故，县名。在今甘肃临洮县南。⑥枹罕：县名，在今甘肃临夏县东。

六年冬十月，发陇西、天水、安定骑士及中尉①，河南、河内卒十万人②，遣将军李息、郎中令徐自为征西羌，平之。

【注释】

①天水、郡名。治平襄（在今甘肃通渭西）。安定：郡名。治高平（今宁夏固原）。②河南：郡名。治洛阳（在今河南洛阳市东北）。河内：郡名。治怀县（在今河南武陟县西南）。

行东，将幸缑氏①，至左邑桐乡②，闻南越破，以为闻喜县③。春，至汲新中乡④，得吕嘉首，以为获嘉县⑤。驰义侯遗兵未及下，上便令征西南夷⑥，平之。遂定越地，以为南海、苍梧、郁林、合浦、交阯、九真、日南、珠崖、儋耳郡⑦。定西南夷，以为武都、牂柯、越嶲、沈黎、文山郡⑧。

【注释】

①缑氏：县名，在今河南偃师县东南。②左邑：县名。今山西闻喜县。桐乡：乡名。原在左邑县中。③闻喜县：治所在今山西闻喜县东北。④汲：县名。在今河南汲县西。新中乡：乡名。原在汲县中。⑤获嘉县：在今河南新乡市西。⑥西南夷：指我国西南地区各族。⑦南海：郡名。治番禺（今广东广州市）。苍梧：郡名。治广信（今广西梧州市）。郁林：郡名。治布山（在今广西桂平县西）。合浦：郡名。治合浦（在今广西合浦县东北）。交阯：郡名。治赢陵（今越南河内市）。九真：郡名。治胥浦（在今越南清化西北）。日南：郡名。治西捲（在今越南广治西北）。珠崖：郡名（前110——前46）。治瞫都县（在今海南省海口市南）。儋耳：郡名（前110——前82）。治儋耳县（在今海南岛儋县西北）。⑧武都：郡名。治武

都（在今甘肃武都县北）。牂柯：郡名。治故且兰（在今贵州贵定县东北）。越巂：郡名。治邛都（在今四川西昌县东）。沈黎：郡名（前111——前97）。治筰都（在今四川汉源县东北）。文山：郡名（前111——前67）。治汶江（今四川茂汶羌族自治县）。

秋，东越王余善反，攻杀汉将吏。遣横海将军韩说、中尉王温舒出会稽，楼船将军杨仆出豫章，击之。又遣浮沮将军公孙贺出九原①，匈河将军赵破奴出令居②，皆二千余里，不见虏而还。乃分武威、酒泉地置张掖、敦煌郡③，徙民以实之。

【注释】

　　①九原：县名。治所在今内蒙古自治区包头市西北。当时属五原郡。②令居：县名。在今甘肃永登县西北。③张掖：郡名。治觻得（在今甘肃张掖县西北）。敦煌：郡名。治敦煌（在今甘肃敦煌县西）。

元封元年冬十月①，诏曰："南越、东瓯咸伏其辜，西蛮北夷颇未辑睦②，朕将巡边陲，释兵振旅，躬秉武节，置十二部将军，亲帅师焉。"行自云阳③，北历上郡、西河、五原，出长城，北登单于台④，至朔方，临北河⑤。勒兵十八万骑，旌旗径千余里，威震匈奴。遣使者告单于曰："南越王头已悬于汉北阙矣⑥。单于能战，天子自将待边；不能，亟来臣服。何但亡匿漠北寒苦之地为！"匈奴詟焉⑦。还，祠黄帝于桥山⑧，乃归甘泉。

【注释】

　　①元封元年：公元前110年。汉武帝始封泰山，故改元。②辑睦：和睦。③云阳：县名。在今陕西淳化县西北。④单于台：台名。故址在今内蒙古自治区呼和浩特市西。⑤北河：黄河自宁夏流向河套，在阴山南麓，分为南北二河，北边的称北河。⑥悬：悬挂。⑦詟（zhé）：失气，惧怕。⑧桥山：在汉阳周县。在今陕西黄陵县。

东越杀王余善降。诏曰："东越险阻反覆①，为后世患，迁其民于江淮间。"遂虚其地。

春正月，行幸缑氏。诏曰："朕用事华山②，至于中岳③，获驳麃④，见夏后启母石。翌日亲登嵩高，御史乘属⑤，在庙旁吏卒咸闻呼万岁者三。登礼罔不答⑥。其令祠官加增太室祠，禁无伐其草木。以山下户三百为之俸邑⑦，名曰崇高，独给祠，复无所与。"行，遂东巡海上。

【注释】

　　①险阻：指地形艰险阻塞。反覆：变动无常。②华山：山名。在今陕西华阴南。③中岳：即嵩高山。今称嵩山，在今河南登封县。④麃（páo）：兽名。大鹿。⑤乘属：同乘的官属。⑥登礼罔不答：礼敬于神，无不答应。⑦俸邑：这里指供给祭祀费用的封地。

夏四月癸卯，上还，登封泰山①，降坐明堂②。诏曰："朕以眇身承至尊，兢兢焉惟德菲薄，不明于礼乐，故用事八神。遭天地况施③，著见景象，屑然如有闻。震于怪物，欲止不敢，遂登封泰山，至于梁父④，然后升禅肃然⑤。自新，嘉与士大夫更始⑥，其以十月为元封元年。行所巡至，博、奉高、蛇丘、历城、梁父⑦，民田租逋赋贷⑧，已除。加年七十以上孤寡帛，人二匹。四县无出今年算⑨。赐天下民爵一级，女子百户牛酒。"

【注释】

①封：古时帝王到泰山筑坛祭天，曰"封"。②明堂：古时天子宣明政教之处，凡朝会、祭祀、庆赏等大典，均于此举行。③况施：赐与瑞应。④梁父：县名。在今山东泰安市东南，县中有梁父山。⑤肃然：山名。在梁父县境。⑥士大夫：通称居官有职位的人。⑦博：博县。在今山东泰安市东南。奉高：县名。在今山东泰安市东。蛇丘：县名。在今山东泰安市西南。历城：县名。在今山东历城西。⑧逋（bū）赋：欠赋，未出赋。⑨四县：指博、蛇丘、历城、梁父四县。

行自泰山，复东巡海上，至碣石①。自辽西历北边九原②，归于甘泉。

秋，有星孛于东井③，又孛于三台④。

齐王闳薨。

【注释】

①碣石：山名。在今河北昌黎县北。②辽西：郡名。治阳乐（在今辽宁义县西）。③东井：星名。即井宿。④三台：星名。上台、中台、下台共六星，两两相比，起文昌，抵太微。

二年冬十月，行幸雍，祠五畤。春，幸缑氏，遂至东莱①。夏四月，还祠泰山。至瓠子②，临决河，命从臣将军以下皆负薪塞河堤，作《瓠子之歌》。赦所过徒③，赐孤独高年米④，人四石。还，作甘泉通天台、长安飞廉馆。

【注释】

①东莱：郡名。治掖县（今山东掖县）。②瓠子：地名。在今河南濮阳西。③徒：指服劳役的犯人。④高年：指老人。

朝鲜王攻杀辽东都尉①，乃募天下死罪击朝鲜②。

【注释】

①朝鲜：古族名，又古国名。主要分布在今朝鲜半岛。辽东：郡名。治襄平（今辽宁辽阳市）。②死罪：应当处死之罪。这里指犯有死罪的人。

六月，诏曰："甘泉宫内中产芝①，九茎连叶。上帝博临②，不异下房，赐朕弘休。其赦天下，赐云阳都百户牛酒③。作《芝房之歌》。

【注释】

①内中：房中。②上帝：天帝；天神。博：广。引申为到处。③云阳都：西汉宫室规模宏大者，除未

央宫、长乐宫外，则数甘泉宫。甘泉宫所在地云阳，自然显得重要，故称云阳都。

秋，作明堂于泰山下。

遣楼船将军杨仆、左将军荀彘将应募罪人击朝鲜。又遣将军郭昌、中郎将卫广发巴蜀兵平西南夷未服者①，以为益州郡②。

【注释】

①中郎将：官名。是皇帝的侍卫官。地位次于将军。②益州郡：郡治滇池（在今云南晋宁县东）。

三年春，作角抵戏①，三百里内皆观。

【注释】

①角抵戏：古代的一种技艺表演，犹今之摔跤。

夏，朝鲜斩其王右渠降①，以其地为乐浪、临屯、玄菟、真番郡②。

【注释】

①右渠：朝鲜王之名。②乐浪：郡名。治朝鲜（今朝鲜北部平壤市南）。临屯：郡名（前108——前82）。在朝鲜半岛中部。玄菟：郡名（前108——前82）。治夫租（在今朝鲜北部咸兴）。真番：郡名（前108——前82）。在朝鲜半岛中部。

楼船将军杨仆坐失亡多免为庶民，左将军荀彘坐争功弃市。

秋七月，胶西王端薨①。

武都氐人反②，分徙酒泉郡。

【注释】

①胶西：王国名。辖今山东省胶河以西，高密县以北地区。②武都：郡名。治武都（今甘肃武都县北）。氐：古族名。西汉时活动于武都一带。

四年冬十月，行幸雍，祠五畤。通回中道①，遂北出萧关②，历独鹿、鸣泽③，自代而还，幸河东④。春三月，祠后土。诏曰："朕躬祭后土地祇，见光集于灵坛，一夜三烛。幸中都宫⑤，殿上见光。其赦汾阴、夏阳、中都死罪以下⑥，赐三县及杨氏皆无出今年租赋⑦。"

【注释】

①回中道：道路名。在今陕西陇县至甘肃华亭之间。②萧关：在今宁夏固原县东南。③独鹿：山名。鸣泽：泽名。④河东：郡名。治安邑（今山西夏县西北）。⑤中都宫：在太原郡。汉文帝为代王时之宫。⑥汾阴：县名。在今山西万荣县西。夏阳：县名。在今陕西韩城南。中都：县名。在今山西平遥西南。⑦杨氏：疑即杨县。在今山西洪洞县东南。

夏，大旱，民多喝死①。

秋，以匈奴弱，可遂臣服，乃遣使说之。单于使来，死京师②。匈奴寇边，遣拔胡将军郭昌屯朔方。

【注释】

①喝（yē）死：中暑而死。②死京师：单于使死京师事，详见本书卷九十四《匈奴传》。

五年冬，行南巡狩，至于盛唐①，望祀虞舜于九嶷②。登潜天柱山③，自寻阳浮江④，亲射蛟江中，获之。舳舻千里，薄枞阳而出⑤，作《盛唐枞阳之歌》。遂北至琅邪⑥，傍海，所过礼祠其名山大川。春三月，还至泰山，增封⑦。甲子，祠高祖于明堂，以配上帝，因朝诸侯王列侯，受郡国计。夏四月，诏曰："朕巡荆扬⑧，辑江淮物⑨，会大海气，以合泰山。上天现象，增修封禅。其赦天下。所幸县毋出今年租赋，赐鳏寡孤独帛，贫穷者粟。"还幸甘泉，效泰畤⑩。

【注释】

①盛唐：山名。在今安徽怀宁县城内。②九嶷：山名。在今湖南南部。③潜（qián）：县名。在今安徽霍山县东北。天柱山：在今安徽霍山县南。④寻阳：县名。在今湖北广济县东北。⑤枞阳：县名。今安徽枞阳县。⑥琅邪：县名。县中有琅邪台，临海。在今山东胶南县南。⑦增封：增加封禅典礼的规模。⑧荆、扬：指荆州、扬州地区。⑨辑：集合。物：指神灵。⑩泰畤：古代天子祭天神的场所。武帝居甘泉宫时，在附近的云阳县建立泰畤，于宫南举行祭礼。

大司马大将军青薨。

初置刺史部十三州①。名臣文武欲尽，诏曰："盖有非常之功，必待非常之人，故马或奔踶而致千里②，士或有负俗之累而立功名。夫泛驾之马③，跅弛之士④，亦在御之而已⑤。其令州郡察吏民有茂才异等可为将相及使绝国者⑥。"

【注释】

①十三州：冀州、幽州、并州、朔方、凉州、益州、交趾、荆州、扬州、豫州、兖州、徐州、青州。②踶（dì）：踢。③泛：覆也。泛驾：指马不循轨辙。④跅（tuò）弛：放纵不羁。⑤御：驾驭车马。这里指控制。⑥异等：超等不凡。

六年冬，行幸回中。春，作首山宫①。

三月，行幸河东，祠后土②。诏曰："朕礼首山，昆田出珍物③，化或为黄金。祭后土，神光三烛。其赦汾阴殊死以下④，赐天下贫民布帛，人一匹。"

【注释】

①首山宫：在河东蒲坂界（今山西永济西）。②后土：古时指称地神或土神。汾阴后土祠遗址，在今山西万荣县柏林庙下西林村岩子圪塔。③昆田：首山之下田。④殊死：斩首之刑。这里指被判斩首死刑的

罪犯。

益州、昆明反①，赦京师亡命令从军②，遣拔胡将军郭昌将以击之。

夏，京师民观角抵于上林平乐馆③。

秋，大旱，蝗。

【注释】

①益州：指益州刺史部。昆明：古地名。今云南下关市。②亡命：逃亡在外。此指逃亡之人。逃亡者被除名，所以称逃亡为"亡命"。③角抵：古代的一种技艺表演，犹今之摔跤。上林：上林苑。在今陕西西安市西南。

太初元年冬十月①，行幸泰山。

十一月甲子朔旦②，冬至，祀上帝于明堂。

乙酉③，柏梁台灾。

十二月，禅高里④，祠后土。东临勃海，望祠蓬莱。春还，受计于甘泉⑤。

【注释】

①太初元年：公元前104年。②十一月甲子：夏历十一月初一日。③乙酉：夏历十一月二十二日。④高里：高里山。在今山东泰安市西南。⑤受计：接受郡国呈送的计籍及财经报告。

二月，起建章宫①。

夏五月，正历②，以正月为岁首。色尚黄，数用五③，定官名，协音律。

【注释】

①建章宫：宫名。在未央宫西。②正历：指改正历法，以建寅之月（一月）为正，在此之前以建亥之月（十月）为正。③数用五：自太初以后，汉三公、将军、九卿、太守、王国相、郡都尉的印章，皆用五字。将军属官之校尉司马、九卿属官之令长丞、郡以下的县令长之印章，皆用四字。

遣因杅将军公孙敖筑塞外受降城①。

秋八月，行幸安定②。遣贰师将军李广利发天下谪民西征大宛③。

蝗从东方飞至敦煌。

【注释】

①受降城：在长城外。在今内蒙古乌拉特中后联合旗东。②安定：县名。在今河北深县西。③大宛：古国名。在今新疆以西是亚卡散赛一带。

二年春正月戊申①，丞相庆薨②。

三月，行幸河东，祠后土。令天下大酺五日，膢五日③，祠门户，比腊④。

【注释】

①正月戊申：据查，正月初一为丁巳，该月无戊申日。②庆：指石庆。③䏤（lóu）：祭名。古时酒食燕饮之期。④腊：祭名。冬至后腊祭祖先，腊祭百神。

夏四月，诏曰："朕用事介山①，祭后土，皆有光应②。其赦汾阴、安邑殊死以下③。"

【注释】

①介山：山名。在今山西万荣县南。②光应：祥光之应。③安邑：县名。治所在今山西省夏县西北。

五月，籍吏民马①，补车骑马。

秋，蝗。遣浚稽将军赵破奴二万骑出朔方击匈奴，不还。

冬十二月，御史大夫儿宽卒。

三年春正月，行东巡海上。夏四月，还，修封泰山，禅石闾②。

【注释】

①籍：登记入册，按税制征收。②石闾：即石闾山，在今山东泰安市南。

遣光禄勋徐自为筑五原塞外列城，西北至卢胸①，游击将军韩说将兵屯之。强弩都尉路博德筑居延②。

【注释】

①卢胸：有说是河名，即今蒙古境内之克鲁伦河。②筑居延：修建居延城。

秋，匈奴入定襄、云中，杀略数千人，行坏光禄诸亭障①；又入张掖、酒泉，杀都尉。

【注释】

①光禄诸亭障：指光禄勋徐自为于五原塞外所筑列城。

四年春，贰师将军广利斩大宛王首，获汗血马来①。作《西极天马之歌》。

秋，起明光宫②。

冬，行幸回中③。

【注释】

①汗血马：古代骏马名。②明光宫：在汉长安，靠近长乐宫。③回中：地名。在今陕西陇县西北。

徙弘农都尉治武关①，税出入者以给关吏卒食。

天汉元年春正月②，行幸甘泉，郊泰畤。三月，行幸河东，祠后土。

匈奴归汉使者，使使来献③。

【注释】

①弘农都尉：官名。弘农郡太守的辅官，掌管全郡军事与地方治安。②天汉元年：公元前100年。③使使：派遣使者。

夏五月，赦天下。
秋，闭城门大搜。发谪戍屯五原。
二年春，行幸东海①。还幸回中。

【注释】

①东海：旧指今黄海及东海一部分。

夏五月，贰师将军三万骑出酒泉①，与右贤王战于天山②，斩首虏万余级。又遣因杅将军出西河③，骑都尉李陵将步兵五千人出居延北，与单于战，斩首虏万余级。陵兵败，降匈奴。

【注释】

①贰师将军：即李广利。②右贤王：匈奴之部落首领及王号。天山：即今祁连山。③因杅（yú）将军：即公孙敖。

秋，止禁巫祠道中者①。大搜②。

【注释】

①禁巫祠：禁止巫觋于山陵间祠祭。②大搜：指搜索奸人。

渠黎六国使使来献①。

【注释】

①渠黎：一作渠犁，古国名，在今新疆库尔勒、尉犁一带。

泰山、琅邪郡盗徐敦等阻山攻城①，道路不通。遣直指使者暴胜之等衣绣衣杖斧分部逐捕②。刺史郡守以下皆伏诛。

【注释】

①泰山：郡名。治奉高（在今山东泰安市东）。琅邪：郡名。治东武（今山东诸城）。②直指使者：即直指绣衣使者。汉朝派出的特使。

冬十一月，诏关都尉曰①："今豪杰多远交，依东方群盗。其谨察出入者。"

三年春二月，御史大夫王卿有罪，自杀。

初榷酒酤②。

【注释】

①关都尉：官名。掌管关防事务。②榷（què）酒酤：官府专利卖酒。

三月，行幸泰山，修封，祀明堂，因受计。还幸北地，祠常山①，瘗玄玉②。夏四月，赦天下。行所过毋出田租。

【注释】

①常山：即北岳恒山。主峰在今河北曲阳县西北。②瘗（yì）：埋。

秋，匈奴入雁门，太守坐畏愞弃市①。

四年春正月，朝诸侯王于甘泉宫。发天下七科谪及勇敢士②，遣贰师将军李广利将六万骑、步兵七万人出朔方，因杅将军公孙敖万骑、步兵三万人出雁门，游击将军韩说步兵三万人出五原，强弩都尉路博德步兵万余人与贰师会。广利与单于战余吾水上连日③，敖与左贤王战不利，皆引还。

【注释】

①畏愞：畏软。指胆小怯懦。②七科：一吏有罪，二亡命，三赘婿，四贾人，五故有市籍，六父母有市籍，七大父母有市籍。③余吾水：在今蒙古乌兰巴托附近。

夏四月，立皇子髆为昌邑王①。

秋九月，令死罪入赎钱五十万减死一等。

太始元年春正月，因杅将军敖有罪②，要腰斩。

徙郡国吏民豪杰于茂陵、云陵③。

【注释】

①髆（bó）：刘髆。武帝之子。谥号"哀"。昌邑：王国名。辖今山东省巨野、嘉祥、金乡、单县、成武、曹县等地。②敖：公孙敖。③茂陵：武帝陵，后置县。在今陕西咸阳市西。云陵：当是"云阳"之讹。

夏六月，赦天下。

二年春正月，行幸回中。

三月，诏曰："有司议曰，往者朕郊见上帝，西登陇首①，获白麟以馈宗庙②，渥洼水出天马，泰山见黄金，宜改故名。今更黄金为麟趾褭蹄以协瑞焉③。"因以班赐诸侯王。

【注释】

①陇首：即陇山。在今陕、甘之间。②馈：进献。③麟趾：麟趾（中空）形的黄金。褭（niǎo）蹄：马蹄形（圆饼）的铸金。

秋，旱。九月，募死罪入赎钱五十万减死一等。

御史大夫杜周卒。

三年春正月，行幸甘泉宫，飨外国客①。

二月，令天下大酺五日。行幸东海，获赤雁，作《朱雁之歌》。幸琅邪，礼日成山②。登之罘③，浮大海，山称万岁④。冬，赐行所过户五千钱，鳏寡孤独帛人一匹。

【注释】

①飨：设宴招待，宴请。②成山：山名。在今山东胶州半岛成山角。③之罘（fú）：山名。在今山东烟台市北之罘岛上。④山称万岁：即"三呼万岁"。旧时臣民对皇帝举行颂祝仪式，叩头三次高呼万岁，叫作三呼。

四年春三月，行幸泰山。壬午①，祀高祖于明堂，以配上帝，因受计。癸未②，祀孝景皇帝于明堂。甲申③，修封。丙戌，禅石闾。夏四月，幸不其④，祠神人于交门宫⑤，若有向坐拜者。作《交门之歌》。夏五月，还幸建章宫，大置酒，赦天下。

【注释】

①壬午：夏历三月二十五日。②癸未：夏历三月二十六日。③甲申：夏历三月二十七日。④不其：县名。在今山东即墨县西南。⑤交门宫：宫名。在琅邪县，汉武帝所造。

秋七月，赵有蛇从郭外入邑①，与邑中蛇群斗孝文庙下②，邑中蛇死。

【注释】

①赵：王国名。都于邯郸（今河北邯郸市）。②教庙：指赵国所立的汉文帝之庙。

冬十月甲寅晦①，日有蚀之。

十二月，行幸雍，祠五畤，西至安定、北地。

征和元年春正月②，还，行幸建章宫。

三月，赵王彭祖薨。

冬十一月，发三辅骑士大搜上林③，闭长安城门索，十一日乃解。巫蛊起④。

【注释】

①十月甲寅：夏历十月三十日。②征和元年：公元前92年。③三辅：指三辅（西汉之京兆尹、左冯翊、右扶风）所辖地区。④巫蛊起：巫蛊事件兴起。

二年春正月，丞相贺下狱死①。

【注释】

①贺：公孙贺。

夏四月，大风发屋折木①。

闰月，诸邑公主、阳石公主皆坐巫蛊死②。

【注释】

①发屋折木：掀起房屋，折断树木。发，揭起，掀开。②诸邑公主、阳石公主：二公主皆卫皇后之女。

夏，行幸甘泉。

秋七月，按道侯韩说、使者江充等掘蛊太子宫。壬午①，太子与皇后谋斩充，以节发兵与丞相刘屈氂大战长安，死者数万人。庚寅，太子亡②，皇后自杀。初置城门屯兵。更节加黄旄③。御史大夫暴胜之、司直田仁坐失纵④，胜之自杀，仁腰斩。八月辛亥，太子自杀于湖⑤。

【注释】

①壬午：夏历七月十七日。②亡：逃匿。③加黄旄：因太子刘据也发赤节作战，故换了加黄旄的节加以区别。④司直：官名。职掌协助丞相检举不法，职位在司隶校尉之上。失纵：疏忽职守，放走罪犯。⑤湖：县名。在今河南灵宝西。

癸亥①，地震。

九月，立赵敬肃王子偃为平干王。

匈奴入上谷、五原，杀略吏民。

三年春正月，行幸雍，至安定、北地。匈奴入五原、酒泉，杀两都尉。三月，遣贰师将军广利将七万人出五原，御史大夫商丘成二万人出西河，重合侯马通四万骑出酒泉②。成至浚稽山与虏战③，多斩首。通至天山④，虏引去，因降车师⑤。皆引兵还。广利败，降匈奴。

【注释】

①癸亥：夏历八月二十日。②重合：县名。治所在今山东省乐陵县西。③浚稽山：在居延以北，在蒙古境内杭爱山脉南。④天山：即今新疆境内之天山山脉。⑤车师：古国名。在今新疆吐鲁番、奇台一带。

夏五月，赦天下。

六月，丞相屈氂下狱腰斩，妻枭首。

秋，蝗。

九月，反者公孙勇、胡倩发觉①，皆伏辜。

四年春正月，行幸东莱②，临大海。

【注释】

①反者：反叛者。发觉：暴露；发现。②东莱：郡名。治掖县（今山东掖县）。

二月丁酉①，陨石于雍，二，声闻四百里。

三月，上耕于巨定②。还幸泰山，修封。庚寅③，祀于明堂。癸巳，禅石间。夏六月，还幸甘泉。

【注释】

①二月丁酉：夏历二月初三日。②巨定：县名。在今山东广饶县北。③庚寅：夏历三月二十六日。

秋八月辛酉晦①，日有蚀之。

后元元年正月②，行幸甘泉，效泰畤，遂幸安定。

昌邑王髆薨。

二月，诏曰："朕郊现上帝，巡于北边，见群鹤留止，以不罗网③，靡所获献。荐于泰畤，光景并现。其赦天下。"

夏六月，御史大夫商丘成有罪自杀④。侍中仆射莽何罗与弟重合侯通谋反⑤，侍中驸马都尉金日磾、奉车都尉霍光、骑都尉上官桀讨之。

【注释】

①八月辛酉：夏历八月三十日。②后元元年：公元前88年。此无年号，径称后元。③罗网（wǎng）：即罗网。捕捉鸟类鱼兽的工具。④商丘成：复姓商丘，名成。有罪：坐于庙中醉而歌。⑤侍中仆射：侍中是秦汉时自列侯以下至郎中的加官。侍从皇帝，出入宫廷。侍中仆射是侍中的首长。莽何罗：原姓马，东汉明德皇后恶其先入谋反，改其姓莽。

秋七月，地震，往往涌泉出。

二年春正月，朝诸侯王于甘泉宫，赐宗室。

二月，行幸盩厔五柞宫①。乙丑，立皇子弗陵为皇太子②。丁卯③，帝崩于五柞宫，入殡于未央宫前殿。三月甲申④，葬茂陵。

【注释】

①盩厔（zhōuzhì）：县名。在今陕西周至县东。五柞宫：汉离宫名。在盩厔县东南。②弗陵：即昭帝刘弗陵，武帝之子。③丁卯：夏历二月十四日。④三月甲申：夏历三月初二日。

赞曰：汉承百王之弊①，高祖拨乱反正，文景务在养民，至于稽古礼文之事，犹多阙焉。孝武初立，卓然罢黜百家②，表章《六经》③。遂畴咨海内④，举其俊茂，与之立功。兴太学⑤，修郊祀，改正朔，定历数，协音律，作诗乐，建封禅，礼百神，绍周后⑥，号令文章，焕焉可述。后嗣得遵洪业，而有三代之风⑦。如武帝之雄材大略，不改文景之恭俭以济斯民，虽《诗》《书》所称何有加焉⑧！

【注释】

①百王：泛指历代帝王。②百家：指诸子百家及违背《六经》之言。③《六经》：《诗》、《书》、《易》、《礼》、《乐》、《春秋》。④畴（chóu）：通谁。咨：访问，访求。畴咨海内：访求海内之意。⑤太学：即国学。是古代国家的最高学府。⑥绍：继承；继续。⑦三代：夏、殷、周。⑧何有加焉：此句称美武帝之雄材大略，而暗讥其稍欠恭俭。

【译文】

孝武帝是孝景帝排行居中的儿子。王美人所生。汉武帝四岁时被封为胶东王，他七岁的时候就被封为皇太子，他母亲也被封为皇后。十六岁时，即景帝后元三年正月，景帝逝世。甲子日，太子刘彻登上皇位，尊皇太后窦氏叫太皇太后，皇后叫皇太后。三月，封皇太后同母弟弟田蚡、田胜二人为列侯。

建元元年冬季十月，皇上诏令丞相、御史、列侯，中二千石级别的官吏、二千石级别的官吏、诸侯国丞相推举"贤良方正"、"直言极谏"之士。丞相卫绾上报皇上说："举荐的'贤良'中有些人研究效法申不害、商鞅、韩非、苏秦、张仪等人的言论，这些言论扰乱国家政治，请求罢黜他们。"皇上批准了他的奏请。

春季二月，大赦天下，赐百姓每户家长一级爵位。家里有年龄八十岁以上的老人，免去二个人的田赋；年龄在九十岁以上的，另外还免交革车赋。推行三铢钱。

夏季四月己巳日，皇上下诏说："古代推行教化的方法是，在乡里按年龄大小分类施教，在朝廷按爵位高低分类施教。端正社会风气引导人民从善，没有比这种进行道德教育更好的教化方法。那么在乡里就应该教育人们先尊敬六十岁、五十岁以上的老年人，侍奉他们这些高龄人，这是古代就有的好方法。如今天下孝顺的子孙都愿意竭尽自己的全力去赡养他们的亲人，但是有些人由于在外迫于公事繁忙，或家里又缺乏物资钱财，所以孝心就少了。我很同情他们。因此，对于百姓中九十岁以上的老人，已颁布了"受鬻法"，为他们的儿子或孙子免除赋税，以便他们能够亲自带领妻妾完成自己供养亲人的事情。"

五月，皇上下诏说："河海润泽千里田土，应该让祠官修建山川神庙，每年按时祭祀。祭祀时加奏庙乐，使祭祀仪式隆重些。"

赦免吴楚七国叛乱头子被送入官府做奴婢的妻子儿女。

秋季七月，皇上下诏说："皇宫卫队轮流安置，退伍后再招收士兵使卫队常保持二万人，从今起减少一万人。取消'苑马'禁令，以赐给贫困百姓放牧采樵。"

朝廷商议建立明堂。皇上派使者用蒲草包裹车轮的安车，捆着丝绸，添上玉璧，去鲁国迎接申公。

二年冬季十月，御史大夫赵绾因建议皇上决定大政方针时不要请示太皇太后而获罪，他和郎中令王臧一起在被投入监狱后自杀了。丞相窦婴、太尉田蚡被免职。

春季二月初一日，发生日食。夏季四月戊申日夜晚，天上出现象太阳一样明亮的巨星。

设立茂陵县。

三年春季，黄河在平原郡决口，发生大饥荒，人们互相残杀，煮吃对方的尸体。

赐迁徙到茂陵居住的人每户二十万钱，二顷田。开始建造便门桥。

秋季，七月，西北天空出现孛星。

济川王刘明，因谋杀太傅、中傅而获罪，被贬迁往防陵。

闽越王国围攻东海王国首都东瓯，东瓯向汉朝廷紧急求救。皇上派中大夫严助拿着"节"征调会稽军队，渡海援救东瓯。军队还没有到达东瓯，闽越军队就逃走了，会稽军队返回。

九月三十日，发生日食。

四年夏季，天刮大风，尘雾蒙蒙，颜色赤红如血。六月，发生旱灾。秋季九月，东北上空出现孛星。

五年春季，废止三铢钱，改铸半两钱。

设立《五经》博士。

夏季四月，平原君逝世。

五月，发生大蝗虫灾。

秋季八月，广川王刘越、清河王刘乘二人去世。

六年春季二月乙未日，辽东高庙发生火灾。夏季四月壬子日，高园侧殿失火。皇上穿素色衣服五天。

五月丁亥日，太皇太后窦氏逝世。

秋季八月，东方天际出现慧星，星光横曳空中，久不消失。

闽越王骆郢进攻南越。皇上派大行王恢带领军队从豫章出兵，大司马韩安国从会稽出兵，共同进攻南越。军队还没有到达南越，南越人就杀了骆郢来投降，王恢、韩安国便率领军队返回。

元光元年，冬季十一月，第一次下令各郡、各封国推举"孝顺"、"清廉"各一名。

卫尉李广，被任命为骁骑将军，率军驻扎云中；中尉程不识被任命为车骑将军，率军驻扎雁门。六月，始行班师。

夏季四月，赐给百姓中作为长子的一级爵位。七国以前被取消皇室宗族资格的，现在予以恢复，重新入籍到皇室族谱上。

五月，皇上诏令贤良之士说："我听说从前在唐、虞时代，唐、虞二帝只象征性地在囚服上画五种刑法标志，百姓看了就不敢犯罪；凡是日月的光辉能照到的地方，没有人不尽职尽责的。周王朝的成、康时代，刑法都搁置不用了，恩德推及到禽兽，教化通达到四海。海外偏远地区的人都来朝贺，北方渠搜地区的人征召即到，氐、羌之人也呼之即来。天上没有慧星出现，也没有日食月食发生；地上山陵不崩塌，川谷不堵塞，郊外麒麟凤凰聚集，《河图》、《洛书》相继出现。啊，他们施加的恩惠达到了何等完美的境界！如今我有幸获得奉祀宗庙的机会，清早起来就探求治国策略，深夜未眠还在思索施政方针；我觉得好像在淌深水、渡大河，不知自己要去什么地方。这是壮丽而伟大的事业啊！怎样行动才能发扬光大先帝的伟大业绩和美好品德呢？我想，上则参照尧舜的帝王之道，下则综合夏、商、周的治国方略！我不英明，不能把恩德施加到远方，大夫们已经耳闻目睹。贤良之士对于古今帝王事业的本质了解很深，现在接受我的策试考察和询问，都用书面形式回答，并写成文章，我要亲自审阅。"于是董仲舒、公孙弘等人就被选拔出来了。

秋季七月癸未日，发生日食。

元光二年冬季十月，皇上前往雍城，祭祀五帝。

春季，皇上下诏征求公卿意见："我把女儿打扮得漂漂亮亮嫁给单于，赠送的金钱、布帛、刺绣也很丰厚，单于对待我的态度却更加傲慢，侵扰掠夺接二连三。边境地区人民深受其害，我非常同情。现在我想发兵攻打匈奴，怎么样呢？"大行王恢建议应该攻打。夏季六月，御史大夫被任命为护军将军，卫尉李广被任命为骁骑将军，太仆公孙贺被任命为轻车将军，大行王恢被任命为将屯将军，大中大夫李息被任命为材官将军，率军三十万驻扎在马邑谷中，想引诱单于到来，突然袭击他。单于进入边塞以后，发觉中了计，立即逃出来。六月，班师。将军王恢因为自己带头决定不追击匈奴获罪，下狱而死。

秋季九月，下令百姓聚会欢宴五天。

三年春季，黄河水流改道，从顿丘决口，向东南奔泻，流入勃海。

夏季五月，封高祖功臣五人的后代为列侯。

黄河在濮阳决口，洪水泛滥，流向十六个郡。征调士兵十万人堵塞决口。建造龙渊宫。

四年冬季，魏其侯窦婴犯罪，被判决在街头斩首。

春季三月乙卯日，丞相田蚡去世。

夏季四月，天降大霜，杀伤花草。五月，地震。大赦天下。

五年春季正月，河间王刘德去世。

夏季，征发巴蜀民工修筑通向南夷的公路。又发动士兵一万余人加强雁门郡沿边的险要工程。

秋季七月，刮大风，树木都被拔出来了。

乙巳日，罢黜皇后陈氏。逮捕用巫术蛊惑人心的人，并把他们全部砍头示众。

八月，稻田螟虫成灾。

朝廷征召民间了解当时世务，学习儒家学派、圣人学说的知识分子，让他们与县政府每年上报财政收入的官员一起到京师长安，由沿途各县为他们提供食宿。

六年冬季，朝廷开始向商贾货车货船征税。

春季，开凿黄河通向渭水的输水渠道。

匈奴入侵上谷，屠杀掠夺官吏和百姓。朝廷派车骑将军卫青从上谷出兵，骑将军公孙敖从代郡出兵，轻车将军公孙贺从云中出兵，骁骑将军李广从雁门出兵。卫青到达龙城，斩杀和俘虏敌军七百余人。李广、公孙敖丧失军队而回。皇上下诏说："夷狄不守信义，已经有很长时间了。近来匈奴多次侵犯边境，因此遣将调兵。古代训练军队，目的是使军队具有强大的战斗力。由于正好遇到敌人侵入，将领、官吏新近组合，上下关系不协调，代郡将军公孙敖、雁门将军李广很不称职，校尉又不守信义盲目行动，抛弃军队而失败，小吏也违犯禁令。用兵的法令是：'不严格要求、不辛勤训练，这是将领带兵的过错；教令宣布清楚明白，士兵不尽力不服从，这是士兵的罪过。现在已把将军交给廷尉，按法律处治，如果又加罪于士兵，二者同时治罪，这不是仁圣人的心肠。我怜悯士兵们陷于刑罚之中，自己想洗刷耻辱改过自新，却又无从做起的难处，因此赦免雁门、代郡两军中不遵守法纪的士兵。"

夏季，发生大旱灾、蝗虫灾。

六月，皇上前往雍城。

秋季，匈奴偷袭边境地区，朝廷派将军韩安国屯兵渔阳。

元朔元年冬季十一月，皇上下诏说："公卿大夫的职责是统一方针策略，并且率领各部门，推广教化，使民风淳美。将仁义作为根本原则，表彰品德高尚的人，奖赏成绩突出的人，勉励善良之人，惩罚凶暴之徒；这就是五帝三王时代之所以昌盛的原因。我清早起来探求治国策略，深夜未眠思索执政方针，很乐意与四方之士共同奔向这条兴旺发达的道路。所以我对于高龄老人象宾客一样尊敬，对于孝顺父母敬爱兄长的贤士免除他们的赋税；选拔豪杰俊士，研究学习文学，考核和参与政务，以祈求百姓思想进步。我三番五次诏令有关主管部门，征求廉洁和孝顺人士，希望成为风气，继续完成前代圣人们的伟大事业，并使之发扬光大。即使是十户人家的村落，也一定要有忠信之人。几个人一起走路，其中一定有值得我学习的人。可是，一直等到今天，一个那么大的郡内，竟推荐不出一个人才来！是教化还没有深入民间？还是品行高尚的君子，被强行隔绝，不让他们出头？二千石级别的郡县主管官吏的职责是整顿法纪人伦的，你们拿什么帮助我把光明引向民间，勉励百姓从善，激励万民向上，推崇乡党有德之人的教诲呢？况且，推荐贤能的，要受到上等的奖赏；压制贤能的，将受到严厉的诛杀，这是古代的办法。希望主管部门与郡长、礼官、博士商议，对那些不予推荐贤能的官吏制定处罚条例。"主管官员向皇上报告商议的结果说："古代，诸侯推荐贤士，推荐第一个合适人才叫做好德，推荐第二个合适人才叫做尊贤，推荐第三个合适人才叫做有功，天子就加赐'九锡'之类的奖赏。如果不推荐贤士，第一次削去其爵位，第二次削去其封地，第三次爵位封地全部削尽。附和下级欺骗上级的处以死刑，附和上级欺骗下级的处以刑罚；参与国家政治却对人民没有一点贡献的人，应予以开除；身处高级职位的官吏却不能推举贤人的应予以免职处分，这就是奖励善举罢黜恶行的办法。如今皇上下诏书的目的就是为了发扬光大先帝遗留下来的伟大事业，现在命令二千石级别的官吏推举孝顺廉洁之士，用来教化百姓和移风易俗。对不推举孝顺之士，不执行诏令的，应以不敬罪判处。不考察廉洁之士，表明他不胜任其职务，也应给予免职处分。"皇上批准。

十二月，江都王刘非去世。

春季三月甲子日，卫氏被封做皇后。皇上下诏说："我听说天地不变化，世界就不能延续发展；阴阳不变化，万物就不能繁荣昌盛。《易经》上说：'通晓万事万物的变化，就能使人民不知厌倦。'《诗经》上说：'任何事物，多次变化之后又会回复到原来的状况，知道这个规律之后，就要善于选择其中好的东西做参考。'根据历史经验，可以鉴别今天政治的得失。现在赦免天下，凡在景帝后三年以前借贷官府的财物以及诉讼案件，一律不再追究。"

秋季，匈奴攻入辽西郡，杀死太守；攻入渔阳、雁门两郡，打败都尉，杀死掳掠共三千余人。朝廷派将军卫青从雁门出兵，将军李息从代郡出兵讨代匈奴，斩杀和俘虏敌军数千人。

东方蛮夷岁貊部落酋长南闾等，率全族二十八万人归降，于是设置苍海郡。

鲁王刘余、长沙王刘发二人去世。

二年冬季，皇上赠送淮南王刘安、菑川王刘志茶几和手杖，特准不必来长安朝见。

春季正月，皇上下诏说："梁王、城阳王亲善，是同父母所生，愿意把封地分给弟弟，应予批准。准许诸侯王有请求分给子弟封地的，我将亲自审阅，使他们有相应的爵位名称。"于是封国开始分裂，封国诸侯王的子弟都成了侯爵。

匈奴攻入上谷郡、渔阳郡，屠杀掳掠官吏、百姓千余人。朝廷派遣将军卫青、李息从云中出兵讨伐，到达高阙，于是再向西进军，到达符离，斩杀和俘虏敌军数千人。收复河南地区，设置朔方、五原两郡。

三月三十日，发生日食。

夏季，招募百姓十万人移民到朔方郡。又把各郡各封国家产在三百万以上的土豪乡绅，全部迁徙到茂陵。

秋季，燕王刘定国因犯罪自杀。

三年春季，撤销苍海郡。三月，皇帝下诏说："刑罚用来防止奸邪，崇尚文德用来显示仁爱。百姓还未普遍得到教化，我乐意与士大夫们一道，把这项新的事业一步步推向前进，并且自始至终不松懈。特赦免天下。"

夏季，匈奴攻入代郡，并杀死了太守；攻入雁门，屠杀掳掠一千余人。

六月庚午日，皇太后逝世。

秋季，停止对西南夷的经营兴筑朔方城。下令全国百姓聚会欢宴五天。

四年冬季，皇上驾临甘泉。

夏季，匈奴攻入代郡、定襄、上郡，屠杀掳掠官吏百姓数千人。

五年春季，大旱灾。大将军卫青率领六个将军的部队共十余万人从朔方、高阙出发，攻击匈奴，斩杀俘虏敌军一万五千余人。

夏季六月，皇上下诏说："我听说，应该用礼教引导人民，用圣乐教化人民；如今礼教败坏，圣乐绝迹，我十分忧虑。因此我广泛延请天下正直博闻之士，把他们全部举荐到朝廷。下令负责礼教的官员，劝导人民学习，研究讨论以扩大见识；收集遗逸之文来复兴礼教，为天下做出榜样。太常应商议一下，给博士招收弟子，推崇乡党教化，以此激励贤材。"丞相公孙弘请求为博士设置弟子名额，学习的人更多了。

秋季，匈奴攻入代郡，杀死都尉。

六年春季二月，大将军卫青率领六位将军的部队共十余万骑兵从定襄出发，斩杀敌军三千余人。撤退到定襄、云中、雁门，进行休整。朝廷赦免天下。

夏季四月，卫青又率领六位将军的军队越过沙漠讨伐匈奴，获得大胜利。前将军赵信的军队被打败，投降了匈奴。右将军苏建全军覆灭，独自一人逃回，缴纳赎金，被贬谪为平民。

六月，皇上下诏说："我听说五帝不相互沿袭礼教，三代不采用同一种法令，虽然所走的道路不同，但是建立德政的目标是一致的，因此孔子用招来远方之人的施政方针回答定公的提问，用招进贤能之士的施政方针回答哀公的提问，用节约财政支出的施政方针回答景公的提问。他这样做，并不是一定要有区别，而是因为当时急需解决的问题不同。如今虽然中原统一但北方边境不安定，为此我很忧伤。前不久大将军出巡朔方，征讨匈奴，斩杀俘虏敌人八千人，所有被禁闭和有过错的人，都得到了重赏，有的被释放免予处分，有的减轻了处罚。现在大将军屡建奇功，斩杀俘虏敌人共计一万九千人；不少人得到爵位赏赐而要求转让或卖与他人；现下令，一律不准转移他人。希望主管部门讨论制出法令细则来。"主管官员上报请求设置武功"赏官"，用这种办法使打仗的人获得荣誉。

元狩元年冬季十月，皇上前往雍城，祭祀五帝。捕捉到一只白麒麟，皇上就作了一首《白麟之歌》。

十一月，淮南王刘安、衡山王刘赐谋反，被诛杀。同党与被牵连的共数万人被处死。

十二月，下大雪，百姓被冻死者众多。

夏季四月，大赦天下。

丁卯日，赐封皇子刘据为太子。赐给俸禄中二千石的官吏右庶长级爵位，赐给百姓中能继承父业的人每人一级爵位。皇上下诏说："我听说，咎繇在回答禹时说，做君主的贵在了解臣民，能了解臣民就是英明，而尧帝认为难以做到。君主就是心，百姓好比肢体，肢体受伤，心里就觉得疼痛。前不久淮南王、衡山王研究学习文学，交流物资财物，两国边界相接，却被邪说诱惑，企图谋反篡位，这是我的无德。《诗经》说：'我忧心忡忡，念念不忘国家的灾祸。'已经赦免了天下囚犯，清除了残垢，与臣民一道迎接新的时代。我嘉奖孝顺父母、敬兄爱弟、努力耕田的人，爱怜高寿老人、孤儿、寡母、鳏夫、没有儿女的老人。对于一些缺衣少食的贫困人，我也很同情。现派谒者巡视天下，慰问并馈赠慰问品。向天下说：'皇帝派谒者前来，赐给县三老、孝顺父母者丝绸，每人五疋；赐给乡三老、敬爱兄长者、努力种田者丝绸，每人三疋；年龄在九十岁以上的寿星，以及鳏夫、寡妇、孤儿、无儿无女的老人，赐给每人，丝绸二疋，另加棉絮三斤；赐给八十岁以上高寿人每人三石米，有因冤狱失去正常职业者，使者应予上报。所赐之物，就在被赐人所在县乡分发给本人，不必聚集起来分发。"

五月三十日，发生日食。

匈奴攻入上谷郡，杀死数百人。

二年冬季十月，皇上前往雍城，祭祀五帝。

春季三月戊寅日，丞相公孙弘去世。

派骠骑将军霍去病出兵陇西，到达皋兰，斩杀敌军八千余人。

夏季，在余吾水中得到神马。南越进献训练有素的大象、鹦鹉。

将军霍去病、公孙敖深入北地二千余里，越过居延，斩杀俘虏敌军三万余人。

匈奴攻入雁门，屠杀掳掠数百人。朝廷派卫尉张骞、郎中令李广二人从右北平出兵讨伐。李广杀匈奴三千多人，自己的军队四千多人全部战死，独自一人逃回。公孙敖、张骞二人延期赶到，按法律判为斩刑，缴纳赎金后，被贬谪为平民。

江都王刘建因犯罪自杀。

秋季，匈奴昆邪王杀了休屠王，将他的部属合并，共率领四万余人前来投降。朝廷分别把他们安置在五个属国里，把他们的属地设立为武威郡和酒泉郡。

三年春季，东方出现彗星。夏季五月，赦免天下。封胶东康王小儿子刘庆为六安王。封原相国萧何的曾孙萧庆为列侯。

秋季，匈奴攻入右北平、定襄，屠杀掳掠千余人。

派谒者劝勉遭水灾的地的百姓种植宿麦。把官吏民众中能够借物贷钱给贫民的人的姓名登记呈报朝廷。

把陇西、北地、上郡三郡的边防部队裁减一半。

征发被贬职的官吏开凿昆明池。

四年冬季，主管官员报告关东贫民迁徙到陇西、北地、西河、上郡、会稽等地共计七十二万五千人，由地方政府供应他们衣服和粮食、并配给产业，现因经费不足，请求朝廷征收银锡制造白金及皮币来满足用度。开始使用算缗钱。

春季，东北天际出现彗星。

夏季，西北天际出现长星。

大将军卫青率领四个将军从定襄出发，将军霍去病从代郡出发，各带领五千骑兵讨伐匈奴。步兵紧跟在骑兵部队后面，有数十万人。卫青到达沙漠北面包围了单于，斩杀一万九千人，一直追到阗颜山才回来。霍去病与左贤王苦战，斩杀俘虏匈奴七万余人，封了狼居胥山才返回。两军战死的将士共有数万人。前将军李广、后将军赵食其都贻误了战机。李广自杀，赵食其缴纳赎金，才免于死刑。

五年春季三月甲午日，丞相李蔡有罪，自杀。

因天下马少，平牡马一匹价二十万钱。

皇上下令：废止半两钱，通行五铢钱。

把土豪劣绅、地痞流氓一律强制放逐到边塞。

六年冬季十月，下令：丞相以下至俸禄二千石的官吏，赐金；千石以下至随从人员，赐丝绸；蛮夷，赐锦。所赐各有不同。

降雨，水不结冰。

夏季四月乙巳日，皇上在皇帝祭庙里，封皇子刘闳为齐王，刘旦为燕王，刘胥为广陵王。开始使用诰策。

六月，皇上下诏说："最近由于钱币贬值、物价上涨，主管官员中奸诈之徒增多；由于农业生产遭到破坏，经商的人越来越多；为了堵塞吞并他人财产的途径，所以用更换钱币的办法来进行约束，并根据以往朝代的经验，制定合符当今时代需要的法规。废止半两钱的使用有一年零一月了，可是偏僻地区的人民还不知道这回事。本来，仁政推行，百姓就会改恶从善；信义确立，风气就会好转。然而出现这种反常现象，大概是执法人员用来启发引导人民思想的方法不明白的缘故吧？还是因为百姓谋生的道路各别，巧取豪夺的官吏就趁机掠夺他们所造成的结果呢？为什么要如此乱哄哄地骚扰百姓！现在派博士褚大等六人分别巡视天下，慰问鳏夫、寡妇和残废病人，对无法自置产业的人给予贷款。告诉三老、孝顺父母敬爱兄长的人，他们应该做民众的表率；推举品行高洁的君子，把他们征召到我的临时住所来，我要嘉奖那些优秀人才，我喜欢了解他们的身世。广泛宣传这些道理，破格招聘有特殊才能的人，这是使者的责任。详细了解隐居民间不被任用以及由于冤屈失去正常职业的原因。对那些奸猾为害、荒废农田、施政苛刻的人的等种种违法失职行为，要检举上报。各郡各封国认为对朝廷有益需要呈报的事，要及时报告给丞相和御史。"

秋季九月，大司马骠骑将军霍去病去世。

元鼎元年夏季五月，大赦天下，下令全国人民聚会欢宴五天。

在汾水河中捞到宝鼎。

济东王刘彭离有罪，撤销他的王爵，把他贬逐到上庸。

二年冬季十一月，御史大夫张汤有罪，自杀。十二月，丞相庄青翟被逮捕入狱，自杀而死。

春季，皇上兴筑柏梁台。

三月，天下大雨大雪。夏季，发大水，关东饿死的人数以千计。

秋季九月，皇上下诏说："仁政不分远近，信义不辞难易。今年京城虽然不是丰收之年，但仍有山林池泽的丰富物产与百姓共同享受。如今江南遭受水灾涝灾，严寒的冬季马上到来，我非常担心江南人民饥寒交加不能生活。江南地区，火耕水种；时下要赶快把巴蜀的粟米运到江陵去。派博士中等分别到各地巡察，告诫各地方政府，不要加重人民的负担。官吏民众中如有赈救饥民使他们免除灾难的义士，就把这些他们的名字登记上报。"

三年冬季，把函谷关迁到新安，把原来的函谷关改称为弘农县。

十一月，下令百姓检举揭发使用缗钱不缴税的人，并用罚款的一半奖励检举揭发者。

正月戊子日，阳陵园失火。夏季四月，天降冰雹。关东十余个郡、封国闹饥荒，人们互相残杀，把对方的尸体煮熟充饥。

常山王刘舜逝世。他的儿子刘勃继位，被指控有罪，撤销王爵，放逐到房陵。

四年冬季十月，皇上前往雍城，祭祀五帝。赐给每户家长一级爵位，主妇每百户若干牛、酒。皇上从夏阳出发，向东前往汾阴。十一月甲子日，在汾阴圆形丘陵上建立了后土祠。皇上亲自举行典礼，叩拜祭奠。典礼完毕后，皇上再向东行到荥阳，后回到洛阳。皇上下诏说："我在冀州祭奠地神，瞻望黄河洛水，巡视豫州，观察周室，见到周室因年代久远无人祭祀，便去询问高龄老人，才得知有个后裔名叫姬嘉。于是封姬嘉为周子南君，让他担任祭祀周室的工作。"

春季二月，中山王刘胜去世。

夏季，赐封方士栾大为乐通侯，位列上将军。

六月，在后土祠旁河水中捞到一个宝鼎。秋季，有匹神马从渥洼水中冒出来。于是作《宝鼎》、《天马之歌》。

封常山宪王刘舜的儿子刘商为泗水王。

五年冬季十月，皇上前往雍城，祭祀五帝。于是越过陇山，登上空同山，向西来到祖厉河，然后返回。

十一月一日凌晨，冬至。在甘泉建立泰畤。天子亲自祭祀叩拜太乙真神。早上面对东方，向太阳作揖致敬，晚上面对西方，向月亮作揖致敬。皇上下诏说："我以微小的身躯托于王侯之上，恩德却不能惠及人民，有的人至今还在受饿挨冻，所以我巡视考察，祭祀后土，以求得丰收之年。冀州圆形丘陵地上出现刻有文字的宝鼎，我得到后把它安放在祭庙里；渥洼水中窜出来的神马，我得到后亲自骑上它。我诚惶诚恐，生怕自己不能胜任。我向天地表明自己的思想，心中唯一的希望就是使国家兴旺发达。《诗经》说：'四匹雄马威武整齐，驾着它征服一切反抗者。'我亲自巡视边塞，每到一个地方，都要举行祭祀。我望见泰一，就添土祭坛，祭祀皇天。辛卯这一天晚上，象白天有太阳光那样明亮。《易经》说：'先甲三日，后甲三日。'我念念不忘的是年成不好，没有得到全面丰收。我毕恭毕敬地斋戒，丁酉日，我拜祭上天，请求上天赐个丰收年。"

夏季四月，南越王宰相吕嘉造反，杀了汉朝使者及其国王、王太后。赦天下。

三十日，发生日食。

秋季，青蛙和泥蛙争斗。

朝廷派伏波将军路博德从桂阳出发，顺着湟水而下；楼船将军杨仆，从豫章出发，顺着浈水而下；归义越侯严被任命为戈船将军，从零陵出发，顺着漓水而下；甲被任命为下濑将军，直指苍梧。率领的军队都由囚犯组成，由长江淮河以南的楼船装载，共十万人。越驰义侯遣另外率领巴蜀二郡囚犯，又征调夜郎国的军队，顺牂柯江而下，在番禺会师。

九月，列侯呈献黄金祭祀宗庙，补助典礼，因质量不合法定要求而被削去王爵的共一百零六人。丞相赵周被逮捕下狱，自杀。乐通侯栾大犯诈骗欺罔罪，被腰斩。

西羌民众十万人造反，他们与匈奴结盟，攻入故安，包围枹浦。匈奴攻入五原，杀死太守。

六年冬季十月，征调陇西、天水、安定骑兵和中尉，河南、河内步兵十万人，派将军李息、郎中令徐自为攻击西羌，平息了暴乱。

皇上向东巡行，将往缑氏城。到达左邑桐乡时，听到南越被攻破喜讯，于是就把它定名为闻喜县。春季，到达汲新中乡，得到吕嘉的首级，于是就把它定名为获嘉县。驰义侯派遣的军队还未来得及赶到，皇上便命令他去征讨西南夷，于是平定了西南夷。越地被平定之后，就设置了南海、苍梧、郁林、合浦、交阯、九真、日南、珠崖、儋耳九郡。平定西南夷之后，设置了武都、牂柯、越嶲、沈黎、文山五郡。

秋季，东越王骆余善反叛，攻杀汉朝将领官吏。朝廷派横海将军韩说、中尉王温舒从会稽出发，楼船将军杨仆从豫章出发，讨伐骆余善。又派浮沮将军公孙贺从九原出发，匈河将军赵破奴从令居出发，追击了二千余里，没有遇上一个敌人就回来了。于是划分武威、酒泉两地，设置张掖、敦煌郡，移民屯垦。

元封元年，冬季十月，皇上下诏说："南越、东瓯虽然都伏了罪，但西北蛮夷还没有与我国和睦相处。因此，我将巡视边塞，选择精兵，组织劲旅，亲自拿着武节，任命十二个兵团将军，由我亲自指挥。"于是从云阳出发，向北经过上郡、西河、五原，出了长城，登上北面的单于台，到达朔方；再来到黄河北岸，统率十八万骑兵，旌旗绵延千余里，军威震动了整个匈奴。皇上派使者告诉单于说："南越国王的头已悬挂在汉朝首都长安的北门上。如果单于敢应战的话，天子亲自统领军队在边境上等候；如果不敢应战，就要立即前来归顺汉朝。为什么要一味逃藏到沙漠北面那些苦寒地带呢！"匈奴单于气急败坏，心里很恐惧。皇上班师，在桥山祭祀黄帝姬轩辕坟墓，然后回甘泉。

东越杀了国王骆余善前来投降。皇上下诏说："东越一带地势险要，关隘重重叠叠，迂回曲折，是后代的灾患，应把这里的人民迁徙到长江淮河之间去！"于是这个地区空虚了。

春季正月，皇上前往缑氏城。皇上下诏说："我在华山祭祀之后到中岳，捕到了一只驳麃，看到了夏后启母石。第二天，我又亲自登上嵩高，御史乘车随从人员、在庙旁的官兵都几次听到好像有谁在呼喊'万岁'，可见对神祭祀没有不给予回报的。因此下令祠官扩大太室祠的规模，禁止采摘和砍伐太室祠旁的花草树木。把山下三百户划作供奉邑，命名叫崇高。只供给祭祀，不再缴纳赋税。"皇上下了泰山，又东行巡视大海。

夏季四月癸卯日，皇上返回，登坛封禅泰山，下来坐在明堂上。皇帝下诏说："我以渺小的身躯继承了皇帝这至尊之位，一直谨言慎行，唯恐不能胜任。我德行菲薄，不懂礼乐。所以我用礼仪祭祀了天主、地主、兵主、阴主、阳主、月主、日主和四时主等八位神灵。我得到了天地神灵赐予的瑞应，看到了瑞祥之光，听到了轻轻呼唤'万岁'的声音。对于这奇异的景象，我的心灵受到震憾，想要停止也不敢，于是登上泰山筑坛祭祀；到达梁父山，此后又来到肃然山加高禅坛。我要完善自己，愿意与士大夫们一道，一切都重新开始，因此把十月定为元封元年。凡是我封禅所经过的地方，博县、奉高、蛇丘、历城、梁父等地，百姓的田租税、未缴纳的赋税、未还的借物贷款，全部免除。年龄七十岁以上的老人以及孤儿、寡妇，每人加赐二疋丝绸。今年四个县的农民，不要交纳田赋。赐天下百姓每户家长一级爵位；家庭主妇每百户若干牛、酒。"

皇上从泰山下来，又东去巡视海滨，到达碣石。从辽西经过北方边境九原县，回到甘泉。

秋季，东井星宿旁出现了彗星；十余日后在三台星宿旁，又出现彗星。

齐王刘闳去世。

二年冬季十月，皇上前往雍城，祭祀五帝。春季，幸临缑氏城，接着到达东莱。夏季四月，返回来祭祀泰山。来到瓠子堤，察看了黄河决口的地方，下令跟随的大臣、将军以下的人都背着柴薪填塞黄河堤坝，作了一首《瓠子之歌》。赦免犯了罪的囚徒；赐给孤儿、无儿无女的老人和高寿老人每人四石米。回来后，建造了甘泉通天台、长安飞廉馆。

朝鲜王攻击辽东郡杀了辽东郡都尉。皇上于是招募天下判了死刑的囚犯从军，攻击朝鲜。

六月，皇上下诏说："甘泉宫后院里生长出灵芝草，九枝茎，叶子相连。上天恩德广施人间，连后宫庭院也不例外；这是赐给我的最大的幸福。特赦免天下，赐云阳郡每百户若干牛、酒。"作了一首《芝房之歌》。

秋季，在泰山山麓修筑明堂。

派楼船将军杨仆、左将军荀彘率领应募的罪犯进攻朝鲜。又派将军郭昌、中郎将卫广征调巴蜀军队前往平定西南夷中不服管辖而叛乱的部落，平定后设置了益州郡。

三年春季，演角抵戏，三百里以内的人都来观赏。

夏季，朝鲜斩了国王右渠前来投降。把朝鲜王国故地设置乐浪、临屯、玄菟、真番四郡。楼船将军杨仆因所率部队损失伤亡惨重，被贬为平民；左将军荀彘因被指控"争夺军功"，被绑赴街市斩首。

秋季七月，胶西王刘端去世。

武都郡氏族部落叛变，朝廷把他们中的一部分人迁移到酒泉郡。

四年冬季十月，皇上前往雍城，祭祀五帝。修复通往回中的道路，于是向北从萧关出发，经过独鹿山、鸣泽湖，到达代郡之后返回长安，回归途中经过河东郡。春季三月，祭祀后土神。皇上下诏说："我亲自祭祀后土神，只见瑞祥之光聚集在灵坛上，一夜照耀三次。我到中都宫，在殿上也见到奇异之光。特此下令赦免汾阴、夏阳、中都死刑以下罪犯，特赐三县及杨氏邑，免除今年的田租税和赋税。"

夏季，发生大旱灾，百姓中有许多人因中署而死亡。

秋季，因匈奴衰弱，可使它投降归服，于是派使者前去劝说。单于派来的使者，死在京城里。匈奴又侵扰边境，朝廷任命郭昌为拔胡将军，率军进屯朔方。

五年冬季，皇上到南方巡视，直到盛唐，遥望九嶷山，祭祀虞舜帝姚重华。登上潜县的天柱山，从浔阳渡水到达长江，皇上在长江江心射中一条蛟龙，生擒活捉了它。船舰前后相连，千里不断，接近枞阳时登陆，作了一首《盛唐枞阳之歌》。于是北上到达琅邪，再沿海而行，沿途在所经过的名山大川都举行了祭祀。春季三月，回到泰山，增加祭坛高度。甲子日，在明堂祭祀高祖，让他配享上帝；在明堂里趁机接受诸侯王列侯的朝拜，审查各郡各封国的政绩。

夏季四月，皇上下诏说："我巡视荆扬一带，聚集了长江淮河诸神，汇合了大海诸神，然后总祭于泰山之上。上天显示瑞祥景象，我重新加高和修缮了祭坛，举行了封禅仪式。特赦天下。凡是我所经过的郡县全都免除今年的田赋租税；赐给无儿无女的老人、孤儿寡母丝绸，赐给贫穷人粟米。"还抵甘泉宫，祭祀太乙神。

大司马大将军卫青去世。

开始设置刺史部十三州。知名的文武将相已所剩无几，皇上下诏说："凡是非常的功业，必须依靠非常的人去完成。有些良马往往凶暴不驯，但可以奔驰千里；有些贤良之士，往往遭受世俗的非议，却可以建立功名。奔逸不羁的马，不受世俗约束的人，不是不可造就，只是在于如何驾御罢了。我命令各州各郡主管官员，考察推举官吏民众中那些有优秀才能、不同于常人、可以担任将相或出使绝远国家的人材。"

六年冬季，皇上前往回中。春季，兴建首山宫。

三月，皇上前往河东，祭祀后土神。皇上下诏说："我祭祀首山，山下田里长出珍贵的东西，有的变化成黄金。祭祀后土神，神光多次照耀。特赦汾阴死刑以下罪犯。赐天下贫民每人一疋丝绸。"

益州、昆明叛变，皇上下令赦免首都长安的罪犯，叫他们从军，派拔胡将军郭昌率领南下征讨。

夏季，京城民众在上林平乐馆观看角抵戏。秋季，发生大旱灾、蝗灾。

太初元年冬季十月，皇上前往泰山。

十一月初一日清晨，冬至，皇上在明堂祭祀上帝。

乙酉日，柏梁台发生火灾。

十二月，皇上到高里山添土祭祀。然后祭祀后土神。往东来到渤海，遥望祭祀海中的蓬莱仙山。春季，皇上返回长安，在甘泉宫里接受封国国君的朝见，审查年度财政计划。

二月，兴造建章宫。

夏季五月，改正历法，以正月作为一年中的第一个月。以黄色作为汉王朝的象征，以"五"作为吉祥数字，重新更定官名，厘订朝廷大典或祭祀用的音乐。

派因杅将军公孙敖，在边塞外修建受降城。

秋季八月，皇上前往安定。派贰师将军李广利，征发天下犯了罪的百姓西去征讨大宛国。

蝗虫从东方飞到敦煌。

二年春季正月戊申日，丞相石庆去世。

三月，皇上前往河东，祭祀后土神。下令全国人民聚会吃喝欢宴五天，祭祀饮食神五天，祭祀门户神，仪式如同祭祀百神。

夏季四月，皇上下诏说："我祭祀介山，祭祀后土神，都有神光应验。特赦免汾阴、安邑死刑以下罪犯。"

五月，没收小吏和百姓的马，用来补充军马。

秋季，蝗虫成灾。派浚稽将军赵破奴率领二万骑兵从朔方进攻匈奴，没有回国。

冬季十二月，御史大夫儿宽去世。

三年春季正月，皇上前往东方巡视沿海。夏季四月，返回长安，途中到泰山祭天，在石闾祭地。

朝廷派光禄勋徐自为在五原边塞外修筑了一排排城堡，一直到西北的卢朐，游击将军韩说率领军队在那里驻扎。强弩都尉路博德修筑居延城。

秋季，匈奴猛烈攻击定襄、云中，屠杀掠夺数千人，接着一边撤退一边破坏光禄勋徐自为修筑的城堡群；又攻入张掖、酒泉，杀死了都尉。

四年春季，贰师将军李广利割下了大宛国王的头颅，夺了汗血马回来。皇上作了一首《西极天马之歌》。

秋季，兴建明光宫。

冬季，皇上前往回中。

调任弘农的都尉来镇守武关，向出入武关的来往行人征税，用税收来供给武关官兵的生活费用。

天汉元年春季正月间，武帝驾临甘泉宫，在泰畤祭祀天神。三月间，驾临河东郡，祭祀地神。

匈奴释放汉朝使者，派使者向汉朝奉送礼物。

夏季五月，大赦天下。

秋季，关闭城门搜捕违犯禁令过度奢侈的犯罪分子。强行押解罪犯前往五原边塞屯垦。

二年春季，皇上前往东海。回长安后又回中。

夏季五月，贰师将军李广利率领三万骑兵从酒泉出兵，与匈奴右贤王在天山激战，斩杀俘虏敌人一万余人。又派因杅将军公孙敖从西河出塞，骑都尉李陵率领步兵五千人从居延出兵北上，与匈奴单于激战，斩杀俘虏万余人。李陵兵败，投降了匈奴。

秋季，朝廷制止百姓和严禁巫觋在道路上祭祀鬼神。全面搜索奸邪之徒。

渠黎六国派使者来奉献礼物。

泰山、琅琊山群盗徐敦等凭借山隘险要，攻打城市，致使道路被截断。皇上派"直指"使者暴胜之等人穿着绣花衣服、拿着斧钺分部追捕。刺史郡守以下人员都被处死。

冬季十一月，诏令守关都尉说："如今豪强多与边远地区的人相交，依附东方群盗。你们要仔细审查出入关口的过往行人。"

三年春季二月，御史大夫王卿因犯罪自杀。

朝廷开始酒类专营。

三月，皇上前往泰山，添土加封，在明堂祭祀，顺便一路审查全国官员的政绩。回京的路上，又到恒山祭祀，把墨玉埋在祭坛下面。夏季四月，大赦天下。下令凡是巡视经过的地方不再征收田赋租税。

秋季，匈奴攻入雁门，太守被指控胆怯怕死，在街市斩首。

四年春季，皇上在甘泉宫接受各诸侯王的朝觐。征发七种"贱民"和志愿从军的勇士，派贰师将军李广利率领六万骑兵、七万步兵从朔方出发，因杅将军公孙敖率领一万骑兵、三万步兵从雁门出发，游击将军韩说率领步兵三万人从五原出发，强弩都尉路博德率领步兵一万余人与贰师将军会师。李广利与匈奴单于在余吾水连日战斗，公孙敖与左贤王交战失利，两军撤退。

夏季四月，封皇子刘髆为昌邑王。

秋季九月，下令：判处死刑的罪犯，如缴纳赎金五十万，则减轻死罪一个等级。

太始元年春季正月，因杅将军公孙敖犯罪，被判刑腰斩。

强迫各郡各封国移民到茂陵、云陵。

夏季六月，赦免天下。

二年春季正月，皇上前往回中。

三月，皇上下诏说："主管部门议论说：以前我祭祀上帝，上帝显现瑞应。我西登陇首山时，得到了一只白麒麟，就把它赠送给宗庙，渥洼水审出了天马，泰山出现了黄金，由此看来应该更改原来的名称。如今把黄金的形状改铸成'麟足''马蹄'，让它与瑞祥吉兆的应验相配合。"于是皇上把这麟足马蹄金赏赐给诸侯王。

秋季，发生旱灾。九月，向死刑罪犯募集，叫他们每人缴纳赎金五十万，就给他们减轻死罪一个等级。

御史大夫杜周去世。

三年春季正月，皇上幸临甘泉宫，设宴招待外国宾客。

二月，下令全国人民聚会欢宴五天。皇上前往东海，捕捉到一只颜色朱红的雁，于是便写了一首《朱雁之歌》。前往琅邪成山，拜祭日神；登之罘山，浮渡大海。山称颂"万岁"。冬季，赐给所经过的地方每户五千钱。赐给鳏夫、寡妇、孤儿、无儿无女的老人每人一疋丝绸。

四年春季三月，皇上前往泰山。壬午日，在明堂里祭祀高祖，让他配享上帝。于是顺便在明堂里审查全国官吏的政绩。癸未日，在明堂里祭祀孝景皇帝。甲申日，添土祭祀天神；丙寅日，在石间祭祀地神。夏季四月，前往不其山，在交门宫祭祀神人，象有神的影象来享受祭祀，皇上因而拜了神影。写了《交门之歌》。夏季五月，回首都长安，幸临建章宫，大摆酒宴，赦免天下。

　　秋季七月，赵国有一条蛇从城外爬入城内，与城内的一群蛇在孝文庙下面争斗，城内的蛇被咬死。

　　冬季十月甲寅日，出现日食。

　　十二月，皇上前往雍城，祭祀五帝；又西到安定、北地。

　　征和元年春季正月，皇上回到首都长安，前往建章宫。

　　三月，赵王刘彭祖逝世。

　　冬季十一月，征发三辅骑兵搜查上林，紧闭长安所有城门，挨家挨户逐一搜查，十一天后才解除禁令。从此，巫蛊案件接连兴起。

　　二年春季正月，丞相公孙贺被逮捕下狱，处死在狱中。

　　夏季四月，大风摧毁房屋，折断树木。

　　闰月，诸邑公主、阳石公主都因牵连到巫蛊案件，被处死。

　　夏季，皇上前往甘泉。

　　秋季七月，按道侯韩说，使者江充等人在太子宫挖掘"巫蛊"。壬午日，太子与皇后用计谋斩杀了江充，并用"符节"征发军队与丞相刘屈牦军队展开血战，死的人有好几万。庚寅日，太子逃跑躲藏起来。皇后卫子夫自杀。开始设置城门屯兵。改变符节加上黄旄。御史大夫暴胜之、司直田仁因犯有放走逃犯罪，暴胜之自杀，田仁被腰斩。八月辛亥日，太子在湖县自杀。

　　癸亥日，发生地震。

　　九月，赐封赵国敬肃王幼子刘偃为平干王。

　　匈奴攻入上谷、五原、屠杀掠夺官吏和百姓。

　　三年春季正月，皇上前往雍城，到达安定、北地。匈奴攻入五原、酒泉，杀死两个都尉。三月，派贰师将军李广利带领七万人从五原出发，御史大夫商丘成带领二万人从西河出发，重合侯马通带领四万骑兵从酒泉出发征讨匈奴。商丘成到达浚稽山与敌人交战，斩杀了很多人。马通到达天山时，敌人已经逃走了，因而顺便降服车师国。二人都撤退回来。李广利打败了匈奴，命匈奴投降。

　　夏季五月，赦免天下。

　　六月，丞相刘屈牦被捕下狱，判处街头腰斩。他的妻子也被砍头示众。

　　秋季，发生蝗灾。

　　九月，公孙勇、胡倩谋反被朝廷发觉，全被捕杀。

　　四年春季正月，皇上前往东莱海滨。

　　二月丁酉日，雍县上空落下两块陨石，当时发出的巨大响声，在周围四百里内都可听到。

　　三月，皇上亲自在钜定耕田。回来途中经过泰山，又添土祭坛，祭祀天神。庚寅日，在明堂祭祀。癸巳日，在石间山祭祀地神。夏季六月，回到甘泉。

　　秋季八月三十日，发生日食。

后元元年春季正月，皇上前往甘泉，祭祀太乙神，于是又来到安定。

昌邑王刘髆去世。

二月，皇上下诏说："我祭祀上帝，希望上帝出现；我到北方边塞巡视，看到一群仙鹤停栖在那里，由于还没到网罗的季节，因此没有捕获物来敬献。我向太乙神进献祭品，瑞祥之光和奇异景象同时出现。为此特赦天下。"

夏季六月，御史大夫商丘成因犯罪而自杀。侍中仆射莽何罗与弟弟重合侯莽通密谋造反，皇上派遣侍中驸马都尉金日磾、奉车都尉霍光、骑都尉上官桀率兵讨伐他们。

秋季七月，发生地震，地下经常涌出大水。

二年春季正月，皇上在甘泉宫接受各诸侯王的朝贺，并赏赐宗室的亲王和列侯。

二月，皇上前往盩厔五柞宫。乙丑日，封皇子刘弗陵当太子。丁卯日，武帝在五柞宫逝世。遗体运到未央宫前殿入殓。三月甲申日，把武帝安葬在茂陵。

赞词说：汉王朝承接历代君王留传下来的积弊。高祖皇帝征讨平定叛乱，使社会恢复正常秩序。孝文帝、孝景帝专心提倡重视农业，使人民得到休养生息。至于对古代礼乐教化等方面的事，还有很多遗漏。孝武帝最初即位时，果断地罢黜其他学派，只表彰儒家的六经。于是征召四海之内的优秀人才，想与他们共同建功立业。兴办太学；主持郊祀；改变正朔，制定历法；重谱音律，创造圣乐；设立祭坛祭祀天地，祭祀百神；封周王朝的后裔奉祀周室香火；提倡学习文学等，都有辉煌的业绩，值得人们称颂。后代继承他开创的伟大事业，于是有了三代的风范。像孝武帝这样的雄才大略，如果不改变孝文帝、孝景帝时代的恭敬俭朴，仍然实施减轻人民负担的爱民举措，那么即使《诗经》、《书经》上所称道的圣君，也无法超过他。

司马迁传

昔在颛顼①，命南正重司天②，火正黎司地③。唐虞之际④，绍重黎之后⑤，使复典之⑥，至于夏商，故重黎氏世序天地⑦。其在周，程伯休甫其后也⑧。当宣王时，官失其守而为司马氏。司马氏世典周史。惠襄之间，司马氏适晋，晋中军随会奔魏⑨，而司马氏入少梁⑩。

【注释】

①颛顼：人名。传说为古部族首领。②南正：官职名。重：人名。司：主管，掌管。天：天文。③火正：官名。黎：人名。地：指地理。④唐、虞：就是陶唐氏、有虞氏。⑤绍：接续。⑥典：管理。⑦世序天地：世代掌管天文地理。⑧程伯休甫：程，国名。伯，爵名。休甫，人名。传说是黎的后裔，周宣王时做大司马，被封为程伯。⑨中军：春秋时期大国军队分上、中、下三等，其中以中军地位较高。随会：人名，也称作士会。由晋奔秦。奔魏：《史记》作奔秦。⑩少梁：古邑名。故地在今陕西韩城南。本西周梁国，春秋时为秦所灭，称少梁邑。后属晋，继属魏，再入于秦。秦惠文王十一年公元前327年改名夏阳。

自司马氏去周适晋①，分散，或在卫②，或在赵③，或在秦。其在卫者，相中山④。在赵者，以传剑论显⑤，蒯聩其后也。在秦者错⑥，与张仪争论，于是惠王使错将兵伐蜀⑦，遂拔，因而守之。错孙蕲⑧，事武安君白起。而少梁更名夏阳。蕲与武安君坑赵长平军⑨，还而与之俱赐死杜邮⑩，葬于华池⑪。蕲孙昌，为秦王铁官⑫。当始皇之时，蒯聩玄孙卬为武信君将而徇朝歌⑬。诸侯之相王⑭，王卬于殷⑮。汉之伐楚⑯，卬归汉⑰，以其地为河内郡⑱。昌生毋怿，毋怿为汉市长⑲。毋怿生喜，喜为五大夫⑳，卒，皆葬高门㉑。喜生谈，谈为太史公。

【注释】

①去：离开。适：到。②卫：古国名。在今河南省境内，相继为魏（公元前254年）、秦（公元前209年）所灭。司马氏在卫者名喜。③赵：战国七雄之一。在今山西、河北等省一带，为秦所灭即公元前222年。司马氏在赵者名凯。④中山：古国名。都于顾即今河北定县。为赵所灭即公元前296年。⑤剑论：剑术理论。⑥错：指司马错。⑦蜀：古国名。都于成都即今四川成都。为秦所灭公元前316年。⑧蕲：人名，司马蕲。⑨坑赵长平军：公元前262年，秦、赵于长平即今山西高平西北部大战。赵将赵括盲目出击，秦将白起在正面诈败后退。另以奇兵袭击赵军后方。结果赵军惨败，四十六万人被俘坑死。⑩杜邮：古地名。在今天的陕西咸阳市东。⑪华池：池名。在今天的陕西韩城西南。⑫铁官：冶铸铁器的官员。⑬武信君：秦末起义军将领。徇：占领。⑭诸侯：指各路起义军。相王：互相尊称为王。⑮王卬于殷：公元前206年项羽分封诸侯，因为司马卬定河内有功，封其为殷王，王河内，都朝歌。⑯伐：讨伐。⑰卬归汉：公元前205年三月，汉军攻下河内，司马卬投降于汉。⑱河内郡：郡治怀县即今河南武陟西南部。⑲市长：官名。掌管市场管理。⑳五大夫：爵位名。秦汉时期二十级爵位中为第五级。㉑高门：地名。在今天的陕西韩城西南。

太史公学天官于唐都①，受《易》于杨何②，习道论于黄子③。太史公仕于建元、元封之间④，愍学者不达其意而师悖⑤，乃论六家之要指曰⑥：

【注释】

①天官：指古代天文学。唐都：汉代天文学家，曾经参加制定太初历。②杨何：字叔元，汉菑川即今山东寿光县人。武帝时以《易》被征，官至中大夫。③道论：指道家的理论。黄子：人名，即黄生。④建元：汉武帝年号，共六年即公元前140年—公元前135年。元封：汉武帝年号，共六年即公元前110年—公元前105年。⑤愍（mǐn）：忧虑。师悖：是说以悖为师。固执谬论的意思。⑥六家：这里指六家学说。要指：要旨。

《易大传》曰①："天下一致而百虑②，同归而殊途③。"夫阴阳、儒、墨、名、法、道德，此务为治者也④，直所从言之异路⑤，有省不省耳。尝窃观阴阳之术，大祥而众忌讳⑥，使人拘而多畏⑦，然其序四时之大顺，不可失也。儒者博而寡要⑧，劳而少功，是以其事难尽从，然其叙君臣父子之礼，列夫妇长幼之别，不可易也⑨。墨者俭而难遵，是以其事不可遍循，然其强本节用，不可废也。法家严而少恩，然其正君臣上下之分，不可改也。名家使人俭而善失真，然其正名实，不可不察也。道家使人精神专一，动合无形，赡足万物⑩，其为术也，因阴阳之大顺，采儒墨之善，撮名法之要⑪，与时迁徙，应物变化，立俗施事，无所不宜，指约而易操⑫，事少而功多。儒者则不然，以为人主天下之仪表也，君唱臣和，主先臣随。如此，则主劳而臣逸。至于大道之要，去健羡⑬，黜聪明⑭，释此而任术。夫神大用则竭，形大劳则敝；神形早衰，欲与天地长久，非所闻也。

【注释】

①《易大传》：就是《易·系辞》。②一致：一样的趋向。百：即指众多。③归：归宿。殊：不同。途：道路。④务：从事。⑤直：仅仅；只是。从：遵从。言：理论、学说。⑥大祥：夸大灾祥。众：相当于多。⑦拘：拘束。⑧寡要：缺少重要的主张。⑨易：改变。⑩赡足万物：使万物丰足。⑪撮：提取。⑫指约：意旨简明。操：做。⑬去健美：意思是去掉刚强与贪欲，而以柔弱与知足自守。⑭黜聪明：意思是说不要花招和滑头。

夫阴阳，四时、八位、十二度、二十四节各有教令①，曰顺之者昌，逆之者亡②，未必然也③，故曰"使人拘而多畏"。夫春生夏长，秋收冬藏，此天道之大经也④，弗顺则无以为天下纪纲⑤，故曰"四时之大顺，不可失也"。

【注释】

①四时：春、夏、秋、冬。八位：八卦位，就是八方即离南、坎北、震东、兑西、巽东南、艮东北、乾西北、坤西南。十二度：即十二次。我国古代为了量度日、月、行星的位置和运动，把黄道带分为十二个部分，称"十二次"。每次有若干星名作为标志。十二次名称是星纪、玄枵、娵訾、降娄、大梁、实沈、鹑首、鹑火、鹑尾、寿星、大火、析木。二十四节：即立春、雨水、惊蛰、春分、清明、谷雨、立夏、小满、芒种、夏至、小暑、立秋、处暑、白露、秋分、寒露、霜降、立冬、小雪、大雪、冬至、小寒、大寒等二十四节气。教令：这里指带有神秘色彩的条规禁忌。②逆：违反。③未必然：未必是这样。④天道之大经：自然运行的规律。⑤纪纲：指法制。

夫儒者，以六艺为法①，六艺经传以千万数②，累世不能通其学③，当年不能究其礼④，故曰"博而寡要，劳而少功"。若夫列君臣父子之礼，序夫妇长幼之别，虽百家弗能易也。

【注释】

①六艺：指《诗》、《书》、《易》、《礼》、《乐》、《春秋》等六种儒家典籍。又称作六经。②数：为打算的意思。③累世：数代。通：通晓、精通。④究：穷尽。礼：礼节仪式。

墨者亦上尧舜①，言其德行曰："堂高三尺②，土阶三等③，茅茨不翦④，采椽不斫；饭土簋⑤，歠土刑⑥，粝粱之食，藜藿之羹⑦；夏日葛衣，冬日鹿裘。"其送死，桐棺三寸，举音不尽其哀⑧。教丧礼，必以此为万民率⑨。故天下共若此，则尊卑无别也。夫世异时移，事业不必同，故曰"俭而难遵"也。要曰强本节用⑩，则人给家足之道也⑪。此墨子之所长，虽百家不能废也。

【注释】

①上：崇尚。②堂：指殿堂。③等：台阶的级数。④茅茨：指用茅草苫的屋。⑤土簋（guǐ）：古代盛装食物的圆口陶器。⑥歠（chuò）：饮；吸的意思。刑：当作铏。土铏：古代盛羹的陶器。⑦藜藿：泛指野菜。藜：一年生草本植物。俗称灰菜，嫩叶可吃。藿：豆叶。⑧举音：意为放声大哭。⑨率：标准。⑩要曰：总的来说。⑪给足：使……丰足。

法家不别亲疏，不殊贵贱①，一断于法②，则亲亲尊尊之恩绝矣，可以行一时之计，而不可长用也，故曰"严而少恩"。若尊主卑臣，明分职不得相踰越，虽百家不能改也③。

名家苛察缴绕④，使人不得反其意⑤，专决于名，时失人情，故曰"使人俭而善失真"。若夫控名责实⑥，三五不失⑦，此不可不察也。

【注释】

①殊：区分。②一：一律；完全。③分：职分；名分。④苛察：苛细的考察。缴绕：纠缠，烦琐。是说不识大体。⑤反其意：领略其意。⑥控名责实：由名以求实，使名与实相符合。⑦三五：交互错杂，错综比验。

道家无为①，又曰无不为②，其实易行，其辞难知。其术以虚无为本③，以因循为用④。无成势⑤，无常形⑥，故能究万物之情⑦。不为物先后，故能为万物主⑧。有法无法，因时为业；有度无度，因物兴舍。故曰"圣人不巧⑨，时变是守⑩。"虚者道之常也，因者君之纲也⑪。群臣并至，使各自明也。其实中其声者谓之端⑫，实不中其声者谓之款⑬。款言不听，奸乃不生，贤不肖自分，白黑乃形。在所欲用耳，何事不成！乃合大道，混混冥冥⑭。光耀天下，复反无名。凡人所生者神也⑮，所托者形也。神大用则竭，形大劳则敝，形神离则死。死者不可复生，离者不可复合，故圣人重之。由此观之，神者生之本，形者生之具⑯。不先定其神形⑰，而曰"我有以治天下"，何由哉⑱？

【注释】

①无为：道家认为不先物为。②无不为：道家说因物之所为。旨在顺应自然。③术：方法。④因循：指顺应自然。⑤成势：一成不变的趋势。⑥常形：固定不变的形。⑦情：情状。⑧为万物主：主宰万物。⑨不巧：是说无机巧之心，但顺应于时。《史记》作"不朽"。⑩守：遵守；奉行。⑪因：因循。纲：纲要。⑫声：名声，名。端：正。⑬款（kuǎn）：空。《史记》作"窾"。⑭混混冥冥：指混沌状态。⑮神：精神；精力。⑯具：器具。⑰神形：《史记》中写作"神"。⑱何由哉：从何入手呢？

太史公既掌天官，不治民。有子曰迁。

迁生龙门①，耕牧河山之阳②。年十岁则诵古文③。二十而南游江淮④，上会稽⑤，探禹穴⑥，窥九疑⑦，浮沅湘⑧。北涉汶泗⑨，讲业齐鲁之都⑩，观夫子遗风⑪，乡射邹峰；厄困蕃、薛⑫、彭城，过梁楚以归⑬。于是迁仕为郎中⑭，奉使西征巴蜀以南，略邛、莋、昆明⑮，还报命⑯。

【注释】

①龙门：山名。在今天的陕西韩城东北。相传为禹所凿的龙门。②河山之阳：指黄河的西面，龙门山之阳。③诵：诵读；学习。④江淮：指长江、淮河流域。⑤会稽：山名。在今天的浙江省中部绍兴、嵊县、诸暨、东阳之间。相传夏禹至此大会诸侯，计功封爵，始名会稽。⑥禹穴：相传会稽山上有孔，名叫禹穴。⑦九疑：山名。在今天的湖南宁远县南。相传舜葬于此。⑧浮：行船；航行。⑨汶、泗：水名。都

源于今山东省境内，汶水注入济水与黄河。泗水流经江苏北部，注入淮河。⑩齐鲁之都：齐都临淄，在今天的山东临淄北。鲁都曲阜，在今山东曲阜。⑪夫子：老师；对孔丘的尊称。⑫厄困：穷困；指处境艰难。⑬梁、楚：皆汉诸侯王国。梁都于睢阳即今河南商丘南。楚都于彭城即今江苏徐州市。⑭郎中：官名。管理宫廷车骑门户。⑮邛：古部族名。秦汉时期分布于今四川峨嵋山西北方一带。筰：古部族名。秦汉时分布于今四川峨嵋山以南一带。昆明：古部族名。分布在云南下关市一带。⑯还：返回。

　　是岁①，天子始建汉家之封，而太史公留滞周南②，不得与从事③，发愤且卒④。而子迁适返⑤，见父于河洛之间⑥。太史公执迁手而泣曰：“予先，周室之太史也。自上世尝显功名虞夏，典天官事。后世中衰，绝于予乎⑦？汝复为太史⑧，则续吾祖矣。今天子接千岁之统⑨，封泰山，而予不得从行，是命也夫⑩！命也夫！予死，尔必为太史；为太史，毋忘吾所欲论著矣。且夫孝⑪，始于事亲⑫，中于事君，终于立身⑬，扬名于后世，以显父母，此孝之大也。夫天下称周公⑭，言其能论歌文武之德⑮，宣周召之风，达大王王季思虑⑯，爰及公刘⑰，以尊后稷也⑱。幽厉之后⑲，王道缺，礼乐衰，孔子修旧起废⑳，论《诗》《书》，作《春秋》，则学者至今则之㉑。自获麟以来四百有余岁㉒，而诸侯相兼㉓，史记放绝㉔。今汉兴，海内一统，明主贤君，忠臣义士，予为太史而不论载，废天下之文，予甚惧焉，尔其念哉㉕！”迁俯首流涕曰㉖：“小子不敏，请悉论先人所次旧闻㉗，不敢阙。”卒三岁，而迁为太史令，紬史记石室金匮之书㉘。五年而当太初元年㉙，十一月甲子朔旦冬至㉚，天历始改㉛，建于明堂㉜，诸神受记。

【注释】
　　①是岁：指元封元年即公元前110年。②周南：指今洛阳一带。西周成王时，周公与召公公陕即今河南三门峡市而治，陕以西称召南，陕以东称周南。③与：参预；参加。④且：将要。⑤适：适逢。⑥河、洛：二水名。河，今黄河。洛，指洛水。⑦予：我；我的。⑧太史：即太史令。⑨统：统绪；传统。⑩命：命运。⑪且夫：况且；再说。⑫事：侍奉。亲：指父母。⑬立身：为人处世。⑭称：称道；称颂。⑮论歌：阐述歌颂。⑯大王：指古公亶父，周文王的祖父。王季：就是季历，古公亶父之少子，周文王之父。⑰公刘：古代周族首领，曾率周族迁至豳即今陕西旬邑。⑱后稷：古代周族的始祖。传说他是开始种稷和麦的人。⑲幽厉：即周幽王、周厉王。⑳修旧：研究和整理旧有的典籍。㉑则之：以之为准则。㉒获麟：指鲁哀公十四年即公元前481年西狩获麟。四百有余岁：自获麟至元封元年（公元前481年—公元前110年），凡三百七十二年。㉓兼：兼并。㉔放：散失。绝：断绝。㉕尔其念哉：你要记在心上啊。㉖涕：眼泪。㉗论：引述和编撰的意思。次：顺序记事之意。㉘紬（chōu）：抽引；引申为研究。史记：历史记载，还包括档案文件。石室、石匮：都是汉朝藏书的地方。㉙太初元年：公元前104年。司马迁生于汉景帝中五年（前145）。按：《史记正义》与《史记索隐》所说司马迁年龄，相差十岁。这是近代学者考证司马迁生年，产生不同说法之两个不同根源。㉚旦：凌晨。㉛天历始改：谓汉朝不再用秦历，而改用太初历。㉜明堂：是古代帝王宣明政教、举行祭祀等的地方。

　　太史公曰①：“先人有言②：‘自周公卒五百岁而有孔子，孔子至于今五百岁③，有能绍而明之，正《易传》④，继《春秋》，本《诗》《书》《礼》《乐》之际⑤。’意在斯乎！意在斯乎！小子何敢让焉⑥！”

【注释】

①太史公：司马迁的自称。下同。②先人：这里指司马谈。③五百岁：自周公死至孔子，约五百余岁；自孔子死至太初元年公元前479年—公元前104年，只有三百七十五岁。所言"五百岁"，非确指年数，而是引为祖述之意。④正：订正；作正确解释。⑤本：以之为本；以为依据。⑥让：谦让；推辞。

　　上大夫壶遂曰："昔孔子为何作《春秋》哉？"太史公曰："余闻之董生①：'周道废，孔子为鲁司寇，诸侯害之②，大夫壅之③。孔子知时之不用，道之不行也，是非二百四十二年之中④，以为天下仪表⑤，贬诸侯⑥，讨大夫⑦，以达王事而已矣。'子曰：'我欲载之空言⑧，不如见之于行事之深切著明也⑨。'《春秋》上明三王之道⑩，下辨人事之经纪⑪，别嫌疑，明是非，定犹豫⑫，善善恶恶，贤贤贱不肖⑬，存亡国，继绝世，补弊起废，王道之大者也。《易》著天地阴阳四时五行，故长于变；《礼》纲纪人伦⑭，故长于行；《书》记先王之事，故长于政；《诗》记山川溪谷禽兽草木牝牡雌雄⑮，故长于风⑯；《乐》乐所以立⑰，故长于和⑱；《春秋》辩是非，故长于治人。是故《礼》以节人，《乐》以发和，《书》以道事，《诗》以达意，《易》以道化⑲，《春秋》以道义。拨乱世反之正⑳，莫近于《春秋》。《春秋》文成数万㉑，其旨数千。万物之散聚皆在《春秋》㉒。《春秋》之中，弑君三十六㉓，亡国五十二，诸侯奔走不得保社稷者不可胜数㉔。察其所以，皆失其本已㉕。故《易》曰'差以毫厘，谬以千里。'故'臣弑君，子弑父，非一朝一夕之故，其渐久矣㉖。'有国者不可以不知《春秋》，前有谗而不见，后有贼而不知。为人臣者不可以不知《春秋》，守经事而不知其宜㉗，遭变事而不知其权。为人君父者而不通于《春秋》之义者，必蒙首恶之名㉘。为人臣子不通于《春秋》之义者，必陷篡弑殊死之罪㉙。其实皆以善为之，而不知其义，被之空言不敢辞㉚。夫不通礼义之指，至于君不君，臣不臣，父不父，子不子㉛。夫君不君则犯㉜，臣不臣则诛，父不父则无道，子不子则不孝。此四行者，天下之大过也。以天下大过予之，受而不敢辞。故《春秋》者，礼义之大宗也㉝。夫礼禁未然之前，法施已然之含法之所为用者易见，而礼之所为禁者难知。"

【注释】

①董生：指董仲舒。本书中有其传。②害：嫉妒，伤害。③壅：阻塞；阻挠。④是非：相当于褒贬。二百四十二年：指《春秋》。《春秋》记事，上起鲁隐公元年公元前722年，下迄鲁哀公十四年即公元前481年，共记了二百四十二年的史事。⑤仪表：法式。⑥贬：贬斥。⑦讨：声讨。⑧空言：这里指只是义理上的说教。⑨行事：指已经发生的具体史事。⑩三王：就是指夏禹、商汤、周文王武王。⑪人事：人情事理。⑫定：确定；决断。⑬贤贤：尊重贤能的人。⑭纲纪：治理；规范。动词。⑮牝（pìn）牡：指雌雄两性。⑯风：风土人情。⑰所以：所凭借。⑱和：和谐，协调。⑲道化：阐述客观世界变化的道理。⑳拨乱世反之正：治理乱世，使之回复于正道。㉑《春秋》文成数万：谓《春秋》文字之多；流传至今的《春秋》只有一万六千五百余字。例如以《春秋》与《公羊传》合计只有四万余字。㉒万物：相当于万事。散聚：综合诸事之意。㉓弑：臣杀君，子杀父叫"弑"。㉔社稷：国家的代称。㉕本：根本。㉖渐：意为逐渐发展。㉗经事：指经常之事。㉘蒙：蒙受、遭受。㉙篡弑诛死之罪：因犯篡位夺权杀父君之罪而被处死刑。㉚被之空言：是说受到舆论谴责。㉛君不君：做国君的不像国君。臣不臣：做臣子的不像臣子。㉜犯：是说被臣下所干犯。㉝大宗：大根本。

壶遂曰："孔子之时，上无明君，下不得任用，故作《春秋》，垂空文以断礼义①，当一王之法②。今夫子上遇明天子，下得守职，万事既具，咸各序其宜③，夫子所论，欲以何明？"太史公曰："唯唯④，否否⑤，不然。余闻之先人曰：'伏羲至纯厚⑥，作《易》八卦。尧舜之盛，《尚书》载之，礼乐作焉。汤武之隆⑦，诗人歌之。《春秋》采善贬恶，推三代之德⑧，褒周室，非独刺讥而已也。'汉兴已来⑨，至明天子，获符瑞⑩，封禅，改正朔⑪，易服色，受命于穆清⑫，泽流罔极⑬，海外殊俗重译款塞⑭，请来献见者，不可胜道。臣下百官力诵圣德，犹不能宣尽其意。且士贤能矣，而不用，有国者耻也；主上明圣，德不布闻，有司之过也⑮。且余掌其官，废明圣盛德不载，灭功臣贤大夫之业不述，堕先人所言，罪莫大焉。余所谓述故事，整齐其世传，非所谓作也，而君比之《春秋》，谬矣。"

【注释】

①垂：流传。空文：空洞无实无功的文章。②当：当作。③各序其宜：各得其所。④唯唯：是应答词，顺应而不表示可否。⑤否否：表示不同意对的意见。⑥伏羲：神话传说中是人类的始祖。⑦汤、武：指商汤王、周武王。⑧三代：指夏、商、周三个朝代。⑨已：同以。⑩获符瑞：符瑞，祥瑞的征兆。⑪改正朔：这里是指修改历法。⑫穆清：这里指天。⑬泽：恩泽。流，流传。⑭重译：指远方来的人。款：叩。款塞：在边塞上叩关而来朝贡。⑮有司：主管官吏的官。

于是论次其文①。十年而遭李陵之祸②，幽于缧绁③。乃喟然而叹曰："是余之罪夫！身亏不用矣。"退而深惟曰④："夫《诗》《书》隐约者⑤，欲遂其志之思也⑥。"卒述陶唐以来⑦，至于麟止⑧，自黄帝始⑨。《五帝本纪》第一，《夏本纪》第二，《殷本纪》第三，《周本纪》第四，《秦本纪》第五，《始皇本纪》第六，《项羽本纪》第七，《高祖本纪》第八，《吕后本纪》第九，《孝文本纪》第十，《孝景本纪》第十一，《今上本纪》第十二。《三代世表》第一，《十二诸侯年表》第二，《六国年表》第三，《秦楚之际月表》第四，《汉诸侯年表》第五，《高祖功臣年表》第六，《惠景间功臣年表》第七，《建元以来侯者年表》第八，《王子侯者年表》第九，《汉兴以来将相名臣年表》第十。《礼书》第一，《乐书》第二，《律书》第三，《历书》第四，《天官书》第五，《封禅书》第六，《河渠书》第七，《平准书》第八。《吴太伯世家》第一，《齐太公世家》第二，《鲁周公世家》第三，《燕召公世家》第四，《管蔡世家》第五，《陈杞世家》第六，《卫康叔世家》第七，《宋微子世家》第八，《晋世家》第九，《楚世家》第十，《越世家》第十一，《郑世家》第十二，《赵世家》第十三，《魏世家》第十四，《韩世家》第十五，《田完世家》第十六，《孔子世家》第十七，《陈涉世家》第十八，《外戚世家》第十九，《楚元王世家》第二十，《荆燕王世家》第二十一，《齐悼惠王世家》第二十二，《萧相国世家》第二十三，《曹相国世家》第二十四，《留侯世家》第二十五，《陈丞相世家》第二十六，《绛侯世家》第二十七，《梁孝王世家》第二十八，《五宗世家》第二十九，《三王世家》第三十。《伯夷列传》第一，《管晏列传》第二，《老子韩非列传》第三，《司马穰苴列传》第四，《孙子吴起列传》第五，《伍子胥列传》第六，《仲尼弟子列传》第七，《商君列传》第八，《苏秦列传》第九，《张仪列传》第十，《樗里甘茂列传》第十一，《穰侯列传》第十二，《白起王翦列传》第十三，《孟子荀卿列传》第十四，《平原虞卿列传》第十五，《孟尝君列传》第十六，《魏公子列传》第十七，《春申君列传》第十八，《范雎蔡泽列传》第十九，《乐毅列传》第二十，《廉颇蔺相如列传》第二十一，《田单列传》第二十二，《鲁仲连列传》第二十三，《屈原贾生列传》第二十四，《吕不韦列传》第二十五，《刺客列传》第二十六，《李斯列传》第二十七，《蒙恬列传》第二十八，《张耳陈余列传》第二十九，《魏豹彭越列传》第三十，《黥布列传》第三十一，《淮阴侯韩信列传》第三十二，《韩王信卢绾列传》第三十三，《田儋列传》第三十四，《樊郦滕灌列传》第三十五，《张丞相仓列传》第三十六，《郦生陆贾列传》第三十七，《傅靳蒯成侯列传》第三十八，《刘敬叔孙通列传》第三十九，《季布栾布列传》第四十，《爰盎朝错列传》第四十一，《张释之冯唐列传》第四十二，《万石张叔列传》第四十三，《田叔列传》第四十四，《扁鹊仓公列传》第四十五，《吴王濞列传》第四十六，《魏其武安列传》第四十七，《韩长孺列传》第四十八，《李将军列传》第四十九，《卫将军骠骑列传》第五十，《平津侯主父列传》第五十一，《匈奴列传》第五十二，《南越列传》第五十三，《闽越列传》第五十四，《朝鲜列传》第五十五，《西南夷列传》第五十六，《司马相如列传》第五十七，《淮南衡山列传》第五十八，《循吏列传》第五十九，《汲郑列传》第六十，《儒林列传》第六十一，《酷吏列传》第六十二，《大宛列传》第六十三，《游侠列传》第六十四，《佞幸列传》第六十五，《滑稽列传》第六十六，《日者列传》第六十七，《龟策列传》第六十八，《货殖列传》第六十九。

【注释】

　　①论次：依次论述。次，次序，这里意为依次，动词。②十年：自太初元年至天汉三年公元前104年—公元前98年。遭李陵之祸：天汉二年即公元前99年，李陵征匈奴兵败投降，司马迁为李陵辩说，因触怒武帝，于天汉三年受了宫刑。③幽：监禁；囚禁。累绁：捆绑。这里指监狱。④惟：思考；考虑。⑤隐约：指《诗》、《书》意义隐微，文字简约。⑥遂：达到，实现。⑦陶唐：就是指尧。⑧麟止：众说不一。王先谦云："《史记》之作，不为感麟。迁仰希圣经，取义绝笔。"此说法较为可取。⑨黄帝：传说中华夏民族的远祖。即轩辕氏。

　　惟汉继五帝末流①，接三代绝业②。周道既废，秦拨去古文③，焚灭《诗》《书》④，故明堂石室金匮玉版图籍散乱⑤。汉兴，萧何次律令⑥，韩信申军法，张苍为章程⑦，叔孙通定礼仪，则文学彬彬稍进⑧，《诗》《书》往往间出⑨。自曹参荐盖公言黄老，而贾谊、朝错明申韩⑩，公孙弘以儒显，百年之间，天下遗文古事靡不毕集⑪。太史公仍父子相继撰其职，曰："呜呼！余维先人尝掌斯事⑫，显于唐虞。至于周，复典之。故司马氏世主天官，至于余乎，钦念哉⑬！"网罗天下佚旧闻⑭，王迹所兴⑮，原始察终⑯，见盛观衰，论考之行事，略三代⑰，录秦汉，上记轩辕，下至于兹，著十二本纪，既科条之矣⑱。并时异世，年差不明，作十表。礼乐损益，律历改易，兵权山川鬼神⑲，天人之际⑳，承敝通变，作八书。二十八宿环北辰㉑，三十辐拱一毂㉒，运行

无穷，辅弼股肱之臣配焉，忠信行道以奉主上，作三十世家。扶义俶傥^㉓，不令己失时^㉔，立功名于天下，作七十列传。凡百三十篇，五十二万六千五百字，为《太史公书》^㉕。序略，以拾遗补艺^㉖，成一家言，协《六经》异传^㉗，齐百家杂语，藏之名山^㉘，副在京师^㉙，以俟后圣君子。第七十，迁之自叙云尔^㉚。而十篇缺，有录无书^㉛。

【注释】

①末流：末世；遗风。②绝业：指中断的事业。③拨去：去掉，拔去。④焚灭《诗》《书》：指秦国焚书之事。⑤玉版：刊刻文学的石版。⑥次：编排。⑦章程：章术法式。⑧文学：这里指文学之士。彬彬：文质兼备的样子。⑨间（jiān）出：形容交替迭出。⑩申：申不害；人名。⑪靡不毕集：指无不毕业于秘府。⑫尝：曾经。斯：此。⑬钦念：指敬慎地思念。⑭网罗：搜集。⑮王迹：帝王兴起的事迹。⑯原：推究。⑰略：《史记》写作"略推"。⑱科条之：是说本纪既成，自黄帝至今，科分条列，大纲已举。⑲兵权：军事策略。山川：地形地貌。⑳天人之际：是指《天官书》。㉑二十八宿：古代天文学家把黄道的恒星分成二十八个星座，称为二十八宿，四方各有七宿，东方：角、亢、氐、房、心、尾、箕；北方：斗、牛、女、虚、危、室、壁；西方：奎、娄、胃、昴、毕、觜、参；南方：井、鬼、柳、星、张、翼、轸。北辰：指北极星。㉒辐（fú）：车轮中连接轴心和轮圈的直木。拱：拱卫。毂（gǔ）：车轮中心插轴的圆木。㉓俶傥：坦荡大度，不拘小节。㉔时：机会。㉕《太史公书》：汉人称司马迁著作的名字。自东汉以后才称作《史记》。㉖拾遗：收集他人遗漏之事。㉗协：集合同异，折衷取裁。㉘名山：古代帝王藏书策的地方。㉙副：副本。㉚迁之叙自云尔：意思是以上皆其自叙之辞。㉛十篇缺，有录无书：张晏曰："迁没之后，亡《景纪》、《武纪》、《礼乐》、《乐书》、《兵书》、《汉兴以来将相年表》、《日者列传》、《三王世家》、《龟策列传》、《傅靳列传》。元成之间褚先生补缺，作《武帝纪》，《三王世家》，《龟策》，《日者传》，言辞鄙陋，不是司马迁本意。"

　　迁既被刑之后^①，为中书令^②，尊宠任职。故人益州刺史任安予迁书^③，责以古贤臣之义^④。迁报之曰^⑤：

【注释】

①被：遭受。②中书令：官名。③故人：指旧交。④责：要求。⑤迁报之曰：下文是《报任安书》。

　　少卿足下^①：曩者辱赐书^②，教以慎于接物^③，推贤进士为务^④，意气勤勤恳恳，若望仆不相师用^⑤，而流俗人之言^⑥。仆非敢如是也。虽疲驽^⑦，亦尝侧闻长者遗风矣^⑧。顾自以为身残处秽^⑨，动而见尤^⑩，欲益反损，是以抑郁而无谁语^⑪。谚曰："谁为为之？孰令听之^⑫？"盖钟子期死^⑬，伯牙终身不复鼓琴^⑭。何则？士为知己用，女为悦己容。若仆大质已亏缺，虽材怀随和^⑮，行若由夷^⑯，终不可以为荣，适足以发笑而自玷耳^⑰。

【注释】

①少卿：是任安的字。足下：古代下称上或同辈相称的敬词。②曩（nǎng）：指从前。③接物：待人接物。④推，进：推荐。⑤仆：对自身的谦称。师：效法。⑥而：相当于"如"。流俗人：指世俗人。⑦疲驽（nú）：疲弱的劣马，这里比喻才能庸劣。⑧侧闻：从旁得知。⑨顾：只是。秽：污秽。⑩尤：过；夷。⑪无谁语：指无谁可告语。⑫孰：谁。⑬钟子期：春秋时期楚国人，最能理解伯牙的琴音。⑭伯牙：

春秋时期楚国人，善于弹琴。当知音者钟子期死后，伯牙以为世无知音，就破琴绝弦，从此不再弹琴。⑮随和：随侯珠、和氏璧，都是战国时宝贵的珠玉。⑯由夷：许由、伯夷。传说二人是古代品德高尚之人。⑰玷：污；污辱。

书辞宜答①，会东从上来②，又迫贱事③，相见日浅④，猝猝无须臾之闲得竭指意⑤。今少卿抱不测之罪⑥，涉旬月⑦，迫季冬⑧，仆又薄从上上雍⑨，恐猝然不可讳⑩。是仆终已不得舒愤懑以晓左右⑪，则长逝者魂魄私恨无穷⑫。请略陈固陋。阙然不报⑬，幸勿过⑭。

【注释】

①宜答：应该及早回信。②会：指适逢。上：君主，指汉武帝。此指司马迁于太始元年公元前96年侍从汉武帝东来。③贱事：是谦词，指自己所担负的事务。④浅：少的意思。⑤猝猝：匆促。须臾：指片刻。⑥不测：无法预料后果。⑦涉：经过。⑧迫：迫近。⑨薄：迫近。从上：侍从汉武帝。上雍：到雍地去。雍：县名。在今天的陕西凤翔南。雍比长安地势高，故去雍曰"上雍"。⑩不可讳：就是不可避讳之事，指任安将被处死。⑪终已：终久。晓：使……知晓。⑫长逝者：死者，指任安。任安此时未死。他死于征和二年公元前91年戾太子事件。⑬阙然：这里指隔了很久。⑭幸：希望。过：怪罪。

仆闻之，修身者智之府也①，爱施者仁之端也②，取予者义之符也③，耻辱者勇之决也，立名者行之极也④。士有此五者，然后可以托于世，列于君子之林矣。故祸莫惨于欲利⑤，悲莫痛于伤心，行莫丑于辱先，而诟莫大于宫刑⑥。刑余之人，无所比数⑦，非一世也，所从来远矣。昔卫灵公与雍渠载⑧，孔子适陈⑨；商鞅因景监见⑩，赵良寒心⑪；同子参乘⑫，爰丝变色⑬：自古而耻之。夫中材之人，事关于宦竖⑭，莫不伤气，况慷慨之士乎！如今朝虽乏人，奈何令刀锯之余荐天下豪俊哉⑮！仆赖先人绪业，得待罪辇毂下⑯，二十余年矣⑰。所以自惟：上之，不能纳忠效信，有奇策材力之誉⑱，自结明主；次之，又不能拾遗补缺⑲，招贤进能，显岩穴之士；外之，不能备行伍⑳，攻城野战，有斩将搴旗之功㉑；下之，不能累日积劳，取尊官厚禄，以为宗族交游光宠㉒。四者无一遂，苟合取容㉓。无所短长之效可见于此矣。向者，仆亦尝侧下大夫之列㉔，陪外廷末议㉕。不以此时引维纲㉖，尽思虑，今已亏形为扫除之隶，在阘茸之中㉗，乃欲仰首伸眉㉘，论列是非，不亦轻朝廷，羞当世之士邪！嗟乎！嗟乎！如仆，尚何言哉㉙！尚何言哉！

【注释】

①府：聚集之处。这里指修身是智慧的集中表现。②端：开端。③符：信。④行（xìng）：指品行。极：最高准则。⑤欲：指食欲。⑥诟（gòu）：耻辱。宫刑：破坏男性性欲功能的刑。⑦比数：相比相数。⑧卫灵公：春秋时期卫国国君。他与夫人同车出游，令宦者雍渠参乘，让孔子坐在后面车上。孔子以为耻辱，便离卫国。⑨适陈：达到陈国。⑩商鞅因景监见：商鞅入秦时，是由宦者景监引见于秦孝公。⑪赵良：战国时期秦国贵族，反对商鞅变法。寒心：戒惧之意。⑫同子：指赵谈。赵谈为汉文帝时的宦官。司马迁为避父讳，故称赵谈为"同子"。⑬变色：意为正色直谏。⑭爰丝：爰盎，字丝。汉文帝时期的大臣。⑮刀锯之余：指受过刑罚的人。⑯辇毂：皇帝所乘坐的车。这里代指皇帝。⑰二十余年：司马迁自元狩中

为郎，至太始初报书，确实是二十余年。⑱誉：声誉。⑲拾遗补缺：为皇帝拾取遗漏、弥补缺失，就是对皇帝进谏规过。⑳行伍：军队行列。即指军中。㉑搴（qiān）：指拔取。㉒交游：结交朋友。㉓苟合取容：随附和，取得容身之地。㉔侧：置；参加。下大夫：古代有上、中、下大夫之称。汉吏六百石以上也称大夫。司马曾为太史令，秩六百石所以称"下大夫"。㉕外廷：外朝。是皇帝与大臣议事的朝堂。㉖维纲：这里指法度。㉗阘茸（tàróng）：指猥贱。㉘仰：抬起。伸：舒展。㉙尚何言：还有什么可说的。

　　且事本末未易明也①。仆少负不羁之才②，长无乡曲之誉③，主上幸以先人之故，使得奉薄技④，出入周卫之中⑤。仆以为戴盆何以望天⑥，故绝宾客之知⑦，忘室家之业，日夜思竭其不肖之材力，务一心营职，以求亲媚于主上。而事乃有大谬不然者。夫仆与李陵俱居门下⑧，素非相善也，趣舍异路⑨，未尝衔杯酒接殷勤之欢。然仆观其为人自奇士，事亲孝，与士信⑩，临财廉⑪，取予义，分别有让，恭俭下人，常思奋不顾身以徇国家之急⑫。其素所蓄积也，仆以为有国士之风。夫人臣出万死不顾一生之计，赴公家之难，斯已奇矣。今举事一不当，而全躯保妻子之臣随而媒糵其短⑬，仆诚私心痛之。且李陵提步卒不满五千⑭，深践戎马之地，足历王庭⑮，垂饵虎口，横挑强胡，仰亿万之师⑯，与单于连战十余日，所杀过当⑰。虏救死扶伤不给⑱，毡裘之君长咸震怖⑲，乃悉征左右贤王，举引弓之民⑳，一国共攻而围之。转斗千里，矢尽道穷㉑，救兵不至，士卒死伤如积。然李陵一呼劳军，士无不起，躬流涕，沫血饮泣㉒，张空弮㉓，冒白刃，北首争死敌㉔。陵未没时，使有来报，汉公卿王侯皆奉觞上寿㉕。后数日，陵败书闻，主上为之食不甘味，听朝不怡㉖。大臣忧惧，不知所出。仆窃不自料其卑贱㉗，见主上惨凄怛悼㉘，诚欲效其款款之愚㉙。以为李陵素与士大夫绝甘分少㉚，能得人之死力，虽古名将不过也。身虽陷败，彼观其意，且欲得其当而报汉㉛。事已无可奈何，其所摧败，功亦足以暴于天下㉜。仆怀欲陈之，而未有路㉝。适会召问，即以此指推言陵功，欲以广主上之意，塞睚眦之辞㉞。未能尽明，明主不深晓，以为仆沮贰师㉟，而为李陵游说，遂下于理㊱。拳拳之忠㊲，终不能自列㊳，因为诬上，卒从吏议。家贫，财赂不足以自赎㊳，交游莫救，左右亲近不为一言。身非木石，独与法吏为伍，深幽图圄之中㊵，谁可告诉者㊶！此正少卿所亲见，仆行事岂不然邪？李陵即生降㊷，隤其家声㊸，而仆又茸以蚕室㊹，重为天下观笑。悲夫！悲夫！

【注释】

　　①本：根本。末：末梢。本末，这里指事情的各种相关情况。②负：抱。不羁：指其材质高远不可羁系。③乡曲：指乡里。④薄技：就是薄材。⑤周卫：四周护卫之处，就是指宫禁。⑥戴盆何以望天：戴盆与望天不可两兼，因此有此言。⑦知：知交。这里指交往。⑧李陵：李广的孙子，本书《李广传》附其传。俱居门下：李陵元狩中曾为侍中，司马迁元狩中已为郎中，皆出入宫门，故有是言。⑨趣舍：指兴趣志向。⑩与：相与。⑪临：面对。⑫徇：献身。急：危急。⑬媒糵：媒，酒母；糵，曲糵。媒糵，酒曲，这里作动词用，酿成的意思。⑭提：率领。⑮王庭：这里指匈奴单于的活动中心。⑯卬：有说与"仰"通，谓仰攻。有说与"迎"通，谓迎战。两说皆可成立。⑰所杀过当：是说杀敌超过被杀之数。⑱给：供给。不给：指不能够供给。⑲毡裘：匈奴人服用的毛毡、皮裘。这里指匈奴人。⑳引：开。㉑矢：箭。道：指前途。㉒沫（huì）：洗脸。沫血：指血流满脸。㉓弮：弓。㉔首：向。争死敌：是说与敌殊死搏斗。㉕奉觞上寿：举杯祝贺。㉖怡：愉快，高兴。㉗不自料：不自量力。㉘惨凄怛悼：指忧伤，哀悼。㉙诚

确实。款款：忠诚的样子。㉚绝甘分少：好东西自己不吃，把仅有的少量的东西分给别人。表示在逆境中不畏的品质。㉛欲得其当：是说打算抓住适当的时机。㉜暴：指显露。㉝路：途径，机会。㉞睚眦（yázì）：指瞪眼怒视。㉟沮：败坏，毁谤。㊱下：下交。理：大理即廷尉，官名。㊲拳拳：忠谨的样子。㊳列：陈说的意思。㊴赎：指赎罪。汉法规定，犯人可以用钱赎罪。㊵幽：幽禁；拘禁。圄圆：监狱。㊶告诉：诉说。㊷生降：活着投降匈奴。㊸隤：败坏，毁坠。㊹茸（rǒng）：推入。蚕室：刚受宫刑的人怕风寒，必须住于严密、温暖之室，就像养蚕之室，故称蚕室。

　　事未易一二为俗人言也①。仆之先人非有剖符丹书之功②，文史星历近乎卜祝之间③，固主上所戏弄，倡优畜之④，流俗之所轻也⑤。假令仆伏法受诛，若九牛亡一毛⑥，与蝼蚁何异⑦？而世又不与能死节者比⑧，特以为智穷罪极，不能自免，卒就死耳。何也？素所自树立使然⑨。人固有一死，死有重于泰山，或轻于鸿毛⑩，用之所趋异也⑪。太上不辱先⑫，其次不辱身，其次不辱理色⑬，其次不辱辞令，其次屈体受辱⑭，其次易服受辱⑮，其次关木索被箠楚受辱⑯，其次剃毛发婴金铁受辱⑰，其次毁肌肤断肢体受辱⑱，最下腐刑⑲，极矣。传曰："刑不上大夫"，此言士节不可不厉也⑳。猛虎处深山，百兽震恐，及其在穽槛之中㉑，摇尾而求食，积威约之渐也㉒。故士有画地为牢势不入，削木为吏议不对，定计于鲜也㉓。今交手足㉔，受木索，暴肌肤，受榜箠㉕，幽于圜墙之中，当此之时，见狱吏则头枪地㉖，视徒隶则心惕息㉗。何者？积威约之势也。及已至此，言不辱者，所谓强颜耳㉘，曷足贵乎㉙！且西伯㉚，伯也㉛，拘羑里㉜；李斯，相也，具五刑㉝；淮阴㉞，王也，受械于陈㉟；彭越、张敖南向称孤，系狱具罪；绛侯诛诸吕，权倾五霸㊱，囚于请室㊲；魏其㊳，大将也，衣赭关三木㊴；季布为朱家钳奴；灌夫受辱居室。此人皆身至王侯将相，声闻邻国，及罪至网加㊵，不能引决自裁㊶。在尘埃之中，古今一体，安在其不辱也！由此言之，勇怯，势也；强弱，形也。审矣㊷，曷足怪乎！且人不能早自裁绳墨之外㊸，已稍陵夷，至于鞭箠之间㊹，乃欲引节㊺，斯不亦远乎㊻！古人所以重施刑于大夫者㊼，殆为此也。夫人情莫不贪生恶死，念亲戚，顾妻子，至激于义理者不然㊽，乃有不得已也。今仆不幸，早失二亲，无兄弟之亲，独身孤立，少卿视仆于妻子何如哉？且勇者不必死节㊾，怯夫慕义，何处不勉焉！仆虽怯耎欲苟活㊿，亦颇识去就之分矣，何至自沉溺缧绁之辱哉！且夫臧获婢妾犹能引决，况若仆之不得已乎！所以隐忍苟活，函粪土之中而不辞者，恨私心有所不尽，鄙没世而文采不表于后也。

【注释】

①为俗人言：对俗人讲清。②剖符：剖分信符为二，君臣各执一半，合符验证。丹书：就是丹书铁券，在铁券上以朱砂写上誓词。汉初分封时规定，凡受剖符丹书的功臣，子孙世袭，信守不渝。③文史星历：指太史令职掌之事。文：文献。史：史籍。星：天文。历：历法。卜：占卜，指占卜者。祝：祭祀，指主持祭祀的人。④倡优：古代的艺人。社会地位很低。畜：指豢养。⑤轻：轻视。⑥九牛亡一毛：比喻微不足道。⑦蝼、蚁：蝼蛄、蚍蜉，都是小虫。⑧与：犹谓。比：后人妄加。⑨所自树立：自己用来立身的工作。⑩鸿毛：鸿鸟身上的羽毛。比喻死得很轻微。⑪用之所趋异：是说死的意义不同。趋：趋向；旨趣。⑫太上：最上的。⑬理色：脸面。⑭屈体：这里指被捆绑。⑮易服：这里指穿赭衣。⑯关：套上。木索：一种刑具。⑰剃毛发：就是髡（kūn）刑。婴金铁：就是钳（qián）刑。⑱毁肌肤断肢体：就是指劓、

刖、膑、黥等刑。⑲腐刑：就是宫刑。⑳厉：勉励。㉑槛：关兽的笼子。阱：指捕兽的陷坑。㉒威约：以威制约。渐：指逐渐形成。㉓鲜：善。定计于鲜：言定计自裁为善，而不遭刑辱。㉔交：相交。这里指捆绑。㉕榜：捶打的意思。㉖枪地：指触地。㉗徒隶：指狱卒。阳息：恐惧的样子。因恐惧而不敢出声息。㉘强颜：厚颜，不知羞。㉙曷：同何。㉚西伯：指周文王。㉛伯：方伯，是五方诸侯之长。㉜羑（yǒu）里：周文王被殷纣王拘禁之处，在今河南汤阴北部。㉝五刑：古代有墨、劓、剕、宫、大辟五刑。这里是酷刑的意思。㉞淮阴：指淮阴侯韩信。韩信曾经做过齐王、楚王。本书有其传。㉟（淮阴）受械于陈：韩信为楚王，地势广大。汉高祖刘邦怀疑他谋反，伪游云楚，于陈即今河南淮阳逮捕他，降封为淮阴侯。㊱倾：超过。㊲请室：汉代囚禁官吏有罪的人的监狱。㊳魏其：指魏其侯窦婴。本书卷五二有其卷。㊴衣：穿着。赭：指囚服。三木：刑具。㊵网：法网。㊶自裁：自杀。㊷审：确实。㊸绳墨：这里指法律。㊹稍：渐。㊺引节：指引决殉节。㊻远：晚；迟。㊼重：重视；慎重；不轻易。㊽激于义理：为义理所激愤。㊾通者不必死节：意思是说勇者不轻生，而注重死的价值。㊿何处不勉：是说处处皆可勉励。(51)栗（ruǎn）：指软弱。(52)颇识：很懂得。去就：意为舍生取义。(53)累泄：捆绑犯人的绳索。这里引申为囚禁，牢狱。(54)臧获：古时候齐地对奴婢的贱称。(55)函：当为臽，陷也。(56)恨：遗恨。(57)鄙：以……为耻。没世：即离开人世。文采：才华。表：表明。

古者富贵而名磨灭①，不可胜记②，唯倜傥非常之人称焉③。盖西伯拘而演《周易》④；仲尼厄而作《春秋》⑤；屈原放逐，乃赋《离骚》⑥；左丘失明⑦，厥有《国语》⑧；孙子髌脚⑨，《兵法》修列⑩；不韦迁蜀⑪，世传《吕览》⑫；韩非囚秦⑬，《说难》、《孤愤》。《诗》三百篇，大抵贤圣发愤之所⑭为作也。此人皆意有所郁结，不得通其道⑮，故述往事，思来者。及如左丘明无目，孙子断足，终不可用，退论书策以舒其愤，思垂空文以自现⑯。仆窃不逊⑰，近自托于无能之辞⑱，网罗天下放佚旧闻⑲，考之行事，稽其成败兴坏之理⑳，凡百三十篇，亦欲以究天人之际，通古今之变，成一家之言㉑。草创未就，适会此祸，惜其不成，是以就极刑而无愠色㉒。仆诚以著此书，藏之名山，传之其人通邑大都㉓，则仆偿前辱之债，虽万被戮㉔，岂有悔哉！然此可为智者道，难为俗人言也。

【注释】

①名：名声。②胜记：胜数。③倜傥（tìtǎng）：指卓越。④西伯拘而演《周易》：传说西伯被拘于羑里时，推演六十四卦，而成《周易》的纲要。⑤仲尼：孔子的字。传说孔子周游列国困厄时，便回到鲁国作《春秋》。⑥屈原放逐，乃赋《离骚》：战国时期伟大诗人屈原被放逐时，乃作《离骚》。⑦左丘：左丘明，春秋时期鲁国史官。传说他作《国语》。⑧厥：乃；才。⑨孙子：战国时期孙膑。他与庞涓同学，被妒忌而受膑刑（挖去膝盖骨）。后来战胜了庞涓。写有《孙膑兵法》，近有银雀山出土竹简的整理本。⑩修列：编修。⑪不韦：吕不韦。他曾任秦相国，令门客编修《吕氏春秋》（就是《吕览》）。后被秦王政罢相，迁蜀，在迁徙中自杀。⑫《吕览》：即为《吕氏春秋》。⑬韩非：战国时期韩国贵族，著有《韩非子》一书，其中有《说难》、《孤愤》等篇。后使于秦，被李斯陷害入狱而死。⑭大抵：大概。⑮通：畅通。⑯现：显现；表现。⑰逊：谦逊。⑱无能之辞：拙劣的文辞。辞：文辞。⑲放佚：散失。闻：传闻。⑳稽：考查，考察。㉑此为司马迁著书的指导思想，也是《史记》的总纲。㉒愠色：愤怒的表情。㉓其人：这里指能使这本书流传下去的人。㉔戮：杀。

且负下未易居①，下流多谤议②。仆以口语遇遭此祸，重为乡党戮笑③，污辱先人，亦何面目复上父母之丘墓乎？虽累百世，垢弥甚耳④！是以肠一日而九回⑤，居则忽忽若有所亡⑥，出则不知所如往。每念斯耻，汗未尝不发背沾衣也。身直为闺阁之臣⑦，宁得自引深藏于岩穴邪！故且从俗浮沉，与时俯仰，以通其狂惑⑧。今少卿乃教以推贤进士，无乃与仆之私指谬乎⑨。今虽欲自雕琢，曼辞以自解⑩，无益，于俗不信，祗取辱耳。要之死日，然后是非乃定。书不能尽意，故略陈固陋⑪。

【注释】

①负：背负。下：低下。这里指由于受刑而带来的坏名声。②下流：指自己处于低下的地点。③重：大；多。④垢：耻辱。甚：严重。⑤肠一日而九回：意为回肠荡气。⑥亡：失。⑦身：自身。直：侍奉。⑧狂惑：司马迁以不能自裁免辱，而复浮沉任职，是为"狂惑"。⑨无乃：莫非。⑩曼：美。⑪陈固陋：陈述原来卑陋的意见。

迁既死后，其书稍出。宣帝时，迁外孙平通侯杨恽祖述其书①，遂宣布焉。至王莽时，求封迁后，为史通子②。

【注释】

①杨恽：人名。祖述：继承和宣传。②史通子：美称。史通，意谓通晓古今。

赞曰①：自古书契之作而有史官①，其载籍博矣②。至孔氏撰之③，上断唐尧，下迄秦缪④。唐虞以前虽有遗文，其语不经⑤，故言黄帝、颛顼之事未可明也⑥。及孔子因鲁史记而作《春秋》，而左丘明论辑其本事以为之传⑦，又撰异同为《国语》。又有《世本》⑧，录黄帝以来至春秋时帝王公侯卿大夫祖世所出。春秋之后，七国并争⑨，秦兼诸侯⑩，有《战国策》。汉兴伐秦定天下，有《楚汉春秋》。故司马迁据《左氏》、《国语》，采《世本》、《战国策》⑪，述《楚汉春秋》，接其后事，迄于天汉⑫。其言秦汉，详矣。至于采经摭传⑬，分散数家之事，甚多疏略，或有抵梧⑭。亦其涉猎者广博，贯穿经传，驰骋古今，上下数千载间，斯以勤矣。又其是非颇缪于圣人⑮，论大道则先黄老而后六经，序游侠则退处士而进奸雄⑯，述货殖则崇势利而羞贱贫⑰，此其所蔽也。然自刘向、扬雄博极群书⑱，皆称迁有良史之材，服其善序事理，辨而不华，质而不俚⑲，其文直，其事核⑳，不虚美，不隐恶，故谓之实录。呜呼！以迁之博物洽闻，而不能以智自全㉑，既陷极刑，幽而发愤，书亦信矣㉒。迹其所以自伤悼㉓，《小雅》巷伯之伦。夫唯《大雅》"既明且哲，能保其身"，难矣哉！

【注释】

①赞曰：此赞本于班彪之论，参考《后汉书·班彪传》。自"呜呼"以下，是班固所撰。书契：文字。契：刻。②载籍：书籍。③撰：著述。④秦缪（穆）：就是秦穆公。⑤不经：不是经典所说。⑥明：清楚。⑦传：就是指《左传》。⑧《世本》：书名。⑨七国：战国七雄，就是齐、楚、燕、赵、韩、魏、秦。⑩兼：兼并；吞并。⑪采：采用。⑫天汉：汉武帝年号公元前100年—公元前87年。⑬摭：拾。⑭抵梧：指抵触。⑮缪：同谬。错误。⑯处士：没有做官的人士。⑰货殖：泛指经济活动。货：货物。⑱自：若；如。⑲俚：鄙。⑳核：真实的意思。㉑全：保全。这里指保全自己。㉒书：这里指《报任安书》。㉓迹：

寻究，考证。

【译文】

在久远的颛顼时代，任命南正重主管有关天的事务，又任命火正黎主管有关地的事务。陶唐氏与有虞氏相交的时候，让重、黎的后人继承重、黎二人的事业，重新掌管与天、地有关的事务，一直到夏朝和商朝都是这样，因此重、黎氏世世代代管理天、地的事情。重、黎氏在周朝时代，程伯休父是他们的后人。当周宣王的时候，重、黎氏失去了管理天、地事务的职务而成为了司马氏。司马氏世代管理周朝的史事。周惠王与周襄王承继之间，司马氏迁到了晋国。晋中军将会逃奔魏地，司马氏因为这个缘故进入了少梁。

从司马氏离开周室迁到晋国，就分散了，有的在卫地，有的在赵地，有的在秦地。在卫地的，当了中山国的国相。在赵地的，以传授剑术的理论而出名，司马蒯聩是他们的后人。在秦国的是司马错，他与张仪争论，于是秦惠王派他率兵伐蜀，他灭了蜀国，因而就在当地戍守。司马错的孙子司马靳，在武安君白起帐下做事。这时候少梁更名叫夏阳。司马靳与武安君白起一起坑杀了赵国兵败长平的军队，回去以后二人都在杜邮被赐死，葬在华池。司马靳的孙子司马昌，担任了秦王的铁官。当秦始皇的时候，司马蒯聩的玄孙司马卬成为武信君的将军而去攻打朝歌。诸侯们相继为王，司马卬被项羽封为殷王。汉朝讨伐楚霸王时，司马卬投降了汉朝，汉朝用他先前的封地建立了河内郡。司马昌生了司马毋泽，司马毋泽为长安四市的一个市长。司马毋泽又生了司马喜，司马喜爵为五大夫，死后安葬在高门。司马喜生了司马谈，司马谈后来担任了太史公。

太史公司马谈在唐都那里学习天文，在杨何那里接受《易》，在黄生那里研习道家理论。太史公是在建元、元封年之间的时候担任这个职务的，他责备学者们不透彻深刻理解各家的思想而被各派师法所困惑，就论述六家的要旨说：

《易大传》说："为使全天下达到同一目标而有一百种设想，殊途同归。阴阳、儒、墨、名、法、道德诸子百家，这些都是努力于治理社会的，只是他们学说的思路不相同，有的能省察有的不能省察罢了。我曾私下观察阴阳家的学术，众人忌讳重大的吉凶预兆，使人束缚而多有畏惧之心，但是它管理的四季的顺序变化，是不可错过的。儒学学者博学但他们不得要领，劳而少功，所以他们所主张的事情难以全部遵从，但是他们讲叙的群臣父子之间的礼仪，罗列的夫妇长幼之间界线，是不可改变的。墨学学者的节俭难以遵从，所以他们所主张的事情不可尽用，但是他们所说的强本节用的道理，是不可废弃的。法家严格而少恩情，但是他们理顺君臣上下的名分，是不可更改的。名家让人朴实而容易失去真实，但它强调名称与实在的区别和联系，是必须省察的。道家使人精神专一，展开和闭合都没有形状，哺养万物，它的学术构成，吸取阴阳家对四季顺序变化的主张，采纳了儒家和墨家的长处，吸收了名家和法家的要点，随着时代的发展而发展，针对不同的事物而变化，建树习俗办理事务，没有不合适的，它的宗旨简约而容易实施，办事少而见效多。儒学学者则不然，认为皇上是天下的仪表，君主倡导臣下就要拥护，君主在先臣下应该随后。这样一来，君主烦劳而臣下则轻松了。至于对重大问题的主张，则疏远贤人，废黜智慧，放弃这些而仅用自己的学术。我们知道，精神耗费多了就会枯竭，形体太疲劳了就会凋敝；精神和形体很早就衰颓了，想要与天地一样长存，这种事情还没听说过。

阴阳家主张，四季、八卦位、黄道的十二度、二十四节令各有处理的原则，而说（对这些原则）顺之者昌、逆之者亡则未必对，所以（我）说他们"使人拘束而多有畏惧"。春天播种夏天成长，秋天收获冬天收藏，这是天体运行的规则，违背就无法制订天下纪纲，所以（我）说"四季的顺序变化，是不可错过的"。

儒学学者，以（《礼》、《乐》、《尚书》、《诗经》、《易》、《春秋》）六艺为原则，解释它们的疏传成千上万，一辈子也不能把它们弄明白，一年内连对其礼法也不能全搞清楚，所以（我）说他们"博学而不得要领，劳而少功"。如果说他们罗列的君臣父子之间的礼仪，讲述的夫妇长幼之间的界线，即使让一百个学派（来论辩）也是不能变改的。

墨家学者也推崇尧、舜，他们阐述自己的德行说："堂屋（屋基）只要三尺高，土阶只要三级，盖房子的茅草不要蓟整齐，木椽子不要修整；用土锅烧饭，用土碗盛羹，吃粗米，喝菜汤；夏天穿用葛藤制的衣服，冬天穿鹿皮衣。"他们为人送终，只用三寸厚的桐木棺材，哭丧不能完全表达自己的悲痛。他们教授丧礼，固执地要用这一套作为万民的表率。所以天下如果都这样，那么尊卑就没有区别了。社会不同时代发展了，做的事情就不需要相同，所以说"（他们的）节俭难以遵从"。总的说来他们主张的强本节用，是人给家足的原则。这是墨子学说的长处，虽然让一百个学派（来论辩）也不能抛弃的。

法家不区别亲疏关系，不分贵贱，只依据法令来决断，就使得亲近亲人、尊重尊贵的恩情断绝了，这可以为一时之计，而不能长久作用，所以（我）说它"严格而缺少恩情"。如果论主尊臣卑，明分职守不相逾越，即使让一百个学派（来辩论）也不能废弃。

名家要求苛刻，使人不能违反它的意旨，一切以名为标准，有失人情，所以说："使人简约但容易失去真实。"假若说到他们主张的引名责失，处理十分繁杂的事情不犯错误，这些都是不可不省察的。

道家主张无为，又叫无所不为，它的具体主张容易实行，它的言辞却难以理解。它的学术以虚无为根本，以因循自然为功用，没有既成的形势，没有一成不变的方式，所以能够彻底推求万事万物情况。它不先于物也不后于物，所以能够成为万物的主宰。有一定的法则又没有凝固的法则，只因时事的变化实施自己的事业；有一定的界线又没有凝固的界线，只因事物的情况决定兴起或废弃，因此说"圣人没有机巧，只是遵守顺应时变罢了"。虚是道的常理，顺应它是君主的纲领。群臣一起到来，让他们各自阐明（自己的主张），其中确实名实相符的叫做端（正），确实虚有其名的叫做款。不听采纳款的这种人所说的话，奸就不会产生，贤德和不肖之人就自然而然分开了，白色还是黑色就显现出来。（剩下的事）就在你想怎么使用了，有什么事办不成呢？于是遵循最基本的法则，混混冥冥（任其自然）；照耀天下，返复往还不计较名称。大凡人有生命是因为有精神存在，所依附的则是形体。精神过多使用就会衰竭，形体过度劳累了就会凋敝，形体和精神分离就会死亡。死去了的不能再恢复生命，离分了的不可能再结合，所以圣人看重（神与形）。由此看来，精神是生命的根本，形体是生命的躯壳。不先确定精神与形体（的关系和地位），就说"我有（理论）去治理天下"，请问凭什么呢？

太史公司马谈已掌管了天文事务，就不负责民众的事。他有个儿子名叫迁。

司马迁出生在龙门，在龙门山之南黄河的北岸以耕牧为业，十岁时就开始诵读诗书。他二十岁的时候就南游江淮，上会稽山，探寻禹穴，眺望九疑山，泛舟沅水和湘水；又北涉汶水和泗水，在齐、鲁的都市讨论学业，观察孔子的遗风，在邹县和峄山参加乡射之礼；到蕃县、薛城和彭城时司马迁缺乏旅费，就取道梁、楚返回了。这时候司马迁当了郎中，奉皇上之命出使巴、蜀以南，巡视了邛、筰、昆明等地，回到长安复命。

这一年，天子汉武帝举行了汉朝的第一次封禅大典，但太史公司马谈留滞在洛阳，未能跟随武帝去执行封禅的职事，在悲苦愤怒中去世。（司马谈弥留之际）司马迁则好从西南回来，在黄河与洛阳之间见到了父亲。太史公司马谈拉着司马迁的手哭泣着说："我的祖先，是周朝的太史。从远古开始，就曾经在有虞氏和夏朝的时候立功扬名，职掌天文的事务。到后代就衰落了，难道要从我这里断绝么？你继任太史，就是延续我们先祖的事业了。现在天子承接万古的统绪，封禅泰山，而我不得随行，是我的命（不好）呵！命（不好）呵！我死去之后，你必定要做太史；当了太史之后，不要忘了我想写的著作呵。孝道，是从服事亲人开始，经过为皇上做事，最终达到卓然自立；扬名于后世，使父母荣耀，这是最大的孝。天下赞扬周公，说他能宣扬歌颂周文王、周武王的德行，讲解《周南》、《召南》等《诗经》中的国风，表达太王、王季的忧虑，一直追溯到公刘，以尊崇（周的始祖）后稷。周幽王、厉王之后，王道残缺，礼乐制度衰落了，孔子修旧起废，论述《诗经》、《尚书》，作《春秋》，学者们至今都把他当作榜样。自从获麟年以来四百多年，诸侯相互兼并，史书就灭失了。现今汉朝兴起，海内一统，明主贤君，忠臣义士（不少），我身为太史而不记载评论这些，废弃了事关天下的文字，我太害怕（承担这个重大责任）了，你一定要时刻想着这事呵！"司马迁低着头泪流满面地说："儿子虽然不聪明，还是要请求父亲允许我将父亲已经整理好的史事加以裁断，不敢有所缺漏。"司马谈死后三年，司马迁当了太史令，便在朝廷的石室金匮藏书中搜集资料。司马迁任太史令后五年是太初元年，这年的十一月甲子日是朔日，早上冬至，改（原用的颛顼历而）行太初历，在明堂中颁布新历，祭祀诸神。

　　太史公司马迁说："我的父亲说过：'自周公去世后五百年而出了孔子，从孔子至如今已经五百年了，必定有继承发扬孔子事业的人（出来），以《易传》为本，继承《春秋》，以《诗经》、《尚书》、《礼》和《乐》为基础。'这话的意思不正在这里么！这话的意思不正在这里么！作为儿子我哪里敢推让呢！"

　　上大夫壶于是问："过去孔子为什么要作《春秋》呢？"司马迁说："我听董仲舒先生说：'周朝的制度被破坏了，孔子担任鲁国的司寇，诸侯加害于他，大夫干扰他。孔子知道当时社会不重用他，自己的理论得不到实行，于是就评论春秋时期二百四十二年的是非曲直，以此作为天下法式，贬损诸侯，批评大夫，以阐明君王应该做的事情而已。'他老人家说：'我与其写抽象的理论，还不如（把自己的思想）表现在能彻底显现（我的思想的）事实之中。'《春秋》上阐明了三王的法则，下理清了人事的纲纪，阐明疑惑难明的事理，明白是非，确定犹豫，称颂善行憎恶丑恶，推崇贤人轻视不肖之人，保存已经灭亡了的国家，延续已经断绝的世系，修补弊端兴起被废弃（了的制度），这是君王最重大的法则。《易》叙述的是天地阴阳四时五行，所以它的优势在变化之道；《礼》为人确定规则，所以它的优势在可以施行；《尚书》记载了先王的事情，所以它的长处在政治方面；《诗经》记载了山川、溪谷、禽兽、草木、牝牡、雌雄等，所以它的长处在讽谏；《乐》是愉悦所得以产生的根据，所以它的长处在协和；《春秋》分辨是非，所以它的长处在对人进行管理。所以说《礼》是节制人的，《乐》是启发协和的，《尚书》是记事的，《诗经》是表达心思的，《易》是阐述变化的，《春秋》是讲义理的。拨乱反正，《春秋》是最有用的。《春秋》文字数万，旨意有数千，万物的聚散之理都在《春秋》（中说明了）。《春秋》之中，弑君有三十六次，亡国有五十二个，诸侯奔走还是不能保住江山的不可胜数。考察其中的原因，都是丧失了根本。所以《易》中说'差之毫厘，谬以千里'，所以'臣弑君，子弑父，不是一朝一夕的原故，是由来已久的'。拥有国家的人不可以不知道《春秋》，

（不然）在自己的面前有言就听不见，自己背后有贼人就不能觉察。为臣的人不可以不知道《春秋》，（不然）坚持大政方针而不知道它（如何）合适，遇到事情变化了而不知道对它（如何）权衡。做君主和父亲的如果不通晓《春秋》的义理，一定会担当首恶的罪名。做臣下和儿子的如果不通晓《春秋》的义理，一定会陷入篡位、弑杀君父的死罪。事实上他们都自以为是在做好事，但是不知道义理，一旦把道理讲出来他们就不敢推脱罪责了。不通礼的意义的大旨，就会（坏）到君主不像君主，臣下不像臣下，父亲不像父亲，儿子不像儿子的地步。君主不像君主就会被臣下冒犯，臣下不像臣下就会被诛杀，父亲不像父亲就没有原则，儿子不像儿子就会不孝。这四种行为，是天下最大的过错。用天下最大的过错来斥责他们，他们是只好接受而不敢顶撞的。所以说《春秋》是礼的意义的本原。礼在事情发生之前起阻止作用，法在事情发生之后才施行，所以法的功用相当明显，而礼所起的阻止作用就连那些禁止（败坏行为）的人也难以明白。"

壶遂说："在孔子那时候，上没有明君，下面的人得不到任用，所以他作《春秋》，把平实的文章用礼义作为标准加以批评取舍以垂示后代，当作一统之王的法则。现在先生您上遇圣明的天子，下得以各守其职，万事俱备，都各自遵循与自己身份符合的原则行动，先生所要论述的，想要说明什么呢？"太史公司马迁说："先生说得对，也说得不对，道理不能这样说。我听我的父亲说过：'虑戏十分纯厚，作了《易》的八卦。尧舜时代的繁盛，《尚书》里有记载，礼、乐创造出来了。商汤和周武王的繁盛，诗人们吟咏歌唱。《春秋》采录善行贬斥恶行，推崇三代的德行，褒扬周室，不只是讥刺而已。'汉朝兴起以来，直到如今圣明的天子，获得了符瑞，进行了封禅，改了历法，变了服装的颜色，受天命而政清人和，恩泽无边，海外不同风俗、相隔数国的国家都派人来叩击塞门，请求进献珍宝晋见皇上的，不可胜言。臣下百官尽量歌颂皇上的德行，还不能完全表达自己的心意。而况贤能的士人，倘若得不到任用，是有国家的人的耻辱；皇上英明，德行得不到传扬，是官吏们的失误。并且我职掌史官，倘若废毁了皇上的圣明盛德不记载下来，灭没功臣、贤大夫的建树不加以叙述，毁弃了我父亲的话，就没有比这再大的罪过了。我所做的只不过是叙述过去的事情，整理与它们有关的传世材料，并非是创作，而先生把我写的东西比作《春秋》，那就不对了。"

于是，司马迁开始写作。十年之后他因为为李陵投降匈奴的事辩护而遭到灾祸，被关押起来，就喟然叹息说："这是我的罪呵！我的身体短少了已经是无用之人了！"他退一步深思说："《诗经》和《尚书》透露出来的忧怨，是为实现自己理想的思绪呵。"于是，他叙述从陶唐氏以来、到汉武帝获麟那年为止的历史；他把黄帝作为历史的起点。（全书目录）本纪为《五帝本纪》第一，《夏本纪》第二，《殷本纪》第三，《周本纪》第四，《秦本纪》第五，《始皇本纪》第六，《项羽本纪》第七，《高祖本纪》第八，《吕后本纪》第九，《孝文本纪》第十，《孝景本纪》第十一，《今上本纪》第十二；表的顺序是，《三代世表》第一，《十二诸侯年表》第二，《六国年表》第三，《秦楚之际月表》第四，《汉诸侯年表》第五，《高祖功臣年表》第六，《惠景间功臣年表》第七，《建元以来侯者年表》第八，《王子侯者年表》第九，《汉兴以来将相名臣年表》第十。书的顺序是：《礼书》第一，《乐书》第二，《律书》第三，《历书》第四，《天官书》第五，《封禅书》第六，《河渠书》第七，《平准书》第八。世家的顺序是，《吴太伯世家》第一，《齐太公世家》第二，《鲁周公世家》第三，《燕召公世家》第四，《管蔡世家》第五，《陈杞世家》第六，《卫康叔世家》第七，《宋微子世家》第八，《晋世家》第九，《楚世家》第十，《越世家》第十一，《郑世家》第十二，《赵世家》第十三，《魏世家》第十四，

《韩世家》第十五，《田完世家》第十六，《孔子世家》第十七，《陈涉世家》第十八，《外戚世家》第十九，《楚元王世家》第二十，《荆燕王世家》第二十一，《齐悼惠王世家》第二十二，《萧相国世家》第二十三，《曹相国世家》第二十四，《留侯世家》第二十五，《陈丞相世家》第二十六，《绛侯世家》第二十七，《梁孝王世家》第二十八，《五宗世家》第二十九，《三王世家》第三十。列传的顺序为，《伯夷列传》第一，《管晏列传》第二，《老子韩非列传》第三，《司马穰苴列传》第四，《孙子吴起列传》第五，《伍子胥列传》第六，《仲尼弟子列传》第七，《商君列传》第八，《苏秦列传》第九，《张仪列传》第十，《樗里甘茂列传》第十一，《穰侯列传》第十二，《白起王翦列传》第十三，《孟子荀卿列传》第十四，《平原虞卿列传》第十五，《孟尝君列传》第十六，《魏公子列传》第十七，《春申君列传》第十八，《范雎蔡泽列传》第十九，《乐毅列传》第二十，《廉颇蔺相如列传》第二十一，《田单列传》第二十二，《鲁仲连列传》第二十三，《屈原贾生列传》第二十四，《吕不韦列传》第二十五，《刺客列传》第二十六，《李斯列传》第二十七，《蒙恬列传》第二十八，《张耳陈余列传》第二十九，《魏豹彭越列传》第三十，《黥布列传》第三十一，《淮阴侯韩信列传》第三十二，《韩王信卢绾列传》第三十三，《田儋列传》第三十四，《樊郦滕灌列传》第三十五，《张丞相仓列传》第三十六，《郦生陆贾列传》第三十七，《傅靳蒯成侯列传》第三十八，《刘敬叔孙通列传》第三十九，《季布栾布列传》第四十，《爰盎朝错列传》第四十一，《张释之冯唐列传》第四十二，《万石张叔列传》第四十三，《田叔列传》第四十四，《扁鹊仓公列传》第四十五，《吴王濞列传》第四十六，《魏其武安列传》第四十七，《韩长孺列传》第四十八，《李将军列传》第四十九，《卫将军骠骑列传》第五十，《平津主父列传》第五十一，《匈奴列传》第五十二，《南越列传》第五十三，《闽越列传》第五十四，《朝鲜列传》第五十五，《西南夷列传》第五十六，《司马相如列传》第五十七，《淮南衡山列传》第五十八，《循吏列传》第五十九，《汲郑列传》第六十，《儒林列传》第六十一，《酷吏列传》第六十二，《大宛列传》第六十三，《游侠列传》第六十四，《佞幸列传》第六十五，《滑稽列传》第六十六，《日者列传》第六十七，《龟策列传》第六十八，《货殖列传》第六十九。

　　汉朝继承了五帝的余脉，承继了被断绝了的三代的事业。周朝的学说衰退了，秦朝不再使用古文，焚灭了《诗》、《书》，因此明堂、石室、金匮的玉版、图书凌乱。汉朝兴起之后，萧何整理律令，韩信申明军法，张苍建立法规，叔孙通拟定礼仪，文章学术就文质兼备有所进步，散失了的《诗》、《书》常常相继出世。自从曹参推荐盖公讲黄老之学，而贾谊、朝错阐述申不害、韩非的理论，公孙弘以崇尚儒学而显贵，百年之间，天下的遗文古事都是集中在一起的。太史公是父子相袭掌理编纂史书的职务，司马谈曾说"呵哟！我的先人曾主管这事，在唐、虞之世就有名气。到了周朝，又重新典理此事。所以司马氏一族世代以来都主管天官，到了我这一辈，要恭敬地记住这事呵！"收集天下散佚了的旧事，考察帝王事业兴起的线索，推究它的发端观察它的结果，审视它的兴盛追究它的衰落，议论和考证事迹，略述三代，记录秦、汉，上从轩辕黄帝起，下到当代为止，总共著作了十二本纪，写出了历史的主要纲目。有同时的，有异世的，年代有差别不易分清楚，就作了十表。礼、乐制度历代有增有减，律、历有改变，兵书、山川、鬼神，以及天与人之间的关系，为了表明其承敝通变的情况，就作了八书。二十八宿环绕北极星，三十辐条共同装在同一根轴上，运行没有尽止，辅弼股肱之臣配合，忠诚、信义、推行天道以侍奉主上，所以作三十世家。申张正义极其不凡、不让自己失去了机会，立功名于天下，所以作了七十列传。总共一百三十篇，五十二万六千五百字，命名为

《太史公书》。其序文大体说，这部书是为了网罗遗失补充六艺的；它构成了一家之言，协调了对六经不同的解说，整齐了百家零散的意见；这部书的原本藏于名山，副本在京都，以等待后来的圣人和君子们观览。这些都是书中的列传第七十，司马迁的《自叙》所写的。有十篇缺佚了，只剩下目录而没有正文。

司马迁受宫刑之后，担任了中书令之职，这是个受人尊敬而且很受皇上宠信的职位。他的朋友益州刺史任安给他写信，用古代贤臣的准则来责备他。司马迁回信说：

少卿先生：以前有辱您写信给我，教导我慎重地处理各种关系，推贤进士，意义殷勤诚恳，仿佛是怨我不按照老师的教导去做，而让俗人的言语左右了我的志向。我是不敢如此去做的。我虽极其愚蠢迟钝，也曾经从侧面听说过长者遗风。只是我身残处秽受着感情的折磨，动辄得咎，想加倍地审视自己，所以精神抑郁而跟谁也不想说什么。谚语说：可为作之，令谁听之？"钟子期死后，伯牙终身不再鼓琴，这是什么原因呢？这是因为士为知己者死，女为悦己者容啊。像我这样一个本质上已有缺损的人，虽怀着随侯珠、和氏璧一样美好的才能，德行跟许由、伯夷一样，最终也不能得到光荣，只不过足以使人发笑而自己使自己遭受到污辱而已。

本来很早我就应给您回信，不巧遇到我随皇上从东方归来，又被不足道的事情所纠缠羁绊，与您相见的时间很短，匆匆忙忙没有一点机会得以完全表达我的意见。现在少卿先生遭受到预想不到的罪罚，再过一个月，已经是接近季冬，我又要跟从皇上到雍地去，恐怕先生您猝然之间不能与我见面了。如果是这样，我就终究不得把我的忧愤烦闷抒发给接近我的人，而与我永别者的魂魄将怀着无穷无尽的私恨。请求您能允许我陈述我浅陋的看法。我好长时间没回信给您请您不要埋怨我。

我曾经听说，修身的人是智慧的聚集之所，爱好施舍的人是仁的开端，收受与给予的人是义的标准，耻辱的人是勇敢的基础，立名的人是人有所作为的最高目标。士人具备了以上五种德行，然后就可以依于社会，被列入君子之列了。所以就灾祸来说没有比追求功利更叫人心痛的了，就悲伤说没有比伤了心更使人痛苦了，就行为说没有比侮辱先人更卑劣的人，而就耻辱来说没有比受宫刑更大的耻辱。受了宫刑的人，没有什么可相比的，不是一个时代的是这样的，已经是由来已久的了。昔日卫灵公与雍渠同车，孔子去到了陈国；商鞅依靠景监进见，赵良就感到寒心；赵谈做了参乘，爰丝十分不悦，自古以来都以这样的事为耻辱。只要有中等才能的人，有事与太监相关，就莫不伤心气恼，更何况慷慨之士呢！现在朝廷虽然缺乏人才，又怎么可以让刀锯之余去推荐天下的豪雄俊杰呢！我依赖承继先人的事业，得以待罪于皇上的辇毂之下，到现在已经二十余年了。所以我自己思虑：对上说来，我不能怀忠效信，得到献奇策、出大力的称颂，与皇上搞好关系；其次，我又不能拾遗补缺，招贤进能，使岩穴之士等以显露；就朝廷之外说，我不能作为军队之中的一员，去攻城野战，建立斩将搴旗的功劳；就最低要求说，我也不能终日不辞辛苦，取得尊官厚禄，为宗族结交达官贵人。以上四方面，我没有一件事是做得到的；我苟合取容，对各方面都没有什么贡献，从这里可以看得出来。过去，我也曾经侧身于下大夫之列，陪着外廷议论些细枝末节的事。不在那时候引进维纲护纪之人，竭尽我的思虑，现在我已亏损了形体作为打扫清洁的仆人，在猥贱的人当中，想昂首扬眉，来评论是非，不是太看不起朝廷，羞辱当今的士人了吗！呵哟！呵哟！像我这样的人，还有什么话可说啊！还能有什么话可说啊！

而且事情的本末一般来说是很难辩明的。我少年时自负于不羁之才，成年后没有得到家乡人的称颂，皇上因为我先人的原因照顾我，使我得以凭浅薄的才学，出入于防卫森严的宫廷之中。我认为头上戴着盆是怎么也看不见天的，所以我断绝了和宾客之间的相互往来，忘却了家室的生计事业，日日夜夜想竭尽我不成器的才力，诚心致力于我的职守，以博得皇上的欢心。但事情完全违背我的主观愿望。我与李陵都在朝廷供职，素来不是朋友，兴趣爱好也都各不相同，从未有过举杯戏酒殷勤款待的欢聚。但是我观察他的为人，认为他是无可争议的奇士，他侍奉长辈合符孝道，与士人相交以信为本，面对财物表现廉洁，取得与给予都以义为标准，对身份职别表现出谦让之风，对下人相当客气，常常想奋不顾身以赴国家的之中。这些高尚的品德都是他平素间所积累起来的，我认为他有国士之风。为臣的人出生入死不顾自己一生的长远之计，赴公家之难，这已经是很奇特了！而今只有一件事情办得不妥当，那些苟且偷生保护的臣子们紧跟着就牵连生事造谣中伤，我实在是心痛极了！而且李陵率领的步兵不够五千人，深入敌人后方，足迹经过了匈奴的王庭，垂饵虎口，往西向强大的胡人挑战，昂对匈奴的亿万之师，与单于连续作战了十几天，杀掉的敌人数目之多已超过了自己的能力。匈奴连救死扶伤都来不及，穿制衣服的君长们都震惊惶恐了，就悉数征集左右贤王属部，征发凡是能骑马射箭的百姓，倾一国之力共同围攻李陵。李陵转战千里，弹尽粮绝，救兵又没有到，士卒伤者相堆积。但是李陵只要一呼唤已疲惫的军队，战士们没有不奋起的，他们弯着身子流着泪，抚着流血的伤暗自哭泣，拉开没有上箭的弓，顶着雪亮的刀刃，面对北方与敌人死战。李陵还没去世之前，有使者回来报告，汉朝的公卿王侯都举杯祝贺皇上。几天后，李陵贩绩的事被奏闻于朝廷，皇上为之食不甘味，听政时十分不高兴。大臣们忧愁恐慌，不知计从何出。我不自量自己卑贱的地位，见皇上惨淡悲恻，真心想用我忠实诚恳的愚陋报效皇上。我认为李陵平素间与士大夫相处就同甘共苦，所以能让人为其拼死，即使是古代的名将也比不上他。他虽然陷于失败，但看他的意图，是想得到机会而效忠汉朝。事情已到了没有办法的地步，但他所摧毁战败的战绩，功劳也足以显露于天下了。我心里怀着这个想法想陈奏皇上，但没有门路。恰好遇到皇上召问，就根据这个思路推崇李陵的功劳，想以此开扩皇上的思路，堵塞小怨小忿引起的不实之辞。我还没完全说明，皇上没有仔细考虑，就认为我是在攻击两师将军而为李陵游说，于是就把我下发到司法官审问。我的拳拳忠心，终究不能向皇上陈述。因为断定我诬上之罪，最后就让狱吏们去议论量刑。我家贫穷，所有的财产不足以自赎其身，朋友们没有来救援的，左右亲近的人都不为我说一句话。身体不是木石之物，我独自与法吏为伍，深深地囚禁在监牢之中，向谁去诉说我满腹的心酸呵！这些事都是您少卿先生亲眼所见，我的行为难道有什么过错吗？李陵既然投降，败坏了他家的名声，而我又被推进了蚕食，再次被天下人笑话。太可悲了！太可悲了！

　　事情不易给俗人说得明白。我的先人没有享受剖符丹书的功绩，做掌管文史星历的史官，地位与卜人巫祝相近，只是供主上所戏弄，当着优伶一样蓄养着罢了，被世人看不起。如果我伏法受诛，若九牛失去一毛，与蝼蚁有什么二样？而且社会上又不把我的死与为气节而死等量齐观，不过认为是我自己智穷罪极，不能自免，只好就死罢了。这是为什么？这是平日里自己立志造成的。人固有一死，死或重于泰山，或轻于鸿毛，不同的选择有不同的结果。最好是不辱没先人，其次不辱没自己的身份，再其次不辱没义理名份，其次不辱没文章，其次是身体受辱，其次换了服装受辱，其次是带枷绳被杖打受辱，其次是剃去毛发打上金印受辱，其次是毁坏肌肤折断肢体受辱，最下等的侮辱就是宫刑，这就到了极点了！《传》上说："刑不上大夫。"这话是说士人的气节不可磨砺，猛虎在深山之中，百兽震恐，到落入陷井之中，就只能摇尾乞食，它的威风被欺诈束缚了。所以士人们知道，即便是画地为牢也不能进入，即使是木头做的狱吏也不能跟他对话，做出这种决定是由于道理太明显了。现在我手足交叉，被绳索住，暴露肌肤，受击，被禁锢在环墙之中，这时候，看见狱吏就低头撞地，徒隶出现我就心中恐惧害怕，这是为什么？威风被权势所制约了。到了此时，说没有受辱的人，只是勉强装样子罢了，有什么值得尊敬的呢？而且，西伯，是伯，被拘于牖里；李斯，是相，被施用了五刑；淮阴侯韩信，是王，在陈地被桎梏；彭越、张敖南面称孤，或系于狱或治大罪；绛侯诛杀了吕后一党，权倾五霸，结果与官吏关押在一起；魏其，是大将，穿上了赭色的衣服，颈、手、足三处都上了枷锁；季布成了朱家的钳奴；灌夫受辱之后只好呆在家里。这些都是身居王侯将相，名声远扬邻国的人，到了犯罪受到法律惩处的时候，不能自杀对自己进行裁决。在茫茫尘世之中，看来古今都是一样的，怎么能不受侮辱呢！这样看来，勇敢和怯弱，是人所处环境和地位决定的；强与弱，是形势所之这样的。道理确实如此，有什么奇怪的呢！而且人不能及早规范自己的行为，已经落到置身于鞭棰之间时，才想引荐有节操的人，这不是太不像话吗？古人之所以难以对大夫施用刑法，可能就是这个原因吧。就人情说没有不贪生怕死、思念亲戚、眷念妻子儿女的，而被义理所激发的人却不是这样，他们有不得已的时候。我是不幸的，太早地失去了双亲，没有兄弟间的亲爱，孤苦零丁，少卿先生把我当作您最亲近的人怎么样呢？而且勇敢的人未必都是为殉节而死，怯懦的人仰慕义，就无处不以义理激励自己！我虽然怯弱想苟且偷生，也很知道去就的界线，为什么会陷入牢狱囚禁的耻辱之中不能自拔呢？而且即使奴婢侍妾也能引咎自裁，更何况像我处于这种没有办法境地的人呢！我所以隐忍苟活，被淹埋在粪土之中而不辞，是因为怀恨自己的理想很多没有实现的，鄙视被世事所淹没而我的文采不能遗留给后人。

古代富贵的人而名字被磨灭了的，数不胜数，只有倜傥非常之人得以显身扬名后世。大概说来，西伯被拘之后而写出了《周易》；仲尼受厄而作《春秋》；屈原被放逐，就赋了《离骚》；左丘失明，就写了《国语》；孙子的脚受了膑刑，就写了《兵法》；吕不韦被放逐到蜀国，世间就流传了《吕览》；韩非被秦国所关押，就作了《说难》、《孤愤》。《诗经》的三百篇，大约都是贤圣的发愤之作。以上这些人都是因为思想有打不开的结，弄不通其中的道理，所以叙述往事，思考将来。像左丘明眼睛瞎了，孙子被断了脚，终究得不到任用，只好引退写文作书以抒发自己的悲愤，想留下文章以自表其志。我私下里很不恭敬，近年来以没有才气的文辞自托，网罗天下的佚闻旧事，考证事实，探寻兴亡成败的道理，总共一百三十篇，也想以此研究天人之间的关系，通晓古今的变化，成为自己的一家之言。草创还未写成，恰好遭遇了这场灾祸，只可惜它还没有完成，所以我一点都不害怕地接受了极刑。我将此书写完之后，要把它藏之于名山，留传给能在通邑大都扬播的人，那么我就补偿了受辱所遭到的责难，即使被戮杀一万次，难道还会后悔吗？但是这些话只能跟有理智的人道，难以给俗人说。

况且背负侮辱的人不容易安居，地位卑贱的人遭到的诽谤最多。我因为说话不慎而遭遇到宫刑之惨祸，再一次受到乡党的讥笑和指责，辱了先人，还有什么脸面再到双亲的坟墓上香去呢？虽然是百代以后，我所造成的坼垢只会越积越厚的！因此，我肠一日而九回，在家里坐着就感到飘飘浮浮若有所失，出门则不知道到什么地方去。一想到自己的这一耻辱，汗就从背上往外冒浸湿衣服。身虽为皇上内廷之臣，还不如自己引退隐藏到山岩洞穴当中去呵！所以姑且随俗浮沉，与时俯仰，以此来搞清楚我的大惑不解。现有少卿先生教导我要推贤进士，不是和我个人的愿望相违背么？现在我虽然想雕琢自饰，用华丽的言辞自我解嘲，也是没有益处的，社会上不会相信我的辩解之言，只不过自取其辱罢了。总之到我死那天，是非才能明确。书不尽意，所以只能是大略地陈述我浅陋的看法。

司马迁去世后，他写的《太史公书》才有一部份流传出来。汉宣帝时，司马迁的外孙平通侯杨恽师法、陈述《太史公书》，于是此书才全部公布于世。到王莽的时候，派人寻找司马迁的后人，封他为"史通子"。

评论说：自从古代文字发展现今之后就有史官，他们写的书太多了。后来孔子对这些书加以整理，就上从唐尧时开始，下到秦穆公时截止。唐尧虞舜以前虽然有遗留下来的记载，但它们所说的却与经典不合，所以说黄帝、颛顼的事是弄不明白的。到孔子根据鲁国的史记而作《春秋》一书，在左丘明又编辑了《春秋》所涉及的事情的本事为《春秋》作了传，又把各种不同的记载纂集成了一部《国语》。又有一本叫《世本》的书，记载了自黄帝以来一直到春秋时的帝王、公侯、卿大夫的谱系。春秋之后，七国并争，秦国兼并诸侯各国，有《战国策》一书。汉朝兴起讨伐秦国统一了天下，有《楚汉春秋》一书。所以司马迁根据《左氏》、《国语》，摘录《世本》、《战国策》，转述《楚汉春秋》，并接着《楚汉春秋》记述后来的事情，到大汉朝结束。《太史公书》记述秦、汉的事情，十分详尽。至于它选择经和传，把各个国家的事分散开来叙述，疏略之处就太多了，有的还彼此矛盾。司马迁涉猎知识广博，贯通经、传，通晓古今，耕耘于上下数千载间，这是很勤奋的。但他评论的是是非非与圣人很不相同，论术基本理论推崇黄老而压抑六经，评论游侠则贬退有才德却隐居不作官的士人而拔高奸雄的地位，叙述货殖则崇尚势利而以贫贱为侮，这些都是司马迁的不足之处。然而即使是博览群书的刘向、扬雄，也都称赞司马迁有良史之才，佩服他善于安排史事，辩论而不显得浮华，质朴而不显得鄙俗，他的文章直书其事，记载的事情真实可靠，不虚饰其美，不隐讳恶行，故称他的书为实录。啊！凭司马迁的博闻强识，却不能用自己的智慧保全自己；已经受了极刑之后，就潜思发愤，他写给任安的信中所说的一切，都是真实的。寻思他所以自己伤悼的线索，与《小雅》计中巷伯遇作诗的情况属于一类。要做到《大雅》所说的"既明且哲，能保其身"，是很难很难的啊！

儒林传①

古之儒者②，博学乎《六艺》之文③。《六艺》者，王教之典籍④，先圣所以明天道，正人伦⑤，致至治之成法也⑥。周道既衰⑦，坏于幽厉⑧，礼乐征伐自诸侯出⑨。陵夷二百余年而孔子兴⑩，以圣德遭季世⑪，知言之不用而道不行⑫，乃叹曰："凤鸟不至⑬，河不出图，吾已矣夫！""文王既没，文不在兹乎⑭？"于是应聘诸侯，以答礼行义⑮。西入周⑯，南至楚⑰，畏匡厄陈⑱，干七十余君⑲。适齐闻《韶》⑳，三月不知肉味㉑；自卫反鲁㉒，然后乐正，《雅》《颂》各得其所㉓。究观古今之篇籍㉔，乃称曰："大哉，尧之为君也！唯天为大，唯尧则之。巍巍乎其有成功也，焕乎其有文章也㉕！"又曰："周鉴于二代，郁郁乎文哉㉖！吾从周。"于是叙《书》则断《尧典》，称乐则法《韶舞》，论《诗》则首《周南》。缀周之礼㉗，因鲁《春秋》，举十二公行事㉘，绳之以文武之道㉔，成一王法，至获麟而止。盖晚而好《易》，读之韦编三绝㉚，而为之传。皆因近圣之事，以立先王之教，故曰："述而不作，信而好古；""下学而上达㉛，知我者其天乎！"

【注释】

　　①儒林：儒家学者群。②儒者：崇爱儒学的人。汉以后泛指一般读书人。③《六艺》：儒家的"六经"，即《礼》、《乐》、《诗》、《书》、《易》、《春秋》。④王教：王者的教化。典籍：法典图籍。⑤人伦：人与人之间的关系和应当遵守的行为规则。⑥至治：最完美的政治。⑦周道：周代治国之道。⑧幽厉：周幽王和周厉王。⑨礼乐：即礼仪和音乐。诸侯：古代对中央王朝所分封的各国国君的统称。⑩陵夷：衰落。⑪季世：末代；衰败时期。⑫道：政治主张或思想体系。⑬凤鸟：传说中预示太平的神鸟。⑭"文王既没"两句：语出《论语·子罕》，意思是周王死后，古代文化不都在我这里吗？⑮答礼：言以礼答之。⑯周：指春秋时东周，王城位于今河南洛阳。⑰楚：指春秋时楚国，都郢。⑱畏：拘囚。匡：邑名，位于今河南长垣。陈：春秋时陈国。⑲干：请求，求取。⑳齐：指春秋时齐国，都于临淄。㉑三月不知肉味：谓欣赏《韶》入了迷。㉒卫：春秋时卫国，都于沫。鲁：春秋时鲁国，鲁都曲阜。㉓《雅》、《颂》：《诗经》分《风》、《雅》、《颂》三部分。㉔篇籍：书籍。㉕"大哉"六句：语出《论语·泰伯》。㉖郁郁：丰富繁盛。㉗缀：纂集。㉘十二公：春秋时鲁国的十二个君主。㉙绳：治正；纠正。㉚韦编三绝：读之爱不释手。㉛下学而上达：语出《论语·子问》。

　　仲尼既没，七十子之徒散游诸侯①，大者为卿相师傅②，小者友教士大夫③，或隐而不现。故子张居陈④，澹台子羽居楚⑤，子夏居西河⑥，子贡终于齐⑦。如田子方、段干木、吴起、禽滑氂之属⑧，皆受业于子夏之伦⑨，为王者师。是时，独魏文侯好学⑩。天下并争于战国，儒术既黜焉⑪，然齐鲁之间学者犹弗废，至于威、宣之际⑫，孟子、孙卿之列咸尊夫子之业而润色之⑬，以学显于当世⑭。

【注释】

　　①七十子之徒：指孔子著名的七十余人。散游：四海交游。②卿相师傅：当时的官职名。③友教：以朋友的身份教授。④子张：孔子学生，复姓颛孙，名师，陈人。⑤澹（tán）台子羽：复姓澹台，名灭明，字子羽。⑥子夏：姓卜，名商。西河：战国魏地，一说是今河南安阳；一说是今晋、陕黄河左右。⑦子贡：姓端木，名赐。⑧田子方等，皆魏人。⑨受业：从师学习。⑩魏文侯：战国时魏国的建立者。⑪黜（chù）：贬斥；排除。⑫威、宣：战国时齐国国君威王和宣王。⑬孙卿：即荀况。⑭学：指儒学。

　　及秦始皇兼天下，燔《诗》《书》，杀术士①，六学从此缺矣②。陈涉之王也③，鲁诸儒持孔氏礼器往归之④，于是孔甲为涉博士⑤，卒与俱死。陈涉起匹夫，驱谪戍以立号⑥，不满岁而灭亡，其事至微浅，然而搢绅先生负礼器往委质为臣者何也⑦？以秦禁其业，积怨而发愤于陈王也⑧。

【注释】

　　①燔（fán）：《诗经》，杀术士，指秦始皇焚书坑儒。②六学：同《六经》。③王：称王。④礼器：用以祭奠、朝聘。婚宴时举行礼仪所用的器皿。⑤孔甲：孔子八代孙。⑥谪戍：官吏或人民有罪被谴往远方。⑦搢绅：官宦。⑧发愤：发泄愤懑。

　　及高皇帝诛项籍①，引兵围鲁②，鲁中诸儒尚讲颂习礼③，弦歌之音不绝，岂非圣人遗化好学之国哉④？于是诸儒始得修其经学⑤，讲习大射乡饮之礼⑥。叔孙通作汉礼仪，因为奉常⑦，诸弟子共定者，咸为选首⑧，然后喟然兴于学⑨。然尚有干戈⑩，平

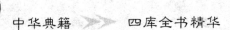

定四海，亦未遑庠序之事也⑪。孝惠、高后时，公卿皆武力功臣。孝文时颇登用，然孝文本好刑名之言⑫。及至孝景，不任儒，窦太后又好黄老术⑬，故诸博士具官待问⑭，未有进者。

【注释】

①高皇帝：指刘邦。②鲁：县名。今山东曲阜。③习：演习。④弦歌：弹琴吟诗。遗化：遗传下的教化。⑤经学：儒家经典。⑥乡饮："乡饮礼"。古之乡学，三年业成，考其德圣，择其贤者荐升于君，时由乡大夫做主为之设宴送行。⑦奉常：官名，掌宗庙礼仪选试。⑧选首：选用的对象。⑨喟（kuì）然：叹息的声音。⑩干戈：借指战争。⑪遑：闲暇。庠序之言：指兴学校，办教育。⑫刑名之言：即刑名之学，循名责实，以强化上下关系。⑬黄老术：指战国、汉初道家学派的学说。⑭具官：相当于备员。

汉兴，言《易》自淄川田生①；言《书》自济南伏生②；言《诗》，于鲁则申培公③，于齐则辕固生④，燕则韩太傅⑤；言《礼》，则鲁高堂生⑥；言《春秋》，于齐则胡毋生⑦，于赵则董仲舒⑧。及窦太后崩，武安君田蚡为丞相⑨，黜黄老、刑名百家之言，延文学儒者以百数⑩，而公孙弘以治《春秋》为丞相封侯，天下学士靡然向风矣⑪。

【注释】

①淄川：地名，位于今山东省淄博市。田生：即今文易学的开创者田何子装。②济南：郡名，治东平陵（今章丘县）。伏生：即伏胜。③申培公：姓申，名培。今文鲁《诗学》开创者。④辕固生：姓辕，名固。今文齐《诗学》开创者。⑤韩太傅：姓韩，名婴，今文韩《诗学》开创者。⑥高堂生：姓高堂，字伯。今文《礼》学的开创者。⑦胡毋生：姓胡毋，字子都。今文《春秋公羊传》的开创者。⑧董仲舒：今文经学家，为汉武帝提出"黜除百家，独尊儒术"。⑨田蚡：好儒术。⑩延：邀请；聘请。⑪靡然：一边倒下的样子。

弘为学官①，悼道之郁滞②，乃请曰："丞相、御史言：制曰③'盖闻导民以礼，风之以乐④。婚姻者，居室之大伦也⑤。今礼废乐崩，朕甚愍焉⑥，故详延天下方闻之士⑦，咸登诸朝。其令礼官劝学⑧，讲义洽闻，举遗兴礼⑨，以为天下先。太常议，与博士弟子，崇乡里之化⑩，以励贤材焉。'谨与太常臧、博士平等议⑪，曰：闻三代之道，乡里有教⑫，夏曰校，殷曰庠，周曰序。其劝善也，显之朝廷⑬；其惩恶也，加之刑罚。故教化之行也，建首善自京师始⑭，由内及外。今陛下昭至德，开大明⑮，配天地，本人伦，劝学兴礼，崇化励贤，以风四方⑯，太平之原也。古者政教未洽⑰，不备其礼，请因旧官而兴焉⑱。为博士官置弟子五十人，复其身⑲。太常择民年十八以上仪状端正者，补博士弟子。郡国县官有好文学⑳，敬长上，肃政教，顺乡里，出入不悖㉑，所闻，令相长丞上属所二千石㉒。二千石谨察可者，常与计偕㉓，诣太常，得受业如弟子。一岁皆辄课，能通一艺以上㉔，补文学掌故缺㉕；其高第可以为郎中，太常籍奏㉖。即有秀才异等㉗，辄以名闻。其不事学若下材，及不能通一艺，辄罢之，而请诸能称者㉘。臣谨案诏书律令下者㉔，明天人分际，通古今之义，文章尔雅㉚，训辞深厚㉛，恩施甚美。小吏浅闻，弗能究宣，无以明布谕下。以治礼掌故以文学礼义为官，迁留滞㉜。请选择其秩比二百石以上及吏百石通一艺以上补左右内史、大行卒史㉝，比百石以下补郡太守卒史㉞，皆各二人，边郡一人。先用诵多者，不足，择掌故以补中二千石属㉟，文学掌故补郡属㊱，备员。请著功令㊲。它如律令㊳。"

【注释】

①学官：又称"教官"。②郁滞：抑郁凝滞而不向前发展。③制：制出，帝王的命令。④风（fēng）：感化。⑤居室：指夫妇同寝。⑥朕：古人自称代词。从秦始皇起，为皇帝专用。⑦方（páng）闻：博洽多闻。⑧礼官：掌管礼仪，教化的官。⑨举遗：求举逸的经典。⑩崇：推崇。⑪臧：孔臧，人名。⑫教：教育机构。⑬显：彰显。⑭首善：实施教化的开始和榜样。⑮大明：伟大的光辉。⑯风：化。⑰洽：周遍，普及。⑱旧官：原有的官职。⑲复其身：免阻他们的租税或徭役。⑳文学：儒家学说。㉑悖（bèi）：违背，违反。㉒二千石：谓郡守及王国相。㉓常与计偕：随上计吏一同到京师。㉔一艺：一种经学。㉕文学掌故：官名，掌学术故事。㉖籍奏：造册上奏。㉗秀才：汉代荐举人员科目之一。㉘请诸能称者：奏请作用所有能通艺而称其任的人。㉙案：通"按"，依据。㉚尔雅：雅正；文雅。㉛训辞：教导的言辞。㉜留滞：指被压抑的人才。㉝秩：俸禄。㉞卒史：官名，汉代官署中低级属史的一种。㉟掌故：官名，汉设。㊱郡属：谓郡卒史。㊲请著功令：言请将新立之条著于功。㊳它如律令：其他仍照旧律令。

制曰："可①。"自此以来，公卿大夫士吏彬彬多文学之士矣②。

昭帝时举贤良文学③，增博士弟子员满百人，宣帝末增倍之。元帝好儒，能通一经者皆复④。数年，以用度不足⑤，更为设员千人，郡国置《五经》百石卒史⑥。成帝末，或言孔子布衣养徒三千人⑦，今天子太学弟子少，于是增弟子员三千人。岁余，复如故。平帝时王莽秉政⑧，增元士之子得受业如弟子⑨，勿以为员⑩，岁课甲科四十人为郎中⑪，乙科二十人为太子舍人⑫，丙科四十人补文学掌故云⑬。

【注释】

①可：帝王同意大臣的奏疏时签署"可"字。②彬彬：文质兼备的样子。③贤良文学：汉代选拔官吏的科目之一。④复：免除徭役或赋税。⑤用度：费用，开支。⑥郡国置《五经》百石卒史：此乡学教官之始。⑦布衣：指粗麻布衣，这里指代平民。⑧秉：执掌，操持。⑨元士：官名，亦指低级官吏。⑩员：指常员。⑪甲科：汉时取士分甲、乙、丙三科。⑫太子舍人：官名，太子属官。⑬云：句末助词。

自鲁商瞿子木受《易》孔子①，以授鲁桥庇子庸②。子庸授江东䮣臂子弓③。子弓授燕周丑子家④。子家授东武孙虞子乘⑤。子乘授齐田何子装⑥。及秦禁学，《易》为筮卜之书⑦，独不禁，故传受者不绝也。汉兴，田何以齐田徙杜陵，号杜田生，授东武王同子中、洛阳周王孙、丁宽、齐服生，皆著《易传》数篇⑧。同授淄川杨何，字叔元⑨，元光中征为太中大夫⑩。齐即墨成⑪，至城阳相⑫。广川孟但⑬，为太子门大夫。鲁周霸、莒衡胡、临淄主父偃，皆以《易》至大官。要言《易》者本之田何⑭。

【注释】

①商瞿子木：孔子学生，姓商名瞿字子木。②桥庇子庸：姓桥名庇字子庸，鲁国人。③䮣（hán）臂子弓：姓䮣名臂字子弓，战国时江东人。④周丑子家：姓周名丑字子家，战国时燕人。⑤孙虞子乘：姓孙名

虞字子乘，东武（今山东诸城人）。⑥田何子装：姓田名何字子装。⑦筮（shì）卜：用著草称筮，用龟甲称卜。⑧皆著：指王同、周王孙、丁宽、服生四人皆著。⑨杨何，字叔元：当作"杨何叔元"，"字"字衍。⑩元光：汉武帝年号（公元前134—前129年）。⑪即墨成：姓即墨，名成。⑫城阳：王国名，治所在莒县。⑬广川：县名，治所位于今河北枣强。⑭要：总之。

丁宽字子襄，梁人也。初梁项生从田何受《易》①，时宽为项生从者②，读《易》精敏，材过项生，遂事何③。学成，何谢宽④。宽东归，何谓门人曰："《易》以东矣⑤。"宽至洛阳，复从周王孙受古义⑥，号《周氏传》。景帝时，宽为梁孝王将军拒吴楚⑦，号丁将军，作《易说》三万言，训诂举大义而已⑧，今《小章句》是也⑨。宽授同郡砀田王孙⑩。王孙授施雠、孟喜、梁丘贺。由是《易》有施、孟、梁丘之学。

【注释】

①初：叙事过程中表示追溯已往的词。②从者：随行人员。③事：指从师求学。④谢宽：辞别丁宽。⑤《易》以东矣：是说丁宽学得《易经》而东去。⑥古义：古人对经籍的传统解释。⑦吴楚：指吴楚七国之乱。⑧训：描述事物的面貌以告人。诂，阐述古今不同的解释。⑨章句：分析古书的章节句读。⑩砀：县名，位于今河南永城。

施雠字长卿，沛人也①。沛与砀相近，雠为童子，从田王孙受《易》。后雠徒长陵②，田王孙为博士，复从卒业③，与孟喜、梁丘贺并为门人。谦让，常称学废，不教授④。及梁丘贺为少府⑤，事多，乃遣子临分将门人张禹等从雠问。雠自匿不肯见，贺固请⑥，不得已乃授临等。于是贺荐雠："结发事师数十年⑦，贺不能及。"诏拜雠为博士。甘露中⑧，与《五经》诸儒杂论同异于石渠阁⑨。雠授张禹、琅邪鲁伯⑩。伯为会稽太守⑪，禹至丞相。禹授淮阳彭宣⑫、沛戴崇子平。崇为九卿⑬，宣大司空。禹、宣皆有传⑭。鲁伯授泰山毛莫如少路、琅邪邴丹曼容，著清名⑮。莫如至常山太守⑯。此其知名者也。由是施家有张、彭之学。

【注释】

①沛：县名，即今江苏省沛县。②长陵：县名，位于今陕西省咸阳市东北。③卒业：完成学业。④教授：把知识传授给学生。⑤少府：官名，掌山海池泽收入和皇帝手工业制造。⑥固：坚决；执章。⑦结发：此指年轻的时候。⑧甘露：汉宣帝年号（前53年——前50年）。⑨石渠阁：指施雠参加了在石渠阁由汉宣帝召集的评定《五经》同异的御前学术会议（史称"石渠阁议"）。⑩琅邪（yé）：郡名，治所位于今山东诸城。⑪会稽（kuàijī）：郡名，治所位于今浙江绍兴市。⑫淮阳：封国名，治所位于今淮阳县。⑬九卿：指太常；光禄卿、卫尉、太仆、廷尉大鸿胪、宗正、大司农、少府。⑭有传：指本书有他的专传或合传。⑮清名：清美的声誉。⑯常山：郡名，治所在元氏。

孟喜字长卿，东海兰陵人也①。父号孟卿②，善为《礼》、《春秋》，授后苍、疏广③。世所传《后氏礼》、《疏氏春秋》，皆出孟卿。孟卿以《礼经》多，《春秋》繁杂，乃使喜从田王孙受《易》。喜好自称誉④，得《易》家候阴阳灾变书⑤，诈言师田生且死时枕喜膝⑥，独传喜，诸儒以此耀之⑦。同门梁丘贺疏通证明之⑧，曰："田生绝于施雠手中⑨，时喜归东海，安得此事？"又蜀人赵宾好小数书⑩，后为《易》，饰《易》文⑪，以为"箕子明夷⑫，阴阳气无箕子；箕子者，万物方荄兹也⑬。"宾持论巧慧，《易》家不能难，皆曰"非古法也⑭"。云受孟喜，喜为名之⑮。后宾死，莫能持其说。喜因不肯认，以此不见信⑯。喜举孝廉为郎⑰，曲台署长⑱，病免，为丞相掾⑲。博士缺，众人荐喜，上闻喜改师法⑳，遂不用喜。喜授同郡白光少子㉑、沛翟牧子兄，皆为博士。由是有翟、孟、白之学。

【注释】

①东海：郡名，治所位于今山东郯城县北。②卿：古代对男子的敬称。③疏广：姓疏名广，字仲翁。东海兰陵人。④好自称誉：喜欢自我吹嘘。⑤候：占验，预测。⑥且：将要。⑦耀：光荣。意动用法。⑧同门：犹"同学"，同师受业。⑨绝：死亡。⑩小数：术数。⑪饰：修饰。⑫明夷：卦名，明智而受到伤害。⑬荄兹：草根滋茂。⑭古法：指对《易经》的传统解说。⑮名之：承认实授。⑯见：被。⑰孝廉：汉代选举官吏的两种科目。⑱曲台：殿名。⑲掾（yuàn）：古代属官的通称。⑳师法：老师递相传授的家法。㉑白光少子：姓白，名光，字少子。

梁丘贺字长翁，琅邪诸人也①。以能心计②，为武骑③。从太中大夫京房受《易》④。房者，淄川杨何弟子也。房出为齐郡太守⑤，贺更事田王孙。宣帝时，闻京房为《易》明⑥，求其门人，得贺。贺时为都司空令⑦，坐事⑧，论免为庶人⑨。待诏黄门数入说教侍中⑩，以召贺。贺入说⑪，上善之，以贺为郎。会八月饮酎⑫，行祠孝昭庙，先驱旄头剑挺堕地⑬，首垂泥中，刃向乘舆车⑭，马惊。于是召贺筮之⑮，有兵谋⑯，不吉。上还，使有司侍祠⑰。是时霍氏外孙代郡太守任宣坐谋反诛，宣子章为公车丞⑱，亡在渭城界中⑲，夜玄服入庙⑳，居郎间，执戟立庙门，待上至，欲为逆㉑。发觉，伏诛。故事㉒，上常夜入庙，其后待明而入，自此始也。贺以筮有应，由是近幸㉓，为太中大夫，给事中，至少府。为人小心周密，上信重之。年老终官㉔。传子临，亦入说，为黄门郎。甘露中，奉使问诸儒于石渠。临学精熟，专行京房法。琅邪王吉通《五经》，闻临说，善之。时宣帝选高材郎十人从临讲，吉乃使其子郎中骏上疏从临受《易》。临代五鹿充宗君孟为少府，骏御史大夫㉕，自有传。充宗授平陵士孙张仲方㉖、沛邓彭祖子夏、齐衡咸长宾㉗。张为博士，至扬州牧㉘，光禄大夫给事中㉙，家世传业㉚；彭祖，真定太傅㉛；咸，王莽讲学大夫㉜。由是梁丘有士孙、邓、衡之学。

【注释】

①诸：县名，今山东诸城县。②心计：心算；谋划。③武骑（jì）：勇武的骑卒。④太中大夫：官名，掌议论。⑤齐郡：郡名，治所位于临淄。⑥明：高明。⑦都司空令：官名，主管罪人。⑧坐事：因为违法。⑨论：审判定罪。⑩待诏：犹言候命。⑪入说：指讲说于皇帝面前。⑫饮酎（zhòu）：饮纯浓的酒。⑬剑挺：剑自然脱出。⑭乘（shèng）舆车：皇帝乘坐的车子。⑮筮：用蓍草占卦以卜问吉凶。⑯兵谋：武力计谋。⑰有司：官吏。⑱公车丞：官名，公车司马丞的省称。⑲渭城：县名，位于今陕西咸阳市东北。⑳玄服：黑色衣服。㉑逆：逆乱；叛乱。㉒故事：先例，过去的典章制度。㉓近幸：亲近受宠爱。㉔终官：老死在位上。㉕御史大夫：官名，掌监察、执法。㉖平陵：县名，今陕西省咸阳市。㉗衡咸长宾：姓衡，名咸，

字长宾。㉘牧：州牧，官名。㉙光禄大夫：官名，掌顾问应对。㉚传业：传授学业。㉛真定：国名，治所位于今河北正定县。㉜讲学大夫：王莽建国后所设新官名。

京房受《易》梁人焦延寿①。延寿云尝从孟喜问《易》。会喜死，房以为延寿《易》即孟氏学，翟牧、白生不肯②，皆曰非也。至成帝时，刘向校书③，考《易》说④，以为诸《易》家说皆祖田何、扬叔元、丁将军，大义略同⑤，唯京氏为异，倘焦延寿独得隐士之说⑥，托之孟氏⑦，不相与同⑧。房以明灾异得幸⑨，为石显所潛诛⑩，自有传。房授东海殷嘉⑪、河东姚平、河南乘弘⑫，皆为郎、博士。由是《易》有京氏之学。

【注释】

①焦延寿：名赣，字延寿。②肯：表示应允，同意。③校书：校勘书籍。④考：探索；研究。⑤祖：师承。⑥倘：犹殆。⑦托：假托。⑧不相与同：不相同。⑨灾异：指自然灾害和特异的自然现象。⑩潛(zèn)：诬陷。⑪东海：郡名，治所郯县。⑫殷嘉、姚平、乘弘：京房弟子。

费直字长翁，东莱人也①。治《易》为郎，至单父令②。长于卦筮③，无章句④，徒以象象系辞十篇文言解说上下经⑤。琅邪王璜平仲能传之。璜又传古文《尚书》⑥。

【注释】

①东莱：郡名，治所位于今山东掖县。②单父(shànfù)：县名，今山东单县。③卦筮：占卜。④章句：汉代注家以分章析句来解说古书意义的一种著作本。⑤徒：只，但。⑥古文《尚书》：《尚书》的一种，又称《逸书》。

高相，沛人也。治《易》与费公同时，其学亦无章句，专说阴阳灾异①，自言出于丁将军。传至相，相授子康及兰陵毋将永②。康以明《易》为郎③，永至豫章都尉④。及王莽居摄⑤，东郡太守翟义谋举兵诛莽，事未发，康候知东郡有兵⑥，私语门人，门人上书言之⑦。后数月，翟义兵起，莽召问，对受师高康。莽恶之⑧，以为惑众，斩康。由是《易》有高氏学。高、费皆未尝立于学官⑨。

【注释】

①专说阴阳灾异：根据《周易》来解说阴阳灾异。②毋将永：姓毋将(wú)，名将永。③明：通晓。④豫章：郡名，治所位于今南昌。⑤居摄：皇帝年幼不能执政，由大臣代居皇位，处理政务。⑥东郡：郡名，治所位于濮阳。⑦上书：向皇帝进呈书面意见。⑧恶：憎恨。⑨立于学官：被学官立案认可。

伏生，济南人也①，故为秦博士②。孝文时，求能治《尚书》者，天下无有，闻伏生治之，欲召。时伏生年九十余，老不能行，于是诏太常，使掌故朝错往受之③。秦时禁《书》，伏生壁藏之，其后大兵起④，流亡⑤。汉定，伏生求其《书》，亡数十篇，独得二十九篇，即以教于齐、鲁之间。齐学者由此颇能言《尚书》⑥，山东大师无不涉《尚书》以教⑦。伏生教济南张生及欧阳生。张生为博士，而伏生孙以治《尚书》征，弗能明定⑧。是后鲁周霸、洛阳贾嘉颇能言《尚书》云⑨。

【注释】

①济南：郡名，治所平陵（今山东章丘西北）。②故：过去。③朝错：即晁错，政论家，时称"智囊"。④大兵起：兵灾大起。⑤流亡：失去，丢失。⑥齐学者：应为齐鲁学者。⑦大师：对学者专家的尊称。⑧弗能明定：不能明白确切阐释《尚书》。⑨贾嘉：贾谊之孙。

欧阳生字和伯，千乘人也①。事伏生，授兒宽。宽又受业孔安国②，至御史大夫，自有传。宽有俊材③，初见武帝，语经学④。上曰："吾始以《尚书》为朴学⑤，弗好，及闻宽说，可观。"乃从宽问一篇⑥。欧阳、大小夏侯氏学皆出于宽⑦。宽授欧阳生子，世世相传，至曾孙高子阳⑧，为博士。高孙地余长宾以太子中庶子授太子⑨，后为博士，论石渠。元帝即位⑩，地余侍中⑪，贵幸，至少府。戒其子曰："我死，官属即送汝财物，慎毋受。汝九卿儒者子孙，以廉洁著⑫，可以自成⑬。"及地余死，少府官属共送数百万，其子不受。天子闻而嘉之⑭，赐钱百万。地余少子政为王莽讲学大夫。由是《尚书》世有欧阳氏学。

【注释】

①千乘：郡名，治所位于今山东高青东北。②孔安国：经学家、孔子后裔，开古文尚书学派。③俊材：卓越的才能。④经学：训解或阐述儒家经典之学。⑤朴学：指汉学中的古文经学派。⑥问：论难；探讨。⑦大小夏侯氏：指今文《尚书》学者夏侯胜、夏侯建。⑧高子阳：名高，字子阳。⑨地余长宾：名地余，字长宾。⑩即位：帝王登位。⑪侍中：指陪伴在元帝身边。⑫著：称显。⑬自成：自己有所成就。⑭嘉：赞许；表扬。

林尊字长宾，济南人也。事欧阳高，为博士，论石渠。后至少府、太子太傅①，授平陵平当、梁陈翁生②。当至丞相，自有传。翁生信都太傅③，家世传业。由是欧阳有平、陈之学。翁生授琅邪殷崇、楚国龚胜④。崇为博士，胜右扶风⑤，自有传。而平当授九江朱普公文、上党鲍宣⑥。普为博士，宣司隶校尉⑦，自有传。徒众尤盛，知名者也。

【注释】

①太子太傅：官名，辅导太子。②平当：平陵人，曾治黄河。③信都：封国名，治所今河北冀县。④楚国：封国名，治所今江苏徐州市。⑤右扶风：官名，相当于太守。⑥九江：郡名，治所位于今寿县。上党：郡名，治所位于今山西长子县。⑦司隶校尉：官名，掌纠察京师的官。

夏侯胜①，其先夏侯都尉②，从济南张生受《尚书》，以传族子始昌③。始昌传胜，胜又事同郡简卿④。简卿者，兒宽门人。胜传从兄子建⑤，建又事欧阳高。胜至长信少府⑥，建太子太傅，自有传。由是《尚书》有大小夏侯之学。

【注释】

①夏侯胜：西汉今文尚书学"大夏侯学"的开创者。②先：祖先。③族子：同族兄弟之子。④茼：姓。或作简。⑤建：指夏侯建，"小夏侯学"的开创者。⑥长信少府：官名，管理长信宫事务。

　　周堪字少卿，齐人也。与孔霸俱事大夏侯胜①。霸为博士。堪译官令②，论于石渠，经为最高，后为太子少傅③，而孔霸以太中大夫授太子。及元帝即位，堪为光禄大夫，与萧望之并领尚书事④，为石显等所谮，皆免官。望之自杀，上愍之⑤，乃擢堪为光禄勋⑥，语在《刘向传》。堪授牟卿及长安许商长伯。牟卿为博士，霸以帝师赐爵号褒成君，传子光，亦事牟卿⑦，至丞相，自有传。由是大夏侯有孔、许之学。商善为算⑧，著《五行论历》，四至九卿，号其门人沛唐林子高为德行⑨，平陵吴章伟君为言语⑩，重泉王吉少音为政事⑪，齐炔钦幼卿为文学⑫。王莽时，林、吉为九卿，自表上师冢⑬，大夫博士郎吏为许氏学者，各从门人⑭，会车数百辆⑮，儒者荣之⑯。饮、章皆为博士，徒众尤盛。章为王莽所诛。

【注释】

①孔霸：孔子十三代孙。②译官令：官名，属大鸿胪。③太子太傅：官名，辅佐太子。④领尚书事：官名，总揽枢机。⑤愍（mǐn）：哀怜。⑥光禄勋：官名，皇帝左右亲近的人。⑦亦事：疑其前有"光"字。⑧算：指数学和历法。⑨德行：指德行好。⑩吴章：字伟君，扶风平陵人。⑪重泉：县名，位于今陕西蒲城县。⑫德行、言语、政事、文学：仿孔子所设四科。⑬自表上师冢：自己向朝廷上表章请准会集徒众扫祭宗师的坟墓。⑭郎吏：指各种郎官。⑮会：会合。⑯荣之：以之为荣。

　　张山拊字长宾，平陵人也。事小夏侯建，为博士，论石渠，至少府。授同县李寻、郑宽中少君、山阳张无故子儒、信都秦恭延君、陈留假仓子骄①。无故善修章句②，为广陵太傅③，守小夏侯说文④。恭增师法至百万言⑤，为城阳内史⑥。仓以谒者论石渠，至胶东相⑦。寻善说灾异，为骑都尉⑧，自有传。宽中有俊材，以博士授太子⑨，成帝即位，赐爵关内侯⑩，食邑八百户⑪，迁光禄大夫，领尚书事，甚尊重。会疾卒，谷永上疏曰："臣闻圣王尊师傅，褒贤俊⑫，显有功，生则致其爵禄⑬，死则异其礼谥⑭。昔周公薨，成王葬以变礼⑮，而当天心。公叔文子卒，卫侯加以美谥，著为后法⑯。近事，大司空朱邑、右扶风翁归德茂夭年⑰，孝宣皇帝愍册厚赐，赞命之臣靡不激扬⑱。关内侯郑宽中有颜子之美质⑲，包商、偃之文学⑳，俨然总《五经》之妙论，立师傅之显位，入则向唐虞之阆道㉑，王法纳乎圣听㉒，出则参冢宰之重职㉓，功烈施乎政事㉔，退食自公㉕，私门不开㉖，散赐九族，田亩不益，德配周召㉗，忠合《羔羊》，未得登司徒㉘，有家臣㉙，猝然早终，尤可悼痛！臣愚以为宜加其葬礼，赐之令谥㉚，以章尊师褒贤显功之德。"上吊赠宽中甚厚㉛。由是小夏侯有郑、张、秦、假、李氏之学。宽中授东郡赵玄，无故授沛唐尊㉜，恭授鲁冯宾。宾为博士，尊王莽太傅，玄哀帝御史大夫㉝，至大官，知名者也。

【注释】

①山阳：县名，位于今河南省焦作市东南。②修：习。③广陵：封国名，治所位于今扬州市西北。④

守小夏侯说文：遵循小夏侯讲说的文字。⑤师法：师说之文。⑥城阳：封国名，治所位于今莒县。⑦胶东：封国名，治所位于今平度县。⑧骑都尉：武官名，掌管皇帝护卫部队。⑨太子：指刘骜，后为成帝。⑩关内侯：爵位名。⑪食邑：古代帝王赏给赐卿的田邑。⑫褒：嘉奖；称赞。⑬爵禄：爵位和俸禄。⑭礼谥：表礼和谥号。⑮变礼：不合常规，适应特殊情况而设的礼节。⑯后法：后世奉行的法则。⑰夭年：早年陨命。⑱赞：佐。⑲颜子：即颜回。⑳商、偃：子游、子夏。㉑闳：大。㉒王法纳乎圣听：使圣王之法达于天子。㉓冢宰：宰相。㉔功烈：功勋事业。㉕退食：臣子退朝后在家就膳。㉖私门：行私请托的门路。㉗周召(shào)：周公旦、召公奭。㉘司徒：官名，主管教化。㉙家臣：春秋时各国卿大夫的臣属。㉚令：美好。㉛厚：优厚。㉜唐尊：王莽时为大傅，封平代侯。㉝哀帝：刘欣，公元前7年—前1年在位。

　　孔氏有古文《尚书》，孔安国以今文字读之①，因以起其家逸《书》②，得十余篇，盖《尚书》兹多于是矣③。遭巫蛊④，未立于学官。安国为谏大夫⑤，授都尉朝⑥，而司马迁亦从安国问故⑦。迁书载《尧典》、《禹贡》、《洪范》、《微子》、《金縢》诸篇，多古文说。都尉朝授胶东庸生⑧。庸生授清河胡常少子⑨，以明《穀梁春秋》为博士、部刺史⑩，又传《左氏》。常授虢徐敖⑪。敖为右扶风掾⑫，又传《毛诗》⑬，授王璜、平陵涂恽子真。子真授河南桑钦君长⑭。王莽时，诸学皆立。刘歆为国师⑮，璜、恽等皆贵显。世所传《百两篇》者，出东莱张霸，分析合二十九篇以为数十⑯，又采《左氏传》、《书叙》为作首尾，凡百二篇⑰。篇或数简，文意浅陋。成帝时求其古文者，霸以能为《百两》征，以中书校之⑱，非是⑲。霸辞受父，父有弟子尉氏樊并⑳。时太中大夫平当、侍御史周敞劝上存之㉑。后樊并谋反，乃黜其书㉒。

【注释】

　　①今文字：指汉代通行的隶书。②逸书：古文《尚书》。③兹：通滋，益，更加。④巫蛊：即巫蛊之祸。⑤谏大夫：官名，掌议论进谏。⑥都尉朝：复姓都尉，名朝。⑦故：宗旨和意义。⑧胶东：封国名，治所今山东平度县。⑨清河：郡、国名，治所今河北清阳县。⑩《穀梁春秋》：书名，谷梁赤传，专门解释《春秋》的"传"文。⑪虢(guó)：县名，今陕西宝鸡县西。⑫右扶风掾：右扶风的属吏。⑬《毛诗》：毛亨和毛苌所传《诗经》的古文学派诗说。⑭河南：郡名，治所位于洛阳。⑮刘歆：西汉末年古文经学派的开创者。⑯分析：分开；区分。⑰凡：总共。⑱中书：皇宫中的藏书。⑲非是：张霸所析与中书之文不同。⑳尉氏：县名，今河南尉氏县。㉑存之：不废其书。㉒黜(chù)：废除。

　　申公①，鲁人也。少与楚元王交俱事齐人浮丘伯受《诗》②。汉兴，高祖过鲁，申公以弟子从师入见于鲁南宫③。吕太后时，浮丘伯在长安，楚元王遣子郢与申公俱卒学④。元王薨，郢嗣立为楚王⑤，令申公傅太子戊⑥。戊不好学，病申公⑦。及戊立为王，胥靡申公⑧。申公愧之⑨，归鲁退居家教，终身不出门。复谢宾客⑩，独王命召之乃往⑪。弟子自远方至受业者千余人，申公独以《诗经》为训故以教⑫，亡传⑬，疑者则阙弗传⑭。兰陵王臧既从受《诗》，已通，事景帝为太子少傅，免去。武帝初即位，臧乃上书宿卫⑮，累迁，一岁至郎中令⑯。及代赵绾亦尝受《诗》申公，为御史大夫。绾、臧请立明堂以朝诸侯⑰，不能就其事⑱，乃言师申公。于是上使使束帛加璧⑲，安车以蒲裹轮，驾驷迎申公⑳，弟子二人乘轺传从㉑。至，见上，上问治乱之事㉒。申公时已八十余，老，对曰："为治者不在多言，顾力行何如耳㉓。"是时上方好文辞，见申公对，默然。然已招致，即以为太中大夫，舍鲁邸㉔，议明堂事。太皇窦太后喜《老子》言，不悦儒术，得绾、臧之过㉕，以让上曰㉖："此欲复为新垣平也！"上因废明堂事，下绾、臧吏，皆自杀。申公亦病免归，数年卒。弟子为博士十余人，孔安国至临淮太守㉗，周霸胶西内史㉘，夏宽城阳内史，砀鲁赐东海太守㉙，兰陵缪生长沙内史㉚，徐偃胶西中尉㉛，邹人阙门庆忌胶东内史㉜，其治官民皆有廉节称。其学官弟子行虽不备㉝，而至于大夫、郎、掌故以百数。申公卒以《诗》、《春秋》授，而瑕丘江公尽能传之㉞，徒众最盛。及鲁许生、免中徐公㉟，皆守学教授㊱。韦贤治《诗》㊲，事大江公及许生㊳，又治《礼》，至丞相。传子玄成，以淮阳中尉论石渠，后亦至丞相。玄成及兄子赏以《诗》授哀帝，至大司马车骑将军㊳，自有传。由是《鲁诗》有韦氏学㊵。

【注释】

①申公：名培，即前文中提到的申培公。②浮丘伯：复姓浮丘字伯，荀子的学生。③南宫：宫殿名，位于今曲阜市西南鲁城内。④郢：即郢客。⑤嗣立：继承王位。⑥傅：教育，辅导。⑦病：患苦。⑧胥（xū）靡：古代服劳役的奴隶。这里用作使动词。⑨愧：惭愧，羞耻。⑩谢：谢绝。⑪王：指鲁恭王。⑫训故：同训诂。解释古书字义。⑬亡传（wúzhuàn）：没有阐述经义的文字。⑭疑者则阙弗传：有疑问的地方就缺而不传。⑮宿卫：在宫廷中值宿警卫。⑯郎中令：官名，为皇帝左右亲近的高级官职。⑰明堂：古代帝王室明政教的地方。⑱就：成就，完成。⑲束帛：古代聘问、赏赐的礼物。⑳迎申公：此事发生于建元元年。㉑辎传：辎车所作的传车。㉒治乱之事：指国家政治太平或混乱的关键。㉓力行：尽力而作。㉔舍：止息；鲁邸（dǐ）：鲁国在京的住所。㉕过：罪过。㉖让：责备。㉗临淮：郡名，治所在徐县。㉘胶西：封国名，治所位于今山东高密县。㉙砀（dàng）：郡名，治所位于今河南永城县。㉚长沙：封国名，治所位于今湖南长沙市。㉛中尉：武官名。㉜阙门庆忌：姓阙门，名庆忌。㉝行（xíng）：德行。㉞瑕丘：县名，位于今山东兖州。㉟免中：县名。无考。㊱守学：奉行师法。㊲韦贤：邹国邹人，封扶阳侯。㊳大江公：指瑕丘江公。㊳大司马：官职名。㊵《鲁诗》：申培公所传《诗经》今文学派诗说之一。

王式字翁思，东平新桃人也①。事免中徐公及许生。式为昌邑王师②。昭帝崩，昌邑王嗣立，以行淫乱废，昌邑群臣皆下狱诛，唯中尉王吉、郎中令龚遂以数谏减死论③。式系狱当死④，治事使者责问曰："师何以无谏书？"式对曰："臣以《诗》三百五篇朝夕授王，至于忠臣孝子之篇，未尝不为王反复诵之也；至于危亡失道之君，未尝不流涕为王深陈之也⑤。臣以三百五篇谏，是以无谏书⑥。"使者以闻⑦，亦得减死论，归家不教授。山阳张长安幼君先事式⑧，后东平唐长宾、沛褚少孙亦来事式，问经数篇，式谢曰："闻之于师具是矣⑨，自润色之⑩。"不肯复授。唐生、褚生应博士弟子选，诣博士⑪，抠衣登堂⑫，容礼甚严，试诵说，有法，疑者丘盖不言⑬。诸博士惊问何师，对曰事式。皆素闻其贤⑭，共荐式。诏除下为博士⑮。式征来，衣博士衣而不冠，曰："刑余之人⑯，何宜复充礼官⑰？"既至，止舍中，会诸侯大夫博士，共持酒肉劳式⑱，皆注意高仰之⑲。博士江公世为《鲁诗》宗⑳，至江公著《孝经说》，心嫉式，谓歌吹诸生曰㉑："歌《骊驹》。"式曰："闻之于师：客歌《骊驹》，主人歌《客毋庸归》㉒。今日诸君为主人，日尚早，未可也。"江翁曰："经何以言之㉓？"式曰："在《曲礼》。"江翁曰："何狗曲也！"式耻之，佯醉逿地㉔。式客罢，让诸生曰㉕："我本不欲来，诸生强劝我，竟为竖子所辱㉕!"遂谢病免归㉗，终于家。张生、唐生、褚生皆为博士。张生论石渠，至淮阳中尉。唐生楚太傅。由是《鲁诗》有张、唐、褚氏之学。张生兄子游卿为谏大夫，以《诗》授元帝。其门人，琅邪王扶为泗水中尉㉘，陈留许晏为博士。由是张家有许氏学。初，薛广德亦事王式㉙，以博士论石渠，授龚舍。广德至御史大夫，舍泰山太守㉚，皆有传。

【注释】

①东平：封国名，都今山东东平县。②昌邑王：刘贺，汉武帝孙。③论：审判定罪。④系：拴缚；拘囚。⑤陈：陈述。⑥是以：因此。⑦以闻：将这件事情报告天子。⑧山阳：郡国名，治所位于今山东金乡县。⑨具是：尽此，全部在这里。⑩润色：修饰。⑪诣：前往，去到。⑫抠（kōu）衣：提着衣服前襟。⑬丘盖：不知，空缺。⑭素：向来。⑮诏除下：发下任命的诏书。⑯刑余：受过肉刑。⑰礼官：掌礼仪之官。⑱劳（lào）：慰劳。⑲高仰：敬重。⑳江公：瑕丘江公之孙。㉑歌吹：歌唱吹奏。㉒《客毋庸歌》：主人留客之歌。㉓经何以言之：经文在哪里有这样的话。㉔迈（dàng）：跌倒。㉕让：责备。㉖竖子：轻蔑的称呼，犹"小子"。㉗谢病：因病辞退。㉘泗水：封国名，都今江苏泗阳县。㉙薛广德：沛郡（今安徽淮溪西北）人，历任博士，谏大夫，长信少府。㉚泰山：郡名，治所位于今泰安市。

辕固，齐人也。以治《诗》孝景时为博士，与黄生争论于上前。黄生曰："汤武非受命①，乃杀也。"固曰："不然。夫桀纣荒乱②，天下之心皆归汤武，汤武因天下之心而诛桀纣，桀纣之民弗为使而归汤武，汤武不得已而立，非受命为何③?"黄生曰："'冠虽敝必加于首④，履虽新必贯于足⑤。'何者? 上下之分也⑥。今桀纣虽失道，然君上也；汤武虽圣，臣下也。夫主有失行，臣不正言匡过以尊天子⑦，反因过而诛之，代立南面⑧，非杀而何?"固曰："必若云⑨，是高皇帝代秦即天子之位，非邪?"于是上曰："食肉勿食马肝⑩，未为不知味也；言学者毋言汤武受命，不为愚。"遂罢。窦太后好《老子》书，召问固。固曰："此家人言耳⑪。"太后怒曰："安得司空城旦书乎⑫!"乃使固入圈击彘⑬。上知太后怒，而固直言无罪，乃假固利兵⑭。下，固刺彘正中其心，彘应手而倒。太后默默，无以复罪⑮。后上以固廉直，拜为清河太傅⑯，疾免。武帝初即位，复以贤良征⑰。诸儒多嫉毁曰固老⑱，罢归之。时固已九十余矣。公孙弘亦征，侧目而视固⑲。固曰："公孙子，务正学以言⑳，无曲学以阿世㉑!"诸齐以《诗》显贵，皆固之弟子也。昌邑太傅夏侯始昌最明，自有传。

【注释】

①受命：受天之命。②荒乱：荒淫暴乱。③非受命为何：言此非受命更何为。④敝：坏，破旧。⑤贯：穿。⑥分：名分；职分。⑦正言：正直的话。匡过：纠正的过错。⑧南面：称居帝位。⑨必若云：必定这样说。⑩马肝：相传马肝有毒，不能食用。⑪家人：平常人；庶人。⑫司空：主管囚徒的官。⑬彘：野猪。⑭假：给予。利兵，锋利的兵器。⑮无以复罪：没有理由再加罪于辕固。⑯清河太傅：清河王大傅。⑰征：朝廷以礼招聘有学行的人出任官职。⑱嫉毁：嫉妒和诋毁。⑲侧目：不敢正视。形容畏惧。⑳正学：坚持儒学。㉑曲学：背离或歪曲儒学。

后苍字近君，东海郯人也①。事夏侯始昌。始昌通《五经》，苍亦通《诗》《礼》，为博士，至少府，授翼奉、萧望之、匡衡②。奉为谏大夫，望之前将军，衡丞相，皆有传。衡授琅邪师丹、伏理斿君、颍川满昌君都③。君都为詹事④，理高密太傅⑤，家世传业。丹大司空⑥，自有传。由是《齐诗》有翼、匡、师、伏之学⑦。满昌授九江张邯、琅邪皮容⑧，皆至大官，徒众尤盛。

【注释】

①郯（tán）：县名，位于今山东省郯城县北。②匡衡：经学家。③伏理斿君：姓伏名理字君斿。④詹事：官名。职掌皇后，太子家事。⑤高密：封国名。⑥大司空：官职名，同御史大夫。⑦《齐诗》：《诗经》今文学派诗说之一。⑧九江：郡名，治所位于今安徽寿县。

韩婴，燕人也。孝文时为博士，景帝时至常山太傅①。婴推诗人之意②，而作《内》《外传》数万言，其语颇与齐、鲁间殊③，然归一也④。淮南贲生受之⑤。燕赵间言《诗》者由韩生。韩生亦以《易》授人，推《易》意而为之传⑥。燕赵间好《诗》，故其《易》微，唯韩氏自传之。武帝时，婴尝与董仲舒论于上前，其人精悍⑦，处事分明，仲舒不能难也。后其孙商为博士。孝宣时，涿郡韩生其后也⑧，以《易》征，待诏殿中，曰："所受《易》即先太傅所传也。尝受《韩诗》⑨，不如韩氏《易》深，太傅故专传之。"司隶校尉盖宽饶本受《易》于孟喜⑩，见涿韩生说《易》而好之，即更从受焉⑪。

【注释】

①常山：郡国名，治所今河北元氏县。②推：推演。③间（jiàn）殊：差别；不同。④归一：趋向一致。⑤淮南：封国名，都今安徽寿县。⑥传（zhuàn）：阐述经义的文字。⑦精悍：精明强悍。⑧涿郡：郡名，治所位于今河北涿州市。⑨《韩诗》：《诗经》今文学派诗说之一。韩婴所传。⑩司隶校尉：官名，掌纠察京师百官及附近所辖各郡。⑪更（gēng）：改。

赵子，河内人也①。事燕韩生，授同郡蔡义。义至丞相，自有传。义授同郡食子公与王吉②。吉为昌邑王中尉，自有传。食生为博士，授泰山栗丰③。吉授淄川长孙顺。顺为博士，丰部刺史④。由是《韩诗》有王、食、长孙之学。丰授山阳张就⑤，顺授东海发福，皆至大官，徒众尤盛。

【注释】

①河内：郡名，治所位于今河北武陟县。②食子公：其有《韩诗章句》。③泰山：郡名，位于今泰安市东南。④部刺史：官名，掌监察。⑤山阳：郡国名，治所位于今山东金乡县。

毛公，赵人也①。治《诗》，为河间献王博士②，授同国贯长卿。长卿授解延年③。延年为阿武令④，授徐敖，敖授九江陈侠，为王莽讲学大夫。由是言《毛诗》者，本之徐敖⑤。

【注释】

①赵：王国名，治所位于今河北邯郸。②河间：封国名，治所位于今河北乐城。③解（xiè）延年：人姓名，姓谢名延年。④阿武：县名，位于今河北献县。⑤本：本源；发源。

汉兴，鲁高堂生传《士礼》十七篇，而鲁徐生善为容①。孝文时，徐生以容为礼官大夫②，传子至孙延、襄③。襄，其资性善为容④，不能通经；延颇能，未善也。襄亦以容为大夫，至广陵内史⑤，延及徐氏弟子公户满意、桓生、单次皆为礼官大夫⑥。而瑕丘萧奋以《礼》至淮阳太守。诸言《礼》为容者由徐氏。

【注释】

①容：礼节；仪式。②礼官大夫：官职名。③延：徐延，徐生子。④资性：资质；生性。⑤广陵：封国名，治所位于今江苏扬州。⑥公户满意：姓公户，名满意。

孟卿，东海人也①。事萧奋，以授后仓、鲁间丘卿②。仓说《礼》数万言，号曰《后氏曲台记》③，授沛闻人通汉子方④、梁戴德延君、戴圣次君、沛庆普孝公。孝公为东平太傅⑤。德号大戴，为信都太傅⑥；圣号小戴，以博士论石渠，至九江太守。由是《礼》有大戴、小戴、庆氏之学。通汉以太子舍人论石渠⑦，至中山中尉⑧。普授鲁夏侯敬，又传族子咸，为豫章太守⑨。大戴授琅邪徐良斿卿，为博士、州牧、郡守，家世传业。小戴授梁人桥仁季卿、扬荣子孙⑩。仁为大鸿胪⑪，家世传业，荣琅邪太守。由是大戴有徐氏，小戴有桥、杨氏之学。

【注释】

①孟卿：东海兰陵（今山东省苍山县）人，时人称之为卿。②后仓：即后苍。③《后氏曲台记》：后苍在曲台校书著记。④闻人通汉子方：复印闻人，名通汉字方。⑤东平：封国名，都今山东东平县。⑥信都：王国名，治所位于今河北冀县。⑦太子舍人：官名，太子亲近的属官。⑧中山：封国名，都今河北冀县。⑨豫章：郡名，治所位于南昌。⑩杨荣子孙：姓杨名荣字子孙。⑪大鸿胪：官名，掌管接待宾客礼仪。

胡母生字子都，齐人也。治《公羊春秋》①，为景帝博士。与董仲舒同业②，仲舒著书称其德③。年老，归教于齐，齐之言《春秋》者宗事之④，公孙弘亦颇受焉。而董生为江都相⑤，自有传。弟子遂之者⑥，兰陵褚大，东平嬴公⑦，广川段仲，温吕步舒⑧。大至梁相，步舒丞相长史⑨，唯嬴公守学不失师法，为昭帝谏大夫，授东海孟卿、鲁眭孟⑩。孟为符节令，坐说灾异诛，自有传。

【注释】

①《公羊春秋》：书名，为公羊高所著传解《春秋》。②同业：研习相同的学业。③称：赞扬。④宗事：尊崇奉侍。⑤江都：王国名，治所位于今江苏扬州。⑥弟子遂之者：当为弟子之遂者。遂：有所成就。⑦东平：县名，今山东东平县东北。⑧温：县名，今河南温县。⑨长史：官名，为三公辅佐。⑩眭孟：姓眭，名弘，字孟。

严彭祖字公子①，东海下邳人也②。与颜安乐俱事眭孟。孟弟子百余人，唯彭祖、安乐为明，质问疑义，各持所见。孟曰："《春秋》之意③，在二子矣！"孟死，彭祖、安乐各专门教授④。由是《公羊春秋》有颜、严之学。彭祖为宣帝博士，至河南、东郡太守。以高第入为左冯翊⑤，迁太子太傅⑥，廉直不事权贵。或说曰："天时不胜人事⑦，君以不修小礼曲意⑧，无贵人左右之助⑨，经义虽高，不至宰相。愿少自勉强⑩！"彭祖曰："凡通经术，固当修行先王之道⑪，何可委曲从俗，苟求富贵乎！"彭祖竟以太傅官终。授琅邪王仲，为元帝少府⑫，家世传业。仲授同郡公孙文、东门云。云为荆州刺史⑬，文东平太傅，徒众尤盛。云坐为江贼拜辱命⑭，下狱诛。

【注释】

①严彭祖：本姓庄，因避讳汉明帝而改之。②下邳：县名，今江苏下邳人。③《春秋》之意：对《春秋》的见解。④专门：各自成一家。⑤高弟：考绩优秀者。⑥迁：调动。⑦天时：犹天明。⑧小礼：细微琐碎的礼节。⑨贵人：地位显贵的人。⑩勉强（qiǎng）：心中不愿而强为之。经术：指经学。⑪先王之道：前代明贤君王的政治主张。⑫为元帝少府：王仲为少府，《百官表》不载。⑬荆州：州名，位于今湖北湖南一带。⑭江贼：江湖盗贼。

颜安乐字公孙①，鲁国薛人②，眭孟姊子也。家贫，为学精力③，官至齐郡太守丞④，后为仇家所杀。安乐授淮阳泠丰次君⑤、淄川任公。公为少府，丰淄川太守。由是颜家有泠、任之学。始贡禹事嬴公⑥，成于眭孟，至御史大夫，疏广事孟卿，至太子太傅，皆自有传。广授琅邪管路，路为御史中丞⑦。禹授颍川堂谿惠⑧，惠授泰山冥都，都为丞相史。都与路又事颜安乐，故颜氏复有管、冥之学。路授孙宝；为大司农⑨，自有传。丰授马宫、琅邪左咸。咸为郡守九卿⑩，徒众尤盛。官至大司徒⑪，自有传。

【注释】

①公孙：又作"翁孙"。②薛：县名，位于今山东滕州。③精力：一作积力。④丞：官名。⑤泠（líng）丰次君：姓泠名丰字次君。⑥贡禹：琅琊人，官至御史大夫。⑦御史中丞：官职名，掌图藉秘书。⑧颍川：郡名，治所今河南属县。⑨大司农：官职名，掌租税、钱谷、盐铁和财政收支。⑩左咸为郡守九卿：左咸四至九卿。⑪大司徒：官名，三公之一。

瑕丘江公受《穀梁春秋》及《诗》于鲁申公①，传子至孙为博士②。武帝时，江公与董仲舒并。仲舒通《五经》，能持论，善属文③。江公讷于口④，上使与仲舒议，不如仲舒。而丞相公孙弘本为《公羊》学，比集其议⑤，卒用董生。于是上因尊《公羊》家，诏太子受《公羊春秋》，由是《公羊》大兴。太子既通⑥，复私问《穀梁》而善之。其后浸微⑦，唯鲁荣广王孙、皓星公二人受焉。广尽能传其《诗》、《春秋》，高材捷敏，与《公羊》大师眭孟等论，数困之⑧，故好学者颇复受《穀梁》。沛蔡千秋少君、梁周庆幼君、丁姓子孙皆从广受。千秋又事皓星公，为学最笃⑨。宣帝即位，闻卫太子好《穀梁春秋》，以问丞相韦贤、长信少府夏侯胜及侍中乐陵侯史高⑩，皆鲁人也，言穀梁子本鲁学，公羊氏乃齐学也，宜兴《穀梁》。时千秋为郎，召见，与《公羊》家并说⑪，上善《穀梁》说，擢千秋为谏大夫给事中，后有过，左迁平陵令⑫。复求能为《穀梁》者，莫及千秋⑬。上愍其学且绝⑭，乃以千秋为郎中户将⑮，选郎十人从受。汝南尹更始翁君本自事千秋⑯，能说矣，会千秋病死，征江公孙为博士。刘向以故谏大夫通达待诏，受《穀梁》，欲令助之。江博士复死，乃征周庆、丁姓待诏保宫⑰，使卒授十人。自元康中始讲⑱，至甘露元年⑲，积十余岁，皆明习⑳。乃召《五经》名儒太子太傅萧望之等大议殿中，平《公羊》㉑、《穀梁》同异㉒。各以经处是非㉒。时《公羊》博士严彭祖、侍郎申挽、伊推、宋显㉓，《穀梁》议郎尹更始、待诏刘向、周庆、丁姓并论。《公羊》家多不见从，愿请纳侍郎许广㉔，使者亦并纳《穀梁》家中郎王亥㉕，各五人，议三十余事。望之等十一人各以经义对，多从《穀梁》。由是《穀梁》之学大盛。庆、姓皆为博士。姓至中山太傅，授楚申章昌曼君㉖，为博士，至长沙太傅㉗，徒众尤盛。尹更始为谏大夫、长乐户将㉘，又受《左氏传》，取其变理合者以为章句㉙，传子咸及翟方进㉚、琅邪房凤。咸至大司农，方进丞相，自有传。

【注释】

①申公：谷梁传荀卿，荀卿传浮丘伯，浮丘伯传申公。②博士：指上文所提到的博士江公。③属文：撰写文章。④讷（hè）：说话或迟钝或口吃。⑤并集：排比集合。⑥既通：已经通晓《公羊传》。⑦浸微：逐渐衰微。⑧困：窘迫。⑨笃：专一。⑩侍中：加官名，在原职上加侍中，出入宫廷。⑪并说：一并解说。⑫左迁：降职。⑬莫及千秋：没有谁赶得上千秋。⑭且：将要。⑮郎中户将：官名，掌户卫。⑯汝南：郡名，治所位于今河南上蔡。⑰保宫：官署名，少府属官。⑱元康：汉宣帝年号，前65——前61年。⑲甘露元年：公元前53年。⑳明习：通晓熟悉。㉑平：通评，议论。㉒处：决断。㉓侍郎：官名，为皇帝近侍。㉔纳：进入议论之处。㉕使者：指宣帝派遣担任监议的官员。㉖申章昌曼君：姓申章名昌字曼君。㉗长沙：王国名，治所位于今湖南长沙。㉘长乐户将：官名。㉙变理：辩理；变通辩。㉚翟方进：汝南上蔡人，封高陵侯。

房凤字子元，不其人也①。以射策乙科为太史掌故②。太常举方正③，为县令都尉④，失官。大司马骠骑将军王根奏除补长史⑤，荐凤明经通达，擢为光禄大夫，迁五官中郎将⑥。时光禄勋王龚以外属内卿，与奉车都尉刘歆共校书⑦，三人皆侍中。歆白《左氏春秋》可立⑧，哀帝纳之，以问诸儒，皆不对。歆于是数见丞相孔光，为言《左氏》以求助，光卒不肯。唯凤、龚许歆，遂共移书责让太常博士⑨，语在《歆传》。大司空师丹奏歆非毁先帝所立⑩，上于是出龚等补吏⑪，龚为弘农⑫，歆河内⑬，凤九江太守，至青州牧⑭。始江博士授胡常，常授梁萧秉君房，王莽时为讲学大夫。由是《穀梁春秋》有尹、胡、申章、房氏之学。

【注释】

①不其：县名，位于今山东即墨西南。②射策：汉代考试方法。③方正：汉代选拔人才的科目之一。"举贤良方正能直言极谏者"。④都尉：武官名，掌全郡军事。⑤王根：王莽的叔父。⑥五官中郎将：官名，秩比二千石。⑦奉车都尉：官名，掌皇帝车马。⑧白：报告，建议。⑨移书：移送文书。⑩非毁：诋毁。⑪

出：调离朝廷。⑫弘农：郡名，治所位于今河南灵宝东北。⑬河内：郡名，治所位于今河南武陟。⑭青州：州名，指今山东省大部分地区。

汉兴，北平侯张苍及梁太傅贾谊、京兆尹张敞、太中大夫刘公子皆修《春秋左氏传》①。谊为《左氏传》训故②，授赵人贯公，为河间献王博士，子长卿为荡阴令③，授清河张禹长子④。禹与萧望之同时为御史⑤，数为望之言《左氏》，望之善之，上书数以称说。后望之为太子太傅，荐禹于宣帝，征禹待诏，未及问，会疾死。授尹更始⑥，更始传子咸及翟方进、胡常。常授黎阳贾护季君⑦，哀帝时待诏为郎，授苍梧陈钦子佚⑧，以《左氏》授王莽，至将军。而刘歆从尹咸及翟方进受。由是言《左氏》者本之贾护、刘歆。

【注释】

①张苍：阳武人，封北平侯，历任御史大夫。②训故：同训诂，解释古书文义。③荡阴：县名，今河南省汤阴县。④张禹长子：姓张名禹字长子。⑤御史：官名，负责史籍管理和当朝政事记录等。⑥授尹更始：指张禹早已授尹更始。⑦黎阳：县名，位于今河南浚县。⑧苍梧：郡名，治所今广西梧州市。

赞曰①：自武帝立《五经》博士，开弟子员②，设科射策，劝以官禄③，讫于元始④，百有余年，传业者浸盛⑤，支叶蕃滋⑥，一经说至百余万言，大师众至千余人⑦，盖禄利之路然也⑧。初，《书》唯有欧阳，《礼》后，《易》杨，《春秋》公羊而已。至孝宣世，复立《大小夏侯尚书》，《大小戴礼》，《施》、《孟》、《梁丘易》，《穀梁春秋》。至元帝世，复立《京氏易》。平帝时，又立《左氏春秋》、《毛诗》、逸《礼》、古文《尚书》。所以罔（网）罗遗失（逸）⑨，兼而存之，是在其中矣⑩。

【注释】

①赞：一种文章体裁，原以赞扬为主，后包含赞扬和批判两个方面。②开：设置。③劝以官禄：即以官禄劝，官禄，官位和俸禄。④讫：通迄，到，截止。⑤传业：传授学业。⑥支叶：树枝和树叶，比喻同门转相传授的弟子。⑦大师：对学者、专家的尊称。⑧禄利之路：指研习经学的人可以得到爵位俸禄的好处。⑨网罗：搜集，罗致。⑩兼而存之，是在其中：真伪间杂，其中有是，故兼而存之。

【译文】

古代的儒生，广泛地学习《六艺》一类的文章。《六艺》是帝王实行教化的典籍，前代用它们来讲述天道、端正伦常、达到大治的成法。周朝王道衰微，被周幽王、周厉王毁坏罄尽，制作礼乐、掌握征伐的权力由诸侯决定，这样废弃了二百多年。这时候，孔子兴起，心怀圣明之德而遭遇末世，清楚自己的言论不会被君王采纳，正道不会被广泛施行，于是感叹说："凤凰不会飞来，《河图》不会出现，我随他去吧！""周文王死了很久了，文章之事难道不在这个时代吗？"于是接受诸侯的聘用，以便报答诸侯对他的礼遇，并表明他的行动符合礼仪。西进入周，南到达楚，在匡，他感到了恐惧，因为匡人想杀害他，在陈，他陷入了困顿，因为他没有粮食了，拜谒了七十多位君主。到齐国去，他在那里听到了《韶》乐，几个月连吃肉也不知道它的滋味；从卫国返回鲁国，然后音乐端正，《雅》《颂》都各得其所。他翻阅和探究古今典籍，称赞说："尧真是了不得呀！真高大得很呀！只有天最高最大，只有尧能够学习天。他的功绩实在是太伟大了，他的礼仪制度也真够美好了！"又说："周朝的礼仪制度是以夏商两代为依据，然后制定的，多么丰富多彩呀！我主张周朝的。"于是说《尚书》起自《尧典》，称说乐就以《韶舞》作榜样，讨论《诗》就把《周南·关雎》当作首篇。结合周朝的礼制，根据鲁《春秋》，列举鲁国十二位君主的行为事迹，以周文王，周武王的原则作为依据，写成为君王取经的《春秋》，至鲁哀公十四年，公元前481年周钦王西狩获麟止笔。孔子晚年喜好《周易》，读得十分勤勉，编书的皮绳断了三次，并且给它作了阐发。他依据近代圣哲的事迹，以便建立先王的正道，因此他说："阐述而不创作，以相信的态度喜爱古代文化。""下学人事，上达天命，了解我的大约只有上天吧！"

孔子死了以后，他的七十位学生四处游说，本事大的做到了卿、相、师、傅，职位低的与士大夫交朋友，并教导他们，有的干脆隐居。所以子张到了陈国，澹台子羽到了楚国，子夏到了西河，子贡到了齐国，象田子方、段干木、吴起、禽滑釐等人，都在子夏等人那里学习过，做了王侯的老师。只有魏文侯爱好学习。战国时期，天下诸侯纷争，儒家的学术被贬退了，然而，齐国、鲁国一带的儒家学者没有停止过研究，到齐威王、齐宣王，孟子、孙卿等人都尊崇孔子的学说而加以发扬光大，他们凭学习名闻当世。

到了秦始皇统一天下，焚烧《诗经》《书经》，活埋方士儒生，六学从此就间断了。陈涉称王的时候，鲁地的儒生们带着孔子家传的礼器投靠陈涉，这时，孔甲做了陈涉的博士，后来和陈涉一同死了。陈涉从平民中崛起，指挥被贬谪去防守边地的奴隶，建立帝号，不满一年便被灭亡了，他的事业极其微小，然而，绅士儒生背着礼器前往投奔他，执器为礼，委身为臣，这是何故呢？因为秦朝君王禁止他们的学业，积怨于心而想要依靠陈王来表达他们的怨恨啊。

到汉高皇帝诛灭项籍，带领军队围攻鲁国的时候，鲁国城中的儒生们依然在朗诵经书，演习礼乐，弹弦歌唱的声音一直没有停止。这难道不是圣人遗留下好学的精神，感化了这一个国家吗？这时儒生们才能够研读他们的经学，练习为祭祀而举行的大射礼和乡礼。叔孙通制定汉代的礼仪，所以做了奉常。和他共同制定礼仪的弟子们，都成了朝廷选拔的首要对象，于是他的感慨他们是靠儒学起家的。但是这时依然有平定天下的战事，无暇顾及教育事业。孝惠、高后两朝，公卿都是凭武力起家的臣相。汉孝文帝时稍稍征用儒士，但汉孝文帝本来就喜好刑名之说。到了孝景朝的时候，汉孝景帝不任用儒士，加之窦太后喜好黄老学说，因此那些博士只不过是备员待问而已，并没有提升官。

汉朝自建立以来，宣讲《易经》的出自淄川的田生；宣讲《书经》的出自济南的伏生；宣讲《诗经》的，在鲁地有申培公，在齐地有辕固生，在燕地有韩太傅；宣讲《礼经》的，出自鲁人高堂生；宣讲《春秋》的，在齐地有胡毋生，在赵地有董仲舒。等到窦太后死了，武安侯田蚡担任丞相，罢黜黄老、刑名等百家学说，延聘文章博学的儒生数百人，而公孙弘因为研习《春秋》做了丞相，册封了侯，于是天下学者如同草木迎风倒下，纷纷研习儒学。

公孙弘担任学官，担心儒道闭塞停滞，于是奏请皇上说："丞相和御史大夫说，诏书写道：'听说引导平民用礼，感化人民用乐。婚姻是夫妻关系的伦常大道。现在礼废乐崩，我很忧伤。所以普遍邀请天下品行端方，见多识广的人士，都把他们升到朝廷。应当命令礼官努力学习儒学，宣讲议论应该见闻广博，崇尚礼仪，作为天下楷模。太常提议，安排做博士弟子，振兴民间的教化，以增广贤才。'我谨与太常孔臧、博士平等商讨认为：听说夏、商、周三代的制度，乡村有教育机构，夏代名为'校'，商代名为'序'，周代名为'庠'。劝勉人们向善，让他们在朝廷显赫而有声望；惩戒作恶的人们，给他们施加刑罚。所以政教风化的推行，树立榜样从首都开始，从内到外。如今陛下昭显最高德行，发出万丈光辉，媲美上天大地，推本人伦关系，鼓励从学，研习礼仪，推崇教化，奖励贤才，以此感化天下四方，这是太平政治的开始。过去政治制度未能普及，礼制不完备，请求利用旧有的学官振兴教化。替博士官选收弟子五十人，免除他们的赋税徭役。太常挑选十八岁以上，仪表端正的人充任博士弟子。各郡、各国、各县、各道、各邑有爱好文学、尊敬长上、遵守法律、和顺乡里而名副其实的人，县令、侯国相、县长、县丞上报所属郡太守和王国相，郡太守、王国相谨慎考察认为行得通的人，当随上计吏一同进京到太常那里报到，可以象太学弟子一样学习。一年就可以都参加考试，能精通一门经书以上的，可以补充文学掌故的缺额；那些成绩优异可以担任郎中的，太常造册上奏。如果有才能特别优秀、名列特等的，就把名字上报。那些马虎学习或者才能低下以及不能通晓一种经书的，就除名，而推荐了许多不合格的人的官员要受处罚。我谨慎地推敲诏书法令下达的目的，在于明辨天道和人道、自然和人事的关系，通晓古代和现代的真理。诏书法令文辞雅正，训辞意义深远，恩泽优厚。我见识不博，不能探究道理和宣传它，没有什么办法用来明明白白地播布它，并使臣子下属知道它的意义。因为以熟习礼乐典籍的人担任的治礼掌故的官员很长时间没有提拔，因此请求挑选那些官阶相当于二百石以上以及精通一种经书、俸禄一百石的吏卒担任左右内史、大行卒史，官阶相当于百石以下的吏卒担任郡太守的卒史，各两人，边郡一人。选拔官员要首先任用那些习诵经书多的人，如果不够选择掌故官补任中二千石级的属官。这些由掌故补任郡太守的属官的人，只是备员罢了。新立此条，请求写进规定选拔、考核官员的功令里。此外，一并按过去的法令施行。

诏书批示："同意。"从这以来，公卿大夫士卒大多是文质彬彬的博学多才的人了。

汉昭帝时，推荐贤良、文学，增加太学学生名额，满一百人；汉宣帝末年，成倍地增加太学生名额。汉元帝爱好儒学，规定凡能通晓一种经书的人，免除他的赋税徭役。几年后，尽管用度不够，又增设太学生名额到千人，地方郡国都安置专门研习《五经》、奉禄百石的卒史。成帝末年，有人称孔子以平民的身分教授三千学生，现在天子的太学生少，于是再增加名额到三千人。一年多后，又恢复到原来的规模。平帝时，王莽执掌国政，官员的儿子可以象太学生一样参加学业，但不占太学生名额。规定一年考核一次，中甲科的四十人任为郎中，中乙科的二十人被任为太子舍人，中丙科的四十人任文学掌故。

鲁人商瞿从孔子那里接受《易》学，他又传播给江东人馯臂。子弓传授给燕人周丑。子家传授给东武人孙虞。子乘传授给齐人田何。到秦朝，禁止儒学。《易》是占卦卜筮的书，唯独没有禁止。所以传授《易》学的人一直没有断绝过。汉建国以后，田何作为齐地的田氏迁徙到杜陵，因此叫杜田生。他把《易》学传授给东武人王同、洛阳人周王孙、丁宽，以及齐人服生。他们都著有《易传》多篇。王同传授给淄川人杨何。杨何，字叔元，元光年间征拜为太中大夫。齐人即墨成，官做到城阳国相。广川人孟但，做太子门大夫。鲁人周霸，莒人衡胡，临淄人主父偃，都凭借《易》学做了大官。简单地说，《易》学本于田何。

丁宽，字子襄，梁国人。最初，梁人项生跟从田何学习《周易》。当时，丁宽作为项生的随员，研读《周易》，精深敏捷，才华超过项生，于是去侍奉田何。学业完成后，田何辞退丁宽，叫他回去。丁宽东归来以后，田何对他的学生说："《易》学已到东边去了啊。"丁宽到了洛阳，又跟从周王孙学习《周易》的古典解释，叫《周氏传》。汉景帝时，丁宽替梁孝王抵抗吴、楚，号丁将军，写了《易说》三万字，解说《易经》旨趣，只阐明大概意思罢了，现在

《小章句》便是他所做。丁宽将《易》学传授给同郡砀县人田王孙。王孙传授给施雠、孟喜、梁丘架。从此以后，《易》有施、孟、梁丘之学。

施雠，字长卿，沛县人。沛县与砀县是近邻。施雠没成年时，跟从田王孙学习《周易》。后来施雠迁到长陵，田王孙做博士，又跟从他完成学业，与孟喜、梁丘贺一同做他的学生。谦虚礼让，经常说自己学业荒废，不教授引导学生。到梁丘贺做了少府的时候，他政务繁多，于是叫他儿子梁丘临及分将门人张禹等人跟从施雠学习。施雠自个儿躲起来，不肯接待他们。梁丘贺坚决请求他，他不得已才教授梁丘临等人，于是，梁丘贺向朝廷举荐施雠，说："施雠童年就已从师学习，我赶不上他。"于是，皇上召见施雠，叫他充任博士。甘露年间，他与研习《五经》的儒士们在石渠阁共同评议《五经》的今文与古文相同的地方和相异的地方。施雠传授给张禹、琅邪人鲁伯。鲁伯任过会稽太守，张禹官至丞相。张禹传授给淮阳人彭宣、沛人戴崇。戴崇任过九卿一级的官，彭宣任大司空。张禹、彭宣在本书中都立了传。鲁伯传授给太山人毛莫如、琅邪人邴丹。他们都享有清廉的名声。毛莫如官至常山太守。这还只是那些知名的人。所以，施雠有张、彭之学。

孟喜，字长卿，东海郡兰陵县人。他父亲被人称为"孟卿"，擅长于研习《礼经》、《春秋》，传授给后苍、疏广。世上所流传的《后氏疏》、《疏氏春秋》，都出自孟卿。孟卿因见《礼经》繁多，《春秋》琐杂，于是叫孟喜跟随田王孙学习《周易》。孟喜喜欢自我吹捧，得到一本《易》家预测阴阳、灾难、变异的书，谎称他的老师田生快要死了的时候，头枕在他的膝盖上，单独传授给他。同门弟子梁丘贺验证这件事，说："田生是枕在施雠手上死去的。当时孟喜已回东海郡，怎么会有这件事呢？"蜀郡人赵宾喜好那些讲小小的技能的书籍，以后研究《周易》、修饰《周易》文字，认为"箕子之明夷"的爻辞，说的是阴阳之气到商纣王的哥哥箕子的时候已经消失，"箕子"是万物将滋长繁茂的意思。赵宾立论机巧、慧黠，研究《周易》的学者们都无法提出反对意见，但都说："这不是古人的方法。"赵宾说他接受了孟喜的观点，孟喜便担当起赵宾的虚托，说他确实教过赵宾《易》学。后来，赵宾死，孟喜便不再担当那个声名，因此，没有人信任孟喜。孟喜被举荐为孝廉，任郎官，做曲台殿的署长。因病撤消，后来又担任丞相的属官。博士缺员，大家推荐孟喜。皇上听到孟喜没有承袭家学，改变师法，因此没有任命他。孟善传授给同郡白光。沛县人翟牧。这两人做了博士。所以，有翟、孟、白之学。

梁丘贺，字长翁，琅邪郡诸县人。由于心算好，做了武士。他跟从太中大夫京房学习《周易》。京房是淄川人杨何的弟子，京房出任齐郡太守，于是梁丘贺另外去奉事田王孙。汉宣帝时，皇上听说京房宣讲《周易》极其清晰，便寻找京房的学生，找到了梁丘贺。梁丘贺当时为都司空令，由于犯法被免官为平民。待诏黄门的儒士多次为侍中讲解经书，他们便召请梁丘贺。梁丘贺在皇上跟前讲说经书。皇上称赞，任命梁丘贺为郎官。恰逢每年一度的在八月份去宗庙饮酒的活动，皇上出行将祭祀孝昭庙，以前用来敲击旗端的剑，径自引拔而出，剑头插进泥中，剑刃对着皇上乘坐的车子，拉车的马惊恐不安，于是召梁丘贺占卜。梁丘贺占卜后说有兵变，不吉利。皇上便返回，叫有关官员去祭祀祖庙。当时，霍光的外孙代郡太守任宣因反叛被杀。任宣的儿子任章任公车丞，逃亡在渭城边界，晚上穿着黑色衣服进入孝昭庙，夹杂在那些郎官里，手拿兵器站在庙门边，等待皇上到来，想做乱，被发觉，处以死刑。以前的规矩是皇上经常在晚上进庙。后来要等待天亮才进庙，这就是从那时开始的。梁丘贺占卜应验，得到皇上宠幸，任太中大夫，给事中，一直做到少府。梁丘贺处事十分小心周密，皇上信任和敬重他。他一直做官，年老而死。他传授给儿子梁丘临。梁丘临也进宫讲论经书，任黄门郎。在甘露年间，梁丘临奉命去石梁阁问候儒士们。梁丘临学问精深熟习，专守京房一家的学说。琅邪人王吉精通《五经》，听过梁丘临的讲说，认为很好。当时，汉宣帝挑选上等才能的郎官跟从梁丘临学习，王吉便叫他做郎中的儿子王骏上书恳求跟从梁丘临学习《周易》。梁丘临替代五鹿充宗做少府，王骏任御史大夫，他们都有传。五鹿充宗传授给平陵人士孙张、沛县人邓彭祖、齐人衡咸。士孙张任博士，官做至扬州牧，光禄大夫给事中。家学世代传承。邓彭祖做真定王太傅。衡咸任王莽讲学大夫。所以，梁丘有士孙、邓、衡之学。

京房从梁人焦延寿研读《易经》。焦延寿说他曾跟从孟喜学过《易经》。恰逢孟喜已经死了，京房认为焦延寿《易》学就是孟喜《易》学，而翟牧、白生不承认，都说不是。到汉成帝时，刘向校准经书，考订《周易》学说，以为各家《周易》都承袭了田何、杨叔元、丁将军的学说，大义大体上相同，只有京氏《易》学不同，或许是焦延寿独个偶尔得到隐士的学说，假托孟喜所传，只是其实与孟喜《易》学不同。京房因能阐明灾祸变异而得到宠幸，以后被石显诬告而被处死，他在本书中有传记。京房传授给东海人殷嘉、河东人姚平、河南人乘弘。他们都担任郎官、博士。因此，《易》有京氏之学。

费直，字长翁，东莱郡人，因为研习《易经》任为郎官，做到单父县令。擅长占卦卜筮，不分析《易经》的章节句读，只是用《象象》、《系辞》、《文言》等十篇来解说《易经》上下卷。

高相，沛县人。研习《易经》与费直同一个时候，他也没有对《易经》的章节句读加以任何解析，而专门论说阴阳灾异，声称他的学说出自丁将军。《易》学传至高相，高相传授给儿子高康和兰陵人母将永。高康因能明晓《易经》任郎官，母将永做官至豫章都尉。到王莽摄政的时候，东郡太守翟谊谋划起兵诛杀王莽。反叛还有发动起来，高康侦查得知东郡将有兵变，背地里告诉他的学生，他的学生上书告诉了王莽。过了几个月，翟谊起兵。王莽召问高康的学生，高康的学生拿高康的事来回答。王莽厌恶高康，以为他在造谣惑众，把他给斩了。因此，《易》有高氏之学，高、费《易》学都未曾在学校里立为课程。

伏生，济南人。先前做过秦朝博士。孝文帝当政时，朝廷搜罗研究《尚书》的人，但没有这样的人，只听说伏生研究过《尚书》，便想召见他。当时，伏生九十多岁了，年岁已高、不能走路，于是下令太常派遣掌故晁错前往济南，跟从伏生学习。秦朝时禁止《尚书》，伏生把书藏在墙壁里。这以后，由于打大仗，伏生流亡在外。汉朝创立，伏生寻找他藏在墙壁里的《尚书》，失去了几十篇，只找到二十九篇。伏生就用它在齐鲁等地教授学生。齐地学习经书的人因此善于讲论《尚书》，山东地区的儒学大师们没有不拿《尚书》来教学生的。伏生教授给济南人张生和欧阳生。张生做了博士，而伏生的孙子因通晓《尚书》被召见，但他对于《尚书》不能阐明。这以后鲁人周霸、洛阳人贾嘉很能阐明《尚书》。

欧阳生，字和伯，是千乘人。事奉伏生，传授给倪宽。倪宽又受业于孔安国，官至御史大夫，本书有他的传记。倪宽才华出众，第一次晋见武帝时，便讲述经学。汉武帝说："我开始以为《尚书》是一门质朴的学问，十分不喜欢它，待倪宽一讲述，觉得值得看看。"于是，跟从倪宽学习了其中一篇。欧阳氏，大小夏候氏的学说都出自倪宽。倪宽教授给欧阳生的儿子。欧阳氏的学说世代相传，到曾孙欧阳高，做了博士。欧阳高的孙子欧阳地余以太子中庶子的身分教授太子，后来做了博士，在石渠阁评议经书。汉元帝当上皇帝，欧阳地余任侍中，地位尊贵，得到皇上宠幸，做官至少府。他告诫他的儿子们说："我死了，如果我的下属们送给你们财物，你们千万不要接受，你们是九卿儒士的子孙，应以廉洁著称，可以凭自己的力量建立事业。"欧阳地余死了，少府属吏一起送来几百万钱的财物给他的儿子们，他的儿子们没有接收。天子听到此事，称赞他们，赐给他们钱百万。欧阳地余的小儿子任王莽讲学大夫。所以，世上流传有《尚书》欧阳氏之学。

林尊，字长宾，济南人，侍奉欧阳高，任博士，曾经在右渠阁与儒生讲论《五经》异同。后来官至少府、太子太傅，传授给平陵人平当、梁人陈翁生。平当官至丞相，本书有他的传记。陈翁生任信都王太傅，世代继承家学。因此，欧阳有平、陈之学。陈翁生讲授给琅邪人殷崇、楚国人龚胜。殷崇任博士，龚胜任右扶风，本书有他的传记。而平当传授给九江人朱普、上党人鲍宣。朱普任博士，鲍宣任司隶校尉，本书有他的传记。学生尤其多，都是有名之士。

夏侯胜，他父亲担任过都尉，跟从济南人张生学习《尚书》，传授给族子夏侯始昌。夏侯始昌传授给夏侯胜，夏侯胜又侍奉同郡简卿。简卿是倪宽的学生。夏侯胜传授给堂兄的儿子夏侯建，夏侯建又事奉欧阳高。夏侯胜官至长信少府，夏侯建任太子太傅，本书有他的传记。因此，《尚书》有大小夏侯之学。

周堪，字少卿，齐人。他与孔霸一起侍奉大夏侯胜。孔霸任博士。周堪任译官令，曾经在石渠阁讲授经书，经学以周堪最好，后来充任太子少傅，而孔霸以太中大夫的身分教授太子。到汉元帝登基，周堪任光禄大夫，与萧望之一同掌管尚书事务，遭石显等人诬陷，都被撤销官职，萧望之自杀。皇上对这事深深地表示哀怜，于是提拔周堪任光禄勋。此事记载在《刘向传》里。周堪传授给牟卿和长安人许商。牟卿任博士。孔霸凭着皇帝老师的身分被赏赐爵位，叫"褒成君"。孔霸传授给儿子孔光。孔光又侍奉牟卿，官至丞相，本书有他的传记。因此大夏侯有孔、许之学。许商善于计算，创作《五行论历》，四次做到九卿一级的官，他这样给他的学生加上称号：沛县人唐林为"德行"，平陵人吴章为"言语"，重泉人王吉为"政事"，乔人炔钦为"文学"。王莽当政时，唐林、王吉做九卿一级的官，上书请求允许给老师许商上坟，研习许商的学说的大夫、博士、郎官、小吏们，都分别跟从许商的学生前去为许商扫墓，车子会集在一块，有好几百辆。儒生们一致认为这是一件很荣耀的事。炔钦、吴章都任博士，学生尤其多。吴章被王莽杀害。

张山拊，字长宾，平陵人。事奉小夏侯建，任博士，曾经在石渠阁讲授经书，官至少府。传授给同县李寻、郑宽中、山阳人张无故、信都人秦恭、陈留人假仓。张无故擅长分析经书的章节句读，任广陵王太傅，坚守小夏侯的家法论说经文。秦恭增加老师小夏侯所讲授的文学，到百万字，任城阳内史。假仓以拜谒者的身分在石渠阁讲论经书，官至胶东王相。李寻善于谈论灾异，任骑都尉，本书有他的传记。郑宽中才华出众，以博士的身分教授太子，成帝登基后，赐关内侯的爵位，封食邑，享受八百户的税收，提拔为光禄大夫，掌管尚书事务，地位十分尊贵。适逢郑宽中死了，谷永上书皇帝说："我听说圣王尊重老师，褒奖贤才俊士，崇显有功之人，在他们生前则给他们爵位和俸禄，在他们死后则赐给他们葬礼和谥号。从前周公死了，周成王用变通的礼节来埋葬他，以符合天意。公孙文子死了，卫侯加他美好的谥号，为后世仿效。近代的事，大司空朱邑、右扶风翁归品德优秀，死于天年，孝宣皇帝哀怜他们，给他们丰厚的赏赐。辅佐天子的大臣们无不欢欣鼓舞。关内侯郑宽中有颜渊那样优秀的品质，兼容子夏、子游的文章博学，他端庄肃穆，总揽《五经》美妙的议论，建立天子老师的尊贵地位，入谏则归心尧舜的大道，陈说圣王治国的方法呈奏陛下，退下来就参与冢宰大臣的重要工作，功绩都体现在政事里，廉洁奉公，杜绝行私请托的门路，把陛下的赏赐之物分别送给亲戚族

人。田亩不曾增加过，品德可比于周公、召公，忠诚合乎《羔羊》对克己奉公的官员的称颂，只是没有让他担任司徒，也没有让他拥有家臣，突然早死，尤为痛心！我在私下以为可以提高他的葬礼的级别，赐予他美好的谥号，以便发扬尊敬老师、褒扬贤人、崇显功臣的美德。"皇上沉痛地悼念了郑宽中，并给很多葬品。所以，小夏侯有郑、张、秦、假、李氏之学。郑宽中传授给东郡人赵玄，张无故传授给沛县人唐尊，秦恭传授给鲁人冯宾。冯宾担任博士，唐尊在王莽朝任太傅，赵玄在汉哀帝时任御史大夫，都做了大官，都是有名之士。

孔氏有用蝌蚪古文书写的《尚书》，孔安国按今文隶书识读它，另外取出他家的逸《尚书》，得到了十多篇，大抵《尚书》篇目在这以后开始增多了。因遭巫蛊案的牵扯，所以《孔氏尚书》没有列入太学的课程。孔安国任谏大夫，传授给都尉朝，而司马迁也向孔安国讨教过典章。司马迁《史记》记载了《尚书》中的《尧典》、《禹贡》、《洪范》、《微子》、《金滕》等篇，很多都采用古文《尚书》的说法。都尉朝传授给胶东人庸生。庸生传授给清河人胡常。胡常因为精通《谷梁春秋》而充任博士、部刺史，又传授《左氏春秋》。胡常传授给虢人徐敖。徐敖任右扶风的佐史，又传授《毛诗》，传授给王璜、平陵人涂恽。涂恽传授给河南人桑钦。王莽当政时，各种经学都在学校里开课。刘歆任太傅，王璜、涂恽等尊贵显达。世上所流传的《百两篇》出自东莱人张霸。张霸将《尚书》二十九篇拆开组合成几十篇，又节选《左氏传》、《书叙》的文章作为开头与结尾，共一百零二篇。有的一篇才不过几片竹简，文意简单。成帝时，搜罗研治古文《尚书》的人，孔霸凭他能研习《百两篇》而被征召。用皇帝藏书校对，知道《百两篇》并不得真正的古文《尚书》。张霸声称他是从父亲那里得到这本书的，他父亲的学生是尉氏人樊并。当时太中大夫平当，侍御史周敞劝皇上保存这部书。后来樊并谋反，才废止了这部书。

申公，鲁人，年轻时与楚元王刘交一同事奉浮丘伯，从他那里学习《诗经》。汉朝建国，汉高祖路过鲁地。申公以学生的身分跟从老师去鲁南行宫接受高祖的召见。吕太后当政的时候，浮丘伯在长安。楚元王叫他的儿子刘郢和申公跟从浮丘伯修完学业。楚元王死了以后，刘郢承袭为楚王，叫申公做太子刘戊的老师。刘戊不好学，刁难申公。此后，刘戊继位为王，把申公抓起来，派他做劳役。申公感到羞愧，回到鲁国，退隐在家，教授学生，一辈子也没有再出过家门。又辞谢了家里的宾客，只有凭帝王的命令来召见他，他才出门前往。从远方来到这里的学生有千多人。申公只口述《诗经》大旨来教授学生，没有解说的文章，怀疑的人认为这些文章只是散失了，没有流传下来。兰陵人王臧跟从申公学习《诗经》，认为已学通了，于是事奉景帝，做太子少傅，后来被罢免。武帝刚即位的时候，王臧上书请求在宫中值宿，担任警卫，多次被提升，一年之内便做到了郎中令的官。代郡人赵绾也曾跟从申公学习《诗经》，做了御史大夫。赵绾和王臧奏请朝廷建设明堂以便让诸侯朝见皇上，但皇上没有同意采纳，便声称这是他们的老师申公的意思。于是皇上派遣使者捆上布帛，带上璧玉，用蒲草包裹着车轮，驾着四匹马拉着的车去迎接申公。这两位学生乘坐一匹马拉着的小型便车随从前来。申公到了京师，拜见皇上。皇上向他询问了关于国家安定和动乱的事情。申公已经八十多岁了，年老了，回答说："治理国家不在于话多，只努力实行怎么样呢？"这个时候，皇上正好偏好虚华的文章，见申公这样回答，便默不作声。但是既已召他来了，便任他为太中大夫，住在鲁邸，议论建立明堂的事情。太皇窦太后喜好老子的文章，不喜欢儒家学术，抓住赵绾、王臧的过失，责备皇上说："这是想让他们再做谋财行骗的新垣平！"皇上便停止修建明堂，将赵绾、王臧都关了起来。赵绾、王臧都自杀了。申公也因病回家，几年后去世。他的学生充任博士的有十多个：孔安国官至临淮太守，周霸任胶西王内史，夏宽任城阳内史，砀县人鲁赐任东海太守，兰陵人缪生任长沙内史，徐偃任胶西中尉，邹人阙门庆忌任胶东内史，他们管理官员百姓，都有廉洁的好名声。那些担任了学官的学生虽然名气不突出，但做大夫、郎、掌故的有几百。申公始终用《诗》、《春秋》教授学生，而瑕丘人江公都能继承下来，生徒最多。以及鲁人许生，免中人徐公，都守申公家法教授学生。韦贤研读《诗经》，事奉大江公和许生，又研习《礼》，官至丞相。传授给儿子韦玄成。韦玄成以淮阳王中尉的身分在石渠阁讲授经书，最后也做到丞相的官。韦玄成和他哥哥的儿子韦赏用《诗经》教哀帝。韦氏父子有传。因此《鲁诗》有韦氏之学。

　　王式，字翁恩，东平郡新桃县人。事奉免中人徐公和许生。王式做昌邑王刘贺的老师。昭帝死了，昌邑王承继皇位，因为行为淫乱被废掉。昌邑王的臣子们都被打入监狱处死。只有中尉王吉、郎中令龚遂因为他们曾多次劝谏过昌邑王，所以被撤消死罪。王式被关在监狱，判处死罪，办理这件案子的人埋怨王式，说："作为昌邑王的老师，你怎么没有进谏呢？"王式回答说："我用《诗经》三百零五篇反反复复教导昌邑王，对于那些表彰忠臣孝子们的篇章，未尝不反反复复地朗读；对于危亡无道的君王，我未尝不流着眼泪为昌邑王深切地陈述。我拿三百零五篇来进谏，所以没有谏书。"使者把他听到的告诉皇上，王式也被撤去死罪，回到家里，不再教授学生。山阳人张长安，先来事奉王式，后来东平人唐长宾、沛县人褚少孙也来事奉王式。他们才学习了几篇经书，王式便辞谢他们，说："你们要在老师这里听到的只有这么一些，如果嫌简略，自个去加工润色好了。"不肯再教他们。唐生、褚生接受博士的挑选去做太学生。他们前去拜谒博士，提起衣摆，登上厅堂，仪表十分严肃。博士面试他们朗诵和讲说，考试结果很得法。怀疑的人无法挑剔他们。博士们都十分惊奇，问他们拜了谁为师。他们回答说事奉过王式。这些博士一向听说王式贤明，就一同推荐王式。皇上下令任王式为博士。王式应召来朝，穿上博士礼服，但不戴帽子，说："遭刑罚活下来的人，哪里适宜再任礼官？"到京师之后，住在旅店里。适逢大夫博士们拿酒肉来慰劳王式，都十分留意敬仰他。博士江公是当世《鲁诗》宗主。到江公写《孝经说》的时候，他嫉妒王式。在筵宴上，他对唱歌奏乐的学生说："唱《骊驹》。"王式说："我听老师说过，客人唱《骊驹》，主人唱《客毋庸归》。今天你们是主人，时间尚早，这不妥当吧。"江翁说："经书上是怎么讲的？"王式说："在《曲礼》上有记载。"江翁说："是什么狗屁曲！"王式深感耻辱，假装喝醉了，顺势躺在地上。王式做完客以后，责备学生说："我本不想来，你们劝我来，想不到遭那人污辱！"于是声称有病，免除官职，死在家里。张生、唐生、褚生都担任博士。张生曾在石渠阁讲论经书，官至淮阳中尉。唐生任楚王太博。所以《鲁诗》有张、唐、褚氏之学。张生哥哥的儿子张游卿担任谏大夫，用《诗经》教授元帝。他的学生琅邪人王扶任泗水中尉，陈留人许晏任博士。因此张家有许氏之学。最开始，薛广德也事奉王式，以博士的身分在石渠阁讲论经书。他传授给龚舍。薛广德官至御史大夫，龚舍任泰山太守，他们都有传记。

　　辕固，齐人。因研习《诗经》在汉孝景帝朝任博士，有一次他与黄生在皇上面前争辩。黄生说："商汤、周武不是承受天命，而是杀害了原来的君主夺了皇位。"辕固说："事实并不是如此。夏桀、商纣荒唐淫乱，天下人民都归顺于商汤王、周武王，商汤王、周武王便顺从天下人民的心意而诛杀夏桀、商纣。夏桀、商汤统治下的人民不愿意为他们驱使而拥立商汤、周武，商汤、周武不得不立为君主，不是承受天命又是什么呢？"黄生说："'帽子破烂了也还戴头上，鞋子再新也只能穿在脚上。'这是为什么？这是上与下的区别。如此看来，夏桀、商纣虽然无道，但毕竟是君上；商汤、周武再贤明，也不过是臣下。君主走了邪路，臣子不正面进言纠正过错以尊崇天子，反而趁他犯了过错，去诛灭他，取而代之，自立为天子，这不是臣子杀害君主，又是什么呢？"辕固说："一定要象你说的那样，那么高祖皇帝取代暴秦，夺天子之位，不是错了吗？"皇上说："吃肉不吃马肝，不能说不懂味道；如果说学者不言谈汤武受命，不可以认为是愚蠢。"于是停止这场争论。窦太后喜好《老子》，把辕固召来询问。辕固说："这是奴隶仆役所说的东西罢了。"太后大为愤怒，说："哪里就是司空写下的刑书！"于是叫辕固进圈栏里刺杀野猪。皇上知道太后发脾气，而辕固说话直率，并没有什么过错，所以给辕固很锋利的兵器。辕固进入圈栏，刺中野猪的心窝，野猪应手倒下。太后默不作声，没什么理由再编派他罪过。后来，皇上因辕固廉洁正直，任他为清河王太傅，因病免官。武帝即位不久，又以贤良的身分被召见。儒士们大多嫉妒诋毁辕固，说他老了不中用，结果辕固被罢免回家。当时辕固已经九十多岁了。公孙弘也被征召，斜着眼不敢正面看辕固。辕固说："公孙先生，努力学好正当的学问才去发表见解，不要搞歪门邪道来讨好世人！"齐人因研习《诗经》而显贵的，都是辕固的学生。昌邑王太傅夏侯始昌最为明了，本书有他的传记。

后苍，字近君，是东海郡郯县人。事奉夏侯始昌。夏侯始昌博通《五经》。后苍也精通《诗经》，担任博士，官至少府，传授给翼奉、萧望之、匡衡。翼奉任谏大夫，萧望之任前将军，匡衡任丞相，本书都有他们的传记。匡衡传授给琅邪人师丹、伏理、颍川人满昌。满昌任詹事，伏理任高密王太傅，学业世代家传。师丹任大司空，本书有他的传记。因此，《齐诗》有翼、匡、师、伏之学。满昌讲授给九江人张邯、琅邪人皮容，他们以后都做到大官，学生特别多。

韩婴，燕人。汉孝文帝时任博士，景帝时官至常山王太傅。韩婴探讨诗人写作的本旨，写了《内外传》数万字，书中的话不少与齐、鲁一带所传的《诗经》不一样，但宗旨归趣相同。淮南人贲生接受《韩诗》。燕赵一带讲论《诗经》的人出自韩生。韩生也用《易》教人，探究《易经》的意旨，给它作注释。燕赵一带喜爱《诗经》，所以那里《易》学不盛，只有韩氏自己传授给学生。武帝时，韩婴曾与董仲舒在皇上跟前辩驳。韩婴语言精深尖锐，论证条理分明，董仲舒难不倒他。以后他的孙子韩商任博士。孝宣帝时，涿郡人韩生是韩婴的后代，因为研究《易经》而被征召，在宫中待命，说："我所接受的《易》学就是前太傅传授下来的。我曾经学习《韩诗》，但《韩诗》不如韩氏《易》学那么深奥，因此太傅专一地传授它。"司隶校尉盖宽饶原来跟从孟喜学习《易经》，见涿人韩生讲论《易经》，十分喜欢，便改而跟从韩生学习。

赵子是河内郡人。事奉燕人韩生，他又传授给同郡蔡谊。蔡谊官至丞相，本书有传记。蔡谊传授给同郡食子公和王吉。王吉担任昌邑王中尉，他在本书中有传记。食生任博士，传授给泰山人栗丰。王吉传授给淄川人长孙顺。长孙顺任博士，栗丰任部刺史。所以《韩诗》有王、食、长孙之学。栗丰传授给山阳人张就，长孙顺传授给东海人发福。他们都做了大官，学生特别多。

毛公，赵人。研习《诗经》，担任河间献王博士，传授给同国贯长卿。贯长卿传授给解延年。解延年担任阿武县令，传授给徐敖。徐敖传授给九江人陈侠。陈侠在王莽时期担任讲学大夫。因此，讲论《毛诗》的本于徐敖。

汉朝建立之初，鲁人高堂生传习《士礼》十七篇，而鲁人徐生善于修饰仪容。汉孝文帝时，徐生因为这个任为礼官大夫，传授给儿子徐延和徐襄。徐襄，他的天分十分喜欢修饰，但不能明晓经义；徐延较为能明白经义，但并不怎么精深。徐襄也因善于修饰仪容做了大夫，官至广陵内史。徐延和徐氏弟子公户满意、桓生、单次都担任过礼官大夫，而瑕丘萧奋因研习《礼经》官至淮阳太守。这以后讲授《礼经》和修饰仪容的都出自徐氏。

孟卿是东海人。事奉萧奋，人拿所学的传授给后仓、鲁人闾丘卿。后仓讲论《礼经》数万字，为《后氏曲台记》。他传授给沛县人闻人通汉，梁国人戴德、戴圣、沛县人庆普。庆普任东平王太傅。戴德称作大戴，任信都王太傅；戴圣称作小戴，以博士的身分在石渠阁讲论经书，官至九江太守。因此《礼》有大戴、小戴、庆氏之学的记录。闻人通汉以太子舍人的身分曾在石渠阁讲授经书，官至中山王中尉。庆普传授给鲁人夏侯敬，又传授给族子庆咸。庆咸担任豫章太守。大戴传授给琅邪人徐良。徐良担任博士、州牧、郡守。他家的学业世代传承。小戴传授给梁人桥仁、杨荣。桥仁任大鸿胪，他的学业世代家传。杨荣任琅邪太守。所以大戴有徐氏，小戴有桥、杨氏之学。

胡母生，字子都，齐人。研习《公羊春秋》，景帝时担任博士。与董仲舒学业相同，董仲舒在他的著作中称赞胡母生的品德。年长以后，回家在齐地教授生徒，齐地讲论《春秋》的人都归依事奉他，公孙弘也从他那里受益匪浅。而董生任江都王相，本书里有传记。胡母生的学生名位显达的有：兰陵人褚大，东平人嬴公，广川人段仲，温人吕步舒。褚大官至梁国相，吕步舒担任丞相长史，只有嬴公严守家法，昭帝时担任谏大夫。他传授给东海人孟卿、鲁人眭孟。眭孟任符节令，因陈说灾异被杀。他在本书中有传记。

严彭祖，字公子，东海郡下邳县人。他与颜安乐一同事奉眭孟。眭孟的学生有百多人，数得上严彭祖、颜安乐最为明彻洞达，提出疑问，各持己见。孟眭说："《春秋》旨意，就看你们两人了！"孟眭死了，严彭祖、颜安乐各自专门教授。所以《公羊春秋》有颜、严之学。严彭祖在宣帝时担任博士；官至河南、东郡太守。因政绩优异任左冯翊，提升为太子太傅，廉洁正直，不肯事奉权贵。有人劝他说："天时不会胜过人事，您假如不讲究小礼小节，曲意逢迎，没有权贵和左右大臣的帮助，即使经术再高，也得不到辅佐天子，执掌国政的位置。希望您稍稍尽力而为。"严彭祖说："凡是博通经术的人，本来就应当依循先王的正道，他们怎么能够委曲己意，随从世俗，苟且求得富贵呢？"严彭祖最终以太傅的身分谢世。他传授给琅邪人王中。王中在元帝时担任少府，学问世代家传。王中传授给同郡公孙文、东门云。东门云任荆州刺史，公孙文任东平王太傅，学生特别多。东门云因为逢见江湖盗贼而下拜，有辱王命，被关进监狱，斩首了。

颜安乐，字公孙，是鲁国薛县人，是眭孟的外甥。家里贫穷，学习专注而努力，官至齐郡太守丞，后被仇人所杀。颜安乐传授给淮阳人泠丰、淄川人任公。任公任少府，泠丰任淄川太守。所以颜家有泠、任之学。当初，贡禹事奉嬴公，在眭孟那里修完学业，官至御史大夫，疏广事奉孟卿，官至太子太傅，本书都有传记。疏广传授给琅邪人笪路，笪路任御史中丞。贡禹传授给颍川人堂谿惠，堂谿惠传授给泰山人冥都，冥都任丞相史。冥都和笪路又事奉颜安乐，所以颜氏又有笪、冥之学。笪路传授给孙宝。孙宝任大司农，本书有传记。泠丰传授给马宫和琅邪人左咸。左咸任太守和九卿，学生特别多。马宫官至大司徒，本书有传。

瑕丘人江公跟随鲁申公学习《谷梁春秋》和《诗经》，传授给儿子，儿子传授给孙子，任博士。汉武帝时，江公与董仲舒地位相当。董仲舒精通《五经》，能立论，擅长写文章。江公语言迟钝，不善于讲话，皇上叫他和董仲舒一起议论经书，他比不上董仲舒。而丞相公孙弘本来就钻研《公羊》学，结合他们的争议，最后采用董仲舒的观点。于是皇帝便尊崇《公羊》学者，下令太子学习《公羊春秋》，因此《公羊》学大为兴盛起来。太子已经弄懂了《公羊春秋》，又私下请教《谷梁》学，认为《谷梁》学说不错。这以后《谷梁》学逐渐衰弱，只有鲁人荣广、皓星公二人接受了《谷梁》学说。沛人蔡千秋、梁人周庆、丁姓，都随荣广学习。蔡千秋又事奉皓星公，钻研学问最深刻。汉宣帝登基之后，听说卫太子喜欢《谷梁春秋》，便询问丞相韦贤、长信少夜夏侯胜和侍中乐陵侯史高，这些人都是鲁人，都说谷梁学本来是鲁学，公羊氏是齐学，应该使《谷梁》学传播起来。当时蔡千秋任郎官，接受皇上召见，与《公羊》学者陈说各自的学说，皇上认为《谷梁》说比《公羊》说要好，于是选拔蔡千秋为谏大夫给事中。后来蔡千秋犯了过错，被贬为平陵县令。再搜罗能讲论《谷梁》的人，都没有谁能比得上蔡千秋。皇上哀怜《谷梁》学将绝灭，于是任蔡千秋为郎中户将，选拔十位郎官跟他学习。汝南人尹更始本来事奉蔡千秋，能谈论《谷梁春秋》。碰巧蔡千秋病死，征召江公的孙子为博士。刘向以前谏大夫的身分因通晓经学等待诏命。他研读过《谷梁春秋》，朝廷想叫他协助江博士。江博士又死了以后，于是征召周庆、丁姓在保官待命，叫他们教授那十人。从元康年间开始，到甘露元年（公元前53年），经历了十多年，他们都已熟习《谷梁春秋》。于是召请《五经》名儒、太子太傅萧望之等人在宫殿中大规模地讲论和评议《公羊春秋》与《谷梁春秋》之间的异同，各个用《春秋》本经来分别是非。此时《公羊》博士严彭祖、侍郎申挽、伊推、宋显与《谷梁》议郎尹更始、待诏刘向、周庆、丁姓一同辩论。《公羊》学说多不被赞同，于是《公羊》学者希望请内侍郎许广来辩论，于是监察争议的使者请来《谷梁》学者中郎王亥，各方五人，议论三十多条观点、事实。萧望之等十一人各自用《春秋经》本义核对，他们大多赞同《谷梁》。因此，《谷梁》的学说大大兴盛起来。周庆、丁姓都担任博士。丁姓官至中山王太傅，传授给楚人申章昌。申章昌担任博士，官至长沙王太傅，生徒特别多。尹更始为谏大夫，长乐户将，又学习《左氏传》，摘取通变而合理的章节，增加对《谷梁传》章节句读的分析，传授给儿子尹咸及翟方进、琅邪人房凤。尹咸官至大司农，翟方进官至丞相，本书有他的传记。

房凤，字子元，是不其人。因为射策中乙科担任太史掌故。太常举荐他为方正，担任县令都尉，失去官职。大司马骠骑将军王根奏请朝廷让房凤补任长史，推荐他通晓经术，于是房凤提拔为光禄大夫，调任五官中郎将。当时光禄勋王龚以外戚的身分任治理宫中事务的九卿官，他与奉车都尉刘歆共同校核典籍。他们三人都侍从在皇帝身边。刘歆陈说《左氏春秋》可以在学校里立科讲授，汉哀帝同意了他的奏章，用这件事来询问儒生们，但都没有回答。刘歆于是多次去见丞相孔光，给他讲论《左传》，以此求得他的帮助，孔光还是没有答应。只有房凤、王龚赞同刘歆的建议，于是共同写信责备太常博士，这些记录在《刘歆传》里。大司空师丹举奏刘歆诋毁先帝创立的制度，皇上于是遣出王龚等三人任地方官。王龚任弘农太守，刘歆任河内太守，房凤任九江太守，后来做青州牧。最初，江博士传授给胡常，胡常传授给梁人萧秉。王莽当政时，萧秉任讲学大夫。因此《谷梁春秋》有尹、胡、申章、房氏之学。

汉朝建立，北平侯张苍及梁王太傅贾谊、京兆尹张敞、太中大夫刘公子都研习《春秋左氏传》。贾谊为《左氏传》作了注释，传授给赵人贯公。贯公任河间献王博士，儿子贯长卿任荡阴令。他传授给清河人张禹。张禹和萧望之同时担任御史，多次给萧望之讲论《左氏》。萧望之认为《左氏》是很不错，多次上书称赞它。后来萧望之任太子太傅，把张禹推荐给汉宣帝。汉宣帝征张禹待诏侯命，没有来得及询问张禹的《左氏》学说，张禹便生病死去。张禹传授给尹更始，尹更始传授给他的儿子尹咸及翟方进、胡常。胡常传授给黎阳人贾护。贾护在哀帝时被召为待诏，任为郎官。贾护传授给苍梧人陈钦。陈钦用《左氏》教授王莽。王莽官至将军。而刘歆是跟随尹咸及翟方进学习《左氏》的。所以讲论《左氏》的人本于贾护、刘歆。

赞词说：汉武帝设置《五经》博士，规定太学生名额，设立经学科目。召应试者射策，用官阶俸禄来鼓励他们学习。从这以后，到元始年间，经历了一百多年，传授儒家学业的日益增多，枝叶日益繁茂，一种经书能够解说到一百多万字，大师多到一千多人，大概是因为他们把通晓经术当作通向俸禄名利的捷径的心理使然吧。最初，《尚书》只有欧阳生，《礼》只有后苍，《易》只有杨何，《春秋》只有公羊数家而已。到孝宣帝时，又将《大小夏侯尚书》、《大小戴礼》、《施、孟、梁丘易》、《谷梁春秋》列入太学科目。到元帝时，又立《京氏易》、平帝时，又立《左氏春秋》、《毛诗》、逸《礼》古文《尚书》。搜罗遗失的学说，兼收并蓄，是因为担心精华连同糟粕一起被遗弃了。

光武帝纪上

世祖光武皇帝讳秀①，字文叔②，南阳蔡阳人③，高祖九世之孙也，出自景帝生长沙定王发④。发生春陵节侯买⑤，买生郁林太守外⑥，外生钜鹿都尉回⑦，回生南顿令钦⑧，钦生光武。光武年九岁而孤，养于叔父良。身长七尺三寸⑨，美须眉，大口，隆准⑩，日角⑪。性勤于稼穑⑫，而兄伯升好侠养士⑬，常非笑光武事田业，比之高祖兄仲⑭。王莽天凤中⑮，乃之长安。受《尚书》⑯，略通大义⑰。

【注释】

①世祖：刘秀（公元前6—公元57年）死后的庙号。光武皇帝：刘秀死后的谥号。讳：避讳。封建时代，为表示尊敬而避免直接说出、写出帝王或尊长的名字，所以叫做避讳。故书写时名前称"讳"。②字：表字。古代男子二十而冠，冠后据本名含义另立别名，称为字。③南阳：治宛县，即今河南南阳市。蔡阳，侯国，治所位于今湖北枣阳市西南。④长沙：郡名，治临湘县，即今湖南长沙市。相当今湖南东北部地区。⑤春陵：治所即今湖北枣阳市南春陵镇。元帝时徙南阳，仍号春陵，故城位于今湖北枣阳市南春陵镇。⑥郁林：郡，位于今贵州县。⑦钜鹿：郡，治瘿陶县，位于今河北宁晋西南。相当今河北深泽县以南，威县以西，柏乡以东及肥乡以北地。⑧南顿：县。治所在今河南项城西南。⑨七尺三寸：汉制一尺，相当于今0.231米。⑩隆准：高鼻。隆，高起；准，鼻梁。⑪日角：指额角中央隆起，形状如日，古代相术认为"隆准"、"日角"是帝王之相。⑫稼穑：泛指农业劳动。播种叫做稼；收获叫做穑。⑬伯升（？—公元23年）：刘縯的字。刘秀的长兄。因为与刘玄争权，被杀。谥齐武王。⑭高祖兄仲：指汉高祖刘邦的仲兄，名刘喜。勤于农事。刘縯以此比况，说明自己将来比刘秀显贵。⑮王莽（公元前45—23年）：新朝建立者。字巨君，汉元帝皇后的侄子。初始元年称帝，改国号为新。天凤：新朝皇帝王莽的年号，公元14—19年。⑯《尚书》：书名。我国古代的一部历史文献汇编。又称《书》，作为儒家经典，后尊称《书经》。尚即上，以其古远而称《尚书》。相传由孔子编选而成。⑰大义：要义；要旨。

莽末，天下连岁灾蝗，寇盗锋起①。地皇三年②，南阳荒饥③，诸家宾客多为小盗④。光武避吏新野⑤，因卖谷于宛。宛人李通等以图谶说光武云⑥："刘氏复起，李氏为辅。"光武初不敢当⑦，然独念兄伯升素结轻客⑧，必举大事，且王莽败亡已兆，天下方乱，遂与定谋，于是乃市兵弩⑨。十月，与李通从弟轶等起于宛⑩，时年二十八。

【注释】

①锋起：锋锐竞起，声势猛烈而难以抗拒。②地皇：天凤六年改年号为地皇。③饥：据《墨子·七患》云：五谷不收谓之饥。《韩诗外传》曰："一谷不升曰歉，二谷不升曰饥，三谷不升曰馑，四谷不升曰荒，五谷不升曰大侵。"④宾客：此为东汉时期世家豪族对依附人口的一种称谓。⑤避吏：指躲避官吏。⑥李通：宛县（治所位于今河南省南阳市）人，王莽宗卿师李守的儿子。更始帝时为柱天大将军、西平王。图谶（chèn）：即谶书。两汉时巫师或方士制作的一种宣扬迷信的隐语或预言，用以作为吉凶的符验或征兆。⑦当：承担，承受。⑧独：特别。轻客：犹轻侠。指那些轻生重义而勇于急人之难的豪侠。⑨市：购买。⑩从（zòng）弟：堂弟。从，同一宗族而次于至亲者叫做从。轶：李轶。更始皇帝刘玄时为王威中郎将、舞阴王。

十一月，有星孛于张①。光武遂将宾客还舂陵。时伯升已会众起兵。初，诸家子弟恐惧，皆亡逃自匿，曰"伯升杀我"。及见光武绛衣大冠②，皆惊曰"谨厚者亦复为之"，乃稍自安。伯升于是招新市、平林兵③，与其帅王凤④、陈牧西击长聚。光武初骑牛，杀新野尉乃得马，进屠唐子乡，又杀湖阳尉⑤。军中分财物不均，众恚恨⑥，欲反攻诸刘。光武敛宗人所得物，悉以与之，众乃悦。进拔棘阳⑦，与王莽前队大夫甄阜、属正梁丘赐战于小长安⑧。汉军大败，还保棘阳。

【注释】

①孛（bèi）：星光四出扫射的样子。因此作为彗星的别称。张：指二十八宿中的张宿。亦称"鹑尾"。孛于张：是说在二十八宿中的张宿出现了孛。古人认为这种现象预示将有兵乱。②绛衣：红色的上衣。绛衣大冠，是将军所穿的服饰。③新市：县名。治所位于今河北南宫市西。④王凤：新莽末年绿林起义军领袖。新市人。天凤四年与王匡等人起兵绿林山，号"新市兵"。曾官成国上公，刘玄封他为宜城王。陈牧（？—25年）：新莽末年绿林起义军将领。平林人。地皇三年与廖湛等在平林聚众千余人，以响应"新市兵"而起义，号称"平林兵"。曾官大司空。刘玄封他为阴平王。后遭刘玄疑忌，被害。长聚：村落名。地属新市。⑤湖阳：县名。治所即今河南唐河县西南湖阳镇。⑥恚：愤怒；怨恨。⑦棘阳：县名，属南阳郡，在棘水之阳，古谢国也，故城位于今河南南阳县东南。⑧前队：王莽把河东等六郡改称六队。队，地位相当于郡。也称"队郡"。以南阳为前队。河南为后队，颖川为左队，弘农为右队，河东为兆队。荥阳为祈队。队，通遂。周代称远郊区为遂。大夫：职如太守。属正：职如郡都尉。小长安：村落名。位于今河南省南阳市南。

更始元年正月甲子朔①，汉军复与甄阜、梁丘赐战于沘水西②，大破之，斩阜、赐。伯升又破王莽纳言将军严尤③、秩宗将军陈茂于淯阳，进围宛城。

【注释】

①更（gēng）始：新莽末更始皇帝刘玄的年号。公元23—25年。甲子：古人以十天干与十二地支依次相配，用以纪日，后来也用以纪年、纪月。朔：每月的第一天。②沘水：位于今河南唐河县的泌阳河，下游为今唐河。卢江沘县亦有沘水，与此别也。③严尤（？—23年）：字伯石。

二月辛巳，立刘圣公为天子①，以伯升为大司徒，光武为太常偏将军②。

【注释】

①刘圣公（？—25年）：刘玄字圣公。汉景帝的七代孙。光武帝族兄。②太常偏将军：《前书》载："奉常，秦官。景帝更名太常。"应劭《汉官仪》载："欲令国家盛大，社稷常存。"《老子》载："偏将军处左，上将军处右。"《东观记》载："时无印，得定武侯家丞印，佩之入朝。"

三月，光武别与诸将徇昆阳、定陵郾，皆下之①。多得牛马财物，谷数十万斛，转以馈宛下。莽闻阜、赐死，汉帝立，大惧。遣大司徒王寻、大司空王邑②将兵百万，其甲士四十二万人③。五月，到颖川，复与严尤、陈茂合④。初，光武为舂陵侯家讼逋租于尤⑤，尤见而奇之。及是时，城中出降尤者言光武不取财物，但会兵计策。尤笑曰："是美须眉者邪？何为乃如是！"

【注释】

①徇：夺取，攻占。昆阳、定陵、郾，皆县名，都属于颍川郡。昆阳故城位于今河南叶县。郾：县名。即今河南郾城南古城。定陵故城位于今河南舞阳东北北舞渡。②王邑：王莽时哀章所献《金匮图》有王寻姓名。王邑，王商子，王莽为从父兄弟。③甲士：披着铠甲的战士。④颍川：郡，治阳翟县，即今河南禹县。相当今河南登封、临汝以东，宝丰、舞阳以北，郾城、扶沟以西及新郑以南地区。⑤逴：远也。春陵侯敞即光武季父。

初①，王莽征天下能为兵法者六十三家数百人②，并以为军吏；选练武卫，招募猛士③，旌旗辎重④，千里不绝。时有长人巨无霸⑤，长一丈，大十围，以为垒尉；又驱诸猛兽虎豹犀象之属，以助威武。自秦、汉出师之盛，未尝有也。光武将数千兵，徼之于阳关⑥。诸将见寻、邑兵盛，反走。驰入昆阳，皆惶怖，忧念妻孥⑦，欲散归诸城。光武议曰："今兵谷既少，而外寇强大，并力御之，功庶可立；如欲分散，势无俱全。且宛城未拔，不能相救，昆阳即破，一日之间，诸部亦灭矣。今不同心胆共举功名，反欲守妻子财物邪？"诸将怒曰："刘将军何敢如是！"光武笑而起。会候骑还，言大兵且至城北，军陈数百里，不见其后。诸将遽相谓曰⑧："更请刘将军计之。"光武复为图画成败。诸将忧迫，皆曰"诺"。时城中唯有八九千人，光武乃使成国上公王凤、廷尉大将军王常留守⑨，夜自与骠骑大将军宗佻、五威将军李轶等十三骑，出城南门，于外收兵。时莽军到城下者且十万，光武几不得出。既至郾、定陵，悉发诸营兵，而诸将贪惜财货，欲分留守之。光武曰："今若破敌，珍宝万倍，大功可成；如为所败，首领无馀⑩，何财物之有！"众乃从。

【注释】

①初：是叙事的过程中表示追溯已往的词。②能：善于；胜任。③募：广求。④旌：用旄（máo）牛尾和彩色鸟羽作为竿饰的旗。旗：上面画熊虎图象的旗。象征猛如虎。辎（zī）重：指军用物资。⑤巨无霸：据王莽的官员韩博说，此人生于蓬莱东南，五城西北。昭如海滨，轺车不能载，三马不能胜，卧则枕鼓，以铁箸食之。⑥徼（yāo）：通邀，拦截。⑦孥：儿女。⑧遽（jù）：惶恐；窘急。⑨王常（？—36年）：颍川舞阳（位于今河南省舞阳县西北）人。"下江兵"将领。后归属刘玄，任南阳太守，封邓王。东汉时，担任横野大将军，封山桑侯。⑩首领：脑袋。

严尤说王邑曰①："昆阳城小而坚，今假号者在宛②，亟进大兵③，彼必奔走；宛败，昆阳自服。"邑曰："吾昔以虎牙将军围翟义④，坐不生得⑤，以见责让⑥。今将百万之众，遇城而不能下，何谓邪？"遂围之数十重，列营百数，云车十余丈⑦，瞰临城，旗帜蔽野，埃尘连天，钲鼓之声闻数百里⑧。或为地道，冲輣橦城⑨。积弩乱发，矢下如雨，城中负户而汲⑩。王凤等乞降，不许。寻、邑自以为功在漏刻⑪，意气甚逸。夜有流星坠营中，昼有云如坏山，当营而陨，不及地尺而散。吏士皆厌伏⑫。

【注释】

①说：劝说，游说。②假号者：此指刘玄。意思是说冒称皇帝的人。③亟（jí）：急速。④翟义：字文仲。翟方进的儿子。任东郡太守。王莽称帝，翟义立东平王刘云的儿子刘信为天子，自号柱天大将军，以讨伐王莽。王莽派孙建、王邑等率军进攻翟义，翟义兵败自杀。⑤坐：由于。⑥责让：责备。⑦云车：云车即楼车。⑧铊：也名丁宁。形状似钟而狭长，有长柄可执，用时口朝上，以槌击之而鸣。行军时以节止步伐。⑨冲：橦车。⑩户：指单扇的门板。汲：从井中取水。⑫漏刻：顷刻，一会儿。极言时间的短暂，古时以铜壶滴漏来计时，一昼夜分为一百刻，漏刻即漏滴一刻的时间。⑬厌（yā）伏：倒伏。厌，通压。

六月己卯，光武遂与营部俱进，自将步骑千馀，前去大军四五里而陈①。寻、邑亦遣兵数千合战。光武奔之，斩首数十级②。诸部喜曰："刘将军平生见小敌怯，今见大敌勇，甚可怪也，且复居前。请助将军！"光武复进，寻、邑兵却③，诸部共乘之④，斩首数百千级。连胜，遂前。时伯升拔宛已三日⑤，而光武尚未知，乃伪使持书报城中⑥，云"宛下兵到"，而阳堕其书⑦。寻、邑得之，不憙。诸将既经累捷，胆气益壮，无不一当百。光武乃与敢死者三千人，从城西水上冲其中坚⑧，寻、邑陈乱，乘锐崩之，遂杀王寻。城中亦鼓噪而出，中外合埶，震呼动天地。莽兵大溃，走者相腾践⑨，奔殪百余里间。会大雷风，屋瓦皆飞，雨下如注，滍川盛溢⑩。虎豹皆股战，士卒争赴，溺死者以万数，水为不流。王邑、严尤、陈茂轻骑乘死人度水逃去。尽获其军实辎重⑪，车甲珍宝，不可胜算，举之连月不尽，或燔烧其余⑫。

【注释】

①陈：通阵，指列阵。②级：秦法，斩首一，赐爵一级，故因谓斩首为级。③却：退却。④乘：乘机。此指乘胜。⑤拔：攻下；攻占。⑥伪：假装；装扮。⑦阳：通佯，假装。堕：失落；丢下。⑧中坚：凡军事，中军将最尊，居中以坚锐自辅，故被称为中坚。⑨腾：奔跑；急驰。殪（yì）：跌倒。⑩滍川：《水经》载："滍水出南阳鲁阳县西尧山，东南经昆阳城北，东入汝。"⑪军实：指器械、粮饷及作战所俘获的军事物资。⑫燔（fán）烧：焚烧。

光武因复徇下颍阳①。会伯升为更始所害②，光武自父城驰诣宛谢③。司徒官属迎吊光武，光武难交私语，深引过而已。未尝自伐昆阳之功④，又不敢为伯升服丧，饮食言笑如平常。更始以是惭，拜光武为破虏大将军，封武信侯。

【注释】

①颍阳：县名，属颍川郡，治所在今河南许昌县西南。②更始：此指更始帝刘玄。公元23年称帝。年号更始。③诣：往；到。谢：认错；道歉；谢罪。④自伐：自夸功绩。

九月庚戌，三辅豪桀共诛王莽，传首诣宛①。

【注释】

①三辅：指京都长安附近的地区。豪桀：指才能出众的人。桀，通杰。

更始将北都洛阳，以光武行司隶校尉①，使前整修宫府。于是置僚属，作文移②，从事司察，一如旧章。时三辅吏士东迎更始，见诸将过，皆冠帻③，而服妇人衣，诸于绣䘩④，莫不笑之，或有畏而走者。及见司隶僚属，皆欢喜不自胜。老吏或垂涕曰："不图今日复见汉官威仪！"由是识者皆属心焉。

【注释】

①行：暂代。②文移：即移文。以公文发往不相统属的官署间。③帻（zé）：包头巾。起初为民间所服，也为卑贱不冠者所服。④诸于：古代妇女穿的宽大上衣。即大袖的外衣。绣䘩（jué）：是绣花的半臂衣。䘩：同裾，短袖上衣。

及更始至洛阳，乃遣光武以破虏将军行大司马事。十月，持节北度河①，镇慰州郡。所到部县②，辄见二千石、长吏、三老、官属③，下至佐史，考察黜陟④，如州牧行部事⑤。辄平遣囚徒，除王莽苛政，复汉官名。吏人喜悦，争持牛酒迎劳⑥。

【注释】

①持节：古使者出使，必须持节作为凭证。节，符节，所以为信。武官持节，是为了加重权力。②部：古时的区域单位。有时候一郡分成两部管理所辖的县。③二千石：汉代内自九卿郎将，外至郡守尉的俸禄等级均为二千石，故二千石便成为其代称。长（zhǎng）吏：吏秩之尊者。汉景帝有诏曰："吏六百石以上，皆长吏"。当指县令或丞尉。长，大。故亦指县吏之尊者。三老：古代掌教化的乡官。各乡选年五十岁以上，品行卓越，德高望重的人充任。官属：属吏。④黜陟：指官吏的进退升降。降官叫作黜，升官叫作陟。也作"绌陟"。黜通绌。⑤行部：汉制，刺史常于每年八月巡视所部，查核官吏治绩，称为"行部"。⑥牛酒：牛和酒。古时用来作为赏赐、慰劳或馈赠的物品。

进至邯郸①，故赵缪王子林②说光武曰："赤眉今在河东，但决水灌之，百万之众可使为鱼。光武不答，去之真定。林于是乃诈以卜者王郎为成帝子子舆③，十二月，立郎为天子，都邯郸，遂遣使者降下郡国。

【注释】

①邯郸：县名，属赵国，治所位于今河北邯郸市。②缪王：景帝七代孙，名元。③王郎：（？—24年）即王昌。子舆：王莽始建国二年（公元10年）十一月十二日，常安人武冲拦车声称自己是汉皇族刘子舆，是成帝刘骜小妻所生的儿子。扬言刘氏要重登宝座了。这次刘林诈称摆卦摊的王郎就是成帝的儿子。

二年正月，光武以王郎新盛，乃北徇蓟①。王郎移檄购光武十万户②，而故广阳王子刘接③起兵蓟中以应郎，城内扰乱，转相惊恐，言邯郸使者方到，二千石以下皆出迎。于是光武趣驾南辕④，晨夜不敢入城邑，舍食道傍，至饶阳⑤，官属皆乏食。光武乃自称邯郸使者，入传舍⑥。传吏方进食，从者饥，争夺之。传吏疑其伪，乃椎鼓数十通，绐言邯郸将军至⑦，官属皆失色。光武升车欲驰，既而惧不免，徐还坐，曰："请邯郸将军入。"久乃驾去。传中人遥语门者闭之。门长曰："天下讵可知，而闭长者乎？"遂得南出。晨夜兼行，蒙犯霜雪⑧，天时寒，面皆破裂。至呼沱河，无船，适遇

冰合，得过⑨，未毕数车而陷。进至下博城西⑩，遑惑不知所之。有白衣老父在道旁指曰⑪："努力！信都郡为长安守，去此八十里⑫。"光武即驰赴之，信都太守任光开门出迎。世祖因发旁县，得四千人，先击堂阳、贳县，皆降之⑬。王莽和成卒正邳彤亦举郡降。又昌城人刘植，宋子人耿纯⑭，各率宗亲子弟，据其县邑，以奉光武，于是北降下曲阳⑮，众稍合，乐附者至有数万人。

【注释】

①蓟：县名，属涿郡，位于今幽州县。②檄（xí）：用来征召、晓喻、申讨的官方文书。以木简为书，长有一尺二寸。若有急事，即插以羽毛，叫"羽檄"。购：悬赏缉捕。③广阳王：刘嘉，武帝五代孙。④趣：急，读促。⑤饶阳：县名，属安平国，在饶河之阳，治所位于今河北饶阳东北。⑥传舍：指客馆。⑦给：欺诳，音殆。⑧蒙：冒着。⑨《续汉书》载："时冰滑马僵，乃各以囊盛沙，布冰上度焉。"⑩下博：县，属信都国。在博水之下，故称下博。治所在今河北深县东南。⑪老父：神人，今下博县西犹有祠堂。⑫信都郡：位于今冀州。⑬堂阳：县名。治所在今河北新河县西北。⑭昌城：县，治所在今河北阜城东。宋子：县，治所在今河北赵县东北。⑮曲阳：县名。治所在今河北晋县西。

复北击中山①，拔卢奴②。所过发奔命兵③，移檄边部，共击邯郸，郡县还复响应。南击新市、真定、元氏、防子，皆下之，因入赵界。

【注释】

①中山：国，一名中人亭，故城位于今河北定县。②卢奴：县名，属中山国，治所即今河北定县。③奔命兵：古代郡国设有材官、骑士，如遇到紧急危难之时，可以征调。是一批骁勇之士。

时王郎大将李育屯柏人①，汉兵不知而进，前部偏将朱浮、邓禹为育所破②，亡失辎重。光武在后闻之，收浮、禹散卒，与育战于郭门，大破之，尽得其所获。育还保城，攻之不下，于是引兵拔广阿。会上谷太守耿况、渔阳太守彭宠，各遣其将吴汉、寇恂等将突骑来助击王郎③，更始亦遣尚书仆射谢躬讨郎④，光武因大飨士卒，遂东围钜鹿。王郎守将王饶坚守，月馀不下。郎遣将倪宏、刘奉率数万人救钜鹿，光武逆战于南奕⑤，斩首数千级。四月，进围邯郸，连战破之。五月甲辰，拔其城，诛王郎。收文书，得吏人与郎交关谤毁者数千章⑥。光武不省⑦，会诸将军烧之，曰："令反侧子自安⑧。"

【注释】

①李育：赵国大豪。是王郎的大司马。②朱浮：字叔元。邓禹（公元2—58年）：字仲华。③耿况：字侠游。曾任上谷太守，所以又称耿府君。耿弇（yǎn）之父。彭宠：字伯通。吴汉（？—44年）：字子颜。寇恂（？—36年）：字子翼。④谢躬：字子张。河南南阳郡人。曾以尚书令率六军攻打王郎。尚书仆射（yì）：尚书（掌皇帝文书）的长官。⑤逆战：迎战。⑥交关：勾结，串通。章：文件。⑦不省（xǐng）：不察看；不检查；不理会。省：审查。⑧反侧子：指那些不安心的人。

更始遣侍御史持节立光武为萧王①，悉令罢兵诣行在所②。光武辞以河北未平，不就征。自是始贰于更始③。

【注释】

①萧：县，属沛郡，治所在今安徽萧县西北。《续汉书》载："更始使侍御史黄赏封上为萧王。"②行在所：蔡邕《独断》记载："天子以四海为家，故谓所居为行在所。"③贰：指离异。

　　是时长安政乱，四方背叛。梁王刘永擅命睢阳①，公孙述②称王巴蜀，李宪③自立为淮南王④，秦丰自号楚黎王⑤，张步⑥起琅邪⑦，董宪⑧起东海⑨，延岑⑩起汉中⑪，田戎⑫起夷陵⑬，并置将帅，侵略郡县。又别号诸贼铜马、大肜、高湖、重连、铁胫、大抢、尤来、上江、青犊、五校、檀乡、五幡、五楼、富平、获索等⑭，各领部曲，众合数百万人，所在寇掠。

【注释】

①睢阳：县名，治所在今河南商丘县东南。擅，专。②公孙述（？—36 年）：字子阳。③李宪：颍川许昌（位于今河南省许昌市）人。④淮南：郡，位于今安徽寿县。⑤秦丰：南郡（治所位于今湖北省江陵县）人。⑥张步：字文公。⑦琅邪：郡名。有琅邪山，故城位于今山东诸城市。⑧董宪：被刘永立为海西王，拜为翼汉大将军。⑨东海：郡名，位于今山东郯城北。相当今山东临沐、苍山以南，微山县以东至海及江苏沐阳以北地区。⑩延岑：字叔牙。南阳（位于今属河南省）人，自称武汉王。为汉兵所败，入蜀，被公孙述任为大司马，封汝宁王。⑪汉中：郡名，故城位于今陕西汉中市。⑫田戎：汝南（治所位于今河南省平舆北）人。因为汉兵所败，入蜀。公孙述封他为翼江王。⑬夷陵：县名，属南郡。有夷山，故曰夷陵，治所位于今湖北宜昌市东南。⑭铜马……：这些都是农民起义军的名号。或以山川土地为名，或以军容强盛为号。铜马首领为东山荒秃、上准况等，大肜首领为樊重，尤来首领为樊重，五校首领为高扈，檀乡首领为董次仲，五楼首领为张文，富平首领为徐少，获索首领为古师郎等。

　　光武将击之，先遣吴汉北发十郡兵①。幽州牧苗曾不从②，汉遂斩曾而发其众。秋，光武击铜马于鄡③，吴汉将突骑来会清阳④。贼数挑战，光武坚营自守；有出卤掠者⑤，辄击取之，绝其粮道。积月余日，贼食尽，夜遁去，追至馆陶，大破之。受降未尽，而高湖、重连从东南来，与铜马余众合，光武复与大战于蒲阳，悉破降之，封其渠帅列侯⑥。降者犹不自安，光武知其意，敕令各归营勒兵⑦，乃自乘轻骑按行部陈。降者更相语曰："萧王推赤心置人腹中，安得不投死乎⑧！"由是皆服。悉将降人分配诸将，众遂数十万，故关西号光武为"铜马帝"。赤眉别帅与大肜、青犊十馀万众在射犬，光武进击，大破之，众皆散走。使吴汉、岑彭袭杀谢躬于邺⑨。

【注释】

①十郡：指涿郡、广阳郡、代郡、上谷郡、渔阳郡、辽西郡、右北平郡、辽东郡、玄菟郡、乐浪郡。②苗曾：是更始帝刘玄的幽州牧。③鄡（qiāo）：古县名。治所位于今河北省束鹿东南。④突骑（jì）：指冲锋陷阵的精锐骑兵。⑤卤：通掳。掠夺。⑥渠帅：即首领。也作渠率。率，通帅。渠，大。渠也通巨。⑦勒兵：治军；统率军队。⑧更（gēng）相：相互。⑨岑彭（？—35 年）：字君然。

青犊、赤眉贼入函谷关，攻更始①。光武乃遣邓禹率六裨将引兵而西②，以乘更始、赤眉之乱。时更始使大司马朱鲔③、舞阴王李轶等屯洛阳④，光武亦令冯异守孟津以拒之⑤。

【注释】

①函谷：谷名。②裨将：副将。③朱鲔（wěi）：新市兵将军。后属刘玄，更始三年授官大司马，被封为胶东王。④舞阴：县，属南阳郡，故城位于今河南沁阳县西北。⑤冯异（？—34年）：字公孙。

建武元年春正月①，平陵人方望②立前孺子刘婴为天子，更始遣丞相李松击斩之③。

【注释】

①建武：是光武帝刘秀的年号，公元25—56年。②平陵：昭帝陵，因以为县，故城位于今陕西咸阳市西北。③李松：李通从弟。更始年间担任丞相司直、丞相。更始兵败，松战死。

光武北击尤来、大抢、五幡于元氏，追至右北平，连破之①。又战于顺水北，乘胜轻进，反为所败。贼追急，短兵接②，光武自投高岸，遇突骑王丰，下马授光武，光武抚其肩而上，顾笑谓耿弇曰③："几为虏嗤。"弇频射却贼，得免。士卒死者数千人，散兵归保范阳。军中不见光武，或云已殁，诸将不知所为。吴汉曰："卿曹努力④！王兄子在南阳⑤，何忧无主？"众恐惧，数日乃定。贼虽战胜，而素慑大威⑥，客主不相知，夜遂引去。大军复进至安次，与战，破之，斩首三千余级。贼入渔阳，乃遣吴汉率耿弇、陈俊、马武等十二将军追战于潞东⑦，及平谷，大破灭之⑧。

【注释】

①北平：县，属中山国，治所位于今满城北。②短兵：指刀剑。③耿弇：字伯昭。④曹：辈。⑤王兄子：指刘缤的儿子刘章和刘兴。⑥慑：惧怕。⑦陈俊：字子昭。马武：字子张。⑧平谷：县，属渔阳郡，治所位于河北平谷东北。

朱鲔遣讨难将军苏茂攻温①，冯异、寇恂与战，大破之，斩其将贾强。

【注释】

①苏茂：刘永的将领。

于是诸将议上尊号。马武先进曰："天下无主。如有圣人承敝而起①，虽仲尼为相②，孙子为将③，犹恐无能有益。反水不收，后悔无及。大王虽执谦退，奈宗庙社稷何！宜且还蓟即尊位，乃议征伐。今此谁贼而驰骛击之乎④？"光武惊曰："何将军出是言？可斩也！"武曰："诸将尽然。"光武使出晓之，乃引军还至蓟。

【注释】

①承：通乘。敝：衰败；破败。②仲尼（前 551—前 479 年）：孔子的字。春秋末思想家、政治家、教育家，儒家的创立者。被后人称为封建社会的大圣人。③孙子：春秋时军事家。名武。齐国人。吴王阖闾将，善用兵。所著《孙子兵法》。④驰骛：急速奔走。直骋叫驰，乱驰叫骛。

夏四月，公孙述自称天子。光武从蓟还，过范阳，命收葬吏士。至中山，诸将复上奏曰："汉遭王莽，宗庙废绝，豪杰愤怒，兆人涂炭①。王与伯升首举义兵②，更始因其资以据帝位③，而不能奉承大统③，败乱纲纪，盗贼日多，群生危蹙④。大王初征昆阳，王莽自溃；后拔邯郸，北州弭定⑤；参分天下而有其二，跨州据土，带甲百万。言武力则莫之敢抗。论文德则无所与辞。臣闻帝王不可以久旷，天命不可以谦拒，惟大王以社稷为计，万姓为心。"光武又不听。

【注释】

①兆人：即兆民。因避唐太宗李世民名讳，改民为人。犹言众多百姓。兆，极言众多。涂炭：泥潭和炭火，比喻陷于灾难困苦之中。②举：兴起；发动。③大统：是指统一天下的事业。④危：危急。蹙：同蹴。局促不安。⑤弭（mǐ）：顺服。

行到南平棘①，诸将复固请之。光武曰："寇贼未平，四面受敌，何遽欲正号位乎？诸将且出。"耿纯进曰："天下士大夫捐亲戚②，弃土壤，从大王于矢石之间者，其计固望其攀龙鳞，附凤翼，以成其所志耳。今功业即定，天人亦应，而大王留时逆众，不正号位，纯恐士大夫望绝计穷，则有去归之思，无为久自苦也。大众一散，难可复合。时不可留，众不可逆。"纯言甚诚切，光武深感，曰："吾将思之。"

【注释】

①南平棘：县名，治所在今河北赵县东南。②捐：抛开；扔下。

行至鄗①，光武先在长安时同舍生强华自关中奉《赤伏符》②，曰"刘秀发兵捕不道③，四夷云集龙斗野，四七之际火为主④。"群臣因复奏曰："受命之符，人应为大，万里合信，不议同情，周之白鱼⑤，曷足比焉？今上无天子，海内淆乱，符瑞之应，昭然著闻，宜答天神，以塞群望。"光武于是命有司设坛场于鄗南千秋亭五成陌。

【注释】

①鄗：县名，治所位于今河北柏乡县北固城店。②奉：进献。《赤伏符》：汉代的流行的一种谶语。以后泛指帝王的符命。③不道：无道。此指王莽。④四七：二十八。自高祖至光武初起，合二百二十八年，是指四七之际。火为主：汉为火德，故火为主。⑤周之白鱼：据《尚书·中侯》记载：周武王伐纣，渡孟津，至中流有白鱼跃入武王船中，长三尺，红色花纹，有字，鱼上写有讨伐纣王的文字。

六月已未，即皇帝位。燔燎告天①，禋于六宗②，望于群神③。其祝文曰④："皇天上帝，后土神祇⑤，眷顾降命，属秀黎元⑥，为人父母，秀不敢当。群下百辟⑦，不谋同辞，咸曰：'王莽篡位，秀发愤兴兵，破王寻、王邑于昆阳，诛王郎、铜马于河北，平定天下，海内蒙恩。上当天地之心，下为元元所归⑧。'谶记曰：'刘秀发兵捕不道，卯金修德为天子⑨。'秀犹固辞，至于再，至于三。群下佥曰⑩：'皇天大命，不可稽留⑪。'敢不敬承。"于是建元为建武，大赦天下，改鄗为高邑。

【注释】

　　①燔（fán）燎：燔、燎两字均为焚烧之意。古代祭天的仪式，祭天时于坛场上烧柴，使烟上升来祭天神，以为这样可以使自己的意愿达到上天。亦称"燔柴"。②禋（yīn）：古代祭天的典礼。烟祭。升烟以祭天。六宗：古代尊祀的六位神。说法有三：一种说法是水、火、雷、风、山、泽。一种说法是天地四方。一种说法是四时、寒暑、日、月、星、水旱。③望：古代祭祀山川的专用祭名。古人迷信认为山、林、川、谷都能兴云致雨，因此称其为神。祭祀山川不可遍至，可以遥望而祭之，故称望。④祝文：告神祈福之文。⑤后土：古时称地神或土神为后土。神祇：天地之神。天叫做神；地叫做祇。⑥属：意为托付。黎元：指黎民百姓。黎，黎民；元，老百姓。⑦百辟：原先指诸侯，辟，即君。后来泛指公卿大官。⑧元元：庶民；众民。⑨卯金：此二字合起来就是刘的繁体字"劉"的左半部。⑩佥（qiān）：都。⑪稽留：延迟停留。

　　是月，赤眉立刘盆子为天子①。
　　甲子，前将军邓禹击更始定国公王匡②于安邑③，大破之，斩其将刘均。

【注释】

　　①刘盆子（10—?）：新莽末年赤眉农民起义军所立的皇帝。公元25年被立为帝。年号建世。②王匡（?—25年）：新莽末年新市（位于今湖北省京山县东北）人。③安邑：县名，治所即今山西夏县西北禹王城。

　　秋七月辛未，拜前将军邓禹为大司徒。丁丑，以野王①令王梁为大司空②。壬午，以大将军吴汉为大司马，偏将军景丹为骠骑大将军③，大将军耿弇为建威大将军，偏将军盖延为虎牙大将军④，偏将军朱祐为建义大将军⑤，中坚将军杜茂为大将军⑥。

【注释】

　　①野王：县名，治所即今河南泌阳。②王梁：字君严。③景丹：字孙卿。④盖延：字巨卿。⑤朱祐：字仲先。⑥杜茂：字诸公。

　　时宗室刘茂自号"厌新将军"①，率众降，封为中山王。

【注释】

　　①刘茂：泗水王刘歙的从父弟。自号"刘失职"光武皇帝封他为中山王。厌（yā）新将军：厌，镇住；制服。因王莽改国号为"新"，故刘茂取号"厌新将军"，用来表示征服王莽。

　　己亥，幸怀①。遣耿弇率强弩将军陈俊军五社津，备荥阳以东。使吴汉率朱祐及廷尉岑彭、执金吾贾复、扬化将军坚镡等十一将军围朱鲔于洛阳②。

【注释】

　　①幸怀：县名，属河内郡，故城位于今河南。天子所行必有恩幸，故称幸。②贾复：字君文。坚镡：字子伋（一作子皮）。

　　八月壬子，祭社稷。癸丑，祠高祖、太宗、世宗于怀宫①。进幸河阳。更始廪丘王田立降②。

【注释】

　　①太宗、世宗：就是汉文帝、汉武帝。②廪丘：县名，治所在今山东郓城西北。

　　九月，赤眉入长安，更始奔高陵。辛未，诏曰："更始破败，弃城逃走，妻子裸祖，流冗道路①。朕甚愍之②。今封更始为淮阳王。吏人敢有贼害者，罪同大逆③。"

【注释】

　　①流冗（rǒng）：流离失所。②愍：哀怜；怜悯。③大逆：十恶不赦的重罪之一。在封建社会，凡有反抗封建秩序，有直接危害君父、宗庙、宫阙等行为的，都被称为"大逆"。

　　甲申，以前密令卓茂为太傅①。

【注释】

　　①高密：县，属高密国，治所位于今山东高密西南。

　　辛卯，朱鲔举城降①。
　　冬十月癸丑，车驾入洛阳，幸南宫却非殿，遂定都焉。

【注释】

　　①举：率领。

　　遣岑彭击荆州群贼。
　　十一月甲午，幸怀。
　　刘永自称天子。
　　十二月丙戌，至自怀。
　　赤眉杀更始，而隗嚣据陇右①，卢芳②起安定③。

【注释】

　　①邓晔：人名，以劲悍廉直为名。②始正火德，色尚赤：汉初色尚黄，是应土德为王。此时认为是继尧帝，是火德，所以崇尚红色。

是月，赤眉焚西京宫室，发掘园陵①，寇掠关中。大司徒邓禹入长安，遣府掾奉十一帝神主，纳于高庙②。

【注释】

①园陵：园指茔域，陵指山坟。②十一帝：指高祖刘邦以下至平帝刘衍的十一个皇帝。神主：古时为已死的君主诸侯所做的牌位，用木或石制做成。

真定王杨、临邑侯让谋反①，遣前将军耿纯诛之。

【注释】

①杨：景帝七代孙。让，即杨弟。

二月己酉，幸①修武②。

【注释】

①幸：古代指帝王驾临。②修武：县名，属河内郡，治所位于今河南获嘉北。

大司空王梁免。壬子，以太中大夫宋弘为大司空①。

遣骠骑大将军景丹率征虏将军祭遵等二将军击弘农贼②，破之，因遣祭遵围蛮中贼张满③。

【注释】

①宋弘：字仲子。②祭（zhài）遵：字弟孙。③蛮中：邑名，故戎蛮子国，位于今河南汝阳东南。

渔阳太守彭宠反，攻幽州牧朱浮于蓟。

延岑自称武安王于汉中。

辛卯，至自修武。

三月乙未，大赦天下，诏曰："顷狱多冤人，用刑深刻①，朕甚愍之。孔子云：'刑罚不中，则民无所措手足。'其与中二千石、诸大夫、博士、议郎议省刑法②。"

【注释】

①深刻：严峻刻薄。②中：中，满。

遣执金吾贾复率二将军击更始郾王尹遵，破降之。

骁骑将军刘植击密贼，战殁①。

【注释】

①密：县名，治所在今山东高密西南。

遣虎牙大将军盖延率四将军伐刘永。夏四月，围永于睢阳。更始将苏茂杀淮阳太守潘蹇而附刘永。

甲午，封叔父良为广阳王，兄子章为太原王，章弟兴为鲁王①，舂陵侯嫡子祉为城阳王②。

【注释】

①兴：刘兴。光武次兄仲的后嗣。②城阳：国，故城位于今山东莒县。

五月庚辰，封更始元氏王歆为泗水王①，故真定王杨子得为真定王，周后姬常为周承休公②。

【注释】

①泗水：国，位于今江苏泗阳西北。②姬常：为姬延之后。

癸未，诏曰："民有嫁妻卖子欲归父母者，恣听之。敢拘执，论如律。"

六月戊戌，立贵人郭氏为皇后①，子强为皇太子，大赦天下。增郎、谒者、从官秩各一等。丙午，封宗子刘终②为淄川王③。

【注释】

①贵人：妃嫔的称号。东汉光武帝时开始设置，地位仅次于皇后。②刘终：光武族父泗水王刘歆的儿子。年少时与光武相亲爱。③淄川：国，位于今山东寿光南纪台村。

秋八月，帝自将征五校。丙辰，幸内黄①，大破五校于羛阳，降之②。

【注释】

①内黄：县名，属魏郡，位于今河南内黄西北。②羛阳：聚名，属魏郡，故城位于今河南内黄西南。

遣游击将军邓隆救朱浮，与彭宠战于潞，隆军败绩。

盖延拔睢阳，刘永奔谯①。

【注释】

①谯：位于今安徽亳州市。

破虏将军邓奉据淯阳反。

九月壬戌，至自内黄。

骠骑大将军景丹薨。

延岑大破赤眉于杜陵①。

【注释】

①杜陵：县名，治所在今陕西长安县东北。

关中饥，民相食。

冬十一月，以延尉岑彭为征南大将军，率八将军讨邓奉于堵乡①。

【注释】

①堵乡：位于在今河南方城县。

铜马、青犊、尤来馀贼共立孙登为天子于上郡①。登将乐玄杀登，以其众五万馀人降。

【注释】

①孙登：《春秋保乾图》载："贼臣起，名孙登，巧用法，多技方。"盖立以应之。

遣偏将军冯异代邓禹伐赤眉。

使太中大夫伏隆持节安辑青徐二州①，招张步降之。

【注释】

①伏隆：字伯文。

十二月戊午，诏曰："惟宗室列侯为王莽所废①，先灵无所依归②，朕甚愍之。其并复故国。若侯身已殁，属所上其子孙见名尚书③，封拜。

【注释】

①惟：作语助，用于句首。②依归：倚靠；寄托。③属所：指所属的郡县。

是岁，盖延等大破刘永于沛西①。初，王莽末，天下旱蝗，黄金一斤易粟一斛；至是野谷旅生②，麻尗尤盛③，野蚕成茧，被于山阜，人收其利焉。

【注释】

①沛：位于今江苏沛县。②旅：寄也。不是播种而生长出来，故曰旅。今字书作"穭"，音吕，古字通。③尗（shú）：大豆。

三年春正月甲子，以偏将军冯异为征西大将军，杜茂为骠骑大将军。大司徒邓禹及冯异与赤眉战于回溪①，禹、异败绩。

【注释】

①回溪：溪名，俗名回坑。

谒征虏将军祭遵破蛮中，斩张满。

辛巳，立皇考南顿君已上四庙①。

壬午，大赦天下。

闰月乙巳，大司徒邓禹免。

冯异与赤眉战于崤底，大破之②，余众南向宜阳③，帝自将征之。己亥，幸宜阳。甲辰，亲勒六军，大陈戎马，大司马吴汉精卒当前，中军次之，骁骑、武卫分陈左右。赤眉望见震怖，遣使乞降。丙午，赤眉君臣面缚④，奉高皇帝玺绶⑤，诏以属城门校尉。戊申，至自宜阳。己酉，诏曰："群盗纵横，贼害元元⑥，盆子窃尊号，乱惑天下。朕奋兵讨击，应时崩解，十余万众束手降服，先帝玺绶归之王府。斯皆祖宗之灵，士人之力，朕曷⑦足以享⑧斯哉！择吉日祠高庙，赐天下长子当为父后者爵，人一级。"

【注释】

①四庙：指为光武帝父亲南顿令刘钦；祖父巨鹿都尉刘回；曾祖父郁林太守刘外；高祖父春陵节侯刘买四个人所设立的庙。②崤：山名，底，阪。一名嵌岑山。③宜阳：县名，属弘农郡，韩国都，故城位于今河南宜阳西。④面缚：两手反绑于身背而面向前，用来表示投降。⑤玺（xǐ）绶：古代印玺上必有组绶，因称印玺为"玺绶"。绶，组绶。系玉玺的丝带。⑥元元：庶民；百姓。⑦曷：怎么。⑧享：担当。

二月己未，祠高庙，受传国玺。

刘永立董宪为海西王①，张步为齐王。步杀光录大夫伏隆而反。

【注释】

①海西：县，属琅邪郡。

幸怀。遣吴汉率二将军击青犊于轵西，大破降之①。

【注释】

①轵：县，属河内郡。

三月壬寅，以大司徒司直伏湛为大司徒①。

【注释】

①司直：官名。汉武帝元狩五年设立。帮助丞相检举不法，位在司隶校尉上。东汉改属司徒。帮助司徒督录各州郡所举上奏。

彭宠陷蓟城，宠自立为燕王。

帝自将征邓奉，幸堵阳。夏四月，大破邓奉于小长安，斩之。

冯异与延岑战于上林，破之①。

【注释】

①上林:指关中上林苑。

吴汉率七将军与刘永将苏茂战于广乐,大破之①。虎牙大将军盖延围刘永于睢阳。

【注释】

①广乐:广乐地阙,今宋州虞城县有长乐故城,盖避隋炀帝讳。

五月天酉,车驾还宫。

乙卯晦,日有食之。

六月壬戌,大赦天下。

耿弇与延岑战于穰,大破之①。

【注释】

①穰:县,属南阳郡,位于今河南邓州市。

秋七月,征南大将军岑彭率三将军伐秦丰,战于黎丘,大破之,获其将蔡宏。

庚辰,诏曰:"吏不满六百石,下至墨绶长、相,有罪先请。男子八十以上,十岁以下,及妇人从坐者,自非不道、诏所名捕①,皆不得系。当验问者即就验。女徒雇山归家"②。

【注释】

①诏所名捕:即诏书所指名特捕的犯人。②雇山:女子犯法徒刑遣归家,每月出钱雇人在山伐木用来自己赎罪,名曰"雇山"。

盖延拔睢阳,获刘永,而苏茂、周建立永子纡为梁王。

冬十月壬申,幸春陵,祠园庙,因置酒旧宅,大会故人父老①。十一月乙未,至自春陵。

【注释】

①旧宅:即光武旧宅。

涿郡太守张丰反①。

【注释】

①涿郡:故城位于今河北涿县。

是岁,李宪自称天子。西州大将军隗嚣奉奏①。建义大将军朱祐率祭遵与延岑战于东阳,斩其将张成②。

【注释】

　　①奉奏:这里当时邓禹承制命隗嚣为酬大将军,专制凉州、朔方事。②东阳:聚名,故城位于今河南新阳东。临淮郡复有东阳县,非此地。

　　四年春正月甲申,大赦天下。
　　二月壬子,幸怀。壬申,至自怀。
　　遣右将军邓禹率二将军与延岑战于武当,破之①。

【注释】

　　①武当:县名,治所在今湖北丹江口市西北。有武当山,位于今湖北房县北。

　　夏四月丁巳,幸郏。己巳,进幸临平①。

【注释】

　　①临平:县名,治所在今河北晋县东南。

　　遣大司马吴汉击五校贼于箕山,大破之。
　　五月,进幸元氏,辛巳,进幸卢奴。
　　遣征虏将军祭遵率四将军讨张丰于涿郡,斩丰。
　　六月辛亥,车驾还宫。
　　七月丁亥,幸谯。遣捕虏将军马武、偏将军王霸①围刘纡于垂惠②。

【注释】

　　①王霸:字元伯。②垂惠:聚名,位于今安徽蒙城西北。

　　董宪将贲休以兰陵城降①,宪围之。虎牙大将军盖延率平狄将军庞萌救贲休②,不克,兰陵为宪所陷。

【注释】

　　①庞萌:山阳人。②贲休:人名。

　　秋八月戊午,进幸寿春①。

【注释】

　　①寿春:位于今寿州县。

　　太中大夫徐恽擅杀临淮太守刘度,恽坐诛。

遣扬武将军马成率三将军伐李宪。九月，围宪于舒①。

【注释】

①舒：县名，故城位于今安徽庐江县西南。

冬十月甲寅，车驾还宫。

太傅卓茂薨。

十一月丙申，幸宛。遣建义大将军朱祐率二将军围秦丰于黎丘。十二月丙寅，进幸黎丘①。

是岁，征西大将军冯异与公孙述将程焉战于陈仓，破之。

五年春正月癸巳，车驾还宫。

二月丙午，大赦天下。

捕虏将军马武、偏将军王霸拔垂惠。

乙丑，幸魏郡②。

【注释】

①黎丘：位于今湖北省宜城县西北。②魏郡：位于今河北临漳西南。

壬申，封殷后孔安为殷绍嘉公。

彭宠为其苍头所杀，渔阳平①。

【注释】

①苍头：秦呼人为黔首。称奴仆为苍头。

大司马吴汉率建威大将军耿弇击富平、获索贼于平原①，大破降之。复遣耿弇率二将军讨张步。

【注释】

①平原：郡，位于今山东平原县南。

三月癸未，徙广阳王良为赵王，始就国。

平狄将军庞萌反，杀楚郡太守孙萌而东附董宪。

遣征南大将军岑彭率二将军伐田戎于津乡①，大破之。

【注释】

①津乡：故城位于今湖北江陵县东。

夏四月，旱，蝗。

河西大将军窦融始遣使贡献。

五月丙子，诏曰："久旱伤麦，秋种未下，朕其忧之。将残吏未胜，狱多冤结，元元愁恨，感动天气乎？其令中都官、三辅、郡、国出系囚[①]，罪非犯殊死一切勿案[②]，见徒免为庶人，务进柔良，退贪酷，各正厥事焉。"

【注释】

①中都官：指京师各官府。国：这里指诸侯王国。②殊死：死罪。即斩首。殊：绝，异，言身首离绝异处。案：追究；考问。

六月，建义大将军朱祐拔黎丘，获秦丰；而庞萌、苏茂围桃城[①]。帝时幸蒙[②]，因自将征之。先理兵任城，乃进救桃城，大破萌等。

【注释】

①桃城：任城国有桃聚。桃城：位于今河南滑县南。桃聚：位于今山东邹县西。②蒙：县名，属梁国，故城位于今河南商丘县东北。

秋七月丁丑，幸沛，祠高原庙[①]。诏修复西京园陵。进幸湖陵，征董宪[②]。又幸蕃[③]，遂攻董宪于昌虑，大破之[④]。

【注释】

①原庙：另立的宗庙。原，再又。先既已立庙，今又再立，所以称为之原庙。②湖陵：县，属山阳郡，故城位于今山东鱼台东南。③蕃：县名，属鲁国，故城位于今山东滕州市。④昌虑：县，属东海郡，故城位于今山东滕州市东南。古郳国之滥邑。

八月己酉，进幸郯[①]，留吴汉攻刘纡、董宪等，车驾转徇彭城[②]、下邳。吴汉拔郯，获刘纡；汉进围董宪、庞萌于朐[③]。

【注释】

①郯：县名，属东海郡，故城位于今山东郯城北。郯音谈。②徇：巡行。徇，通巡。③朐：县名，属东海郡，故城在今江苏连云港市西南。音其于反。

冬十月，还，幸鲁，使大司空祠孔子。

耿弇等与张步战于临淄，大破之[①]。帝幸临淄，进幸剧[②]。张步斩苏茂以降，齐地平。

【注释】

①临淄：县名。治所位于今山东淄博市东北。②剧：县名，故城位于治所即今山东寿光南纪台村。故纪国城。

初起太学①。车驾还宫，幸太学，赐博士弟子各有差。

【注释】

①太学：古学校名。

十一月壬寅，大司徒伏湛免，尚书令侯霸为大司徒。

十二月，卢芳自称天子于九原①。

【注释】

①九原：县名，属五原郡，故城位于今内蒙古包头市西。

西州大将军隗嚣遣子恂入侍。

交阯①牧邓让率七郡太守遣使奉贡②。

【注释】

①交阯：郡，位于今广东，广西大部及越南承天以北诸省地。②牧：州官为牧。东汉时其地位在郡守之上，掌握一州的军政大权。七郡：即交州所属的南海、苍梧、郁林、合浦、交阯、九真、日南七郡。

诏复济阳二年徭役①。

【注释】

①复：指免除徭役赋税。济阳，县，故城位于今河南兰考东北。

是岁，野谷渐少，田亩益广焉。

【译文】

世祖元武皇帝刘秀，字文叔，南阳郡蔡阳县人。是汉高祖的第九代孙子。汉景帝生长沙定王刘发，刘发生春陵节侯刘买，刘买生郁林太守刘外，刘外生钜鹿都尉刘四，刘四生南顿县令刘钦，刘钦生光武。在光武皇帝九岁那年，光武帝失去了父母而成为孤儿，由他的叔父刘良抚养长大。光武帝身高七尺二寸，是个美须公。大口，高鼻梁，中庭饱满，他的性格是喜欢农耕，而他的哥哥刘伯升则好结交侠客义士，常常取笑光武帝是个种田的，经常把他比作汉高祖的哥哥刘仲。王莽天凤年间，刘秀到达长安。在长安学习《尚书》，初步了解了其中大义。

王莽统治的最后时期，全国各地连年闹蝗灾，强盗窃贼日益增多，地皇三年，南阳发生饥馑，各家大户的宾客多半成了小盗。光武为躲避官司，便去了新野，在宛县做谷米生意，这时他遇到了李通，李通和同伴用河图和符命之收劝光武说："如果刘家东山再起，我李家辅佐你们。"光武起初不敢有作所为，然而，当他想起兄长刘伯升平素结交侠客，必然要成大事，而且王莽已初露失败的征兆，天下必定大乱。于是光武与李通等秘密商定，并开始着手购买兵器。十月，与李通及其弟李轶在宛县发兵起事。当时光武的年龄是二十八岁。

十一月，在南方的张地出现了流星，于是刘秀派宾客回到春陵。这时，刘伯升已经会合民众开始举事。当初，各家各户的子弟非常害怕，都各自逃亡藏匿起来，都说："伯升不要害我。"但当看到刘秀一身戎装，都惊奇说："如此谨慎厚道的人也起来举事。"于是他们开始群起响应并感到自慰。刘伯升在新市、平林等地招兵买马，与元帅王凤、陈牧向西进攻长聚。刘秀起初是骑着牛随军作战的，杀掉新野都尉时得到了一匹马。兵进唐子乡，杀人很多，还杀掉了湖阳都尉。部队因财物分配不均，士兵心怀怨恨，便企图反戈进攻刘家军。刘秀把同族人的财物都收集起来，全部分给大家，大家都感到很高兴，不久就攻取棘阳，同王莽的部将大夫甄阜、属正梁丘赐在小长安作战，结果汉军大败，退守棘阳。

更始元年正月初一，汉军又与甄阜、梁丘赐在沘水西岸激战，并获得了胜利，杀了甄阜、梁丘赐二人。刘伯升又在清阳打败王莽的纳言将军严尤、秩宗将军陈茂，到达宛城，把他们包围起来。

二月初八，刘圣公被立为天子，刘伯升担任大司马，刘秀担任太常偏将军。

三月，刘秀分别与其他将军一起攻克昆阳、定陵、郾等郡县。缴获了大量的牛马财物，数十万斛谷物，他把这些财物赠送给宛县民众。王莽听说甄阜、梁丘赐已经战死，汉帝被拥立，心中感到十分惊惧，派大司马王寻和大司空王邑两位将军率兵一百万，其中甲士达四十二万人。五月，部队到达颖川，再次与严尤、陈茂部会合。当初，刘秀为春陵侯家打官司而拖欠了陈尤的租，陈尤知道后感到很惊奇。而在这个时候，从颖川城里出来投降的人都说光武不看重财物，而精通用兵计策。陈尤笑着说："是那个美须公吗？他怎么会是这样！"

当初，王莽征集了全国懂兵法的六十三家数百人，都让他们担任军官，又挑选了武士卫队，招募天下的勇士。出征时，旌旗和运输军用品的车辆，绵延不断长达千里之远。当时有一个高个子叫巨无霸的人，高一丈，腰宽十围，被任命为管理营房的军官。军中还驱赶一些猛兽，诸如老虎、豹子、犀牛、大象之类，以助长自己的威风，出师时的盛况，自秦汉以来都未曾有过。刘秀带领数千人马，在阳关拦截阻击。刘秀的诸将见王寻、王邑兵势盛大，便转身逃跑，逃入昆阳。将士们个个胆战心惊，思念妻子儿女，都想解散军队，各回家乡。刘秀说道："现在我的军粮已经不多，可是外面的敌人十分强大，如果我们全力以赴，也许能建功立业，假如解散回家，那只能是死路一条，何况宛城没有被攻克，也不能前来援助这里。假如攻取昆阳，那么在一日之内，其他各路义军也将被消灭。难道我们不齐心协力共建功名，反而想留在家中守住妻子和财物？"诸将生气地说："刘将军你怎么敢这样！"光武笑着站了起来。这时恰好侦察人员回来，报告王莽的大军就要到城北了，军队排成长队达数百里，看不见尽头。大家立即说："那就请刘将军谋划吧！"刘秀就再次为他们出谋划策。大家在走投无路的情况下，都说"对"。这时昆阳城内只有八九千人，刘秀命令成国上公王凤、廷尉大将军王常留守在城内，趁夜色他自己与骠骑大将军宗佻、五威将军李轶等十三个人，从城南门骑马突围，到外边收集援兵。这时候，王莽的军队到达昆阳城下已达十万之众，刘秀差一点就出不去了。到达郾、定陵后，他把全部守兵派出援助，然而诸将都贪恋财物，想分兵留守在城池。刘秀说："现在我们击破敌人，比什么都重要，大功就可告成，如果被敌人击败，脑袋都保不住了，财物又有什么用呢。"大家听从刘秀的话，又都奔赴战场。

严尤对王邑说："昆阳城池虽小但很坚固，现在假冒帝号的人在宛城，我军快速进攻宛城，他们必定奔逃；如果宛城一失败，昆阳就会自然而然地投降。"王邑说："过去我以虎牙将军的身分率部围攻翟义，因为没有活捉他，所以受到了责备。这一次我率领百万大军，面临敌人城池却不能攻下来，怎么说得过去呢？"于是就把昆阳包围了几十层，扎下了一百多个营垒，制

造了十多台高大的云车，俯视城内。旗帜遮蔽了原野，尘埃弥漫着天空，敲钲击鼓的声音，数百里之外也能听得到。有的挖地道，有的用冲车、棚车攻城。成排的弩弓齐发，箭如雨下，城中的人顶着门板出来取水。王凤等人请求投降，都不应允。王寻、王邑自以为顷刻之间就可以攻破昆阳，便开始洋洋自得。但是，晚上突然有流星坠落营中，白天有云像山崩，对着大营陨落，离地面还有一尺就散去，将士们都被压倒在地。

六月七日，刘秀就随各营一起进发，他自己率领步兵、骑兵一千多人作为前锋，离敌人大军四五里摆下阵势。王寻、王邑也派遣几千士兵迎战，刘秀冲上前去，杀死敌人几十人，各路将军都高兴地说：“刘将军平时看到小股敌人很胆怯，今天碰上大敌却很勇敢，真是令人惊奇，而且还冲锋在前，让我们来帮助刘将军吧！”刘秀再次进击，王寻、王邑的部队开始退却，各路将军一起乘势追击，斩杀成百上千敌人。连续获胜，就乘胜前进。这时刘伯升攻下宛城已有三天了，而刘秀还不知道，他就假装派使者带信去报告昆阳城中守军，说“宛城的援兵已到”，并且叫人假装丢掉那封信，好让敌人拾去。王寻、王邑得到那封信，心中闷闷不乐。汉军众将军连战连捷后，士气更旺，大家都是以一当百。刘秀就率三千敢死队员，从城西河边猛冲敌军的中坚，王寻、王邑的阵角开始混乱，刘秀率部队一鼓作气使敌军全面崩溃，于是杀掉了王寻。而城内的人也高声呐喊，出城杀敌，内外夹击，喊杀之声惊天动地。王莽的军队开始全线溃败，争相逃命的人互相践踏，在百里之内到处都是逃亡的敌军。恰巧这时天刮起大风下起了大雨，雷声隆隆，屋上的瓦都被刮起来了，雨水就象倒下来的一样，滍河里水猛涨；连虎豹都被吓得两腿发抖，士兵们争相渡河，溺水而死的数以万计，河水因此被阻塞。王邑、严尤、陈茂等骑快马踏着死尸渡过滍河逃走。汉军缴获了王邑军的所有粮草、辎重、车甲、珍宝，多得不计其数，搬运好几个月还没有搬运完，有人就把剩下的东西烧掉了。

接着刘秀又攻克颍阳，正赶上刘伯升被更始害死，刘秀从父城骑马跑到宛城向更始赔礼道歉。更始的部下们向刘秀表示哀悼之情时，刘秀有许多心里话不好讲出来，只是说这是自己的过错。他并没有夸耀自己的在昆阳的战功，又不敢为他的哥哥刘伯升服丧，日常生活言谈笑语和以前一样，因此使更始很觉惭愧，更始便任命刘秀为破虏大将军，封他为武信侯。

九月庚戌，京兆、左冯翊、右扶风的三路英雄豪杰联合诛杀了王莽，把首级送到了宛城。

更始帝刘玄将要北行迁都洛阳，于是就任命光武暂时为司隶校尉，先去洛阳整修宫室和官府。于是光武开始设置官员幕僚，发布文告，对非法行为进行检举督察，一切都按照西汉时期的章法行事。在三辅的官员们东迎更始帝的时候，看见各位将领经过时，头上都戴着下层人的头巾，穿着女人的服装，甚至象女人的大披、绣花背心之类的都有，没有人不笑话他们，有的人甚至被吓跑了。等到见了光武的官员，都情不自禁地喜笑颜开。一些老官吏中有人流泪说：“没有想到今天，又看到了汉朝的威仪！”由此，那些有识之士都开始心向光武。

等到更始帝到达洛阳后，光武奉命以破虏将军的身分代行大司马的职责。十月，光武北渡黄河，到各州郡视察慰问，所到之处，会见郡守、县令、乡官以及其他低级官吏，考察他们的政绩，或是罢免，或是升迁，还考察了地区官吏的设置等问题。并赦免囚犯，废除了王莽推行的繁琐的政令，恢复西汉时期的官职名称。各级官吏都非常高兴，纷纷以好酒迎接和款待光武。

抵达邯郸后，已故赵缪王的儿子赵林对光武说：“赤眉军现在河东一带，如果他们把河堤搞决口的话，将致使洪水泛滥，那么百万百姓就要遭殃了。”光武没有回答，就去了真定。赵林不久散布谣言说一个名叫王郎的占卜人是成帝的儿子子舆。十二月，赵林拥立王郎为天子，以邯郸为国都，并派使者到各地招降纳叛。

二年正月，刘秀认为王郎正处在新盛时期，于是就向北拐弯到达蓟县。王郎发表文告征收光武的十万户人家。而已故广阳王的儿子刘接，在蓟州中起兵开始响应王郎，城内发生骚乱，百姓都感到恐惧、惊骇，说邯郸派来的使者已经到了，俸禄在二千石以下的官员都要出来迎接，于是，刘秀急忙离开，白天不敢进城，在路边随便住下和吃点东西。到达饶阳时，官属已经没有什么东西可以吃了。光武只好自称是邯郸派来的使者，住进了客店。客店的主人送来了食品，刘秀的随从已经饥饿难忍，见到食物就争着吃起来。客店的主人怀疑他们是假的，于是就敲鼓数十响，说是邯郸的将军到了，刘秀的随从大惊失色，刘秀坐上车便准备逃走，尽管心中恐惧，但还是慢慢坐了下来，说："请邯郸来的将军进来。"很久才驾车离去。客店的人在很远的地方喊话，要守门的人马上把大门关上。守门的人说："全国都不知道怎么办，难道能长期关门吗？"于是刘秀一行才从南门逃了出去。他们日夜兼程，天气寒冷时，踏霜冒雪，连脸都被冻裂了。到呼沱河时，没有船，恰好遇到水上结冰，才得以过去。还没有过完，好几台车就陷落河中。走到博城以西时，惶惶然不知如何是好，路边有一位身穿白衣的老人，指点说："努力吧！信都郡就是长安管区，离这里还有 80 里。"刘秀立即驱车前往。信都郡的太守任光打开城门出来迎接刘秀。刘秀在信都郡向四周各县发布命令调集了四千人马，先进攻堂阳、贳县，这些地方的官兵都投降了，王莽时期和戎太守邳彤也带领部下投降。还有昌城的刘植、宋子的耿纯，分别率领本族子弟占领了所在县城，听从刘秀的命令，于是在北边又征服了下曲阳，这时刘秀的力量逐渐大起来，愿意依附的人有数万人之多了。

然后再次进攻中山，攻克卢奴。所到之处英雄豪杰都纷纷响应，光武发布文告，命令各路人马，共同进攻邯郸，命令所到之处都得到了响应，接着又南下进攻新市、真定、元氏、防子等城先后都攻克，于是进入赵的境内。

这时，王郎的大将李育驻扎在柏人县。刘秀的部队却不知道情况而贸然前进，前部偏将朱浮、邓禹被李育打败，丢失了辎重，刘秀在后面听到消息后，收集朱浮、邓禹所部的散兵游勇，与李育在郭门交战，把李育打败，把被他们缴获去的东西又都重新缴获回来。李育率部退到柏人县固守，光武久攻不下，于是又率部攻克广阿县，并同上谷太守耿况、渔阳大守彭宠等会合，他们分别派遣部将吴汉、寇恂等人率骑兵来帮助刘秀进攻王郎。更始帝刘玄也派尚书仆射谢躬率部前去讨伐王郎。刘秀用酒肉款待士兵后，就向东进军包围了钜鹿。王郎的部将王饶死守城池，进攻了一个多月还是没有攻下来。王郎又派倪宏、刘奉等将领率领数万人马来为钜鹿解围，光武在南缲阻击援军，诛杀敌军数千人。四月，光武围攻邯郸，一连几仗都挫败了王郎军队。五月二十七日，刘秀攻克了邯郸，杀了王郎。在查收缴获的王郎宫中的文书档案时，查获官吏私通王郎、毁谤刘秀的书信竟有好几千件。光武看都不看这些东西，就把部下将军召集到一起，当着大家的面把这些书信统统烧掉了，然后说："让那些三心二意的人安下心来。"

更始帝刘玄派遣侍御史持诏书向刘秀宣布，封刘秀为萧王。命令全国开始罢兵停战。刘秀以河北还没有安定下来为由而推辞不肯上任。自这个时候起，刘秀与更始帝开始有了矛盾。

这时长安城政治纷乱，全国各地开始纷纷背叛更始帝。梁王刘永在睢阳私自发布命令，公孙述在巴蜀称王，李宪拥立自己为淮南王，秦丰自称是楚黎王，张步在琅邪，董宪在东海，延岑在汉中，田戎在夷陵分别起义，他们设置将帅，占城略地。还有其他如铜马、大肜、高湖、重连、铁胫、大抢、尤来、上江、青犊、五校、檀乡、五幡、五楼、富平、获索等地都有人占山为王，聚众达数百万人之多。他们所到之处掠杀不止，百姓生灵涂炭。

光武准备进攻他们，先派遣吴汉向北动员十个郡县的兵力。幽州太守苗曾不服从命令，吴汉将苗曾杀掉而遣散了他的部下。秋天，刘秀在鄡县攻打铜马，吴汉带领精锐骑兵到清阳会合，贼兵多次前来挑战，但刘秀坚守营垒而不出战。当有贼兵出来抢掠时，光武立即出兵消灭他们，断绝了他们的粮食供给。过了一个多月的时间，贼兵粮食吃尽，漏夜逃跑，刘秀追到馆陶，把他们打得惨败。在受降未完之际，高湖、重连又从东南赶到，与铜马残余部队会合，刘秀又与他们在蒲阳展开大战，将他们打败并迫使他们全部投降。刘秀又封他们首领为列侯，但投降的人内心还是不安的，刘秀了解他们的心思，便命令他们各自回营重整人马，自己一个人骑马到降兵中布置了下一步的行动。这样，投降的将士们很受感动，相互说道："萧王对我们推心置腹，怎能不让我们为他拼死效力呢？"由此大家都衷心拥戴刘秀。刘秀把投降的将士分配给诸位将领，于是，他的队伍就达数十万之多了，因此，关西称光武为"铜马帝"。赤眉的另一个元帅和大肜、青犊两股人马加在一起有十余万人在射犬一带，刘秀率部进攻，将他们打得大败，敌军四处溃散。派吴汉和岑彭偷袭谢躬，并把他击毙在邺地。

青犊、赤眉两股贼兵进入函谷关，进攻更始帝。刘秀派遣邓禹率六位副将及其所部到达西边，企图利用更始帝、赤眉作乱的机会，以获渔翁之利。这时，更始帝刘玄派大司马朱鲔、舞阴王李轶等驻守洛阳，光武也命令冯异守在孟津一带以阻挡敌人。

建武元年春正月，平陵县有一位名叫方望的人，拥立汉平帝的儿子刘婴为天子，更始帝派丞相李松攻打并且将他斩首。

光武在元氏一带往北攻击尤来、大抢、五幡等贼兵，追到右北平，连连胜利。又在顺水以北与贼兵交战，由于胜利后的轻进冒进，结果反遭失败。贼兵紧追不舍，只能短兵相接。光武自己掉到河边的高崖下，意外遇到了王丰的骑兵，王丰下马挽扶光武，光武扶着王丰的肩才爬上去，回头笑着对耿弇说："差一点当了贼兵的俘虏。"耿弇连连射箭击退贼兵，才得以幸免。士兵死伤数千人，被打散的队伍退守范阳。队伍中找不到光武。有人说他可能已经死了，各位将领不知怎么办。吴汉说："我们共同努力吧！光武兄长的儿子还在南阳，还怕没有主子吗？"大家都感到恐惧，过了好几天才安定下来。贼兵虽然取得了胜利，但还是惧怕光武的威风，互相之间又不了解，连夜退了回去。光武的军队再开进安次，与贼兵作战，并打败敌军，斩杀了敌人三千多人。贼兵进入渔阳，光武派吴汉率领耿弇、陈俊、马武等12位将军及其所部追击，与贼兵在潞东交战，追到平谷后，打败并全歼了所有的敌军。

朱鲔派讨难将军苏茂进攻温县，冯异、寇恂与敌军交战，把他们打得大败，击毙了他的部将贾强。

于是，各位将领讨论刘秀的称帝和尊号问题。马武首先发言说："现在全国没有皇上。如果有圣人在这个时候站出来，虽然以仲尼为丞相，孙子为将军，还是恐怕没有什么好处。倒出去的水是收不回来的，世上也没有后悔的药吃。大王虽然十分谦让，但是国家社稷怎么办？最好是回到蓟县就登上皇位称帝然后再讨论征伐等事宜，今后不管是谁要当贼兵难道就不可以很快把他击败吗？"光武感到惊异地说："是哪一位将军讲出这样的话？这是要杀头的！"马武说："各位将军都是这样说的。"光武难以让诸位将军明白他的心思，才带领部队返回蓟县。

这一年夏天的四月，公孙述拥立自己为天子。光武从蓟县返回，经过范阳，命令将士掩埋牺牲的官吏士兵。到达中山，诸位将军又上奏说："汉朝经过王莽的破坏后，朝纲法统也被毁弃，英雄豪杰愤怒不已，生灵遭涂炭，大王您和刘伯升首先举起义旗，刘玄就因为他的资历而占了帝位，但是名不孚众，无法成为大统，现在国家毫无法度可言，盗贼日益增多，民众无法生存下去，大王起初征伐昆阳时，王莽不战自溃，然后又攻取邯郸，北方的州县大局已定，三分天下有其二，据城略地，精兵上百万，论武力，有谁敢抗拒，讲文德，亦无以伦比，我们都听说过，帝王之位是不可长久空缺的，天命是不可以谦让和违背的，只希望大王要为国家着想，为百姓考虑。"光武又不听。

走到南平棘时，各位将领又一次坚决请求刘秀。刘秀说："现在我们还没有消灭敌人，四面受敌人包围，为什么要急于想登上皇位呢？各位将军请暂时出去。"耿纯进一步说："天下的有识之士把自己的亲人奉献出来，放弃田产，跟随大王战斗在枪林弹雨之中，就是希望攀龙附凤，实现自己的志向，现在已功成名就，全国民众都响应，而大王您却违背大家的意愿，不登皇位，我担心这些人感到绝望后就会离开您，既然没有什么作为又何必苦了自己，而大家一旦分散，就很难集合起来了，时不等人，大家的意志不可违背。"耿纯说得言真意切，刘秀深为感动地说："那就让我考虑一下吧。"

到达鄗，刘秀原来在长安时的同窗强华，从关中呈上《赤伏符》，说："刘秀出动兵力捉拿不仁不义之徒，周边国家都出集响应，四七之际是火德为主，汉室应该复兴。"各位大臣又再次上奏说："赤伏符代表天命，凡人响应为最重要，全国各地都相信，不约而同，周朝的白鱼，还能与今天同日而语吗？现在没有皇上，全国纷乱不已。响应象征着吉祥的赤伏符，显然是应有之义，最好是顺应天意，满足民众的要求。"于是，刘秀命令有关官吏在鄗县南边的千秋亭五成陌设立祭坛和场地。

六月已未，刘秀登上了皇帝之位，烧柴祭天，和气、火、雷、风、山、泽等六宗以及其他神灵。祝文这样说："天神地神，承蒙您的厚爱，把天下的百姓托付给我刘秀，让我做民众的父母，我刘秀实在不敢当。但我的下属百官，没有商量余地而出言一致，都说，'王莽篡位，我刘秀发愤起兵，在昆阳击败王寻、王邑，在河北诛杀了王郎、铜马，安定了天下，海内都承受恩泽。我即皇位，上以符天地之心，下为百姓的愿望。'谶记说：'刘秀发兵捕捉不仁不义之徒，刘姓修德为天子。'我刘秀还是一再推让，一而三，三而再，但下属官员都说：'皇天大命，不能迟疑不决。'因此，我不敢不恭敬从命。"这样，就建立年号为建武，大赦全国囚犯，改鄗为高邑。

就在这一月，赤眉军拥立了刘盆子称皇帝。

甲子，前将军邓禹在安邑进攻更始帝的定国公王匡，把他打得大败，并把其部将刘均击毙。

秋天的七月辛未，刘秀封前将军邓禹为大司徒。丁丑，又任命野王王梁为大司空。壬午，任命大将军吴汉为大司马，偏将军景舟为骠骑大将军，大将军耿弇为建威将军，偏将军盖延为虎牙大将军，偏将军朱祐为建义大将军，中坚将军杜茂为大将军。

这时，同宗族的刘茂自称是"厌新将军"，也率领部下前来投降，光武封他为中山王。

已亥，刘秀光临怀县，派耿弇率领强弩将军陈俊驻扎五社津，担负荥阳以东的防备。又派吴汉率领朱祐以及廷尉岑彭、执金吾贾复、扬化将军坚镡等十一位将军在洛阳围困朱鲔。

八月壬子，祭祀土神和谷神。癸丑，在怀宫纪念高祖、太宗、世宗等，不久光武到达河阳，更始帝的部将虏丘王田立投降。

九月，赤眉攻进长安，更始帝逃到高陵。辛未，刘秀命令说："更始帝被人打败，弃城逃跑，妻离子散，流离失所，我十分可怜他。现在我封他为淮阳王，手下的人如果有谁敢加害他，与造反的人同等治罪。"

甲申，汉平帝时期的密县县令卓茂被任命为大傅。

辛卯，朱鲔带领全城将士投降。

冬季十月癸丑，刘秀驱车到达洛阳，住进南宫却非殿，于是就把国都定在了那里。

派岑彭进攻荆州的各路贼兵。

十一月甲午，到达怀县。

刘永又自封天了。

十二月丙戌，从怀县返回。

赤眉杀害了更始，而隗嚣占据了陇右，卢芳在安定举兵起事。破虏大将军叔寿在曲梁进攻五校贼兵，他本人在战斗中死去。

二年春正月初一，发生日食。大司马吴汉率领九位将军在邬的东面攻击檀乡等贼兵，大败他们并迫使其投降。庚辰，刘秀封诸位功臣们以列侯的爵位，大的诸侯国管四个县，其余的各诸侯国各有差别。光武下诏令说："人要知足，假如过分放纵自己绝不是一件好事，不要满足一时的欲望，而忘记刑罚的利害。各位将领劳苦功高，前途无量，如果真想留芳百世的话，最好是如临深渊，如履薄冰，小心行事，一天比一天谨慎。而对那些壮志未酬，尚未成名的人，掌握封官拜爵的人告诉我，我会安排和录用他的。"博士丁恭对此评论说："古代帝王分封诸侯地不超过百里，因此有利于封建诸侯，这是效法于雷，是为了加强树干而削弱树枝，有利于国家的管理。现在大的诸侯国管辖四个县，不符合法制。"光武帝："古代王朝的灭亡，都是因为皇帝无道，我还没有听说过因功封地太多而灭亡的。"接着立刻派使者授予各诸侯国金印和绶带。在策书中光武写道："你们要不骄不躁，这样虽然位子很高，但却没有什么危险；节俭费用，慎行礼法，虽然富有，但却不要奢侈。希望你们恭恭敬敬，以此为戒，传给你们的子孙，这永远是国家的屏障。"

壬午，更始帝时期的复汉将军邓晔、辅汉将军于匡投降，都恢复原有的爵位。

壬子，刘秀在洛阳建立高庙和土神、谷神庙，在城南树起标志，这时尚崇火为德，颜色崇尚红色。

这一个月，赤眉把西京的宫室都烧掉了，而且还挖掘了汉室祖坟，在关中烧杀掠抢。大司徒邓禹到达长安后，派人把十一位帝王的灵位安放在高庙中。

真定王刘杨、临邑侯刘让密谋造反，光武派前将军耿纯讨伐他们。

二月已酉，光武帝来到修武视察。

大司空王梁被免职。壬子光武帝任命中大夫宋弘为大司空。

光武派骠骑大将军景丹率领征虏将军祭遵等二位将军进击弘农等贼兵，把他们打败，又派祭遵把张满等贼兵包围在蛮中。

渔阳太守彭宠谋反，在蓟县进攻幽州牧朱浮。

延岑在汉中自称为武安王。

辛卯，光武从修武返回。

三月乙未，大赦天下囚犯，发表诏令说："全国有许多冤假错案，又使用酷刑，我非常同情他们。孔子说：'刑罚不适当，就会造成民众不知所措'我要与薪水为二千石的官员、各位大夫、博士、议郎一起来评议审查刑法。"

光武派执金吾贾复率领二位将军进攻更始帝的郾王尹遵，打败并使他们投降。

骁骑将军刘植进攻密县的贼兵，他本人在战斗中死去。

派虎牙大将军盖延率领四位将军讨伐刘永。夏天的四月，把刘永围困在睢阳。更始的将领苏茂杀掉淮阳大守潘蹇而归附刘永。

甲午，光武封自己的叔父刘良为广阳王，封自己的哥哥的儿子刘章为太原王，封刘章的弟弟为鲁王，封春陵侯的亲生儿子刘祉为城阳王。

五月庚辰，光武封更始帝时候的元氏王歙为泗水王，已故的真定王刘杨的儿子刘得为真定王，周代周王的后人姬常为周承休公。

癸未，光武发表诏言说："民众中以前有嫁掉老婆和卖掉儿子的，现在想回到丈夫和父母身边的，听其自然。如果谁敢阻拦，要根据法律论处。"

六月戊戌，光武拥立贵人郭氏为皇后，立儿子刘强为皇太子。大赦全国囚犯。把增郎、谒者、从官的俸禄都提高了一个等级。丙午，封刘终为淄川王。

秋八月，光武帝亲自征伐五校贼兵。丙辰，抵达内黄，在蒿阳把五校打得大败，五校投降。

光武派游击将军邓隆援助朱浮，在潞与彭宠交战，结果邓隆被打败。

盖延攻克睢阳，刘永逃到谯县。

破虏将军邓奉占据淯阳谋反。

九月壬戌，光武从内黄返回。

骠骑大将军景丹逝世。

延岑在杜陵大败赤眉军。

关中发生饥荒，民众相互以人肉为食。

冬季十一月，光武任命延尉岑彭为征南大将军，率领八位将军在堵乡讨伐邓奉。

铜马、青犊、尤来等残余贼兵在上郡联合拥立孙登为皇帝，孙登的部将乐玄杀掉了邓登，率领部队五万多人投降光武。

光武派偏将军冯异代理邓禹讨伐赤眉军。

派太中大夫伏隆为特使，带着符节去青州和徐州，把张步招安投降。

十二月戊午，光武下诏令说："因为刘家的各位诸侯都被王莽废掉，祖先们没有去处，没有依靠，我十分同情他们。现在我命令恢复原来的诸侯国，如果诸侯本人已经死去了，在尚书上有记载的他们的子孙，都封拜为诸侯王。"

这一年，盖延在沛县的西边大败刘永。起初，即王莽末年，全国发生旱灾和蝗灾，一斤黄金才换一斛小米，而到这个时候，田野上到处都长着野生稻，麻长得特别茂盛，野生蚕到处都有，遍及田野，人们从中得到了很多收益。

建武三年春正月甲子，光武任命偏将军冯异为征西大将军。杜茂为骠骑大将军。大司徒邓禹以及冯异在回溪与赤眉军开始交战，结果邓禹和邓异都失败了。

征虏将军祭遵攻破蛮中，杀掉了张满。

辛己，朝廷拜光武的父亲为南顿君，灵位移至四庙。

壬午，大赦全国囚徒。

闰月乙巳，大司徒邓禹被免职。

冯异与赤眉军在崤山脚下展开激战，把他们打得大败，赤眉军的残余向南逃至宜阳。光武帝亲自率领军队征伐他们，己亥，到达宜阳。甲辰，光武帝亲自统帅六军，列阵迎战，大司马吴汉率精兵冲在前面，主力部队紧随其后，骁骑将军和武卫将军分别摆在左右两边。赤眉军看见这个阵势，心中十分惊骇，就派使者前来请求投降。丙午，赤眉的头领都被反捆绑起，把汉高祖的玉印和绶带也都交了出来。光武帝下诏令任命他们为城门校尉。戊申，从宜阳返回。己酉，光武下诏令说："盗贼横行霸道，贼兵作恶多端，刘盆子私称皇帝，搞乱了全国。朕率兵奋起征伐，今天总算把他们给征服了，十余万贼兵束手被擒，心甘情愿地投降。先帝的玉印和绶带都回到宫中，这都是列祖列宗的神灵相助，也得力于将士们的努力，我完全受之无愧。我要选择良辰吉日到高庙祭祀，允许全国的长子继承他们父辈爵位。并且每人增加一级爵位。"

二月己未，光武在高庙祭祀，接受了国玺。

刘永封立董宪为海西王、张步为齐王。张步杀害了光禄大夫伏隆后进行反叛。

光武抵达怀县。派吴汉率领二位将军在轵县的西边攻击青犊贼兵，青犊被打败后投降。

三月壬寅，任命大司徒司直伏湛为大司徒。

彭宠攻陷蓟州城，他自封为燕王。

光武帝亲自征伐邓奉，到达堵阳。夏四月，汉军在小长安把邓奉打得大败，邓奉被斩首。

吴汉率七位将军在广东与刘永的部将苏茂交战，并将他们击败。虎牙大将军盖延在睢阳包围了刘永。

五月己酉，光武驱车返回了宫中。

己卯这一天，发生了日食。

六月壬戌，大赦全国囚徒。

耿弇与延岑在穰县交战，大获全胜。

秋七月，征南大将军岑彭率领三将军讨伐秦丰，在黎县与敌军交战，大败敌军，生擒秦丰的部将蔡宏。

庚辰，光武颁布诏令说："薪水不足六百石的官员，下至佩戴墨色绶带的长、相，如果有罪要惩治，必须先请示。八十岁以上、十岁以下的男子以及有牵连的妇女，只要不是自己不道德、再就是诏令明确规定要捉拿的人，都不要捆绑他们。应该审问的就立即审问。女犯人只要出钱雇人上山伐木，本人就可以回家去。"

盖延攻取睢阳，俘虏刘永，而苏茂和周建又拥立刘永的儿子刘纡为梁王。

冬天的十月壬申，光武到达舂陵，在园庙祭祀祖先，他在旧居设宴款待故乡的父老乡亲。十一月的乙未，由舂陵返回。

涿州郡的太守张丰反叛。

这一年，李宪自称皇帝。西州大将军隗嚣把这件事报告给光武帝。建议大将军朱祐率领祭遵与延岑在东阳交战，击毙了延岑的部将张成。

四年春天的正月甲申，大赦全国囚犯。

二月壬子，光武光临怀县。壬申，从怀县返回。

光武派右将军邓禹率领二位将军与延岑在武当交战，打败了延岑。

夏天的四月丁巳日，光武帝抵达邺县。己巳日，光临临平县。

光武派大司马吴汉在箕山攻击五校贼兵，大获全胜。

五月，光武帝光临元氏，辛巳，到达卢奴等地。

派征虏将军祭遵率领四位将军在涿州郡讨伐张丰，杀掉了张丰。

六月辛亥，光武驾车返回宫中。

七月丁亥，光武光临谯。派遣捕虏将军马武、偏将军王霸在垂惠围攻刘纡。

董宪的部将贲休献出兰陵城前来投降，被董宪派兵包围，虎牙大将军盖延率领平狄将军庞萌前去救援贲休，作战未能取胜，兰陵被董宪攻陷。

　　秋八月戊午，光武帝到达寿春。

　　太中大夫徐恽私自杀害了临淮太守刘度，徐恽也被处死。

　　派扬武将军马成率领三位将军讨伐李宪。九月，把李宪围困在舒县。

　　冬天的十月甲寅，光武返回宫中。

　　大傅卓茂病逝。

　　十一月丙申，光武帝抵达宛。派建义将军朱佑率领二位将军把秦丰包围在黎丘。十二月丙寅，光武帝到达黎丘。

　　这一年，征西大将军冯异与公孙述的部将程焉在陈仓作战，取得了胜利。

　　五年春正月癸巳，光武帝返回宫中。

　　二月丙午，大赦全国囚犯。

　　捕虏将军马武、偏将军王霸攻取垂惠。

　　乙丑，光武帝光临魏郡。

　　壬申，光武帝下令封殷朝的后人孔安为殷绍嘉公。

　　彭宠被他的奴仆杀死，渔阳平定了下来。

　　大司马吴汉率领建威大将军耿弇在平原郡进攻富平、获索等贼兵，大获全胜，贼兵被降服。又派遣耿弇率领二位将军讨伐张步。

　　三月癸未，把广阳王刘良改为赵王，开始到诸侯国。

　　平狄将军庞萌反叛，杀害了楚郡太守孙明而依附东面的董宪。

　　派遣征南大将军岑彭统率二位将军在津乡征伐田戎，打得田戎大败。

　　夏四月。发生了旱灾和蝗灾。

　　河西大将军窦融开始派使者到京城向光武进贡。

　　五月丙子，光武颁布诏令说："天旱了很久，会伤害麦子，秋季的作物也还没有下种，我心里十分忧虑。将领伤残，官吏不能胜任，牢狱里有许多冤假错案，百姓心生怨气，这样能够感动上天吗？命令中都官、三辅郡、诸侯国释放囚徒，只要不犯死罪的就不要立案，把囚徒赦免为平民百姓。务必增加温柔和善良，减少贪婪和残酷，对事情一定要做出正确的结论。"

　　六月，建义大将军朱佑攻克黎丘，俘虏了秦丰。而庞萌、苏茂包围了桃城。这时光武帝抵达蒙县，他亲自率军队征讨。先在任城调集和部署兵力，然后再去解桃城之围，把庞萌等人打得大败。

　　秋七月丁丑，光武帝光临沛县，在高原庙祭祀祖先。下诏令修复西京园陵。不久又光临湖陵，征伐董宪。接着到达蕃县，于是在昌虑进攻董宪，打得董宪大败。

　　八月己酉，到达郯县，留下吴汉进攻刘纡、董宪等。光武帝自己乘车视察彭城、下邳等地。吴汉攻克郯县，俘虏刘纡，吴汉又进一步把董宪、庞萌包围在朐县。

　　冬天十月，返回宫中，不久又来到鲁，派大司空祭祀孔子。

　　耿弇与张步在临淄激战，大败张步。光武帝光临临淄，不久到达剧县，张步杀掉苏茂后投降，齐地境内开始恢复了安宁。

　　太学开学。光武帝乘车返回宫中，他光临太学，分别恩赐了博士弟子的不同赏品。

　　十一月壬寅，大司徒伏湛被罢免，任原尚书令侯霸为大司徒。

十二月，卢芳在九原自称皇帝。

西州大将军隗嚣派儿子隗恂到宫中侍侯光武帝。

交址郡牧邓让率领七个郡的太守派使者到京城进贡。

光武下诏令恢复洛阳的二年赋役。

这一年，野生稻越来越小。田土被恢复耕种开始越来越宽广。

光武帝纪下

六年春正月丙辰，改春陵乡为章陵县。世世复徭役①，比丰、沛，无有所豫。

【注释】

①复：免除赋税或劳役。

辛酉，诏曰："往岁水旱蝗虫为灾，谷价腾跃①，人用困乏。朕惟百姓无以自赡，恻然愍之。其命郡国有谷者，给禀高年、鳏、寡、孤、独及笃癃②、无家属贫不能自存者，如律③。二千石勉加循抚④，无令失职⑤。

【注释】

①腾跃：在这里指物价上扬。②禀：同廪，给食。鳏、寡、孤、独：古代六十无妻叫鳏，五十无夫叫寡，幼而无父叫孤，老而无子叫独。笃癃：指病重或残疾的人。③如律：即如《汉律》。《汉律》有规定，需照顾鳏寡孤独等人的生活。④循抚：安抚。⑤失职：失常。即不能生活；失去了常理。职，常。

扬武将军马成等拔舒，获李宪。

二月，大司马吴汉拔朐，获董宪、庞萌，山东悉平。诸将还京师，置酒赏赐。

三月，公孙述遣将任满寇南郡①。

【注释】

①寇：侵犯。南郡：会荆州。

夏四月丙子，幸长安，始谒高庙，遂有事十一陵①。

【注释】

①有事：即祭祀。《左传》载："有事于太庙。"十一陵：指高祖长陵，惠帝安陵，文帝霸陵，景帝阳陵，武帝茂陵，昭帝平陵，宣帝杜陵，元帝渭陵，成帝延陵，哀帝义陵，平帝康陵。

遣虎牙大将军盖延等七将军从陇道伐公孙述。

五月己未，至自长安。

隗嚣反，盖延等因与器战于陇坻，诸将败绩。

辛丑，诏曰："惟天水、陇西、安定、北地①吏人为隗嚣所诖误者②，又三辅遭难赤眉，有犯法不道者③，自殊死以下，皆赦除之。”

【注释】

　　①天水：位于今甘肃通渭西。安定：位于今甘肃镇原东南。陇西：位于今甘肃临洮。北地：位于今宁夏吴忠帝西南。②诖误：贻误；连累。③不道：即无道。汉律，凡杀一家三人，便属于不道。至隋列为十大罪恶之一。

　　六月辛卯，诏曰：“夫张官置吏，所以为人也。今百姓遭难，户口耗少，而县官吏职所置尚繁，其令司隶、州牧①各实所部，省减吏员。县国不足置长吏可并合者，上大司徒、大司空二府。”于是条奏并省四百馀县，吏职减损，十置其一。

【注释】

　　①司隶：《汉官仪》载：“司录校尉部河南、河内、右扶风、左冯翊、河东、弘农七郡于河南洛阳，故谓东京为‘司隶’。”

　　代郡太守刘兴击卢芳将贾览于高柳①，战殁。

【注释】

　　①高柳：县，属代郡，故城位于今山西阳高。

　　初，乐浪人王调据郡不服①。秋，遣乐浪太守王遵击之，郡吏杀调降。

【注释】

　　①乐浪：郡，故朝鲜国，位于今朝鲜平壤市南。

　　遣前将军李通率二将军，与公孙述将战于西城，破之①。

【注释】

　　①西城：县，属汉中，位于今陕西安康西北。

　　夏，蝗。
　　秋九月庚子，赦乐浪谋反大逆殊死已下。
　　丙寅晦，日有食之。
　　冬十月丁丑，诏曰：“吾德薄不明，寇赋为害，强弱相陵，元元失所。《诗》云：‘日月告凶，不用其行①。’永念厥咎，内疚于心②。其敕公卿举贤良方正各一人；百僚并上封事，无有隐讳；有司修职③，务遵法度。”

【注释】

　　①告凶：显示凶兆。不用其行：是指不遵循正道。②厥：表示远指，相当于“那”、“那……”。疚：

指病。③修：遵循。

　　十一月丁卯，诏王莽时吏人没入为奴婢不应旧法者，皆免为庶人。
　　十二月壬辰，大司空宋弘免。
　　癸巳，诏曰："顷者师旅未解，用度不足，故行什一之税①。今军士屯田，粮储差积。其令郡国收见田租三十税一②，如旧制。"

【注释】

　　①什一之税：指十分取一的税。②三十税一：景帝二年，田租三十而税一。

　　隗嚣遣将行巡寇扶风，征西大将军冯异拒破之。
　　是岁，初罢郡国都尉官。始遣列侯就国。匈奴遣使来献，使中郎将报命①。

【注释】

　　①报命：犹报聘，即邻国来聘，报答回访。

　　七年春正月丙申，诏中都官、三辅、郡、国出系囚，非犯殊死，皆一切勿案其罪①。见徒免为庶人。耐罪亡命②，吏以文除之③。

【注释】

　　①案：官府处理公事的文书、成例及狱讼判定结论叫案。②耐：古代一种剃去颊须的刑罚，二岁刑。耐，通耏，古耐字从彡，发肤之意。③文：文簿。

　　又诏曰："世以厚葬为德，薄终为鄙，至于富者奢僭①，贫者单财②，法令不能禁，礼义不能止，仓卒乃知其咎③。其布告天下，令知忠臣、孝子、慈兄、悌弟薄葬送终之义。"

【注释】

　　①僭：超越了本分。②单：通殚。③仓卒：指丧乱，战乱。

　　二月辛巳，罢护漕都尉官。
　　三月丁酉，诏曰："今国有众军，并多精勇，宜且罢轻车、骑士、材官、楼船士及军假吏①，令还复民伍。"

【注释】

　　①假吏：临时编制的官吏。

　　公孙述立隗嚣为朔宁王。
　　癸亥晦，日有食之，避正殿，寝兵①，不听事五日。诏曰："吾德薄致灾，谪见日月②，战栗恐惧，夫何言哉！今方念愆③，庶消厥咎④。其令有司各修职任⑤，奉遵法度，惠兹元元。百僚各上封事，无有所讳。其上书者，不得言圣。"

【注释】

①寝兵：停息干戈。寝，止息。②谪：谴责；责备。③愆（qiān）：过失；罪过。④庶：幸，希冀之词。⑤有司：古代设官分职，各有专司，因此称官吏为"有司"。

夏四月壬午，诏曰："比阴阳错谬①，日月薄食。百姓有过，在予一人，大赦天下。公、卿、司隶、州牧举贤良方正各一人，遣诣公车②，朕将览试焉。"

【注释】

①比：近来。②公车：汉代官署名。

五月戊戌，前将军李通为大司空。

甲寅，诏吏人遭饥乱及为青、徐贼所略为奴婢下妻，欲去留者，恣听之。敢拘制不还①，以卖人法从事。

【注释】

①拘制：强制。

是夏，连雨水。

汉忠将军王常为横野大将军。

八月丁亥，封前河间王邵为河间王。

隗嚣寇安定，征西大将军冯异、征虏将军祭遵击却之。

冬，卢芳所置朔方太守田飒①、云中太守乔扈各举郡降。

【注释】

①田飒：朔方人。

是岁，省长水、射声二校尉官①。

【注释】

①长水，射声：《前书音义》载："长水，地名，胡骑所屯。射声谓工射者也，夜中闻声则射之，因以为名。"二校尉都是武帝置，今省之。

八年春正月，中郎将来歙①袭略阳②，杀隗嚣守将而据其城。

【注释】

①来歙：字君叔。②略阳：县名，属天水郡，故城位于今甘肃秦安东北。

夏四月，司隶校尉傅抗下狱死。

隗嚣攻来歙，不能下。闰月，帝自征嚣，河西大将军窦融率五郡太守与车驾会高平[①]。陇右溃，隗嚣奔西城，遣大司马吴汉、征南大将军岑彭围之；进幸上邽[②]，不降，命虎牙大将军盖延、建威大将军耿弇攻之。

【注释】

①五郡：即陇西、金城、天水、酒泉、张掖。高平，县名，属安定，后改为平高，位于今宁夏固原。②上邽：县名，属陇西郡，故邽戎邑，位于今甘肃天水市。

颍川盗贼寇没属县，河东守守兵亦叛，京师骚动。

秋，大水。

八月，帝自上邽晨夜东驰。九月乙卯，车驾还宫。

庚申，帝自征颍川盗贼，皆降。

安丘侯张步叛归琅邪[①]，琅邪太守陈俊讨获之。

【注释】

①安丘：县，属北海郡，位于今山东安丘西南。

戊寅，至自颍川。

冬十月丙午，幸怀。十一月乙丑，至自怀。

公孙述遣兵救隗嚣，吴汉、盖延等还军长安。天水、陇西复反归嚣。

十二月，高句丽王遣使奉贡。

是岁大水。

九年春正月，隗嚣病死，其将王元、周宗复立嚣子纯为王[①]。

徙雁门吏人于太原。

三月辛亥，初置青巾左校尉官。

公孙述遣将田戎、任满据荆门[②]。

【注释】

①王元：字惠孟、游翁。杜陵县（治所位于今陕西省长安县东北）人。初任上蔡县县令，后调任东平相。隗纯：字仲舒，隗嚣少子。②荆门：《水经注》载：江水东历荆门、虎牙之间。荆门山在南，上合下开，其状似门，虎牙山在北，石壁色红，间有白文类牙，故以名也。此二山，楚之西塞也。

夏六月丙戌，幸缑氏，登辕辕。

遣大司马吴汉率四将军击卢芳将贾览于高柳，战不利。

秋八月，遣中郎将来歙监征西大将军冯异等五将军讨隗纯于天水。

骠骑大将军杜茂与贾览战于繁畤[①]，茂军败绩。

【注释】

①繁畤：县名，属雁门郡，位于今山西浑源西北。

是岁，省关都尉①，复置护羌校尉官②。

【注释】

①关都尉：《前书》曰秦官，武帝置。②护羌校尉：《汉官仪》载："武帝置，秩比二千石，持节，以让西羌。王莽乱，遂罢。"时班彪议，宜复其官，以理冤结。帝从之，以牛邯为让羌校尉，都于陇西令居县。

十年春正月，大司马吴汉率捕虏将军王霸等五将军击贾览于高柳，匈奴遣骑救览，诸将与战，却之。

修理长安高庙。

夏，征西大将军冯异破公孙述将赵匡于天水，斩之。征西大将军冯异薨。

秋八月己亥，幸长安，祠高庙，遂有事十一陵。

戊戌，进幸汧①。隗嚣将高峻降。

【注释】

①汧：县名，属右扶风，故城位于今陕西陇县南。

冬十月，中郎将来歙等大破隗纯于落门①，其将王元奔蜀，纯与周宗降，陇右平。

【注释】

①落门：《前书》上说天水冀县有落门聚，位于今甘肃武山县东北洛门。有落门山，落门水出焉。

先零羌寇金城、陇西①，来歙率诸将击羌于五溪，大破之。

【注释】

①金城：郡，故城位于今甘肃永靖西北。

庚寅，车驾还宫。

是岁，省定襄郡①，徙其民于西河②。泗水王歙薨③。淄川王终薨。

【注释】

①定襄：故城位于山西右玉南。②西河：郡名，今山西离石县。③歙：即刘歙，字经孙。光武族父。

十一年春二月己卯，诏曰："天地之性人为贵。其杀奴婢，不得减罪。

三月己酉，幸南阳；还，幸章陵，祠园陵。

城阳王祉薨①。

庚午，车驾还宫。

闰月，征南大将军岑彭率三将军与公孙述将田戎、任满战于荆门，大破之，获任满。威虏将军冯骏围田戎于江州②，岑彭遂率舟师伐公孙述，平巴郡。

【注释】

①祉：刘祉，字巨伯。②江州：县名，属巴郡，位于今重庆市江北区。

夏四月丁卯，省大司徒司直官①。

【注释】

①司直：武帝元狩五年（公元前 118 年）置丞相司直。

先零羌寇临洮①。

【注释】

①临洮：县名，属陇西郡，故城位于今甘肃岷县。

六月，中郎将来歙率扬武将军马成破公孙述将王元、环安于下辩①。安遣间人刺杀中郎将来歙②。帝自将征公孙述。秋七月，次长安③。八月，岑彭破公孙述将侯丹于黄石④。辅威将军臧宫与公孙述将延岑战于沈水⑤，大破之。王元降。至自长安。

【注释】

①下辩：县名，属武都郡，今甘肃成县西北。旧名武卫城。②间：谍也，指伺候间隙。③次：指军队行军在一处停留三宿以上。古代凡军队一宿为舍，再宿为信，过信为次。④黄石：即黄石滩。《水经注》载："江水自涪陵东出百里而届于黄石。"⑤沈水：《水经注》载："沈水出广汉县，下入涪水。"

癸亥，诏曰："敢灸灼奴婢，论如律，免所灸灼者为庶人。"

冬十月壬午，诏除奴婢射伤人弃市律。

公孙述遣间人刺杀征南大将军岑彭。

马成平武都，因陇西太守马援击破先零羌，徙致天水、陇西、扶风。

十二月，大司马吴汉率舟师伐公孙述①。

是岁，省朔方牧，并并州②。初断州牧自还奏事。

【注释】

①舟师：指水军。②朔方：郡，位于今内蒙古磴口县北。

十二年春正月，大司马吴汉与公孙述将史兴战于武阳，斩之①。

【注释】

　　①史兴：公孙述女婿。武阳，县，属犍为郡，故城位于今四川彭山县东。

　　三月癸酉，诏陇、蜀民被略为奴婢自讼者，及狱官未报，一切免为庶人。
　　夏，甘露降南行唐①。六月，黄龙见东阿②。

【注释】

　　①唐：县名，属常山郡，位于河北唐县东北。②东阿：位于今山东阳谷东北阿城镇。

　　秋七月，威虏将军冯骏拔江州，获田戎。九月，吴汉大破公孙述将谢丰于广都，斩之①。辅威将军臧宫拔涪城②，斩公孙恢。

【注释】

　　①广都：位于今四川成都市东南。②涪城：位于今四川绵阳市东北。恢，述的弟弟。任大司空。

　　大司空李通罢。
　　冬十一月戊寅，吴汉、臧宫与公孙述战于成都，大破之。述被创，夜死。辛巳，吴汉屠成都，夷述宗族及延岑等①。

【注释】

　　①夷：诛锄；削平。

　　十二月辛卯，扬武将军马成行大司空事。
　　岁，九真①徼外蛮夷张游率种人内属②，封为归汉里君。省金城郡属陇西。参狼羌寇武都③，陇西太守马援讨降之。诏边吏力不足战则守，追虏料敌不拘以逗留法④。横野大将军王常薨。遣骠骑大将军杜茂将众郡施刑屯北边⑤，筑亭候⑥，修烽燧⑦。

【注释】

　　①九真：位于今越南清化省清化西北东山县境。②徼（jiào）：边界。③武都：位于今甘肃城县西。④逗留法：汉法，军行逗留畏懦者斩。追敌或近或远，根据敌方进退，不拘以军法。逗留，指停留不前。⑤施刑：施，通弛。弛，解。弛刑，解除枷锁的刑徒，一般不穿囚衣，但仍然惩罚劳作。⑥亭候：指古代边境上监视敌情的岗亭。⑦烽燧：指烽火。古代边防报警的两种信号。白天放烟叫做燧；夜间举火叫做烽。

　　十三年春正月庚申，大司徒侯霸薨。
　　戊子，诏曰："往年已敕郡国，异味不得有所献御，今犹未止，非徒有豫养导择之劳①。至乃烦扰道上②，疲费过所。其令太官勿复受③。明敕下以远方口实所以荐宗庙④，自如旧制。"

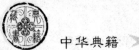
【注释】

①预养导择：预先饲养并精心选择。②道上：即沿途。③太官：此指掌御膳的太官令。④口实：此指祭品。

二月，遣捕虏将军马武屯虖沱河以备匈奴。卢芳自五原亡入匈奴。

丙辰，诏曰："长沙王兴、真定王得、①河间王邵、中山王茂②，皆袭爵为王，不应经义。其以兴为临湘侯③，得为真定侯，邵为乐成侯④，茂为单父侯⑤。"其宗室及绝国封侯者凡一百三十七人。丁巳，降赵王良为赵公，太原王章为齐公，鲁王兴为鲁公。庚午，以殷绍嘉公孔安为宋公，周承休公姬武为卫公。省并西京十三国⑥：广平属钜鹿，真定属常山，河间属信都，城阳属琅邪，泗水属广陵，淄川属高密，胶东属北海，六安属庐江，广阳属上谷。

【注释】

①得：即刘得，又作刘德。②茂：即刘失职。泗水王刘歙的从父弟。③临湘：县，位于今湖南长沙市。④乐成：县，故城位于今河北献县东南。⑤单父：位于山东单县。⑥西京：汉都长安，东汉迁都洛阳，因长安在西，称西京，称洛阳为东京。

三月辛未，沛郡太守韩歆为大司徒①。丙子，行大司空马成罢。

夏四月，大司马吴汉自蜀还京师，于是大飨将士，班劳策勋②。功臣增邑更封，凡三百六十五人。其外戚恩泽封者四十五人。罢左右将军官。建威大将军耿弇罢。

【注释】

①韩歆：字翁君。南阳（位于今河南省）人。②班：遍及。

益州传送公孙述瞽师①、郊庙乐器、葆车、舆辇，于是法物始备，时兵革既息，天下少事，文书调役②，务从简寡，至乃十存一焉。

【注释】

①瞽：无目之人。②调：指发。

甲寅，冀州牧窦融为大司空。

五月，匈奴寇河东。

秋七月，广汉徼外白马羌豪率种人内属①。

【注释】

①广汉：位于今四川广汉北。

九月，日南徼外蛮夷献白雉、白兔①。

【注释】

①日南：郡，属交州。

冬十二月甲寅，诏益州民自八年以来被略为奴婢者，皆一切免为庶人；或依托为人下妻，欲去者，恣听之；敢拘留者，比青、徐二州以略人法从事。

复置金城郡。

十四年春正月，起南宫前殿。

匈奴遣使奉献，使中郎将报命①。

【注释】

①中郎将：指刘襄。

夏四月辛巳，封孔子后志为褒成侯①。

【注释】

①志：均的儿子。

越巂人任贵自称太守，遣使奉计①。

【注释】

①越巂：郡，武帝置，本邛都也。巂，水名，因越巂水而置郡，故以名焉。计：计籍。是古时的人事登记。

秋九月，平城人贾丹杀卢芳将尹由来降①。

【注释】

①平城：属雁门郡，位于今山西大同市东北。

是岁，会稽大疫①。莎车国、鄯善国遣使奉献②。

【注释】

①会稽：位于今浙江绍兴市。②莎车、鄯善：二者都是西域国名。

十二月癸卯，诏益、凉二州奴婢，自八年以来自讼在所官，一切免为庶人，卖者无还直①。

十五年春正月辛丑，大司徒韩歆免，自杀。

【注释】

①直：通值。

丁未，有星孛于昴①。

汝南太守欧阳歙为大司徒②。建义大将军朱祐罢。

丁未③，有星孛于营室④。

二月，徙雁门、代郡、上谷三郡民，置常山关、居庸关以东。

【注释】

①昴（mǎo）：即昴宿。二十八宿之一。②欧阳歙：字正思。③丁未：是月己卯朔，丁未为二十九日，不应一个月中有两个丁未日，所以必有一误。④营室：亦称"营宿"。二十八宿之一。

初，巴蜀既平，大司马吴汉上书请封皇子，不许，重奏连岁。三月，乃诏群臣议。大司空融、固始侯通、胶东侯复、高密侯禹、太常登等奏议曰："古者封建诸侯，以藩屏京师①。周封八百②，同姓诸姬并为建国③，夹辅王室④，尊事天子，享国永长⑤，为后世法。故《诗》云：'大启尔宇，为周室辅。'高祖圣德，光有天下⑥，亦务亲亲，封立兄弟诸子，不违旧章。陛下德横天地，兴复宗统，褒德赏勋，亲睦九族⑦，功臣宗室，咸蒙封爵，多受广地，或连属县。今皇子赖天，能胜衣趋拜⑧，陛下恭谦克让，抑而未议，群臣百姓，莫不失望。宜因盛夏吉时，定号位，以广藩辅，明亲亲，尊宗庙，重社稷，应古合旧，厌塞众心。臣请大司空上舆地图⑨，太常择吉日，具礼仪。"制曰："可。"⑩

【注释】

①藩：篱。屏：蔽。②周封八百：《史记》载"唐、虞协和万国，逮于夏、商，或数千，盖周封八百"。③姬：《左传》载："虞、虢、焦、滑、霍、杨、韩、魏，皆姬姓也。"④夹辅：在左右辅佐。⑤享国：享有其国。意为帝王在位。⑥光：通广。⑦九族：指本身以上的父、祖、曾祖、高祖和以下的子、孙、曾孙、玄孙共九代人。⑧胜（shēng）衣：谓儿童稍长能够穿戴成人的衣冠。⑨舆：疆域；大地。⑩制：指帝王的命令。"制"为命，"诏"为令。

夏四月戊申，以太牢告祠宗庙。丁巳，使大司空融告庙①，封皇子辅为右翊公，英为楚公，阳为东海公，康为济南公，苍为东平公，延为淮阳公，荆为山阳公，衡为临淮公，焉为左翊公，京为琅邪公②。癸丑，追谥兄伯升为齐武公，兄仲为鲁哀公。

六月庚午，复置屯骑、长水、射声三校尉官；改青巾左校尉为越骑校尉。

【注释】

①告庙：古代皇帝及诸侯外出或遇事时，向祖庙祭告称为告庙。②辅为……琅邪公：郭皇后生刘辅、刘康、刘延、刘焉；许美人生刘英；阴皇后生刘阳即明帝刘庄和刘苍、刘荆、刘衡、刘京。

诏下州郡检核垦田顷亩及户口年纪，又考实二千石长吏阿枉不平者。

冬十一月甲戌，大司徒欧阳歙下狱死。十二月庚午，关内侯戴涉为大司徒。

卢芳自匈奴入居高柳。

是岁，骠骑大将军杜茂免。虎牙大将军盖延薨。

十六年春二月，交阯女子徵侧反^①，略有城邑。

三月辛丑晦，日有蚀之。

秋九月，河南尹张伋及诸郡守十馀人，坐度田不实，皆下狱死。

【注释】

①徵侧：交阯麊泠（mílíng）。位于今越南河内市西北屯垦官的女儿。因受到郡长苏定的制裁。她联合妹妹徵贰，号召反抗，边郡民众纷纷响应，占领六十五县。徵侧自称国王，交州刺史及各郡长，闭城自守，无力反抗。后被马援斩杀。

　　郡国大姓及兵长、群盗处处并起，攻劫在所，害杀长吏。郡县追讨，到则解散，去复屯结。青、徐、幽、冀四州尤甚。冬十月，遣使者下郡国，听群盗自相纠摘^①，五人共斩一人者，除其罪。吏虽逗留回避故纵者，皆勿问，听以禽讨为效。其牧守令长坐界内盗贼而不收捕者，又以畏捐城委守者，皆不以为负^②，但取获贼多少为殿最^③，唯蔽匿者乃罪之。于是更相追捕，贼并解散。徙其魁帅于它郡，赋田受禀，使安生业。自是牛马放牧，邑门不闭。

【注释】

①摘（tī）：揭发。②负：罪。③殿最：古代考核军功或政绩时，以上等为最，下等为殿。

　　卢芳遣使乞降。十二月甲辰，封芳为代王。

初，王莽乱后，货币杂用布、帛、金、粟。是岁，始行五铢钱。

十七年春正月，赵公良薨。

二月乙未晦，日有食之。

夏四月乙卯，南巡狩，皇太子及右翊公辅、楚公英、东海公阳、济南公康、东平公苍从，幸颍川，进幸叶、章陵^①。五月乙卯，车驾还宫。

【注释】

①叶：故楚叶公邑，属南阳郡，位于今河南叶县西南旧县。

　　六月癸巳，临淮公衡薨。

秋七月，妖巫李广等群起据皖城^①，遣虎贲中郎将马援、骠骑将军段志讨之^②。九月，破皖城，斩李广等。

【注释】

①皖城：县名，属庐江郡，故城位于今安徽潜山县。②段志：人名在进击交阯女子徵侧至合浦途中病死。

冬十月辛巳，废皇后郭氏为中山太后，立贵人阴氏为皇后。进右翊公辅为中山王，食常山郡①。其余九国公，皆即旧封进爵为王。

【注释】

①常山郡：本恒山郡，避文帝讳改为常山，故城位于今河北元氏县西北。

甲申，幸章陵。修园庙，祠旧宅，观田庐，置酒作乐，赏赐。时宗室诸母因醉悦，相与语曰①："文叔少时谨信，与人不款曲②，唯直柔耳。今乃能如此！"帝闻之，大笑曰："吾理天下，亦欲以柔道行之。"乃悉为舂陵宗室起祠堂。有五凤皇见于颍川之郏县③。十二月，至自章陵。

【注释】

①与：赞许。②款曲：殷勤应酬。③郏：位于今河南郏县。

是岁，莎车国遣使贡献。

十八年春二月，蜀郡守将史歆叛，遣大司马吴汉率二将军讨之，围成都。

甲寅，西巡狩，幸长安。三月壬午，祠高庙，遂有事十一陵。历冯翊界，进幸薄坂，祠后土①。夏四月癸酉，车驾还宫。

【注释】

①后土：古代称大地为"后土"，称天为"皇天"。

甲戌，诏曰："今边郡盗谷五十斛，罪至于死，开残吏妄杀之路，其蠲除此法①，同之内郡。"

遣伏波将军马援率楼船将军段志等击交阯贼征侧等。

甲申，幸河内。戊子，至自河内。

五月，旱。

卢芳复亡入匈奴。

秋七月，吴汉拔成都，斩史歆等。壬戌，赦益州所部殊死已下。

冬十月庚辰，幸宜城②。还，祠章陵。十二月乙丑，车驾还宫。

【注释】

①蠲除：免除。蠲，通"捐"。②宜城：县，属南郡，楚之鄢邑，故城位于今湖北宜城南。

是岁，罢州牧，置刺史①。

【注释】

①刺史：武帝元封五年初置部刺史，掌奉诏条察州，秩六百石，员十三人。成帝绥和元年更名牧，秩

二千石。哀帝建平二年复为刺史，元寿二年复为牧。经王莽变革，至建武元年复置牧，今改置刺史。

　　十九年春正月庚子，追尊孝宣皇帝曰中宗。始祠昭帝、元帝于太庙，成帝、哀帝、平帝于长安，春陵节侯以下四世于章陵①。

【注释】

　　①始祠……长安：光武为高祖刘邦九世孙，上继元帝为九代。宣帝是其祖辈，故尊为"中宗"。于元帝为父辈，于成帝为兄弟辈。哀帝为元帝庶孙，成帝弟定陶恭王刘康之子。平帝也是元帝庶孙，成帝少弟中山王刘兴之子于哀帝、平帝，光武帝为父辈。故分别于洛阳、长安两地建祭庙。

　　妖巫单臣、傅镇等反①，据原武，遣太中大夫臧宫围之。夏四月，拔原武，斩臣、镇等。伏波将军马援破交阯，斩征侧等。因击破九真贼都阳等，降之。

　　闰月戊申，进赵、齐、鲁三国公爵为王。

　　六月戊申，诏曰："《春秋》之义，立子以贵②。东海王阳，皇后之子，宜承大统③。皇太子强，崇执谦退，愿备藩国。父子之情，重久违之。其以强为东海王，立阳为皇太子，改名庄。"

【注释】

　　①单臣、傅镇：都是妖巫维汜的弟子。②立子以贵：《公羊传》载："立嫡以长不以贤，立子以贵不以长。桓公何以贵？母贵也。母贵则子何以贵？子以母贵，母以子贵。"③大统：指帝位。

　　秋九月，南巡狩。壬申，幸南阳，进幸汝南南顿县舍，置酒会，赐吏人，复南顿田租岁。父老前叩头言："皇考居此日久①，陛下识知寺舍②，每来辄加厚恩，愿赐复十年。"帝曰："天下重器③，常恐不任，日复一日，安敢远期十岁乎？"吏人又言："陛下实惜之，何言谦也？"帝大笑，复增一岁。进幸淮阳、梁、沛。

【注释】

　　①皇考：尊称亡父为皇考。皇，显；父死称为考。②陛下识知寺舍：蔡邕《独断》载："陛，阶陛也。与天子言不敢指斥，故云陛下。"《风俗通》载："寺，司也。诸官府所止皆曰寺。"光武尝从皇考至南顿，故识知官府舍宇。③重器：宝器。古代以此来象征国家、社稷。

　　西南夷寇益州郡，遣武威将军刘尚讨之①。越嶲太守任贵谋叛，十二月，刘尚袭贵，诛之。

【注释】

　　①刘尚：宗室子孙。曾任吴汉副将。在与公孙述、延岑交战中，尽灭公孙氏，并族延岑，放兵纵火，杀降兵、杀妇女、杀儿童。光武帝曾遣责吴汉，责备刘尚，不该这样做。

　　是岁，复置函谷关都尉。修西京宫室。

二十年春二月戊子，车驾还宫。

夏四月庚辰，大司徒戴涉下狱死。大司空窦融免。

五月辛亥，大司马吴汉薨。

匈奴寇上党、天水，遂至扶风。

六月庚寅，广汉太守蔡茂为大司徒，太仆朱浮为大司空。壬辰，左中郎将刘隆为骠骑将军，行大司马事。

乙未，徙中山王辅为沛王。

秋，东夷韩国人率众诣乐浪内附①。

【注释】

①韩国：东夷有辰韩、卞韩、马韩，被称为三韩国。

冬十月，东巡狩。甲午，幸鲁，进幸东海、楚、沛国。

十二月，匈奴寇天水。

壬寅，车驾还宫。

是岁，省五原郡，徙其吏人置河东。复济阳县徭役六岁。

二十一年春正月，武威将军刘尚破益州夷，平之。

夏四月，安定属国胡叛，屯聚青山①，遣将兵长史陈䜣讨平之②。

【注释】

①青山：位于今甘肃环县西。②䜣：即古代的欣。

秋，鲜卑寇辽东，辽东太守祭肜大破之①。

冬十月，遣伏波将军马援出塞击乌桓，不克。

匈奴寇上谷、中山。

其冬，鄯善王、车师王等十六国皆遣子入侍奉献，愿请都护②。帝以中国初定，未遑外事③，乃还其侍子，厚加赏赐。

【注释】

①祭肜：字次孙。祭遵从弟。②都护：宣帝置，始以郑吉为之，秩比二千石。都，总的意思。言总护南北道。③遑：闲暇；暇。

二十二年春闰月丙戌，幸长安，祠高庙，遂有事十一陵。二月己巳，至自长安。

夏五月乙未晦，日有食之。

秋七月，司隶校尉苏邺下狱死。

九月戊辰，地震裂。制诏曰："日者地震，南阳尤甚。夫地者，任物至重，静而不动者也。而今震裂，咎在君上。鬼神不顺无德，灾殃将及吏人，朕甚惧焉。其令南阳勿输今年田租刍稿①。遣谒者案行，其死罪系囚在戊辰以前，减死罪一等；徒皆弛解钳②，衣丝絮③。赐郡中居人压死者棺钱，人三千。其口赋逋税而庐宅尤破坏者④，勿收责⑤。吏人死亡，或在坏垣毁屋之下，而家羸弱不能收拾者，其以见钱谷取佣，为寻求之。"

【注释】

　①输：缴纳；献纳。刍：喂牲口的草。稿：稻、麦的秆子。②弛（chí）：解除。弛，同弛。钳：脚镣。③衣丝絮：古法规定，在徒役中不得穿丝絮。④逋：拖欠。⑤责：索取。

　冬十月壬子，大司空朱浮免。癸丑，光禄勋杜林为大司空①。

　是岁，齐王章薨。青州蝗。匈奴薁鞬日逐王比②遣使诣渔阳请和亲，使中郎将李茂报命。乌桓击破匈奴，匈奴北徙，幕南地空③。诏罢诸边郡亭候吏卒。

【注释】

　①杜林：字伯山。②比：薁鞬日逐王的名。③幕：通漠。沙漠。

　二十三年春正月，南郡蛮叛，遣武威将军刘尚讨破之，徙其种人于江夏①。

【注释】

　①江夏：郡名，故城位于今湖北新洲西。

　夏五月丁卯，大司徒蔡茂薨①。
　秋八月丙戌，大司空杜林薨。
　九月辛未，陈留太守玉况为大司徒②。

【注释】

　①蔡茂：字子礼。薨（hōng）：周代诸侯死之称。蔡茂系大司徒，位列三公，所以他的死亦称为薨。②玉况：字文伯，京兆人。

　冬十月丙申，太仆张纯为大司空①。
　高句丽率种人诣乐浪内属。
　十二月，武陵蛮叛，寇掠郡县，遣刘尚讨之，战于沅水②，尚军败殁。

【注释】

　①张纯：字伯仁。②武陵：郡，位于今湖南常德市。沅，水名，出牂柯，东北过临沅县，到达长沙流入洞庭湖。

　是岁，匈奴薁鞬日逐王比率部曲遣使诣西河内附①。
　二十四年春正月乙亥，大赦天下。
　匈奴薁鞬日逐王比遣使款五原塞②，求御北虏。

秋七月，武陵蛮寇临沅③，遣谒者李嵩、中山太守马成讨蛮，不克，于是伏波将军马援率四将军讨之。

【注释】

①部曲：古代军队的编制单位。这里指军队。②款：叩，就是求见。③临沅：县名，属武陵郡，故城位于今湖南常德市。

诏有司申明旧制阿附蕃王法①。

【注释】

①阿附蕃王法：武帝时有淮南、衡山之谋，作左官之律，设附益之法。《前书音义》载："人道尚右，言捨天子，仕诸侯为左官。左，僻也。"阿曲附益王侯者，将有重法。是为旧制，今更申明之。

冬十月，匈奴鞬日逐王比自立为南单于，于是分为南、北匈奴。

二十五年春正月，辽东徼外貊人①寇右北平、渔阳、上谷、太原，辽东太守祭肜招降之。乌桓大人来朝②。

【注释】

①貊人：积貊国人。②大人：指渠帅。

南单于遣使诣阙贡献，奉蕃称臣①；又遣其左贤王击破北匈奴，却地千余里。三月，南单于遣子入侍。

戊申晦，日有食之。

伏波将军马援等破武陵蛮于临沅。冬十月，叛蛮悉降。

夫馀王遣使奉献②。

【注释】

①蕃：通藩。②夫（仇）馀：亦作"扶馀"、"凫臾"。古代的少数民族名。夫余属汉朝设置在东北地区的玄菟郡。

是岁，乌桓大人率众内属，诣阙朝贡。

二十六年春正月，诏有司增百官奉①。其千石已上，减于西京旧制；六百石已下，增于旧秩。

【注释】

①官奉：《续汉志》载："大将军、三公奉月三百五十斛，秩中二千石奉月百八十斛，二千石月百二十斛，比二千石月百斛，千石月九十斛，比千石月八十斛，六百石月七十斛，比六百石月五十五斛，四百石月五十斛，比四百石月四十五斛，三百石月四十斛，比三百石朋三十七斛，二百石月三十斛，比二百石月二十七斛，百石月十六斛，斗食月十一斛，佐史月八斛。凡诸受奉，钱谷各半。"

初作寿陵①。将作大匠窦融上言园陵广袤②，无虑所用③。帝曰："古者帝王之葬，皆陶人瓦器，木车茅马，使后世之人不知其处。太宗识终始之义④，景帝能述遵孝道，遭天下反覆，而霸陵独完受其福，岂不美哉！今所制地不过二三顷，无为山陵，陂池裁令流水而已⑤。"

【注释】

①寿陵：生前所造的陵墓，因未有名，所以称为寿陵，取其长久之义。汉自文帝以后皆预先作陵，后来一直循旧制。②广袤（mào）：宽广。南北称作袤，东西称作广。③无虑：不计虑。④太宗：即汉文帝刘恒。庙号太宗，谥曰孝文皇帝。⑤陂池：倾斜不平的样子。也作"陂陀"、"陂陁"、"岥岮"、"陂陁"。

遣中郎将段郴授南单于玺绶，令入居云中①，始置使匈奴中郎将，将兵卫护之②。南单于遣子入侍，奉奏诣阙。于是云中、五原、朔方、北地、定襄、雁门、上谷、代八郡民归于本土。遣谒者分将施刑补理城郭③。发遣边民在中国者，布还诸县④，皆赐以装钱，转输给食。

【注释】

①云中：郡名。②中郎将：即段郴。③施：与弛同。④布：分散。

二十七年夏四月戊午，大司徒玉况薨。

五月丁丑，诏曰："昔契作司徒①，禹作司空②，皆无'大'名，其令二府去'大'。又改大司马为太尉。骠骑大将军行大司马刘隆即日罢，以太仆赵憙为太尉③，大司农冯勤为司徒④。

【注释】

①契：商部族的始祖。一作偰、离。据说他助大禹治水有功，被舜任为司徒。②禹：中古代夏后氏部落首领。亦称大禹、夏禹。固其治水有功，被舜选为继承人。③赵憙：字伯阳，封节乡侯。④冯勤：字伟伯。

益州郡徼外蛮夷率种人内属。

北匈奴遣使诣武威乞和亲①。

【注释】

①武威：郡，故城位于今甘肃武威市。

冬，鲁王兴、齐王石始就国①。

二十八年春正月己巳，徙鲁王兴为北海王，以鲁国益东海。赐东海王强虎贲、旄头、钟虡之乐②。

【注释】

①石：刘石。光武帝长兄刘缤的嫡长孙，刘章长子。永平十三年（公元70年）去世。②虡：悬挂编钟编磬的木架，饰有猛兽。横杆叫簨，直柱叫虡。虡即簨旁所立二柱。

夏六月丁卯，沛太后郭氏薨①，因诏郡县捕王侯宾客，坐死者数千人②。

【注释】

①郭氏：就是沛国太后郭圣通。刘强的母亲。②……数千人：事指更始王刘玄的儿子寿光侯刘鲤，因受沛献王刘辅的支持，杀了刘盆子的哥哥刘恭。刘秀大怒，搜捕亲王们所有宾客全部处决。

秋八月戊寅，东海王强、沛王辅、楚王英、济南王康、淮阳王延始就国。

冬十月癸酉，诏死罪系囚皆一切募下蚕室①，其女子宫②。

【注释】

①蚕室：宫刑狱名。②宫：指幽闭。

北匈奴遣使贡献，乞和亲。

二十九年春二月丁巳朔，日有食之。遣使者举冤狱，出系囚。

庚申，赐天下男子爵，人二级；鳏、寡、孤、独、笃癃、贫不能自存者粟，人五斛①。

夏四月乙丑，诏令天下系囚自殊死已下及徒各减本罪一等②，其余赎罪输作各有差。

三十年春正月，鲜卑大人内属，朝贺。

二月，东巡狩。甲子，幸鲁，进幸济南。闰月癸丑，车驾还宫。

有星孛于紫宫③。

夏四月戊子，徙左翊王焉为中山王。

五月，大水。

赐天下男子爵，人二级；鳏、寡、孤、独、笃癃、贫不能自存者粟，人五斛。秋七月丁酉，幸鲁国④。复济阳县是年徭役。冬十一丁酉，至自鲁。

三十一年夏五月，大水。

戊辰，赐天下男子爵，人二级；鳏、寡、孤、独、笃癃、贫不能自存者粟，人六斛。

癸酉晦，日有食之。

是夏，蝗。

秋九月甲辰，诏令死罪系囚皆一切募下蚕室，其女子宫。

是岁，陈留雨谷，形如稗实⑤。北匈奴遣使奉献。

【注释】

①五斛：等于五十斗。斛，容量单位。汉代一斛为十斗，重量不是一石。②本：原。③紫宫：即紫微

宫，也称紫微垣。是三垣的中垣。在北斗的东北，有星 15 颗，东西列，以北极为中枢，形成屏藩的形状。④鲁国：二十八年将鲁国加封给东海王刘强，已经没有鲁国，此处"国"字应是衍文。⑤稗：亦称稗子。稗草。为稻田中的主要杂草，适应性很强。

中元元年春正月，东海王强、沛王辅、楚王英、济南王康、淮阳王延、赵王盱皆来朝①。

【注释】

①盱：刘盱，又称赵节王。

丁卯，东巡狩。二月己卯，幸鲁，进幸太山。北海王兴、齐王石朝于东岳。辛卯，柴望岱宗，登封太山；甲午，禅于梁父①。

【注释】

①岱宗：指泰山。梁父：泰山下的一个小山。《续汉志》载："时上御辇升山，即位于坛南，北面，尚书令奉玉牒检，皇帝以寸三分玺亲封之。藏玉牒已，复石覆讫，尚书令以五寸印封石检毕，皇帝再拜。禅祭地于梁阴，以高后配，山川群神从祀焉。其玉牒文秘，刻石文辞多，不载。"

三月戊辰，司空张纯薨。

夏四月癸酉，车驾还宫。己卯，大赦天下。复嬴、博、梁父、奉高①，勿出今年田租刍稿。改年为中元。

【注释】

①复嬴、博、梁父、奉高：四县都属太山郡，故城位于今山东泰安市东北。

行幸长安。戊子，祀长陵。五月乙丑，至自长安。

六月辛卯，太仆冯鲂为司空①。

乙未，司徒冯勤薨。

是夏，京师醴泉涌出②，饮之者固疾皆愈③，惟眇、蹇者不瘳④。又有赤草生于水崖⑤。郡国频上甘露。群臣奏言："地祇灵应而朱草萌生。孝宣帝每有嘉瑞，辄以改元，神爵、五凤、甘露、黄龙，列为年纪，盖以感致神祇，表彰德信。是以化致升平，称为中兴。今天下清宁，灵物仍降。陛下情存损挹⑥，推而不居，岂可使祥符显庆⑦，没而无闻？宜令太史撰集，以传来世。"帝不纳。常自谦无德，每郡国所上，辄抑不当，故史官罕得记焉。

【注释】

①冯鲂：字孝孙。②醴泉：甘美可口的泉水。③固疾：同痼疾。意为经久难以治愈的疾病。④眇：独眼。蹇：跛足。瘳：病愈。⑤赤草：即朱草。《大戴礼》载："朱草日生一叶，至十五已后日落一叶，周而复始。"⑥损挹：谦虚退让的意思。也作损仰。⑦祥符：吉祥的符瑞。

秋，郡国三蝗。

冬十月辛未，司隶校尉东莱李䜣为司徒①。

甲申，使司空告祠高庙曰："高皇帝与群臣约，非刘氏不王。吕太后贼害三赵②，专王吕氏，赖社稷之灵，禄、产伏诛③，天命几坠，危朝更安。吕太后不宜配食高庙，同祧至尊④。薄太后母德慈仁⑤，孝文皇帝贤明临国，子孙赖福，延祚至今。其上薄太后尊号曰高皇后，配食地祇。迁吕太后庙主于园，四时上祭。"

【注释】

①李䜣：封安卿侯。永平三年（公元60年）二月被免职。②吕太后：即汉高祖皇后吕雉。其子惠帝接位，由她掌握实际政权。惠帝死后，临朝称制，并分封吕氏亲属为王侯。背刘邦"非刘氏而王，天下共击之"的约定。三赵：指高帝子赵幽王友、赵恭王恢、赵隐王如意。③禄、产：即吕后兄子吕产、吕禄。吕后死后，他们各自拥有南北军，欲作乱，被周勃、陈平等所杀。④祧：祖庙；祠堂。⑤薄太后：高帝姬，孝文帝之母。

十一月甲子晦，日有食之。

是岁，初起明堂、灵台、辟雍，及北郊兆域①。宣布图谶于天下②。复济阳、南顿是年徭役。参狼羌寇武都，败郡兵，陇西太守刘盱遣军救之，及武都郡兵讨叛羌，皆破之。

【注释】

①明堂：古代天子宣明政教的地方，凡朝会及祭祀、庆赏、选士、养老、教学等大典，均在其中举行。灵台：周代台名。一说为文王所造，由众民所筑作，很快修成，为神灵所为，因而叫灵台。又说，观台而名灵，文王化行似神之精明，所以被称作灵台。辟雍：也作辟雝、璧环。本为西周天子所设大学。取四周有水，形如璧环为名。大学有五，南为成均，北为上庠，东为东序，西为瞽宗，中曰辟雍。大学在郊，天子曰辟雍，诸侯曰頖（同"泮"）宫。东汉以后，历代都有辟雍。兆域：墓域，坟墓的界址。②图谶：汉代宣扬符命占验的书。又叫谶书。它以宣扬神学迷信的隐语或预言，作为吉凶的符验或征兆。为巫师或方士所制作。

二年春正月辛未，初立北郊，祀后土。

东夷倭奴国王遣使奉献①。

【注释】

①倭：在带方东南大海中，依山岛为国。

二月戊戌，帝崩于南宫前殿，年六十二。遗诏曰："朕无益百姓，皆如孝文皇帝制度，务从约省。刺史、二千石长吏皆无离城郭，无遣史及因邮奏①。"

【注释】

①邮奏：《说文》载："邮，境上行书舍也。"

初，帝在兵间久，厌武事，且知天下疲耗，思乐息肩[①]。自陇、蜀平后，非儆急[②]，未尝复言军旅[③]。皇太子尝问攻战之事，帝曰："昔卫灵公问陈，孔子不对，此非尔所及。"每旦视朝，日仄乃罢[④]。数引公卿、郎、将讲论经理，夜分乃寐[⑤]。皇太子见帝勤劳不怠，承间谏曰："陛下有禹汤之明，而失黄老养性之福，愿颐爱精神[⑥]，优游自宁。"帝曰："我自乐此，不为疲也。"虽身济大业，兢兢如不及，故能明慎政体，总揽权纲，量时度力，举无过事。退功臣而进文吏，戢弓矢而散马牛[⑦]，虽道未方古，斯亦止戈之武焉。

【注释】

①息肩：卸下负担。语出自《左传》二年。引申为劳役的负担。②儆：紧急事件。多指战争。儆，急，紧急。③军旅：军事；战争。④日仄：亦作日昃、日侧。太阳偏西，约下午二时左右。⑤夜分：夜半。⑥颐：保；保养。⑦戢：收藏；聚集。

论曰[①]：皇考南顿君初为济阳令，以建平元年十二月甲子夜生光武于县舍，[②]有赤光照室中。钦异焉，使卜者王长占之。长辟左右曰[③]："此兆吉不可言[④]。"是岁县界有嘉禾生，一茎九穗，因名光武曰秀。明年，方士有夏贺良者，上言哀帝，云汉家历运中衰，当再受命。于是改号为太初元年[⑤]，称"陈圣刘太平皇帝"，以厌胜之[⑥]。及王莽篡位，忌恶刘氏，以钱文有金刀[⑦]，故改为货泉。或以货泉字文为"白水真人"[⑧]。后望气者苏伯阿为王莽使至南阳[⑨]，遥望见舂陵郭，唶曰："气佳哉！郁郁葱葱然。"及始起兵还舂陵，远望舍南，火光赫然属天，有顷不见。初，道士西门君惠[⑩]、李守等亦云刘秀当为天子。其王者受命，信有符乎，不然，何以能乘时龙而御天哉[⑪]！

【注释】

①论：在纪、传之后评论历史事件和人物的文字，多有总结全篇之意。有韵文体和散文体两种。②建平：汉哀帝刘欣的年号。（公元前6—前3年。）③辟：通避。④兆：卜兆。⑤太初：此处指太初元将（汉哀帝年号，公元前5年）的简称。并非汉武帝的"太初"年号。⑥厌：同压。压胜，意为制伏坏的命运。⑦金刀：西汉时期使用五铢钱，钱重五铢，上有"五铢"二篆字。王莽篡位后，因铢字从金，与劉字（又称"卯金刀"）有关，故王莽很厌恶它。公元九年王莽称帝后即废止了刀钱，五铢钱也不用了，而改铸货泉专用"大小泉"了。⑧白水真人：刘秀起兵于舂陵县白水乡，所以有人将货泉二字解析为"白水真人"四字，以应验帝王之谶兆。⑨望气：古代方士观望云气附会人事，来预言吉凶。⑩道士：方士。古代泛指从事巫祝术数的人。⑪王者受命：这里是指光武为帝是受命于天的。

赞曰：炎正中微[①]，大盗移国[②]。九县飙回[③]，三精雾塞[④]。人厌淫诈，神思反德。光武诞命[⑤]，灵贶自甄[⑥]。沈几先物，深略纬文[⑦]。寻、邑百万[⑧]，貔虎为群[⑨]。长毂雷野[⑩]，高锋彗云[⑪]。英威既振，新都自焚[⑫]。虔刘庸、代[⑬]，纷纭梁、赵[⑭]。三河未澄[⑮]，四关重扰[⑯]。神旌乃顾，递行天讨[⑰]。金汤失险[⑱]，车书共道。灵庆既启，人谋咸赞。明明庙谟，赳赳雄断。於赫有命，系隆我汉。

【注释】

①赞：一种文体。古代文史著作篇后所附的评述性文字，具有总结全篇之性质。在史传中常包含赞扬和批判两个方面。赞篇幅简短，多为韵语。炎正：指汉以火德王。炎，火。古代方士有"五德"之说，以帝王受命正值五行的火运。微：衰；衰败。②大盗：指王莽。移国：篡国。③九县：意为普天下。九，极言其多。飙回：比喻大动乱。④三精：指日、月、星辰。⑤诞命：诞生。⑥灵贶：指佳气、神光之类。甄：明。⑦文：经纬天地称作文。⑧寻、邑：指王寻、王邑。他们是王莽的重要大臣。⑨貔：一名执夷。是一种凶猛野兽。形状似虎，属虎豹之类。⑩长毂：兵车。雷野：雷震于野，形容声音之大。⑪彗：扫。⑫新都：即新都侯。王莽初封新都侯。⑬虔、刘：劫掠；杀害。虔，强取。刘，杀。庸：公孙述在庸称帝。代，卢芳占据代郡。这里用庸、代借指公孙述、卢芳。⑭梁、赵：梁在此指刘永；赵在此指王郎。⑮三河：指河南、河北、河东。⑯四关：指长安四塞之国。重扰：指更始已定关中。刘盆子入关杀掉了更始，发掘诸陵之事。⑰递：顺次；一个接着一个。天讨：古时统治者称出兵征伐敌方为天讨。意思是说惩戒有罪之人。⑱金汤：金城汤池之省。

【译文】

六年春天的正月丙辰，朝廷把春陵乡改为章陵县。并让他的世世代代都减免徭役，同丰、沛两地相比，有过之而无不及。

辛酉，光武帝颁发诏令说："去年经常发生水旱蝗灾，物价上涨得很快，百姓缺衣少吃。朕为百姓不能自己养活自己而动了恻隐之心。朕命令各郡国存有粮食的人，开仓赈济那些年岁大的、鳏、寡、孤、独以及病残的人。无家无室穷得不能自己养活自己的人，可根据《汉律》给予赈济，二千石官员要给予鼓励安抚，如不执行命令就按失职来惩处。"

扬武将军马成等攻取舒县，俘虏了李宪。

二月，大司马吴汉攻取朐县，俘虏董宪，庞萌，山东境内全部得到平定。各路将领班师回到了京城，光武设宴款待他们。

三月，公孙述派将领任满开始入侵南郡。

夏天四月的丙子，光武光临长安，开始拜谒高庙，祭祀列祖列宗的陵墓。

朝廷派遣虎牙大将军盖延等七位将军沿着通向陇的道路征伐公孙述。

五月己未，光武从长安返回。

隗嚣反叛，盖延等将领与隗嚣在陇阺展开了激战，结果遭到了失败。

辛丑，光武帝颁布诏令说："凡天水、陇西、安定、北地等地的官员百姓被隗嚣欺骗所造成误会的人，又因为赤眉军使三辅地区蒙受灾难的人，所有犯罪的只要不是非杀不可的，全部赦免。对他们全都免于处罚。"

六月辛丑，光武帝颁布诏令说："设置官吏，全是为了侍奉上级。现在百姓遭受了灾害，人口减少，而县郡官职设置却越来越为复杂，我命令司隶、州牧等查实自己的下级机构，精简官员，没有必要设置的县国可以合并，并报告给大司徒、大司空。"于是根据诏令，合并精简了四百多个县，精简了十分之九的冗官。

代郡太守刘兴在高柳进攻卢芳手下的将领贾览，自己却死在了战斗中。

年初，乐浪人王调占据所在郡而不服从领导，秋天，派乐浪太守王道进攻他，郡部官吏杀了王调后投降。

派前将军李通统率二位将军，在西域和公孙述的部将交战，攻取了城池。

夏天，发生蝗灾。

秋天九月的庚子，赦免了乐浪反叛者中除犯死罪以外的人。

丙寅这一天天气昏暗，出现日食。

冬天十月的丁丑，光武帝颁布诏令说："我的德行浅薄得很，强盗贼寇为害百姓，弱肉强食，百姓流离失所。《诗经》说：'日月预告凶吉，是因为人间不合法度'，我每每想起这些，内心就感到不安，我命令每个官吏都要推荐一位有才能和正直的人，所有官吏都要如实上告情况，不要隐瞒，尽职尽责，必须遵守国家的法律制度。"

十一月的丁卯，下令把王莽时期被贬为奴婢而又不符合原来的法律的官吏，全都赦免为平民百姓。

十二月的壬辰，大司空宋弘被免职。

癸巳，光武帝颁布诏令说："因为国家仍在用兵，费用尚且不足，所以要征收十分之一的税。现在军队士兵正在屯田，但粮食储备还相差很远。我命令还要象过去的制度一样，各郡国全都收缴三十分之一的田租。"

隗嚣派手下的将领侵犯扶风。征西大将军冯异抵抗并且将他打败。

当年，年初废除了郡国都尉这个官职。开始派遣各位诸侯到自己的诸侯国去上任。匈奴派使者来到京城进贡，光武帝命令中郎特赠送金币给来使。

七年春天正月的丙申，光武颁布诏令，命令中都官、三辅、郡和诸侯国释放囚徒，除犯死罪的以外，都不再立案治罪，将囚徒赦免为平民，凡是犯有轻罪的，又畏罪潜逃在外的囚犯，官吏登记造册后宣布免除他们的罪行。

又下诏令说："人们都以为厚葬是道德的，薄葬则被认为可耻，长此以往，有钱的人更为挥金如土，贫穷人也都花尽家中的所有财物。可是国家没有法令来禁止，礼义又不制止，坟墓被盗之后才知道这样做的害处。朕发布布告，奉告所有的忠臣、孝子、慈兄、悌弟都要明白薄葬死者的道理。"

二月的辛巳，撤销了护漕都尉这个官职。

三月的丁酉，颁布诏令说："现在国家有一支庞大的军队，而且在军队中有许多懂技术的勇士，最好是撤销轻车、骑士、材官、楼船士以及军队中暂时设置的官职，让他们复员回到平民中间去。"

公逊述拥立隗嚣为朔宁王。

癸亥这一天，天色昏暗，出现日食，光武帝离开正殿，住进兵营，五天不理朝政。然后颁布诏令说："朕的德行浅薄而招致灾难，日月都责备我，朕心中十分害怕，还有什么好说的！我现在想起自己的过错，很难弥补，我命令各级在位的官吏，都要遵纪守法，恩泽百姓，所有官员要如实报告实情，不要有所顾忌。在给我奏折中，不要称我为圣人。"

夏天四月的壬午，光武帝颁布诏令说："如阴阳交错一样，经常发生日食、月食。百姓蒙受灾难，责任都在我一个人的身上，大赦全国，公、卿、司隶、州牧等各级官吏每一个人都要推荐一位有才能的和正直的人。将他们全都选送到公车门，我要亲自面试。"

五月的戊戌，前将军李通被任命为大司空。

甲寅，光武帝下诏命令清查遭受饥乱以及被青、徐两贼强占的官吏的奴婢下妻，是去，还是留，应该听从她们本人意愿，如果有胆敢扣留不放人的，要以拐卖人口的罪来对他们进行惩处。

这年夏天，连降暴雨。

汉忠将军王常被任命为横野大将军。

八月丁亥，前河间王刘邵被任命为河间王。

隗嚣入侵安定，征西大将军冯异、征虏大将军祭遵把隗嚣击退。

冬天，由卢芳设置的朔方太守田飒、云中大守乔扈分别带领全郡官兵归降。

当年，裁减了长水、射声两地校尉的官职。

八年春天正月，中郎将来歙袭击略阳，杀了隗嚣的守将并占领了这个城市。

夏天的四月，司隶校尉傅抗被判入狱，不久死去。

隗嚣进攻来歙，未能攻破。闰月，光武帝亲自率兵征讨隗嚣，河西太守窦融率领五个郡的太守与光武帝在高平会合。陇右溃退，隗嚣逃到西城。光武帝派大司马吴汉、征南大将军岑彭将隗嚣包围。光武帝前往上邽。隗嚣拒不投降，光武帝命令虎牙大将军盖延、建威大将军耿弇出兵攻击他。

颍川的强盗在全县出没，河东太守的守兵也开始反叛，京城出现骚乱。

秋天，发生洪水。

八月，光武帝从上邽日夜兼程东进，九月乙卯，他乘车返回宫中。

庚申，光武帝亲自征伐颍川的盗贼，这些盗贼被征服后全都投降。

安丘侯张步反叛归顺琅邪，琅邪太守陈俊将张步提拿。

戊寅，光武帝至颍川后又返回宫中。

冬天的十月丙午，光武帝光临怀县，十一月乙丑，又从怀县返回宫中。

公孙述派兵救援隗嚣，吴汉、盖延等返回长安。天水、陇西重新落入到隗嚣手中。

十二月。高句丽王派使者前往京城进贡。

当年发生了洪水灾害。

九年春天的正月，隗嚣病死，他手下的将领王元、周宗又重新拥立隗嚣的儿子隗纯为王。

将雁门的官吏迁移到太原。

三月辛亥，第一次设置青巾左校尉官职。

公孙述派遣部将田戎、任满入侵荆门。

夏天的六月丙戌，光武帝光临缑氏县，登上辕辕山。

派遣大司马吴汉率领4位将军在高柳攻打卢芳的部将贾览，战局不利未能获胜。

秋天的八月，光武帝派遣中郎将来歙监督征西大将军冯异等五位将军在天水开始讨伐隗纯。

骠骑大将军杜茂和贾览在繁时县作战，杜茂的军队被打败。

当年，裁除关都尉，重新设置护羌校尉的官职。

十年春天的正月，大司马吴汉率领捕虏将军王霸等五位将军在高柳攻打贾览，匈奴派骑兵前来救援贾览，各位将领和他们交战，把他们击退。

维修长安的高庙。

夏天，征西大将军冯异在天水打败了公孙述手下的将领赵匡，将赵匡斩首。不久征西大将军冯异病逝。

秋天的八月己亥，光武帝到达长安，在高庙祭祀列祖列宗。

戊戌，到达汧县，隗嚣的部将高峻投降。

冬天的十月，中郎将来歙等在落门打败隗纯。隗纯手下将领王元逃到蜀，隗纯和周宗投降，陇西被平定下来。

先零羌入侵金城、陇西等地，来歙率领各部将领在五溪进攻先零羌，把他们打败。

庚寅，光武帝乘车返回宫中。

当年，裁减定襄郡，把这里的百姓迁到河西。泗水王刘歙病逝，淄川王刘终病逝。

十一年春天的二月己卯，光武帝颁布诏令说："天地之间的生灵，人是最为宝贵的。哪一个人如果杀害奴婢，都不能减轻罪过。"

三月己酉，光武帝到达南阳，不久返回宫中，接着又去章陵，在园陵祭祀祖先。

城阳王病逝。

庚午，光武帝乘车返回宫中。

闰月，征南大将军岑彭率领三位将军在荆门和公孙述手下的将领田戎，任满交战，打败他们，俘虏了任满。威虏将军冯骏将田戎围困在江洲县，岑彭统率船队讨伐公孙述，平定了巴郡。

夏天的四月丁卯，裁去大司徒司直的官职。

先零羌入侵临洮。

六月，中郎将来歙率领扬武将军马成在下辩县打败公孙述的部将王元、环安。环安派刺客刺杀中郎将来歙。光武帝亲自征伐公孙述。秋天的七月，第三天到达长安。八月，岑彭在黄石县打败公孙述的部将侯丹。辅威将军臧宫和公孙述的部将延岑在沈水交战，王元投降。光武帝从长安返回宫中。

癸亥，光武帝颁布诏令说："如果有胆敢烧伤奴婢的人，就要按法律惩处，凡被烧伤的奴婢都赦免为平民。"

冬天的十月壬午，光武帝下诏令宣布废除奴婢射伤人就得砍头暴尸于市的法律条文。

公孙述派刺客刺杀征西大将军岑彭。

马成平定武都，因为陇西太守马援攻破先零羌而有功，迁到天水、陇西、扶风。

十二月，大司马吴汉主率船队讨伐公孙述。

当年，裁撤朔方牧，合并并州郡，第一次停止了州牧官吏到京师上奏的情形。

十二年春正月，大司马吴汉与公孙述的部将史兴在武阳交战，杀了史兴。

三月，光武帝下诏令宣布，陇、蜀两地凡是被掠为奴婢的平民，只要是自己上诉，以及狱官没有往上报告的，都赦免为平民。

夏天，南行唐下了一场及时雨。六月在东阿县出现了黄龙。

秋天的七月，威虏将军冯骏攻破江州，俘虏田戎。九月，吴汉在广都打败了公孙述的部将谢丰，杀了谢丰。辅威将军臧宫攻破涪城，杀了公孙恢。

大司空李通被罢官。

冬天的十一月戊寅，吴汉和臧宫与公孙述在成都展开交战，把公孙述打败，公孙述被击伤，当夜死去。辛巳，吴汉在成都大开杀戒，杀了公孙述全家族的人以及延岑等人。

十二月辛卯，扬武将军马成代行大司空职权。

当年，九真县的边界外的蛮夷张游率领本族人归服了朝廷，被封为归汉里君。把金城郡并归到陇西。参狼羌侵犯武都。陇西太守马援征讨参狼羌，迫使他们投降。光武帝颁布诏令要求边疆的官吏，如果力量不能够战胜敌人的话就坚守边界，建筑瞭望亭，修建烽火台。

十三年春正月庚申，大司徒侯霸病逝。

戊子，光武帝颁布诏令说："过去已经命令各郡县、各诸侯国，变质的东西不准进贡给皇上，现在还是有令不止，这不但枉费了进贡途中所用的劳力，而且还给沿途增添了麻烦，浪费了所经过的地方的钱财。我命令太官不要再接受。明确规定禁止把远方的食物推荐给朝廷中，一切都象过去一样。"

二月，派遣捕虏将军马武屯兵虖沱沦河用以防备匈奴的侵犯。卢芳从五原逃亡跑到了匈奴境内。

丙辰，光武帝颁布诏令说："长沙王刘兴、真定王刘得、河间王刘邵、中山王刘茂，他们都是继承父辈的爵位而被封为王，不要再经过议论了。我封刘兴为临湘侯；封刘得为真定侯，刘邵为东成侯，刘茂为单父侯。"他们的同宗同族以及边远地区封为诸侯的，总共是一百三十七人。丁巳，把赵王刘良降为赵公，把太原王刘章降为齐公，把鲁王刘兴降为鲁公。庚午，封殷绍嘉公孔安为宋公，周承休公姬武为卫公。裁减合并了西京等十三个诸侯国：广平归钜鹿来管辖，真定归常山来管辖，河间归信都来管辖，城阳归琅邪来管辖，泗水归广陵来管辖，淄川归高密来管辖，胶东归北海来管辖，六安归庐江来管辖，广阳归上谷来管辖。

三月辛未，沛郡太守韩歆被任命为大司徒，丙子，代理大司空的马成被罢免了官职。

夏天的四月，大司马吴汉从蜀返回京城，于是设宴款待将士，开始将士们论功奖赏。立功增加辖地和变更册封的，共是三百六十五人。光武帝的亲戚承受恩泽而受册封的人共有四十五人。罢免了左右将军的官职，建威大将军耿弇被罢官。

益州将公孙述的乐师、各色乐器、彩色羽毛车、交通工具辗转送到京城，举行了交接仪式。当时，全国战事全部停止，天下没有什么大事，文字书信，都要从简，以至保留十分之一。

甲寅，冀州牧窦融调任大司空。

五月，匈奴入侵河东。

秋天的七月，广汉境外的白马羌率本族人归降了汉朝。

九月，日南境外的少数民族向朝廷进贡了白雉、白兔等物品。

科天十二月的甲寅日，光武帝颁布诏令宣布从八年以来被沦为奴婢的平民，全部赦免为平民。有的根据嘱托已成为别人妻妾的，是去，是留，完全听从本人的意愿。倘若有谁敢强制拘留的，按照青州、徐州的有关法律条文按照拐卖人口罪名进行治罪。

重新设置金城郡。

十四年春天的正月，修缮南宫前殿。

匈奴派使者到京城进贡，光武帝派中郎将给予使者恩赐了礼物。

夏天四月的辛巳，册封孔子的后代孔志为褒成侯。

越巂郡的一位名叫任贵的人，自称是这个郡的太守，派使者去京城呈上名册。

秋天的九月，平城人贾丹杀了卢芳的部将尹由后投降朝廷。

当年，会稽县发生大规模的瘟疫。莎车国、鄯善国派使者来到京城进贡。

十二月的癸卯，颁布诏令宣布益州、凉州的奴婢，从建武八年以来自己向所在地的官员诉讼的，全部赦免为平民，被卖者可以不偿还买者的赎金。

十五年春正月的辛丑，大司徒韩歆被罢免官职，不久便自杀身亡。

丁未，在昴县出现彗星。

汝南太守欧阳歙调任大司徒。建议大将军朱祐被罢官。

丁未，在营室出现慧星。

二月，把雁门、代郡、上谷三郡的平民，迁往常山关、居庸关以东的地区居住。

当时，巴蜀安定下来后，大司马吴汉奏请册封皇子，没有得到准许，他仍继续连年反复奏请。三月，光武帝颁布诏令，请各位大臣来议论这件事。大司空窦融、固始侯刘通、胶东侯刘复、高密侯刘禹、太常登等人上奏说："古代的封建诸侯，为了保卫京师，周朝曾经封了八百个诸侯，同姓族人都拥有诸侯国，以辅佐王室，尊敬天子，享受国家的长治久安，这也成为了后代效法的榜样。所以《诗经》说：'打开你的大门，为我周朝的辅佐'汉高祖德高望重，建立一统天下的大业，也对自己的亲人亲切友好，封了自己的兄弟儿子为诸侯，不违背过去的章法，光武帝你的道德高尚的很，恢复了汉朝的正统，又论功行奖，褒扬有加，与自己的本家九族关系密切，有功之臣和本家本族，也都承蒙册封爵位，享受很宽广的地域，有的达好几个县。如今皇子得天意，能够胜任重担，皇上你却恭谦克让，压制群臣不让议论，各级官吏和老百姓，都感到失望，最好是趁盛夏的良辰吉日，来确定号位，来扩大属国属地。明确亲近亲人，尊敬祖先，这是应以社稷为重，遵从古代的旧章法，来满足群众的心愿。我们请大司空呈上地图册，太常选择良辰吉日，以便准备礼仪事项。"光武帝答应说"可以"。

夏天的四月戊申，让太牢在宗庙中祈祷，丁巳，又派大司空窦融到宗庙中进行祈祷，册封皇子刘辅为右翊公，刘英为楚公，刘阳为东海公，刘康为济南公，刘苍为东平公，刘延为淮阳公，刘荆为山阳公，刘衡为临淮公，刘焉为左翊公，刘京为琅邪公。癸丑，追认皇兄刘伯升为齐武公，追认另一个皇兄刘仲为鲁哀公。

六月的庚午，又重新设置了屯骑、长水、射声三个校尉官位，把青巾左校尉改为越骑校尉。

光武帝颁布诏令，命令各州各郡检查开垦田亩数，和人口年龄，检查二千石官吏的执法情况。

冬天的十一月甲戌，大司徒欧阳歙因罪下狱，并死在狱中。十二月的庚午，关内候戴涉调任大司徒。

卢芳从匈奴来到高柳，住在这里。

本年，骠骑大将军杜茂被免去官职。虎牙大将军盖延病逝。

十六年春二月，交阯的一名叫征侧的女人反叛，占领城池。

三月，辛丑这天天气昏暗，发生日蚀。

秋天的九月，河南尹张伋和十多人郡太守，都犯了丈田不实的罪过，全部判罪入狱，并都死在了狱中。

郡国的一些大姓人家以及士兵、强盗时常联合起来，抢劫所在地百姓的财物，他们杀害官吏，郡县出兵讨伐，人马到时他们就分散到各地，人马一撤，他们又重新聚集在一起。青州、徐州、幽州、冀州等四州非常严重。冬天的十月，派遣使者到郡国，利用群盗的自相矛盾，五个人联合杀一个盗贼，就可以免除他们的罪过。虽然官吏故意回避纵容，也都不予问罪。这种办法取得了成效。郡县的太守等官员管辖的范围内发生盗贼不能及时收捕的，以及那些因畏惧而放弃城池的严重失职者，可以不追咎责任。但是，要以抓获盗贼多少为最后标准，只有那些包庇盗贼的人才给予治罪。于是大家都竞相捉拿盗贼，迫使他们解散，将群盗的首领迁移到别的郡县，还送一份田给他耕种，让他们能够安居乐业。从这时起，牛马放牧，无须关闭城门了。

卢芳派使者前往请求投降。十二月的甲辰，封卢芳为代王。

当时，王莽叛乱后，货币十分混乱，布帛、金、粟都当作货币用。当年，开始改为通用五铢钱。

十七年春正月，赵公病逝。

二月乙未，天色昏暗，发生日食。

夏天的四月乙卯，光武帝南巡狩猎，皇太子以及右翊公刘辅、楚公刘英、东海公刘阳、济南公刘康、东平公刘苍随从而去，先后光临颍川、叶县、章陵等地。五月乙卯，光武帝及其随从返回宫中。

六月癸巳，临淮公刘衡病逝。

秋七月，会妖术的李广等联合起来占领了皖城。光武帝派中郎将马援、骠骑将军段志开始讨伐他们，九月，攻破皖城，杀了李广及其同伙。

冬天的十月辛巳，废皇后郭氏为中山太后，另又立原贵人阴氏为皇后，提拔右翊公刘辅为中山王，以常山郡做为俸禄。其他的九位国公，都加封为诸侯王。

甲申，光武帝光临章陵，修筑园庙，整修旧居，观察田庐，摆酒宴作乐。赏赐礼物。当时本家族的各位母亲都因喝酒而高兴，相互说："文叔少时候就谨慎诚实，不愿意与别人争论是非曲直，只是耳朵有些软，现在仍然是这样。"光武帝听后，大笑说："我治理天下，也想以德政来实现。"于是都为春陵的本家修筑祠堂，包括在颍川的郏县修建一个五凤皇。十二月，自章陵返回了宫中。

当年，莎车国派使者来京城进贡。

十八年春二月，蜀郡的守将史歆谋反，光武帝派大司马吴汉率领二位将军前去讨伐，包围了成都。

甲寅，光武帝西巡狩猎，光临长安。三月壬午，在高庙祭祀列祖列宗。到达冯翊边界。不久到达蒲坂，在后土宫祭祀。夏天的四月癸酉，乘车返回宫中。

甲戌，光武帝颁布诏令说："现在，在边境盗贼偷盗五十斛谷，就要被判处死罪，这样做给残酷的官吏以妄杀提供了便利，因此必须修改废除这个法律条文，应该将它同内地的条文规定相同。

派遣伏波将军马援率领楼船将军段志等攻打交阯的反贼征侧等。

甲申，光临河内，戊子，从河内返回。

五月，发生旱灾

卢芳又逃到匈奴境内。

秋天的七月，吴汉攻破成都，杀了史歆及其同党。壬戌，赦免益州除了那些犯有死罪以外的罪犯。

冬十月庚辰，光临宜城，返回后，在章陵祭祀，十二月乙丑，返回宫中。

当年，废除州牧，设置刺史。

十九年春正月庚子日，光武帝追认寿宣皇帝为中宗，开始将昭帝、元帝摆到太庙供奉祭祀。把成帝、哀帝、平帝放在长安供奉祭祀，将春陵节侯以下四代放在章陵供奉祭祀。

会妖术的单臣、傅镇等反叛，占领了原武。光武派太中大夫臧宫包围他们。夏四月，臧宫攻破了原武。将单臣、傅镇及其同党斩首。

伏波将军马援攻破交阯，杀了征侧及其同伙，在都阳打败九真等贼兵，贼兵投降。

闰月戊申，进封赵、齐、鲁三位公为王。

六月戊申，光武帝颁布诏令宣布："《春秋》的意思是，立子为贵。东海王刘阳，是皇后的亲生儿子，符合继承大统。原先的皇太子刘强执意退让，表示愿意去藩国。父子之情，很长时间是相背离的，现在封刘强为东海王，立刘阳为皇太子，并改名为刘庄。"

九月，南巡狩猎。壬申，到达南阳，不久到达了汝南的南顿县府，设酒席，恩赐官吏，减免南顿一年的田租。百姓们都叩头说："皇帝的父亲大人在这里居住过很长的一段时间，皇帝也认识这些官府舍宇，每来一次都恩遇有加，愿恩赐再加十年。"光武帝说："全国都看得起朕，朕却常常担心有恐担当不起，日复一日，怎敢要有十年那么遥远的期限呢？"官吏又说："陛下实在是惜悯百姓，何必说谦虚的话？"光武帝大笑，再增加一年。不久先后到达淮阳、梁、沛等郡县。

西南夷入侵益州郡。光武帝派武威将军刘尚讨伐他们。越巂的太守任贵企图造反，十二月，刘尚袭击任贵，将他斩首。

当年，重新设置了函谷关都尉，在西京修建宫殿。

二十年春二月戊子，光武帝返回宫中。

夏四月庚辰，大司徒戴涉因罪判入狱，并死在狱中，大司空窦融被免除官职。

五月辛亥，大司马吴汉病逝。

匈奴入侵上党、天水，甚至波及扶风。

六月庚寅，原广汉太守蔡茂调任大司徒，原太仆朱浮调任大司空。壬辰，右中郎将别隆调任骠骑将军，代行大司马的职责。

乙未，调中山王刘辅为沛王。

秋天，东夷韩国人率领民众到达乐浪归降汉朝。

冬十月，光武帝到达东方巡视狩猎。甲午，光临鲁，不久先后到达东海、楚、沛园等地。

十二月，匈奴入侵天水。

壬寅，光武帝返回宫中。

当年，撤销五原郡，把这里的官吏迁移安置到了河东郡。恢复济阳县六年的赋税劳役。

二十一年春正月，武威将军刘尚攻破益州夷，并且将这里平定下来。

夏四月，安定的下属国胡国叛乱，纠集聚合在青山附近。光武帝调兵遣将在陈沂的率领下进行讨伐，把这里平定下来。

秋天，鲜卑侵犯辽东，辽守太守祭肜打败他们。

冬十月，派遣伏波将军马援率兵出关进攻乌桓，但没有攻克下来。

匈奴入侵上谷、中山等地。

当年的冬天，郑鄯王、车师王等十六个国家的国王都派出自己的儿子到朝廷来侍候光武，请求光武帝总护南北道。光武帝以中国才刚刚安定下来做为理由，不能干涉外国的事，所以就归还那些入京侍侯皇上的人，并厚加赏赐了他们。

二十二年春闰月丙戌，光武光临长安，在高庙祭祀列祖列宗。二月己巳，从长安返回。

夏五月乙未，晦日，发生日食。

秋七月，司隶校尉苏邺因罪入狱，并死在狱中。

九月戊辰，发生了地震。光武帝颁布诏令说："近日发生地震，南阳受灾非常严重。大地，载物很重，它是静止不动的，而现在却发生了地震灾害，责任全都在我身上，鬼神不顺从无德的人，灾害殃及官吏和百姓，我感到非常恐惧。我命令南阳郡今年免缴田租等，派谒者前去落实。在戊辰以前的死罪重犯，减轻罪行一等，其他囚徒打开脚镣，可以穿着丝绸衣服。恩赐该郡县的百姓中被压死的人以棺木钱，每人三千钱。那些拖欠赋税而住房被严重破坏了的人家，不再补缴，官吏百姓被压死，有的是压在倒塌了的房屋底下，而家里又贫穷不能收拾的人，可以给钱雇佣别人，用来帮助寻找。"

冬十月壬子日，大司空朱浮被免除官职。癸丑，光禄勋杜林就任大司空。

当年，齐王刘章病逝。青州发生蝗灾。匈奴的薁鞬日逐王比，派使者到渔阳请求和好亲善，光武帝派中郎将李茂前去恩赐礼品。乌桓打败匈奴，匈奴向北迁移，南边的沙漠地空荒。光武帝颁布诏令撤销了各边境郡的亭、候吏卒等职务。

二十三年的春正月，南郡蛮子开始反叛。光武帝派武威将军刘尚进行讨伐，把他们打败，把他们同族的人迁移到了江夏一带。

夏五月丁卯，大司徒蔡茂病逝。

秋八月丙辰，大司空杜林病逝。

九月辛未，陈留太守玉况调任大司徒。

冬十月丙甲，太仆张纯调任大司空。

高句丽率领本民族的人到达乐浪归顺朝廷。

十二，武陵蛮人反叛，侵犯掠抢郡县，派刘尚讨伐他们，在沅水进行交战，刘尚的军队被打败溃散，刘尚战死。

当年，匈奴薁鞬日逐王比率领部下派使者到西河归顺了朝廷。

二十四年春正月乙亥，大赦天下。

匈奴薁鞬日逐王比派使者到五原塞，请求抵御北方的敌人。

秋七月，武陵蛮人侵犯临沅县，派谒者李嵩、中山太守马成进行讨伐蛮贼，不能攻破于是伏波将军马援率领将军前去讨伐他们。

光武帝颁布诏令重申阿附蕃王法等原先的制度。

冬十月，匈奴薁鞬日逐王比自己拥立自己为南单于。于是匈奴就分成了南、北匈奴。

二十五年春正月，辽东境外的秽貊国人入侵到北平、渔阳、上谷、太原，辽东大守祭肜前去招安他们。乌桓的元帅到京城朝拜。

南单于派使者来京进贡，表示愿意成为汉朝臣民。又派他的左贤王攻破北匈奴，占城略地一千多里。三月，南单于派自己的儿子到宫中来侍候皇上。

戊申，天气昏暗，发生日食。

伏波将军马援等在临沅打败武陵蛮人。冬十月，反叛的蛮人全部投降了朝廷。

夫余王派使者到朝廷进贡。

当年，乌桓元帅率领部下归顺朝廷，到阙朝拜进贡。

二十六年春正月，光武帝颁布诏令宣布了增加各级官吏的薪水。薪水达千石以上，比西京时的制度减少，六百石以下的薪水的，比过去增加。

开始建造寿陵。将作大匠窦融上奏说园陵的长与宽，不要考虑费用的开支。光武帝说："古代帝王的安葬，都用陶人瓦器，木车茅马作为殉葬品，让后世的人不知道他的真正安葬处，汉太宗知道善始善终的道理，汉景帝能讲述出尊老孝顺的道理，他们的陵墓却遭到人们的反复挖掘，只有霸陵没有遭到破坏，这不是很好吗？所以现在的寿陵占地不要超过二三顷，也不要建造山陵，削平陂填好池让流水畅通也就行了。"

光武帝派中郎将段郴给南单于授玉玺和绶带，命令他们到云中定居，开始设置匈奴中郎将，派兵保卫他们。南单于派自己的儿子到宫中侍候皇上。并奉旨到达指定的地点。于是，云中、五原、朔方、北地、定襄、雁门、上谷、代等八个郡县的民众回归祖国。派谒者分别整修城墙，把分布在中国境内的边民，迁到上述各县，都恩赐移民搬迁费，旅途上为他们提供食品。

二十七年夏四月戊午，大司徒玉况病逝。

五月丁丑，光武颁布诏令说："过去契任司徒，邓禹作司空时，都没有"大"字的名称，我命令这二种官职去掉"大"字。还把大司马改为太尉。骠骑大将军代理大司马刘隆自诏令发布之日起免职，任命原先的太仆赵熹为大尉，原大司农冯勤为司徒。

益州郡境外的蛮夷率领本族的人归顺了朝廷。

北匈奴派使者到武威请求和善友好。

冬天。鲁王刘兴、齐王刘石开始上任。

二十八年春正月己巳，调鲁王刘兴为北海王。以便使鲁国让东海受益。恩赐虎贲、旄头、钟虡等乐器给东海王刘强。

夏六月丁卯，刘沛的母后郭氏病逝，因下诏令给各郡县捕拿王侯宾客，受株连至死者达到数千人之多。

秋八月戊寅，东海王刘强、沛王刘辅、楚王刘英、济南王刘康，淮阳王刘延开始到达任所。

冬十月癸酉，颁布诏令宣布凡是犯有死罪的人全部打入蚕室，把他们的女儿送到宫中幽禁起来。

北匈奴派使者前去京城进贡，请求亲善友好。

二十九年春天的二月丁巳，发生日食。光武帝派使者检举那些冤假错案，释放囚徒。

庚申，赐给全国所有的男子的爵位，每人长二级、鳏、寡、孤、独、重病，家里贫穷不能自己养活自己的，每人送给粮食五斛。

夏天的四月乙丑，颁布诏令宣布全国从犯有死罪的以及其他囚犯，每人减罪一等，其余的案犯还可根据不同情况交不同的赎金就可以来赎罪。

三十年春正月，鲜卑族的首领归顺朝廷，朝廷内外都为之庆贺。

二月，光武帝东进巡视狩猎，甲子，光临鲁地，不久到达济南。闰月癸丑，乘车返回宫中。

在紫宫出现了流星。

夏四月戊子，调左翊王刘焉为中山王。

五月，发生大水。

恩赐全国的男子爵位，每人二级，鳏、寡、孤、病重、贫穷而不能自己养活自己的，送给每人五斛粟。

秋七月丁酉，光临鲁国，恢复济阳县当年的赋税劳役。冬十一月丁酉，从鲁返回。

三十一年夏五月，发生大水。

戊辰，赠送全国的男子爵位，每人二级，给鳏、寡、孤、独、病重的，贫穷不能养活自己的人送给每人粮食六斛。

癸酉，晦日，发生日食。

当年的夏天，发生蝗灾。

秋九月甲辰，颁布诏令把犯有死罪的犯人打入蚕室，把他们的女儿都送进宫中幽禁起来。

当年，陈留郡下了谷雨，形状象稗子。北匈奴派使者到朝廷进贡。

中元元年春正月，东海王刘强、沛王刘辅、楚王刘英、济南王刘康、淮阳王刘延、赵王刘盱都来朝拜皇上。

丁卯，光武帝东进巡视狩猎。二月已卯，光临鲁地，不久到达太山。北海王刘兴、齐王刘石在东岳朝拜光武帝。辛卯，祭祀岱宗随即又登上了太山。甲午，在梁父山进行祭祀。

三月戊辰，司空张纯病逝。

夏四月癸酉，光武帝乘车返回宫中。已卯，大赦天下，恢复赢、博、梁父、奉高等四个县，免去了当年的田租赋税。改年号为中元。

光武帝到达长安。戊子，祭祀长陵。五月乙丑，从长安返回。

六月辛卯，原太仆冯鲂调任司空。

乙未，司徒冯勤病逝。

当年夏天，京城里涌出了泉水，喝了泉水，一些久治不愈的病的人都好了，只有瞎子、跛子不能治愈。在水崖上又生长了一种红草，全国各地频降及时雨。众臣子上奏说："大地显示了神灵而生长红草，在孝宣皇帝时期，只要有吉祥预兆，就改变年号，神爵、五凤、甘露、黄龙、都被列为纪年年号，以这种办法来向神灵致谢，来表彰他们的德信。这样达到歌舞升平，被称为中兴。现在全国安宁祥和，灵物也不断降到人世间。圣上却执意推辞，这怎么使吉祥的兆头变为现实呢？这是从来没有听说过的。最好是命令太史撰写文集，把这些现象都记载下来以便传给后世。"光武帝没有采纳臣子们的建议。他经常自谦地认为自己没有什么德行，各郡国奏上的也可能不确切，所以史官很少记载。

秋天，三个郡国发生蝗灾。

冬十月辛未，司隶校尉东莱李沂调任司徒。

甲申，派司空到高庙祈祷说："高皇帝与他的群臣商议而定，不是刘姓的人不能封立为王。吕太后当政时为害三赵，专门为吕姓的封王。依靠国家的神灵，禄和产都被诛杀。天才差一点没有蹋下来，危险朝廷变得安宁。吕太后不配被供奉在高庙内，同其他祖先一起来享受至尊地位。藩太后具有母亲的道德和仁慈，孝父皇帝贤明治国，子孙才赖以享福，使吉祥得以延续至今。追封藩太后号称高皇后，供奉高庙，把吕太后的灵位迁移到园庙，一年祭祀四次。"

十一月甲子，天色昏暗，发生日食。

当年，开始建造明堂、灵台、辟雍，到达北郊等区域。向全国宣布图谶，恢复济阳、南顿当年的赋税劳役。参狼羌入侵武都郡，打败郡部守兵，陇西太守刘盱派出部队救援武都，到达武都郡一起讨伐羌贼，都取得了胜利。

二年春的正月辛未，初次设立北郊，祭祀后土。

东夷的倭奴国王派使者来京城进贡。

二月戊戌，光武在南宫前殿病逝，终年六十二岁，留下的诏书说："我为百姓没有带来什么好处，一切都按孝文皇帝的制度办理，务必从简，刺史、二千石官吏都不要离开自己的工作岗位，也不要派使者到京城呈送奏折和邮寄奏折。"

当时，光武帝在军中的时间很长，厌恶战争，而且了解天下久经战乱，人们已经非常疲乏，所以光武帝更想让百姓免除劳役负担，安居乐业。自从陇、蜀平定之后，如果不是什么紧急情况的话，光武帝一般不谈论过军旅之事。皇太子曾经问过他攻战的事，光武帝说："古代卫灵公问战争之事，孔子不作回答，这些事不是你所能够了解的。"光武帝每天早晨上朝，直到傍晚才歇下来。多次将文武百官聚在一起谈论儒家经典，直到半夜才睡觉。皇太子看到光武帝如此勤奋不懈，在空闲之时窥劝说道："陛下您有夏禹商汤一样的圣明，但却没有黄帝老子的养生之道，希望您多加爱惜自己的身体，安闲自在地生活。"光武帝说："我喜欢这样，也不感到疲劳。"虽然他完成了统一大业，但总是小心谨慎好像还有什么事没有办完。正因为这样，他才能正确地了解如何处理朝政，总揽大权，掌握纲纪，能看时事，而真正了解自己和国家的力量，这才没有办过什么错事。他罢退武将功臣，选用文职官员，收缴武器，放散战马，虽说和古代盛世还不能相比，然而也可以是止戈之武了。

评论说："皇帝的父亲南顿君开始任济阳县令时，在建平之年十二月甲子晚上在县府生下光武，当时有一束红光照进室内。刘钦感到非常惊奇，让会占卜的王长来占卜，王长连连对左右说："这种征兆是吉祥得都不能用语言来表示的。"这一年县境内长出的禾苗，一杆禾苗有九根谷穗，所以，光武取名为刘秀。第二年，有一个名叫夏贺良的方士，上奏哀帝，说汉代的命运中途将会衰弱，应该再受天命。于是，就改年号为太初元年。称："陈圣刘太平皇帝"，用此来度过灾难取得胜利。等到王莽篡夺皇位，对刘氏感到厌恶，认为钱上纹有金刀，所以改为货泉。或者在货泉上纹上"白水真人"的文字。后来有一名叫苏伯阿的会看气数的人被王莽委派为使者到南阳，他遥望看到春陵的城郊，颇有感叹地说："气色极佳，郁郁葱葱的样子。"等到开始举兵回到春陵，远望住所的南边，火光冲天，一会儿就不见了。这时，西门君惠、李守等道士也都认为刘秀应当当天子。当皇帝的人，真是承接天命吗？不是这样，为什么能够乘时龙而抗御天命。

赞叹说：炎热中出现小小的寒流，发生了王莽篡位，全国动乱，日月星昏暗，人们厌恶欺诈淫秽，神思返回道德。光武诞生之后，佳气神光显灵，知微见著，经纬天地。寻、邑百万、猛凶野兽成群结队，兵车声势浩大，震天动地，重振雄风，王莽只好自焚。诛杀庸、代等贼，梁、赵出现骚乱。河南、河北、河东三河还没有安定四关遭到严重的动乱。光武率领天兵神将，替天行道，讨伐贼兵，尽管贼兵占据险要的地方，但还是无险可守。光武实现车同道，书同文。符谶向人们启示，人们都帮助光武，明君天子，雄赳赳，气昂昂，赫赫天命，都在我汉代。

张衡列传

张衡字平子，南阳西鄂人也。世为著姓①。祖父堪，蜀郡太守。衡少善属文②，游于三辅③，因入京师，观太学④，遂通《五经》⑤，贯六艺⑥。虽才高于世，而无骄尚之情。常从容淡静，不好交接俗人。永元中⑦，举孝廉不行⑧，连辟公府不就⑨。时天下承平日久，自王侯以下，莫不逾侈。衡乃拟班固《两都》，作《二京赋》⑩，因以讽谏。精思附会，十年乃成。文多故不载。大将军邓骘奇其才⑪，累召不应。

【注释】

①著姓：有声望的大族。姓：姓族，即大族。②属（zhǔ）文：写作。③三辅：本为官名，指治理京

畿地区的官京兆尹、左冯翊、右扶风，后将其管辖区域称作三辅。④太学：古时封建王朝所办的最高学府。⑤《五经》：指儒家的五部经典著作，即《周易》、《尚书》、《诗经》、《礼》、《春秋》。⑥六艺：本指古代的礼、乐、射、御、书、数六种科目，汉代以后也指儒家的《六经》，即《五经》再加上《乐经》。⑦永元：汉和帝刘肇年号。公元89年—104年。⑧举孝廉：荐举忠孝廉洁之士。举：荐举，选拔。⑨辟：征召。公府：太尉、司徒、司空这三公的官府。⑩《两都》：班固作的歌颂东都洛阳和西都长安的《东都赋》和《西都赋》。"二京"，即"二都"。⑪邓骘（zhì）：字昭伯。邓禹之孙。

衡善机巧，尤致思于天文、阴阳、历算。常耽好《玄经》①，谓崔瑗曰②："吾观《太玄》，方知子云妙极道数③，乃与《五经》相拟，非徒传记之属，使人难论阴阳之事，汉家得天下二百岁之书也。复二百岁，殆将终乎？所以作者之数④，必显一世，常然之符也⑤。汉四百岁，《玄》其兴矣。"安帝雅闻衡善术学⑥，公车特征拜郎中⑦，再迁为太史令。遂乃研核阴阳，妙尽璇机之正⑧，作浑天仪，著《灵宪》、《算罔论》⑨，言甚详明。

【注释】

①《玄经》：即《太玄》，西汉杨雄著，书中杂有儒家、道家、阴阳家的思想，是一部关于宇宙自然的哲学著作。②崔瑗：字子玉。崔骃之子。③子云：杨雄的字。道数：天道术数。即自然的规律和运用阴阳五行相生相克的理论来预测人事的吉凶祸福。④数：命运。⑤常然：规律如此。符：符验。⑥雅：平素、日常。术学：即术数。⑦公车特征：由公车署特地指名征召。⑧璇机：玉饰的测天仪器。正：正确方法，引申为正理、道理。⑨《灵宪》：张衡所著的天文学著作。《算罔论》：张衡所著的算术著作。

顺帝初①，再转，复为太史令。衡不慕当世，所居之官，辄积年不徙。自去史职，五载复还，乃设客问②，作《应间》以见其志云③：

【注释】

①顺帝：汉顺帝刘保。公元126年—公元144年在位。②客问：古代作文的一种方式，宾客提出问题，主人予以回答。③间：责难、非议。《应间》，回答非议，责难的文章。

有间余者曰：盖闻前哲首务①，务于下学上达，佐国理民，有云为也。朝有所闻，则夕行之。立功立事，式昭德音②。是故伊尹思使君为尧舜③，而民处唐虞，彼且虚言而已哉，必旌厥素尔④。咎单、巫咸，实守王家⑤，申伯、樊仲，实干周邦⑥，服衮而朝，介珪作瑞⑦。厥迹不朽，垂烈后昆⑧，不亦丕欤⑩！且学非以要利⑩，而富贵萃之。贵以行令，富以施惠，惠施令行，故《易》称以"大业"。质以文美，实由华兴，器赖雕饰为好，人以舆服为荣。吾子性德体道⑪，笃信安仁⑫，约己博艺，无坚不钻，以思世路⑬，斯何远矣！曩滞日官⑭，今又原之。虽老氏曲全，进道若退，然行亦以需⑮。必也学非所用，术有所仰，故临川将济，而舟楫不存焉。徒经思天衢⑯，内昭独智，固合理民之式也⑰？故尝见谤于鄙儒。深厉浅揭⑱，随时为义⑲，曾何贪于支离⑳，而习其孤技邪？参轮可使自转，木雕犹能独飞㉑，已垂翅而还故栖，盍亦调其机而铦诸㉒？昔有文王㉓，自求多福。人生在勤，不索何获。曷若卑体屈己，美言以相剋㉔？

鸣于乔木，乃金声而玉振之㉕。用后勋，雪前吝，婞很不柔㉖，以意谁靳也㉗。

【注释】

①前哲：先辈贤者。哲，哲人；才能学识杰出的人。②式：用。德音：善言；一说美好的声誉。③伊尹：本名挚，原为商汤妻的陪嫁奴，后为商汤起用阿衡（宰相）。④素：通愫，诚意；真情。⑤咎单、巫咸：殷商时代的两个贤臣。⑥申伯、樊仲：周宣王时的两个贤臣。干：本指盾。这里引申为护卫。⑦衮（gǔn）：古代皇帝及上公的礼服。介圭：一尺二寸长的圭叫介。瑞：大臣用作凭证的玉器。⑧烈：功业。后昆：后裔、子孙。⑨丕（pī）：大；宏大。⑩要利：求取利禄。要：求。⑪吾子：对人的亲热称呼。性德体道：本性仁德，遵循道义。⑫笃信安仁：坚定诚信，安守仁爱。⑬世路：世间人事的经历。⑭日官：古代掌管天文历法的官。后又指史官。⑮老氏：老子李耳，道教之祖。需：《易杂卦》曰："需，不进也。"⑯经思：经心思考。天衢：天道，衢，四通八达的道路。⑰式：规矩；法式。⑱厉：不脱衣服涉过深水。揭（qì）：提起衣服过河。⑲义：宜；合宜。合理、合宜的事称义。⑳曾：语气副词，用于加强语气。支离：古时传说中的善屠者支离益的简称，传他善于屠龙。㉑木雕：张衡制造的能自动起飞的木制雕。㉒盍：何不的合义词。弜（xiān）：利，此处引申为便利。诸："之乎"的合义词。㉓文王：周文王姬昌。㉔剋：胜。㉕鸣于乔木：比喻使自己升迁高位，振扬德声，有如金玉之音。㉖婞（xìng）很（hěn）：倔强而乖戾。此处指刚强异常。㉗靳：耻笑；奚落。

应之曰：是何观同而见异也？君子不患位之不尊，而患德之不崇；不耻禄之不夥①，而耻智之不博。是故艺可学，而行可力也②。天爵高悬，得之在命，或不速而自怀③，或羡旃而不臻④，求之无益，故智者面而不思。阽身以徼幸⑤，固贪夫之所为，未得而豫丧也⑥。枉尺直寻⑦，议者讥之，盈欲亏志⑧，孰云非羞？于心有猜，则簋飧铺犹不屑餐⑨，旄瞀以之⑩。意之无疑，则兼金盈百而不嫌辞⑪，孟轲以之。士或解裋褐而袭黼黻⑫，或委畚筑而据文轩者⑬，度德拜爵，量绩受禄也。输力致庸⑭，受必有阶⑮。

【注释】

①夥（huǒ）：多。②行：品行。力：努力；尽力。③速：招致。怀：来。④旃（zhān）："之焉"的合音。臻：到。此处引申为得到。⑤阽（diàn）：阽危，临近危险。徼幸：侥幸。⑥豫：预先。⑦枉尺直寻：比喻以小屈曲来求得大的伸张。枉，屈曲；直，伸张；寻，古代八尺为寻。⑧盈：满；满足。亏：短少；减损。引申为损害。⑨簋（guǐ）：古代盛食物的器具，圆口，两耳。飧（sūn）：本指晚饭，引申为一般熟食。铺：准备好的食物。⑩旄瞀（mào）：《列子》寓言中的人物，又称爰精目。因拒绝食盗贼之食而饿死。以：用。⑪兼金：好金。⑫裋（shù）褐：粗陋的上衣。黼（fǔ）黻（fú）：本指古代礼服上绣的黑白相间、黑青相间的花纹，也指绣有这种花纹的礼服。⑬畚（chā）：掘土的工具，即锹。筑：古代建造城墙时捣土的一种工具，即杵。文轩：刻有华丽花纹的车。⑭庸：用。⑮受：通授。阶：官阶；品级。

浑元初基①，灵轨未纪②，吉凶纷错，人用瞳朦③。黄帝为斯深惨④。有风后者⑤，是焉亮之⑥，察三辰于上⑦，迹祸福乎下，经纬历数⑧，然后天步有常⑨，则风后之为也。当少昊清阳之末⑩，实或乱德，人神杂扰，不可方物⑪，重黎又相颛顼而申理之⑫，日月即次⑬，则重黎之为也。人各有能，因艺授任⑭，鸟师别名⑮，四叔三正⑯，官无二业，事不并济⑰。昼长则宵短，日南则景北⑱。天且不堪兼，况以人该之⑲。夫玄龙，迎夏则陵云而奋鳞㉑，乐时也；涉冬则溷泥而潜蟠㉑，避害也。公旦道行㉒，故制典礼以尹天下㉓，惧教诲之不从㉔，有人之不理。仲尼不遇，故论《六经》以俟来辟㉕，耻一物之不知，有事之无范。所考不齐，如何可一？

【注释】

①浑元：也称"混元"。此指天地的元气。②灵轨：天行之道。未纪：没有头绪纲纪。③朣朦：本指模糊不清。引申为昏昧糊涂，愚昧。④深惨：深深忧愁的样子。⑤风后：传说中黄帝的相。⑥是焉：意即是之，使之正确。亮之：使之亮。即使之明白。⑦三辰：指日、月、星。⑧经纬：使有条理。历数：天道。⑨常：规律。⑩少昊：传说中的古代部落首领。也称少皞，名挚，字青阳。⑪方物：辨别名物。方，别；物，名。⑫重黎：重为少昊的儿子，黎为颛顼之子，分别为古代传说中司天地之官。颛(zhuān)项(xū)：传说当中的上古帝王。⑬即次：就序，进入正常的条理顺序。⑭艺：才能。⑮鸟师：传说少昊氏曾以鸟名来作官名。如凤鸟氏为历正，玄鸟氏为司分，伯赵为司至等。这些官均称"鸟师"。⑯四叔三正：传说少昊氏有四叔，分别为重、该、脩、熙四人。"三正"是指天地人的正道；少昊使四叔分别掌天地人三者的正道，意思是让他们专职管好一事，不兼管他事。⑰济：帮助；接济。⑱景：通影。⑲该：完备。⑳陵：通凌。㉑溷(gǔ)：搅浊；混乱。蟠：卷曲，蛰伏。㉒公旦：周公旦。名姬旦，周文王次子。周武王死后曾摄政辅佐成王，相传周代的礼乐制度都是他制定的。㉓尹：正。㉔从：顺服。㉕辟：君王。

　　夫战国交争，戎车竞驱，君若缀旒①，人无所丽②。烛武县缒而秦伯退师③，鲁连系箭而聊城弛柝④。从往则合⑤，横来则离⑥，安危无常，要在说夫。咸以得人为枭⑦，失士为尤。故樊哙披帷⑧，入见高祖；高祖踞洗，以对郦生⑨。当此之会⑩，乃鼋鸣而鳖应也⑪。故能同心戮力，勤恤人隐⑫，奄受区夏⑬，遂定帝位，皆谋臣之由也。故一介之策，各有攸建，子长谍之，烂然有第⑭。夫女魃北而应龙翔，洪鼎声而军容息⑮；溽暑至而鹑火栖⑯，寒冰冱而鼋鼍蛰⑰。今也，皇泽宣洽⑱，海外混同，万方亿丑⑲，并质共剂⑳，若修成之不暇，尚何功之可立！立事有三，言为下列㉑；下列且不可庶矣㉒，奚冀其二哉！

【注释】

①缀旒：赘旒，比喻君主好像旗帜下的流苏随着旗帜摆动一样受制于臣下，大权旁落。②丽：附着；依附。③烛武：又称烛之武，战国时郑国大夫。县(xuán)缒：指在城墙上悬绳，将人吊放而下。县，同悬。公元前630年，秦晋两国派军队包围了郑国都城。郑文公请烛之武夜缒出城，说服秦穆公退兵，合围瓦解。④鲁连：又称鲁仲连，战国时齐国的高士。燕军占领齐国聊城。齐军攻打了一年多没有攻下。鲁连将书信系在箭上射入城中，燕将见后自杀，聊城不攻自下。弛(chí)：废，废弃。柝(tuò)：木柝，古代打更巡夜的梆子。⑤从：通纵，战国时合纵的简称。即齐、楚、燕、赵、韩、魏六国联合，共同抵御秦国。游说合纵的代表人物是苏秦。⑥横：战国时连横的简称，即使六国分别与秦交好，离间六国的关系，拆散六国的联合。游说连横的代表人物是张仪。⑦枭：枭即胜。⑧樊哙：沛县（位于今属江苏省）人，曾为狗屠，随刘邦起兵，后因功封舞阳侯。刘邦称帝后病卧于禁中，不愿见人，令人看守门户，不许人进。樊哙推门闯入，以赵高弄权的历史事实警告刘邦，刘邦闻言而起。⑨郦生：郦食其(yì jī)，陈留人，向刘邦献计攻下陈留。他初见刘邦时，刘邦正踞傲地坐着让两个女子为自己洗脚，郦食其批评了刘邦的非礼，刘邦连忙停止洗脚而道歉。⑩会：机会；遇合。⑪鼋鸣鳖应：比喻君臣相感，配合和谐。⑫勤恤：忧心怜惜。民隐：民间疾苦。⑬奄受：即奄有。奄，覆盖；包括。区夏：整个华夏。⑭子长：司马迁的字。谍：通

牒，书籍，此处用为动词。第：次第。⑮洪鼎：大鼎。声：发声。⑯溽暑：夏天潮湿而闷热的气候。《礼记·月令》上说："季夏土润溽暑。"故将季夏称为溽暑。鹑火：星次名。十二星次之一。南方朱雀七宿的第三、四、五宿，即柳、星、张三宿称鹑火。栖：息。季夏之时，鹑火星渐渐向西流下，是暑退将凉的时候。⑰沍（hù）：寒气凝结。鼍（tuó）：鳄鱼的一种。俗称"猪婆龙"，即扬子鳄。⑱宣洽：普遍滋润。⑲丑：族类。⑳质、剂：买卖；做生意。㉑立事有三：指一个人建立功业有三种：立德、立功、立言。儒家思想认为，最上等的是树立美好的德行，其次是树立伟大的功绩，再其次是留下不朽的言论。㉒庶：表示可能或期望。

　　于兹搢绅如云，儒士成林，及津者风摅①，失涂者幽僻，遭遇难要，趋偶为幸②。世易俗异，事势舛殊，不能通其变，而一度以揆之③，斯契船而求剑，守株而伺兔也。冒愧逞愿，必无仁以继之，有道者所不履也。越王勾践事此④，故厥绪不永⑤。捷径邪至，我不忍以投步；干进苟容⑥，我不忍以歆肩⑦。虽有犀舟劲楫⑧，犹人涉卬否⑨，有须者也⑩。姑亦奉顺敦笃，守以忠信，得之不休⑪，不获不吝⑫。不见是而不惛⑬，居下位而不忧，允上德之常服焉⑭。方将师天老而友地典⑮，与之乎高睨大谈⑯，孔甲且不足慕⑰，焉称殷彭及周聃⑱！与世殊技，固孤是求。子忧朱泙曼之无所用⑲，吾恨轮扁之无所教也⑳。子睹木雕独飞，愍我垂翅故栖，吾感去蛙附鸱㉑，悲尔先笑而后号也。

【注释】

　　①风摅（shū）：风光地抒发情志。风：风光，体面。②偶：偶合时宜。③揆（kuí）：考虑、度量。④勾践：春秋末年越国国君，先被吴王夫差所败，后忍辱负重，卧薪尝胆，刻苦图强，整顿国政，十年生聚，十年教训，转弱为强，灭亡吴国。事此：指前文说的"冒愧逞愿"之事。⑤厥绪：指其国运、王业。永：长。⑥干进：谋求进身为官。苟容：苟且容身于世；苟活于世。⑦歆（xī）肩：即胁肩，耸起双肩对人表示恭敬的样子，形容逢迎巴结人的丑态。⑧犀舟：坚固的船。⑨卬（áng）：我。⑩须：等待。⑪休：美。⑫吝：耻辱。⑬惛（hūn）：闷的意思。⑭允：真实；诚实。常服：本指军装。后指日常所穿的服装。⑮天老、地典：皆为传说中黄帝的臣。⑯高睨而大谈：高视大谈。言眼光言谈不同于流俗。⑰孔甲：传说中黄帝时代的史官。⑱殷彭：世称老彭，殷商时期的贤人。周聃（dān）：聃，人名，周代的贤士。⑲朱泙曼：传说中善于屠龙的人。⑳轮扁：古代制造车轮的名匠，名扁。㉑鸱（chī）：一种凶猛的鸟。

　　斐豹以毙督燔书①，礼至以掖国作铭②；弦高以牛饩退敌③，墨翟以紊带全城④；贯高以端辞显义⑤，苏武以秃节效贞⑥；蒲且以飞矰逞巧⑦，詹何以沈钩致精⑧；弈秋以棋局取誉⑨，王豹以清讴流声⑩。仆进不能参名于二立⑪，退又不能群彼数子⑫。愍《三坟》之既颓⑬，惜《八索》之不理⑭。庶前训之可钻，聊朝隐乎柱史⑮。且韫椟以待价⑯，踵颜氏以行止⑰。曾不慊夫晋、楚⑱，敢告诚于知己。

【注释】

　　①斐豹：春秋时晋人，曾经因犯罪而没为官奴，晋君以丹书写他的罪，把他定为终身奴隶。晋国栾盈率兵回到晋国，晋国范宣子感到威胁，特别是栾盈有一员虎将叫督戎，国人都很害怕。斐豹对范宣子说："假如能够焚掉判他罪过的丹书，他可以杀掉督戎。宣子答应了，斐豹于是杀了督戎。②礼至：春秋时卫国人，仕邢国为大夫。国，国子，邢国正卿。这里说的是礼至在卫国进攻邢国时，礼至与国子在城上巡

视。礼至为了帮助卫国，挟持着国子奔到城外杀死。他杀了国子后自刻铭言说："余掖杀国子，莫余敢止。"③弦高：春秋时郑国商人。公元前 627 年，秦军偷袭郑国。秦军到达滑国时，弦高贩牛去周地的路上遇到秦军。他以犒师为名拖住秦军，派人赶回郑国报信，郑国有了准备，秦军无功而还。④墨翟：世称"墨子"。墨家学派的创始人。楚国请公输班制造了云梯要进攻宋国，墨翟解腰带比喻城墙，拿小木札比喻守城器械，公输班多次想出攻城的办法，墨翟多次想出防守的办法，公输班攻城的办法已用尽，而墨子守城的办法还有余。楚王见了，放弃了攻宋城的打算。⑤贯高：西汉时赵王的相。端辞：正直之言。当时有人向朝廷报告说赵王谋反。很多人都附和，只有贯高仗义执言说赵王不反。汉高祖听从了他的意见。⑥苏武：字子卿。汉武帝时人，为汉使者出使匈奴国，被扣留在匈奴十九年，押往无人之地带牧羊。苏武始终不忘记自己的使命，无论卧起都持着汉朝使者标志的节杖。以致节杖上的旄饰尽都脱落。⑦蒲（pú）且（jū）：《列子》寓言中的人物。善射。他用带丝绳的箭乘风射出，一箭可以将飞翔于青云之上的两只鸧鸟一齐射下。蒲同"蒲"。⑧詹何：《列子》寓言中的人物，善钓。他用一根茧丝为钓线，用芒针做鱼钩，用荆条为钓竿，剖开米粒为钓饵，却能一下钓上装满一车的鱼来。⑨弈秋：《孟子》中的人物，善下棋。⑩王豹：战国时卫国善于歌唱的人。他居淇水边，河西（指卫国境内）的人都会歌唱。形容他的影响大。⑪参名：置名姓于其间。二立：指立德、立功二者。⑫群：成为一群，即同属于一类。数子：指斐豹及后面所叙述的数人。⑬《三坟》：传说为伏羲、神农、黄帝之书。⑭《八索》：即八卦之说。⑮柱史：老子李耳曾为周王室的柱下史。故后来以"柱下"为老子或其《道德经》的代称。朝隐：指官吏虽然在朝做官，却心甘淡泊恬退，同隐居者没有区别。⑯韫椟：指藏在椟中，保持不失。是比喻持才而待时。⑰颜氏：指颜回。孔子的高足弟子之一，以德行好而著称。⑱慊（qiàn）：羡慕。

阳嘉元年①，复造候风地动仪②。以精铜铸成，员径八尺，合盖隆起③，形似酒尊，饰以篆文山龟鸟兽之形。中有都柱④，傍行八道⑤，施关发机⑥。外有八龙，首衔铜丸，下有蟾蜍，张口承之。其牙机巧制⑦，皆隐在尊中，覆盖周密无际。如有地动，尊则振龙机发吐丸，而蟾蜍衔之。振声激扬，伺者因此觉知。虽一龙发机，而七首不动，寻其方面，乃知震之所在。验之以事，合契若神⑧。自书典所记，未之有也。尝一龙发机而地不觉动，京师学者咸怪其无征，后数日驿至⑨，果地震陇西，于是皆服其妙。自此以后，乃令史官记地动之所从方起。

【注释】

①阳嘉：汉顺帝年号。公元 132 年—135 年。②候风地动仪：指两种仪器，一种是测验风向的候风仪，一种是测验地震的地动仪。③合盖隆起：上下两部分相合盖住，中央部分凸起。④都柱：指的是地动仪中间的一根能摆动的粗大的中心柱。都：大。⑤傍行八道：指都柱与龙头之间联接的八根横杆。可以分别对准东南西北及东南、西南、东北、西北八个方向。⑥施关发机：设置关键，拨动机件。⑦牙机：齿轮和机关枢纽。⑧合契：符合；相合。⑨驿：传递官府文书的马、车。此处指驿站上传送文书的人。

时政事渐损①，权移于下，衡因上疏陈事曰："伏惟陛下宣哲克明②，继体承天，中遭倾覆③，龙德泥蟠④。今乘云高跻，磐桓天位⑤，诚所谓将隆大位⑥，必先悾偬之也⑦。亲履艰难者知下情，备历险易者达物伪⑧。故能一贯万机⑨，靡所疑惑，百揆允当⑩，庶绩咸熙。宜获福祉神祇⑪，受誉黎庶。而阴阳未和，灾眚屡见⑫，神明幽远，冥鉴在兹⑬。福仁祸淫，景响而应⑭，因德降休，乘失致咎，天道虽远，吉凶可见，近世郑、蔡、江、樊、周广、王圣，皆为效矣。故恭俭畏忌，必蒙祉祚，奢淫诡慢，鲜不夷戮⑮，前事不忘，后事之师也。夫情胜其性，流遁忘反，岂唯不肖，中才皆然⑯。苟非大贤，不能见德思义，故积恶成衅⑰，罪不可解也。向使能临前顾后，援镜自戒，则何陷于凶患乎！贵宠之臣，众所属仰⑱，其有愆尤⑲，上下知之。褒美讥恶，有心皆同，故怨讟溢乎四海⑳，神明降其祸辟也㉑。顷年雨常不足㉒，思求所失，则《洪范》所谓‘僭恒阳若’者也㉓。惧群臣奢侈，昏逾典式，自下逼上，用速咎征㉔。又前年京师地震土裂，裂者威分，震者人扰也。君以静唱，臣以动和㉕，威自上出，不趣于下，礼之致也。窃惧圣思厌倦，制不专己㉖，恩不忍割，与众共威。威不可分，德不可共。《洪范》曰：‘臣有作威作福玉食㉗，害于而家，凶于而国。’天鉴孔明㉘，虽疏不失。灾异示人，前后数矣，而未见所革，以复往悔㉙。自非圣人，不能无过。愿陛下思惟所以稽古率旧㉚，勿令刑德八柄㉛，不由天子。若恩从上下，事依礼制，礼制修则奢僭息，事合宜则无凶咎。然后神望允塞㉜，灾消不至矣。”

【注释】

①政事：本指施政办事，此处义同政枢，指政治大权。损：损害，此指皇权不断被削弱。②宣哲克明：明智而能通达事理。③中遭倾覆：指汉顺帝曾被废去太子的地位，被贬为济阴王。④龙德：帝王之德，此处代指帝王。⑤磐桓：逗留徘徊的样子。此指居于天位。⑥隆：本指高起的样子，此指“高升”。⑦倥偬（kǒng zǒng）：困苦。⑧险易：险阻与平易。物伪：事物的真伪。⑨机：事物变化的根本原因。⑩揆（kuí）：推测。⑪神祇（qí）：神指天神，祇指地神。⑫眚（shěng）：本义指眼病，引申为灾祸。⑬冥鉴：暗的鉴戒。⑭景响：影子和回声。⑮鲜：少。夷：夷灭；消灭。⑯中才：指中等才能的人，即平凡的人。⑰积恶成衅：指做的坏事多，逐渐积累成大罪。衅：罪过、灾祸。⑱属（zhǔ）：通瞩，看；注视。⑲衍尤：过失；差错。⑳怨讟（dú）：怨言；谤议。㉑辟（pì）：罪。㉒顷年：近年。㉓《洪范》：《尚书》中的一篇。僭恒阳若：僭，超越本分；过分。恒，常；久。阳，阳燥；干旱。若，顺。㉔速：招致。㉕和（hè）：跟着唱。比喻君王发出诏令，臣下完全遵旨而行，君臣契合。㉖制：君王的命令。㉗玉食：珍羞美味。㉘孔：很。㉙复：反。㉚稽古率旧：稽考古制，遵循旧典。㉛刑德八柄：帝王降恩施威的八种权力。即一爵，二禄，三予，四置，五生，六夺，七废，八诛。㉜神望：神明的愿望。允塞：允实，得以实现。

初，光武善谶①，及显宗、肃宗因祖述焉②。自中兴之后，儒者争学图纬③，兼复附以妖言④。衡以图纬虚妄，非圣人之法，乃上疏曰：“臣闻圣人明审律历以定吉凶⑤，重之以卜筮⑥，杂之以九宫⑦，经天验道⑧，本尽于此。或观星辰逆顺，寒燠所由⑨，或察龟策之占⑩，巫觋之言⑪，其所因者⑫，非一术也。立言于前，有征于后，故智者贵焉，谓之谶书。谶书始出，盖知之者寡。自汉取秦，用兵力战，功成业遂，可谓大事，当此之时，莫或称谶⑬。若夏侯胜，眭孟之徒⑭，以道术立名，其所述著，无谶一言。刘向父子领校秘书⑮，阅定九流⑯，亦无谶录。成、哀之后⑰，乃始闻之。《尚书》尧使鲧理洪水⑱，九载绩用不成，鲧则殛死，禹乃嗣兴⑲。而《春秋谶》云‘共工理水’⑳。凡谶皆云黄帝伐蚩尤㉑，而《诗谶》独以为‘蚩尤败㉒，然后尧受命’。《春秋元命包》中有公输班与墨翟㉓，事见战国，非春秋时也。又言‘别有益州’。益州之置，在于汉世，其名三辅诸陵㉔，世数可知㉕。至于图中讫于成帝。一卷之书，互异数事，圣人之言，势无若是，殆必虚伪之徒，以要世取资㉖。往者侍中贾逵摘谶互异三十余事，诸言谶者皆不能说。至于王莽篡位㉗，汉世大祸，八十篇何为不戒㉘？则知图谶成于哀平之际也。且《河洛》、《六艺》，篇录已定，后人皮传^②，无所容篡。永元中，清河宋景遂以历纪推言水灾^③，而伪称洞视玉版^③。或者至于弃家业，入山林，后皆无效，而复采前世成事，以为证验。至于永建复统^③，则不能知。此皆欺世罔俗，以昧势位，情伪较然，莫之纠禁。且律历、卦候、九宫、风角^③，数有征效，世莫肯学，而竞称不占之书。譬犹画工，恶图犬马而好作鬼魅，诚以实事难形^③，而虚伪不穷也。宜收藏图谶，一禁绝之，则朱紫无所眩^③，典籍无瑕玷矣^③。"

【注释】

①光武：刘秀死后的谥号。谶（chèn）：预测吉凶得失的文字、图案标记。这是方士们故弄玄虚制造的一种隐语、符记。②显宗：汉明帝刘庄死后的谥号。肃宗：汉章帝刘炟死后的谥号。祖述：效法、遵循先人的学说、法规办事。③图纬：河图与纬书。河图是关于《周易》一书来源的传说，传说伏羲氏时，有龙马从黄河中出，背负《河图》，又有神龟从洛水中出，背负《洛书》，伏羲氏根据这种图书造成八卦，这就是后来《周易》的来源。纬书：由一些方士化的儒生编纂的附在儒家经典后面的各种著作，纬书是相对经书而言的。④讹（yāo）言：邪说。⑤律历：各个朝代记载乐律与历法的篇章。⑥重：重复。卜筮：古代占卜，用龟甲称卜，用蓍草称筮，二者合称卜筮。⑦九宫：东汉易纬家把离、艮、兑、乾、巽、震、坤、坎八卦之宫，加上中央宫，合称九宫。⑧经天验道：以天为法则，以道为证验。⑨寒燠：意即冷暖。燠：暖。⑩龟策：即龟坼，占卜灼龟时所坼裂的纹理。⑪觋（xí）：男巫。⑫因：依靠；凭借。⑬莫或：没有人。⑭夏侯胜：字长公。西汉经学家。眭孟：又称眭弘，汉代经学家。⑮刘向父子：西汉经学家刘向、刘歆父子。⑯九流：战国时期产生的九个著名的学术流派，它们是儒家、道家、墨家、法家、名家、农家、阴阳家、纵横家、杂家。⑰成、哀：指汉成帝刘骜、汉哀帝刘欣。⑱鲧（gǔn）：夏禹之父。封崇伯，治水无功，舜在羽山将他杀死。⑲禹：也称夏禹，远古时夏部落的领袖，因治水有功，继舜为部落联盟首领。⑳《春秋谶》：迷信的方士所认为的《春秋》一书里无意中说出的一些预兆后事的言语。共工：古代传说中的天神。又相传为尧的大臣，与骓兜、三苗、鲧并列称为四凶。㉑蚩（chī）尤：人名。古九黎族部落酋长，曾与黄帝时行大战。㉒《诗谶》：迷信者认为所赋诗无意中预示后事征兆的言语。㉓《春秋元命包》：又称《春秋纬》，是一部有关《春秋》的纬书，《元命包》即其中一篇。㉔三辅诸陵：三辅地区的各个汉室陵墓。㉕世数：世系。㉖要世：邀信于世。㉗王莽：字巨君。汉平帝死后，先称摄皇帝，三年后废去孺子刘婴，自称皇帝，改国号为"新"。公元二十四年被农民起义军杀死。㉘八十篇：指《河洛》、《六艺》两书共八十篇。㉙皮传：指肤浅的见解。㉚宋景：东汉时期经学家。历纪：历史记载，纪通记。㉛洞视：意即透视。玉版：传说大禹治水时在东海所得的玉珪，它可以照彻幽冥。㉜永建：汉顺帝刘保年号。公元126年—131年。复统：恢复大统，指皇帝恢复帝位。㉝风角：古时利用对风的观察来占卜吉凶祸福的一种方法。㉞形：状形；描述其形象。㉟朱紫：古代朱为正色，紫为间色。后来用以比喻正、邪。㊱瑕玷：本义为玉石上的斑点，喻为谬误。

　　后迁侍中，帝引在帷幄^①，讽议左右^②。尝问衡天下所疾恶者。宦官惧其毁己，皆共目之，衡乃诡对而出^③。阉竖恐终为其患，遂共谗之。

　　衡常思图身之事^④，以为吉凶倚伏，幽微难明，乃作《思玄赋》，以宣寄情志。其辞曰：

　　仰先哲之玄训兮^⑤，虽弥高其弗违。匪仁里其焉宅兮^⑥，匪义迹其焉追？潜服膺以永靓兮^⑦，绵日月而不衰。伊中情之信修兮^⑧，慕古人之贞节。竦余身而顺正兮^⑨，遵绳墨而不跌^⑩。志团团以应悬兮^⑪，诚心固其如结。旌性行以制佩兮^⑫，佩夜光与琼枝[13]。缤幽兰之秋华兮[14]，又缀之以江蓠[15]。美襞积以酷裂兮[16]，允尘邈而难亏[17]。既婳丽而鲜双兮[18]，非是时之攸珍[19]。奋余荣而莫见兮[20]，播余香而莫闻。幽独守此仄陋兮[21]，敢怠皇而舍勤[22]。幸二八之遭虞兮[23]，喜传说之生殷[24]；尚前良之遗风兮，恫后辰而无及[25]。何孤行之茕茕兮，孑不群而介立[26]。感鸾鹥之特栖兮[27]，悲淑人之稀合[28]。

【注释】

①帷幄：一般指军中的帐幕，也指宫室中的帷幕。②讽议：评议。③诡对：不是出自真心的虚言应对。④图身：谋划自身。⑤玄训：关于道德修养的教诲。⑥匪：非。里、宅：都指居或居所。⑦靓（liàng）：美丽、漂亮。服膺：牢记在心中。⑧中情：内心的感情。信修：真正美好。⑨竦（sǒng）：恭敬；肃敬。⑩绳墨：本指画直线的工具。此处比喻礼法制度。跌：蹉跌，失误。⑪团团：如绳结垂下的样子。⑫旌：表彰。性行：人的品性与行为。⑬佩：玉珮，比喻美好的德行。夜光：珠名，也为玉名。琼枝：玉树枝。⑭缤（zuǎn）：系。⑮江蓠：又名蘼芜，香草的名子。⑯襞积：衣褶。酷裂：香气浓郁。⑰允：诚实；真实。尘邈：久远。尘，久。⑱婳（kuā）丽：美丽。⑲攸：所，助词。⑳奋：发扬。㉑仄陋：又写作"侧陋"。此指出身卑微。㉒敢怠：岂敢惰怠。皇：通遑，闲暇。舍：废弃。㉓二八：指"八元、八恺"。古代传说高辛氏有才子八人：伯奋、仲堪、叔献、季仲、伯虎、仲熊、叔豹、季狸，他们共称"八元"。传说高阳氏有才子八人：苍舒、聩敳、梼戭、大临、龙降、庭坚、仲容、叔达。遭（wù）：遇，迎遇。㉔殷：盛、多。㉕恫（tōng）：痛。辰：时。㉖介立：孤独而立。㉗鸾（yī）：鸾，传说中凤一类的鸟。鹥，鸥鸟的别称。特栖：独栖。㉘淑：贤人，善人。

彼无合其何伤兮[1]，患众伪之冒真。且获谮于群弟兮[2]，启《金縢》而乃信[3]。览蒸民之多僻兮[4]，畏立辟以危身[5]。曾烦毒以迷或兮[6]，羌孰可与言已？私湛忧而深怀兮[7]，思缤纷而不理。愿竭力以守义兮，虽贫穷而不改。执雕虎而试象兮[8]，阽焦原而跟止[9]。庶斯奉以周旋兮[10]，要既死而后已。俗迁渝而事化兮[11]，泯规矩之圜方[12]。珍萧艾于重笥兮[13]，谓蕙芷之不香[14]。斥西施而弗御兮[15]，羁要褭以服箱[16]。行陂僻而获志兮，循法度而离殃[17]。惟天地之无穷兮，何遭遇之无常！不抑操而苟容兮[18]，譬临河而无航。欲巧笑以干媚兮[19]，非余心之所尝。袭温恭之黻衣兮[20]，披礼义之绣裳。辬贞亮以为絷兮[21]，杂技艺以为珩[22]。昭綵藻以雕琢兮，璜声远而弥长[23]。淹栖迟以恣欲兮[24]，耀灵忽其西藏。恃己知而华予兮[25]，鹍鸡鸣而不芳[26]。翼一年之三秀兮[27]，遒白露之为霜[28]。时曩曩而代序兮[29]，畴可与乎比伉[30]？咨妒媢之难并兮[31]，想依韩以流亡[32]，恐渐冉而无成兮，留则蔽而不章[33]。

【注释】

①无合：没有投合，不相符合。②群弟：指周公旦的诸弟，如管叔、蔡叔等。③《金縢》：《尚书》中的一篇。书中记载了周武王病重，周公姬旦向三王祈祷，愿以己身代武王承灾。史官将这些情况记载下来，藏入金縢匣中。周武王死后，周公立成王，自己摄政，其弟管叔、蔡叔等散布流言，迷惑成王，周成王打开金縢匣见祝文，才知周公是忠臣。④蒸民：众民；百姓。僻：邪僻。⑤辟：法。⑥烦毒：烦忧成病。或通惑。⑦湛忧：沉溺于忧思之中，即深忧。⑧雕虎：兽名。其身上有象雕一样的花纹。试象：擒象。⑨阽：临近。焦原：山名。位于今山东莒县南，高峻壁立，下临深谷。跟：脚跟。⑩奉以周旋：恭敬地捧着，寸步不离。⑪俗：流俗。迁渝：迁移；改变。事化：事情变化。⑫泯：灭。此此以规矩圆方喻礼法制度。圜（huán）：同圆。⑬萧艾：均指蒿草。珍萧艾比喻任用小人。笥（sì）：一种盛饭或装衣物的竹

器。重筒，指筒由内外两层做成。⑭蕙芷：香草名。此以香草比喻贤人。⑮西施：古代越国著名的美女。御：侍奉。多指侍奉君王。⑯要袅（niǎo）：古代骏马名。服：驾。箱：指车。⑰离：通罹，遭遇。⑱抑操：抑制自己的心志与操守。⑲干媚：企求取媚。⑳袭：本指成套的衣服，此处引申为穿衣。㉑辫：编织。攀（pán）：大带子。㉒珩：佩玉。㉓璜：佩玉名。半璧曰璜。㉔淹：久。耀灵：太阳。耀同耀。西藏（cáng）：西沉而藏匿。意为年岁已长，虚度光阴。㉕己知：知己。华予：使我荣华。㉖鹈鴃（tí jué）：也写作鹈鴂。即杜鹃。这两句以鸟鸣比喻小人进谗言。㉗三秀：芝草。因芝草一年开花三次，故称。此处"秀"为动词。㉘遁：迫近。㉙亹亹（mén mén）：进行的样子。代序：更替，依序取代。㉚畴：谁。伉（kàng）：配偶。意为没有与自己志趣相偶的人。比：并。㉛咨：叹。嫭（hù）：美貌。意为嫉妒的人憎恶美人，故二者难与并立。㉜韩：韩终，传说中齐国的仙人。㉝章：同彰，明显；显著。

　　心犹与而狐疑兮①，即岐陕而摅情②。文君为我端蓍兮③，利飞遁以保名④。历众山以周流兮⑤，翼迅风以扬声⑥。二女感于崇岳兮⑦，或冰折而不营⑧。天盖高而为泽兮⑨，谁云路之不平！劼自强而不息兮⑩，蹈玉阶之峣峥⑪。惧筮氏之长短兮⑫，钻东龟以观祯⑬。遇九皋之介鸟兮⑭，怨素意之不逞⑮。游尘外而瞥天兮⑯，据冥翳而哀鸣⑰。雕鹗竞于贪婪兮⑱，我修絜以益荣⑲。子有故于玄鸟兮⑳，归母氏而后宁㉑。

【注释】

　　①犹与：即犹豫。狐疑：怀疑。②即：靠近、走近。岐陕：岐山脚下。岐山是周文王居住的地方。摅（shū）情：抒发感情。③文君：即指周文王。端蓍（shī）：正蓍，引为用蓍草占卜。④飞遁：迅速地远走高飞。由《周易》遁卦而来。遁卦是由乾、艮二体构成，四阳爻在上，二阴爻在下，按其发展趋势是阴将长而阳渐消的时候，小人逐渐得势，君子当退而避之。故言"利飞遁"。⑤历众山：此句源自卦象，因为乾卦是代表天的，艮卦是代表山的，即为天下之山，故曰"历众山"。周流：遍行。⑥翼迅风：指让迅风鼓动翅膀，凭借迅风而起飞。源自遁卦，因为古人解释《周易》有"互体"之说，认为《易》卦六爻中，二至四、三至五可以交互取象。遁卦六爻中二至四爻构成巽卦，巽为风，故曰"翼迅风"。扬声：高声。⑦二女：遁卦的上九由阳爻变为阴爻，整个卦象便由遁卦变为了咸卦。咸卦是艮下兑上。按照"互体"取象，二至四爻构成了巽卦，在八卦中，巽卦与兑卦主阴，所以将这两个卦象称为"二女"。但从咸卦卦象看，它是由艮山卦与兑水卦构成，卦中毕竟有山。而咸卦的基本意思就是男女及万物之间互相交感，所以说"二女感于崇岳"。⑧冰折而不营：这句以咸卦为本，采用互体之说，咸卦的三至五爻为乾卦。《周易·说卦传》："乾为天……为冰……"说："兑为泽，为毁折，……"四至六爻为兑卦，所以文中说"冰折"。阳不求阴则不能交感，故曰"冰折而不营"。⑨天盖高而为泽：此句仍承咸卦，因为乾上九由阳变阴，成为了兑卦卦象，兑为泽，故曰天变为泽。⑩劼（miǎn）：勉力；努力。⑪玉阶：《说卦传》曰："乾为天，为玉"，天在上为阳物，具有上进的性质，所以登天称为"蹈玉阶"。峣峥：高峻的样子。⑫筮氏：用蓍草占卜的人。长短：筮短龟长的简称。筮龟都用来占卜吉凶，龟显示卦象，筮推衍定数。事物先有象然后才有数，所以说筮短龟长。⑬钻：即钻灼。东龟：古代占卜用的龟中的一种，龟甲为青色的称东龟。祯：吉祥。⑭九皋：深泽。介：孤独。耿直。⑮素意：一向怀有的意愿。逞：称心如意。⑯尘外：世外。⑰冥翳：高远，深不可测。⑱雕鹗：两种鹰一类的凶鸟。竞于贪婪：指争逐，贪得无厌。⑲修絜：洁身自好。⑳玄鸟：鹤。意为占卜得鹤兆，故称有故于玄鸟。㉑归母氏而后宁：本为儿子归来，母亲然后才安宁，这里指自己遇贤君才乐于仕进。

　　占既吉而无悔兮，简元辰而俶装①。旦余沐于清原兮②，晞余发于朝阳③。漱飞泉之沥液兮④，咀石菌之流英⑤。飘鸟举而鱼跃兮⑥，将往走乎八荒⑦。过少缳之穷野兮⑧，问三丘乎句芒⑨。何道真之淳粹兮⑩，去秽累而票轻⑪。登蓬莱而容与兮⑫，鳌虽抃而不倾⑬。留瀛洲而采芝兮⑭，聊且以乎长生。凭归云而遄逝兮，夕余宿乎扶桑⑮。嗡青岑之玉醴兮⑯，餐沆瀣以为粮⑰。发昔萝于木禾兮⑱，谷昆仑之高冈⑲。朝吾行于汤谷兮⑳，从伯禹于稽山㉑。集群神之执玉兮㉒，疾防风之食言㉓。

【注释】

①元辰：吉祥的时辰。俶（chù）装：整治行装。②清原：地名。春秋时晋地。③晞：晒干，晒。④沥液：滴下来的水滴。⑤石菌：灵芝。英：花。⑥䎹（xuān）鸟：飞翔的鸟。举：此处指鸟向上飞。⑦八荒：八方的僻远之地。⑧穷野：少缠城邑在穷桑。穷野即穷桑之野。⑨三丘：传说中的蓬莱、方丈、瀛洲三座仙山。句芒：传说中的东方之神，又称木正，掌管树木。⑩道真：真正得道的人。⑪秽累：尘世污秽的累赘、妨害。票轻：轻松地飘荡。票通飘。⑫容与：徘徊不前的样子。⑬鳌：大龟。抃（biàn）：抃踊，即鼓掌跳跃。传说中蓬莱仙山本来是不断地随波起伏不定的，天帝派巨鳌用背把仙山负住，山才不动。⑭留：逗留。⑮扶桑：神树，传说太阳从此树下出来。⑯嗡（xī）：吸。岑：小而高的山。玉醴：玉泉。醴，甜美的泉水。⑰沆瀣（hàng xiè）：夜间的水汽。⑱发：开花。昔萝：昔日之萝。萝，蔓生植物。木禾：传说中的植物名。《山海经》载："木禾，长五寻，大五围。"⑲谷：生，生长。⑳汤谷：传说中太阳出来的地方。㉑伯禹：大禹代替其父鲧治水，称崇伯，故称伯禹。稽山：会稽山，位于浙江省绍兴县东南，本名为茅山。相传夏禹曾登此山大会诸侯计议治理国家之道，故改名为会稽。㉒执玉：手执玉珪，玉珪为古代诸侯、大臣上朝拜见天子时所持的礼器。㉓防风：也称防风氏，古时部落酋长名。食言：相传夏禹在会稽大会诸侯时，防风氏没有遵守诺言迟到了，禹将其处死。

指长沙以邪径兮①，存重华乎南邻②。哀二妃之未从兮③，翩傆处彼湘濒④。流目鲦夫衡阿兮⑤，睹有黎之圮坟⑥。痛火正之无怀兮⑦，骊山陂以孤魂⑧。愁蔚蔚以慕远兮⑨，越卭州而愉敖⑩。跻日中于昆吾兮⑪，憩炎天之所陶⑫。扬芒熛而绛天兮⑬，水泫沄而涌涛⑭。温风翕其增热兮⑮，怒郁邑其难聊⑯。颗羁旅而无友兮⑰，余安能乎留兹？

【注释】

①邪径：从会稽山往长沙，从地理位置上看，长沙位于会稽山的西南面，所以称邪径。②存：存问，问候。重华：舜名。相传舜死以后葬于苍梧，即九疑山。因在长沙市南面，故说南邻。③二妃：舜的两个妃子娥皇、女英。④翩：翩联轻快的样子。傆：弃。传说二妃没有跟随舜去巡视南方，后来追去，到洞庭潮时，听说舜已死在苍梧，她们便自投湘水而死。濒：水边。⑤流目：游目。指目光游移不定。鲦（tiào）：同眺。远望。衡阿：衡山之曲。⑥有黎：即黎，有为词头，无义。黎即颛顼之子祝融，传说他死后为火神，葬在衡山。圮（pǐ）：毁坏。⑦火正：即火神祝融。⑧骊：寄托，依靠。山陂：山坡。⑨蔚蔚：茂盛；多。⑩愉敖：愉快地遨游，敖通遨。⑪跻：升，登。日中：日在中天。昆吾：传说中的地名。太阳从汤谷出来，到达昆吾时，正处于正中的位置。⑫憩（qì）：休息。陶：燃烧的火焰。⑬芒熛（biāo）：飞扬闪耀的火焰。绛天：深红色的天空。⑭泫沄（xuàn yún）：水翻腾的样子。⑮翕（xī）：和顺。⑯怒（nì）：忧思、伤痛。聊：依靠；依赖。⑰颗（kǔ）：独。

顾金天而叹息兮①，吾欲往乎西嬉②。前祝融使举麾兮③，缅朱鸟以承旗④。躔建木于广都兮⑤，拓若华而踌躇⑥。超轩辕于西海兮⑦，跨汪氏之龙鱼⑧；闻此国之千岁兮，曾焉足以娱余？

【注释】

　　①金天：金天氏，即西方之帝少缳。古代传说中炎帝为火德，黄帝为土德，少缳为黄帝之子，故为土生金。少缳即为金德，天下人称他为金天氏。②西嬉：在西方戏闹。③麾：本指指挥作战的旗。此处指平常的旗帜。④缅（xǐ）：本指束发的帛。这儿指系。朱鸟：凤。承：奉持。⑤躔（chán）：躔次，日月运行的轨迹。此处指树立在那儿。建木：神树名，传说建木高百仞而没有枝，太阳照它却没有树影。广都：传说是后稷所葬之地。⑥拓：折。若华：若木之花。若木也是神树名，在建木的西面，若木末梢头有十个太阳，光华照耀大地。⑦轩辕：传说中的古国名。那里的人都是人面蛇身，短命的也有八百岁。西海：神话中的西方之海。⑧汪氏：国名。传说在西海之外。龙鱼：穿山甲的别名，有神巫骑着它行走西方。

　　思九土之殊风兮①，从蓐收而遂徂②。欻神化而蝉蜕兮③，朋精粹而为徒④。蹶白门而东驰兮⑤，云台行乎中野⑥。乱弱水之潺湲兮⑦，逗华阴之湍渚⑧。号冯夷俾清津兮⑨，櫂龙舟以济予⑩。会帝轩之未归兮⑪，怅相佯而延伫⑫。呬河林之蓁蓁兮⑬，伟《关雎》之戒女⑭。黄灵詹而访命兮⑮，摎天道其焉如⑯。曰近信而远疑兮，六籍阙而不书⑰。神逵昧其难覆兮⑱，畴克谟而从诸⑲？牛哀病而成虎兮⑳，虽逢昆其必噬㉑。鳖令殪而尸亡兮㉒，取蜀禅而引世㉓。死生错而不齐兮，虽司命其不晰㉔。窦号行于代路兮㉕，后膺祚而繁庑㉖。王肆侈于汉庭兮，卒衔恤而绝绪㉘。尉龙眉而郎潜兮㉙，逮三叶而遭武㉚。董弱冠而司衮兮㉛，设王遂而弗处㉜。夫吉凶之相仍兮，恒反侧而靡所。穆负天以悦牛兮㉝，竖乱叔而幽主㉞。文断袪而忌伯兮㉟，阉谒贼而宁后㊱。通人阐于好恶兮㊲，岂爱惑之能剖㊳？嬴擿谶而戒胡兮㊴，备诸外而发内。或萃贿而违车兮㊵，孕行产而为对㊶。慎灶显于言天兮㊷，占水火而妄谇㊸。梁叟患夫黎丘兮㊹，丁厥子而事刃㊺，亲所睇而弗识兮㊻，矧幽冥之可信㊼。毋绵挛以罃己兮㊽，思百忧以自疚㊾。彼天监之孔明兮㊿，用鹙忧而佑仁[51]。汤蠲体以禳祈兮[52]，蒙庬裼以拯人[53]。景三虑以营国兮[54]，荧惑次于它辰[55]。魏颗亮以从理兮[56]，鬼亢回以毙秦[57]。咎繇迈而种德兮[58]，德树茂乎英、六[59]。桑末寄夫根生兮[60]，卉既凋而已毓[61]。有无言而不雠兮[62]，又何往而不复？盍远迹以飞声兮[63]，孰谓时之可蓄[64]？

【注释】

　　①九土：九州。②蓐收：神话传说中的西方之神。司秋，掌刑罚。徂（cú）：往。③欻（xū）：忽然，迅速的样子。神化：神奇的变化。蝉蜕：指弃旧图新如蝉蜕壳那么彻底迅速。④朋：以之为朋侣。徒：同伙；同伴。⑤蹶：踩；踩踏。白门：古人把天地八方分做八门，西南方称白门。⑥台：我。中野：野中。⑦乱：横渡河流。潺湲：水慢慢流动的样子。⑧逗：逗留；止而不进。湍渚（tuān zhǔ）：本指河流中有急水流过的小块陆地，此处指华山以北的临河之滨。⑨号：呼。冯夷：神话传说中的河伯之妻。俾：使。清：静。⑩櫂（zhào）：棹，桨。⑪帝轩：黄帝，轩辕氏。⑫相佯：徜徉；徘徊之意。延伫：长久地站立。⑬呬（xì）：休息；止息。河林：传说中的地名。蓁蓁（zhēn zhēn）：草木茂盛的样子。⑭伟：美，赞美。⑮黄灵：五方中央之神。詹：足。访命：询问命数。⑯摎（jiū）：求。⑰六籍：六经。⑱神逵：神路。覆：审。⑲畴：谁。克谟：能谋。诸：之乎的合音词。⑳牛哀：人名。传说中的人物，他病了七天变化成虎，他的哥哥去看他，他咬死了他哥哥。㉑昆：兄。㉒鳖令：蜀王名。又称鳖灵。殪：死。尸亡：尸体顺水流漂走。㉓取蜀禅：相传鳖令的尸体漂到成都又活了，他见到了蜀王杜宇，杜宇立鳖令为相，后蜀王又感到

自己德不如鳖令，就将自己的君位禅让给了鳖令。引世：长世。㉔司命：神名。掌生死和命运。㉕窦：指汉文帝的窦皇后。号行：嚎泣而行。代路：往代地之路。吕太后时，曾将宫中女子赐给诸王，窦姬家住在清河县，因此她想去赵地，那儿离家近。她先同宦官说了，宦官在遣派时，把这事忘了，错将窦姬发遣往代地，窦姬被迫而往，一路大哭不止。㉖膺祚：受福祚。繁庑：繁盛。指窦皇后家族繁盛。㉗王：指汉平帝的王皇后。她是王莽的女儿，出嫁时极为侈奢，受两万斤黄金聘礼，迎娶时派刘歆奉皇家乘舆、皇家仪仗迎娶。后来王莽夺取了皇位，王皇后心中忧郁，常常称病不朝，王莽失败被杀，王皇后投火自焚。㉘恤：忧。绝绪：绝后。㉙尉：指汉武帝时的会稽都尉颜驷。尨（méng）：苍青色，蓬松的样子。郎潜：指埋没在郎的地位不得发迹。㉚逮：等到。三叶：三世，三代。遘：遇。武：汉武帝刘彻，公元前140年—前88年在位。意谓汉武帝有一天来到郎官署，看见一个郎官，头发胡子都白了，就问他为什么这么老了还是个郎官。颜驷说："他从汉文帝时起任郎官，文帝重文，而我爱武。到景帝时，景帝爱年老的，而我当时还年轻。到了您这一代，您爱提拔年轻的，而我又老了，这样三代中我都没有被皇上知遇。"武帝很感慨，就提拔他做了会稽郡都尉。㉛董：董贤。汉哀帝刘欣时人，二十二岁官大司马。㉜王隧：本指为王所开掘的地下隧道，此指诸侯王的陵墓。㉝穆：春秋时鲁国的大夫叔孙豹，谥穆子。也称穆叔。《左传》载叔孙豹到齐国与一妇人私通，一天夜里他梦见天压住自己，回头看见一个人，他对这个人说："牛，帮助我"，在牛的帮助下，他战胜了天，于是他特别喜欢牛。他回到鲁国后，有一天齐国那妇女来找他，说他们的儿子已长大了，叔孙豹召见，就和他过去梦中的那个叫做牛的人一个样。从此叔孙豹特别宠爱他。㉞竖：本指宫中小臣的称呼，此处指的是叔孙豹之子，叔孙豹使牛为竖，故称竖牛。竖牛后来作乱，把叔孙豹关了起来，不给他饭吃，将叔孙豹饿死。㉟文：指晋文公。袪：袖管。伯：伯楚，勃鞮的字。《左传·僖公二十三年》载：晋献公曾派寺人勃鞮去杀晋文公，晋文公越墙逃走，勃鞮只砍断了晋文公的一只衣袖。后来晋文公做了国君，勃鞮去投靠他，他还嫉恨勃鞮，后来还是宽恕了勃鞮。㊱阉：即寺人。谒贼：即揭贼。晋文公的敌人吕甥、冀芮阴谋作乱，勃鞮及时揭露了他们的阴谋，晋文公平定了叛乱。㊲通人：通达之人，此处指叔孙豹，晋文公等。闇：昏昧；糊涂。㊳爱惑：宠爱小人和昏昧糊涂的人。剖：分。㊴嬴：秦始皇嬴政。擿谶（tī chèn）：发出谶语。秦始皇曾发出谶语说："亡秦者胡。"因此对胡人加紧防御，派蒙恬北筑长城。㊵輂贿：用车运财物。违：避。车：张车子。此处引用的是一个传说故事，说天帝想让一对农家夫妇富裕，而司命神说这人命中该当受穷，为不使天帝失意，司命借一个还未出生的人——张车子的财物暂时给这对农家夫妇，约定待张车子出生后就把财物还给车子。农家夫妇富裕起来后，想起期约，想逃避张车子，就将财物用车装着出逃，路上宿于一个旅店。有个孕妇与他们同住一店，那晚小孩在店里出生了，小孩的父亲姓张，见店中有一辆车，就给小孩取名为张车子，从此那对农家夫妇就一天天变穷了。㊶行:将。对：碰上；逢。㊷慎：梓慎。春秋时鲁国大夫。精通天文，善于观测天象。灶：裨灶。春秋时郑国大夫，精通天文，善于观测天象，通晓占卜之术。㊸占：预占。水火：水火之灾。妄谇（suì）：胡乱告诫。㊹梁叟：又称黎丘丈人。患：担忧。㊺丁：当；遭逢。事刃：用刀子杀。㊻亲所睇：亲眼所见。㊼矧（shěn）：况且。㊽绵挛：牵制。詟（xìng）：引。㊾疢（chèn）：病。㊿天监：苍天的监察。(51)鶠（fěi）：辅助。忱：诚信。(52)汤：商汤王。蠲（juān）：通涓，清洁的意思。(53)蒙：受。厖（páng）褫（sī）：大福。厖，庞大。(54)景:春秋时的宋景公。三虑：据《吕氏春秋》载，是指宋景公为国家着想的三次考虑。(55)荧惑：即火星。次：停留。辰：星宿在天空中的位置。(56)魏颗：春秋时晋国大夫。亮：诚信。从理：《左传·宣公十五年》载：魏颗的父亲有个妾。他父亲初得病时对魏颗说："我死以后，你将她嫁出去。"后来他父亲病得很厉害了就说要把那个妾给他殉葬。他父亲死后，魏颗将父妾嫁了出去，并向众人解释说：人病得厉害了就神志不清，平时说的话才是理智之言，我听从他的理智之言。(57)鬼：指魏颗父妾的生父。因那妾的生父已死为鬼。回：秦军中的力士杜回。秦晋之战中，鬼结草绊倒杜回，因使魏颗捉住了杜回。(58)咎繇：即皋陶。迈：行。种：布。(59)德树：指树立了道德。茂：指子孙多。英、六：地名。皋陶子孙所封之地。(60)根生：寄生。草木到寒秋都已经凋零，生命的延续只寄托在桑树上。(61)毓：生。(62)雠：回答。(63)盍:何不。迹：踪迹。(64)蓄：待。

仰矫首以遥望兮①，魂懙惘而无畴②。偪区中之隘陋兮③，将北度而宣游④。行积冰之硙硙兮⑤，清泉沍而不流⑥。寒风凄而永至今，拂穹岫之骚骚⑦。玄武缩于壳中兮⑧，滕蛇蜿而自纠。鱼矜鳞而并凌兮⑨，鸟登木而失条⑩。坐太阴之屏室兮⑪，慨含欷而增愁⑫。怨高阳之相寓兮⑬，偭颛顼之宅幽⑭。庸织络于四裔兮⑮，斯与彼其何瘳⑯？望寒门之绝垠兮⑰，纵余缲乎不周⑱。迅飙潚其腾我兮⑲，骛翩飘而不禁⑳。趋爓响之洞穴兮㉑，摽通川之碄碄㉒。经重阴乎寂寞兮㉓，愍坟羊之潜深㉔。

【注释】

①矫首：举首，抬头。②懙（chǎng）惘：失意的样子。畴：同俦，侣伴。③区中：人世间。隘陋：狭窄而浅见。④宣：遍。⑤硙硙（ái）：同皑，冰雪洁白的样子。⑥沍（hù）：冻、闭。⑦穹岫：幽深的山洞。骚骚：风声。象声词。⑧玄武：北方太阴之神，其形状如龟。壳：指龟甲。⑨矜鳞：竦动其鳞，感到寒冷的样子。并凌：摒除冰凌。并：通摒，排除。⑩失条：指鸟足抓不住枝条，形容寒冷。⑪太阴：北方极阴之地，那里阴气极盛，故称太阴。⑫欷：哭泣时的抽泣，哽咽。⑬高阳：高阳氏，即帝颛顼。⑭偭（qióng）：细小。宅幽：居北方幽都之地。⑮庸：劳动，辛劳。织络：纵横往来。四裔：四方。⑯瘳（chōu）：减损，差。⑰寒门：传说的北极山。绝垠：极垠，极远的边境。⑱缲：马缰绳。不周：不周山。传说中的山名。传说在昆仑山西北。⑲迅飙：疾风。潚（sù）：迅疾。腾（yìng）：送。⑳骛：奔驰。翩飘：也是迅速的样子。㉑爓响（hān jiān）：山深的样子。㉒摽（biào）：落。碄碄：深远的样子。㉓重阴：地下。㉔坟羊：土中怪物。

追慌忽于地底兮①，轶无形而上浮②。出右密之闾野兮③，不识蹊之所由④。速烛龙令执炬兮⑤，过中山而中休⑥。瞰瑶谿之赤岸兮⑦，吊祖江之见刘⑧。聘王母于银台兮⑨，羞玉芝以疗饥⑩，戴胜愁其既欢兮⑪，又诮余之行迟⑫。载太华之玉女兮⑬，召洛浦之宓妃⑭。咸姣丽以蛊媚兮⑮，增嫮眼而蛾眉⑯。舒妙婧之纤腰兮⑰，扬杂错之袿徽⑱。离朱唇而微笑兮⑲，颜的砺以遗光⑳。献环琨与玙缡兮㉑，申厥好以玄黄㉒。虽色艳而赂美兮㉓，志浩荡而不嘉㉔。双材悲于不纳兮㉕，并咏诗而清歌。歌曰："天地烟煴㉖，百卉含花。鸣鹤交颈，睢鸠相和。处子怀春，精魂回移㉗。如何淑明㉘，忘我实多㉙。

【注释】

①慌忽：没有形状的样子。②轶（zhé）：车辙，此为如动词，即追踪的意思。③右：指西方。密：山名。闾野：幽暗之野。④蹊：路径。由：行。⑤速：招致。烛龙：又称"烛阴"或"烛九阴"，钟山之神。⑥中休：在山中休息。⑦瑶谿：瑶崖。⑧祖江：神话传说中人名。《山海经》作"葆江"，据传为钟山之神烛龙的儿子鼓与钦䲹所杀。刘：杀死。⑨王母：西王母。古神话的女神。银台：神话中仙人居住的地方。⑩羞：进献。玉芝：灵芝草，也名白芝，以白色如玉而得名。⑪戴胜：戴玉胜，西王母的服饰，此处借指西王母。愁（yìn）：笑的样子。⑫诮（qiào）：责备。⑬太华：即华山。玉女：神女。⑭宓（mì）妃：相传为伏羲氏的女儿，溺死在洛水中，遂为洛水之神。⑮蛊媚：以美姿迷惑人。⑯嫮（hù）眼：美丽的眼睛。⑰妙婧（jīng）：美丽娇媚。⑱袿（guī）：妇女的上衣。徽：佩巾。⑲离：开，开启。⑳的砺：明亮的样子。遗光：光彩照人。㉑环琨：都是玉佩。玙：宝玉名。缡（lí）：古时妇女出嫁时所用的头巾。㉒申：表达；表示。玄黄：绮缯。即彩色的丝帛。㉓赂美：本指财物美好，此处指礼物美好。㉔浩荡：放纵恣肆，心意不专一。㉕双材：指玉女和宓妃。㉖烟煴：天地阴阳二气和合的样子。㉗精魂回移：神魂萦回牵绕。㉘淑

明：贤良而明智。㉔忘我实多：把我忘得干干净净。

将答赋而不暇兮，爰整驾而亟行①。瞻昆仑之巍巍兮，临萦河之洋洋②。伏灵龟以负坻兮③，亘螭龙之飞梁④。登阆风之曾城兮⑤，构不死而为床⑥。屑瑶蕊以为糇兮⑦，斟白水以为浆⑧。抨巫咸以占梦兮⑨，乃贞吉之元符⑩。滋令德于正中兮⑪，含嘉禾以为敷⑫。既垂颖而顾本兮，尔要思乎故居。安和静而随时兮，姑纯懿之所庐⑬。

【注释】

①爰：于是。②萦河：曲折的黄河。洋洋：广远无涯的样子。③灵龟负坻：龟背负着沙洲。坻：水中的小沙洲。以龟负坻才可架桥，意为水域广阔。④亘：横。螭（chī）：无角的龙。⑤阆（lǎng）风：神话传说中的山名。在昆仑山上。曾城：传说中的地名。⑥不死：神话传说中的神树。⑦蕊（ruǐ）：花下落的样子。此处指花。糇（hóu）：糇粮，干粮。⑧斟（jū）：用斗、勺等舀取。⑨抨：使。巫咸：古代的神巫，名咸。⑩元符：善符，吉祥的符箓。⑪滋：培养；培育。正中：指一年的中间时段。⑫含：孕育。敷：敷荣，即开花。⑬姑：且。纯懿：盛美。指高尚完美的德行。庐：所居之处。

戒庶寮以凤会兮①，佥恭职而并迓②。丰隆轷其震霆兮③，列缺晔其照夜④。云师磹以交集兮⑤，冻雨沛其洒涂⑥。轪珻舆而树葩兮⑦，扰应龙以服辂⑧。百神森其备从兮⑨，屯骑罗而星布⑩。振余袂而就车兮，修剑揭以低昂⑪。冠咢咢其映盖兮⑫，佩綝缅以辉煌⑬。仆夫俨其正策兮，八乘摅而超骧⑭。氛旄溶以天旋兮⑮，蜺旌飘而飞扬⑯。抚轙轼而还睨兮⑰，心灼药其如汤⑱。羡上都之赫戏兮⑲，何迷故而不忘？左青珥以捷芝兮⑳，右素威以司钲㉑。前长离使拂羽兮㉒，委水衡乎玄冥㉓。属箕伯以函风兮㉔，澄涞涩而为清㉕。曳云旗之离离兮㉖，鸣玉鸾之譻譻㉗。涉清霄而升遐兮，浮蔜蒙而上征㉘。纷翼翼以徐戾兮㉙，焱回回其扬灵㉚。叫帝阍使辟扉兮㉛，觌天皇于琼宫㉜。聆广乐之九奏兮㉝，展泄泄以彤彤㉞。考理乱于律钧兮㉟，意建始而思终。惟盘逸之无斁兮㊱，惧乐往而哀来。素抚弦而余音兮㊲，大容吟曰念哉㊳。既防溢而静志兮，迨我暇以翱翔。出紫宫之肃肃兮㊴，集大微之阆阆㊵。命王良掌策驷兮㊶，逾高阁之锵锵㊷。建罔车之幕幕兮㊸，猎青林之芒芒㊹。弯威弧之拨剌兮㊺，射蟠冢之封狼㊻。观壁垒于北落兮㊼，伐河鼓之磅硠㊽。乘天潢之泛泛兮㊾，浮云汉之汤汤㊿。倚招摇、摄提以低回戮流兮㈤，察二纪、五纬之绸缪遹皇㈥。偃蹇矢矫以连卷兮㈦，杂沓丛颓飒以方骧㈧。馘泪飇戾沛以罔象兮㈨，烂漫丽靡藐以迭逿㈩。凌惊雷之硫磕兮㈥，弄狂电之淫裔㈥。逾庞洪于宕冥兮㈥，贯倒影而高厉㈥。廓荡荡其无涯兮㈥，乃今穷乎天外。

【注释】

①庶寮：即庶僚，众官。凤会：早会。②佥（qiān）：全都；皆。恭职：忠于职守。迓：迎。③丰隆：雷。轷（pēng）：砰，象声词。震霆：霹雳。④列缺：闪电。晔：光芒闪耀。⑤云师：云神。磹（tàn）：阴暗的样子。⑥冻雨：暴雨。⑦轪（yì）：车辖上的环，马辔从其中穿过。此为动词，意即驾好饰玉的车。树葩：车上树立的华盖。⑧扰：驯伏。应龙：背后长翅膀的龙。辂：车。⑨森：众。⑩屯骑：聚集车马。⑪揭：举起。低昂：上下舞动。⑫咢咢（è）：高高的样子。⑬佩：系在衣服上的装饰品。綝缅：盛妆修饰的样子。⑭八乘：八龙。摅：腾飞。骧：马昂首奔驰。⑮氛旄：云气作成的大旗。溶：广大的样子。⑯蜺

旌：旌旗的一种。⑰轮轵（líng zhǐ）：车箱前面和左右两面横直交结的栏木。轵，一说车轴的末端。⑱灼（shuò）药：灼热。⑲上都：天都。赫戏：光明的样子。⑳青珬：身体上有青色花纹的龙。捷芝：指竖立在车上的小盖。㉑素威：白虎。钲：一种圆形的打击乐器，即铙钹。㉒长离：神鸟名，即凤鸟。㉓水衡：古代水官名。玄冥：水神名。㉔箕伯：风神名。函：包容；掌管。㉕澳涩：污垢。㉖离离：罗列的样子。㉗玉鸾：车上的铃，因铃呈鸾鸟形，故称鸾。嘤嘤（yīng）：嘤嘤，象声词。㉘蔎蒙：云雾之气。㉙翼翼：飞翔的样子。戾：至。㉚回回：光辉的样子。扬灵：扬其光灵；发出灵光。㉛帝阍：为天帝守门的神。阖扉：打开门。㉜觌（dí）：相见。㉝广乐：传说中天上的一种乐曲。㉞展：舒发情怀。泄泄：舒畅和乐的样子。肜肜（róng）：和乐的样子。㉟钧：也写作"均"，长八尺，为调节乐音的乐器。律：十二律，以竹管或金属管制成的定音乐器。㊱盤逸：纵情享乐。致（yì）：厌，满足。㊲素：素女，神话中的霜神。㊳大容：黄帝时的乐师。念哉：戒止逸乐。㊴紫宫：即"紫微宫"，也称"紫微垣"。三垣的中垣。肃肃：清静。㊵大微：即太微垣，三垣的上垣。大，通太。古代人太字多不加点。如大庙、大初、大极、大学等。阊阖：高大的样子。㊶王良：星名。属奎宿。驷：天驷星。即房星，亦称房宿、天龙。㊷锵锵：高的样子。㊸罔车：星宿名。又称毕星、毕宿。幕幕：网状。㊹青林：神话传说中天上的苑囿。茫茫：广大的样子。㊺弧：星名。亦称弧矢、又名天弓。属井宿，共九星。拨（bō）剌（là）：张弓声。㊻嶓冢：山名。封狼：大狼。狼：星名。即"天狼星"。在参宿东南。㊼北落：星名。㊽河鼓：星名。又称天鼓、黄姑。在牵牛星北。磅硠（láng）：象声词，形容水石相击的声音。㊾天潢：又称天横。属毕宿，共五星。星名。泛泛：浮也。㊿云汉：即银河。51招摇、摄提：皆为星名。低回戮流：回旋的样子。52二纪：日月。五纬：五星。即金、木、水、火、土五大行星的总称。绸缪遹皇：顺序而行的样子。53偃蹇夭矫：形容舞姿的回翔灵活。婘（fàn）、连卷：皆为自由翱翔的样子。54杂沓：众多纷杂的样子。丛颣（cuì）：细小而多。飒：迅疾的样子。方骧：能比得上快马奔驰时的速度。55鹆（yù）汩飂（liù）戾：皆为迅疾之意。罔象：传说中的水怪。56丽靡：也作靡丽。奢侈：华丽。邈（miǎo）：同邈，远。迭荡（dàng）：同迭宕，毫无拘束的样子。57凌：凌驾，乘。硠（kāng）磕（kē）：雷声。58淫裔：电光闪耀的样子。狂：迅速。59庞（páng）澒（hòng）：广大无边的空溟。宕冥：浩渺无边的太空。60贯：穿也。倒影：指人到了日月的上边，日月从下往上照，影子倒立。高厉：高蹈凌厉，勇往直前地远行。61廓：空。

　　据开阳而颊盼兮①，临旧乡之暗蔼②。悲离居之劳心兮③，情悁悁而思归④。魂眷眷而屡顾兮，马倚辀而俳回⑤。虽遨游以媮乐兮⑥，岂愁慕之可怀。出闾阖兮降天涂⑦，乘飚忽兮驰虚无。云霏霏兮绕余轮，风眇眇兮震余旟⑧。缤联翩兮纷暗暧⑨，倏眃眃兮反常间⑩。

【注释】

①开阳：北斗七星的第六颗星。颊（fǔ）：俯。盼：顾盼。②旧乡：故乡。暗蔼：遥远的样子。③劳心：忧心。④悁悁（juān）：忧闷的样子。⑤辀（zhōu）：车辕。⑥媮（yù）：通愉，快乐。⑦闾阖：天门。天涂：天上的道路。⑧眇眇：风吹动的样子。旟（yú）：古时一种行军的旗，用来指挥士卒前进。⑨缤：繁多；众多的样子。暗暧：昏暗不清的样子。⑩倏（shū）：迅疾的样子。眃眃：看不清楚的样子。常间：故里。

　　收畴昔之逸豫兮①，卷淫放之遐心②。修初服之姁姁兮③，长余珮之参参④。文章焕以粲烂兮⑤，美纷绲以从风⑥。御六艺之珍驾兮⑦，游道德之平林⑧。结典籍而为罟兮⑨，欧儒、墨而为禽⑩。玩阴阳之变化兮，咏《雅》、《颂》之徽音⑪。嘉曾氏之《归耕》兮⑫，慕历陵之钦崟⑬。共冈昔而不贰兮，固终始之所服也；夕惕若厉以省愆兮[14]，惧余身之未敕也[15]。苟中情之端直兮，莫吾知而不恧[16]。墨无为以凝志兮[17]，与仁义乎消摇[18]。不出户而知天下兮，何必历远以劬劳[19]？

【注释】

①逸豫：安乐。②淫放：过分地放纵自己。遐心：远游之心。③初服：最初的装束。娑娑：飘动、轻扬的样子。④参参：长长的样子。⑤文章：错杂的色彩为文章。此处指衣服上的花纹。粲烂：灿烂。⑥从风：顺风。此处指衣袂顺风飘扬。⑦御六艺：以珍宝之车比喻六艺。即以六艺为车而驾之。⑧平林：平原上的树林。⑨罟（gǔ）：网。⑩欧（qū）：驱赶。禽：飞禽。此处以所获飞禽来比喻儒、墨两家的学说、道理。⑪徽音：德音，美音。⑫曾氏：指曾参，世称曾子。为孔子的得意弟子之一。《归耕》：曾参所作的一篇思乡恋亲的赋。⑬历陵：即历山。曾参欲归耕之处。钦崟（yín）：形容山高。⑭夕惕：形容戒惧谨慎。不敢怠慢。厉：病。省愆：反省自己的过去。⑮敕（chì）：整顿，整治。⑯恧（nù）：惭愧。⑰墨无为：清静无为。墨通默。老子说："上德无为。"⑱与：亲近；结交。消摇：即逍遥。安闲自得的样子。⑲劬（qú）劳：劳苦；劳累。

系曰[1]：天长地久岁不留，俟河之清祇怀忧[2]。愿得远渡以自娱，上下无常穷六区[3]。超逾腾跃绝世俗，飘飘神举逞所欲。天不可阶仙夫希[4]，柏舟悄悄吝不飞[5]。松、乔高跱孰能离[6]？结精远游使心携[7]。回志朅来从玄谋[8]，获我所求夫何思！

【注释】

①系：辞赋末尾总结全篇的辞。②河清：黄河水清，古时常以黄河水清来比喻天下太平，称"海晏河清"。祇（zhǐ）：只；仅。③无常：没有常规；不固定。六区：天地四方。④阶：升，上登。仙夫：仙人。⑤柏舟：《诗经》中一首诗的题目。诗中反映仁者不遇贤君而不能奋起有所作为的苦闷。悄悄：忧思的样子。吝：惜。⑥松、乔：指赤松子、王子乔。传说中的两个仙人。跱：踞。离：附。⑦结精：心所专注、神思所在。⑧回志：回心；转意。朅撷（qiè）：去。玄谋：玄谋。指与玄理相谋合，即加强理性修养，达到独善其身。

永和初[1]，出为河间相[2]。时国王骄奢，不遵典宪；又多豪右，共为不轨。衡下车，治威严，整法度，阴知奸党名姓，一时收禽[3]，上下肃然，称为政理[4]。视事三年，上书乞骸骨[5]，征拜尚书。年六十二，永和四年卒。

【注释】

①永和：汉顺帝刘保年号。公元136—141年。②河间：河间王刘政的封国。③禽：通擒，抓捕。④政理：政治清明，治理得好。⑤乞骸骨：古代大臣因年老而向朝廷请求辞职。

著《周官训诂》[1]，崔瑗以为不能有异于诸儒也。又欲继孔子《易》说《彖》、《象》残缺者[2]，竟不能就。所著诗、赋、铭、七言、《灵宪》、《应间》《七辩》、《巡诰》、《悬图》凡三十二篇[3]。

【注释】

①《周官训诂》：是张衡所著的一本考究解释《周官经》的书。②彖（tuàn）：彖传。象：象传。相传

为孔子所作，是用来发掘《周易》思想内容和哲学道理的文字。③铭：文体的一种。《七辩》：张衡作的一篇表达自己政治思想的文章。《悬图》：即《玄图》表现作者玄学思想意识的文章。

永初中①，谒者仆射刘珍②、校书郎刘騊駼等著作东观③，撰集《汉记》④，因定汉家礼仪，上言请衡参论其事，会并卒，而衡常叹息，欲终成之。及为侍中，上疏请得专事东观，收捡遗文，毕力补缀。又条上司马迁、班固所述与典籍不合者十余事⑤。又以为王莽本传但应载篡事而已，至于编年月、纪灾祥，宜为元后本纪⑥。又更始居位⑦，人无异望，光武初为其将，然后即真，宜以更始之号建于光武之初。书数上，竟不听。及后之著述，多不详典，时人追恨之⑧。

【注释】

①永初：汉安帝刘祜年号。公元107年—113年。②刘珍：又名刘宝。后官至卫尉，著有《诔颂连珠》、《释名》等书。③东观：东汉时洛阳南宫。④《汉记》：也称《东观汉记》，东汉官修的一部纪传体史书，共一百四十三卷，由班固、刘珍等数人先后参与编纂。⑤条上：分条上报。⑥元后：汉元帝皇后。⑦更始：更始帝刘玄，新朝末年农民起义军所立皇帝，年号更始（公元23年—24年）。⑧追恨：遗憾。

论曰①：崔瑗之称平子曰："数术穷天地②，制作侔造化。"③斯致可得而言欤！推其围范两仪④，天地无所蕴其灵；运情机物⑤，有生不能参其智⑥。故智思引渊微⑦，人之上术。记曰⑧："德成而上，艺成而下。"量斯思也⑨，岂夫艺而已哉⑩？何德之损乎⑪！

【注释】

①论：评论。②穷：寻根究底；穷究。③侔：相等。④围范：即范围。《九家易》释："范者，法也；围者，周也。言乾坤消息，法周天地，而不过于十二辰也。"两仪：天地。⑤运情：运用精神思维。机物：指张衡制作地动仪等。⑥有生：有生灵者，即人。参：参入；参与。⑦渊微：深微。微，精微。⑧记：指《礼记》，下文意为：道德成就是为上的，技艺成就是为下的。⑨量：思量；思考。⑩岂夫：岂其，表示反问语气的副词。⑪损：减损，较次。意为技艺成就并不减损于道德成就，两者不相上下。

赞曰：三才理通①，人灵多蔽。近推形算②，远抽深滞③。不有玄虑④，孰能昭晰？

【注释】

①三才：古代将天、地、人称为"三才"。②形算：形貌数算。③抽：抽引，探究。深滞：深奥难懂的事物或道理。④玄虑：神妙的思虑。

【译文】

张衡，字平子，南阳郡西鄂县人。是世代有名望的高门大姓。祖父张堪，曾任蜀郡太守。张衡年少时善于写文章，游学于三辅，接着又进入京师，在太学学习，于是通晓《五经》，贯通六艺。虽然才能高于当世之人，但从无骄傲之心。平时举止自然，宁静谈泊，不喜欢与俗人往来。永元年间，被推举为孝廉，他没有到京赴任，后来公府一连几次征召，也没有就任。当时，天下太平日子过久了，自王侯以下贵族，全都奢侈无度。张衡于是仿照班固的《两都赋》而写作了《两京赋》，想以这篇赋对人们讽劝。精心构思、附会事物，用了十年时间方才写成。由于有太多的文字所以这里不另录载。大将军邓骘认为他是奇才，多次相召，张衡均不应命。

张衡在机巧之事上擅长，尤其在天文、阴阳、历算方面投入大量精力。平常很喜好《玄经》，他对崔瑗说："我读《太玄经》，方才知道扬子云能穷极道术的妙处，才能够与《五经》相比较，不仅仅是传记之类文章，使人难以议论阴阳之事，这是汉朝取得天下二百年才出现的书，二百年之后，这本书的学术大概会消亡吗？所以按作者的想法，一定要显明一世，这是自然的符验。汉朝经历四百年时，《太玄经》一定会兴起。"汉安帝向来听说张衡善于术数，命公车特别征召，封任为郎中，第二次升迁为太史令。于是，他就研讨阴阳变化，并巧妙运用旋机原理，造出了浑天仪，著写了《灵宪》、《算罔论》，文字非常详细明白。

汉顺帝初年，转任两次后，还是担任太史令。张衡不追慕当世权贵，所担任职务，总是一连多年没有变动升迁。自从离开太史令之职，五年之后，后又回到原职，于是他假设有客来问，作了《应间》来表明他的志向。

"有人对我有非议说：听说先贤最首要的事务，是务于下学人事，上达天命，辅佐国家，治理百姓，有所作为。早上听到什么道理，那么晚上一定要把它付诸实践。建立功勋、建立事业，用来昭示美好的德行。因此，伊尹想使君王成为尧舜，而百姓则处于唐虞盛世，他难道说的是空话一句吗，一定表明了他的志向啊。咎单、巫咸，确实是保守殷王天下的贤臣；申伯、樊仲，实在也是捍卫周朝的卿士，穿着三公之服去上朝，手中拿着长长的玉圭。他们的功绩永远不朽，事业流传到后代，不是也很伟大吗！虽然学习并不是为了取得利益，但富贵自然会聚集到他头上来。可以靠显贵来施行政令，富足可以用来布施恩惠，恩惠布施而政令通行，所以《易经》称之为"大业"。朴质会因为文饰而美丽，果实因为开花才结出来，有了雕饰器具才变得漂亮，人会因为车马服饰而变得华贵。我的先生性情仁德，遵循道义，忠实笃信，安于仁义，约束自身，博通技艺，什么艰深的道理都去钻研，用来思考人世之路这种谋虑是多么深远啊！过去长久地在史官位置上，今天又官复原职为史官。虽然老子有"曲则全"的理论，前进就等于是后退，然而实际上退后还是退后。必然是所学的东西不一定有所用，还要依赖技术，所以说，站在江边将要渡河，但舟楫却不在那里了。只有经过思考天道，内心调动独特智慧，这本来合乎治理百姓的方法吗？所以，俗儒常常要诬谤。过深水要脱去衣服，过浅水只要挽起裤腿，应该根据不同的情况采取不同的办法，以前为何要贪于学习支离益的屠龙之术，而学习那旁门邪道呢？三个轮子的车子可以让它自己行走，木制雕像也能够独自飞翔。已经垂下翅膀又要回到栖息的原地，何不也调动那机械而使自己高飞呢？过去有周文王，自求多福。人生在于勤快。不去索取哪来的收获。为何不卑躬屈膝，讲一些好听的话来抬高自己呢？在那高高的乔木上大声鸣叫的，都是金玉之声。用后面获得的勋位，洗刷过去所受的耻辱，坚强而不柔弱，又有谁来使你羞愧呢。

"回答他的非议说：为何对待一样的事物而见解不同呢？君子不担心地位不尊贵，而只担心品德不崇高，不以俸禄不多而羞愧，而以知识不渊博为耻辱。因此，技艺能够学习，而品德可以休养。天子高悬爵位，要得到它完全在于命运。有的人不求它却自然到他怀中，有的人非常羡慕却不能得到，勉强去追求它是没有益处的，所以智慧的人虽然而对它却不想。以侥幸获取它的心理而身临险境，这本来是贪鄙之夫的行为，他还未得到就已失去了一切。妄图用小尺去衡量大寻，议论的人就会讥笑这件事，欲望过大就会使志节有损，谁说这不是羞事呢？在心里有疑惑，就是准备好饭菜食物等他，也不屑于去吃，饿人爱旌就是这样的。心里面没有疑惑，那就是百两黄金也不会推辞，孟轲就是这样的。士人中有脱去短小的粗布衣而穿上锦缎礼服的，有放下崛土筑墙的工具而登上华贵官车的，这是按照他们的德行而封任官职，衡量他们的功绩而享受俸禄啊。为朝廷献出自己的力量，封官任爵就会自有道路。

"天地开辟之初，天道还没有纲纪，吉祥与凶祸纷乱交杂在一起，人们还处于混沌之中。黄帝因此而非常感伤。有个叫风后的人，为使天行上正道，在上面观察日月星三辰，在下面观察人间祸福，经过条理安排，如此一来天道才有常规，这就是风后的作为啊。当少昊清阳的末年，确实有人扰乱仁德，人神杂扰在一起，无法辨别好坏，重、黎辅助颛顼而治理天下，日、月才有序运转，这就是重、黎的作用啊。人们各有各的才能，根据才艺不同而接任不同职位，鸟师也各自有不同名称，少皞氏四叔分管金、木、水三正，一官不掌任两职，不能同时办理事情。白天长了晚上就短，太阳在南影子就在北。上天尚且不能兼顾，何况用人去包容它。黑色的龙，一到夏天就振动鳞羽而飞凌云天，这是以适宜时令为乐；在过冬的时候就掘开泥土潜藏起来，这是逃避时令的伤害，周公旦遵正道而行，所以制定典章礼乐来匡正天下，他还担心不能使教化通行，有人得不到治理。孔丘不遇明君，所以通过论述六经等待后来的贤君，他以某一事物不知道，有些事物没有规范为耻辱。所考察的事物各自不一样，怎么可以强求一致呢？

"战国时互相争战，战车竞先驱驰，国君被人控制像旗帜上的流苏一样随风摆动，而臣民则没有依附之处。烛武缒城去劝说而使秦穆退军，鲁仲连射入劝降信而使聊城不攻自破。主张合纵的人来了六国就联合，主张连横的人来了就使六国分离，安定危急没有常规，关键就掌握在说客手上。都以为有了人才就胜利，失去人才就会失败。所以樊哙冲入禁宫，进见汉高祖；汉高祖正踞傲地令女人洗脚，见贤士郦生而道歉。当此之时，他们君臣都感到相遇恨晚。所以能够努力同心，勤于体恤民情，掩有整个华夏，才定下了帝王位，这都是有谋臣的原因啊。所以，每一个谋臣的计策，都各有功绩，司马迁把这些记载下来，功绩辉煌各有次第。旱神女魃败北而雨神应龙翱翔，洪鼓发声，天下大统而战事平息；夏末一到鹑火星就在偏西方向栖息，寒冰凝结而鼋就潜藏。如今，皇帝恩泽，广泛滋润，海内海外，统一混同，万方亿族，同舟共济，如果修养自己都没有闲暇，那还建立什么功劳！建立事业的做法有三种，立言是属末最末一种；如果这一种尚且毫无希望的话，怎么能希图那前两种呢！

"现在搢绅之士很多，儒学之士成林，官运达到要津的人风光得意，宦途失路的人退隐到幽僻之地，遭遇到困难紧要的事情，趋向附合时宜为幸运。世道变了风俗自然会不一样，事情和形势出现差别和不同，如果不能通达其变化，而总是以一个标准去衡量它，这就等于是刻舟求剑、守株待兔了。冒着羞耻去使心愿逞展，继续下去必然就是不讲廉耻，这是有道的人所不愿意干的事情。越王勾践做了这样的事情，因此他的国运就不会长久。试图走捷径而行歪道，我不忍心这样去迈步；干谒求进，苟合取容，我不忍心去巴结讨好。虽然有坚固的船、强劲的楫，如同《诗经》里所说的'人家渡河我不渡河'，这是有所等待啊！姑且也尊奉温顺、敦厚、笃实，以忠信自守，得到它不以为美，得不到它也不感到耻辱。不被任用而不苦闷，身居下位而不忧伤，我所经常追求的是那真正的崇高的道德。正将要以天老为师而以地典为友，与他们仰首阔步而大声言谈，孔甲尚且不足以追慕，哪会称赞那殷代的彭祖和周代的老聃！与世人绝对不同的技能，本来就是追求它的独特，你担心朱泙曼的屠龙之技没有用处，我还遗憾轮扁没有对后人有所教导呢。你看到木雕自动起飞，怜悯我象木雕垂翅一样，又退回原职，我还感叹你象那离去的青蛙，依附于凶猛的鸥鸟一样，悲痛你先笑而后来会要哀号啊!

"斐豹因杀督戎立下功劳而使晋君烧掉了卖他为奴的丹书，礼至为国家劫持和杀死了邢国国子而自刻了铭文，弦高以牛犒劳骗退了敌人，墨翟以衣带为比喻使宋国都城保全; 贯高凭借正直之言显扬了忠义，苏武手持光秃秃的节杖奉献了忠心; 蒲且凭射出矰矢表现了技巧、詹何以钓鱼技术达到专精，奕秋因为下棋而声誉很高，王豹因为唱歌而四处留名。我进身的时候不能在立德、立功上取得名声，退处的时候又不能像上述数人那样人那样各有自己的才能。悲哀《三坟》之书已经颓败，惋惜《八索》之书得不到整理。希望可以钻研前代圣贤的遗训，姑且隐姓埋名于朝廷的史官中，姑且像玉一样藏身韫椟待价而沽，以颜渊为榜样检点自己的言行。从不曾羡慕晋、楚一样的富贵，冒昧地对知己说出自己的诚心。"

阳嘉元年，张衡又制造候风地动仪。仪器用精铜浇铸而成，直径八尺，合盖向上高隆，形状像一具酒尊，上面用篆文、山龟、鸟兽的图形进行装饰，中部有中心大柱，柱旁有八条行道，设置了可以开，关的机关。外面有八条龙装饰，龙头衔着铜丸，下面蹲着蟾蜍，张开口准备承受落下的铜丸。它的巧妙的机关构制，都隐藏在尊里面，合上盖子周围密封得十分严密。如果发生有地震，尊器受到振动龙机开口吐出铜丸，而蟾蜍衔着了它。振动的声音清脆激扬，守候的人因此就发觉了。虽然发动机关的是一条龙，但其他七条龙不动，按照那条龙的方向去寻找，就会知道地震发生的处所。用事实来验证它，符合准确得像神仙一样。自有书籍记载的时候起，从来没有这样灵验的机械。曾有一次，一条龙发动开关但地面并不觉得震动，京城的学者都对仪器不灵验感到惊讶，后过了几日，驿站信使来京，果然地震发生在陇西，从此众人都信服它的精妙。从此以后，就命令史官记载地震发生在什么方向。

当时朝廷政事逐渐受到损害，权力转移到臣下手中。张衡因而上疏陈述事情，说: "臣考虑陛下明智而通达，承受天命继承国体，中途遭受挫折，龙体一度蜷曲在泥淖之中，今天乘云高升，盘桓于上天之位，确实象人们说的那样，将要登上大位，一定先让他穷困一番。亲历艰难困苦的人了解下面的民情，备经验易事情的人通达事物的真伪。所以能够统理万机，无所疑惑，每一件事情都处理得公平恰当，各种事业都昌盛繁荣。应该从天神地祇那里获得福禄，从黎民百姓那里受到赞誉。但是，阴阳不和，灾害屡屡出现，神明虽然幽远，但眼前就有报应。仁者受福，淫者取祸，像影子和回声一样立刻应验，因为德行而降下福气，由于罪过招致惩罚，天道虽然离得太远，但马上可见到吉凶祸福，近世的郑众，蔡伦、江京、樊丰、周广、王圣等，都可以作为见证。所以，恭谦廉洁敬畏忌讳，必然蒙受福禄，奢侈、淫荡、逸谀、轻慢，几乎都遭到诛杀的，前面的事情不能忘记，可以作为以后行事的借鉴。情欲胜过理性，流连于享乐而忘记回头，难道仅仅是不肖之子，一般的人也都是如此。如果不是大贤人，不能见德思义，所以就积小恶而成大祸，罪行就不可解脱了。假使他以前能够仔细思量，拿过镜子自己鉴戒，那么，又怎么会陷于凶祸呢? 显贵宠幸的臣子，众人都归属和仰慕他，如果他有罪过，上上下下都会知道。褒奖美德，批评恶行，人们的想法都是一样的，所以当四海之内都充满怨恨时，神明就会降下祸患来实施惩罚。近年来雨水总是不足，思考探求所造成的失误，那就是《洪范》所说的'总是有逾越本分'的事情。因而，臣担心群臣百官穷奢极欲，昏乱地超过了典制，以臣下逼迫君上，因而招致了天罚的征兆。此外，前年京城地区因地震而土地崩裂，土地崩裂意味君上权威分散，地震是人臣的骚扰。君王平静地发令，人臣用行动来执行，权威从君上发出，不能取自于臣下，这是礼制的章法。臣私下担心皇上对国事感到厌倦，政令制度不专门由自己发出，君臣私情不忍心割舍，与众臣共同享有权威。权威是不能分割的，圣德是不可以一起享有的。《洪范》说：'臣子中如果像天子一样作威赐福，享受玉食，那就有害于自家，有祸于国家。'天的鉴戒是非常清楚的，虽然有疏漏但不会失误。灾异之象显示在人们面前，前后有多次了，却未能见到有所改变，来表示反悔。如果不是圣人，不能做到一点儿过错也没有。希望陛下想一想为什么要考查古制和遵循旧章，不要让刑德权威不由天子发出。如果恩德从上到下，做事循依礼制，修明礼制那么奢侈僭越多行为就会止息，做事符合礼制那么就没有凶兆惩罚。这样之后，天神的愿望得到满足，自然就不会出现灾异了。"

开初，光武帝善于谶纬之术，到汉明帝、汉章帝一直继承祖上的做法。自从光武中兴之后，儒士争先学习图法谶纬，除此之外又附上妖言。张衡认为图法谶纬是虚妄的，不是圣人的办法，就上疏说："臣闻听圣人通过审察乐律和历法来预测凶吉，再用卜筮来重验，用九宫之法来推算，以天为法则，以道为证验，这做法的依据都在这里。有人观察星辰是逆行还是顺行，在这里找到冷暖的原因；有的人考察龟筮占卜的结果，再加上巫觋的话，他们所依据的，不是一种方法。在前面作的预言，在后面就会有所应验，所以智慧的人重视这方法，称这些书为谶书。谶书刚刚出来的时候，了解它的人很少。在汉朝取代秦朝时，用兵力战，终于取得了事业的成功，这可以说是大事，在这个时候，没有人提谶纬。像夏侯胜、眭孟等人，凭道术建立声名，他所著述的书中，全是关于谶纬。刘向父子总领校理秘籍图书，阅读删定了九流之说，也没有关于谶纬的记录。汉成帝、汉哀帝之后，才开始听说有这种说法。《尚书》中说，尧派遣鲧去治理洪水，一连九年事情都没有成功，鲧因而被处死，禹才继承这事业取得成功。但《春秋谶》却说：'共工治理洪水。'凡是有关谶纬的书都说黄帝征伐蚩尤，但《诗谶》独自认为'蚩尤失败，这之后尧才承受天命'。《春秋元命包》中有公输班与墨翟，在战国可以见到事迹，不是春秋时代。又说'另有益州'。益州的设置，在于汉代。这名称在三辅诸陵园中，按世代查数下去就知道了。至于此书的图中，却在汉成帝时才停止。一卷书中，互相矛盾的说法就有数处，圣人说的话中，势必没有这样的情况，恐怕一定是一些虚伪之徒，为取得资财而来欺骗世人。从前侍中贾逵摘录谶书中互相矛盾的事情三十余件，那些说谶纬的人都不能有合理的解释。至于王莽篡位一事，是汉代的大祸，在《河洛》《六艺》八十篇里为什么不引为警戒？从这里就可以知道图谶之说在汉哀帝、汉平帝期间形成。再说《河洛》、《六艺》，篇章目录已经固定，后人即使想强加附会，也没有地方可以让他改篡。承元年间，清河郡人宋景就通过编历纪年来推论水灾，却假称他看到过大禹时候的玉版。有的人因而至于抛弃家业，深入山林中。后来都没有成效，就又采用前代的旧事，来验证它。至于汉顺帝又恢复统绪的事情，谶纬就不能知道。这都是欺骗社会、迷惑大众的把戏，用来蒙蔽权势者的，真、伪一比较就使人明白了，但就是无人纠察禁止它。再说律历、卦候、九宫、风角，多次有过效验，但世人不肯去学它，却都争着赞赏没有占卜作用的谶书。比如，就像那画工，不喜欢画犬马而喜欢画鬼怪，确实是因为现实的事物难以描画，而虚假的东西则可以无穷发挥啊。应该把图谶之书收缴封藏，一下子就要禁绝它，这样的话，那正道就不会让人搞乱，典籍也不会让人玷污了"。

后来张衡被提升担任侍中，汉顺帝召命他进宫，在自己左右进行讽劝议论。曾经问张衡天下最憎恶的是什么人。宦官害怕他会毁坏自己，都用眼睛一齐瞪住他，张衡于是假意应付后就出宫而去。宦官担心张衡终究会成为他们的心腹之患，于是一起诬陷诋毁他。

张衡常常考虑自己将来会怎样，认为吉祥、凶险共同存在，幽深细微难以辨明，因而就写了一篇《思玄赋》，用来宣泄情绪，寄托理想。赋中说：

"仰慕前代圣哲的高妙教诲啊，虽然很高深但我也不能违背。不是仁人的住所我到哪里去住呢，不是义士的足迹我又去追随谁呢？心中默默记住而永远思考这道理，日深月久而永不衰止。那内心之情美好而真诚啊，追慕古人的忠贞义节的情怀。严肃认真地对待，恭恭敬敬地顺从，啊，遵循礼法绳墨而不能失误。志向忠贞专一来顺应规矩啊，像绳结一样诚心诚意固定不移。为昭示性情而制作佩饰啊，佩带夜明珠和琼枝。系上幽兰的秋天的花朵啊，又点缀上香草江蓠。花朵重叠而香气浓烈啊，能保持长久而不消歇。佩饰既然美好而举世无双啊，又不是世俗所珍贵的那种。展放我的花朵而没有人看见啊，我的香气散播而没有人闻到。孤独深居在偏僻荒陋之处啊，哪敢怠惰荒嬉而舍弃勤奋。庆幸八恺、八元遇到了虞舜啊，喜贺傅说在殷代生活。羡慕前贤遗留的风尚啊，痛心降生太晚而没赶上那个时代。我是多么的孤单独行啊，孑然一身无人可告。有感凤凰的特立栖息啊，为善人君子的孤独寡合而悲伤。

"人家不愿遇合又有什么伤心的呢，担心众人虐伪而以假冒真。周公旦被弟子们所诽谤啊，打开了金腾之封人们才会相信。看到众民之心是多么偏狭啊，害怕立法会危害自身。增加了烦忧和迷惑啊，能向何人倾吐自己的内心之言呢？内心深深忧虑而又深深怀念啊，思绪纷纷而不能自理。但愿竭尽全力来守住节义啊，即使穷困潦倒也不后悔。虽然手中只有凋虎而'愿竭尽试象之力啊'看着焦原的足迹而跟从他的高义。就是这样遵奉而跟着前贤周旋啊，其要点就是要死而后已。世俗多次变迁而导致事情变故啊，泯灭了规矩和方圆。珍惜萧草艾草而把它珍藏在盒子里啊，却会说香蕙白芷不芬香。摈弃西施而不临幸啊，在骏马上套上笼头让它驾起重车。行为怪避而获得志向啊，依循法度却要受灾祸。只有天与地浩大无穷，为什么人活着却遭遇无常，不降低节操而苟合取容啊，譬如站在河边却没有渡船。虽然想要伪装笑脸来讨好献媚啊，但这些我并不擅长。穿上温良恭谦的黑衣啊，披上礼法节义的绣服。编上高风亮节来作为衣带啊，交织技艺来作为玉珩，彩带和佩饰都鲜明啊，玉璜的叮当声深长而悠远。久久地温游来放松心身啊，白日忽然要降落到西山。想要依靠知己而使自己荣华啊，杜鹃鸟叫一声花儿反而不开放。希望一年里三次开花啊，恰恰又遇到白露变为寒霜。四时不停地循环代替啊，谁能够与它进行对抗？叹息嫉妒美人而难以与她并行啊，想要跟随仙人韩众而飘泊四方。担心光阴荏苒而学仙之业无成啊，但留在这里却会被掩蔽而无法名扬天下。

"心里犹豫而又狐疑啊，来到岐山脚下倾吐情怀。周文王为我端著占卜啊，大吉大利是远避世俗来保住声名。历遍众山而到处飘流啊，凭借疾风高飞来扬起声音。二女有感于高山啊，但冰川崩折而不可营求。天虽然高却不能成为水泽啊，谁说道路不平不可行！时时自勉而自强不息啊，想登上那高高的天阶。害怕算卦人的卜筮啊，钻孔龟甲来看凶吉之兆。遇到了"栖鹤兆"啊，怨恨素志不得施展。遨游尘俗之外瞥见高天啊，凭据高远之地而哀鸣。雕鹗恶鸟贪婪争逐啊，我鹤高洁修美更加荣光。（文王说:）"先生卜得'栖鹤兆'啊，鹤子归依母鹤然后得安宁。"

"占人吉祥而没有凶辞啊，选择吉祥之日整理行装。早晨我在清泉中洗头啊，在朝阳下晒干我的头发。用飞泉的微流漱口啊，咀嚼石上灵芝的流芳。鸟儿高飞而鱼儿腾跃啊，我要走向那遥远的荒莽的八方。经过少皞的穷桑之野啊，向东方木伸句芒询问海上的三座仙山。大道真义是多么精要纯朴啊，离开尘俗顿感飘然轻松。登上蓬莱从容徘徊啊，龟负蓬莱拍手欢舞而不倾倒。留在瀛洲采摘灵芝啊，暂且用它来延长寿命。凭依回归的云朵而远逝啊，晚上我宿在扶桑。吸青山顶峰上的露水啊，饮半夜的水汽作为食粮。昔日梦中见到了木禾，木禾在昆仑山高峰上生长。早晨我从汤谷出发啊，追从夏禹在会稽山上。招集众多执持玉帛的神仙啊，怨恨防风氏违命后至。

"以向西南的路径向长沙斜走啊，在长沙南问候重华。哀伤娥皇、女英未能跟从啊，二妃都在湘江之滨溺死。放目远望那衡山之峰啊，看到有黎氏的毁坏的坟头，哀痛火神祝融无处归身啊，把孤寄案托在山坡之上。茫茫愁绪思慕远方啊，越过卬州而游乐。登上日升正中处的昆吾啊，在炎热的南方火山边休息。火光四射染红天色啊，大水沸腾波涛汹涌。热风聚会更增酷热啊，忧思抑郁难以聊赖。孤独寄客于他乡无友作伴啊，我怎能长留在此地？

　　"回头看见金色的西天而叹息啊，我想往西南而游乐。前面祝融举旗指示方向啊，后继朱雀高捧大旗。休息在广都的建木之下啊，折取若木之花而踌躇不前。超越轩辕于西海啊，跨过沃民国的龙鱼，听说这个国家的人都寿满千岁啊，这何曾足以使我快乐？

　　"思念九州风俗之独特啊，随从西方之神莫收起身而前行。转瞬间神仙羽化而如蝉蜕蜕皮啊，与精粹之气而结为伴侣。经过白门而驰向东方啊，我在中原的云台上行走。横渡潺湲的溺水啊，逗留在华山北面的黄河水边。呼叫河伯冯夷清理渡口啊，划龙舟载我过河。正值轩辕帝还未归家啊，怅然徘徊而久久地伫立。在河林茂密的树林下休息啊，赞美《关雎》诗告诫女子之德。黄帝之灵回来而咨询啊，寻求天道在何处。回答相倍离得近而怀疑离得远啊，《六经》空缺而没有记载。神道不明而没有办法查孝啊，谁能谋划就跟从他？牛哀生病而变成虎啊，即使遇到兄弟他也一定会吞噬。蜀王鳖令死后尸身不见了啊，复活后取得蜀王之位而世代相传。生与死交错而不一致啊，即使是司命之神也不明了。当年窦皇后在去代国的路上边行边哭啊，后来子孙继位昌盛繁荣。王皇后在汉朝宫廷恣意奢侈啊，最终饮恨死去却没有后嗣。都尉颜泗眉毛花白仍然低就于郎署啊，过了三代才遇上汉武帝。董贤二十二岁就当了大司马啊，建设王陵自己却无地安埋。吉凶相互交迭啊，总是反复无常没有定数。叔孙豹因天的重压被竖牛解除而喜欢竖牛啊，竖牛搅乱叔孙豹的家室就被叔孙豹幽禁。晋文公由于砍断了袖子而怀恨勃鞮啊，但后来阉人勃鞮却告发谋乱之事而使晋文公得到安宁。通达的人不能清楚地区分好坏善恶啊，更何况素来昏乱迷惑的人能够辨别吗？秦王嬴政解释图谶而戒备胡人啊，防备了外敌却引发了内乱。周辇夫妇用车拉走财物而想不把财物还给张车子啊，周妻路遇生产失财而作为对答。梓慎、禆灶是通晓天道的人啊，占卜水火之灾却不应验。梁国老人担心那装神弄鬼的黎丘啊，遇到了他自己的儿子却用刀刺杀。不能识别亲眼见到的东西啊，那幽暗不明的事情怎么能相信。不要被世俗所累而使自己忧伤啊，忧虑过多会生病。苍天见到的是很明察的啊，辅助诚实的帮助仁德的人。商汤斋戒洁身以已为祭品祈祷苍天啊，蒙受大福而拯救了人民。宋景公三次谋虑都是为了国家的治理啊，感动火星迁陟到其他时辰的地方。魏颗诚信顺从事理啊，鬼绊杜回助他打败了秦国。皋陶行为高尚培植德操啊，因德高而封其后于英。六二国。植物寄生于桑树枝梢啊，百草至秋皆凋落独有它还生长。既然有不说则不应答啊，又有去往何处而不回返？为什么不远走高飞播扬声誉啊，谁说时机可以等待。

　　"仰头举目而远望啊，神魂怅惘而孤独无伴。走到中原地区何其狭隘偏陋啊，我将要向北漫游四方。走到冰雪皑皑的原野上啊，清泉冻结而不流。寒风凄凄而长久不息啊，横卷山峦呼呼作响。北方神兽玄武在甲壳之中蜷缩啊，腾蛇蜷曲而相互缠绕。鱼儿竦着鳞片而越过冰凌啊，鸟儿登上树枝而站立不稳。坐在北方阴地的侧室之中啊，感慨郗郗而更加忧愁。埋怨高阳看中的住所啊，颛顼帝的幽都屈居。往来四方边远之地就像往来织络啊，北方也并不比别处好。眼望寒门这块绝地啊，放开我的马奔驰在不周山。狂风迅猛地送我前行啊，烈马飞奔无法阻挡。驰进深深的洞穴啊，走进深渊愈走愈深。经过阴森的洞穴备感寂寞啊，怜悯坟羊入地如此之深。

"追踪无影无形的元气于地下啊，超出无形之气而往上浮。从西方密山的幽暗荒野中出来啊，不知道路径在哪里。请烛龙令举起火炬啊，度过钟山而休息于途中。俯瞰瑶溪红色的高岸啊，凭吊祖江之被杀。在银台恭请西王母啊，以玉芒为食来填饱饥肠，西王母欢娱我的到来啊，又责怪我走得太慢。载来太华山的玉女啊，又召来洛浦的密宓妃。都是那样姣丽和妩媚啊，再加上迷人的眼睛和弯弯的眉。把美妙的纤纤细腰舒展啊，舞动起彩色的衣裙。启开朱唇而微笑啊，容光焕发彩照人。献来环佩和香袋啊，又赠以缯绮表示修好。虽然颜色美好而所赠丰厚啊，但她们放荡心志而不合我意。两个美人悲哀不被接纳啊，一起咏诗和清歌。歌辞说：天地间烟雾潦绕，百花含苞待放。白鹤交颈而鸣，睢鸠水鸟声声相和。处女心怀恋情，神魂放荡不定。为什么这样贤淑惠明的人，却一点也不记得我呢。

"要对二女的情歌给予回答而不暇顾及啊，于是整理车驾赶快出行。抬头看见巍巍的昆仑山啊，面对的是洋洋的黄河，伏着的灵龟背负起河床啊，横亘的螭龙飞架起桥梁一座。登上阆风山傍的重重城墙啊，架起不死之树作为大床。碾碎琼瑶作为干粮啊，酌起白水作为米浆。让巫咸来为我占梦啊，才得到贞吉的命符。滋养美好的品德于心中啊，含着嘉谷来显示丰足。禾穗低垂而顾恋它的根本啊，你也思念自己的故乡。安定和静而与时俗相顺应啊，姑且纯美你的居所。

告诫众僚相会要早一些啊，全都恭行职守而一起来迎接。雷声轰响震动天庭啊，闪电通明照亮夜空。云师将乌云拢聚于高空啊，暴雨浇打在道路上。在树起华盖于玉饰的本子上啊，驯服应龙来驾车。百神森严来作为随从啊，聚来骑士簇拥着如同群星密布。挥动我的袖子登上车啊，长长的宝剑在腰间低垂。高冠耸立映照车盖啊，佩饰繁盛光彩辉煌。仆夫端坐杨起鞭子啊，八匹马一跃而齐头奔驰。飘扬的大旗像天在旋动啊，彩旗猎猎也随风飘扬。手抚车栏向远处眺望啊，内心灼热如同滚汤。羡慕天都的光明灿烂啊，为何又迷恋故土而无法忘怀。左边青龙支撑起有如灵芝的车盖啊，右边的白虎摇起那铜铃。前面的朱雀把羽毛扬起啊，委任玄冥担任水官之职。嘱吉风神箕伯收起狂风啊，洗去污浊使天空重新清朗。摇曳云旗迎风飘扬啊，玉饰车铃叮叮作响。腾上高天向远方飞去啊，凭借游气向上飞行飘浮。安闲有节的飞行缓缓来到啊，火花闪烁显扬神的灵光。叫上帝的守门人把门打开啊，想在琼宫拜见天帝。聆听天上的《广乐》多次演奏啊，神情舒展和乐融融。凭借音乐而考察政治的治乱啊，其意义在开始之初就能考虑它的终结。思考放纵游乐而不知满足啊，害怕欢乐会过去而悲哀就要到来。素女抚琴而余音袅袅啊，乐师大容吟唱要戒绝逸乐。既要禁止逸乐过度又要平静心志啊，趁我闲暇时还要翱翔。飞出肃穆的紫宫啊，停留在光明宏大的大微星座。命王良驾车掌鞭啊，越过耸立云天的高阁。立在密密地罔车星座旁边啊，狩猎于茫茫的青林。用力拉弯威弧之弓啊，射嶜冢山上的大狼。在观察壁垒于北落星旁啊，敲响咚咚的战鼓。乘着天潢星浮游啊，浮过浩浩荡荡的云汉。倚着招摇、摄提两星宿而回转啊，观察日月二纪，金木水火土五纬的运行连绵。或高扬或颓落而连绵不绝啊，星宿众多天象纷纭。飞驰不停若有若无啊，星宿分散连绵旷渺幽深摇荡往复。乘着轰轰的惊雷啊，摆弄闪闪的狂电。在天的高处蹭越元气啊，穿过日月之影而高高扬起。空廓荡荡无边无际啊，到现在已到天外游荡。

"凭据开阳星而往下看啊，已到遥远的故乡上空。悲哀离乡而居的痛苦心情啊，忧思重重而想回到家乡。魂魄牵挂而屡屡回头啊，马倚着车辕而原地徘徊。虽然遨游而有一时的快乐啊，但岂能抚慰我的忧愁和思念。出了阊阖之门啊降到天道上，乘着狂风啊飞驰在空中。云霏霏啊环绕着我的车轮，风眇眇啊把我的旗帜鼓动。缤纷联绵地飞啊一片昏暗朦胧，只是片刻之

间啊回到我的故里。

"收起以前的逸乐啊，控制那自由放任的闲心。修整我原来那清洁多姿的服装啊，把我那长长的玉佩带上。衣冠鲜明而灿烂啊，美饰纷纭而随风飘荡。我驾驭六艺这辆珍贵的宝车啊，遨游在道德的树林里。把典籍编织起来当作罗网啊，把儒、墨学说当作飞禽。学习阴阳变化的学说啊，吟咏《雅》、《颂》的美音。嘉美曾子的《归耕》之孝啊，追慕大舜在历山躬耕的崇高，与这些早晚不离而专一不二啊，正是我始终应该服膺的；晚上害怕有错误而自省啊，担心我自己不能去改正它。如果我有正直的内心啊，没有人理解我也不自惭。墨守无为之道来凝聚自己的志向啊，与仁义而一起逍遥。不出门而尽知天下事啊，为什么还要付出辛苦勤劳去游历远方？

总起来说：天长地久岁月如梭不停留，要等黄河水清心里只有怀忧。希望通过远游来得到自娱，天地无常但我走遍八方。纵马飞腾跳跃而脱离世俗，飘飚升空而随心所欲。上天没有路而成仙的人少，《柏舟》诗中忧心忡忡而不忍远飞。赤松子、王子乔高据天上谁能接近？只能是专心远游使内心与他们相同。挽回远游之志来追求玄妙之道，获得了我所追求的又还有什么追求呢。"

永和初年。出任为河间国相。当时河间王刘政为人骄奢，不遵从典章国法，当地豪门大族很多，互相联合起来图谋不轨。张衡一下车，就树立威严形象，整顿法律制度，他暗中了解到奸党姓名，一个时期内就收捕擒拿他们，上上下下心怀敬畏，人们称河间政事上得到治理了。张衡任事三年后，向朝廷请求退休，征召到朝廷封任为尚书。享年六十二岁，死于永和四年。

张衡著有《周官训诂》，崔瑗认为这本书与其他儒学学者的著作相比没有什么特别的。张衡想继承孔子的《易经》之学，解说《彖》、《象》里面残缺的内容，但最终没有完成。所著的诗、赋、铭、七言、《灵宪》、《应间》、《七辩》、《巡诰》、《悬图》，一共有三十二篇。

永初年间，谒者僕射刘珍、校书郎刘騄駒等人在东观著作，撰写集录《汉记》，并因而为汉家制定礼仪制度，上书请求让张衡参于这件事，正好两人一起去世，因而张衡经常叹息，想最终完成《汉记》这部著作。等张衡被授侍中一职，上疏请求让自己专门从事于东观，收集整理遗文，毕尽精力对《汉记》进行补充连缀。又逐条陈述司马迁，班固所叙述的事情与典籍上的记载有出入的事，计十余件。又认为王莽本传只应该记载篡位的事实而已，至于编年月、记载灾异祥端，应该系录在元后本纪。又说更始皇帝身居帝位之时，人们并无别的想法，光武帝开始还担任过更始帝的部将，然后才即天子位，应该将更始帝的年号放置于光武帝年号的前面。几次上书，朝廷最终没有听从。等到后人著述，对此大多不能详细阐述，所以当时的人非常遗憾。

评论说：崔瑗称赞张衡说："术数能穷究天地间的道理，制作机械能与自然造化相比。"这两句话可以说是评价非常准确！推究他模拟天地制作浑天仪，天地间都无法包容他的灵巧；运用精思制作机巧之物，凡有生之人不能有和他一样的智慧。所以，他的知识和智慧能导引出最深刻细微的道理，这是人类中的上等技术。《礼记》中说："成就德行为上，成就技艺为下。"考虑一下张衡所用的心思，难道仅仅是技艺吗？这种技艺对德又有什么损害呢？

赞叹说："天、地、人三才照理应相互沟通，但人才的性灵大多被蒙蔽了。近则可以推究形相算术，远则可以抽象出深奥的道理。没有玄妙的思虑；没有人能这样昭著而明晰？"

三国志

三

国

志

武帝纪

太祖武皇帝①，沛国谯人也②，姓曹，讳操③，字孟德，汉相国参之后④。桓帝世⑤，曹腾为中常侍大长秋⑥，封费亭侯。养子嵩嗣⑦，官至太尉⑧，莫能审⑨其生出本末。嵩生太祖。

【注释】

①太祖武皇帝：指曹操（公元155—220）。曹操生前没有正式代汉称帝。他的儿子曹丕称帝建立魏王朝后，追尊他为武皇帝，给他定其庙号叫太祖。②沛国：王国名。治所在今安徽濉溪县西北。东汉的封爵制度规定，同姓宗王的封地为一郡，凡郡成为宗王封地的，则改称为国，其行政长官郡太守也随之改称为国相。谯：县名。故治今安徽亳（bó）州市。③讳：避忌。古代帝王和尊长的名字不能直呼，如果提到，要在前面加一"讳"字，以示尊敬。④相国：官名。朝廷最高行政长官，辅佐皇帝治理全国。战国开始设置，后改称丞相。参：指曹参（？—公元前190），沛县（今江苏沛县）人。秦末随刘邦起兵，屡建战功。刘邦即帝位后，赐封平阳侯。后继萧何为相国。⑤桓帝：即刘志（公元132—167）。东汉皇帝。公元146至167年在位。⑥曹腾：字季兴。东汉末宦官，在宫廷掌权三十多年，侍奉了四位皇帝。魏明帝太和三年，追尊为高皇帝。中常侍：官名。皇帝的随身侍从宦官，传达诏命和处理文书，实权很大。大长秋：官名。皇后的侍从长官，负责处理皇后宫中事务。⑦嵩：批曹嵩（？—公元193年）。东汉末大臣。字巨高。曹丕称帝后，追当为太皇帝。⑧太尉：官名。为全国军事长官，与司徒、司空并称三公。⑨审：弄清楚。

太祖少机警，有权数①，而任侠放荡②，不治行业③，故世人未之奇也④；惟梁国桥玄、南阳何颙异焉⑤。玄谓太祖曰："天下将乱，非命世之才不能济也⑥，能安之者，其在君乎！"年二十，举孝廉为郎⑦，除洛阳北部尉⑧，迁顿丘令⑨，征拜议郎⑩。

【注释】

①权数：权变心计。②任侠：指爱交结和帮助朋友。③行（xíng）业：品行和学业。④未之奇：并不看重他。⑤桥玄（公元109—183）：东汉末大臣。字公祖，梁国睢阳（今河南商丘县南）人。东汉灵帝时历任三公。为官清廉，家贫乏业，卒后无葬资。时称名臣。何颙（yóng）：东汉末官员。字伯求。南阳郡襄乡（今湖北枣阳市东北）人。东汉党锢名士集团的重要人物。曾密谋杀董卓，没有成功。⑥命世之才：这里指安邦治国的杰出人才。⑦举：被推举。孝廉：汉代选拔人才的常设科目之一。应选者要孝敬父母和行为廉洁，因此得名。郎：皇帝侍卫官员的总称。有中郎、侍郎、郎中之分。郎官的来源有多种，以孝廉充任是其中之一。中央机构的官吏常从郎官中选拔。⑧洛阳：县名，故治在今河南洛阳市东。为东汉首都。尉：官名。⑨顿丘：县名，故治在今河南内黄县东。令：官名。一县的行政长官。所辖户数在一万户以上称为县令，一万户以下称为县长。⑩征拜：征召入京并且给予任命。议郎：官名。负责议论朝廷政事得失。

光和末①，黄巾起②。拜骑都尉③，讨颍川贼④。迁为济南相⑤，国有十余县，长吏多阿附贵戚⑥，赃污狼藉，于是奏免其八；禁断淫祀⑦，奸宄逃窜⑧，郡界肃然。久之，征还为东郡太守⑨；不就，称疾归乡里。

【注释】

①光和：汉灵帝刘宏的年号。从公元178年三月起到184年止。②黄巾：东汉末年张角兄弟用太平道组织起来的农民起义军。参加者都用黄巾裹头，因此得名。③骑都尉：官名。西汉、东汉都设置这一官职，属光禄勋，统领皇帝侍卫队中的骑兵小分队。④颍川：郡名。因颍水得名。治所在今河南禹县。⑤济南：王国名。故治在今山东济南市东。⑥长吏：泛指郡县地方官员。汉代六百石以上官员，称长吏。亦指县吏中地位较高者。⑦淫祀：未经官方正式批准的、不合礼制的祭祀活动。⑧奸宄（guǐ）：违法乱纪的人。⑨东郡：郡名。治所在今河南濮阳市西南。太守：官名。战国时各国边地郡守等称为太守。

　　顷之，冀州刺史王芬、南阳许攸、沛国周旌等连结豪杰①，谋废灵帝②，立合肥侯，以告太祖，太祖拒之。芬等遂败。

【注释】

①刺史：官名。本来是皇帝派出的使者，巡察一州之内官员和豪强的不法行为。东汉后期由单纯监察官发展为为总揽地方大权的行政长官。许攸：字子远，南阳郡（治所在今河南南阳市）人。曾任袁绍谋士，官渡之战又投奔曹操，不久被杀。②灵帝：即刘宏（公元156—189）。东汉皇帝，公元168至189年在位。

　　金城边章、韩遂杀刺史郡守以叛①，众十余万，天下骚动。征太祖为典军校尉②。会灵帝崩，太子即位③，太后临朝。大将军何进与袁绍谋诛宦官④，太后不听。进乃召董卓，欲以胁太后，卓未至而进见杀。卓到，废帝为弘农王而立献帝⑤，京都大乱。卓表太祖为骁骑校尉⑥，欲与计事。太祖乃变易姓名，间行东归⑦。出关⑧，过中牟⑨，为亭长所疑⑩，执诣县，邑中或窃识之，为请得解。卓遂杀太后及弘农王。太祖至陈留⑪，散家财，合义兵，将以诛卓。冬十二月，始起兵于己吾⑫，是岁中平六年也。

【注释】

①韩遂（？—公元215）：东汉末地方割据首领。字文约。金城郡（治所在今青海民和县）人。②典军校尉：官名。东汉灵帝中平五年（公元188）设西园八校尉，分统京城驻军。典军校尉是其中之一。③太子：即刘辩（公元173—190）。公元189至190年在位，位不久即被董卓废黜杀死。④大将军：官名。领兵将军的最高一级称号，地位在三公之上，东汉多以贵戚任之。领兵征伐并且执掌朝政。因其权力太大，所以不是经常设置。何进（？—公元189）：东汉大臣。字遂高，南阳郡宛县（今河南南阳市）人。何太后的异母兄。出身屠户。刘辩即位，以帝舅任大将军辅政。传见《后汉书》卷六十九。⑤弘农：郡名。治所在今河南灵宝县北黄河南岸。献帝：即刘协（公元1—234）。刘辩的异母弟。东汉末代皇帝。公元89至220年在位，期间东汉王朝已名存而实亡。⑥表：上奏推荐。骁骑校尉：官名。东汉时京城驻有特种兵五营，统称北军。每营置校尉一人指挥，骁骑校尉是其中之一，职位次于骁骑将军。后改称屯骑校尉。⑦间行：从小路隐秘行进。⑧关：指虎牢关，在今河南荥阳县西北。中平元年（公元184年），东汉在京城洛阳周围设立八关，置官把守。虎牢关作为洛阳东面的要隘亦列入其中。⑨中牟：县名。故治在今河南中牟县东五公里。⑩亭长：官名。秦汉时城市代每十里为一亭，设亭长一人，负责维持治安、掌管诉讼。亭之上设乡，乡之上设县，县之上设郡。⑪陈留：郡名。治所在今河南开封市东南。⑫己吾：县名。治所在今河南宁陵县西南二十五公里。

初平元年春正月，后将军袁术、冀州牧韩馥、豫州刺史孔伷、兖州刺史刘岱、河内太守王匡、勃海太守袁绍、陈留太守张邈、东郡太守桥瑁、山阳太守袁遗、济北相鲍信同时俱起兵①，众各数万，推绍为盟主。太祖行奋武将军②。

【注释】

①后将军：官名。东汉杂号将军很多，有前、后、左、右四将军，领兵征伐。②行：代理。奋武将军：官名。领兵征伐。东汉领兵将军的等级，最高为大将军，以下有骠骑、车骑、卫将军，前、后、左、右将军。此外多属杂号将军，名称繁多，奋武将军即是其中之一。

二月，卓闻兵起，乃徙天子都长安①。卓留屯洛阳，遂焚宫室。是时绍屯河内②，邈、岱、瑁、遗屯酸枣③，术屯南阳④，伷屯颍川，馥在邺⑤。卓兵强，绍等莫敢先进。太祖曰："举义兵以诛暴乱，大众已合，诸君何疑？向使董卓闻山东兵起⑥，倚王室之重，据二周之险⑦，东向以临天下；虽以无道行之，犹足为患。今焚烧宫室，劫迁天子，海内震动，不知所归，此天亡之时也。一战而天下定矣，不可失也。"遂引兵西，将据成皋⑧。邈遣将卫兹分兵随太祖。到荥阳汴水，遇卓将徐荣，与战不利，士卒死伤甚多。太祖为流矢所中，所乘马被创⑨，从弟洪以马与太祖⑩，得夜遁去。荣见太祖所将兵少，力战尽日，谓酸枣未易攻也，亦引兵还。

【注释】

①长安：都城名。故址在今西安市西北。②河内：郡名。治所在今河南武陟县西南十公里。③酸枣：县名。县治在今河南延津县西南。④南阳：郡名。战国时设置，治所在今河南南阳市。⑤邺：都邑名。邺镇东约一里半处在今河北临漳县西南。⑥向使：假使，倘若。山东：地区名。这里指崤山或华山以东地区，与当时所谓"关东"相同。⑦二周：国名，这里设想董卓固守洛阳不西迁长安的情况，所以"二周"指洛阳近郊的两处屏障，即河南县、巩县二城。⑧成皋：县名。本名东虢国。春秋郑制邑，名虎牢，后改成皋。县治在今河南荥阳县西北汜水镇。⑨被创（chuāng）：受伤。⑩从（zòng）弟：堂弟。洪：即曹洪（？—公元232）。三国时魏将领。字子廉。⑪将：率领。

太祖到酸枣，诸军兵十余万，日置酒高会，不图进取。太祖责让之，因为谋曰："诸君听吾计，使勃海引河内之众临孟津①，酸枣诸将守成皋，据敖仓②，塞轘辕、太谷③，全制其险；使袁将军率南阳之军军丹、析④，入武关⑤，以震三辅⑥：皆高垒深壁，勿与战，益为疑兵，示天下形势，以顺诛逆，可立定也。今兵以义动，持疑而不进，失天下之望，窃为诸君耻之！"邈等不能用。

太祖兵少，乃与夏侯惇等诣扬州募兵，刺史陈温、丹杨太守周昕与兵四千余人。还到龙亢⑦，士卒多叛。至铚、建平⑧，复收兵得千余人，进屯河内。

【注释】

①勃海：郡名。治所在今山东南皮县北。这里指任勃海太守的袁绍。孟津：津渡名。在今河南孟津东北、孟县西南的黄河上。东汉在此设关，是洛阳周围的八关之一。②敖仓：仓库名。从秦代开始在敖山建立的大型谷仓群。在今河南荥阳县东北，地处古黄河漕运的枢纽处。③轘（huán）辕：山名。在今河南偃

师东南，接巩县、登封两县界。为洛阳八关之一。太谷：关隘名。在今河南洛阳市东南。为洛阳八关之一。④袁将军：指担任后将军的袁术（？—199）。字公路。军丹、析：出兵丹水县、析县。丹水县治在今河南淅川县西。析县县治在今河南西峡县。⑤武关：关隘名。在今陕西丹凤县东南五十公里。是古代关中通往荆、湘的重要门户。⑥三辅：地区名。西汉景帝时分设内史为左史、右内史，与主爵中尉分管京都地区，合称"三辅"。汉武帝时改称京兆尹、左冯翊、右扶风。辖地相当于今陕西省中部的渭水流域，以后即习称这一地区为三辅。⑦龙亢：县名。县治在今安徽怀远县西北龙亢集。⑧铚（zhì）：县名。县治在今安徽宿州市西南。建平：县名。县治在今河南夏县西南。

　　刘岱与桥瑁相恶①，岱杀瑁，以王肱领东郡太守②。
　　袁绍与韩馥谋立幽州牧刘虞为帝③，太祖拒之。绍又尝得一玉印④，于太祖坐中举向其肘，太祖由是笑而恶焉。

【注释】

　　①相恶：相互憎恶。②领：兼任。③牧：官名。东汉末是一州的军政长官。自西汉成帝起至东汉末，州刺史改称州牧有好几次。东汉末州刺史、州牧并存，同为州行政长官，但是刺史的品级和权力比州牧低和小，刺史有功才能晋升州牧。刘虞（？—公元193）：字伯安，东汉皇室的远房宗亲。④玉印：皇帝的印章。东汉时皇帝的印章才以玉刻制，王侯官员用金、银、铜制印。

　　二年春，绍、馥遂立虞为帝，虞终不敢当。
　　夏四月，卓还长安。
　　秋七月，袁绍胁韩馥，取冀州①。
　　黑山贼于毒、白绕、眭固等十余万众略魏郡、东郡②，王肱不能御，太祖引兵入东郡，击白绕于濮阳③，破之。袁绍因表太祖为东郡太守，治东武阳④。
　　三年春，太祖军顿丘，毒等攻东武阳。太祖乃引兵西入山，攻毒等本屯⑤。毒闻之，弃武阳还⑥。太祖要击眭固⑦，又击匈奴于夫罗于内黄⑧，皆大破之。

【注释】

　　①冀州：州名。西汉武帝设置。东汉治所在高邑，后移邺县，三国魏黄初中移治信都（今河冀县）。（今河北临漳县西南）。②黑山：东汉末年北方农民起义军的名称。其主要根据地在黑山（今河南鹤壁市东），因此得名。略：攻取。魏郡：郡名。汉高帝十二年设置。治所在邺城（今河北临漳县西南）。③濮阳：县名。西汉设置。治所在今河南濮阳市东南。④东武阳：县名。西汉设置。治所在今山东莘（shēn）县南。东郡的治所原来在濮阳。⑤本屯：大本营。⑥武阳：即东武阳。⑦要（yāo）击：半路截击。⑧匈奴：中国古代北方少数民族名。东汉时匈奴分裂为南北二部。这里指移居塞内的南匈奴。于夫罗：就是南匈奴的首领。内黄：县名。治所在今河南内黄县西北二十公里。

　　夏四月，司徒王允与吕布共杀卓①。卓将李傕、郭汜等杀允攻布②，布败，东出武关。傕等擅朝政。
　　青州黄巾众百万入兖州③，杀任城相郑遂，转入东平④。刘岱欲击之，鲍信谏曰："今贼众百万，百姓皆震恐，士卒无斗志，不可敌也。观贼众群辈相随，军无辎重⑤，唯以钞略为资⑥，今不若蓄士众之力，先为固守。彼欲战不得，攻又不能，其势必离散，后选精锐，据其要害，击之可破也。"岱不从，遂与战，果为所杀。信乃与州吏万潜等至东郡迎太祖领兖州牧⑦。遂进兵击黄巾于寿张东⑧。信力战斗死，仅而破之⑨。购求信丧不得⑩，众乃刻木如信形状，祭而哭焉。追黄巾至济北⑪。乞降。冬，受降卒三十余万，男女百余万口，收其精锐者，号为"青州兵"。

【注释】

　　①司徒：官名。西周开始设置，春秋沿袭。负责民事、户口、征收财赋和征发徒役。汉因亡，哀帝时改为大司徒。东汉去"大"字，称司徒，负责教化。与太尉、司空并为三公。王允（公元137—192）：字子师。太原郡祁县（今山西祁县）人。②李傕（？—公元198）：东汉末将领。字稚然。北地郡今宁夏吴忠西南）人。郭汜（？—公元197）：东汉末董卓部将。又名多，张掖郡（今甘肃张掖县西北）人。③青州：州名。治所在今山东淄博市东北。兖州：州名。治所在今山东鄄城东北二十五公里。④东平：郡国名。治所在今山东东平县东。⑤辎重：军用物资。通常指器械、粮草、营账、服装等。⑥钞略：抢劫、掠夺。⑦州吏：官名。刺史、州牧属吏的总称。⑧寿张：县名。治所在今山东东平县西南。⑨仅而破之：竭尽全力才打败敌人。⑩丧（sāng）：遗体。⑪济北：国名。汉文帝时设置。治所在今山东长清县南。

　　袁术与绍有隙①，术求援于公孙瓒，瓒使刘备屯高唐②，单经屯平原③，陶谦屯发干，以逼绍。太祖与绍会击，皆破之。

　　四年春，军鄄城④。荆州牧刘表断术粮道，术引军入陈留，屯封丘⑤，黑山余贼及于夫罗等佐之。术使将刘详屯匡亭⑥。太祖击详，术救之，与战，大破之。术退保封丘，遂围之，未合，术走襄邑⑦，追到太寿⑧，决渠水灌城。走宁陵⑨，又追之，走九江⑩。夏，太祖还军定陶⑪。

　　下邳阙宣聚众数千人，自称天子；徐州牧陶谦与共举兵，取泰山华、费⑫，略任城⑬。秋，太祖征陶谦，下十余城，谦守城不敢出。

　　是岁，孙策受袁术使渡江⑭，数年间遂有江东⑮。

　　兴平元年春，太祖自徐州还⑯。初，太祖父嵩，去官后还谯，董卓之乱，避难琅邪⑰，为陶谦所害，故太祖志在复仇东伐。夏，使荀彧、程昱守鄄城，复征陶谦，拔五城，遂略地至东海⑱。还过郯⑲，谦将曹豹与刘备屯郯东，要太祖⑳。太祖击破之，遂攻拔襄贲㉑，所过多所残戮。

【注释】

　　①有隙：有矛盾。②高唐：县名。治所在今山东离城西南二十五公里。③平原：郡名。治所在今山东平原县南二十公里。④鄄（juàn）城：县名。治所在今山东鄄城县北旧城。⑤封丘：县名。治所在今河南封丘县西南八公里。⑥匡亭：地名。属陈留郡平丘县，在今河南长垣县南一带。⑦走：逃奔。襄邑：县名。治所在今河南睢县。⑧太寿：地名。大约在宁陵、襄邑二县之间。在今河南宁陵和睢县之间。⑨宁陵：县名。治所在今河南宁陵县。⑩九江：郡名。治所在今安徽寿县。⑪定陶：县名。治所在今山东定陶县西北。⑫泰山：郡名。治所在今山东泰安市东南。华：县名。治所在今山东费县东北。费（mì）：县名。治所在今山东费县西南。⑬任城：侯国名。治所在今山东济宁市东南二十公里。⑭江：河流名。专指即长江。古称长江为江，黄河为河。⑮江东：地区名。一作江左。长江在今芜湖至南京间，流向几乎是由南向北，所以古代称自此以下的长江南岸地区为江东或江左，北岸地区为江西或江右。⑯徐州：州名。古九州

之一。治所在今山东郯（tán）城县北。⑰琅邪（yá）：王国名。治所在今山东胶南琅玡台西北。⑱东海：郡名。治所在今山东郯城县西北。⑲郯：县名。县治在今山东郯城县西南。当时是徐州和东海郡的治所。⑳要（yāo）：半路截击。㉑襄贲（féi）：县名。县治在今山东苍山南。

　　会张邈与陈宫叛迎吕布，郡县皆应。荀彧、程昱保鄄城，范、东阿二县固守①，太祖乃引军还。布到，攻鄄城不能下，西屯濮阳。太祖曰："布一旦得一州②，不能据东平，断亢父、泰山之道乘险要我③，而乃屯濮阳，吾知其无能为也④。"遂进军攻之。布出兵战，先以骑犯青州兵⑤。青州兵奔，太祖阵乱，驰突火出，坠马，烧左手掌⑥。司马楼异扶太祖上马⑥，遂引去。未至营止⑦，诸将未与太祖相见，皆怖。太祖乃自力劳军⑧，令军中促为攻具⑨，进复攻之，与布相守百余日。蝗虫起，百姓大饿，布粮食亦尽，各引去。

【注释】

　　①范：县名。治所在今山东梁山西北十公里。东阿：县名。治所在今山东东阿县西南二十五公里。②一州：指曹操所辖的兖州。③亢父（gāng fù）：县名。治所在今山东济宁市南三十公里阳湖西中部。④无能为：不会有作为。⑤骑（jì）：骑兵。犯：冲击。⑥司马：官名。汉代领兵的将军、校尉的，下属都没有司马一人，主管军务处理。⑦营止：立营安顿的地方。⑧自力：尽力支撑着自己的身体。劳（lào）：慰问。⑨促：赶快。

　　秋九月，太祖还鄄城。布到乘氏①，为其县人李进所破，东屯山阳②。于是绍使人说太祖，欲连和③。太祖新失兖州，军食尽，将许之。程昱止太祖，太祖从之。冬十月，太祖至东阿。

　　是岁谷一斛五十余万钱④，人相食，乃罢吏兵新募者。陶谦死⑤，刘备代之。

　　二年春，袭定陶。济阴太守吴资保南城⑥，未拔⑦，会吕布至，又击破之。夏，布将薛兰、李封屯钜野⑧，太祖攻之，布救兰，兰败，布走，遂斩兰等。布复从东缗与陈宫将万余人来战⑨，时太祖兵少，设伏，纵奇兵击，大破之。布夜走，太祖复攻，拔定陶，分兵平诸县。布东奔刘备，张邈从布，使其弟超将家属保雍丘。秋八月，围雍丘⑩。冬十月，天子拜太祖兖州牧。十二月，雍丘溃，超自杀，夷邈三族⑪。邈诣袁术请救，为其众所杀，兖州平，遂东略陈地⑫。

【注释】

　　①乘氏：县名。治所在今山东巨野县西南三十公里。②山阳：郡名。治所在今山东金乡县西北二十五公里。③连和：联合。④斛（hú）：容量单位。十斗为一斛。⑤陶谦：东汉末官吏。字恭祖。丹杨（今安徽宣城）人。⑥南城：这里指定陶县的南城。⑦拔：攻克。⑧钜野：县名。治所在今山东巨野县向。⑨东缗（mín）：县名。县治在今山东金乡县。⑩雍丘：县名。县治在今河南杞县。⑪夷：诛杀。三族：指父母、妻室儿女、同胞兄弟姐妹。⑫陈：王国名。治所在今河南淮阳县。

　　是岁，长安乱，天子东迁，败于曹阳①，渡河幸安邑②。

　　建安元年春正月③，太祖军临武平④，袁术所置陈相袁嗣降。

太祖将迎天子，诸将或疑，荀彧、程昱劝之，乃遣曹洪将兵西迎。卫将军董承与袁术将苌奴拒险⑤，洪不得进。

汝南、颍川黄巾何仪、刘辟、黄邵、何曼等⑥，众各数万，初应袁术，又附孙坚。二月，太祖进军讨破之，斩辟、邵等，仪及其众皆降。天子拜太祖建德将军⑦，夏六月，迁镇东将军⑧，封费亭侯。秋七月，杨奉、韩暹以天子还洛阳⑨，奉别屯梁⑩。太祖遂至洛阳，卫京都，暹遁走。天子假太祖节钺⑪，录尚书事⑫。洛阳残破，董昭等劝太祖都许⑬。九月，车驾出轘辕而东，以太祖为大将军，封武平侯。自天子西迁，朝廷日乱，至是宗庙社稷制度始立⑭。

【注释】

①曹阳：地名。即曹阳墟，俗名七里涧。治所在今河南陕县西石桥沟。②安邑：县名。治所在今山西夏县西北。③建安元年：公元196年。④武平：县名。治所在今河南鹿邑西北二十公里。⑤卫将军：官名。汉文帝时设置此官。在将军中，次于大将军、骠骑将军、年骑将军。负责领兵征伐。董承（？—公元200）：汉灵帝母亲董太后的侄儿，汉献帝的岳父。汉献帝时任车骑将军。与刘备等人密谋诛杀曹操，使献帝摆脱傀儡处境，行动失败被杀。苌（cháng）奴：人名。⑥汝南：郡名。治所在今河南上蔡西南。⑦建德将军：官名。东汉设置。负责领兵征伐。⑧镇东将军。官名。第二品，位次四征（征东、征西、征南、征北）将军，领兵如征东将军。负责领兵征伐。汉魏有镇东、镇南、镇西、镇北将军各一人，统称"四镇"。⑨杨奉、韩暹（xuān）：杨奉原来是李傕的部将，韩暹原来是白波农民起义军的首领。以后二人联合进攻在长安控制汉献帝的李傕、郭汜，加入军阀混战。⑩梁：国名。县治在今河南商丘南。⑪假：授予。节钺：符节与斧钺。古代用来授予将帅，有加重权力的作用。⑫录尚书事：官名。秦制，尚书属少府，主管文书。到西汉时，随着尚书职权的扩大，加领尚书事，则职权更大，无所不统。到东汉时，改称录尚书事。⑬许：县名。治所在今河南许昌西南。⑭宗庙：天子祭祀祖宗的庙堂。社：祭祀土神的祭坛。稷：祭祀谷神的祭坛。

天子之东也，奉自梁欲要之，不及。冬十月，公征奉①，奉南奔袁术，遂攻其梁屯，拔之。于是以袁绍为太尉，绍耻班在公下②，不肯受。公乃固辞，以大将军让绍。天子拜公司空③，行车骑将军④。是岁用枣祗、韩浩等议，始兴屯田⑤。

【注释】

①公：指曹操。这时曹操任大将军，位在三公之上；转任司空后，也是三公之一。所以史文从此称他为"公"。奉：指吕布。吕布的字叫奉先。②耻班在公下：以自己官位在曹操之下为耻。③司空：官名。三公之一。负责掌管监察、执法，兼管重要文书图籍。④车骑将军：官名。仅次于大将军、骠骑将军，金印紫绶，地位相当于上卿。负责领兵征伐。⑤屯田：指曹操创立的民户屯田制度。东汉末年军阀连年混战，百姓流亡，农业衰败，粮食极度缺乏。曹操在割据群雄中最先组织流亡农民开荒种地。屯田农民由专设的屯田官管辖，组织军事化。收获的谷物，按照规定的比例上交政府，其余留归屯田民自己。

吕布袭刘备，取下邳①。备来奔。程昱说公曰："观刘备有雄才而甚得众心，终不为人下，不如早图之②。"公曰："方今收英雄时也，杀一人而失天下之心，不可。"

张济③自关中走南阳④。济死，从子绣领其众⑤。二年春正月，公到宛⑥。张绣降，既而悔之，复反。公与战，军败，为流矢所中，长子昂、弟子安民遇害。公乃引兵还舞阴⑦，绣将骑来抄⑧，公击破之。绣奔穰⑨，与刘表合。公谓诸将曰："吾降张绣等，失不便取其质⑩，以至于此。吾知所以败。诸卿观之，自今以后不复败矣。"遂还许。

【注释】

①下邳：县名。县治在今江苏睢宁县西北三十公里。②图：设法对付。③张济（？—196）：东汉末将领。武威祖厉（今甘肃靖远东南）人。④关中：地区名。所指范围因时代而异。此指今陕西中部渭水流域。旧说在东函谷、南武关、西散关、北萧关这四关之中，因此得名。⑤从（zòng）子：侄儿。⑥宛（yuān）：县名。治所在今河南南阳市。⑦舞阴：县名。治所在今河南泌阳西北三十公里处。⑧抄：攻掠。⑨穰：县名。治所在今河南邓州市。⑩失不便取其质：失误在于没有立即收取张绣的家属作为人质。

袁术欲称帝于淮南①，使人告吕布。布收其使②，上其书。术怒，攻布，为布所破。秋九月，术侵陈，公东征之。术闻公自来，弃军走，留其将桥蕤、李丰、梁纲、乐就；公到，击破蕤等，皆斩之。术走渡淮③。公还许。

公之自舞阴还也，南阳章陵诸县复叛为绣④，公遣曹洪击之，不利，还屯叶⑤，数为绣、表所侵⑥。冬十一月，公自南征，至宛。表将邓济据湖阳⑦。攻拔之，生擒济，湖阳降。攻舞阴，下之。

【注释】

①淮南：郡名。指当时的九江郡，治所在今安徽寿县。②收：逮捕。③淮：河流名。即今淮河。④章陵：县名。东汉时设置。治所在今湖北枣阳东。为（wèi）：支持。⑤叶（shè）：县名。治所在今河南叶县西南。⑥数（shuó）：多次。⑦湖阳：县名。治所在今河南唐河县西南湖阳镇。

三年春正月，公还许，初置军师祭酒①。三月，公围张绣于穰。夏五月，刘表遣兵救绣，以绝军后②。公将引还，绣兵来追，公军不得进，连营稍前③。公与荀彧书曰："贼来追吾，虽日行数里，吾策之④，到安众，破绣必矣。"到安众⑤，绣与表兵合守险，公军前后受敌。公乃夜凿险为地道，悉过辎重，设奇兵。会明，贼谓公为遁也，悉军来追⑥。乃纵奇兵步骑夹攻，大破之。秋七月，公还许。荀彧问公："前以策贼必破，何也？"公曰："虏遏吾归师，而与吾死地战⑦，吾是以知胜矣。"

【注释】

①军师祭酒。官名。第五品。曹操的下属，负责军事谋议。②绝军后：截断曹军的后路。③稍：逐渐。④策：预料。⑤安众：县名。治所在今河南邓州市东北二十公里。⑥悉军：调集全军。⑦虏：对敌人的蔑称。遏：阻挡。

吕布复为袁术使高顺攻刘备，公遣夏侯惇救之，不利。备为顺所败。九月，公东征布。冬十月，屠彭城①，获其相侯谐。进至下邳，布自将骑逆击②，大破之，获其骁将成廉。追至城下，布恐，欲降。陈宫等沮其计③，求救于术，劝布出战，战又败，乃还固守，攻之不下。时公连战，士卒疲，欲还，用荀攸、郭嘉计，遂决泗、沂水以灌城④。月余，布将宋宪、魏续等执陈宫，举城降，生擒布、宫，皆杀之。太山臧霸、孙观、吴敦、尹礼、昌豨各聚众⑤。布之破刘备也，霸等悉从布。布败，获霸等，公厚纳待，遂割青、徐二州附于海以委焉⑥，分琅邪、东海、北海为城阳、利城、昌虑郡⑦。

　　初，公为兖州，以东平毕谌为别驾⑧。张邈之叛也，邈劫谌母弟妻子；公谢遣之，曰："卿老母在彼，可去。"谌顿首无二心，公嘉之，为之流涕。既出，遂亡归⑨。及布破，谌生得，众为谌惧，公曰："夫人孝于其亲者⑩，岂不亦忠于君乎！吾所求也。"以为鲁相⑪。

【注释】

　　①屠：大肆残杀。彭城：县名。治所在今江苏徐州市。②逆击：迎头攻击。③沮：阻止。④泗、沂：均为河流名。下邳城位于沂水入泗水处，沂水流经城西，泗水流经城南。⑤太山：即泰山。⑥遂割青、徐二州附于海以委焉：把青、徐二州的滨海地区分割出来，交付给臧霸等人管辖。⑦北海：郡国名。治所在今山东东昌西。利城：郡名。治所在今江苏赣榆县西三十公里。昌虑：郡名。治所在今山东滕州市东南。⑧别驾：官名。别驾从事史的简称。别驾主管府中众事，当主官乘车出巡时，要另乘车在前领路。⑨亡：逃亡。⑩亲：指毕谌的母亲。古人说"亲"，往往指父母。⑪鲁：古国名。治所在今山东曲阜市。

　　四年春二月，公还至昌邑①。张杨将杨丑杀杨，眭固又杀丑，以其众属袁绍，屯射犬②。夏四月，进军临河，使洹、曹仁渡河击之。固使杨故长史③薛洪、河内太守缪尚留守，自将兵北迎绍求救，与洹、仁相遇犬城④。交战，大破之，斩固。公遂济河，围射犬。洪、尚率众降，封为列侯⑤，还军敖仓。以魏种为河内太守，属以河北事。

　　初，公举种孝廉。兖州叛⑥，公曰："唯魏种且不弃孤也⑦。"及闻种走，公怒曰："种不南走越、北走胡⑧，不置汝也⑨！"既下射犬，生擒种，公曰："唯其才也！"释其缚而用之。

　　是时袁绍既并公孙瓒⑩，兼四州之地⑪，众十余万，将进军攻许。诸将以为不可敌，公曰："吾知绍之为人，志大而智小，色厉而胆薄⑫，忌克而少威⑬，兵多而分画不明⑭，将骄而政令不一，土地虽广，粮食虽丰，适足以为吾奉也⑮。"秋八月，公进军黎阳⑯，使臧霸等入青州破齐、北海、东安⑰，留于禁屯河上。九月，公还许，分兵守官渡⑱。冬十一月，张绣率众降，封列侯。十二月，公军官渡。

　　袁术自败于陈，稍困⑲，袁谭自青州遣迎之⑳。术欲从下邳北过，公遣刘备、朱灵要之。会术病死。程昱、郭嘉闻公遣备，言于公曰："刘备不可纵。"公悔，追之不及。备之未东也，阴与董承等谋反，至下邳，遂杀徐州刺史车胄，举兵屯沛㉑。遣刘岱、王忠击之，不克。

【注释】

　　①昌邑：县名。县治在今山东金乡县西北二十公里。②射犬：城邑名。在今河南修武县西南。③故：过去的。长史：官名。东汉的三公和高级将军府以及边陲郡府内设有长史，负责管理府内事务。④犬城：城邑名。在今河南武陟县境内。⑤列侯：爵位名。东汉的封爵制度。授给异姓有功者的爵位有二十级，其

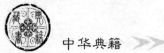

最高一级为县侯。按封地大小，列侯又有大县侯、小县侯、乡侯、亭侯之分。封侯者享有收取封地民户租税的特权。⑥兖州叛：指上文"张邈与陈宫叛迎吕布"事。⑦且：将。弃：背叛。孤：古代王侯的自称。⑧越：族名。古时候对南方沿海地区少数族的泛称。胡：族名。古时候对北方少数族的泛称。⑨置：赦免、放过。⑩并：吞并。⑪四州：地区名。指黄河以北的冀、青、幽、并四州。⑫色厉：外表威严。⑬忌克：嫉妒而且好胜。⑭分画：任务的分配安排。⑮奉：礼品。⑯黎阳：县名。治所在今河南浚县东，当时是从河北通向中原的要道。⑰齐：王国名。治所在今山东淄博市东北。东安：县名。治所在今山东沂水县西南二十公里。⑱官渡：地名。在今河南中牟县东北，临古官渡水。是曹操和袁绍决战的战场。现今还有土垒遗存，称中牟台。⑲困：窘困。⑳遣迎：派遣使者迎接。㉑沛：县名。治所在今江苏沛县东。沛县属沛国管辖，所以又名小沛。

庐江太守刘勋率众降，封为列侯。

五年春正月，董承等谋泄，皆伏诛。公将自东征备，诸将皆曰："与公争天下者，袁绍也。今绍方来而弃之东，绍乘人后①，若何？"公曰："夫刘备，人杰也，今不击，必为后患。袁绍虽有大志，而见事迟，必不动也。"郭嘉亦劝公，遂东击备，破之，生擒其将夏侯博。备走奔绍，获其妻子。备将关羽屯下邳，复进攻之，羽降。昌豨叛为备，又攻破之。公还官渡，绍卒不出②。

【注释】

①乘人后：袭击我们后方。②绍卒不出：袁绍终究没有出兵。

二月，绍遣郭图、淳于琼、颜良攻东郡太守刘延于白马，绍引兵至黎阳，将渡河。夏四月，公北救延。荀攸说公曰："今兵少不敌，分其势乃可。公到延津①，若将渡兵向其后者，绍必西应之，然后轻兵袭白马②，掩其不备③，颜良可擒也。"公从之。绍闻兵渡，即分兵西应之。公乃引军兼行趋白马④，未至十余里，良大惊，来逆战。使张辽、关羽前登⑤，击破，斩良。遂解白马围，徙其民，循河而西。绍于是渡河追公军，至延津南。公勒兵驻营南坂下，使登垒望之，曰："可五六百骑⑥。"有顷，复白⑦："骑稍多，步兵不可胜数。"公曰："勿复白。"乃令骑解鞍放马。是时，白马辎重就道。诸将以为敌骑多，不如还保营。荀攸曰："此所以饵敌⑧，如何去之！"绍骑将文丑与刘备将五六千骑前后至。诸将复白："可上马。"公曰："未也。"有顷，骑至稍多，或分趋辎重。公曰："可矣。"乃皆上马。时骑不满六百，遂纵兵击，大破之，斩丑。良、丑皆绍名将也，再战⑨，悉擒，绍军大震。公还军官渡。绍进保阳武⑩。关羽亡归刘备。

八月，绍连营稍前，依沙塠为屯⑪，东西数十里。公亦分营与相当，合战不利。时公兵不满万，伤者十二三。绍复进临官渡，起土山地道。公亦于内作之，以相应。绍射营中，矢如雨下，行者皆蒙盾，众大惧，时公粮少，与荀彧书，议欲还许。彧以为"绍悉众聚官渡，欲与公决胜败。公以至弱当至强，若不能制，必为所乘，是天下之大机也⑫。且绍，布衣之雄耳⑬，能聚人而不能用。夫以公之神武明哲而辅以大顺⑭，何向而不济⑮！"公从之。

【注释】

①延津：津渡名。古黄河流经今河南延津县西北至滑县北的一段，是当时的重要渡口，总称延津。历代行军时常取道于此。②白马：城邑名。在今河南滑县东二十里。③掩：突袭。④兼行：用比平常加倍快的速度行军。⑤前登：作为前锋接战。⑥可：大约。⑦白：报告。⑧饵：引诱。⑨再战：两次交战。⑩阳武：县名。治所在今河南原阳县东南。⑪堆（duī）：小丘。⑫天下之大机：决定天下大局的关键。⑬布衣：这里指凡夫俗子。⑭神武：极不寻常的军事才能。大顺：道义上的光明正大。指以天子的名义讨伐袁绍。⑮济：成功。

孙策闻公与绍相持，乃谋袭许，未发，为刺客所杀。

汝南降贼刘辟等叛应绍，略许下①。绍使刘备助辟，公使曹仁击破之。备走，遂破辟屯。

袁绍运谷车数千乘至，公用荀攸计，遣徐晃、史涣邀击②，大破之，尽烧其车。公与绍相拒连月，虽比战斩将③，然众少粮尽，士卒疲乏，公谓运者曰："却十五日为汝破绍④，不复劳汝矣。"冬十月，绍遣车运谷，使淳于琼等五人将兵万余人送之，宿绍营北四十里。绍谋臣许攸贪财，绍不能足⑤，来奔，因说公击琼等。左右疑之，荀攸、贾诩劝公。公乃留曹洪守，自将步骑五千人夜往，会明至⑥。琼等望见公兵少，出阵门外。公急击之，琼退保营，遂攻之。绍遣骑救琼。左右或言"贼骑稍近，请分兵拒之"。公怒曰："贼在背后，乃白！"士卒皆殊死战，大破琼等，皆斩之。绍初闻公之击琼，谓长子谭曰："就彼攻琼等⑦，吾攻拔其营，彼固无所归矣！"乃使张郃、高览攻曹洪。郃等闻琼破，遂来降。绍众大溃，绍及谭弃军走，渡河。追之不及，尽收其辎重图书珍宝，虏其众。公收绍书中，得许下及军中人书，皆焚之。冀州诸郡多举城邑降者。

【注释】

①许下：地名。在今河南许县一带地区。②邀击：半路截击。又可说成"邀"。③比（bì）：接连。④却：此后。⑤足：使许攸满足。⑥明：天明。⑦就：就算是。

初，桓帝时有黄星①见于楚、宋之分②，辽东殷馗善天文，言后五十岁当有真人起于梁、沛之间③，其锋不可当。至是凡五十年，而公破绍，天下莫敌矣。

六年夏四月，扬兵河上④，击绍仓亭军⑤，破之。绍归，复收散卒，攻定诸叛郡县。九月，公还许。绍之未破也，使刘备略汝南，汝南贼共都等应之。遣蔡扬击都，不利，为都所破。公南征备。备闻公自行，走奔刘表，都等皆散。

七年春正月，公军谯，令曰："吾起义兵，为天下除暴乱。旧土人民，死丧略尽⑥，国中终日行，不见所识⑦，使吾凄怆伤怀。其举义兵以来⑧，将士绝无后者，求其亲戚以后之⑨，授土田，官给耕牛，置学师以教之。为存者立庙，使祀其先人，魂而有灵，吾百年之后何恨哉！"遂至浚仪⑩，治睢阳渠⑪，遣使以太牢祀桥玄⑫。进军官渡。

【注释】

①黄星：发出黄色光芒的星。古代认为这是瑞星，预示有非凡人物出现。②分：分野。指黄星出现在上述五宿所在的星空。③真人：指帝王。东汉的梁、沛二王国，地跨先秦楚、宋二国故地，所以殷馗认为楚、宋分野，黄星出现，是梁、沛将出真人的预兆。④扬兵：扩张兵势。⑤仓亭：津渡名。在今山东阳谷县北。是古黄河南北的重要渡口。仓又作苍。⑥略：全都。⑦所识：所认得的人。⑧其：助词，用于指令性文告，表示在这之后的文字属于具体的指令。⑨后之：作他们的后嗣。⑩浚仪：县名。治所在今河南开封。⑪睢（suī）阳渠：渠名。在今河南商丘南。⑫太牢：古代祭祀礼制。用牛、羊、猪三牲作为祭品，称作太牢。有时只用牛一牲作祭品也叫太牢。

绍自军破后，发病呕血，夏五月死。小子尚代，谭自号车骑将军，屯黎阳。秋九月，公征之，连战。谭、尚数败退，固守。

八年春三月，攻其郭①，乃出战，击，大破之，谭、尚夜遁。夏四月，进军邺。五月还许，留贾信屯黎阳。

己酉②，令曰："司马法'将军死绥'③，故赵括之母④，乞不坐括⑤。是古之将者，军破于外，而家受罪于内也。自命将征行，但赏功而不罚罪，非国典也。其令诸将出征，败军者抵罪，失利者免官爵。"

【注释】

①郭：外城。②己酉：旧历五月二十五日。③绥：败退。"将军死绥"的意思是说，凡军队败退，领兵将军要受到军法的严厉处置，判以死刑。④赵括（？—前260）：战国时赵国将领。是名将赵奢的儿子，从小喜欢阅读兵书，议论兵法。前260年，赵军与秦军在长平（今山西高平县西北）大战。赵孝成王中了秦国的反间计，以赵括代替老将廉颇为赵军主帅，结果招致惨败，四十多万赵军全部被歼灭。事前赵括的母亲一再劝赵王不要任命赵括，但赵王不听。赵母就要求：万一赵括失败，自己将不受连累。⑤坐括：由于赵括犯法而被连带治罪。

秋七月，令曰："丧乱以来，十有五年，后生者不见仁义礼让之风，吾甚伤之。其令郡国各修文学①，县满五百户置校官②，选其乡之俊造而教学之③，庶几先生之道不废④，而有以益于天下。"

八月，公征刘表，军西平⑤。公之去邺而南也，谭、尚争冀州，谭为尚所败，走保平原⑥。尚攻之急，谭遣辛毗乞降请救。诸将皆疑，荀攸劝公许之，公乃引军还。冬十月，到黎阳，为子整与谭结婚。尚闻公北，乃释平原还邺。东平吕旷、吕翔叛尚，屯阳平⑦，率其众降，封为列侯。

【注释】

①修：振兴。文学：此指文化教育。②校官：学校。③俊造：指优秀人才。俊是俊士，造是造士。④庶几（jǐ）：或许可以（使）。⑤西平：县名。西汉时设置。治所在今河南西平西五十公里东南。⑥平原：郡名。古为平原邑。治所在今山东平原县南三十公里。⑦阳平：县名。西汉时设置。治所在今山东莘（shēn）县南。

九年春正月，济河，遏淇水入白沟以通粮道①。二月，尚复攻谭，留苏由、审配守邺。公进军到洹水②，由降。既至，攻邺，为土山、地道。武安长尹楷屯毛城③，通上党粮道④。夏四月，留曹洪攻邺，公自将击楷，破之而还。尚将沮鹄守邯郸⑤，又击拔之。易阳令韩范、涉长梁岐举县降，赐爵关内侯。五月，毁土山、地道，作围堑，决漳水灌城⑥；城中饿死者过半。秋七月，尚还救邺，诸将皆以为"此归师，人自为战，不如避之"。公曰："尚从大道来，当避之；若循西山来者⑦，此成擒耳。"尚果循西山来，临滏水为营⑧。夜遣兵犯围，公逆击破走之，遂围其营。未合，尚惧，"遣"故豫州刺史阴夔及陈琳乞降，公不许，为围益急。尚夜遁，保祁山⑨，追击之。其将马延、张颛等临陈降，众大溃，尚走中山⑩。尽获其辎重，得尚印绶节钺⑪，使尚降人示其家，城中崩沮⑫。八月，审配兄子荣夜开所守城东门内兵。配逆战，败，生擒配，斩之，邺定。公临祀绍墓，哭之流涕；慰劳绍妻，还其家人宝物，赐杂缯絮⑬，廪食之⑭。

【注释】

　　①淇水：河流名。黄河北岸支流之一在今河南省北部，向南流到今汲县东北淇门镇入黄河。白沟：河流名。②洹（yuán）水：河流名。又名安阳河。在今河南林县、安阳、内黄境内。③毛城：地名。在今河北涉县西北三十公里处。④上党：郡名。治所在今山西长治北三十公里。辖境相当今山西和顺、榆社以南，沁水流域以东的地方。⑤邯郸：城邑名。治所在今河北邯郸市。⑥漳水：河流名。即今漳河。在河南、河北两省边界。⑦西山：山名。在今吕梁的中部、山西方的境内。今名关帝山。⑧滏（fǔ）水：河流名。即今滏阳河。在今河北省西南部。由太行山东坡的沙河、洮河等水汇合而成。⑨祁山：县名。汉代设置。治所在今山西祁县东。⑩中山：郡国名。治所在今河北定州市。辖境相当今山西、河北交界的恒山以南、河北无极、深泽以北、唐县以东、清苑以西地区。⑪绶：系在官印上的丝绳，其颜色依官位高低而不同。⑫崩沮：精神崩溃沮丧。⑬杂：各种各样。缯（zhēng）：丝织品的统称。⑭廪食（sì）：由政府发粮供养。

　　初，绍与公共起兵，绍问公曰："若事不辑①，则方面何所可据？"公曰："足下意以为何如？"绍曰："吾南据河，北阻燕、代②，兼戎狄之众③，南向以争天下，庶可以济乎④？"公曰："吾任天下之智力，以道御之，无所不可。"

【注释】

　　①辑：成功。②燕（yān）、代：均为先秦国名。在今河北省北部。③戎狄：少数民族的合称。是中原人对西部与北部各民族的泛称。④庶：或许。

　　九月，令曰："河北罹袁氏之难①，其令无出今年租赋。"重豪强兼并之法②，百姓喜悦。天子以公领冀州牧，公让还兖州。

【注释】

　　①罹：遭受。②重：加重。

公之围邺也，谭略取甘陵、安平、勃海、河间①。尚败，还中山。谭攻之，尚奔故安②，遂并其众。公遗谭书③，责以负约，与之绝婚，女还，然后进军。谭惧，拔平原④，走保南皮⑤。十二月，公入平原⑥，略定诸县⑦。

十年春正月，攻谭，破之，斩谭，诛其妻子，冀州平。下令曰："其与袁氏同恶者，与之更始⑧。"令民不得复私仇，禁厚葬，皆一之于法⑨。是月，袁熙大将焦触、张南等叛攻熙、尚，熙、尚奔三郡乌丸⑩。触等举其县降，封为列侯。初讨谭时，民亡椎冰⑪，令不得降。顷之，亡民有诣门首者⑫，公谓曰："听汝则违令⑬，杀汝则诛首⑭，归深自藏，无为吏所获。"民垂泣而去；后竟捕得。

【注释】

①甘陵：县名。治所在今山东临清县东北；安平：候国名。治所在今河北冀县。辖境相当今河北安平、饶阳、浑县、武强、武邑、衡水、新河、枣强、冀县、南宫、广宗等市、县。河间：郡名。治所在今河北献县东南。②故安：县名。治所在今河北易县东南。③遗（wèi）：送给。④拔平原：从平原城撤退。⑤南皮：县名。治所在今河北南平北。⑥平原：这是郡名。治所在山东平原南。⑦略定：攻取平定。⑧更始：重新开始。意思是给予袁氏党羽以改过自新的机会。⑨一之于法：一律以法律制裁。⑩三郡乌丸：地区名。乌丸聚居郡的合称。乌丸曾据辽西、辽东、右北平三郡地。在今河北、辽东半岛。⑪椎（chuí）冰：用锤敲破河面冰冻，以通行舟船。这句是说调来敲冰的百姓有人逃跑。⑫首：自首。⑬听汝：听从你自首而给予赦免。⑭诛首：诛杀主动自首者。

夏四月，黑山贼张燕率其众十余万降，封为列侯。故安赵犊、霍奴等杀幽州刺史、涿郡太守。三郡乌丸攻鲜于辅于犷平①。秋八月，公征之，斩犊等，乃渡潞河救犷平②，乌丸奔走出塞。

【注释】

①鲜于：复姓。犷平：县名。县治在今北京市密云县东北。②潞河：河流名。即今北京市通县以下的白河。

九月，令曰："阿党比周①，先圣所疾也②。闻冀州俗，父子异部，更相毁誉③。昔直不疑无兄，世人谓之盗嫂；第五伯鱼三娶孤女④，谓之挝妇翁⑤；王凤擅权，谷永比之申伯⑥；王商忠议，张匡谓之左道⑦：此皆以白为黑，欺天罔君者也⑧。吾欲整齐风俗，四者不除⑨，吾以为羞。"冬十月，公还邺。

初，袁绍以甥高幹领并州牧⑩，公之拔邺，幹降，遂以为刺史。幹闻公讨乌丸，乃以州叛，执上党太守，举兵守壶关口⑪。遣乐进、李典击之，幹还守壶关城⑫。十一年春正月，公征幹。幹闻之，乃留其别将守城，走入匈奴，求救于单于⑬，单于不受。公围壶关三月，拔之。幹遂走荆州⑭，上洛都尉王琰捕斩之。

秋八月，公东征海贼管承，至淳于⑮，遣乐进、李典击破之，承走入海岛。割东海之襄贲、郯、戚以益琅邪⑯，省昌虑郡。

【注释】

①阿（ē）党比（bǐ）周：拉帮结派，徇私枉法。②先圣：指孔子。疾：憎恶。③父子异部更相毁誉：亲生父子也会分属不同帮派，诋毁对方，赞誉同党。④第五伯鱼：即第五伦。第五为复姓。东汉大臣。宋北长陵人。主张抑制外戚专权，以正直廉洁见称。孤女：死了父亲的女子。⑤挝（zhuā）妇翁：殴打岳父。⑥王凤（？—前22）：西汉时大臣，字孝卿，东平陵（今山东济南市东）人。西汉成帝时以外戚的关系担任大司马、大将军、领尚书事，专擅朝政十一年。谷永：西汉大臣。字子云。长安人。王凤专权，大树同党，引起舆论指责。而谷永为了巴结，反而上书朝廷，说王凤"有申伯之忠"。申伯：西周王室的外戚。⑦王商（？—前12）：西汉时大臣，字子威，蠡吾（今河北博野）人。左道：邪道。⑧罔：蒙骗。⑨四者：指类似上述四例的不良风气。⑩并（bīng）州：州名。古时的"九州"之一。治所在今山西太原市西南。⑪壶关口：关名。即壶口关，在今山西长黎城东北的太行山口。因此形险狭如同壶口而得名。⑫壶关：这是县名。县治在今山西长治市北，壶关口的西北。⑬单（chán）于：北方匈奴、乌丸、鲜卑等少数族君主的称号。⑭荆州：州名。古时的"九州"之一。东汉末治所在今湖北襄樊市。⑮淳于：国名。治所在今山东安丘县东北。⑯戚：县名。治所在今山东微山县。益琅邪：扩大琅邪郡的辖地。

三郡乌丸承天下乱①，破幽州②，略有汉民合十余万户。袁绍皆立其酋豪为单于，以家人子为己女③，妻焉。辽西单于蹋顿尤强④，为绍所厚⑤，故尚兄弟归之，数入塞为害。公将征之，凿渠，自呼沱入泒水⑥，名平虏渠⑦；又从泃河口⑧，凿入潞河，名泉州渠⑨，以通海。

十二年春二月，公自淳于还邺。丁酉，令曰："吾起义兵诛暴乱，于今十九年，所征必克，岂吾功哉？乃贤士大夫之力也。天下虽未悉定，吾当要与贤士大夫共定之；而专享其劳⑩，吾何以安焉！其促定功行封⑪。"于是大封功臣二十余人，皆为列侯，其余各以次受封，及复死事之孤⑫，轻重各有差⑬。

【注释】

①承：趁着。②幽州：州名。古代的"九州"之一。治所在今北京市大兴县。③家人子：家族成员的女儿。④辽西：郡名。战国时的燕国设置。治所在今辽宁义县西南。⑤厚：厚待。⑥呼沱（tuó）：河流名。又称呼沲。即今河北青县与仓州之间的新牙河。泒（gū）水：河流名。上游是今河北大沙河，下游是今河北的大清河。⑦平虏渠：古运河名。在今河北青县与天津独流镇之间。⑧泃（jū）河：河流名。发源于今天津市蓟县北，向西南流经北京平谷南，折东南流经河北三东河，至天津宝坻县东北入蓟运河。⑨泉州渠：河渠名。南引潞河水，北至泃河的入海口。⑩劳：功劳。⑪促：赶快。⑫复：免除徭役和租税。死事之孤：为国牺牲者的子女。⑬差：等级，区别。

将北征三郡乌丸，诸将皆曰："袁尚，亡虏耳，夷狄贪而无亲，岂能为尚用？今深入征之，刘备必说刘表以袭许。万一为变，事不可悔。"唯郭嘉策表必不能任备①，劝公行。夏五月，至无终②。秋七月，大水，傍海道不通，田畴请为乡导③，公从之。引军出卢龙塞④，塞外道绝不通，乃堑山堙谷五百余里⑤，经白檀⑥，历平冈⑦，涉鲜卑庭⑧，东指柳城⑨。未至二百里，虏乃知之。尚、熙与蹋顿、辽西单于楼班、右北平单于能臣抵之等将数万骑逆军。八月，登白狼山⑩，猝与虏遇⑪，众甚盛。公车重在后，被甲者少⑫，左右皆惧。公登高，望虏阵不整，乃纵兵击之，使张辽为先锋，虏众大崩，斩蹋顿及名王以下⑬，胡、汉降者二十余万口。辽东单于速仆丸及辽西、北平诸豪⑭，弃其种人⑮，与尚、熙奔辽东⑯，众尚有数千骑。初，辽东太守公孙康恃远不服。及公破乌丸，或说公遂征之，尚兄弟可擒也。公曰："吾方使康斩送尚、熙首，不烦兵矣。"九月，公引兵自柳城还，康即斩尚、熙及速仆丸等，传其首。诸将或问："公还而康斩送尚、熙，何也？"公曰："彼素畏尚等，吾急之则并力，缓之则自相图，其势然也。"十一月至易水⑰，代郡乌丸行单于普富卢、上郡乌丸行单于那楼将其名王来贺⑱。

【注释】

①任：信任。②无终：县名。治所在今天津市蓟县。③乡导：向导。④卢龙塞：关隘名。在今河北喜峰口附近。⑤堑（qiàn）山堙（yīn）谷：挖山填谷。⑥白檀：县名。西汉设置，东汉废除。治所在今河北滦平县东北兴州河南岸。⑦平冈：城名。西汉置。县治在今河北平泉县东北。⑧鲜卑庭：鲜卑单于的驻地。⑨柳城：县名。西汉置，东汉未废。治所在今辽宁朝阳市南十五公里。⑩白狼山：山名。又名白狼堆。即今辽宁喀喇沁左旗蒙古族自治县以东的白鹿山。⑪虏：对敌人的蔑称。⑫被（pī）：穿上。⑬名王：部落中有名的首领。⑭辽东：属国名。东汉安帝时分幽州的辽东、辽西二郡交界地，置辽东属国，设都尉一人。治所在今辽宁义县。北平：即右北平郡。豪：部落首领。⑮种人：本部落的人民。⑯辽东：郡名。指辽东属国东面的辽东郡。治所在今辽宁辽阳市西。⑰易水：河流名。发源于今河北易县境，东流到定兴西南汇合于拒马河。⑱代郡：郡名。治所在今山西阳高县。上郡：郡名。治所在今陕西榆林南三十公里。

　　十三年春正月，公还邺，作玄武池以肄舟师①。汉罢三公官，置丞相、御史大夫②。夏六月，以公为丞相。

【注释】

①玄武池：池苑名。在今河北临漳西南。肄（yì）：练习。②丞相：官名。为朝廷最高行政长官，辅佐皇帝治理全国。御史大夫：官名。地位仅仅低于丞相，主管监察、执法和国家文书档案。

　　秋七月，公南征刘表。八月，表卒，其子琮代，屯襄阳①，刘备屯樊②。九月，公到新野③，琮遂降，备走夏口④。公进军江陵⑤，下令荆州吏民，与之更始。乃论荆州服从之功，侯者十五人，以刘表大将文聘为江夏太守，使统本兵，引用荆州名士韩嵩、邓义等。益州牧刘璋始受征役，遣兵给军。十二月，孙权为备攻合肥⑥。公自江陵征备，至巴丘⑦，遣张憙救合肥。权闻憙至，乃走。公至赤壁⑧，与备战，不利。于是大疫，吏士多死者，乃引军还。备遂有荆州江南诸郡⑨。

【注释】

①襄阳：县名。汉代设置。治所在今湖北襄樊市。②樊：城邑名。即今襄樊之樊城。③新野：县名。西设设置。治所在今河南新野县。④夏口：地名。在今湖北武汉市汉口。⑤江陵：县名。秦代设置。治所在今湖北沙市的江陵县。⑥孙权（公元182—252）：孙坚的次子，孙策的弟弟。合肥：县名。县治在今安徽合肥市。⑦巴丘：山名。在今湖南岳阳一带。是当时长江中游的江防重镇。⑧赤壁：地名。初步奠定三国鼎立局面的古战场。具体位置有多种说法，但一致认为在今湖北境内的长江之滨。⑨荆州江南诸郡：荆州辖郡中位于长江以南的。即长沙、武陵、零陵和桂阳四郡。

十四年春三月，军至谯，作轻舟，治水军。秋七月，自涡入淮①，出肥水②，军合肥。辛未，令曰："自顷以来③，军数征行，或遇疫气④，吏士死亡不归，家室怨旷⑤，百姓流离，而仁者岂乐之哉⑥？不得已也。其令死者家无基业不能自存者，县官勿绝廪⑦，长吏存恤抚循⑧，以称吾意。"置扬州郡县长吏，开芍陂屯田⑨。十二月，军还谯。

十五年春，下令曰："自古受命及中兴之君⑩，曷尝不得贤人君子与之共治天下者乎⑪！及其得贤也，曾不出闾巷⑫，岂幸相遇哉⑬？上之人不求之耳⑭。今天下尚未定，此特求贤之急时也。'孟公绰为赵、魏老则优⑮，不可以为滕、薛大夫⑯'。若必廉士而后可用，则齐桓其何以霸世！今天下得无有被褐怀玉而钓于渭滨者乎⑰？又得无盗嫂受金而未遇无知者乎？二三子其佐我明扬仄陋⑱，唯才是举⑲，吾得而用之。"冬，作铜雀台⑳。

【注释】

①涡（gē）：河流名。发源于今河南境，在安徽怀远县入淮水。②肥水：河流名。又名淝水。发源于今安徽合肥西的将军岭，向西北流入寿县入淮水。③自顷以来：近来。④疫气：流行性传染病。⑤怨旷：早已成年但未能结婚者，女称怨女，男称旷夫。⑥仁者：有仁爱之心的人。这是曹操自喻。⑦县官：公家。⑧存恤抚循：救济慰问。⑨芍陂（què bēi）：陂塘名。在今安徽寿县南。是古代淮河流域最著名的水利工程。⑩受命：承受天命。意指开国。⑪曷尝：何尝。⑫闾巷：里弄。⑬幸：侥幸，偶然。⑭上之人：居于尊上地位的人。指君主。⑮孟公绰：春秋时鲁国大臣。这两句是孔子的话。赵、魏：都是春秋时晋国执政的卿，后来瓜分晋国成立国家。老：家臣中的长者。晋国的赵、魏二卿都有家臣。优：精力有余。⑯滕、薛：当时的两个小国。大夫：官名。负责处理国政。孔子的原话是说，孟公绰如果做赵、魏二卿家臣之长，位尊事简，足以胜任；如果当了滕、薛二国的大夫，任重事繁，一定应付不了。意思是人才各有所长，不能求全责备。⑰得无：是不是。褐：用粗毛布或麻布作的短衣。这是贫贱者的衣着。"被褐怀玉"比喻出身贫贱而才智杰出的人。钓于渭滨者：指姜尚。他曾在渭滨钓鱼，被周文王发现才受到重用，后来辅佐周武王灭商建立周王朝。⑱二三子：诸位。曹操对有关下属的称呼。明扬仄陋：指访察和举用那些被埋没的人才。⑲唯才是举：只要有才能就将得到重用。言外之意是不管其品行、出身如何。两汉以来，选拔人才一贯是以品德为先。曹操现在公开提出"唯才是举"的用人方针，这是当时政治制度上的重大变革。⑳铜雀台：楼台名。其残存遗址在今河北临漳县西南三台村西。台借城墙为基，台身高十丈（约合今二十四米），周围殿屋百余间。台顶置大铜雀，因此得名。始建于建安十五年（公元 210》冬，完成于十七年（公元 212》春，历时一年有余。

十六年春正月，天子命公世子丕为五官中郎将①，置官属②，为丞相副。太原商曜等以大陵叛③，遣夏侯渊、徐晃围破之。张鲁据汉中④，三月，遣钟繇讨之。公使渊等出河东与繇会⑤。

【注释】

①五官中郎将：官名。是汉代皇宫侍卫队的分队长之一，统领五官署的郎官，负责警卫宫廷。②置官属：设置下属官员。汉代的五官中郎将品位不高，本来没有资格设置下属官员，现在这样作也是有意提高其地位。③大陵：县名。治所在今山西交城西南十公里。④汉中：郡名。治所在今陕西汉中市东。⑤河东：郡名。治所在今山西夏县西北十公里。

是时关中诸将疑繇欲自袭①，马超遂与韩遂、杨秋、李堪、成宜等叛。遣曹仁讨之。超等屯潼关②，公敕诸将："关西兵精悍③，坚壁勿与战。"秋七月，公西征，与超等夹关而军。公急持之④，而潜遣徐晃、朱灵等夜渡蒲坂津⑤，据河西为营。公自潼关北渡，未济，超赴船急战。校尉丁斐因放牛马以饵贼，贼乱取牛马，公乃得渡，循河为甬道而南⑥。贼退，拒渭口⑦，公乃多设疑兵，潜以舟载兵入渭，为浮桥，夜，分兵结营于渭南。贼夜攻营，伏兵击破之。超等屯渭南，遣信求割河以西请和⑧，公不许。九月，进军渡渭。超等数挑战，又不许；固请割地，求送任子⑨，公用贾诩计，伪许之。韩遂请与公相见，公与遂父同岁孝廉，又与遂同时侪辈，于是交马语移时，不及军事，但说京都旧故，拊手欢笑⑩。既罢，超等问遂："公何言？"遂曰："无所言也。"超等疑之。他日，公又与遂书，多所点窜⑪，如遂改定者；超等愈疑遂。公乃与克日会战⑫，先以轻兵挑之，战良久，乃纵虎骑夹击⑬，大破之，斩成宜、李堪等。遂、超等走凉州⑭，杨秋奔安定⑮，关中平。诸将或问公曰："初，贼守潼关，渭北道缺⑯，不从河东击冯翊而反守潼关⑰，引日而后北渡⑱，何也？"公曰："贼守潼关，若吾入河东，贼必引守诸津，则西河未可渡⑲，吾故盛兵向潼关；贼悉众南守，西河之备虚，故二将得擅取西河⑳；然后引军北渡，贼不能与吾争西河者，以有二将之军也。连车树栅，为甬道而南，既为不可胜㉑，且以示弱。渡渭为坚垒，虏至不出，所以骄之也；故贼不为营垒而求割地。吾顺言许之，所以从其意，使自安而不为备，因蓄士卒之力，一旦击之，所谓疾雷不及掩耳，兵之变化，固非一道也。"始，贼每一部到，公辄有喜色。贼破之后，诸将问其故。公答曰："关中长远，若贼各依险阻，征之，不一二年不可定也。今皆来集，其众虽多，莫相归服，军无适主㉒，一举可灭，为功差易㉓，吾是以喜。"

冬十月，军自长安北征杨秋，围安定。秋降，复其爵位，使留抚其民人。十二月，自安定还，留夏侯渊屯长安。

【注释】

①自袭：袭击自己。②潼关：关名。在今陕西潼关县东北。是当时陕西、山西、河南三省的要冲。③关西：地区名。汉唐时代泛指函谷关或潼关以西的地区。④持：牵制。⑤蒲坂：县名。秦代设置。治所在今山西永济县西蒲州镇。西临黄河渡口，是当时汾水流域通向关中的要冲。⑥甬道：两旁设有保护性屏障的夹道。⑦渭口：地名。即渭水入黄河处。在今陕西潼关县北黄河拐弯处。⑧信：送信的使者。这是当时的习语。⑨任子：作为人质的亲生儿子。⑩拊（fǔ）手：拍手。⑪点窜：涂改字句。⑫克日：约定日期。⑬虎骑：曹操手下的精锐骑兵队名。同时又有豹骑，二者合称虎豹骑。都是精选出来的骁勇骑兵，并且以宗族勇将为统兵官。⑭凉州：州名。西汉位置。治所在今甘肃张家川回族自治县。辖境相当今甘肃、宁夏和青海湟水流域，以及陕西定边、吴旗、凤县、略阳等县。⑮安定：郡名。治所在今甘肃镇原县东南。⑯缺：有缺口。指敌人未设防。⑰冯翊（píng yì）：郡名。即左冯翊。汉代三辅之一。治所在今陕西大荔县。⑱引日：拖延时日。⑲西河：地区名。古代称我国西部地区南北流向的黄河河段为西河。这里指今陕西、山西两省交界上的河段。⑳擅取：顺顺当当地攻取。㉑为不可胜：造成敌方无法取胜的形势。语出《孙子·形式》。㉒适主：统一的主帅。㉓差易：较为容易。

十七年春正月，公还邺。天子命公赞拜不名[1]，入朝不趋[2]，剑履上殿[3]，如萧何故事。马超余众梁兴等屯蓝田[4]，使夏侯渊击平之。割河内之荡阴、朝歌、林虑[5]，东郡之卫国、顿丘、东武阳、发干[6]，巨鹿之廮陶、曲周、南和，广平之任城[7]，赵之襄国、邯郸、易阳以益魏郡[8]。

冬十月，公征孙权。

十八年春正月，进军濡须口[9]，攻破权江西营，获权都督公孙阳，乃引军还。诏书并十四州[10]，复为九州[11]。夏四月，至邺。

五月丙申，天子使御史大夫郗虑持节策命公为魏公曰[12]：

朕以不德[13]，少遭愍凶[14]，越在西土[15]，迁于唐、卫[16]。当此之时，若缀旒然[17]，宗庙乏祀，社稷无位；群凶觊觎[18]，分裂诸夏，率土之民，朕无获焉，即我高祖之命将坠于地[19]。朕用夙兴假寐[20]，震悼于厥心，曰"惟祖惟父，股肱先正[21]，其孰能恤朕躬"？乃诱天衷，诞育丞相，保乂我皇家，弘济于艰难[22]，朕实赖之。今将授君典礼，其敬听朕命。

昔者董卓初兴国难，群后释位以谋王室[23]，君则摄进[24]，首启戎行[25]，此君之忠于本朝也。后及黄巾反易天常，侵我三州[26]，延及平民，君又剿之以宁东夏[27]，此又君之功也。韩暹、杨奉专用威命，君则致讨，克黜其难，遂迁许都，造我京畿，设官兆祀[28]，不失旧物[29]，天地鬼神于是获乂[30]，此又君之功也。袁术僭逆[31]，肆于淮南，慑惮君灵，用丕显谋[32]，蕲阳之役，桥蕤授首[33]，棱威南迈，术以陨溃，此又君之功也。回戈东征，吕布就戮，乘辕将返，张杨殂毙，眭固伏罪，张绣稽服[34]，此又君之功也。袁绍逆乱天常，谋危社稷，凭恃其众，称兵内侮[35]，当此之时，王师寡弱，天下寒心，莫有固志，君执大节，精贯白日，奋其武怒，运其神策，致届官渡[36]，大歼丑类，俾我国家拯于危坠，此又君之功也。济师洪河[37]，拓定四州[38]，袁谭、高幹，咸枭其首，海盗奔迸，黑山顺轨[39]，此又君之功也。乌丸三种，崇乱二世[40]，袁尚因之，逼据塞北，束马县车[41]，一征而灭，此又君之功也。刘表背诞，不供贡职，王师首路[42]，威风先逝，百城八郡[43]，交臂屈膝，此又君之功也。马超、成宜，同恶相济，滨据河、潼，求逞所欲，殄之渭南，献馘万计[44]，遂定边境，抚和戎狄，此又君之功也。鲜卑、丁零，重译而至[45]，箪于、白屋[46]，请吏率职[47]，此又君之功也。君有定天下之功，重之以明德，班叙海内[48]，宣美风俗，旁施勤教[49]，恤慎刑狱，吏无苛政，民无怀慝[50]；敦崇帝族，表继绝世[51]，旧德前功，罔不咸秩[52]；虽伊尹格于皇天[53]，周公光于四海[54]，方之蔑如也[55]。

朕闻先王并建明德[56]，胙之以土[57]，分之以民，崇其宠章[58]，备其礼物，所以藩卫王室，左右厥世也[59]。其在周成，管、蔡不静[60]，惩难念功，乃使邵康公赐齐太公履[61]，东至于海，西至于河，南至于穆陵[62]，北至于无棣[63]，五侯九伯[64]，实得征之，世祚太师以表东海[65]；爰及襄王，亦有楚人不供王职，又命晋文登为侯伯[66]，锡以二辂、虎贲、铁钺、秬鬯、弓矢[67]，大启南阳[68]，世作盟主。故周室之不坏，繄二国是赖。今君称丕显德，明保朕躬，奉答天命，导扬弘烈，绥爰九域[69]，莫不率俾，功高于伊、周，而赏卑于齐、晋，朕甚恧焉[70]。朕以眇眇之身，托于兆民之上，永思厥艰，若涉渊冰水⑦，非君攸济，朕无任焉。今以冀州之河东、河内、魏郡、赵国、中山、常山、钜鹿、安平、甘陵、平原凡十郡⑦，封君为魏公。锡君玄土，苴以白茅⑦，爰契尔龟⑦，用建冢社⑦。昔在周室，毕公、毛公入为卿佐，周、邵师保出为二伯⑦，外内之任，君实宜之。其以丞相领冀州牧如故。又加君九锡⑦，其敬听朕命。以君经纬礼律⑦，为民轨仪，使安职业，无或迁志，是用锡君大辂、戎辂各一，玄牡二驷⑦。君劝分务本⑧，穑人昏作⑧，粟帛滞积，大业惟兴，是用锡君衮冕之服⑧，赤舄副焉⑧。君敦尚谦让，俾民兴行⑧，少长有礼，上下咸和，是用锡君轩县之乐⑧，六佾之舞⑧。君翼宣风化，爰发四方，远人革面⑧，华夏充实，是用锡君朱户以居⑧。君研其明哲，思帝所难⑧，官才任贤，群善必举，是用锡君纳陛以登⑩。君秉国之钧，正色处中，纤毫之恶，靡不抑退，是用锡君虎贲之士三百人。君纠虔天刑⑨，彰厥有罪⑨，犯关干纪，莫不诛殛⑨，是用锡君铁、钺各一。君龙骧虎视⑨，旁眺八维，掩讨逆节，折冲四海⑨，是用锡君彤弓一，彤矢百，旅弓十⑨，旅矢千。君以温恭为基，孝友为德，明允笃诚⑨，感于朕思，是用锡君秬鬯一卣⑨，珪、瓒副焉⑨。魏国置丞相以下群卿百寮，皆如汉初诸侯王之制。往钦哉，敬服朕命！简恤尔众⑩，时亮庶功⑩，用终尔显德，对扬我高祖之休命⑩！

【注释】

①赞拜：臣下朝拜皇帝时，司仪官高声报告要朝见人的官衔、名字，叫作赞拜。不名：不报名字，只报官衔。②趋：小步快走。表示恭敬的动作。③剑履：带剑穿鞋。当时规定，臣下上殿不能带剑穿鞋，以防行刺皇帝。④蓝田：县名。秦孝公时设置。治所在今陕西蓝田县西十五公里。⑤荡阴：县名。汉代设置。治所在今河南汤阴县。朝歌：县名。西汉设置。治所在今河南淇县。林虑：县名。治所在今河南林县。⑥卫国：县名。县治在今河南清丰县。⑦巨鹿：郡名。治所在今河北宁晋县西南辖地相当今河北安平、饶阳、宁晋、柏乡、隆尧、巨鹿、平乡等地。廮（yīng）陶：县名。治所在今河北宁晋县西南。曲周：县名。治所在今河北曲周东北。南和：县名。治所在今河南河县。广平：县名。治所在今河北广平。任：县名。治所在今河北任县东。⑧赵：王国名。治所在今河北邯郸市。襄国：县名。治所在今河北邢台市。邯郸：县名。县治在今河北邯郸市。易阳：县名。汉代设置。县治在今河北永年县东南。⑨濡须口：堡坞名。在今安徽无为县东南。由长江经濡须水向北，可至巢湖。这里是江南通向淮南的要冲。⑩十四州：即司、冀、兖、豫、徐、青、荆、扬、益、凉、雍、并、幽、交州。⑪九州：即雍、冀、兖、豫、徐、青、荆、扬、益州。⑫策命：君主向臣下宣布封土授爵的简册文书。公：爵位名。东汉爵制，同姓宗室才能封王封公，异姓最高只能封列侯。⑬不德：无德。⑭愍凶：忧患灾难。⑮越：流亡。西土：指长安。⑯唐、卫：都是先秦国名。汉献帝从长安逃回洛阳，先经过安邑，后经过野王。安邑是唐国故地，野王是卫国故地。⑰缀旒：被系住的旌旗飘带。比喻自己被人控制，只能跟随人活动。⑱群凶：指董卓等人。⑲高祖之命：高祖刘邦禀承天命开创的基业。⑳假寐：和衣而卧。㉑股肱（gōng）：大腿和胳膊。比喻辅政大臣。㉒弘济：广为拯救。㉓群后：诸侯。这里指讨伐董卓的州牧、郡太守。㉔摄进：引进。㉕戎行（háng）：指军旅之事。㉖三州：指青、兖、豫州。㉗东夏：中国东部。㉘兆祀：筑坛祭祀。㉙旧物：以往的典章制度。㉚乂（yì）：安定。㉛僭（jiàn）逆：超越本分而称帝。㉜丕：奉行。㉝授首：丢掉脑袋。㉞稽（qǐ）服：拱手降服。㉟称兵内侮：举兵向内侵侮朝廷。㊱致届：执行上天的惩罚。㊲洪河：宽广的黄河。㊳四州：指冀、青、幽、并州。㊴顺轨：遵守朝廷法制。㊵二世：指东汉灵帝、献帝两代。㊶束马县车：用软帛包裹马蹄，挂牢车子，形容险隘难行。㊷首路：上路。㊸百城：指荆州的属县。东汉荆州辖有一百一十七县。八郡：指荆州下属的南阳、章陵、南郡、江夏、零陵、桂阳、武陵、长沙八郡。㊹馘（guó）：

从杀死的敌人头上割下的左耳朵。这是评比战功的证据。㊺重译：通过中间语言转译。㊻箄（bì）于、白屋：均为北方少数族。㊼请吏：请求汉朝派遣官员管理。率职：遵守规定。㊽班叙：整顿次序。㊾旁施：对百姓广为施恩。㊿怀慝（tè）：罪恶。[51]绝世：断绝了禄位的官僚后代。[52]秩：按照等级给予优待。[53]伊尹：商汤辅臣名伊。尹是官名。格于皇天：（德泽）高达上天。[54]周公：西周杰出政治家。姬姓。名旦。西周武王的弟弟。因采邑在周（今陕西岐山县北），因此称周公。[55]蔑如：不如。[56]并建明德：同时分封贤明有德的人。[57]胙（zuò）：赏赐。胙土是分封诸侯的一种仪式，即给予受封者一包用茅草包裹的土壤。[58]宠章：表示荣宠的标志物品。[59]左右：辅佐保护。[60]周成：即周成王。西周国王。姬姓，名诵。周武王的儿子。管：即管叔。西周宗室。姬姓。名鲜，武王弟，周天商，受封于管因此得名。蔡：即蔡叔。西周宗室。名度，武王弟，周天商，受封于蔡，因此得名。[61]邵康公：即邵公。又作召公召伯。西周初政治家。姬姓，名奭（shì）。助武王灭商。齐太公：即吕尚。西周初姜姓部族首领，齐国始祖。辅佐文王、武王天商有功，受封于齐，授予五侯九伯的特权，位列各封国之上。赏赐吕尚鞋子，是表示鞋所践踏的地域都是他行使权力的范围。[62]穆陵：关隘名。在今山东临朐县东南大岘山上。[63]无棣：河流名。是古黄河下游的分支。在今河北沧州市西南分流，至今山东无棣县北入海。[64]五侯：指五等诸侯封爵，即公、侯、伯、子、男。九伯：九州的长官。[65]太师：官名。古代三公之一。这里指任太师的吕尚。表东海：封吕尚于东海边的齐国以显耀他。[66]侯伯（bà）：诸侯的霸主。[67]锡：赏赐。二辂（lù）：大辂和戎辂。大辂是礼仪专车，戎辂是作战的兵车。虎贲（bēn）：侍从保卫君主的武士名称。钺（fǔ）：斧。钺和钺都是天子的仪仗。秬鬯（jùchàng）：以黑黍酿成的用于祭祀的美酒。[68]大启：封以大片土地。南阳：地区名。在今河南济源市至获嘉一带。因位于太行山南，因此得名。[69]绥：安抚。爰：于。[70]恧（nù）：惭愧。[71]若涉渊水：比喻内心忧惧不安。[72]常山：郡国名。治所在今河北元氏县西北。辖境相当今河北唐河以南、京广线以西、内丘以北一带。[73]苴（jū）：包裹。[74]契：钻刻。古代用龟甲占卜时，先要在甲上钻刻小洞，接着用火烧灼，最后根据小洞四周裂纹情况作出预测。[75]冢社：诸侯祭神的地方。诸侯接受白茅包裹的土壤后，要拿回自己的封地筑起祭祀土神的社坛。[76]师、保：官名。即太师、太保。西周初年辅政官。周公曾任太师，邵公曾任太保。二伯：周成王时，周公和邵公曾分治全国，自陕（今河南陕县西南）以东归周公，以西归邵公，称为二伯。[77]九锡：古代帝王颁赐给大臣以表示尊礼敬贤的九种器物。即车马、衣服、乐器、朱户、纳陛、虎贲、钺钺、弓矢和秬鬯历代相袭沿用。[78]经纬：制定。[79]玄牡：祭祀用的黑色公牲畜。驷：四匹马共拉一车叫做驷。二驷是八匹马。[80]劝分：劝导人们相互帮助。务本：务农。当时以农业为本，商业为末。[81]穑（sè）人：农民。昏（mǐn）作：勉力耕作。[82]衮（gǔn）冕：衮衣和冠冕。指帝王和上公祭祀宗庙时穿戴的衣服和礼帽。[83]舄（xì）：鞋。[84]兴行：努力培养品行。[85]轩县之乐：诸侯陈列乐器，如钟声之乐，三面悬挂，比王四面悬挂少一面，表示等级不同。帝王赐给某人九县之乐，即表示给他诸侯的地位。[86]佾（yì）：舞蹈行列。周代礼制，为天子跳舞时用八佾，即纵横八人，共六十四人。诸侯用六佾，共三十六人。[87]革面：改变面貌。[88]朱户：红色大门。[89]思帝所难：考虑帝尧也觉得难办的选才授官一事。[90]纳陛：古代帝王赐给有特殊功勋者的"九锡"之一。凿殿基为登升的阶梯，纳于檐下，不使露出。[91]纠虔天刑：代表上天纠举不法者并对他们处以刑罚。[92]彰：揭露。[93]殛（jí）：诛杀。[94]骧：昂首飞腾。龙骧虎视比喻气势不凡、威镇天下。[95]折冲：克敌取胜。[96]旅（lú）：黑色。[97]允：守信用。[98]卣（yǒu）：盛酒的容器。[99]旅弓：黑色的弓。旅矢：黑色的箭。用作封爵授官的凭信。瓒：玉勺。祭祀时舀酒浇地的器具。[100]简恤尔众：非常关怀你的臣民。[101]时亮庶功：及时建立各种功业。[102]对：显示。休：美好。

　　秋七月，始建魏社稷宗庙。天子聘公三女为贵人①，少者待年于国②。九月，作金虎台③，凿渠引漳水入白沟以通河。冬十月，分魏郡为东西部，置都尉④。十一月，初置尚书、侍中、六卿⑤。

【注释】

①三女：指曹宪、曹节和曹华三姐妹。贵人：东汉妃嫔（pín），地位低于皇后。②待年：等待长到成人的年龄。③金虎台：台榭名。邺城（河北临漳西南邺镇）三台之一。在铜雀台南。④都尉：官名。⑤初置：指魏国初次设置。尚书：官名。协助君主处理机要事务。侍中：官名。君主的侍从长官兼政事顾问。六卿：指郎中令（后改光禄勋）、太仆、大理（后改廷尉）、大农（后改大司农）、少府、中尉（后改执金吾）。

　　马超在汉阳①，复因羌、胡为害②，氐王千万叛应超③，屯兴国④。使夏侯渊讨之。
　　十九年春正月，始耕籍田⑤。南安赵衢、汉阳尹奉等讨超，枭其妻子，超奔汉中。韩遂徙金城，入氐王千万部，率羌、胡万余骑与夏侯渊战，击，大破之，遂走西平⑥。渊与诸将攻兴国，屠之。省安东、永阳郡⑦。
　　安定太守毌丘兴将之官，公戒之曰："羌、胡欲与中国通，自当遣人来，慎勿遣人往。善人难得，必将教羌、胡妄有所请求，因欲以自利；不从便为失异俗意⑧，从之则无益事。"兴至，遣校尉范陵至羌中，陵果教羌，使自请为属国都尉。公曰："吾预知当尔，非圣也，但更事多耳。"

【注释】

①汉阳：郡名。治所在今甘肃甘谷县东南。辖境相当于今甘肃定西、陇西、礼县以东，静宁、庄浪以西，黄河以南，嶓冢山以北的地区。②这里的"胡"，含义是少数民族。③氐：西部少数族。千万：人名。④兴国：地名。在今甘肃秦安县北。⑤耕籍田：古代君主表示重视农业生产的一种礼仪。春天农事开始时，君主到京城近郊农田中进行象征性耕作，叫作亲耕籍田。⑥西平：郡名。治所在今青海西宁市。辖境相当于今青海湟源、东都间的湟水流域一带。⑦安东：郡名。治所大约在今甘肃河西走廊与敦煌一带以及青海西宁附近。永阳：郡名。治所在今甘肃张掖。⑧异俗：指与汉族风俗不同的羌族。

　　三月，天子使魏公位在诸侯王上，改授金玺、赤绂、远游冠①。
　　秋七月，公征孙权。

【注释】

①绂（fú）：系印的丝绳。东汉制度，宗室亲王才能用金玺、赤绂、远游冠。

　　初，陇西宋建自称河首平汉王，聚众枹罕①，改元，置百官，三十余年。遣夏侯渊自兴国讨之。冬十月，屠枹罕，斩建，凉州平。
　　公自合肥还。
　　十一月，汉皇后伏氏坐昔与父故屯骑校尉完书，云帝以董承被诛怨恨公，辞甚丑恶，发闻②，后废黜死，兄弟皆伏法。

【注释】

①枹（fú）罕：县名。秦朝开始设置。治所在今甘肃临夏东北。②发闻：发觉。

十二月，公至孟津。天子命公置旄头①，宫殿设钟虡②。乙未，令曰："夫有行之士未必能进取③，进取之士未必能有行也。陈平岂笃行，苏秦岂守信邪？而陈平定汉业，苏秦济弱燕。由此言之，士有偏短，庸可废乎④！有司明思此义⑤，则士无遗滞，官无废业矣。"又曰："夫刑，百姓之命也，而军中典狱者或非其人，而任以三军死生之事，吾甚惧之。其选明达法理者，使持典刑。"于是置理曹掾属⑥。

二十年春正月，天子立公中女为皇后⑦。省云中、定襄、五原、朔方郡⑧，郡置一县领其民，合以为新兴郡⑨。

三月，公西征张鲁，至陈仓⑩，将自武都入氐⑪；氐人塞道，先遣张郃、朱灵等攻破之。夏四月，公自陈仓以出散关⑫，至河池⑬。氐王窦茂众万余人，恃险不服，五月，公攻屠之。西平、金城诸将麹演、蒋石等共斩送韩遂首。秋七月，公至阳平。张鲁使弟卫与将杨昂等据阳平关，横山筑城十余里，攻之不能拔，乃引军还。贼见大军退，其守备解散。公乃密遣解慓、高祚等乘险夜袭，大破之，斩其将杨任，进攻卫，卫等夜遁，鲁溃奔巴中⑭。公军入南郑⑮，尽得鲁府库珍宝。巴、汉皆降⑯。复汉宁郡为汉中；分汉中之安阳、西城为西城郡⑰，置太守；分锡、上庸（郡）18，置都尉。

【注释】

①旄头：即旄头骑。指皇帝出行时，披着长发手执武器在前面开路的骑兵队。②虡（jù）：悬挂编钟的木架立桩。上面用猛兽图案装饰。东汉制度，旄头和钟虡只有同姓宗王中最亲贵的才能使用。③行（xíng）：德行。④庸：岂。⑤有司：有关官员。⑥理曹掾：官名。三国魏设置。是丞相府中诸曹属吏之一，掌管刑狱。府内的分支机构叫作曹。各曹的主办官员叫作掾，掾的副手叫作属。⑦中女：即曹节。⑧云中：郡名。治所在今内蒙古自治区托克托东北。辖境相当今内蒙古土默特右旗以东，大青山以南，卓资县以西，黄河南岸及长城以北。定襄：郡名。治所在今山西右玉县南一带。五原：郡名。治所在今内蒙古自治区包头市西北。朔方：郡名。治所在今内蒙古自治区磴口县北。⑨新兴：郡名。治所在今山西忻县。辖境相当今山西五台山以南，云中山以东，忻县、孟县以北地区。⑩陈仓：县名。治所在今陕西宝鸡市东。⑪武都：郡名。治所在今甘肃成县西北。辖境相当今甘肃宕昌、舟曲、西和武都、康县成县、徽县、两当、及陕西凤县、略阳等地。⑫散关：关名。在今陕西宝鸡市西南。⑬河池：县名。治所在今甘肃徽县西北。⑭巴中：巴族聚居区之中。巴：为古代西南少数族名。⑮南郑：县名。治所在今陕西汉中市。⑯巴汉：巴族与汉族居民。⑰安阳：县名。治所在今陕西城固县东。西城：县名。县治在今陕西安康县西北。⑱锡：县名。治所在今陕西白河县东。上庸：县名。治所在今湖北竹山县西南。

八月，孙权围合肥，张辽、李典击破之。

九月，巴七姓夷王朴胡、賨邑侯杜濩举巴夷、賨民来附①，于是分巴郡②，以胡为巴东太守，濩为巴西太守，皆封列侯。天子命公承制封拜诸侯守相③。

【注释】

①七姓：巴族的七大姓。即罗、朴（fú）、昝（zǎn）、鄂、度、夕、龚。賨（cóng）：秦汉时期湖南、四川等地的一个少数民族。邑侯：汉朝给巴族首领的封号。②巴郡：郡名。辖境相当今四川旺苍、西充、永川以东地区。据常璩《华阳国志》卷一《巴志》，分巴郡立巴东、巴西二郡，是建安六年（公元201）益州牧刘璋首先作出的决定，与这里记载不同。③承制：承受皇帝命令而拥有某种特别权力。通常是官员

任命权和爵位授予权。

冬十月，始置名号侯至五大夫①，与旧列侯、关内侯凡六等，以赏军功。

十一月，鲁自巴中将其余众降。封鲁及五子皆为列侯。刘备袭刘璋，取益州②，遂据巴中；遣张郃击之。

十二月，公自南郑还，留夏侯渊屯汉中。

【注释】

①名号侯：爵位名。五大夫：爵位名。五大夫和名号侯都只有爵号而不享有收取民户田租的权利。②益州：州名。治所在今四川成都市。

二十一年春二月，公还邺。三月壬寅，公亲耕籍田。夏五月，天子进公爵为魏王。代郡乌丸行单于普富卢与其侯王来朝。天子命王女为公主①，食汤沐邑②。秋七月，匈奴南单于呼厨泉将其名王来朝，待以客礼，遂留魏，使右贤王去卑监其国③。八月，以大理钟繇为相国④。

冬十月，治兵，遂征孙权，十一月至谯。

【注释】

①王女：即曹操之女。从此史文称曹操为王。公主：东汉制度，皇帝的女儿称公主，食一县民租；宗王的女儿称乡主，食一乡民租。只有少数亲贵宗王的女儿能封公主，与皇帝的女儿享受同样待遇。②汤沐邑：皇帝赐给公主专门供其收取民租，以支付卫生美容费用。③右贤王：汉时匈奴贵族封号。匈奴君主称单于。单于之下有左、右贤王，辅佐单于处理政务。单于缺人，通常由左贤王补位。④大理：官名。主管司法刑狱，是最高司法长官。后改称廷尉。相国：这里的相国和大理都是魏王国官员。

二十二年春正月，王军居巢①，二月，进军屯江西郝溪②。权在濡须口筑城拒守，遂逼攻之，权退走。三月，王引军还，留夏侯惇、曹仁、张辽等屯居巢。

夏四月，天子命王设天子旌旗，出入称警跸③。五月，作泮宫④。六月，以军师华歆为御史大夫⑤。冬十月，天子命王冕十有二旒⑥，乘金根车⑦，驾六马⑧，设五时副车⑨，以五官中郎将丕为魏太子。

【注释】

①居巢：县名。治所在今安徽桐城县南。②郝溪：在今安徽庐江、无为县境内。③警跸（bì）：天子出入的专称。出称警，入称跸。④泮（pàn）宫：学宫。指诸侯国的大学。⑤军师：官名。是军内的主要参谋人员。⑥旒：皇帝、诸侯和官员所戴礼帽前后悬挂的玉串。⑦金根车：瑞车名。指皇帝的礼仪专车。⑧驾六马：东汉制度。皇帝的金根车用六匹马牵引，公卿诸侯只能用四匹马。⑨五时副车：皇帝出巡时与金根车配套的五辆随行车。副车按东、南、西、北、中五方，涂以青、赤、白、黑、黄五色，故名。曹操取得上述特殊待遇后，实际上已经成为皇帝。

刘备遣张飞、马超、吴兰等屯下辩①；遣曹洪拒之。

二十三年春正月,汉太医令吉本与少府耿纪、司直韦晃等反②,攻许,烧丞相长史王必营③,必与颍川典农中郎将严匡讨斩之④。

【注释】

①下辩:县名。治所在今甘肃成县西北十五公里。②少府:官名。掌管宫廷支出和衣物、珍宝、膳食、医疗等物资杂务。为九卿之一。司直:官名。丞相府主要官员,辅助丞相负责督察官员,检举不法行为。③长(zhǎng)史:官名。丞相府主要官员,负责主办府内公务。④典农中郎将:官名。主管屯田区内的农业生产、田租征收及民政事务。职位和郡太守相当,但直属九卿之一的大司农管辖。

曹洪破吴兰,斩其将任夔等。三月,张飞、马超走汉中,阴平氐强端斩吴兰①,传其首②。夏四月,代郡、上谷乌丸无臣氐等叛③,遣鄢陵侯彰讨破之。

【注释】

①阴平:县名。治所在今甘肃文县西北。为广汉属国都尉治所。②传(zhuàn)其首:用驿车送来吴兰的脑袋。③上谷:郡名。治所在今北京延庆县。辖境相当今河北西北长城以南的张家口、万全、崇礼、赤城、宣化、涿鹿、怀来、北京、延庆等。

六月,令曰:"古之葬者,必居瘠薄之地。其规西门豹祠西原上为寿陵①,因高为基,不封不树②。《周礼》冢人掌公墓之地③,凡诸侯居左右以前,卿大夫居后。汉制亦谓之陪陵④。其公卿大臣列将有功者,宜陪寿陵,其广为兆域⑤,使足相容。"

秋七月,治兵,遂西征刘备,九月,至长安。

冬十月,宛守将侯音等反,执南阳太守,劫略吏民,保宛。初,曹仁讨关羽,屯樊城,是月使仁围宛。

二十四年春正月,仁屠宛,斩音。

【注释】

①规:规划。西门豹:人名。复姓西门,名豹。寿陵:帝王未死前预先建造的陵墓。死后入葬则另取专名。②不封不树:远古丧葬时,不积土为坟,不种树以标其处。③冢人:官名。负责管理贵族墓地。④陪陵:在君主陵墓旁边作陪伴的功臣坟墓。⑤兆域:墓域。即陵园。

夏侯渊与刘备战于阳平,为备所杀。三月,王自长安出斜谷①,军遮要②以临汉中,遂至阳平。备因险拒守。

【注释】

①斜(yé)谷:古谷名。位于今陕西眉县西南的终南山。南口叫褒,北口叫斜。②遮要:保护沿途的要害处。

夏五月,引军还长安。

秋七月,以夫人卞氏为王后①。遣于禁助曹仁击关羽。八月,汉水溢,灌禁军,军没，羽获禁，遂围仁。使徐晃救之。

九月，相国钟繇坐西曹掾魏讽反免②。

【注释】

①夫人：魏国妃嫔称号之一。曹操当魏王之后，定其后宫妻妾为王后、夫人、昭仪、婕妤（jiéyú）、容华、美人六等。②西曹掾：官名。魏国相国府的下属官员，主管府内官吏的任用。

冬十月，军还洛阳。孙权遣使上书，以讨关羽自效。王自洛阳南征羽，未至，晃攻羽，破之，羽走，仁围解。王军摩陂①。

【注释】

①摩陂（bēi）：地名。在今河南郏县东南。

二十五年春正月，至洛阳。权击斩羽，传其首。

庚子，王崩于洛阳①，年六十六。遗令曰："天下尚未安定，未得遵古也。葬毕，皆除服②。其将兵屯戍者，皆不得离屯部。有司各率乃职。殓以时服③，无藏金玉珍宝。"谥曰武王④。二月丁卯，葬高陵。

【注释】

①崩：皇帝或皇后的死亡叫做崩。②除服：脱掉丧服，结束治丧和追悼活动。③殓：给死者换衣服装进棺材。时服：与时令相应的衣服。④谥（shì）：议定谥号。古代帝王、贵族、大臣或其他有地位的人死后，人们要根据其生平事迹给他一个表示褒贬的称号，叫作谥号。曹操的谥号叫"武"，意思是能够平定天下的祸乱。

评曰：汉末，天下大乱，雄豪并起，而袁绍虎视四州①，强盛莫敌。太祖运筹演谋，鞭挞宇内②，揽申、商之法术③，该韩、白之奇策④，官方授材⑤，各因其器，矫情任算，不念旧恶，终能总御皇机⑥，克成洪业者，惟其明略最优也⑦。抑可谓非常之人⑧，超世之杰矣。

【注释】

①四州：指袁绍占据的冀、青、幽、并四州。②鞭挞宇内：比喻以武力征服天下。③揽：吸收采纳。申：指战国时的申不害。韩：指战国时的韩非子。商：指战国时秦国的商鞅（？—前338）。法术：法制和权术。申、韩二人虽然都是法家，但在具体的施政手段上，前者善用术，后者善用法。曹操则兼采二者之长。④该：兼有。韩：指韩信（？—前196）。白：指白起（？—前257）。战国时郿（今陕西眉县）人。秦国名将。⑤授材：授给各类人才以官职。⑥皇机：皇朝大权。⑦明略：见识和谋略。⑧抑：助词。无实义。

【译文】

太祖武皇帝属于沛国谯县人氏，姓曹，名操，字孟德，是西汉相国曹参的后代。东汉桓帝时期，曹腾的官位一直被升到中常侍大长秋，并且被封爵为费亭侯。他的养子曹嵩继承爵位，曾经晋升官职到太尉，但是他过继前的一切，没有谁能够稍知一二。曹嵩生下的儿子便是太祖。

太祖小的时候就以机警聪明著称，遇事冷静细心，善于随机应变，但是生性放荡，不甘拘束，任性使气，一味地我行我素，对操行、学业诸事全都毫不在乎，因此社会上的人并不觉得他会有什么非凡的造化而对他格外加以看重，只有梁国人桥玄、南阳人何颙独具慧眼，认定太祖势必要接大任，桥玄曾经对太祖说："天下马上就要大乱，除非有经邦济世人才能够逆转乾坤，能够使天下太平如初的，或许就是你啦！"太祖二十岁那年，因为举孝廉而做了郎官，稍后又任职洛阳北部尉，再次升迁做顿丘县令，随后又被征召入朝，官拜议郎。

灵帝光和末年，黄巾军起义。这一年太祖被任命为骑都尉，负责征讨颖川一带的贼寇。后来又升任为济南国国相。济南国下管辖十几个县，各县官吏大都巴结依附皇亲贵戚，贪赃枉法，声名狼籍。太祖将这些事上奏给朝廷，罢免了八九个官员的职务。同时严禁漫无节制的祭祀活动，那些违法乱纪的坏人纷纷远逃他乡，从那以后国境内吏清民安，气象为之一新。很久以后，朝廷又征召他担任东郡太守。太祖不肯赴任，用生病为借口回到家乡自我消遣娱乐。

不久，冀州刺史王芬、南阳许攸、沛国周旌等人联络各方豪杰，秘密谋划废除汉灵帝，另外拥立合肥侯，他们试图劝说太祖入伙，遭到太祖拒绝，王芬等人终于以失败而告终。

金城郡人边章、韩遂偷袭并且杀掉刺史和郡守，举兵叛乱，手下人马多达十几万人，天下顿时骚乱不安。朝廷征召太祖为典军校尉，汉灵帝恰恰在此时驾崩，太子即位，何太后亲临朝廷执掌政权。大将军何进与袁绍策划诛杀宦官，何太后不同意他们的计划。何进便召董卓进京，用意在于胁迫太后以达到诛杀宦官的目的，但董卓还没赶到京城，何进便被杀害了。董卓到京，随即废除皇帝为弘农王而改立献帝刘协，京都顿时一片大乱。董卓上表朝廷推荐太祖担任骁骑校尉一职，想与他共谋朝政。太祖当即改名换姓，抄小道向东逃归。出了虎牢关，路中经过中牟县时，一个亭长认为他形迹可疑，因此将他抓住送往县城，城里有私下认识他的人，替他求情，太祖这才得以获得释放。而这时董卓又杀死了太后和弘农王。太祖得知这一消息后，一到陈留县就着手变卖家产，组织义军，准备讨伐董卓。但是直到冬季十二月才在己吾县起兵，这一年就是汉灵帝中平六年。

初平元年正月，后将军袁术、冀州牧韩馥、豫州刺史孔伷、兖州刺史刘岱、河内太守王匡、勃海太守袁绍、陈留太守张邈、东郡太守桥瑁、山阳太守袁遗、济北国相鲍信同时起兵，各人手下都拥有数万兵马，共同推举袁绍担任盟主，太祖则代任奋武将军一职。

同年二月，董卓已经得到各地义兵四起，矛头直指洛阳的消息，就胁持天子把都城迁往长安，他自己仍然驻兵留守洛阳，竟然纵火焚毁皇宫。此时袁绍的军队驻扎在河内，张邈、刘岱、桥瑁、袁遗驻兵酸枣，袁术驻扎南阳，孔伷进驻颖川，韩馥已到邺城。董卓兵强马壮，袁绍等人谁也不敢率先进军。太祖说："我们发动义兵原意就是要诛暴讨逆的。现在各路大军既然已经会齐，诸位还疑虑不决什么呢？假若董卓一听到太行山以东义兵起事，马上倚仗朝廷威力，据守二周险要之地，东向发兵控制天下，那么尽管他行为违背道义，仍然足以造成极大的忧患。但现在的形势是，董卓纵火烧宫，劫持天子迁都，致使举国无不震动，百姓惶惶然不知依附何人，这正是老天要他灭亡的大好时机。只须打一战便足以平定天下，真是机不可失啊！"于是领兵向西进发，准备占据成皋。张邈派遣部将卫兹分兵跟随太祖。抵达荥阳的汴水，遇到董卓的部将徐荣，交战失利，太祖手下军士死伤众多，就连太祖本人也被流箭射中，所骑战马也受了伤，依赖他的堂弟曹洪将自己的坐骑让给太祖，太祖才幸得乘夜逃脱。徐荣眼见太祖兵马虽少却能奋力战斗一天，自认酸枣很难攻破，也就领兵撤回了。

太祖返回酸枣，只见各路军马十几万人，每天只知道设筵摆酒，狂喝滥饮，竟无意于进取一途。太祖责问这些人，并替他们出谋划策说："请各位听从我的计策，让勃海太守袁绍带领河内大军占领孟津；在酸枣的各位将领防守成皋，进占敖仓，封锁辗辕及太谷二大关口，全面控制这些险要地带；袁术将军可带领南阳的军队进驻丹水和析县，杀进武关，以震动三辅为主要目的；各路大军都适合采取深沟高筑壁垒不与敌兵交战的战略，只需要广布疑兵，以此向敌兵展示天下大好形势，正是以正义之师诛讨叛逆之贼，何愁天下不立即平定！现在各路兵马既然都为了伸张正义行动起来会聚到这里，却又迟疑观望，不肯向前推进，岂非使天下百姓大失所望？我私下里都为你们感到羞耻！"对于太祖的责问和计谋，张邈等人仍是充耳不闻，拒不采纳他的建议。

太祖自知兵少将寡，就和夏侯惇等人一起到扬州召募士兵。扬州刺史陈温、丹杨太守周昕虽然给了他四千多军兵，但是等回到龙亢县的时候，这些兵士也就叛逃得差不多了，沿途只得又在铚县、建平重新招募了千余士兵，于是整军进驻河内。

刘岱与桥瑁相互仇怨，刘岱杀害了桥瑁，让王肱兼任领东郡县太守一职。

袁绍与韩馥策划拥立幽州牧刘虞当皇帝，太祖坚决反对这样做，，袁绍曾经得到一块玉印，当太祖在座时特意举臂向他示意，太祖自此便感觉袁绍极为可笑，从而心存厌恶之感而耻笑表绍。

初平二年春，袁绍、韩馥还是拥立刘虞做皇帝，但刘虞始终不敢应承。夏四月，董卓回长安。秋七月，袁绍胁迫韩馥，夺取了冀州。

黑山一带叛贼于毒、白绕、眭固等一千人众十多万侵犯掠取魏郡和东郡，王肱最后抵挡不住，还是太祖带兵前往，在东郡的濮阳大战贼魁白绕并把他击败。袁绍因此上表推荐太祖为东郡太守，以东武阳为郡政府所在地。

初平三年春，太祖驻军顿丘，于毒等人攻打东武阳。太祖便率军向西杀进黑山进攻于毒等人的大本营。于毒听到后院起火，只得放弃东武阳收兵回营。太祖埋伏军队中途截击眭固，又攻匈奴于内黄县的头领夫罗，都取得了大破敌兵的胜绩。

夏四月，司徒王允与吕布共同袭杀董卓成功，董卓的部下将军李傕、郭汜等人又杀死王允，并进攻吕布。吕布战败，向东逃出武关。李傕等人把持了朝政。

青州黄巾军以百万之众攻入兖州地界，杀死了任城国相郑遂，转入东平国。刺史刘岱准备派兵进击，鲍信进言劝阻说："现在贼众多达百万，百姓们都惊恐不安，士卒也毫无斗志，显见我军不宜急切对敌应坚持固守。据我观察，贼军家属成群，军中粮草物资非常缺乏，专靠抢掠提供给养，现在的对策，与其断然进军，不如让部队养精蓄锐，先以固守为务。敌兵求战不能得逞，强攻又是徒增伤亡，其势必然会自动离散，那时我们再选精兵锐卒，占据要害，就能够稳稳当当地击破贼寇了。"刘岱不听鲍信的妙计，带兵出击，果然兵败被杀。鲍信便和州吏万潜等人，到东郡县迎接太祖来做兖州牧。太祖于是率兵向黄巾军发动攻击，大战于寿张县东。鲍信奋战身亡，才勉强击破黄巾军。太祖悬赏搜求鲍信的尸体，却毫无结果，大家只得用木头刻出鲍信的长象，洒泪祭奠亡灵。然后太祖带兵继续追击，一直赶到济北。黄巾军竭力屈服请求投降。太祖的部队陡增了三十几万投降的士卒，及黄巾军家属，男女共一百多万人。太祖整编了其中的精锐士兵，号称"青州兵"。

袁术与袁绍兄弟发生矛盾，袁术向公孙瓒求援，公孙瓒让刘备驻军高唐县，单经屯兵平原，陶谦驻扎在发干县，以此逼迫袁绍，太祖与袁绍兵合一处发动进攻，将他们全部打败击溃。

　　初平四年春，太祖驻军鄄城。荆州牧刘表切断袁术的运粮通道，袁术率领部队进入陈留郡县，驻兵封丘，黑山军余部及于夫罗等人都为之辅翼。袁术派部将刘详驻兵匡亭，太祖进军刘详，袁术出兵救援，双方发生战斗，太祖大获全胜。袁术节节败退，先是退守封丘，几乎在太祖的重围下成为瓮中之鳖；接着逃往襄邑，仍未摆脱追兵，在太寿县被太祖的挖河灌城战术弄得毫无办法可想，再逃往宁陵，没想到太祖又尾随而来，袁术无奈，最终逃往九江。同年夏季，太祖回军定陶。

　　下邳县阙宣纠集数千喽啰，自称皇帝天子；徐州牧陶谦为之作伥，和他协同出兵，攻占了泰山郡的华县、费县，又占领了任城。秋天，太祖征陶谦，一连攻下十多座城，陶谦坚守城池，一直不敢出战。

　　这一年，孙策受袁术的派遣渡过长江，几年内就占据全部江东地区。

　　兴平元年春，太祖从徐州返回兖州。最初，太祖之父曹嵩辞职后回谯县，而后董卓作乱时，曹嵩迁家到琅邪避难，道中不意遭陶谦毒手，因此太祖发誓要进军东征复仇。这年夏天，太祖委派荀彧、程昱驻守鄄城，自己再次东征讨伐陶谦，又攻下了五座城邑，占领的地盘一直延伸到东海地界。太祖回兵途中，经过郯县，遭到屯兵郯县东面的陶谦部将曹豹和刘备的攻击。太祖果断反击，大获全胜将他们击败，并且乘胜攻占襄贲，大军所过之处，大多实施了严酷的破坏和屠杀。

　　此时恰逢张邈和陈宫叛变迎接吕布，各郡县群起纷纷响应。唯独荀彧、程昱誓死保护鄄城，范县和东阿县也坚持防守没被攻下。太祖得到消息，马上率部返回。吕布一到就进攻鄄城，没能得手，撤围西屯濮阳驻守。太祖说："吕布一天之内就得到一个州，却不去占据东平，切断亢父、泰山的通道，凭借险要地势来截击我，反而驻兵濮阳，我断定他很难有所作为了。"于是进兵攻打吕布。吕布出兵迎战，先用骑兵冲击青州兵。青州兵败阵四下奔散，太祖军阵大乱，他急切纵骑冒着大火突围，掉下马来，左手掌被火势烧伤。幸得司马楼异扶太祖上马，总算突围而出。他们并未直接赶回军营，诸将不见太祖露面，军营上下无不惊恐万分。太祖不得已忍痛强打精神，到各营慰劳将士，并命令部队火速赶制攻城工具，再次进军攻打吕布，双方僵持了一百多天，此时蝗虫大起，众百姓饥饿异常，吕布的军粮也在相持中消耗殆尽，双方这才各自撤兵离去。

　　秋九月，太祖返回鄄城县。吕布到乘氏县，却被当地人李进击败，东屯山阳。这时袁绍派人前来游说，想与太祖建立连和关系。太祖新近丢了兖州，军粮也已消耗殆尽，准备答应袁绍。程昱劝止太祖，太祖采纳了程昱的意见。冬十月，太祖来到东阿县。

　　这一年谷米价格暴涨，一斗值钱五十余万，人吃人的现象已不少见，官府不得不解散新近招募的官吏和士兵。这时，陶谦病死，刘备接掌徐州以及他的官职。

　　兴平二年春，太祖出兵袭击定陶，因济阴太守吴资全力守护南城，太祖未能攻克。恰好吕布赶到，太祖便顺手将吕布击败。这年夏季，太祖领兵攻击驻扎在巨野的吕布部将薛兰和李封，吕布前来救援，但为时已晚，结果是薛兰大败，吕布逃走。太祖于是斩了薛兰等人。吕布很不甘心，在东缗会合了陈宫，率领一万多人前来与太祖再次交战。这时太祖兵力不如对手，便采取设伏兵诱敌，出奇兵纵击的办法，以巧取胜，大破吕布。吕布乘夜逃走，太祖挥兵追击，占领定陶，并分兵平定周围诸县。吕布东逃投奔刘备，张邈跟从吕布，仅令弟弟张超带家属保卫雍丘。八月，太祖围攻雍丘。秋八月，天子正式任命太祖为兖州牧一职。十二月，雍丘城被攻破，张超自杀。太祖诛灭张邈三族。张邈前往袁术处求救，被部下杀死。兖州自此平定，太祖于是向东攻取陈国一带。

这年，长安发生动乱，献帝在东迁途中，护卫军在曹阳被打败，不过献帝还是平安渡过黄河，到达了安邑县。

建安元年春正月，太祖的大队军马开到了武平，袁术任命的陈国国相袁嗣投降。太祖想要前去迎接献帝，众将中有人不免心存疑虑，荀彧、程昱却极力赞成鼓动太祖，于是鼓动太祖派曹洪率军队西迎献帝。卫将军董承和袁术部将苌奴凭险阻击，结果使曹洪不能前进。

汝南、颍川一带的黄巾军何仪、刘辟、黄邵、何曼等一干人等，各自都有数万兵马部队，起初听命于袁术，而后又依附孙坚。这年二月，太祖进兵征讨，大破敌军，诛杀刘辟、黄邵等人，何仪及其部下全部投降。献帝任命太祖为建德将军的官职，六月，升迁镇东将军，封费亭侯。七月，杨奉、韩暹护卫献帝护送回洛阳，杨奉另率一军驻扎在梁县。太祖以保护京城为由赶到洛阳守卫京城。韩暹悄然逃走。献帝授予太祖符节、黄钺，总领尚书事。洛阳已是极为残破不堪，董昭等人力劝太祖迁都许县。九月，献帝的车驾东出辕辕关来到许都。献帝任命太祖为大将军，封武平侯。自从献帝向西迁到长安，朝廷一天比一天混乱，直到这时候，比较规范的宗庙、社稷制度才重新建立起来。

天子车驾东行之时，杨奉打算从梁县实施拦截，但未赶上。冬十月，曹公征讨杨奉，杨奉向南逃走投奔袁术。于是曹公放手进攻他在梁县的驻军，一举攻成。这时献帝加封袁绍为太尉一职，袁绍以官位在曹公之下为耻而不愿接受这一职务。曹公知道以后便极力辞去自己的职位，把大将军一职让给了袁绍。献帝又任命曹公为司空，兼车骑将军。这一年曹公又采纳了枣祗、韩浩等人的建议，开始实行军屯田制度。

吕布袭击刘备，攻克下邳。刘备前来投奔，程昱积极劝说曹公：“依我看刘备一向具有雄才大略而且深得民心，不是久居人下之辈，不如趁早除掉他。”曹公说：“如今正是招揽英雄的时候，杀一人而使天下豪杰寒心，聪明人是不会这样干的。”

张济从关中逃到南阳居住。张济死后，他的全部人马由侄儿张绣统领。建安二年春正月，曹公到达宛县。张绣率领众兵投降，不久以后又反悔，重行反叛。曹公和他交战，兵败，曹公中流箭，大儿子曹昂、侄子曹安民力战身亡。曹公带兵退回舞阴县，张绣率骑兵抄掠，反被曹公击败。张绣逃到穰县，与刘表军队合在一处。曹公对众将说：“我收降张绣等人，错在没有掌握他们的人质，如今才弄到今天这种局面。我明白了失败的原因，诸位拭目以待，从今以后我再也不会失败了。”于是撤回许都。

袁术图谋在淮南自称皇帝，于是派人告知吕布。吕布扣留了他的使者，并将其密信马上呈送朝廷。袁术为此极为恼怒，发兵攻打吕布，被吕布击败。秋九月，袁术率领军队抄掠陈国，曹公率兵东征。袁术听说曹公亲自出马，立刻弃军逃走，留下部将桥蕤、李丰、梁纲、乐就迎击；曹公赶到，一举击溃了桥蕤等人，并将他们全部斩首。袁术逃过淮河。曹公也回到许都。

曹公从舞阴返回那时节，南阳、章陵等县重新背叛归服张绣，曹公派曹洪去攻打，交战不利。撤回叶县，又多次遭到张绣、刘表侵犯，曹公亲自率军南征，抵宛城。刘表部将邓济固守湖阳，曹公一举攻克，活捉邓济，湖阳驻军投降。又进攻舞阴，也很快攻下。

建安三年春正月，曹公回到许都，首次设置了军师祭酒的职位。三月，曹公围困张绣于穰县。夏五月，刘表派遣军队救援张绣，意在切断曹军的后路。曹公想要带兵撤回，遭到张绣军队追击，曹军难以前进，迫不得已以连营缓缓推进。曹公在给荀彧的信中写道："敌兵在后面咬住我军不放，致使我们每天只能行军数里，尽管如此，据我估计，只要到安众县，张绣一定会兵败。"到了安众县，张绣和刘表合兵据守险要地带，曹公部队前后受敌。曹公派兵乘夜在险要地带开凿一条地道，运走了全部军用物资，并布置精兵准备反击。这一切办妥天已大亮，敌军认为曹公已率军逃走，全军来追。曹公精兵突发，步、骑兵两面夹攻，大破敌军一举成功。秋七月，曹公回到许昌。荀彧问曹公："您战前就已经料定敌兵必定会被打败，究竟是凭什么呢？"曹公回答说："敌兵阻挡我军退路返回驻地，同将我置身死地的部队交战，我因此知道一定会有取得战斗的胜利因素。"

吕布又为袁术而派高顺进攻刘备，曹公派夏侯惇带兵前往救援，交战不利。刘备被高顺击败。九月，曹公东征吕布。冬十月，攻克彭城大规模屠城，还抓获了彭城国相侯谐。曹军进抵下邳，吕布亲率骑兵迎击。曹公大败吕布，活捉了敌将成廉。曹军直逼城下，吕布十分害怕，想要打算投降。陈宫等人阻止了他的投降意图，向袁术求救，并劝吕布出城作战，再战再败，于是坚壁守城，曹军一时也难攻下。当时曹公因为连续作战多时，士兵都很疲惫，准备收兵，于是采用荀修、郭嘉两人的计划，决泗、沂二水以灌下邳。一个多月以后，吕布的部将宋宪、魏续等人抓住陈宫，全城投降，曹公奋力征伐活捉吕布、陈宫，然后又把他们全部斩杀了。太山郡人臧霸、孙观、吴敦、尹礼、昌豨等人都有自己的军队，在吕布打败刘备时，臧霸等人都归附吕布门下。吕布败亡，臧霸等人也被抓获，但是曹公对他们极为厚待，划出青州、徐州靠近海边的地区委派他们予以治理在此地为官，又分琅邪、东海、北海三郡中的部分地区，另外设立城阳、利城、昌虑郡等县。

当初，曹公在兖州牧任上时，曾经任用东平人毕谌为别驾。张邈又发动叛乱，掳走了毕谌的母亲、弟弟、妻子和儿女等亲属，曹公很惋惜地打发毕谌离去，说："你的老母亲在叛贼手里控制着，你到那里去吧。"毕谌非常感动向曹公叩头，表示决无异心，曹公大为嘉赏，还为之流下了几行感动的泪水。但毕谌一离开曹营，立马就逃到了张邈那里。等到吕布被打败，毕谌也被曹军自然而然生擒，众人都为他担心，曹公说："一个人能够尽孝思于父母，难道不会尽忠心于君主吗？我所渴求的正是这样的人才。"任命毕谌担任鲁国国相一职。

建安四年春二月，曹公带军回到昌邑。张杨的部将杨丑杀了张杨，睢固又杀了杨丑，带领部队归附袁绍，驻兵射犬。夏四月，曹公大军开到黄河边，派史涣、曹仁渡河攻打睢固。睢固命令张杨原来的长史薛洪和河内太守缪尚在原地固守，自己带兵北行，迎接袁绍，请求援兵，不料与史涣、曹仁在犬城遭遇。两军交战，曹军大胜，睢固被在阵前砍去脑袋。于是曹公渡过黄河，围困射犬。薛洪、缪尚率众将兵投降，爵封列侯。曹公带军回到敖仓，任命魏种为河内太守一职，要他全面负责黄河以北的地区军政事务。

当初，曹公举荐魏种为孝廉。兖州反叛的时候，曹公说："只有魏种不会背弃我而去。"等到魏种叛逃的消息传来，曹公愤怒地说："魏种除非南逃到越境，北走到胡境，要不然我绝对不会放过你的！"既已攻下射犬，活捉了魏种，曹公又说："只是可惜他很有才能啊！"令人替魏种松绑，仍然加以任用。

此时袁绍已经兼并了公孙瓒，占有整个青、冀、幽、并四州之地，人马多达十几万，打算进军攻打许都。众将都认为他的势力是不可抵挡，曹公说："袁绍的为人我十分了解，其人志向大而智慧甚少，外表威严而心底懦弱，妒忌刻薄又素无威信，兵虽多常指挥不当，将领骄横，政令不一，因此尽管他地广粮丰，到头来正好作为对我军的奉献。"秋八月，曹公进军黎阳县，令臧霸等人进击青州，攻破齐郡、北海和东安，留于禁驻扎在黄河边上。九月，曹公回到许都，分派军队防守官渡。冬天十一月，张绣率部队投降，受封列侯。十二月，曹公在官渡驻军。

袁术自从败于陈国以来，日渐势衰力弱。袁谭从青州派人去迎接他。袁术想要从下邳北面经过，曹公派刘备、朱灵前去截击征伐。而袁术正巧病死。程昱、郭嘉听说曹公已派刘备出征，就对曹公说："不能把刘备放走。"曹公顿时醒悟十分后悔，马上派人追赶但是已经来不及了。刘备还在东去之前，就暗中与董承等人策划谋反，他一到下邳，便杀了徐州刺史车胄，整顿军队拉出人马驻扎沛县。曹公派刘岱、王忠攻打刘备，都没能取胜。

庐江太守刘勋率部前来投降，被封列侯。

建安五年春正月，董承等人谋反的事情败露，全部都被处死。曹公打算亲自带兵东征刘备，众将都劝阻说："与您争夺天下的人是袁绍，现在袁绍正要来攻打我们，您为什么放手不管，却要东征刘备，袁绍如果乘机从背后进攻，怎么办才好呢？"曹公答道："刘备是人中豪杰，如不及时打垮，今后必定会成为心腹大患。袁绍志向虽大，但头脑反应迟钝，绝对不会马上出兵。"郭嘉从旁打气，于是出兵东征，一举击败刘备，并活捉了他的部将夏侯博。由于刘备率残部逃奔袁绍，只捉住了他的妻子和儿子。刘备的得意大将关羽驻扎在下邳，曹公乘胜攻城，关羽投降。接着又将叛逃到刘备麾下的昌豨击败。曹公回师官渡，袁绍果然象曹公分析的那样没有趁机进攻曹公后方。

二月，袁绍派郭图、淳于琼、颜良三将率军进攻驻守在白马的东郡太守刘延，袁绍亲自带兵赶到黎阳，将要渡过黄河。夏四月，曹公北上救援刘延。荀攸劝说曹公："现在我军兵将甚少，难以力敌，只有智取想办法分散敌军的兵力才能取胜。主公可先带兵赴延津，假装要即刻渡过黄河，切断敌人的后路退之，袁绍必然要分兵应付，然后，再以轻装部队偷袭白马，攻其不备，一定能够成功活捉颜良。"曹公欣然采纳荀攸意见。袁绍听说曹军要渡黄河，果然按荀攸分析分兵往西应战，曹公则带领人马日夜兼程，直扑白马，距白马南有十里之遥，颜良得到消息，大吃一惊但为时已晚，匆忙前来迎战。曹公命张辽、关羽两先锋应敌，打败敌军，当阵斩颜良。白马之围一解，曹公马上迁走当地民众，沿着黄河往西转移。此时袁绍业已渡过黄河，紧紧咬住曹军，一直赶到了延津关南。曹公停止行军，在山南坡下扎下营寨，派人登上高垒了望敌情，最初说："大约有五、六百骑兵。"过不一会，又报告说："骑兵正在增多，步兵更是不计其数。"此时曹公说："不必再报告什么了。"当即下令骑兵卸鞍放马休息。这时，从白马运来的辎重物资满道都是。众将认为敌人骑兵太多，不如退后死保大营。荀攸说："我们这样做的目的正是为了诱敌上钩，怎么可以撤回呢？"袁绍的骑将文丑与刘备带着五六千骑兵先后逐步赶到。众将又说："可以上马了吧"？曹公说："还没到时候不急。"一会功夫敌方骑兵越增越多，并有人开始抢夺辎重。曹公说："是时候了！"于是众将纷纷上马准备迎敌，当时曹军的骑兵还不足六百，曹公便挥兵出击，大败袁军，击杀文丑。颜良、文丑都是当时名将，在两军交战打两个回合就先后被杀，袁军为此极为震动。曹公撤回官渡，袁绍进军保卫阳武县，关羽此时乘机逃归刘备。

八月，袁绍连营，稳步推进，并依靠沙堆安置寨栅，东西军营绵延数十里。此时曹公也分立营寨与袁军对抗，但因为交战不利。此时曹军不足一万人，受伤的士兵又占十分之二三。袁军再次逼近官渡，起土山，挖地道，部署攻势。曹公也在自己营区内如法炮制，针锋相对。袁绍下令箭射曹营，一时箭如雨下，在营内行走都需要举盾遮护，众人无不害怕。这时曹军又逢粮草稀缺，曹公给荀彧写信，表示准备撤回许都。荀彧认为："袁绍全部人马会聚官渡，目的在于一决胜负。主公用最弱小的部队抵挡最强大的军队，如果不能制服对方，那就必然会被对手打败，这是谁将拥有天下的关键时刻。其实袁绍做为当时英雄不过是才略平凡，能聚集人才，却不知怎样使用好人才。凭主公的英明神武和雄才大略，再加上辅佐天子诛伐暴乱的正当名义，理当战无不胜！"曹公又一次采纳了荀彧的建议。

孙策得知曹公与袁绍相持不下，试图趁机长途奔袭许都，结果兵马还没有发动，就被刺客刺死身亡。

汝南降贼刘辟等叛变，作为袁绍的内应，抢劫掠取许都附近城郊。袁绍派刘备前去救援刘辟，曹公令曹仁马上出击，打败刘备。结果刘备逃走，于是曹军率军攻克了刘辟的营寨。

袁绍几千辆运送粮食的军车来到，曹公采纳荀彧的计谋，派徐晃、史涣在半路截击，大败袁军，烧毁全部军用粮车。曹公与袁绍相持坚持数月，尽管每次交战都斩获袁军大将，但兵少粮尽，士兵们都疲惫不堪这是一个不可忽略的实际问题。曹公对运粮的人说："半个月后定然击败袁绍，不再劳累辛苦你们了。"冬十月，袁绍又派军运粮，命淳于琼等五人率领一万多名士兵护送，距袁绍大寨北面四十里宿营。袁绍的谋士许攸贪图财物，袁绍不能满足他的要求，许攸便来投奔曹公，劝说曹公派兵攻击淳于琼等人。曹公左右的人开始的时候都怀疑他是诈降，只有荀攸、贾诩二人劝说曹公启用许攸之计。曹公便留下曹洪保护大营，亲自带领步骑兵五千人，连夜出发，恰好在天亮时赶到，淳于琼等看见曹公兵少，就在寨门营外摆阵迎战，曹公下令冲击，淳于琼退回营内固守，曹军展开围攻。袁绍派骑兵救援淳于琼。曹公左右随从的人中有人说："敌人骑兵越来越近了，请赶快分兵迎敌拼以死战。"曹公大怒说："等敌人到了背后再来报告。"曹军士兵全部殊死奋战，把淳于琼等打得大败，并予斩杀淳于琼等人。袁绍刚得到曹公攻打淳于琼的消息，就对大儿子袁谭说："趁他攻打淳于琼的时机，我们去攻占他的大本营，使他无处可归。"便派张郃、高览进攻曹洪。张郃等人听说淳于琼被打的大败，就投降了曹公。袁军结果一败涂地，袁绍和袁谭弃军逃跑，仓惶渡过黄河。曹军追赶不上，就缴获了他们的全部贵重物资、图书册籍及珍宝之类，俘虏了他的士兵。曹公在缴获的袁绍的书信中，发现了不少许都官员和军队中的人写给袁绍的信件，一概烧掉不予追究。于是冀州各郡见状，纷纷献城投降。

当初，也就是汉桓帝当政时期，在楚国和宋国分野出现了一颗土星，辽东人殷馗善观天文，预言五十年后将会有真命天子出现在梁国和沛国一带，其锋锐不可抵挡。至此正好五十年，而曹公一举击败袁绍，天下再也无人能敌了。

建安六年四月，曹公在黄河岸边炫耀武力，攻打在仓亭的袁绍的驻军，袁军大败。袁绍逃回冀州，又招集收罗打散的士兵，平定了那些叛变的郡县。九月，曹公回许都。当袁绍还没被打败的时候，曾派刘备攻占汝南郡，汝南的贼寇共都等人都响应刘备。曹公派蔡杨攻打共都，交战失利，反被共都打败。曹公向南征讨刘备。刘备听说曹公亲自前来出征，都逃跑投奔刘表，共都等人全部溃散。

建安七年春正月，曹公在谯县驻军，下令说："我发动义兵的目的是为我故乡人民，是为天下铲除暴乱。可是我故乡的百姓差不多死光了，我在境内走了一天，竟未发现一个认识的人，这种情形真叫我悲痛伤心。牺牲的将士凡是没有后人的，让他的亲戚作为他的后嗣，分给他们田地，由官府配给耕牛，设立学校，派教师教育他们认字。给他们修建祠庙，使他们能够祭祀自己的先人。这样若灵魂有知，我死后也没有什么遗憾的了！"于是又到浚仪县，治理好睢阳渠，又派遣使者用牛、羊、猪三牲的祭品去祭祀已死去的太尉桥玄。然后进军官渡。

袁绍自从部队被击溃以后，病发吐血治疗无效，夏五月病死。他的小儿子袁尚接替了他的职位，袁谭自封车骑将军，驻兵黎阳。当年秋九月，曹公征伐他们，接连打了几仗，袁谭、袁尚每战必败，只得退兵拼死固守黎阳。

建安八年春三月，曹公攻打黎阳外城，袁氏兄弟出城迎战，曹军奋勇冲击，把他们打得大败，袁谭、袁尚连夜逃走。夏四月，曹公进军邺城。五月返回许都，留贾信拼命固守黎阳。

五月二十五日，曹公下令说："《司马法》说'将军临阵脱逃者死'，因此赵括的母亲，请求不要因为赵括打败仗而受牵连之罪。可见古代的将领，倘若在外两军交锋打了败仗，家属在国内也要被受牵连治罪。自从我派遣将领带兵征战以来，只奖赏有功的人，从未处罚过有过错的人，这不符合国家的法典制度。现在公布命令：今后众将出征，打败仗的要依法治罪，作战失利的要被免去官职和爵位的。"

秋七月，曹公又下令："自战乱以来，已经十五年了，年青人没见过仁义礼让的风尚，我为此十分痛心和忧伤。现在公布法令：各郡国都要研习经书重视学习文献典籍，满五百户人家的县就要设立学官，挑选当地优秀学生进行教育，这样或许可以使古圣先贤的思想不致废弃，从而对天下有利。"

八月，曹公发兵讨伐刘表，驻军西平县。在曹公离开邺城南下之时，袁谭、袁尚为争夺冀州而兄弟反目成仇，为争夺冀州袁谭被袁尚打败，逃到平原县固守。袁尚加紧攻城很急，袁谭派辛毗到曹公营寨乞降请求救援。众将都心存疑虑，荀攸劝说曹公答应下来，于是曹公带领将兵返回。冬十月，曹公兵至黎阳城，让儿子曹整与袁谭的女儿结婚。袁尚听到曹公北返的消息，就从平原撤去围城军队返回邺城。东平县人吕旷、吕翔背叛袁尚，驻扎在阳平县，带领自己的部队人马投降了曹公，被封为列侯。

建安九年春正月，曹公率兵渡过黄河，截断洪水，将之导入白沟，作为运粮的水道。二月，袁尚再次攻打袁谭，只留苏由、审配守卫邺城。曹公进军到洹水，苏由投降。曹公大军已经到达邺城，于是就开始发动进攻，堆起土山，挖掘地道。武安县长尹楷驻扎在毛城，保护通往上党的运粮通路。夏四月，曹公留曹洪渡过黄河攻打邺城，亲自带兵攻打尹楷，打败尹楷后立即回师邺城。袁尚的部将沮鹄驻守邯郸县，曹公又攻克了该城邯郸。易阳县令韩范、涉县长梁歧献城投降，赐给他们关内侯的封爵。五月，曹军毁去土山和地道，围绕城的四周挖了一圈深壕，掘开漳水灌淹邺城；城中人大部分饿死一半之多。秋七月，袁尚回兵救邺城，众将都认为"这是回返驻地的部队，人人都会殊死奋战，不如先避开它的锋芒。"曹公说："袁尚如果从大道上返回，我们应该避让；如果沿着西山而来，肯定会成为我们的俘虏。"袁尚果然沿着西山前来，靠着滏水河扎下营寨，趁着夜色派兵攻击围城里的曹军。曹公迎战，把袁军打得大败而逃，并乘着胜利包围他们的营寨。还没有合围，袁尚就害怕了，派原来的豫州刺史阴夔和陈琳前来请求投降。曹公不答应，加紧围攻。袁尚连夜逃走，去退守祁山，曹军紧追不舍。袁将马延、张凯等人临阵投降，袁尚军全面溃败，袁尚逃往中山国。曹军缴获了袁军所有的军用物资，还得到了袁尚的印章、绶带、符节、斧钺等物，又让袁尚军中投降的士兵举着这些被缴获的东西给他们城中的家属看，邺城守军士气更加低落。八月，审配哥哥的儿子审荣乘夜打开自己所守卫的城东门，迎接曹兵入城。审配迎战失败，被活捉后斩首，邺城自此平定。曹公亲自到袁绍墓旁祭祀，痛哭流涕；还抚慰袁绍的妻子，归还他袁家的仆人和珍宝，又赠送给各种丝绸棉絮，并由官府供给他们粮食。

当初袁绍与曹公共同发起义兵，袁绍曾问曹公说："如果这件事情不成功，哪些地方能够据守呢？"曹公反问："您以为怎样呢？"袁绍回答："我南面据守黄河，北面依靠燕、代之地的险阻，再吞并戎、狄的兵马，然后向南进军以争夺天下，这样或许可以成就大事了吧？"曹公回答："我依靠天下那些有才智卓绝的人的力量，用道义去统帅他们，无论我在哪里都能够战无不胜。"

九月，曹公下令："黄河以北百姓，遭受袁氏父子造成的灾难，特别下令让他们免于交纳本年的租赋。"又加重了那些惩治豪强兼并土地的法令，老百姓极为高兴。汉献帝又命曹公兼任冀州牧，曹公便让出了兖州牧的职务。

曹公包围邺城的同时，袁谭攻占了甘陵、安平、勃海和河间。袁尚兵败以后，逃奔中山国。袁谭又向中山国进攻，逼迫袁尚再逃故安，兼并了袁尚的残余部队。曹公写信给袁谭，谴责他背信弃义，与他断绝了联姻关系，让他的女儿回娘家去，然后进军讨伐。袁谭十分害怕，从平原撤出，逃跑到南皮县固守。十二月，曹公进入平原，夺取平定了被袁谭攻占的各个郡县。

建安十年春正月，曹公向袁谭发起进攻，大败袁军，斩杀袁谭，并杀死了他的妻子儿女，冀州自此平定。曹公又下达命令："凡是与袁氏一起做过坏事的人，仍然给予他们改过自新的机会。"又命令百姓们不得再报私仇，禁止丧葬铺张奢侈，此后一切事宜均按法令办事。这个月内袁熙的大将焦触、张南等反叛作乱，一起进攻袁熙、袁尚，袁熙、袁尚逃往辽西、上谷、右北平三郡的乌丸地区。焦触等人献出县城投降，被封为列侯。当初讨伐袁谭的时候，一些百姓曾经逃避破冰行船的差役，曹公命令官吏不准接受他们投降。不久，逃亡的人有自首的，曹公对他们说："接受你们自首，显然属于违令；如果杀死你们，又是加罪于认罪之人。你们回去严密躲藏起来吧，最好不要让官吏们发现抓获。"自首者流着泪离去，后来还是被逮住了。

夏四月，黑山的贼寇张燕率领手下共十多万人投降，被受封列侯。故安赵犊、霍奴等人杀死了幽州刺史、涿郡太守。三郡的乌丸族在犷平攻打鲜于辅。秋八月，曹公带领军队出征讨伐，斩杀赵犊等人，又横渡潞河救援犷平，乌丸人逃往塞外。

九月，曹公又颁布命令说："结党营私袒护同伙，互相勾结，深为先古圣贤所痛恨。近来听说冀州一带民俗，即使父亲和儿子各自拉帮结派，相互诽谤或吹捧。从前直不疑连哥哥都没有，却有世人诽谤他与嫂子私通；第五伯鱼所娶的三位夫人，都是没有父亲的孤女，却还有人说他打过岳父；王凤专权朝政，谷永竟将他比成同朝的贤相申伯；王商忠正不阿，张匡却诋毁攻击他专搞旁门邪道。这一切都是颠倒黑白，欺骗上天蒙蔽君王的事情。我打算整治社会风俗，上述四项陋习不革除，我深感耻辱。"冬十月，曹公回到了邺城。

当初，袁绍让他的外甥高干担任并州牧一职，曹公攻破邺城，高干投降，曹公仍让他做刺史。高干听说曹公前往讨伐乌丸族，于是在并州发动叛乱，劫持抓住上党太守，派遣军队驻守壶关口。曹公派乐进、李典二人前去讨伐，高干退回壶关城负隅顽抗。建安十一年春正月，曹公亲自领兵征讨高干。高干听到这个消息，就留下其他将领守壶关城，独自一人跑到匈奴，向匈奴单于求取援兵，但单于不肯答应。曹公围困壶关城长达三个月之久，终于攻克，高干南逃荆州，被上洛县都尉王琰抓住斩首。

秋八月，曹公向东征讨海贼管承，到淳于县，派乐进、李典将他打败击溃，管承逃往海岛。曹公划分东海郡的襄贲、郯、戚三个县充实琅琊郡，撤销了昌虑郡。

三郡乌丸曾趁天下大乱之机，攻破幽州，掠走汉人十多万户。袁绍把他们的酋长和首领全部封为单于，并把本族人的女儿作为自己的女儿，嫁给他们做妻子。其中辽西单于蹋顿势力最为强大。深受袁绍的厚恩厚待，因此袁尚兄弟投奔他，多次入塞抢掠破坏为害。曹公打算征讨乌丸，先开凿河渠，从呼沲河水直通流入泒水，取名平虏渠。又从沟河口凿渠通潞河，取名泉州渠，使之与大海相通。

建安十二年春二月，曹公从淳于县返回邺城。二月初五日，下令说："自从我举义旗，诛暴乱，到现在已经整整十九年了，每次征战无不胜利，难道都是我一个人的功劳吗？这都是贤才、智士、文武官员尽心竭力的结果呀！现在天下虽未完全平定，我们还需要大家共同努力；但由我一个人享受功劳，我怎能心安理得呢？应该尽快论功行赏才是。"于是大肆封赏功臣，有二十几人受封列侯，其余的也依次受封都为列候，还免除为国死难将士子女的徭役租税，轻重差别，各有等级。

曹公打算北征三郡乌丸，众将们都说："袁尚只不过是个四处逃亡的敌手而已，夷狄贪婪无信不讲亲情，怎么能被袁尚利用呢？如今大队军马深入其境征伐，刘备一定会劝说刘表袭击许都。万一真的发生变故，就会后悔莫及啊。"只有郭嘉推断刘表一定不会相信刘备，鼓励劝说曹公出兵。夏五月，曹公带兵来到无终县。秋七月，大水横流，靠海的道路全部不能通行，于是田畴请求当向导，曹公答应了。田畴带领大军出了卢龙塞，塞外道路也堵塞不通，便开山填谷五百多里，经过白檀，穿越平冈，借道鲜卑族的辖境，向东直奔柳城。距柳城只有二百多里，敌寇已得知消息。袁尚、袁熙与蹋顿以及辽西单于楼班、右北平单于能臣抵之等带领几万名骑兵迅速前来迎战。八月，曹公率军登上白狼山，突然与敌兵遭遇，敌人数量很多。当时曹公的辎重都在后面，穿战甲的人很少，左右随从都非常害怕。曹公登高了望，发现敌军队伍混乱不整齐，便命令张辽为先锋，率先主动冲击敌阵出击，乌丸军四散奔逃，蹋顿以及部族中许多名王都被斩首，胡、汉两族投降的人多达二十多万人。辽东单于速仆丸及辽西、右北平的许多位头领，抛弃了各自的族人，与袁尚、袁熙逃往辽西，身边还有几千骑兵。当初，辽东太守公孙康自恃地域甚是偏远，不服从管辖。等到曹公打败了乌丸有人劝曹公应立即征伐公孙康，这样就可以活捉袁氏兄弟。曹公说："我正要叫公孙康砍下袁尚、袁熙的脑袋送来，不必麻烦再用兵了。"九月，曹公带兵从柳城返回，公孙康随即杀了袁尚、袁熙、速仆丸等人，把首级送到曹公军中。有的将领问："主公撤军返回，而公孙康却砍下他们的脑袋送来，这是为什么呢？"曹公说："公孙康害怕袁尚等人，攻打太急，他们就会合力对付我们，我暂时不于进攻，他们就将自相残杀，这是势必会发生的事情！"十一月，曹公到达易水岸边，代郡乌丸代理单于普富卢、上郡乌丸代理单于那楼带领本族中的著名首领赶来拜见朝贺。

建安十三年春正月，曹公返回到邺城，开凿玄武池训练水军。这时，朝廷废除三公官制，设置丞相、御史大夫。夏六月，任命曹公为丞相。

秋七月，曹公向南征讨刘表。八月，刘表因病而死，他的儿子刘琮接替他的职位，驻扎在襄阳，刘备驻扎在樊城。九月，曹公率大军抵达新野县，刘琮献地投降，刘备逃奔夏口。曹公又向江陵进军，下命令让荆州地区的官吏百姓一概实行新的法规。对荆州投降官员论功行赏，封侯的有十五人，任命原刘表手下大将文聘为江夏太守一职，让他统领自己原来的兵马，并举荐或者任用荆州名士韩嵩、邓义等人。益州牧刘璋开始接受征兵和纳税的任务，负责为曹公提供兵源，充实部队。十二月，孙权援救刘备进攻合肥，曹公从江陵出发征讨刘备，到达巴丘山，派张喜救援合肥。孙权得知张喜领兵来救，才撤兵离开。曹公抵达赤壁，与刘备交战失利。这时军中又发生了大规模的瘟疫，官吏和士兵死亡众多，曹公只得带领军队收兵撤回。于是刘备占有了荆州、江南诸郡县。

建安十四年春三月，曹军开到谯县，制造快船，操练水军。秋七月，曹军从涡水进入淮河流域，渡过肥水，驻兵合肥。八月二十四日，曹公下令说："最近几年以来，军队屡次远征，有时还遇到瘟疫，官兵都有死亡不能回归，永不能再回家乡，夫妻有生离死别之恨不能团聚，百姓有流离失所之叹，这难道是仁爱之人所喜欢乐意这样吗？实是不得不为之。现在命令，凡是死亡的士兵家中没有产业，自己难以维持生活的，官府不得停止供应食粮，必须善加抚恤，这样才合乎我的心意。"这年扬州郡县设置的官员，开发芍陂实施屯田。十二月，曹军返回谯县。

建安十五年春，又发布命令："自古以来，凡是开国和中兴的君主，没有一个不是靠贤明有道帮助共同治理天下的！及至他们得到贤人，几乎就没有走出过闾巷之外，这难道是侥幸相遇的吗？实在是此前没有人去访求罢了。现在天下还没有安定，这正是迫切需要寻找贤才的时候。孔子说：'孟公绰作赵、魏两家的家臣之士是绰绰有余的，却不能作滕、薛二个小国的大夫。'如果一定要廉洁之士才可以任用，那么齐桓公怎么能够称霸天下呢！难道现在天下就真没有象吕尚那样才能卓越却穿着破衣服在渭水边垂杆钓鱼的人吗？又有没有象陈平那样被诬蔑为与嫂子通奸、接受贿金却还没有遇到识才的魏无知推荐的人呢？各位一定要帮助我发现并且荐举那些出身低贱的有才能的贤人，只要有才能就可以推荐，以便为我所任用。"这年冬天，建造铜雀台。

建安十六年春正月，汉献帝任命曹公的大儿子曹丕担任五官中郎将一职，并设置所属官员做为丞相的副手。太原商曜等一干人占据大陵县发动了叛乱，曹公派夏侯渊、徐晃带兵围攻并打败了大陵。张鲁占据汉中郡，三月，曹公派钟繇前去讨伐，又命令夏侯渊等人从河东郡领兵出击，与钟繇会合。

这时，关中的各将领们都疑心钟繇要袭击自己，于是，马超与韩遂、杨秋、李堪、成宜等人起兵反叛。曹公派曹仁前去征伐。马超等人兵屯潼关；曹公告诫众将领说："关西兵马精勇强悍，你们务必坚守营垒，不要与他们交战。"秋七月，曹公向西征讨，和马超的军队隔着潼关驻扎下来。曹公以快速运动牵制住马超的部队，却暗中派徐晃、朱灵等将趁夜渡过蒲阪津，占据黄河以西布营，曹公从潼关以北强渡黄河，马超赶到，猛烈攻击曹军的渡船。校尉丁斐见情况危急，放出大批牛马引诱敌兵，敌兵乱抢牛马，军队大乱，曹公才得以渡过黄河，沿着黄河修筑通道向南推进。贼兵退走，在占据渭口抵抗，曹公便四处设置疑兵，暗中用船运送部队进入渭水，架设浮桥，当天晚上分兵在渭水南岸结营扎寨。贼军也乘夜攻营，被曹公伏兵击败他们。马超等人驻扎在渭南，派人到曹营送信，以割让黄河以西为条件讲和，曹公不答应。九月，大队军马渡过渭水，马超等人多次挑战，曹公也不应战；对方一再请求割让土地，并派儿子做人质求和，曹公听从贾诩的计谋，假意应允他们。韩遂请求与曹公会面。曹公与韩遂的父亲同一年被推举为孝廉，又与韩遂是平辈之人，因此两人马靠马在阵前交谈很长时间，不涉及军事情况，只说京城里的亲识旧事的朋友，说到高兴时，二人抚掌大笑。事后马超等人问韩遂："曹公说了些什么事？"韩遂回答："没说什么。"于是马超等人对韩遂起了疑心。过了几天以后，曹公又给韩遂写了封信，故意在上面涂抹改动许多地方，做成韩遂所改模样，马超等人看后更加怀疑韩遂。于是曹公与他们约定日期会战，先用轻装部队挑战敌军，打了很长时间后，这才派出精悍勇猛的骑兵夹攻，把他们打得大败，杀了成宜、李堪都被斩首。韩遂、马超等人逃往凉州，杨秋逃往安定郡，关中于是被平定。众将领有问曹公说："开始时，贼兵守卫潼关，渭水以北一路空虚，不曾设防，我们不从河东出击攻打冯翊，反而在潼关与敌兵相持，拖延许多日以后才北渡黄河，这是什么原因呢?"曹公回答："贼兵占据潼关，假如我军进入河东，贼兵一定会继续把守住黄河上的各个渡口，那么我军就不能渡过西河，因此我故意重兵开往潼关；让贼兵全力来守卫南边，导致西河防备自然空虚，因此徐晃、朱灵二将才能轻易占领西河。此后我再带领大军北渡黄河，贼兵不能与我们抢夺西河，是因为那里已有二将的军队在。我军连结战车、树起栅栏筑通道向南逐步推进，既是创造了敌军不能取胜的实际条件，同时又表明我军兵力薄弱，借此故意麻痹敌人。渡过渭水后深沟固垒，对敌军挑战不于理睬，也是为了助长敌人的骄气轻敌的心理，贼军不建造营垒，只求割地讲和，我顺着他意思答应下来，之所以依着他们的意图，是为了使他们心安理得而不做一点准备丧失警惕。我军则养精蓄锐，一旦进攻他们，就构成了所谓迅雷不及掩耳之势。用兵重在随机应变，本来就并不是只有一种方法。"开始时，贼兵的每一支部队到来，曹公脸上就增添一分高兴的样子。贼兵被打败以后，众将问他当初高兴的原因。曹公回答："关中地域辽阔，如果贼兵各自凭险抵抗，要征讨扫平他们，非得付出一二年时间的代价。如今他们都到此处聚集，尽管人数众多，但彼此之间不归服，没有统一的主帅，一战便可歼灭他们，成功的到来，因此我才高兴。"

冬十月，曹军从长安出发，向北征伐杨秋，包围了安定。杨秋投降，曹公又恢复了他的爵位，让他留守原来的辖地。十二月，从安定班师而回，留下夏侯渊驻守长安。

建安十七年正月，曹公回到邺城。汉献帝下令曹公朝拜时赞礼官不必直呼他的姓名，入朝时不必象别的大臣那样小步快走，可以穿朝靴佩宝剑上殿，就照西汉丞相萧何的旧例。马超余部梁兴等人驻兵蓝田县，曹公命夏侯渊前去讨伐并将他们平定。割划出河内郡的荡阴、朝歌、林虑等县，东郡的卫国、顿丘、东武阳、发干等县，巨鹿郡的恢陶、曲周、南和等县，广平郡的任城县，赵郡的襄国、邯郸、易阳等县，一概纳入魏郡。冬十月，曹公征讨孙权。

建安十八年春正月，曹公进军濡须口，攻破孙权在长江西岸的各个营寨，抓获孙权属下都督公孙阳，然后撤兵回营。此时，汉献帝下诏合并十四州，恢复九州的建制。夏四月，曹公回到邺城。

五月初十，汉献帝派御史大夫郗虑带着皇帝符节到邺城，册封曹公为魏公。策文说：

"朕德行浅薄，自幼就忧患相继，先是被劫持西迁长安，此后又飘流唐、卫。在那个时候，朕就像旗上的飘带被人任意撑握的东西一样动摇不定，宗庙无人祭祀，社稷没处安置；群雄觊觎非份，割裂天下，全国的百姓，朕无权管理，眼看高祖开创的基业摇摇欲坠。我早起晚睡，不敢安息，辗转反侧，痛心疾首，祷告说："我的祖辈父辈啊，先朝的股肱大臣啊，谁能怜悯我呢!"于是感动了上天，诞生了曹丞相，保护我汉朝平安，救朕于危难之际，朕终于有了依靠。现在联要为您举行封爵典礼，请您听从朕的命令。

"从前董卓首先发难作乱，使朝廷负耻蒙羞，各地郡守放弃自己的政务，共同解救王室。您督促众人进军、并率先与贼兵交战，可见您对王室的忠诚表现啊。后来黄巾军违背天命，举兵发起叛乱，攻占了国家的三个州，祸乱波及平民百姓，您剿除他们，平定了东方诸州郡，这又是您的功劳啊。韩暹、杨奉二人专断独行，滥用权力，您用兵讨平他们，消除祸患，于是迁都许县，改造京师，重新设置百官。修建宗庙，恢复以前的典章制度，天地鬼神得以安宁，这又是您的功劳啊。袁术称帝谋反，施虐淮南，但仍惧怕您的神威。您施展宏谋伟略，蕲阳一战，击斩桥蕤，声威南驰传播，使袁术及其梦想灰飞烟灭陨灭溃败，这又是您的功劳。回军向东征讨吕布，诛杀吕布；将要班师途中，张杨毙命；眭固认罪受死，张绣俯首归降，这又是您的功劳。袁绍淆乱天纲，阴谋颠覆危害国家，依仗兵多将广，发动军队侵凌朝廷，这个时候，国家军队很少，力量弱小，普天之下，人人寒心，没有谁敢攘臂奋气，与之抗衡。只有您高节如虹，精诚贯日，奋起您的神威，送出妙计，官渡一战，痛歼宵小，救我国家于危难之间，这又是您的功劳。您率师渡河，平定四州，袁谭、高干、海盗奔走无门，黑山贼投靠朝廷，三郡乌丸两代都曾作乱，袁尚依靠他们，占据塞北，您率军翻山越岭不顾路途艰险，一战将这些败类消灭，这又是您的功劳。刘表背叛朝廷，拒不纳贡，您率领众师才出征，神威先行，江南诸郡，望风而降，这是您的功劳。马超、成宜狼狈为奸，据守黄河，凭借潼关之险勾结作乱，企图得偿夙愿，您在渭水以南消灭他们，取敌首级数以万计，于是边境得到安定，戎狄通好，这又是您的功劳。鲜卑族、丁零族，辗转翻译来京，诚心供职，这又是您的功劳。稗干族、白屋族俯首臣服为官奉职，这是您的功劳。您有平定天下的功劳，而且有德行高尚，教化遍行海内，秩序井然，政令既出，风俗为之一新；您勤于教导，慎于刑罚，官吏不敢滥施苛政，百姓尽去狡诈之心；您尊崇帝王宗族，存亡继绝，对于以前德高功大的人，无不安排得合情合理；即使象伊尹那样功德及天，周公那样光照四海的至贤之人，和您相比，也都觉得相差得太远了。

"我听说先代的帝王分封大德高尚之人，要赏赐给他土地、分配给他百姓来供养他，以优厚的礼物表示对他的尊崇，以完备的礼节宣扬圣恩。这样做的目的，无非是为了让他保卫王室，辅助当代君主。在周成王时，管叔和蔡叔犯上作乱，平定国难以后，成王思念有功之臣，于是便派邵康公赐给齐国姜太公所管辖的土地：东到大海滨，西到黄河，南到穆陵，北到无棣，五侯九伯，全部有权可以征讨；世代担任太师官职，以表彰他的功绩。到了周襄王时，也有楚人不奉行王命、不纳贡赋，又命晋文王升任为诸侯领袖，赐给他两辆辂车、勇士、钛钺、美酒和弓箭，大力开辟南阳的大片土地封给他，让他世代担任诸侯的盟主。因此周王室不衰败，全赖齐晋二国。现在您功德显著，确保我的安全，顺应天命，发扬宏大的功业，安定了九州，百姓无不遵纪守法，您的功劳比伊尹、周公还高，但赏赐却比齐太公、晋文公少，因而我感到非常惭愧。我以区区渺小之身，位居亿万百姓民众之上，常常忧虑执政惟艰，如临深渊，如履薄冰，倘若没有您的辅助，我岂能胜任此重任？现在把冀州的河东、河内、魏郡、赵国、中山、常山、距鹿、安平、甘陵、平原共十个郡县全部赏赐给您，封您为魏王。赐给您用白茅包裹的黑土，您可以去烧龟占卜，建立魏国的宗庙社稷。从前在周朝时，毕公、毛公都曾经入朝作公卿，周公、邵公不但在朝身为太师、太保，在外也是一方侯伯，镇外辅内，这些都适合于您，您仍然以丞相的身份兼任冀州牧不变。另外赐给您九锡，请您听从我的命令。因为您制定了各项礼制法律，给民众百姓规定了各种行为准则，使他们安于职守，不致各怀异心，现赐给您金辂车、战车各一辆，黑红色的公马八匹。因为您教导百姓们贫富相济勤事农桑、崇本务农，使民众致力农桑，积蓄了大量的布帛粮食，国家大业兴旺，因此赏给您上公的礼服和礼帽，并配上红色的鞋子。因为您推崇谦虚礼让的美德，使百姓们遵行效仿，长幼有礼，上下和睦，因此赏给您三面悬挂的乐器，用六队三十六人的舞蹈。因为您倡导淳正以教令感化百姓，远播四方，使边远不开化的民族都痛改前非，中原更加充实富有，因此赐给您红门的房子居住。因为您深得先王的智慧，懂得思考连帝尧都感到为难的事情，任人唯贤，使优秀的人才得到推荐，有善必举，因此赐您可以上殿登阶的权力。因为您执掌国家大权，为政庄严，不偏不倚，即使有一丝一毫的错误的思想恶行，也无不加以斥责和黜退，因此赐给您三百名护卫的勇士。因为您严格执法揭露有罪的人，大小罪犯无所遁形，凡是触犯了国家法律的，无不按律令予以诛杀，所以赐给您铁、钺各一件。因为您高瞻远瞩，八方巨细观察明白，俱收眼中，征讨叛逆战胜四方敌人，捍卫四海，因此赐给您红色的弓十张，红色的箭一百支；黑色的弓十张，黑色的箭一千支。因为您以温良恭俭为根本，以孝顺友爱为德，聪明、守信、笃实、忠诚，使我感动至深，因此赏给您美酒一樽，另配玉制的杓子一把。魏国可以设置自丞相以下的各种文武百官，全部与西汉初年各诸侯王的建制一样。希望你在回到魏国后，恭敬地执行服从我的命令，选拔、安置部属，随时明察政事，完成您的伟大功德，报答和颂扬我高祖至美至善的命令！"

秋七月，开始修建魏国的社稷和宗庙。汉献帝迎娶了曹公的三个女儿，全部封为贵人，其中年纪小的暂时留在魏国等待长大。九月，曹公修筑金虎台，开凿渠道，引漳河水入白沟，直通黄河，冬十月，把魏郡分为东西两部分，设置都尉。十一月，魏国开始设置尚书、侍中、六卿等各级官员的官职。

马超在汉阳郡，又依靠羌人和胡人发动叛军兴兵作乱，氐族王千万也叛变响应马超，屯兵兴国，曹公命夏侯渊前往去讨伐他们。

建安十九年春正月，曹公首次举行籍田亲耕仪式。南安郡南安人赵衢、汉阳郡尹奉等人率领大军讨伐马超，并且杀了他的妻子儿女，马超逃往汉中。韩遂逃到金城，进入氐族王千万的部落中，带领羌胡一万多骑兵与夏侯渊交战，夏侯渊出击，把韩军大败，韩遂不得不逃往西平郡，夏侯渊与众将一同进攻占领了兴国，攻克后大规模屠城。撤销了安东、永阳二郡建制。

安定郡新任太守毋丘兴将准备去上任，曹公告诫他说："羌胡想与中原往来，自然会派人前来，切记不要派人前去，因好人极为难得，若派去的羌人心术不正，一定会教唆羌、胡妄求非份之物，以便自己从中谋利；那时若不答应他们的要求，势必会使异族失望，要是答应了，又对国家没有半点利处。"毋丘兴到任，派校尉范陵到羌人那里，范陵果然唆使羌人，请求任命自己作属国都尉。曹公说："我预先就知道事情一定会这样出现，这当然不是因为我是先知先觉的圣人，而是因为经历的事情多些罢了。"

三月，汉献帝把魏公的地位迁升到各诸侯王之上，改授给他金质印章、红色绶带和远游冠。

秋七月，曹公带领大军征伐孙权。

当初，陇西人宁建自称河首平汉王，在枹罕聚众作乱，改换年号，设置百官，已经有三十多年了。曹公派遣夏侯渊从兴国出师征讨他们。冬十月，曹军血洗枹罕县，杀死宋建，自此以后凉州平定安太了。

曹公从合肥返回邺城。

十一月，汉献帝皇后伏氏由于从前给他作屯骑校尉的父亲伏完的一封信而犯罪，上面说献帝因为董承被杀而怨恨曹公，言词极为恶毒，此事不幸外泄，伏氏被废黜并且杀死，他的兄弟也无一幸免也都被处死。

十二月，曹公到达孟津。汉献帝特别准许曹公在出行仪仗中设置先驱骑兵仪仗，宫殿中摆设钟虡之乐。十二月十九日，曹公又下令说："有德行的人，未必能进取；能进取之士，未必有德行。陈平难道有纯厚的德行吗？苏秦难道恪守信用吗？但是陈平奠定了汉朝的帝业，苏秦却辅助弱小的燕国渡过了难关。由此可见，一个人如有缺点，就一定不能重用吗？各级官府应好好考虑这个道理，这样才能使人才不致于被遗漏，官府也就不致旷废政事了。"又说："刑法，关系到百姓的身家性命，如果军队中主管刑狱的人有不称职的，怎能把三军将士生死攸关的委任给他，这将使我很不放心非常忧惧。应该选用通晓法律有素养的明理智的人来主持刑法。"所以又专门设置理曹掾属管理刑狱。

建安二十年春正月，汉献帝立曹公的次女为皇后。废除云中、定襄、五原、朔方四郡县，每郡只设一县管理当地的人民，并把这四县合并为新兴郡。

三月，曹公西征张鲁，抵达陈仓县，计划准备从武都郡进入氐族人部落；氐族人将道路堵住断绝了道路，曹公先派张郃、朱灵等人击败氐人。夏四月，曹公从陈仓发兵，经过大散关，到达河池县。氐王窦茂手下有一万多人，依仗险要地势，不愿归降。五月，曹公率领将兵向他们发起进攻，并将他们全部屠杀。西平、金城将领麹演、蒋石等人一起杀了韩遂，把他的头送给曹公。秋七月，曹公兵到了阳平。张鲁让他的弟弟张卫和部将杨昂等人据守阳平关，沿山腰修筑了十多里长的城墙，曹军难以攻下，便撤军而走。贼兵见曹公大军败逃，放松了防备。曹公暗中派解镖、高祚等人冒险乘夜偷袭，把敌军打得溃不成军连连败退，杀了敌将杨任，接着攻击张卫，张卫等人连夜逃走。张鲁溃不成军，向巴中逃去。曹公大军进入南郑县，张鲁府库中的所有珍宝都被缴获。巴郡、汉中郡两县全部平定。曹公把汉宁郡的郡名恢复为汉中郡；划出汉中郡的安阳、西城为西城郡新的县区，设置太守；分别在锡县和上庸县设置都尉加强管理。

八月，孙权围攻合肥，被张辽、李典击退打败。

九月，巴郡的七姓夷王朴胡、賨邑侯杜濩统率巴地夷人和賨民前来归附，于是把巴郡分为东西两部县区，让朴胡成为巴东太守，杜作巴西太守，加封列侯。汉献帝下令曹公按照天子的旨意即命令，分别加封任命诸侯、太守以及国相。

冬十月，开始设置各号候至五大夫官职，与以前的列侯、关内侯在一起共分六等，用以奖赏战功卓著的人。

十一月，张鲁从巴中率领残余的部众顺服归降。曹公封张鲁和他的五个儿子为列侯。刘备偷袭刘璋，夺取了益州，占领了巴中。曹公派张郃讨伐攻打他。

十二月，曹公自南郑返回，留夏侯渊驻守汉中。

建安二十一年春二月，曹公回邺城。三月初三，曹公他亲自到籍田中耕种。夏五月，汉献帝给曹公封爵为魏王。代郡乌丸代理单于普富卢和他部下的侯王来朝拜汉献帝。献帝下诏令魏王的女儿都称公主，并赐给汤沐食邑。秋七月，匈奴南单于呼厨泉率领他的名王来朝贺，魏王用客礼盛待他们，并留他们住在魏国客礼接待，让右贤王去卑代管他们的国家。八月，魏王加封大理钟繇作魏国相国。

冬十月，魏王训练部队，于是讨伐孙权，十一月到达谯县。

建安二十二年春正月，魏王屯兵于居巢，二月进军，仅驻扎在长江西岸的郝溪。孙权在濡须口修筑城垒坚守，魏王挥军猛攻，孙权溃败投降。三月，魏王率兵返回邺城，留夏侯惇、曹仁、张辽等人驻扎在居巢。

夏四月，汉献帝命令魏王用天子旌旗，出入门庭如皇帝一样实行警戒和清道。五月，建造学校。六月，魏王加封军师华歆作魏国的御史大夫。冬十月，汉献帝赏赐魏王冠冕佩缀十二旒，乘坐特制的金根车，套着六匹马，并配置五彩的五时副车。同时，献帝还加封五官中郎将曹丕作魏王的太子的命令。

刘备派张飞、马超、吴兰等人驻兵下辩；魏王令曹洪迎击抵挡。

建安二十三年春正月，汉朝太医令吉本和少府墨纪、司直韦晃等密谋造反，攻打许都，纵火焚烧丞相长史王必的军营，王必和颍川典农中郎将严匡出兵讨伐，将他们全部处死。

曹洪将吴兰击溃，杀了他的部将任夔等人。三月，张飞、马超逃往汉中，阴平道氐人强端杀了吴兰，并将他的头送往魏国。夏四月，代郡、上谷乌丸族无臣氏等人叛乱造反，魏王派鄢陵侯曹彰带兵征伐，打败了他们。

六月，魏王下令说："古代丧葬，必然要安置在贫脊的土地上。现今我把西门豹祠以西的高地划为寿陵，就照以前地基的高度，不再培土加高，也不种树。《周礼》上说由冢人管理国家墓地，全部诸侯葬在皇帝的墓左右靠前的地方，卿大夫墓位置在后，汉朝的制度也被称为陪陵。凡是公卿大臣和众将领中有功之人，死后都应该在寿陵陪葬，要扩大墓地的占地范围，让它能够容纳足够多的死者。"秋七月，魏王操练士兵，然后西征刘备，九月，抵达长安。冬十月，宛城守将侯音等人反叛，逮捕南阳太守，劫持官吏和百姓，据守宛城。起初，曹仁征讨关羽，驻扎在樊城县。当月派曹仁包围攻打宛城。

建安二十四年春正月，曹仁军队攻克宛城，斩杀侯音。

夏侯渊与刘备大战于阳平，被刘备诛杀。三月，魏王从长安经斜谷率领军队出兵，派出先头部队扼守险要之处逼攻汉中。刘备依仗险要地势负隅顽抗拒守。

夏五月，魏王挥师回长安。秋七月，魏王封夫人卞氏为王后。魏王派于禁协同曹仁攻打关羽。八月，汉水暴涨泛滥，淹了于禁军营，于是禁全军覆灭，关羽活捉于禁，随即包围了曹仁。魏王派徐晃前去救援。九月，魏相国钟繇因西曹掾魏讽谋反一事被株连免官。

冬十月，大军回到洛阳。孙权派使者送来书信，表示甘愿讨伐关羽，用来报效魏王。魏王从洛阳出发南征关羽，但是大军还没到，徐晃先期击败关羽，关羽逃走，曹仁已得解围。魏王率兵摩陂。

建安二十五年春正月，魏王抵达洛阳。孙权打败关羽并把他斩首，把他的头颅送到洛阳。

正月二十三日，魏王在洛阳逝世，终年六十六岁。临终时说："天下还没有统一安定，不能遵循古代的丧葬制度。下葬完毕后，就该全部脱掉丧服。凡是带兵在外戍守的将领，都不准离开驻扎的地方。各级官吏要各尽其职。装敛就用日常所穿的衣服，不要放金玉珍宝之类的陪葬品。"谥号为"武王"。二月二十一日，安葬在高陵。

陈寿评论说：东汉末年，天下纷争，群雄四起，天下大乱，袁绍虎视四州，兵强地广，所向披靡。太祖运筹帷幄，深谋远虑，以武力东征西讨，足迹踏遍九州，运用申不害、商鞅的治国方法，兼有韩信、白起的奇谋妙策，广收人才，量才任用，又善于处理个人恩怨，不念旧恶，才能够独揽朝政，完成大业总揽国家大事，这大概是他的聪明、智慧超出常人的原因吧。因此他也可以称得上是一个杰出的人物、盖世的豪杰了！

先主传

先主姓刘[1]，讳备，字玄德，涿郡涿县人[2]，汉景帝子中山靖王胜之后也[3]。胜子贞，元狩六年封涿县陆城亭侯[4]，坐酎金失侯[5]，因家焉。先主祖雄，父弘，世仕州郡。雄举孝廉，官至东郡范令[6]。

【注释】

①先主：先主刘备，谥号为昭烈皇帝。先主是历史上习惯的称呼。刘备本是蜀汉皇帝，三国志称传而不称纪，这是因为三国志作者陈寿是晋人。西晋承曹魏，因此陈寿只称曹为纪，称刘氏为传，以表示正统在魏。②涿县：县名。故治在今河北涿县。③胜：即刘胜（？—前113）。汉景帝小妾所生。当中山王四十三年，奢侈荒淫，有儿子一百二十余人。④元狩六年：元狩，汉武帝年号。元狩六年，公元前117年。⑤坐酎（zhòu）金：由于酎金不合规定。失侯：削去侯爵。⑥范：县名。故治在今山东梁山县西北。

　　先主少孤，与母贩履织席为业。舍东南角篱上有桑树生高五丈余，遥望见童童如小车盖①，往来者皆怪此树非凡，或谓当出贵人。先主少时，与宗中诸小儿于树下戏②，言：“吾必当乘此羽葆盖车③。”叔父子敬谓曰：“汝勿妄语，灭吾门也！”年十五，母使行学④，与同宗刘德然、辽西公孙瓒俱事故九江太守同郡卢植⑤。德然父元起常资给先生，与德然等⑥。元起妻曰：“各自一家，何能常尔邪⑦！”起曰：“吾宗中有此儿，非常人也。”而瓒深与先主相友。瓒年长，先主以兄事之。先主不甚乐读书，喜狗马、音乐、美衣服。身长七尺五寸⑧，垂手下膝，顾自见其耳⑨。少语言，善下人，喜怒不形于色。好交结豪侠，年少争附之。中山大商张世平、苏双等赀累千金⑩，贩马周旋于涿郡，见而异之，乃多与之金财。先主由是得用合徒众。

【注释】

①童童：茂密荫蔽的样子。②宗中：同宗族中。③羽葆盖：皇帝礼仪专车上用鸟羽毛装饰的车盖。④行学：游学。⑤辽西：郡名。治所在阳乐县，故址在今辽宁省义县西。九江：郡名。西汉治所在寿春，东汉移阳陵，东汉末又移治寿春。故址在今安徽寿县。⑥等：等同，一样。⑦常尔：经常这样。⑧七尺五寸：汉代一尺相当今市尺的六寸九分。七尺五寸相当今市尺的五尺一寸，合1.725米。⑨顾：回顾，即目向后看。⑩赀（zī）：财产。

　　灵帝末，黄巾起，州郡各举义兵①，先主率其属从校尉邹靖讨黄巾贼有功②，除安喜尉③。督邮以公事到县基④，先主求谒，不通，直入缚督邮，杖二百，解绶系其颈着马枊⑤，弃官亡命。顷之，大将军何进遣都尉毌丘毅诣丹杨募兵，先主与俱行，至下邳遇贼，力战有功，除为下密丞⑥。复去官。后为高唐尉，迁为令。为贼所破，往奔中郎将公孙瓒，瓒表为别部司马⑦，使与青州刺史田楷以拒冀州牧袁绍。数有战功，试守平原令⑧，后领平原相⑨。郡民刘平素轻先王⑩，耻为之下，使客刺之。客不忍刺，语之而去。其得人心如此。

【注释】

①义兵：这里指镇压黄巾农民起义军的地方武装。②校尉：官名。地位略次于将军，往往随其职务冠以名号。③安熹：县名。汉置安险县，后汉更名安喜。故治在今河北定州市东南。④督邮：官名。郡太守属吏，负责督察各属县，宣达教令。⑤马枊（àng）：拴马柱。⑥下密：县名。县治在今山东昌邑县东。⑦表：表请朝命。⑧试守：暂时代理。⑨领：兼任。即以别部司马兼任平原相。⑩素：一向，一直。轻：看不起。

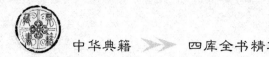

袁绍攻公孙瓒，先主与田楷东屯齐。曹公征徐州，徐州牧陶谦遣使告急于田楷，楷与先主俱救之。时先主自有兵千余人及幽州乌丸杂胡骑，又略得饥民数千人。既到，谦以丹杨兵四千益先主①，先主遂去楷归谦。谦表先主为豫州刺史，屯小沛②。谦病笃③，谓别驾麋竺曰："非刘备不能安此州也。"谦死，竺率州人迎先主，先主未敢当。下邳陈登谓先主曰："今汉室陵迟④，海内倾覆，立功立事，在于今日。彼州殷富⑤，户口百万，欲屈使君抚临州事⑥。"先主曰："袁公路近在寿春⑦，此君四世五公⑧，海内所归，君可以州与之。"登曰："公路骄豪，非治乱之主。今欲为使君合步骑十万，上可以匡主济民，成五霸之业⑨，下可以割地守境，书功于竹帛⑩。若使君不见听许，登亦未敢听使君也。"北海相孔融谓先主曰："袁公路岂忧国忘家者邪？冢中枯骨⑪，何足介意。今日之事，百姓与能⑫，天与不取，悔不可追。"先主遂领徐州。袁术来攻先主，先主拒之于盱眙、淮阴⑬。曹公表先主为镇东将军，封宜城亭侯⑭，是岁建安元年也⑮。先主与术相持经月，吕布乘虚袭下邳。下邳守将曹豹反，间迎布⑯。布虏先主妻子，先主转军海西。杨奉、韩暹寇徐、扬间，先主邀击，尽斩之。先主求和于吕布，布还其妻子。先主遣关羽守下邳。

【注释】

①益：补充，充实。②小沛：指沛县。故治在今江苏沛县。当时为沛国属县，因此称小沛。③病笃：病危。④陵迟：衰微。⑤彼州：指徐州。陈登是徐州人。⑥使君：汉代称州、郡长官为使君。刘备任豫州刺史，因此有这称呼。⑦袁公路：袁术字公路。⑧四世五公：四代人出了五个位至三公的人。⑨五霸：春秋时先后称霸的五个诸侯。即齐桓公、晋文公、楚庄王、吴王阖闾、越王勾践。⑩竹帛：竹简和绢帛。古代无纸，用竹简和绢帛写字，后世就用竹帛代称书籍。此处当史册讲。⑪冢中枯骨：坟墓里的骷髅。指袁术显赫的先辈。⑫百姓与能：老百姓拥护的是有能力的人。⑬盱眙（xūyí）：县名。县治在今江苏盱眙县东北。淮阴：县名。县治在今江苏淮阴市西南。⑭宜城：县名。故治在今湖北省宜城县南。⑮建安元年：公元196年，建安，为汉献帝年号。⑯间：乘机。

先主还小沛，复合兵得万余人。吕布恶之①，自出兵攻先主，先主败走归曹公②。曹公厚遇之③，以为豫州牧。将至沛收散卒，给其军粮，益与兵使东击布。布遣高顺攻之，曹公遣夏侯惇往，不能救，为顺所败，复虏先主妻子送布。曹公自出东征，助先主围布于下邳，生擒布。先主复得妻子，从曹公还许。表先主为左将军，礼之愈重，出则同舆，坐则同席。袁术欲经徐州北就袁绍，曹公遣先主督朱灵、路招要击术④。未至，术病死。

【注释】

①恶：厌恶，嫉恨。②曹公：指曹操。③厚遇：优待。④要击：截击。

先主未出时，献帝舅车骑将军董承辞受帝衣带中密诏①，当诛曹公。先主未发。是时曹公从容谓先主曰②："今天下英雄，唯使君与操耳。本初之徒③，不足数也④。"先主方食，失匕箸⑤。遂与承及长水校尉种辑、将军吴子兰、王子服等同谋。会见使⑥，未发。事觉，承等皆伏诛。

【注释】

①辞：声称，借口。②从容：空闲的时候。③本初：袁绍的字。④不足数（shǔ）：值不得一提。⑤匕箸：匕，饭勺汤匙之类，俗称调羹；箸，筷子。⑥会见使：碰上被派遣（去截击袁术）。

先主据下邳。灵等还，先主乃杀徐州刺史车胄，留关羽守下邳，而身还小沛。东海昌霸反，郡县多叛曹公为先主①，众数万人，遣孙乾与袁绍连和，曹公遣刘岱、王忠击之，不克。五年②，曹公东征先主，先主败绩③。曹公尽收其众，虏先主妻子，并擒关羽以归。

【注释】

①为（wèi）：支持。②五年：建安五年，公元200年。③败绩：大败。

先主走青州。青州刺史袁谭，先主故茂才也①，将步骑迎先主②。先主随谭到平原，谭驰使白绍。绍遣将道路奉迎，身去邺二百里③，与先主相见。驻月余日，所失亡士卒稍稍来集。曹公与袁绍相拒于官渡，汝南黄巾刘辟等叛曹公应绍④。绍遣先主将兵与辟等略许下⑤。关羽亡归先主⑥。曹公遣曹仁将兵击先主，先主还绍军，阴欲离绍，乃说绍南连荆州牧刘表。绍遣先主将本兵复至汝南，与贼龚都等合，众数千人。曹公遣蔡阳击之，为先主所杀。

【注释】

①故茂才：过去举荐的茂才。②将：率领。③身去邺：亲自出邺城。④刘辟：据武帝纪记载，刘辟在建安元年投降了曹操，这次是复叛。⑤许下：许县一带。⑥亡：逃。

曹公既破绍，自南击先主，先主遣麋竺、孙乾与刘表相闻①，表自郊迎②，以上宾礼待之，益其兵，使屯新野③。荆州豪杰归先主者日益多，表疑其心，阴御之。使拒夏侯惇、于禁等于博望④。久之，先主设伏兵，一旦自烧屯伪遁，惇等追之，为伏兵所破。

【注释】

①相闻：联络。②郊迎：出城迎接。③新野：县名。故治在今河南新野县。④博望：县名。汉置。故治在今河南方城县西南博望镇。

十二年①，曹公北征乌丸，先主说表袭许，表不能用。曹公南征表，会表卒②，子琮代立③，遣使请降。先主屯樊④，不知曹公卒猝至，至宛乃闻之⑤，遂将其众去。过襄阳，诸葛亮说先主攻琮，荆州可有。先主曰："吾不忍也。"乃驻马呼琮，琮惧不能起。琮左右及荆州人多归先主。比到当阳⑥，众十余万，辎重数千两⑦，日行十余里，别遣关羽乘船数百艘，使会江陵。或谓先主曰："宜速行保江陵，今虽拥大众，被甲者少，若曹公兵至，何以拒之？"先主曰："夫济大事必以人为本，今人归吾，吾何忍弃去！"

【注释】

①十二年：建安十二年，公元207年。②会：适逢，恰巧。③琮（cóng）：即刘琮。④樊：樊城，在襄阳北，与襄阳隔汉水相对，故址在今湖北襄樊市。⑤宛：宛县，故治在今河南南阳市。⑥比：及。当阳：县名。故治在今湖北当阳县东。⑦辎重：指行军队伍中的各种物资。两：同辆。

曹公以江陵有军实①，恐先主据之，乃释辎重，轻军到襄阳。闻先主已过，曹公将精骑五千急追之②，一日一夜行三百余里，及于当阳之长坂③。先主弃妻子，与诸葛亮、张飞、赵云等数十骑走，曹公大获其人众辎重。先主斜趋汉津④，适与羽船会，得济沔⑤，遇表长子江夏太守琦众万余人⑥，与俱到夏口⑦。先主遣诸葛亮自结于孙权，权遣周瑜、程普等水军数万，与先主并力，与曹公战于赤壁，大破之，焚其舟船。先主与吴军水陆并进，追到南郡，时又疾疫，北军多死，曹公引归。

【注释】

①军实：军事物资。②将：率。③长坂：地名。在今湖北当阳县东北。④汉津：汉水古津渡名。在今湖北荆门市东南。⑤沔：沔水。⑥琦：即刘琦。⑦夏口：地名。在今湖北汉口，汉水入长江处。古时汉水始出嶓冢山称漾水，南流称沔水，襄阳以下称夏水，因此入江处称夏口。

先主表琦为荆州刺史，又南征四郡①。武陵太守金旋、长沙太守韩玄、桂阳太守赵范、零陵太守刘度皆降②。庐江雷绪率部曲数万口稽颡③。琦病死，群下推先主为荆州牧，治公安。权稍畏之，进妹固好④。先主至京见权⑤，绸缪恩纪⑥。权遣使云欲共取蜀，或以为宜报听许，吴终不能越荆有蜀，蜀地可为己有。荆州主簿殷观进曰："若为吴先驱，进未能克蜀，退为吴所乘，即事去矣。今但可然赞其伐蜀⑦，而自说新据诸郡，未可兴动⑧，吴必不敢越我而独取蜀。如此进退之计，可以收吴、蜀之利。"先主从之，权果辍计⑨。迁观为别驾从事。

【注释】

①四郡：即下文的武陵、长沙、桂阳、零陵四郡，都在荆州以南，是赤壁之战后孙刘两家瓜分荆州时刘备所得的部分。②武陵：郡名。治所在今湖南常德市。桂阳：郡名。治所在今湖南郴（chēn）州市。零陵：郡名。治所在今湖南永州市。③稽颡：颡，指额。稽颡，额触地，是古代的丧礼之一。这里指投降，归顺之意。时雷绪被曹操派兵打败，因此投降刘备。④妹：即刘备妻子孙氏。固好：修好。⑤京：京城。在今江苏镇江市。后来叫京口城。⑥绸缪恩纪：绸缪，亲密的样子；恩纪，恩爱。前人认为此处大意与下文不相连属，疑有误。⑦但：只，仅。然赞：赞同。⑧兴动：兴师动众。⑨辍：停止。

十六年①，益州牧刘璋遥闻曹公将遣钟繇等向汉中讨张鲁，内怀恐惧。别驾从事蜀郡张松说璋曰："曹公兵强，无敌于天下，若因张鲁之资以取蜀土②，谁能御之者乎?"璋曰:"吾固忧之而未有计。"松曰:"刘豫州③,使君之宗室而曹公之深仇也,善用兵,若使之讨鲁,鲁必破。鲁破,则益州强,曹公虽来,无能为也。"璋然之,遣法正将四千人迎先主,前后赂遗以巨亿计④。正因陈益州可取之策。先主留诸葛亮、关羽等据荆州,将步卒数万人入益州。至涪⑤,璋自出迎,相见甚欢。张松令法正白先主⑥,及谋臣庞统进说,便可于会所袭璋⑦。先主曰:"此大事也,不可仓卒⑧。"璋推先主行大司马⑨,领司隶校尉⑩;先主亦推璋行镇西大将军⑪,领益州牧⑫。璋增先主兵,使击张鲁,又令督白水军⑬。先主并军三万余人,车甲器械资货甚盛。是岁,璋还成都。先主北到葭萌,未即讨鲁,厚树恩德,以收众心。

【注释】

①十六年:建安十六年,公元211年。②因:凭借。③刘豫州:即刘备。陶谦表刘备为豫州刺史。④赂遗:赠送礼物。遗赠与。巨亿:亿亿,指极大的数目。⑤涪:涪县,故址在今重庆绵阳东,是成都东北的要冲。⑥白:禀告。多用于下告上。⑦袭:击其不意的攻杀。⑧卒:同猝。⑨行:代理。⑩司录校尉:官名。负责纠察京师百官及所辖各郡。⑪镇西大将军:官名。位次诸公。⑫领:兼任。⑬白水:关隘名。故址在今四川青川县东北。

明年①,曹公征孙权,权呼先主自救②。先主遣使告璋曰:"曹公征吴,吴忧危急。孙氏与孤本为唇齿,又乐进在青泥与关羽相拒③,今不往救羽,进必大克,转侵州界④,其忧有甚于鲁。鲁自守之贼,不足虑也。"乃从璋求万兵及资实⑤,欲以东行。璋但许兵四千,其余皆给半。张松书与先主及法正曰:"今大事垂可立⑥,如何释此去乎!"松兄广汉太守肃,惧祸逮己⑦,白璋,发其谋。于是璋收斩松,嫌隙始构矣⑧。璋敕关戍诸将文书勿复关通先主⑨。先主大怒,召璋白水军督杨怀,责以无礼,斩之。乃使黄忠、卓膺勒兵向璋⑩。先主径至关中⑪,质诸将并士卒妻子⑫,引兵与忠、膺等进到涪,据其城。璋遣刘璝、冷苞、张任、邓贤等拒先主于涪,皆破败,退保绵竹。璋复遣李严督绵竹诸军,严率众降先主。先主军益强,分遣诸将平下属县,诸葛亮、张飞、赵云等将兵溯流定白帝、江州、江阳⑬,惟关羽留镇荆州。先主进军围雒;时璋子循守城,被攻且一年⑭。

【注释】

①明年:即建安十七年,公元212年。②自救:救援自己。③青泥:地名。在今湖北省襄樊市西北二十里。④州界:指益州边界。⑤资实:军需品。⑥垂:将。立:成功。⑦逮:意同及。⑧嫌隙始构:开始结成仇怨和矛盾。⑨关通:通报,禀报。⑩勒兵:统率军队。⑪关中:白水关内。⑫质诸将并士卒妻子:把刘璋白水关守军将士的妻室儿女扣为人质。时刘备统领的军队中有刘璋的旧部。现在刘备攻璋,怕这部分将士叛变,才能此举动。⑬溯流:指逆长江而上。白帝:城名。在今重庆奉节县东白帝山上。江阳:县名。县治在今四川泸州市。⑭且:将近。

十九年夏①,雒城破,进围成都数十日,璋出降。蜀中殷盛丰乐,先主置酒大飨士卒②,取蜀城中金银分赐将士,还其谷帛。先主复领益州牧③,诸葛亮为股肱④,法正为谋主,关羽、张飞、马超为爪牙⑤,许靖、麋竺、简雍为宾友。及董和、黄权、李严等本璋之所授用也，吴壹、费观等又璋之婚亲也⑥，彭羕又璋之所排摈也⑦，刘巴者宿昔之所嫉恨也⑧，皆处之显任，尽其器能⑨。有志之士，无不竞劝⑩。

【注释】

①十九年：建安十九年，公元214年。②饷：以酒食款待人叫作饷，这里引申为犒劳。③复领：又兼任。前已被推为荆州牧，因此这里称复领。④股肱（gōng）：大腿和胳膊。比喻君主的辅佐。⑤爪牙：比喻领兵作战的武将。⑥吴壹、费观等又璋之婚亲也：璋兄冒娶吴壹妹，璋母费氏。⑦彭羕：彭羕在刘璋时官不过书佐，后遭人谗毁，被髡钳为徒隶。⑧刘巴：赤壁战前，刘备奔江南，荆、楚群士之如云，而刘巴北投曹操。曹操辟刘巴为丞相掾，派遣去长沙、零陵、桂阳招降。不久刘备占有三郡，巴不得北回，遂远去交阯，因此刘备深以为恨。⑨器能：才能。⑩竞劝：竞相勉励。

二十年①，孙权以先主已得益州，使使②报欲得荆州③。先主言："须得凉州④，当以荆州相与。"权忿之，乃遣吕蒙袭夺长沙、零陵、桂阳三郡。先主引兵五万下公安，令关羽入益阳⑤。是岁，曹公定汉中，张鲁遁走巴西。先主闻之，与权连和，分荆州江夏、长沙、桂阳东属⑥；南郡、零陵、武陵西属，引军还江州。遣黄权将兵迎张鲁，张鲁已降曹公。曹公使夏侯渊、张郃屯汉中，数数犯暴巴界⑦。先主令张飞进兵宕渠⑧，与郃等战于瓦口⑨，破郃等，收兵还南郑⑩。先主亦还成都。

二十三年⑪，先主率诸将进兵汉中。分遣将军吴兰、雷铜等入武都，皆为曹公军所没。先主次于阳平关，与渊、郃等相拒。

二十四年春⑫，自阳平南渡沔水，缘山稍前⑬，于定军兴势作营⑭。渊将兵来争其地。先主命黄忠乘高鼓噪攻之⑮，大破渊军，斩渊及曹公所署益州刺史赵颙等。⑯曹公自长安举众南征。先主遥策之曰⑰："曹公虽来，无能为也，我必有汉川矣⑱。"及曹公至，先主敛众拒险，终不交锋，积月不拔，亡者日多⑲。夏，曹公果引军还，先主遂有汉中。遣刘封、孟达、李平等攻申耽于上庸⑳。

秋，群下上先主为汉中王㉑，表于汉帝，曰："平西将军都亭侯臣马超、左将军长史领镇军将军臣许靖、营司马臣庞羲、议曹从事中郎军议中郎将臣射援、军师将军臣诸葛亮、荡寇将军汉寿亭侯臣关羽、征虏将军新亭侯臣张飞、征西将军臣黄忠、镇远将军臣赖恭、扬武将军臣法正、兴业将军臣李严等一百二十人上言曰㉒：昔唐尧至圣而四凶在朝㉓，周成仁贤而四国作难㉔，高后称制而诸吕窃命㉕，孝昭幼冲而上官逆谋㉖，皆凭世宠㉗，藉履国权㉘，穷凶极乱㉙，社稷几危。非大舜、周公、朱虚、博陆㉚，则不能流放擒讨，安危定倾。伏惟陛下诞姿圣德㉛，统理万邦㉜，而遭厄运不造之艰㉝。董卓首难㉞，荡覆京畿，曹操阶祸㉟，窃执天衡㊱；皇后太子㊲，鸩杀见害，剥乱天下㊳，残毁民物㊴。久令陛下蒙尘忧厄㊵，幽处虚邑㊶。人神无主㊷，遏绝王命㊸，厌昧皇极㊹，欲盗神器㊺。左将军领司隶校尉豫、荆、益三州牧宜城亭侯备，受朝爵秩㊻，念在输力㊼，以殉国难。睹其机兆㊽，赫然愤发，与车骑将军董承同谋诛操，将安国家，克宁旧都。会承机事不密，令操游魂得遂长恶㊾，残泯海内。臣等每惧王室大有阎乐之祸㊿，小有定安之变○51，夙夜惴惴○52，战栗累息○53。昔在《虞书》○54，敦序九族○55，周监二代○56，封建同姓，《诗》著其义○57，历载长久。汉兴之初，割裂疆土○58，尊王子弟，是以卒折诸吕之难⑤，而成太宗之基⑥。臣等以备肺腑枝叶⑥，宗子藩翰⑥，心存国家，念在弭乱⑥。自操破于汉中，海内英雄望风蚁附，而爵号不显，九锡未加⑥，非所以镇卫社稷，光昭万世也⑥。奉辞在外⑥，礼命断绝⑥。昔河西太守梁统等值汉中兴⑥，限于山河⑥，位同权均，不能相率，咸推窦融以为元帅⑦，卒立效绩⑦，摧破隗嚣⑦。今社稷之难，急于陇、蜀⑦，操外吞天下，内残群僚，朝廷有萧墙之危⑦，而御侮未建⑦，可为寒心。臣等辄依旧典，封备汉中王，拜大司马，董齐六军⑦，纠合同盟，扫灭凶逆。以汉中、巴、蜀、广汉、犍为为国⑦，所署置依汉初诸侯王故典。夫权宜之制，苟利社稷，专之可也。然后功成事立，臣等退伏矫罪⑦，虽死无恨。"遂于沔阳设坛场⑦，陈兵列众，群臣陪位，读奏讫，御王冠于先主⑧。

【注释】

①二十年：建安二十年，公元215年。②使使：派遣使臣。前一个"使"字作动词用，为派遣之意，后一个"使"字作名词，指使臣、使者等。③荆州：此处指当时荆州治所江陵所在的南郡。④须：等待之意。⑤益阳：县名。县治在今湖南益阳市东。⑥东属：指属于孙权。⑦数数：屡次。暴犯：侵犯。巴界：这里指与汉中接壤的巴西郡界。⑧宕渠：县名。西汉置。故治在今四川渠县东北。⑨瓦口：地名。在今四川渠县城东，渠江对岸。⑩南郑：县名。故治在今陕西汉中市。⑪二十三年：建安二十三年，公元218年。⑫二十四年：建安二十四年，公元219年。⑬稍前：逐渐推进。⑭定军：山名。又名定军山。位于今陕西勉县南。兴势：摆开架势。⑮鼓噪：擂鼓呐喊。⑯署：任命。⑰遥策：预先推断。⑱汉川：汉中平原。即汉中郡。⑲亡者：逃走的人。⑳上庸：县名。县治在今湖北竹山县西南。㉑群下：群臣。㉒平西将军：官名。领兵征伐。营司马：指左将军大营的司马；议曹从事：官名。益州州牧府的下属。负责参谋建议；军议中郎将：官名。负责参谋军事；军师将军：官名。刘备设置，既参谋军事，又领兵征伐；镇远将军：官名。领兵征伐；兴业将军：官名。领兵征伐。㉓四凶：四个恶人。指浑沌、穷奇、梼杌（táowù）、饕餮（tāotiè）。㉔四国：指管叔、蔡叔、霍叔和武庚。㉕高后：即吕后（公元前241—公元前180年）。名雉，字娥姁。汉高祖刘邦的皇后。曾帮助刘邦杀韩信、彭越等异姓诸侯王。其子刘盈继位为帝之后，她掌握实权，杀刘邦小妾戚氏及其子赵王如意。惠帝刘盈死，临朝称制，成为西汉王朝实际的皇帝。分封吕氏家族成员为王侯，并控制军队，又以亲信审其为左丞相参政。死后周勃等人消灭诸吕，迎立代王刘恒，即文帝。称制：代行皇帝的职权。窃命：窃取王侯的爵位。㉖孝昭：即西汉昭帝刘弗陵（前94—前74）。武帝的小儿子。前87至前74年在位。上官逆谋：汉昭帝八岁即位，左将军安阳侯上官桀与大将军博陆侯霍光受遗诏辅政。后上官桀与燕王刘旦合谋，欲杀霍光，废昭帝，立刘旦为帝，由上官桀辅政。事觉被杀。㉗世宠：前世的恩宠。㉘藉履：执掌。㉙穷凶极乱：凶恶到了顶点。㉚朱虚：即朱虚侯刘章（？—前175）。刘邦的孙子。吕后死，他是参与消灭吕氏势力的主要人物，曾亲手杀死吕产。汉文帝即位，封城阳王。博陆：即博陆侯霍光（？—前68）。字子孟。河东郡平阳（今山西临汾市西南）人。西汉昭帝时任大司马、大将军，封博陆侯，执掌朝政。以谋反罪杀上官桀等。昭帝死，迎立昌邑王刘贺，不久废刘贺，改立宣帝。前后执政二十年，减轻民众负担，有利生产发展。㉛伏惟：俯伏思惟。常用于下对上，以表示谦虚和尊敬。㉜万邦：此处指天下。㉝厄运：困厄的命运。不造：不幸。㉞首难：首先制造灾难。㉟荡覆：动摇倾覆。阶祸：利用祸乱，引申为继续作乱。㊱窃执：非法执掌。天衡：王朝大权。㊲皇后：指汉献帝皇后伏氏（？—公元214）。名寿。琅邪郡东武（今山东诸城市）人。其父伏完，曾任辅国将军。伏氏曾与伏完密信，请他除灭曹操，伏完畏惧未行动。完死，事情泄露，伏氏及其所生二子均被杀。㊳剥乱：扰乱。㊴民物：民众。㊵蒙尘：天子遇乱出奔。㊶幽处：困居。虚邑：虚设的京城。指许县。㊷人神无主：君主要治理国政，祭祀先帝。现在君主失去作用，所以人与神都觉得无所依赖了。㊸遏绝：阻止。王命：天子的诏令。㊹厌昧：掩盖蒙蔽。皇极：皇家的准则。㊺神器：指帝位。㊻爵秩：爵禄。㊼念在输力：念念不

忘贡献力量。⑱机兆：征兆。这里指曹操图谋篡权夺位的征兆。⑲游魂：苟延残喘，不能长久之意。长（zhǎng）恶：继续滋长罪恶。⑳阎乐：赵高的女婿。任咸阳令。秦末天下乱，受赵高之命，逼秦二世胡亥自杀。㉑定安：指刘婴（公元4—?）。西汉平帝刘衎（kàn）的族侄。平帝死，无子。执政的王莽立年仅两岁的刘婴为继承人，自己摄政。公元9年，即刘婴被立为继承人三年后，王莽称帝，废刘婴为定安公。㉒夙夜：白天黑夜。惴惴：忧虑。㉓战栗：恐惧状。累息：屏息。㉔虞书：指《尚书》中的《皋陶谟》一篇。㉕敦序九族：以宽厚的态度对待同姓宗族。所谓九族，指高祖、曾祖、祖、父、自身、子、孙、曾孙、玄孙九代同姓亲族。㉖周监（jiān）二代：周朝向夏、商二朝看齐。㉗诗著其义：《诗经》诗歌说明了这样做的意义。㉘割裂：划分。㉙折：挫败。㉚太宗：即汉文帝。太宗是其庙号。㉛肺腑枝叶：比喻同姓宗亲。此处指刘备为汉中山靖王的后裔。㉜宗子：皇族子弟。即同姓。藩翰：屏障。宗子藩翰，古人认为同姓是王室的屏障。㉝弥乱：止乱。㉞九锡：天子赏赐建立了大功的诸侯的九种物品。㉟光昭：昭明。㊱奉辞：奉天子命令。㊲礼命：指天子之礼命。㊳河西：地区名。当时指今河西走廊与湟水流域。梁统：字仲宁。安定郡乌氏（zhī）人。新莽末年，受更始帝刘玄委派，任酒泉郡太守。更始帝失败，赤眉军攻入长安，他与河西各郡太守起兵保卫辖地，并推举张掖属国都尉窦融为河西大将军，统率各军。后助东汉光武帝刘秀平定河西。㊴限于山河：被山河限隔阻挡。㊵窦融（公元前16—公元62年）：字周公，右扶风平陵（今陕西咸阳市西北）人。世代在河西地区任行政官吏。新莽末年，割据河西五郡。公元32年，帮助刘秀消灭隗嚣，归顺东汉王朝。后升任大司空，封安丰侯。㊶效绩：功绩。㊷隗嚣（?—公元33）：字季孟。天水郡成纪（今甘肃秦安县）人。新莽末年，割据陇右的天水、武都、金城等郡，自称西州大将军。建武九年（公元33），被汉军和窦融军击溃，忧病而死。㊸陇：指东汉初年割据陇西的隗嚣。蜀：指占据益州称帝的公孙述。㊹萧墙：宫门内的小墙，指祸起于内者为萧墙之祸。这里指曹操将篡夺帝位。㊺御侮：抵御外来欺侮（的手段或措施）。㊻董齐：监督整肃。六军：古代天子才设置六军。㊼犍为：郡名。故治在今四川省彭山县东北。㊽矫罪：假托诏命之罪。㊾沔阳：县名。在今陕西勉县东。㊿御：进。

先主上言汉帝曰："臣以具臣之才①，荷上将之任②，董督三军③，奉辞于外，不能扫除寇难，靖匡王室④，久使陛下圣教陵迟，六合之内，否而未泰⑤，惟忧反侧⑥，疢如疾首⑦。曩者董卓造为乱阶⑧，自是之后，群凶纵横⑨，残剥海内。赖陛下圣德威灵，人神同应，或忠义奋讨，或上天降罚，暴逆并殪⑩，以渐冰消。唯独曹操，久未枭除⑪，侵擅国权⑫，恣心极乱⑬，臣昔与车骑将军董承图谋讨操，机事不密，承见陷害，臣播越失据⑭，忠义不果。遂得使操穷凶极逆，主后戮杀，皇子鸩害。虽纠合同盟，念在奋力，懦弱不武⑮，历年未效。常恐殒没，孤负国恩⑯，寤寐永叹⑰，夕惕若厉⑱。今臣群僚以为在昔《虞书》敦叙九族，庶明励翼⑲，五帝损益⑳，此道不废㉑。周监二代，并建诸姬㉒，实赖晋、郑夹辅之福㉓。高祖龙兴㉔，尊王子弟，大启九国㉕，卒斩诸吕，以安大宗㉖。今操恶直丑正㉗，实繁有徒㉘，包藏祸心，篡盗已显。既宗室微弱，帝族无位㉙，斟酌古式㉚，依假权宜，上臣大司马汉中王。臣伏自三省㉛，受国厚恩，荷任一方，陈力未效，所获已过，不宜复忝高位以重罪谤㉜。群僚见逼，迫臣以义。臣退惟寇贼不枭㉝，国难未已，宗庙倾危，社稷将坠，成臣忧责碎首之负㉞。若应权通变，以宁靖圣朝㉟，虽赴水火，所不得辞，敢虑常宜㊱，以防后悔。辄顺众议，拜受印玺，以崇国威。仰惟爵号，位高宠厚，俯思报效，忧深责重，惊怖累息㊲，如临于谷。尽于输诚㊳，奖励六师，率齐群义㊴，应天顺时，扑讨凶逆，以宁社稷，以报万分㊵。谨拜章因驿上还所假左将军、宜城亭侯印绶㊶。"于是还治成都。拔魏延为都督㊷，镇汉中。时关羽攻曹公将曹仁，擒于禁于樊。俄而孙权袭杀羽㊸，取荆州。

【注释】

①具臣：在臣僚之中充数，自谦之辞。②荷：担负。上将：高级将领。指左将军的职务。③董督：统率。三军：诸侯的军队。④靖匡：安定扶持。⑤六合：此处指全国。否而未泰：否和泰都是卦名。否卦表示天地不交，不交则塞，是坏卦。泰卦表示天地相交，交则通，是好卦。古代常用来表示命运的好坏。⑥反侧：展转不安。⑦疢（chèn）：痛苦。疾首：头痛。⑧曩者：从前。乱阶：祸乱的开端。⑨群凶：指当的各割据势力。⑩暴逆：凶，逆，指诸割据势力。殪（yì）：死。⑪枭除：杀戮除灭。⑫候擅：篡夺。⑬恣心：任意。⑭播越：流亡。⑮不武：指缺乏以武力平定祸乱的能力。⑯孤：辜负。⑰寤寐：醒了和睡着。意指日夜。永叹：感叹。⑱夕惕：到了晚上还在警告自己（要勤勉奋发）。若厉：好像面临着危险。⑲庶明厉翼：（使同族的人）都变得贤明并努力当好辅佐。⑳五帝：这里指夏启、商汤、周武王、西汉高祖、东汉光武帝这五朝的开国君主。损益：增减。指政治制度上的变动。㉑此道：指重视同姓宗族的支持作用。㉒建：分封。㉓夹辅：合力辅佐。㉔龙兴：指当上皇帝。㉕九国：指西汉初汉高祖刘邦分封兄弟子侄而形成的九个小王国。即楚、代、齐、荆、淮南、赵、梁、淮阴、燕。㉖大宗：嫡系的长房。㉗恶（wù）直丑正：厌恶和残害正直的人。㉘实繁有徒：确实发展和拥有不少同党。㉙无位：无人在重位，既无人掌权。㉚古式：古代的范例，即前文所说梁统等推窦融行河西五郡大将军之先例。㉛伏自三省：伏自，谦辞。三省，再三思考。㉜忝：辱。自谦辞。罪谤，因过错而遭到诽谤。㉝惟：考虑。㉞忧责碎首之负：忧思自己应承担的这种严重得即使粉碎头颅仍然难以抵偿的罪责。㉟宁靖：安定。㊱敢虑常宜：岂敢从常规来考虑。㊲累息：因恐惧而喘息。㊳输诚：贡献忠诚。㊴率齐：率领和整齐。义：义士。㊵万分：万分之一的恩情。㊶拜章：跪拜呈上表章。驿：驿传。㊷都督：官名。是统领驻汉中诸军的大帅。

二十五年①，魏文帝称尊号，改年曰黄初。或传闻汉帝见害②，先主乃发丧制服③，追谥曰孝愍皇帝。是后在所并言众瑞④，日月相属⑤，故议郎阳泉侯刘豹⑥、青衣侯向举⑦、偏将军张裔⑧、黄权、大司马属殷纯⑨、益州别驾从事赵莋、治中从事杨洪⑩、从事祭酒何宗⑪、议曹从事杜琼⑫、劝学从事张爽⑬、尹默、谯周等上言："臣闻《河图》、《洛书》⑭，五经谶、纬⑮，孔子所甄⑯，验应自远⑰。谨案《洛书甄曜度》曰：'赤三日德昌⑱，九世会备⑲，合为帝际。'《洛书宝号命》曰：'天度帝道备称皇，以统握契⑳，百成不败。'《洛书录运期》曰：'九侯七杰争命民炊骸㉑，道路籍籍履人头㉒，谁使主者玄且来。'《孝经钩命决录》曰：'帝三建九会备。'臣父群未亡时㉓，言西南数有黄气㉔，直立数丈，见来积年㉕，时时有景云祥风㉖，从璇玑下来应之㉗，此为异瑞。又二十二年中㉘，数有气如旗，从西竟东，中天而行，《图》、《书》曰'必有天子出其方㉙'。加是年太白、荧惑、填星㉚，常从岁星相追㉛，近汉初兴，五星从岁星谋㉜，岁星主义㉝，汉位在西，义之上方㉞，故汉法常以岁星候人主㉟。当有圣主起于此州，以致中兴。时许帝尚存㊱，故群下不敢漏言㊲。顷者荧惑复追岁星㊳，现在胃、昴、毕㊴，昴、毕为天纲㊵，《经》曰'帝星处之，众邪消亡'。圣讳预睹㊶，推揆期验㊷，符合数至㊸，若此非一。臣闻圣王先天而天不违㊹，后天而奉天时，故应际而生㊺，与神合契㊻。愿大王应天顺民，速即洪业㊼，以宁海内。"

【注释】

①二十五年：建安二十五年，公元220年。②汉帝：指汉献帝刘协。见：被。③发丧（sāng）：讣告全

国。制服：制作穿的丧服。④在所：处处。⑤日月：每日每月。⑥议郎：官名。阳泉：县名。故治在今安徽霍丘县西。⑦青衣：县名。故治在今四川省芦山县芦阳镇。⑧偏将军：官名。属低级将军。领兵征伐。⑨大司马属：官名。刘备大司马府分支机构的主办官员。⑩治中从事：官名。又简称治中，主管财谷簿书。⑪从事祭酒：官名。州佐吏。⑫议曹从事：官名。即议曹从事史，州佐吏，参谋议事。⑬劝学从事：官名，即劝学从事史，负责督导学校。⑭河图、洛书：传说中上古出现的神秘图形和书籍。⑮五经谶纬：附会儒家《周易》、《尚书》、《诗经》、《礼》、《春秋》五部经典而制造的吉凶预言式书籍。谶是暗示吉凶的预言。纬是对经的附会性解释。谶纬常附有神秘图形，所以又称为图谶、谶记。⑯甄（zhēn）：制作。⑰验应：效验。⑱赤：按五行家的说法，汉朝为火德。三日：三个太阳。⑲九世：蜀汉臣僚认为指东汉的九个皇帝。即光武帝刘秀、明帝刘庄、章帝刘炟、和帝刘肇、安帝刘祜、顺帝刘保、桓帝刘志、灵帝刘宏、献帝刘协。⑳握契：比喻取得帝位。㉑九侯七杰：蜀汉臣僚认为指东汉末年混战割据的群雄。炊骸：以人骨头为燃料作饭。比喻死亡的人很多。㉒籍籍：众多而杂乱的样子。履：踩踏。㉓群：指周群。㉔黄气：古代认为是天子之气。㉕见来：看见以来。积年：多年。㉖景云：预示喜庆的云气，亦称瑞雪与喜气。㉗璇玑（xuánjī）：古代测天文的仪器。应亡：与黄气相应。㉘二十二年：建安二十二年，公元 217 年。㉙图、书：即《河图》、《洛书》。㉚是年：这一年。太白：星名。即金星。荧惑：星名。即火星。填（zhèn）星：星名。即土星。㉛从：随从。岁星：星名。即木星。㉜五星：指包括岁星在内的木、火、土、金、水五星。㉝主义：体现道义。㉞义之上方：指西方。古人以仁、义、礼、智、信与东、西、南、北、中相配，义配西方。㉟候：预测。㊱许帝：在许都的汉献帝。㊲漏言：公开说破。㊳顷者：近来。㊴胃：星宿名。即二十八宿中西方白虎七宿的胃宿。有星三颗。昂（mǎo）：星宿名。即西方白虎七宿的昂宿。有星七颗。毕：星宿名。即西方白虎七宿的毕宿。有星八颗。㊵天纲：上天的总纲。㊶圣讳：指刘备的名和字。㊷推揆：推求。期验：预期的效验。㊸符合：天降符命与人事相合。数至：意为汉室中兴的运数应时来临。㊹先天：在天时之先行事。㊺应际：顺应天时。㊻与神合契：与神相契合。㊼洪业：大业。

太傅许靖、安汉将军麋竺、军师将军诸葛亮、太常赖恭、光禄勋黄柱、少府王谋等上言①："曹丕篡弑，湮灭汉室，窃据神器，劫迫忠良，酷烈无道。人鬼忿毒②，咸思刘氏。今上无天子，海内惶惶，靡所式仰③。群下前后上书者八百余人，咸称述符瑞、图、谶明征④。间黄龙见武阳赤水⑤，九日乃去。《孝经援神契》曰'德至渊泉则黄龙见'，龙者，君之象也。《易·乾》九五'飞龙在天'，大王当龙升，登帝位也。又前关羽围樊、襄阳，襄阳男子张嘉、王休献玉玺，玺潜汉水，伏于渊泉，晖景烛耀⑥，灵光彻天。夫汉者，高祖本所起定天下之国号也，大王袭先帝轨迹，亦兴于汉中也。今天子玉玺神光先见，玺出襄阳，汉水之末⑦，明大王承其下流，授与大王以天子之位，瑞命符应，非人力所致。昔周有乌鱼之瑞⑧，咸曰休哉⑨。二祖受命⑩，《图》、《书》先著⑪，以为征验。今上天告祥⑫，群儒英，俊并起《河》、《洛》，孔子谶、记⑬，咸悉俱至⑭。伏惟大王出自孝景皇帝中山靖王之胄⑮，本枝百世⑯，乾祇降祚⑰，圣姿硕茂⑱，神武在躬，仁覆积德⑲，爱人好士，是以四方归心焉。考省灵《图》⑳，启发谶纬㉑，神明之表，名讳昭著。宜即帝位，以纂二祖㉒，绍嗣昭穆㉓，天下幸甚。臣等谨与博士许慈、议郎孟光，建立礼仪，择令辰㉔，上尊号㉕。"即皇帝位于成都武担之南㉖。为文曰："惟建安二十六年四月丙午㉗，皇帝备敢用玄牡㉘，昭告皇天上帝后土神祇㉙：汉有天下，历数无疆㉚。曩者王莽篡盗㉛，光武皇帝震怒致诛，社稷复存。今曹操阻兵安忍㉜，戮杀主后，滔天泯夏㉝，罔顾天显㉞。操子丕，载其凶逆㉟，窃居神器。群臣将士以为社稷坠废，备宜修之㊱，嗣武二祖㊲，龚行天罚㊳。备惟否德㊴，惧忝帝位⑪。询于庶民，外及蛮夷君长，金曰‘天命不可以不答⑪，祖业不可以久替，四海不可以无主’。率土式望⑫，在备一人。备畏天明命，又惧汉阼将湮于地⑬，谨择元日⑭，与百僚登坛，受皇帝玺绶。修燔瘗⑮，告类于天神⑯，惟神飨⑰，祚于汉家，永绥四海⑱！"

【注释】

①安汉将军：官名。刘备置。地位高，但不统率军队，是荣誉性官职。②忿毒：忿恨。③靡所：无所。式仰：瞻仰。④符瑞：符命与祥瑞。⑤间（jiàn）：近来之意。武阳：县名。时为犍为郡治，故治在今四川彭山县东。赤水：河流名。今名黄龙溪，又叫鹿溪河。发源于今四川成都市东南长松镇，西南流至今四川双流县南入府河。⑥晖景：光辉。烛耀：照耀。⑦末：末端，此处指下游。⑧乌鱼之瑞：周武王伐殷纣前举行军事演习，试探对方反应，渡黄河时有白鱼跳上船，渡河后有火从空中降下，变成红色的乌鸦。人们认为这是周将取代殷的吉兆。⑨休：美。⑩二祖：指高祖刘邦、世祖刘秀。⑪先著：先已点明。⑫告祥：显示征兆。⑬河、洛：即《河图》、《洛书》。孔子谶记：即上文提到的五经谶纬。⑭咸悉俱：都。⑮胄：后裔。⑯本枝百世：嫡系和旁支传承无穷。⑰乾祇（qí）：天地。古代以乾像天，称地神为祇。祚（zuò）：福。⑱圣姿：指刘备的外表。硕茂：高大奇伟，不同于众。⑲仁覆积德：仁义覆于天下，恩德积于四海。⑳考省：考察。㉑启发：领悟，启示。这里指受启示的意思。㉒纂：继承。㉓昭穆：这里指汉代皇室的宗庙。㉔令辰：吉日。㉕上：建立。㉖武担：小山名。在今四川成都市区城北。还有遗址留存。㉗建安二十六年：公元221年。丙午：阴历初六日。㉘玄牡：黑色的公牛。㉙皇天上帝：指天神。后土神祇：指地神。㉚历数：意为天运之数。历数无疆，犹言传世无穷。㉛王莽（前45—公元23）：字巨君。济南郡东平陵（今山东济南市东）人。新王朝的建立者。公元8至23年在位。汉元帝皇后的侄儿，早年以外戚进入政界。汉成帝时任大司马，封新都侯。汉平帝时开始执掌朝政。公元5年，毒死平帝，自称假皇帝。三年后正式称帝，改国号为新，并实行一系列政治经济变革。法令苛细，更改频繁，赋役沉重。公元17年，全国农民大起义爆发。五年后，新王朝灭亡。被攻入长安的绿林军杀死。㉜阻兵：仗恃武力。安忍：安于作残忍的事情。㉝泯夏：（企图）消灭中原王朝。㉞罔顾：不顾。天显：上天显示的道理。㉟载：继承。㊱修：整治，引申为恢复。㊲嗣武二祖：紧跟高祖刘邦、世祖刘秀的脚迹。指继承其事业。㊳龚：同恭。㊴惟：自己思量。否（pǐ）德：无德。㊵忝：有辱于。㊶金：皆。答：回报。㊷率土式望：全国仰望。㊸阼：通祚，位。湮：湮没。㊹元日：好日子。㊺修：准备。燔（fán）：即燔柴。一种祭告天神的礼仪。把玉器、绢帛、牺牲等祭品放在木柴堆上燃烧，使烟气上升到天际。瘗（yì）：即瘗埋。一种祭告地神的礼仪。把祭品埋入地中。㊻告类：祭告天神的礼仪名称。此处指以皇帝登位之事祭于天神。㊼飨祚：赐福。福指帝位。㊽绥：安定。

章武元年夏四月①，大赦，改年。以诸葛亮为丞相，许靖为司徒。置百官，立宗庙，祫祭高皇帝以下②。五月，立皇后吴氏，子禅为皇太子。六月，以子永为鲁王③，理为梁王④。车骑将军张飞为其左右所害。初，先主忿孙权之袭关羽，将东征，秋七月，遂帅诸军伐吴。孙权遣书请和，先主盛怒不许，吴将陆议、李异、刘阿等屯巫、秭归；将军吴班、冯习自巫攻破异等，军次秭归，武陵五溪蛮夷遣使请兵⑤。

【注释】

①章武元年：章武，刘备称帝的年号。章武元年，公元221年。②祫（xiá）祭：在宗庙中合祭祖先。③永：即刘永。④理：即刘理。刘永异母弟。⑤五溪：指沅水的五条支流，即雄溪、樠溪、辰溪、酉溪、

无溪。

二年春正月①，先主军还秭归，将军吴班、陈式水军屯夷陵②，夹江东西岸。二月，先主自秭归率诸将进军，缘山截岭，于夷道猇亭驻营③，自佷山通武陵④，遣侍中马良安慰五溪蛮夷，咸相率响应。镇北将军黄权督江北诸军，与吴军相拒于夷陵道。夏六月，黄气见自秭归十余里中，广数十丈。后十余日，陆议大破先主军于猇亭，将军冯习、张南等皆没。先主自猇亭还秭归，收合离散兵，遂弃船舫，由步道还鱼复⑤，改鱼复县曰永安。吴遣将军李异、刘阿等踵蹑先主军⑥，屯驻南山⑦，秋八月，收兵还巫。司徒许靖卒。冬十月，诏丞相亮营南北郊于成都⑧。孙权闻先主住白帝，甚惧，遣使请和。先主许之，遣太中大夫宗玮报命⑨。冬十二月，汉嘉太守黄元闻先主疾不豫⑩，举兵拒守。

三年春二月⑪，丞相亮自成都到永安。三月，黄元进兵攻临邛县⑫。遣将军陈曶讨元，元军败，顺流下江，为其亲兵所缚，生致成都，斩之。先主病笃，托孤于丞相亮⑬，尚书令李严为副。夏四月癸巳⑭，先主殂于永安宫⑮，时年六十三。

【注释】

①二年：章武二年，公元222年。②夷陵：县名。故治在今湖北宜昌市东南。③夷道：县名。在今湖北枝城市。猇（xiāo）亭：地名。在今湖北枝江县西北猇亭镇。④佷（héng）山：县名。县治在今湖北长阳县西南。⑤鱼复：县名。县治在今重庆奉节县东。⑥踵蹑：追逼。⑦南山：山名。在今重庆奉节县东北。⑧营：营建。南北郊：即南郊、北郊。⑨太中夫地：官名，属光禄勋，负责顾问应对，无常事，唯诏令所传。⑩汉嘉：郡名。治所在今四川芦山县。不豫：天子病重的代称。⑪三年：章武三年，公元223年。⑫临邛：（qióng）：县名。故治在今四川邛崃县。⑬托孤：托付儿子。⑭四月癸巳：潘眉说：先主以四月二十四日殂，四月朔（初一）戊午，二十四日辛巳，非癸巳也。疑有误。⑮殂（cú）：死亡。古代天子死叫崩，又叫殂。永安宫：刘备所修的行宫。故址在今重庆奉节县城。

亮上言于后主曰："伏惟大行皇帝迈仁树德①，覆焘无疆②，昊天不吊③，寝疾弥留④，今月二十四日奄忽升遐⑤，臣妾号咷⑥，若丧考妣⑦。乃顾遗诏，事惟（大）宗⑧，动容损益⑨：百寮发哀⑩，满三日除服⑪，到葬期复如礼⑫；其郡国太守、相、都尉、县令长，三日便除服。'臣亮亲受敕戒，震畏神灵，不敢有违。臣请宣下奉行⑬。"五月，梓宫自永安还成都⑭，谥曰昭烈皇帝⑮。秋，八月，葬惠陵⑯。

【注释】

①大行：一去不复返之意，臣下因讳言皇帝死亡，故用大行作比喻。②覆焘：覆照。③昊（hào）天：上天，苍天。不吊：不好。④寝疾：卧病，重病。弥留：病危，临终。⑤奄忽：忽然。升遐：升天。专指皇帝死亡。⑥臣妾：臣僚。号咷：大哭。⑦考妣（bǐ）：父母。⑧事惟太宗：丧事想按照太宗皇帝的榜样办理。⑨动容损益：动容与损益同义，意为作适当的变革。⑩发哀：哭祭。⑪除服：脱掉丧服。⑫复如礼：指再穿一次丧服参加葬礼。⑬宣下：向下面宣告。⑭梓宫：灵柩。古代天子的灵柩称梓宫。⑮昭烈：光大汉朝基业。⑯惠陵：在今四川成都市区西南武侯祠旁侧。

评曰：先主之弘毅宽厚①，知人待士，盖有高祖之风，英雄之器焉②。及其举国托孤于诸葛亮，而心神无贰③，诚君臣之至公，古今之盛轨也④。机权干略⑤，不逮魏武，是以基宇亦狭⑥。然折而不挠，终不为下者，抑揆彼之量必不容己⑦，非唯竞利，且以避害云尔⑧。

【注释】

①弘毅：刚强而坚毅。②器：度量。③无贰：没有二心。④盛轨：美好的典范。⑤机权：临机应变。干略：才干，方略。⑥基宇：疆土。⑦抑：或许是。⑧云尔：句末语气词。表示感叹。

【译文】

先主姓刘，名为备，字为玄德，是涿郡涿县人，他是汉景帝的儿子中山靖王刘胜的后代。刘胜的儿子刘贞，元狩六年被授予涿县陆城亭侯，后来因为献助祭金不合规格，而触犯律令被削去爵位，便在那个地方安了家。先主祖父刘雄，父亲刘弘，都在州郡做过官。刘雄被举荐为孝廉，官职升到东郡范县县令。

先主年轻时候丧父亲就逝去，他便与母亲靠卖草鞋织苇席为生。他家庭院东南角篱笆墙边长有一棵桑树，有五丈多高，大树枝叶繁茂，远远望去，形状像小车盖，来往的人都认为它长得十分奇特，有的人预言这个家庭一定会有贵人出现。先主幼年时与族中小孩在树下玩耍，说："我长大了要乘坐这个羽毛装饰车盖的车子。"叔父刘子敬呵斥他说："你不要胡说，会灭族的！"先主长到十五岁，母亲让他外出求学，先主与同族刘德然、辽西人公孙瓒一同辅佐原九江太守同郡人卢植。刘德然的父亲刘元起常常资助先主，将他和刘德然一样看待。刘元起的妻子说："各有各的家，哪能够总是这样来对待他。"刘元起说："我族中有这个孩子，他不是个平凡的人。"公孙瓒与先主交情很深，他年纪稍大，先主把他当作兄长。先主不太爱好读书，却喜欢狗马、音乐和华美衣饰。他身高有七尺五寸，双手过膝，回头能够看到自己的耳轮。先主往日少言寡语，善于让人，喜怒不形于色。他爱好结交豪侠之士，许多少年都争相归附于他。中山国巨商张世平、苏双积累有千金家财，他们贩马行商，来往于涿郡一带，见到先主后，认为他是个非同一般的人，便赠给他许多钱财，因此先主便用这笔钱财组织起一支队伍。

汉灵帝末年，黄巾起义爆发，各州郡纷纷组织义兵，先主率领他的部属跟从校尉邹靖讨伐黄巾军，因为有功，被授予安喜县尉。督邮因为公事到县里来，先主上门请求接见，遭到拒绝，先主闯入，将他捆起，责打了二百杖，将印绶解下系在他的脖子上，又将他绑在拴马桩上，然后舍弃官职逃走。没过多长时间，大将军何进派都尉毋丘毅到丹杨招兵，先主与他同行，到下邳后碰到盗贼，先主奋力作战，立下军功，被任命为下密县丞。没多长时间他便离任。后来又担任高唐县尉，升为县令。高唐被盗贼攻破以后，先主投奔中郎将公孙瓒，公孙瓒上表推荐他为别部司马，让他与青州刺史田楷一同抵御冀州牧袁绍，因为多次立下战功，朝廷让他代理平原县令，后来又兼任平原国相一职。本郡人刘平一向看不起先主，以受他管辖为耻，派遣刺客行刺他，刺客不忍下手，将这件事情通报先主，然后离去。由此可以看出先主得人心到这个程度。

袁绍进攻公孙瓒，先主与田楷向东在齐地驻兵。曹公征伐徐州，徐州牧陶谦派遣手下向田楷告急，田楷与先主一同领兵救援。那个时候先主自己有千余兵卒，还有一些幽州乌丸各部族的骑兵，又拉来数千饥民。到了徐州以后，陶谦又调拨了四千丹杨兵给先主，先主因而离开田楷归附陶谦。陶谦上表举荐先主为豫州刺史，驻扎小沛。陶谦病重的时候，对州别驾糜竺说："唯独刘备能够安定本州。"陶谦死后，糜竺率州人迎请先主，先主不敢就任。下邳人陈登对先主说："目前汉室衰微，天下大乱，建功立业，就在这一天。徐州殷实富饶，人口百万，所以我想要委屈您负责州里大事。"先主说："袁公路近在寿春，他家四代出了五位公卿，天下人都依顺他，您应该将徐州交付给他。"陈登："袁公路骄横自负，不是治理乱世的人才。目前我们想为您募集步、骑兵十万，如此才能够上扶助朝廷，济世安民，成就春秋五霸的功业，下割据称雄，功垂青史。假若您不肯答应我们，我陈登也就不敢再听从您吩咐了。"北海国相孔融也劝说先主道："袁公路莫非是一个忧国忘家的人吗？他不过是坟墓中的一堆枯骨而已，实在不值得一提。目前的情况是：百姓拥戴贤能之主，上天想赐给您徐州，你若不肯接受，将来后悔可就来不及了。"如此先主就接管了徐州。袁术前来攻打先主，先主率领军队在盱眙、淮阴进行阻击。曹操上表推举先主为镇东将军，并且封为宜城亭侯，这年是汉献帝建安元年。先主与袁术相持一月多，吕布乘虚袭击下邳，下邳守将曹豹造反叛乱，暗中迎接吕布。吕布俘获先主的妻子和儿子，先主撤军驻扎海西。杨奉、韩暹侵犯徐州、扬州一带，先主前去拦击，将他们全部消灭。先主向吕布请求和解，吕布放还先主的妻子和儿子。先主派遣关羽镇守下邳。

先主回到小沛，又招集了万余兵马。吕布因此十分气愤，亲自率领兵马攻打先主，先主战败，归顺曹公。曹操厚待先主，任命他为豫州牧。先主准备到小沛招集失散的士卒，曹操向他提供军粮，增补兵员，派遣他向东攻打吕布。吕布派出部将高顺迎战，曹操又派遣夏侯惇前来救援，结果没有成功，被高顺击溃，高顺又俘获了先主的妻子儿女，将他们全都献给吕布。曹操亲自率领兵队东征，帮助先主将吕布包围在下邳，生擒住了吕布。先主重新迎回妻子和儿子，跟随曹操返归许都。曹操上表荐举先主为左将军，对他更加仰慕尊重，出则同乘一车，坐则同在一席。袁术想要经过徐州往北前去袁绍那里，曹操派遣先主督率朱灵、路上遭到所部拦击，袁术还没到袁绍那里，就病死在途中了。

先主出兵之前，汉献帝的丈人、车骑将军董承接受了献帝写在衣带上的密诏，让先主诛杀曹操。先主这时还没有发兵。一次，曹操不急不慢地对先主说："现在天下英雄，唯独您和我曹操两个人了。袁本初这些人，根本不值得一提。"先主正在吃饭，听了曹操这句话，吓得连筷勺都掉到了地上。因而先主便和董承以及长水校尉种辑、将军吴子兰、王子服等人秘密策谋。刚好遇见使者到来，没能动手。后来事情败露，董承等人都被处以死刑。

先主占据下邳。朱灵等人返回许都，先主因而杀死了徐州刺史车胄，留下关羽镇守下邳，自己则回到了小沛。东海国昌霸造反叛乱，各郡县纷纷背叛曹操，归顺先主，人数达到几万人。先主派遣孙乾去与袁绍结盟，曹操派出刘岱、王忠截击他们，被击溃。建安五年，曹操亲自领军东征进攻先主，先主战败。曹操将先主的部队全部收编，俘获了先主的妻子和儿子，并生擒活捉了关羽，返回许都。

先主逃到青州。青州刺史袁谭，是先主过去荐举的茂才，袁谭率领步兵和骑兵前来迎接先主。先主跟随袁谭来到平原县，袁谭派遣信使飞报父亲袁绍，袁绍派遣部将沿途迎接，自己则出城二百里，与先主相会。先主在袁绍那里住留一月后，被打散的士卒便陆续前来集中。曹操与袁绍在官渡摆开阵势，汝南郡黄巾首领刘辟等人叛离曹操，归降袁绍，袁绍派先主和刘辟等人去攻打许都。关羽逃归先主。曹操派遣部将曹仁攻打先主，先主将兵马归还袁绍，偷偷打算脱离袁绍，因而便劝说袁绍向南与荆州牧刘表结为同盟。袁绍派先主率领本部兵马再次奔赴汝南，与盗贼龚都等人会合，共有数千人。曹操派遣蔡阳前来攻打，被先主击毙。

官渡之战，曹操击败袁绍后，亲自率领士兵南下，侵犯攻打先主。先主派遣糜竺、孙乾去向刘表报信联络，刘表亲自出城迎接，对待先主如同对待上宾，给先主补充兵员，让他驻扎在新野。荆州服从先主的豪杰之士日益增多，刘表心中起疑，对先主暗地里加以防备。刘表派遣先主到博望县去抵御夏侯惇、于禁。过了一段时间，先主设下了伏兵，某日烧毁营寨，假装逃跑，夏侯惇等人率领军队追击，被埋伏的士兵打败。

建安十二年（即为公元207年），曹操向北讨伐乌丸，先主劝刘表乘虚袭击许都，刘表不听。后来曹操南征刘表，正好碰上刘表死去，刘表的儿子刘琮继承职位，刘琮派遣使节向曹操请求归顺。先主驻扎樊城，没有料到曹军会突然攻来，曹军攻到宛城，他才得到这一消息，因而慌忙率领兵马撤离樊城。路过襄阳的时候，诸葛亮劝说先主进攻刘琮，夺取荆州。先主说：我于心不忍啊！"于是停下马招呼刘琮，刘琮吓得站不起身。刘琮的下属以及荆州都有大量人依附了先主。到达当阳县时，追随先主的人已经有十多万，粮草物资装了几千辆车，一天只能够走十多里。先主另派关羽率数百艘船走水路，让他在江陵与自己会合。有人对先主说："应该快速行进，保住江陵，假使我们的人虽然很多，但能够披甲作战的人却是很少，假若曹操的大军追来，我们怎么抵挡得了呢？"先主说："要成就大业，必须以人为根本，目前人们都朝我归附而来，我哪能再摒弃他们！"

曹操因为江陵囤有大批军用物资，畏惧先主抢先占据，于是便放弃了粮草辎重，轻装急行赶到襄阳。听说先主已经过去了，便亲自率领五千精锐骑兵急速追击，一天一晚行进三百多里，终于在当阳县的长坂追上了先主。先主丢下妻子和儿子，与诸葛亮、张飞、赵云等数十人骑马逃走，曹操夺取了他的大批人马辎重。先主抄近路直奔汉津，正好与关羽的船队相逢，这样才得以渡过沔水，半道又与刘表的长子江夏太守刘琦所率领的万余人马一同碰见，与刘琦一同到了夏口。先主派诸葛亮主动和孙权联络结盟，孙权派遣周瑜、程普率领水军数万，和先主会合，与曹操在赤壁展开激战，大败曹操，烧毁了曹军的渡船。先主与吴军水陆并进，一直追击到南郡，那个时候正赶上瘟疫流行，曹军死伤惨重，曹操无可奈何只得撤兵返回。

先主上表朝廷，荐举刘琦为荆州刺史，又出兵征讨南方四郡。武陵太守金旋、长沙太守韩玄、桂阳太守赵范、零陵太守刘度等先后投降。庐江郡雷绪率领部属数万人投降先主。刘琦病死，属下共推先主为荆州牧，治理的处所设在公安县。孙权慢慢害怕先主，他将妹妹嫁给先主，来巩固双方关系。先主到京城拜见孙权，以加深感情。孙权派遣手下告诉先主说想与先主共同进攻蜀郡，有人认为宜同意、答允孙权，因为东吴没有办法跨越荆州来占据蜀郡，如此一来蜀郡自然就是先主的了。荆州主簿殷观献计说："假若为东吴充当先锋，那么向前未必能够攻下蜀郡，后退就会被东吴吞掉，那样大事就完了。眼下只能赞成他们攻蜀，同时就说我们刚刚夺取了几个郡，不能够再穷兵黩武，这样东吴肯定不敢越过我们单独去攻取蜀郡。这样有进有退，我们就可以坐收吴、蜀两个方面的好处。"先主听从了殷观的计谋，孙权真的是打消了进攻蜀郡的计划。于是先主将殷观提升为别驾从事。

建安十六年，益州牧刘璋听说曹操准备派遣钟繇等人向汉中讨伐张鲁，心中非常畏惧。别驾从事蜀郡人张松劝告刘璋说："曹操兵强马壮，天下无敌，假若他攻下汉中，利用张鲁的物资粮草来攻取蜀地，那样有谁能够抵御他呢？"刘璋说："我正为这件事忧虑，只是毫无办法"。张松说："刘豫州是您的同宗，又是曹操的仇敌，他善于用兵，假若请他来攻打张鲁，张鲁必定会大败。张鲁失败，益州的实力就会增强，如此一来即便是曹操亲自前来，也无能为力了。"刘璋认为他说得很对，因而便派遣法正率领四千人去迎请先主，前后赠送的礼物数以亿计。法

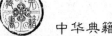

正乘机向先主陈述了夺取益州的策略。先主留下诸葛亮、关羽等人镇守荆州，自己率领步兵数万人进入益州。到了涪县，刘璋亲自出城来迎，两人相见非常兴奋。张松让法正禀告先主，等到谋士庞统进去劝说，便可以在相会处袭击刘璋。先主说："此乃大事，不能够操之过急。"刘璋举荐先主代理大司马，兼任司隶校尉；先主也推举刘璋代理镇西大将军，兼任益州牧职位。刘璋给先主增补兵员，让他去攻打张鲁，又命令他统帅白水关一带的兵马。先主汇合招揽各军人马共有三万多人，车甲兵械粮草也很多。这年，刘璋回到成都。先主北上赶到葭萌，并没有马上出兵进攻张鲁，而是停在当地广施恩德，收买人心。

第二年，曹操出兵进攻孙权，孙权向先主请求支援。先主派遣使者告诉刘璋说："曹操攻打东吴，吴国担心情况十分紧急。孙氏与我本来是唇齿相依，而且眼下曹将乐进正在青泥与关羽对峙，目前如果不前去救援关羽，乐进必定会大获全胜，他如果转道进攻益州，这种忧患可比张鲁大得多。张鲁不过是个割据一方的贼寇，没有必要太担心。"于是向刘璋请求，要他调拨一万兵马以及粮草物资，打算向东进发，刘璋只同意增派四千人，其他东西也只提供一半。张松给先主和法正写信说："现在大事马上就能够成功，怎么能弃它而去呢？"张松的哥哥广汉太守张肃，害怕惹祸连累到自己，便向刘璋告密。因而刘璋逮捕并处死了张松，从此先主与刘璋之间的隔阂就产生了。刘璋下令把守各个关口的将领不得再放先主通过。先主十分生气，召见刘璋白水关督军杨怀，指责他无礼，将他处死。又命令黄中忠、卓膺率领士兵向刘璋进攻。先主自己领兵直奔白水关内，将益州将领和士卒的妻儿老小扣押作为人质，接着率领军队与黄忠、卓膺等进入涪县，占据了县城。刘璋派刘璝、冷苞、张任、邓贤等人到涪县抵御先主，都被击败，无可奈何只得退守绵竹。刘璋又派李严督管绵竹的兵马，李严却率军归顺了先主。先主的兵力更加强大，他分派各将平定州属各县，诸葛亮、张飞、赵云等人领兵溯江而上，平定了白帝、江州、江阳，只留下关羽镇守荆州。先主进军包围雒县；那个时候刘璋的儿子刘循驻守县城，被围攻了将近一年。

建安十九年夏天，雒县县城被攻克，先主又进军，包围成都数十步，刘璋出城归顺。蜀郡物产丰富，百姓安乐，先主大摆筵席犒赏士卒，将蜀城中的金银分赐给将士，将谷物、布帛归还原主。先主再次出任益州牧，诸葛亮为辅佐大臣，法正是谋略之士，关羽、张飞、马超等为武将，许靖、糜竺、简雍为宾客和朋友。至于董和、黄权、李严等人本来就是刘璋任用的官员，吴壹、费观等人与刘璋有婚约亲戚关系，彭羕曾经被刘璋排挤，刘巴以前也曾经是先主所怀恨的，对于这些人，先主都一视同仁，让他们担任显要的官职，充分发挥自己的才能。因而那些有志之士，无不竞相勉励，尽效忠心。

建安二十年（即公元215年），孙权由于先主已经取得益州，派遣使者告诉先主，打算把荆州收回。先主说："等我取得凉州后，就把荆州交还给你们。"孙权十分生气，便派遣吕蒙袭击夺取长沙、零陵、桂阳三郡。先主率领士兵五万顺流而下，到达公安，命令关羽进入益阳，对抗孙权。这年，曹操平定汉中，张鲁逃往巴西。先主听到这个消息，与孙权和解结盟，将荆州的江夏、长沙、桂阳划分给东吴，南郡、零陵、武陵归属蜀，接着领兵回到江州。又派遣黄权率领军队迎接张鲁，但张鲁已投了曹操。曹操派夏侯渊、张郃屯驻汉中，屡屡进击巴西郡界。先主命令张飞领兵进驻宕渠，与张郃在瓦口一带交战，击溃张郃等人，张郃收兵返回南郑，先主也回到了成都。

建安二十三年，先主率领众将进兵汉中。同时分别派将军吴兰、雷铜等人进入武都郡，然而全部被曹军消灭了。先主驻兵在阳平关，与夏侯渊、张郃对峙。

建安二十四年春天，先主从阳平关向南渡过沔水，沿着山脚渐渐向前推进，在定军、兴势两山扎下营盘。夏侯渊率领队军前来抢夺这一要地。先主命令黄忠利用山势，居高临下，击鼓呐喊向夏侯渊发起攻击，击溃夏军，斩杀了夏侯渊和曹操所委任的益州刺史赵颙等人。曹操从长安率领大军从长安向南进攻先主。先主预料说："曹操即使亲自前来，也是无可奈何，我们一定能够占领汉川。"等到曹操到来，先主集结军队，依靠险要地形与敌人对峙，始终不与曹操正面交战，曹军攻打一个月不能够攻下山寨，军中开小差的士卒却一天天地增多。到了夏天，曹操果然撤军，因而先主就占有了汉中。先主派遣刘封、孟达、李平等人赶赴上庸进攻申耽。

　　这年秋天，群臣拥立先主为汉中王，并上表汉献帝说："平西将军都亭侯臣马超、左将军长史兼镇军将军臣许靖、营司马臣庞羲、议曹从事中郎军议中郎将臣射援、军师将军臣诸葛亮、荡寇将军汉寿亭侯臣关羽、征虏将军新亭侯臣张飞、征西将军臣黄忠、镇远将军臣赖恭、扬武将军臣法正、兴业将军臣李严等一百二十人共同进言说：古代唐尧最为圣明，而朝廷中仍然有四凶存在，周成王既仁义且贤明，诸侯中还有四国作乱，高后临朝听政，而有诸吕专权乱政，汉昭帝年幼继位，而上官桀阴谋造反叛乱，他们都依靠世代所得恩宠，凭借手中掌握的国家大权，罪大恶极，使国家蒙受了灾难。假如没有大舜、周公、朱虚侯刘章和博陆侯霍光，就不能将这些人流放和讨伐拘拿，也就不能使动荡的国家安定下来。现在陛下有伟大的资质，圣人的品德，足以能够统理万邦，却遭遇到了困厄不幸，先是董卓作乱，使国都重地动荡不宁，接着又有曹操助长祸乱，专权乱政；皇后太子被鸩酒毒杀，天下被扰乱，百姓被摧残，财物被毁坏。如今又使陛下蒙受劳碌风尘和忧愁困顿，禁闭于空城许都。宗庙无人祭祀，君王的命令遭到阻绝，国家的原则遭受否定，阴谋窃权。左将军兼司隶校尉、豫、荆、益三州州牧宜城亭侯刘备，接受朝廷爵位俸禄，全心全意打算为汉室尽力，为国难献身。窥破曹操谋篡先兆，非常愤怒，奋然而起，与车骑将军董承秘密商谋诛杀曹操，使国家得以平定，京都得以安宁。因为董承行事不够机密，才能使曹操苟延残喘继续作恶，为害全国。臣等时常担心汉室大有阎乐杀害秦二世那样的祸患，小有王莽废孺子为定安公那样的变故，日夜不安，非常害怕，连大气都不敢出。从前《虞书》中记载，应该按亲疏顺序亲近九族；周朝借鉴夏、商代，分封建立了同姓诸侯国；《诗经》彰明了这一义理，历时长久。汉朝刚开始创业的时候，割土分封，尊崇王室，使子弟建立了王国，最后到底挫败了诸吕的叛乱，成就了太宗文帝的大业。臣等认为刘备是皇族后裔，汉室重臣，他一心一意顾念国家，志在铲除乱贼。自从在汉中击败曹操，天下英雄豪杰纷纷臣服于他，但是他的爵位不高，也没有赐给九锡，所以难以使他镇卫国家社稷，功德留传万世。臣等奉诏在外，没有办法接受朝廷的命令，过去河西太守梁统等人在汉室中兴时，因为被山河阻隔，没有办法接受朝廷的命令，几位郡守地位一样高，权力一样大，彼此不能够统率，因而众人便推举窦融为元帅，最后终于建立了功业。挫败了隗嚣的叛乱。如今国家的危难比隗嚣割据陇西，公孙述割据川蜀更为严重，曹操对外兼并天下，对内残害群臣百姓，朝廷面临内乱之危，王室宗亲不肯协力抵御曹操，实在是令人寒心。臣等擅自按照旧典，封刘备为汉中王，授官大司马，让他督察统率六军，准备联络同盟，清除乱贼。以汉中、巴、蜀、广汉、犍为等郡的土地建立封国，按照汉初诸侯王的先例设置官府任命人员。这样做虽然是变通的办法，如果对国家社稷有利，专断也是能够的。等将来功业建成、国家稳定后，臣等将退而承担假托诏命之罪，即使死了也无所怨恨。"因而便在沔阳设立坛场，让军队和百姓排列整齐，群臣站立两旁，宣读了奏章，将王冠进献给先主。

先主上表汉献帝说:"臣下的才能只够备位充数,承担起上将的重任,奉旨在外,督察统率三军,却不能铲除乱贼,扶持王室,致使陛下的圣教长期衰微,国家动荡不得安宁,为此臣常常担心苦闷,辗转难眠,痛心疾首。过去董卓首先挑起祸乱,从此以后乱国奸贼四处横行,残害天下。依靠陛下圣明的品德和威严,人、神都响应相助,或者有忠勇义士奋力征讨,或者有上天降祸惩罚他们,群凶都已经灭亡,好像冰消雪化一样。只有曹操一人,一直没有能够将他除掉,他篡夺国家大权,肆意扰乱天下。臣以前曾与车骑将军董承商议讨伐曹操,但因为机密泄露,董承遭到杀害,臣无家可归,忠义之心没能实现,致使曹操穷凶极恶地做了许多坏事,皇后被他杀害,皇子也被他毒死。臣虽然召集人马组织联盟,一心想着努力报效王室,然而由于臣秉性怯懦缺乏武威,多年没有能够如愿以偿。臣常忧虑突然死去而辜负了国家的隆恩,连睡梦中都在叹息,整天忧虑国家发生灾难,不敢稍有懈怠。现在臣的属下认为过去《虞书》上所载依照亲疏顺序来亲近九族,用贤明之士辅佐君王治理国家,五帝的做法虽然有增有减,然而这一主张却没有废弃。周朝借鉴了夏、商二代的经验,分封了许多同姓国家,平王中兴确实全都依赖有晋、郑二国的辅佐。汉高祖创立汉朝时,推尚王室子弟,设立了九个王国,最终所以诛灭了诸吕的叛乱,安定了刘氏江山,目前曹操厌恶仇视忠直之士,他的罪证有很多,他包藏祸心,篡权窃国的意图十分显露。现在宗室衰微,帝族中没有人能占据重要的权位,臣的同僚下属参照古代旧制,采取暂时计谋,尊臣为大司马汉中王。臣再三反省,觉得接受了国家厚恩,身负着一方重任,虽然出了力却没有见到成效,所得到的官职爵位已经过头,不应该再位居高位,加重自己的罪过和人们更多的指责非议。但是部下以大义逼迫臣让臣称王,臣退而想到当前贼寇还未被消灭,国难不停,王室将被颠覆,国家社稷将被毁灭,这些使我担心自虑,有以死报国的责任。如果根据时势采取灵活变通的措施,能够安定皇朝,臣即便是赴汤蹈火义不容辞,又怎敢循规蹈矩无所作为,以致使将来遗憾终身呢。因此擅自顺从众人的建议,接受印玺,以提高国家的声威。我抬头想着获得的爵位名号,位高而宠厚,低头思考着如何向国家尽忠,忧虑深重而感责任重大,惊恐不安,呼吸急促,好像身临万丈深谷一样。臣一定竭尽全力,向朝廷进献自己的忠诚,努力勉励六军将士,督率天下义勇之士,顺应天命时势,铲除叛贼,安定国家社稷,以报答陛下万之分一的恩德。谨此拜上奏章,并派遣驿使交还以前授予的左将军、宜亭侯的印绶。"随后先主返回,将治所设置在成都。提拔魏延为都督,责令他镇守汉中。这个时候关羽率领兵队进攻曹将曹仁,在樊城活捉了于禁。不久孙权袭击荆州,杀害了关羽,占取了荆州。

建安二十五年魏文帝曹丕称帝,改年号为黄初。有人散布言语说献帝已被害死,因而先主穿起丧服为献帝发表,并为献帝追加谥号为"孝愍皇帝"。此后他所在之处都纷纷报告说有吉祥的征兆相继产生。原议郎阳泉侯刘豹、青衣侯向举、偏将军张裔、黄权、大司马属殷纯、益州别驾从事赵莋、治中从事杨洪、从事祭酒何宗、议曹从事杜琼、劝学从事张爽、尹默、谯周等人共同上书说:"臣下听说《河图》、《洛书》,五经谶、纬,都是经孔子选定的,应验自然是十分长远的。根据《洛书甄曜度》所说:'尚赤的第三个人主产生,国家才能够昌盛繁荣,经历数代碰见一个名叫备的人他便应该登基称帝。'《洛书宝号命》说:'天命和帝王之道都认定必须有一个名叫备的人称帝,以皇帝正统的身份执掌皇权,保证成功不会失败。'《洛书录运期》上面说:'九侯七杰争相使百姓用人头骨烧火做饭,道路上人们踩着乱尸遍布的人头,让谁来主管天下呢? 一个名字中有玄字的人即将到来。'《孝经钩命决录》则说:'天帝已经多次碰到了刘备。'臣的父亲去世前曾说西南多次出现黄气,它直立数丈,出现了好几年,常常祥瑞的云气从北斗星下来与黄气呼应，此乃一种不寻常的吉祥征兆。建安二十二年，又多次有瑞气象旗帜一样由西向东从天空中央飘过，《图》、《书》中都说：'将有天子在那里产生。'再加上那年太白、荧惑、填星时常跟随岁星移动。汉朝初兴的时候，五星追随岁星，岁星主掌'义'，义属西方，高祖皇帝倚靠汉中夺取天下，汉中正处在义所属的西方，因此汉朝常以岁星的行踪作为占验皇帝的根据。目前将有圣明的君主出现在西方益州，实现汉室的中兴。那个时候献帝还在许都，所以臣等不敢将此话说出。近来荧惑又与岁星相聚，产生在胃、昴、毕这三个星宿之间，昴毕是天体的中枢，《星经》中说：'帝星出现在这一位置，全部的邪恶都将被消灭。'您的名字已经在谶、纬中得到预见，推求应验的日期，象这样的事与天降符命相合的现象已经不止一次。臣耳闻圣明的君王起于天象出现之前，而天命也不会违逆它的意愿，起于天象之后而顺应天时，因此遵从天常而行动，就能够与神灵相融洽。希望大王能够顺应天意和民心，迅速登上王位，以安定天下。"

太傅许靖、安汉将军糜竺、军师将军诸葛亮、太常赖恭、光禄勋黄柱、少府王谋等上共同书说："曹丕杀害君主，篡夺帝位，毁灭汉室，专政窃权，胁迫忠良之士，残酷无道，人鬼愤恨，人们都思念汉室。如今因为上没有天子，天下人畏惧惊慌，觉得无所仰仗。群臣先后有八百人上书，都称出现祥瑞的征兆，图、谶也有明确的应验。不久武阳县赤水河有黄龙产生，过了九天黄龙才消失。《孝经援神契》说：'德泽达到深泉时就会有黄龙产生'，龙是君王的象征。《易·乾》九五说'飞龙在天'，大王应该如龙升天，登上帝位。还有过去关羽包围樊城、襄阳，襄阳男子张嘉、王休献出玉玺，玉玺落入汉水，隐藏于深水之中，好像日月之光，神奇的光彩照亮天空。汉，原本是高祖平定天下时所定的国号，大王承袭先帝皇位，也从汉中兴起。如今天子玉玺的神光已经预先出现，玉玺发现在襄阳，是汉水的下游，说明大王是高祖一脉的继承者，天子之位理当授与大王，祥瑞和符应，这决不是人力所能办到的。从前周朝有鸟和鱼的吉兆出现，人们都称说吉祥。高祖、世祖二帝遵从上天的受命，《河图》、《洛书》都预先显示出来，已经得到验证。现在上天降下吉兆，儒士才子纷纷在《河图》、《洛书》昭示下出来。还有孔子审定的图谶释义，所有的征兆都产生了。大王是孝景皇帝的儿子中山靖王的后裔，嫡系和庶出子孙不下百代，天地降福，圣上伟岸高大，神明英武集于一身，又广施仁义遍布恩泽，礼贤下士，因而四方八方的人士都来归顺于您。考探《灵图》，阐释谶、纬，神明显示的名字已十分明显。应该马上登上皇位，承袭二祖大业，一代一地将刘氏江山传下去，那就是天下百姓的荣幸了。臣等谨与博士许慈、议郎孟光，制定登基的礼节仪式，选择良辰吉日，向您奉献帝号。"因而先主就在成都武担山之南举行了即位登基仪式。祭告天地说："建安二十六年四月初六日，皇帝刘备冒昧地奉上黑色公畜祭品，明告皇天上帝，后土神灵：汉朝拥有天下，世代相传。从前王莽篡夺君位，光武皇帝勃然震怒，将他诛灭，刘江山才重新得以保存。现在曹操依仗兵权，凶残暴虐，不顾上天显示的意愿，谋害皇后太子，真是罪大恶极。曹操的儿子曹丕继承了他父亲的凶残悖逆，公然篡权窃位。群臣将士认为国家面临灭亡的危险，刘备应该治理它，承袭高祖、成祖的大业，替天行道。刘备考虑自己德行鄙陋无此大德，担心难以承担这一大任。就去征询百姓和外面蛮夷部落首领的建议，他们都说'上天的命令不能够不答复，祖宗的基业不可以长久废弃，天下是不能够没有君主来主宰的。'全国仰慕的唯独刘备一人。刘备不敢违背天命，又怕汉朝的江山将泯灭于地下，因而小心地选择良辰吉日，与百官登上祭坛，接受了皇帝的印玺。举行祭祀，将即位登基一事向天地神灵宣告，求神灵赐福于汉朝，使天下永世太平！"

章武元年夏天的四月，宣布大赦天下，更改年号。授予诸葛亮为丞相，许靖为司徒。设置百官，修筑宗庙，祭祀高皇帝以下的列祖列宗。五月，立吴氏为皇后，儿子刘禅为皇太子。六月，授予儿子刘永为鲁王，刘理为梁王。车骑将军张飞被他的手下部将杀害而死。那个时候，先主对孙权袭击杀害关羽这件事情愤慨无比，打算东征，秋天七月，便率领各军讨伐东吴。孙权派遣使者送信请求和解，先主盛怒之下，坚决不答应。吴将陆议、李异、刘阿等人领兵屯扎在巫县、秭归，将军吴班、冯习在巫县攻破李异等人，领军进驻秭归，武陵五谿的蛮夷部落派遣使者前来，请求出兵。

章武二年（即公元222年）春天正月，先主率军返回秭归，将军吴班、陈式率领水军驻守夷陵，在长江东西两岸安营扎寨。二月，先主率领众将从秭归进军五谿，翻山越岭，在夷道县的猇亭扎营，从佷山打通向武陵的道路，先主派遣侍中马良抚慰五谿的蛮夷各部，各部便纷纷响应。镇北将军黄权统领江北各军，与吴军对峙于夷陵。夏天六月，黄气在距离秭归十多里的地方产生，宽有几十丈。此后的十几天，陆议在猇亭大败先主的军队，将军冯习、张南等人在激战中死亡。先主从猇亭退还秭归，收拢被打散的士卒，遗弃船只，从陆路撤回到鱼复县，把鱼复县改为永安县。吴国派将军李异、刘阿从后面追击，吴军屯集在南山。秋天八月，先主撤军回到巫县。司徒许靖逝世。冬天十月，命令丞相诸葛亮，在成都营修南、北两个祭坛。孙权听说先主在白帝城屯驻，非常畏惧，便派来使者求和。先主答应了。派遣太中大夫宗玮前去谈判。冬天十二月，汉嘉郡太守黄元耳闻先主身体欠佳，便叛变了先主率命发兵防守。

章武三年春天二月，丞相诸葛亮从成都前往永安，三月，黄元进兵攻打临邛县。先主派遣将军陈曶征讨黄元，黄元兵败，顺着长江沿江而下逃跑，被他的亲兵逮捉，押送成都后处斩。先主病危，把辅佐太子的事情委托给丞相诸葛亮，尚书令李严帮助诸葛亮。夏天四月二十四日，先主在永安宫去世，享年六十三岁。

诸葛亮上书给后主说："我大行皇帝普施仁义，遍布恩泽，覆盖天下，但是苍天未赐吉祥，以致于使他重病卧床不起，于本月二十四日突然仙逝，群臣与嫔妃放声痛哭，好像亲生父母去世一样悲痛。回首再看遗诏，国事交由太子掌管。服丧期间，仪表举止要得当，百官哀悼，满三天后除去丧服，到葬时再依据葬礼行事，各郡太守，各郡国国相、都尉、县令县长，三日后脱去丧服。臣诸葛亮亲自接受先主告诫，敬仰畏惧先主的神灵，不敢违背遗命。臣下请求宣布遗诏，让臣民们执行。"五月，灵柩从永安县运回成都，追加谥号为昭烈皇帝。秋天八月，在惠陵入葬。

陈寿评论说：先主抱负远大，刚强果断，性情宽厚，善于知人又礼贤下士，有汉高祖刘邦的风范，具备英雄豪杰的胸量。他把整个国家和辅佐太子的大事委托给诸葛的时候，内心毫不相疑，这的确是君臣都正直无私到了极点，堪称古往今来最好的楷模。仅仅是权谋机变不如魏武帝曹操，因而蜀汉的疆域比较狭小。但是他百折不挠，始终不甘屈居于曹操之下，可能是由于他揣度到曹操的气量必定不会容纳自己，因而不光是为了争名夺利，而且也是为了躲避灾祸吧。

吴主传

孙权字仲谋。兄策既定诸郡，时权年十五，以为阳羡长①。郡察孝廉②，州举茂才，行奉义校尉③。汉以策远修职贡④，遣使者刘琬加锡命⑤。琬语人曰："吾观孙氏兄弟虽各才秀明达，然皆禄祚不终⑥，惟中弟孝廉⑦，形貌奇伟，骨体不恒⑧，有大贵之表，年又最寿，尔试识之⑨。"

【注释】

①阳羡：县名。治所在今江苏宜兴市。长（zhǎng）：官名。县的行政长官。当时制度，凡民户满一万的县，其行政长官称令，不满万户称长。②孝廉：汉代选拔人才的科目。由郡太守推荐，是常设科目。应选者要孝敬父母和行为廉洁，因此得名。③奉义校尉：官名。领兵征伐。④修职贡：向朝廷述职进贡。⑤锡命：君主为赏赐臣下官位、封爵和实物而颁发的诏书。⑥不终：不长久。⑦中（zhòng）弟：二弟。孝廉：指孙权。⑧不恒：不寻常。⑨识（zhì）之：记住这一点。

建安四年①，从策征庐江太守刘勋。勋破，进讨黄祖于沙羡②。

五年③，策薨，以事授权，权哭未及息。策长史张昭谓权曰："孝廉，此宁哭时邪④？且周公立法而伯禽不师⑤，非欲违父，时不得行也⑥。况今奸宄竞逐⑦，豺狼满道⑧，乃欲哀亲戚⑧，顾礼制，是犹开门而揖盗⑨，未可以为仁也。"乃改易权服⑩，扶令上马，使出巡军。是时惟有会稽、吴郡、丹杨、豫章、庐陵，然深险之地犹未尽从，而天下英豪布在州郡⑪，宾旅寄寓之士以安危去就为意⑫，未有君臣之固。张昭、周瑜等谓权可与共成大业⑬，故委心而服事焉⑭。曹公表权为讨虏将军⑮，领会稽太守，屯吴⑯，使丞之郡行文书事⑰。待张昭以师傅之礼，而周瑜、程普、吕范等为将率⑱。招延俊秀，聘求名士，鲁肃、诸葛瑾等始为宾客。分部诸将，镇抚山越⑲，讨不从命。

【注释】

①建安四年：公元199年。②沙羡（yí）：县名。故治在今湖北武昌县西。③五年：建安五年，公元200年。④宁：难道。⑤周公：姬姓，名旦。西周武王的弟弟。因采邑在周（今陕西岐山县北），因此称周公。曾助武王灭商，武王死后又辅佐成王。法：指父母死后儿子要服丧三年的礼制。伯禽：周公的儿子。⑥时：时势。⑦奸宄（guǐ）：犯法作犯之人。⑧亲戚：古人亦可称其父子兄弟为亲戚。此处所谓亲戚，即指孙权之兄孙策。⑨开门而揖盗：比喻引进坏人，自招祸患。揖：拱手为礼，表示欢迎。⑩改易权服：指脱下孙权穿的丧服而换上官服。⑪天下英豪：这里指江东当地的著名世家大族。如吴郡吴县的顾、陆、朱、张四氏，会稽郡余姚县的虞氏，山阴县的贺氏等。⑫宾旅寄寓之士：这里指从长江北岸地区前来投奔的人士。⑬谓：认为。⑭委心：倾心。⑮讨虏将军：杂号将军之一，领兵征伐。⑯吴：县名。县治在今江苏苏州市。⑰丞：官名。即郡丞。郡的副行政长官，协助太守处理郡务。之郡：到会稽郡。行文书事：即代理太守职务。⑱率：通帅。⑲山越：当时江东的山区，有大量还处于落后社会阶段的居民。他们当中有的是古越族的后裔，有的则是为了躲避战乱或徭役租税而从平原逃到山区的汉族百姓。他们都被称为山越。

七年①，权母吴氏薨。

八年②，权西伐黄祖，破其舟军，惟城未克，而山寇复动③。还过豫章，使吕范平鄱阳④，（会稽）程普讨乐安⑤，太史慈领海昏⑥，韩当、周泰、吕蒙等为剧县令长。

九年⑦，权弟丹杨太守翊为左右所害，以从兄瑜代翊。

【注释】

①七年：建安七年，公元202年。②八年：建安八年，公元203年。③山寇：即山越。④鄱阳：县名。

治所在今江西波阳县。⑤乐安：县名。治所在今江西德兴县东北。⑥海昏：县名。治所在今江西永修县东。⑦九年：建安九年，公元204年。

十年①，权使贺齐讨上饶②，分为建平县③。

十二年④，西征黄祖，虏其人民而还。

十三年春⑤，权复征黄祖，祖先遣舟兵拒军，都尉吕蒙破其前锋，而凌统、董袭等尽锐攻之，遂屠其城。祖挺身亡走⑥，骑士冯则追枭其首⑦，虏其男女数万口。是岁，使贺齐讨黟⑧、歙⑨，分歙为始新、新定、犁阳、休阳县⑩，以六县为新都郡⑪。荆州牧刘表死，鲁肃乞奉命吊表二子⑫，且以观变。肃未到，而曹公已临其境，表子琮举众以降⑬。刘备欲南济江，肃与相见，因传权旨，为陈成败。备进住夏口⑭，使诸葛亮诣权，权遣周瑜、程普等行。是时曹公新得表众，形势甚盛，诸议者皆望风畏惧，多劝权迎之。惟瑜、肃执拒之议，意与权同。瑜、普为左右督⑮，各领万人，与备俱进，遇于赤壁⑯，大破曹公军。公烧其余船引退，士卒饥疫，死者大半。备、瑜等复追至南郡⑰，曹公遂北还，留曹仁、徐晃于江陵⑱，使乐进守襄阳。时甘宁在夷陵⑲，为仁党所围，用吕蒙计，留凌统以拒仁，以其半救宁，军以胜反⑳。权自率众围合肥㉑，使张昭攻九江之当涂㉒。昭兵不利，权攻城逾月不能下。曹公自荆州还，遣张喜将骑赴合肥。未至，权退。

【注释】

①十年：建安十年，公元205年。②上饶：县名。治所在今江西上饶市。③建平：县名。治所在今福建建阳县。④十二年：建安十二年，公元207年。⑤十三年：建安十三年，公元208年。⑥挺身：空身一人。⑦枭（xiāo）：砍下并悬以示众。⑧黟（yī）：县名。治所在今安徽黟县东。⑨歙（shè）：县名。治所在今安徽歙县。⑩始新：县名。治所在今浙江淳安县西。新定：县名。治所在今浙江淳安县西南。黎阳：治所在今安徽黄山市西南。休阳：县名。治所在今安徽休宁县东。⑪新都：郡名。治所在当时的始新县。⑫乞：请求。⑬琮：即刘琮。⑭夏口：地名。在今湖北武汉市长江南岸。⑮左右督：官名。即左督、右督。当时孙吴第一线的作战军队分为左、右两部。其司令长官分别是左督、右督。⑯赤壁：地名。初步奠定三国分立局面的古战场。具体位置有多种说法，但都认为在今湖北境内的长江之滨。其中，主张赤壁在江北汉阳、黄冈的说法与《三国志》记载不符，难以使人信服。⑰南郡：郡名。治所在今湖北江陵县。⑱江陵：县名。当时为南郡治所。⑲夷陵：县名。治所在今湖北宜昌市东南。⑳反：通返。㉑合肥：县名。治所在今安徽合肥市。㉒当涂：县名。治所在今安徽怀远县东南。

十四年①，瑜、仁相守岁余②，所杀伤甚众。仁委城走③。权以瑜为南郡太守。刘备表权行车骑将军，领徐州牧。备领荆州牧，屯公安④。

十五年⑤，分豫章为鄱阳郡⑥，分长沙为汉昌郡⑦，以鲁肃为太守，屯陆口⑧。

十六年⑨，权徙治秣陵⑩。明年，城石头⑪，改秣陵为建业。闻曹公将来侵，作濡须坞⑫。

十八年正月⑬，曹公攻濡须，权与相拒月余。曹公望权军，叹其齐肃⑭，乃退。初，曹公恐江滨郡县为权所略⑮，征令内移。民转相惊，自庐江、九江、蕲春、广陵户十余万皆东渡江⑯，江西遂虚，合肥以南惟有皖城⑰。

【注释】

①十四年：建安十四年，公元 209 年。②相守：相持。③委：丢弃。④公安：地名。在今湖北公安县东北。⑤十五年：建安十五年，公元 210 年。⑥鄱阳：郡名。治所在今江西波阳县。⑦汉昌：郡名。旧址在今湖南省平江县东。⑧陆口：地名。当时为汉昌郡治所。是长江南岸支流陆水入长江处。⑨十六年：建安十六年，公元 211 年。⑩秣陵：县名。治所在今江苏南京市。⑪石头：城名。在今江苏南京市内清凉山。现尚有遗址一段留存。⑫濡须坞：军事壁垒名。⑬十八年：建安十八年，公元 213 年。⑭齐肃：整齐威严。⑮略：侵夺。⑯蕲（qí）春：郡名。治所在今湖北蕲春县西南。⑰皖城：县名。治所在今安徽潜山县。

十九年五月①，权征皖城。闰月，克之，获庐江太守朱光及参军董和②，男女数万口。是岁刘备定蜀。权以备已得益州③，令诸葛瑾从求荆州诸郡。备不许，曰："吾方图凉州，凉州定，乃尽以荆州与吴耳。"权曰："此假而不反④，而欲以虚辞引岁⑤。"遂置南三郡长吏，关羽尽逐之。权大怒，乃遣吕蒙督鲜于丹、徐忠、孙规等兵二万取长沙、零陵、桂阳三郡，使鲁肃以万人屯巴丘以御关羽⑥。权住陆口，为诸军节度。蒙到，二郡皆服，惟零陵太守郝普未下。会备到公安⑦，使关羽将三万兵至益阳，权乃召蒙等使还助肃。蒙使人诱普，普降，尽得三郡将守⑧，因引军还，与孙皎、潘璋并鲁肃兵并进，拒羽于益阳。未战，会曹公入汉中⑨，备惧失益州，使使求和。权令诸葛瑾报⑩，更寻盟好，遂分荆州长沙、江夏、桂阳以东属权⑪，南郡、零陵、武陵以西属备⑫。备归，而曹公已还。权反自陆口，遂征合肥。合肥未下，撤军还。兵皆就路，权与凌统、甘宁等在津北为魏将张辽所袭⑬，统等以死扞权⑭，权乘骏马越津桥得去。

【注释】

①十九年：建安十九年，公元 214 年。②参军：官名。参谋军事。③益州：州名。治所在今四川成都市。④假而不反：借而不还。⑤虚辞引岁：用虚假的言词来拖延时间。⑥巴丘：地名。在今湖南岳阳市。⑦会：碰上。⑧将守：将领郡守。⑨汉中：郡名。治所在今陕西汉中市。⑩报：酬答。⑪江夏：郡名。治所在今湖北鄂州市。⑫武陵：郡名。治所在今湖南常德市。⑬津：即逍遥津。肥水古津渡名。在今安徽合肥市东北。尚有遗迹留存。⑭扞：亦作捍。保卫。

二十一年冬①，曹公次于居巢②，遂攻濡须。

二十二年春③，权令都尉徐详诣曹公请降，公报使修好，誓重结婚④。

二十三年十月⑤，权将如吴⑥，亲乘马射虎于庱亭⑦。马为虎所伤，权投以双戟，虎却废⑧，常从张世击以戈⑨，获之。

二十四年⑩，关羽围曹仁于襄阳，曹公遣左将军于禁救之⑪。会汉水暴起，羽以舟兵尽虏禁等步骑三万送江陵，惟城未拔。权内惮羽，外欲以为己功，笺与曹公⑫，乞以讨羽自效⑬。曹公且欲使羽与权相持以斗之，驿传权书⑭，使曹仁以弩射示羽。羽犹豫不能去。闰月⑮，权征羽，先遣吕蒙袭公安，获将军士仁。蒙到南郡，南郡太守糜芳以城降。蒙据江陵，抚其老弱，释于禁之囚。陆逊别取宜都⑯，获秭归⑰、枝江⑱、夷道⑲，还屯夷陵，守峡口以备蜀⑳。关羽还当阳㉑，西保麦城㉒。权使诱之。羽伪降，立幡旗为象人于城上㉓，因遁走，兵皆解散，尚十余骑。权先使朱然、潘璋断其径路。十二月，璋司马马忠获羽及其子平、都督赵累等于章乡㉔，遂定荆州。是岁大疫，尽除荆州民租税。曹公表权为骠骑将军㉕，假节领荆州牧，封南昌侯。权遣校尉梁寓奉贡于汉，及令王惇市马，又遣朱光等归。

【注释】

①二十一年：建安二十一年，公元216年。②次：军队临时驻扎。居巢：地名。在今安徽巢湖市东北。③二十二年：建安二十二年，公元217年。④重结婚：曹操曾以弟女配孙策小弟孙匡，又为子章娶孙女。这次又答应与孙氏通婚。⑤二十三年：建安二十三年（公元218》）。⑥如：到。⑦庲（líng）亭：地名。在今江苏武进县西北。⑧却废：受伤后退。⑨常从：随身不离的侍从。⑩二十四年：建安二十四年，公元219年。⑪左将军：官名。领兵征伐。⑫笺：写信。⑬自效：贡献自己（的诚心）。⑭驿传：驿站传递。⑮闰月：建安二十四年为闰十月。⑯宜都：郡名。治所在今湖北枝城市。⑰秭归：县名。县治在今湖北秭归县。⑱枝江：县名。在今湖北枝江县东北。⑲夷道：县名。当时是宜都郡治所。⑳峡口：地名。即长江三峡东口。在今湖北宜昌市西北。㉑当阳：县名。在今湖北当阳县东北。㉒麦城：地名。在今湖北当阳县东南。㉓象人：木偶人。㉔章乡：地名。在今湖北当阳县东北。㉕骠骑将军：官名。属高级将领。领兵征伐。

二十五年春正月①，曹公薨，太子丕代为丞相魏王②，改年为延康。秋，魏将梅敷使张俭求见抚纳。南阳阴、酂、筑阳、山都、中庐五县民五千家来附③。冬，魏嗣王称尊号，改元为黄初。二年四月④，刘备称帝于蜀。权自公安都鄂⑤，改名武昌，以武昌、下雉、寻阳、阳新、柴桑、沙羡六县为武昌郡⑥。五月，建业言甘露降⑦。八月，城武昌，下令诸将曰："夫存不忘亡，安必虑危，古之善教。昔隽不疑汉之名臣⑧，于安平之世而刀剑不离于身，盖君子之于武备，不可以已⑨。况今处身疆畔⑩，豺狼交接，而可轻忽不思变难哉？顷闻诸将出入，各尚谦约⑪，不从人兵，甚非备虑爱身之谓⑫。夫保己遗名⑬，以安君亲⑭，孰与危辱⑮？宜深警戒，务崇其大，副孤意焉⑯。"自魏文帝践阼⑰，权使命称藩⑱，及遣于禁等还。十一月，策命权曰⑲："盖圣王之法，以德设爵，以功制禄；劳大者禄厚，德盛者礼丰。故叔旦有夹辅之勋⑳，太公有鹰扬之功㉑，并启土宇㉒，并受备物，所以表章元功㉔，殊异贤哲也㉕。近汉高祖受命之初㉖，分裂膏腴以王八姓㉗，斯则前世之懿事㉘，后王之元龟也。朕以不德㉚，承运革命㉛，君临万国，秉统天机㉜，思齐先代㉝，坐而待旦㉞。惟君天资忠亮㉟，命世作佐，深睹历数㊱，达见废兴，远遣行人㊲，浮于潜汉㊳。望风影附，抗疏称藩㊵，兼纤绨南方之贡㊶，普遣诸将来还本朝㊷，忠肃内发，款诚外昭㊸，信著金石，义盖山河，朕甚嘉焉。今封君为吴王，使使持节太常高平侯贞㊹，授君玺绶策书、金虎符第一至第五、左竹使符第一至第十㊺，以大将军使持节督交州㊻，领荆州牧事，锡君青土㊼，苴以白茅㊽，对扬朕命㊾，以尹东夏㊿。其上故骠骑将军南昌侯印绶符策。今又加君九锡，其敬听后命。以君绥安东南，纲纪江外，民夷安业，无或携贰，是用锡君大辂、戎辂各一，玄牡二驷。君务财劝农，仓库盈积，是用锡君衮冕之服，赤舄副焉。君化民以德，礼教兴行，是用锡君轩悬之乐。君宣导休风，怀柔百越，是用锡君朱户以居㊿。君运其才谋，官方任贤，是用锡君纳陛以登㊿。君忠勇并奋，清除奸慝㊿，是用锡君虎贲之士百人㊿。君振威陵迈，宣力荆南㊿，枭灭凶丑㊿，罪人斯得，是用锡君钺钺各一㊿。君文和于内，武信于外，是用锡君彤弓一、彤矢百、旅弓十、旅矢千㊿。君以忠肃为基，恭俭为德，是用锡君秬鬯一卣㊿，圭瓒副焉㊿。钦哉㊿！敬敷训典㊿，以服朕命，以勖相我国家㊿，永终尔显烈㊿。"是岁，刘备帅军来伐，至巫山、秭归㊿，使使诱导武陵蛮夷，假与印传㊿，许之封赏。于是诸县及五溪民皆反为蜀㊿。权以陆逊为督，督朱然、潘璋等以拒之。遣都尉赵咨使魏。魏帝问曰："吴王何等主也？"咨对曰："聪明仁智，雄略之主也。"帝问其状㊿，咨曰："纳鲁肃于凡品㊿，是其聪也；拔吕蒙于行阵㊿，是其明也；获于禁而不害，是其仁也；取荆州而兵不血刃，是其智也；据三州虎视于天下㊿，是其雄也；屈身于陛下，是其略也。"帝欲封权子登，权以登年幼，上书辞封㊿，重遣西曹掾沈珩陈谢㊿，并献方物㊿。立登为王太子。

【注释】

①二十五年：建安二十五年，公元220年。②丕：即曹丕（公元187—226）。丞相：官名。朝廷最高行政长官。东汉光武帝刘秀废除丞相制，以太尉、司徒、司空为名义上的辅政大臣。建安十三年（公元208），曹操废三公，重新实行丞相执政制，并自任丞相。曹丕代汉称帝后，又废丞相置三公。③阴：县名。西汉置。故治在今湖北光化县西北；酂（cuó）：县名。秦置。故治在今湖北光化县北；筑阳：县名。故治在今湖北谷城县东；山都：县名。故治在今湖北谷城县东南；中庐：县名。故治在今湖北襄阳县西南。④二年：黄初二年，公元221年。⑤鄂：县名。县治在今湖北鄂州市。孙权在此建都后曾大规模修筑城墙和护城河。⑥下雉：县名。汉置。故治在今湖北阳新县东南；寻阳：县名。西汉置。故治在今湖北黄梅西南。阳新：县名。三国吴置。故治在今湖北阳新县西南。柴桑：县名。西汉置。故治在今江西九江市西南。武昌：郡名。治所在当时的武昌县。⑦甘露：凝结在草木叶上的一种带甜味液体。古代认为甘露降是吉祥的征兆。⑧隽不疑：西汉官吏。字曼倩。勃海郡（治所在今河北黄骅市西南）人。治《春秋》，名闻州郡。武帝时为青州刺史，文帝时为京兆尹，有威信，严而不残。⑨已：停止。⑩疆畔：边境。⑪谦约：谦虚简约。⑫谓：意思。⑬遗名：留下声名。⑭君亲：君主和父母。⑮孰与危辱：与遭受危险欺辱相比怎么样。⑯副：满足。孤：王侯的自称。⑰践阼：踏上台阶。指称帝。⑱称藩：称臣。⑲策命：君主对臣下进行封土、授爵、记功时所颁发的特别文书。⑳叔旦：即周公。夹辅：在左右辅佐。㉑太公：即吕尚。姜姓，吕氏，名望，一说字子牙。鹰扬：威武的样子。这里指统率军队征伐。㉒启土宇：指接受封地建立藩国。㉓备物：意指赏赐之车辂、弓矢、斧钺等供备威仪之物。㉔元功：大功。㉕殊异：使……显得特殊不同。㉖汉高祖：即刘邦（？—公元前195）。字季。沛县（今江苏沛县）人。西汉王朝的建立者。公元前202至公元前195年在位。㉗膏腴：肥沃的土地。王八姓：立八位异姓功臣为王。八姓是：楚王韩信、韩王信、淮南王英布、梁王彭越、长沙王吴芮、赵王张敖、燕王臧荼，以及臧荼死后封燕王的卢绾。㉘懿事：美事。㉙元龟：大龟。古代用龟甲占卜，这里用元龟表示借鉴。㉚不德：无德。㉛革命：古代统治者认为君主受命于天，把改朝换代看成是天命发生变革，所以叫作革命。㉜秉统天机：执掌国家政权。㉝齐：学习看齐。㉞坐而待旦：坐着等待天明，形容君主一心想搞好政治而彻夜深思。㉟忠亮：忠诚。㊱命世：指具有命世之才。㊲历数：帝王传承的先后顺序。㊳行人：使者。㊴汉潜：即指汉水。此处指江、汉流域，也就是指吴国。㊵抗疏：上疏直言。㊶纳：交纳。纤：具有细花纹的丝织品。绤（chī）：细葛布。㊷诸将：指于禁等先被关羽俘获后又转到孙吴的曹魏将领。㊸款诚：诚心。㊹使持节：一种表示享有诛杀威权的名号。魏晋时类似的名号有使持节、持节、假节三种。使持节可杀二千石以下的官员，持节可杀无官

位的人，假节可在出兵时杀违犯军令者。太常：官名。九卿之首，主管国家礼仪制度和祭祀活动。贞：即邢贞。㊺玺:印。绶：系在印上的丝绳。当时礼制，印的材质和绶的颜色，依官爵的高低而不同。王一级为金玺綟（lì）绶，綟是黑黄而带绿的颜色。金虎符：黄金制作的虎符。由两半合成虎形，受符者保存左半部分，右半部分保存在朝廷的符节台。中央政府要在地方征调军队，即以虎符的右半部分作为凭证。竹使符：汉魏制度，中央政府在地方进行军队以外的其他征调，要用竹使符作凭证。㊻大将军：官名。领兵将军的最高一级称号。地位还在三公之上。领兵征伐并且执掌朝政。督交州：官名。督察指挥交州的军事。交州为州名。治所在今广东广州市。㊼锡:赏赐。青土：古代天子祭祀土地神的社坛，用五种颜色的土壤筑成：东方青色，南方赤色，西方白色，北方黑色，中央黄色。分封诸侯时，按其封地的方位取相应颜色的土壤，用白茅草包裹后给予受封者。㊽苴（jū）：包裹。㊾对扬：表示接受王的策命并表示敬意。㊿尹:治理。东夏：中原的东部。(51)上：上交。(52)九锡：古代天子赐给诸侯大臣的九种器物，表示特殊的荣宠。(53)纲纪：治理。江外：长江以南。(54)民夷：汉族与少数族人民。(55)携贰：怀有二心。(56)大辂（lù）：礼仪专车。戎辂：作战的兵车。(57)玄牡：黑色的公马。驷：拉车的四匹马合称一驷。(58)衮（gǔn）：天子或上公所穿的礼服。冕：天子、诸侯和官员戴的礼冠。(59)赤舄（xì）：一种红的复底鞋。副：相配。(60)轩悬：古代诸侯陈乐器，如钟磬之类，三面悬挂，称为轩悬。(61)休风：美好的风尚。(62)怀柔：招徕并加以安抚。百越：对南方越族的泛称。(63)朱户：红色大门。(64)纳陛：暗设在宫殿檐下的登殿阶梯。(65)奸慝（tè）：邪恶不正之人。(66)虎贲（bēn）：侍从保卫君主的武士名称。(67)宣力：显示力量。(68)凶丑：指关羽。(69)𫓧（fū）：斧。𫓧和钺都是天子的仪仗兵器。诸侯大臣受𫓧钺之赐，乃得专杀大权。(70)彤：红色。玈（lú）：黑色。(71)秬鬯（jù chàng）：一种用黑黍和香草酿造的酒，用于祭祀。卣（yǒu）：盛酒的容器。(72)圭：上尖下方的长形玉版。用作封爵授官的凭信。瓒：玉勺。祭祀时舀酒浇地的器具。(73)钦：敬。(74)敷：施行。训典：训示和准则。(75)勖相（xù xiàng）：勉力辅佐。(76)显烈：显赫的功绩。(77)巫：县名。故治在今四川巫山县北。(78)传（zhuàn）：官员的身份证件。(79)五溪：即雄溪、樠溪、辰溪、酉溪、无溪，都是湖南沅水的支流。为（wèi）：支持。(80)状：具体情况。(81)凡品：指普通人。(82)行（háng）阵：军队的行列阵形。(83)三州：指扬州、荆州和交州，孙权占有前两州的大部和交州的全部。(84)辞：辞让，推辞。(85)西曹掾：官名。孙权大将军府的下属。主管府内的人事。(86)方物：土特产。

黄武元年春正月①，陆逊部将军宋谦等攻蜀五屯②，皆破之，斩其将。三月，鄱阳言黄龙见③。蜀军分据险地，前后五十余营，逊随轻重以兵应拒，自正月至闰月④，大破之，临阵所斩及投兵降首数万人⑤。刘备奔走，仅以身免。

【注释】

①黄武：孙权称帝的年号。自此以后，孙权不再用曹魏的年号，以示自立。黄武元年，公元222年。②部：部署。③龙：古代传说中的神奇动物。有须、鳞、爪，能兴云作雨，并且是帝王的象征。这里说黄龙出现，是投机者为了取悦孙权而制造的“祥瑞”。④闰月：是年闰六月。⑤投兵：放下兵器。降首：投降自首。

初，权外托事魏，而诚心不款①。魏欲遣侍中辛毗、尚书桓阶往与盟誓②，并征任子③，权辞让不受。秋九月，魏乃命曹休、张辽、臧霸出洞口④，曹仁出濡须，曹真、夏侯尚、张郃、徐晃围南郡。权遣吕范等督五军，以舟军拒休等，诸葛瑾、潘璋、杨粲救南郡，朱桓以濡须督拒仁⑤。时扬⑥、越蛮夷多未平集⑦，内难未弭⑧，故权卑辞上书，求自改厉⑨，“若罪在难除，必不见置⑩，当奉还土地民人，乞寄命交州⑪，以终余年。”文帝报曰：“君生于扰攘之际⑫，本有从横之志⑬，降身奉国，以享兹祚⑭。自君策名以来⑮，贡献盈路。讨备之功，国朝仰成⑯。埋而掘之，古人之所耻。朕之与君，大义已定，岂乐劳师远临江汉？廊庙之议⑰，王者所不得专⑱；三公上君过失，皆有本末。朕以不明，虽有曾母投杼之疑⑲，犹冀言者不信⑳，以为国福。故先遣使者犒劳，又遣尚书、侍中践修前言，以定任子。君遂设辞，不欲使进，议者怪之。又前都尉浩周劝君遣子，乃实朝臣交谋㉑，以此卜君㉒，君果有辞，外引隗嚣遣子不终㉓，内喻窦融守忠而已㉔。世殊时异，人各有心。浩周之还，口陈指麾㉕，益令议者发明众嫌㉖，终始之本，无所据仗，故遂俛仰从群臣议㉗。今省上事㉘，款诚深至，心用慨然，凄怆动容。即日下诏，敕诸军但深沟高垒，不得妄进。若君必效忠节，以解疑议，登身朝到，夕召兵还。此言之诚，有如大江㉙！”权遂改年，临江拒守。冬十一月，大风，范等兵溺死者数千，余军还江南。曹休使臧霸以轻船五百、敢死万人袭攻徐陵㉚，烧攻城车㉛，杀略数千人。将军全琮、徐盛追斩魏将尹卢，杀获数百。十二月，权使太中大夫郑泉聘刘备于白帝㉜，始复通也。然犹与魏文帝相往来，至后年乃绝。是岁改夷陵为西陵。

【注释】

①诚心不款：不是真心归附。②侍中：官名。皇帝的侍从长官兼政事顾问。尚书：官名。东汉、曹魏时处理军国机要事务的机构是尚书台。尚书台的分支机构叫做曹，每曹的主办官员即是尚书。③任子：充当人质的亲生儿子。征任子，就是要孙权把他的太子孙登送到魏国去做人质。④洞口：地名。在今安徽和县南临江处。⑤濡须督：官名。孙吴在长江沿线要地设置的军事长官，称之为督。濡须督是濡须防区的军事长官。⑥扬：指扬州。⑦越：指交州。交州，是西汉南越国的故地。⑧弭：停止，消除。⑨改厉：改过自新。⑩见置：赦免。⑪寄命：寄居生存。⑫扰攘之际：动乱的时期。⑬从（zōng）横：指割据称雄。⑭祚：福。⑮策名：把姓名登记在朝廷的官员名册上。指效忠朝廷。⑯仰成：仰仗你的成功。⑰廊庙：犹言朝堂，指朝廷。⑱专：专断。⑲曾母：战国鲁国曾参的母亲。投：丢下。杼（zhù）：织布的梭子。这里用来比喻谣言众多，动摇了曹丕对孙权的信任。⑳冀：希望。不信：不确实。㉑实朝君君臣交谋：此句是说，浩周劝你遣子，实际上是朝臣们共同谋划的。㉒卜君：试验你的态度。㉓隗嚣（？—公元33）：字纪孟。天水郡成纪（今甘肃秦安县）人。新莽末年，割据陇右，自称西州大将军。㉔窦融（公元前16—公元62）：字周公。右扶风平陵（今陕西咸阳市西北）人。世代在河西地区任行政官吏。㉕指麾：手指挥动。㉖发明：众嫌：证明了孙权的各种怀疑。㉗俛仰：俛，同俯。俛仰，有勉强的意思。群臣议：指出兵威胁孙吴。㉘省（xǐng）：阅看。上事：上呈的文书。㉙大江：指长江。㉚敢死：即敢死队。徐陵：亭名。在今安徽当涂县西南东梁山之北。㉛攻城车：一种载有登城高梯的车辆。用于攀登城墙发起进攻。㉜太中大夫：官名。侍从皇帝，回答皇帝的询问。白帝：城名。在今重庆奉节县东白帝山上。下临长江三峡西口，是当时益州的东大门。

二年春正月①，曹真分军据江陵中州②。是月，城江夏山③。改四分④，用乾象历⑤。三月，曹仁遣将军常雕等，以兵五千，乘油船⑥，晨渡濡须中州。仁子泰因引军急攻朱桓，桓兵拒之，遣将军严圭等击破雕等。是月，魏军皆退。夏四月，权群臣劝即尊号⑦，权不许。刘备薨于白帝。五月，曲阿言甘露降⑧。先是戏口守将晋宗杀将王直，以众叛如魏，魏以为蕲春太守，数犯边境。六月，权令将军贺齐督糜芳、刘邵等袭蕲春，邵等生虏宗。冬十一月，蜀使中郎将邓芝来聘。

【注释】

　　①二年：黄武二年，公元233年。②中州：江河中的小岛。江陵中州，指江陵附近的百里洲。③山：指当时江夏郡治所武昌县西北的来山。④四分：历法名。⑤乾象历：历法名。⑥油船：装设有油脂浸涂的防护板的战船。防护板起抵御刀箭等兵器进攻的作用。⑦即尊号：指称帝。⑧曲阿：县名。故治在今江苏丹阳县。

　　三年夏①，遣辅义中郎将张温聘于蜀②。秋八月，赦死罪。九月，魏文帝出广陵，望大江，曰："彼有人焉，未可图也！"乃还。
　　四年夏五月③，丞相孙邵卒。六月，以太常顾雍为丞相。皖口言木连理④。冬十二月，鄱阳贼彭绮自称将军，攻没诸县，众数万人。是岁地连震。

【注释】

　　①三年：黄武三年，公元224年。②辅义中郎将：官名。负责领兵征伐，或临时充当使臣。③四年：黄武四年，公元225年。④皖口：地名。在今安徽安庆市西。是长江北岸支流皖水入长江处。木连理：不同根的树木其枝干合长在一起，古代视为吉祥的征兆。

　　五年春①，令曰："军兴日久，民离农畔②，父子夫妇，不听相恤③，孤甚愍之。今北虏缩窜，方外无事，其下州郡④，有以宽息。"是时陆逊以所在少谷，表令诸将增广农亩。权报曰："甚善。今孤父子亲自受田，车中八牛以为四耦⑤，虽未及古人，亦欲与众均等其劳也。"秋七月，权闻魏文帝崩，征江夏，围石阳⑥，不克而还。苍梧⑦言凤凰见⑧。分三郡恶地十县置东安郡⑨，以全琮为太守，平讨山越。冬十月，陆逊陈便宜⑩，劝以施德缓刑，宽赋息调⑪。又云："忠谠之言⑫，不能极陈⑬，求容小臣⑭，数以利闻⑮。"权报曰："夫法令之设，欲以遏恶防邪，儆戒未然也，焉得不有刑罚以威小人乎？此为先令后诛⑯，不欲使有犯者耳。君以为太重者，孤亦何利其然，但不得已而为之耳。今承来意，当重咨谋⑰，务从其可。且近臣有尽规之谏⑱，亲戚有补察之箴⑲，所以匡君正主明忠信也。《书》载'予违汝弼，汝无面从⑳'，孤岂不乐忠言以自裨补邪㉑？而云'不敢极陈'，何得为忠谠哉？若小臣之中，有可纳用者，宁得以人废言而不采择乎？但谄媚取容㉒，虽暗亦所明识也㉓。至于发调者，徒以天下未定㉔，事以众济㉕。若徒守江东，修崇宽政，兵自足用，复用多为㉖？顾坐自守可陋耳㉗。若不豫调，恐临时未可便用也。又孤与君分义特异㉘，荣戚实同，来表云不敢随众容身苟免，此实甘心所望于君也。"于是令有司尽写科条㉙，使郎中褚逢赍以就逊及诸葛瑾㉚，意所不安，令损益之㉛。是岁，分交州置广州㉜，俄复旧㉝。

【注释】

　　①五年：黄武五年，公226年。②农畔：土地的边界，这里指农田。③不听相恤：不能相互照顾。④其：助词。当时官方指令性文书中的常用词。其字以下即具体的指令内容。下：下达（公文）。⑤耦

(ǒu)：指两牛共拉一犁。⑥石阳：县名。故治在今湖北应城县东南。⑦苍梧：郡名。治所在今广西梧州市。⑧凤凰：古代传说中的鸟王。雄鸟叫凤，雌鸟叫凰。凤凰出现被认为是特别的祥瑞。⑨三郡：指丹杨、吴、会稽三郡。恶地：险峻的深山区。当时这三郡交界的山区是山越活动频繁的地方。东安：郡名。治所在今浙江富阳县北。⑩便宜：有利而适当的政策。⑪赋：赋税。息：停止。调：这里指兵员的征调。⑫谠：正直。⑬不能：不敢。⑭求容：只求容身避免。⑮数以利闻：不断把有利的建议报告给您。⑯先令：先申明法令。⑰重：重新，再。咨谋：商量。⑱尽规：尽其规计。⑲补察：补，补过；察，察政。⑳予违汝弼：我有过错你应当辅正我。面从：当面顺从（而背后非议）。㉑裨：增添。㉒取容：求得别人的欢心。㉓明识：（我也能）清楚地看出。㉔徒：只是。㉕济：成功。㉖复用多为：还用得着多调发。㉗可陋：该当受到鄙视。㉘分（fèn）义：情谊。特异：特别不同。㉙有司：有关部门。科条：规章条例。㉚郎中：官名。警卫皇宫殿堂。赍（jī）：带着。㉛损益：增删。㉜广州：州名。治所在今广东广州市。㉝俄：不久。

六年春正月①，诸将获彭绮。闰月②，韩当子综以其众降魏。

七年春三月③，封子虑为建昌侯。罢东安郡。夏五月，鄱阳太守周鲂伪叛，诱魏将曹休。秋八月，权至皖口，使将军陆逊督诸将大破休于石亭④。大司马吕范卒⑤。是岁，改合浦为珠官郡⑥。

【注释】

①六年：黄武六年，公元227年。②闰月：是年闰十二月。③七年：黄武七年，公元228年。④石亭：地名。在今安徽潜山县东北。石亭大战为三国时期重要战役，是魏、吴两国间攻守态势的转折点。六年前的夷陵之战，使孙吴的西部边境完全安定下来。⑤大司马：官名。领兵将军中特别尊崇的名号，地位在大将军之上，但不常置，负责领兵征伐。⑥合浦：郡名。治所在今广西合浦县东北。

黄龙元年春①，公卿百司皆劝权正尊号②。夏四月，夏口、武昌并言黄龙、凤凰现。丙申③，南郊即皇帝位④，是日大赦，改年。追尊父破虏将军坚为武烈皇帝，母吴氏为武烈皇后，兄讨逆将军策为长沙桓王。吴王太子登为皇太子。将吏皆进爵加赏。初，兴平中⑤，吴中童谣曰⑥："黄金车⑦，班兰耳⑧，闿昌门⑨，出天子。"五月，使校尉张刚、管笃之辽东⑩。六月，蜀遣卫尉陈震庆权践位⑪。权乃参分天下⑫，豫、青、徐、幽属吴⑬，兖、冀、并、凉属蜀⑭。其司州之土⑮，以函谷关为界⑯，造为盟曰："天降丧乱，皇纲失叙⑰，逆臣乘衅⑱，劫夺国柄，始于董卓，终于曹操，穷凶极恶，以覆四海，至令九州幅裂⑲，普天无统，民神痛怨，靡所戾止⑳。及操子丕，桀逆遗丑㉑，荐作奸回㉒，偷取天位。而睿么麽㉓，寻丕凶迹，阻兵盗土㉔，未伏厥诛。昔共工乱象而高辛行师㉕，三苗干度而虞舜征焉㉖。今日灭睿，擒其徒党，非汉与吴，将复谁任？夫讨恶翦暴，必声其罪㉗，宜先分裂，夺其土地，使士民之心，各知所归。是以《春秋》晋侯伐卫㉘，先分其田以畀宋人㉙，斯其义也。且古建大事，必先盟誓，故《周礼》有司盟之官㉚，《尚书》有告誓之文㉛，汉之与吴，虽信由中㉜，然分土裂境，宜有盟约。诸葛丞相德威远著，翼戴本国，典戎在外㉝，信感阴阳，诚动天地，重复结盟，广诚约誓，使东西士民咸共闻知。故立坛杀牲，昭告神明，再歃加书㉞，副之天府㉟。天高听下，灵威棐谌㊱，司慎司盟㊲，群神群祀，莫不临之。自今日汉、吴既盟之后，戮力一心㊳，同讨魏贼，救危恤患，分灾共庆，好恶齐之，无或携贰。若有害汉，则吴伐之；若有害吴，则汉伐之。各守分土，无相侵犯。传之后叶⑨，克终若始。凡百之约，皆如载书⑩。信言不艳⑪，实居于好。有渝此盟⑫，创祸先乱，违贰不协，惰慢天命⑬，明神上帝是讨是督，山川百神是纠是殛，俾坠其师⑭，无克祚国⑮。于尔大神，其明鉴之！"秋九月，权迁都建业，因故府不改馆⑯，征上大将军陆逊辅太子登⑰，掌武昌留事⑱。

【注释】

①黄龙元年：黄龙：孙权年号，公元229年四月起，231年止，因夏口、武昌并言黄龙、凤凰出现，因此改年号为黄龙。黄龙元年，公元229年。②公卿：三公九卿。三公为太尉、司徒、司空。九卿为太常、光禄勋、卫尉、太仆、廷尉、大鸿胪、宗正、大司农、少府。百司：百官。正尊号：正式登基称帝。③丙申：旧历十三日。④南郊：指在当时孙吴都城武昌的南郊举行祭告上天的仪式。⑤兴平：东汉献帝的年号。⑥吴中：吴县一带。⑦黄金车：黄金装饰的车辆。指皇帝的礼仪专车。当时皇帝的礼仪专车用大量金箔图案装饰，叫作金根车。⑧班兰：色采辉耀的样子。耳：车轮上方的弧形挡泥板。当时的正式名称叫作辒（fān），辒上的颜色和图案有特殊的规定。⑨闿：同开。昌门：吴县城的西门，又叫阊门。⑩之：到。辽东：郡名。治所在今辽宁辽阳市。⑪卫尉：官名。九卿之一。负责皇宫大门警卫和宫内流动巡查。至于殿堂之内则归光禄勋负责警卫。⑫参（cān）分：斟酌划分。⑬青：州名。治所在今淄博市东。幽：州名。治所在今北京市。⑭兖：州名。治所在今山东鄄城县东北。冀：州名。治所在今河北冀县。并（bīng）：州名。治所在今山西太原市西南。⑮司州：即司隶校尉部。是曹魏京城洛阳所在的州。治所在今河南洛阳市东。⑯函谷关：关隘名。在今河南灵宝县东北。因关在谷中，深险如函而得名。⑰皇纲：皇朝的秩序。⑱衅：裂痕，指危机。⑲九州：全国。⑳靡：无，没有。庶：至。靡所庶止：没有止境。㉑遗丑：留下的同类。㉒荐：一再，再次。奸回：奸恶。荐作奸回，作邪恶之事。㉓睿：即曹睿（公元206—239）。幺麽（yāomó）：微小。指微不足道的人，是轻蔑的话。㉔阻：恃也。阻止：凭借武力。㉕共工：传说中古代部落首领。是炎帝的后裔。乱象：扰乱政治秩序。高辛：传说中古代部族的首领。㉖三苗：传说中古代少数民族名。干度：违犯法度。虞舜：传说中父系氏族社会后期的部落联盟领袖。姚姓，有虞氏，名重华。尧去世后继位。㉗声：宣布。㉘春秋：书名。儒家经典之一。编年体春秋史。相传是孔子依据鲁国史官所编《春秋》加以整理修订而成。晋侯：指晋文公。㉙畀（bì）：给予。㉚周礼：书名。儒家经典之一。杂合周代与战国制度，并加入儒家政治理想编辑而成。全书共有六篇。司盟：周礼秋官之属，掌盟载之法。㉛尚书：书名。儒家经典之一。在先秦时经长期汇集而成。记述上古时期的史事，有今文、古文之分。告誓：指尚书康诰、汤誓、牧誓等篇文。㉜由中：出于本心。㉝典戎：掌管军队。㉞歃（shà）：即歃血。古代盟誓时，口含牲畜血或以血涂唇，以示诚信。㉟副之天府：副本放在朝廷的档案馆中。㊱棐（fěi）谌：天之威德，帮助有诚心的人。㊲司慎司盟：都是传说中主管盟誓的天神。㊳戮力：并力。戮力一心：齐心协力。㊴后叶：后代。㊵载书：记载盟誓内容的文书原件。㊶信言：诚实的话语。不艳：不作过分的修饰。㊷渝：背叛。㊸惰（tāo）慢：怠慢。㊹俾：使。坠：丧失。师：这里指民众。㊺无克：不能。祚（zuò）：赐福。㊻故府：建安十六年（公元211）孙权任讨虏将军时，曾在建业设立治所。这里的故府即指当时的将军府。㊼上大将军：官名。孙吴设置。地位略高于大将军而略低于大司马。领兵镇守荆州长江的大段防线。㊽留事：留守事务。

二年春正月①，魏作合肥新城②。诏立都讲祭酒③，以教学诸子。遣将军卫温、诸葛直将甲士万人浮海求夷洲及亶洲④。亶洲在海中，长老传言秦始皇帝遣方士徐福将童男童女数千人入海⑤，求蓬莱神山及仙药⑥，止此洲不还。世相承有数万家，其上人民，时有至会稽货布⑦，会稽东县人海行⑧，亦有遭风流移至亶洲者。所在绝远，卒不可得至⑨，但得夷洲数千人还。

三年春二月⑩，遣太常潘浚率众五万讨武陵蛮夷。卫温、诸葛直皆以违诏无功，下狱诛。夏，有野蚕成茧，大如卵。由拳野稻自生⑪，改为禾兴县。中郎将孙布诈降以诱魏将王凌，凌以军迎布。冬十月，权以大兵潜伏于阜陵俟之⑫，觉而走。会稽南始平言嘉禾生⑬。十二月丁卯，大赦，改明年元也。

嘉禾元年春正月，建昌侯虑卒。三月，遣将军周贺、校尉裴潜乘海之辽东。秋九月，魏将田豫要击⑭，斩贺于成山⑮。冬十月，魏辽东太守公孙渊遣校尉宿舒、阆中令孙综称藩于权⑯，并献貂马。权大悦，加渊爵位。

【注释】

①二年：黄龙二年，公元230年。②合肥新城：城名。在当时合肥旧城的西北，今安徽合肥市西北。③都讲祭酒：官名。为孙权儿子们的儒学教官。④夷洲：岛名。即今台湾省。这是史书中第一次明确记载大陆和台湾的关系。亶（chán）洲：岛名。在当时东海中，相当于现今何地还没有定论。⑤长老：老年人。⑥蓬莱：古代神话传说中海上的三座仙山之一。⑦货布：交换布匹。东汉时会稽出产质量优良的细麻布，常作为贡品。⑧东县：东部的县。⑨卒：终于。⑩三年：黄龙三年，公元231年。⑪由拳：县名。秦置。故治在今浙江嘉兴市南。⑫俟：等待。⑬南始平：县名。县治在今浙江天台县。嘉禾：长得异常茁壮的谷物禾穗。⑭田豫：传见本书卷二十六。⑮成山：地名。在今山东文登县东北。⑯郎中令：官名。当时宗室亲王的属官有郎中令。负责王宫殿堂警卫。

二年春正月①，诏曰："朕以不德，肇受元命②，凤夜兢兢③，不遑假寝④。思平世难，救济黎庶⑤，上答神祇⑥，下慰民望。是以眷眷⑦，勤求俊杰，将与戮力，共定海内。苟在同心⑧，与之偕老。今使持节督幽州领青州牧辽东太守燕王⑨，久胁贼虏⑩，隔在一方，虽乃心于国，其路靡缘⑪。今因天命，远遣二使，款诚显露⑫，章表殷勤，朕之得此，何喜如之！虽汤遇伊尹⑬，周获吕望⑭，世祖未定而得河右⑮，方之今日，岂复是过？普天一统，于是定矣。《书》不云乎，'一人有庆，兆民赖之⑯'。其大赦天下，与之更始⑰，其明下州郡，咸使闻知。特下燕国，奉宣诏恩，令普天率土备闻斯庆⑱。"三月，遣舒、综还，使太常张弥、执金吾许晏、将军贺达等将兵万人⑲，金宝珍货，九锡备物，乘海授渊。举朝大臣，自丞相雍以下皆谏⑳，以为渊未可信，而宠待太厚，但可遣吏兵数百护送舒、综，权终不听。渊果斩弥等，送其首于魏，没其兵资。权大怒，欲自征渊，尚书仆射薛综等切谏乃止㉑。是岁，权向合肥新城，遣将军全琮征六安㉒，皆不克，还。

【注释】

①二年：嘉禾二年，公元233年。②肇：开始。元命：天命。③凤夜：早晚，朝夕。兢兢：小心谨慎的样子。④不遑（huáng）：没有时间。假寝：不解衣冠而睡。⑤黎庶：黎民百姓。⑥神祇：泛指天地神灵。⑦眷眷：一心一意，专心致志。⑧苟在同心：如果属于志同道合者。⑨燕王：孙权赐给公孙渊的封爵。⑩胁：受逼迫。虏贼：指曹魏。⑪其路靡缘：无路可行。⑫款诚：忠诚。⑬汤：商族领袖。任用伊尹执政，扩张力量。后灭夏，建立商王朝。伊尹：商朝大臣。传说为奴隶出身。充当陪嫁的小臣到商，受到汤的重用，帮助汤灭夏。汤死，又辅佐继位的君主多人。⑭周：指周文王。姬姓。名昌。商末周族的领袖，访求

和任用吕尚。后吕尚帮助继位的武王灭商。吕望：即吕尚。⑮世祖：即东汉光武帝刘秀（公元前6—公元57）。字文叔。未定：未完全平定天下。河右：地区名。当时指今河西走廊与湟水流域。建武五年（公元25）占领河西五郡的窦融主动归顺刘秀。这里即指此事。⑯兆：百万为兆。兆民：指广大百姓。⑰更始：重新开始。⑱率土：四海之内。⑲执金吾：官名。负责皇宫外围巡查，防火防洪，并保卫中央武器库。⑳雍：即顾雍。㉑尚书仆射（yè）：官名。东汉以来以尚书台处理军国机要公务，其长官为尚书令，副长官为尚书仆射。切：恳切。㉒六安：县名。秦置六县，东汉改名六安县。故治在今安徽六安市北。

　　三年春正月①，诏曰："兵久不辍，民困于役，岁或不登②。其宽诸逋③，勿复督课④。"夏五月，权遣陆逊、诸葛瑾等屯江夏、沔口⑤，孙韶、张承等向广陵、淮阳⑥，权率大众围合肥新城。是时蜀相诸葛亮出武功⑦，权谓魏明帝不能远出，而帝遣兵助司马宣王拒亮⑧，自率水军东征。未至寿春，权退还，孙韶亦罢。秋八月，以诸葛恪为丹杨太守，讨山越。九月朔⑨，陨霜伤谷。冬十一月，太常潘浚平武陵蛮夷，事毕，还武昌。诏复曲阿为云阳，丹徒为武进⑩。庐陵贼李桓、罗厉等为乱。

　　四年夏⑪，遣吕岱讨桓等。秋七月，有雹。魏使以马求易珠玑⑫、翡翠、玳瑁⑬，权曰："此皆孤所不用，而可得马，何苦而不听其交易？"

　　五年春⑭，铸大钱，一当五百。诏使吏民输铜⑮，计铜畀直⑯。设盗铸之科⑰。二月，武昌言甘露降于礼宾殿。辅吴将军张昭卒⑱。中郎将吾粲获李桓，将军唐咨获罗厉等。自十月不雨，至于夏。冬十月，彗星现于东方。鄱阳贼彭旦等为乱。

【注释】

　　①三年：嘉禾三年，公元234年。②不登：庄稼欠收。③逋（bū）：指拖欠的租税。④督课：督促征收。⑤沔口：地名。在今湖北武汉市汉水入长江处。⑥淮阳：通作淮阴，淮阳在今河南省淮阳县，离广陵郡甚远。淮阴是广陵郡的治所。此处淮阳，当是淮阴之误。故治在今江苏淮阴市西南。⑦武功：县名。县治在今陕西武功县西。⑧司马宣王：即司马懿（公元179—251）。司马懿的儿子司马昭受封晋王后，追尊其父为宣王，其兄司马师为景王。⑨朔：每月初一日。⑩丹徒：县名。故治在今江苏丹徒县东南。⑪四年：嘉禾四年，公元235年。⑫易：交换。玑：不圆的珠叫玑。⑬玳瑁（dàimào）：一种大海龟。有褐黄色带斑点的外壳，可用来观赏或制作工艺品。⑭五年：嘉禾五年，公元236年。⑮输：交送。⑯畀直：付给价钱。⑰盗铸之科：惩治私自铸钱的条例。⑱辅吴将军：官名。孙吴设置。对政事提出建议，无固定任务。属于闲职。

　　六年春正月①，诏曰："夫三年之丧②，天下之达制③，人情之极痛也；贤者割哀以从礼④，不肖者勉而致之⑤。世治道泰，上下无事，君子不夺人情⑥，故三年不逮孝子之门⑦。至于有事，则杀礼以从宜⑧，要经而处事⑨。故圣人制法，有礼无时则不行⑩。遭丧不奔非古也，盖随时之宜，以义断恩也。前故设科，长吏在官⑪，当须交代⑫，而故犯之⑬，虽随纠坐⑭，犹已废旷⑮。方事之殷⑯，国家多难，凡在官司⑰，宜各尽节，先公后私，而不恭承，甚非谓也⑱。中外群僚，其更平议⑲，务令得中，详为节度。"顾谭议，以为"奔丧立科⑳，轻则不足以禁孝子之情，重则本非应死之罪，虽严刑益设㉑，违夺必少㉒。若偶有犯者，加其刑则恩所不忍，有减则法废不行。愚以为长吏在远，苟不告语㉓，势不得知。比选代之间㉔，若有传者㉕，必加大辟㉖，则长吏无废职之负[27]，孝子无犯重之刑[28]。”将军胡综议，以为“丧纪之礼[29]，虽有典制，苟无其时，所不得行。方今戎事军国异容[30]，而长吏遭丧，知有科禁，公敢干突[31]，苟念闻忧不奔之耻[32]，不计为臣犯禁之罪，此由科防本轻所致。忠节在国，孝道立家，出身为臣，焉得兼之？故为忠臣不得为孝子。宜定科文，示以大辟，若故违犯，有罪无赦。以杀止杀，行之一人，其后必绝。”丞相雍奏从大辟。其后吴令孟宗丧母奔赴[33]，已而自拘于武昌以听刑。陆逊陈其素行，因为之请，权乃减宗一等[34]，后不得以为比，因此遂绝。二月，陆逊讨彭旦等，其年，皆破之。冬十月，遣卫将军全琮袭六安[35]，不克。诸葛恪平山越事毕，北屯庐江。

【注释】

①六年：嘉禾六年，公元237年。②三年之丧：指父母死亡后，儿子要在家服丧三年的制度。③达制：通行的制度。④割：割舍。⑤不肖者：不贤者。勉：勉强。⑥君子不夺人情：古代官员遭父母丧，须离职在家守制，但朝廷对大臣要员，可命其不必离职，以素服办公，不参加吉礼，或守制尚未期满，朝廷召而出来任职，叫夺情。不夺人情，即允许官员奔丧守制。⑦逮：及，指前往。⑧杀礼以宜：降低礼制的要求以顺以时宜。⑨腰绖（dié）：腰上系着拴丧服的麻带。⑩无时：没有适当的时机。⑪在官：指在任上而父母去世。⑫当须交代：应当等代替的人到达接替职务之后才能离开。⑬故：依旧。⑭纠坐：（擅自离职者受到）纠举和惩处。⑮废旷：指因奔丧而擅离职守。⑯方事之殷：正当多事之秋。⑰官司：官府。⑱非谓：不成道理。⑲平议：衡量议论。⑳立科：设立（禁止擅自离职回家奔丧的）法令条款。㉑益设：增设。㉒违夺：违犯。㉓告语：告知（本人）。㉔比（bì）：等到。选代：官员的选用替代。㉕传：指传播某人父母死亡的消息。㉖大辟：死刑。㉗负：过失。㉘犯重：触犯属于重罪的法令条文。㉙丧纪：丧事。㉚方今戎事，军国异容：当今正在战争时期，因此，处理军事与处理一般政事，情况不同。㉛干突：冒犯，触犯。㉜苟念：只是考虑。㉝孟宗：即孟仁。㉞减宗一等：判决孟宗比死刑只轻一等的刑罚。即髡刑。㉟卫将军：官名。属高级军职。领兵征伐。

赤乌元年春[1]，铸当千大钱。夏，吕岱讨庐陵贼，毕，还陆口。秋八月，武昌言麒麟见[2]。有司奏言麒麟者太平之应，宜改年号。诏曰：“间者赤乌集于殿前[3]，朕所亲见，若神灵以为嘉祥者，改年宜以赤乌为元。”群臣奏曰：“昔武王伐纣[4]，有赤乌之祥[5]，君臣观之，遂有天下，圣人书策载述最详者。以为近事既嘉，亲见又明也。”于是改年。步夫人卒，追赠皇后。初，权信任校事吕壹[6]，壹性苛惨[7]，用法深刻[8]。太子登数谏，权不纳，大臣由是莫敢言。后壹奸罪发露伏诛，权引咎责躬[9]，乃使中书郎袁礼告谢诸大将[10]，因问时事所当损益。礼还，复有诏责数诸葛瑾、步骘、朱然、吕岱等曰[11]：“袁礼还，云与子瑜、子山、义封、定公相见[12]，并以时事当有所先后，各自以不掌民事，不肯便有所陈，悉推之伯言、承明[13]。伯言、承明见礼，泣涕恳恻[14]，辞旨辛苦[15]，至乃怀执危怖，有不自安之心。闻此怅然[16]，深自刻怪[17]。何者？夫惟圣人能无过行，明者能自见耳。人之举措，何能悉中[18]独当己有以伤拒众意[19]，忽不自觉，故诸君有嫌难耳[20]；不尔，何缘乃至于此乎？自孤兴军五十年，所役赋凡百皆出于民。天下未定，孽类犹存，士民勤苦，诚所贯知[21]。然劳百姓，事不得已耳。与诸君从事[22]，自少至长，发有二色[23]，以谓表里足以明露，公私分计[24]，足用相保。尽言直谏，所望诸君；拾遗补阙，孤亦望之。昔卫武公年过志壮[25]，勤求辅弼，每独叹责。且布衣韦带㉖，相与交结，分成好合，尚污垢不异㉗。今日诸君与孤从事，虽君臣义存，犹谓骨肉不复是过㉘。荣福喜戚，相与共之。忠不匿情，智无遗计，事统是非，诸君岂得从容而已哉㉙！同船济水，将谁与易㉚？齐桓诸侯之霸者耳㉛，有善管子未尝不叹㉜，有过未尝不谏，谏而不得，终谏不止。今孤自省无桓公之德，而诸君谏诤未出于口，仍执嫌难㉝。以此言之，孤于齐桓良优㉞，未知诸君于管子何如耳？久不相见，因事当笑。共定大业，整齐天下，当复有谁？凡百事要所当损益㉟，乐闻异计，匡所不逮㊱。"

【注释】

①赤乌元年：公元238年。②麒麟：古代传说中的一种动物。其形状如鹿，独角，全身有鳞甲，尾像牛，是吉祥的象征。③间（jiān）者：近来。赤乌：传说中一种红色的神鸟，也是吉祥的象征。④武王：即周武王。姬姓，名发。纣：又称帝辛，商王朝最后的君主。⑤赤乌之祥：传说周武王伐纣时，有火光化为赤乌。⑥校事：官名。正规的名称是中书典校郎，负责审查官府文书。又称典校。⑦苛惨：苛刻，狠毒。⑧深刻：苛刻严峻。⑨引咎责躬：承认错误，责备自己。⑩中书郎：官名。即中书侍郎，负责起草皇帝的诏命文书。⑪责数：责备。⑫子瑜：诸葛瑾的字；子山：步骘的字；义封：朱然的字；定公：吕岱的字。⑬伯言：陆逊的字；承明：潘浚的字。⑭恳恻：恳切沉痛。⑮辛苦：悲苦。⑯怅然：失意的样子。⑰深自刻怪：深感奇怪。⑱中：适中，正确。⑲有以：有什么事情。⑳嫌难：顾忌碍难。㉑贯知：深知。㉒从事：相处。㉓二色：指黑发与白发。㉔分（fēn）计：情分和关系。㉕卫武公（？—公元前758）：名和。西周时卫国的君主。年过：年老。卫武公九十五岁时，还要求臣下给自己多提意见，以求搞好政治。㉖韦带：皮带。布衣韦带是平民装束。㉗污垢：指处于困难处境。不异：交情不变。㉘犹谓骨肉不复是过：就是亲兄弟也不过如此。㉙从容：偷闲。㉚将谁与易：还能与谁交换。㉛齐桓：即齐桓公（？—公元前643）。姜姓。名小白，齐国国君。公元前685至公元前643年在位。㉜管子：即管仲（？—前645）。名夷吾，字仲。春秋初期政治家。㉝仍：乃。㉞良优：更好一点。㉟凡百：各种各样。事要：事情重要者。㊱匡：匡正。不逮：（考虑）不周到的。

二年春三月①，遣使者羊衜、郑胄、将军孙怡之辽东，击魏守将张持、高虑等，虏得男女。零陵言甘露降。夏五月，城沙羡。冬十月，将军蒋秘南讨夷贼。秘所领都督廖式杀临贺太守严纲等②，自称平南将军③，与弟潜共攻零陵、桂阳，及摇动交州、苍梧、郁林诸郡④，众数万人。遣将军吕岱、唐咨讨之，岁余皆破。

【注释】

①二年：赤乌二年，公元239年。②临贺：县名。汉置。治所在今广西贺县东南，三国时为吴临贺郡治所。③平南将军：官名。领兵征伐。④郁林：郡名。治所在今广西桂平县西南。

三年春正月①，诏曰："盖君非民不立，民非谷不生。顷者以来②，民多征役，岁又水旱，年谷有损，而吏或不良，侵夺民时，以致饥困。自今以来，督军郡守③，其谨察非法，当农桑时，以役事扰民者，举正以闻④。"夏四月，大赦，诏诸郡县治城郭，起谯楼⑤，穿堑发渠⑥，以备盗贼。冬十一月，民饥，诏开仓廪以赈贫穷。

四年春正月⑦，大雪，平地深三尺，鸟兽死者大半。夏四月，遣卫将军全琮略淮南⑧，决芍陂⑨，烧安城邸阁⑩，收其人民。威北将军诸葛恪攻六安⑪。琮与魏将王淩战于芍陂，中郎将秦晃等十余人战死。车骑将军朱然围樊，大将军诸葛瑾取柤中⑫。五月，太子登卒。是月，魏太傅司马宣王救樊。六月，军还。闰月，大将军瑾卒。秋八月，陆逊城邾⑬。

【注释】

①三年：赤乌三年，公元 240 年。②顷者：最近。③督军：官名。是所在军事驻守区的指挥官。④举正以闻：揭发报告。⑤谯楼：建在城门上面的瞭望楼。⑥穿：挖通。堑：壕沟，护城河。⑦四年：赤乌四年，公元 241 年。⑧淮南：曹魏郡名。治所在今安徽合肥市西北。⑨芍陂（quèbēi）：陂塘名，在今安徽寿县南。⑩安城：地名，在今安徽寿县西南。邸阁：储存粮食物资的仓库。⑪威北将军：官名。孙吴设置，领兵与曹魏作战。⑫柤（zū）中：地区名。在今湖北南漳县东南，土地平敞，宜植桑麻，有水陆良田，为沔南沃壤。⑬邾（zhū）：县名。县治在今湖北黄冈县西北。

五年春正月①，立子和为太子②，大赦，改禾兴为嘉兴。百官奏立皇后及四王，诏曰：“今天下不定，民物劳瘁③，且有功者或未录，饥寒者尚未恤，猥割土壤以丰子弟④，崇爵位以宠妃妾，孤甚不取。其释此议。”三月，海盐县言黄龙见⑤。夏四月，禁进献御⑥，减太官膳⑦。秋七月，遣将军聂友、校尉陆凯以兵三万讨珠崖、儋耳⑧。是岁大疫，有司又奏立后及诸王。八月，立子霸为鲁王⑨。

六年春正月⑩，新都言白虎见⑪。诸葛恪征六安，破魏将谢顺营，收其民人。冬十一月，丞相顾雍卒。十二月，扶南王范旃遣使献乐人及方物⑫。是岁，司马宣王率军入舒，诸葛恪自皖迁于柴桑。

七年春正月⑬，以上大将军陆逊为丞相。秋，宛陵言嘉禾生⑭。是岁，步骘、朱然等各上疏云：“自蜀还者，咸言欲背盟与魏交通⑮，多作舟船，缮治城郭。又蒋琬守汉中，闻司马懿南向，不出兵乘虚以掎角之⑯，反委汉中⑰，还近成都⑱。事已彰灼⑲，无所复疑，宜为之备。”权揆其不然⑳，曰：“吾待蜀不薄，聘享盟誓㉑，无所负之，何以致此？又司马懿前来入舒，旬日便退，蜀在万里，何知缓急而便出兵乎？昔魏欲入汉川㉒，此间始严㉓，亦未举动，会闻魏还而止，蜀宁可复以此有疑邪？又人家治国㉔，舟船城郭，何得不护？今此间治军，宁复欲以御蜀邪？人言苦不可信㉕，朕为诸君破家保之。”蜀竟自无谋，如权所筹。

【注释】

①五年：赤乌五年，公元 242 年。②和：即孙和。③民物劳瘁：民众劳累困苦。④猥：滥也。⑤海盐：县名。故治在今浙江平湖县东南。⑥禁进献御：禁止进献御用的方物。⑦太官。汉魏有太官令、丞，掌管皇帝膳食，属少府。⑧珠崖：海岛名。即今海南岛。儋耳：地名。在今海南省儋县西北。⑨霸：即孙霸（？—公元250）。⑩六年：赤乌六年，公元 243 年。⑪白虎：当时认为白虎也是象征祥瑞的动物。⑫扶南：古国名。在今柬埔寨。⑬七年：赤乌七年，公元 244 年。⑭宛陵：县名。故治在今安徽宣州市。⑮交通：交往。⑯掎角：指协同进攻。⑰委：放弃。⑱还近成都：当时蒋琬从汉中回到成都北面不远的涪县镇守。⑲彰灼：明显。⑳揆（kuí）：估量，揣度。㉑聘享：遣使访问修好，并进献方物。㉒汉川：汉水平原，指汉中郡。㉓严：作好出兵准备。㉔人家：别人。㉕苦：极，甚。

八年春二月①，丞相陆逊卒。夏，雷霆犯宫门柱②，又击南津大桥楹③。茶陵县洪水溢出④，流漂居民二百余家。秋七月，将军马茂等图逆，夷三族。八月，大赦。遣校尉陈勋将屯田及作士三万人凿句容中道⑤，自小其至云阳西城⑥，通会市⑦，作邸阁。

【注释】

①八年：赤乌八年，公元245年。②犯：击。③南津：秦淮河古津渡名，在今江苏南京市南。楹：柱。④茶陵：县名。汉置。故治在今湖南茶陵县东北。⑤屯田：屯田兵士。作士：孙吴的士兵，除打仗外，还要从事各种劳役，故称作士。句容，县名。汉置。故治在今江苏句容县。道：指水运通道，即运河。⑥小其：地名，在今江苏句容县东南。云阳：县名。县治在今江苏丹阳市。西城：地名。在今江苏丹阳市西南。⑦会市：集市。

九年春二月①，车骑将军朱然征魏柤中，斩获千余。夏四月，武昌言甘露降。秋九月，以骠骑将军步骘为丞相，车骑将军朱然为左大司马②，卫将军全琮为右大司马③，镇南将军吕岱为上大将军④，威北将军诸葛恪为大将军。

【注释】

①九年：赤乌九年，公元246年。②左大司马：官名。孙吴设置。地位在大将军之上。领兵征伐。③右大司马：官名。孙吴设置。④镇南将军：官名。领兵征伐。

十年春正月①，右大司马全琮卒。二月，权适南宫②。三月，改作太初宫③，诸将及州郡皆义作④。夏五月，丞相步骘卒。冬十月，赦死罪。

【注释】

①十年：赤乌十年，公元247年。②适：到。③太初宫：孙吴都城建业皇宫的主体宫殿名。④义作：义务劳动。

十一年春正月①，朱然城江陵。二月，地仍震②。三月，宫成③。夏四月，雨雹，云阳言黄龙见。五月，鄱阳言白虎仁④。诏曰："古者圣王积行累善，修身行道，以有天下，故符瑞应之⑤，所以表德也。朕以不明，何以臻兹⑥？《书》云'虽休勿休⑦'，公卿百司⑧，其勉修所职，以匡不逮。"

【注释】

①十一年：赤乌十一年，公元248年。②仍：频繁。③宫：指上文所说的太初宫。④白虎仁：白虎不伤人，因此称仁。故认为是吉祥的征兆。⑤符瑞：表明统治者受命于天的征兆和祥瑞。⑥臻：达到。⑦虽休勿休：虽已取得好成绩，但是不能自我满足。⑧百司：百官。

十二年春三月①，左大司马朱然卒。四月，有两乌衔鹊堕东馆。丙寅②，骠骑将军朱据领丞相，燎鹊以祭。

【注释】

①十二年：赤乌十二年，公元249年。②丙寅：旧历初九日。

十三年夏五月①，日至②，荧惑入南斗③。秋七月，犯魁第二星而东④。八月，丹杨句容及故鄣、宁国诸山崩⑤，洪水溢。诏原逋责⑥，给贷种食⑦。废太子和⑧，处故鄣。鲁王霸赐死。冬十月，魏将文钦伪叛以诱朱异，权遣吕据就异以迎钦。异等持重，钦不敢进。十一月，立子亮为太子。遣军十万，作堂邑涂塘以淹北道⑨。十二月，魏大将军王昶围南郡，荆州刺史王基攻西陵⑩，遣将军戴烈、陆凯往拒之，皆引还。是岁，神人授书，告以改年、立后。

【注释】

①十三年：赤乌十三年，公元250年。②至：夏至或冬至或兼指二者。此处至夏至。③荧惑：星名。即火星。火星呈红色，荧荧象火，亮度常有变化。从地面看，火星运行有时从西向东，有时又似从东向西，情况复杂，令人迷惑，故称荧惑。南斗：星宿名。即二十八宿中北方玄武七宿的斗宿，有星六颗。④犯：古天文学术语。指地面上看到的移动星体对另一固定星体的接触。魁：古人把北斗七星中构成斗身的四颗星合称为魁。⑤故鄣：县名。故治在今浙江安吉县西北。宁国：县名。故治在今安徽宁国县西南。⑥原：赦免。逋责：拖欠的租税。⑦种食：种子和粮食。⑧废太子和：孙权立孙和为太子以后，又宠爱鲁王孙霸，这就促成孙霸积极夺取继承人的位置。朝廷大臣由此分裂为两派，各支持一方，斗争激烈，史称为"二宫构争"。其中，支持太子孙和的主要是出身江东世家大族的朝臣，以陆逊为首；支持鲁王孙霸的主要是从江北来的朝臣，以骠骑将军步骘为首。斗争的结果是孙和被废黜，孙霸被处死，陆逊一派的不少朝廷重臣受到严重打击，孙吴统治集团元气大伤。⑨堂邑：地名。在今江苏六合县北。涂塘：堤堰名。在今江苏六合县西。当时吴军在涂水下游快要入长江处筑堤堰蓄水，淹没长江北岸的沿江地带，以阻止魏军南下，保护江南的建业地区。⑩荆州：当时魏、吴各占原东汉荆州的一部分，于是各置荆州。曹魏荆州的治所在今河南新野县。西陵：县名。汉置夷陵县，三国吴改为西陵，故治在今湖北宜昌东南市郊。

太元元年夏五月①，立皇后潘氏，大赦，改年。初，临海罗阳县有神②，自称王表。周旋民间，语言饮食，与人无异，然不见其形。又有一婢，名纺绩。是月，遣中书郎李崇赍辅国将军罗阳王印绶迎表③。表随崇俱出，与崇及所在郡守令长谈论，崇等无以易④。所历山川，辄遣婢与其神相闻。秋七月，崇与表至，权于苍龙门外为立第舍⑤，数使近臣赍酒食往。表说水旱小事，往往有验。秋八月朔，大风，江海涌溢，平地深八尺。吴高陵松柏斯拔⑥，郡城南门飞落⑦。冬十一月，大赦。权祭南郊还⑧，寝疾⑨。十二月，驿征大将军恪⑩，拜为太子太傅⑪。诏省徭役，减征赋，除民所患苦。

【注释】

①太元元年：太元，孙权年号，公元251年起，252年正月止。因神人授书，告以改年。太元元年，

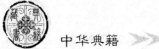
公元251年。②临海：郡名。治所在今浙江临海市东南。罗阳：县名。治所在今浙江瑞安市。③辅国将军：官名。领兵征伐。这里作为荣誉性官职授给王表。④崇等无以易：即是说，王表谈论，都颇有道理，李崇等不能驳难改变他的意见。⑤苍龙门：孙吴建业皇宫的东门。第舍：住宅。⑥高陵：孙权父亲孙坚的陵墓名。⑦郡城：指吴郡的治所吴县。⑧南郊：当时称祭天的圆坛为南郊。⑨寝疾：卧病。⑩驿征：用驿车紧急征召。⑪太子太傅：官名，太子的首席辅导老师。

　　二年春正月①，立故太子和为南阳王，居长沙；子奋为齐王②，居武昌；子休为琅邪王③，居虎林④。二月，大赦，改元为神凤。皇后潘氏薨。诸将吏数诣王表请福，表亡去。夏四月，权薨，时年七十一，谥曰大皇帝。秋七月，葬蒋陵⑤。

【注释】

①二年：太元二年，公元252年。②奋：即孙奋（？—公元270）。③休：即孙休（公元235—264）。④虎林：地名。在今安徽贵池市西南长江南岸边，为孙吴江防据点之一。⑤蒋陵：孙权陵墓名，在今江苏南京市东郊钟山南麓。

　　评曰：孙权屈身忍辱①，任才尚计②，有句践之奇③，英人之杰矣。故能自擅江表④，成鼎峙之业。然性多嫌忌，果于杀戮，暨臻末年⑤，弥以滋甚。至于谗说殄行⑥，胤嗣废毙⑦，岂所谓贻厥孙谋以燕翼子者哉⑧？其后叶陵迟，遂致覆国，未必不由此也。

【注释】

①屈身忍辱：指向曹魏称臣一事。②尚：崇尚。③句践（？—公元前465）：春秋末年越国君主。即勾践。④擅：占据。江表：江南。⑤暨臻：到达。⑥谗说殄行：殄，病，败。殄行，就是败行，坏的行为。⑦胤嗣：后代。⑧贻厥孙谋：留下远大的谋划。以燕翼子：以安定保护子孙。

【译文】

　　孙权字为仲谋，他的哥哥孙策平定江东诸郡时，他年仅十五岁，就被任命做阳羡县县长。曾被郡里推举为孝廉，州里推举为茂才，并且代理奉义校尉。汉朝由于孙策虽远在江东还依然尽臣子的职责，交纳贡物，就派遣使者刘琬赐给他爵位和官服。刘琬对人说："我看孙家兄弟虽然都才华出众，深明事理，但是都富贵不终，寿命不长。只有老二孙权，体态魁伟，样貌奇特，不同于凡人，而且有大贵的表相，寿命又是最长的，你们可以记住我说的这些话。"
　　建安四年的时候，孙权跟从孙策讨伐庐江太守刘勋。刘勋被打败后，他们又进军沙羡征讨黄祖。
　　建安五年，孙策死后，把军国大事托附给孙权，孙权痛哭不止。孙策的长史张昭对孙权说："孝廉，现在难道是痛哭的时候吗？再说古时周公立的丧礼就连他儿子伯禽也没遵守，并不是他违背父训，只是迫于当时的形势不能按丧礼办事罢了。况且现在奸诈之徒竞相角逐争斗，豺狼当道，你却只顾哀痛死去的兄长，顾念丧礼，这就像打开门户招引盗贼一样，这种行为不能算是仁义啊。"于是张昭让孙权脱下丧服，扶他上马，外出巡视军队。这时，孙权只占领会稽、吴郡、丹杨、豫章、庐陵五郡，而这五郡的边远险要地方还没有完全归服，并且天下的英雄豪杰分布在各州郡，作客寄寓的士人往往以个人的安危决定去留，君臣之间还没有建立起牢固的关系。张昭、周瑜等人认为可以和孙权一起成就大事业，所以尽心辅佐他。曹操上表奏封孙权为讨虏将军，兼任会稽太守，驻守在吴郡。孙权派使丞到会稽郡处理日常事务，对待张昭以太师太傅之礼，而周瑜、程普、吕范等人都被任用为将军。孙权广招有才能的人，以礼征聘有名望的士人，鲁肃、诸葛瑾等人这时才做了他的宾客。孙权分派众将，镇压并安抚山越族，讨伐那些不服从命令的人。

建安七年，孙权的母亲吴氏去世。

建安八年，孙权向西讨伐黄祖，击破了他的水军，但城池还未能攻克。而恰逢这时后方的山贼又作乱。孙权退兵经过豫章，派吕范平定鄱阳，程普征讨乐安，太史慈统领海昏，韩当、周泰、吕蒙都做了难以治理的各县县令或县长。

建安九年时，孙权的弟弟丹杨太守孙翊被随从杀害，于是孙权任用堂兄孙瑜接替孙翊的丹阳太守职位。

建安十年，孙权派贺齐讨伐上饶，划分上饶部分地区为建平县。

建安十二年，孙权西征黄祖，掳掠了他的百姓后撤军。

建安十三年，春天，孙权再次讨伐黄祖。黄祖先派水军抗击，都尉吕蒙击败了黄祖军队的先锋，凌统、董袭等人又派全部精兵强攻，于是血洗该城。黄祖脱身逃跑，骑士冯则追上他并砍下他的脑袋，俘虏了黄祖的部属男女几万人。这一年，孙权派贺齐征讨黟县和歙县，划分歙县为始新、新定、黎阳、休阳四县，以六县设置新都郡。荆州刺史刘表死后，鲁肃请求接受使命去慰问刘表的两个儿子，并乘机观察荆州的变化。鲁肃还没有到荆州，曹操已率军来到荆州境内，于是刘表的小儿子刘琮率众归顺。刘备准备南渡长江，鲁肃与他相见，向他转达了孙权的打算和计划，分析摆在他们面前的失败与成功的两种前途。刘备进驻夏口后，派诸葛亮去会见孙权，孙权派周瑜、程普等人率军行动，配合刘备。这时，曹操刚得到刘表的人马，军容壮大，气势很盛。孙权的谋士们都深感害怕，大多劝孙权迎降曹操，只有周瑜、鲁肃主张坚决抗击曹军，他们的意见刚好与孙权一样。周瑜、程普任左右都督，各自率军一万多人，与刘备一起进军，在赤壁与曹军遭遇，大破曹操的军队。于是曹操烧毁了来不及撤走的船只，领兵撤退，士兵们饥饿难当，再加上瘟疫流行，死了一大半。刘备、周瑜等人又乘胜追击到南郡，于是曹操撤军北还，留下曹仁、徐晃守江陵，派兵进镇守襄阳。这时甘宁在夷陵，被曹仁的部队围困，孙权便用了吕蒙的计策，留下凌统抵抗曹仁，用其中的一半兵力解救甘宁，吴军获胜返回。孙权亲自率军包围合肥，派张昭进攻九江郡的当涂县。张昭进兵不利，孙权攻打合肥城一个多月也未能攻破。曹操从荆州回来，派张喜率领骑兵奔赴合肥援助，张喜还没到达合肥，孙权已经退兵。

建安十四年，周瑜和曹仁相互对峙了一年多，双方伤亡都很大。曹仁弃城而逃。孙权就任用周瑜为南郡太守。刘备上表奏封孙权代理车骑将军，兼任徐州牧。刘备兼任荆州牧，驻守在公安。

建安十五年时，孙权分豫章郡设置鄱阳郡；划分长沙郡设置汉昌郡，任命鲁肃为太守，驻守在陆口。

建安十六年，孙权将治所迁到秣陵。第二年，修筑石头城，改秣陵为建业。听到曹操将要向南来侵犯的消息，就修建了濡须坞。

建安十八年正月，曹操攻打濡须坞，孙权与他相持了一个多月。曹操看见孙权的军队，感叹他们军容严整，于是就退兵了。刚开始，曹操担心长江北岸的郡县被孙权夺取，于是下令让百姓往内地迁移。人民反而自相惊恐，从庐江、九江、蕲春、广陵一带东渡长江的有十多万户，长江西岸由此空虚，合肥以南就只剩下皖城。

建安十九年五月，孙权讨伐皖城。四、五月间，攻破了皖城，活捉庐江太守朱光及参军董和，还有男女百姓数万人。这一年，刘备平定了蜀地。孙权认为刘备已占得益州，就派诸葛瑾去向刘备讨回荆州各郡。刘备不答应，说："我正在图谋凉州，如果凉州平定，就把荆州全部归还给吴国。"孙权说："这是刘备借而不还，想用这些空话来拖延时间。"于是就设立了荆州南部三郡的太守，结果关羽把他们全部赶走。引起孙权大怒，于是就派吕蒙指挥鲜于丹、徐忠、孙规等人的军队二万余人，攻取长沙、零陵、桂阳三郡，派鲁肃率军一万驻守在巴丘，用以防御关羽。孙权驻守在陆口，指挥调度各路军队。吕蒙率兵一到，长沙、桂阳二郡就都归服了，只有零陵太守郝普不愿投降。正好刘备来到公安，派关羽领兵三万进兵到益阳，孙权就召回吕蒙等人，让他们去援助鲁肃。吕蒙派人诱降郝普，郝普投降，三郡的将领和太守便全部被他得到了，于是领兵回返。孙权和孙皎、潘璋、鲁肃的队伍一同进兵，在益阳抗击关羽。他们还未曾交战，碰上曹操进攻汉中，刘备担心失去益州，便派遣使丞向孙权求和。孙权派诸葛瑾回复刘备，答应重新结为盟友。于是双方分荆州、长沙、江夏、桂阳以东地区属于孙权，南郡、零陵、武陵以西地区属于刘备。刘备回去后，曹操已经撤退了。孙权从陆口返回，就进攻合肥。由于没有攻下，准备撤军回去。士兵全部上路后，孙权与凌统、甘宁等人却在逍遥津北面遭到魏将张辽袭击，由于凌统等人拚死保卫孙权，孙权骑骏马冲过津桥才得以逃脱。

建安二十一年冬天，曹操驻军居巢，于是又进攻濡须坞。

建安二十二年春天，孙权命令都尉徐详去拜访曹操，请求归降曹操。曹操派使者答复孙权，同意与之和好，立誓重新结为姻亲。

建安二十三年十月，孙权将要去吴郡，亲自骑马在庱亭射虎。由于他的马被虎咬伤，孙权就用双戟向老虎刺去，虎受伤逃走。常从张世又用戈击打虎，终于将老虎捕获。

建安二十四年，关羽在襄阳围住了曹仁，曹操派左将军于禁去援救。正赶上汉水暴涨，关羽用水军俘虏了于禁的全部步骑兵三万多人，将他们押送到了江陵。只有襄阳城未能攻占。孙权内心惧怕关羽，表面上却想要为自己表功，就写信给曹操，请求讨伐关羽来效力。曹操想让关羽与孙权相互争斗，就让驿站传递孙权的信给曹仁，让曹仁用弓箭将信射出城外让关羽看。关羽看信后迟疑不决，于是没能立即撤军。闰十月，孙权征讨关羽，先派吕蒙袭击公安，俘虏公安守将士仁。吕蒙到南郡，南郡太守麋芳献城投降。吕蒙占领江陵，抚恤当地的老弱士兵和百姓，释放被囚禁的于禁等人。后来陆逊又攻占了宜都郡，得到了秭归、枝江、夷道，回师驻守夷陵，扼守峡口以防御蜀军的进攻。关羽回到当阳后，向西退保麦城。孙权派人诱降他。关羽假装投降，在城楼上树旗帜和草人迷惑孙权，自己乘机逃走，兵士们都逃散了，只有十几个骑兵跟随他。孙权先派朱然、潘璋在必经之路阻截他。十二月，潘璋的司马马忠在章乡捉住了关羽和他的儿子关平，以及都督赵累等人，孙权于是就平定了荆州。这年流行瘟疫，于是孙权免除了荆州百姓的全部赋税。曹操表奏孙权为骠骑将军，授予符节，兼任荆州牧，封为南昌侯。孙权派遣校尉梁寓向汉廷敬奉贡品，并让王惇购买马匹，释放原来俘虏的朱光等人返回北方。

建安二十五年正月，曹操死了。太子曹丕接替曹操作了丞相和魏王，改年号为延康。秋季，魏将梅敷派张俭来求见孙权，请求安抚接纳他。南阳郡的阴、酂、筑阳、山都、中庐五县的五千多户老百姓也前来归附孙权。冬季，新继位的魏王曹丕称帝，改元为黄初。黄初二年四月，刘备在蜀称帝。孙权从公安迁都到鄂城，改名为武昌，以武昌、下雉、寻阳、阳新、柴桑、沙羡六县设立武昌郡。五月，孙权在建业宣称，喜降甘露。八月，修筑武昌城，并下令给诸将说："生存时不忘灭亡，安逸时一定要想到危险，这是古人有益的教导。从前，隽不疑是汉代的名将，在太平的日子里还刀剑不离身，这说明君子认为武备是不能松懈的，何况我们如今正处在国境的边沿，跟豺狼一般凶狠的敌人打交道，而怎么能够轻率而不考虑到突然的事变呢？近来我听说诸将出入时，都崇尚谦虚简约，不随身带侍从和兵器，可以说这是考虑欠周，不爱护自己的行为。保全自己而留名青史，使君主和家人安心，这与崇尚谦虚简约相比，哪一种能使自己处于危险和受辱的境地呢？你们应当深深地警戒，务必重视这个问题，才符合我的意见。"自从魏文帝曹丕即位后，孙权派使者去请求要作魏国的藩属，并送于禁等人返回。十一月，曹丕策封孙权的文书上说："圣明君主的法度，是根据德行设立不同的爵位；以功劳制定不同的俸禄，功劳大的俸禄就丰厚，德行高的礼遇就隆重。因此周公有辅佐武王成王的功勋，姜太公消灭商朝，使周朝强大的功业，因此一起受到分封土地的礼遇和得到整套礼器的赏赐，这是为了表彰大的功勋，使贤明的大臣区别于平常的人。近世，汉高祖称帝时，也把肥沃的土地分封给八个异姓王，让他们做诸侯，这是前代的美事，也是后世帝王最好的效仿。我以无德承受天命而变革汉室的皇统，统治全国，执掌大政，想要仿效先代圣明的君主，处理政务，思考问题常常通宵达旦。您的天性忠诚聪敏，上天让你降世辅佐帝王，洞明历代皇朝更替的次序，能远见汉废魏兴，从很远的地方派遣使者渡过潜水、汉水，来求见我。听到消息后马上归服我，上疏要做我魏朝的藩属，并敬献丝绸等南方的贡物，把我的将领全部送还，你的忠诚肃敬发自于内心，诚恳显á现在外表，信义铭刻在金石之上，道义普盖于山河，我非常赞赏。如今我封您为吴王，派遣使者持节太常卿高平侯刑贞，授予您印玺、绶带、策封文书、金虎符第一到第五枚、左竹使符第一到第十枚，任用你以大将军、使持节的身份监督交州，兼任荆州牧，赐给你用白茅草包着的青土，要回报颂扬我的任命，治理好东部中国。要上缴过去骠骑将军南昌侯的印玺、缓带、符节和策封文书。现在又加赏给你九锡之礼，请您敬听下面的命令。由于您安定了东南，治理好了长江下游南岸地区，老百姓才安居乐业，没有人怀有叛逆之心，所以赏给你大兵车两辆，枣红色公马八匹。由于您重视生财，鼓励农民从事生产，所以仓库盈满，因此赏给你王侯穿的礼帽和礼服，并配上一双红色的靴子。由于您用德政教化人民，使礼教盛行，所以赏给你一套钟磬乐器。由于您倡导良好的社会风习，笼络安抚了百越夷民，所以赏给你有红色大门的房子居住。由于您运用才干和谋略，任用贤良方正之士为官，所以赏给你'纳陛'，以便登殿理事。由于您忠诚勇猛，清除奸恶，所以赏给您'虎贲'，卫士一百人。因为您威名振于远方，宣扬武力于荆州以南，消灭了奸恶之人，使罪人得到应有惩罚，所以赏给您铡刀、铜铖各一具。由于您的文臣在内和睦，武将在外信从，因此我赏给您红色的弓一张，红色的箭一百支，黑色的弓十张，黑色的箭一千支。由于您以忠顺为做人的原则，把恭敬俭让作为美好的品德，因此赏给你美酒一罐，并配上玉制的酒杓。敬重吧，要切实遵行训言，要服从我的命令，努力辅佐我治理国家，以便永久地保存您显赫的功业！"这一年，刘备领兵前来讨伐孙权，等到了巫山、秭归，就派使者去诱降武陵的夷民部落，授给他们印信，答应给他们封赏。于是各县及五溪一带的百姓都反吴降蜀。孙权任命陆逊为都督，率领朱然、潘璋等人来抵挡。派遣都尉赵咨出使魏国。魏文帝曹丕问赵咨道："吴王是个怎么样的君主？"赵咨答道："他聪明仁爱又有智慧，是个有雄才大略的君主。"曹丕问具体怎么解释，赵咨又回答道："从凡人中起用鲁肃,是他的聪明;在一般兵士中提拔吕蒙,是他的明智;俘获了于禁而并不杀害,是他的仁爱;攻取荆州而兵器不沾一滴血,是他的智慧;占领三州虎视天下,是他的雄才;屈身向陛下称臣,是他的谋略。"魏文帝想要封赏孙权的长子孙登,孙权以孙登年轻为理由,上书辞谢,重新派遣西曹橡沈珩前去表示感谢,并献上地方的贡品,自己又立孙登为吴王太子。

黄武元年正月的时候,陆逊的部将宋谦等人进攻蜀国的五个兵营,都攻破了,并杀了守将。三月,鄱阳传说黄龙出现。蜀军分别占据了险要地带,前后设兵营五十多个,陆逊按照情况用兵抵抗,从正月到闰六月,彻底击败了蜀军,在战场上所杀和放下武器投降的士兵有几万人。刘备逃跑,只有他本人没有被俘。

当初,孙权假托归服魏国,但是不是真心实意的。魏国就派侍中辛毗、尚书桓阶前往东吴与孙权结盟立誓,并征召孙权的儿子去做人质,孙权百般推辞不接受。到了秋季九月,魏国就命令曹休、张辽、臧霸出兵洞口,曹仁出兵濡须坞,曹真、夏侯尚、张郃、徐晃围攻南郡。于是孙权派吕范等人总督五路大军,以水军抵抗曹休等人,以诸葛瑾、潘璋、杨粲等人援救南郡,朱桓以濡须督的身份抗击曹仁。由于当时杨、越夷民大多还没有平定,内患还没有消除,因此孙权恭敬地向魏文帝上书,请求允许他改过自新,书中说:"倘若我的罪行难以除去,不能被你赦免,我理当奉还土地和人民,请求寄身在交州,了却我的余生。"魏文帝回复说:"您生在天下大乱之时,本来就有纵横驰骋天下的大志,如果能屈身事奉魏国,就会长期享有福泽。从您被策封为吴王以来,奉献的贡品摆满了道路。讨伐刘备的功绩,魏国是仰仗着您才取得成功。象狐狸那样埋掘不定,古人都以为是耻辱。我与您君臣的名份已经确立,难道会乐于让军队劳苦远征江汉吗?朝廷讨论军国大事,做君主的也不能独断专行,三公上表奏报您的错误过失,都是有根有据的。我由于不贤明,虽然有曾母投杼的疑虑,但还是希望大臣们所说的话都是不真实的,并以此作为国家的幸事。因此我先派使者去犒劳您,又派遣尚书、侍中来跟您继续重温先前的誓言,并来与您商定送太子去做人质一事。您却借口推却,不想让太子前来,议论的大臣们都觉得很奇怪。我又让前都尉浩周劝你送太子来,这实际上是大臣们共同的建议,以此来试探您的诚意如何,您果真借口推辞了,对外援引隗器送儿子给光武帝做人质却终于背叛的事例,对内比喻窦融虽然不送儿子做人质却能够做到忠贞不渝。世道和时代不同了,人们也会各有打算。浩周回来后,对我亲口陈述您的意见,越发让议事的大臣们发生了对您的诸多疑虑,您所说始终奉事魏国的保证,没有任何根据,因此我就只得同意了大臣们的意见对你出兵,现在看了您所上的表,诚恳而深刻,内心非常感慨,以至伤感动容。当日我就下诏书,下令各路军队只能深挖战壕,高筑壁垒,不能轻举妄动。如果您一定要表现出忠义和忠诚,来解除大家对您的疑虑,假使孙登早上来到魏国京都做人质,晚上我就下令让军队撤退。我这些话的诚意,就如同长江一样不可改变。"孙权于是改了年号,沿着长江修筑工事防备魏军的进攻。冬季十一月,起了大风,吕范等部队的兵士被淹死了几千人,因此其余的军队就撤回了江南。曹休派臧霸率轻便的战船五百艘、敢死队一万人偷袭徐陵,烧毁了攻城的战车,还杀掉了几千人。将军全琮、徐盛追杀魏将尹卢,斩杀俘获了魏军几百人。十二月,孙权派太中大夫郑泉在白帝城拜见刘备,蜀、吴两国又开始恢复关系。但是孙权与魏文帝之间还互相有使者往来,直到第二年才正式断绝了关系。这一年,孙权改夷陵为西陵。

黄武二年正月,曹真拨出一部分军队占领了江陵中州。这一月,孙权在江夏山筑城墙。改正了四分历,使用乾象历。三月的时候,曹仁派将军常雕等人,率兵五千,乘坐油船,早上渡到濡须坞附近的江心小岛。曹仁的儿子曹泰趁机率兵猛攻朱桓，朱桓率兵抵挡，派将军严圭等击败了常雕等部。这一月，魏军全部兵败撤退。夏季四月，孙权的大臣们劝他称帝，孙权没有答应。刘备死于白帝城。五月，曲阿一带宣称喜降甘露。先前，戏口守将晋宗杀掉了将军王直，率领兵众逃奔投降魏国，魏国任用他为蕲春太守，他屡次侵扰吴国边境。六月，孙权命令将军贺齐率领糜芳、刘邵等人袭击蕲春，刘邵等人活捉了晋宗。到了冬季十一月，蜀国派遣尚书邓芝来东吴访问修好。

黄武三年夏天，孙权派辅义中郎将张温访问蜀国。秋季八月，大赦犯死罪的囚犯。九月，魏文帝出巡广陵，他望着长江，叹息说："吴国有能人在那里，不能谋取啊！"于是回去。

黄武四年夏天五月，丞相孙邵去世，六月，任用太常顾雍为丞相。皖口一带传言说树木长了连理枝。冬十二月，鄱阳贼寇彭绮自称将军发动战乱，攻破了几个县，有兵士几万人。这年连续发生几次地震。

黄武五年春季，孙权下令说："战争已经打了很多年了，致使百姓们离开了农田，不能从事耕种，父子夫妇分离，不能够相互体贴抚恤，我很同情他们。现在北方的敌人已经退缩逃窜，国家边境已经没有战争了，因而下命给各州郡，对百姓采取宽容安息的政策。"这时由于陆逊驻守的地方缺粮，上表请求孙权让各位将领广开农田。孙权回复他说："建议非常好。如今我们父子亲自接受一份农田，车府中的八头牛去拉四张犁耕种，虽然赶不上古代圣贤君主，我也想与大家同样地劳动。"秋季七月，孙权听说魏文帝曹丕去世，就讨伐江夏郡，包围了石阳，没能攻取，撤兵回返。听说苍梧郡出现了凤凰。孙权分三郡还未开发的十个县设立东安郡，任命全琮为太守，去平定讨伐山越族的叛乱。冬季十月，陆逊上表向孙权陈述应该办理的事情，劝孙权施德政，减轻刑罚，减少田赋，停止征收户税。他又说："忠诚之言，不能够全部陈说；谄媚求荣的小人，经常用功利的主张向您进谏。"孙权回复说："设置法令，就是要用来阻恶防邪，防患于未然，怎么可能不制定刑罚以威服小人呢？这是先有法令制约，然后才依法审判，不想有人犯罪而已。你认为刑罚太重的部分。对我又有什么好处？我只是不得已才这样去做罢了，如今接受你的意思，应当重新商定谋划，一定要使法令合理适当。而且亲近的大臣应尽力提出规劝的意见，亲属也应提出补察得失的意见，用以纠正君主的过失，并且表明自己的忠实信义。《尚书》上面说：'我有过失，你必须纠正我；不要我错了，你也跟着服从。'我难道不愿意采纳忠实诚恳的话来弥补自己的缺欠吗？而你却说'不敢全部陈说'又怎能算是忠实诚恳的规劝呢？假使地位低下的臣民中，有可采纳的意见，难道也因人废言而不采纳吗？如果是谄媚讨好的行为，我虽然愚昧，但也能识别清楚。至于征发户税的问题，只是由于天下还没有平定，事业必须靠大家的支持才能成功。假如只是守住江东，可以看着推行仁政，兵力自然足够，还要增多干什么？只是固守江东，不求进取，是要被人鄙薄的。假设不预先征收户税，恐怕临时征用就不那么容易了。我和你名分虽然不同，但是荣辱悲喜实在是一样的。来表中说，你不敢与众人一样苟安偷生以求免祸，这的确是我真心希望你所做的。"于是孙权便下令主管官吏写好全部的法令条款，派遣郎中褚逢去送给陆逊和诸葛瑾过目，如果有什么不合适的地方，让他们增删修改。这一年，孙权分交州地方设立广州，不久又撤销广州，仍然为交州。

黄武六年正月，诸将俘获彭绮。闰十二月，韩当的儿子韩琮率领他的兵马归顺了魏国。

黄武七年三月，孙权封自己的儿子孙虑为建昌侯。撤销了东安郡。夏天五月，鄱阳太守周鲂假装叛变东吴，引诱魏将曹休。秋天八月，孙权来到皖口，派遣将军陆逊指挥诸将在石亭打

败了曹休。吴国大司马吕范死了。这一年，孙权将合浦郡改名为珠官郡。

黄龙元年春天，公卿大臣和各负责长官都劝孙权正式称帝。夏四月，夏口、武昌等地都传言黄龙凤凰出现。十三日，孙权在南郊正式登基为帝，当天大赦天下，更改年号。追谥父亲破虏将军孙坚为武烈皇帝，母亲吴氏为武烈皇后，追封哥哥讨逆将军孙策为长沙桓王，立吴王太子孙登为皇太子。将军官吏都进爵加赏。起初，汉献帝兴平年间，吴中一带有童谣说："黄金车，斑车耳，阊阖门，出天子。"五月，孙权派遣校尉张刚、管笃去辽东。六月，蜀国派卫尉陈震来祝贺孙权登上帝位，孙权就与蜀国使者讨论分天下事宜，豫、青、徐、幽四州属于吴；兖、冀、并、凉四州属于蜀；司州的土地，以函谷关为界，分别属于吴、蜀两国。他们制定盟书说："天降战乱，汉室的皇统失去了正常的秩序，叛逆之臣趁机篡取了国家大权，这种情况从董卓开始，到曹操结束。他们穷凶极恶，作乱天下，导致中国四分五裂，普天下没有统一，人民痛苦和怨恨，没有止境。到曹操的儿子曹丕擅权，他倒行逆施，屡次作恶，篡夺了皇位。曹叡这个低微的小丑，重蹈曹丕的恶迹，倚仗兵力窃据大片国土，至今仍未能伏法就诛。古有共工作乱而被尧帝兴师问罪；三苗违犯法度而被虞舜征讨。如今消灭曹叡，擒拿他的党羽，不是蜀汉和吴国，还有谁能够承担这样的重任呢？讨伐凶恶，消除残暴，一定要声讨他们的罪行，应该先分割他们的领土，夺取他们的土地，让人民都能明确认识自己的归向。所以《春秋》中记载晋文公讨伐卫国，首先是把他的土地分给宋国人，也就是这个道理。并且古代建立伟大的功业之前，一定要先结盟立誓，所以，《周礼》中就有主管盟约及其礼仪的官职，《尚书》中就有'诰'、'誓'一类的文章，蜀汉和吴国，尽管信义出于内心，但是分割魏国的土地，还是应当制订盟约。诸葛亮丞相的德行和威望远近闻名，他辅助拥戴本国皇帝，在外主持军国大事，道义诚信感动了天地乾坤，我们再一次缔结盟约，加深诚意来履行誓言，使东吴和西蜀的人民能全部知晓。所以设立祭坛，宰杀牲畜，明确地告知神明，歃血盟誓，把副本藏在天府，上天虽高，也能听取下情；神灵的威力，也能帮助诚心的实现。司慎、司盟和诸位神灵，无不光临受祭。从今天蜀、吴结盟之后，将齐心合力，一起讨伐魏贼，扶危救难。有祸同当，有庆同贺，好恶一致，没有二心。假使有人危害蜀汉，那么吴国就讨伐他；倘若有人危害吴国，那么蜀汉就讨伐他。我们各自守卫好自己的封土，互不侵犯。传于后代，始终如一。凡是各项盟约，都按照盟书记录的原则办理。诚信的语言不华丽，实在是出自于彼此的友好。我们之间如果谁背弃盟约，首先制造灾祸，存有二心，不协同一致，怠慢天命，神明的上帝就会讨罚他、督察他；山川的诸神就会检举他、诛灭他。使他丧失民众，帝位不得久长。神灵啊，请明察吧！"秋季九月，孙权迁都到建业，他就住在原来的府第里不再修建新的宫殿，征召上大将军陆逊辅佐太子孙登，掌管迁都后武昌的遗留事宜。

黄龙二年正月，魏国修筑合肥新城。孙权下诏设置都讲祭酒，用以教育几个儿子。他派遣将军卫温、诸葛直率领穿铠甲的兵士一万人航行海上寻访夷洲（现台湾）和亶洲。亶洲在海中，老年人传说秦始皇曾派遣方士徐福率童男童女几千人入海上，寻找蓬莱仙山和仙药，定居在亶洲没有回来。世代相传至今已有几万户人家，亶洲的百姓，经常有到会稽一带买卖布匹的，会稽东部地区的百姓航海，也有遭遇大风漂流到亶洲的。亶洲极远，卫温等人终究没能到达那儿，只带了几千夷洲人回来。

黄龙三年二月，孙权派太常潘濬率兵五万讨伐武陵的蛮夷。大将卫温、诸葛直都因为违反命令，办事没有成效而被下狱诛死。夏天，有野蚕作茧如同鸡蛋一样大小。由拳县的野稻自然生长，于是改由拳县为禾兴县。中郎将孙布假装归降以引诱魏将王凌上当，王凌率兵迎接孙布。冬十月，孙权率大兵潜伏在阜陵等候王凌，王凌发觉不妙后率兵逃走。会稽郡南始平县传说有嘉禾生长。十二月二十九日，颁布大赦天下的命令，改第二年为嘉禾元年。

嘉禾元年春正月，建昌侯孙虑死了。三月的时候，孙权派将军周贺、校尉裴潜由海路到辽东。秋季九月，魏将田豫半路拦截，在成山斩杀了周贺。冬季十月，魏国辽东太守公孙渊派校尉宿舒、阆中令孙综向孙权自称藩属，并进献貂皮和骏马给孙权。孙权十分高兴，加封公孙渊爵位。

嘉禾二年正月，孙权下诏书说："我以不德，自承受天命即帝位以来，日夜操劳国事，就连休息的时间也没有。渴望平定世上的祸乱，救济百姓，对上报答神灵，对下宽慰人民的厚望。因此我诚心诚意，不断地访求俊杰人才，将与他们通力合作，共同平定天下。如果谁能同心协力，我将与他们团结到老。现今使持节督都幽州军事、兼任青州牧的辽东太守、燕王公孙渊，长期被曹魏逼迫，远隔在一方，虽然他尽忠向往吴国，但是道路却一直没有开通。现今他顺应天命，从遥远的地方派遣两个使者前来，显示了自己的诚恳忠心，奏章中也表达了深厚的情义，我得到这样的表章，还有什么欢乐能够超过它呢？即使是商汤得到伊尹、周文公得到吕望、光武帝未平定天下而先得河右，跟今天我的心情相比，也不过如此吧！普天下统一，现今算是肯定了。《尚书》不是说过吗，'君主一人有了可庆贺的事情，亿万臣民便会因此得到幸福'。我要大赦天下，让那些罪人悔过自新，重新做人，要把命令下达州郡，让百姓们都了解。特别下诏书给燕国，让他们奉旨传扬我的恩德，让普天下百姓都知道这个喜讯。"三月，送宿舒、孙综回辽东，并派太常张弥、执金吾许晏、将军贺达等人领兵万人，携带金银财宝珍奇异物，还有"九锡"的全部礼品，由海路送给公孙渊。满朝文武，从丞相顾雍到以下的人都规劝孙权，认为公孙渊为人不可信，对他的礼遇过高了，只派一般官吏和几百兵士护送宿舒、孙综回去就可以了，孙权都没听从。后来，公孙渊果然杀了张弥等人，把他们的首级送到魏国，没收了他们的兵器和物品。孙权十分生气，想亲自征讨公孙渊，尚书仆射薛综等人极力劝谏孙权，才劝阻了。这一年，孙权向合肥新城进军，派将军全琮讨伐六安，都没有取胜，只得撤军回返。

嘉禾三年正月，孙权下诏书说："战争长期不停，人民苦于沉重的赋税徭役，年成时有欠收。要减缓百姓各种拖欠的租税，不准再催促征收。"夏五月，孙权派遣陆逊、诸葛瑾等人率兵驻守在江夏、沔口，孙韶、张承等人进军广陵、淮阳，孙权亲自率大兵包围合肥新城。这时，蜀丞相诸葛亮率兵攻打武功，孙权认为魏明帝不可能率军到南方打仗，可是，魏明帝却派兵援助司马懿抵御诸葛亮，自己率水军东征。魏明帝还没到达寿春，孙权就退兵回返，孙韶也停止进攻广陵。秋季八月，孙权任命诸葛恪为丹杨太守，派兵去讨伐山越。九月初一，落霜冻坏稻谷。冬季十一月，太常潘濬平定武陵蛮夷，平定武陵后，返回武昌。孙权下达诏书恢复曲阿县为云阳县，丹徒县为武进县。庐陵的贼寇李桓、罗厉等人开始发生叛乱。

嘉禾四年夏天，孙权派吕岱派兵讨伐李桓等人。秋季七月，天降有冰雹。魏国使者请求用马换取珠宝、翡翠、玳瑁，孙权说："这些都是我不用的东西，却能换取战马，可以任由他们来交易呢？"

嘉禾五年春季，孙权铸造大钱，一枚抵五百小钱。下达诏书让官吏百姓交纳铜，按铜的重量付钱。还设立了禁止私铸货币的法律条文。二月，武昌有人传言礼宾殿降甘露。辅吴将军张昭死了。中朗将吾粲擒获了李桓，将军康咨俘获了罗厉等人。从去年十月开始没有下雨，一直干旱到今年夏季。冬季十月，慧星在东方出现。鄱阳贼寇彭旦等人发动叛乱。

嘉禾六年正月，孙权下达诏书说："儿子守孝三年，这是天下通行的规定，也是人最悲痛感情的表示；贤明的人能够抑制个人的哀情而来服从国家的大礼，不孝顺的人也勉力做到服丧三年。天下太平，圣贤之道通畅，上下无事，君子就不会去剥夺人之常情，所以三年不登孝子的家门。至于有国事之时，就要减少丧礼来服从国事，戴丧也要来处理国事。因此圣人制订礼法，有礼制而不按时宜变通，也是行不通的。遇到丧事而不奔丧，这是不遵守古礼，但应顺从事宜，以国家大义为重而舍个人的哀情。以前特地制定条例，官吏在职的时候，遇到丧事，必须办理交代手续，有明知故犯的，即使马上治罪，但公务还是被荒废了。现今正是国家多事多难的时候，凡在职的官吏，应该各自为国尽忠节，先公后私，如果不严格奉行朝廷所设定的法令，可以说是十分错误的。朝廷内外的大臣，请重新商议此事，一定要让这方面的法令合情合理，详细地制订出规定。"顾谭发表意见，认为："为奔丧立法，轻了则不能禁止孝子奔丧的私情，重了则离职奔丧本不是死罪，如果增设严刑，违背规定而去奔丧的一定会很少。倘若偶有违法的，加重对他的处罚对于私情来说于心不忍，减轻处罚则法令废弛而不能施行。我认为官吏在远方任职，倘若有丧而不通知，他一定不会知道。在选择接替他的人选期间，倘若有传递消息给他的，一定处以死刑，这就使官吏没有疏忽职守的罪责，孝子也不会犯重罪受到严刑惩处。"将军胡综发表建议，认为："丧事的礼仪虽有典章法度，如果不顺从时宜，也是行不通的。如今正赶上战争期间，因此处理军政与一般国事应有所区别，如官吏遇到丧事，明知有法令条例，却公然触犯，假如只是考虑孝子不去奔丧的耻辱，而不考虑做臣子犯法的罪责，这就是条例禁令本来太轻处罚所造成的。大臣们以忠义为国，以孝道立家，已经献身做了臣子，忠孝如何能够兼顾呢？所以要做忠臣就不能做孝子。应该制订出法令条文，用死刑来告诫臣子，倘若有人故意违犯法令，有罪就决不能赦免。这是用死刑来制止臣子犯死罪，处罚一个人，那以后这种行为就一定会绝迹。"丞相顾雍奏请孙权同意违法奔丧按死刑处置。这以后有吴县县令孟宗违法奔母亲丧，事后在武昌自己拘禁自己；听候处罚。陆逊向孙权陈述孟宗的平时行为，并借机替他求情，孙权于是给孟宗减刑一等，并申明下不为例，从这以后违法奔丧的事就继绝了。二月，陆逊讨伐彭旦等人。当年，把他们都打败了。冬十月，派卫将军全琮袭击六安，没有攻克。诸葛恪平定山越的叛乱以后，向北驻守在庐江郡。

　　赤乌元年春天，孙权铸造了一枚抵一千枚小钱的大钱。夏天，吕岱讨伐庐陵贼寇，大获全胜后，返回陆口。秋季八月，武昌传言有麒麟出现。有关官吏上奏说麒麟是天下太平的征兆，应该改年号。孙权下诏书说："近来红色乌鸦聚集在殿前，是我亲眼所见。如果神灵以为是吉祥的事，那更改年号就用赤乌元年吧。"群臣上奏说："过去周武王征讨，有红乌鸦的吉祥征召，君臣们见到了它，于是就拥有了天下，圣人在书策上记载的最为详尽，认为像最近的这件事情已经很吉祥了，何况又是您亲自明明白白地看见的。"于是就改年号。步夫人去世，追赠为皇后。起初，孙权信任校事吕壹，吕壹本性苛刻残忍，执法严酷。太子孙登多次进谏劝说，孙权都不采纳，大臣们于是没有人敢再说了。后来吕壹奸邪的罪行被揭露，依法被处死，孙权引咎自责，就派中书郎袁礼向诸位大将致歉，也乘机询问政事应该有什么改变。袁礼回来，孙权又下达诏书责备诸葛瑾、步骘、朱然、吕岱等人说："袁礼回来，说已经与子瑜、子山、义封、定公见了面，并且询问了对当前朝政缓急先后的意见，每个人都以不主管民事为借口，不肯讲述自己的意见，全部推给伯言和承明两人。伯言、承明见了袁礼，伤心流泪而且言语悲切凄恻，以至还怀着恐惧的心理，有不安的表现。我听说这些后，很不痛快，心里觉得非常奇怪。这是什么原因呢？我以为只有圣人能够没有过失，聪明人也不过能自己省察罢了。人的行为举止，如何能够正确适中呢？自以为是拒绝别人的意见，一时没有觉悟，所以才使各位产生了疑虑烦难。要不，怎么竟然会到这种地步呢？从我起兵至今五十年来，服役纳税全部来自于百姓。天下还未平定，敌人还没全部消灭，士兵民众非常辛苦，我确实是很清楚的。但是有劳于百姓，这实在是事不得已呀！与诸位共事，从少到长，头发都花白了，可以说内心与行为相互间都是非常清楚不过了，从公私两方面考虑，我们足以能相互信任。你们把建议说完，直率地规劝我，这是我有望于你们的；指出我的不足，弥补我的过失，也是我所期望你们的。过去，卫武公才超过青壮年时期，便恳切地寻求辅佐的大臣，每每独自叹息责备自己。而且，普通的平民相交，也以情份和志趣相投者为友，还不因处于艰难困苦之中而变心。现今诸君与我共事，虽然有君臣的名份存在，但事实上可以说骨肉至亲也不过如此。尊荣幸福，喜怒哀乐，我们都要共同享受和承担。忠诚相待就不要隐瞒真实情况，贡献智慧就不要有丝毫保留，事关大是大非便应该有统一观点，你们难道还能安闲自在、应付了事吗？我们同舟共济，谁还能改变呢？齐桓公是诸侯中的霸主，他有善行，管仲非常赞叹，而有过失管仲又未尝不规劝，规劝而不采纳，就规劝不止。现今我明白自己没有齐桓公的德行，但你们对我忠直的劝告还没有从口中说出，就表现出疑虑和困难。由此看来，我跟齐桓公相比好多了，不知你们与管仲比较怎么样呀？久不相见，对这些事应当觉得好笑。共同建立帝王大业，使天下统一，还能有谁呢？凡事应当有所改进和变革的，我非常乐于听到不同建议，用以纠正我考虑不周之处。"

赤乌二年春季三月，孙权派遣使者羊衚、郑胄、将军孙怡到辽东，袭击魏守将张持、高虑等人，俘获了不少魏军。零陵郡上言说喜降甘露。夏五月，修筑沙羡城。冬季十月，将军蒋秘向南讨伐夷族的叛乱者。蒋秘部下的都督廖式杀了临贺太守严纲等人，自己称为平南将军，与他弟弟廖潜共同攻打零陵、桂阳郡，并使交州、苍梧、郁林各郡发生了叛乱，他们拥有兵众几万人。孙权派遣将军吕岱，康咨讨伐他们，用了一年多时间才将他们全部打败。

赤乌三年春天正月，孙权下达诏书说："君主没有人民就不能在位，百姓没有五谷就不能生存。最近以来，人民的赋税徭役很多，年成又遭遇水旱灾害，粮食歉收，而官吏有的品质不良，侵占百姓务农的时间，以致造成饥荒困苦。从今以后，督军郡守，要从严检举违法行为，在农桑重要时节，有以服役的事侵扰百姓的人，要列举查处纠正的情况上报。"夏季四月，孙权大赦天下，下诏命令各郡县整治城郭，修筑望楼，挖通护城河，用来防备盗贼。冬季十一月，百姓遇到饥荒，孙权下诏命令打开粮仓来赈济贫穷的百姓。

赤乌四年春季正月，天降大雪，平地雪深三尺，鸟兽冻死了大半。夏天四月，孙权派遣卫将军全琮攻打淮南，决开芍陂水库，烧掉安城的粮仓，收掳了那里的人民。威北将军诸葛恪进攻六安。全琮与魏将王凌在芍陂交战，中郎将秦晃等十多人阵亡。车骑将军朱然围击樊城，大将军诸葛瑾攻占柤中。五月，太子孙登死了。这一月，魏国太傅司马宣王解救樊城。六月，魏国军队撤退。闰月，大将军诸葛瑾去世。秋季八月，陆逊修筑邾县城墙。

赤乌五年春季正月，孙权策立儿子孙和为太子，因此大赦天下，改禾兴县为嘉兴县。百官上奏请求册立皇后和四王，孙权下诏说："现在天下还没有安定，百姓劳苦，何况有功的人有的还没有录用，饥寒的人还没有得到抚恤，就分封土地来使子弟富裕，提高爵位来宠幸妃妾，我认为这样做很不可取。还是放弃这个意见吧。"三月，海盐县传有黄龙出现。夏季四月，禁止进献御用物品，减少供应皇帝的膳食。秋天七月，派遣将军聂友，校尉陆凯率兵三万讨伐珠崖、儋耳。这一年，由于瘟疫大流行，负责官员又上奏请求册立皇后和诸王。于是八月，孙权立儿子孙霸为鲁王。

赤乌六年春季正月，新都传说有白虎出现。诸葛恪率兵出征六安，攻破魏将谢顺的营地，收掳了那里的百姓。冬季十一月，丞相顾雍去世。十二月，扶南王范旃派遣使者进献歌舞艺人和当地特产。这一年，司马宣王领兵进入舒县，诸葛恪从皖城迁移到柴桑。

赤乌七年春天正月，孙权任用上大将军陆逊为丞相。秋季，宛陵传说有嘉禾生长。这一年，步骘、朱然等人上疏说："从蜀国回来的人，都说蜀国要背叛盟约与魏国交往，制造了许多舟船，修建城郭，而且蒋琬驻守汉中，听说司马懿向南进兵，他不派兵乘虚夹击敌人，反而放弃汉中，撤兵返回成都。事实已经很明显了，没有什么可以再怀疑的，我们应当为此作好准备。"孙权推测蜀国不会这样，他说："我对待蜀国不薄，派人访问，进献礼品结明立誓，没有对不起的地方，怎么有这样的情况呢？再说司马懿不久前率兵入舒县，十来天就撤退了，蜀国在万里之外，怎么知道东南危急就出兵西北呢？以前魏国准备入侵汉中，我们这里刚开始戒备，也没有出兵的行动，正好听到魏国退回去就停止行动了，蜀国难道也由此对我们有怀疑吗？而且，人家治理国家，舟船城郭，如何能不修缮保护呢？现在我们这里训练军队，难道也想用来抵御蜀国吗？别人的话很不可信，我可以替大家破家来担保这件事。"蜀国最终没有那种谋划，正象孙权所预料的一样。

赤乌八年春季二月，丞相陆逊去世。夏天，雷电击中了皇宫的门柱，又击中了南津大桥的桥柱，茶陵县洪水漫溢，冲毁居民二百多家。秋季七月，将军马茂等人图谋造反，被诛灭三族。八月，孙权大赦天下，派遣校尉陈勋带领屯田及服役的兵士三万人开凿句容中路运河，从小其一直到云阳西城，沟通商业城市，修建粮仓。

赤乌九年春季二月，车骑将军朱想讨伐魏国的柤中，斩杀及俘获一千多人。秋季四月，武昌传说天降甘露。秋季九月，孙权任用骠骑将军步骘为丞相，车骑将军朱然为左大司马，卫将军全琮为右大司马，镇南将军吕岱为上大将军，威北将军诸葛恪为大将军。

赤乌十年春季正月，右大司马全琮去世。二月，孙权命南宫为正寝。三月，改建太初宫，诸将及州郡官员都参加义务劳动。夏季五月，丞相步骘去世。冬季十月，下令赦免死刑犯。

赤乌十一年春季正月，朱然修筑江陵城。二月，地震发生频繁。三月，太初宫改建完毕。夏季四月，下冰雹，云阳传说黄龙有出现。五月，鄱阳传说有白虎不伤人。孙权下达诏书说："古代圣王积累德行善事，修养身心，实行仁道，因而才拥有天下，因此吉祥的征兆就来应验，这是用来表彰高尚的品德的，我还不圣明，怎么能够得到上天的表彰呢？《尚书》上说：'尽管已经很完善了，但不要自以为美。'公卿百官，还是努力恪守自己的职责，以便纠正那些有过错的事。"

赤乌十二年春季三月，左大司马朱然去世。四月，有两只乌鸦叼着喜鹊掉落在东宫。九日，骠骑将军朱据兼任丞相，烧喜鹊来祭神。

赤乌十三年夏季五月，夏至这天，荧惑星入南斗星群，秋天七月，荧惑星又经过北斗星的第二颗星向东方运行。八月，丹阳、句容以及故彰、宁国的一些山崩塌，洪水泛滥等自然灾害。孙权下诏免去所欠的赋税，借给百姓种子。孙权废太子孙和，让他居住在故彰。鲁王孙霸被赐死。冬季十月，魏将文钦假意叛变来引诱朱异上当，孙权派吕据到朱异那儿以便迎接文钦。朱异等人都很谨慎持重，文钦看到后不敢前来。十一月，孙权立儿子孙亮为太子，派兵十万修建堂邑的涂塘坝，使北方到建业的大路完全淹没阻挡。十二月，魏大将军王昶围攻南郡，荆州刺史王基进攻西陵，孙权派遣将军戴烈、陆凯前往抵挡，王昶、王基都只能撤兵返回。这一年，神人授予天书，告知要更改年号，册立皇后。

太元元年夏季五月，立皇后潘氏，大赦天下，改年号。当初，临海郡罗阳县有神人，自称叫王表。他生活于民间，语言饮食，跟常人没有分别，但却看不见他的形体是什么样。他还有一个婢女，名叫纺绩。这一月，孙权派遣中书郎李崇带着辅国将军罗阳王的印绶去迎接王表。王表跟随李崇一起出来，与李崇以及所经过地方的郡守县令谈话，李崇等人不能够驳难改变他的说法。经过的山河，总是派婢女向那神人报告。秋季七月，李崇与王表到达建业。孙权在苍龙门外给神人修建了宅第，多次让身边的大臣送酒食去以示尊敬。王表预言一些降雨天旱等小事情，往往都能够应验。秋季八月初一，大风猛刮，长江大海暴涨，平地水深八尺，吴郡高陵的松柏全都被拔起，连郡城的南门都被大风吹落。冬季十一月，大赦天下。孙权祭祀南郊返回后，就生病卧床不起。十二月，用驿使传书召大将军诸葛恪回来，授为太子太傅。又下诏命令减省徭役，减免田税，除去百姓感到痛苦的法令。

　　太元二年春季正月，孙权策立原来的太子孙和为南阳王，让他居住长沙；儿子孙奋为齐王，让他居住武昌；儿子孙休为琅琊王，让他居住虎林。二月，大赦天下，改年号为神凤。皇后潘氏死了。于是各位将军和官吏多次到王表那儿去请求赐福，王表却逃走。夏季四月，孙权去世，时年七十一岁，加谥号为大皇帝。秋季七月，安葬于蒋陵。

　　陈寿评论说：孙权屈身忍辱，任用有才能的人，尊崇有计谋之士，具有勾践那样的奇才，是英雄中的俊杰。因此才能独占江南，成就鼎足对峙的大业。但是生性猜忌多疑，杀人十分果断从不犹豫，到了晚年，就更加严重。至于听信谗言，做出滥施暴行，废黜太子，杀害子嗣等事，这难道就是所谓要留下远大的谋略来安全地保护后代的人吗？他的后代衰落，最后造成国家灭亡，未必不是由于这些因素。

资治通鉴

周纪一　威烈王①

二十三年（戊寅、前403）

初命晋大夫魏斯、赵籍、韩虔为诸侯②。

臣光曰③：臣闻天子之职莫大于礼，礼莫大于分④，分莫大于名⑤。何谓礼？纪纲是也。何谓分？君、臣是也。何谓名？公、侯、卿、大夫是也。

夫以四海之广，兆民之众⑥，受制于一人，虽有绝伦之力，高世之智，莫不奔走而服役者，岂非以礼为之纪纲哉！是故天子统三公⑦，三公率诸侯，诸侯制卿大夫，卿大夫治士庶人。贵以临贱，贱以承贵。上之使下犹心腹之运手足，根本之制支叶，下之事上犹手足之卫心腹，支叶之庇本根，然后能上下相保而国家治安。故曰天子之职莫大于礼也。

文王序《易》，以《乾》、《坤》为首。孔子系之曰⑧："天尊地卑，乾坤定矣。卑高以陈，贵贱位矣。"言君臣之位犹天地之不可易也。《春秋》抑诸侯，尊王室，王人虽微，序于诸侯之上，以是见圣人于君臣之际未尝不也⑨。非有桀、纣之暴，汤、武之仁，人归之，天命之，君臣之分当守节伏死而已矣。是故以微子而代纣则成汤配天矣⑩，以季札而君吴则太伯血食矣⑪，然二子宁亡国而不为者，诚以礼之大节不可乱也。故曰礼莫大于分也。

夫礼，辨贵贱，序亲疏，裁群物，制庶事，非名不著，非器不形⑫；名以命之，器以别之，然后上下粲然有伦，此礼之大经也。名器既亡，则礼安得独在哉！昔仲叔于奚有功于卫⑬，辞邑而请繁缨⑭，孔子以为不如多与之邑。惟名与器，不可以假人，君之所司也；政亡则国家从之。卫君待孔子而为政，孔子欲先正名，以为名不正则民无所措手足。夫繁缨，小物也，而孔子惜之；正名，细务也，而孔子先之：诚以名器既乱则上下无以相保故也。夫事未有不生于微而成于著，圣人之虑远，故能谨其微而治之，众人之识近，故必待其著而后救之；治其微则用力寡而功多，救其著则竭力而不能及也。《易》曰："履霜坚冰至⑮，"《书》曰："一日二日万几⑯，"谓此类也。故曰分莫大盂名也。

呜呼！幽、厉失德，周道日衰，纲纪散坏，下陵上替，诸侯专征，大夫擅政，礼之大体什丧七八矣，然文、武之祀犹绵绵相属者，盖以周之子孙尚能守其名分故也。何以言之？昔晋文公有大功于王室⑰，请隧于襄王⑱，襄王不许，曰："王章也。未有代德而有二王，亦叔父之所恶也⑲。不然，叔父有地而隧，又何请焉！"文公于是惧而不敢违。是故以周之地则不大于曹、滕，以周之民则不众于邾、莒，然历数百年，宗主天下，虽以晋、楚、齐、秦之强不敢加者，何哉？徒以名分尚存故也。至于季氏之于鲁⑳，田常之于齐㉑，白公之于楚㉒，智伯之于晋㉓，其势皆足以逐君而自为，然而卒不敢者，岂其力不足而心不忍哉，乃畏奸名犯分而天下共诛之也。今晋大夫暴蔑其君，剖分晋国㉔，天子既不能讨，又宠秩之，使列于诸侯，是区区之名分复不能守而并弃之也。先王之礼于斯尽矣！

或者以为当是之时，周室微弱，三晋强盛，虽欲勿许，其可得乎！是大不然。夫三晋虽强，苟不顾天下之诛而犯义侵礼，则不请于天子而自立矣。不请于天子而自立，则为悖逆之臣，天下苟有桓、文之君，必奉礼义而征之。今请于天子而天子许之，是受天子之命而为诸侯也，谁得而讨之！故三晋之列于诸侯，非三晋之坏礼，乃天子自坏之也。

呜呼！君臣之礼既坏矣，则天下以智力相雄长，遂使圣贤之后为诸侯者，社稷无不泯绝，生民之类糜灭几尽，岂不哀哉！

【注释】

①威烈王：即姬午，周考王之子。威烈是谥号。谥号是古代的帝王、大臣、贵族等死后，按其生前事迹评定的带有褒贬意义的称号。②"初命"句：魏、赵、韩三家，世代为晋国大夫，对周朝说来是陪臣。三家瓜分晋权，当时是破坏礼制的行为，威烈王居然首次命这些大夫为诸侯。《资治通鉴》谴责周天子崇奖侵礼犯分，自己坏乱礼制的行为，并以此为史鉴首事。《资治通鉴》全书自始至终，贯串了卫护礼制名分的思想。③臣光曰："臣光曰"是《资治通鉴》的重要组成部分，是针对篇中所载述的典型史事发表的评论，也就是"史论"。它既集中地体现了司马光的政治意识、历史观点，又表明了载述该史事的意图，反映了他"穷探治乱之迹，上助圣明之鉴"的编写目的。《资治通鉴》对史事的评论，除标明"臣光曰"的之外，引载前人评论的情况也很多。④分（fèn）：指人的地位和身份。⑤名：名位，即官职。⑥兆民：众多人民。⑦三公：对于周代的三公，有两种不同的说法。一说司马、司徒、司空为三公；一说太师、太傅、太保为三公。⑧"孔子"句：据说孔子为《周易》作了《系辞传》。它是《易传》思想的代表作，是解释《易》的《十翼》中的两篇。"系"，系属，是说系属其辞于爻卦之下。⑨惓惓（quán quán）：诚恳、深切。⑩微子：据《史记》记载，商朝帝乙有三子，长子微子启，次子中衍，第三子为纣。帝乙想立微子启为太子，太史认为微子启是妾所生，不当立，当立妻所生子纣。微子有贤才，曾劝谏过纣王。　成汤，即商汤，商朝的建立者，甲骨文里称唐或大乙。　配天，古人以为万物本于天，人本于祖，祖天可以相配，因此王者都以自己之祖配天。这里是指汤可以永远成为王者之祖以配天，宗庙祭祀不绝。⑪季札：吴王寿梦的第四子，极赋贤才。寿梦欲立季札继位，季札辞让不受，结果传位给长子诸樊。诸樊死后，传位给次子馀昧。本可兄弟依次相传，最后传位给季札，但季札最后辞让逃避。吴国发生了诸樊子光与馀昧子僚争立的局面。当传位至夫差后，吴国终于灭亡。太伯，吴立国的国君。　血食，因宗庙祭祀用杀牲，所以称血食。⑫器：这里指名爵等级不同所享用不同规格的车马服饰等。⑬仲叔于奚：人名。据《左传》记载，卫国的孙桓子率军与齐国在新筑开战，卫军战败。新筑人仲叔于奚救了孙桓子免于死难，立了大功。⑭繁（pán）缨：古代天子诸侯驾车的马之服饰，即马的带饰。繁，通鞶，马腹带。缨，马颈革带。⑮履霜坚冰至：指当开始践踏到大地上的白霜时，就要想到大地结坚冰的严冬即将来临。⑯一日二日万几：意思是，一天天都在发生着许多隐微的事情，应谨慎对待。⑰晋文公有大功于王室：周襄王之弟太叔带为争王位，引狄人攻打襄王，襄王离开成周到郑国，住在汜地，晋文公重耳率军救难，杀死太叔带，送周襄王回王城。⑱请隧：请求死后可以依照开地作墓道送棺柩进墓室的礼制举行丧葬。⑲叔父：古代天子称同姓诸侯为伯父、叔父。⑳季氏之于鲁：鲁国的大夫季氏，自季友之后，累世掌握鲁国国政。季平子时驱逐鲁昭公到齐国，季康子时驱逐鲁哀公，可他们都未敢篡国。㉑田常之于齐：田氏本为陈氏，田常即陈成子恒，他是齐国的大臣，后来杀死了大夫阚止，又杀死了国君齐简公，执掌齐国的大政，但没有篡夺齐国。㉒白公之于楚：楚国的白公胜作乱，杀死令尹子西、司马子期，但他不敢杀死楚惠王。㉓智伯之于晋：智伯在晋国各大夫中势力最大，专擅晋国国政，侵伐邻国。他攻打晋国国君晋出公，出公死后，他立了哀公骄为国君，不敢篡夺晋国。㉔剖分晋国：周贞定王十六年（公元前453年）赵、韩、魏三家灭掉智氏，三分其地。从此，晋国便被赵、韩、魏三家控制、瓜分。

初，智宣子将以瑶为后，智果曰："不如宵也①。瑶之贤于人者五，其不逮者一也。美鬓长大则贤，射御足力则贤，伎艺毕给则贤，巧文辩惠则贤，强毅果敢则贤；如是而甚不仁。夫以其五贤陵人而以不仁行之，其谁能待之？若果立瑶也，智宗必灭。"弗听。智果别族于太史②，为辅氏。

赵简子之子③，长曰伯鲁，幼曰无恤。将置后，不知所立，乃书训戒之辞于二简，以授二子曰："谨识之④！"三年而问之，伯鲁不能举其辞；求其简，已失之矣。问无恤，诵其辞甚习；求其简，出诸袖中而奏之。于是简子以无恤为贤，立以为后。

简子使尹铎为晋阳⑤，请曰："以为茧丝乎⑥？抑为保障乎⑦？"简子曰："保障哉！"尹铎损其户数⑧。简子谓无恤曰："晋国有难，而无以尹铎为少⑨，无以晋阳为远，必以为归。"

及智宣子卒，智襄子为政，与韩康子、魏桓子宴于蓝台⑩。智伯戏康子而侮段规⑪。智国闻之⑫，谏曰："主不备难⑬，难必至矣！"智伯曰："难将由我。我不为难，谁敢兴之！"对曰："不然。《夏书》有之：'一人三失，怨岂在明，不见是图⑭。'夫君子能勤小物，故无大患。今主一宴而耻人之君相，又弗备，曰'不敢兴难'，无乃不可乎！蜹、蚁、蜂、虿⑮，皆能害人，况君相乎！"弗听。

【注释】

①智宣子：晋国的卿荀跞的儿子，名申。瑶，智宣子的儿子智伯，也称为荀瑶，死后的谥号为襄子。智果：智宣子的同族。宵：智宣子的庶子。②别族于太史：在太史那里另立族姓。当时太史掌管氏姓。③赵简子：名鞅。④识（zhì）：记住。⑤晋阳：今山西省太原市西南古城营西古城。⑥茧丝：指敛取人民的财物像抽茧丝一样，不抽尽就不停止。⑦保障：指待民宽厚，少敛取财物，让人民生活丰厚，这就像筑堡为屏障一样。⑧损其户数：减少户数，以使税收额减少。⑨而：汝，你。少，指轻视，不倚重。⑩韩康子：名虎。魏桓子，名驹。⑪段规：韩康子的相。⑫智国：晋国的大夫，智氏的同族。⑬主：大夫的家臣称大夫为主。⑭以上三句：意思是，一个人有多次失误，积怨难道要等到显著时才去处置？在怨恨没显现时就应该谋划对策。⑮蜹（ruì）：蚊属小虫。虿（chài）：蝎类毒虫。

智伯请地于韩康子，康子欲弗与。段规曰："智伯好利而愎①，不与，将伐我；不如与之。彼狃于得地②，必请于他人；他人不与，必向之以兵，然后我得免于患而待事之变矣。"康子曰："善。"使使者致万家之邑于智伯。智伯悦。又求地于魏桓子，桓子欲弗与。任章曰③："何故弗与？"桓子曰："无故索地，故弗与。"任章曰："无故索地，诸大夫必惧；吾与之地，智伯必骄。彼骄而轻敌，此惧而相亲；以相亲之兵待轻敌之人，智氏之命必不长矣。《周书》曰：'将欲败之，必姑辅之。将欲取之，必姑与之。'主不如与之，以骄智伯，然后可以择交而图智氏矣，奈何独以吾为智氏质乎④！"桓子曰："善。"复与之万家之邑一。

智伯又求蔡、皋狼之地于赵襄子⑤，襄子弗与。智伯怒，帅韩、魏之甲以攻赵氏。襄子将出，曰："吾何走乎？"从者曰："长子近⑥，且城厚完。"襄子曰："民罢力以完之⑦，又毙死以守之，其谁与我！"从者曰："邯郸之仓库实⑧。"襄子曰："浚民之膏泽以实之⑨，又因而杀之，其谁与我！其晋阳乎，先主之所属也，尹铎之所宽也，民必和矣。"乃走晋阳。

三家以国人围而灌之⑩，城不浸者三版⑪；沉灶产蛙⑫，民无叛意。智伯行水，魏桓子御，韩康子骖乘⑬。智伯曰："吾乃今知水可以亡人国也。"桓子肘康子，康子履桓子之跗⑭，以汾水可以灌安邑，绛水可以灌平阳也。絺疵谓智伯曰："韩、魏必反矣。"智伯曰："子何以知之？"絺疵曰："以人事知之。夫从韩、魏之兵以攻赵，赵亡，难必及韩、魏矣。今约胜赵而三分其地，城不没者三版，人马相食，城降有日，而二子无喜志，有忧色，是非反而何？"明日，智伯以絺疵之言告二子，二子曰："此夫谗人欲为赵氏游说⑮，使主疑于二家而懈于攻赵氏也。不然，夫二家岂不利朝夕分赵氏之田，而欲为危难不可成之事乎！"二子出，絺疵入曰："主何以臣之言告二子也？"智伯曰："子何以知之？"对曰："臣见其视臣端而趋疾，知臣得其情故也。"智伯不悛⑯。絺疵请使于齐。

赵襄子使张孟谈潜出见二子，曰："臣闻唇亡则齿寒。今智伯帅韩、魏以攻赵，赵亡则韩、魏为之次矣。"二子曰："我心知其然也；恐事未遂而谋泄，则祸立至矣。"张孟谈曰："谋出二主之口，入臣之耳，何伤也！"二子乃潜与张孟谈约，为之期日而遣之。襄子夜使人杀守堤之吏，而决水灌智伯军。智伯军救水而乱，韩、魏翼而击之，襄子将卒犯其前，大败智伯之众，遂杀智伯，尽灭智氏之族。唯辅果在。

【注释】

①愎（bì）：倔强。②狃（niǔ）：习以为常，视为当然。③任章：魏桓子的相。④质：箭靶，或称"质的"，古代杀人用的椹垫，用以承斧、钺。⑤蔡：即蔡邑，在今河南上蔡县西南。皋狼，即皋狼邑，今山西离石县西北。⑥长子：邑名，今山西长子县西南。⑦罢（pí）：通疲，劳累。⑧邯郸：邑名，今河北邯郸市西南。⑨浚（jùn）：榨取。⑩国人：西周、春秋时期居住于国都之内的人通称国人。⑪三版：六尺高为三版。⑫沉灶产蛙：指大水淹没庐舍，灶沉于水中，日久致生虾蟆。沉灶之后，只能悬釜而炊，即把锅釜悬吊在架子上，其下烧火作炊。⑬骖乘：指古代乘车在车右陪乘的人。⑭跗（fū）：指脚背。⑮谗（chán）人：说别人坏话的人。⑯悛（quān）：改过。

臣光曰：智伯之亡也，才胜德也。夫才与德异，而世俗莫之能辨，通谓之贤，此其所以失人也。夫聪察强毅之谓才，正直中和之谓德。才者，德之资也；德者，才之帅也。云梦之竹①，天下之劲也；然而不矫揉，不羽刮②，则不能以入坚。棠谿之金③，天下之利也；然而不镕范④，不砥砺⑤，则不能以击强。是故才德全尽谓之"圣人"，才德兼亡谓之"愚人"；德胜才谓之"君子"，才胜德谓之"小人"。凡取人之术，苟不得圣人，君子而与之，与其得小人，不若得愚人。何则？君子挟才以为善，小人挟才以为恶。挟才以为善者，善无不至矣；挟才以为恶者，恶亦无不至矣。愚者虽欲为不善，智不能周，力不能胜，譬如乳狗搏人⑥，人得而制之。小人智足以遂其奸，勇足以决其暴，是虎而翼者也，其为害岂不多哉！夫德者人之所严，而才者人之所爱；爱者易亲，严者易疏，是以察者多蔽于才而遗于德。自古昔以来，国之乱臣，家之败子，才有余而德不足，以至于颠覆者多矣，岂特智伯哉！故为国为家者苟能审于才德之分而知所先后，又何失人之足患哉！

【注释】

①云梦之竹：指云梦出产的竹箭。②矫揉：揉桡曲使之直称为矫揉。羽：这里指箭翎。括，通作"筈(kuò)，是箭枝的末端，就是射箭时搭在弓弦上的部分。③棠谿之金：指棠谿出产的剑。④镕：指销镕。范，指铸造金属器物的范模。⑤砥砺(dǐ lì)：指磨厉使刀剑锋利。⑥乳狗：指尚在哺乳幼狗的母狗。

　　三家分智氏之田。赵襄子漆智伯之头，以为饮器①。智伯之臣豫让欲为之报仇②，乃诈为刑人③，挟匕首，入襄子宫中涂厕④。襄子如厕心动，索之，获豫让。左右欲杀之，襄子曰："智伯死无後，而此人欲为报仇，真义士也，吾谨避之耳。"乃舍之。豫让又漆身为癞，吞炭为哑。行乞于市，其妻不识也。行见其友，其友识之，为之泣曰："以子之才，臣事赵孟⑤，必得近幸。子乃为所欲为，顾不易邪？何乃自苦如此？求以报仇，不亦难乎！"豫让曰："既已委质为臣⑥，而又求杀之，是二心也。凡吾所为者，极难耳。然所以为此者，将以愧天下后世之为人臣怀二心者也。"襄子出，豫让伏于桥下。襄子至桥，马惊；索之，得豫让，遂杀之。

　　襄子为伯鲁之不立也，有子五人，不肯置后。封伯鲁之子于代，曰代成君，早卒；立其子浣为赵氏后。襄子卒，弟桓子逐浣而自立；一年卒。赵氏之人曰："桓子立非襄主意。"乃共杀其子，复迎浣而立之，是为献子。献子生籍，是为烈侯。魏斯者，魏桓子之孙也，是为文侯。韩康子生武子；武子生虔，是为景侯。魏文侯以卜子夏、田子方为师⑦。每过段干木之庐必式⑧。四方贤氏多归之。

　　文侯与群臣饮酒，乐，而天雨，命驾将适野。左右曰："今日饮酒乐，天又雨，君将安之？"文侯曰："吾与虞人期猎⑨，虽乐，岂可无一会期哉！"乃往，身自罢之。

　　韩借师于魏以伐赵，文侯曰："寡人与赵⑩，兄弟也，不敢闻命。"赵借师于魏以伐韩，文侯应之亦然。二国皆怒而去。已而知文侯以讲于己也⑪，皆朝于魏。魏于是始大于三晋，诸侯莫能与之争。

　　使乐羊伐中山⑫，克之；以封其子击。文侯问于群臣曰："我何如主？"皆曰："仁君。"任座曰："君得中山，不以封君之弟而以封君之子，何谓仁君！"文侯怒，任座趋出。次问翟璜，对曰："仁君。"文侯曰："何以知之？"对曰："臣闻君仁则臣直。向者任座之言直，臣是以知之。"文侯悦，使翟璜召任座而反之，亲下堂迎之，以为上客。

　　文侯与田子方饮，文侯曰："钟声不比乎⑬？左高⑭。"田子方笑。文侯曰："何笑？"子方曰："臣闻之，君明乐官，不明乐音。今君审于音，臣恐其聋于官也。"文侯曰："善。"

　　子击出，遭田子方于道，下车伏谒。子方不为礼。子击怒，谓子方曰："富贵者骄人乎？贫贱者骄人乎？"子方曰："亦贫贱者骄人耳，富贵者安敢骄人！国君而骄人则失其国，大夫而骄人则失其家。失其国者未闻有以国待之者也，失其家者未闻有以家待之者也。夫士贫贱者，言不用，行不合，则纳履而去耳，安往而不得贫贱哉！"子击乃谢之。

【注释】

①饮器：饮酒的器皿。②豫让：姓豫名让，是智伯瑶的家臣。③刑人：受过刑罚，形体受损伤的人，古代多以刑人服劳役。④涂厕：涂刷修治厕所。⑤赵孟：在春秋时期，把赵宣子称为宣孟，赵文子称为赵孟，这之后赵国继位的人就被称为赵孟。⑥委质：放下礼物，表示恭敬奉事。⑦卜子夏：即卜商，今河南温县西南人，孔子的学生，曾做官为莒父宰。孔子死后，到魏国西河讲学，传播孔子的学说。⑧段干木：姓段干，名木，战国初期魏国人。原为晋国的市侩，就学于孔子的学生子夏。魏文侯优礼给予爵禄官职，他都不接受。 式：同轼，指一种礼节，即俯身按着车轼表示敬意。⑨虞人：或作吴人，古代掌管山泽的官。⑩寡人：诸侯自称寡人，是寡德之人的意思。⑪讲：这里是和解的意思。⑫乐（yuè）羊：姓乐，名羊，战国时魏国的将领，后封于灵寿（今河北平山县东北），其子孙世代为将。⑬比：和协。⑭左高：指悬挂的编钟，左边高，所以声音不和。

文侯谓李克曰①："先生尝有言曰：'家贫思良妻；国乱思良相。'今所置非成则璜，二子何如？"对曰："卑不谋尊，疏不谋戚。臣在阙门之外②，不敢当命。"文侯曰："先生临事勿让！"克曰："君弗察故也。居视其所亲，富视其所与，达视其所举，穷视其所不为，贫视其所不取，五者足以定之矣，何待克哉！"文侯曰："先生就舍，吾之相定矣。"李克出，见翟璜。翟璜曰："今者闻君召先生而卜相，果谁为之？"克曰："魏成。"翟璜忿然作色曰："西河守吴起③，臣所进也。君内以邺为忧④，臣进西门豹⑤。君欲伐中山，臣进乐羊。中山已拔，无使守之，臣进先生。君之子无傅，臣进屈侯鲋。以耳目之所睹记，臣何负于魏成！"李克曰："子言克于子之君者，岂将比周以求大官哉⑥？君问相于克，克之对如是。所以知君之必相魏成者，魏成食禄千钟⑦，十九在外，十一在内；是以东得卜子夏、田子方、段干木。此三人者，君皆师之；子所进五人者，君皆臣之。子恶得与魏成比也！"翟璜逡巡再拜曰⑧："璜，鄙人也，失对，愿卒为弟子！"

【注释】

①李克：战国初的政治家，曾就学于孔子的学生子夏。魏文侯灭中山国后，以子击为中山君，李克为中山相。他的政治主张主要是，爵禄给予有功劳的人，赏罚必当，招揽四方贤才。②阙门之外：这里是说自己处于中央之外的疏远位置。 ③西河：又称河西。魏文侯以吴起为西河守，其所辖境在陕西东部黄河西岸地区。 吴起：战国时兵家，卫国人。先在鲁国为将，后为魏国将，善用兵。魏文侯时为西河守，文侯死后遭陷害，逃到楚国，官至令尹，实行变法，楚国富强。楚悼王死后，被贵族杀害。④邺：古都邑名，今河北临漳县西南邺镇。⑤西门豹：姓氏为西门，名豹，魏文侯任他为邺令。他破除当地"河伯娶妇"的迷信，并开凿水渠十二条，引漳水灌溉，改良土壤，发展农业生产。⑥比周：这里即结党营私。⑦钟：古代量的单位。⑧逡（qūn）巡：退却，恐惧。

吴起者，卫人，仕于鲁。齐人伐鲁，鲁人欲以为将，起取齐女为妻，鲁人疑之，起杀妻以求将，大破齐师。或谮之鲁侯曰："起始事曾参①，母死不奔丧，曾参绝之；今又杀妻以求为君将。起，残忍薄行人也！且以鲁国区区而有胜敌之名，则诸侯图鲁矣。"起恐得罪，闻魏文侯贤，乃往归之。文侯问诸李克，李克曰："起贪而好色；然用兵，司马穰苴弗能过也②。"于是文侯以为将，击秦，拔五城。

起之为将，与士卒最下者同衣食，卧不设席，行不骑乘③，亲裹赢粮④，与士卒分劳苦。卒有病疽者⑤，起为吮之。卒母闻而哭之。人曰："子，卒也，而将军自吮其疽，何哭为？"母曰："非然也。往年吴公吮其父疽，其父战不旋踵，遂死于敌。吴公今又吮其子，妾不知其死所矣，是以哭之。"

燕湣公薨⑥，子僖公立。

【注释】

①曾参（公元前505～公元前436年）：即孔子的学生曾子，字子舆，今山东费县人，以孝著称。②司马穰（ráng）苴（jū）：春秋时齐国大夫，田氏，名穰苴。任官为司马，深通兵法。奉齐景公的命令击退晋、燕军队，收复失地。战国时齐威王命大夫整理古司马兵法，并把他的兵法附入其中，称为《司马穰苴兵法》，详见《史记·司马穰苴列传》。又战国时齐将有司马穰苴，善用兵，曾执掌国政，后为齐湣王杀死。因此，有一种说法认为，所谓春秋时的司马穰苴，实系战国时司马穰苴的误传。③不骑乘：不骑马、不乘车。④赢：担负、斋担。⑤疽（jū）：痈疽。⑥燕（yān）：本作匽、郾，周分封的诸侯国，姬姓，开国君主为召公奭。辖地在今河北北部和辽宁西端，建都于蓟（今北京西南隅）。 薨（hōng）：周代诸侯死去称薨。

二十四年（己卯、前402）

王崩①，子安王骄立。

盗杀楚声王②，国人立其子悼王。

【注释】

①崩：天子死去称为崩。②楚：楚国，芈（mǐ）姓，始祖为鬻熊。西周时建都于丹阳（今湖北秭归东南），常与周交战，到熊渠为国君时，疆域扩大到长江中游地区，即建都城于郢（今湖北江陵西北纪王城）。春秋时兼并近邻小国，并与晋国争霸，楚庄王时曾成为霸主。到战国其势力鼎盛时，辖境西北达武关（今陕西商南西北），东南及今江苏、浙江境，东北到今山东南部，西南到广西东北角。 声王：名当。

安 王

元 年（庚辰、前401）

秦伐魏，至阳孤①。

二 年（辛巳、前400）

魏、韩、赵伐楚，至桑丘②。

郑围韩阳翟③。

韩景侯薨，子烈侯取立。

赵烈侯薨，国人立其弟武侯。

秦简公薨，子惠公立。

三 年（壬午、前399）

王子定奔晋。

虢山崩④，壅河。

四　年（癸未、前398）

楚围郑。郑人杀其相驷子阳⑤。

五　年（甲申、前397）

日有食之。

三月，盗杀韩相侠累。侠累与濮阳严仲子有恶⑥。仲子闻轵人聂政之勇⑦，以黄金百溢为政母寿⑧，欲因以报仇。政不受，曰：“老母在，政身未敢以许人也！”及母卒，仲子乃使政刺侠累。侠累方坐府上，兵卫甚众，聂政直入上阶，刺杀侠累，因自皮面决眼⑨，自屠出肠。韩人暴其尸于市，购问⑩，莫能识。其姊妄闻而往，哭之曰：“是轵深井里聂政也⑪！以妾尚在之故，重自刑以绝从⑫。妾奈何畏殁身之诛，终灭贤弟之名！”遂死于政尸之旁。

六　年（乙酉、前396）

郑驷子阳之党弑缥公⑬，而立其弟乙，是为康公。

宋悼公薨，子休公田立。

【注释】

①阳孤：其地在今河北大名县东北。②桑丘：作乘丘，今山东巨野县西南。③阳翟（dí）：地名，今河南禹县。④虢（guó）山：在今河南陕县西。⑤驷子阳：驷是姓氏，名子阳。郑穆公的儿子名𫘦，字子驷。子驷的后代便以驷为氏，子阳就是子驷的后代。⑥濮阳：古邑名，今河南濮阳县西南。⑦轵（zhǐ）：邑名，今河南济源县南。⑧溢：通镒，二十两为镒。⑨皮面：以刀剑割划脸面。决眼：挖出眼睛。⑩购问：悬赏征询。⑪深井里：在今河南济源县南故轵城旁。⑫绝从：即绝踪，断绝踪迹。⑬缥（rú）公：作缭公。

八　年（丁亥、前394）

齐伐鲁，取最。

郑负黍叛①，复归韩。

九　年（戊子、前393）

魏伐郑。

晋烈公薨，子孝公倾立。

十一年（庚寅、前391）

秦伐韩宜阳②，取六邑。

初，田常生襄子盘③，盘生庄子白，白生太公和。是岁，齐田和迁齐康公于海上④，使食一城，以奉其先祀。

十二年（辛卯、前390）

秦、晋战于武城⑤。

齐伐魏，取襄阳⑥。

鲁败齐师于平陆⑦。

十三年（壬辰、前389）

秦侵晋。

齐田和会魏文侯、楚人、卫人于浊泽⑧，求为诸侯。魏文侯为之请于王及诸侯，王许之。

【注释】

①负黍：邑名，今河南登封县西南。②宜阳：邑名，今河南宜阳县西。③田常：即《左传》所载陈成子恒。④齐康公：这齐康公系姜氏。⑤武城：今陕西华县东。⑥襄阳：魏国襄陵邑，今河南睢阳。⑦平陆：战国齐地，在今山东汶上县西北。⑧浊泽：今河南禹县东北。

十五年（甲午、前387）

秦伐蜀①，取南郑②。

魏文侯薨，太子击立③，是为武侯。

武侯浮西河而下④，中流顾谓吴起曰："美哉山河之固，此魏国之宝也！"对曰："在德不在险。昔三苗氏⑤，左洞庭⑥，右彭蠡⑦；德义不修，禹灭之。夏桀之居，左河济，右泰华⑧，伊阙在其南⑨，羊肠在其北⑩；修政不仁，汤放之。商纣之国，左孟门⑪，右太行⑫，常山在其北⑬，大河经其南；修政不德，武王杀之。由此观之，在德不在险。若君不修德，舟中之人皆敌国也！"武侯曰："善"。

【注释】

①蜀：即蜀国，从商至战国时都是方国。曾随从周武王伐纣，春秋时与中原诸侯国少有交往，战国时交往日密，最后被秦所灭。②南郑：邑名，今陕西汉中市。③太子：这里把魏文侯子称为太子，表明当时礼制崩坏，僭上违轨。④西河：这里的西河指今陕西、山西二省之间的黄河河段。⑤三苗氏：古族名，其生活地域在江、淮、荆州一带。⑥左：这左与右相对，表示方位。按照古代的习惯，面向南时以东为左，面向北时以西为左。因天子在北，面向北则以左为西，故这里说左洞庭、右彭蠡，也就是西洞庭、东彭蠡。⑦彭蠡(lǐ)：古代的彭蠡泽，在今湖北黄梅县，安徽宿松县以南，望江县西境长江北岸龙感湖、大官湖和泊湖一带。⑧泰华：即华山，今陕西华阴县南。⑨伊阙：山名，今河南洛阳市南。⑩羊肠：即羊肠坂，今山西交城县东北。⑪孟门：即孟门山，陕西宜川县东北，山西吉县西。⑫太行：即今山西、河北、河南三省交界的太行山。⑬常山：本名恒山，今河北曲阳县西北与山西接壤处。

魏置相，相田文①。吴起不悦，谓田文曰："请与子论功可乎？"田文曰："可。"起曰："将三军，使士卒乐死，敌国不敢谋，子孰与起？"文曰："不如子。"起曰："治百官，亲万民，实府库，子孰与起？"文曰："不如子。"起曰："守西河，秦兵不敢东圉②，韩、赵宾从，子孰与起？"文曰："不如子。"起曰："此三者子皆出吾下，而位居吾上，何也？"文曰："主少国疑，大臣未附，百姓不信，方是之时，属③之子乎，属之我乎？"起默然良久曰："属之子矣！"

久之，魏相公叔尚主④而害吴起。公叔之仆曰："起易去也。起为人刚劲自喜。子先言于君曰'吴起，贤人也，而君之国小，臣恐起之无留心也。君盍⑤试延以女，起无留心，则必辞矣。'子因与起归而使公主辱子，起见公主之贱子也，必辞，则子之计中矣。"公叔从之，吴起果辞公主。魏武侯疑之而未信，起惧诛，遂奔楚。

楚悼王素闻其贤，至则任之为相。起明法审令，捐不急之官⑥，废公族疏远者，以抚养战斗之士，要在强兵，破游说⑦之言从横者。于是南平百越⑧，北却三晋，西伐秦，诸侯皆患楚之强；而楚之贵戚之臣多怨吴起者。

秦惠公薨，子出公立。

赵武侯薨，国人复立烈侯之太子章，是为敬侯。

韩烈侯薨，子文侯立。

【注释】

①田文：此田文非孟尝君。②圉：通嚮（向），面向，朝向。③属（zhǔ）：托付。④尚主：娶公主为妻。⑤盍（hé）：何不。⑥捐不急之官：除去闲冗的官员。⑦游说（shuì）：战国时代的策士们，周游各国，向统治者们陈说其对形势的分析，提出政治、军事、外交之对策，以谋取官、禄；他们所进行的活动就是游说。 从（zòng）横：即纵横，合纵连横的简称。合纵指弱国相联合以进攻强国，连横指随从强国去进攻其他弱国。⑧百越：古族名。秦汉以前它已广泛分布于长江中下游以南地区，部落众多，故称百越或百粤，主要从事渔猎、农耕、金属冶炼、水上航运等，秦汉以后与汉族日益融合，其一部分与壮、黎、傣等族有密切的渊源关系。

十六年（乙未、前386）

初命齐大夫田和为诸侯①。

赵公子朝作乱，奔魏；与魏袭邯郸，不克。

十七年（丙申、前385）

秦庶长改逆献公于河西而立之②；杀出子及其母③，沉之渊旁。

齐伐鲁。

韩伐郑，取阳城④；伐宋，执宋公。

齐太公薨，子桓公午立。

十九年（戊戌、前383）

魏败赵师于兔台。

二十年（己亥、前382）

日有食之，既⑤。

二十一年（庚子、前381）

楚悼王薨。贵戚大臣作乱，攻吴起；起走之王尸而伏之。击起之徒因射刺起，并中王尸。既葬，肃王即位，使令尹尽诛为乱者⑥；坐起夷宗者七十余家⑦。

二十二年（辛丑、前380）

齐伐燕，取桑丘⑧。魏、韩、赵伐齐，至桑丘。

二十三年（壬寅、前379）

赵袭卫，不克。

齐康公薨，无子，田氏遂并齐而有之⑨。

是岁，齐桓公亦薨，子威王因齐立。

二十四年（癸耶、前378）

狄败魏师于浍⑩。

魏、韩、赵伐齐，至灵丘⑪。

晋孝公薨，子靖公俱酒立。

【注释】

①齐大夫田和为诸侯：这里是说田氏不再是齐大夫，已取得诸侯的地位，田氏便拥有了齐国。田和便是齐太公。②庶长：春秋时秦国设置的官爵名。掌握军政大权，相当于当时其他各国的卿。 逆：迎，接。 献公：秦献公，名师隰，是秦灵公的儿子。灵公死后，献公未继立，继立的是灵公的叔父悼子，也就是简公。③出子：秦简公的孙子。④阳城：县名，今河南登封东南告城镇。⑤既：尽，食尽。⑥令尹：官名。掌握军政大权。⑦坐：这里指办罪的因由。 夷宗：诛杀其同宗族的人。⑧桑丘：此桑丘为战国时燕地，今河北徐北县西南。⑨田氏遂并齐而有之：意思是说姜氏至此已灭亡，齐国为田氏所有。⑩浍（kuài）：地名，今山西翼城县境。⑪灵丘：战国齐地，今山东高唐县南的南镇。

二十五年（甲辰、前 377）

蜀伐楚，取兹方①。

子思言苟变于卫侯曰："其才可将五百乘②。"公曰："吾知其可将；然变也尝为吏，赋于民而食人二鸡子，故弗用也。"子思曰："夫圣人之官人，犹匠之用木也，取其所长，弃其所短；故杞梓连抱而有数尺之朽，良工不弃。今君处战国之世，选爪牙之士，而以二卵弃干城之将③，此不可使闻于邻国也。"公再拜曰："谨受教矣！"

卫侯言计非是，而群臣和者如出一口。子思曰："以吾观卫，所谓'君不君，臣不臣'者也④！"公丘懿子曰⑤："何乃若是？"子思曰："人主自臧⑥，则众谋不进。事是而臧之，犹却众谋，况和非以长恶乎！夫不察事之是非而悦人赞己，暗莫甚焉；不度理之所在而阿谀求容，谄莫甚焉。君暗臣谄，以居百姓之上，民不与也。若此不已，国无类矣！"

子思言于卫侯曰："君之国事将日非矣！"公曰："何故？"对曰："有由然焉。君出言自以为是，而卿大夫莫敢矫其非；卿大夫出言亦自以为是，而士庶人莫敢矫其非。君臣既自贤矣，而群下同声贤之，贤之则顺而有福，矫之则逆而有祸，如此则善安从生！《诗》曰：'具曰予圣⑦，谁知乌之雌雄？'抑亦似君之君臣乎！"

鲁穆公薨，子共公奋立。

韩文侯薨，子哀侯立。

二十六年（乙巳、前 376）

王崩，子烈王喜立。

魏、韩、赵共废晋靖公为家人而分其地。

【注释】

①兹方：地名，今湖北长阳西以西。②乘（shèng）：古代兵车一乘，甲士三人，步卒七十二人。③干城：比喻捍卫者，是说武将为捍蔽则如盾，为防守则如城。 干，盾牌；城，城池。④君不君，臣不臣：意思是君不像君，臣不像臣。⑤公丘懿子：姓公丘，名懿子。⑥臧：善。⑦具：通俱。予圣：我圣明。

烈　王①

元　年（丙午、前 375）

日有食之。

韩灭郑，因徙都之。

赵敬侯薨，子成侯种立。

三　年（戊申、前 373）

燕败齐师于林狐。

鲁伐齐，入阳关②。

魏伐齐，至博陵③。

燕僖公薨，子桓公立。

宋休公薨，子辟公立。

卫慎公薨，子声公训立。

四　年（己酉、前 372）

赵伐卫，取都鄙七十三④。

魏败赵师于北蔺⑤。

五　年（庚戌、前 371）

魏伐楚，取鲁阳⑥。

韩严遂弑哀侯，国人立其子懿侯。初，哀侯以韩廆为相而爱严遂，二人甚相害也。严遂令人刺韩廆于朝，廆走哀侯，哀侯抱之；人刺韩廆，兼及哀侯。

魏武侯薨，不立太子，子䓨与公中缓争立，国内乱。

六　年

齐威王来朝。是时周室微弱，诸侯莫朝，而齐独朝之，天下以此益贤威王。

赵伐齐，至鄄⑦。

魏败赵师于怀⑧。

齐威王召即墨大夫，语之曰："自子之居即墨也⑨，毁言日至。然吾使人视即墨，田野辟，人民给，官无事，东方以宁；是子不事吾左右以求助也！"封之万家。召阿大夫，语之曰："自子守阿⑩，誉言日至。吾使人视阿，田野不辟，人民贫馁。昔日赵攻鄄，子不救；卫取薛陵⑪，子不知；是子厚币事吾左右以求誉也！"是日，烹阿大夫及左右尝誉者。于是群臣耸惧⑫，莫敢饰诈，务尽其情，齐国大治，强于天下。

楚肃王薨，无子，立其弟良夫，是为宣王。

宋辟公薨，子剔成立。

七　年（壬子、前 369）

日有食之。

王崩，弟扁立，是为显王。

魏大夫王错出奔韩。公孙颀谓韩懿侯曰："魏乱，可取也。"懿侯乃与赵成侯合兵伐魏，战于浊泽，大破之，遂围魏。成侯曰："杀䓨，立公中缓，割地而退，我二国之利也。"懿侯曰："不可。杀魏君，暴也；割地而退，贪也。不如两分之。魏分为两，不强于宋、卫，则我终无魏患矣。"赵人不听。懿侯不悦，以其兵夜去。赵成侯亦去。莹遂杀公中缓而立，是为惠王。

太史公曰：魏惠王所以身不死、国不分者，二国之谋不和也。若从一家之谋，魏必分矣。故曰："君终，无适子⑬，其国可破也。"

【注释】

①烈王：姬喜，安王的儿子。②阳关：今山东泰安县东南汶水东岸。③博陵：今山东茌平县西北。④都鄙：公卿大夫的采邑、王的子弟的食邑，均称为都鄙。⑤北蔺：又称蔺邑、今山西离石县西。⑥鲁阳：今河南鲁山县。⑦鄄（juàn）：古邑名，今山东鄄城县北旧城。⑧怀：战国魏邑，今河南武陟县。⑨即墨：古邑名，今山东平度东南。⑩阿：又称东阿邑今山东阳谷县东北。⑪薛陵：邑名，今山东阳谷县东北。⑫耸：惊动，恐惧。⑬适（dí）子：旧指正妻所生的儿子，也指正妻所生的长子。

【译文】

周纪一　威烈王

二十三年　（戊寅、公元前403年）

周成烈王初次分封晋国大夫魏斯、赵籍、韩虔为诸侯。

司马光说：臣听说天子的职责没有比尊崇礼制更重要的，尊崇礼制没有比区别上下身份更重要的，区别上下身份没有比正名更重要的。什么叫礼？就是国家的纪律纲常。什么是区别上下身份？就是君臣的名分。什么叫名？就是公、侯、卿、大夫的名位。

以广极四海的土地，亿兆众多的人民，大家情愿接受一个人的统制，其中虽有才能超群智慧绝伦的人，但没有不为天子奔走而服役听命的，难道这不是靠着礼，来维系纲纪吗！因此，天子统辖三公，三公督率诸侯，诸侯控制卿大夫，卿大夫治理士庶人。高贵的指挥卑贱的，卑贱的服从高贵的。所以，上级指使下级，好比心腹运转手足，树木的根干控制枝叶；下级事奉上级，如同手足捍卫心腹，枝叶庇护本根，然后上下才能相保，国家才可以长治久安。所以说天子的职责没有比尊崇礼制更重要的了。

文王演绎排列《周易》时，把《乾》、《坤》二卦列在书首。孔子《系辞传》说"易含万象，天地最大，天以阳刚，尊于上，地以阴柔，卑于下，于是乾坤二体得以设定。地体卑下，天体高上，卑高的大义既经设定，那么万物的高低贵贱也就排列有序，各得其位了。"意思是指君臣的名位，如同天地秩序一样不可更动呵！《春秋》一书的主旨是贬抑诸侯，尊崇王室，王室虽然微弱，夫子还把他列序在各国诸侯之上，可见圣人对君臣的分际，向来都是殷殷致意，极为重视啊！如果不是遇到像夏桀、殷纣那样的暴虐，又遇上商汤、周武那样的仁圣，使四海归心，奉上天赐命的话；君臣的分际，只能是作臣子的坚守名节，效忠致死。因此，如果商朝以微子的贤才，代纣王而有天下，那么成汤可永远与天相配；而吴国能以季札的德能，担任吴国国君，那么太伯可以永远得到奉祀。然而他们两位宁可身受亡国的悲哀，不愿取而代之，实在是因为礼的大节不可破坏的缘故，所以说崇礼再没有比守分更重要的了。

礼的作用，可以辨别贵贱，序次亲疏，裁制万物，办理众事，但是没有名分不能显扬，没有器物不能具体；用不同的名分来命名，用不同的器物来辨别，然后由上而下，才光辉灿烂，有条不紊，这就是礼的大本。如果名器完全丧失，那么礼又怎能单独存在呢！例如当年仲叔于奚对卫国有功，受奖的时候，辞去实质的采邑封地而请求允许他享用贵族才应有的马饰。孔子认为还不如多给他些采邑好，因为只有名位与器物，不可随便送人，这是国君的职权象征；否则，如果处理政事不坚持原则的话，整个国家也就随之灭亡了。卫出公在位时，等待孔子来办理政事。孔子竟以正名定分为当前急务。他认为名分不正，人民的举止行为便手足失措，得不到妥善安置。试想，繁缨，不过是马头上的小饰物，而孔子却特别珍惜它；正名，可说是政治上的细微末节，而孔子列为施政的优先；究其实，因为名器一旦败坏，那么君臣上下的关系也就无法保持了。由此看来，任何事情的发展，莫不是先由细微末节而后逐渐显著。圣人的思虑深远，所以能在细微处小心处理；一般人见识短浅，所以必须等严重到不可收拾的地步，才设法补救；在细微处处理，用力少而功效多，到严重时补救，往往竭尽所能还达不到效果。《易经》说："脚下踏着严霜时，就知道水就要凝固成坚硬的冰块了。"《书经》上也说："为政之道，要天天注意事情的细微末节。"指的就是这一类的情形。所以说区分上下地位没有比正名更重要的了。

唉！幽、厉二王丧失为君的德行，西周治道日渐衰败，纲常散乱，纪律毁坏，下以犯上，上以废下，诸侯擅自征伐、大夫独揽大权，礼的重要体制，已丧失十之七八了。然而对文王、武王的奉祀尚绵延不绝的原因，大概是由于周朝后代子孙，还能恪守各自名分的关系。这话怎么说呢？过去晋文公有大功于王室，请襄王赐给王者葬礼，襄王不同意，说"这是国家的典章，显示周天子和诸侯不同的地方。从没有国君之德，敢僭行二王之礼，这也是叔父所厌恶的啊。如果不然，叔父有地，尽管行王者的葬礼好了，又何必请我赏赐呢！"文公于是心生畏惧，不敢反抗。以当时周王所管辖的土地面积，不会比曹国、滕国大，以周王统治的人民，不会比邾国、莒国多，但是它经过数百年，仍为天下共主，纵然以晋、楚、齐、秦等国的强盛，也不敢随便加害于它，是什么原因呢？就在于名分还依然存在的缘故啊！至于季氏对于鲁国，田常对于齐国，智伯对于晋国，他们三家大夫的权势力量，都能够驱逐国君，自己掌握政权，然而始终不敢为所欲为，其原因难道是力量不够，而心有不忍吗？只是因为害怕干犯名分，受天下人辱骂啊。现在晋国大夫轻视君主，瓜分晋国国土，周天子既不能起兵讨伐，反而百般宠爱他们，使他们身列诸侯的地位，连这样小小的名分都无法坚守，先王的礼制，到此可说是败坏完了。

有人以为那个时候，周王室已经微弱不堪，三晋势力极其强盛，纵然不允许，恐怕也不可能吧！此说更是大谬不然。因为三晋固然强大，假使不顾天下人的辱骂，而违犯道义，破坏礼制的话，那么他们可以不必请命天子，而自立为诸侯就是了。他们不请命于天子而自立，那就是叛逆的臣子，天下假使有齐桓、晋文一样的国君，必定遵奉礼义，起兵讨伐他们。现在请命于天子，而天子又答应了他们，这是禀承天子的命令而为诸侯啊，有谁可以据理去讨伐他们呢！所以三晋之所以列于诸侯地位，不是三晋破坏礼制，而是天子自己破坏的啊！

唉！君臣间的礼制既然破坏了，那么天下的人从此便以武力互争雄长，使那些圣贤后代而身为诸侯的封国，无不遭受灭绝的命运，老百姓也儿乎家破人亡，怎不令人哀伤呢！

起初，智宣子准备立智瑶为继承人，智果说："不如立智宵的好。因为智瑶比别人贤能的地方有五点，而不如别人的地方有一点。例如他留有美髯，身材高大，一贤；擅长射箭，驾车有力，二贤；技能出众，才艺超群，三贤；巧言善辩，文辞优美，四贤；坚强果决，恒毅勇敢，五贤。以如此的贤能，却没有仁德之心。如果他能运用五种贤能，去驾驭别人，而以不仁之心去力行，试问，谁能受得了呢？如果立智瑶为后，智氏宗族必遭灭门大祸。"智宣子不听。智果为了避祸，经太史的证明，改依别族，就是辅氏。

赵简子的儿子，大的叫伯鲁，小的叫无恤。赵简子准备立后时，不知道该立谁，于是写些训诫的话，分别记载在两块竹简上，将它交给两个儿子，说"小心记住！"事过三年，问他们简书的内容，伯鲁答不出来；问他竹简所在？早就失落了。改问无恤时，恤把训诫的话背得滚瓜烂熟；问他竹简所在？马上从衣袖中抽出来。于是简子认为无恤贤能，就立他为正式的继承人。

　　简子派尹铎治理晋国，尹铎临行前请示说："此行的目的是搜刮民脂民膏呢？或是谋求人民的幸福安全呢？"简子道："当然是谋求人民的幸福安全喽！"尹铎于是减收赋税，增进民生。简子告诉无恤说："晋国如有灾难，你不要认为尹铎地位轻，晋阳地方远，一定要去投靠他。"

　　等到智宣子去世后，智襄子专任晋国大政，和韩康子、魏桓子在蓝台宴饮。智伯戏弄康子并侮辱段规。智国听说后，进谏说："主人如不小心提防，大祸就要临头了。"智伯道："灾祸的发生，出于我的手，我不制造灾难，谁敢胆大妄为呢！"智国回答说："事情不是这样的，《夏书》上曾经说：'一个人的过失很多，人们的怨怒往往出于无形，而非明白表露，所以要防患于未然。'君子如能谨慎从事，才没有大患。现在主人在宴会上羞辱别人的君相，事后又不小心提防，还说'他们不敢胆大妄为'，恐怕不妥当吧！蚊子、蚂蚁、黄蜂、蝎子，都能害人，更何况一国的君相呢！"智伯不听。

　　智伯请韩康子割让土地，康子不想给他。段规说："智伯贪图财货，刚愎自用，不给的话，他会率兵攻打我国，不如答应他的请求。由于他顺利取得土地，必更加骄慢，一定又要他人割地，他人不给，智伯必领兵攻打，这样我国免除祸患，得以静观时势的变化了。"康子说："此说很好。"于是就派人送居住有万家人口的都邑给智伯。智伯自以为计划得逞，十分高兴。又请魏桓子割让土地，桓子不想给，任章说："为何不给？"桓子说："毫无理由的索要土地，所以不给。"任章说："无理索要，必引起诸家大夫的恐惧；我们答应他的要求，智伯必然骄横。他因骄横而轻视敌方，我因畏惧而彼此团结，用团结一致的队伍，对待轻视的敌方，智氏的性命必不会长久了。《周书》说：'想要败坏他，姑且先帮他的忙；想要占有他，姑且先给他点儿甜头。'不如给他土地，来造成智伯的骄傲，然后再选择交情深厚的人士，共同设法对付智伯，我们又何必单独作为智伯攻击的对象呢！"桓子说："好极了。"就让给智伯一处有万家人口的都邑。

　　智伯又向赵襄子索求蔡与皋狼二处土地，襄子不给。智伯大怒，于是统帅韩、魏两家的军队攻打赵氏，襄子准备出外避难，说"我逃到那里好呢？"随从的官员建议说："长子县较近，且城廓坚固完好。"襄子说："人民精疲力竭地修完城廓，又要他们拼死命防守，有谁能与我同心合力呢！"随从的官员说："邯郸仓储存粮充裕，适合前往。"襄子说："所谓存粮充裕，无非由搜刮的民脂民膏，现在又让住民作战送死，有谁能与我同心协力呢！看来只有到晋阳去了，晋阳是先主的属地，尹铎宽厚爱民，人民必定团结和睦。"于是决定逃往晋阳。

　　三家军队包围晋阳，并引水灌城，城墙淹到只剩六尺，锅灶沉没水里，都生出了青蛙，而人民却毫无背叛的意思。智伯巡行水攻情形，当时魏桓子驾车居中，韩康子持矛居右，智伯对他们说："我如今方知水可以灭亡他人的国家啊！"桓子用肘碰碰康子，康子轻踏桓子的脚，暗示智伯也可以利用汾河的水来灌魏国都城安邑，绛河的水来灌韩国都城平阳啊！絺疵对智伯说："韩、魏二家一定会叛变。"智伯说："你怎么知道？"絺疵说："根据发生的事情可以推知。我们统率韩、魏的兵来攻打赵，赵亡，灾祸必波及韩、魏。现在约定战胜赵国后，三家平分他们的土地，现在城墙被水淹没的还剩六尺，城中积粮用尽，拿人肉马肉维持生活，赵国投降已指日可待了，可是他们两位不但毫无喜悦的表情，且面带忧戚的样子，这不是要反叛是什么呢？"第二天，智伯把絺疵的话转告他们两位，他们解释道："这个人专门讲别人的坏话，实在他才真是想替赵氏游说，使主人疑惑我们两家不忠，然后让你松懈攻打赵氏的决心。要不然，我们那里不愿意赶快平分赵氏的田产，反而去做些危险，而毫无成功希望的事呢！"两人辞出后，絺疵进来说："主人为什么把臣子的话告诉他们两个呢？"智伯说："你怎么知道的？"絺疵回答说："臣刚才看他们对我仔细端详，且步伐匆促，就知道他们的心情了！"智伯不听劝告。絺疵为了避祸，请求出使齐国。

赵襄子派张孟谈暗中出城晋见韩、魏二人说"臣听说唇亡则齿寒。现在智伯率领韩、魏的军队攻赵，赵亡以后，韩、魏就是下一个目标了。"他们两人说："我们心里早就知道这种情况；只是怕事情未成，而计划泄露，那么杀身大祸便立即来到了。"张孟谈说："计谋出于两家主人的口，入于为臣的耳，有甚么害怕的呢！"两人于是暗中和张孟谈约定，并商量好起事的日期后，才把他送走。襄子乘夜派人杀死守堤的官员，决开河水倒灌智伯的军队。智伯的军队因救水乱成一团，韩、魏两家分别从两翼夹攻，襄子率领士卒作正面攻击，大败智伯的军队，杀掉智伯，完全灭绝了智氏的家族，唯有辅果幸存。

司马光说：智伯所以兵败身亡，是由于才能胜过德行。才能和德行不同，而一般人不加辨别，通称谓贤士，于是就看错了人。聪慧明察、刚强坚毅叫做才能，公正耿直、中庸和平叫做德行。才能是德行的辅助，德行是才能的统帅。云梦的竹子，是天下最强劲的质地；然而不加矫正揉曲，不增羽翎箭括，就不能用它射穿坚硬的东西。堂溪的金属，是天下最锋利的物件；不经熔铸规范，不受磨炼砥砺，就不能攻击强大的敌人。所以才德全备的叫做"圣人"，才德全无的叫做"愚人"；德行胜过才能的叫做"君子"，才能胜过德行的叫做"小人"。大凡选拔人才的方法，假使找不到圣人、君子而委任的话，与其得小人，还不如得愚人。为什么呢？由于君子拥有才能可以行善，小人拥有才能足以作恶。持才行善的，可造福天下；持才为恶的，遗害无穷。愚人虽想为恶，由于智慧不周全，才力不能胜任，譬如小狗咬人，人还能制服它。而小人的智慧足以实现他的奸诈，勇力足以达成行暴，等于虎添双翼，他为害之大无与伦比啊！有德行的人，被众人尊敬；有才能的人，被众人喜爱；喜爱的容易亲近，尊敬的容易疏远，所以选人才的人，大多被人们的才华蒙蔽，而忽视了他的德行。自古以来，国中的乱臣，家庭的败子，大多是才华有余而德行不足，以至于造成国亡家破的太多了。这难道只有智伯一人吗！所以治国理家的人士假使能审察才、德二者的不同标准，知道彼此先后的次序，又何必怕自己没有知人之明呢！

赵、韩、魏三家瓜分了智氏的田产。赵襄子油漆智伯的头颅，当做饮器。智伯的臣子豫让想替他报仇，就诈称自己是个受刑的犯人，暗藏短剑，进入赵襄子住宅的厕所。襄子上厕所时，忽然心中怵忐不安，便叫人严加搜索，逮捕了豫让。左右随从要杀他，襄子说："智伯死了没有后嗣，此人想替他报仇，真忠义之士，我小心防备就是了。"就释放了他。豫让又漆污身体，假装得了癞病，口吞木炭，使声音沙哑。在市场讨饭度日，连结发妻子看见都认不出来。他走到朋友面前，朋友认出是他，流泪对他说："以你的才华，去臣事赵孟，必会得到宠信；你真的要一意孤行，永远不改变初衷吗？何必自残形体以至于此呢？用这个办法寻求报仇的机会，不是太困难了吗！"豫让说："我如屈膝为人之臣，而又设法去杀他，是怀有二心啊！我今天所做所为，常人极不容易办到。然而我所以勉强去做的原因，目的就是要让天下后世为人臣子而心怀不忠的人深感惭愧呵！"襄子外出，豫让埋伏必经的桥下，襄子走到桥边，坐马遭到惊吓；四下搜索，捕获了豫让，就杀了他。

　　襄子因为大哥伯鲁没有立继承人，自己虽然有子五人，也不肯立为继承人。他封伯鲁的儿子在代，叫代成君，不幸早年过世；于是立他的儿子浣为赵氏的继承人。襄子死后，弟桓子驱逐浣而自立为王，一年后也死了。赵氏的后人说："桓子继位并不是主人襄王的意思。"于是共同杀了桓子的儿子，迎接浣回来接位，他就是献子。献子生子名赵籍，就是烈侯。魏斯这个人是魏桓子的孙子，就是文侯。韩康子生武子；武子生虔，就是景侯。

　　魏文侯尊卜子夏、田子方为老师。每次路过名士段干木的住所必定低头，手扶车前衡木，表示敬意，所以四方贤士都来归附他。

　　文侯和群臣饮酒，正当高兴的时候，突降大雨，文候命令备车驶往野外。左右侍从说："今天饮酒正乐，天又大雨，国君要到哪去？"文侯说："我曾经和管理山林的虞人约好打猎，饮酒虽乐，怎能不去如约相会呢！"就起身前往，亲自告诉对方，因下雨停止打猎的事。

　　韩向魏借兵攻打赵国，魏文侯说："寡人和赵国情同兄弟，不能答应你的请求。"赵向魏借兵攻打韩国，文侯也以同样的理由予以拒绝。二国使者都忿怒辞去。事后两国知道文侯对自己的和睦态度，都来向魏国朝贡。魏国于是开始较三晋强大，没有任何诸侯可以和他一较长短的。

　　魏文候派乐羊攻打中山，等到全部占领后，将这里分封给儿子魏击。文侯询问群臣说："我是怎样的一位君主？"大家一致回答说："仁德的国君。"只有任座说："国君攻占中山，不将它封给弟弟，却封给自己的儿子，怎能算得上仁君！"文侯大怒，任座匆忙而出。依序问翟璜，翟璜回答说："仁德之君。"文侯道："你怎么知道呢？"翟璜说："臣听说君有仁德，做臣子就正直。刚才任座的言辞正直，臣所以知道。"文侯大悦，派翟璜速召任座回来，并亲自下堂迎接他，待以上宾之礼。

　　文侯和田子方饮酒，文侯说："钟声不太协调吧？是否左边的挂高了。"田子方笑了笑。文侯说："为何发笑？"子方说："臣听说，国君应当了解乐官的才不才，不必了解乐音的和不和；现在君上明辨乐音的和声，恐怕会疏忽乐官的才能啊。"文侯说："你讲的对。"

　　魏文候的公子魏击外出，途中遇着田子方，便下车伏地谒见。子方不答礼。子击大怒，对子方说："是富贵的该对人骄傲呢？还是贫贱的该对人骄傲呢？"子方说："那当然是贫贱的才有资格对人骄傲啦，富贵的怎敢向别人骄傲呢！国君如对人骄傲就失去他的家国，大夫对人骄傲就失去他的家邦。失去家国的，没听说还有人以国来对待他的，失去家邦的，没听说还有人以家主来对待他的；士都是贫贱的人，如言不被采用，行有所不合，穿上鞋子就走了，无论到那里，还不是过贫贱生活吗！"子击于是向他谢罪。

　　魏文侯对李克说："先生曾经讲过：'家贫就想到良妻，国乱就想到良相。'现在所选的宰相，不是魏成就是翟璜，你看他们两位怎么样？"李克回答说："地位卑下的不当替尊贵的打算，外人不应过问亲戚的事。臣以在野的身份，实不敢应命。"文侯说："先生面临决定国家大事的时候，请不必客气！"李克说："国君只是疏于考察啊。看人，平常多注意和他亲近的人，有钱时注意和他交往的对象，显达时注意他保举的人士，穷困时注意他有所不为的操守，贫贱时注意他所不取的东西，从以上五种角度观察，就可以判断一个人的优劣了，无须跟我商量呢！"文侯说："先生回去休息吧，我的宰相决定了。"李克辞出，遇见翟璜。翟璜说："刚才听说国君召见先生谈委任宰相的事，不知谁能担任？"李克说："魏成。"翟璜满脸不高兴的样子，说："防守西河的吴起，是臣推荐的。邺县民生疾苦，国君常引以为忧，臣推荐西门豹。君上想攻打中山，臣推荐乐羊。中山攻占后无人防守，臣推荐先生。君上的儿子没有师傅教导，臣推荐屈侯鲋。从这些事情来衡量，臣那一点儿比不上魏成！"李克说："你推荐我给君上，难道是想结党营私做大官吗？君上问我，谁可以担任宰相，我回答是这样的。我所以知道君上必任魏成为宰相的原因，是因为魏成的俸禄有千钟，其中十分之九用于外面，十分之一用于家庭；所以向东得到了卜子夏、田子方、段干木。这三位，君上都把他们看成老师加以敬重；而你所推荐的五个人，君上都用他们做臣，你怎能和魏成相比呢！"翟璜十分不安的说："我是个识见浅陋的人，讲话失礼，希望能终身做你的弟子！"

吴起，卫国人，在鲁国当官。齐人攻打鲁国，鲁国人想请他担任领兵大将，可是由于吴起娶齐国小姐为妻，所以鲁人犹豫不决，吴起便杀掉妻子，求得担任大将的机会，因而大败齐兵。有人暗地里向鲁侯说："吴起过去事奉曾参的时候，母亲去世了，不奔丧服孝，曾参因而断绝了师生关系；现在又杀掉妻子，谋求君上的大将，他可说是个残忍刻薄的人呵！况且以我们小小的鲁国，有战胜强敌的名声，今后各国诸侯都要设法来对付鲁国了。"吴起怕以后会得罪人，又听说魏文侯是贤德之君，就去归向他，文侯向李克打听吴起的为人，李克说："吴起性情贪婪而好女色，但是在用兵作战方面，就是司马穰苴也不会超过他的。"于是文侯任用他为大将，攻打秦国，夺取了五座城市。

吴起在领兵为将的时候，和最基层的士兵同甘共苦，睡觉不铺草席，行军不驾车马，亲自裹扎粮草，和士兵们分担劳苦。有位士兵生疮化脓，吴起替他吸吮。士兵的母亲听到此事，哭了起来。有人说："你的儿子不过是士兵，将军亲自吸吮他的疮脓，有什么好的哭呢？"那位母亲说："不是这样的。往年吴公曾吸吮他父亲的疮脓，事后他父亲作战奋不顾身，战死沙场。吴公现在又吸吮我儿子的疮脓，不知道将来他又战死何处了，所以我为他痛哭。"

燕湣公去世，他的儿子僖公即位。

二十四年　（己卯、公元前402年）

威烈王驾崩，他的儿子安王姬骄即位。

强盗杀死楚声王，楚国人民立他的儿子悼王为君。

安　　王

元　年　（庚辰、公元前401年）

秦攻打魏国，大军到阳孤。

二　年　（辛巳、公元前400年）

魏、韩、赵三国联合攻打楚国，大兵到达桑丘。

郑国发兵包围韩国的阳翟。

韩国韩景侯去世，他的儿子烈侯韩取即位。

赵国赵烈侯去世，楚国人拥立他的弟弟武侯即位。

秦国秦简公去世，他的儿子惠公即位。

三　年　（壬午、公元前399年）

王子定投奔晋国。

虢山崩坍，雍塞黄河。

四　年　（癸未、公元前398年）

楚国发兵包围郑国，郑人杀掉宰相驷子阳。

五　年　（甲申、公元前 397 年）

日蚀。

三月，强盗杀死韩国宰相侠累。侠累早先和濮阳严仲子结下了仇怨，仲子听说轵县人聂政很勇敢，便拿黄金百镒作政母寿礼，想请他代为报仇。政不接受，说："老母在堂，政不敢以身家性命答应别人的要求呵！"等母亲过世后，严仲子便派政刺杀侠累。当时侠累正坐在大厅上，四周警卫森严，聂政一直冲上厅阶，刺杀了侠累。然后用刀子刮破自己的脸皮，挖出眼睛，切腹自杀。韩人把尸体放到人烟稠密的市场，公开悬赏，叫人认领，可是没有人能认出究竟是谁。他姐姐聂嫈听说此事前往，哭着说："是轵县深井里的聂政呵！因为我还活着的关系，他才毁容灭迹不使连累。我怎能为了怕惹上杀身之祸，永久埋没贤弟的英名呢！"于是也在聂政尸体的旁边，自杀身亡。

六　年　（乙酉、公元前 396 年）

郑国驷子阳的同党谋杀了缥公，立他弟弟姬乙为君，就是郑康公。

宋悼公去世，他儿子休公田即位。是为宋休公。

八　年　（丁亥、公元前 394 年）

齐发兵打鲁国，攻占最地。

郑国的负黍地方反叛，又归向韩国。

九　年　（戊子、公元前 393 年）

魏攻打郑国。

晋烈公去世，其子孝公姬倾即位。

十一年　（庚寅、公元前 402 年 391）

秦发兵打韩国的宜阳，占领了六个村邑。

起初，齐国田常生襄子田盘，田盘生庄子田白，田白生太公田和。这年，田和把国君齐康公流放到海边，给他一座城的俸禄，只够他一年四季奉祀祖先的化用。

十二年　（辛卯、公元前 390 年）

秦、晋两国在武城发生战争。

齐国攻打魏国，占领襄阳。

鲁在平陆打败了齐兵。

十三年　（壬辰、公元前 389 年）

秦出兵侵略晋国。

齐田和约魏文侯、楚人、卫人在浊泽会谈，要求列为诸侯，魏文侯替他请示周王及各国诸侯，获得了周王的允许。

十五年　（甲午、公元前 387 年）

秦攻打蜀，占领南郑。

魏文侯去世，太子击即位，叫武侯。

武侯乘船顺黄河东下，行到河心对吴起说："好美啊！高山大河的完整，这是魏国的财宝呵！"吴起回答说："国家是否完整美好，在于国君的德行，不在山河的险要。例如过去三苗氏，左有洞庭、右有彭蠡；因为不注重道德仁义的修养，被夏禹消灭。夏桀建国，左有河济，右有泰华，伊阙在南，羊肠在北；由于不行仁政，被商汤放逐。商纣的国土，左有孟门，右有太行，常山在他的北方，大河经过南面；由于施政不讲仁德，被武王杀戮。从上列各例看来，国家的长治久安，在于国君的德行，不在山河的险要。如果国君不注意道德修养，今天同舟共济的都是敌人呵！"武侯说："你的意见很对。"

魏设宰相，并由田文担任。吴起很不高兴，对田文说："我们可以讨论一下各人对国家的贡献吗？"田文说："可以。"吴起说："统率三军，使士兵甘愿拼命作战，敌国不敢和我作对，这事你比起我吴起怎么样？"田文说："我不如你。"吴起说："治理百官，安抚万民，充实府库，这事你比起我吴起怎么样？"田文说："我不如你。"吴起说："防守西河，秦兵不敢东下，韩、赵向我输诚，这事你比我吴起怎么样？"田文说："我不如你。"吴起说："以上三件事你的能力都不如我，而爵位却在我之上，这是什么道理？"田文说："主上年少，国事猜疑，大臣尚未亲附，百姓不能信赖，在这个时候，宰相的职位，是给你做好呢？或是给我做好呢？"吴起沉默不语很久说："还是给你做的好！"

过了很久以后，魏国宰相公叔娶了国君的女儿为妻，想设法陷害吴起。公叔的仆人说："吴起，是容易除去的。因为起为人刚毅劲直，自信心强烈，你可以事先告诉君上，说'吴起是位贤能的人，而君上的国家太小、臣怕起不愿意长久留下来，国君何不招为驸马，起如果没有长久留住的意思，必定坚辞。'你事后顺便和起同车回家，使公主借故污辱你，起亲眼看到公主瞧不起你的事，必定辞谢国君的好意，如此，你的计划就成功了。"公叔便依计行事，吴起果然辞谢公主婚事。魏武侯怀疑他的忠心而不加信任，起怕惹祸上身，便逃往楚国去了。

楚悼王素来听说吴起贤能，起到楚国后，任命他当宰相。起颁布法律，慎施政令，减少不需要的官员，废除了王族中的远亲疏戚，用来安抚奖励征战之士，目的在于加强军事力量，破除纵横家的游说之言。于是楚国向南平定百越，向北击败三晋，向西攻打秦国，诸侯都怕楚国强大；而楚国的贵族皇亲大臣很多人也埋怨吴起。

秦惠公去世，他的儿子秦出公即位。

赵武侯去世，国人又立烈侯的太子章，他就是赵敬侯。

韩烈侯去世，他的儿子韩文侯即位。

十六年　（乙未、公元前386年）

周王朝开始命令齐国大夫田和为诸侯。

赵国公子赵朝作乱，逃亡到魏国；与魏军偷袭邯郸，没有成功。

十七年　（丙申、公元前385年）

秦国名叫改的庶长，迎秦献公于河西，立为国君；杀掉秦出公和他的母亲，并把尸体沉入深渊。

齐国起兵攻打鲁国。

韩起兵攻打郑国，占领阳城；又攻打宋国，拘捕了宋公。

齐太公田和去世，他的儿子桓公田午即位。

十九年　（戊戌、公元前383年）

魏在兔台打败赵军。

二十年　（己亥、公元前382年）

日全蚀。

二十一年　（庚子、公元前381年）

楚悼王去世。贵戚大臣造反，围攻吴起；起跑到停放王尸的地方，伏在尸体旁边。攻击吴起的暴徒引箭射吴起，并中王尸。埋葬后，肃王即位，派令尹把造反的人处极刑；因吴起案受到牵连，惨遭处死的计有七十多家。

二十二年　（辛丑、公元前 380 年）

齐国攻打燕国，占领桑丘。魏、韩、赵三国联合攻打齐国，大兵到达桑丘。

二十三年　（壬寅、公元前 379 年）

赵国派兵偷袭卫国失败。

齐康公去世后，因为没有儿子继承，田氏便并吞了康公的领地，姜氏到此完全灭亡。

这一年，齐桓公也死了，他的儿子威王因齐即位。

二十四年　（癸卯、公元前 378 年）

狄兵在浍山打败魏国的军队。

魏、韩、赵三国联合攻打齐，兵到灵丘。

晋孝公去世，他的儿子靖公俱酒即位。

二十五年　（甲辰、公元前 377 年）

蜀起兵攻打楚国，占领兹方。

子思介绍苟变于卫侯说："他的才华可以统率五百辆兵车。"公说："我知道他有大将的才具；可是苟变也曾担任过政府的官吏，他向人民征税时，吃了人家两个鸡蛋，所以我不用他。"子思说："圣人请人做官，如同工匠利用木柴，采取他的长处，抛弃他的短处；像一棵好几抱的大树，其中虽有点儿腐朽，优良的工匠还要拿他来用。现在国君正处于战国时代，选拔重要干部，竟因两个鸡蛋抛弃捍卫国家的大将，这件事千万不可走露，免得邻国嗤笑。"卫侯再拜说："愿接受教诲。"

卫侯讲话或计划错误时，所有的大臣都同声唱和，如出一口。子思说："以我看来，卫国的情形，正所谓'君不像君，臣不像臣'呵！"公丘懿子说："怎么这样说呢？"子思说："人主自以为是，众人的意见便不会被接纳。凡事认为自己是对的，就等于排拒大家的计谋，何况同声唱和来助长罪恶呢！不考察事情的是非真相，只喜欢别人赞美，昏暗莫过于此；不揣度事理所在，就胡乱奉承，争取好感，谄媚莫过于此。人君昏暗，臣下谄媚，这样的人，身居上位，领导百姓，人民不会追随他的。如果这种情势，不早日停止，国家就要灭亡了！"

子思对卫侯说："君上的国家大事将越来越差了！"公说："原因何在呢？"回答说："事情演变到此，是有原因的。国君讲起话来都自以为是，卿大夫不敢提出反对意见；卿大夫讲话也自以为是，士庶人不敢提出反对意见。君臣都自以为本身贤能，而下级群众又同声赞美，随声称赞的有福，意见相反的受祸，这样国家大事怎会得到改善呢！《诗经》上说的好：'君臣都说自己贤圣，谁能分别鸟的雌雄呢？'这诗句的意义，不也像国君和大臣的关系吗！"

鲁穆公去世，他的儿子共公姬奋即位。

韩文侯去世，他的儿子韩哀侯即位。

二十六年　（乙巳、公元前 376 年）

周王崩殂，他的儿子烈王喜即位。

魏、韩、赵三国共同废晋靖公为平民，并瓜分他的属地。

烈　王

元　年　（丙午、公元前 375 年）

日蚀。

韩起兵灭掉郑国，迁都新郑。

赵敬侯去世，他的儿子成侯赵种即位。

三　年　（戊申、公元前373年）

燕国在林狐打败齐国的军队。

鲁国起兵攻打齐国，军队进入阳关。

魏国起兵攻打齐国，兵到博陵。

燕僖公去世，他的儿子桓公即位。

宋休公去世，他的儿子辟公即位。

卫慎公去世，他的儿子声公训即位。

四　年　（己酉、公元前372年）

赵起兵攻打卫国，占领了大小城市七十三座。

魏国在北蔺打败了赵国的军队。

五　年　（庚戌、公元前371年）

魏起兵攻打楚国，占领鲁阳。

韩国严遂杀了哀侯，国人共立他的儿子懿侯为君。当初，哀侯任命韩廆为宰相，可是又很喜欢严遂，因此两个人很不愉快。严遂派人到朝廷刺杀韩廆，廆逃到哀侯身旁，哀侯抱着他；来人为了刺杀韩廆，连哀侯也被杀身亡了。

魏武侯去世，不立太子，他的儿子罃和公中缓二人争位，国内大乱。

六　年　（辛亥、公元前370年）

齐威王来朝。此时周室微弱，诸侯都不朝见天子，而齐王独来朝见，因此天下人士也因此推崇齐威王了。

赵攻打齐国，兵到鄄城。

魏在怀县打败了赵军。

齐威王召见即墨大夫，告诉他说："自从你在即墨任官以来，毁谤你的话天天都有。然而当我派人到即墨视察后，发现田野开辟，人民富足，衙门无事，地方生活安定；这是你不事奉我左右近侍，求他们帮你说好话的原因吧！"就分封他万家采邑，以资鼓励。又召见东阿大夫，告诉他说："自从你任官东阿以来，赞誉你的话每天都有，我派人视察东阿以后，发现田野不辟，人民陷于贫穷饥饿；过去赵国攻打鄄城，你不派兵援救；卫国攻占薛陵，你不知道；这是你用优厚的礼物贿赂我左右近侍，所以他们才说你的好话吧！"就在当天，齐威王下令烹杀东阿大夫和自己左右曾经称誉过东阿大夫的近侍们。于是群臣惊惧，没有人再敢巧言欺诈，凡事务必说明实情，齐国因而为天下强国。

楚肃王去世，没有子嗣，立他的弟弟良夫，这就是宣王。

宋辟公去世，子剔成即位。

七　年　（壬子、公元前369年）

日蚀。

烈王驾崩，弟扁即位，这就是显王。

魏国大夫王错逃亡到韩国。公孙颀对韩懿侯说："魏国混乱，可以派兵攻打了。"懿侯和赵成侯联合发兵攻打魏国，交战于浊泽，大破魏兵，包围魏都安邑，成侯说："杀魏侯罃，改立公中缓魏国国君，许其割让土地，而后退兵，这对我们两国最为有利呵。"懿侯说："不可。杀魏君，让人以为太残暴；割地而后退兵，又太贪婪。不如我们双方平分魏国。魏国一分为两，其势削弱，不会强于宋、卫，那么我们便永久不会再有魏国入侵的祸患了。"赵人不答应。懿侯很不高兴，就率领自己的军队乘夜撤退。赵成侯也解围而去。魏罃逐杀公中缓而自立为魏君，这就是魏惠王。

太史公说："魏惠王所以不死、国家未遭瓜分，其原因是由于韩、赵二国的计谋不调和啊！如果当时依照一家的计划行事，魏国必遭瓜分之祸了。因此，俗话说："国君去世后，没有长子继承，就可以派兵占领那个国家就会被击破了。"

唐纪十三　太宗文武大圣大广孝皇帝中之下

贞观十七年（癸卯、643）

夏，四月，庚辰朔，承基上变[1]，告太子谋反。敕长孙无忌、房玄龄、萧瑀、李世勣与大理、中书、门下参鞫之[2]，反形已具。上谓侍臣："将何以处承乾？"群臣莫敢对，通事舍人来济进曰："陛下不失为慈父，太子得尽天年，则善矣！"上从之。济，护儿之子也[3]。

乙酉，诏废太子承乾为庶人，幽于右领军府。上欲免汉王元昌死，群臣固争，乃赐自尽于家，而宥其母、妻、子[4]。侯君集、李安俨、赵节、杜荷等皆伏诛。左庶子张玄素、右庶子赵弘智、令狐德棻等以不能谏争，皆坐免为庶人。余当连坐者，悉赦之。詹事于志宁以数谏，独蒙劳勉。以纥干承基为祐川府折冲都尉[5]，爵平棘县公。

侯君集被收，贺兰楚石复诣阙告其事，上引君集谓曰："朕不欲令刀笔吏辱公[6]，故自鞫公耳。"君集初不承。引楚石具陈始末，又以所与承乾往来启示之，君集辞穷，乃服。上谓侍臣曰："君集有功，欲乞其生，可乎？"群臣以为不可。上乃谓君集曰："与公长诀矣！"因泣下。君集亦自投于地，遂斩之于市。君集临刑，谓监刑将军曰："君集蹉跌至此！然事陛下于藩邸[7]，击取二国[8]，乞全一子以奉祭祀。"上乃原其妻及子，徙岭南。籍没其家[9]，得二美人，自幼饮人乳而不食。

初，上使李靖教君集兵法，君集言于上曰："李靖将反矣。"上问其故，对曰："靖独教臣以其粗而匿其精，以是知之。"上以问靖，靖对曰："此乃君集欲反耳。今诸夏已定，臣之所教，足以制四夷，而君集固求尽臣之术，非反而何！"江夏王道宗尝从容言于上曰："君集志大而智小，自负微功，耻在房玄龄、李靖之下，虽为吏部尚书，未满其志。以臣观之，必将为乱。"上曰："君集材器，亦何施不可！朕岂惜重位，但次第未至耳，岂可亿度[10]，妄生猜贰邪！"及君集反诛，上乃谢道宗曰："果如卿言。"

李安俨父，年九十余，上愍之，赐奴婢以养之。

太子承乾既获罪，魏王泰日入侍奉，上面许立为太子，岑文本、刘洎亦劝之；长孙无忌固请立晋王治。上谓侍臣曰："昨青雀投我怀云[11]：'臣今日始得为陛下子，乃更生之日也。臣有一子，臣死之日，当为陛下杀之，传位晋王。'人谁不爱其子，朕见其如此，甚怜之。"谏议大夫褚遂良曰："陛下言大失。愿审思，勿误也！安有陛下万岁后，魏王据天下，肯杀其爱子，传位晋王者乎！陛下日者既立承乾为太子，复宠魏王，礼秩过于承乾，以成今日之祸。前事不远，足以为鉴。陛下今立魏王，愿先措置晋王，始得安全耳。"上流涕曰："我不能耳。"因起，入宫。魏王泰恐上立晋王治，谓之曰："汝与元昌善，元昌今败，得无忧乎？"治由是忧形于色。上怪，屡问其故，治乃以状告；上忱然，始悔立泰之言矣。上面责承乾，承乾曰："臣为太子，复何所求！但为泰所图，时与朝臣谋自安之术，不逞之人遂教臣为不轨耳。今若泰为太子，所谓落其度内。"

承乾既废，上御两仪殿[12]，群臣俱出，独留长孙无忌、房玄龄、李世勣、褚遂良，谓曰："我三子一弟[13]，所为如是，我心诚无聊赖！"因自投于床，无忌等争前扶抱；上又抽佩刀欲自刺，遂良夺刀以授晋王治。无忌等请上所欲，上曰："我欲立晋王。"无忌曰："谨奉诏，有异议者，臣请斩之！"上谓治曰："汝舅许汝矣，宜拜谢。"治因拜之。上谓无忌等曰："公等已同我意，未知外议何如？"对曰："晋王仁孝，天下属心久矣，乞陛下试召问百官，有不同者，臣负陛下万死。"上乃御太极殿[14]，召文武六品以上，谓曰："承乾悖逆，泰亦凶险，皆不可立。朕欲选诸子为嗣，谁可者？卿辈明言之。"众皆谨呼曰："晋王仁孝，当为嗣。"上悦。是日，泰从百余骑至永安门[15]；敕门司尽辟其骑，引泰入肃章门，幽于北苑。

丙戌，诏立晋王治为皇太子，御承天门楼，赦天下，酺三日。上谓侍臣曰："我若立泰，则是太子之位可经营而得。自今太子失道，藩王窥伺者，皆两弃之，传诸子孙，永为后法。且泰立，承乾与治皆不全；治立，则承乾与泰皆无恙矣！"

臣光曰：唐太宗不以天下大器私其所爱，以杜祸乱之原，可谓能远谋矣！

【注释】

(1) 上变：向朝廷密告谋反变乱之事。(2) "敕长孙无忌"句：唐制，凡国之大狱，三司详决。三司谓给事中、中书舍人及御史参鞫。今令三省与大理参鞫，重其事。鞫（jū）：审讯，查问。(3) 护儿：即来护儿，隋将，死于宇文化及之难。(4) 母：指李元昌生母，李渊之妃嫔。(5) 祐川府：今甘肃临兆县。(6) 刀笔吏：指主办文案的官吏、讼师。(7) 事陛下于藩邸：言皇上在藩时，引君集入幕府，数从征伐。(8) 二国：指吐谷浑、高昌。(9) 籍没其家：按户籍没收其家的财产入官。(10) 亿度：预料、猜测。(11) 青雀：为魏王李泰小字。(12) 两仪殿：两仪殿在太极殿之后。古之内朝，祝朝听事之所。(13) 三子一弟：指齐王祐、太子承乾、魏王泰和弟汉王元昌。(14) 太极殿：太极殿为古之中朝，为朔望视朝的地方。(15) 永安门：按《唐六典》太极宫城南面三门，中曰承天门，东曰长乐门，西曰永安门。

丁亥，以中书令杨师道为吏部尚书。初，长广公主适赵慈景，生节；慈景死[1]，更适师道。师道与长孙无忌等共鞫承乾狱，阴为赵节道地，由是获谴。上至公主所，公主以首击地，泣谢子罪，上亦拜泣曰："赏不避仇雠，罚不阿亲戚，此天下至公之道，不敢违也，以是负姊。"

己丑，诏以长孙无忌为太子太师[2]，房玄龄为太傅，萧瑀为太保，李世勣为詹事，瑀、世勣并同中书门下三品。同中书门下三品自此始。又以左卫大将军李大亮领右卫率，前詹事于志宁、中书侍郎马周为左庶子，吏部侍郎苏勖、中书舍人高季辅为右庶子，刑部侍郎张行成为少詹事[3]，谏议大夫褚遂良为宾客[4]。

李世勣尝得暴疾，方云"须灰可疗"，上自翦须，为之和药。世勣顿首出血泣谢。

上曰："为社稷，非为卿也，何谢之有！"世勣尝侍宴，上从容谓曰："朕求群臣可托幼孤者，无以逾公，公往不负李密[5]，岂负朕哉！"世勣流涕辞谢，指出血，因饮沈醉，上解御服以覆之。

癸巳，诏解魏王泰雍州牧、相州都督、左武候大将军，降爵为东莱郡王。泰府僚属为泰所亲狎者，皆迁岭表；以杜楚客兄如晦有功，免死，废为庶人。给事中崔仁师尝密请立魏王泰为太子，左迁鸿胪少卿[6]。

庚子，定太子见三师仪：迎于殿门外，先拜，三师答拜；每门让于三师。三师坐，太子乃坐。其与三师书，前后称名"惶恐"[7]。

五月，癸酉，太子上表，以"承乾、泰衣服不过随身，饮食不能适口，幽忧可悯，乞敕有司，优加供给。"上从之。

黄门侍郎刘洎上言，以"太子宜勤学问，亲师友。今入侍宫闱，动逾旬朔，师保以下，接对甚希，伏愿少抑下流之爱[8]，弘远大之规，则海内幸甚！"上乃命洎与岑文本、褚遂良、马周更日诣东宫，与太子游处谈论。

六月，己卯朔，日有食之。

丁亥，太常丞邓素使高丽还，请于怀远镇增戍兵以逼高丽[9]，上曰："'远人不服，则修文德以来之'，未闻一二百戍兵能威绝域者也！"

丁酉，右仆射高士廉逊位，许之，其开府仪同三司、勋封如故，仍同门下中书三品，知政事。

闰月，辛亥，上谓侍臣曰："朕自立太子，遇物则诲之，见其饭，则曰：'汝知稼穑之艰难，则常有斯饭矣。'见其乘马，则曰：'汝知其劳逸，不竭其力，则常得乘之矣。'见其乘舟，则曰：'水所以载舟，亦所以覆舟，民犹水也，君舟也。'见其息于木下，则曰："木从绳则正，后从谏则圣。"

丁巳，诏太子知左、右屯营兵马事[10]，其大将军以下并受处分。

薛延陀真珠可汗使其侄突利设来纳币，献马五万匹，牛、橐驼万头[11]，羊十万口。庚申，突利设献馔，上御相思殿[12]，大飨群臣，设十部乐，突利设再拜上寿，赐赍甚厚。

契苾何力上言："薛延陀不可与婚。"上曰："吾已许之矣，岂可为天子而食言乎！"何力对曰："臣非欲陛下遽绝之也，愿且迁延其事。臣闻古有亲迎之礼，若敕夷男使亲迎，虽不至京师，亦应至灵州；彼必不敢来，则绝之有名矣。夷男性刚戾，既不成婚，其下复携贰，不过一二年必病死，二子争立，则可以坐制之矣！"上从之。乃征真珠可汗使亲迎，仍发诏将幸灵州与之会。真珠大喜，欲诣灵州，其臣谏曰："脱为所留，悔之无及！"真珠曰："吾闻唐天子有圣德，我得身往见之，死无所恨，且漠北必当有主。我行决矣，无复多言！"上发使三道，受其所献杂畜。薛延陀先无库厩，真珠调敛诸部，往返万里，道涉沙碛，无水草，耗死将半，失期不至。议者或以为聘财未备而与为婚，将使戎狄轻中国，上乃下诏绝其婚，停幸灵州，追还三使。

褚遂良上疏，以为"薛延陀本俟斤，陛下荡平沙塞，万里萧条，余寇奔波，须有酋长，玺书鼓纛，立为可汗。比者复降鸿私，许其姻媾，西告吐蕃，北谕思摩，中国童幼，靡不知之。御幸北门，受其献食，群臣四夷，宴乐终日。咸言陛下欲安百姓，不爱一女，凡在含生，孰不怀德。今一朝生进退之意，有改悔之心，臣为国家惜兹声听；所顾甚少，所失殊多，嫌隙既生，必拘边患。彼国蓄见欺之怒，此民怀负约之惭，恐非所以服远人，训戎士也。陛下君临天下十有七载，以仁恩结庶类，以信义抚戎夷，莫不欣然，负之无力，何惜不使有始有卒乎！夫龙沙以北，部落无算，中国诛之，终不能尽，当怀之以德，使为恶者在夷不在华，失信者在彼不在此，则尧、舜、禹、汤不及陛下远矣！"上不听。

是时，群臣多言："国家既许其婚，受其聘币，不可失信戎狄，更生边患。"上曰："卿曹皆知古而不知今。昔汉初匈奴强，中国弱，故饰子女，捐金絮以饵之，得事之宜。今中国强，戎狄弱，以我徒兵一千，可击胡骑数万，薛延陀所以匍匐稽颡，惟我所欲，不敢骄慢者，以新为君长，杂姓非其种族，欲假中国之势以威服之耳。彼同罗、仆骨、回纥等十余部，兵各数万，并力攻之，立可破灭，所以不敢发者，畏中国所立故也。今以女妻之，彼自恃大国之婿，杂姓谁敢不服！戎狄人面兽心，一旦微不得意，必反噬为害。今吾绝其婚，杀其礼，杂姓知我弃之，不日将瓜剖之矣，卿曹第志之！"

臣光曰：孔子称去食、去兵，不可去信。唐太宗审知薛延陀不可妻，则初勿许其婚可也；既许之矣，乃复恃强弃信而绝之，虽灭薛延陀，犹可羞也。王者发言出令，可不慎哉！

【注释】

(1) 慈景：赵慈景，武德元年为尧君素所杀。(2) 太子太师、太傅、太保，统称东宫三师，唐并从一品，掌管太子教谕。同中书门下：谓同其侍众、中书令。(3) 少詹事：官名。职掌东宫内外庶务。(4) 宾客：即太子宾客。掌侍从规谏，赞相礼仪。(5) 公往不负李密：谓李世勣忠于李密，关键时刻不背叛。(6) 鸿胪少卿：官名。掌朝贺庆吊之赞导相礼。(7) 前后称名"惶恐"：这是古代表示对严师尊敬的一种书信格式。(8) 下流：本指江河下游。魏晋以后人称子孙为下流。(9) 怀远镇：今辽宁辽中县附近。(10) 左右屯营：即左右十二卫。(11) 橐（tuó）驼：骆驼。(12) 相思殿：殿名。在玄武门内。

上曰："盖苏文弑其君而专国政，诚不可忍，以今日兵力，取之不难，但不欲劳百姓，吾欲且使契丹、靺鞨扰之，何如？"长孙无忌曰："盖苏文自知罪大，畏大国之讨，必严设守备，陛下少为之隐忍，彼得以自安，必更骄惰，愈肆其恶，然后讨之，未晚也。"上曰："善！"戊辰，诏以高丽王藏为上柱国、辽东郡王、高丽王，遣使持节册命。

丙子，徙东莱王泰为顺阳王。

初，太子承乾失德，上密谓中书侍郎兼左庶子杜正伦曰："吾儿足疾乃可耳，但疏远贤良，狎昵群小，卿可察之。果不可教示，当来告我。"正伦屡谏，不听，乃以上语告之。太子抗表以闻，上责正伦漏泄，对曰："臣以此恐之，冀其迁善耳。"上怒，出正伦为谷州刺史。及承乾败，秋，七月，辛卯，复左迁正伦为交州都督。初，魏征尝荐正伦及侯君集有宰相材，请以君集为仆射，且曰："国家安不忘危，不可无大将，诸卫兵马宜委君集专知。"上以君集好夸诞，不用。及正伦以罪黜，君集谋反诛，上始疑征阿党。又有言征自录前后谏辞以示起居郎褚遂良者，上愈不悦，乃罢叔玉尚主，而踣所撰碑。

初，上谓监修国史房玄龄曰[1]："前世史官所记，皆不令人主见之，何也？"对曰："史官不虚美，不隐恶，若人主见之必怒，故不敢献也。"上曰："朕之为心，异于前世。帝王欲自观国史，知前日之恶，为后来之戒，公可撰次以闻。"谏议大夫朱子奢上言："陛下圣德在躬，举无过事，史官所述，义归尽善。陛下独览《起居》，于事无失，若以此法传示子孙，窃恐曾、玄之后或非上智，饰非护短，史官必不免刑诛。如此，则莫不希风顺旨，全身远害，悠悠千载，何所言乎！所以前代不观，盖为此也。"上不从。玄龄乃与给事中许敬宗等删为《高祖》、《今上实录》；癸巳，书成，上之。上见书六月四日事，语多微隐[2]，谓玄龄曰："周公诛管、蔡以安周，季友鸩叔牙以存鲁[3]，朕之所为，亦类是耳，史官何讳焉！"即命削去浮词，直书其事。

八月，庚戌，以洛州都督张亮为刑部尚书，参预朝政；以左卫大将军、太子右卫率李大亮为工部尚书。大亮身居三职[4]，宿卫两宫，恭俭忠谨，每宿直，必坐寐达旦。房玄龄甚重之，每称大亮有王陵、周勃之节，可当大位。

初，大亮为庞玉兵曹，为李密所获，同辈皆死，贼帅张弼见而释之，遂与定交。及大亮贵，求弼，欲报其德，弼时为将作丞，自匿不言。大亮遇诸途而识之，持弼而泣，多推家赀以遗弼，弼拒不受。大亮言于上，乞悉以其官爵授弼，上为之擢弼为中郎将。时人皆贤大亮不负恩，而多弼之不伐也。

九月，庚辰，新罗遣使言百济攻取其国四十余城[5]，复与高丽连兵，谋绝新罗入朝之路，乞兵救援。上命司农丞相里玄奖赍玺书赐高丽曰："新罗委质国家，朝贡不乏，尔与百济各宜戢兵，若更攻之，明年发兵击尔国矣！"

癸未，徙承乾于黔州。甲午，徙顺阳王泰于均州[6]。上曰："父子之情，出于自然。朕今与泰生离，亦何心自处！然朕为天下主，但使百姓安宁，私情亦可割耳。"又以泰所上表示近臣曰："泰诚为俊才，朕心念之，卿曹所知；但以社稷之故，不得不断之以义，使之居外者，亦所以两全之耳。"

先是，诸州长官或上佐岁首亲奉贡物入京师，谓之朝集使，亦谓之考使；京师无邸，率僦屋与商贾杂居。上始命有司为之作邸。

冬，十一月，己卯，上祀圜丘。

初，上与隐太子、巢剌王有隙，密明公赠司空封德彝阴持两端。杨文干之乱，上皇欲废隐太子而立上，德彝固谏而止。其事甚秘，上不之知，薨后乃知之。壬辰，治书侍御史唐临始追劾其事，请黜官夺爵。上命百官议之，尚书唐俭等议："德彝罪暴身后，恩结生前，所历众官，不可追夺，请降赠改谥。"诏黜其赠官[7]，改谥曰缪[8]，削所食实封[9]。

敕选良家女以实东宫。癸巳，太子遣左庶子于志宁辞之。上曰："吾不欲使子孙生于微贱耳。今既致辞，当从其意。"上疑太子仁弱，密谓长孙无忌曰："公劝我立雉奴[10]，雉奴懦，恐不能守社稷，奈何！吴王恪英果类我，我欲立之，何如？"无忌固争，以为不可，上曰："公以恪非己之甥邪？"无忌曰："太子仁厚，真守文良主；储副至重，岂可数易！愿陛下熟思之。"上乃止。十二月，壬子，上谓吴王恪曰："父子虽至亲，及其有罪，则天下之法不可私也。汉已立昭帝，燕王旦不服，阴图不轨，霍光折简诛之。为人臣子，不可不戒！"

庚申，车驾幸骊山温汤。庚午，还宫。

【注释】

(1)"上谓"句：历代史官隶属秘书省著作局，皆著作郎掌修国史。贞观三年，始移史馆于禁中，在门下省北，宰相监修国史；自是著作郎始罢史职。(2)语多微隐：指用词多隐讳曲折，没有真书明言，实谓诛李建成、李元吉事件。(3)"周公"句：周公诛杀管叔、蔡叔以安周室。成王幼，周公摄政，管、蔡流言，挟武庚反，固诛之以安周室。"季友"句：庆父、叔牙、季友皆鲁庄公子，公疾，问后于叔牙，牙曰："庆父才。"问季友，友曰："臣以死奉般。"遂鸩叔牙而立般。(4)身居三职：指大亮身居左卫大将军、太子右卫率、工部尚书三职。(5)新罗：古国名。居朝鲜南部三韩东南之辰韩地，首都庆州，与高句丽、百济并立。后统一朝鲜半岛大部。(6)均州：今湖北丹江口市西北旧均县。(7)赠官：除正职以外的官职名号。(8)谥曰缪：《谥法》：晚与实爽曰缪，散仁伤贤曰缪。(9)所食实封：盖所封食邑不实，与实有出入，故云。(10)雉奴：李治小字曰雉奴。

十八年（甲辰、644）

春，正月，乙未，车驾幸钟官城(1)；庚子，幸鄠县；壬寅，幸骊山温汤。

相里玄奖至平壤，莫离支已将兵击新罗，破其两城，高丽王使召之，乃还。玄奖谕使勿攻新罗，莫离支曰："昔隋人入寇(2)，新罗乘衅侵我地五百里，自非归我侵地，恐兵未能已。"玄奖曰："既往之事，焉可追论！至于辽东诸城，本皆中国郡县(3)，中国尚且不言，高丽岂得必求故地。"莫离支竟不从。

二月，乙巳朔，玄奖还，具言其状。上曰："盖苏文弑其君，贼其大臣，残虐其民，今又违我诏命，侵暴邻国，不可以不讨。"谏议大夫褚遂良曰："陛下指麾则中原清晏，顾眄则四夷詟服，威望大矣。今乃渡海远征小夷，若指期克捷，犹可也。万一蹉跌，伤威损望，更兴忿兵，则安危难测矣。"李世勣曰："间者薛延陀入寇(4)，陛下欲发兵穷讨，魏征谏而止，使至今为患。曏用陛下之策，北鄙安矣。"上曰："然。此诚征之失；朕寻悔之而不欲言，恐塞良谋故也。"

上欲自征高丽，褚遂良上疏，以为："天下譬犹一身：两京，心腹也；州县，四支也；四夷，身外之物也。高丽罪大，诚当致讨，但命二、三猛将将四五万众，仗陛下威灵，取之如反掌耳。今太子新立，年尚幼稚，自余藩屏，陛下所知，一旦弃金汤之全，逾辽海之险，以天下之君，轻行远举，皆愚臣之所甚忧也。"上不听。时群臣多谏征高丽者，上曰："八尧、九舜，不能冬种，野夫、童子，春种而生，得时故也。夫天有其时，人有其功。盖苏文陵上虐下，民延颈待救，此正高丽可亡之时也，议者纷纭，但不见此耳。"

己酉，上幸灵口；乙卯，还宫。

三月，辛卯，以左卫将军薛万彻守右卫大将军。上尝谓侍臣曰："于今名将，惟世勣、道宗、万彻三人而已，世勣、道宗不能大胜，亦不大败，万彻非大胜则大败。"

夏，四月，上御两仪殿，皇太子侍。上谓群臣曰："太子性行，外人亦闻之乎？"司徒无忌曰："太子虽不出宫门，天下无不钦仰圣德。"上曰："吾如治年时，颇不能循常度。治自幼宽厚，谚曰：'生（子如）狼，犹恐如羊'，冀其稍壮，自不同耳。"无忌对曰："陛下神武，乃拨乱之才，太子仁恕，实守文之德；趣尚虽异，各当其分，此乃皇天所以祚大唐而福苍生者也。"

　　辛亥，上幸九成宫。壬子，至太平宫[5]，谓侍臣曰："人臣顺旨者多，犯颜则少，令朕欲自闻其失，诸公其直言无隐。"长孙无忌等皆曰："陛下无失。"刘洎曰："顷有上书不称旨者，陛下皆面加穷诘，无不惭惧而退，恐非所以广言路。"马周曰："陛下比来赏罚，微以喜怒有所高下，此外不见其失。"上皆纳之。

　　上好文学而辩敏，群臣言事者，上引古今以折之，多不能对。刘洎上书谏曰："帝王之与凡庶，圣哲之与庸愚，上下相悬，拟伦斯绝。是知以至愚而对至圣，以极卑而对至尊，徒思自强，不可得也。陛下降恩旨，假慈颜，凝旒以听其言[6]，虚襟以纳其说，犹恐群下未敢对傅[7]，况动神机，纵天辩，饰辞以折其理，引古以排其义，欲令凡庶何阶应答！且多记则损心，多语则损气，心气内损，形神外劳，初虽不觉，后必为累，须为社稷自爱，岂为性好自伤乎！至如秦政强辩[8]，失人心于自矜；魏文宏才[9]，亏众望于虚说。此材辩之累，较然可知矣。"上飞白答之曰："非虑无以临下，非言无以述虑，比有谈论，遂致烦多，轻物骄人，恐由兹道，形神心气，非此为劳。今闻谠言，虚怀以改。"己未，至显仁宫[10]。

　　上将征高丽，秋，七月，辛卯，敕将作大监阎立德等诣洪、饶、江三州，造船四百艘以载军粮。甲午，下诏遣营州都督张俭等帅幽、营二都督兵及契丹、奚、靺鞨先击辽东以观其势[11]。以太常卿韦挺为馈运使，以民部侍郎崔仁师副之，自河北诸州皆受挺节度，听以便宜从事。又命太仆少卿萧锐运河南诸州粮入海。锐，瑀之子也。

　　八月，壬子，上谓司徒无忌等曰："人苦不自知其过，卿可为朕明言之。"对曰："陛下武功文德，臣等将顺之不暇，又何过之可言！"上曰："朕问公以己过，公等乃曲相谀悦，朕欲面举公等得失以相戒而改之，何如？"皆拜谢。上曰："长孙无忌善避嫌疑，应物敏速，决断事理，古人不过；而总兵攻战，非其所长。高士廉涉猎古今，心术明达，临难不改节，当官无朋党；所乏者骨鲠规谏耳。唐俭言辞辩捷，善和解人；事朕三十年，遂无言及于献替。杨师道性行纯和，自无愆违；而情实怯懦，缓急不可得力。岑文本性质敦厚，文章华赡；而持论恒据经远，自当不负于物。刘洎性最坚贞，有利益；然其意尚然诺，私于朋友。马周见事敏速，性甚贞正，论量人物，直道而言，朕比任使，多能称意。褚遂良学问稍长，性亦坚正，每写忠诚，亲附于朕，譬如飞鸟依人，人自怜之。"

　　甲子，上还京师。

　　丁卯，以散骑常侍刘洎为侍中[12]，行中书侍郎岑文本为中书令[13]，太子左庶子中书侍郎马周守中书令。

　　文本既拜，还家，有忧色。母问其故，文本曰："非勋非旧，滥荷宠荣，位高责重，所以忧惧。"亲宾有来贺者，文本曰："今受吊，不受贺也。"

文本弟文昭为校书郎[14]，喜宾客，上闻之不悦；尝从容谓文本曰："卿弟过尔交结，恐为卿累；朕欲出为外官，何如？"文本泣曰："臣弟少孤，老母特所钟爱，未尝信宿离左右。今若出外，母必愁悴，倘无此弟，亦无老母矣。"因歔欷呜咽[15]，上愍其意而止。惟召文昭严戒之，亦卒无过。

【注释】

（1）钟官城：今陕西户县东北。（2）隋人入寇：指隋末炀帝穷兵黩武，讨伐高丽。（3）本皆中国郡：指汉、魏时期高丽之地皆为中国的郡县。（4）薛延陀入寇：指贞观十五年前薛延陀攻击突厥思摩。（5）太平宫：今陕西户县东南三十里。（6）凝眸：指注意力集中，头颈皆不动，旒似凝固一般，即凝神，全神贯注。（7）对傅：即对扬，对答称扬之义。（8）秦政：即秦始皇。（9）魏文：即魏文帝曹丕。（10）显仁宫：今河南宜阳县。（11）营州：今辽宁朝阳市。（12）散骑常侍：在皇帝左右规劝过失，以备顾问的无实际职权的尊贵之官。侍中：侍从皇上，对应顾问，相当于宰相之职。（13）行中书侍郎：行，为唐宋官制的一种，即由官阶高而所理职低的谓之行。中书侍郎，为中书省监或令的副长官。（14）校书郎：官名。掌雠校典籍。（15）歔欷呜咽：哀叹抽泣声。

九月，以谏议大夫褚遂良为黄门侍郎[1]，参预朝政。

焉耆贰于西突厥[2]，西突厥大臣屈利啜为其弟娶焉耆王女，由是朝贡多阙；安西都护郭孝恪请讨之。诏以孝恪为西州道行军总管，帅步骑三千出银山道以击之[3]。会焉耆王弟颉鼻兄弟三人至西州，孝恪以颉鼻弟栗婆准为乡导。焉耆城四面皆水，恃险而不设备，孝恪倍道兼行，夜，至城下，命将士浮水而渡，比晓，登城，执其王突骑支，获首虏七千级，留栗婆准摄国事而还。孝恪去三日，屈利啜引兵救焉耆，不及，执栗婆准，以劲骑五千，追孝恪至银山，孝恪还击，破之，追奔数十里。

辛卯，上谓侍臣曰："孝恪近奏称八月十一日往击焉耆，二十日应至，必以二十二日破之，朕计其道里，使者今日至矣！"言未毕，驿骑至。

西突厥处那啜使其吐屯摄焉耆，遣使入贡。上数之曰："我发兵击得焉耆，汝何人而据之！"吐屯惧，返其国。焉耆立栗婆准从父兄薛婆阿那支为王，仍附于处那啜。

乙未，鸿胪奏"高丽莫离支贡白金。"褚遂良曰："莫离支弑其君，九夷所不容[4]，今将讨之而纳其金，此郜鼎之类也[5]，臣谓不可受。"上从之。上谓高丽使者曰："汝曹皆事高武，有官爵。莫离支弑逆，汝曹不能复仇，今更为之游说以欺大国，罪孰大焉！"悉以属大理。

冬十月，辛丑朔，日有食之。

甲寅，车驾行幸洛阳，以房玄龄留守京师，右卫大将军、工部尚书李大亮副之。

郭孝恪锁焉耆王突骑支及其妻子诣行在，敕宥之。丁巳，上谓太子曰："焉耆王不求贤辅，不用忠谋，自取灭亡，系颈束手，漂摇万里；人以此思惧，则惧可知矣。"

己巳，畋于渑池之天池[6]；十一月，壬申，至洛阳。

前宜州刺史郑元璹[7]，已致仕，上以其尝从隋炀帝伐高丽，召诣行在；问之，对曰："辽东道远，粮运艰阻；东夷善守城，攻之不可猝下。"上曰："今日非隋之比，公但听之。"

张俭等值辽水涨，久不得济，上以为畏懦，召俭诣洛阳。至，具陈山川险易，水草美恶；上悦。

上闻洺州刺史程名振善用兵，召问方略，嘉其才敏，劳勉之，曰："卿有将相之器，朕方将任使。"名振失不拜谢，上试责怒，以观其所为，曰："山东鄙夫，得一刺史，以为富贵极邪！敢于天子之侧，言语粗疏；又复不拜！"名振谢曰："疏野之臣，未尝亲奉圣问，适方心思所对，故忘拜耳。"举止自若，应对愈明辩。上乃叹曰："房玄龄处朕左右二十余年，每见朕谴责余人，颜色无主。名振平生未尝见朕，朕一旦责之，曾无震慑，辞理不失，真奇士也！"即日拜右骁卫将军。

甲午，以刑部尚书张亮为平壤道行军大总管，帅江、淮、岭、峡兵四万，长安、洛阳募士三千，战舰五百艘，自莱州泛海趋平壤[8]；又以太子詹事、左卫率李世勣为辽东道行军大总管，帅步骑六万及兰、河二州降胡趣辽东[9]，两军合势并进。庚子，诸军大集于幽州，遣行军总管姜行本、少府少监丘行淹先督众工造梯冲于安萝山。时远近勇士应募及献攻城器械者不可胜数，上皆亲加损益，取其便易。又手诏谕天下，以"高丽盖苏文弑主虐民，情何可忍！今欲巡幸幽、蓟[10]，问罪辽、碣[11]，所过营顿，无为劳费。"且言："昔隋炀帝残暴其下，高丽王仁爱其民，以思乱之军击安和之众，故不能成功。今略言必胜之道有五：一曰以大击小，二曰：以顺讨逆，三曰以治乘乱，四曰以逸待劳，五曰以悦当怨，何忧不克！布告元元，勿为疑惧！"于是凡顿舍供费之具，减者太半。

十二月，辛丑，武阳懿公李大亮卒于长安，遗表请罢高丽之师。家余米五斛，布三十匹。亲戚早孤为大亮所养，丧之如父者十有五人。

壬寅，故太子承乾卒于黔州，上为之废朝，葬以国公礼。

甲寅，诏诸军及新罗、百济、奚、契丹分道击高丽。

初，上遣突厥俟利苾可汗北渡河，薛延陀真珠可汗恐其部落翻动，意甚恶之[12]，预蓄轻骑于漠北，欲击之。上遣使戒敕，无得相攻。真珠可汗对曰："至尊有命，安敢不从！然突厥翻覆难期，当其未破之时，岁犯中国，杀人以千万计。臣以为至尊克之，当虏为奴婢，以赐中国之人；乃反养之如子，其恩德至矣，而结社率竟反。此属兽心，安可以人理待也！臣荷恩深厚，请为至尊诛之。"自是数相攻。

俟利苾之北渡也，有众十万，胜兵四万人，俟利苾不能抚御，众不惬服。戊午，悉弃俟利苾南渡河，请处于胜、夏之间[13]；上许之。群臣皆以为："陛下方远征辽左，而置突厥于河南，距京师不远，岂得不为后虑！愿留镇洛阳，遣诸将东征。"上曰："夷狄亦人耳，其情与中夏不殊。人主患德泽不加，不必猜忌异类。盖德泽洽，则四夷可使如一家；猜忌多，则骨肉不免为仇敌。炀帝无道，失人已久，辽东之役，人皆断手足以避征役，玄感以运卒反于黎阳，非戎狄为患也。朕今征高丽，皆取愿行者，募十得百，募百得千，其不得从军者，皆愤叹郁邑，岂比隋之行怨民哉！突厥贫弱，吾收而养之，计其感恩，入于骨髓，岂肯为患！且彼与薛延陀嗜欲略同，彼不北走薛延陀而南归我，其情可见矣。"顾谓褚遂良曰："尔知起居，为我志之，自今十五年，保无突厥之患。"俟利苾既失众，轻骑入朝，上以为右武卫将军。

【注释】

（1）黄门侍郎：门下省侍郎，正四品上，为门下省副长官，皇上近侍，参预朝政。（2）焉耆贰于西突厥：贞观十六年，行安西都护、西州刺史。盖灭高昌后，便置安西都护，治西州，西至焉耆七百一十里，故有贰于西突厥之说。（3）银山道：今新疆托克逊西南库木什。（4）九夷：畎夷、干夷、方夷、黄夷、白夷、赤夷、玄夷、风夷、阳夷。实泛指东方各夷族。（5）郜鼎之类：桓公取郜大鼎于宋，纳于太庙，非礼。此言纳高丽莫离支贡白金也类此不合情理。（6）渑池：今河南渑池县。（7）郑元璹：仕隋，为左武卫将军，曾从隋炀帝讨伐高丽。（8）莱州：今山东掖县。（9）兰、河二州：兰州，今甘肃兰州市；河州，今甘肃临夏县。（10）幽、蓟：州名。幽州，今河北涿州；蓟州，今河北蓟县。（11）辽、碣：指辽东、碣石一带，是大方位名称。辽东，今辽宁省大部分地区；碣石，即碣石山，今河北昌黎县西北仙台山，由碣石可入海。（12）"上遣"句：夷狄天性畏服大种，俟利苾承祖父余威，依中国之大援，还主部落；薛延陀虽据漠北，与铁勒诸部旧属突厥，闻俟利苾之来，恐其部落翻而从之，故甚憎恶。（13）胜、夏之间：即胜州、夏州之间。胜州，今内蒙古准格尔旗东北黄河南岸十二连城；夏州，今陕西靖边县东北白城子。

十九年（乙巳、645）

春，正月，韦挺坐不先行视漕渠，运米六百余艘至卢思台侧[1]，浅塞不能进，械送洛阳；丁酉，除名，以将作少监李道裕代之。崔仁师亦坐免官。

沧州刺史席辩坐赃污，二月，庚子，诏朝集使临观而戮之。

庚戌，上自将诸军发洛阳，以特进萧瑀为洛阳宫留守。乙卯，诏："朕发定州后，宜令皇太子监国。"开府仪同三司致仕尉迟敬德上言："陛下亲征辽东，太子在定州，长安、洛阳心腹空虚，恐有玄感之变。且边隅小夷，不足以勤万乘，愿遣偏师征之，指期可殄。"上不从。以敬德为左一马军总管，使从行。

丁巳，诏谥殷太师比干曰忠烈[2]，所司封其墓，春秋祠以少牢，给随近五百户供洒扫。

上之发京师也，命房玄龄得以便宜从事，不复奏请。或诣留台称有密，玄龄问密谋所在，对曰："公则是也。"玄龄驿送行在。上闻留守有表送告密人，上怒，使人持长刀于前而后见之，问告者为谁，曰："房玄龄。"上曰："果然。"叱令腰斩。玺书让玄龄以不能自信，"更有如是者，可专决之。"

癸亥，上至邺[3]，自为文祭魏太祖[4]，曰："临危制变，料敌设奇，一将之智有余，万乘之才不足。"

是月，李世勣军至幽州。

三月，丁丑，车驾至定州[5]。丁亥，上谓侍臣曰："辽东本中国之地，隋氏四出师而不能得[6]；朕今东征，欲为中国报子弟之仇，高丽雪君父之耻耳[7]。且方隅大定[8]，惟此未平，故及朕之未老，用士大夫余力以取之。朕自发洛阳，唯啖肉饭，虽春蔬亦不之进，惧其烦扰故也。"上见病卒，召至御榻前存慰，付州县疗之，士卒莫不感悦。有不预征名[9]，自愿以私装从军，动以千计，皆曰："不求县官勋赏，惟愿效死辽东。"上不许。

上将发，太子悲泣数日，上曰："今留汝镇守，辅以俊贤，欲使天下识汝风采。夫为国之要，在于进贤退不肖，赏善罚恶，至公无私，汝当努力行此，悲泣何为！"命开府仪同三司高士廉摄太子太傅，与刘洎、马周、少詹事张行成、右庶子高季辅同掌机务，辅太子。长孙无忌、岑文本与吏部尚书杨师道从行。壬辰，车驾发定州，亲佩弓矢，手结雨衣于鞍后。命长孙无忌摄侍中，杨师道摄中书令。

李世勣军发柳城[10]，多张形势，若出怀远镇者，而潜师北趣甬道[11]，出高丽不意。夏，四月，戊戌朔，世勣自通定济辽水，至玄菟[12]。高丽大骇，城邑皆闭门自守。壬寅，辽东道副大总管江夏王道宗将兵数千至新城，折冲都尉曹三良引十余骑直压城门，城中惊扰，无敢出者。营州都督张俭将胡兵为前锋，进渡辽水，趋建安城[13]，破高丽兵，斩首数千级。

【注释】

（1）卢思台：今北京市卢沟桥西北。（2）比干：商纣王之叔父。官至少师。纣淫虐无度，国势危殆，以死力谏，被剖腹验心，素称忠臣。（3）邺：邺县。今河北临漳县西南邺镇。（4）魏太祖：魏武帝曹操死后庙号太祖，葬于邺县城西高陵。（5）定州：今河北定县。（6）隋氏四出师：指隋文帝开皇十八年伐高丽，炀帝大业八年、九年、十年，三伐高丽。（7）欲为中国报子弟之仇：指为国人随隋帝四出师伐高丽而死难的子弟报仇。高丽雪君父之耻：言盖苏文弑其君父不能讨伐，今讨其罪，为高丽雪耻。（8）方隅：四方边境。（9）不预征名：没有列入东征名籍。（10）柳城：今辽宁朝阳市。（11）甬道：隋大业八年伐辽时，起浮桥渡辽水所筑。（12）玄菟：旧郡名。今辽宁新宾县西南京兴老城附近。（13）建安城：今辽宁盖县青石关。

太子引高士廉同榻视事[1]，又令更为士廉设案，士廉固辞。

丁未，车驾发幽州。上悉以军中资粮、器械、簿书委岑文本，文本夙夜勤力，躬自料配，筹、笔不去手[2]，精神耗竭，言辞举措，颇异平日。上见而忧之，谓左右曰："文本与我同行，恐不与我同返。"是日，遇暴疾而薨。其夕，上闻严鼓声[3]，曰："文本殒没，所不忍闻，命撤之。"时右庶子许敬宗在定州，与高士廉等同知机要，文本薨，上召敬宗，以本官检校中书侍郎。

壬子，李世勣、江夏王道宗攻高丽盖牟城[4]。丁巳，车驾至北平[5]。癸亥，李世勣等拔盖牟城，获二万余口，粮十余万石。

张亮帅舟师自东莱渡海，袭卑沙城[6]，其城四面悬绝，惟西门可上。程名振引兵夜至，副总管王文度先登，五月，己巳，拔之，获男女八千口。分遣总管丘孝忠等曜兵于鸭绿水[7]。

李世勣进至辽东城下。庚午，车驾至辽泽，泥淖二百余里，人马不可通，将作大匠阎立德布土作桥，军不留行。壬申，渡泽东。乙亥，高丽步骑四万救辽东，江夏王道宗将四千骑逆击之，军中皆以为众寡悬绝，不若深沟高垒以俟车驾之至。道宗曰："贼恃众，有轻我心，远来疲顿，击之必败。且吾属为前军，当清道以待乘舆，乃更以贼遗君父乎！"李世勣以为然。果毅都尉马文举曰："不遇勍敌，何以显壮士！"策马趋敌，所向皆靡，众心稍安。既合战，行军总管张君乂退走，唐兵不利，道宗收散卒，登高而望，见高丽陈乱，与骁骑数十冲之，左右出入；李世勣引兵助之，高丽大败，斩首千余级。丁丑，车驾渡辽水，撤桥，以坚士卒之心，军于马首山[8]，劳赐江夏王道宗，超拜马文举中郎将，斩张君乂。上自将数百骑至辽东城下，见士卒负土填堑，上分其尤重者，于马上持之，从官争负土致城下。李世勣攻辽东城，昼夜不息，旬有二日，上引精兵会之，围其城数百重，鼓噪声震天地。甲申，南风急，上遣锐卒登冲竿之末[9]，爇其西南楼[10]，火延烧城中，因麾将士登城，高丽力战不能敌，遂克之，所杀万余人，得胜兵万余人，男女四万口，以其城为辽州。

乙未，进军白岩城[11]。丙申，右卫大将军李思摩中弩矢，上亲为之吮血；将士闻之，莫不感动。乌骨城遣兵万余为白岩声援，将军契苾何力以劲骑八百击之，何力挺身陷陈，槊中其腰，尚辇奉御薛万备单骑往救之，拔何力于万众之中而还。何力气益愤，束疮而战，从骑奋击，遂破高丽兵，追奔数十里，斩首千余级，会暝而罢。万备，万彻之弟也。

【注释】

　（1）同榻：同坐一榻。（2）筹：筹码、筹策。记数之具。（3）严鼓：急促的鼓声。一般用紧锣密鼓传递紧急情报。（4）盖牟城：今辽宁抚顺市北。（5）北平：今河北卢龙县。（6）卑沙城：今辽宁金县东大黑山。（7）鸭绿水：今称之谓鸭绿江。在平壤城西北四百五十里。（8）马首山：今辽宁辽阳市西南首山。（9）冲竿：以撑竿登城之具。（10）爇（ruò）：烧，点燃。（11）白岩城：今辽宁辽阳市东燕州城。

【译文】

唐纪十三　太宗文武大圣大广孝皇帝中之下
贞观十七年　（癸卯、公元 643 年）

夏，四月，庚辰朔日（初一），李承基上书告发太子策划叛变。皇上命令长孙无忌、房玄龄、萧瑀、李世勣和大理寺、中书省、门下省一起参加审问。因为太子造反的证据已经详备，皇上对侍臣们说："要如何来处罚承乾呢？"群臣都不敢回答，通事舍人来济进谏说："皇上不能不说是一位慈父，如果能不杀戮太子，那是最好！"皇上依从他的谏言。来济，是来护儿的儿子。

乙酉日（初六），皇上下令把太子李承乾废为平民，幽禁在右领军府。皇上想要免除汉王李元昌的死罪，群臣坚决反对，于是赐他在家中自杀。但赦免他母亲、妻子、子女的罪。侯君集、李安俨、赵节和杜荷等人都被杀戮。左庶子张玄素、右庶子赵弘智和令狐德棻等人都由于不能进谏劝告，都连坐贬为平民。其他当连坐的人，都赦免了他们的罪。詹事于志宁因为时常进谏劝告，独蒙皇上慰劳勉励。皇上任命纥干承基为佑川府折冲都尉，爵位封为平棘县公。

当侯君集被关押的时候，贺兰楚石又到宫中来告发他谋划造反的事，皇上引出君集对他说："我不想教狱官来凌辱你，所以我亲自来审问你。"君集最初不承认，后来引出楚石说出他参加谋反的经过，又把他给承乾的笺启给他看，君集无话好说，因此只好承认。皇上对侍臣们说："君集对朝廷有功劳，我想为他乞求赦免死罪，行吗？"群臣都认为不可以赦免他的死罪。皇上因此对君集说："我和你永别了。"说着便流下眼泪。君集也仆倒在地，后来被斩杀在东市。君集临死的时候，对监刑将军说："我竟然错到这种地步，不过，我在藩邸事奉皇上，打败占领吐谷浑和高昌，我请求保全一个儿子以奉祭祀。"皇上因此赦免他的妻子和子女，下令他们迁到岭南。没收他的家产时，得到两个美人，他们从小就只吃人奶水而不吃其他的食物。

当初皇上教李靖教导侯君集兵法的时候，君集对皇上说："李靖就要造反了。"皇上问李靖造反的原因，君集对皇上说："李靖只教导我粗鄙的兵法，而他却隐藏精良的兵法，因此可以知道他将来会造反。"皇上就把这件事问李靖，李靖对皇上说："这就是君集要造反的证明。现今西夏已经平定，我所教的兵法，足以抵御四方的夷狄，可是君集却坚决要求我把所有的兵术教导他，不是用来造反，那又用来做什么呢？"江夏王李道宗曾经坦然地对皇上说："君集的志愿大而智慧小，自认为自己有一点小功，在房玄龄和李靖之下是一件羞辱的事，虽然他做了吏部尚书，但他的心里却不满足。以我看来，他必定会起来叛乱。"皇上说："君集的才能，哪一个职位都可胜任！我又哪里吝惜这个皇帝的重位？只是还不能轮到他罢了，怎么可以任意猜测，乱生猜忌疑惑呢！"等到君集造反被弑，皇上因此对道宗致谢说："君集果真像你所说的一样。"

　　李安俨的父亲，已九十多岁，皇上怜悯他，赐给他奴婢来服侍他。

　　太子承乾既已犯罪，魏王李泰每天到宫中侍奉皇上，皇上当面答应封他为太子，岑文本和刘洎也都劝告皇上封魏王泰为太子，只有长孙无忌坚决请求立晋王李治为太子。皇上对侍臣们说："昨天李泰靠在我的怀里对我说：'我今天才真正成为皇上的儿子，今天是我再生的日子。我有一个儿子，我死的那一天，我定要为皇上杀掉了他，传位给晋王。'那一个人不疼爱他的儿子，我见到他这个样子，非常怜悯他。"谏议大夫褚遂良说："皇上的话大错，希望谨慎想想不要再做错！哪里会皇上万岁以后，魏王据守天下，肯杀他的爱子，传位给晋王呢？皇上先前既已立承乾为太子，可是又宠爱魏王，礼数又超过承乾，因此酿成今天的祸乱。过去的事不太遥远，可以作为借鉴。皇上现在立魏王，希望先安置晋王，才能安然无事。"皇上流着泪说："我不能这样做。"皇上因此起身到宫中去。魏王泰唯恐皇上立晋王治为太子，因此对他说："你和元昌友善，元昌现在已经失败，你难道不会感到忧伤吗？"治因此显出忧愁的面色，皇上觉得很奇怪，几次打听他的缘故，治把情形告诉皇上，皇上感到惘然，才懊悔立泰为太子的话。皇上曾亲自责备承乾，承乾说："我为太子，还有什么要求！只因为泰有所图谋，所以时常和朝臣谋求自安的方法，不法的人因此教导我做一些不轨的事罢了。现在要是立泰为太子，那正好落入他的预谋。"

　　李承乾既已废为平民，皇上到了两仪殿，群臣都走光，只留下长孙无忌、房玄龄、李世勣和褚遂良，皇上对他们说："我的三个儿子和一个弟弟这样作为，我的心里真是空虚失落。"皇上于是投身撞倒在床上，无忌等臣子争着向前去拥抱皇上，皇上又拔出身上的佩刀想自杀，于中良夺取佩刀送给晋王治。无忌等臣子请求皇上说出他的愿望，皇上说："我想立晋王为太子。"无忌说："我恭敬奉守皇上的诏命，如果有异议的人，我请求皇上杀了他。"皇上对治说："你的舅舅同意立你为太子，你应该拜谢他。"治于是拜谢无忌。皇上对无忌等臣子说："你们已经赞同我的心意，不知道外边人的意见怎么样？"群臣对皇上说："晋王为人仁慈忠孝，天下的人归心很久，请皇上召问百官，如果有不同意见的人，臣等辜负皇上，罪该万死。"皇上因此驾临太极殿，召见六品以上的文武百官，对他们说："承乾背叛，泰也险恶，都不可以立为太子，我想挑选其他的儿子来继承，那一个可以呢？你们明白地说。"群臣都大呼说："晋王最为仁慈孝顺，应该由他来继承。"皇上非常高兴，这一天，泰率领一百多个骑兵，到了永安门，皇上命令门司教他的骑兵都躲避到远处，带领泰进入肃章门，幽禁在北苑。

　　丙戌日（初七），皇上诏令书立晋王李治为皇太子，到了承天门楼，宽赦天下，痛饮三天。皇上对侍臣们说："我若是立泰为太子，那么太子这一个位子可以请求而得。从现在开始，太

子失德和藩王窥察这两件事，已经全都过去了。这些事留传给后代的子孙，永远可以作为处事的法则。如果立泰为太子，承乾和治都不能保全；立治为太子，那么承乾和泰都能安然无忧。"

司马光说：唐太宗不把天子的位子传给他所喜爱的魏王泰，这样杜塞祸乱的根源，可以说他是一位有深远谋略的天子了。

丁亥日（初八），皇上委任中书令杨师道为吏部尚书。原来长广公主嫁给赵慈景，生了赵节，慈景死去以后，再嫁给杨师道，杨师道和长孙无忌等人一同来审问承乾的罪，暗中为赵节铺路，于是获得遣责。皇上到了公主的住所，公主用头撞地，流着眼泪为儿子求情，皇上也流泪说："奖赏不避开仇人，惩罚不偏袒亲戚，这是上天公正的道理，我不敢违背，因此我只好辜负了姐姐。"

己丑日（初十），皇上委任长孙无忌为太子太师，房玄龄为太傅，萧瑀为太保，李世勣为詹事，瑀和世勣都是同中书门下三品，同中书门下三品是从这个时候开始。皇上又委任左卫大将军李大亮领右卫率，前詹事于志宁和中书侍郎马周为左庶子，吏部侍郎苏勖和中书舍人高季辅为右庶子，刑部侍郎张行成为少詹事，谏议大夫褚遂良为宾客。

李世勣曾经得了急病，药方说："须灰可以治疗。"皇上自己剪了胡须为他调和药饵，世勣流着眼泪向皇上叩头拜谢，皇上说："为了国家，不是只为了你，有什么好拜谢的呢？"世勣曾经侍奉皇上宴会，皇上从容地说："我寻求可以委托幼孤的群臣，没有人能超过你，你既然过去不辜负李密，那现又怎能辜负我呢！"世勣流着眼泪叩谢皇上，同时咬破指头流着血来发誓，后来因为喝醉酒，皇上解下衣服盖在他的身上。

癸巳日（十四日），皇上下书解除魏王李泰雍州牧、相州都督、左武候大将军的职务，并且爵位降为东莱郡王。泰府中的部僚，只要是泰所亲近的，都贬迁到岭表。由于杜楚客的哥哥杜如晦有功劳，赦免死罪，废为平民。给事中崔仁师曾经暗中奏请皇上立魏王泰为太子，所以贬迁他为鸿胪少卿。

庚子日（二十一日），制订太子拜见三师的礼节：在东宫的殿门外迎纳三师，太子先作揖，三师也回答揖拜；通门殿门的时候，太子让三师先走，三师坐下，太子才能坐下。太子给三师的书信，前后都自称名字加"惶恐"二字。

五月，癸酉日（二十五日），太子上奏表，由于"李承乾和李泰只不过一套随身的衣服，饭菜也不能合胃口，他们的痛苦，实在值得可怜同情，请求皇上命令掌管的官吏，要优厚地供给他们衣服和饮食。"皇上同意了太子的请求。

黄门侍郎刘洎向皇上上谏，他认为"太子应该严谨治学，亲近师友。然而现在太子在宫庭里陪伴皇上，往往不是超过十天就是一个月，从师保以下的人，都很少接近太子，希望皇上阻止普通的恩爱，弘扬远大的法则，那全国的人都可以得到幸福。"皇上于是任命刘洎、岑文本、褚遂良和马周轮流到东宫，和太子一起出游宴饮，以及谈论学问。

六月，己卯朔日（初一），日蚀。

丁亥日（初九），太常丞邓素出差到高丽回来，要求在怀远镇增加戍守的军队以威逼高丽，皇上说："孔子曾经说：'远方的人不服从，那应当修治文教美德使他们来归附。'我从来没有听说只有一、二百个戍守的兵士就能够威慑远方的呀！"

丁酉日（十九日），右仆射高士廉要让位，皇上同意了，他的开府仪同三司，勋爵封邑都和先前相同，又保留同门下中书三品，掌管政事。

闰月，辛亥日（初四），皇上对侍臣说："朕自从立太子以后，遇到事情就教导他，看到他在吃饭，就对他说：'你知道耕稼的艰辛，就能常有饭吃。'看到他乘坐马车，就说：'你知道马的劳逸情形，不过分用尽马力，就能常有马车可以乘坐。'看见他乘坐船，就说：'水可以载运舟船，也可以使舟船倾覆，百姓就像水，国君就像舟船。'看到他在树下休息，就说：'木材受到绳墨的规正就能正直，国君接受劝告才能圣明。'"

丁巳日（初十），下令由太子掌理左、右屯营兵马的事情，大将军以下都接受太子处置。

薛延陀真珠可汗派遣他的侄子突利设前来贡献钱币，五万匹马，牛、橐驼一万头和十万只羊。庚申日（十三日），突利设设宴谢皇上，皇上前去相思殿接受献食，大宴群臣，增加十部音乐。突利设再三下拜祝皇上万寿无疆，皇上给他的奖赏非常优厚。

契苾何力向皇上说："不能和薛延陀通婚。"皇上说："我已经答应了，身为天子怎么可以背信弃义呢？"何力回答说："臣不是要陛下马上拒绝他，而是希望暂时拖延一下这件事。臣听说古代有亲自迎亲的礼节，如果下令给夷男，要他亲自迎娶，那么即使不到京师，也应该到灵州；但看样子他必定不敢来，我们拒绝他就有借口了。夷男性情刚戾，婚事既不成，下属又离心叛离，不到一、两年一定会病死，两个儿子就抢着要立为可汗，那时候就能不动干戈而控制他了！"皇上接受何力提议，就召见真珠可汗要他亲自前来迎娶，又下令准备前往灵州和真珠可汗会面。真珠十分高兴，要前往灵州，大臣劝谏他说："如果被对方拘留，后悔就来不及了！"真珠说："我听说唐天子有圣贤的美德，我能够前往和他见面，死了也不遗憾。并且漠北一定会有主人，不需我操心，我已决定行程，不必再多说！"皇上派遣三路使者，接受真珠可汗所进献的各种牲畜。薛延陀开始就没有蓄积财物的仓库、马厩，真珠向各部落征调征收。来回的路程有一万里，路上还要经过沙漠，没有水草，使得消耗、死亡的牲畜将近一半，于是误了和皇上会面的日期。有人认为聘财不齐备就和对方结婚，会使戎狄小看中国；皇上就下诏令和真珠可汗断绝婚约，停止前往灵州，又要三路使者返回。

褚遂良上疏给皇上，认为"薛延陀本来是一个俟斤，陛下扫平沙漠地带，万里呈现一片萧条，剩下的敌人四处奔走逃亡，必须要有酋长接受玺书鼓纛，以封为可汗，才能控制局面。最近陛下又大赐恩典，允许和薛延陀通婚，并且已经告诉了西面的吐蕃，和北方的思摩，就连中国境内的幼童，也没有不知道的。皇上又亲到北门，接受他们派人呈献的宴食，群臣和四方夷狄，整天都在宴饮玩乐。大家都认为陛下为了安抚百姓，不吝惜一个女儿，所以百姓们谁不怀念皇上恩德呢？现今一下子却产生后退的念头，而有改变诺言、翻悔的心意，臣为国家惋惜声誉从此受损；所顾全的利益不多，而所丧失的却太多了，两方的怨隙一产生，一定会造成边境的战患。对方积蓄了被欺骗的怒气，而我方百姓又抱着悔约的惭愧心理，这种情形恐怕不是使远人驯服，教训战士的方法。陛下统治天下有十七年，用恩义以交结庶民百姓，用信义安抚四方戎夷，使得百姓戎夷没有不欣然愉快的，亏负对方没有好处，为什么要吝惜一个女儿，而不使恩德有始有终呢！而且龙沙以北，有无数的部落，中国想加以消灭，还是消灭不完，应该以恩德怀柔他们，让做恶的是戎夷而不是中国，失信的是对方而不是本朝，那么尧、舜、禹、汤和陛下比就差得远了！"皇上不接纳。

那时候，群臣们都如此说："国家既然同意通婚，接受聘礼财物，就不可失信于戎狄，而再产生边境忧患。"皇上说："你们各位只知道古代情况而不知晓现在的形势。先前汉朝初年匈奴强大，中国弱小，所以拿盛妆的女子，和赐金帛以引诱匈奴，这样做很对。如今中国强大，戎狄弱小，我只要出动步兵一千人，就可进击胡人好几万骑兵，薛延陀所以跪下叩头，任我所要，不敢怠慢骄傲的原因，是因刚刚做了君长，其他各姓和他不同种族，想要借中国的声势让各部落畏惧罢了。同罗、仆骨、回纥等十几个部落，兵力各有几万人，合力攻击的话，马上就可把薛延陀消灭，他们所以不敢发动攻击，是怕薛延陀是中国所立的君长。如今以女儿嫁他，他凭借是大国天子的女婿，各姓部落谁敢不服！戎狄是人面兽心的，一旦有点失意时，一定会反咬一口而造成忧患。现在我断绝和他通婚，拒绝接受其聘礼，各姓部落知道我遗弃他，没有多久，就要瓜分薛延陀了，你们只要记着就是！"

臣司马光说：孔子说可以抛开食物、抛开军备，但不可抛开信义，唐太宗确实知道薛延陀不能把女儿嫁给他，那么当初不要答应他通婚就可以了；既然答应了他，又自恃强大而背信拒绝了他，就是把薛延陀消灭了，也是羞耻的事。身为一国之君，发号施令能不谨慎小心吗！

皇上说："盖苏文杀死国君而独揽政权，实在令人不能忍受，以现在我们的兵力，攻击他并不困难，但是我不愿劳苦百姓；我想暂时派契丹、靺鞨出兵惊扰盖苏文，怎么样？"长孙无忌说："盖苏文自己知道罪不重大，害怕大国的讨伐，一定会严厉地防备着，陛下稍稍容忍一下，让对方能够心安，一定会更加骄傲怠惰，更加扩大他的罪恶，那时候再征伐，也还不晚啊！"皇上说："好！"戊辰日（二十一日），下令任命高丽王藏为上柱国、辽东郡王、高丽王，派遣使者拿着符节前去删封任命。

丙子日（二十九日），把东莱王李泰迁调为顺阳王。

起，太子李承乾德性不好，皇上暗中对中书侍郎兼左庶子杜正伦说："我儿子的脚病并不重要，但他缺乏贤正善良，而亲近小人，是需要你好好观察的。如果确实不能教育，你应当来告诉我。"杜正伦屡次劝谏太子，太子不听，就把皇上的话告诉了太子。太子就上表向皇上报告，皇上遗责正伦泄漏他的话，正伦回答说："臣是要借皇上的话恐吓太子，希望他能迁善改过罢了。"皇上气愤，就把正伦外放为谷州刺史。后来承乾背叛失败，秋天，七月，辛卯日（十四日），又把正伦贬为交州都督。起初，魏征曾经推荐正伦和侯君集，说他们具备宰相的才能，请求委任侯群集为仆射，并且说："国家在安定时不要忘记危难，也不可以没有大将，各卫兵马应该交付给君集掌管。"皇上因为君集爱好夸大，就不用他。后来正伦由罪贬官，君集谋反被杀，皇上才怀疑魏征营私结党。又有人说魏征自己记录前后对国君的进谏，以交给起居郎褚遂良，皇上更加不高兴，就打消让魏征儿子叔玉娶衡山公主的计划，又推倒自己撰写的魏征墓碑碑文。

起初，皇上对监修国史的房玄龄说："前代史官所记载的内容，都不让国君看，为什么？"玄龄回答说："史官不随意赞美，也不隐藏错行，如果国君看了，必定会生气，所以不敢呈给国君看。"皇上说："朕的用心，和前代国君不同。帝王要亲自察看国史，以了解以前所犯的过错，做为后来的警告，你可以编撰好向我报告，再让我看看。"谏议大夫朱子奢向皇上献言："陛下本身德性圣贤，所作所为都没有过错，史官所描述的，内容都很完善优美。陛下只要看看《起居》，就没有什么关系，要是坚持要看国史，这例子一开，留给子孙，恐怕陛下曾孙、玄孙的后代，如果有不是智慧的人才，文过饰非，祖护缺失，史官一定免不了被杀。这么一来，史官就没有不望风顺应国君旨意，为保全自身性命而离开灾害的，那么千载历史，还有什么可信任的呢？前代国君不看国史，就为这个原因。"皇上不接受。玄龄就和给事中许敬宗等人削减国史成《高祖》、《今上实录》；癸巳日（十六日），书写成了，献给皇上。皇上看到书里六月四日的事情，所用词语很多隐晦不明，就对玄龄说："周公杀了管叔、蔡叔而平定了周朝，季友毒死叔牙而保存了鲁国，朕的所作所为，也象这样，史官何必忌讳呢！"就命令削除虚浮的言词，直接书写这件事。

八月，庚戌日（初三），委任洛州都督张亮为刑部尚书，参加朝廷政事；任命左卫大将军、太子右卫率李大亮为工部尚书。大亮本人担当三个职务，守卫两宫。他为人恭谨、节俭、忠恳、谨慎，每次当值宿卫，一定不解衣睡觉一直到天亮。房玄龄非常看重他，常常称赞大亮具有王陵、周勃的节操，可以担任大的职位。

起初，大亮是庞玉的兵曹（掌兵事的官吏，公府的属官）时，被李密抓住，同辈的都死了，贼帅张弼看见大亮就放了他，两人就结交了。后来大亮显贵之后，就找寻张弼，要报答救命的的恩德，张弼那时候是将作丞，匿藏自己不说出。大亮在路上遇到认出是张弼，抱着张弼流泪，献出很多家财给张弼，但张弼拒绝不接受。大亮向皇上报告，要把自己所有的官爵赐给张弼，皇上因此晋升张弼为中郎将，当时人都称赞大亮不辜负别人的恩德，也赞美张弼不夸耀自己的功劳。

九月，庚辰日（初四），新罗派遣使者说百济占领他们国家四十几个城市，又和高丽联结部队，准备拒绝新罗入京进贡的路线，要求派兵加以援助。皇上命令司农丞相里玄奖带着印玺书信赐给高丽王说："新罗在大唐朝廷有人质，对朝廷的进贡也不缺少，你和百济都应该停止出兵进攻新罗，再进攻的话，明年就发动士兵攻击你们两个国家！"

癸未日（初七），把李承乾迁移到黔州。甲午日（十八日），把顺阳王李泰迁徙到均州。皇上说："父子之间的亲情，是出自于自然天性的。朕现在和泰别离，心里也很难受！然而朕是天下主人，只要能够让百姓过安定宁静的生活，私情也可以割舍。"又把李泰所上奏的章表拿给臣看，说："泰确实是个俊才，朕心里很想念他，这是你们诸位所知道的；但为了国家社稷的原因，不能不以义割断私情，让他到朝廷外做官，也是为了两方都好罢了。"

早先，各州长官或高级僚佐，每年岁头亲自携带进献财物到京师，称之为朝集使，又称为考使（考铨本州官吏政绩好坏）；京师没有舍馆，大都和商贾一起租房子住在一起。皇上这时才下令有司建造舍馆。

冬，十一月，己卯日（初三），皇上在圜丘祭释昊天上帝。

起初，皇上和隐太子、巢刺王有嫌隙时，密明公赠司空（密明公为谥号，司空为赠官）封德彝暗中抱着双方讨好的心理。杨文干谋乱时，高祖要废掉隐太子而立皇上，德彝再三劝告才正息。这件事很隐蔽，皇上也不知道，直到高祖去世后才知道。壬辰日（十六日），治事侍御史唐临才追究调查这件事，要求贬黜德彝官位除去爵级。皇上命令百官讨论，尚书唐俭等人建议说："德彝的罪在死后发现，但他的恩德在世时就已结下，所以他做过的官衔不可能夺取。请求贬降他的赠官，改变他的谥号。"皇上诏令贬黜德彝的赠官，改他的谥号为缪，削弱他所封的食户。

皇上下令挑选良家女子入东宫服侍；癸巳日（十七日），太子治派左庶子于志宁加以辞谢。皇上说："我不过是不要让子孙们出生在家门卑微的妃嫔罢了。现在既然上言辞谢，应当顺从他的心意。"皇上怀疑太子善良懦弱，暗中对长孙无忌说："公劝我立雉奴（太子小字），但雉奴懦弱，我担心他不能守住社稷，怎么办？吴王恪英明果然很像我，我要立他为太子，怎么样？"无忌再三劝谏，认为不可以这样做。皇上说："你认为恪不是你自己的外甥才反对吗？"无忌说："太子仁慈忠厚，是真正守规矩法度的好国君；太子的地位是最重要的，怎么可以几度改变呢？希望陛下仔细加以考虑。"皇上才止息。十二月，壬子日（初六），皇上对吴王李恪说："父子虽然是最亲近的亲人，但有罪时，也应当以天下人所应遵守的法令行事，不可以有私心。汉朝立了昭帝之后，燕王刘旦不依从，暗中阴谋不法的行为，结果霍光以文书通告天下

进行杀戮，为人大臣和儿女的人，不可以不警惕啊！"

庚申日（十四日），皇上车驾到达骊山温泉；庚午日（二十四日），返回宫廷。

十八年　　（甲辰、公元544年）

春，正月，乙未日（二十日），皇上车驾到了钟官城；庚子日（二十五日），到达鄠县；壬寅日（二十七日），到达骊山温泉。

相里玄奖来到平壤，莫离支已经率领军队攻击新罗，攻下新罗两个城市，高丽王派遣使者召莫离支，莫离支才回去。玄奖晓示使者不要攻击新罗，莫离支说："以前隋朝人侵略我国，新罗乘机会侵占我国五百里土地，如果不送还我国土地，恐怕战事不会正息。"玄奖说："以前的事，怎么可以再追查呢！至于辽东各城，本来就是中国的郡县，中国尚且不说话，高丽为什么一定要得回旧地呢！"莫离支最后还是不接受。

二月，乙巳朔日（初一），玄奖回朝，仔细报告事情经过。皇上说："盖苏文杀死国君，伤害大臣，残弄虐待百姓，现在又背弃我的命令，侵凌邻近国家，不能不征伐。"谏议大夫褚遂良说："陛下手指一动，中原就清静平定，顾盼之间四方夷狄就臣服，声德威望可说相当大了。现在要渡过海洋，远征小小夷狄，如果在一定时间内可以致胜，这还可以，万一不幸失败，损伤到陛下的声威德望，而且还挑激了敌人愤怒的军队，那么结局是安全或危难，就很难讲了。"李世勣说："前几年薛延陀来我国侵扰，陛下要发动部队讨伐到底，为了魏征的劝告而停止，才使得到现在变成灾祸。如果以前能用陛下的策略，那么北方的边境早就安定了。"皇上说："是啊！这确实是魏征的错误；朕不久就后悔了，但没说出来，因为朕怕一说出，以后就没有人敢再献好计策了。"

皇上要亲自出发高丽，褚遂良启上奏疏说："天下就好像一个身体，两京就像心腹；州县就像人的四肢；而四方夷狄，是皇上本身分外的事物。高丽罪过很大，是真需要加以征讨的。只要命令二、三位猛将率领四、五万的部队，依仗陛下的声威神灵，收拿他们是很容易的。现在太子刚刚册立，年龄还很幼小，其他屏卫国家的藩属，他们的情形陛下知道得很清楚，因此一旦陛下带兵亲征，离开了固若金汤的地点，越过险困的辽海，以天下君主的身份，轻易行动到远方去，这些都是我们这些臣下所非常感到担心的事。"皇上不听。当时群臣中有很多劝诫停止征讨高丽的人，皇上说："八个尧、九个舜，冬天都不能耕种，乡下人、小孩子春天播种却能生长谷类，这是由于得到时宜的缘故。天有一定的时令，人依照时令去做，就会有事功。盖苏文欺夺长上虐待下属，百姓们都拉长颈子盼望等待救援，这正是高丽会灭亡的机会，议论的人很多，但都没有看到这点。"

己酉日（初五），皇上来到灵口。乙卯日（十一日），回宫。

三月，辛卯日（十七日），任命左卫将军薛万彻为守右卫大将军。皇上曾对侍臣说："到现在的名将，只剩下世勣、道宗、万彻三人罢了。世勣、道宗打仗不能获得大胜利，但也不会大败，而万彻却是不大胜就大败。"

夏，四月，皇上来到两仪殿，皇太子侍候着。皇上对群臣说："太子的性格品德，外人也知道吗？"司徒长孙无忌说："太子虽然没离开过宫廷大门，但天下人没有不佩服敬仰他的圣贤美德的。"皇上说："我象太子治一样的年龄时，很不能够依照法度行事。但治从小就宽和敦厚，俗话说：'虽生下象狼一般勇猛的儿子，仍然要担心以后变成像羊一样柔顺。'希望太子年壮后，个性能够和现在有所不同。"无忌回答说："陛下神勇威猛，是扭转乱世的人才，而太子仁慈宽恕，实在具有守住先王之道的美德；两人的个性趋势虽然不同，但各自适合自己的本分，这是皇天为了维护大唐国运和为苍生造福所安设的。"

辛亥日（初八），皇上到了九成宫，壬子日（初九），到了太平宫，对侍臣说："为人臣子的大多顺应国君的旨意，敢冒犯国君威颜而劝告的人很少，现在朕要听听自己的过失，请诸位正直坦白地说出，不要有所隐讳。"长孙无忌等人都说："陛下没有过错。"刘洎说："最近有人上书陛下，不合陛下心意的，陛下都当面加以穷问到底，使这些上书的人没有不羞愧害怕而后退的，这样做恐怕不是扩大进言路径的方法。"马周说："陛下最近的奖赏刑罚，稍微有以个人喜怒作为高低上下的嫌疑，除了这点外，看不出有什么其他缺点。"皇上对这些建议都采纳了。

皇上喜欢文学而且思辨敏捷，群臣谈论政事，皇上引用古今事证说服他们，使他们大多回答不出。刘洎上书劝谏说："帝王和凡人百姓，圣哲和平庸愚蠢，彼此相差甚远，是没有东西可以拿来做为比较形容的，可见拿至愚和至圣，至卑和至尊相较，前者就是想自我勉励，也不能达到后者的境界。陛下对臣下降赐恩泽圣旨，以仁慈的圣颜，凝神地听信臣下的话，虚怀地接纳臣下的提议，臣下恐怕还不敢回对、颂扬陛下；何况陛下动用您神妙的智慧，表现您天生的辩才，以优美文采使臣下理屈辞穷，引用古道以排斥臣下的建议，要让凡人庶民依仗什么回对陛下呢！而且记忆太多会有害心思，说话太多会损伤到声气，心思和声气受到内在的损伤，使得形体和精神都受到外在的牵累，起初虽然没有感觉，到后来一定会有病累发生，陛下必须替社稷着想而爱惜自己，怎么可以为了表现个性而损害自己呢！至于像秦始皇喜欢强辞夺理和人辩论，结果由于自夸而失去民心；魏文帝有恢宏的才华，结果因为虚浮的论调而减低了在众人中的声望。这些都是有才、能辩所带来的病累，是很清楚地可以明白的。"皇上以飞白字体写信答复刘洎，说："不用思虑就不能治理下民，不用言语就不能表达思想，常常谈论的话，会使得问题烦琐增多，高傲轻视别人的心理，可能就是这样产生的；但一个人的形、神、心、气，并不是由于这样而疲劳的。现在听了你坦白的话，我愿意虚心地加以改正。"己未日（十六日），皇上到了显仁宫。

皇上要前去征讨高丽，秋，七月，辛卯日（二十日），下敕令将作大监（官名，掌宗庙、宫室等修建的土木之事）阎立德等人前往洪、饶、江三州，营建四百艘船只以运输军粮。甲午日（二十三日），下诏令调派营州都督张俭等人率领幽、营二都督的部队，和契丹、奚、靺鞨一起先攻打辽东，以察看形势。任命太常卿韦挺为馈运使，以民部侍郎崔仁师为副使，河北各州都接受韦挺调度，令他只要方便就可以先办事后启奏。又命令太仆少卿萧锐运载河南各州的粮食送到海洋。萧锐是萧瑀的儿子。

八月，壬子日（十一日），皇上对司徒长孙无忌等人说："人都以不知晓自己的过失为苦，你可以坦白地为我说出过失吗？"无忌回答说："陛下的武功、文德，臣等顺从都来不及，又有什么过失可谈呢？"皇上说："朕问你们有关朕的过失，而你们却尽力地在奉承讨好我，朕要当面列举你们诸位的得失，做为劝诫而加以改正，怎么样？"群臣都叩谢了皇上。皇上说："长孙无忌擅长避开嫌疑，应付事物敏捷快速，判断事情的是非道理，古人都比不过；但总领大兵作战，就不是他的特长。高士廉涉猎了古今的典籍，心术光明通达，遇到灾难不会改变节操，做官不树党羽；他所缺乏的是忠直规劝的勇气罢了。唐俭说话富有辩才而且思维敏捷，善于和解人的纠纷；他事奉朕三十年，却没有一点兴废的提议。杨师道个性品行纯洁温柔，自然没有差错过失；但他内心实在胆小懦弱，在急切需要时是得不到他的助力的。岑文本个性、本质都很谆厚，所作的文章文辞华丽，内容充足；而他的立论也常能固守长远之道，自然不会辜负百姓苍生。刘洎个性最坚定、忠贞，所说的话对朝廷都有益处；可是他内心崇尚诺言，容易对朋友有所私爱。马周对事情的了解敏捷迅速，个性非常坚贞端正，评论衡量人物，都很正直合于道理，朕每次任用使唤他，大都能够称心如意。褚遂良的学问比别人稍微好，个性也坚强端正，经常向朕表达忠诚，亲近归附于朕，就像飞鸟依靠人一样，人自然就会爱怜他。"

甲子日（二十三日），皇上返回京师。

丁卯日（二十六日），任命散骑常侍刘洎为侍中，行中书侍郎岑文本为中书令，太子左庶子中书侍郎马周为守中书令。

文本授为中书令后，回到家，表情很烦忧，母亲问他原因，文本说："不是为了功勋，也不是皇上故知，却承蒙宠爱和荣耀，地位升高责任加重，所以内心感到忧虑害怕。"亲戚宾友中前来恭贺的，文本说："现在接受吊丧，不接受恭贺。"

文本弟弟文昭是校书郎，爱好结交宾客，皇上听了很不高兴；曾从容对文本说："你的弟弟交结宾客胜过你，恐怕会给你带来牵累；朕想把他调出为外官，怎么样？"文本哭泣说："臣的弟弟文昭从小就死了父亲，老母亲对他特别钟爱，从没有一、两天离开过老母亲身旁，现在如果出任外官，母亲一定会悲伤憔悴，没有这个弟弟，也就没有老母亲了。"说着，就哀伤哭泣起来，皇上哀怜文本的心意而停止调文昭为外官。只召见文昭进行严厉教诫，最后文昭也没犯什么过错。

九月，任命谏议大夫褚遂良为黄门侍郎，以参加朝廷大事。

焉耆叛离了西突厥，西突厥的大臣屈利啜替他的弟弟娶了焉耆王女儿，从此多不再朝觐献身；安西都护郭孝恪请求加以讨伐。皇上下诏令任命郭孝恪为西州道行军总管，率领步兵骑兵三千人，从银山道出发加以进攻。正好焉耆王弟弟颉鼻兄弟三个人到了西州，孝恪以颉鼻弟弟栗婆准做为向导。焉耆城四周都是河水，依恃险要而不加防备，郭孝恪昼夜赶路，到晚上时，到达焉耆城下，命令将士游水渡过，破晓时刻，爬上城墙，捉住焉耆王突骑支，俘虏敌人七千首级，留下栗婆准代理国政，而带兵返回。孝恪离开焉耆城三天，屈利啜带兵援救焉耆，但已来不及，就拿住栗婆准，以强劲的五千骑兵，追赶孝恪直到银山，孝恪回兵攻击，把屈利啜打败，追赶到几十里远。

辛卯日（二十一日），皇上对侍臣说："孝恪最近上奏说在八月十一日前往攻击焉耆，二十日应当会到焉耆城，一定会在二十二日那天把焉耆打败，朕估算他的道路里程，报告消息的使者今天会到！"话还没说完，转达消息的驿骑就到了。

西突厥处那啜派他的吐屯代理焉耆政事，派使者入朝进贡。皇上责怨他说："我发动部队攻击而得到焉耆，你是什么人，敢占据焉耆！"吐屯心中害怕，返回自己国家。焉耆立栗婆准的党兄薛婆阿那支为王，仍然附属于西突厥处那啜。

乙未日（二十五日），鸿胪寺官吏奏报说："高丽莫离支进贡白金。"褚遂良说："莫离支杀害国君，这是九夷所不能容忍的，现在要征讨他却接受他贡献的白金，这就像春秋鲁桓公在宋取郜大鼎一样，是无礼的行为，臣认为不可以接受。"皇上接受褚遂良的提议。皇上对高丽使者说："你们诸位都事奉高武，有官位爵称。莫离支叛逆杀害你们国君，你们不能替他报仇，现在又为莫离支游说以欺骗我们大国，你们的罪过是多么大啊！"全部交付大理寺处理。

冬，十月，辛丑朔日（初一），日蚀。

甲寅日（十四日），皇上驾临洛阳，任命房玄龄留守京师，右卫大将军工部尚书李大亮为副手。

郭孝恪把焉耆王突骑支和他的太太子女捆锁，送到皇上巡幸的所在，皇上下令宽免突骑支的罪。丁巳日（十七日），皇上对太子说："焉耆王不找贤仁的大臣，不采用忠臣的计谋，自己招致灭亡，以至于手颈被绑，远离国家，漂泊万里；人人都以这件事做为警惕，内心的畏惧是可想而知的。"

己巳日（二十九日），皇上在渑池的天池围猎，十一月，壬申日（初二），进入洛阳。

前任宜州刺史郑元琦已经告老还乡，皇上因为他曾经追随隋炀帝讨伐高丽，召他到巡幸的地方，问他高丽的情形，郑元琦回答说："辽东路途遥远，粮食的运送艰难困阻；东夷善于守卫城市，进攻时不能够很快拿下。"皇上说："今天的情势已经和隋时不一样，你就等着听好消息吧！"

张俭等人遇到辽水高涨，等了很久都没法渡过，皇上认为他胆小害怕，把张俭召回到洛阳。张俭到洛阳，把山川的险、易，水草的好坏都详尽地向皇上报告，皇上很高兴。

皇上听说洺州刺史程名振善于用兵，召见他问他用兵的方法策略，很欣赏他才华出众，慰劳勉励他，说："你有大将、宰相的才气，朕正准备任用你。"名振一时失礼忘了下拜道谢，皇上假装生气责备他，要看他的反应，说："你不过是一个山东粗野的人，得到刺史的职位，就以为是达到富贵的最高点了吗？居然敢在天子身边，讲些粗鄙无礼的话，又不下拜答谢！"名振告罪说："臣鄙陋粗野，从来没有接受过皇上的问话，刚刚正在思考如何作答，所以忘记拜谢的礼节。"神态举止自然，应答也更加明白清楚，皇上就感叹说："房玄龄在朕身边二十几年，每次看到朕责备其他的人，就惊慌失措。名振平生从没有见过朕的面，朕突然责备他，居然不震惊害怕，言辞有条有理，真是奇士啊！"当天就任命他为右骁卫将军。

甲午日（二十四日），委任刑部尚书张亮为平壤道行军大总管，率领江、淮、岭、峡四万部队，另在长安、洛阳招募三千士卒，五百艘战舰，从莱州渡过海洋前往平壤；又任太子詹事、左卫率李世勣为辽东道行军大总管，率领步兵骑兵六万人，和兰、河两州归降的胡人前往辽东，两方的部队会合前进。庚子（三十日），各路军队在幽州大量集合，派遣行军总管姜行本、少府少监丘行淹先督导全部工匠在安萝山制造云梯和冲车。当时远近的勇士响应招募和进献攻城器械的人，多到数也数不清，皇上都亲自选择，取那便捷的采用。又亲自下令告天普告下说："高丽盖苏文杀死国君虐待百姓，这情形无法忍受！现在朕要前往幽、蓟巡行，到辽、碣问罪，路过的地方提供安顿，不可烦劳消耗。"又说："以前隋炀帝残杀暴虐部属，而高丽王慈善爱民，以那些想叛乱的部队去进攻安静和洽的部众，所以才无法打胜仗，现在大略谈谈这一次出征，必定会胜利的原因有五点：一是以大国进攻小国，二是以和顺讨伐叛逆，三是以整治攻击混乱，四是以轻松对抗疲劳，五是以部属心悦诚服抵挡部属仇怨的部队，有了这五种有利形势，何必担心打不过敌人呢？现在向众人布告，不要疑虑畏惧！"于是凡是安顿宿营所需要花费的费用，大半都减少了。

十二月，辛丑日（初一），武阳懿公李大亮死在长安，遗留的奏表要求停止讨伐高丽的部队。李大亮死的时候，家里剩下六十斗米，三十匹布。亲戚当中，有些幼小时就死了父亲而由大亮抚养，这时以对父亲的礼节为大亮守丧的，总共十五人。

壬寅日（初二），前任太子李承乾死在黔州，皇上因此停止早朝，以国公的礼节埋葬他。

甲寅日（十四日），下令各路军队和新罗、百济、奚、契丹的士卒，分开道路进攻高丽。

初始，皇上派遣突厥俟利苾可汗向北渡过黑河，薛延陀真珠可汗忧心部落翻覆反叛而顺从俟利苾可汗，所以心里很不喜欢，就预备好轻快的骑兵在沙漠北方，要进攻俟利苾可汗。皇上派遣使者下敕令告诫他们不可彼此攻击。真珠可汗回答说："天子有命，怎么敢不听从！可是

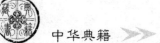

突厥心里思量不定，难以期待他们必不反抗，当他们还没被击败时，每年都侵扰中国，杀害的人多到以千万计算。臣认为天子既然打败他们，就应当加以剪除，做为奴婢，赐给中国人；但天子不这样做，反而象儿女一样抚育他们，对待他们的恩德可说已经最深的了，可是结社率毕竟还是背叛了。这些人都具有禽兽的心，怎么能用常人的道理来对待！臣承蒙天子深厚的恩典，请求替天子杀了他们。"从此就好几次相互攻击。

俟利苾向北渡过黄河时，有部众十万人，精壮士兵四万人，俟利苾不知如何安抚控御，使得部众内心并不诚服。戊午日（十八日），全部背弃俟利苾向南渡过黄河，恳请住在胜州、夏州之间，皇上答应了。群臣都认为："陛下正要远征辽左，却把突厥安置在黑河南方，距离京师很近，怎么不会带来后顾之忧呢！愿陛下留守在洛阳，派遣部将东征就可以了。"皇上说："夷狄也是人，他们的内心和中原人没有什么不一样，为人君主担心的是恩泽没加到百姓身上，不必由于对方是不同种族就猜忌不信任。因为恩泽充溢于人心，那么四方夷狄也能变成像一家人；如果太多猜疑不信任，就是骨肉之情也不觉变成仇敌。隋炀帝无道，失去人心已经长久了，辽东的战役，百姓们都自己折断手足，以避开炀帝的征召，后来玄感才以运送粮饷的士卒在黎阳反叛，这并不是戎狄带来的灾祸。朕现在讨伐高丽，都收取那些自愿从军的人，招纳十个人却得一百个，招募一百人却得到一千个，那些不能从军的人，都愤怒叹息，郁闷难受。又怎是隋炀帝专做怨民的事可以相比的呢？突厥贫穷羸弱，我收养他们，原想他们感激我的恩情，一定是相当深刻的，怎么会再为忧患呢？而且他们和薛延陀嗜好大致一样，他们不向北投靠薛延陀，却向南归附了我，他们的真心是可以看清的了。"回头对褚遂良说："你掌管起居注，为我记下，从现在起十五年，提保不会有突厥的灾患。"俟利苾失去部众之后，带着轻便的骑兵入朝见皇上，皇上委任他为右武卫将军。

十九年　（乙巳、公元645年）

春，正月，韦挺因为不事先观察运粮的渠道，就截定米粮六百多艘到了卢思台边，结果渠道甚浅，船阻塞前进不了，被加上刑械押送到洛阳；丁酉日（二十八日），除去官名，由将作少监李道裕代替。崔仁师也因此被免掉官职。

沧州刺史席辩由于贪污，二月，庚子日（初二），下诏令所有朝集使前去观看然后才杀掉。

庚戌日（十二日），皇上亲率领各路军队前往洛阳，委任特进萧瑀为洛阳宫留守。乙卯日（十七日），下诏令："朕从定州出发后，应当让太子监国。"开府仪同三司致仕尉迟敬德向皇上说："陛下亲自付伐辽东，太子在定州、长安、洛阳等心腹地带防备空虚，担心会有类似炀帝时玄感反叛的事件发生。尚且高丽不过是边境的一个小夷狄，不必劳累万乘天子，希望皇上派遣偏将去往征讨，指日就可消灭对方。"皇上不同意。任命敬德为左一马军总管，命令他一起随行。

丁巳日（十九日），下诏追赠殷太师比干谥号为忠烈，由官司封修比干坟墓，春秋时以少牢（羊、豕二牲）祭祀，并且拨附近五户人家，以供洒扫坟墓之用。

皇上从京师出驾时，命令房玄龄可以就方便行事，不必再奏报请求。有人前往留守尚书台说有密谋，玄龄问告密人密谋的地方，回答说："就是你啊！"玄龄就用驿马把告密人送往皇上临时所在。皇上听说留守的玄龄有表送来告密的人，皇上很不高兴，派人拿着长刀在前面，然后才和告密人见面，问告密人有密谋的是谁，回答说："房玄龄。"皇上说："果然不出所料。"就下令把告密人杀了。并且写信责备玄龄不信任皇帝的委托，说："如果再有那样的事发生，可以单独决定。"

癸亥日（二十五日），皇上到了邺，自己写祭文祭祀魏太祖，说："遇到危险而制订应变之策，一个大将的智慧足可承担，但万乘天子的能力却不足应付。"

这一月，李世勣军队来到幽州。

三月，丁丑日（初九），皇上车驾到了定州。丁亥日（十九日），皇上对侍臣说："辽东原是中国土地，隋氏四次发动军队征讨却攻不下；朕现在讨伐东方，是为中国被杀的子弟复仇，也替高丽洗刷君父被杀，臣子无力报仇的羞辱。而且四方大抵安宁了，只有这地方没有安定，所以趁朕还没衰老的时候，利用士大夫的力量加以攻拿。朕从洛阳出发后，只吃肉和饭，就是春天生产的疏菜也不进食，是担心太打扰百姓的缘故。"皇上看到生病的士卒，就召他们到床榻前安问抚慰，交给州县治疗，士卒没有不感动欢欣的。有不列入东征名籍的，也甘愿以私人的装备从军，数目以千计算，他们都说："不要求天子进爵加赏，只希望为朝廷战死在辽东。"但皇上不准许。

皇上要出发时，太子悲伤痛哭了几天，皇上说："现在留下你守卫朝廷，有才俊贤人辅佐你，是要让天下人认识你的风华。安治国家最重要的，就在于进用贤人，罢黜小人，奖赏善人，惩罚恶人，非常公正，没有私心，你应该努力做这些事，为什么要悲泣呢！"命令开府仪同三司高士廉代理太子太傅，和刘洎、马周、少詹事张行成，右庶子高季辅一起掌管枢机事务，以辅佐太子。长孙无忌、岑文本和吏部尚书杨师道随从皇上开始行程。壬辰日（二十四日），皇上车驾从定州出发，并且亲自佩带弓矢，亲手把雨衣扎在马鞍后面。命令长孙无忌代理侍中，杨师道代理中书令。

李世勣军队从柳城出发，安设了很多的形势，让敌人感觉似乎是从怀远镇出师的，而暗地里率领军队向北甬道前进，让高丽料想不到。夏，四月，戊戌朔日（初一），李世勣从通定渡过辽水，到达玄菟。高丽非常惊讶，城邑都紧闭着城门防守。壬寅日（初五），辽东道副大总管江夏王李道宗率领军队几千人来到新城，折冲都尉曹三良带领十几个骑兵一直逼攻到城门，城里受到惊扰，没有人敢出城门应战。营州都督张俭带领胡人部队做前锋，前进渡过辽水，一直取向建安城，击败了高丽军队，斩杀了好几千个首级。

太子要接待高士廉同榻一起处理政事，又命令另替士廉设下几案，士廉再三辞谢不受。

丁未日（初十），皇上车驾从幽州出发。皇上把军中的物品粮食、器用械具、簿册文书等都交给岑文本管理，文本早晚勤勉奋力，亲自料理配料，手边不离筹（算盘）、笔，精神耗尽，使得讲话和一举一动，和平常大大不同。皇上看了很替他担忧，对左右的侍臣说："文本和我一起出征，恐怕不能和我一起返回朝廷。"就在当天，岑文本遭遇到突发的疾病而病死了。晚上，皇上听到迅急的鼓声，说："文本死了，这鼓声我不忍心听，下令停止击鼓。"当时右庶子许敬宗在定州，和高士廉一起当掌枢机要务，文本死后，皇上召见敬宗，让他以旧有官职担任检校中书侍郎。

壬子日（十五日），李世勣、江夏王李道宗攻打高丽盖牟城。丁巳日（二十日），皇上车驾到达北平。癸亥日（二十六日），李世勣等人攻拿盖牟城，俘虏二万多人，粮食十几万石。

张亮率领水上部队从东莱渡过海洋，突袭卑沙城，卑沙城四面陡峭，只有西面城门能够上去。程名振率兵在夜晚到达，副总管王大度先登城，五月，己巳日（初二），拿下卑沙城，俘虏男女共八千人。然后分道派遣总管丘孝忠等人在鸭绿水夸耀军容（即阅兵）。

李世勣进兵来到辽东城下，庚午日（初三），皇上车驾到了辽泽，路面泥泞，绵延二百多里，人和马都不能通行，将作大匠（官名，掌修建土木之政令）阎立德铺布泥土建起桥梁，军队不停留地走过去。壬申日（初五），渡过辽泽东面。乙亥日（初八），高丽派四万步兵、骑兵救助辽东，江夏王道宗率领四千骑兵交战，军队里都认为双方军队数目相差太远，不如挖深沟渠架高营垒防御，以节候皇上车驾到来。道宗说："敌人依赖军队人数众多，有小看我们的心理，而且他们军队遥远前来，疲乏困顿，必定会战败。何况我们是属于前锋，应该把道上敌人清除，以等待皇上车驾到来，怎么可以把敌人留给国君呢？"李世勣觉得很对。果毅都尉马文举说："不碰到强劲的敌人，怎么能够显露出壮士本色呢！"鞭策着马攻向敌人，所攻向的敌人都披靡败倒，部众心理才稍微安定下来。双方交战后，行军总管张君乂败退，唐兵战况不好，道宗收集败散的士卒，爬到高处瞭望，发现高丽的战阵已经混乱，就和几十个骁勇的骑兵直冲敌人，在敌人左方右方来回进攻，李世勣带兵加以救援，高丽就大败了，斩杀敌人一千多个首级。丁丑日（初十），皇上车驾渡过辽水，拆毁桥梁，使士卒更能决心向前而不回头。扎营在马首山，安慰赏赐江夏王道宗，超次拜封马文举为中郎将，斩杀张君乂。皇上亲自率领几百个骑兵到达辽东城门下，看到士兵背负着泥土填沟堑（护城河），皇上就把背负沉重的泥土割一些下来，放在马上带着，追随左右的官吏一看到这种情形，也抢着背着泥土到城下。李世勣进攻辽东城，白天夜晚都不止息，过了十二天，皇上带领精锐部队会合，把辽东城围了好几百层，击鼓叫噪的声音响震天地。甲申日（十七日），南风刮得很急，皇上派遣精锐的士卒爬上冲杆的末端，烧毁辽东城西南边的城楼，火势漫延烧到城里，就指挥将士爬上城墙，高丽尽力作战还是抵抗不了，攻下辽东城，所杀的敌人有一万多人，得到投降的劲兵一万多人，男女四万多人，把辽东城设为辽州。

乙未日（二十八日），军队前进到白岩城。丙申日（二十九日），右卫大将军李思摩被弓弩箭矢所击中，皇上亲自替他吮吸脓血；将士听到后，没有不感动的。将军契苾何力以强劲的骑兵八百人进攻，何力挺身冲锋，被槊击中腰部，尚辇奉御薛万备单枪匹马前往援助，在万人之中把何力救出而返回。何力精神更加激动，包裹创伤再战，跟随的骑兵奋发起来向前进击，就打败高丽军队，追赶了好几十里路，斩杀一千多个首级，直到夜色昏暗，才只好作罢。万备是薛万彻的弟弟。

周　语

祭公谏穆王伐犬戎

　　穆王将征犬戎①，祭公谋父谏曰②："不可。先王耀德不观兵③。夫兵戢而时动④，动则威，观则玩⑤，玩则无震。是故周文公之颂曰⑥：'载戢干戈，载櫜弓矢⑦。我求懿德，肆于时夏⑧，允王保之。'先王之于民也，懋正其德而厚其性⑨，阜其财求而利其器用⑩，明利害之乡⑪，以文修之⑫，使务利而避害，怀德而畏威，故能保世以滋大。昔我先王世后稷⑬，以服事虞、夏。及夏之衰也，弃稷不务，我先王不窋用失其官⑭，而自窜于戎狄之间，不敢怠业，时序其德⑮，纂修其绪⑯，修其训典⑰，朝夕恪勤⑱，守以敦笃，奉以忠信，奕世载德⑲，不忝前人⑳。至于武王，昭前之光明而加之以慈和，事神保民，莫弗欣喜。商王帝辛大恶于民㉑。庶民不忍，欣戴武王，以致戎于商牧。是先王非务武也，勤恤民隐而除其害也㉒。夫先王之制：邦内甸服㉓，邦外侯服㉔，侯、卫宾服㉕，蛮、夷要服㉖，戎、狄荒服㉗。甸服者祭，侯服者祀，宾服者享㉘，要服者贡㉙，荒服者王㉚。日祭、月祀、时享、岁贡、终王㉛，先王之训也。有不祭则修意㉜，有不祀则修言㉝，有不享则修文㉞，有不贡则修名㉟，有不王则修德㊱，序成而有不至则修刑㊲。于是乎有刑不祭，伐不祀，征不享，让不贡㊳，告不王㊴。于是乎有刑罚之辟㊵，有攻伐之兵，有征讨之备，有威让之令，有文告之辞。布令陈辞而又不至，则增修于德而无勤民于远㊶。是以近无不听，远无不服。今自大毕、伯士之终也㊷，犬戎氏以其职来王，天子曰：'予必以不享征之，且观之兵'。其无乃废先王之训而王几顿乎㊸！吾闻夫犬戎树惇㊹，帅旧德而守终纯固㊺，其有以御我矣！"

　　王不听，遂征之，得四白狼、四白鹿以归。自是荒服者不至。

【注释】

　　①穆王：即周穆王，西周国王。犬戎：又称犬夷、昆夷等，古时戎族人的一支。②祭（zhài）公谋父：穆王的卿士，周公的后代，字叫谋父。③耀：彰明。观：夸炫，给人看。④戢（jí）：聚集。时动：依照一定的时间行动。⑤玩：轻慢。这里指滥用武力。⑥周文公之颂：指《诗经·周颂·时迈》，这篇颂是称颂周武王的。周文公，邓因公旦，谥号叫文。⑦櫜（gāo）：收藏甲衣和弓箭的袋子。这里做动词用，是收藏的意思。⑧肆：传扬。时：通是。⑨懋（mào）：勉励。⑩阜：盛多，丰富。⑪乡：处所，地方。⑫文：礼法。⑬世：父子相继为一世。后稷，财的始祖姓姬名弃。⑭不窋（zhì）：弃的后代。⑮序：通叙，陈述。⑯纂：继承。绪：前人未竟的功业。⑰训典：常规，法则。⑱恪（kè）：恭敬，谨慎。⑲奕（yì）世：累世，一代接一代，奕重。⑳忝（tiǎn）：辱。㉑商王帝辛：即殷商的末代国王纣。辛是他的名。㉒恤：体恤。隐：疾患，痛苦。㉓邦内：指国都四周方圆千里的区域。甸（diàn）服：古代在王畿外围，每五百里

为一区划，按距离远近分侯服、甸服、卫服（或称绥服）、要服、荒服等为五服。服内各按规定提供职贡。甸服，耕作田地服事天子。㉔邦外：指甸服以外五百里的地区。侯服：诸侯国为王的警戒而服事天子。㉕宾服：朝见天子。㉖蛮、夷：古代对边远地区民族的蔑称。要服：要约尊王，即依靠盟约的约束使蛮夷服事天子。㉗荒服：戎、狄地处荒野边远地区。㉘享：这里指供给天子四季的祭祀用品。享，献。㉙贡：进献岁贡。㉚荒服者王：指戎、狄首领更替，带着本国珍宝作礼物来朝觐周天子。㉛终：一生。㉜意：思想。㉝言：号令。㉞文：政令教化。㉟名：名份的尊卑。㊱德：文德。㊲序：次序，指前文所说"意、言、丈、名、德"的次序。㊳让：谴责。㊴告：指用文辞通告天下。㊵辟：法令。㊶勤：劳苦。㊷大毕、伯士：犬戎族的两个君长。㊸几：危险。㊹惇（dūn）：敦厚，笃实。㊺帅：遵循。守终：指守住终生入朝一次的职分。

【译文】

穆王将要攻打犬戎。祭公谋父进言说："不能这样做。先王彰扬美德而不炫耀武力。兵力在平时隐藏起来而在适当的时候才可动用。一动用就能够显示出威力，而炫耀武力就是滥用，滥用就没有威慑力了。所以，周公作的颂诗说：'收起干戈，藏好弓箭。我寻求美好品德，让它传遍整个国家，相信我王能保有天命。'先王对待平民，勉励他们端正德行和淳厚的性情，增加财富和满足需求而使他们的器具便利好用，对他们说明利害的所在，用礼法去训导他们，使他们能够求利避害，感激君王的恩德而害怕君王的威严，因此可以世代保有基业而且日益强大。从前我们的先王世代都担任使之一天天农官，事奉虞舜和夏启。到夏朝衰败的时候，废弃农官而不致力于农事，我们的祖先不窋因此舍弃了农官，于是自己逃匿到与戎狄相邻的地方居住，可是又不敢荒废农事，常常陈述先世的功德，继承先世应完成而没有完成的功业，继续完善先世的法规，早晚都恭敬勤劳，以敦厚的品德自守，以忠信的品性自奉，代代继承这种品德，没有玷辱祖先。到了武王，继续发扬先辈的光辉业绩而加以仁慈和善，敬奉神灵保护百姓，神与人没有不欣喜的。商朝国王辛则为民众所痛恨，百姓没有办法忍受他的暴虐，都很愿意拥戴武王，因此，武王在商郊牧野打败了他。由此可见武王并不是崇尚武力，而是体恤百姓的痛苦，除去他们的祸患。先王的制度：王都四周千里区域称为甸服，甸服外五百里属于侯服，从侯服到卫服统称宾服，蛮夷边境的地区称为要服，戎狄荒凉的地区称为荒服。皆为甸服的供奉日祭，侯服的供奉月祀，宾服的供奉享用，要服的供奉岁贡，属于荒服的则有朝见天子的职责。每天一次的祭、每月一次的祀、每季一次的享、每年一次的贡、终生一次的朝见天子，全都是先王定下的规矩。有不供日祭的而天子就要反思自己的思想，有不供月祀的而天子就要检查自己所发布的号令，有不供每季享献的而天子就要修明他的政令和教化，有不贡献每年的贡品的而天子就要修正名份的尊贵或卑下，有不朝见天子的而天子就要内省自己的德行，依次完成了以上的内容而仍然，有不来尽职的，那就要动用刑罚了。因此，对不供祭品的就要依法惩罚，对不供给祀物的就要派军队去讨伐，对不供时享的就要派军队去征讨，对不纳岁贡的就要派使者去责难，对不来朝见的就要晓喻天下。这样一来，有刑法的惩罚，有讨伐的军队，有征讨的武备，有威严谴责的法令，有晓喻的文辞。倘若颁布了法令、公布了文告后还有不来履行义务的，那就要再一次内省自己的德行而不使百姓穷苦征伐。所以，近处没有不听从的，远处没有不归服的。如今，自从大毕、伯士去世以后，犬戎的君长一直按照荒服的职责朝见天子，而天子您却说：'我一定要用不供给时享的罪名去征讨他们，并以此显示武力。'这岂不是废弃先王的遗训于不顾而使王业衰败吗？我闻言犬戎性情敦厚，能遵奉先人道德品性而坚定不移，他们一定有防御我们的打算了。"

穆王没有同意，就去征讨犬戎，仅得了四头白狼、四头白鹿后回来。从那以后，荒服地区的诸侯再也没有来朝见了。

密康公母论小丑备物终必亡

恭王游于泾上①，密康公从②，有三女奔之③。其母曰："必致之于王。夫兽三为群，人三为众，女三为粲④。王田不取群，公行下众⑤，王御不参一族⑥。夫粲，美之物也。众以美物归女，而何德以堪之⑦？王犹不堪⑧，况尔小丑乎⑨？小丑备物⑩，终必亡⑪。"康公不献。

一年，王灭密。

【注释】

①恭王：周恭王，周穆王的儿子，名伊扈。泾：水名。②密：国名。康公：密国的国君，姓姞（jí）。③三女：指和三公同姓的三个女子。奔：古时指女子不经媒人介绍而私自与男子结合。④粲（càn）：美貌。⑤公行下众：诸侯有何重大行动决策要与众人商议。⑥王御不参（sān）一族：天子不能娶三个同一族类的女子为嫔妃。参：通叁。即三。⑦堪：任，承受。⑧犹：尚且。⑨小丑：小人物。丑，类。⑩备：享用。⑪亡：灭亡。

【译文】

恭王外出游玩到泾水边，密康公跟随，有三个女子私奔到康公那里。康公的母亲说："你一定要把她们进献给天子。三只野兽聚集成群，三个人就合而为众，三个女子在一起就美丽无比。天子不猎取群兽，诸侯行事要对众人谦恭并且有礼貌，天子不能纳娶三个同族的女子。美女，是艳丽的美物。三个人同时贡献美物给你，你可有什么德行可以承受她们呢？天子况且不能承受，何况像你这样的小人物呢？小人物享用美物过多，最终一定自取灭亡。"康公不愿意献上美女。

一年之后，恭王灭掉了密国。

邵公谏厉王止谤

厉王虐①，国人谤王②。邵公告曰③："民不堪命矣④！"王怒，得卫巫，使监谤者，以告则杀之。国人莫敢言，道路以目⑤。

王喜，告邵公曰："吾能弭谤矣⑥，乃不敢言。"邵公曰："是障之也⑦。防民之口，甚于防川。川壅而溃⑧，伤人必多，民亦如之。是故为川者决之使导⑨，为民者宣之使言⑩。故天子听政，使公卿至于列士献诗，瞽献曲⑪，史献书⑫，师箴⑬，瞍赋⑭，矇诵⑮，百工谏，庶人传语，近臣尽规⑯，亲戚补察，瞽、史教诲，耆、艾修之⑰，而后王斟酌焉，是以事行而不悖⑱。民之有口，犹土之有山川也，财用于是乎出；犹其原隰之有衍沃也，衣食于是乎生。口之宣言也，善败于是乎兴，行善而备败⑲，其所以阜财用、衣食者也⑳。夫民虑之于心而宣之于口，成而行之，胡可壅也㉑？若壅其口，

其与能几何?"

王不听,于是国人莫敢出言。三年,乃流王于彘^②。

【注释】

①厉王:周厉王,周恭王的曾孙,名胡。②国人:先秦时对居住在国都里的人的统称。③邵公:周厉王的卿士,名虎,谥号穆公。④命:指周厉王暴虐的政令。⑤道路以目:人们相遇于道路,不敢交谈,只能彼此以目光、示意。⑥弭(mǐ):消除,制止。⑦障:筑堤防水。这里有阻挡、堵塞的意思。⑧壅(yōng):堵塞。溃:决堤泛滥。⑨为川者:治水的人。为,治。决之使导:开通水道使它通畅。⑩宣:显示。⑪瞽(gǔ):盲人。⑫史:指史官。书:古代典籍。⑬师:乐师,乐官。箴:规劝,一种具有劝戒性的文辞。⑭瞍(sǒu):眼中无瞳仁的盲人。赋:有节奏地诵读。⑮矇(méng):眼中有瞳仁的盲人。⑯近臣尽规:国君亲近的大臣进献劝谏之辞。尽,通进。⑰耆(qí)、艾:老年人。古时六十岁的人叫耆,五十岁的人叫艾。这里指国君的师傅和朝中老臣。⑱悖(bèi):违背。⑲行善而备败:好的尽力实行,坏的设法预防。⑳阜:增多,丰厚。㉑胡:自私。㉒流:放逐。彘(zhì):地名。

【译文】

　　厉王凶残暴虐,国人都责骂他。邵穆公报告说:"百姓都不能忍受暴虐的政令了。"厉王听了非常恼怒,找来卫国的一个巫师,派他探听指责自己的人,一经卫国的巫师报告,厉王就把被告发的人给杀死。所以国人没有再敢议论的,只能在路上遇见相互侧目以示。

　　厉王很高兴,告诉邵公说:"我能消除那些指责我的言论了,终于不敢讲了。"邵公说:"这样做只能封堵人们的嘴。而堵住百姓的嘴巴,比堵塞河流的后果更为严重。河流堵塞可以决口泛滥,伤害的人必然很多,堵百姓嘴巴也是一样。所以,治水的应该疏通河道而使水流畅通,治理百姓的人理应开导他们而使百姓能够畅所欲言。同此,天子处理政事,要让上自公卿下到列士进献讽喻诗,乐官进献民间乐曲,史官进献有鉴赏意义的史书,少师进献有劝戒意义的韵文,无眸子的盲人朗诵讽谏的诗篇,有眸子的盲人诵读劝戒的文辞,百工进谏,百姓传递呼声给君王,近侍之臣尽心竭力规劝,君王的内外亲戚弥补过失督察政务,乐官用歌曲、史官用史籍对国君进行教导,国君的师傅和朝中老臣再进一步修饰整理,最后由天子斟酌取舍。这样一来,政事得以施行而又不会违背情理。人有嘴巴,就如同大地有高山河流一样,社会的财富用度都从这里产生出来;又如同高原和低地都有平坦肥沃的良田一样,人类的衣服食物就从这里生产出来。人们用嘴巴发表评价,政事的成败得失才能从这里反映出来,好的就尽力实行而坏的就设法预防,这样就会不断增加衣食财富。人们心中所想的通过嘴巴说出来,朝廷认为可以成就照办施行,怎么可以堵塞得住呢? 倘若堵住百姓的嘴巴不让说话,那又可以堵住多久呢?"

　　厉王没有采纳,于是国人没有敢说话的。三年以后,人们把厉王流放到彘地去了。

三川皆震伯阳父论西周将亡

　　幽王二年^①,西周三川皆震^②。伯阳父曰^③:"周将亡矣! 夫天地之气,不失其序^④;若过其序,民乱之也。阳伏而不能出,阴迫而不能烝,于是有地震。今三川实震,是阳失其所而镇阴也^⑤。阳失而在阴^⑥,川源必塞,源塞,国必亡。夫水土演而民用也⑦。水土无所演，民乏财用，不亡何待？昔伊、洛竭而夏亡⑧，河竭而商亡。今周德若二代之季矣⑨，其川源又塞，塞必竭。夫国必依山川⑩，山崩川竭，亡之征也。川竭，山必崩。若国亡不过十年，数之纪也⑪。夫天之所弃，不过其纪。"

是岁也，三川竭，岐山崩。

十一年，幽王乃灭，周乃东迁⑫。

【注释】

①幽王二年：周幽王在位第二年。②三川：指泾水，渭水，洛水。③伯阳父：周王室大臣。④序：次序。⑤镇阴：被阳气所镇。⑥阴：指泪上边。⑦演：滋润。⑧伊、洛竭而夏亡：夏朝曾建都阳城，与伊水、洛水相邻近。⑨季：指一个朝代的末年。⑩国：指国都。⑪数之纪：数的极限。⑫周乃东迁：西周王室于周幽王十一年被犬戎族人所灭，周幽王的儿子姬宜臼在大臣和诸侯的拥立下即位，即周平王，并将国都向东迁到洛邑，史称东周。

【译文】

幽王二年，西周都城所在的泾水、渭水、洛水一带都有地震发生。阳伯父说："周王室将要灭亡了！天地之间的气，不能失去自己的次序；如果失去次序，是由于人把它搞乱的。阳气沉伏不能出来，阴气受到重压不能升腾，这个时候就会发生地震。现在三条河流域确实发生了地震，这就是因为阳气失去了自己的位置却被阴气所填塞的结果。阳气失去了它的地位而沉伏在阴气下面，河流的源头一定会被堵塞，而河源被堵塞，国家也就一定被毁灭。水流通畅、土地滋润而人得到赖以生存。没有水源滋润土地，百姓缺乏财物使用，国家就只能是死路一条。过去伊水、洛水枯竭而使夏朝灭亡，黄河枯竭而使殷商灭亡。而今周王室德行像夏商两代的末期一样，那河源又被堵塞，源头堵塞而水流必定导致穷尽。立国建都一定要依山傍水，山崩塌水枯竭，这就是亡国的预兆。河流枯竭，山岭必然崩塌。这样，国家灭亡将不会超过十年，由于十是数字的极限。上天要抛弃的，是不会飞越这个极限的。"

这一年，泾水、洛水、渭水都枯竭，岐山也崩塌。

十一年，幽王被杀死，周王室就向东迁都到了洛邑。

郑厉公与虢叔杀子颓纳惠王

惠王三年①，边伯、石速、芮国出王而立子颓②。王处于郑三年③。

王子颓饮三大夫酒，子国为客④，乐及遍儛⑤。郑厉公见虢叔⑥，曰："吾闻之，司寇行戮，君为之不举⑦，而况敢乐祸乎！今吾闻子颓歌舞不息，乐祸也。夫出王而代其位，祸孰大焉！临祸忘忧，是谓乐祸⑧。祸必及之，盍纳王乎？"虢叔许诺。

郑伯将王自圉门入⑨，虢叔自北门入，杀子颓及三大夫，王乃入也。

【注释】

①惠王：周惠王，名淳，是周庄的孙子。②边伯，石速，芮国：周朝的三位大夫。子颓：周庄王的小儿子，妾王姚所生。③郑：周王室的同姓诸侯国。④子国：即芮国。⑤遍儛（wǔ）：指黄帝、尧、舜、禹、殷、周等六代的乐舞。⑥郑厉公：郑国国君姬突，公无前679至公元前673年在位。虢叔：周王卿

士。⑦举：这里指演奏乐舞。⑧乐祸：以灾祸为乐。⑨郑伯：即郑厉公。圉（yǔ）门：王城的南门。

【译文】

惠王三年，边伯、石速、芮国三位大夫合力排挤惠王，拥立子颓为国王。惠王住在郑国三年。

王子颓设宴盛情招待边伯、石速、芮国三位大夫饮酒，芮国为上客，奏乐时遍及黄帝、尧、舜、禹、商、周六代舞曲。郑厉公拜会虢叔，说："我听说，司寇在行刑杀人时，国君因为这个要撤乐，更何况敢以灾祸作为快乐呢！我听说子颓那里歌舞热闹不息，这是以灾祸为乐趣。驱逐了天子篡夺王位，还有比这更大的忧患吗！大祸已经临头却忘记忧虑，这就叫以灾祸为快乐。灾祸一定会降临到他们的头上，为什么不赶快把天子送回国去复位呢？"虢叔赞同了。

郑伯护送惠王从南门进入国都，虢叔从北门进入国都，杀死了子颓及边伯、石速、芮国三位大夫，周惠王于是就入城复位。

内史过论神灵

十五年①，有神降于莘②，王问于内史过曰③："是何故④？固有之乎？"对曰："有之。国之将兴，其君齐明、衷正、精洁、惠和⑤，其德足以昭其馨香⑥，其惠足以同其民人⑦。神飨而民听，民神无怨，故明神降之，观其政德而均布福焉。国之将亡，其君贪冒、辟邪、淫佚、荒怠、粗秽、暴虐⑧；其政腥臊，馨香不登⑨；其刑矫诬⑩，百姓携贰⑪。明神不蠲而民有远志⑫，民神怨痛，无所依怀⑬，故神亦往焉，观其苟慝而降之祸⑭。是以或得神以兴，亦或以亡。昔夏之兴也，融降于崇山⑮；其亡也，回禄信于聆隧。商之兴也，梼杌次于丕山⑯；其亡也，夷羊在牧⑰。周之兴也，鸑鷟鸣于岐山；其衰也，杜伯射王于鄗⑱。是皆明神之志者也。"

王曰："今是何神也？"对曰："昔昭王娶于房⑲，曰房后，实有爽德⑳，协于丹朱㉑，丹朱凭身以仪之㉒，生穆王焉㉓。是实临照周之子孙而祸福之。夫神壹不远徙迁，若由是观之，其丹朱之神乎？"王曰："其谁受之？"对曰："在虢土㉔。"王曰："然则何为？"对曰："臣闻之：道而得神，是谓逢福；淫而得神，是谓贪祸。今虢少荒，其亡乎？"王曰："吾其若之何？"对曰："使太宰以祝、史帅狸姓㉕，奉牺牲、粢盛、玉帛往献焉㉖，无有祈也。"王曰："虢其几何？"对曰："昔尧临民以五㉗，今其胄见㉘，神之见也，不过其物㉙。若由是观之，不过五年。"

王使太宰忌父帅傅氏及祝、史奉牺牲、玉鬯往献焉。内史过从至虢，虢公亦使祝、史请土焉。

内史过归，以告王曰："虢必亡矣，不禋于神而求福焉㉚，神必祸之；不亲于民而求用焉，人必违之。精意以享，禋也；慈保庶民，亲也。今虢公动匮百姓以逞其违㉛，离民怒神而求利焉，不亦难乎！"

十九年㉜，晋取虢。

【注释】

①十五年：惠王十五年，公元前 662 年。②莘（shēn）：虢国领地。今在河南省莘原一带。③内史：官名，周朝大夫。过：内史的名。④故：以往历史上的故事。⑤齐明：处处贤明。衷正：正直无邪。⑥馨（xīn）香：散布得很远的香气。⑦同：同心，一心。⑧贪冒：贪图财利。辟邪：即邪辟，行为偏邪不正。⑨登：指上达神灵。⑩矫诬：假托名义、进行诬陷。⑪携贰：意即离心。携，离。贰，二心。⑫蠲（juān）：通涓，清洁。远志：这里指人们有叛离之心。⑬依怀：归依，归附。⑭苛慝（tè）：暴虐邪恶。⑮融：即祝融。⑯梼杌（táowù）：指大禹的父亲鲧。⑰夷羊：传说中的神兽。牧：即牧野，商都朝歌附近的一个地方。⑱杜伯：周王室的大夫，因封地在杜，故名。⑲昭王：即周昭王，西周国王，周康王的儿子。房，国名。⑳爽德：失德，即德行有差错。㉑吵丹朱：传说中尧的儿子，名朱，因居丹水，称为丹朱。这全是说丹朱之神。㉒凭身：托身。仪，匹，匹敌。㉓穆王：西周国王姬满，周昭王子。㉔虢：周朝分封的同姓诸侯国，又有东虢、西虢、北虢之分。这里指北虢。㉕太宰：官职名，为周王室的六卿之首，统领百官，掌管邦国大事及祭祀。祝：太祝，掌管祝辞祈福的官。史：太史，官职名，西周、春秋时掌管起草文书、策命诸侯卿大夫，记载史事，编写史书，兼管国家典籍，天文历法，祭祀等。狸姓：丹朱的后代，亦即后文的"傅氏"。㉖牺牲：供祭祀用的纯色全体牲畜。粢（zī）盛：指盛在祭器内的黍、稷等类谷物。㉗临：居上视下。㉘胄（zhòu）：后代。㉙物：事物发生发展消亡的规律。㉚禋（yīn）：洁祀。这里指诚心诚意的祭祀。㉛逞：快意。违：邪恶。㉜十九年：指周惠王十九年。

【译文】

惠王十五年，有天神光临莘地，惠王询问内史过说："这是什么原因？以前也有过这种事吗？"内史过回答说："有过。国家将要兴旺，它的国君处处贤明、正直无邪、精诚纯洁、仁爱谦和，他的德行可以使神灵享受祭品浓郁的芳香，它的恩惠能够使人民团结一心。神灵享受祭品而人民听从政令，民与神都丝毫没有怨恨，因而神明降临，观察他的德政而普遍地赐福。国家就灭亡，它的国君贪财图利、行为偏邪不正、放荡轻狂、荒疏怠政、粗鲁污秽、暴虐无道；他的政务腐朽败坏、臭名远扬，祭祀时的芳香不能上达神灵；他的刑法诬陷无辜，良心向背。神明不享用不洁之物而百姓有叛离之心，民与神都痛恨无比，无所归依，因此神灵也要降临，考察他的暴虐邪恶而降下灾祸。所以，有时获得神灵的降临而国家繁荣茂盛，有时也使国家衰败灭亡。过去，夏朝兴起时，祝融降临嵩山；破败之时，回禄一连两夜出现在聆隧。商朝兴起时，梼杌接连几天降临丕山；灭亡时，夷羊出现在牧野。周朝兴起时，凤鸟在岐山鸣叫；衰落时，杜伯的鬼魂在镐京射死宣王。这些都是由于神明降临而有据可查的。"

惠王问："那么现在降临的是什么神呢？"内吏过回答说："当初昭王从房国娶来女子，称她为房后，德行确实不好，与丹朱相符合，丹朱托身与她相配，生下穆王。这是降临在周王室子孙而主宰他们福祸的神灵。神灵一心归顺于人而不会远迁，如果从这方面来看，也许是丹朱神降临吧？"惠王问："谁将蒙受他的祸或福呢？"回答说："神降临在虢国的土地上。"惠王问："那么为什么要降在虢国？"回答说："我听说：依从正道而获得神的降临，这就叫做迎福；淫邪放荡而碰上神的降临，这就叫做因贪而得祸。如今虢君逐渐荒淫，担心要灭亡吧？"惠王问："我应该怎样对待这件事？"回答说："派太宰率领太祝、太史带着狸姓，奉上牲畜、谷物、玉帛等祭品去奉献给神灵，不要有所贪求。"惠王问："虢国还能存在多久？"答道："过去帝尧每五年到民间去巡视一次，现在他的后代出现，神的显现，存在的时间不可能超过这个物数。倘若依此来看，虢国的灭亡不会超过五年。"

惠王派太宰忌父带领傅氏和太祝、太史捧着祭祀用的牛羊、玉罄前往莘地敬献给神。内史过跟随着来到了虢国，虢君也派太祝、太史去求神赏给土地。

内史过回来，报告惠王说："虢国必定要灭亡了，不诚心诚意祭神而向神求福，神一定会赐灾祸给他；不亲近百姓而使用民力，人民一定会背叛他。诚心诚意地祭神，就是禋；以仁慈抚恤民众，就是亲。而今虢君过度地役使民力来满足他邪恶的私欲，背离民众激怒神灵却求神赐给土地，这不就是太困难了吗！"

惠王十九年，晋国占领了虢国。

富辰谏襄王利内则福利外则祸

襄王十三年[①]，郑人伐滑[②]。

王使[③]游孙伯请滑[④]，郑人执之[⑤]。王怒，将以狄伐郑[⑥]。富辰谏曰[⑦]："不可。古人有言曰：'兄弟谗阋[⑧]，侮人百里[⑨]。'周文公之诗曰[⑩]：'兄弟阋于墙，外御其侮。'若是则阋乃内侮，而虽阋不败亲也。郑在天子，兄弟也[⑪]。郑武、庄有大勋力于平、桓[⑫]；我周之东迁，晋、郑是依；子颓之乱[⑬]，又郑之由定。今以小忿弃之，是以小怨置大德也[⑭]，无乃不可乎！且夫兄弟之怨，不征于他，征于他，利乃外矣。章怨外利[⑮]，不义；弃亲即狄，不祥；以怨报德，不仁。夫义所以生利也，祥所以事神也，仁所以保民也。不义则利不阜[⑯]，不祥则福不降，不仁则民不至。古之明王不失此三德者，故能光有天下，而和宁百姓，令闻不忘[⑰]。王其不可以弃之。"王不听。

十七年，王降狄师以伐郑[⑱]。

王德狄人[⑲]，将以其女为后，富辰谏曰："不可。夫婚姻，祸福之阶也。由之利内则福，利外则取祸。今王外利矣，其无乃阶祸乎[⑳]？昔挚、畴之国也由大任[㉑]，杞、缯由大姒[㉒]，齐、许、申、吕由大姜[㉓]，陈由大姬[㉔]，是皆能内利亲亲者也。昔鄅之亡也由仲任[㉕]，密须由伯姞[㉖]，郐由叔妘[㉗]，聃由郑姬[㉘]，息由陈妫[㉙]，邓由楚曼[㉚]，罗由季姬[㉛]，卢由荆妫[㉜]，是皆外利离亲者也[㉝]。"

王曰："利何如而内，何如而外？"对曰："尊贵、明贤、庸勋、长老、爱亲、礼新、亲旧[㉞]。然则民莫不审固其心力以役上令[㉟]，官不易方，而财不匮竭，求无不至，动无不济。百姓兆民，夫人奉利而归诸上[㊱]，是利之内也。若七德离判[㊲]，民乃携贰，各以利退，上求不暨[㊳]，是其外利也。夫狄无列于王室，郑伯南也[㊴]，王而卑之，是不尊贵也。狄，豺狼之德也，郑未失周典，王而蔑之，是不明贤也。平、桓、庄、惠皆受郑劳[㊵]，王而弃之，是不庸勋也。郑伯捷之齿长矣[㊶]，王而弱之，是不长老也。狄，隗姓也，郑出自宣王，王而虐之，是不爱亲也。夫礼，新不间旧，王以狄女间姜、任[㊷]，非礼且弃旧也。王一举而弃七德，臣故曰利外矣。《书》有之曰[㊸]：'必有忍也，若能有济也。'王不忍小忿而弃郑，又登叔隗以阶狄[㊹]。狄，封豕豺狼也[㊺]，不可厌也[㊻]。"王不听。

十八年，王黜狄后[㊼]。狄人来诛杀谭伯[㊽]。富辰曰："昔吾骤谏王[㊾]，王弗从，以及此难。若我不出，王其以我为怼乎[㊿]！"乃以其属死之。

初，惠后欲立王子带[㊿]，故以其党启狄人。狄人遂入，周王乃出居于郑，晋文公纳之。

【注释】

①襄王十三年：公元前 639 年，襄王：指周襄王。②郑：周王室同姓诸侯国，开国君主是周宣王弟郑桓公。滑：周王室同姓诸侯国。③使：派遣。④游孙伯：周朝大夫。⑤执，拘捕。⑥狄：隗姓小国，居于北方。⑦富辰：周朝大夫。⑧谗（chán）：说别人坏话。阋（xì）：争斗。⑨侮（wǔ）：欺负。百里：比喻关系疏远的人。这里借指狄人。⑩周文公之诗：此指《诗经·小雅·棠棣》。⑪郑在天子，兄弟也：郑为周王室同姓诸侯国，开国君主郑桓公姬友为周厉王之子、周宣王之弟。⑫郑武、庄：指郑武公、郑庄公。平、桓：指周平王、周桓王。⑬子颓之乱：见本书《周语上》"郑厉公与虢叔杀子颓纳惠王"注②。⑭置：废弃。⑮章：显明。⑯阜：多。⑰令闻：好的名声。令，美好。⑱降：下令。⑲德：感激。⑳阶祸：祸害的缘由。阶，缘由。㉑挚、畴：国名。大任：周文王的母亲。㉒国各大姒（sì）：周武王的母亲。㉓齐、许、申、吕：姜姓诸侯国。大姜：周先王王季（周文王的父亲）之母。㉔陈：妫姓诸侯国。大姬：周武王长女。㉕鄢（yān）：也作鄢，鄢姓诸侯国。㉖密须：也称密，姞（jí）姓诸侯国。伯姞，密须国女子。㉗郐（kuài）：妘姓诸侯国。叔妘：郐国君夫人。㉘聃（dān）：周王室同姓诸侯国，周文王儿子聃季所封。㉙息：周王室同姓诸侯国。陈妫：息国君夫人。㉚邓：曼姓诸侯国。楚曼：楚王娶邓女为夫人。㉛罗：熊姓诸侯国。㉜卢：妫姓诸侯国。荆妫：卢国女子，为楚国君夫人。㉝外利离亲：指以上妇人所做所为对外人有利而却离弃亲族的事例。㉞庸勋：任用有功的人。庸，用。长老：尊重长者。长，尊重。亲：六亲，即父子，兄弟，夫妇。新：指宾客。旧：指先王的旧臣。㉟审：安定。役：驱使，使唤。㊱夫人：泛指众人。㊲七德：指上所言尊贵、明贤、庸勋、长老、爱亲、礼新、亲旧。判：通叛。㊳暨（jì）：至，到。㊴郑伯南也：郑伯属男服。㊵平、桓、庄、惠皆受郑劳：平、桓见上注⑪。庄，即周庄王。桓，桓王之子。惠，即周惠王。㊶郑伯捷：指郑文公，名叫捷。齿长：意即年岁大。㊷弱：年少。间：替代。㊸《书》：指今本《尚书·君陈》，引文略有不同。㊹叔隗：狄人之女，周襄王立为王后。㊺封豕：大猪。常以此比喻贪暴的首恶分子。㊻厌：满足。㊼黜（chù）：废弃。㊽谭伯：周王室大夫，封地在谭，故称。㊾骤：屡次。㊿怼（duì）：怨恨。(51)惠后：周惠王王后。王子带：周惠王的小儿子。

【译文】

襄王十三年，郑国进攻滑国。

襄王派大夫游孙伯前去为滑国求情，郑文公扣押了使者。襄王大怒，准备派狄人去讨伐郑国。富辰进谏说："这样不行。古人有这样的话：'如果兄弟之间由于谗言而发生争斗，但仍然要共同抵御欺凌自己的人于百里之外。'周公的诗写说：'兄弟在墙内争斗，但要共同抵御外人的欺侮'。如此，兄弟相互争斗是内部冲突，虽然有争斗但不会伤害亲情关系。郑国君与天子，有兄弟的情分。郑武公、郑庄公在平王、桓王时建立了卓著的功业；我们周王室东迁洛邑；依靠过晋国、郑国；王子颓作乱，又是由郑国给平定的。现在因为一点怨恨就遗弃了郑国，这就可能因小怨而废弃大德，恐怕不行吧！况且，兄弟之间有过结，不找别人来解决，找别人来，利益就留给外人了。暴露内部怨恨且使外人得利，不义；离弃亲情而亲近狄人，不吉利；以怨恨报答恩德，不仁。道义是用来生利的，吉祥是用来侍奉神灵的，仁爱是用来呵护百姓的。不讲道义而利益就不会丰厚，不吉祥而神明就不可能降福，不仁爱而百姓就不会归顺。古时候的英明君主没有失去这三种德行，所以才能有广阔的疆域，使百姓和睦安宁，美名直到今天不被人们遗忘。您千万不能违背这些美德。"襄王不听。

十七年，襄王征调狄兵讨伐郑国。

襄王因为这件事感谢狄人，准备娶狄君的女儿为王后，富辰劝谏说："不行。婚姻，是祸与福的阶梯。由于联姻对内部带来利益是福，让外人得益就会招取灾祸。而今天子您缔结的婚姻对外人有利，这难道不是招引祸患吗？过去，挚、畴两国因为大任而得福，杞、缯两国因为大姒而获得鸿福，齐、许、申、吕四国因为大姜而得福，陈国因为大姬而得福，这些都是由于联姻而使内部获取利益使亲族和睦。从前，隰国因仲任而亡，密须因伯姞而亡，郐国因叔妘而亡，聃国因郑姬而亡，息国由于陈妫而亡，邓国因楚曼而亡，罗国因季姬而亡，卢国因荆妫而亡，这些都是因为联姻而使外人获得利益而使亲族背叛离弃。"

　　襄王问："怎样才能对内有利，怎样能对外有利？"富辰回答："尊崇贵族、宣扬贤者、任用功臣、敬重长者、慈爱亲族、礼待宾客、亲近故旧。这样做，百姓没有不安心致力于君主政令的差遣，官府不一定改变常规，而财用不致匮乏，想要的都能得到，想办的没有办不成的。百姓万众，人人都将利益奉献给王室，这就是使内部获利。如果背叛以上七德，民众就会怀有叛逆之心，各自都会因为自己的利益退缩而不前，君王需求的得不到，这就是让外人获利。狄不是王室的封侯，而郑国在男服，您却小看它，这是不尊崇贵族。狄君的德行如同豺狼一样，郑国没有违反周室的典制，您却蔑视它，这是不彰扬贤者。平王、桓王、庄王、惠王都曾经受过郑国的好处，您却舍弃它，这是不重用功臣。郑文公年纪已大，您却把他当成晚辈看待，这是不尊重长者。狄是隗姓，郑出自宣王一族，您却虐待它，这是不友爱亲族。按照礼制，新的不可替代旧的，您使狄女替代姜氏、任氏为王后，这不仅不符合礼制而且还舍弃故旧。您这一举动而使七德丧失，下臣我所以说利为外人所得。《尚书》上说：'一定要有忍耐，才能获得成功。'您不能忍受小小的怨恨而离弃郑国，还要娶叔隗为王后来招引狄人。狄人如同野猪豺狼一样，是不能满足欲望的。"襄王不听从。

　　十八年，襄王废除狄后。狄人来犯而杀死谭伯。富辰说："过去我屡次劝戒天子，天子就是不听，以至遭此大难。如果我不出去抵御狄人，天子还以为我在怀恨他呢！"于是他率领自己的部属被战死。

　　起先，惠后打算立亲生儿子王子带为国王，所以让王子带的党羽引来狄人。狄人于是进入周王城，周天子被迫逃亡并居住在郑国，晋文公护送他回京恢复王位。

襄王拒晋文公请隧

　　晋文公既定襄王于郑①，王劳之以地，辞，请隧焉②。

　　王不许，曰："昔我先王之有天下也，规方千里以为甸服③，以供上帝山川百神之祀④，以备百姓兆民之用⑤，以待不庭不虞之患⑥。其余以均分公侯伯子男⑦，使各有宁宇⑧，以顺及天地，无逢其灾害，先王岂有赖焉。内官不过九御⑨，外官不过九品⑩，足以供给神祇而已，岂敢厌纵其耳目心腹以乱百度⑪？亦唯⑫是死生之服物采章，以临长百姓而轻重布之⑬，王何异之有？今天降祸灾于周室，余一人仅亦守府，又不佞以勤叔父⑭，而班先王之大物以赏私德⑮，其叔父实应且憎，以非余一人，余一人岂敢有爱⑯？先民有言曰：'改玉改行。'叔父若能光裕大德⑰，更姓改物⑱，以创制天下，自显庸也，而缩取备物以镇抚百姓⑲，余一人其流⑳辟旅于裔土㉑，何辞之有与？若由是姬姓也，尚将列为公侯，以复先王之职，大物其未可改也。叔父其懋昭明德②，物将自至，余何敢以私劳变前之大章③，以忝天下④，其若先王与百姓何？何政令之为也？若不然，叔父有地而隧焉，余安能知之？"

文公遂不敢请，受地而还。

【注释】

①晋文公：春秋五霸之一，名重耳，文公是谥号。襄王：周襄王。郏（jiá）：邑名，今洛阳附近。②隧：隧地。天子远效有六分，分外有六隧。诸侯有的有三隧，有的没有隧地。一说指天子的隧葬礼。③甸服：指京城周围方圆千里的土地，有定期向天子交纳贡赋的职分。④上帝：天神。山川百神：指地神。⑤兆民：万民。⑥不庭：不循常理。不虞：不可预料的事。⑦公侯伯子男：周代的封爵等级。⑧宁宇：宁，安。宇，居。安居之地。⑨内官：宫中女官，九御：即九嫔，指帝王的妃子。⑩外官：朝廷的官员。⑪耳目：借指声色。心腹：借指欲望。百度：指各种制度。⑫亦唯：虚词。⑬临长：统管，治理。轻重：尊卑贵贱的等级。布：陈列。⑭勤：劳苦。叔父：周天子对同姓诸侯称叔父。⑮班：分发。⑯爱：吝啬，舍不得。⑰光裕：推广，扩大。光：广口。庸：用。⑱更姓改物：意即改朝换代。⑲缩取：收取。备物：指上文提到的服物采章之类。⑳流：流放。㉑裔土：边远地区。㉒懋（mào）：勤勉。㉓私劳：个人的功绩。大章：指先世的体制。㉔忝（tiǎn）：玷辱。

【译文】

晋文公辅助襄王在郏地复位以后，襄王赏赐土地给他作为犒劳，文公辞谢，而是请求准许他死后用隧礼葬埋。

襄王没有答应，说："过去我们先王拥有天下，划定王都周围千里方圆的地方当作甸服，以供给上帝山川百神的祭祀，提供万民百姓的财用，防备不遵守常理的诸侯作乱和不能预料的祸患。其余的土地按规定分封给公侯伯子男，使他们各自都有安居之地，以顺从天地的尊卑等级，不至于遭受灾害，先王哪有私利呀。内官不过九御，外官不过九卿，能够供给祭祀天地神祇罢了，怎么还敢放纵自己的声色欲望来扰乱各种制度呢？天子也只是死后生前享用器物、装束等，因为统治百姓、区别尊卑贵贱的等级，除此天子与其他人还有什么不同呢？现在上天将灾难降临周室，我也只能保守先王已成的事业，而且因为缺乏能力而劳累叔父，如果用先王所制订的隧礼酬劳我个人所得的私恩，那么叔父将遭受到人们的憎恶，由于这不是我个人的事，要不然我还有什么吝惜的呢？先人有这样的话：'更改佩而改变行步。'叔父倘若能推广扩大您的盛德，改朝换代，创建新天下，自我显示功勋，从而获得天子的器物、服饰、礼法等用来统治百姓，我就是被流放到荒远边地，我还能有什么话可说呢？倘若天子仍为姬姓，叔父仍然是周室诸侯，以恢复先王的规定为职责，那么隧礼的体制就不能改变。叔父倘若勤勉努力修明德行，隧礼就会自然来到，我怎么敢因为个人功绩更改先王重要的规章制度，从而有辱于天下，那我怎么能够对得起先王和百姓呢？又怎么能制定政令呢？如果不这样，叔父有封地能够自己实行隧葬，我哪能知道呢？"

晋文公于是不再敢请求隧葬，接受所赐土地回国了。

阳人不服晋侯

王至自郑①，以阳樊赐晋文公②。阳人不服，晋侯围之。

仓葛呼曰③：“王以晋君为能德④，故劳之以阳樊⑤，阳樊怀我王德，是以未从于晋。谓君其何德之布以怀柔之⑥，使无有远志⑦？今将大泯其宗祊而蔑杀其民人⑧，宜吾不敢服也！夫三军之所寻⑨，将蛮、夷、戎、狄之骄逸不虔⑩，于是乎致武。比赢者阳也⑪，夫狎君政⑫，故未承命。君若惠及之，唯官是征⑬，其敢逆命，何足以辱师！君之武震，无乃玩而顿乎⑭？臣闻之曰：‘武不可觌，文不可匿⑮。觌武无烈⑯，匿文不昭。’阳不获承甸，而只以觌武，臣是以惧。不然，其敢自爱也？且夫阳，岂有裔民哉⑰？夫亦皆天子之父兄甥舅也，若之何其虐之也？”

晋侯闻之，曰：“是君子之言也⑱。”乃出阳民。

【注释】

①王：指周襄王。②阳樊：地名。今在河南洛源县。③仓葛：人名，阳樊城内的人。④德：布德，施恩德。⑤劳：慰劳。⑥布：布施。怀柔：招来安抚。⑦远志：叛离之心。⑧泯：灭。祊（bēng）：庙门。蔑杀：意即灭杀。蔑，削灭。⑨寻：讨，指讨伐。⑩骄逸：骄横放肆。虔：恭顺。⑪赢（léi）：弱。⑫狎（xiá）：亲近，这里指熟习。⑬唯官是征：只听从晋国官员的征召。征：召。⑭玩：指滥用兵力。顿：挫伤。⑮文：文德，即德行教化。匿：隐藏。⑯烈：威力。⑰裔民：边远的民族。这里指放逐到荒远地方的恶民。⑱君子：指有道德操守之人。

【译文】

襄王从郑国返回复位，将阳樊赐予晋文公。阳樊人不顺服，晋文公派兵包围了阳樊。

仓葛大声叫道：“天子以为晋国君能施以恩德，所以用阳樊犒劳。阳樊人怀念天子的恩德，因此不愿意从属于晋国。看晋君您将布施什么恩德来招来安抚民众，使他们不会产生叛离的念头？如今却要大肆毁灭我们的宗庙，杀尽我们的人民，我们不敢服从是应当的啊！三军所讨伐的，是蛮、夷、戎、狄的骄横放纵、不敬王室，所以要动用武力。阳樊人是弱小的，不熟习晋国君的政令，因而没有接受从属于晋国的命令。晋君您如果施舍给我们恩惠，我们只听从晋国官吏的号召，哪敢违抗命令，怎值得屈尊晋国军队来征讨！晋君您的赫赫兵威，难道不会由于滥用武力而导致挫伤锐气吗？我听说：‘武力是不可以滥用的，文德是不可以藏匿。滥用武力就不可能有威慑，藏匿文德就不可能发扬光大。’阳樊人没有得到为王室提供甸服的义务，只看到晋国滥用武力，我因此感到恐惧。如果不是这样，谁敢只怜惜自己而不服从呢？何况阳樊难道有流放到边远地的恶民吗？他们也都是天子的父兄甥舅，为什么对他们要这样的严苛呢？”

晋文公听了这些话，说：“这是君子说的话。”于是解除对阳樊人的围困。

襄王免卫侯

温之会①，晋人执卫成公归之于周。

晋侯请杀之②，王曰：“不可。夫政自上下者也，上作政，而下行之不逆③，故上下无怨。今叔父作政而不行④，无乃不可乎？夫君臣无狱⑤，今元咺虽直⑥，不可听也。君臣皆狱，父子将狱，是无上下也。而叔父听之，一逆矣。又为臣杀其君，其安庸刑⑦？布刑而不庸，再逆矣。一合诸侯，而有再逆政，余惧其无后。不然，余何私于卫侯⑧？"晋人乃归卫侯。

【注释】

①温：地名，即晋国的河阳。②晋侯：晋文公。③逆：违逆，不顺。④不行：不顺。⑤狱：讼，诉讼。⑥元咺（xuān）：卫国大夫。⑦庸：用。⑧私：偏爱。

【译文】

在温地的诸侯盟会上，晋人逮捕了卫成公以后将他押送到周王城。

晋文公请求处死卫成公，襄王说："不可以。政令是从上而下施行的，在上的国君制定政令，而在下的大臣是执行而不能违抗，所以君上臣下没有怨恨。可是现今叔父您制定政令却不能够施行，这恐怕不合适吧？君臣之间不该有诉讼，现在尽管元咺理直，但是不能听取。如果君臣之间有讼诉，那父子之间也有诉讼，这就没有上下之分了。但是叔父您听从臣子元咺的申辩，首先是违背了礼法。又为了臣子而要杀掉他的国君，这将是怎样使用刑法？颁布了刑法而不去施行，是第二次有所违背礼义。一次诸侯会盟，却有两次违背政令，我害怕此后再不能会合诸侯了。假如不为此，我对卫国君有什么偏爱的呢？"晋国人于是放还了卫成公。

王孙满观秦师

二十四年①，秦师将袭郑，过周北门②。左右皆免胄而下拜③，超乘者三百乘④。王孙满观之⑤，言于王曰："秦师必有谪⑥。"王曰："何故？"对曰："师轻而骄⑦，轻则寡谋，骄则无礼。无礼则脱⑧，寡谋自陷。入险而脱，能无败乎？秦师无谪，是道废也⑨。"

是行也，秦师还⑩，晋人败诸崤⑪，获其三帅丙、术、视。

【注释】

①二十四年：指周襄王二十四年，鲁僖公三十三年。②周北门：周都洛邑的北大门。③左右：车左、车右，胄（zhòu）：头盔。古时之死是"介胄士不拜"，只卸下头盔而不解甲就拜，是不礼的举动。④超乘：指车左、车右跳跃登车。这是对周天子无礼的表现。⑤王孙满：姓王孙，名满，周定王时是大夫，襄王时年纪尚幼。⑥谪：灾祸。⑦轻而骄：轻佻且骄横。⑧脱：随便。指军容不整。⑨道：古道，古人的教导、格言。废：灭，行不通。⑩秦师还：秦国本想偷袭郑国，郑国商人弦高假充接受国君命令来犒赏秦师，秦军以为郑国已经有了准备，只好收兵回国。⑪崤（yáo）：崤山，在晋国境内。

【译文】

襄王二十四年，秦国军队要去攻打郑国，路过周王城的北门。兵车上的车左、车右脱掉头盔下车，随后马上跳跃上车的有三百辆。

王孙满看到此情此景，对襄王说："秦军一定要有大祸降临。"襄王问："什么原因？"王孙满答道："秦军举动轻佻而骄横，轻佻就会缺少计谋，骄横就会没有礼节。没有礼节就过于随便，缺少谋略就会使自己陷入困境。进入险境而又随随便便，能不失败吗？秦军如果没有灾祸，这自古留传的道理也就说不通了。"

这次出兵，秦军半路而回，被晋军在崤山打败，晋军俘获秦军三个统帅白乙丙、西乞术、孟明视。

单襄公论晋将乱

柯陵之会①，单襄公见晋厉公视远步高。晋郤锜②见，其语犯③。郤犨见，其语迂④。郤至见，其语伐⑤。齐国佐见⑥，其语尽。

鲁成公见⑦，言及晋难及郤犨之谮。单子曰："君何患焉！晋将有乱，其君与三郤其当之乎！"鲁侯曰："寡人惧不免于晋，今君曰'将有乱'，敢问天道乎⑧，抑人故也⑨?"对曰："吾非瞽、史，焉知天道？吾见晋君之容，而听三郤之语矣，殆必祸者也。夫君子目以定体⑩，足以从之，是以观其容而知其心矣。目以处义⑪，足以步目，今晋侯视远而足高，目不在体，而足不步目，其心必异矣。目体不相从，何以能久？夫合诸侯，国之大事也，于是乎观存亡。故国将无咎⑫，其君在会，步言视听，必皆无谪⑬，则可以知德矣。视远，日绝其义；足高，日弃其德；言爽⑭，日反其信；听淫⑮，日离其名。夫目以处义，足以践德，口以庇信⑯，耳以听名者也，故不可不慎也。偏丧有咎，既丧则国从之⑰。晋侯爽二，吾是以云。夫郤氏，晋之宠人也，三卿而五大夫，可以戒惧矣。高位实疾颠⑱，厚味实腊毒⑲。今郤伯之语犯，叔迂，季伐⑳。犯则陵人，迂则诬人，伐则掩人㉑。有是宠也，而益之以三怨，其谁能忍之！虽齐国子亦将与焉㉒。立于淫乱之国，而好尽言，以招人过㉓，怨之本也。唯善人能受尽言，齐其有乎？吾闻之，国德而邻于不修㉔，必受其福。今君逼于晋，而邻于齐，齐、晋有祸，可以取伯㉕，无德之患，何忧于晋？且夫长翟之人利而不义，其利淫矣，流之若何？"

鲁侯归，乃逐叔孙侨如。

简王十一年，诸侯会于柯陵。

十二年，晋杀三郤。

十三年，晋侯弑，于翼东门葬，以车一乘㉖。齐人杀国武子。

【注释】

①柯陵之会：是指鲁成公16年，晋代郑，诸侯在柯陵会师。柯陵在郑国西部今河南许昌南。②郤锜（jī）：晋国的大夫，下面的郤犨郤至同为晋卿，号称三郤，是郤豹的后代，又称苦成叔，是郤犨的族兄。③犯：冲撞，冒犯。④迂：绕弯子。⑤伐：矜夸。⑥国佐：齐卿，国武子。⑦鲁成公：鲁国国君。⑧天道：上天的旨意。⑨人故：人事。⑩目以定体：指人用眼睛确定行动的方向。⑪目以处义：指人用眼睛观察应该怎样做才符合礼仪。⑫无咎：咎是指过错，这里指灾祸。⑬谪：指责。⑭爽：差错，过失。⑮淫：此指惑乱的言辞。⑯庇：保护。⑰既丧：全部丧失。⑱颠：陨落。⑲腊（xī）：很，极。⑳伯、叔、季：分别代指郤锜、郤犨、郤至三人。古人常以伯、仲、叔、季作为兄弟排行次第。㉑掩：掩盖。㉒与：参与，此意为遭遇、牵累。㉓过：认为有过错。㉔不修：不修德者。㉕伯：通霸。㉖车一乘：按当时礼仪，诸侯丧葬应当用车七乘。而用车一乘，是指没有按诸侯的等级下葬。

【译文】

在柯陵的盟会上，单襄公看到晋厉公眼睛总是看着远处而走路时脚步很高；晋大夫郤锜拜见时，见他说话经常冒犯人；郤犨拜见时，看到他说话问题喜欢绕弯子。郤至拜见时，他说话总在炫耀功劳；齐国的国佐拜，看到他说话无所避忌。

鲁成公会见单襄公，谈到晋国国君对自己的责难以及郤犨诬陷他的事。单襄公说："你有什么害怕呢！晋国将发生内乱，晋君和三郤恐怕大难临头了！"鲁国国君说："寡人我担心被晋国杀害，而现在您却说'晋国将发生内乱'，你能告诉我这是上天的旨意呢，还是根据人事推测的呢？"单襄公回答说："我不是盲乐师和太史，怎么会知道什么天意？我是从看到晋君的形容，听到三郤的言谈，断定晋国一定会发生内乱。君子用眼睛确定行动的方向，脚步随之跟从，所以观察一个人的举止言行就可知道他的内心。用眼睛观察着做才符合礼仪，脚步随之移动，而现在晋侯眼望远处却脚步抬得很高，眼睛不确定行动方向，可是脚步又不随之移动，他的内心一定在想别的。眼睛和行动互相不协调，这个人怎么能长久？与诸侯会盟，是国家的大事，从这可看出一个国家的兴盛和衰亡。因此国家没有祸患，它的国君参加盟会，走路说话眼看耳听，必定没有可挑剔的地方，就从中可看出他的德行。眼望远处，一天天地断绝正义；脚步很高，一天天地抛弃仁德；言语出差错，一天天地悖反信用；听信惑乱的言辞，一天天地背离君主的名誉。那眼睛是用来看应该做信守礼仪的事，脚步是用来履行德行的，口是用来保护信用的，耳朵是用来听好名声的，所以一定要谨慎才行。如果丧失了其中的一部分，就会有灾祸，全部丧失而国家也将会跟着灭亡了。晋侯丧失了两样，因此我这样说。郤氏是晋国的宠臣，有三人为卿五人做大夫，应该自我警惕了。地位越高垮台越快，味道越美毒性更大。现在郤锜说话常常冒犯人，郤犨说话绕弯子，郤至经常炫耀自己的功劳。言语冒犯会侵犯侮辱别人，说话绕弯子会诬陷别人，自我夸耀会掩盖别人的长处。郤氏有如此恩宠的地位，再加上这三种仇怨，还有谁能容忍他们！哪怕是齐国的国佐也会受到牵连。处身在淫乱的国家，却喜欢言谈无忌讳，揭露别人的过错，是引来怨恨的根源。只有善人才能接受无所顾忌的辞令，齐国有这样的人吗？我听说，自己的国家有德行而与不修德行的国家做邻居，一定能得到好处。可现在今您的国家受晋国的逼迫而与齐国为邻，齐、晋一旦有难，您就可以取代霸主地位，只需担忧自己无美德可称，对于晋国有什么可害怕的呢？何况叔孙侨如好利不好义，他喜好骄奢淫逸，如果把他流放了怎么样？"

鲁侯回国，就排挤了叔孙侨如出国。

简王十一年，诸侯在柯陵会盟。

简王十二年，晋厉公诛杀三郤。

简王十三年，晋厉公被杀，葬在翼城东门外，葬礼很简陋只用一乘车。齐国人杀掉国武子。

单襄公论晋周将得晋国

晋孙谈之子周适周[①]，事单襄公，立无跛[②]，视无还[③]，听无耸[④]，言无远[⑤]；言敬必及天，言忠必及意，言信必及身，言仁必及人，言义必及利，言智必及事，言勇必及制，言教必及辩，言孝必及神，言惠必及和，言让必及敌[⑥]；晋国有忧未尝不戚[⑦]，有庆未尝不怡[⑧]。

　　襄公有疾，召顷公而告之，曰："必善晋周，将得晋国。其行也文⑨，能文则得天地。天地所胙⑩，小而后国⑪。夫敬，文之恭也；忠，文之实也；信，文之孚也⑫；仁，文之爱也；义，文之制也⑬；智，文之舆也⑭；勇，文之帅也；教，文之施也；孝，文之本也；惠，文之慈也；让，文之材也。象天能敬⑮，帅意能忠⑯，思身能信，爱人能仁，利制能义，事建能智，帅义能勇，施辩能教，昭神能孝⑰，慈和能惠，推敌能让。此十一者，夫子皆有焉⑱。天六地五⑲，数之常也。经之以天，纬之以地。经纬不爽⑳，文之象也。文王质文，故天胙之以天下。夫子被之矣，其昭穆又近，可以得国。且夫立无跛，正也；视无还，端也；听无耸，成也；言无远，慎也。夫正，德之道也；端，德之信也；成，德之终也；慎，德之守也。守终纯固，道正事信，明令德矣。慎成端正，德之相也。为晋休戚，不背本也。被文相德，非国何取！成公之归也，吾闻晋之筮之也㉑，遇《乾》之《否》，曰：'配而不终，君三出焉。'一既往矣㉒，后之不知，其次必此㉓。且吾闻成公之生也，其母梦神规其臀以墨㉔，曰：'使有晋国，三而畀骥之孙㉕。'故名之曰'黑臀'，于今再矣。襄公曰骥，此其孙也。而令德孝恭，非此其谁？且其梦曰：'必骥之孙，实有晋国。'其卦曰：'必三取君于周。'其德又可以君国，三袭焉㉖。吾闻之《大誓》㉗，故曰：'朕梦协朕卜㉘，袭于休祥㉙，戎商必克㉚，'以三袭也。晋仍无道而鲜胄㉛，其将失之矣。必早善晋子，其当之也。"

　　顷公许诺。及厉公之乱，召周子而立之，是为悼公。

【注释】

　　①谈：是晋襄公的孙子，即晋悼公。②跛（bì）：偏，指站立时一脚抬起，一脚踏地的站姿式。③还：指眼睛看东西游移不定，向四周扫视。④听无耸：不耸着耳朵听，不认真听。⑤远：指大声说话。⑥敌：地位相当的人。⑦戚：忧愁。⑧怡：高兴。⑨文：文德。⑩胙（zuò）：福祐，保佑。⑪小而后国：最小的得到一个国家。⑫孚：孚佑，庇护。⑬制：标准，准则。⑭舆：工具，手段。⑮象天：以天为准则。⑯帅：统率，根本，遵循。⑰昭：尊崇，尊重。⑱夫子：古代男子的尊称。这里指孙周。⑲天六地五：天有阴、阳、风、雨、晦、明六气（气象），地有金、木、水、火、土五行（物质）。⑳爽：差错，过错。㉑筮：用蓍（shī）草占卦。㉒一：指晋成公。㉓此：指孙周。㉔规：画。㉕三：三世，三代成公一代，景公二代，厉公三代。畀（yù）：给予。㉖三袭：指文德、占梦、占卦三者符合。袭，重合。㉗《大（tài）誓》：指今本《尚书·泰誓中》。㉘朕：古时第一人称。协：符合。㉙休祥：吉祥。㉚戎：征伐。克：攻占，意为胜利。㉛仍：多次，数次。无道：暴虐。

【译文】

　　晋国姬谈的儿子姬周来到周王室，服侍单襄公，站立时不用一只脚踏地，看东西时不游移不定，听人说话时不耸起耳朵，说话不大声；谈到敬必定连及上天，谈到忠必定出自真心，谈到信必定说自身怎么样，谈到仁必定说施舍给人，谈到义必定说对人是否有利，谈到智必定说如何处事，谈到勇一定说遵守法制，谈到教必定说明辨是非，谈到孝必定说到神灵，谈到惠必定说到与人和睦，谈到让必定说对待地位相当人的神态；晋国有忧患时没有不悲伤的，晋国有喜庆时总是兴奋的。

　　单襄公身患重病时，叫来儿子顷公并且告诉他说："一定要善待晋国的姬周，他将来一定会得到晋国的君位。他的品行有文德，有文德就会受到天地的保佑。如果天地所保佑的人，最小也能得到诸侯国。敬，就是表现文德的本源；忠，指的是文德的实质；信，就是指文德的庇护；仁，表现文德的慈爱；义，表现文德的理据；智，是文德的载体；勇，是对文德的遵循；教，是文德的施行手段；孝，是文德的根本；惠，是文德慈爱的表现；让，是文德的施行。只有以天为法则才能敬，只有遵循心意才能忠，反躬自省才有可能讲信义，爱护他人才能做到仁，以遵从法制取利才能做义，善于处事才能表现智，遵循道义而行才能成为勇，施行文德明辨是非才能教化，有尊奉神灵才能孝，只有慈爱和睦才能惠，推举地位相当的人才能让。这十一项，公子周都具备了。天有六气而地有五行，此乃常数。以天的六气作为经，以地的五行作为纬，如果经纬交织毫无差失，那就是文德的表现。因为周文王的品质具有文德，所以上天保佑他取得了天下。公子周也具备同样的文德，他的宗族与晋君血缘最近，是可以得到晋国的君位的。何况他站时还不一脚着地，是中正；看东西时不游移不定，是端庄；不耸起耳朵听话，是坚定；不大声说话，是勤谨。中正，是文德的根本；端庄，是文德的信用；谨慎，是文德的护卫。守护美德而纯洁坚固，根本中正而处事讲信用，显现了美好的德行。谨慎、坚定、端庄、中正，是文德的辅助。为晋国高兴或悲戚，是不背弃根本。具备了文德且有四种美德相辅佐，不取得君位那取什么？晋成公从周回到晋继承王位时，我听说是晋人占卜的结果，得到《乾》卦变为《否》卦，卦辞说：'品德虽匹配上天，但他的子孙不能世代做国君，晋国就要有三人从周返国为君主。'成公是第一个做了国君的人，以后是谁现在还不知道，第二个人必定是公子周了。何况我听说成公出生的时候，他的母亲梦见神人在他的屁股上画了墨记，说，'让他领有晋国，传三代后交给骓的子孙。'因此名曰'黑臀'，现在的晋君是晋成公传下的第二代了。晋襄公名骓，姬周就是其曾孙。而且他德行美好孝敬谦恭，不是他又能是谁？况且那梦里还说：'一定是骓的子孙，才能得到晋国。'那卦说：'一定三次从周迎立国君。'姬周的品行是可以做国君的，占梦、德行、占卦三者相符。我读过《大誓》，谈到往事时说：'我的梦和我的卦相契合，梦和卦都是吉利的，讨伐殷商必定胜利。'那就是因为梦、卦和吉祥三者相符合的缘由。晋国国君屡屡不行德政而且公族的后代又少，就会要失去君位的继承了。你一定要及早善待姬周，他将来肯定会做晋国国君。"

单顷公采纳了。到晋厉公被杀时，晋国人就接回了姬周而立为国君，这就是晋悼公。

伶州鸠论钟律

王将铸无射①，问律于伶州鸠②。对曰："律所以立均出度也③。古之神瞽考中声④，而量之以制，度律均钟，百官轨仪，纪之以三⑤，平之以六成于十二⑥，天之道也。夫六，中之色也，故名之曰黄钟，所以宣养六气、九德也。由是第之：二曰太蔟，所以金奏赞阳出滞也；三曰姑洗，所以修洁百物，考神纳宾也；四曰蕤宾，所以安靖神人，献酬交酢也；五曰夷则，所以咏歌九则，平民无贰也；六曰无射，所以宣布哲人之令德⑦，示民轨仪也。为之六间，以扬沉伏，而黜散越也。元间大吕，助宣物也；二间夹钟，出四隙之细也⑧；三间仲吕⑨，宣中气也；四间林钟，和展百事⑩，俾莫不任肃纯恪也⑪；五间南吕，赞阳秀也⑫；六间应钟，均利器用，俾应复也⑬。律吕不易，无奸物也。细钧有钟无镈⑭，昭其大也。大钧有镈无钟，甚大无镈，鸣其细也。大昭小鸣，和之道也。和平则久，久固则纯，纯明则终，终复则乐，所以成政也，故先王贵之。"

王曰:"七律者何?"对曰:"昔武王伐殷,岁在鹑火^⑮,月在天驷^⑯,日在析木之津^⑰,辰在斗柄^⑱,星在天鼋^⑲。星与日、辰之位皆在北维^⑳,颛顼之所建也,帝喾受之^㉑。我姬氏出自天鼋,及析木者,有建星及牵牛焉^㉒,则我皇妣大姜之侄^㉓、伯陵之后逢公之所凭神也。岁之所在,则我有周之分野也。月之所在,辰马农祥也^㉔。我太祖后稷之所经纬也,王欲合是五位三所而用之^㉕。自鹑及驷七列也,南北之揆七同也。凡人神以数合之,以声昭之,数合声和,然后可同也。故以七同其数,而以律和其声,于是乎有七律。王以二月癸亥夜陈^㉖,未毕而雨。以夷则之上宫毕^㉗,当辰。辰在戌上^㉘,故长夷则之上宫,名之曰羽,所以藩屏民则也^㉙。王以黄钟之下宫,布戎于牧之野^㉚,故谓之厉,所以厉六师也。以太蔟之下宫,布令于商,昭显文德,底纣之多罪^㉛,故谓之宣,所以宣三王之德也。反及嬴内^㉜,以无射之上宫,布宪施舍于百姓,故谓之嬴乱^㉝,所以优柔容民也。"

【注释】

①王:周景王。无射:钟名。②律:音律,指六律和六吕。阳声叫律,阴声叫吕。③均:古乐器上的调律器。④神瞽(gǔ):乐官。考:合。⑤度律:度量律吕的长短。均:平。轨仪:道法,指度量。三:指天、地、人。⑥十二:指六律和六吕,阴阳相配。⑦哲人:指死去后的那些才能和见识都超过常人的人。⑧四:指春夏秋冬四季。隙:间。⑨仲,通中。⑩展:审观,察看。肃:速。纯恪:大敬。⑪俾:使。肃:速。纯:大。⑫秀:谷类抽穗开花叫秀。⑬应:遵照。⑭镈(bó):小钟。⑮岁:岁星。鹑火:星次名称。⑯天驷:星名,即房星。⑰析木:星次名。津:天河,银河。⑱辰:日月交会叫辰。斗柄:即北斗七星中玉衡、开阳、摇光三星。⑲星:辰星。天鼋:星次名。⑳北维:北方水位。㉑帝喾(kù):传说中上古帝王,为黄帝曾孙,颛顼的族子,号高辛氏。㉒建星:星名。牵牛:星名。㉓妣:对死去的母亲的称呼。㉔辰马:星名,即房星、心星。祥:象。㉕五位:指岁在鹑火,月在天驷,日在析木,星在天鼋,日月相会在斗柄。三所:逢公所凭依神、周之分野、后稷所治理的农事上应房星。㉖陈:通阵。战阵。㉗以夷则之上宫毕,当辰:用夷则律为宫声直到战阵列毕,时辰正好是甲子日(周武王与殷纣王大战牧野的时间)。用夷则律为宫调的乐曲音较高,因此称上宫。㉘辰:星名,即斗柄。㉙屏:蔽护。㉚布戎:陈列战阵。㉛底(zhǐ):引致,达到。㉜嬴内:地名。㉝乱:治。柔:安。

【译文】

景王欲想铸造无射钟,向乐官州鸠问钟律。州鸠回答道:"十二律是用来确定调律器和量度乐音的准则。古代的神瞽考核中和的声音然后加以量度,制作乐器,量度十二律管的长短使钟声平和,定出各种行事法则,以三为纲,用律管决定六个标准音,阴阳相配成十二律,合乎规律。六,是中色,所以把与它对应的律称为黄钟,用它来普遍修炼六气、九德。由此依次排列:第二律为太蔟,是金声震动辅佐阳气升腾而使蛰伏的虫类出来活动;第三律为姑洗,是用来使百物濯洗整洁,招致神灵而接纳宾客的;第四律为蕤宾,用来平静神人,辅助宾主宴饮交流,应酬;第五律为夷则,用来歌颂九功的德行,使民心一致忠贞不二;第六律为无射,用来歌颂哲人的美德,给民众树立行为规范。六律之间分出六吕称六间,用来彰表发扬沉伏之气,并除去散乱。第一间为大吕,用来辅助宣泄阳气有利万物生长。第二间为夹钟,排出四季之间的微弱之气。第三间为中吕,用来宣泄阳气。第四间为林钟,审察百事,使各尽其职而尽快大功告成。第五间为南吕，用来帮助阳气使禾谷吐穗扬花。第六间为应钟，使器具完备便利使用，依据礼制与常规统一。"六律六吕不改变它们的正声，就没有邪恶灾祸发生。细声的调节用钟不用镈，是表示钟声的低沉。大声的调节用镈而不用钟，更大的乐调连镈也没有，为的是使琴瑟笙箫一类的乐器声音能够听见。大声和细声都能得到表现，这是音乐和谐的法度。音声和谐均平才有可能持久，持久稳固就是纯正，纯正并而声音明朗地演奏到曲终，曲终又再演奏乐曲才能使人感到兴奋，这就叫用音乐使政治成功，因此先王重视音律。"

景王问："七律是什么?"州鸠答道："当年武王讨伐殷纣王，岁星在周的分野鹑火，月亮在天驷星，太阳在析木星邻近银河的地方，日月相会于北斗星斗柄所指地方，辰星出现在天鼋的位置。辰星、太阳及日月交会的方位都在北方，是颛顼所主的方位，帝喾继承了它。我们姬氏出自天鼋的分野，从天鼋到析木所在星次，有建星和牵牛星，乃我们先祖母太姜之侄伯陵的后裔逢公所依据的神主保佑的地方。岁星所在的星次，是我们周的分野。月亮所在的位置，合乎农事祥瑞的天象。是我们周的太祖后稷经营农事获得成功的地方，武王准备汇合这五个位次和三个处所的祥瑞加以运用。从鹑火到天驷有七宿，从南到北有七个星次合于七律。大概人与神用七这个正好相合，用声音去表明它，数字相合且声音谐调，然后才能做到神与人和谐一致。因此用七这个协同神与人的数字，用律管和谐音乐，于是就有了七律。武王在二月癸亥晚上排阵，未列完天下起雨来。用夷则律为宫声直到战阵列完，时辰正好是甲子日。斗柄指戌是周正二月，因此把夷则律定为上宫，把这乐曲叫羽，用作庇护民众的法度。武王又用黄钟的下宫调，表现两军大战牧野的情景，因此叫做厉乐，用来激励六军。武王用太蔟的下宫调，表现在商都发号施令，宣扬文王的品行，痛斥纣王的暴虐无道，所以叫做宣，用来赞美三王的美德。返回到嬴内，用无射为上宫调，表现武王发布政令而施恩百姓、赦免囚犯，所以叫嬴乱，用来安抚百姓。"

宾孟谓景王己牺无害

景王既杀下门子①。宾孟适郊②，见雄鸡自断其尾③，问之，侍者曰："惮其牺也④。"遂归告王，曰："吾见雄鸡自断其尾，而人曰'惮其牺也'，吾以为信畜矣⑤。人牺实难⑥，己牺何害? 抑其恶为人用也乎，则可也。人异于是。牺者，实用人也⑦。"王弗应。

田于巩⑧，使公卿皆从，将杀单子⑨，未克而崩。

【注释】

①景王：周景王。下门子：周朝大夫，景王儿子猛的师傅。周景王已经立子猛为太子，后改变主意，改立子朝为太子。故杀死了子猛的师傅下门子。②宾孟：周朝大夫。景王儿子子朝的师傅。③断：弄断。④惮：害怕。牺：祭祀时用的牲畜。⑤信畜：畜生确实是这样。⑥人牺：给别人做牺牲。⑦用人：指治人。⑧巩：地名，今在河南省境内。⑨单子：单穆公。

【译文】

景王已经处死了下门子。宾孟来到郊区，看见公鸡自己弄断尾羽，便询问这种事的侍者，侍者答道："公鸡害怕成为祭祀用的牺牲。"宾孟急忙赶回去报告景王，说："我看见公鸡自己

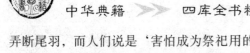
弄断尾羽，而人们说是'害怕成为祭祀用的牺牲'，我认为牲畜的确如此。把别人像牺牲那样敬奉确实有灾难，可是把自己人像牺牲那样敬奉有什么害处？牲畜大概是厌恶被人利用才那么做，还说得过去。人和鸡就不一样。把自己的人像牺牲那样尊奉，实际上就能治人。"景王没有应声。

景王到巩地打猎，让公卿们都一起去，准备除掉单穆公，还没等动手他就自己死了。

刘文公与苌弘欲城周

敬王十年，刘文公[①]与苌弘欲城周[②]，为之告晋。魏献子为政，说苌弘而与之[③]，将合诸侯。

卫彪傒适周，闻之，见单穆公，曰："苌、刘其不殁乎？周诗有之曰：'天之所支，不可坏也。其所坏，亦不可支也。'昔武王克殷，而作此诗也，以为饫歌[④]，名之曰《支》，以遗后之人，使永监焉[⑤]。夫礼之立成者为饫，昭明大节而已，少典与焉[⑥]。是以为之日惕，其欲教民戒也。然则夫《支》之所道者，必尽知天地之为也，不然，不足以遗后之人。今苌、刘欲支天之所坏，不亦难乎？自幽王而天夺之明，使迷乱弃德，而即慆淫[⑦]，以亡其百姓，其坏之也久矣。而又将补之，殆不可矣！水火之所犯，犹不可救，而况天乎？谚曰：'从善如登，从恶如崩。'昔孔甲乱夏[⑧]，四世而陨[⑨]。玄王勤商，十有四世而兴。帝甲乱之[⑩]，七世而陨[⑪]。后稷勤周，十有五世而兴[⑫]。幽王乱之，十有四世矣[⑬]，守府之谓多[⑭]，胡可兴也？夫周，高山、广川、大薮也，故能生是良材，而幽王荡以为魁陵[⑮]、粪土、沟渎[⑯]，其有悛乎[⑰]？"

单子曰："其咎孰多？"曰："苌叔必速及，将天以道补者也。夫天道导可而省否[⑱]，苌叔反是，以诳刘子[⑲]，必有三殃：违天，一也；反道，二也；诳人，三也。周若无咎，苌叔必为戮，虽晋魏子亦将及焉。若得天福，其当身乎？若刘氏，则必子孙实有祸。夫子而弃常法，以从其私欲，用巧变以崇天灾[⑳]，勤百姓以为己名，其殃大矣。"

是岁也，魏献子合诸侯之大夫于狄泉，遂田于大陆[㉑]，焚而死。

及范、中行之难，苌弘与之，晋人以为讨，二十八年，杀苌弘。

及定王，刘氏亡。

【注释】

①敬王：周景王的儿子。刘文公：周敬王的大臣。苌弘：周朝大夫。②城周：加筑成周城。城，用作动词。周指成周城，在周成王时，周公筑于洛邑。周敬王因王子朝作乱而由王城迁都于此。晋国联合诸侯国之力，扩大成周城，把城东北的狄泉也包括在内。③说：悦的古字。④饫歌：饫礼所歌。饫礼，立着行礼。⑤监：通鉴。⑥典：应为曲，章曲。⑦慆淫：享乐过度。⑧乱夏：乱夏禹王之法。⑨四世而殒：孔甲至桀为四世，夏朝灭亡。⑩帝甲：商朝国王。⑪七世而殒：自帝甲到纣共传七世而商朝灭亡。⑫十有五世而兴：自后稷至文王兴国共有十五世。⑬十有四世：自幽王至敬王共有十四世。⑭守府之谓多：意思是保住周室已有的财物就算很幸运。府：府藏。⑮荡：败坏，破坏。魁陵：小土山。⑯沟渎：小水沟。⑰悛(quān)：停止。⑱省：去掉。⑲诳：欺瞒。⑳巧变：不诚实的机变。崇：增大。㉑大陆：晋国的一处大沼

泽。

【译文】

敬王十年，刘文公和苌弘想增加并筑成周城，为这事派人报告晋国。魏舒主持晋国国政，由于喜欢苌弘便同意了，准备会集诸侯共同筑成周城。

卫国大夫彪傒来到成周，听说此事，拜见单穆公，说："苌弘、刘卷或许是不得好死吧？周诗说：'上天所支持的，是不可抗拒的。上天想要毁坏的，也不可以支持。'当初武王打败殷纣王，写了这首诗，当作行饫礼时的乐歌，取名叫《支》，把它留给后人，使它永远作为对后人的教训。礼仪站着完成的叫饫，表明大体而已，所以这诗乐章少。所以它使人天天警惕自身，并以此教育民众知道戒惧。那么，《支》所说的人，必定完全知道天地的所做所为，不这样，就不值得留传给后人了。而今苌弘、刘卷想支持上天所要毁坏的，不也非常困难吗？自幽王被上天夺去了他的明智，使他迷惑昏乱且毁弃德行，淫乐过度，从而丧失了百姓的拥护，王室遭到上天的贬损已经很久了。现在却想补救它，恐怕不可能了！水火要祸害的，况且不能挽救，何况上天要毁坏的呢？谚语说：'学行善像登山一样困难，学作恶像山崩一样容易。'以前孔甲扰乱夏禹的法度，传了四世就灭亡了。殷契振兴商的基业，经过十四世才发达起来。帝甲扰乱商汤的法度，传了七世就灭亡了。后稷振兴周的基业，经过十五世业债才兴盛起来。幽王骚扰打乱文王的法度到如今已十四世了，能保住周室已有的家业就很好了，怎么能使它兴盛呢？周室，好像高山、大河和大泽，因此能产生出这些优秀的人才，而幽王把它破坏成土丘、粪土和沟渠，还能抵御住衰退吗？

单穆公问："他们二人谁的灾祸更多？"彪傒说："苌弘必定会很快遭殃，由于他要用天道修补人事的欠缺。天道支持可行的而排斥不可行的，苌弘与此相悖逆，还用这迷惑刘卷，必定有三祸：违背天意，是一；与天道相反，是二；迷惑他人，是三。纵然周室没有灾祸，苌弘必定会被杀戮，就是晋国的魏舒也将跟着遭祸。如果得享天降的幸福，恐怕灾祸仅由他自身承担吧？至于刘卷，连他的子孙也必定有祸患。这两人作为公卿大夫抛弃常法，依照他们的私欲，用机巧来加重天灾，劳苦百姓来为自己获取功名，那灾祸可就大了。"

这一年，魏舒在狄泉召集各诸侯国的大夫商讨设计加筑成周城之后，就在大陆打猎，被火烧死。

待到晋国范氏、中行氏作乱，苌弘参与此事，晋国人因此讨伐周王室，敬王二十八年，杀死苌弘。

等到周贞定王时，刘氏家族也消亡了。

鲁　语

曹刿问战

长勺之役①，曹刿问所以战于庄公②。公曰："余不爱衣食于民③，不爱牲玉于神④。"对曰："夫惠本而后民归之志⑤，民和而后神降之福⑥。若布德于民而平均其政事，君子务治而小人务力⑦；动不违时，财不过用；财用不匮⑧，莫不能使共祀。是以用民无不听，求福无不丰。今将惠以小赐，祀以独恭。小赐不咸⑨，独恭不优⑩。不咸，民不归也；不优，神弗福也。将何以战？夫民求不匮于财，而神求优裕于享者也，故不可以不本。"公曰："余听狱虽不能察⑪，必以情断之⑫。"对曰："是则可矣。知夫苟中心图民⑬，智虽弗及，必将至焉。"

【注释】

①长勺：鲁国地名。②曹刿（guì）：鲁国人。庄公：即鲁庄公，名同。③爱：吝惜。④牲玉：指祭祀用的牺牲和玉帛。⑤惠本：从根本上施恩惠。⑥和：和睦。⑦小人：这里指百姓。⑧匮：乏。⑨咸：皆，全面，周遍。⑩优：优厚，富厚。⑪听狱：审理诉讼案件。听，决断。狱，指诉讼案件。⑫情：实情。⑬图民：考虑民事。

【译文】

鲁国和齐国的军队准备在长勺开战，曹刿问庄公凭什么与齐国作战。庄公说："我对百姓从不吝啬衣食，对神明从不吝惜牺牲玉帛。"曹刿对答说："从根本上施恩惠而百姓的心才归附，百姓和睦，而神灵才会降下福祉。如果能对百姓广施恩惠并公平地处理政事，让君子致力于治理国家而小民致力于劳作；行动不违背时令，财用不超过礼仪所限定的；百姓的财用不匮乏，没有不能使他们恭敬祭祀的。如此一来，使用民力没有不听从的，祈求福禄没有不丰厚的。而今，你所布施的是小恩小惠，且以个人的恭敬来祭祀。小恩小惠不能遍及所有的百姓，个人恭敬的祭祀也不丰厚。施恩不普及，百姓不会归附；祭祀不丰厚，神灵不会降福。那凭什么作战？百姓所追求的是财用不匮乏，神灵希求的是享献的祭品丰厚，所以不能不从根本上解决问题。"庄公说："我审理讼诉案件，纵然不能一一明察，但一定根据实际情况决断。"曹刿对答说："这样做就可以作战了。假如内心为百姓考虑，才智纵然跟不上，也一定能达到目的。"

曹刿谏庄公如齐观社

庄公如齐观社①。曹刿谏曰："不可。夫礼，所以正民也。是故先王制诸侯，使五年四王、一相朝②。终则讲于会③，以正班爵之义④，帅长幼之序⑤，训上下之则，制财用之节，其间无由荒怠。夫齐弃太公之法而观民于社⑥，君为是举而往观之，非故业也，何以训民？土发而社，助时也。收捃而蒸⑦，纳要也⑧。今齐社而往观旅⑨，非先王之训也。天子祀上帝，诸侯会之受命焉。诸侯祀先王、先公⑩，卿大夫佐之受事焉。臣不闻诸侯相会祀也，祀又不法，君举必书，书而不法，后嗣何观？"

公不听，遂如齐。

【注释】

①庄公：鲁庄公。社：社神。这里指祭祀社神。②四王：四次朝聘天子。③终：毕。讲：讲习。④班爵：排列爵位尊卑的等级。义：通仪。仪式。⑤帅：通率，循。⑥太公：各的始祖姜太公，名望。⑦捃（jùn）：拾取。蒸，通烝，冬天祭祀叫烝。⑧纳要：意为贡献五谷。⑨旅：众。⑩先公：先君。

【译文】

庄公要去齐国参观祭祀社神。曹刿劝说："不能去。礼仪，是用来端正百姓行为的。因此先王给诸侯制定了礼仪，使诸侯每五年派使者朝觐天子四次、相互聘问一次。朝觐仪式结束而诸侯相会时讲习礼仪，用来端正爵位尊卑排列的礼数，遵循长幼的次序，训讲上下之间的法度，制定财用的度，使朝聘期间不得荒疏怠慢。齐国舍弃太公制定的礼法，而在祭祀社神时让百姓观看，国君您又为这事也前去参观，以前没有先例，今后凭什么教导百姓？地气上升后举行社祭，是为了帮助百姓按时耕作。谷物收获后举行社祭，是为了向社神贡献五谷。而后齐国祭祀社神，国君您和众百姓去观看，这不符合先王的遗训。天子祭祀上帝，诸侯参加助祭而后接受政令。诸侯祭祀先王、先公，卿大夫助祭后接受职事。我尚未听说过诸侯相会围观祭祀的，况且这种祭祀又不合礼法。国君的一举一动都一定要记载在史册上，记载了不合法度的事，后代子孙将会怎么看？"

庄公没有听从，于是去了齐国。

匠师庆谏庄公丹楹刻桷

庄公丹桓宫之楹①，而刻其桷。匠师庆言于公曰②："臣闻圣王公之先封者③，遗后之人法，使无陷于恶。其为后世昭前之令闻也，使长监于世④，故能摄固不解以久⑤。今先君俭而君侈，令德替矣⑥。"公曰："吾属欲美之⑦。"对曰："无益于君⑧，而替前之令德，臣故曰庶可已矣⑨。"公弗听。

【注释】

①丹：红。这里指用红漆油饰。桓宫：鲁庄公父亲鲁桓公的庙。②匠师：掌管工匠的大夫。庆：匠师的名。③先封者：开创基业的君主。④监：通鉴。⑤摄：持有。解：通懈。⑥替：废弃。⑦吾属：我辈。⑧益：有好处。⑨已：止。

【译文】

庄公要把桓公宗庙的柱子漆成红色，而且在屋椽上雕刻花纹。匠师庆对庄公说："我听说前代开创基业的贤明的君主，留传给后人的法则，是使他们不陷入邪恶之中。那为的是让后世发扬光大前人的美名，并长久地以此为鉴，所以国君能保有基业坚持不懈而绵长久远。现在，我们先君勤俭节约而国君您奢侈浪费，美德要废灭了。"庄公说："我们正是想美化先君的宗庙。"对答说："这样做对国君您没有利益，而且又废弃了前人的美德，我所以说这事大概应停下来了。"庄公不肯听从。

展禽使乙喜以膏沐犒师

齐孝公来伐鲁①，臧文仲欲以辞告②，病焉③，问于展禽④。对曰："获闻之，处大教小，处小事大，所以御乱也，不闻以辞。若为小而崇以怒大国，使加己乱，乱在前矣，辞其何益？"文仲曰："国急矣！百物唯其可者，将无不趋也。愿以子之辞行赂焉⑤，其可赂乎？"

展禽使乙喜以膏沐犒师⑥，曰："寡君不佞⑦，不能事疆场之司⑧，使君盛怒，以暴露于弊邑之野，敢犒舆师⑨。"

齐侯见使者曰："鲁国恐乎？"对曰："小人恐矣，君子则否。"公曰："室如悬磬⑩，野无青草，何恃而不恐？"对曰："恃二先君之所职业⑪。昔者成王命我先君周公及齐先君太公曰：'女股肱周室⑫，以夹辅先王⑬。赐女土地，质之以牺牲⑭，世世子孙无相害也。'君今来讨弊邑之罪，其亦使听从而释之，必不泯其社稷⑮；岂其贪壤地，而弃先王之命？其何以镇抚诸侯？恃此以不恐。"齐侯乃许为平而还。

【注释】

①齐孝公：齐桓公的儿子，名昭。②以辞告：用文辞向齐国谢罪。③病：这里指不知如何措辞。④展禽：鲁国大夫，即柳下惠，姓展，名获，字禽。⑤行赂：起到贿赂的作用。⑥乙喜：鲁国大夫展喜。膏沐：妇女润发的油脂。犒（kào）：慰劳。⑦不佞：不才。⑧场（yì）：田界，疆界。⑨舆：众。⑩室：家资，这里指国家府库。⑪二先君：指鲁国先祖周公和齐国先祖太公。⑫股肱：大腿和胳膊，用以比喻强有力的支助。⑬夹辅：辅助。⑭质：诚信。⑮泯：灭。

【译文】

齐孝公派兵讨伐鲁国，臧文仲想写一篇文章向齐国谢罪。但找不到合适的措辞，向展禽求教。展禽回答说："我展获听说，大国教诲小国，小国要事奉大国，这样才能抵御祸乱，没有听说用文辞解决问题的。如果身为小国自高自大激怒大国，使它把祸乱加到自己身上，祸乱已发生在眼前，文辞又有什么用呢？"臧文仲说："国家急难了！各种东西只要能够贿赂而免除危难，没有不可以拿来的。但愿用您的文辞起到贿赂的作用，可以吗？"

展禽让乙喜带着润发的油脂去抚慰齐国军队，说："我们国君不才，没有侍奉好贵国边界上的官员，惹您生气，使得贵国军队露宿在我们小国的郊野，我壮着胆子来犒赏众将士。"

齐国国君接见使者说："鲁国人恐惧了吗？"对答说："小人害怕了，君子就不。"齐国国君问："你们鲁国的府库空虚得如同挂着的磬，田野里连青草都不长，凭借什么不害怕？"对答说："依靠着周公和太公的职守。以前成王命令我的先君周公和齐国的先君太公说：'你们保卫了周室，一心辅佐了武王。赏赐给你们土地，要用牺牲结盟签约使互相诚当信义，世世代代的子孙不要互相伤害。'国君您现在来讨伐我们小国的过失，大概也是为了使我们听从成王的遗训而宽恕我们的过失，一定不会来灭亡我国；难道还会贪图我们的国土，而舍弃先王的遗命？那样的话还怎么镇定安抚诸侯呢？我们凭借这个而不怕。"齐国国君于是答应讲和而收兵。

叔孙穆子聘于晋

　　叔孙穆子聘于晋①，晋悼公飨之，乐及《鹿鸣》之三②，而后拜乐三。晋侯使行人问焉③，曰："子以君命镇抚弊邑④，不腆先君之礼以辱从者⑤，不腆之乐以节之⑥。吾子舍其大而加礼于其细，敢问何礼也？"对曰："寡君使豹来继先君之好，君以诸侯之故，贶使臣以大礼⑦。夫先乐金奏《肆夏樊》、《遏》、《渠》⑧，天子所以飨元侯也⑨；夫歌《文王》、《大明》、《绵》⑩，则两君相见之乐也。皆昭令德以合好也，皆非使臣之所敢闻也。臣以为肆业及之⑪，故不敢拜。今伶箫咏歌及《鹿鸣》之三⑫，君之所以贶使臣，臣敢不拜贶。夫《鹿鸣》，君之所以嘉先君之好也，敢不拜嘉。《四牡》，君之所以章使臣之勤也⑬，敢不拜章。《皇皇者华》，君教使臣曰'每怀靡及⑭，诹、谋、度、询⑮，必咨于周。敢不拜教。臣闻之曰：'怀和为每怀⑯，咨事为诹⑰，咨难为谋，咨义为度，咨亲为询，忠信为周。'君贶使臣以大礼，重之以六德⑱，敢不重拜。"

【注释】

　　①叔孙穆子：鲁国的卿，名豹。②《鹿鸣》：《诗经·小雅》的篇名，《小雅》之首是《鹿鸣》、《四牡》、《皇皇者华》三篇。③行人：官名，掌管朝觐聘问。④弊邑：敝邑，敝国。⑤腆：丰盛。⑥节：进献。⑦贶（kuàng）：赐与。⑧金奏：用钟奏乐。《肆夏樊》、《遏》、《渠》：指古代三夏曲。樊，名肆夏。遏，名韶夏。渠，名纳夏。现已记佚。⑨元侯：诸侯之长。⑩《文王》、《大明》、《绵》：是《诗经·大雅》前三篇的篇名，所以又称为《大雅》之道。⑪肆（yì）：学习。⑫伶：伶人，乐官。⑬章：通彰。⑭靡（mǐ）及：不及。⑮诹（zōu）：咨询。⑯和：当为私。⑰诹：询问。⑱六德：指诹、谋、度、询、咨、周。

【译文】

　　叔孙穆子到晋国访问，晋悼公设宴款待他，奏乐到《鹿鸣》等三曲，而后叔孙穆子起身答拜三次。晋悼公派行人询问他，说："您奉国君的命令来安抚我们小国，我国以先君并不丰厚的礼仪来接待您，用并不优雅动听的音乐来进献您。您舍弃了重大的乐曲却为次要的乐曲答拜，请问这是什么礼节？"穆子回答说："我的国君派我叔孙豹来的目的是为了继承先君的友好关系。贵国国君因为诸侯国关系的原因，赏给我大礼。开始用金属之类的乐器演奏《肆夏樊》、《遏》、《渠》三首曲子，是天子用来款待诸侯之长的；《文王》、《大明》、《绵》三首曲子，是两国国君相见时的音乐。这些都是为了彰明先王美德而表示友好的，都不是使臣们所敢听的。我以为是乐师在练习演奏这些曲子，因此不敢答拜。现在乐师用箫演奏歌唱《鹿鸣》等三曲，是国君赏赐使臣的乐曲，我怎敢不拜谢。《鹿鸣》一曲，是国君用来称赞先君的友好关系，我怎敢不叩谢赞美。《四牡》是国君用来表彰使臣勤于政事的，我怎敢不拜谢表彰。《皇皇者华》中，国君教导使臣说：'每个人都怀有私心就永远不能达到他的目的。'咨询、谋略、策划、询问，一定要向忠诚可信的人咨询。我怎敢不拜谢教导。我常常听说：'怀有私心叫每怀，咨询政事叫诹，咨询难题叫谋，咨询礼义叫度，咨询亲戚叫询，向忠信的人咨询叫周。贵国国君用

大礼赏赐给我，又进而教导我六德，我怎敢不再三拜谢。"

叔孙穆子谏季武子为三军

季武子为三军①，叔孙穆子曰："不可。天子作师，公帅之，以征不德②。元侯作师③，卿帅之，以承天子④。诸侯有卿无军⑤，帅教卫以赞元侯⑥。自伯、子、男有大夫无卿，帅赋以从诸侯⑦。是以上能征下，下无奸慝⑧。今我小侯也，处大国之间，缮贡赋以共从者⑨，犹惧有讨。若为元侯之所，以怒大国，无乃不可乎？"

弗从，遂作中军⑩。自是齐、楚代讨于鲁⑪，襄、昭皆如楚。

【注释】

①季武子：鲁卿，季文子的儿子。②不德：不守臣德的诸侯。③元侯：诸侯之长。④承：跟随。⑤卿：指命卿。大国诸侯有两个卿受命于天子，叫命卿。⑥教卫：训练的武卫之士。赞：助。⑦赋：兵。古代按田赋出兵，故称兵为赋。此指兵车、甲士。⑧奸慝（tè）：邪恶的心术或行为。⑨缮：整治。共：通供。⑩中军：原先已有上、下二军。⑪代：交替。

【译文】

季武子准备创建三军，叔孙穆子说："不行。天子建立六军，让在王室中担当卿士的诸侯统帅，用来征讨不守臣德的诸侯。诸侯之长的国君建立三军，由卿统帅，用来跟从天子出征。一般诸侯国的国君有卿而没有三军，由卿带领所教练的卫士去辅助诸侯之长的国君。从伯爵、子爵、男爵以下的小诸侯国有大夫而没有卿，大夫统帅从国中征来的兵车、甲士跟随诸侯征伐。这样做在上位的能征服在下位的，在下位的没有邪恶行为。现在我们是个小诸侯国，处在齐、楚等大国之间，即便整治赋税、征召兵车甲士供应所依附的大国，尚且害怕被讨伐。假如再建立诸侯之长才拥有的三军，就会激怒大国，恐怕不行吧？"

季武子未听从，最终还是建立中军。从此之后，齐、楚两大诸侯国轮番攻打鲁国，最终襄公、昭公全到楚国事奉楚王了。

诸侯伐秦莒人先济

诸侯伐秦，及泾莫济①。晋叔向见叔孙穆子曰②："诸侯谓秦不恭而讨之，及泾而止，于秦何益？"穆子曰："豹之业，及《匏有苦叶》矣③，不知其他。"

叔向退，召舟虞与司马④，曰："夫苦匏不材于人，共济而已⑤。鲁叔孙赋《匏有苦叶》，必将涉矣。具舟除隧⑥，不共有法⑦。"

是行也，鲁人以莒人先济，诸侯从之。

【注释】

①泾：水名。②叔向：晋国的大夫。③业：事。匏有苦叶：《诗经·邶风》篇名。④舟虞：管船的。司马：主管军政的官。⑤匏：匏瓜，一种有苦味的葫芦，在水中可系在腰间做浮囊。不材：指不可吃。⑥

隧：道。⑦共：通供。法：刑。

【译文】

诸侯征讨秦国，军队到达泾水边时谁也不肯先渡。晋国大夫叔向会见叔孙穆子说："诸侯认为秦国对晋国不恭敬而讨伐它，到达泾水却停止了，对讨伐秦国有什么好处？"穆子说："我叔孙豹的职责，就知道诵读《匏有苦叶》，不知道别的什么。"

叔向告退后，召来舟虞和司马，说："苦匏不能供人食用，但能用来帮助人渡水。鲁国叔孙豹诵读《匏有苦叶》，一定在准备渡河了。准备船只清理道路。不准备好要依法处理他。"

在这次行动中，鲁国让莒国的军队先渡过去，诸侯跟着过了泾水。

仲尼谓公父文伯之母知礼

公父文伯之母朝哭穆伯①，而暮哭文伯。

仲尼闻之，曰："季氏之妇可谓知礼矣②。爱而无私，上下有章③。"

【注释】

①朝：早晨。穆伯：公父文伯的父亲。②礼：古礼，寡妇不夜哭。③有章：合乎章法。

【译文】

公父文伯的母亲早上哭亡父穆伯，黄昏哭亡子文伯。

孔子听说了，说："季氏家的妇人可以说明白礼法了。爱丈夫、儿子却没有私心寡欲，上下合乎章法。"

仲尼论大骨

吴伐越，堕会稽①，获骨焉，节专车②。吴子使来好聘③，且问之仲尼，曰："无以吾命。"

宾发币于大夫，及仲尼，仲尼爵之④。既彻俎而宴⑤，客执骨而问曰："敢问骨何为大？"仲尼曰："丘闻之：昔禹致群神于会稽之山⑥，防风氏后至⑦，禹杀而戮之，其骨节专车。此为大矣。"客曰："敢问谁守为神者⑧，其守为神；社稷之守者，为公侯。皆属于王者。"客曰："防风何守也？"仲尼曰："汪芒氏之君也，守封、嵎之山者也⑨，为漆姓⑩。在虞、夏、商为汪芒氏，于周为长狄，今为大人⑪。"客曰："人长之极几何？"仲尼曰："僬侥氏长三尺⑫，短之至也。长者不过十之，数之极也。"

【注释】

①吴、越：都是国名。堕：坏。会稽：山名。②节：指一节骨头。专：擅，独占。③吴子：吴王。④爵：酒器。⑤彻俎：撤去祭祀的礼器。⑥群神：主管山川的神。⑦防风氏：传说是上古时汪芒国的君主。

⑧纪纲：治理。⑨封，嵎（yú）：山名。⑩漆：汪芒氏的姓。⑪汪芒氏在周代时北迁，改国名为长狄。⑫僬侥（jiāoyáo）氏：传说中的矮人国。

【译文】

吴国讨伐越国，摧毁了会稽城，获得大骨，一节骨头就得用一辆车来装。吴王夫差派使者来鲁国聘问修好，让使者请教孔子有关大骨的事。并且还说："不要说这是我的命令。"

吴王的使者把礼物赠送给鲁国大夫时，送到孔子那里，孔子用爵盛酒回敬他。当撤去礼器开始宴饮时，使者拿起俎中的一节骨头问孔子说："请问什么骨头最大？"孔子说："我曾经听说，从前大禹召集各国君主到会稽山，防风氏违命迟到，大禹把他杀了并陈尸示众，他的骨头一节要用一辆车才能装得下。这是最大的了。"使者问："请问掌管什么才可以称作神灵？"孔子说："山川的精灵，可以治理天下，那掌管山川的就可称神灵；掌管社稷的称作公侯。他们全都隶属于王。"使者说："防风氏掌管的是什么？"孔子说："他是汪芒国的君主，掌管封山，嵎山，是漆姓。在虞、夏、商称汪芒氏，到了周代称长狄，现在称为大人。"使者问："人的个子长短的极限是多少？"孔子说："僬侥氏的人身高只有三尺，是最矮的；身材高大的不超过他的十倍，是最高的极限。"

仲尼论楛矢

仲尼在陈①，有隼集于陈侯之庭而死②，楛矢贯之，石砮，其长尺有咫③。陈惠公使人以隼如仲尼之馆问之。

仲尼曰："隼之来也远矣④！此肃慎氏之矢也⑤。昔武王克商，通道于九夷、百蛮，使各以其方贿来贡⑥，使无忘职业。于是肃慎氏贡楛矢、石砮，其长尺有咫。先王欲昭其令德之致远也⑦，以示后人，使永监焉⑧，故铭其栝曰'肃慎氏之贡矢'⑨，以分大姬、配虞胡公而封诸陈⑩。古者，分同姓以珍玉，展亲也⑪；分异姓以远方之职贡⑫，使无忘服也⑬。故分陈以肃慎氏之贡⑭。君若使有司求诸故府⑮，其可得也。"

使求，得之金椟⑯，如之。

【注释】

①陈：国名。②隼（sǔn）：一种凶猛的大鸟。③楛（hù）矢：用楛木做杆的箭。贯：射穿。石砮（nǔ）：石制箭头。咫：周制八寸为咫。④远：远道而来。⑤肃慎：古代北方种族名。⑥贿：财物。⑦致远：使远方民族归顺。⑧监：视，看到。⑨铭：刻。栝（guā）：箭末扣弦处。⑩大姬：周武王的长女。虞胡公：舜的后代，封地在陈。⑪展亲：使亲者更见其亲。展，诚信，确实。⑫职贡：职方的贡物。⑬服：服事。诸侯定期朝贡，各依服数事奉天子。⑭陈：妫姓国，和周不是同姓。⑮故府：旧仓库。⑯金椟（dú）：用金装饰的柜子。

【译文】

孔子在陈国时，有一只隼落在陈国国君的庭院里死去。隼是被一支楛木做杆的箭射穿了它，石制箭头，长一尺八寸。陈惠公命人拿着隼到孔子住的馆舍去请教。

孔子说："这隼是远路飞来的这是肃慎氏的箭。从前武王战胜了商，开通了去往东方九夷和南方百蛮的道路，让他们各自带着财物来进贡，使他们不要忘记自己的职业和任务。于是肃慎进贡楛木做杆的箭，石制的箭头，它长有一尺八寸。先王为了昭明自己使远方民族归顺的崇高美德，告诉给后人，使他们永远看到它，所以在箭杆末端扣弦的地方刻上"肃慎氏进贡的箭"的字样，并且把它分给大女儿大姬，而后又将大姬许给虞胡公并分封在陈国。古时，天子用珍宝珠玉赏赐给同姓，因而这使亲者更见其亲；用远方贡品赏赐给异姓，这使他们不忘服侍天子。所以用肃慎氏进贡的箭赏赐陈国。君主您假如派管事的去旧府库查找，大概还能找到。"

陈惠公派人去寻找，在一只饰金的柜子中发现了楛矢，和孔子所说的一样。

晋　语

武公伐翼止栾共子殉君

武公伐翼①杀哀侯②，止栾共子曰③："苟无死，吾以子见天下，令。子为上卿，制晋国之政。"辞曰："成闻之④：'民生于三事之如一⑤。'父生之，师教之，君食之。非父不生，非食不长，非教不知生之族也⑥，故壹事之。唯其所在，则致死焉。报生以死，报赐以力，人之道也。臣敢以私利废人之道，君何以训矣？且君知成之从也，未知其待于曲沃也⑦。从君而贰，君焉用之？"遂斗而死。

【注释】

①武公：即晋武公，原为晋宗主国封在曲沃的小国主，后来势力超过宗主国，进而取代为晋国国君。翼：晋宗主国的都城。②哀侯：即晋哀侯，晋宗主国的国君。③栾共子：晋国的大夫，为晋哀侯的臣子。④成：共叔成，即栾共子。⑤三：此指君、父、师。⑥族：宗族，族系。⑦曲沃：晋武公所在的晋国别都。

【译文】

武公攻打晋国翼城，杀死哀侯，并且劝栾共子说："如果你不效忠而死，我将把你举荐给天子，任命你为上卿，掌管晋国的政事。"栾共子拒绝说："我栾共子听说过：'人生活在世间靠的是父亲、师长、国君，要始终如一地侍奉。'父亲给予生命，师长进行教诲，国君封赐食禄。没有父亲就没有生命，没有食禄就不能成长，没有教诲就不知道所生的族类，所以要一心一意地侍奉。只要是他们需要的，就出死力去做。用命去报答养育之恩，用力报答恩赐之惠，是做人的道义。臣怎么敢为了私利而抛弃做人的道义，否则您用什么来教化臣民属下呢？况且您只知道劝阻我栾共子不要以死遵循臣道，却不知道我若不死而到曲沃事奉您便是怀有二心。事奉君主而有二心，君主怎么可以重用这种人呢？"于是力战而死。

史苏论献公伐骊戎胜而不吉

献公卜伐骊戎①，史苏占之②，曰："胜而不吉。"公曰："何谓也？"对曰："遇兆③，挟以衔骨④，齿牙为猾，戎、夏交捽。交捽，是交胜也，臣故云。且惧有口，携民⑤，国移心焉。"公曰："何口之有！口在寡人，寡人弗受，谁敢兴之？"对曰："苟可以携，其入也必甘受，逞而不知，胡可壅也？"公弗听，遂伐骊戎，克之，获骊姬以归⑥。有宠，立以为夫人。

公饮大夫酒，令司正实爵与史苏⑦，曰："饮而无肴。夫骊戎之役，女曰'胜而不吉'，故赏女以爵，罚女以无肴。克国得妃，其有吉孰大焉！"史苏卒爵，再拜稽首曰："兆有之，臣不敢蔽。蔽兆之纪⑧，失臣之官，有二罪焉，何以事君？大罚将及，不唯无肴。抑君亦乐其吉而备其凶，凶之无有，备之何害？若其有凶，备之为瘳⑨。臣之不信，国之福也，何敢惮罚。"

饮酒出，史苏告大夫曰："有男戎必有女戎。若晋以男戎胜戎⑩，而戎亦必以女戎胜晋，其若之何！"里克曰⑪："何如？"史苏曰："昔夏桀伐有施，有施人以妹喜女焉，妹喜有宠，于是乎与伊尹比而亡夏⑫。殷辛伐有苏⑬，有苏氏以妲己女焉⑭，妲己有宠，于是乎与胶鬲比而亡殷⑮。周幽王伐有褒⑯，褒人以褒姒女焉⑰，褒姒有宠，生伯服⑱，于是乎与虢石甫比⑲，逐太子宜臼而立伯服⑳。太子出奔申㉑，申人、鄫人召西戎以伐周㉒，周于是乎亡。今晋寡德而安俘女，又增其宠，虽当三季之王㉓，不亦可乎？且其兆云：'挟以衔骨㉔，齿牙为猾。'我卜伐骊，龟往离散以应我。夫若是，贼之兆也，非吾宅也，离则有之。不跨其国，可谓挟乎？不得其君，能衔骨乎？若跨其国而得其君，虽逢齿牙以猾其中，谁云不从？诸夏从，非败而何？从政者不可以不戒，亡无日矣！"

郭偃曰㉕："夫三季王之亡也宜。民之主也，纵惑不疚㉖，肆侈不违，流志而行，无所不疚，是以及亡而不获追鉴。今晋国之方，偏侯也。其土又小，大国在侧，虽欲纵惑，未获专也。大家、邻国将师保之㉗，多而骤立，不其集亡。虽骤立，不过五矣。且夫口，三五之门也㉘。是以逞口之乱，不过三五。且夫挟，小鲠也，可以小戕，而不能丧国。当之者戕焉，于晋何害？虽谓之挟，而猾以齿牙，口弗堪也，其与几何？晋国惧则甚矣，亡犹未也。商之衰也，其铭有之曰：'嗛嗛之德㉙，不足就也，不可以矜，而只取忧也。嗛嗛之食，不足狃也㉚，不能为膏，而只罹咎也。'虽骊之乱，其罹咎而已，其何能服？吾闻以乱得聚者，非谋不卒时，非人不免难，非礼不终年，非义不尽齿，非德不及世，非天不离数。今不据其安，不可谓能谋；行之以齿牙，不可谓得人；废国而向已，不可谓礼；不度而迁求，不可谓义；以宠贾怨，不可谓德；少族而多敌，不可谓天。德义不行，礼义不则，弃人失谋，天亦不赞。吾观君夫人也，若为乱，其犹隶农也，虽获沃田而勤易之㉛，将不克飨，为人而已。"

士芳曰㉜："诚莫如豫，豫而后给。夫之诚之，抑二大夫之言皆有焉。"

既，骊姬不克，晋正于秦㉝，五立而后平㉞。

【注释】

①献公：即晋献公，晋国国君。骊戎：古时戎族人的一支。②史苏：晋国的大夫，又是掌管占卜的史官。③遇：见，即现，指封象显示的征兆。④挟：交会。⑤携（xié）：离心。⑥骊姬：骊戎族人，国君的女儿。⑦司正：宴会上主持宾主礼仪者。⑧纪：经。这里是指龟甲上灼裂的纹。⑨瘳（chōu）：减损。⑩戎：古时的一个部族。春秋时期有己氏之戎、北戎、允姓之戎、伊洛之戎、犬戎、骊戎、戎蛮等七个种落。此处指骊戎。⑪里克：晋国的大夫，又称里季子、里季。⑫伊尹：商朝开国国君汤的贤相。⑬辛：商朝的末代国王纣，有名的暴君。有苏：古时一个诸侯。⑭妲（dó）己：有苏国国君之女。商纣王攻有苏，有苏将她献给纣王，极受宠爱。⑮胶鬲（gé）：商朝的贤臣，后弃商投周，辅佐周武王灭商。⑯周幽王：

西周国王。有褒：古时一个诸侯国。⑰褒姒：有褒国国君之女。有褒国将她进献给周幽王，受宠而被立为王后。⑱伯服：褒姒所生，被立为太子。⑲虢（guó）石甫：即虢公，石甫是他的名。周幽王时用为卿士，有名的佞臣。⑳宜臼：周平王的名。他是申后所生。㉑申：古时一个诸侯国，相传为伯夷的后代，是申后的娘家，周平王的舅家。㉒鄫（zēng）：古时一个诸侯国。西戎：古代西北戎族的总称。因西戎、鄫国常与申国有婚姻关系，所以申侯联合鄫国而引西戎攻周幽王。㉓三季之王：指夏、商、西周（当时称宗周）的三个末代国王夏桀、商纣、周幽王。㉔衔骨：指骊姬受宠幸，钳制住晋君。㉕郭偃：晋国的大夫。又称卜偃。㉖疚：病。㉗大家：即上卿。师保：教养、教导。㉘三五之门：三指日、月、星三辰，五指金、木、水、火、土五行。因三辰需用口来传授，五行要用口来宣扬，所以称口为三五之门。㉙嗛嗛（qiānqiān）：小小。㉚狃（niǔ）：贪。㉛易：治理。㉜士蒍（wēi）：晋国的大夫。又称子舆。㉝晋正于秦：指秦穆公接纳晋惠公，用武力帮助晋文公为国君，除吕甥、至之事。㉞五立而后平：指晋献公死后，晋国先后立奚齐、卓子、惠公、怀公、文公五位国君，国家才得以安宁。

【译文】

献公为征讨骊戎占卜问，史苏占卜这件事，说："能获胜但是却不吉利。"献公问："这是什么意思？"史苏回答说："从征兆看，裂纹交会像衔着一根骨头，在牙齿中间搅弄，象征骊戎与晋国相互冲突。相互冲突，就是交替取胜，因而臣这样说。而且恐怕要有口舌是非，使百姓离心，国家不稳定。"献公说："有口舌是非！说话的决定权在寡人我，寡人我不接受，有谁敢惹是生非？"史苏答道："如果连百姓都可离弃，那听入耳的就一定会甘愿接受，心境愉快而不知其恶，怎么能防御呢？"献公不听，于是攻打骊戎，战胜了骊戎，俘获骊姬而带回晋国。献公宠爱骊姬，立为夫人。

献公设宴招待大夫，命令司正斟满酒杯递给史苏，说："只让他饮酒而不给肉吃。攻打骊戎时，你说'能获胜但不吉利'，所以赏你饮酒，而罚你不准吃肉。战胜骊戎得到爱妃，还有什么吉祥事比这更大呀！"史苏饮完酒，叩头拜谢说："卜算的征兆有那种情形，臣上不敢隐瞒。隐瞒卜兆的内容，是臣做官的失职，有这两大罪过，怎么侍奉国君？大罪将要临头，不只是不得吃肉了。再说国君您也是喜欢吉兆而防御凶兆的，虽然凶兆没有，防备又有什么害处呢？假如真的出现祸患，事先防备也能够减轻。臣下占卜的不灵验，正是国家的福，怎么敢害怕受罚。"

宴饮完出来，史苏对大夫们说："有男人之战就一定有女人之战。假如晋国用男兵战胜了骊戎，那骊戎也一定会用女色战胜晋，这样怎么办！"里克问："会怎样？"史苏回答说："从前夏桀攻打有施，有施人把妹喜进贡给桀，妹喜得到夏桀的宠爱，于是和伊尹勾结而灭亡了夏。殷纣进攻征打有苏，有苏人把妲己进献给纣，妲己得到宠爱，因此和胶鬲勾结而灭亡了殷。周幽王攻打有褒，有褒人反褒姒进献给幽王，褒姒得到宠爱，并生了伯服，于是和虢石甫勾搭，驱逐太子宜臼而立伯服，太子逃奔申国，申人、鄫人引来西戎讨伐宗周，宗周于是灭亡。如今晋国德行寡少而安乐于那个俘虏来的女子，又越加宠爱，即使说相当于夏、商、宗周三个末代君主，不也可以吗？何况那卜兆上：'交会处像衔着一根骨头，在牙齿中间搅弄。'我占卜的是攻打骊戎一事，回应我的兆端是龟纹离散。像这样的卜兆是败亡的征兆，不但我们不能安居，而且国家将有分裂的危险。如果没有据有其国的权柄，能说挟制吗？没有得到其君之宠，能说衔骨吗？如果既据有他国权柄又得其君之宠，即使干出在牙齿中间搅弄的事情，谁人敢说不服从？中原诸侯顺从了戎人，不是败亡是什么？执政的人不可不戒惕，离亡国没有几天了！"

郭偃说："夏、商和宗周三个末代君主的灭亡是必然的。作为百姓的国君，放纵惑乱却没人认识到自己错了，肆意奢侈却无所避，随意而行，没有一事不是过错，所以直至亡国也不吸取前朝失败的鉴戒。如今的晋国，是个处在偏远地方的候国。它的面积又小，旁边又有大国，即使想放纵惑乱，也不能专擅。执政的上卿和邻国予以教导帮助，虽然屡次拥立国君，还不至于亡国。即使几次拥立国君，也未超过五位。况且那口，是宣讲三五的门经。所以说谗言造成的祸患，不过三位或五位国君而已。至于那裂纹交会处，是小骨头鲠着，可能将会造成小的伤害，还不足以亡国。何况是当事者受到伤害，这对晋国有什么危害？虽说裂纹交会在一处，并且不牙齿搅弄，口不有接受，这能持续多久呢？晋国的危机是很严重，但亡国还谈不上。商的衰败，钟鼎上刻着这样的铭文说：'小小的德行，不值得归功于自己，不可因此骄傲自夸，那样只能招致忧患。小小的利益，不值得争取贪图，这不仅不能养肥自己，只会遭到灾祸。'即使骊戎挑起祸乱，也只会使自己遭到灾祸而已，又怎能使人们顺服呢？我听说乘乱聚财得势的人，没有善谋超不过一季就完，不得人心就不能使自己避免祸难。不遵从礼法过不了一年便亡，不施仁义就不能尽其天寿，没有德惠就不能得到继嗣，没有天命佑助就不能历世长久。现在骊姬不居安而处危，不能算有善谋；靠搬弄口舌而行事，不能算得民心；毁弃国家而为已，不能算合乎礼；不考虑利害而以邪压正，不能算讲仁义；仗着国君的宠爱而招怨国人，不能算有德惠；缺乏盟友而广树敌人，不能算得天助。不行德惠，不守礼义，不得民心而缺乏善谋，上天也不会帮助的。依我看这位国君夫人，如果挑起祸乱，也就像农夫一样，虽然获得良田沃土并且辛勤耕作，却不能够自己享受，是替别人辛劳而已。"

士芳说："与其告诫不如防御，有防备而出了事就来得及。不论是您告诫的话，还是两位大夫的言谈都很有道理。"

后来，骊姬未能得逞，晋国被秦国辅正，虽然先后立过五位国君而最后还是得到了稳定。

史苏论骊姬必乱晋

献公伐骊戎，克之，灭骊子①，获骊姬以归，立以为夫人，生奚齐。其娣生卓子②。骊姬请使申生处曲沃以速悬③，重耳处蒲城④，夷吾处屈⑤，奚齐处绛，以儆无辱之故⑥。公许之。

史苏朝，告大夫曰："二三大夫戒之乎，乱本生矣！日，君以骊姬为夫人，民之疾心固皆至矣。昔者之伐也⑦，兴百姓以为百姓也，是以民能欣之，故莫不尽忠极劳以致死也。今君起百姓以自封也⑧，民外不得其利，而内恶其贪，则上下既有判矣；然而又生男，其天道也？天强其毒，民疾其态，其乱生哉！吾闻君之好好而恶恶，乐乐而安安，是以能有常。伐木不自其本，必复生；塞水不处其源，必复流；灭祸不自其基，必复乱。今君灭其父而畜其子⑨，祸其基也。畜其子，又从其欲，子思报父之耻而信其欲⑩，虽好色，必恶欲，从其恶心，必败国且深乱。乱必自女戎，三代皆然。

骊姬果作难，杀太子而逐二公子。君子曰："知难本矣。"

【注释】

①骊子：骊戎的君主。②娣（dì）：对姊而言，即妹妹。③申生：晋献公的太子。④重耳：太子申生的异母弟弟，就是后来的晋文公。⑤夷吾：太子申生的异母弟弟，即后来的晋惠公。⑥儆（jǐng）：戒备。

⑦昔者：指古时的明君。⑧封：指增大土地。⑨畜（xǔ）：容留。⑩信（shēn）：通伸。

【译文】

献公征讨骊戎，战胜了它，杀死骊子，获得骊姬后回国，立她为夫人，生下儿子奚齐。她的妹妹生下卓子。骊姬请求献公让申生住在曲沃而说是可以立即解救危难，重耳住在蒲城，夷吾住在屈，奚齐留在绛，说是为了防御外敌而不使晋国受辱。献公同意她的请求。

史苏上朝，告诉大夫们说："大夫们可要警戒小心啊，祸乱的根子已经产生了！当初，国君立骊姬为夫人，百姓嫉恨之心本来就很深了。古时的征战，是发动百姓为百姓除害，所以人们能欣然拥护，因此没有不竭尽全力尽效劳以至拼死的。如今国君起用百姓是为了自求富足，人们在外不能得到攻伐的好处，而内心又厌恶君主的恶欲，那么上下都已有离心了；而且骊姬又生了男孩，难道是天意？上天加重其毒害，人们疾恨这种事况，祸乱就要发生了！我听说国君喜欢好的而厌恶坏的，欢乐时高兴而平安时放心，这样才能持久正常。砍伐树木不从树根砍除，那么必定会再生长；堵塞流水不从源头堵，必定会再流淌；除灭祸患不从祸根消除，那么必定会再作乱。如今国君杀了她的父亲却留下他的女儿，这就是祸乱的基础。容留他的女儿，又过分满足她的欲望，女儿想着报杀父的耻辱就会伸张她的贪欲，外貌虽然美丽而内心却恶毒，不能说是美好的。贪恋她的美色，就一定会答应她的请求。她得到君主的宠爱便加强她的欲望，放纵其险恶之心，这必定会败坏国家并加深祸乱。祸乱一定来自女色，夏、商、周三代都是如此。"

骊姬果然作出了祸乱之事，杀死太子申生并驱逐重耳、夷吾二公子。君子说："史苏知道迹难的本源。"

献公将黜太子申生而立奚齐

骊姬生奚齐，其娣生卓子。公将黜太子申生而立奚齐。

里克、丕郑、荀息相见①，里克曰："夫史苏之言将及矣！其若之何？"荀息曰："吾闻事君者，竭力以役事，不闻违命。君立臣从，何贰之有？"丕郑曰："吾闻事君者，从其义，不阿其惑②。惑则误民，民误失德，是弃民也。民之有君，以治义也。义以生利，利以丰民，若之何其民之与处而弃之也？必立太子。"里克曰："我不佞③，虽不识义，亦不阿惑，吾其静也。"三大夫乃别。

烝于武宫④，公称疾不与，使奚齐莅事。猛足乃言于太子曰⑤："伯氏不出⑥，奚齐在庙，子盍图乎！"太子曰："吾闻之羊舌大夫曰⑦：'事君以敬，事父以孝。'受命不迁为敬，敬顺所安为孝。弃命不敬，作令不孝，又何图焉？且夫间父之爱而嘉其贶⑧，有不忠焉；废人以自成，有不贞焉。孝、敬、忠、贞，君父之所安也。弃安而图，远于孝矣，吾其止也。"

【注释】

①里克、丕郑、荀息：都是晋国的大夫。②阿：曲从，迎合。③佞：才能。④烝：冬祭。武宫：指供奉有晋武公神主的宗庙。武公是晋献公的父亲。⑤猛足：晋献公的太子申生的臣下。⑥伯氏：长兄，哥

哥。此指晋献公的长子申生。⑦羊舌大夫：晋国的大夫。⑧贶（kuàng）：赐与。

【译文】

　　骊姬生了奚齐，她的妹妹生下卓子。晋献公打算废黜太子申生而改立奚齐为太子。

　　里克、丕郑、荀息相见，里克说："史苏所预言的将要验证了！这事怎么办？"荀息说："我听说事奉国君的人，要竭尽全力为国君办事，没听说可违抗君命。国君立谁而臣下顺从，哪有二心？"丕郑曰："我听说侍奉国君的人，要顺从其道义，不附和其惑乱。惑乱就会贻误百姓，贻误百姓就丧失了德行，这等于抛弃百姓。百姓之所以要有国君，在于用上下有别的礼义来治理。礼义可以生财，财利可以使百姓富足，怎么能与百姓在一起却又抛弃他们呢？我一定要国君立申生为太子才对。"里克说："我没有才能，即使不明白道义，但也不附和惑乱，我将保持沉默。"三位大夫便分手了。

　　冬季祭祀武公神庙，晋献公称病未参加，派奚齐到场主事。猛足于是对太子申生说："不让长兄出面，却让奚齐主持祭祀，您为何无所谋划呀！"太子回答道："我听羊舌大夫说过：'侍奉国君要敬，事奉父亲要孝顺。'接受君命不变更是敬，尊重顺从父亲意愿是孝顺。背弃君命是不敬，擅自发令是不孝，又有什么谋划的？何况离间父亲所爱的却又享受他的赏赐，那就是不忠；废掉别人来成全自己，那就是不贞。孝、敬、忠、贞，是君父所肯定的好品德。弃掉这些好品德而有所谋划，就远离孝道了，我还是不去。"

骊姬谮杀太子申生

　　反自稷桑①，处五年，骊姬谓公曰②："吾闻申生之谋愈深③。日，吾固告君曰得众，众不利，焉能胜狄？今矜狄之善④，其志益广。狐突不顺，故不出。吾闻之，申生甚好信而强，又失言于众矣，虽欲有退⑤，众将责焉。言不可食，众不可弭⑥，是以深谋。君若不图，难将至矣！"公曰："吾不忘也，抑未有以致罪焉。"⑦

　　骊姬告优施曰⑧："君既许我杀太子而立奚齐矣，吾难里克⑨，奈何？"优施曰："吾来里克，一日而已。子为我具特羊之飨⑩，吾以从之饮酒⑪。我优也，言无邮⑫。"骊姬许诺，乃具，使优施饮里克酒。中饮，优施起舞，谓里克妻曰："主孟啖我⑬，我教兹暇豫事君⑭。"乃歌曰："暇豫之吾吾⑮，不如鸟乌。人皆集于苑⑯，己独集于枯。"里克笑曰："何谓苑，何谓枯？"优施曰："其母为夫人，其子为君，可不谓苑乎？其母既死，其子又有谤，可不谓枯乎？枯且有伤。"

　　优施出，里克辟奠⑰，不飨而寝⑱。

　　夜半，召优施，曰："曩而言戏乎⑲？抑有所闻之乎？"曰："然。君既许骊姬杀太子而立奚齐，谋既成矣。"里克曰："吾秉君以杀太子⑳，吾不忍。通复故交㉑，吾不敢。中立其免乎？"优施曰："免。"

　　旦而里克见丕郑曰㉒："夫史苏之言将及矣㉓！优施告我，君谋成矣，将立奚齐。"丕郑曰："子谓何？"曰："吾对以中立。"丕郑曰："惜也！不如曰不信以疏之㉔，亦固太子以携之㉕多为之故㉖，以变其志，志少疏，乃可间也。今子曰中立，况固其谋也，彼有成矣，难以得间。"里克曰："往言不可及也，且人中心唯无忌之㉗，何可败也！

子将何如?"丕郑曰:"我无心。是故事君者,君为我心,制不在我㉘。"里克曰:"弑君以为廉㉔,长廉以骄心,因骄以制人家,吾不敢。抑挠志以从君㉚,为废人以自利也,利方以求成人㉛,吾不能。将伏也!"

明日,称疾不朝。三旬,难乃成。

骊姬以君命命申生曰:"今夕君梦齐姜㉜,必速祠而归福㉝。"申生许诺,乃祭于曲沃,归福于绛㉞。公田,骊姬受福,乃置鸩于酒㉟,置堇于肉㊱。公至,召申生献,公祭之地,地坟㊲。申生恐而出。骊姬与犬肉,犬毙;饮小臣酒㊳,亦毙。公命杀杜原款㊳。申生奔新城㊵。

杜原款将死,使小臣圉告于申生曰㊶:"款也不才,寡智不敏,不能教导,以至于死。不能深知君之心度,弃宠求广土而宷伏焉㊷;小心狷介㊸,不敢行也。是以言至而无所讼之也㊹,故陷于大难,乃逮于谗。然款也不敢爱死,唯与谗人钧是恶也㊺。吾闻君子不去情㊻,不反谗㊼,谗行身死可也,犹有令名焉。死不迁情,强也。守情说父,孝也。杀身以成志,仁也;死不忘君,敬也。孺子勉之! 死必遗爱,死民之思,不亦可乎?"申生许诺。

人谓申生曰:"非子之罪,何不去乎?"申生曰:"不可。去而罪释,必归于君,是怨君也。章父之恶,取笑诸侯,吾谁乡而入㊽? 内困于父母,外困于诸侯,是重困也。弃君去罪,是逃死也。吾闻之:'仁不怨君,智不重困,勇不逃死。'若罪不释,去而必重。去而罪重,不智。逃死而怨君,不仁;有罪不死,无勇;去而厚怨,恶不可重,死不可避,吾将伏以俟命。"

骊姬见申生而哭之曰:"有父忍之㊾,况国人乎? 忍父而求好人,人孰好之? 杀父以求利人,人孰利之? 皆民之所恶也,难以长生!"

骊姬退,申生乃雉经于新城之庙㊿。将死,乃使猛足言于狐突曰㉛:"申生有罪,不听伯氏㉜,以至于死。申生不敢爱其死,虽然,吾君老矣,国家多难,伯氏不出,奈吾君何? 伯氏苟出而图吾君,申生受赐以至于死,虽死何悔!"是以谥为共君。

骊姬既杀太子申生,又谮二公子曰:"重耳、夷吾与知共君之事㉝。"公令阉楚刺重耳,重耳逃于狄㉞;令贾华刺夷吾㉟,夷吾逃于梁㊱。尽逐群公子㊲,乃立奚齐焉。始为令,国无公族焉㊳。

【注释】

①反自稷桑:指申生打败了东山狄从稷桑回国。稷落氏境内的地名。②公:晋献公。③谋:骊姬诬陷申生有弑君的阴谋。④矜:矜夸。⑤退:指有悔改之意。⑥弭(mǐ):停止;消除。⑦抑:只过。⑧优施:晋献公豢养的戏子私通骊姬。⑨里克:晋国大夫。⑩特羊:一只全羊。牲畜一头为特。⑪从:通纵,放纵。⑫邮:通尤,过失。⑬主孟:主,古时对大夫之妻的称呼;孟,里克妻子的字。啖(dàn):吃或给人吃。⑭兹:这个人,指里克。暇:悠闲。豫:乐。⑮吾吾(yúyú):不敢亲近的样子。⑯苑:通菀,茂盛的树木。⑰辟:撤掉。奠:祭。向鬼神献上祭品。⑱飧:熟食,这里指吃饭。⑲曩(nǎng):先前。而:通尔。你。⑳秉:秉持,执持。㉑通复故交:仍维持从前的交谊。㉒丕郑:晋国大夫。㉓史苏:晋国大夫,掌占卜。㉔疏:稀,这里指冲淡。㉕携(xié):离心。㉖故:事端。㉗人:指骊姬。中心:即心中。忌:忌惮。㉘制,指裁制权。㉙廉:正直㉚挠志:违心。㉛方:道,此指好处。成人:指成全奚齐。㉜齐姜:

太子申生的生母。㉝归（kuì）：通馈。馈赠。福：指祭祀所用的酒和胙肉。胙肉即祭祀用的肉。㉞归福：南胙肉。㉟鸩（zhèn）：有毒的鸟。雄性的叫运日，雌性的叫阴谐。传说它的羽毛有剧毒，用来泡酒，饮之立死。㊱堇（jǐn）：即乌头草，可入药，有毒。㊲坟：隆起，突起。㊳小臣：即内小臣，宫中执役的太监。㊴杜原款：太子申生的师傅。㊵新城：即曲沃，由于新为太子增筑，故称。㊶小臣圉（yù）：太子申生的小臣，名叫圉。㊷求广土：指逃往异地。㊸狷（juàn）介：拘谨自守。㊹言：指谗言。讼：争辩。㊺谗人：指骊姬。钧：同均。㊻情：指忠爱之情。㊼反谗：反驳谗言。㊽乡：通向。方向。㊾忍之：忍心杀他。㊿雉经：自缢而死。51猛足：申生的下臣。狐突：申生的御者。52伯氏：即狐突。53与：参与。54狄：指北狄，狄族人的一支。55贾华：晋国的大夫。56梁：国名。57群公子：指晋献公的其他儿子及晋国先君所留存的庶子。58公族：诸侯的儿子称公子，而其孙子称公孙。这里泛指上层掌权贵族的子弟。

【译文】

太子申生自稷桑战胜皋落狄回国后，过了五年，骊姬对献公说："我听说申生谋害您的计划更加周全了。昔日，我就告诉国君您说他深得民众，假如他未给民众好处，又怎能战胜狄人呢？如今他夸奖自己攻伐狄人时善于用兵，他的志向越来越大了。狐突因太子不顺，因而闭门不出。我听说，申生特别讲信用而且强悍，又把夺取君权的话露给众人了，即使想后悔，众人也要责备他。说过的话既不能食言，对众人又不能加以控制阻止，所以会更加周全地考虑。如果国君您不设法对付他，大难将会临头啊！"献公说："我不会忘记的，只是还没有理由给他加罪。"

骊姬告诉优施说："国君已经答应我杀掉太子而立奚齐，但我觉得里克难对付，怎么办？"优施说："我来劝说里克使他回心转意，一天功夫就可以了。您为我备办一桌全羊宴席，我用此陪他喝酒。我是个优人，说错了话也没有关系。"骊姬答应下来，于是准备好宴席，让优施请里克饮酒。喝到半酣，优施起身舞蹈，并对里克的妻子说："主孟您如果能请我吃一顿，我将教此人安闲快乐地侍奉国君。"随后唱道："安闲快乐地事奉国君却不敢亲近他，还不如鸟雀和乌鸦。别人都栖息在茂盛的大树上，只有自己栖息在枯朽的枝丫上。"里克笑着问："什么叫茂盛的大树，什么叫枯朽的枝丫？"优施说："母亲是夫人，儿子将是国君，能说不是茂盛的大树吗？母亲已经死去，儿子又遭诬陷诽谤，能说不是枯朽的枝丫吗？不仅枯朽还容易折断。"

优施退出后，里克撤掉宴席，不吃饭便睡了。

半夜时分，里克召来优施，问道："刚才的话是开玩笑呢？还是听到了什么？"优施回答说："是的。国君已经应允骊姬杀太子而立奚齐，阴谋已定下了。"里克说："让我秉承国君的意思杀死太子，我不忍心。像往日与太子通好，我又不敢。保持中立可以避免灾祸吗？"优施说："可以免祸。"

第二天一大早，里克见到丕郑说："那史苏预言的事将要发生了！优施告诉我，国君的预谋已定，准备立奚齐为太子。"丕郑问："你对优施怎么说的？"里克说："我对他说保持中立。"丕郑说："可惜啊！你不如说不信有这事而使他们不敢立即发作，也可增强太子的势力来分化他们，再多想些办法，来改变他们的计划，他们的计划稍拖一段时间，就可以离间他们了。如今你说保持中立，更会加速他们的计谋，他们有了准备，就很难离间了。"里克说："说出的话不可挽回了，况且心中已一定没有顾忌，怎能挫败啊！您打算怎么办？"丕郑说："我没有一定的想法。因为事奉国君，国君的想法就是我的想法，决定权不在我手中。"里克说："把弑杀国君视作正直，自夸这种正直便会有骄傲之心，用骄傲之心去裁断人家父子，我不敢这么做。可是要我违心地去顺从国君，干废弃他人来为自己谋利的事，或者利用某种手段来成全他人，我

做不了。我打算隐退！"

第二天，里克借口有病不再上朝。过了三旬，祸乱就发生了。

骊姬用国君的名义命申生说："晚上国君梦见齐姜，你一定快去祭祀并把酒和胙肉带回来。"申生同意了，于是前往曲沃祭祀，将酒和胙肉送到绛。那时献公外出打猎，骊姬接下酒和胙肉，便把鸩毒放入酒中，把堇毒混在肉里。献公回来，命申生来献酒和胙肉，献公把酒洒在地上祭祀，地面鼓起。申生恐慌地跑了出去。骊姬把肉给狗吃，狗死了；把酒给小臣喝，小臣也死了。献公下令杀掉杜原款，申生害怕便逃到了新城。

杜原款临死，让小臣圉告诉申生说："我杜原款没有才智，智谋少而不聪敏，没能教诲劝导好你，以至于被处死。我未能洞察国君的心思，让你抛弃太子的宠位跑到异地去隐居避祸；我又生性小心谨慎守本分，不敢和你一起出走。因此听到关于你的谗言却没有去申辩，这才使你陷于大难，遭到谗言陷害。但是我杜原款也不怕死，只可惜跟进谗之人一起担当罪恶之名。我听说君子不放弃忠爱之情，不对谗言进行申辩，遭到谗言陷害而身死也可以，最后还留有美好的名声。至死不改变忠爱之情，是强；恪守忠爱之情取悦父亲是孝；抛弃生命来成就希望，是仁；到死也不忘记国君，是敬。你要努力！死后必能留下美名而让活着的人尊敬喜爱，让百姓有所思念，不也值得吗？"申生允诺了。

有人对申生说："并不是你的罪责，为什么不出走呢？"申生说："不行。我逃走虽能逃脱罪责，但人们一定会归罪于国君，这等于怨恨国君。张扬国君的过失，被诸侯取笑，我还能到哪里去？在国内被父母逼迫，在国外被诸侯窘迫，这是双重困境。背弃国君解脱罪责，这是逃避死亡。我听说：'仁爱的人不怨恨国君，理智的人不受双重困窘，勇敢的人不逃避死亡。'如果罪责不能免除，出走一定会加重罪责。出走而加重罪责，这是不明智；逃避死亡而怨恨国君，是不仁爱；有罪责而害怕去死，是不勇敢的。由于出走而加重人们对国君的怨恨，我的罪恶不能再加重了，假如死亡不可避免，我将留在这里俯首待命。"

骊姬见到申生后大哭，对申生说："你对父亲都敢谋害，更何况国人呢？忍心谋害父亲却想求得国人爱戴，谁能拥戴你？杀害父亲却想求得利于他人，谁能接受这利？这些都是百姓所憎恶的，这样的人很难活得长久！"

骊姬走后，申生便在新城的祖宗里自缢而死。临死，让猛足前去对狐突说："我申生有罪，不听伯氏您的劝诫，以至落到死的地步。我申生并不怕死，虽然这样，但我们的国君年老了，国家又多灾多难，伯氏您不出来辅佐，我们的国君怎么办？如果伯氏你能出来帮助我们的国君谋划，我申生就算受到恩赐才死的，就是死了又有什么后悔！"因而申生死后的谥号叫共君。

骊姬害死太子申生，又诬陷诽谤重耳、夷吾二位公子说："重耳、夷吾都参与而且知道共君申生的阴谋。"于是献公派阉人伯楚去刺杀重耳，重耳逃亡到北狄；派贾华去刺杀夷吾，夷吾逃亡到梁。又全部赶走其他公子，于是立奚齐为太子。从此定下了公子不能住在国内的法令，晋国便没有公族了。

公子重耳夷吾亡奔

二十二年①，公子重耳出亡，及柏谷②，卜适齐、楚③。狐偃曰④："无卜焉。夫齐、楚道远而望大，不可以困往⑤。道远难通，望大难走，困往多悔。困且多悔，不可以走望。若以偃之虑，其狄乎！夫狄近晋而不通⑥，愚陋而多怨，走之易达。不通可以窜恶⑦，多怨可与共忧。今若休忧于狄，以观晋国，且以监诸侯之为，其无不成。”乃遂之狄。

　　处一年，公子夷吾亦出奔，曰："盍从吾兄窜于狄乎？"冀芮曰⑧："不可。后出同走⑨，不免于罪。且夫偕出偕入难，聚居异情恶⑩，不若走梁⑪。梁近于秦，秦亲吾君⑫。吾君老矣，子往，骊姬惧，必援于秦。以吾存也，且必告悔，是吾免也。"乃遂之梁。

　　居二年，骊姬使奄楚以环释言⑬。

　　四年⑭，复为君。

【注释】

　　①二十二年：指晋献公在位第二十二年。②柏谷：晋国地名。③卜：占卜。适：往……去。④狐偃：又叫子犯，狐突的儿子，重耳的舅父。⑤困：指困窘。⑥不通：不交往。⑦窜：隐伏。⑧冀芮（ruì）：晋国的大夫，公子夷吾的师傅。⑨同走：指同奔一国。⑩异情：性情不一样。⑪梁：国名。⑫秦亲吾君：因秦穆公的夫人是晋献公的女儿，所以这样讲。⑬奄楚：即上文中的阉楚。奄，通阉。以环释言：用玉环表示要夷吾回国，并用好话解释以前的行为。环即玉环，谐音还。⑭四年：指夷吾在梁国居住了四年。

【译文】

　　献公二十二年，公子重耳出国逃亡，来到柏谷，卜问去齐国还是楚国。狐偃说："不用卜了。齐国、楚国路途遥远而且对人的奢望很大，不能在困苦时前往。路途遥远难以抵达，奢望很大难以走开，困窘时前往后来多灾难。既然外境困窘而且多灾祸，也就不能指望投奔后得到帮忙。若按我狐偃的考虑，去狄国吧！狄国离晋国近却无交往，愚昧落后而多有怨恨，投奔它容易到达。狄国不与晋国交往而我们正可以隐伏，多有怨恨而我们可以与它共担忧患。现在我们如果能和狄国休戚与共，来观察晋国的动静，进而观察各个诸侯的作为，那没有不成功的。"于是重耳就逃到了狄国。

　　过了一年，公子夷吾也出国逃亡，他说："何不跟从我哥哥隐伏在狄国呢？"冀芮说："不行。你在重耳之后出逃却去同一地方，难免有合谋之嫌。何况一起出逃又同想回国就很难，同在一处但又都想回国做国君就会互相憎恨，所以不如投奔梁国。梁国亲近秦国，秦国又和我们的国君有亲情。我们的国君年老了，您前往那里，骊姬就会害怕，一定要向秦国求援。因为我们住在梁国来依靠秦国，因而骊姬一定会向秦国说明悔意，这样可以使我们免罪。"于是夷吾就逃到了梁国。

　　夷吾在梁国住了两年后，骊姬派奄楚送来玉环并用善言劝解而让夷吾回国。

　　在梁国寄居了四年，夷吾返回晋国做了国君。

虢将亡舟之侨以其族适晋

　　虢公梦在庙①，有神人面白毛虎爪，执钺立于西阿②，公惧而走。神曰："无走！帝命曰：'使晋袭于尔门'。"公拜稽首。

　　觉，召史嚚占之③，对曰："如君之言，则蓐收也④，天之刑神也，天事官成。"公使囚之，且使国人贺梦。

舟之侨告诸其族曰⑤："众谓虢亡不久，吾乃今知之。君不度而贺大国之袭，于己也何瘳⑥？吾闻之曰：'大国道，小国袭焉曰服。小国傲，大国袭焉曰诛。'民疾君之侈也⑦，是以遂于逆命。今嘉其梦，侈必展，是天夺之鉴而益其疾也。民疾其态，天又诳之；大国来诛，出令而逆；宗国既卑，诸侯远己。内外无亲，其谁云救之？吾不忍俟也！"将行，以其族适晋。

六年⑧，虢乃亡。

【注释】

①虢（guó）公：虢国的国君。虢国是周王室同姓诸侯国，又有东虢、西虢、北虢之分。这里是指北虢。②钺：大斧子。西阿：指西边。③史嚚（yín）：虢国的太史，名叫嚚。④蓐收：神名。⑤舟之侨：虢国的大夫。⑥瘳（chōu）：减损。⑦侈：邪行。⑧六年：指舟之侨带族人到晋国后六年。

【译文】

虢公梦见在宗庙里，有一神人的脸上长着白毛手上长着老虎爪子，拿着钺站立在西边的屋檐下，虢公害怕而逃。那神人说："不要跑！天帝有令说：'让晋国人进入你的国门'。"虢公叩头拜谢。

虢公醒后，召史嚚来占梦，史嚚回答说："依照国君您所说的，那神人就是蓐收，他是天上主管刑杀的神，天帝所命令的事都由主管神人作完。"虢公让人把史嚚囚禁起来，并且下令叫国人庆祝他做的梦。

舟之侨告诉同族人说："众人都说虢国不久就会灭亡，我现在才明白其中的道理。国君不揣度神的旨意却要国人庆贺大国的进入，这难道能减轻自己的灾祸吗？我听说：'大国有道义，小国进入大国叫臣服。小国有傲气，大国进入小国叫诛讨。'百姓痛恨国君的放纵，因而这才抗拒君命。如今自认为是个吉祥之梦，所以必定会更加放纵，这是上天夺走他省察的镜子而加重他的疾病。百姓憎恨他的所作所为，上天又来迷惑他的良知；大国前来诛讨，却发布命令让国人欢迎；公族已经卑弱，诸侯又疏远自己。内外都无亲近，怎么谈得上谁来帮助虢国呢？我不忍心看到亡国的那一天。"于是准备离开虢国，带领族人去往晋国。

过了六年，虢国就灭亡了。

惠公入而背外内之赂

惠公入而背外内之赂①，与人诵之曰②："佞之见佞③，果丧其田④。诈之见诈，果丧其赂。得国而狃⑤，终逢其咎。丧田不惩，祸乱其兴。"

既里、丕死⑥，祸，公陨于韩⑦。郭偃曰⑧："善哉！夫众口祸福之门。是以君子省众而动，监戒而谋，谋度而行，故无不济⑨。内谋外度，考省不倦，日考而习，戒备毕矣。"

【注释】

①惠公：即晋惠公，晋国国君。外内之赂：外，指秦国，内指晋大夫里克、丕郑，赂指惠公许诺在回

国为君之后赠给里克汾阳之田、丕郑负蔡之田，以及赠送秦国河外五城。②舆人：众人。③佞：花言巧语买通人。④丧其田：指里克与丕郑没有得到夷吾贿赂的土地。⑤狃（niǔ）：贪。⑥里、丕：即里克、丕郑。晋惠公二年春天，杀了里克；秋天，杀了丕郑。⑦公陨（yǔn）于韩：指晋惠公六年，秦穆公讨伐晋国，双方军队在韩地交战，晋军大败，晋惠公被俘。⑧郭偃：晋大夫，主管占卜。⑨济：成。

【译文】

　　晋惠公回到晋国后就违背了曾向国内外许下的好处，众人讥讽他唱道："伪善之人被伪善之人戏弄，结果没得到良田。奸诈之人被奸诈之人欺骗，结果没得到财贿。贪心获得国君之位的人，最终将遭到灾难。丢了良田而不接受教训，祸乱就要临头。"

　　不久，里克、丕郑被惠公杀害，所谓灾祸，即惠公在韩地被俘。郭偃说："好啊！众人的口舌就是祸福之门。所以君子观察民众而后才能行动，接受鉴戒而后才能谋划，谋划揣度好后再实行，因而没有不成功的。里里外外都谋划揣度，不知厌倦地考校省察，天天反复地研究练习，警戒防备之道就全把握住了。"

秦晋交恶

　　晋饥，乞籴于秦①。丕豹曰②："晋君无礼于君，众莫不知。往年有难③，今又荐饥④。已失人，又失天，其有殃也多矣。君其伐之，勿予籴！"公曰："寡人其君是恶，其民何罪？天殃流行，国家代有⑤。补乏荐饥⑥，道也，不可以废道于天下。"谓公孙枝曰⑦："予之乎？"公孙枝曰："君有施于晋君，晋君无施于其众。今旱而听于君，其天道也。君若弗予，而天予之。苟众不说其君之不报也⑧，则有辞矣。不若予之，以说其众。众说，必咎于其君⑨。其君不听，然后诛焉。虽欲御我，谁与？"是故泛舟于河⑩，归籴于晋。

　　秦饥，公令河上输之粟⑪，虢射曰⑫："弗予赂地而予之籴，无损于怨而厚于寇，不若勿予。"公曰："然。"庆郑曰⑬："不可。已赖其地⑭，而又爱其实⑮，忘善而背德，虽我必击之。弗予，必击我。"公曰："非郑之所知也。"遂不予。

【注释】

　　①籴（dí）：买进粮食。②丕豹：晋国大夫丕郑的儿子，名豹。晋惠公杀了丕郑，他跑到秦国。③有难：指杀里克丕郑等大夫的事。④荐：通洊。屡次，接连。⑤代：更。⑥荐：进、献。⑦公孙枝：秦国大夫，字子桑。⑧苟：如果。⑨咎：憎恨。⑩泛舟：浮船。⑪河上：指晋惠公贿赂秦国的黄河以东的五城一带。公：晋惠公。⑫虢射：晋国大夫。⑬庆郑：晋国大夫。⑭赖：赢，利。⑮爱：舍不得得。实：指粮谷。

【译文】

　　晋国出现了饥荒，向秦国请求购买粮食。丕豹对秦穆公说："晋国国君对国君您不信守诺言，诸侯各国无不知道的。前几年晋国有人祸，如今又连年灾荒。已经失去民心，现在又失去上天的保佑，这的确灾难重重啊。国君您讨伐它，不要卖给粮食！"秦穆公说："寡人我是憎恶晋国国君，但他的百姓有什么罪过？天灾流行，各国都会交替发生。补助缺乏救济饥荒，这是道义，不可以在天下诸侯面前背弃道义。"穆公问公孙枝说："给晋国粮食吗？"公孙枝回答说："国君您对晋国国君有恩惠，但晋国国君对他的百姓不施恩惠。现在因旱灾而听命于国君您，这大概是天意。国君您倘若不给他粮食，说不定上天会给他好年成的。如果晋国民众对他们的国君不报答国君您的恩德的话，那么晋国国君可有托辞了。不如卖给他们粮食，让晋国民众欢欣。民众对秦国有好感，就一定会归咎于他们的国君。晋国国君若再不听命的话，我们就可以诛讨了。到那时纵然他想抵御我们，有谁支持？"于是秦国在黄河上排列船只，把粮食运往晋国。

秦国发生了饥馑灾荒，晋惠公命令黄河以西五城给秦国运去粮食。虢射说："当初不给秦国这五城却送这个地方的粮食给他们，不但不能减少他们的怨愤反而会加强他们的实力，不如不给。"惠公说："对。"庆郑对惠公说："不能如此。我们已经在不给他们土地这事上得了利，而今又吝惜给他们粮食，忘了秦国的好处背弃恩德，倘若我们处在秦国的地位也一定会出兵讨伐的。不给粮食，秦国肯定要攻打我们。"惠公说："这并非庆郑你所能知道的。"于是没有给秦国粮食。

秦晋韩原之战

六年①，秦岁定②，帅师侵晋，至于韩。

公谓庆郑曰③："秦寇深矣，奈何？"庆郑曰："君深其怨，能浅其寇乎？非郑之所知也，君其讯射也④。"公曰："舅所病也⑤？"卜右，庆郑吉⑥。公曰："郑也不逊⑦。"以家仆徒为右⑧，步扬御戎⑨；梁由靡御韩简⑩，虢射为右，以承公⑪。

公御秦师，令韩简视师，曰："师少于我，斗士众。"公曰："何故？"简曰："以君之出也处己⑫，入也烦己，饥食其籴，三施而无报⑬，故来。今又击之，秦莫不愠，晋莫不怠，斗士是故众。"公曰："然。今我不击，归必狃⑭。一夫不可狃，而况国乎！"

公令韩简挑战，曰："昔君之惠也，寡人未之敢忘。寡人有众，能合之弗能离也⑮。君若还，寡人之愿也。君若不还，寡人将无所避。"

穆公衡雕戈出见使者⑯，曰："昔君之未入，寡人之忧也。君入而列未成，寡人未敢忘。今君既定而列成，君其整列，寡人将亲见。"

客还⑰，公孙枝进谏曰⑱："昔君之不纳公子重耳而纳晋君，是君之不置德而置服也。置而不遂，击而不胜，其若为诸侯笑何？君盍待之乎？"穆公曰："然。昔吾之不纳公子重耳而纳晋君，是否不置德而置服也。然公子重耳实不肯，吾又奚言哉？杀其内主⑲，背其外赂，彼塞我施，若无天乎？若有天，吾必胜之。"君揖大夫就车⑳，君鼓而进之。

晋师溃，戎马泞而止。公号庆郑曰："载我！"庆郑曰："忘善而背德，又废吉卜㉑，何我之载？郑之车不足以辱君避也！"

梁由靡御韩简，辂秦公㉒，将止之，庆郑曰："释来救君㉓！"亦不克救，遂止于秦。

穆公归，至于王城㉔，合大夫而谋曰："杀晋君与逐出之，与以归之，与复之，孰利？"公子縶曰㉕："杀之利。逐之恐构诸侯㉖，以归则国家多慝㉗，复之则君臣合作，恐为君忧，不若杀之。"公孙枝曰："不可。耻大国之士于中原，又杀其君以重之，子思报父之仇，臣思报君之仇。虽微秦国，天下孰弗患？"公子絷曰："吾岂将徒杀之㉓？吾将以公子重耳代之。晋君之无道莫不闻，公子重耳之仁莫不知。战胜大国，武也；杀无道而立有道，仁也；胜无后害，智也。"公孙枝曰："耻一国之士，又曰余纳有道以临女，无乃不可乎？若不可，必为诸侯笑。战而取笑诸侯，不可谓武；杀其弟而立其兄，兄德我而忘其亲，不可谓仁，若弗忘，是再施不遂也，不可谓智。"君曰："然则若何？"公孙枝曰："不若以归，以要晋国之成㉙，复其君而质其适子㉚，使子父代处秦，国可以无害。"

是故归惠公而质子圉㉛，秦始知河东之政㉜。

【注释】

①六年：指晋惠公在位第六年。②岁：一年的农事收成。③公：晋惠公。庆郑：晋国大夫。④射：虢射，晋国大夫。⑤舅：古时诸侯称异姓大夫为舅。这里是指虢射。⑥卜右：占卜谁当车右。吉：吉卦。⑦逊：顺。⑧家仆徒：晋国的大夫。⑨步扬：晋国的大夫。⑩韩简：晋国的卿。⑪承公：指跟在惠公的后面。⑫己：指秦国。⑬施：施恩。⑭狃：习惯。指秦国。⑮离：解散。⑯衡：通横。横着拿。雕戈：雕镂着纹饰的戈。⑰客：指晋国使者。⑱公孙枝：秦国大夫。⑲内主：指当初在晋国国内主持接纳晋惠公的晋国大夫，如里克、丕郑等。⑳君：秦穆公。揖：通辑，集合。㉑废吉卜：指上文晋惠公卜右，庆郑得了吉卦，但惠公却废而不用，让家仆徒做了车右。㉒轹（yà）：通迓。迎上前去。㉓释：舍，指舍掉秦君。㉔王城：秦国地名。㉕公子絷：秦公子子显。㉖构：构怨。㉗慝（tè）：灾害。㉘徒：空自。㉙要：通徼，求。成：讲和。㉚质：人质。适（dí）：通嫡。正妻生的长子。㉛子圉（yǔ）：晋惠公的儿子，名叫圉，即后来的晋怀公。㉜河东：指晋国在黄河东岸的部分土地。

【译文】

惠公六年，秦国的谷物丰收民众安定，秦穆公带领军队侵入晋国，直到韩地。

惠公问庆郑："秦国军队深入国境，如何？"庆郑说："国君您与秦国结怨太深，能使他们不深入吗？怎样应付这种局面不是庆郑我所能知道的，国君您还是去问虢射吧。"惠公说："率兵是你的短处吗？"占卜可做惠公车右卫的人，显示的是庆郑做车右卫吉利。惠公说："庆郑出言不逊。"于是就让家仆徒为自己的车右，步扬驾驭兵车；梁由靡为韩简驾驭兵车，虢射为其车右，跟在惠公的兵车的后面。

惠公率兵抵御秦国军队，派韩简刺探秦军情况，韩简回报说："秦军比我们少，但勇于作战的多。"惠公问："是什么缘故？"韩简答道："由于国君您出逃时依靠秦国，归国为君时也烦扰和仰仗秦国，晋国饥荒时吃的是秦国运来的粮食，秦国三次施恩却得不到报答，因此才来攻打我们。如今国君您又率兵迎击秦军，秦军没有不愤怒的，晋军都非常懈怠的，因此秦国勇于作战的多。"惠公说："不错。可是现在我们不迎击，秦军得胜回国必定轻侮我们。一个普通的人况且不能受人轻侮，何况一个诸侯国呢？"

惠公命令韩简去挑战，说："起初贵国国君的恩惠，寡人我不敢忘记。寡人我有众多兵士，只有将其集合而不能驱散。贵国国君若能退兵回国，这是寡人我所期望的。贵国国君若是不退兵，寡人我将无所回避。"

秦穆公横执雕戈出来会见晋国的使者，说："起先你们的国君没有归国时，寡人我为他担心。你们的国君归国后君位未定时，寡人我仍牵挂在心。现在你们的国君名分已有而君位已定，请他整顿阵列，寡人我要亲自会见。"

晋国的使者走后，公孙枝进谏秦穆公说："当初国君您不接纳公子重耳而接纳而今的国君，是国君您不愿立有德行的而立服从听命的。立为国君却不能够如意，攻打若又不能获胜，这样岂不是会被天下诸侯取笑吗？国君您何不等待晋国国君自行败亡呢？"秦穆公说："是这样。起先我不接纳公子重耳而接纳现在的晋国国君，是我不立有德行的而立服从听命的。但公子重耳的确不愿意做国君，我又能说什么呢？晋国国君对内杀掉接应他归国的大臣，对外违背给我们五城的诺言，他绝情寡义而我多次施恩，倘若晋军获胜岂不是没有天理吗？假若还有天理，我们一定能战胜他们。"秦穆公便拱手请众大夫登上战车，亲自击鼓而指挥战斗。

晋军溃败，惠公的车马陷入泥泞不能动。惠公呼喊着对庆郑说："让我乘你的车！"庆郑说："遗弃善行而背弃恩德，又不听从卜占吉利的忠告，为什么要上我的兵车？我庆郑的车不配国君您屈尊避难啊！"

梁由靡为韩简驾驭兵车，迎面碰到秦穆公的兵车，将要擒获秦穆公时，庆郑说："放掉他去救国君吧！"最后也未能救出晋国国君，于是被秦军抓住。

秦穆公回来了，走到王城时，召集大夫们商量说："杀掉晋国国君，驱逐他出国，放他回国，恢复他的君位，哪种办法对我们有利？"公子絷说："杀掉有利。驱逐他出晋国担心与诸侯结怨，放他回晋国则会带来其他祸患，恢复他的君位则更容易使晋国君臣合作，恐怕会为国君您造成忧患，不如杀掉。"公孙枝说："不行。我们在韩地让晋国的将士受辱，又要杀掉他们的国君以加重这种羞辱，一定会造成儿子想报杀父之仇，臣下想报杀君之仇。纵然没了秦国，天下人有谁不痛恨害人君父者呢？"公子絷说："我们岂只是杀掉晋国国君？我们将用公子重耳代替他。晋国国君不讲道义况且天下人没有不知道的，公子重耳仁德而天下人也没有不知道的。我们打败晋国，这是武威；杀掉不讲道义的国君而扶立有道义者，是仁义；获胜之后而不留后患，此即明智。"公孙枝说："羞辱了一个诸侯国的将士，又说接纳讲道义的明君来治理他们，恐怕不能吧？倘若这样行不通，一定被天下诸侯耻笑。打仗获胜而被诸侯耻笑，不能说是威武；杀掉弟弟而拥戴哥哥，使作哥哥的感激我们的恩德却忘记自己的亲情，不能说是仁义；如果不忘亲情，就是再次施恩而未成功，不能说是聪明。"秦穆公问："那么该怎么办呢？"公孙枝说："还不如放他回晋国，用与晋国缔结协约而达到和平，恢复他的君位而用太子当作人质，使儿子、父亲交替留在秦国，我国就可以不受侵害了。"

因为这个缘故，放惠公回国而太子圉作人质，秦国便开始在河东设官行使管辖的权利。

吕甥逆惠公于秦

公在秦三月①，闻秦将成，乃使郤乞告吕甥②。吕甥教之言，令国人于朝曰："君使乞告二三子曰：'秦将归寡人，寡人不足以辱社稷，二三子其改置以代圉也。③'"且赏以悦众，众皆哭，焉作辕田④。

吕甥致众而告之曰："吾君惭焉其亡之不恤⑤，而群臣是忧，不亦惠乎？君犹在外，若何？"众曰："何为而可？"吕甥曰："以韩之病⑥，兵甲尽矣。若征缮以辅孺子⑦，以为君援，虽四邻之闻之也，丧君有君，群臣辑睦⑧，兵甲益多，好我者劝，恶我者惧，庶有益乎？"众皆说，焉作州兵⑨。

吕甥逆君于秦⑩，穆公讯之曰："晋国和乎？"对曰："不和。"公曰："何故？"对曰："其小人不念其君之罪，而悼其父兄子弟之死丧者，不惮征缮以立孺子，曰：'必报仇，吾宁事齐、楚，齐、楚又交辅之。'其君子思其君，且知其罪，曰：'必事秦，有死无他。'故不和。比其和之而来⑪，故久。"公曰："而无来，吾固将归君，国谓君何？"对曰："小人曰不免，君子则否。"公曰："何故？"对曰："小人忌而不思，愿从其君而与报秦⑫，是故云。其君子则否，曰：'否君之入也，君之惠也。能纳之，能执之，则能释之。德莫厚焉，惠莫大焉。纳而不遂，废而不起，以德为怨，君其不然？'"秦君曰："然。"乃改馆晋君，馈七牢焉⑬。

【注释】

①公：指晋惠公。②郤（xì）乞：晋国的大夫，当时随晋惠公在秦国。③圉：即子圉，晋惠公的太子。④辕田：辕通爰。辕田是春秋时期采用的一项田制。⑤恤：忧。⑥韩之病：指晋军在韩地战败一事。⑦征：征收赋税。⑧辑睦：和睦，指关系团结。⑨州兵：古时二千五百家为一州，州有州长，率领本州缮治甲兵。⑩逆：迎。⑪比：等。⑫报：报复，指报秦之仇。⑬七牢：牢是古代以牛、羊、猪三牲具备的宴飨。牛、羊、猪各一为一牢，以此类推。按周代礼制，馈送七牢为诸侯之礼。

【译文】

　　惠公在秦国三个月，听说秦国将要与晋国讲和，于是派郤乞回国告诉吕甥。吕甥告诉郤乞一番话，让他对聚集在朝堂前的国人说："国君派我郤乞前来告诉大家：'秦国即将释放寡人回国，寡人丢了晋国的面子不配再当国君，请大家改立国君以代替太子圉。'"郤乞并代表惠公进行赏赐来讨好众人，众人都感动得哭了，于是晋国作辕田改变田制。

　　吕甥召来群臣并对他们说："我们国君对自己被俘流亡国外不忧虑反而对战败感到痛心，并担心国内群臣的安危，不也很仁慈吗？大王还在外当俘虏，怎么办？"臣问："怎样做才可使国君回来？"吕甥回答说："因为我军在韩地战败，兵器装备都没了。假如我们征收赋税修治军备来辅佐太子，作为国君的后援，就是四邻诸侯听到这个消息，认为我们失去了国君又有了新国君，群臣和睦团结，兵器装备增多，与我们交好的诸侯会勉励我们，与我们关系不好的诸侯也会害怕我们，这就差不多对国君返回有益处了？"群臣很悦服，于是晋国建立地方武装。

　　吕甥到秦国迎接惠公，秦穆公问吕甥说："晋国上上下下的意见一致吗？"吕甥回答说："不一致。"穆公又问："什么原因？"吕甥答道："那些小人不考虑国君的罪过，只伤心在韩地一战中死伤的父兄子弟，不害怕增收赋税修治军备的劳苦而一心拥立太子，并说：'一定要报仇雪恨，我们宁可侍奉齐国、楚国，让齐国和楚国共同援助我们。'那些君子思念自己的国君，却也知道他有罪过，且说：'一定要好好事奉秦国，就是死也不存二心。'因此意见不一样。等到意见一致后再来，所以时间很长。"穆公说："就是你不来，我们原本要将你们国君送回，晋国人是怎样看待国君的命运？"吕甥回答说："那些小人认为国君不能免难，但君子就持相反意见。"穆公问："什么缘故？"吕甥说："小人只知嫉恨而不考虑大义，情愿随从新国君一起报复秦国，所以才这样认为。那些君子就不这样认为，说：'我们的国君能回来为君，是由于秦国国君的恩惠。既然能接纳他，能俘虏他，也就能释放他。秦国的仁德没有比这再深厚的了，恩惠没有比这再广大的了。接纳帮助他而不成全，废弃他而不起用，使原来的仁德转化为怨恨，秦国国君大概不会这样做吧？'"秦穆公说："是的。"于是替惠公换了客馆，并用七牢之礼予以赠送。

重耳自狄适齐

　　文公在狄十二年①，狐偃曰②：“日，吾来此也，非以狄为荣，可以成事也。吾曰：‘奔而易达，困而有资，休以择利，可以戾也③。’今戾久矣，戾久将底。底著滞淫，谁能兴之？盍速行乎！吾不适齐、楚，避其远也。蓄力一纪④，可以远矣。齐侯长矣⑤，而欲亲晋。管仲殁矣⑥，多谗在侧⑦，谋而无正，衷而思始⑧。夫必追择前言，求善以终，餍迩逐远⑨，远人入服，不为邮矣⑩。会其季年可也⑪，兹可以亲。”皆以为然。

　　乃行，过五鹿⑫，乞食于野人⑬，野人举块以与之。公子怒⑭，将鞭之。子犯曰：“天赐也。民以土服，又何求焉！无事必象，十有二年，必获此土。二三子志之。岁在寿星及鹑尾⑮，其有此土乎！天以命矣，复于寿星，必获诸侯⑯。天之道也，由是始之。有此，其以戊申乎⑰！所以申土也。”再拜稽首，受而载之。遂适齐。

【注释】

　　①文公：即晋文公，是春秋时期继齐桓公之后的又一霸主。②狐偃：晋文公的舅父。③戾（lì）：安定。④一纪：古代以十二年为一纪。⑤齐侯：即齐桓公。⑥殁：死，前645年管仲死。⑦多谗：指桓公周围的嬖臣。⑧衷（zhōng）：通中。⑨餍（yàn）：饱。这里是满足的意思。迩：近。⑩邮：通尤，过失。⑪季年：末年。齐桓公前685年即位，前643年病逝。⑫五鹿：卫国地名，今河北省清丰县。⑬野人：卫国鄙野之人。⑭公子：指晋文公。⑮岁：岁星，即木星。⑯必获诸侯：前632年旦月，晋文公败楚于城濮，主盟诸侯于践土，五月献俘于天子，周襄王册命晋文公为侯伯。⑰以：在……时间。

【译文】

　　晋文公在狄国流亡了十二年，狐偃说：“起初时，我们之所以来到这里，并不是为了在狄国享乐，而是为了成就事业。我说过：‘出逃时容易到达，困窘中可得到资助，在这里休整便于选择有利的时机，因此才在狄国安居下来。’现在已经居住很久了，住得太久将会停止不前。如果停止不前必定会产生苟安怠惰心理，谁还能振作有为呢？为什么不赶快离开这里！当初我们不去齐国、楚国，是回避路途又非常遥远。如今已积蓄了十二年力量，可以远行了。齐桓公年纪已大，并且想要亲近晋国。管仲去世后，齐桓公身边多是谗诣小人，他即使有所谋划但缺少人予以匡正，因此事到中途便怀念当初由管仲主持的盛况。由于齐桓公必定追想听取管仲的忠善之言，希望求得一个好的结果，齐国已经与邻之国相安无事便想同远方的诸侯搞好关系，而现在我们这些远方的人去投奔他，是完全正确的。现在正好遇上桓公的晚年，正是可以亲近的机会。”大家都认为说的有道理。

　　于是出发了，路过五鹿时，向田地里的农夫要口饭吃一吃，农夫拿起土块给他们。晋文公十分生气，想鞭打农夫。子犯说：“这是上天的赏赐。百姓给我们土块表示归服，还想求得什么呀！上天决定的所有事必定先有某种征兆，十二年后，我们肯定能获得这块土地。你们要记住我这话。当岁星运行到寿星和鹑尾时，那将拥有这块土地！天象已经有了预示，岁星再次行经寿星时，肯定获得诸侯的拥戴。天之道十二年一转，就从现在算起。获得这块土地，理当在戊申这一天吧！因为戊是土而申是扩大土地的意思。"于是连连向农夫下拜叩头，接过土块装进车里。接着往齐国去。

齐姜劝重耳勿怀安必有晋

齐侯妻之①，甚善焉。有马二十乘②，将死于齐而已矣，曰："民生安乐，谁知其他？"

桓公卒，孝公即位③，诸侯叛齐。

子犯知齐之不可以动，而知文公之安齐而有终焉之志也，欲行，而患之，与从者谋于桑下。

蚕妾在焉，莫知其在也。妾告姜氏④，姜氏杀之，而言于公子曰："从者将以子行，其闻之者吾以除之矣。子必从之，不可以贰⑤，贰无成命。《诗》云⑥：'上帝临女⑦，无贰尔心。'先王其知之矣⑧，贰将可乎？子去晋难而极于此。自子之行，晋无宁岁，民无成君。天未丧晋，无异公子，有晋国者，非子而谁？子其勉之！上帝临子，贰必有咎。"公子曰："吾不动矣，必死于此。"姜曰："不然。《周诗》曰⑨：'莘莘征夫⑩，每怀靡及。'夙夜征行⑪，不遑启处⑫，犹惧无及，况其顺身纵欲怀安，将何及矣！人不求及，其能及乎？日月不处，人谁获安？西方之书有之曰：'怀与安，实疚大事。'《郑诗》云⑬：'仲可怀也，人之多言，亦可畏也。'昔管敬仲有言⑭，小妾闻之，曰：'畏威如疾，民之上也。从怀如流，民之下也。见怀思威，民之中也。畏威如疾，乃能威民。威在民上，弗畏有刑。从怀如流，去威远矣，故谓之下。其在辟也⑮，吾从中也。《郑诗》之言，吾其从之。'此大夫管仲之所以纪纲齐国，裨辅先君而成霸者也⑯。子而弃之，不亦难乎？齐国之政败矣，晋之无道久矣，从者之谋忠矣，时日及矣，公子几矣。君国可以济百姓，而释之者，非人也。败不可处，时不可失，忠不可弃，怀不可从，子必速行。吾闻晋之始封也，岁在大火⑰，阏伯之星也⑱，实纪商人。商之飨国三十一王⑲。瞽史之纪曰⑳：'唐叔之世㉑，将如商数。'今未半也㉒。乱不长世，公子唯子，子必有晋。若何怀安？"公子弗听。

【注释】

①齐侯：醒公次车（公元前643年）病逝。据下文重耳之妻姜氏称桓公为"先君"，且亲耳曾听管仲之言，可知醒公是以室女婚之。②乘（shèng）：古代一车四马叫一乘。③孝公：即齐孝公，齐桓公的儿子。前642年至前633年在位。④姜氏：齐桓公的女儿。⑤贰：疑虑。⑥《诗》：即《诗经·大雅·大明》。⑦临：察视。⑧先王：指武王。⑨《周诗》：即《诗经·小雅·皇皇者华》。⑩莘莘（shēnshēn）：众多貌。⑪夙：早。⑫遑：闲暇。⑬《郑诗》：即《诗经·郑风·将仲子》。仲：仲子。《将仲子》一诗为情恋之歌内容是好要求恋人仲子不要来家，以免引起非议。⑭管敬仲：即管仲。⑮辟：通譬罪。⑯裨（bì）：增添，补凑。⑰大火：星宿名，即心宿。⑱阏（è）伯：传说是陶唐氏的火正官，居于商丘，主管祭祀大火星。高辛氏之子任火正，封于商丘，负责观测大火星运行。⑲飨：通享。飨食：享有国家，指为君主。三十一王：自商汤至纣王计17代31王。⑳瞽（gǔ）史：瞽与史，周代的两个官职名，即乐师与太史。㉑唐叔：晋国的始祖，周武王的儿子。叔虞为周成王同母弟。㉒未半：自叔虞至晋惠公，计14世。

【译文】

齐桓公把女儿嫁给晋文公做妻子，并对他很好。晋文公有马八十四，便打算老死在齐国，说："人一辈子活着就是为了享乐，谁还去管别的呢？"

齐桓公去世，孝公即位，诸侯纷纷背叛齐国。

子犯深知齐国不可能帮助晋文公归国，又发现晋文公有安于在齐国享乐而直到终老的打算，打算离开齐国，又恐怕晋文公不肯走，于是和一起流亡的人在桑林中商量这事。

正在这时有一个养蚕的小妾在此采桑叶，谁也没有发觉她。养蚕的小妾将听到的，话报告了姜氏，姜氏害怕走漏消息便把她杀了，然后对文公说："你的随从想同你一起离开齐国，听到此事的人我已经杀了。你一定要听从，不能犹豫不决，若犹豫不决就不能成就天命。《诗经》上说：'上帝为你祈福，你的心不能犹豫。'先王知道天命因而能成就大事，犹豫不决怎么能行？你因逃避危难才来到这里的。自从你逃离晋国之后，晋国一年也没太平过，百姓也没有一个稳定的国君。上天并不是想让灭亡晋国，现在能挽救晋国的除了你再没有别人了，能拥有晋国的，不是你还有谁？请你努力！上帝保佑着你，假使犹豫不决一定会惹祸遭殃。"晋文公说："我不会动心的，一定要老死在这里。"姜氏说："不能这样。《周诗》上说：'那些风尘仆仆的行人，每时每刻担忧做事来不及。'日夜在外奔波的人，没时间安坐休息，尚且还怕来不及做事，况且那些顺心如意放纵情怀只图享乐的人，还怎么来得及！一个人不求及时完成大事，又怎能及时达到目的呢？日月如箭，一个人哪能只想着获得稳定舒适呢？处在西边的周王室有书写道：'眷恋安逸享乐，是会妨碍成就大事的。'《郑诗》上也说：'仲子虽可怀念，但人说三道四，也是很可怕的。'当初管仲说的那些话，小妾我也听到过，他说：'像恐惧疾病一样地敬畏天威的人，是人中的上者。随心所欲随波逐流的人，是人中的下者。看到私心所欲的就想起上天威力的人，是人中的中者。像害怕疾病一样地敬畏天威，才能在人们当中树立声威。有声威才能处在人上，不敬畏天威就要遭到刑罚。随心所欲随波逐流，距离建立声威可就远了，因此是人中的下者。比照上面引喻的话，我愿意做人中的中者。《郑诗》上所说的，我将服从它。'这就是大夫管仲之所以能治理齐国，辅佐我的先辈桓公成就霸业的原因。而你要抛弃这样的原则，这样对完成大事不是太难了吗？齐国的政治已经衰败了，晋国国君的无道已经很长时间了，随从你流亡的人所谋划的事是够忠心了，时机已经到了，公子你归国为君的日子也越来越近了。你做晋国国君可以拯救百姓，如果放弃这大事，那就不是仁人了。齐国的政局败坏不宜久住，时机千万不能错过，随从的忠心不能置之不理，而且安逸享乐不可以眷恋，你一定尽快离开齐国。我听说晋国开始建封那年，岁星正好处在大火星的地位，也就是阏伯星，确实记录了殷商人的吉凶命运。殷商享有天下传国共三十一位君王，瞽史曾有记载说："唐叔的后裔享有晋国，将和殷商君王的数目相同。'现在还不到三十一位君王数的一半。混乱的局面不会长此下去，众公子中只有公子你还在，你肯定能拥有晋国。怎么可以眷恋安逸享乐？"晋文公没有听从。

齐姜与子犯谋遣重耳

姜与子犯谋①，醉而载之以行②。醒，以戈逐子犯，曰："若无所济，吾食舅氏之肉，其知餍乎③！"舅犯走④，且对曰："若无所济⑤，余未知死所，谁能与豺狼争食？若克有成，公子无亦晋之柔嘉，是以甘食⑥。偯之肉腥臊，将焉用之？"遂行。

【注释】

①姜：指晋文公的妻子姜氏。②载之以行：事在公元前637年。③餍（yàn）：饱、满足。④舅犯：子犯。⑤无：语气词。⑥是：一切。甘食：意即爱吃。

【译文】

姜氏与子犯商议后，将晋文公以酒灌醉然后载入车中离开了齐国。晋文公醒后，拿起戈追打子犯，说："假使大事不能成功，我就是吃了舅舅你的肉，也不能甘心啊！"舅犯一边躲避，一边回答说："如果大事不能成功，我连死在哪里都不知道，谁还能与豺狼争着吃我的肉？如果大事成功了，公子你不也就有了晋国的柔脆嘉美的食品，那才是你喜欢吃的。我狐偃的肉既腥又臊，怎么能食用？"于是继续前行。

箕郑对文公问

晋饥，公问于箕郑曰①："救饥何以？"对曰："信。"公曰："安信？"对曰："信于君心，信于名，信于令，信于事②。"公曰："然则若何？"对曰："信于君心，则美恶不逾。信于名，则上下不干③。信于令，则时无废功。信于事，则民从事有业。于是乎民知君心，贫而不惧，藏出如入，何匮之有？"公使为箕④。

及清原之蒐⑤，使佐新上军。

【注释】

①箕郑：公元前629年清原之蒐被晋文公任命为新上军之佐，前618年被诛。②事：指使用民力从事劳役。③干：干犯。④箕：晋国地名。位于今山西省蒲县。⑤清原：晋国地名。蒐（sōu）：检阅军队。清原之：事在前629年，晋文公清原阅兵，作五军。

【译文】

晋国发生了大饥荒，晋文公问箕郑说："怎样可以解救饥荒呢？"箕郑回答说："用信义。"晋文公问："如何用信义呢？"箕郑说："在国君您的心上用信义，在尊卑的名分上用信义，在朝廷的政令上用信义，在对百姓的役使上使用信义。"晋文公又问："然而用信义又会如何呢？"箕郑回答道："在国君您的心上用信义，那是非善恶就不能够混淆。在尊卑的名分上用信义，那高低上下就不会冒犯。在朝廷的政令上用信义，那按时而动就不会废功。在对百姓的役使上用信义，那百姓进行劳动就会各得其所。这样百姓了解国君您的想法，即使贫困也不会恐惧，拿出家中的钱财用于赈济就像是收入在家相同，怎么会有匮乏呢？"

晋文公便任命箕郑为箕地大夫。等到在清原进行阅兵时，又让他担任新上军的副帅。

文公纳谏与赵衰举贤

文公问元帅于赵衰，对曰："郤縠可①，行年五十矣，守学弥惇②。夫先王之法志，

德义之府也。夫德义，生民之本也。能惇笃者，不忘百姓也。请使郤縠。"公从之。

公使赵衰为卿，辞曰："栾枝贞慎③，先轸有谋，胥臣多闻④，皆可以为辅佐，臣弗若也。"乃使栾枝将下军，先轸佐之。

取五鹿⑤，先轸之谋也。郤縠卒，使先轸代之，胥臣佐下军。

公使原季为卿⑥，辞曰："夫三德者⑦，偃之出也。以德纪民⑧，其章大矣⑨，不可废也。"

使狐偃为卿，辞曰："毛之智⑩，贤于臣⑪，其齿又长⑫。毛也不在位，不敢闻命。"乃使狐毛将上军，狐偃佐之。

狐毛卒，使赵衰代之，辞曰："城濮之役，先且居之佐军也善⑬，军伐有赏，善君有赏，能其官有赏。且居有三赏⑭，不可废也。且臣之伦，箕郑、胥婴、先都在⑮。"乃使先且居将上军。

公曰："赵衰三让⑯。其所让，皆社稷之卫也。废让，是废德也。"以赵衰之故，蒐于清原，作五军⑰，使赵衰将新上军，箕郑佐之；胥婴将新下军，先都佐之。

子犯卒，蒲城伯请佐⑱，公曰："夫赵衰三让不失义。让，推贤也。义，广德也。德广贤至，又何患矣。请令衰也从子⑲。"乃使赵衰佐新上军。

【注释】

①郤縠（hú）：晋国的大夫。②惇（dūn）：淳厚。③栾枝：晋国的大夫。④胥臣：晋国的大夫。⑤取五鹿：指晋兵攻取卫国的五鹿。⑥原季：即赵衰。晋文公二年使赵衰为原大夫，故称原季。卿：指下卿。⑦三德：前635年，狐偃劝文公出师，平王子带之乱，迎周襄王返洛邑，以此举示民以义，此一德。晋伐原邑，命军携三日粮，围原三日撤军，示民以信，此二德，前633年，大于被庐，示民以礼，整顿官制，此三德。德：德政。⑧纪：治理。⑨章：伟绩宏业。⑩毛：狐毛，晋国的大夫，是狐偃的兄长。⑪贤：超过。⑫齿：年龄。⑬先且居：晋国的大夫，是先轸的儿子，也称蒲城伯、霍伯。⑭三赏：指以上所说的军伐、善君、能其官三点值得奖赏。⑮箕郑、胥婴、先都：都是晋国的大夫。⑯三让：指晋文公三次使赵衰为卿，赵衰三次推辞。⑰五军：晋国原有上、中、下三军，清原阅兵时又增建新上军、新下军，共为五军。⑱蒲城伯：即上文的先且居。⑲从子：从先且居为上军之佐。

【译文】

晋文公问赵衰谁可以担任元帅，赵衰回答说："郤縠可以，他已经五十岁了，还仍然能坚持学习而且德行更加仁义。前代圣王的法典史志，是道德义理的宝库。而道德义理，是教育百姓的根本。能够坚持学习和崇尚它的人，一定不可能忘记百姓。请让郤縠担任元帅吧。"晋文公准许了他的建议。

晋文公任赵衰担任卿职，赵衰谦让说："栾枝忠贞谨慎，先轸足智多谋，胥臣闻见广博，他们都能够担当辅佐，小臣我不比不上他们。"因此晋文公任命栾枝为下军统帅，先轸为副帅。

后来攻取卫国的五鹿，就是先轸出的计谋。郤縠死后，晋文公便让先轸接替郤縠，而以胥臣为下军副帅。

晋文公又让赵衰担任下卿，赵衰借口推托说："三桩有功德的事情，都是狐偃出的计谋。他辅佐国君您用德行来治理百姓，成效卓著，不应该弃之而不重用他。"

于是让狐偃担任下卿，而狐偃却谦让说："狐毛的聪明才智比小臣我还要高，年龄又比我大。如果狐毛不在卿的职位上，小臣我怎敢接受这个任命。"因此任命狐毛为上军统帅。狐偃为副帅。

狐毛去世后，晋文公又提出让赵衰接替狐毛担任上军统帅，赵衰再次谦让说："晋楚在城濮交战时，叫先且居的人任军队副帅干得非常好，立有军功的人理应得到奖赏，用道义辅佐国君成效好的人理应得到奖赏，能胜任其职不犯错误的人也理应得到奖赏。先且居有这三点值得加以赞扬，不可以弃之而不重用他。况且像小臣我这样的人，还有箕郑、胥婴、先都等。"因此任命先且居为上军统帅。

晋文公说："赵衰三次谦让。他所推让的人，全部是国家的栋梁之臣。如果轻视谦让，便是不重视德行。"由于赵衰的缘故，晋文公在清原举行阅兵，在原有三军的基础上创建五军，任命赵衰为新上军统帅，箕郑为副帅；同时任命胥婴为新下军统帅，先都为副帅。

子犯去世后，先且居请求委任上军副帅，晋文公说："赵衰三次谦让都合情合理。谦让，是为了推荐贤能。义理，是为了扩大德行。德行扩大了贤能就会来，还有什么可担忧的。请让赵衰跟着你做副帅好了。"于是任命赵衰为上军副帅。

文公学读书

文公学读书于臼季[1]，三日，曰："吾不能行也咫[2]，闻则多矣。"对曰："然而多闻以待能者，不犹愈也？"

【注释】
[1]臼季：胥臣。[2]咫（zhǐ）：通则。句末助词。

【译文】
文公向臼季学习读书，学了三天，说："我即使不能照着去实行，而知识见闻却是增多了。"臼季对答说："那么多增加些知识见闻而等待可能时去实行，难道不是胜过没有学习之时吗？"

郭偃论治国之难易

文公问于郭偃曰[1]："始也，吾以治国为易，今也难。"对曰："君以为易，其难也将至矣[2]。君以为难，其易也将至焉。"

【注释】
[1]郭偃：晋国掌管占卜的大夫，又称卜偃。[2]以为易，其难也将至：意思是你认为容易就会轻忽它，所以困难会接踵而至。

【译文】
晋文公对郭偃说："开始，我以为治理国家是件非常容易的事，现在才知道是很艰难啊。"

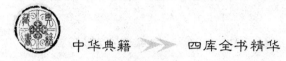

郭偃回答说：“国君您以为容易，那困难就要来了。国君您以为困难，那容易也就要来了。”

赵宣子论比与党

赵宣子言韩献子于灵公，以为司马①。河曲之役②，赵孟使人以其乘车干行，献子执而戮之。众咸曰：“韩厥必不没矣。其主朝升之，而暮戮其车，其谁安之！”

宣子召而礼之，曰：“吾闻事君者比而不党③。夫周以举义④，比也；举以其私，党也。夫军事无犯，犯而不隐，义也。吾言女于君⑤，惧女不能也。举而不能，党孰大焉！事君而党，吾何以从政？吾故以是观女，女勉之。苟从是行也，临长晋国者，非女其谁？”皆告诸大夫曰：“二三子可以贺我矣！吾举厥也而中，吾乃今知免于罪矣。”

【注释】

①司马：官职名，掌管军中执法。②河曲之役：河曲是晋国地名。河曲之役指前615年冬，秦康公帅师攻打晋国，秦军与晋军在河曲交战。③比：以义相交。党：以私相交。④周：忠信也。义：善、良、好、美。⑤女：即汝，你。

【译文】

赵宣子向晋灵公举荐韩献子，让他担任司马。秦军跟晋军在河曲交战时，赵宣子派人用自己乘坐的车去扰乱韩献字军队的行列，韩献子便将驾车的人抓住杀死了。众人都议论说：“这回韩厥一定不会有什么结果。他的主人早上提拔了他。他晚上就杀了主人的车夫，谁还希望任用这样的人！”

赵宣子召见韩厥而以礼相待，说：“我听说事奉国君的人应当以道义相交而不应该以私情进行交往。出于忠信推举正直的人，这叫以道义相交；为了个人利益推举自己的人，这叫以私情相交。军法是不可以违犯的，违犯了而不包庇其罪，这叫道义。我向国君推荐你，最担心的是你不能胜任。推举的人不能胜任，这是最大的以私情相交啊。事奉国君却以私情相交，我还能根据什么去执政呢？我是有意派人干扰军队行列来考验你的，你做得很对但还要努力呀。如果能坚持这样去做，那么将来掌管晋国军政大权的人，除了你还前以有谁呢？”因此赵宣子对众大夫们说：“你们可以祝贺我了！我举荐韩厥是举荐对了，我现在才知道自己完全可以免于以私情相交的罪了。”

范武子退朝告老

郤献子聘于齐①，齐顷公使妇人观而笑之。郤献子怒，归，请伐齐。

范武子退自朝②，曰：“燮乎③，吾闻之，干人之怒，必获毒焉。夫郤子之怒甚矣，不逞于齐④，必发诸晋国。不得政，何以逞怒？余将致政焉，以成其怒，无以内易外也。尔勉从二三子⑤，以承君命，唯敬。”乃老⑥。

【注释】

　　①郤献子：晋国的卿，又称郤子，脚跛。②范武子：晋国的正卿。③燮：人名，范武子的儿子。④逞：快心。⑤二、三子：指晋国诸卿。⑥老：年老退休。

【译文】

　　郤献子去到齐国出使，齐顷公让宫中的妇女们躲在帐幔后面偷着看并嘲笑郤献子的跛脚。郤献子特别生气，返回晋国以后，请求发兵攻打齐国。

　　范武子退朝回到家中，对儿子说："燮儿呀，我听说，如果别人盛怒时去触犯他，一定会受到毒害的。郤献子的怒气够大了，他的不愉快得不到向齐国发泄，就肯定会在晋国发泄。他如果不执掌晋国国政，又怎么能宣泄他的怒气呢？我打算告老归政以让出位置，来成就他宣泄怒气的愿望，不希望使他对国外的怒气转嫁到国内而使国家遭殃。你以后要努力随从诸位大夫，以完成国君的命令，所以一切都恭敬从事。"于是告老退休了。

三军推功

　　靡笄之役，郤献子见，公曰："子之力也夫！"对曰："克也以君命命三军之士[1]，三军之士用命，克也何力之有焉[2]？"

　　范文子见，公曰："子之力也夫！"对曰："燮也受命于中军[3]，以命上军之士，上军之士用命，燮也何力之有焉！"

　　栾武子见，公曰："子之力也夫！"对曰："书也受命于上军[4]，以命下军之士，下军之士用命[5]，书也何力之有焉？"

【注释】

　　①克：郤克，即郤献子。②力：功劳。③燮：范燮，即范文子。④书：栾书，即栾武子。⑤用命：尽力服从命令。

【译文】

　　晋军在靡笄之战中获胜后，郤献子去拜见晋景公，晋景公慰劳郤献子说："这次战争的胜利是你的功劳啊！"郤献子回答说："我郤克是奉国君您的命令去命令三军将士的，三军将士能够服从命令英勇作战。我郤克又有什么功劳可以说的呢？"

　　范文子进见晋景公，晋景公对范文子说："这次战役获胜是你的功劳啊！"范文子回答说："我范燮是接受中军主帅的命令，来命令上军将士的，上军将士能够服从命令英勇作战，我又有什么功劳可以说的呢？"

　　栾武子进见晋景公，晋景公对栾武子说："这次战役取得胜利都是你的功劳啊！"栾武子回答说："我栾书是从上军统帅那接受命令，来命令下军将士的，下军将士服从命令英勇作战，我栾书又有什么功劳可以说的呢？"

郤至勇以知礼

　　鄢之战，郤至以韎韦之跗注[1]，三逐楚共王卒，见王必下奔退战[2]。王使工尹襄问之以弓③，曰："方事之殷也④，有韎韦之跗注，君子也，属见不韎而下⑤，无乃伤乎？"郤至甲胄而见客，免胄而听命，曰："君之外臣至，以寡君之灵，间蒙甲胄⑥，不敢当拜君命之辱，为使者故，敢三肃之⑦。"君子曰：勇以知礼。

【注释】

①韎（mèi）韦：韎是可作染料的茜草，故也指染成赤黄色的东西。韎韦即浅赤色的柔软牛皮。跗（fū）注：古代一种军服，裤子与袜子相连。②下奔：指跳下战车走开躲避。③工尹襄：工尹是楚国官名。襄是人名。④事：战事。殷：盛。⑤属（zhǔ）：正值。⑥间：最近；蒙：穿着。⑦肃：肃拜，即肃拜之礼，双手合拢下垂至地。

【译文】

在鄢陵的战役中，郤至身穿浅赤色的软皮跗注，三次追赶楚共王的军队，只要看见楚共王，他就跳下战车奔走并退出战斗。后来楚共王派工尹襄送给他一张弓，并说："当战事最激烈的时候，有一个身穿浅赤色软皮跗注的人，他是一位君子，只要一看见我就跳下战车，不知道那个人有没有受伤？"郤至披甲戴盔会见了客人工尹襄，摘掉头盔听完工尹襄转达楚共王的话，说："贵国国君的外臣郤至，拜托我们国君的威福，正披甲戴盔在军队中，所以不敢拜受贵国君屈尊来慰问我的命令，为了答谢贵国君所派使者的厚意，谨行三个肃拜之礼以表敬意。"君子说："郤至不但勇敢而且懂得礼仪。"

范文子论内睦而后图外

鄢之役，晋人欲争郑①，范文子不欲，曰："吾闻之，为人臣者，能内睦而后图外，不睦内而图外，必有内争，盍姑谋睦乎②！考讯其阜以出③，则怨靖④。"

【注释】

①争郑：指争取郑国归附自己。②姑：姑且。睦：和睦。③阜：众。④靖：安宁、平息。

【译文】

在鄢陵的战役前，晋国人要争取使郑国归附自己，范文子不答应，说："我听说，做为臣子的，可以使国内团结然后才能图谋国外，国内不团结而去图谋国外，必然会引起国内纷争，我们为什么不姑且想办法而争取国内的团结呢！先调查探听一下众百姓的意见然后再做出决定是否出兵，这样国内的怨声就可以平息了。"

范文子论外患与内忧

鄢之役，晋伐郑，荆救之。大夫欲战，范文子不欲，曰："吾闻之，君人者刑其民①，成，而后振武于外，是以内和而外威。今吾司寇之刀锯日弊②，而斧钺不行③。内犹有不刑，而况外乎？夫战，刑也，刑之过也。过由大，而怨由细④，故以惠诛怨，以忍去过⑤。细无怨而大不过⑥，而后可以武，刑外之不服者。今吾刑外乎大人，而忍于小民，将谁行武？武不行而胜，幸也。幸以为政，必有内忧。且唯圣人能无外患，又无内忧，讵非圣人⑦，必偏而后可。偏而在外，犹可救也，疾自中起，是难。盍姑释荆与郑以为外患乎。”

【注释】

①刑：法，惩罚。②司寇：掌管刑狱、纠察等事务的官。刀锯：古代用于平民百姓的刑罚器具。③斧钺：古代用于贵族大臣的刑罚器具。④细：指地位低微的人。⑤过：过错。⑥大：指大人，即大臣们。⑦讵（jù）：如果。

【译文】

在鄢陵的战役之前，晋国攻打郑国，而楚国派出军队援救。晋国的大夫都主张出战，范文子不同意，说：“我听说，作为众人的国君就要用刑罚来整顿臣民，使国内安定，然后才能对外显示武力，使国内和睦而国外畏惧。而现在我们掌管刑狱的司寇对施于刀锯的平民百姓用刑太多太滥，但是对施于斧钺的贵族大臣却不敢用刑。我们国内尚且有不能施一刑罚的，又怎么能够对外呢？战争，就是一种刑罚，是用来惩罚所犯的过错的。过错是由大夫造成的，而怨恨是从平民百姓中产生的，因此要以施用恩惠来消除怨恨，下狠心以禁止过错。平民百姓没有怨恨而大夫大臣不犯过错，然后才可以动用武力，去惩罚国外那些不服从的人。现在我们刑罚不能用在有过错的大夫大臣身上，却狠下心来对付稍有怨恨的平民百姓，我们将依赖谁的力量去对外用兵以显示武威呢？没有武威而打了胜仗，这些也只是一时的侥幸。用侥幸来处理政务，一定会产生内患，况且只有圣人才可以做到既无外患，又无内忧，如果不是圣人，一定只能偏重一面才行。如果偏重的一面是外患，那还可以挽救，如果祸害从内部发作，那就很难应付了。我们为什么不姑且撇开楚国和郑国而把他们作为外患。”

范文子论不有外患必有内忧

鄢之役，晋伐郑，荆救之。栾武子将上军①，范文子将下军。

栾武子欲战，范文子不欲，曰：“吾闻之，唯厚德者能受多福，无德而服者众，必自伤也。称晋之德，诸侯皆叛，国可以少安。唯有诸侯，故扰扰焉②，凡诸侯，难之本也。且唯圣人能无外患又无内忧，讵非圣人③，不有外患，必有内忧，盍姑释荆与郑以为外患乎！诸臣之内相与，必将辑睦④。今我战又胜荆与郑，吾君将伐智而多力⑤，怠教而重敛，大其私昵而益妇人田⑥，不夺诸大夫田，则焉取以益此？诸臣之委室而徒退者⑦，将与几人？战若不胜，则晋国之福也；战若胜，乱地之秩者也⑧，其产将害大，盍姑无战乎！”

栾武子曰：“昔韩之役⑨，惠公不复舍；邲之役⑩，三军不振旅⑪；箕之役⑫，先轸不复命⑬。晋国固有大耻三。今我任晋国之政，不雪晋耻，又以违蛮夷重之⑭，虽有后患，非吾所知也。”

范文子曰：“择福莫若重，择祸莫若轻，福无所用轻，祸无所用重。晋国故有大

耻，与其君臣不相听以为诸侯笑也⑮，盍姑以违蛮夷为耻乎。"

栾武子不听，遂与荆人战于鄢陵，大胜之。

于是乎君伐智而多力，怠教而重敛，大其私昵，杀三郤而尸诸朝⑯，纳其室以分妇人。于是乎国人不蠲⑰，遂弑诸翼⑱，葬于翼东门之外，以车一乘⑲。厉公之所以死者，唯无德而功烈多，服者众也。

【注释】

①栾武子：即栾书，晋卿。②扰扰：纷乱的样子。③讵：如果。④辑睦：和睦。⑤伐：自夸。力，功。⑥昵（nì）：亲近。妇人：指爱妾。⑦徒：白。⑧秩：常。⑨韩之役：鲁僖公十五年十月，秦晋在韩原一战，晋惠公被俘。⑩邲之役：鲁宣公十二年六月，晋楚大战于邲，晋军败。⑪不振旅：即失败。旅，军队。⑫箕之役：鲁僖公三十三年六月，晋、狄两国在箕地交战。⑬先轸：也叫原轸，晋国大将，在箕地战役中，死于狄军中。⑭违：避。蛮，夷：指楚国。⑮君臣不相听：指三次战役中晋国君臣之间不和谐，不一心。⑯三郤：指郤锜、郤犨、郤至，都是晋国的卿。⑰蠲（juān）：通涓。清洁。⑱翼：晋国原来的都城。⑲以车一乘：诸侯葬礼，用车七乘。晋厉公只用车一乘，比当时规定的诸侯葬礼大为减损，就是说没有用诸侯的葬礼埋葬他。

【译文】

鄢陵的战役时，晋国发兵讨伐郑国，楚国出兵援救郑国。栾武子统帅上军，范文子统帅下军。

栾武子主张出击迎战，范文子不同意，说："我听说，只有德行纯厚的人才可以享受大福，缺乏德行而归服的人众多，必定会对自己带来伤害。衡量我们晋国的德行，如果诸侯都与我们作对了，国家就可以稍微得到安宁。正因为有这些诸侯归服，所以才搞得纷乱不堪，这些诸侯，就是祸乱的源泉。何况只有圣人才能做到既无外患又无内忧，如果不是圣人，没有外患，就必然会有内忧，我们为什么不姑且撇开楚国和郑国而把他们作为外患呢！这样大臣在朝内相处不相互争功，一定会和睦团结。现在我们出击并打败楚国和郑国，那我们的国君将会夸耀自己的智谋和赫赫武功，放松教化而加重赋税，增加亲近宠臣的俸禄和扩大爱妾的田地，如果不夺取诸位大夫大臣的田地，那么又将从哪里获取来增加给宠臣和爱妾呢？各位大夫大臣情愿舍弃家室而空身引退的，又能有几个人呢？如果出战不获胜，那将是我们晋国的福分；如果出战获胜，那势必会打乱原有的土地常规，其结果将会祸害大夫大臣，何不目前暂时不出战呀！"

栾武子说："起初秦与晋在韩地之战中，惠公被俘不能回国；晋与楚在邲地战役中，三军败逃没有了什么阵势；晋与狄在箕地之战中，先轸战死不能回复国君重托。晋国历史上的三大耻辱。如今我担任晋国的执政卿，要我不去洗刷我们晋国的耻辱，反倒再回避楚国而加重耻辱是不可能的，虽然这次出战将造成严重后果，那也并非我所能明白的了。"

范文子说："选择福气没有不挑厚重的，选择祸害没有不挑轻微的，福气不可以要轻微的，祸害不可以要沉重的。我们晋国历史上固然有耻辱，但与其君臣一样成为诸侯的笑柄，为什么不暂且选择回避楚国这个耻辱。"

栾武子不理会，于是和楚国人在鄢陵交战，晋国获得大胜。

从那以后，晋国君夸耀自己的智谋和赫赫武功，放松教化而加重赋税，增加亲近宠臣的报酬，杀死三郤并把尸体陈列在朝堂上示众，没收他们的妻妾并将家产分给自己的爱妾。这样一来，晋国人都不满意国君的卑劣行为，因此就在翼城杀死了他，把他埋葬在翼城的东门外，仅仅用一车四马作为陪葬。厉公为什么被杀死，就是因为他缺乏德行而武功太多，归服的诸侯众多的缘故。

范文子论德为福之基

鄢之役，荆压晋军，军吏患之，将谋。范匄自公族趋过之，曰："夷灶堙井①，非退而何？"范文子执戈逐之，曰："国之存亡，天命也，童子何知焉？且不及而言，奸也②，必为戮。"苗贲皇曰："善逃难哉！"

既退荆师于鄢，将谷③，范文子立于戎马之前，曰："君幼弱，诸臣不佞④，吾何福以及此！吾闻之，'天道无亲，唯德是授。'吾庸知天之不授晋且以劝楚乎？君与二三臣其戒之！夫德，福之基也，无德而福隆，犹无基而厚墉也⑤，其坏也无日矣。"

【注释】

①堙（yìn）：堵塞。②奸：干扰。③谷：即处其馆，食其谷。④不佞（nìng）：不才。⑤墉：墙。

【译文】

在鄢陵的战役中，楚军逼近晋军将阵势摆开，晋军将士都很害怕，聚在一起谋划策略。范匄从公族大夫的位次上急步上前，并说："我们把炉灶铲掉水井填平以示誓死决战，楚军不败退还等什么？"范文子大怒得拿起戈追打范匄，并说："国家的存亡，全靠天意，你这小孩子懂得什么？何况还轮不到你说话却来这里多嘴，这是干扰秩序，一定会被杀戮的。"苗贲皇说："范文子真善于逃离祸难啊！"

在鄢陵战胜楚军后，将要吃楚军囤积的军粮，范文子站在国君的兵车前，说："我们的国君年轻不成熟，诸位大臣又不才，我们凭着什么福分得到这一战果呢！我听说：'天意不可能特别亲近哪一个人，只把福气赐给有德行的人。'我们又怎么能够了解这是天意不赐福给晋国并以此来勉励楚国勤修德行以报复晋国呢？国君您和各位大臣应当小心谨慎啊！德行，是福分的基础，缺乏德行却福分隆盛，就好像基础没有打好却在上面筑起高墙一样，过几天之后就会倒塌的。"

叔向母论叔鱼杨食我

叔鱼生①，其母视之，曰："是虎目而豕喙②，鸢肩而牛腹③，溪壑可盈，是不可餍也，必以贿死。"遂不视。

杨食我生④，叔向之母闻之，往。及堂，闻其号也，乃还，曰："其声，豺狼之声，终灭羊舌氏之宗者，必是子也。"

【注释】

①叔鱼：即羊舌鲋，晋国的大夫，叔向的同母弟弟。②喙（huì）：嘴。③鸢（yuān）肩：双肩上耸如

鸢。鸢，鹰。④杨食我：叔向的儿子。叔向封地在杨。

【译文】

　　叔鱼刚出生时，他的母亲仔细察看着，说道："这孩子长个虎眼猪嘴，鹰肩牛腹，深溪沟壑很容易填平，但这孩子将来的欲望却没个满足，一定会因贪财而死。"就未亲自抚养他。

　　杨食我刚生下来，叔向的母亲听说后，前去看望。才走到堂前，就听到了婴儿的哭声，随后便转身回去了，说："这孩子哭的声音，像是豺狼的叫声，最后使羊舌氏宗族覆灭的，一定是这个孩子。"

叔孙穆子论死而不朽

　　鲁襄公使叔孙穆子来聘①，范宣子问焉，曰："人有言曰'死而不朽'，何谓也？"穆子未对。宣子曰："昔匄之祖②，自虞以上为陶唐氏③，在夏为御龙氏④，在商为豕韦氏⑤，在周为唐、杜氏⑥。周卑⑦，晋继之，为范氏，其此之谓也？"对曰："以豹所闻⑧，此之谓世禄⑨，非不朽也。鲁先大夫臧文仲⑩，其身殁矣，其言立于后世，此之谓死而不朽。"

【注释】

　　①鲁襄公：鲁国国君。叔孙穆子：即叔孙豹，又称穆叔，鲁国的卿。②匄：范匄，即范宣子。③虞：即虞舜，相传舜是有虞部落的首领，所以称虞舜。陶唐氏：即尧。尧最初住在陶，后来封在唐，所以又叫陶唐氏。④御龙氏：尧的后代。⑤豕韦氏：刘累的后人，也是尧的后代。⑥唐、杜：即唐国、杜国。⑦卑：衰微。⑧豹：即叔孙豹。⑨世禄：世代为官受爵禄。⑩臧文仲：又称臧孙辰，鲁国的卿。

【译文】

　　鲁襄公派叔孙穆子前去晋国聘问，范宣子向叔孙穆子询问一些事，并问道："古人有句话说'死而不朽'，这是何意思？"叔孙穆子没有回答。范宣子接着说："从前我士匄的先辈，在虞舜之前是陶唐氏，在夏朝时是御龙氏，在商朝时是豕韦氏，在周朝时是唐氏、杜氏。周王室衰微后，晋国就成为诸侯盟主，我们叫范氏，所谓'死而不朽'大概就是指此所说的吧？"叔孙穆子回答说："据我叔孙豹所了解的，这叫做世代享有禄位，不叫死而不朽。鲁国已故大夫臧文仲，他人虽已死去，但他的言论流传一直到后世并被视为准则，这才叫作死而不朽。"

范宣子与和大夫争田

　　范宣子与和大夫争田①，久而无成。宣子欲攻之，问于伯华②。伯华曰："外有军，内有事。赤也，外事也③，不敢侵官④。且吾子之心有出焉，可征讯也。"问于孙林甫⑤。孙林甫曰："旅人，所以事子也，唯事是待。"问于张老⑥。张老曰："老也以军事承子，非戎，则非吾所知也。"问于祁奚。祁奚曰："公族之不恭，公室之有回，内事之邪，大夫之贪，是吾罪也。若以君官从子之私，惧子之应且憎也。"问于籍偃⑦，籍偃曰：“偃也以斧钺从于张孟，日听命焉，若夫子之命也，何二之有？释夫子而举⑧，是反吾子也。”问于叔鱼。叔鱼曰⑨：“待吾为子杀之。”

叔向闻之，见宣子曰：“闻子与和未宁，遍问于大夫，又无决，盍访之訾祏⑩。訾祏实直而博，直能端辨之，博能上下比之，且吾子之家老也。吾闻国家有大事，必顺于典刑⑪，而访谘于耉老⑫，而后行之。”司马侯见⑬，曰：“吾闻子有和之怒，吾以为不信。诸侯皆有二心，是之不忧，而怒和大夫，非子之任也。”祁午见，曰：“晋为诸侯盟主，子为正卿，若能靖端诸侯⑭，使服听命于晋，晋国其谁不为子从，何必和？盍密和，和大以平小乎！”

宣子问于訾祏。訾祏对曰：“昔隰叔子违周难于晋国⑮，生子舆为理⑯，以正于朝，朝无奸官；为司空⑰，以正于国，国无败绩。世及武子⑱，佐文、襄为诸侯⑲，诸侯无二心。及为卿，以辅成、景⑳，军无败政。及为景帅，居太傅㉑，端刑法，缉训典㉒，国无奸民，后之人可则，是以受随、范。及文子成晋、荆之盟㉓，丰兄弟之国，使无有间隙，是以受郇、栎㉔。今吾子嗣位，于朝无奸行，于国无邪民，于是无四方之患，而无外内之忧，赖三子之功而飨其禄位㉕。今既无事矣，而非和，于是加宠，将何治为？”宣子说㉖，乃益和田而与之和。

【注释】

①和大夫：晋国和邑的大夫。②伯华：即羊舌赤，叔向的长兄。③外事：指军事。④侵官：指越权去管非本职范围的事务。⑤孙林甫：即孙文子。⑥张老：即张孟，晋悼公时是中军司马此时为上军统帅。⑦籍偃：即籍游，晋国上军司马。⑧夫子：即张孟。举：动。⑨叔鱼：叔向的弟弟，晋国的大夫。⑩訾祏（zīshí）：范宣子的家臣。⑪典刑：旧法，常规。⑫耉（gǒu）老：老年人。⑬司马侯：即汝叔齐，晋国的大夫。⑭靖：安定。⑮隰叔子：杜伯的儿子，范宣子的祖先。⑯子舆：即士䓵，晋献公时的卿。⑰司空：官名，主管工程建筑等。⑱武子：即范武子，士䓵的孙子。⑲文：指晋文公。襄：指晋襄公。⑳成：指晋成公。景：指晋景公。㉑太傅：辅佐国君的官。㉒缉：和。训典：教导的常规，法则。㉓文子：范文子，范武子的儿子。晋、荆之盟：指晋国派范武子到宋国都城的西门外主持与楚国结盟的事。㉔郇、栎：晋国的两个城邑。㉕三子：指士䓵、范武子、范文子。㉖说：同悦，高兴。

【译文】

范宣子与和大夫为田地疆界而进行争讼，很久没有得到解决。范宣子想攻打和大夫，向伯华询问。伯华说：“对外有军事行动，对内有国家政事。我羊舌赤，是管军事的，不敢越权去管非本职范围的事。假如你有心对外用兵，可以召我前来询问。”范宣子询问孙林甫。孙林甫说：“我是客居晋国的人，是服侍您的，只等待着为您去做事。”范宣子询问张老。张老说：“我张老是在军事上听从您的率领指导的，不是军事问题，就不是我所能知道的了。”范宣子询问祁奚。祁奚说：“公族中有态度不恭谨的，公室中有不公正的，朝廷内办事邪僻，大夫们贪赃枉法，这都是我的罪过。如果用国君给我的官职去给您办私人事情，恐怕您表面上答应却会内心讨厌我。”范宣子询问籍偃。籍偃说：“我籍偃是跟从张老执掌刑法的，每天听从他的命令，如果是他的命令，我还有什么二话可说？没有他的命令而私下里行动，那也是违犯您的前命呀。”范宣子向叔鱼询问。叔鱼说：“等我替您杀掉他。”

叔向知道此事后，去见范宣子说：“听说你与和大夫的争执还没平息，询问遍了大夫们，但是没有一个结果，何不去征求訾祐的意见。訾祐这人确实正直而博雅，正直就能公正地分辨是非，博雅就能比较全面地比较得失，而且他又是您的家臣室老。我听说国家发生了大的事情，必须遵循常规去办，而且要寻访咨询年老长者的意见，然后才能去执行。"司马侯去见范宣子，并说："我听说你对和大夫非常生气，我认为这不可信。诸侯国对我们晋国有二心，你不担忧这个，而去恼怒和大夫，这不是你应该做的。"祁午去见范宣子，并说："我们晋国是诸侯的盟主，你作为正卿，如果能使诸侯安定并各守自己的本分，归服听从我们晋国的命令，那晋国还有谁不听从你的，为什么要去计较一个和大夫呢？何不亲密和平地解决，用与诸侯和好的大德来平息与和大夫的小仇根呢！"

范宣子询问訾祐。訾祐回答说："以前隰叔子躲避灾难从周来到晋国，生下子舆并当了法官，整肃朝政，朝廷里没有奸臣；后任司空，整顿国家，国家没有败坏的功业。一直传到范武子，辅佐晋文公、晋襄公称霸诸侯，诸侯对晋国并无二心。以后范武子做到了卿，又辅佐晋成公、晋景公，军队中没有产生过败坏的政事。一直等到做了晋景公的中军主帅，官居太傅，端正刑法，整理法规，晋国当时没有不守法的百姓，以后的人也以此为准则，所以受封于随、范。到范文子时又完成了晋国、楚国的结盟，从而加深了兄弟诸侯国的友谊，使各国之间没有隔阂，因此受封于郇、栎。如今您继承先人的官位，在朝中没有奸邪的行为，在国内没有邪恶的百姓，而现在又没有四方邻国造成的外患，可以说是既无外患又无内忧，这是仰赖着三位先辈的功劳在享受禄位。如今国家太平无事，您却与和大夫生气，如果在此事上国君宠幸于您，您将怎样治理国家呢？"范宣子听了很高兴，于是多给和大夫田地而与他和好。

訾祐死范宣子谓献子

訾祐死，范宣子谓献子曰①："鞅乎②！昔者吾有訾祐也，吾朝夕顾焉，以相晋国，且为吾家。今吾观女也，专则不能，谋则无与也，将若之何？"对曰："鞅也，居处恭，不敢安易，敬学而好仁，和于政而好其道，谋于众不以贾好③，私志虽衷④，不敢谓是也，必长者之由。"宣子曰："可以免身。"

【注释】

①献子：即范献子。范宣子的儿子。②鞅：范献子的名。③贾（gǔ）：求，谋求。④衷：善。

【译文】

訾祐逝世后，范宣子对范献子说："鞅儿呀！以前我有訾祐，我随时都可以询问他，来辅佐晋国，同时治理我们的家族。如今我看你呀，独自不能办事，要商量又没谋臣，以后怎么办？"范献子回答说："我范鞅，平时处事小心仔细，不敢贪图安逸去草率行事，以严谨的态度学习又喜爱仁义，政事上以和为贵而又追求正道，有事与大家商量而不是为了讨好，自个的想法即使很完善，也不敢自以为是，一定要听取年长者的意见再去办。"范宣子说："你可以免遭祸害了。"

师旷论乐

平公说新声①，师旷曰②："公室其将卑乎③！君之明兆于衰矣④。夫乐以开山川之风也⑤，以耀德于广远也⑥。风德以广之，风山川以远之，风物以听之，修诗以咏之，修礼以节之。夫德广远而有时节⑦，是以远服而迩不迁⑧。"

【注释】

①新声：指不合礼乐规范的音乐。②师旷：晋国的乐师。名旷，字子野。③公室：指晋国。卑：衰微。④明：显现，萌发。⑤开：通。山川：代指国家。风：风化。⑥耀：光耀。⑦时节：指耕种要按照一定的农时，举止要符合一定的礼节。⑧迩：近。迁：迁居。

【译文】

晋平公喜欢听一种新乐曲，师旷说："晋国可能将要衰微了啊！国君已显出衰亡的预兆。音乐是用来引导各地风化的，以便把德行的光耀传播到广阔辽远的地方。音乐宣扬德行并使其广大，教化各地再传播到更远的地方，化育万物使它们倾耳而听，制作成诗歌来咏唱它，制成礼仪来节制它。德行传播到广远而使耕作有农时、举止合礼节，因此远方的人前来归服而近处的人高兴安居。"

叔向论忠信

诸侯之大夫盟于宋①，楚令尹子木欲袭晋军②，曰："若尽晋师而杀赵武③，则晋可弱也。"

文子闻之，谓叔向曰："若之何？"叔向曰："子何患焉。忠不可暴，信不可犯，忠自中，而信自身，其为德也深矣，其为本也固矣，故不可拐也④。今我以忠谋诸侯，而以信覆之⑤，荆之逆诸侯也亦云⑥，是以在此。若袭我，是自背其信而塞其忠也。信反必毙⑦，忠塞无用，安能害我？且夫合诸侯以为不信，诸侯何望焉。为此行也，荆败我⑧，诸侯必叛之，子何爱于死，死而可以固晋国之盟主，何惧焉？"

是行也，以藩为军⑨，攀辇即利而舍⑩，候遮捍卫不行⑪，楚人不敢谋，畏晋之信也。自是没平公无楚患。

【注释】

①盟于宋：公元前546，以晋国、楚国为首的各诸侯国大夫在宋国都城的西门外结盟。②令尹子木：楚国的屈建。令尹是官名，相当于晋国执政的正卿。③赵武：即赵文子，晋国的正卿。④拐（yuè）：动摇。⑤覆：证明。⑥逆：迎。⑦毙：倒下。⑧荆：楚国。⑨以藩为军：只设藩篱，下设防备。⑩攀：引。辇：车。利：便利。⑪候：指边境伺望斥候的设置。此指瞭望哨。

【译文】

各诸侯国的大夫在宋国结盟，楚国令尹子木准备偷袭晋军，说："如果能一举消灭晋军而且杀掉赵武，那么晋国就削弱了。"

赵文子得知此事，对叔向说："我们该如何去做？"叔向回答说："你有什么可担心的。忠诚不能够侵暴，信义不可凌犯，忠诚来自内心，信义来自自身，这些作为德行已很深厚了，作为根基也很牢固了，所以是不可能动摇的。现在我们晋国用忠诚来为诸侯打算，并用信义来证明我们晋国的忠诚，楚国当着诸侯的面也说要忠诚信义，所以众诸侯在这里结盟。如果楚国偷袭我们晋军，那就是自己背弃信义而且阻隔忠诚。背弃信义必然垮台，阻隔忠诚就不能召号诸侯，如何能对我们晋国造成危害呢？况且会合诸侯却不讲信义，诸侯还指望他什么。这次结盟行动，即使楚国打败了我们晋国，诸侯也一定会谋求反叛于他，你何必如此怕死，如果一死可以巩固我们晋国的盟主地位，有什么可恐惧的呢？"

在这次结盟行动中，晋军只设藩篱作围墙，把车马拉到水草便利处驻扎，既没有设置瞭望哨又无设置捍卫岗，楚国人不敢图谋，因为害怕晋国在诸侯中的信义。从此以后直到晋平公去世而没有楚国的兵患。

叔向论务德无争先

宋之盟，楚人固请先歃①。叔向谓赵文子曰："夫霸王之势，在德不在先歃，子若能以忠信赞君，而裨诸侯之阙②，歃虽在后，诸侯将载之③，何争于先？若违于德而以贿成事，今虽先歃，诸侯将弃之，何欲于先？昔成王盟诸侯于岐阳④，楚为荆蛮，置茅蕝⑤，设望表⑥，与鲜卑守燎⑦，故不与盟。今将与狎主诸侯之盟⑧，唯有德也。子务德无争先，务德，所以服楚也。"乃先楚人。

【注释】

①歃（shà）：歃血，结盟的一种仪式，与盟者口含一点牲血，表示誓愿遵守盟约。通常首先歃血应当是盟会的主持人。②裨：补。阙：缺。③载：拥戴。④岐阳：岐山的南面。阳：山南。⑤蕝（jué）：古代演习朝会礼仪时束茅以表位之称。⑥望表：古代祭祀山川时所立的木制牌位。⑦鲜卑：古时东北方的少数民族。燎：庭燎，庭中用以照明的火炬。⑧狎（xiá）：更迭，交替。

【译文】

在宋国的盟会上，楚国人坚持请求自己率先歃血。叔向对赵文子说："霸主的威猛势力，关键在于德行而不在于谁领先歃血，你若能用忠诚信义来辅助君，并且补救诸侯的缺失，即使歃血在后面，诸侯也会拥戴你，为什么非要去争着领先歃血呢？如果违背德行而靠财货成就政事，现在即使领先歃血，到头来诸侯也会背弃你，何必要领先歃血呢？从前周成王在岐山的南面与诸侯会盟时，那时候楚国不过是个荆蛮而已，负责放置茅草束，设立望表，和鲜卑一起守护庭燎，还没有参与盟会的资格。现在楚国竟然能和我们晋国轮番主持诸侯的会盟，这是因为楚国有德行的原因啊。你要致力于德行而没有必要争着领先歃血，只有致力于德行，才能制服楚国。"因此让楚国人领先歃血。

叔向贺贫

叔向见韩宣子，宣子忧贫，叔向贺之。宣子曰："吾有卿之名，而无其实，无以从二三子，吾是以忧，子贺我何故？"对曰："昔栾武子无一卒之田①，其宫不备其宗器②，宣其德行，顺其宪则③，使越于诸侯④，诸侯亲之，戎、狄怀之⑤，以正晋国，行刑不疚⑥，以免于难⑦。及桓子骄泰奢侈，贪欲无艺，略则行志，假贷居贿⑧，宜及于难，而赖武之德，以没其身。及怀子改桓之行，而修武之德，可以免于难，而离桓之罪⑨，以亡于楚。夫郤昭子⑩，其富半公室，其家半三军⑪，恃其富宠，以泰于国，其身尸于朝⑫，其宗灭于绛⑬。不然，夫八郤，五大夫三卿⑭，其宠大矣，一朝而灭，莫之哀也，唯无德也。今吾子有栾武子之贫，吾以为能其德矣，是以贺。若不忧德之不建，而患货之不足，将吊不暇，何贺之有？"宣子拜稽首焉，曰："起也将亡⑮，赖子存之，非起也敢专承之⑯，其自桓叔以下嘉吾子之赐⑰。"

【注释】

①栾武子：即栾书，晋国的上卿。一卒之田：一百顷田。一卒，一百人。②宗器：祭祀用的礼器。③宪则：法则。④越：超越。⑤怀之：归服他。⑥行刑不疚：指栾武子杀晋厉公而不被晋国人责难。⑦难：指免弑君之难。栾书杀死晋厉公，立悼公，国人因承受过他的恩德，不予追究，所以他能免于难。⑧居贿：囤积财物。⑨离：通罹，遭受。⑩郤昭子：即郤至，晋国的卿。因居功自傲，想专权，被晋厉公派人杀死并被灭族。⑪其家半三军：指晋国三军中的元帅，郤家人占了一半。三军：指上军，中军和下军的编制。⑫尸：陈尸示众。⑬绛：晋国国都。⑭三卿：指郤锜、郤犨、郤至。⑮起：即韩宣子，名叫起。⑯专承：自己一人承担。⑰桓叔：即曲沃桓叔，晋穆侯的儿子。

【译文】

叔向去见韩宣子，韩宣子正为贫困而烦恼，叔向反而祝贺他。韩宣子问叔向："我韩起空有正卿的名义，但是没有正卿的财产，无法和诸位大夫交往，所以我因此忧愁，你反而祝贺我这是什么缘故呢？"叔向答道："从前栾武子身为正卿却无百顷田地，家中连祭祀的礼器都不完善，可是他能宣扬德行，遵循法则，所以他的好名声传遍各诸侯国，诸侯亲近他，戎、狄归附他，因此治好了晋国，所以虽弑杀了晋厉公却未被人们责难，所以免遭祸难。到了儿子栾桓子时骄横放纵奢侈无度，无尽的欲望没有止境，违法乱纪肆意妄为，借贷牟利屯积财贿，原本理所当然应该遭到祸难，但仰赖父亲栾武子的德行，才得以善终其身。到栾怀子时一改父亲栾桓子的行为，学习祖父栾武子的德行，原本可以凭此免遭祸难，但是遭受父亲栾桓子罪孽的连累，被迫逃亡到楚国去了。还有郤昭子，他的财富抵得上晋国的一半，他家的人担任将帅的占了三军将帅的一半，因此他依仗着财富和势力，在晋国骄横跋扈，最后落得杀身之祸而陈尸示众于朝堂，他的宗族也在绛都被灭绝。如果不是这样，八个姓郤的，五个做到大夫三个做到卿，他们受到的宠幸太大了，可是一旦被诛灭，没有一个人同情他们，就是因为没有德行啊。如今您有栾武子那样的清贫，我认为您也具备了他的德行，所以祝贺您。如果您不去忧虑德行的建立，而是发愁财货不够丰足，那我恐怕哀吊还来不及，怎么还会有祝贺呢？"韩宣子听了叔向的话向叔向下拜叩头，并说："我韩起将要灭亡之际，仰赖您的教导得以保存下来，但是这不只是我韩起一个人独自承受您的恩德，恐怕从祖先桓叔以下的韩氏子孙都要感激您的美德。"

史黯论良臣

赵简子曰："吾愿得范、中行之良臣①。"史黯侍②，曰："将焉用之？"简子曰：

"良臣，人之所愿也，又何问焉？"对曰："臣以为不良故也。夫事君者，谏过而赏善，荐可而替否③，献能而进贤，择材而荐之，朝夕诵善败而纳之。道之以文④，行之以顺，勤之以力，致之以死。听则进，否则退。今范、中行氏之臣不能匡相其君⑤，使至于难⑥；君出在外，又不能定，而弃之，则何良之为？若弗弃，则主焉得之？夫二子之良，将勤营其君⑦，复使立于外⑧，死而后止，何日以来？若来，乃非良臣也。"简子曰："善。吾言实过矣。"

【注释】

①范：范吉射。中行：中行寅，即荀寅。②史黯：晋太史墨，当时是简子的史官。③荐：进举。替：废弃。④道：通导。⑤匡：正。相：辅佐。⑥使至于难：指范吉射、中行寅因作乱被逐，攻打晋国又失败，被迫出逃国外。⑦勤营：辛勤地营谋。⑧复：恢复。

【译文】

赵简子说："我盼望能得到范吉射、中行寅手下的良臣。"当时史黯在旁侍奉，说："用这样的良臣干什么？"赵简子说："良臣，当然是人人盼之，这有什么可问的呢？"史黯对答说："下臣我认为他们并不是良臣。事奉君主的人，劝谏过失而鼓励善行，进献好的而废弃坏的，尽心尽力引进贤良，选择有才能的人加以推荐，时时讲善成恶败的事以供采纳。用文德来引导，用正道来指导言行，用心力来辛勤事奉，用死来捍卫。君主能听纳就在朝任事，不能听纳就辞官隐去。当今范吉射、中行寅的臣子并不能匡正辅佐他们的君主，结果遭到祸难；当君主逃到国外，又不能安心随从，反而将自己的君主抛弃，这算什么良臣的做法？如果他们不抛弃他们原来的君主，那么大夫你又如何得到他们呢？如果真是范吉射、中行寅的良臣，就该辛勤地为他们自己的君主经营谋划，使他们的君主在国外重新获得爵位而立身于世，鞠躬尽瘁，死而后已，若这样哪天能来这儿？如果来投奔，就绝对不是什么良臣了。"赵简子说："讲得好。我的话确实错了。"

赵简子问贤于壮驰兹

赵简子问于壮驰兹曰①："东方之士孰为愈②？"壮驰兹拜曰："敢贺！"简子曰："未应吾问，何贺？"对曰："臣闻之：国家之将兴也，君子自以为不足；其亡也，若有余。今主任晋国之政而问及小人③，又求贤人，吾是以贺。"

【注释】

①壮驰兹：晋大夫，吴国人。②东方：指吴越一带，在晋国的东边。愈：贤德。③任：执掌。

【译文】

赵简子问壮驰兹说："东方的人士谁最有贤德？"壮驰兹下拜说："祝贺您！"赵简子说："还没回答我的提问，就开始祝贺我什么？"壮驰兹回答说："我听说：国家将要兴盛，君子自以为还有不足之处；国家将要灭亡，君子便自以为很了不起。现在主上您控制晋国的国政而问贤能及于我这样的小人，还想访求贤能之人说明国家定要兴盛，我因此祝贺您。"

智果论智宗必灭

智宣子将以瑶为后①，智果曰②："不如宵也③。"宣子曰："宵也很④。"对曰："宵之很在面，瑶之很在心。心很败国，面很不害。瑶之贤于人者五，其不逮者一也⑤。美鬓长大则贤，射御足力则贤，伎艺毕给则贤⑥，巧文辩惠则贤⑦，强毅果敢则贤。如是而甚不仁。以其五贤陵人，而以不仁行之，其谁能待之⑧？若果立瑶也，智宗必灭。"弗听。

智果别族于太史为辅氏⑨。及智氏之亡也，唯辅果在。

【注释】

①智宣子：晋国的卿。瑶：智瑶，智宣子的儿子。②智果：晋国的大夫，与智宣子为同族。③宵：智宵，智宣子的庶子。④很（hěn）：残忍。⑤逮：及，赶上。⑥伎：通技。⑦巧文：巧于文辞。惠：通慧。⑧待：对待，此指宽容对待。⑨太史：官职名，掌管修史撰文、天文历法，而姓氏谱系也归其管。

【译文】

智宣子要立智瑶为继承人，智果说："智瑶不如智宵。"智宣子说："智宵有些过于凶狠了。"智果回答说："智宵的凶狠表现在外面，智瑶的凶狠却表现于内心。内心凶狠会败坏国家，而外面凶狠没什么大碍。智瑶与别人相比有五条长处，不及别人的也有一条。鬓发美观身材高大就是长处，射箭驾车力气充足就是长处，各种技艺样样精通就是长处，巧于文辞善辩聪慧是长处，刚毅果断而有主见就是长处。他有这些长处但为人十分不仁。用这五条长处欺凌别人，并将不仁用于行动，有谁能容纳他？如果一定要立智瑶为继承人，智氏宗族将必然灭亡。"然而智宣子却没有听从。

智果便到太史那里办理了和智氏分族登记而改姓了辅氏。等到智氏被灭族时，只有辅果一支被保全下来。

智襄子室美而亡

智襄子为室美①，士茁夕焉②。智伯曰："室美夫！"对曰："美则美矣，抑臣亦有惧也③。"智伯曰："何惧？"对曰："臣以秉笔事君④。志有之曰：'高山峻原，不生草木。松柏之地，其土不肥。'今土木胜，臣惧其不安人也。"室成，三年而智氏亡⑤。

【注释】

①为室美：修建华美宫室。②士茁：智伯的家臣。③惧：担心，害怕。④秉笔：执笔，指主管记事的人。⑤三年而智氏亡：指赵、韩、魏三家共灭智伯，瓜分了智氏的土地。

【译文】

智襄子修建华美的宫室，士茁晚上去见智襄子。智襄子问："这座宫室很壮观吧！"士茁回

答说:"华美是华美,但下臣我也感到有些担忧。"智襄子问:"担忧什么?"士茁回答说:"下臣我是靠写文章记事侍奉君上您。古书上有句话说:'高山峻岭上,不生长草木。松树柏树下,土质不肥沃。'如今大兴土木而建造华美的宫室,我担忧它不会让人安宁。"宫室修成了,三年后智氏便真的灭亡了。

晋阳之围

晋阳之围,张谈曰①:"先主为重器也②,为国家之难也,盍姑无爱宝于诸侯乎?"襄子曰:"吾无使也。"张谈曰:"地也可③。"襄子曰:"吾不幸有疾,不夷于先子④,不德而贿。夫地也求饮吾欲⑤,是养吾疾而干吾禄也⑥。吾不与皆毙。"

襄子出,曰:"吾何走乎?"从者曰:"长子近⑦,且城厚完。"襄子曰:"民罢力以完之⑧,又毙死以守之,其谁与我?"从者曰:"邯郸之仓库实。"襄子曰:"浚民之膏泽以实之⑨,又因而杀之,其谁与我?其晋阳乎!先主之所属也⑩,尹铎之所宽也,民必和矣。"乃走晋阳。

晋师围而灌之⑪,沉灶产蛙⑫,民无叛意。

【注释】

①张谈:赵襄子的家臣,也称孟谈。②重器:圭、璧、钟、鼎一类的传家宝器。③地:赵襄子的一家臣。④先子:不夷:不平,即不能赶上。夷,平。指赵襄子的父亲赵简子。⑤饮:饮食。欲:欲望。⑥养:增长,助长。⑦长子:晋国城邑。⑧罢(pí):通疲。⑨浚(jùn):榨取。膏泽:家产,财富。⑩先主:指赵襄子的父亲赵简子。属:同嘱。⑪晋师:指智襄子、韩康子、魏桓子三家的军队。⑫沉:淹没。

【译文】

赵襄子被围困晋在阳之前,张谈说:"先帝置了各种宝器,就是为了解救国家危难的,何不暂且不要吝惜宝器而送给诸侯以救援助呢?"赵襄子说:"我没有合适的使者。"张谈说:"地这个人是可以胜任。"赵襄子说:"可不幸的是我德行上有缺失,赶不上先人的威望,不能修德反而拿财贿去求助于人。地这个人只求得满足我的欲望,所以无非助长了我的毛病并获得我的俸禄。我不能同他一起去死。"

赵襄子准备出逃,问身边的人:"我应逃往何方呢?"随从说:"长子路近,而且城墙也非常高厚完整。"赵襄子说:"百姓竭尽全力修筑好它,现在我又要百姓拼死来守卫它,谁还肯和我一心而出力呢?"随从说:"邯郸的仓库很充实。"赵襄子说:"那是刮取百姓家产充实起来的,现在又要让那里百姓有性命之忧,谁还肯和我一心而出力呢?还是去晋阳吧!那是先主嘱咐过的,有尹铎治理时所施行宽政的雄厚基础,百姓会与我们齐心协力的。"于是逃到晋阳。

晋军将晋阳包围并开始决水灌城,炉灶都淹在水里生出虾蟆,但百姓却毫无背叛的意图。

楚　语

申叔时论傅太子之道

庄王使士亹傅太子箴①，辞曰："臣不才，无能益焉。"王曰："赖子之善善之也②。"对曰："夫善在太子。太子欲善，善人将至；若不欲善，善则不用。故尧有丹朱③，舜有商均④，启有五观⑤，汤有太甲⑥，文王有管、蔡⑦。是五王者，皆有元德也，而有奸子。夫岂不欲其善，不能故也。若民烦⑧，可教训。蛮、夷、戎、狄，其不宾也久矣⑨，中国所不能用也。"王卒使傅之。

问于申叔时⑩，叔时曰："教之春秋⑪，而为之耸善而抑恶焉⑫，以戒劝其心；教之世⑬，而为之昭明德而废幽昏焉，以休惧其动；教之诗，而为之导广显德，以耀明其志；教之礼⑭，使知上下之则；教之乐⑮，以疏其秽而镇其浮⑯；教之令，使访物官⑰；教之语⑱，使明其德，而知先王之务用明德于民也；教之故志⑲，使知废兴者而戒惧焉；教之训典⑳，使知族类㉑，行比义焉戍㉒。若是而不从，动而不悛㉓，则文咏物以行之㉔，求贤良以翼之。悛而不摄㉕，则身勤之，多训典刑以纳之，务慎惇笃以固之。摄而不彻，则明施舍以导之忠，明久长以导之信，明度量以导之义，明等级以导之礼，明恭俭以导之孝，明敬戒以导之事，明慈爱以导之仁，明昭利以导之文㉖，明除害以导之武，明精意以导之罚，明正德以导之赏，明齐肃以耀之临㉗。若是而不济，不可为也㉘。且夫诵诗以辅相之，威仪以先后之㉙，体貌以左右之，明行以宣翼之㉚，制节义以动行之，恭敬以临监之，勤勉以劝之，孝顺以纳之，忠信以发之，德音以扬之，教备而不从者，非人也。其可兴乎㉛！夫子践位则退㉜，自退则敬，否则赧㉝。"

【注释】

①庄王：即楚庄王，楚国国君。士亹（wěi）：楚国的大夫。太子箴（zēn）：楚庄王的儿子，名叫箴，后来即位为楚恭王，亦作楚共王。②善善：第一个"善"是名词，指品德美好；第二个"善"用作动词，使……为善。③丹朱：唐尧之子，封于丹水，今江南省内分县。④商均：舜不肖子，封于商，今陕西商县。⑤五观：又作"武观"。⑥太甲：商朝开国国王商汤王的孙子，为国王时不遵商汤王的法度，因而被放逐。⑦管、蔡：即周文王的儿子、周武王的弟弟管叔姬鲜和蔡叔姬度，也是周公姬旦的兄长。周武王逝世，其子周成王年幼，周公便代理国政，引起管叔鲜和蔡叔度的不满，于是联合商纣王的儿子武庚一同叛乱，后被周公平定。⑧民烦：愚顽荒乱。民通泯。烦，乱。⑨宾：服从，归顺。⑩申叔时：楚国的大夫，很贤明。⑪春秋：此为史书代称。⑫耸：鼓励。抑：遏止，贬抑。⑬世：指先王的世系谱牒。⑭礼：记述礼仪规则及法制习俗的书籍。⑮乐：记述音乐理论和演奏规则，歌舞形式的古书。⑯疏：清除，洗涤。秽（huì）：污浊，肮脏。镇：压。这里是抑制的意思。⑰访：寻求。这里是探讨而知道的意思。⑱语：指治国的名言警句。⑲故志：指载有过去时代兴衰成败的书。⑳训典：指所谓上古贤明之君五帝的书。㉑族类：同宗亲族。㉒比：接近。这里是合乎、符合的意思。㉓悛（quān）：改过。㉔咏物：这里指用事物做比喻以讽劝。㉕摄：收敛。这里是稳固、牢靠的意思。㉖昭利：即明利，谓利于人并及于物。㉗齐：专心一致。

肃：恭敬严肃。临：临事处断。㉓为：这里指做师傅之事。㉔威仪：随从，仪仗。先后：进退左右。㉚宣翼：宣在这里是周遍的意思。宣翼，即谓无微不至地维护辅导。㉛其：岂。兴：举。这里是成就、造就的意思。㉜夫子：先生，对人之尊称。㉝赧（nǎn）：忧惧。

【译文】

庄王让士亹辅导太子箴，士亹婉言谢绝说："下臣没有才能，不能对太子有什么教益。"庄王说："您的美德可以使他为善。"士亹对答说："为善在于自身。太子想要为善，品德美好的人就会到来；如果不准备为善，言语并没有什么用处。所以唐尧有丹朱，虞舜有商均，夏启王有五观，商汤王有太甲，周文王有管叔、蔡叔。这五位君王，全都是品德高尚，却又有奸邪的子孙。哪是不想要他们为善，而是做不到的缘故。如果百姓乱了，可以教育训导。蛮族人、夷族人、戎族人、狄族人，他们不服从已经很久了，中原各国不能有所使用。"庄王最终还是让士亹辅导太子。

士亹向申叔时询问教育方法，申叔时说："辅导他读各国史书，从而使他懂得奖善而抑恶，用来劝勉或告诫他的心思；教他读世系谱牒，以此使他知道显扬明德而废弃昏庸，用来鼓励或约束他的行为；教他读诗歌，从而对他宣扬先王美德，用来指引他的志向；教他学习礼仪，使他知道上下尊卑的礼数；教他学音乐，用来清除他的俗气而控制他的轻浮；教他学法令，使他探知百官事务；教他读前代的治国格言，使他能将美德发扬，从而使他知道先王是务必使用美德对待百姓的；教他读前代历史典籍，使他知道衰败与兴盛的事情而有所警惕；教他读圣明之王的训示，使他明白宗族的繁荣衍进，而行为举动符合道义。如果这样却不听从，行动错误却不改正，那就用文辞托物做比喻来使他有所领悟，寻求贤人良士来辅佐他。有所改正却还不够稳固，那就用自身勤劳来打动他，多用法规来训导而使他接受，务必谨慎地巩固他的淳厚诚实品格。有所稳固却还不够通达，那就用讲明施舍利人的道理来开导他施行忠恕，讲明长治久安之理来开导他施行信义，讲明度量适合之理来开导他举止得当，讲明等级高下之理来开导他遵循礼仪，讲明谦恭勤俭的道理来开导他孝敬长辈，讲明恭敬警戒的道理来使他处事不败，讲明慈爱的道理来开导他懂得仁德，说明利人利物的道理来开导他要有文德，讲明除去暴乱的道理来开导他要有武德，讲明精心一意的道理来引导他审慎处罚，讲明正直不偏的道理来开导他审慎奖赏，讲明专一严格的道理来开导他做事光明。磊落如这样却不能成功，就不可为其师傅了。用吟诵诗歌来辅助他，用威严仪态来调教他，用接人处事来影响他，用自身行为来维护他，制定节义约束他，恭恭敬敬地监督他，勤勤恳恳地勉励他，孝敬温顺地接待他，真心诚意地启发他，和风细语地表扬他，教导备至却不听从的，不成其为人了。哪能造就呀！太子即位为王而您就引退，自动引退就会受到尊敬，不然的话就会产生忧惧。"

蔡声子论楚材晋用

椒举娶于申公子牟①，子牟有罪而亡，康王以为椒举遣之②，椒举奔郑，将遂奔晋。

蔡声子将如晋③，遇之于郑，飨之以璧侑④，曰："子尚良食，二先子其皆相子⑤，尚能事晋君以为诸侯主⑥。"辞曰："非所愿也。若得归骨于楚，死且不朽。"声子曰："子尚良食，吾归子。"椒举降三拜，纳其乘马，声子受之。

还见令尹子木⑦，子木与之语，曰："子虽兄弟于晋⑧，然蔡吾甥也⑨，二国孰贤？"对曰："晋卿不若楚⑩，其大夫则贤，其大夫皆卿材也。若杞梓、皮革焉⑪，楚实遗之，虽楚有材，不能用也。"子木曰："彼有公族甥、舅，若之何其遗之材也？"对曰："昔令尹子元之难⑫，或谮王孙启于成王⑬，王弗是，王孙启奔晋，晋人用之。及城濮之役⑭，晋将遁矣⑮，王孙启与于军事，谓先轸曰：'是师也，唯子玉欲之⑯，与王心违，故唯东宫与西广实来⑰。诸侯之从者，叛者半矣，若敖氏离矣⑱，楚师必败，何故去之！'先轸从之⑲，大败楚师，则王孙启之为也。昔庄王方弱，申公子仪父为师⑳，王子燮为傅㉑，使师崇、子孔帅师以伐舒㉒。燮及仪父施二帅而分其室㉓。师还至，则以王如庐㉔，庐戢黎杀二子而复王㉕。或谮析公臣于王㉖，王弗是，析公奔晋，晋人用之。实谮败楚，使不规东夏，则析公之为也。昔雍子之父兄谮雍子于恭王㉗，王弗是，雍子奔晋，晋人用之。及鄢之役，晋将遁矣，雍子与于军事，谓栾书曰㉘：'楚师可料也，在中军王族而已㉙。若易中下㉚，楚必歆之。若合而臽吾中㉛，吾上下必败其左右，则三萃以攻其王族㉜，必大败之。'栾书从之，大败楚师，王亲面伤㉝，则雍子之为也。昔陈公子夏为御叔娶于郑穆公㉞，生子南㉟。子南之母乱陈而亡之㊱，使子南戮于诸侯。庄王既以夏氏之室赐申公巫臣㊲，则又畀之子反㊳，卒与襄老㊴。襄老死于邲㊵，二子争之㊶，未有成。恭王使巫臣聘于齐，以夏姬行，遂奔晋。晋人用之，实通吴、晋。使其子狐庸行人于吴㊷，而教之射御，导之伐楚。至于今为患，则申公巫臣之为也。今椒举娶于子牟，子牟得罪而亡，执政弗是，谓椒举曰：'女实遣之。'彼惧而奔郑，缅然引领南望㊸，曰：'庶几赦吾罪。'又不图也，乃遂奔晋，晋人又用之矣。彼若谋楚，其亦必有丰败也哉。"

子木愀然㊹，曰："夫子何如，召之其来乎？"对曰："亡人得生，又何不来为？"子木曰："不来，则若之何？"对曰："夫子不居矣，春秋相事㊺，以还轸于诸侯㊻。若资东阳之盗使杀之㊼，其可乎？不然，不来矣。"子木曰："不可。我为楚卿，而赂盗以贼一夫于晋㊽，非义也。子为我召之，吾倍其室。"乃使椒鸣召其父而复之㊾。

【注释】

①椒举：楚公族斗越椒之后，越叔生伍参，伍参之子举以祖父字"椒"为氏，又以"伍"为氏。椒举生伍奢，奢生员（子胥）。申公子牟：申，楚文王所灭，址在今河南南阳市。子牟：楚公族王子牟。②康王：即楚康王，楚恭王的儿子。③蔡声子：即公孙归生，字叫子家，是蔡国的大夫。如：往，去。这里指出使别国。④侑（yòu）：劝食，陪侍进食。⑤二先子：指伍举的父亲伍参和蔡声子的父亲子朝，二人曾是好友。相（xiàng）：辅助。⑥晋君：这里指晋平公。主：盟主。⑦子木：即前文中的屈建。⑧兄弟于晋：指蔡国和晋国的君都姓姬，祖先同宗。⑨蔡：晋同姓国。⑩晋卿：当时晋卿为赵武。⑪杞（qǐ）梓（zǐ）：即杞和梓，是两种美好的木材，故常用来比喻优秀的人才。皮革：指产在南方的犀、兕的皮，是制作士兵护身甲胄的上等材料。⑫子元：即王子善，是楚武王的儿子，楚文王的弟弟，曾想引诱楚文王的夫人，入王宫时被捉住，申公斗班杀了他。⑬谮（zèn）：说人坏话。王孙启：子元的儿子。成王：即楚成王，楚文王的儿子。⑭城濮之役：发生于公元前632年。⑮遁：逃。⑯子玉：即成得臣，字叫子玉，楚国的令尹，在城濮之战中担任楚军主帅。⑰东宫：这里指楚国太子的卫队。西广（guàng）：在楚军的编制中，战车十五辆为一广，而分为左广和右广，即东广和西广。⑱若敖氏：指子玉家族中的其他人。⑲先轸：城濮之战晋师中军之帅。⑳申公子仪：申公斗班的儿子，即任楚国大司马的斗克，字叫子仪。父：古

时对男子的尊称。㉑王子燮（xiè）：楚国的贵族公子。㉒师崇：即任楚国太师的潘崇。子孔：即任楚国令尹的成嘉，字叫子孔。舒：国名，国君姓偃，传说是上古帝王少昊的后代，有舒庸、舒鸠、舒蓼等，称为群舒。㉓二帅：指潘崇和子孔。室：这里指家室资产。㉔庐：楚国邑名。㉕戢（jí）黎：庐邑的大夫，即地方长官。二子：指子仪和公子燮。㉖析公臣：楚国的大夫。㉗雍子：楚国的大夫。父兄：这里泛指与雍之为同一宗族中的长辈。㉘栾书：晋国的正卿，在鄢陵之战中任晋军的主帅。㉙中军王族：指在楚军的中军里担任护卫楚王的亲兵，他们与楚王为同姓宗族。㉚易中下：指晋军变换中军与下军的作战位置。㉛卣（xiàn）：陷入。中：指晋军的中军。㉜三：指晋军的上军、下军及新军。㉝王：指楚恭王。面伤：指在这次战役中，楚恭王被晋军将领吕锜射伤眼睛的事。㉞陈：指陈国。公子夏：陈宣公的儿子。御叔：公子夏的儿子。郑穆公：郑国的国君。㉟子南：即夏徵舒，字叫子南，是御叔的儿子。㊱子南之母：即郑穆公的女儿，御叔的夫人夏姬。她在丈夫死后，与陈灵公君臣多人通奸，子南羞愤而杀死陈灵公，招致楚庄王出兵攻打陈国，并杀死他。㊲申公巫臣：即屈巫，字叫子灵，因曾任楚国申县尹，故称申公。楚国的大夫。㊳畀（bì）：给予，付与。子反：即公子侧，字叫子反。楚国的司马。㊴襄老：楚国连邑的地方长官。㊵邲（bì）：春秋时郑国的一个地名。这里指晋国与楚国的邲之战。㊶二子：指巫臣和子反。㊷狐庸：巫臣的儿子。行人：春秋时官名，掌管朝觐聘问，即国家的外交事务。㊸缅然：想念的样子。这里是留恋不忍离去的意思。㊹愀（qiǎo）然：脸色变动，凄愁的样子。㊺春秋：这里代指一年四季。㊻轸（zhěn）：车箱底部四面的横木。这里用作车子的代称。㊼东阳：楚国北部边境上的邑地。㊽贼：杀害。㊾椒鸣：椒举的儿子。

【译文】

椒举娶的是申公子牟的女儿，子牟有罪而逃亡，康王认为是椒举送走了他，椒举就逃到郑国，打算随后逃亡到晋国。

蔡声子将要出使晋国，在郑国碰到椒举，用璧玉劝说他进食，说："您好好吃饭，两位先父的在天之灵都会帮助您的，还可以侍奉晋国君主成为诸侯的盟主。"椒举推辞说："那不是我所希望的。假设能够使我的尸骨返归楚国，死后也将不朽的。"蔡声子说："您努力好好吃饭，我一定会送您回楚国。"椒举下堂连连拜谢，献上自己的车马，蔡声子接受了。

蔡声子返回后拜见令尹子木，子木和他谈话，说："您虽然与晋国是同姓兄弟，但是蔡国君主却是我国的外甥，这两个国家的君臣相比谁更好？"蔡声子对答说："晋国的卿不如楚国的好，晋国的大夫却是贤明的，那些大夫都是能做卿的人材。好比杞木梓木、犀皮兕革这些东西，的确是楚国送去的，即使楚国有好材料，也没有办法使用。"子木说："晋国有的是公族和甥、舅等亲戚，为什么说是将人才送给他们呢？"蔡声子对答说："从前的令尹子元在遇难时，有向成王说王孙启的坏话，成王不能审理，王孙启就逃到晋国，晋国人却重用了他。等到城濮的战役之时，晋军即将退走了，而王孙启参预这次军事，对先轸说：'这次的出兵，只有子玉想要交战，与楚王之意相违背，所以只有东宫与西广之军实际前来。诸侯之军随从的，背叛他的已达过半了，如果敖氏也离开他了，楚军一定会失败，为什么要撤离啊！'先轸听从了他的意见，打得楚军大败，就是王孙启的事。从前的庄王正当年少时继位，申公子仪为太师，王子燮为师傅，命令潘崇、子孔率军去攻打舒国。王子燮和子仪陷害潘崇、子孔而瓜分了他们的家产。潘崇、子孔率军回到楚国，而王子燮和子仪带着庄王去了庐邑，庐邑长官戢黎杀了王子燮、子仪后将庄王送回。有人向庄王陷害析公臣，庄王不能审理，析公臣逃到晋国，晋国人却任用了他。实在是谗言害了楚国，使得楚国不能够占有东夏，就是析公臣做的事。从前雍子的父兄向恭王说雍子的坏话，恭王不能明辨是非，雍子逃到晋国，晋国人任用了他。等到了鄢陵的战役时，晋军即将撤离，而雍子参预这次军事，对栾书说：'楚军可以预料，主力只在中军的楚王卫队罢了。如果我军将中军与下军部置交换，而楚军一定是贪图便宜而对付下军的。假如楚军主力来交战而碰上的正是我军的中军，我军的上军、下军一定打败楚军的左军、右军，那么我军的上军、下军和新军联合起来再进攻楚军的楚王卫队，必然打得楚军大败。'栾书同意了，把楚军打得大败，恭王也被伤了面目，就是雍子做的事。过去陈国的公子夏为御叔娶了郑穆公的女儿，生子南。子南的母亲夏姬与陈国君臣淫乱使陈灭亡，又使得子南被诸侯杀死。庄王先把夏姬赐给申公巫臣，却又赏给子反，最终给了襄老。襄老死在邲之战役中，巫臣和子反争夺夏姬，没能确定下来。恭王派巫臣使齐，带夏姬逃至晋国。晋人任用巫臣，沟通了吴、晋的交往。巫臣让儿子狐庸任吴行人这一官职，且教吴人射箭、驾车，引导吴军进攻楚国。直到现在还是祸患。如今椒举娶子牟的女儿，子牟得罪而逃亡，执政大臣不能正确处理，对椒举说：'其实是你送走了他。'椒举畏惧逃到郑，十分留恋地伸长脖子望着南方，说：'希望赦免我的罪过。'再不考虑这事，他就会随时逃向晋国，那时晋人要任用他了。他如果谋取楚，那必然再次让楚大败。"

子木愁虑，说："对椒举怎么办，能将他召回来吗？"蔡声子说："逃亡的人有了活路，又为什么不回来？"子木说："不回来，又将怎么做？"蔡声子对答说："椒举不在楚国了，一年到头不断地有事要做，因此乘车来往于诸侯之间。若收买东阳的盗贼刺杀他，可以吗？若不这样，他不会回来。"子木说："不行。我是楚卿，却贿赂盗贼在晋国杀人，这是不义。您替我召回他，我加倍给他家产。"于是派椒鸣召回他的父亲恢复了他的官职。

观射父论绝地天通

昭王问于观射父[①]，曰："《周书》所谓重、[②]黎实使天地不通者，何也？若无然，民将能登天乎？"

对曰："非此之谓也。古者民神不杂[③]。民之精爽不携贰者[④]，而又能齐肃衷正，其智能上下比义，其圣能光远宣朗，其明能光照之，其聪能听彻之，如是则明神降之，在男曰觋[⑤]，在女曰巫[⑥]。是使制神之处位次主[⑦]，而为之牲器时服，而后使先圣之后之有光烈，而能知山川之号、高祖之主、宗庙之事、昭穆[⑧]之世、齐敬之勤、礼节之宜、威仪之则、容貌之崇、忠信之质、禋洁[⑨]之服，而敬恭明神者，以为之祝[⑩]。使名姓之后，能知四时之生、牺牲之物、玉帛之类、采服之仪、彝器[⑪]之量、次主之度、屏摄之位[⑫]、坛场之所、上下之神、氏姓之出，而心率旧典者为之宗[⑬]。于是乎有天地神民类物之官[⑭]，是谓五官，各司其序，不相乱也。民是以能有忠信，神是以能有明德[⑮]，民神异业，敬而不渎[⑯]，故神降之嘉生[⑰]，民以物享，祸灾不至，求用不匮。及少皞之衰也[⑱]，九黎乱德[⑲]，民神杂糅，不可方物[⑳]。夫人作享，家为巫史[㉑]，无有要质[㉒]。民匮于祀，而不知其福，烝享无度，民神同位。民渎齐盟，无有严威。神狎民则[㉓]，不蠲其为[㉔]。嘉生[㉕]不降，无物以享。祸灾荐臻[㉖]，莫尽其气。颛顼受之[㉗]，乃命南正重司天以属神[㉘]，命北正黎司地以属民[㉙]，使复旧常，无相侵渎，是谓绝地天通。其后，三苗复九黎之德[㉚]，尧复育重、黎之后[㉛]，不忘旧者，使复典之。以至于夏、商，故重、黎氏世叙天地，而别其分主者也。其在周，程伯休父其后也[㉜]，当宣王

时^③，失其官守^{③④}，而为司马氏。宠神其祖，以取威于民，曰：'重实上天，黎实下地。'遭世之乱^{③⑤}，而莫之能御也^{③⑥}。不然，夫天地成而不变，何比之有^{③⑦}？"

【注释】

①昭王：楚昭王，名熊轸。观射文：楚国大夫。②重、黎：相传是颛顼时主管天寺的二位大臣。③民神不杂：指主管人的官和主管神的官不相混杂。④携贰：怀有二心。⑤觋（xí）：男性巫师。⑥巫：女性巫师。⑦位：指祭祀神位。次主：指尊卑先后。⑧昭、穆：宗庙或墓地的排列次序，左为昭，右为穆，父为昭子为穆。⑨禋（yīn）洁：洁净的祭祀。⑩祝：太祝，即在祭祀时祝告鬼神的人。⑪彝器：青铜制的祭器。⑫屏摄之位：表明尊卑的祭祀的位置。⑬率：通帅。遵循。宗：宗伯，即主管祭祀礼仪的官员。⑭类物：指所设立的与物相类的官，如掌管车马服饰及匠作工艺之类的官职。⑮明德：指降福祥而不降灾祸。⑯渎（dú）：亵渎，轻慢。⑰嘉生：生长茂盛的谷物，古人认为是吉瑞的象征。⑱少皞（hào）：传说是上古帝王黄帝的儿子，号金天氏。⑲九黎：传说中的远古时南方的一个部族。⑳物：这里指名物，即名号物色。㉑享：祭祀。巫史：即巫祝，主持祭祀祈祷的人。㉒要（yāo）质：约束，要约。㉓狎（xiá）：习惯。㉔蠲（juān）：通涓。清洁。㉕嘉生：生长茂盛的谷物。㉖荐（jiàn）：通洊。屡次，接连。臻（zhēn）：至，到来。㉗颛（zhuān）顼（xū）：传说是上古帝王黄帝的孙子，号高阳氏。㉘南：指阳位。正：长官。属（zhǔ）：合。㉙北：指阴位。㉚三苗：传说中的远古部族九黎人的后代。㉛尧：传说中的上古帝王。㉜程伯：即程国伯。伯是爵位名。休父：人名。㉝宣王：即周宣王，西周国王。㉞官守：居官守职。㉟乱：这里指周幽王、周平王以后的乱世。㊱御：抵挡，阻挡。这里指阻止住上面所造出的有关重、黎神威的舆论、说法。㊲比：接近，靠近。这里指天地互相接近而使人们能登天。

【译文】

昭王向观射父提问，道："《周书》上所说的重、黎使天与地不相通，这是什么原因呢？如果不是这样，人们将能登上天吗？"

观射父对答说："不是说的这个意思。古时候的民与神不相混杂。人们当中有精明专一的，并且又能恭敬中正，他们的智慧能合宜于天上和地下，他们的圣明能照耀远方，他的目力能像光亮般洞察，他的耳力能像听音般通达，这样一来就使神明降临在他们身上，男的叫做觋，女的叫做巫，这样便让他们制定神的居处祭位先后顺序，而且规定祭品礼器季节服色，然后让先圣的后人中有功德的，而且能知道山川的名位、祖庙的神主、宗庙的事务、昭穆的次序、庄敬的勤勉、礼节的适宜、威仪的规则、容貌的修饰、忠实的诚心、整洁的祭服，又对神明恭恭敬敬的，让他们当太祝。使旧族的后代，能知道四季的作物、牺牲的牲畜、玉帛的种类、采服的礼仪、彝器的大小、尊卑的先后、祭祀的位置、坛场的地方、天上地下的神灵、氏族宗姓的出处，而且衷心遵循旧典制的人担任宗伯。于是有主管天地神人类物的官，这叫做五官，各司其职，不相互混杂。人因此而能有忠信，神因此而能有明德，人与神不共处，恭敬而不轻慢，所以神降下生长茂盛的谷物，人用物品祭神，灾祸不到，费用不缺。待到少皞衰落时，九黎破坏德政，人与神交错混乱，不能区别名物。人人举行祭祀，家家自作巫史，约束全无。人们因祭祀而贫乏，却未获得神明降福。进献祭品没有法度，人与神在同一地位。人们轻慢地对神盟誓，也就失去了对神的敬畏。神习惯了人们的作法，不讲求洁净的祭祀。神不降下生长茂盛的谷物，没有物品用来进献祭祀。灾祸接踵而来，神与人都缺了生机。颛顼承受这些后，就命令南正重管天而会合神，命令北正黎管地而会合人，便将旧有常规恢复，不相互侵犯亵渎，这就是所说的断绝地上之人与天上之神的相通。这之后，三苗又行九黎的凶德，帝尧又培育重、黎的后代，其中有不忘祖先事业的，就使他再管天地。这样一直到了夏朝、商朝，所以重氏、黎氏世代管天地，并且辨别神与人的祭位尊卑。这在周朝，程伯休父是他们的后代，正值宣王之时，失去那管天地的官职，而成为司马氏。休父的后代尊敬神化他的祖先，由此在民众中获取威势，说：'重确实上抬天，黎确实下压地。'遇到乱世，就没有人能够阻止了。不然的话，那天地形成后不再改变，还怎么能有天与地接近的事？"

王孙圉论楚国之宝

　　王孙圉聘于晋①，定公飨之②，赵简子鸣玉以相③，问于王孙圉曰："楚之白珩犹在乎④？"对曰："然。"简子曰："其为宝也，几何矣⑤？"曰："未尝为宝。楚之所宝者，曰观射父，能作训辞⑥，以行事于诸侯⑦，使无以寡君为口实。又有左史倚相，能道训典，以叙百物，以朝夕献善败于寡君，使寡君无忘先王之业；又能上下说于鬼神，顺道其欲恶⑧，使神无有怨痛于楚国。又有薮曰云连徒洲⑨，金、木、竹、箭之所生也⑩。龟、珠、角、齿、皮、革、羽、毛⑪，所以备赋⑫，以戒不虞者也。所以共币帛⑬，以宾享于诸侯者也。若诸侯之好币具⑭，而导之以训辞，有不虞之备，而皇神相之，寡君其可以免罪于诸侯，而国民保焉。此楚国之宝也。若夫白珩，先王之玩也，何宝之焉？圉闻国之宝六而已。明王圣人能制议百物，以辅相国家，则宝之；玉足以庇荫嘉谷⑮，使无水旱之灾，则宝之；龟足以宪臧否⑯，则宝之；珠足以御火灾，则宝之；金足以御兵乱⑰，则宝之；山林薮泽足以备财用，则宝之。若夫哗嚣之美，楚虽蛮夷，不能宝也。"

【注释】

　　①王孙圉（yǔ）：楚国的大夫。②定公：即晋定公，春秋时晋国的国君。③赵简子：即赵鞅，字叫简子，晋国的正卿。相：指作为接待宾客而赞礼的傧相。④珩（héng）：系在玉佩上部的横玉，形状略似磬而小点。⑤其为宝也，几何矣：国王孙圉腰间未系玉佩，故赵简子讥楚以白珩为国宝，而不作衣饰。⑥训：通顺。⑦行：行人。⑧欲：上天所欲所望，指德政治民。⑨薮（sǒu）：湖泽的通称，也专指少水的沼泽地。这里指大湖泊。云连徒洲：楚国方言，即云梦泽，也称云土、云社。⑩箭：箭竹，一种细小的竹子，因坚硬而用来制作箭杆。⑪龟：龟甲用以卜断吉凶。珠：避御火灾。角：牛角。齿：象牙。皮：虎豹子皮。革：犀牛皮，可别甲胄。羽、毛：乌羽和牛毛牛尾。⑫赋：指兵赋。⑬共：同供。供给。⑭好：宴曾时的赠送、赐予。币：礼币。⑮玉：指祭祀用的璧玉。⑯臧（zāng）否（pǐ）：好坏，得失。⑰金：指制造兵器用的青铜。

【译文】

　　王孙圉访卫晋国，晋定公设宴招待，当时赵简子戴着叮咚作响的佩玉来陪同，问王孙圉说："楚国的白珩还在吗？"王孙圉对答说："还在。"赵简子说："它作为楚国的宝物，现在已有几代了？"王孙圉说："圉不曾作为宝物。楚国所宝贵的，叫做观射父，能说外交辞令，所以在诸侯国之间交往办事，才使外人无法拿我国君王作话柄。又有左史倚相，能说古代典籍，来处理各种事务，因此早晚在我国君王面前陈述成败得失，使我国君王不忘掉先王的业绩；又能得到上下鬼神的喜悦，顺应他们的爱好和厌恶，使鬼神对楚国无怨。又有大湖泊叫做云连徒

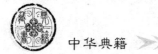

洲，出产金属、木材、竹子、箭竹。龟甲、水晶、兽角、象牙、虎豹皮、犀牛皮、鸟羽、旄牛尾，可以作为军事物资，用来预防突发的事件。还可以提供为礼物，用来当作礼品馈赠诸侯。如果诸侯喜欢而接受这些物品，再用外交辞令诱导，又有预防意外事件的准备，而且大神相助，我国君王就可以避免开罪诸侯，而国家万民安全了。这是楚国之宝。像那只白珩，不过是先王的玩赏之物而已，有什么可宝贵的？我王孙圉听说国家的宝物有六种而已。贤明的人士能制定评议各种制度，以此辅佐治理国家，就把他看作宝物；璧玉能够庇护谷物旺盛，使国家免遭水旱的灾害，就把它看作宝物；龟甲能够显示吉凶成败，就把它看作宝物；水晶能够防御火灾，就把它视为宝物；金属能够用来抵御兵乱，就把它看作宝物；山林湖泽能够储藏财物用品，就把它看作宝物。像那种发出喧哗闹声的美好佩玉，哪怕楚国是蛮夷之地，也不会把它看作宝物。"

鲁阳文子辞惠王所与梁

　　惠王以梁与鲁阳文子[1]，文子辞，曰："梁险而在境，惧子孙之有贰者也[2]。夫事君无憾，憾则惧逼[3]，逼则惧贰。夫盈而不逼，憾而不贰者，臣能自寿[4]，不知其他。纵臣而得全其首领以没，惧子孙之以梁之险，乏臣之祀也。"王曰："子之仁，不忘子孙，施及楚国[5]，敢不从子。"与之鲁阳[6]。

【注释】

　　①惠王：即楚惠王，楚昭王的儿子，生母是越国女子。鲁阳文子：也称鲁阳公，是楚平王的孙子，即前面曾提到的司马子期的儿子。②憾：怨恨。③贰：二心。④寿：保。⑤施：恩惠。⑥鲁阳：河南省鲁山县治。至战国时，前371年魏武侯攻楚，占领鲁阳。

【译文】

　　惠王把梁地封给鲁阳文子，遭到了鲁阳文子的拒绝，说："梁地险要又处在国境边上，担忧子孙中有二心的。事奉君王不能有怨恨，有怨恨就产生恐惧而威逼君上，威逼君上就产生恐惧而起了二心。得志而不威逼，怨恨却无二心，下臣我能自保，不知道子孙们能不能做得到。即使下臣我能保全自己的首领而死，还恐怕子孙依据梁地的险要生出二心而受到刑罚，从而断绝了下臣我的祭祀。"惠王说："您的仁爱，不但没有忘记子孙，又施给楚国，怎敢不依从您。"于是封给他鲁阳之地。

叶公子高杀白公胜而定王室

　　子西使人召王孙胜[1]，沈诸梁闻之[2]，见子西曰："闻子召王孙胜，信乎？"曰："然。"子高曰："将焉用之？"曰："吾闻之，胜直而刚，欲置之境[3]。"子高曰："不可。其为人也，展而不信[4]，爱而不仁，诈而不智，毅而不勇，直而不衷[5]，周而不淑[6]。复言而不谋身，展也；爱而不谋长，不仁也；以谋盖人，诈也；强忍犯义[7]，毅也；直而不顾，不衷也；周言弃德，不淑也。是六德者，皆有其华而不实者也，将焉用之。彼其父为戮于楚⑧，其心又狷而不洁⑨。若其狷也，不忘旧怨，而不以潔悛德⑩，思报怨而已。则其爱也足以得人，其展也足以复之，其诈也足以谋之，其直也足以帅之，其周也足以盖之，其不洁也足以行之，而加之以不仁，奉之以不义，蔑不克矣。夫造胜之怨者⑪，皆不在矣。若来而无宠，速其怒也。若其宠之，毅贪无厌，既能得人，而耀之以大利，不仁以长之，思旧怨以修其心，苟国有衅⑫，必不居矣。非子职之⑬，其谁乎？彼将思旧怨而欲大宠，动而得人，怨而有术⑭，若果用之，害可待也。余爱子与司马⑮，故不敢不言。"

　　子西曰："德其忘怨乎！余善之，夫乃其宁⑯。"子高曰："不然。吾闻之，唯仁者可好也，可恶也，可高也，可下也。好之不逼，恶之不怨，高之不骄，下之不惧。不仁者则不然。人好之则逼，恶之则怨，高之则骄，下之则惧。骄有欲焉，惧有恶焉，欲恶怨逼，所以生诈谋也。子将若何？若召而下之，将戚而惧；为之上者，将怒而怨。诈谋之心，无所靖矣。有一不义，犹败国家，今壹五六⑰，而必欲用之，不亦难乎？吾闻国家将败，必用奸人，而嗜其疾味，其子之谓乎？夫谁无疾眚⑱！能者早除之。旧怨灭宗，国之疾眚也，为之关籥蕃篱而远备闲之⑲，犹恐其至也，是之为日惕。若召而近之，死无日矣。人有言曰：'狼子野心，怨贼之人也。'其又何善乎？若子不我信，盍求若敖氏与子干、子皙之族而近之？安用胜也，其能几何？昔齐驹马繻以胡公入于具水⑳，邴歜、阎职戕懿公于囿竹㉑，晋长鱼矫杀三郤于榭㉒，鲁圉人荦杀子般于次，夫是谁之故也，非唯旧怨乎？是皆子之所闻也。人求多闻善败，以监戒也。今子闻而弃之，犹蒙耳也。吾语子何益，吾知逃也已。"

　　子西笑曰："子之尚胜也。"不从，遂使为白公㉓。子高以疾闲居于蔡。

　　及白公之乱㉔，子西、子期死。叶公闻之，曰："吾怨其弃吾言，而德其治楚国，楚国之能平均以复先王之业者，夫子也。以小怨置大德，吾不义也，将入杀之。"帅方城之外以入，杀白公而定王室，葬二子之族。

【注释】

　　①王孙胜：即白公胜，是楚平王的孙子。他父亲是楚平王的太子建，佞臣费无忌辅导太子建而不受宠信，于是在为太子建迎娶秦国美女时，极力建议楚平王自己纳娶了。还进谗言诬陷太子建谋反，太子建就逃到郑国，因与晋国人密谋袭击郑国，被郑国人杀了。于是，白公胜逃到吴国。后来，楚国令尹子西召他回国。因他在白邑为官，名叫胜，所以称作白公胜。又因是楚平王的嫡孙，所以，也称王孙胜。②沈诸梁：楚国的大夫，是楚庄王的曾孙，左司马沈尹戌的儿子。他的字叫子高，封地在叶（shè），故称叶公子高。③境：指处在楚国与吴国交界边境上的白邑。④展：似信非信。⑤衷：正，中正。⑥周：忠厚。淑：美、善。⑦狂义：段玉裁认为这两字是注文混入正文。⑧彼其：他的。⑨狷（juàn）：器量狭小而性情急躁。⑩悛：改正。德：德行。⑪造胜之怨者：即指诬陷白胜父亲太子建的费无忌。⑫衅：裂痕，破绽，时机。⑬职：承担。⑭术：策略。⑮司马：子期。⑯夫：指王孙胜。乃：就。⑰壹：专。五：指上述"速怒"、"无厌"、"耀利"、"不仁"、"思怨"。六：指上述所谓"六德"。⑱眚（shěng）：灾害，病患。⑲关籥（yuè）：门闩和锁钥。籥，同钥。闲：防御。⑳驹马繻：齐国的大夫。胡公：姜太公的后代胡公靖，在周夷王时为齐国君主。入于具水：胡公虐待驹马繻，而后来被驹马繻所杀，把尸体扔进具水。㉑邴（bǐng）歜（chù）、阎职：两人都是齐国的大夫。戕（qiāng）：杀害，残害。懿公：即齐懿公，是齐桓公的儿子。他在未作国君时，曾与邴歜的父亲争夺田地而失败。等他当了国君，就挖开邴歜父亲的坟墓而砍断其双

脚，让邴歜为自己驾车。又命令邴歜的仆人强娶阎职的妻子，让阎职陪自己坐车。后来，齐懿公到申池游玩时，被两人杀掉，把尸体丢在竹林里。㉒长鱼矫：晋国的大夫。三郤（xì）：指郤锜、郤至、郤犨，晋国大臣。郤犨曾与长鱼矫争夺田地，把他抓起来戴上刑具。后来，长鱼矫得宠于晋厉公，就说三郤的坏话而进行诬陷，结果被杀。㉓白公：楚国白邑的地方长官。楚国称县邑长官为公。㉔白公之乱：白公胜请求令尹子西讨伐郑国，为父亲太子建报仇。子西答应而要发兵时，晋国攻打郑国，于是，楚国反而去援救郑国并签订盟约。白公胜因此发动叛乱，杀死子西和子期。

【译文】

　　子西派人要去召回王孙胜，叶公子高得知了这事，拜见子西说："听说您要将王孙胜召回，这事确实吗？"子西说："是真的。"叶公子高说："准备怎样任用他？"子西说："我听别人说，王孙胜正直而刚强，所以打算安排在边境。"叶公子高说："不行。他的为人，看似诚实而不守信，表面博爱却不仁慈，权诈却不明智，坚忍却不勇敢，行为直率却并非发自内心，言谈周密却非出于善意。为实践诺言而不考虑自身利害，是诚实；表面博爱而不为人长远考虑，是非仁；使用计谋掩盖别人，是权诈；强硬狠心不顾道义，是坚忍；行为直率却不顾及隐讳，是表里不一；言谈周密而抛弃道德，是不怀好意。这六种品德，都具有着华而不实的因素，怎么能够任用他。他的父亲因楚国而被杀害，他的心胸又狭隘而不纯洁。假使他器量小，不忘记过去的怨仇，而且不用纯洁的心来改正品德的话，那么思考的就是报复怨仇罢了。这样一来，他的博爱也能够得到人心，他的诚实也能够得到报答，他的权诈也能够获得成功，他的行为直率也能够统帅众人，他的言谈周密也能够掩盖真心，他的不纯洁之心也能够支配行动，而且加上他的不仁，奉行他的不义，便无所不能。那些造成王孙胜怨仇的人，都不在了。如果召来却又不能宠信于他，是加速了愤怒。如果宠信他，坚持贪求不满足，既能得到人心，而且还用大利益向人显示，用不仁慈助长私欲，考虑过去的怨恨来培养报仇之心，一旦国家发生事变，他肯定不会安守本份。不是您承担责任，那还能是谁呢？他将想着过去的怨仇而要求很大的宠信，行动而得人心，报仇而有办法，如果真的重用他，祸害则将可以数着日子到来了。因为我敬爱您和司马，所以不敢不说。"

　　子西说："用德义来抚慰可以忘记怨仇吧！如果我好好对待他，是会安宁的。"叶公子高说："不会的。我听说，如果是仁德之人可待他好，可待他差，可待他地位高，也可待他地位低。待他好而不威逼上面，待他差而没有怨仇，待他高地位而不骄纵，待他低地位而不忧心。如果不是仁德之人就并非如此。别人待他好就威逼，待他差就怨恨，待他地位高就骄纵，如果待他地位低就忧心。骄横就会导致贪欲，忧心会产生憎恨，贪欲憎恨怨仇威逼，是产生狡诈权谋的原因。您预备怎么办？如果把他召来而待他低地位，他将不安而忧心；对在他上面的人，他就将恼怒而怨恨。狡诈权谋之心，无法停止了。有一种不义的品德，就能破坏国家，如今他一身同时具备五六种不义的品德，而您却一定要任用他，不也危险吗？我听说国家将要衰败，一定会任用奸人，而且喜欢吃致人得病的美味，大概说的是您吧？谁没有疾病灾祸！而贤能的人会早早就除掉它。过去的怨恨能将宗庙灭掉，是国家的灾祸，为此用关门上锁、围插篱笆似的办法来早早防备它，还恐怕它到来，所以要天天小心才行。如果召来后处在跟前，死期也就不远了。俗语说：'狼子野心，就是怀着怨恨毒心的人。'他又有什么好呢？如果您不相信我，何不寻求若敖氏和子干、子籲的家族中人选用他们来任职呢？哪里用得着王孙胜，他能安分多长时间？过去齐国的骖以马缨把胡公扔到具水里，邴歜、阎职把鲁懿公杀死在竹林中，晋国的长鱼矫在台榭上杀了三郤，鲁国的养马人牢在住所里将子般杀害，这是又什么缘故，不都是因为过去的怨恨吗？这都是您所知道的。人们寻求了众多知道好与坏的教训，用来对照提醒自己。如今您听到了却不采纳，还如同是蒙着耳朵。我对您讲没有好处，我知道只有逃走罢了。"

　　子西笑着说："您把王孙胜说得也太过分了。"子西没有听从叶公子高说的，就使王孙胜为白公。叶公子高以有病为由闲居到了蔡地。

　　等到白公之乱发生，子西、子期被人杀害。叶公子高听到这事，说："我怨恨他当初不采纳我说的，而感激他治理楚国，楚国能安定地恢复先王的功业的人，就是子西了。由于小怨恨而抛弃大功德，那是我的不义，我应进入国都杀了白公胜。"于是带领方城山外的人攻入国都，杀死白公胜之后又安定了王室，埋葬了子西、子期家族中死难的人。

战国策

秦　策

卫鞅亡魏入秦

　　卫鞅亡魏入秦①，孝公以为相，封之于商②，号曰商君。商君治秦，法令至行③，公平无私，罚不讳强大④，赏不私亲近⑤，法及太子，黥劓其傅。期年之后，道不拾遗⑥，民不妄取，兵革强大⑦，诸侯畏惧。然刻深寡恩⑧，特以强服之耳。

　　孝公行之八年，疾且不起，欲传商君⑨，辞不受。孝公已死，惠王代后⑩，莅政有顷⑪，商君告归⑫。

　　人说惠王曰⑬："大臣太重者国危，左右太亲者身危⑭。今秦妇人婴儿皆言商君之法，莫言大王之法，是商君反为主，大王更为臣也。且夫商君，固大王仇雠也⑮，愿大王图之。"商君归还⑯，惠王车裂之，而秦人不怜。

【注释】

　　①卫鞅：卫国人，姓公孙，名鞅。其父叔痤为魏惠王相，去世前，惠王让他荐举可以继任相位的人选，他直言推举自己的儿子公孙鞅，未被采用。为免遭杀身之祸，公孙鞅逃奔秦国。②商：地名，今陕西省商县东南。③至：大。④讳：避忌，隐讳。强大：此指强宗大族。⑤私：偏爱，偏袒。意指当赏者赏、绝不徇私。⑥遗：指遗失的东西。⑦兵革：泛指兵力。兵：兵器，革：指用皮革制的甲，兵革亦指持武器的人。⑧刻深：苛刻严峻。⑨欲传商君：想把王位传给商君。⑩惠王：秦国国君，孝公的儿子。⑪莅：临。莅通莅，莅临：执政。有顷：不久。⑫商君告归：指商君恐遭惠王杀害，想要回到魏国去。告归，告假归回。商君：卫鞅被秦王封邑商地亦称商鞅。⑬说（shuì）：劝说，游说。⑭身：指君王自身。⑮仇雠：仇敌，仇人。雠（chóu），仇敌。⑯商君归还：指商君归魏，没有成功，又返回秦国。

【译文】

　　卫鞅从魏国逃到秦国，秦孝公让他做相国，封给他商地，称为商君。商君治理秦国，依法治国，正直无私，惩罚违法者不避讳强宗大族，奖赏有功者绝不偏袒亲属近臣，法纪牵涉到太子，即使太子的老师也要受刑。商君的法令实施一年之后，路上遗失的东西没有人去捡拾，老百姓没有人敢乱取非分之财，国家兵力强大，各诸侯因此而害怕秦国。但是，商君执法过于苛刻严峻，专门采用强制手段迫使群臣百姓服从而已。

　　秦孝公用商君法令治国八年后，大病不愈，想把王位传给商君，商君辞谢没有接受。后来，孝公去世，他的儿子惠王继承王位，执政不久，商君害怕惠王陷害自己，想要回到魏国去。

　　有人对惠王说："大臣威望过重，将危及国家，左右辅佐的人员过分亲密，将危及君王自身。如今，连秦国的妇女孩童都在谈论商君的法令，却没有人谈论大王的法令。这是商君反臣

为主，而大王您倒变为人臣了。那商君本来就是大王的敌人啊！希望大王要对他加以防备。"商君返归魏不成，又返回秦国，秦惠王对他施用了车裂的酷刑，而秦国人并不替他感到悲哀。

苏秦始将连横说秦惠王

苏秦始将连横说秦惠王曰①："大王之国，西有巴、蜀、汉中之利②，北有胡貉、代马之用③，南有巫山、黔中之限，东有崤、函之固④，田肥美，民殷富，战车万乘，奋击百万⑤，沃野千里，蓄积饶多，地势形便，此所谓天府，天下之雄国也。以大王之贤，士民之众，车骑之用⑥，兵法之教⑦，可以并诸侯，吞天下，称帝而治⑧。愿大王少留意⑨，臣请奏其效。"

秦王曰："寡人闻之，羽毛不丰满者不可以高飞，文章不成者不可以诛罚，道德不厚者不可以使民⑩，政教不顺者不可以烦大臣⑪。今先生俨然不远千里而庭教之⑫，愿以异日⑬。"

【注释】

①苏秦始将连横说秦惠王：苏秦起初用连横的主张去游说秦惠王。苏秦，东周洛阳人，字季子。纵横家代表人物，先主连横，后倡合纵，在齐任相国，为燕作反间，被齐车裂而死。连横，以西方秦国为主，联合东方的个别国家攻击其他国家。说（shuì），劝说别人听从自己的主张。②巴：国名，今四川省东部。蜀：国名，今四川省西部。汉中：地名，今陕西省秦岭南。当时这三地虽不属秦，但交通频繁，所以说秦西面有其利。③胡貉（hé）：这里指匈奴族所居住的地区，其地产貉，形似狸，毛皮可制裘。代，地名，今河北、山西二省北部，其地产名马。④崤：同殽，山名，今河南省洛宁县西北六十里。函：函谷关，今河南省灵宝县西南一里许。固：坚固，险要。⑤奋击：指奋力作战的武士。⑥骑（jì）：骑兵。注：春秋以前只用马驾车，战国时开始骑马，有了骑兵。⑦教：教练，训练。⑧帝：帝的本义是神，又称天帝，战国时，各国的诸侯都称王，此时较强的国家开始自称帝号，企图统一天下。⑨少留意：稍稍留心，这是委婉的说法。奏其效：陈说秦国地利兵强的功效。奏：进言，陈说。⑩使民：动员或驱使民众。⑪政教：政治教化。烦大臣：指烦劳大臣对外作战。⑫俨然：庄严地，郑重其事地。庭教：在朝廷上指教。庭，通廷。⑬愿以异日：请把这件事推迟到将来再议，这是秦惠王拒绝接纳苏秦连横主张的托词。

【译文】

苏秦起初用连横的建议去游说秦惠王说："大王的国家，西面有富饶的巴、蜀、汉中的有利地势，北面有胡地的貉皮和代地的良马可供使用，南面有巫山、黔中的险阻，东面有殽山、函谷关的坚固和险要。田地肥沃，百姓众多而且富裕，战车上万辆，勇士有百万，肥沃的田野上千里，贮存的物资极其丰裕，地理环境又进可攻退可守，这真称得上是天然的宝藏，天下最强大的国家了。凭着大王您的贤德圣明，百姓的众多，将士的听命效力，兵法的熟习，尽可以兼并诸侯，吞灭天下，称帝王而统治诸侯了。请大王稍稍留心我的话，让我陈说秦国地利兵强的功效。"

秦王说："我曾听到过这样的说法，羽毛不丰满的，不可以高飞；法令章程不完善的，不可以用刑罚；道德不厚重的，不可以驱使百姓；政治教化不顺人心的，不可以烦劳大臣。现在先生不辞辛苦来到朝廷上庄重地教导我，请改天再谈论吧。"

苏秦曰："臣固疑大王之不能用也①。昔者神农伐补遂②，黄帝伐涿鹿而擒蚩尤③，尧伐骥兜④，舜伐三苗⑤，禹伐共工⑥，汤伐有夏⑦，文王伐崇⑧，武王伐纣⑨，齐桓任战而伯天下⑩。由此观之，恶有不战者乎⑪？古者使车毂击驰⑫，言语相结，天下为一；约从连横⑬，兵革不藏⑭；文士并饬⑮，诸侯乱惑，万端俱起⑯，不可胜理⑰；科条既备，民多伪态；书策稠浊，百姓不足，上下相愁⑱，民无所聊⑲；明言章理⑳，兵甲愈起㉑；辩言伟服㉒，战攻不息。繁称文辞，天下不治；舌弊耳聋㉓，不见成功；行义约信，天下不亲。于是，乃废文任武，厚养死士，缀甲厉兵㉔，效胜于战场㉕。夫徒处而致利，安坐而广地㉖，虽古五帝、三王、五伯㉗，明主贤君，常欲坐而致之，其势不能，故以战续之。宽则两军相攻㉘，迫则杖戟相橦㉙，然后可建大功。是故兵胜于外，义强于内，威立于上，民服于下。今欲并天下，凌万乘㉚，诎敌国㉛，制海内㉜，子元元㉝，臣诸侯㉞，非兵不可！今之嗣主㉟，忽于至道㊱，皆惛于教㊲，乱于治，惑于言，沉于辩，溺于辞㊳。以此论之，王固不能行也。"

【注释】

①固：本来。疑：猜想。②神农：姜姓，即炎帝。传说他教民耕种，故号神农氏。神农与下文的黄帝、尧、舜等，都是传说中的古代帝名，即古代部落或部落联盟的首领。补遂：古国名。③黄帝：即轩辕氏，是传说中华夏族的始祖。蚩尤：传说中九黎族首领，蚩尤不从黄帝之命，黄帝和他战于涿鹿之野，擒杀蚩尤。涿鹿：山名，今河北省涿鹿县境内。④尧：即陶唐氏，名放勋，传位给舜。骥（huān）兜：又名浑敦，尧时做司徒。尧年老，舜代行尧的职权时，流放"四凶"（骥兜、共工、鲧、三苗），放骥兜于崇山。⑤舜：即有虞氏，名重华，传位给禹。三苗：部落名，即古代的苗族，其地在今江西省九江、湖南省岳阳、湖北省武昌一带。尧、舜、禹与三苗进行长期战争。舜曾迁三苗于三危（今甘肃省敦煌县）。⑥禹：夏朝开国君主，鲧的儿子，初为舜臣，治水有功，被推举为帝。共工：人名，相传为尧的大臣，四凶之一，被尧流放于幽州（今河北省北部及辽宁省一带）。⑦汤：商朝开国君主，子姓，名履，原为夏朝诸侯。夏桀无道，汤兴兵败夏桀于鸣条（今山西省运城县安邑镇以北），建立了商朝。有夏：夏朝。有，加在专有名词前的字头。⑧文王：姬姓，名昌，殷朝诸侯，称西伯。西伯推行德政，崇侯虎向殷纣告密，纣拘禁西伯。后西伯灭崇侯。崇：诸侯国名，在今陕西省户县东。⑨武王：周武王姬发，文王的儿子。武王率诸侯败纣于牧野（今河南省淇县南），建立了周朝。纣：商朝末代的君主，名辛，淫乱昏暴，与武王战，兵败自焚而死。⑩齐桓：即齐桓公，名小白。公元前685年——前643年在位。他任用管仲，修明政治，富国强兵，曾多次率军征伐诸侯，抵抗戎狄的侵扰，为春秋五霸之一。任：用。伯（bà）天下：称霸天下，为诸侯之盟主。伯，通霸。⑪恶（wū）：何，哪里。⑫使车毂击：使臣的车毂相互撞击，意即使者来往频繁。毂（gǔ）：车轮中心，辐条集中的圆木。⑬约从：即合纵，南北为纵，当时较弱的齐、楚、燕、韩、赵、魏联合抗秦叫合纵。⑭兵革不藏：不收藏兵甲，意即战争不停。⑮文士：文人辩士，指游说之士。并：互相，竞相。饬（shì）：通饰，巧，即巧饰言辞游说诸侯。⑯端：争端。⑰胜：胜任。理：治理。⑱上下相愁：君臣上下相互愁怨。⑲聊：赖，依靠。⑳明言章理：指各种不同的政治主张说得明白，道理讲得清楚。明、章，都是清楚、明显的意思。㉑兵甲：兵器盔甲，这里指战争。㉒辩言伟服：指文人辩士们讲着巧辩的言辞，穿着奇伟的衣服。㉓舌弊：舌头都磨破了。弊：损坏。㉔缀（zhuì）甲：缝制盔甲。缀，缝连。古代武士的铠甲都是用金属片连缀成的。厉兵：磨利兵器。厉，通砺，磨石，名词动用。㉕效胜：致胜，取胜。㉖广地：扩张土地。㉗五帝：指传说中上古时的五个帝王，即黄帝、颛顼（zhuān xū）、帝喾（kù）、尧、舜。三王：指夏禹、商汤、周文王等三个帝王。五伯：指春秋时代先后称霸的五个诸侯，即齐桓公、宋襄公、晋文公、秦穆公和楚庄公。伯：即霸。㉘宽：远。迫：近。㉙杖戟：拿着戟。戟，一种将

戈、矛合成一体的武器。橦（chōng）：刺。⑩凌万乘（shèng）：超过拥有兵车万辆的国君。乘，一车四马为一乘。㉛诎（qū）：折服，屈服。㉜制海内：统治天下。海内，犹言即天下；古人认为中国四面环海，故称海内。㉝子元元：把广大人民当儿女那样爱护。子：名词动用，爱护。统治者自称"为民父母"，故称人民为子女。元元，百姓。㉞臣：名词动用，使……称臣。㉟嗣（sì）主：后继的国君，指三王五帝以后的国君。㊱忽于至道：这里指忽略了用武力的道理。忽，忽略。至，重要。㊲惛（hūn）于教：不明教化。惛，胡涂。㊳沉于辩，溺于辞：沉溺在烦琐的辩论和言辞之中。

【译文】

苏秦说："我本来就怀疑大王是不会接受我的主张的。从前神农氏攻打补遂，黄帝攻打涿鹿擒拿蚩尤，唐尧攻打驩兜，虞舜攻打三苗，夏禹攻打共工，商汤攻打夏桀，周文王攻打崇国，周武王攻打商纣，齐桓公利用战争手段做了天下的霸主。从这些情形看来，要想统一天下，哪有不用战争的道理呢？古时使者车辆互相挤撞，来往频繁，各国都用言语互相订立约定，天下得以统一。后来，约纵连横相互对抗，武器并没有丢弃，文人辩士巧饰言辞竞相游说，使诸侯迷惑昏乱，各种矛盾和事端因此而产生，天下繁乱得不能治理。法令章程全制订了，老百姓却不能遵守，多是虚假应付；文书、简策繁杂混乱，老百姓反而不能富足。君臣上下互相忧怨，民众无所依靠；越是讲那些冠冕堂皇的道理，战争就越多；身着盛装的说客越是巧言善辩，战争就越是不能停息；越搞那些繁杂的说教和浮夸的言辞，天下就越是不能治理；说的人舌头都说破了，听的人耳朵都被震聋了，却见不到成效，蓄养一批批不怕死的武士，制作盔甲，磨利兵器，决胜于战场。如果仅仅是白白呆着而想得到好处，安坐不动而想延展领土，即使是古代的五帝、三王、五霸和那些贤明的君主，只想坐而得利，那也是不可能的啊！所以只好用武力来代替文治，两军相距得远时，便互相攻打；离得近时，就手持武器互相搏斗，这样才可以建立起伟大的功业。因此，兵士在外打胜仗，君主在国内施仁政，国家的威信就树立起来了，下面的老百姓也就顺从了。如今要想兼并天下，超过拥有兵车万辆的诸侯，让敌国屈服，从而统治天下，以百姓为子，使诸侯臣服，那是一定要动用兵力的。现在那些继承王位的君主，却忽略了用兵这一至关重要的道理，他们都被政教所混乱，被花言巧语所迷惑，沉溺于游辩论和巧饰辞令之中。照这样说来，大王您本来就不能施行我的建议啊！"

说秦王书十上而说不行，黑貂之裘弊，黄金百斤尽，资用乏绝，去秦而归，羸縢履跷①，负书担囊②，形容枯槁，面目犁黑③，状有愧色。归至家，妻不下纴④，嫂不为炊，父母不与言。苏秦喟叹曰："妻不以我为夫，嫂不以我为叔，父母不以我为子，是皆秦之罪也。"乃夜发书，陈箧数十⑤，得太公阴符之谋，伏而诵之，简练以为揣摩⑥。读书欲睡，引锥自刺其股，流血至足。曰："安有说人主不能出其金玉锦绣，取卿相之尊者乎？期年揣摩成⑦，曰："此真可以说当世之君矣！"

于是乃摩燕乌集阙，见说赵王于华屋之下⑧，抵掌而谈⑨。赵王大悦，封为武安君⑩。受相印，革车百乘⑪，锦绣千纯⑫，白璧百双，黄金万溢，以随其后，约从散横，以抑强秦⑬。

故苏秦相于赵而关不通⑭。当此之时，天下之大，万民之众，王侯之威，谋臣之权，皆欲决苏秦之策⑮。不费斗粮，未烦一兵，未战一士，未绝一弦，未折一矢，诸侯相亲，贤于兄弟⑯。夫贤人在而天下服，一人用而天下从，故曰：式于政不式于勇[17]；式于廊庙之内[18]，不式于四境之外。当秦之隆，黄金万溢为用，转毂连骑，炫熿于道[19]，山东之国，从风而服，使赵大重[20]。且夫苏秦，特穷巷掘门桑户棬枢之士耳[21]，伏轼樽衔[22]，横历天下，廷说诸侯之王[23]，杜左右之口[24]，天下莫之能伉[25]。

将说楚王，路过洛阳，父母闻之，清宫除道，张乐设饮[26]，郊迎三十里[27]。妻侧目而视，倾耳而听。嫂蛇行匍匐，四拜自跪而谢。苏秦曰："嫂何前倨而后卑也？"嫂曰："以季子之位尊而多金[28]。"苏秦曰："嗟乎，贫穷则父母不子[29]，富贵则亲戚畏惧。人生世上，势位富贵，盖可忽乎哉[30]？"

【注释】

①羸（léi）：缠绕。縢（téng）：绑腿布。蹻（jué）：草鞋。这句话是说，他裹着绑腿，穿着草鞋。②橐（tuó）：囊，口袋。③犁：通黧（lí），黑色。④纴（rèn）：纺织，这里指妻子没离开织布机，纺织如故。⑤发书：取出书来。陈：摆开。箧（qiè切）：指书箱。⑥简：选择。练：把丝、绢煮熟，使之洁白，这里引申为熟练、熟记。揣摩：思考研究以求得真义。⑦期：满一年。⑧摩：靠近、沿。赵王：指赵肃侯。华居：华丽之屋。⑨抵掌：击掌。⑩武安：地名，在今河北省武安县。⑪革车：兵车。⑫纯：束，匹。⑬约从散横：指联合六国以抗秦，破坏别的国家和秦的连横。⑭关不通：关，指函谷关，六国通往秦国的要道。六国共同抗秦，因此函谷关的交通被断绝。⑮决苏秦之策：为苏秦的策略所决定。策，策略。⑯贤于兄弟：胜过兄弟。贤于，胜过。⑰式于政不式于勇：运用政治不运用勇士之力。式，运用。⑱廊庙：庙，君主祭祖之处，其旁为廊。古代国家大事都在廊庙之内商讨。⑲转毂连骑（jì）：车轮滚滚，骑马的随从接连不断。这里形容苏秦之显赫。炫熿：光彩耀眼。⑳山东之国从风而服，使赵大重：华山以东的国家，像风吹草倒一样迅速服从，使赵国的地位大大重要起来。㉑特：只是，不过是。掘门：窟门，窗门。桑户：桑板做的门户。棬（quān）枢：把树枝条圈起来作为门枢。形容苏秦所住房屋之简陋。㉒伏轼（shì）樽（zǔn）衔：伏在车前的横木上，拉着马的勒头。形容苏秦乘车出游时得意的行态。轼，车前扶手的横木。樽，勒住。衔，川肯铜或铁制成的马具，放在马口上，用以勒马。㉓廷说：在朝廷上劝说。㉔杜：堵塞。㉕伉（kàng）：通抗，抵挡。㉖张乐（yuè）设饮：设置音乐，备办酒席。㉗郊迎三十里：到郊外三十里去迎接。㉘季子：季子为苏秦的字。㉙嗟乎：唉！不子：不把他当儿子。㉚盖可忽乎哉：怎么可以忽视呢？盖：同盍，何，怎么。

【译文】

苏秦说服秦王的奏章上了十次，游说还是没有成功。弄得黑貂皮衣服也破了，百斤的黄金也用光了，费用全部耗尽，只得离开秦国回家去。他腿上绑着裹腿，脚上穿着草鞋，背上背着书籍，肩上挑着担子，样子憔悴，面目枯槁，一副惭愧的样子。回到家里，妻子没有离开织布机，嫂子不给他做饭，父母不同他讲话。苏秦长叹一声说："唉！妻子不把我当丈夫，嫂子不把我当叔子，父母不把我当儿子，这都是我苏秦自己的罪过呀！"于是，苏秦便连夜发奋读书，把几十箱书打开，找到了吕尚所著的名叫《阴符》的兵法书，伏案阅读，熟记书中精要处，并深入洞悉它的本意。读到困倦时，就拿锥子刺自己的大腿，鲜血直流到脚跟。苏秦愤愤地说："哪有去游说君王，却不能拿出黄金、美玉、锦缎，而让我得到公卿相国的尊贵位置的呢？"过了一整年，他对兵法研究成熟了，便说："这回真可以去说服当代的国君了。"

于是苏秦便经过燕乌集关，在金碧辉煌的房屋里见到了赵王，谈得很兴奋。赵王非常高兴，就封苏秦为武安君，并授给他相印，给兵车一百辆，锦缎一千匹，白玉一百双，黄金二十万两，用作他前往各诸侯国去的用度，以便联络各诸侯国，破坏别的国家连秦的谋划，以此来扼制强大的秦国。

因此，苏秦在赵国做了宰相，各国都断绝了同秦国的交往，六国的要塞，也都不和秦国联通了。在这个时候，天下如此之大，百姓这样众多，王侯如此威严，谋臣这么有权势，全都要取决于苏秦的计谋。苏秦没有消耗一斗粮饷，没有烦劳动用一兵一卒，没有让一位将军去领兵打仗，没有断一根弓弦，没有折一枝竹箭，就使诸侯相亲相爱，比兄弟还要好。原因就是贤人在位，天下自然信服，一人办事天下都服从。因此说："在朝廷之内决策天下大事，不必在国境之外去行动。"正当苏秦声名大振的时候，赵王拿出万镒黄金供他使用，车轮飞转，骑马的随从连绵不断，浩浩荡荡地来往于大道上，华山以东各国像风吹草倒一样地迅速附从，将赵国的地位日益显露。而苏秦仅仅是一个穷巷中以桑板为门户、圈树枝条为门枢、寒窟陋室里的穷书生罢了。现在他昂首挺胸地乘着车辆，勒着马头，游历天下，到各国去说服诸侯，堵塞住周围人们的口，天下的人没有能比他强。

当苏秦将要去游说楚王时，途经洛阳老家。他的父母听到这个消息，便赶忙收拾房屋，清扫街道，设乐队备酒席，到城郊三十里去迎接他；他的妻子侧着眼睛细看，倾着耳朵细听；他的嫂子伏在地上爬行，一连拜了四拜，跪着赔罪。苏秦问他嫂子说："嫂子，你为什么以前那么傲慢，现在却又如此谦卑呢？"他嫂子回答说："因为小叔子现在地位显赫，并且又有那么多的金钱！"苏秦叹息说："唉！穷困时，父母不把我当儿子；富贵了，连家里的亲人都畏敬怕我。看起来怎能忽视一个人在世上的权势地位金钱财富呢？

张仪说秦王

张仪说秦王曰："臣闻之，弗知而言为不智，知而不言为不忠①。为人臣不忠当死，言不审亦当死。虽然，臣愿悉言所闻，大王裁其罪。臣闻，天下阴燕阳魏②，连荆固齐③，收余韩成从④，将西面以与秦为难。臣窃笑之。世有三亡⑤，而天下得之，其此之谓乎！臣闻之曰，'以乱攻治者亡，以邪攻正者亡，以逆攻顺者亡。'今天下之府库不盈⑥，困仓空虚⑦，悉其士民，张军数千百万，白刃在前，斧质在后⑧，而皆去走，不能死，非其百姓不能死也，其上不能故也⑨。言赏则不与，言罚则不行，故民不死也。

"今秦出号令而行赏罚，有功无功相事也⑩。出其父母怀衽之中⑪，生未尝见寇也，闻战顿足徒裼⑫，犯白刃，蹈煨炭，断死于前者比是也⑬。夫断死与断生也不同，而民为之者是贵奋也⑭。一可以胜十，十可以胜百，百可以胜千，千可以胜万，万可以胜天下矣。今秦地形，断长续短，方数千里，名师数百万，秦之号令赏罚，地形利害，天下莫如也。以此与天下⑮，天下不足兼而有也⑯。是知秦战未尝不胜，攻未尝不取，所当未尝不破也。开地数千里，此甚大功也。然而甲兵顿⑰，士民病，蓄积索，田畴荒⑱，困仓虚，四邻诸侯不服，伯王之名不成⑲，此无异故，谋臣皆不尽其忠也。

【注释】

①知而不言为不忠：知而言之可以利国安君；知而不言，当然不利于利国安君，故曰不忠。②阴燕阳魏：燕在赵之北，故曰阴；魏在赵之南，故曰阳。赵国为合纵长，形成北联燕，南联魏的局面。③连荆固

齐：联结强大的楚国和齐国。荆，即楚。秦始皇讳其父名子楚，故后世的古书多称楚为荆。④收余韩成从：指赵国收纳残余的韩国而结成合纵的局面。⑤三亡：三种灭亡的情况。指天下的攻秦者，犯此三亡，即下文的"以乱攻治者亡，以邪攻正者亡，以逆攻顺者亡"。⑥府库：藏聚财货之处叫府，藏蓄兵器之处叫库。⑦囷（jūn）仓：收藏粮谷的地方。圆者称囷，方者称仓。⑧白刃在前，斧质在后：意即前面有敌人的剑戟，怕死后退的则用斧质处以死刑。白刃，指铁制兵器。斧质，斩人的刑具。斧：斫刀。质：砧板。⑨其上不能故也：是说士民之不死，其故由于上之不能赏罚。⑩有功无功相事也：即让无功的人为有功人员所役使。事：役使。⑪出其父母怀衽之中：意即父母抚育抱养成长之过程。衽（rèn），衣襟，怀衽；怀抱。⑫褐：袒。煨（wēi）炭：即火炭。作战时，将火炭放在地面，阻止敌人进攻。⑬断死于前者比是也：决心拼死在阵地前的到处都是。⑭是贵奋也：这是把奋勇视为高贵。⑮以此与天下：凭借这些与天下诸侯争霸。⑯不足：不难。⑰顿：劳顿，疲倦。⑱田畴：土地。⑲伯王：霸王，意即统一天下。

【译文】

　　张仪劝说秦惠王说："我听人说，对不明白的事情发议论，那是不明智的，对明白的事情却不讲，那是不忠实的。做人臣的不忠就应当处死，说话不详实也应当处死。即使这样，我也愿意把我所听到的情况全部讲出来，请大王裁决定罪。我听说，四海之内从北方的燕国到南方的魏国，又在联系楚国笼络齐国，收罗残余的韩国势力结成合纵的局面，打算在西面与秦国为敌。我暗地里笑他们自不量力。世上有三种情况会使国家必遭灭亡，而天下诸侯攻秦正应了这三种情况，恐怕说的就是今天的世道吧！我听说的是：'凭乱军去攻打纪律严明的军队必遭灭亡，依靠邪恶的军队去攻打正义的军队必遭灭亡，以不义之军去攻打顺乎民心的军队必遭灭亡。'如今天下诸侯储备财物的仓库不充实，屯积粮食的粮仓也很空虚，想全部动员他们的臣民，扩编军队几百万，即使前面有敌军的刀剑，后面有己方的斧钺威逼，仍然会败退逃窜，不敢去拼命杀敌。怎么可以怪罪百姓不能拼死，实在是上面不能带领大家冲锋陷阵。口头上说有奖赏却从没给过，口头上说要惩罚却从不执行，赏罚不执行，因此百姓不肯尽死守节。

　　"现在秦国发出号令施行赏罚，有功或者无功，察看事实。一般地说，人，从父母的怀中走出来，生来从没见过敌寇，一听说要打仗便袒胸露臂踊跃赴敌，徒手空拳去对抗敌人的刀剑，光着脚去踩火炭也在所不惜，如此下定决心拼死阵前的处处可见。要知道下决心死或下决心生是不同的，但秦人情愿去死，这也是把奋勇当做高贵品质的原因。这样，一人就可以战胜十人，十人可以战胜百人，百人可以战胜千人，千人可以战胜万人，万人便可以战胜全天下的敌人了。现在秦国的土地取长补短，方圆有几千里，著名的军队几百万，秦国的号令施行赏罚，加上地形的利害，天下各诸侯国是没有人能赶得上的。以此与各诸侯争霸，天下是不够秦国吞并占有的。这就可以知道秦军出战必然会取胜，进攻没有不可攻取的，所抵挡的敌人没有不被击败的。可以开拓土地数千里，这将是很大的功业。可是如果军队疲惫，人民贫困，积蓄匮乏，土地荒芜，粮仓空虚，四邻诸侯不顺从，霸主的名望就无法形成，这没有别的缘故，都是因为谋臣不尽忠职守。

　　"臣敢言往昔。昔者齐南破荆①，东破宋，西服秦②，北破燕，中使韩、魏之君③，地广而兵强，战胜攻取，诏令天下，济清河浊④，足以为限⑤，长城、钜坊⑥，足以为塞。齐，五战之国也⑦，一战不胜而无齐⑧。故由此观之，夫战者万乘之存亡也。

　　"且臣闻之曰：'削株掘根，无与祸邻，祸乃不存。'秦与荆人战，大破荆，袭郢，取洞庭、五都、江南⑨。荆王亡奔走⑩，东伏于陈。当是之时，随荆以兵，则荆可举⑪。举荆，则其民足贪也，地足利也。东以弱齐、燕，中陵三晋⑫。然则是一举而伯王之名可成也，四邻诸侯可朝也⑬。而谋臣不为，引军而退，与荆人和。今荆人收亡国，聚散民，立社主⑭，置宗庙，令帅天下西面以与秦为难，此固已无伯王之道一矣。天下有比志而军华下⑮，大王以诈破之，兵至梁郭，围梁数旬，则梁可拔。拔梁，则魏可举。举魏，则荆、赵之志绝⑯。荆、赵之志绝，则赵危⑰。赵危而荆孤。东以弱齐、燕，中陵三晋，然则是一举而伯王之名可成也，四邻诸侯可朝也。而谋臣不为，引军而退，与魏氏和，令魏氏收亡国，聚散民，立社主，置宗庙，此固已无伯王之道二矣。前者穰侯之治秦也⑱，用一国之兵，而欲以成两国之功⑲。是故兵终身暴灵于外⑳，士民潞病于内㉑，伯王之名不成，此固已无伯王之道三矣。

【注释】

①破荆：指公元前 301 年，齐联合韩、魏伐楚，斩楚将唐眜。②服秦：使秦服，指公元前 298 年至前 287 年，齐与韩、魏联合攻秦，秦求和，退还了以前所占领的韩、魏土地。③中使韩、魏之君：指公元前 301 年，韩、魏与齐伐楚，前 298 年又与齐伐秦。因韩、魏地居齐、秦、赵、燕中间，故曰"中"。使，驱使，役使。④济清河浊：济水清澈，黄河混浊。⑤限：险阻，阻隔。⑥长城：战国时各国多筑有长城，齐国长城西起平阴县，东经泰山至诸城县。钜坊：即防门。⑦五战：指上文"南破""东破""西服"等事。⑧一战不胜而无齐：指公元前 284 年，燕将乐毅联合秦、魏、韩、赵进取齐国，攻下齐城七十多座，齐王逃走。无齐：齐亡。⑨郢：楚国国都，今湖北省江陵县。洞庭：指洞庭湖一带。五都：即五渚——长江、湘水、沅水、资水、澧水。江南：指今湖北、四川在长江三峡以南一带。⑩荆王：指楚顷襄王，名横，怀王之子。⑪举：攻取。⑫陵三晋：侵犯韩、赵、魏三国。陵，侵犯。⑬朝：使之来朝拜，使动用法。⑭立社主：立社稷、木主牌位。⑮比志：意即同心合谋。军华下：驻军华阳之下。华阳：今河南省密县东。⑯荆、赵之志：楚国和赵国联合抗秦的想法。⑰赵危：赵近秦，失去援国，故曰危。⑱穰侯：即魏冉，秦昭王舅父。昭王时，魏冉多次为相，被封于穰（今河南省邓县）和陶（今山东省定陶县）。⑲两国：指秦和穰侯之封地陶。⑳暴灵：受日晒雨淋。灵，通霝，即雨落。㉑潞病：疲敝，困苦。潞，通露，疲敝之意。

【译文】

"请让我谈谈过去。从前齐国在南面攻克了楚国，在东面打败了宋国，在西面平定了秦国，在北面击败了燕国，其间又指使韩、魏两国的国君出兵讨伐楚国和秦国，土地辽阔兵力强大，战胜攻无不必取，诏令天下，将各诸侯役为侍从，那清清的济水，混浊的黄河，足以作为军事上的屏障，那长城和钜坊，足以作为关塞。齐国是五战五胜的强国，只是打了一次败仗，便几乎亡国了。所以这样看来，万乘大国存亡的关键在于战争。

'再者我听说：'砍树要挖根，做事不惹祸，祸患就不存在了。'先前，秦国与楚人开战，大破楚国；夺取了它的郢都，占领了洞庭湖、五渚、江南等地，迫使楚王向东逃亡，躲避在陈地。在那个时候，只要继续向楚地进军，那么楚国就可以全部占领了。只要占领楚国，即使人民再贪婪，那里土地上的物产也足以满足需要。东面可以削弱齐国和燕国，中部可以压制韩、赵、魏三国。如果能实现这一行动，那么霸主的声势就可以造成，四邻诸侯也必定前来朝拜称臣了。但是我们的谋臣不这样做，反而率兵退却，与楚人讲和。现在楚国人正收拾即将灭亡的国家，聚集躲避战乱的人民，立起社稷之主，设置宗庙，使他们得以率领天下诸侯从西面来与秦国为敌，这本来是丢掉了一次称霸天下的机会。天下诸侯早有联合的意图并且已经将军队驻扎在华阳城下，大王完全可以用诈计破它，只要进兵驻扎在大梁城外，围困它几十天，那么大梁就可攻占。如果占攻取大梁，那么魏国就可以全部占领了。占领魏国之后，楚、赵盟约就被拆散了。楚、赵联合一打破，赵国的处境就很困难了。只要赵国处于危境，楚国就孤立无援。这样，在东面就可以削弱齐、燕，在中间就可以扼制韩、赵、魏三国，如果这样，那么霸主之名就能一举而成了，四邻诸侯也就前来朝拜了。可是谋臣们还是不这样干，领着兵士又退却了，与魏国讲了和。使魏国得以收拾行将灭亡的国家，召回流散的百姓，重新立起社稷之主，设置宗庙，这本来是第二次失掉了称霸天下的机会，前不久穰侯担任相国，统理秦国，他只用一国的军队，却想建立两国的功绩。因此士兵在国外始终身受日晒雨淋，人民在国内疲惫不堪，霸主的名声终究未能成功，这本来已经是第三次失掉称霸天下的机会了。

"赵氏，中央之国也，杂民之所居也。其民轻而难用①，号令不治，赏罚不信，地形不便，上非能尽其民力。彼固亡国之形也，而不忧民氓②，悉其士民，军于长平之下，以争韩之上党③，大王以诈破之，拔武安。当是时，赵氏上下不相亲也，贵贱不相信，然则是邯郸不守，拔邯郸，完河间④，引军而去，西攻修武⑤，逾羊肠⑥，降代、上党⑦。代三十六县，上党十七县，不用一领甲，不苦一民，皆秦之有也。代、上党不战而已为秦也矣⑧，东阳河外不战而已反为齐矣⑨，中呼池以北不战而已为燕矣⑩。然则是举赵则韩必亡，韩亡则荆、魏不能独立。荆、魏不能独立，则是一举而坏韩，蠹魏，挟荆⑪，以东弱齐、燕，决白马之口⑫，以流魏氏⑬。一举而三晋亡，从者败⑭。大王拱手以须⑮，天下徧随而伏⑯，伯王之名可成也。而谋臣不为，引军而退，与赵氏为和。以大王之明，秦兵之强，伯王之业，地尊不可得，乃取欺于亡国，是谋臣之拙也。且夫赵当亡不亡，秦当伯不伯，天下固量秦之谋臣一矣。乃复悉卒，以攻邯郸，不能拔也，弃甲兵怒，战栗而却，天下固量秦力二矣。军乃引退，并于李下⑰，大王又并军而致与战⑱，非能厚胜之也⑲，又交罢却⑳，天下固量秦力三矣。内者量吾谋臣，外者极吾兵力㉑。由是观之，臣以天下之从㉒，岂其难矣。内者吾甲兵顿，士民病，蓄积索，田畴荒，囷仓虚；外者天下比志甚固。愿大王有以虑之也。

"且臣闻之，战战栗栗，日慎一日。苟慎其道㉓，天下可有也。何以知其然也？昔者纣为天子，帅天下将甲百万，左饮于淇谷㉔，右饮于洹水，淇水竭而洹水不流，以与周武为难。武王将素甲三千领㉕，战一日，破纣之国，禽其身，据其地，而有其民，天下莫不伤。智伯率三国之众㉖，以攻赵襄主于晋阳㉗，决水灌之，三年，城且拔矣。襄主错龟㉘，数策占兆㉙，以视利害，何国可降，而使张孟谈㉚。于是潜行而出，反智伯之约㉛，得两国之众，以攻智伯之国，禽其身，以成襄子之功。今秦地断长续短，方数千里，名师数百万，秦国号令赏罚，地形利害，天下莫如也。以此与天下，天下可兼而有也。

"臣昧死望见大王，言所以举破天下之从，举赵亡韩，臣荆、魏㉜，亲齐、燕，以成伯王之名，朝四邻诸侯之道。大王试听其说，一举而天下之从不破，赵不举，韩不亡，荆、魏不臣，齐、燕不亲，伯王之名不成，四邻诸侯不朝，大王斩臣以徇于国，以主为谋不忠者㉝。"

【注释】

①轻：意即软弱轻浮，不坚强。②民氓（méng）：平民百姓。③悉：完全。争韩之上党：指秦将白起攻打韩国，上党郡守冯亭投奔赵国，白起又去攻打赵国，杀死赵将赵括于长平。④完：收取、修缮、修整。⑤修武：地名，今河南省获嘉县。⑥羊肠：要塞名，今山西省晋城县南。⑦代：代郡，属赵，今山西省东北部和河北蔚县一带。⑧为秦：意即归属秦，成为秦地。⑨东阳：赵地，今太行山以东地区。河外，清河以东之地。反为齐：复又成为齐地。⑩中呼池：水名，发源于山西省繁峙县，流经河北省，流入古漳水。⑪挟：挟制。⑫白马：黄河渡口名，又称垝津，今河南省滑县东。⑬流：灌。⑭从者：指主张合纵的楚、齐、燕、韩、赵、魏等国家。⑮拱手以须：意即唾手可待。拱手，两手合于胸前，意思是说什么事情都不做，轻而易举也。须：待。⑯偏（biàn）随而伏：全都相随而降服。偏，尽，伏，通服。⑰并以李下：集合军队于李城之下。李，地名，今河南省温县。⑱致：极力，尽力。⑲厚：大。⑳交罢（pí）却：秦赵双方都疲困而退兵。交，都，一齐。罢，通疲。㉑极吾兵力：尽知我们兵力的强弱。㉒天下之从：指诸侯合纵一事。㉓慎其道：慎重地选择达到目的的途径。㉔淇谷：即淇水，发源于今河南省辉县山山，流经淇县入卫河。㉕将素甲：率领穿戴白色盔甲的士卒。素，白色。注：当时周武王还在为其父文王服丧，故士卒着素甲。㉖智伯：本姓荀，名瑶，晋国六卿之一，封地在智（今山西省永济县北）。六卿中智氏最强。公元前455年智伯索地韩、魏、赵，只有赵没有给。智伯率韩、魏伐赵，公元前453年赵又联韩、魏灭智伯，瓜分其地。㉗赵襄主：即赵襄子，名毋恤，赵简子之子，晋国六卿之一。公元前453年与韩、魏共灭智伯。㉘错龟：即凿龟占卜。古人以火烧荆荲钻灼龟甲，视龟甲裂纹以占卜吉凶。㉙数策：数蓍草的茎，分组计数以占吉凶。㉚张孟谈：赵襄子的谋臣。㉛反智伯之约：离间智伯与韩、魏的盟约（时韩、魏被迫从智伯伐赵）。㉜臣荆、魏：使楚、魏称臣。臣，名词动用。㉝徇：行示之、示众。

【译文】

"赵国是地处燕、齐、韩、魏中间的国家，各国人民杂居在那里。那里的人轻浮难以统治，赵国的号令没有统一的规定，赏罚也不守信用，地形不便于防守，上面又不能发挥人民的全部力量。他们本来就已经显示出亡国的形势，而又不去考虑民情，却去征召所有的兵士，驻守在长平城下，用以争夺韩国的上党，大王可以用诈计击破它，攻陷武安。在这个时候，赵国君臣上下不能一心一意，卿大夫和士民又互相不信任，这样邯郸就无法固守，如果秦军攻陷邯郸，收取河间并且在那里修整军队，再率兵西进，攻战修武，穿越羊肠险塞，降服代郡和上党郡。代郡有三十六县，上党郡有十七县，不动用一兵一甲，不劳一百姓，便全归秦国所有了。代郡和上党郡不经过战争可被秦国攻占，东阳和河外不经过争战重又成为齐国领地，中呼池以北不经过争战也已属于燕国了。既然这样，那么攻陷赵国之后，韩国必然灭亡，韩国灭亡之后楚、魏就无法独立。楚、魏不能独立，这一举动将破坏韩国损害魏国，挟制楚国，在东方又削弱了齐国和燕国，最后掘开白马渡口引黄河水淹没魏国。这一行动可以使三晋灭亡，六国的合纵势力将彻底垮台。大王可以轻而易举地等着统一天下，诸侯各国会接连不断地向您降服，霸主之名就可以成就。可是谋臣们不这么干，却率兵退却，与赵国讲和。以大王的英明，秦兵的强大，霸主的基业，却使致尊无上的地位不能得到，竟被行将灭亡的赵国所欺骗，这全是谋臣们的无能所导致的。再说，赵国该亡却没有亡，秦国该称霸却没能称霸，天下人当然就已经看透了秦国的谋臣，这是一。又征发全国的士兵，去攻打邯郸，未能攻下来，有的士兵愤怒地丢弃铠甲，有的士兵吓得哆嗦直向后退，天下人当然看穿了秦国的实力，这是二。军队本来在退却中，集合在李城之下，大王却再次集合军队想奋力征讨，那是根本不可能大获全胜的，双方兵力都疲惫不堪只好收兵退却，天下人自然又看透了秦国的国力，这是三。对国内，人家看透了我们的谋臣，在国外，人家看清了我们的军力。综合考虑，我认为天下合纵的力量，岂不是更难对付啦！在国内我们的军队疲惫不堪战斗力差，人民贫病交迫，积蓄困乏，田地荒芜，粮仓空虚；在国外，天下联合的志向很坚定。希望大王用心考虑这些情况。

"再者我听说，小心翼翼，就能一天比一天慎重，如果小心行事得法，天下便可成为我们手中之物。怎么可以知道是这样呢？从前商纣王做天子，率领天下百万将士，左边的军队还在淇谷饮马，右边的军队已开到洹河喝水，使淇水都被喝干了，洹河也断流了，以这么多的兵力与周武王抗争，周武王带领着三千名白盔白甲的战士，只战争了一天，就攻破纣王的国都，抓住了他本人，占领了他的土地，又拥有了他的人民，天下没有不同情他的。智伯率领三国的兵众，到晋阳去攻打赵襄子，掘开河堤淹晋阳，三年之后，城将要陷落了。赵襄子用龟壳占卜的方法算卦，察看吉凶利害，判别哪一国可以归服，又派出张孟谈。张孟谈偷偷地出了城，用反间计瓦解韩、魏与智伯的联盟，得到了这两国的民众，用来反戈攻击智伯的军队，擒拿了他本人，成就了赵襄子的霸业。如今秦国的土地统计起来，方圆几千里，著名的军队几百万，秦国发布号令有赏有罚，再加上地形的有利条件，天下无人可比。以这种形势与天下诸侯争雄，天下一定可以被秦国统一了。

"我冒着死罪期望见到大王，谈论如何破坏天下的合纵势力，去打击赵国，灭亡韩国，使楚、魏两国臣服，使齐、燕走得更近，以便完成称霸天下的大业，并使四邻诸侯前来朝贺。大王姑且试着听听我的策略，如果我的办法一举不破除天下合纵，赵国不攻陷，韩国不灭亡，楚、魏不臣服，齐、燕不亲近，霸主之名不成就，四邻诸侯不来朝拜，大王您就砍下我的头在全国示众，来惩戒那些替大王出谋而不忠的人。"

张仪欲假秦兵以救魏

张仪欲假秦兵以救魏[①]。左成谓甘茂曰："子不如予之[②]。魏不反秦兵，张子不反秦[③]。魏若反秦兵，张子得志于魏，不敢反于秦矣[④]。张子不去秦，张子必高于子。"

【注释】

①假：借。②子：古代对男子的通称，即你。③张子：此指张仪。"子"附在姓氏后，表示对男子尊称。反：同返，回来。④不敢反于秦：不敢返回秦国。

【译文】

张仪想要借助秦国的军队去援救魏国。左成对甘茂说："你不如把秦兵借给他。如果伤亡惨重，魏国不能归还全部秦兵，张仪怕丧兵受惩而不敢返回秦国。如果获胜，魏国归还全部秦兵，张仪就会因功在魏国得志，他便怕秦国怀疑他忠于魏国，而不敢回到秦国了。张仪不离开秦国，他在秦国的权势地位一定会比你高。"

楚攻魏张仪谓秦王

楚攻魏。张仪谓秦王曰[①]："不如与魏以劲之[②]，魏战胜，复听于秦，必入西河之处③；不胜，魏不能守，王必取之。"

王用仪言，取皮氏卒万人④，车百乘，以与魏。犀首战胜威王⑤，魏兵罢弊⑥，恐畏秦，果献西河之外⑦。

【注释】

①秦王：指秦惠王。②与：助，援助。劲：强，强大。③西河：魏邑，今陕西省合阳县一带。④皮氏：地名，本魏邑，今山西省河津县以西的地方。⑤犀首：公孙衍，魏国人，曾任魏国国相。⑥罢弊：疲惫，罢同疲。⑦献：致，送给。

【译文】

楚国攻打魏国。张仪对秦王说："应该帮助魏国使它强大，魏国战胜了楚国，它会再服从秦国，大王一定能够收纳靠近秦国的西河郡；不能取胜，魏国就守不住，大王便可以自取西河郡了。"

秦惠王接受了张仪的意见，选取皮氏地区的士兵一万人，战车一百辆，用来帮助魏国，楚威王被犀首率兵打败。此时魏国的士兵已经疲惫不堪了，魏国又害怕秦国，就果真把西河郡献给了秦国。

齐助楚攻秦

齐助楚攻秦，取曲沃。其后，秦欲伐齐，齐、楚之交善，惠王患之，谓张仪曰："吾欲伐齐，齐、楚方欢，子为寡人虑之，奈何？"张仪曰："王其为臣约车并币①，臣请试之。"

张仪南见楚王曰②："弊邑之王所说甚者，无大大王③。唯仪之所甚愿为臣者，亦无大大王。弊邑之王所甚憎者，亦无大齐王；唯仪之甚憎者，亦无大齐王。今齐王之罪，其于弊邑之王甚厚④，弊邑欲伐之，而大国与之欢，是以弊邑之王不得事王，而仪不得为臣也。大王苟能闭关绝齐⑤，臣请使秦王献商于之地，方六百里⑥。若此，齐必弱⑦，齐弱则必为王役矣⑧。则是北弱齐，西德于秦⑨，而私商于之地以为利也⑩，则此一计而三利俱至。"

【注释】

①并币：各种礼物。并：合，不是一种；币，帛，此指礼物。②楚王：指楚怀王。③弊邑：古代廉称自己国家。说：通悦，喜欢。无大大王：莫过于大王。大（第一个"大"字），过于，超过。④齐王：指齐威王。厚：重，深重。⑤苟：如果，假若。⑥商于（wū）：地区名，今河南省淅川县西南一带。⑦齐必弱：齐国无楚国之援一定会衰弱。⑧为王役矣：为楚王所役使了。⑨西德于秦：西面可以施恩德于秦国。⑩私商于之地以为利也：私下可以得到秦国的商于之地，以为自己的利益。

【译文】

齐国帮助楚国攻打秦国，攻占了秦国的曲沃。后来，秦国想要征讨齐国，以报复丢失曲沃的仇怨，只因齐国和楚国互相友好，秦惠王为此而感到焦虑，对张仪说："我想要征讨齐国，可齐楚两国正处在友好的时候，你替我谋划谋划看，如何处理？"张仪说："请大王为我准备车马和礼物，让我去试试看。"

于是张仪便前往南方去会见楚怀王，说："我们国王最喜欢的人，莫过于大王您了；我所最愿意做他的臣子的，也莫过于大王您了。我们国王最憎恶的人，也莫过于齐威王了；我所最深恶痛绝的人，也莫过于齐威王了。现在齐威王的罪行，对于我们国王来说，是最重的，我国想要征讨他，只是贵国与他友好，因此我们国王就不能听从您的吩咐，我也无法做您的臣子了。大王如果能关闭边塞与齐国断绝往来，我便请秦王献出商于之地，这块地方方圆有六百里。这样一来，齐国失去援助而必然势力受损，齐国一旦衰弱，定可以受您大王驱使了。这样在北面大王可以使齐国衰弱，在西面可以使秦国受到贵国的恩惠，还可以私下获得商于地区的利益，这一计策可以同时获得三个好处。

楚王大说，宣言之于朝廷曰[①]："不谷得商于之地[②]，方六百里。"群臣闻见者毕贺[③]，陈轸后见，独不贺。楚王曰："不谷不烦一兵，不伤一人，而得商于之地六百里，寡人自以为智矣！诸士大夫皆贺，子独不贺，何也？"陈轸对曰："臣见商于之地不可得，而患必至也，故不敢妄贺[④]。"王曰："何也？"对曰："夫秦所以重王者，以王有齐也。今地未可得而齐先绝，是楚孤也[⑤]，秦又何重孤国？且先出地绝齐，秦计必弗为也。先绝齐后责地，且必受欺于张仪[⑥]。受欺于张仪，王必怨之[⑦]。是西生秦患，北绝齐交，则两国兵必至矣。"楚王不听，曰："吾事善矣！子其弭口无言[⑧]，以待吾事。"楚王使人绝齐，使者未来[⑨]，又重绝之。

张仪反，秦使人使齐，齐、秦之交阴合。楚因使一将军受地于秦。张仪至，称病不朝。楚王曰："张子以寡人不绝于齐乎？"乃使勇士往詈齐王。张仪知楚绝齐也，乃出见使者曰："从某至某，广从六里[⑩]。"使者曰："臣闻六百里，不闻六里。"仪曰："仪固以小人，安得六百里？"使者反报楚王，楚王大怒，欲兴师伐秦。陈轸曰："臣可以言乎？"王曰："可矣。"轸曰："伐秦非计也，王不如因而赂之一名都[⑪]。与之伐齐，是我亡于秦而取偿于齐也。楚国不尚全乎[⑫]？王今已绝齐，而责欺于秦，是吾合齐、秦之交也，国必大伤。"

楚王不听，遂举兵伐秦。秦与齐合，韩氏从之[⑬]。楚兵大败于杜陵[⑭]。故楚之土壤士民非削弱，仅以救亡者，计失于陈轸，过听于张仪。

【注释】

①宣言：意即宣布。宣，遍，普遍。②不谷：意即不善，古代诸侯的谦称。③毕贺：都来道贺。毕，尽，全都。④妄贺：胡乱道贺，瞎贺。妄，乱，不实。⑤是楚孤也：这是使楚国孤立了。⑥责：责求，索取。⑦怨：犹恨，怨恨。⑧弭（mǐ）：止，停止，消除。⑨未来：没有回来。⑩广从：横为广，直为从（纵）。⑪赂之一名都：送他一块大地方。名，大；都，邑，地方。⑫不尚全乎：不是还完整吗？⑬韩氏从之：韩宣王也跟着和秦齐两国联合出兵。⑭杜陵：楚邑，今陕西省旬阳县西。

【译文】

楚怀王听了张仪的话心里异常高兴，便在朝廷上宣布说："我已得到了商于这个地区，方圆共六百里。"获悉这个消息的臣子们都表示道贺，陈轸最后一个去见楚王，单单他一人没有表示道贺。楚王说："我没有动用一兵一卒，也不伤一人，却得到了商于的土地六百里，我自认为够聪慧的了！各位士大夫都来道贺，只有你不道贺，这是什么原因呢？"陈轸回答说："依我看来商于这地方是得不到的，那祸害一定要来的，所以没有敢乱道贺。"楚怀王说："为什么呢？"陈轸回答说："那秦王所重视您君王的，是因为大王和齐国交好哩。现在土地还没有得到，却先和齐国断交了，这样就使楚国陷入孤立，秦国又何必要重视一个受孤立的国家呢？但是要秦国先交出土地然后再与齐国绝交，按秦国的计划一定不会这样做。如果我们先和齐国绝交然后去向秦国索取土地，必然要受张仪的欺骗。受张仪的欺骗，大王一定要怀恨在心了。这样在西边便有秦国的兵祸，北边又和齐国断交了，那么，秦、齐两国的兵力必将到来了。"楚王没听张仪的话，说："我办的事很成功！你闭住嘴不必多言，只待我来处理这件事。"楚王派出使者和齐国断交，使者还没有回来，便又派人去谈与齐国绝交的事。

张仪回到秦国以后，秦国派人出使齐国，齐、秦两国私下联合在一起，楚国依照张仪的允诺派出一位将军去接受土地，张仪回到秦国，假装有病不见楚国的将军。楚怀王说："张仪恐怕以为我不会和齐国绝交吗？"便派勇士去大骂齐王。张仪知道楚国早已和齐国绝交，便出来会见楚国的使臣说："从某处到某处，横六里直六里，请贵使臣接收吧。"楚国的使者说："我听说是六百里，却不是六里。"张仪说："我本来就是一个卑微贫贱的人，怎么会有六百里献给贵国呢？"使者便回去报告楚王，楚王大怒，想要出兵征讨秦国。陈轸说："我可以说几句话吗？"楚王说："可以。"陈轸曰："征讨秦国不是好计策，大王不如顺势送给他一块大地方，和他一同去讨伐齐国，这样，我国丧失一块地方给秦国，却向齐国取回了。楚国不是仍然很完整吗？大王现在已经和齐国绝交了，却责备秦国的欺骗，这样，我国反而使齐、秦两国联合起来了，那么我国就一定会大受损失。"

楚王听不进去，于是发兵征讨秦国。秦国与齐国联合起来，韩国也跟随着这两国。楚军在杜陵吃了个大败仗。结果使楚国不但被削弱了土地和军民，而且差点没有被灭亡，这完全是由于没有采纳陈轸的计策，错误地听信了张仪的谎言。

楚绝齐齐举兵伐楚

楚绝齐，齐举兵伐楚。陈轸谓楚王曰："王不如以地东解于齐，西讲于秦。"

楚王使陈轸之秦，秦王谓轸曰："子秦人也，寡人与子故也[1]，寡人不佞[2]，不能亲国事也[3]，故子弃寡人事楚王。今齐、楚相伐，或谓救之便，或谓救之不便[4]，子独不可以忠为子主计[5]，以其余为寡人乎[6]？"陈轸曰："王独不闻吴人之游楚者乎[7]？楚王甚爱之，病[8]，故使人问之[9]，曰：'诚病乎？意亦思乎[10]？'左右曰：'臣不知其思与不思，诚思则将吴吟[11]。'今轸将为王吴吟。王不闻夫管与之说乎？有两虎争人而斗者，卞庄子将刺之，管与止之曰：'虎者，戾虫[12]，人者，甘饵也。今两虎争人而斗，小者必死，大者必伤。子待伤虎而刺之，则是一举而兼两虎也[13]。无刺一虎之劳，而有刺两虎之名。'齐、楚今战，战必败。败，王起兵救之，有救齐之利，而无伐楚之害[14]。计听知覆逆者[15]，唯王可也。计者，事之本也；听者，存亡之机也[16]。计失而听过，能有国者寡也。故曰：'计有一二者难悖也[17]，听无失本末者难惑也[18]。'"

【注释】

①故：故旧，老交情。此指秦王说自己与陈轸是老交情。②不佞（nìng）：没有才能，自谦之辞。佞，才智。③亲：知，主持。④救：阻止，制止。便：利，有利。⑤独：难道，表示反问的副词。主：君主的简称，此指楚怀王。⑥以其余为寡人乎：意即在替你的楚王策划之余，也替我策划策划。⑦游楚者：在楚国做官的人。⑧楚王：在这指楚先王。病：指吴人病。⑨故使人问之：于是楚王派人去问候吴人。故：于是，就。⑩意亦思乎：或者只是思念吴国吗？意，通抑，或者。亦：只是。⑪诚思则吴吟：真的思念吴国那他将操吴国口音而呻吟。⑫戾（lì）虫：残暴的动物，专指老虎。虫，泛指动物。注：古人称禽为羽虫，兽为毛虫，龟为甲虫，鱼为鳞虫，人为倮虫。⑬兼：同时获得。⑭害：危害。⑮计听知覆逆：能谋善断又能预知事情的顺与不顺。⑯机：枢要，关键。⑰悖（bèi）：谬误。⑱惑：乱，迷乱。

【译文】

楚国与齐国断绝交往，齐国出兵讨伐楚国。陈轸对楚怀王说："大王不如拿出土地来在东面与齐国和解，在西面与秦国讲和。"楚怀王派陈轸到秦国去，秦惠王对陈轸说："你身为一个秦国人，我和你是老交情，我没有才智，不能主持国事，因此你离开我去事奉楚王了。现在齐国和楚国互相讨伐，有人说去将它制止好，有人说去制止它不好，你难道不可以在忠于你的君主，在为他出谋划策之后，用你的余力为我拿点主意吗？"

陈轸说："大王曾经没有听到过一位吴国人到楚国做官的事情吗？楚先王非常爱护他，那位吴国人病了，楚先王特意派人去慰问他，楚先王问慰问的人说：'是不是真的得病了？还是思念他的吴国呢？'那使臣说：'我不知道他思念不思念吴国，真的思念那他将操吴国口音呻吟。'如今我陈轸将替大王您操吴国口音呻吟。大王您不曾听到过管与的一番言论吗？有两只老虎因抢着吃一人而搏斗，卞庄子要去刺杀它们，管与将他制止说：'老虎是一种贪婪残暴的动物，它最美好的食物是人。现在两只虎因争一人而搏斗，小老虎一定会死掉，大老虎必定要负伤。你只需等待时机去刺杀负伤的老虎，那可是一下子而能获得两只老虎的了。没有付出刺杀一只老虎的劳力，却获得了刺死两只老虎的美名。'如今齐、楚两国交战，交战双方必定有一方会战败。一方失败，大王就可出兵去救助，这样，能占有救助齐国的好处，而不会有征讨楚国的坏处。能谋善断又能预知事情发展的顺利与不顺利，只有大王您能够办得到。谋略，是办事的根本；英明的决断，是存亡的关键。谋略错了而决断又出现过失，能取得国家的是太少了。所以说：'再三计谋的就很难出现错误，决断不失本末的也难以产生迷乱。'"

医扁鹊见秦武王

医扁鹊见秦武王①，武王示之病，扁鹊请除。左右曰："君之病，在耳之前，目之下，除之未必已也，将使耳不聪，目不明。"君以告扁鹊。扁鹊怒而投其石②："君与知之者谋之，而与不知者败之。使此知秦国之政也，则君一举而亡国矣。"

【注释】

①扁鹊：战国时名医，姓秦名越人，勃海郡（今河北省任丘县）人。学医于长桑君，医疗经验丰富，擅长各科，反对巫术治病。入秦后，太医令李醯（xī）自知不如，派人将他刺死。②石：石针，即砭（biān），古人用以扎皮肉治病。

【译文】

　　名医扁鹊进见秦武王，武王自己的病情告诉了他，扁鹊请求为武王医治。武王左右的人说："大王的病在耳朵的前面，眼睛的下面，治疗不一定能根除，说不定还会使耳不聪，目不明。"武王把左右人说的话告诉了扁鹊，扁鹊极为愤怒地扔掉石针，说"大王和懂医道的人谋划，却又和不懂医道的人共同败坏它。由此可以知晓秦国的国政了，那么大王如用这种方法治理国家，一下子就可以使国家覆灭的了。"

宜阳之役楚畔秦而合于韩

　　宜阳之役，楚畔秦而合于韩①。秦王惧，甘茂曰："楚虽合韩，不为韩氏先战②；韩亦恐战而楚有变其后。韩、楚必相御也。楚言与韩，而不余怨于秦③，臣是以知其御也④。"

【注释】

　　①畔：通叛，违背，背叛。②不为韩氏先战：意即楚国不会替韩国先与秦国作战。③楚言与韩，而不余怨于秦：楚国声言与韩国联合，但对秦国却不见得有太深的遗怨。与：联合，结盟。④知其御：意即知道他们之间互相制约。

【译文】

　　宜阳战役，楚国背叛秦国而与韩国联合起来。秦王有些害怕，甘茂说："楚国虽然与韩国联合，但不会替韩国先出兵与秦国作战，韩国也怕攻打秦国的时候，楚国在后面发难。这样，韩国和楚国必然互相防备彼此观望。楚国尽管声言与韩国联合，但不会对秦国有多大的遗怨，所以我认为楚国与韩国之间将会互相防备各存戒心的。"

甘茂约秦魏而攻楚

　　甘茂约秦、魏而攻楚。楚之相秦者屈盖①，为楚和于秦，秦启关而听楚使。甘茂谓秦王曰："怵于楚而不使魏制和②，楚必曰：'秦鬻魏③。'不悦而合于楚，楚、魏为一，国恐伤矣。王不如使魏制和，魏制和必悦。王不恶于魏，则寄地必多矣"④。

【注释】

　　①屈盖：楚国人，在秦国任国相。②怵（chù）：通诉，诱，利诱。制：主，主持。③鬻（yù）：出卖。④寄地：像寄在别国的土地，总要还的。

【译文】

　　甘茂联合秦国和魏国共同攻打楚国。在秦国任国相的楚国人屈盖，替楚国向秦国讲和，于是秦国便将关打开接受楚国的使臣。甘茂对秦王说："秦国受楚国的利诱而不让魏国主持讲和，楚国一定会对魏国说：'秦国把魏国给出卖了。'魏国不高兴就会和楚国联合，楚、魏两国成为一体，秦国的利益也许要受到损害了。大王不如让魏国来主持讲和，魏国主持讲和一定非常高兴。这样，魏国就不再憎恨大王，那么大王可以获得的土地也就更多了。"

薛公为魏谓魏冉

薛公为魏谓魏冉曰①："文闻秦王欲以吕礼收齐，以济天下，君必轻矣。齐、秦相聚以临三晋，礼必并相之②，是君收齐以重吕礼也。齐免于天下之兵，其仇君必深。君不如劝秦王令弊邑卒攻齐之事③。齐破，文请以所得封君。齐破晋强④，秦王畏晋之强也，必重君以取晋⑤。齐予晋弊邑，而不能支秦⑥，晋必重君以事秦。是君破齐以为功，操晋以为重也⑦。破齐定封⑧，而秦、晋皆重君；若齐不破，吕礼复用⑨，子必大穷矣。"

【注释】

①薛公：即田文，号孟尝君。魏冉：秦国大臣，原是楚国人，秦昭王母舅。秦武王死后发生内乱，他拥立秦昭王，初任将军，后一再任相国，封于穰邑（今河南省邓县），称穰侯，后加封陶邑（今山东省定陶县西北一带）。②并相：指同时兼任齐、秦两国的相国。③弊邑：此指田文所受封的薛邑。④晋：即三晋，可兼指三国，也可任指一国或二国，一般说晋国，常特指魏国。⑤重君：意即重用魏冉。⑥支：拒，抗拒。⑦操：把持。为重：意即抬高自己的身价、地位。⑧定封：巩固并扩大自己的封邑。⑨复用：再次被秦国任用。

【译文】

薛公田文为了魏国对秦国相国魏冉说："我得知秦王想要由吕礼来交结齐国，以此来救助天下，您一定会被看不起的。齐国和秦国互相结合起来去对付三晋，吕礼一定会兼任齐、秦两国的相国，这就等于您交结齐国而提高了吕礼的地位。齐国免除了各国的军事威胁，它一定会深深地对您仇目以视。您不如劝说秦王命令薛地的兵力去攻打齐国。齐国战败了，我愿意把所取得的土地送给您。齐国大败而晋国强大，秦王惧怕魏国的强大，一定会重用您去交结魏国。齐国给魏国薛邑，而不能抵御秦国，魏国一定会借重您来交结秦国。这样，您打败齐国建立了功劳，又依仗魏国加强了您的地位。这么一来，您打败了齐国巩固并将自己的封邑扩大了，秦国和魏国就会共同重视您；如果齐国不遭受挫败，吕礼再次被重用，那您也一定会陷入莫大的困境了。"

秦客卿造谓穰侯

秦客卿造谓穰侯曰①："秦封君以陶②，藉君天下数年矣。攻齐之事成，陶为万乘，长小国，率以朝天子，天下必听，五伯之事也③；攻齐不成，陶为邻恤④，而莫之据也。故攻齐之于陶也，存亡之机也。

"君欲成之，何不使人谓燕相国曰：'圣人不能为时，时至而弗失。受虽贤，不遇尧也，不得为天子；汤、武虽贤，不当桀、纣不王。故以舜、汤、武之贤，不遭时不

得帝王。今攻齐，此君之大时也已因天下之力，伐仇国之齐，报惠王之耻⑤，成昭王之功⑥，除万世之害，此燕之长利，而君之大名也。《书》云，树德莫如滋⑦，除害莫如尽。吴不亡越，越故亡吴⑧；齐不亡燕，燕故亡齐⑨。齐亡于燕，吴亡于越，此除疾不尽也。以非此时也，成君之功，除君之害，秦卒有他事而从齐，齐、赵合，其仇君必深矣。挟君之仇以诛于燕，后虽悔之，不可得也已。君悉燕兵而疾攻之，天下之从君也，若报父子之仇。诚能亡齐，封君于河南⑩，为万乘，达途于中国，南与陶为邻，世世无患。愿君之专志于攻齐，而无他虑也。'"

【注释】

①客卿：请别国人在本国作官，其位为卿，而以客礼相待，称为客卿。造：客卿名，其姓不明。②陶：魏冉的封邑之一，位于今山东定陶县西北。③五伯：即五霸。春秋时先后称霸的五个诸侯。指齐恒公、晋文公、宋襄公、秦穆公、楚庄王。④邻恤（xù）：近于忧患。邻，接近。⑤惠王之耻：指燕惠王时，齐国田单破燕军而杀燕将骑劫的事。⑥昭王之功：指燕昭王二十八年，乐毅伐齐，攻占齐七十多座城的事。⑦滋：培植，增长。⑧吴不亡越，越故亡吴：指吴王夫差栖越王勾践于会稽，后勾践灭吴之事。⑨齐不亡燕，燕故亡齐：指周赧王元年（公元前 314 年）齐宣王乘子之祸乱国家时伐燕，后燕昭王使乐毅将五国之兵伐齐，入临淄之事。⑩河南：指黄河以南。

【译文】

秦国名叫造的客卿对穰侯说："秦国封赠您陶邑，借助您掌握天下已经多年了。进攻齐国的事如能成功，陶邑就将成为拥有万辆兵车的大国，同时成也就为各小国的首领，可以率领它们去朝拜天子，天下诸侯一定都会俯首听命的，这可是五伯称霸天下的大业；进攻齐国如果失败，陶邑就将成为忧患，而没有了依靠了。所以攻打齐国对于陶邑来说，是生死存亡的关键之所在。

"您要想使攻打齐国的事成功，为什么不派人去对燕国的相国说：'圣人不能创造天时，他却能牢牢把握不让时机失去。舜虽然贤能，但要是没有遇上尧帝，也就成不了天子；汤王、武王虽然贤能，但如果他们不去抗据夏桀、商纣的暴虐，也就当不上帝王。所以舜帝、汤王、武王的贤能，如果没有合适的时机，那是成不了帝王的。现在攻打齐国，这是您最好的时机了。依靠天下的兵力，攻打仇敌齐国，去回报燕惠王的耻辱，去将燕昭王的功业完成，除掉千秋万世的祸害，这是燕国的长久利益，也是相国您最大的名誉。《尚书》说，树立德行应当促其增长，铲除祸害要彻底。吴国不灭亡越国，越国就必然要灭亡吴国；齐国如果灭亡不了燕国，燕国就必然会灭亡齐国。齐国被燕国灭亡，吴国被越国灭亡，这都是除铲害祸不彻底的缘故。不在这个时候去完成您的功业，去把您的祸害铲除，秦国突然有了其他的变故而联合齐国，齐国又联合赵国，它一定会深深地仇视您了。挟持您的仇敌齐国来讨伐燕国，那时即使后悔，机会不可能再来了。您用全部燕国的兵力去迅速发动进攻，天下诸侯将会跟从您，就像报父子之仇一样对付齐国了。果真能灭亡齐国，把您封在黄河之南，成了拥有万辆兵车的大国，使中原各国畅通顺达，南面与陶邑为邻，世世代代可以无忧无虑了。希望您一心一意去进攻齐国，而不要有其他的想法了。'"

谓魏冉曰楚破秦

　　谓魏冉曰："楚破秦，不能与齐县衡矣①。秦三世积节于韩、魏②，而齐之德新加与③。齐、秦交争，韩、魏东听，则秦伐矣。齐有东国之地，方千里。楚苞九夷④，又方千里，南有符离之塞，北有甘鱼之口⑤。权县宋、卫⑥，宋、卫乃当阿、甄耳⑦。利有千里者二⑧，富擅越隶，秦乌能与齐县衡，韩、魏支分方城膏腴之地以薄郑⑨，兵休复起，足以伤秦，不必待齐。"

【注释】

　　①县衡：意即较量。县通悬。衡，计量。②三世积节于韩、魏：秦国三世与韩、魏有多次交战。三世，指秦惠王、武王、昭王。积节，多次交战。③齐之德新加与：指齐国施恩惠于韩、魏而新结为友国。④苞九夷：包容九夷。苞，通包。九夷，其区域相当于淮北、鲁南泗上十二诸侯之地。⑤甘鱼：地名，即甘鱼陂，今湖北省天门县西北。⑥权县：意即权衡。县，通悬。⑦阿、甄：齐地。阿位于今山东省东阿县。甄即鄄，位于今山东省濮县东部。⑧千里者二：是说齐国之地千里，楚国九夷之地又千里，齐兼而有之。⑨支分：意即肢解。方城：楚地位于今河南方城县以北。郑：即新郑，韩国都城；战国时曾称韩为郑。

【译文】

　　有人对魏冉说："如果楚国把秦国攻破的话，秦国就不能同齐国较量了。再说秦国三代人和韩、魏两国有屡次交战之仇，而齐国又刚刚把好处给了韩、魏。当齐、秦交战的时候，韩、魏一定会听从东边的齐国，那么秦国将遭到攻打。齐国东方的土地，土地方圆千里。楚国包容九夷，方圆也有千里，何况南边还有符离要塞，北边有甘鱼陂隘口。如果权衡一下宋、卫两国的力量，宋、卫只不过相当于齐国的阿、甄两地罢了。如果齐国将楚国的土地占领，就等于有了两个方圆千里的国土，又独个儿握有楚国越地的民众，秦国便不能与齐相较量了，当齐军肢解肥沃的方城土地为了接近韩国时，韩、魏的军队不必再发动，满可以挫伤秦国的元气，而不必等待齐国动手了。"

范雎至秦

　　范雎至秦，王庭迎，谓范雎曰："寡人宜以身受令久矣。今者义渠之事急，寡人日自请太后。今义渠之事已，寡人乃得以身受命。躬窃闵然不敏，敬执宾主之礼。"范雎辞让。

　　是日见范雎，见者无不变色易容者。秦王屏左右，宫中虚无人，秦王跪而请曰："先生何以幸教寡人？"范雎曰："唯唯。"有间，秦王复请，范雎曰："唯唯。"若是者三。

　　秦王跽曰："先生不幸教寡人乎？"

　　范雎谢曰："非敢然也。臣闻始时吕尚之遇文王也，身为渔父而钓于渭阳之滨

耳①。若是者，交疏也②。已一说而立为太师③，载与俱归者，其言深也④。故文王果收功于吕尚，卒擅天下而身立为帝王。即使文王疏吕望而弗与深言，是周无天子之德，而文、武无与成其王也。今臣，羁旅之臣也，交疏于王，而所愿陈者，皆匡君之事，处人骨肉之间⑤，愿以陈臣之陋忠，而未知王心也，所以王三问而不对者是也。臣非有所畏而不敢言也，知今日言之于前，而明日伏诛于后，然臣弗敢畏也。大王信行臣之言，死不足以为臣患，亡不足以为臣忧，漆身而为厉，被发而为狂，不足以为臣耻。五帝之圣而死，三王之仁而死，五伯之贤而死，乌获之力而死，奔、育之勇焉而死。死者，人之所必不免也。处必然之势，可以少有补于秦，此臣之所大愿也，臣何患乎？伍子胥橐载而出昭关，夜行而昼伏，至于蒌水，无以饵其口，坐行蒲服，乞食于吴市，卒兴吴国，阖庐为霸⑥。使臣得进谋如伍子胥，加之以幽囚⑦，终身不复见，是臣说之行也，臣何忧乎？箕子、接舆，漆身而为厉，被发而为狂，无益于殷、楚。使臣得同行于箕子、接舆⑧，漆身可以补所贤之王，是臣之大荣也，臣又何耻乎？臣之所恐者，独恐臣死之后，天下见臣尽忠而身蹶也⑨，是以杜口裹足，莫肯即秦耳。足下上畏太后之严，下惑奸臣之态；居深宫之中，不离保傅之手⑩；终身暗惑⑪，无与照奸⑫；大者宗庙灭覆，小者身以孤危。此臣之所恐耳！若夫穷辱之事，死亡之患，臣弗敢畏也。臣死而秦治，贤于生也。"

【注释】

①渭阳之滨：渭水（今陕西省）的北岸。水之北为阳，水之南为阴。②交疏：交往不密切。疏，疏远。③已：意同已而，不久。④其言深也：他说的话很深刻恳切。⑤骨肉：血统最亲近的人，如父母兄弟姐妹等。宣太后与昭王为母子，穰侯与昭王为舅甥，均可说是骨肉之亲。⑥阖庐：吴王，名光，夫差之父。在位时，用伍子胥、孙武，西破强楚，北威齐、晋，南服越人，所以说为霸。⑦加之以幽囚：意即把我囚禁起来。加，施。⑧箕子：殷纣王的叔父（一说庶兄），名胥余，封于箕。箕子谏纣不听，便披发佯狂，去做奴隶。接舆：春秋时楚人，佯狂避世的隐士。⑨蹶（jué）：倒毙，意即死。⑩保傅：宫中主管奉侍养育之职的女人，如保母、乳母之类。⑪暗惑：意即糊涂。⑫照奸：察明奸恶。照，明。

【译文】

范雎来到秦国，秦王在朝廷迎接他，对范雎说："我应当亲身接受你的指教，已经好久了。刚巧遇上了义渠国的战事很紧急，我天天忙于向太后请命。如今义渠国的战事结束了，我才能够来亲身领教。我暗自认为自己处理事情糊涂而又迟钝，现在我用宾主的礼节接见你。"范雎辞谢表示实在是不敢当。

这天人们看到范雎拜见秦王，看见的人没有不惊恐得面容失色的。秦王把左右的随从人员支开，宫廷里空无一人，秦王便跪在地上请教说："先生凭什么来指教我呢？"范雎说："好好。"停了一会儿，秦王再次请教他，范雎说："好好。"像这样做合计有三次。

秦王长跪说："先生终究不愿意指教我吗？"

范雎深表歉意地说："不敢接受您这样的礼遇。我曾经听说从前姜太公遇见文王的时候，他只不过是一个在渭水边垂钓的渔翁而已。像这样的话，交情是很疏远的。后来文王和他一席谈话，不久便立刻立他为太师，用车子送他一同回到周朝国都，只因为他言谈极为深刻恳切的缘故。所以后来文王果然在吕尚身上收到功业，最终得天下而自立为帝王。如果文王当时疏远吕尚，不同他进行深刻恳切的谈话，那就是周朝没有做天子的德量，文王、武王也不能和他一起建成王业了。现在我是一个客籍的臣子，和大王的交情不是密切的，但我所要陈说的，都是帮助国君您的事情，在您们骨肉亲情之间，我愿意陈过自己鄙陋的一片忠心，却不知道大王您的心意，所以大王三次问我，我三次没有回答，就是这个缘故。并不是我有什么畏惧不敢说，我就是知道今天在大王面前说了，明天就要被诛杀，那我也不敢怕死不说的。大王相信我的言论，就是死了我也不当作是遗憾终身，就是被赶走我也不会忧愁，身上涂漆长出毒疮，披头散发成为狂人，我也不以为羞耻。五帝那么圣德也死了，三王那么仁德也死了，五霸如此的贤能也死了，乌获那么有力气也死了，孟奔、夏育那么英勇也死了。死是任何人也避免不了的。处在必要的形势和条件下，只要能够稍稍有益于秦国，这便是我最大的心愿了，我还有什么可觉得害怕的呢？伍子胥装在口袋里逃出昭关，夜间走路而白天躲藏，到了蔆水，没有食物吃，便爬着赶路，在吴市上乞讨，最后终于振兴了吴国，使阖庐在诸侯中称霸。要是我能够进谋像伍子胥一样，即使把我囚禁起来，永世不得拜见大王，只要我的言论能够实行，我还有什么值得忧虑的呢？箕子和接舆都因涂漆而生毒疮，披头散发成了狂人，对殷朝和楚国没有助益。如果我能够与箕子、接舆一样，即使涂漆生疮，只要能对贤明的大王有所帮助，这便成为我最最引以为自豪的了，又怎么会感到羞耻呢？我所害怕的，是唯独害怕死了之后，天下人看到我赤胆忠心反倒身死，因此而闭口无言裹足不前，没有人敢到秦国来了。现在大王您上面怕太后的威严，下面被奸臣的媚态所迷惑；久居在深宫之中，离不开保母女侍的服侍，终身迷迷糊糊，没有谁可以同您一起把奸诈的事情察明；那些奸诈的事情，大的要使国家覆灭，小的要危及自身。这是我最害怕的了！像那穷困羞辱的事，以及死亡的忧患，却并不是我敢害怕的。我死了却能使秦国政治清正廉明安定，那就比我活着好得多了。"

秦王跽曰："先生是何言也！夫秦国僻远，寡人愚不肖，先生乃幸至此，此天以寡人恩先生①，而存先王之庙也。寡人得受命于先生，此天所以幸先王而不弃其孤也。先生奈何而言若此！事无大小，上及太后，下至大臣，愿先生悉以教寡人，无疑寡人也。"范雎再拜，秦王亦再拜。

范雎曰："大王之国，北有甘泉、谷口，南带泾、渭，右陇、蜀，左关、阪；战车千乘，奋击百万。以秦卒之勇，车骑之多，以当诸侯，譬若驰韩卢而逐蹇兔也，霸王之业可致。今反闭关而不敢窥兵于山东者，是穰侯为国谋不忠，而大王之计有所失也。"

雎曰："大王越韩、魏而攻强齐，非计也。少出师，则不足以伤齐；多之则害于秦。臣意王之计欲少出师②，而悉韩、魏之兵则不义矣③。今见与国之不可亲④，越人之国而攻，可乎？疏于计矣！昔者，齐人伐楚⑤，战胜，破军杀将，再辟千里⑥，肤寸之地无得者⑦，岂齐不欲地哉？形弗能有也。诸侯见齐之罢露⑧，君臣之不亲，举兵而伐之⑨，主辱军破，为天下笑。所以然者，以其伐楚而肥韩、魏也。此所谓藉贼兵而赍盗食者也⑩。王不如远交而近攻，得寸则王寸之，得尺亦王尺之也。今舍此而远攻，不亦谬乎？且昔者，中山之地，方五百里，赵独擅之⑪，功成、名立、利附，则天下莫能害⑫。今韩、魏，中国之处，而天下之枢也。王若欲霸，必亲中国而以为天下枢，以威楚、赵。赵强则楚附，楚强则赵附。楚、赵附则齐必惧，惧必卑辞重币以事秦，

齐附而韩、魏可虚也。"

王曰:"寡人欲亲魏,魏多变之国也,寡人不能亲。请问亲魏奈何?"范雎曰:"卑辞重币以事之,不可;削地而赂之,不可;举兵而伐之。"于是举兵而攻邢丘,邢丘拔,而魏请附。

曰:"秦、韩之地形,相错如绣。秦之有韩,若木之有蠹,人之病心腹。天下有变,为秦害者莫大于韩。王不如收韩。"王曰:"寡人欲收韩,韩不听,为之奈何?"

范雎曰:"举兵而攻荥阳[13],则成皋之路不通;北斩太行之道则上党之兵不下[14];一举而攻荥阳,则其国断而为三。韩见必亡,焉得不听?韩听而霸事可成也。"王曰:"善"。

范雎曰:"臣居山东,闻齐之有田单[15],不闻其有王。闻秦之有太后、穰侯、泾阳、华阳[16],不闻其有王。夫擅国之谓王[17],能专利害之谓王,制杀生之威之谓王。今太后擅行不顾[18],穰侯出使不报,泾阳、华阳击断无讳,四贵备而国不危者,未之有也。为此四者,下乃所谓无王已。然则权焉得不倾,而令焉得从王出乎?臣闻:'善为国者,内固其威,而外重其权。'穰侯使者操王之重,决裂诸侯,剖符于天下[19],征敌伐国,莫敢不听。战胜攻取,则利归于陶;国弊,御于诸侯[20];战败,则怨结于百姓,而祸归社稷。《诗》[21]曰'木实繁者披其枝,披其枝者伤其心。大其都者危其国,尊其臣者卑其主。'淖齿管齐之权[22],缩闵王之筋[23],县之庙梁,宿昔而死[24]。李兑用赵[25],减食主父[26],百日而饿死。今秦,太后、穰侯用事,高陵、泾阳佐之[27],卒无秦王,此亦淖齿、李兑之类已。臣今见王独立于庙朝矣,且臣将恐后世之有秦者,非王之子孙也。"

秦王惧,于是乃废太后,逐穰侯,出高陵,走泾阳于关外。

昭王谓范雎曰:"昔者,齐公得管仲[28],时以为仲父。今吾得子,亦以为父。"

【注释】

①不肖:无能。恩(hùn):惊动,打扰。②意:即意测。③义:即宜,适宜。已少出师,而使人悉出,非宜。④与国:此指韩、魏两国。⑤齐人伐楚:齐国进攻楚。⑥辟:开拓。意即拓地也。⑦肤寸:古长度单位。以一指宽为一寸,四指为肤,此指微小的意思。⑧罢露:赢弱困乏。罢通疲。⑨举兵而伐之:此指乐毅主持诸国伐齐之役,事在周赧王三十一年(公元前284年)。⑩赉(jì):送人东西。⑪擅:意即占有。⑫天下莫能害:天下没有一个国家能害他的。⑬荥(xíng)阳:韩国邑名,故城在今河南省荥阳县东北。⑭太行之道:指太行一带险阻的羊肠道。⑮闻齐之有田单:听到齐国只有一个田单。⑯泾阳:此指泾阳君,为秦昭王同母弟公子市。华阳:指华阳君,为秦昭王舅芈戎封号。⑰擅:意即专行。⑱擅行不顾:独断专行而不顾及君王。⑲剖符于天下:在天下擅自加官封爵。剖符,古代帝王授与诸侯、功臣的凭证。符为竹制,剖分为二,帝王与诸侯各执其一,故曰剖符。⑳御于诸侯:指穰侯掌权控制主宰各诸侯。㉑《诗》:即《逸诗》,指不见于《诗经》之外的古诗。㉒淖齿:楚国人,楚使他为将率兵救齐,因之为相。㉓缩:收缩,此引申为抽取。㉔宿昔:早晚,一夜之间。㉕李兑:赵国司寇,后封为奉阳君。㉖主父:即赵国武灵王雍,赧王十六年,武灵王传位于少子何,自号主父,后太子章作乱,公子成、李兑起兵拒难,章败走主父所,成、兑因围主父宫,主父不得出,三月余饿死。㉗高陵:即高陵君,昭王封同母弟显为高陵君;高陵,在今陕西省高陵县西南。㉘管仲:春秋齐国颍上人。名夷吾,字仲。帮助齐桓公完成霸业,使桓公成为春秋时第一个称霸的人。

【译文】

秦王恭敬地长跪着说："先生这是说的什么话！秦国偏僻荒远，我又愚笨缺乏才干，幸而先生来到这里，这是上天要让我来打扰先生，从而使我先王的宗庙得以保存。我得以领受先生的指教，这便是上天宠爱我先王又不遗弃我啊。先生您为什么说出这样的话来！现在事情不论大小，上面到太后，下面到大臣，期望先生全都指教我，不要再疑心我了。"范雎连续拜了两拜，秦王也拜了两拜。

范雎说："大王的国土，北面有甘泉、谷口，南面有泾水、渭水，右面是陇坻、蜀道，左面是函谷关、陇坂；掌握着上千辆战车，勇敢的士兵有近百万。凭着秦国士兵的英勇威猛，车马的众多，去攻打诸侯，就像骏犬追捕跛脚的兔子一样，霸主的大业是一定可以建立的。现在反而闭关自守不敢向太行山以东的各诸侯国用兵，这是因为穰侯为国家谋划不尽忠心，而且大王您的计划策略又有失误的地方。"

昭王说："希望指出我失误的地方。"

范雎说："大王出兵借道韩国和魏国去进攻强大的齐国，这是失算的。出兵如果很少，便不足以伤害齐国；出兵多了，又有害于秦国。我料想大王的计策一定是秦国少出兵，尽量使用韩国和魏国的兵力去攻打齐国，这是非常不妥当的。现在看出与您联合的国家是不可靠的，借道别的国家去攻打远方的齐国，能够行得通吗？这分明是计谋上的疏忽！过去，齐军去攻打楚国，打了胜仗，击败了楚军斩杀了楚将，得地一千里，到后来连寸土也没有得到，难道齐国不想要土地吗？是形势不许可的。诸侯看到齐国军队疲乏不堪，君臣又不和睦，就出兵攻打齐国，使得齐军吃了大败仗湣王出走，被天下人耻笑。之所以会这样，是因为齐国攻打楚国，恰恰使韩、魏两国从中渔利壮大自己的缘故。这就是所谓'给贼送刀，给盗送粮'吧。大王不如用远交近攻的策略，那样攻取一寸就是大王的一寸土地，得一尺就是大王的一尺土地了。现在放弃这个策略却去远攻，不是错误了吗？况且从前中山国的土地，方圆五百里，被赵国独自占有，功业成就，名声大振，利益又到了手，天下没有一个国家敢去侵犯它。现在韩、魏两国处于中原，好比天下的中心。大王要是想称霸诸侯，一定要亲近中原各诸侯国，把它们作为天下的中心，去威镇那楚国和赵国。赵国强了，楚国定会来归附，楚国强了，赵国也定来归附。楚、赵两国都来归附，齐国一定会害怕。齐国一害怕肯定会用谦卑的言辞和贵重的财物来事奉秦国了，齐国既然前来归附，那么韩、魏两国一定可以灭亡了。"

昭王说："我是打算亲近魏国的，但魏国是一个策略变化无常的国家，我不能和它亲近。请问怎样去亲近魏国？"范雎说："先用谦逊的言辞和贵重的财物去事奉它，不可以；割土地献给它，还不可以；便出兵去讨伐它。"于是出兵攻打邢丘，邢丘被攻克之后，魏国请求归附秦国。

范雎又说："秦国和韩国的地形，如同丝绣一样互相交错。秦国有韩国，好像树有了蛀虫，人患了心腹大病一样，天下一旦有了变动，成为秦国祸患的国家，莫过于韩国了。大王还不如把韩国收取了。"昭王说："我想收取韩国，但韩国不依从我，该如何是好呢？"

范雎说："只要大王兴兵去攻打荥阳，那么成皋的路便不通了；北面把太行山的道路截断了，上党的兵力就冲不下来；一出兵便直接去攻打荥阳，韩国便可分成三段，韩国看到国家定将走向灭亡，哪里还敢不依从呢？韩国一旦依从；那么大王的霸业便可以成功了。"昭王说："实在是太好了。"

范雎说："我住在山东的时候，只是听说齐国有一个田单，却没有听到有君王。只听到秦国有个太后和穰侯、泾阳君、华阳君，却没有听到有君王。只有能够独立自主掌管国事的人才可以为王，只有能专断利害的才可以为王，只有能掌握生杀权威的才可以为王。现在太后擅断专横不顾一切，穰侯出使各国，归来也不禀报，泾阳君、华阳君随意处治他人毫无顾忌，这四位权贵齐全而国家不危险，那是从来也不可能的。由于这四位权贵，下面才说秦国没有君王了。既然是这样，那么国家的权威怎么会不倒，号令又怎么会从大王您那里发出来呢？我听说'善于治理国家的君王，对内牢固地树立他的威信，对外重视他的权力。'穰侯出使操持大王的权力，将诸侯的土地割裂，擅自封爵，征伐敌国，没有人敢不听从。打了胜仗，便把利益归到他自己的封地陶邑去；国家更加困难了，于是就让诸侯去承担；战败了，便结怨于老百姓，灾祸都集中到国家上去了。《逸诗》上说：'果子多的树一定会折断枝条，折断了枝条一定会将树心伤害。封给臣子的都邑过于强大，国家必然危险，臣子太尊贵了，君王必然卑弱。'楚将淖齿在齐国专权，减少主父的食物，一百天之后主父就饥饿身亡了。现在秦国有太后、穰侯专权，加上高陵和泾阳君帮助他们，最终是不会有秦王的地位了，这些人便是淖齿、李兑的同类。我今天看到大王您在朝廷的孤立，恐怕后世操纵着秦国的，不会是大王您的子孙了。"

秦昭王心中非常害怕，于是就废了太后，驱逐了穰侯，调出高陵君，把泾阳君赶出国门之外。

昭王对范雎说："从前齐桓公得到管仲，便尊敬地称他为仲父，现在我得到了您，理所当然也尊敬您为父辈吧。"

秦攻韩围陉

秦攻韩，围陉①。范雎谓秦昭王曰："有攻人者，有攻地者。穰侯十攻魏而不得伤者，非秦弱而魏强也，其所攻者，地也。地者，人主所甚爱也。人主者，人臣之所乐为死也。攻人主之所爱，与乐死者斗，故十攻而弗能胜也。今王将攻韩围陉，臣愿王之毋独攻其地，而攻其人也。王攻韩围陉，以张平为言。张平之力多，且削地而以自赎于王，几割地而韩不尽；张平之力少，则王逐张平，而更与不如张平者市②。则王之所求于韩者，尽可得也。"

【注释】

①陉（xíng）：韩地，故城在今山西省曲沃县西北二十里处。②市：交易。此指政治外交。

【译文】

秦国准备进攻韩国，围攻陉地。范雎对秦昭王说："在作战中，有的攻取人心，有的只是攻占土地。穰侯已经十次进攻魏国却不能重创他们，并不是秦国弱小魏国强大，而是因为穰侯他们所要夺取的只是魏国的土地。土地原本是人主最喜爱的东西，而人主，无论哪个大臣都乐意为他效命。攻取人主所最为喜爱的东西，又与乐意为之而死的人搏斗，因此十次进攻都不能够获取胜利。现在大王准备进攻韩国围攻陉地，我希望大王不要光是攻占他们的土地，而是要攻取他们的人心。大王如果是进攻韩国围攻陉地，就要以张平为谈判对象。如果张平有头脑，他就将把土地割让出来，而在大王面前赎罪，希望割让一些土地而使韩国不被吞灭；要是张平没有头脑，那么大王就会赶走张平，再和不如张平的人做交易讲条件。这样，大王想在韩国求取的一切，都是能够统统得到手的。"

应侯失韩之汝南

应侯失韩之汝南①。秦昭王谓应侯曰："君亡国，其忧乎?"应侯曰："臣不忧。"王曰："何也?"曰："梁人有东门吴者②，其子死而不忧，其相室曰：'公之爱子也，天下无有，今子死不忧，何也?'东门吴曰：'吾尝无子，无子之时不忧；今子死，乃即与无子时同也。臣奚忧焉?'臣亦尝为子③，为子时不忧；今亡汝南，乃即与为梁余子同也。臣何为忧?"

秦王以为不然，以告蒙傲曰④："今也，寡人一城围，食不甘味，卧不便席，今应侯亡地而言不忧，此其情也⑤?"蒙傲曰："臣请得其情。"

蒙傲乃往见应侯，曰："傲欲死。"应侯曰："何谓也"? 曰："秦王师君⑥，天下莫不闻，而况于秦国乎! 今傲势得秦为王将，将兵，臣以韩之细也，显逆诛⑦，夺君地，傲尚奚生? 不若死。"应侯拜蒙傲曰："愿委之卿。"蒙傲以报于昭王。

自是之后，应侯每言韩事者，秦王弗听也，以其为汝南虏也。

【注释】

①汝南：汝水之南，即范雎封地应邑所属。应邑原属周地，后来归秦国，当时已被韩国占领。②东门吴：人名，姓东门，名吴，魏国的高士，为人豁达。③子：一说特指余子，无封地者；一说余子即非长子，古代只有长子有官位的继承权。此处可引申为平民。④蒙傲：即蒙骜，齐国人，事奉秦昭王，官至上卿，后为秦将。其子蒙武，蒙武之子蒙恬、蒙毅，三世为秦将。⑤此其情也：这是他的真情实话吗? ⑥师君：以君为师。此"师"作意动词。⑦显逆诛：违逆显著者当诛讨之。

【译文】

韩国将应侯的汝南封地夺走了。秦昭王对应侯说："您失去了汝南封地是否忧愁呢?"应侯说："我不忧愁。"昭王说："为什么?"应侯说："魏国有一个叫东门吴的人，他的儿子死了却一点儿也不忧伤，他的管家说：'您疼爱自己的儿子，天下真是少有，如今儿子死了却不忧伤，这是为什么呢?'东门吴说：'我刚开始是没有儿子的人，没有儿子的时候当然没有什么忧伤；如今儿子死了，就和没有生儿子时一样了。我又有什么可忧愁的呢?'我当初也是平民百姓的儿子，做平民的儿子的时候不忧愁；现在将封地汝南也丢掉了，就和失子的魏国平民一样了。我为何要忧愁呢?"

秦王认为这不是心里话，就告诉蒙傲说："现在，我是有一个城邑被围困，就会吃饭不觉得香，睡觉也不安，可是如今应侯失去封地却说不忧愁，这难道是真情实话吗?"蒙傲说："请让我先去探听一下他的真实情况。"

蒙傲于是去见应侯，并说："我蒙傲打算去死。"应侯说："你说的是什么啊?"蒙傲说："秦昭王尊敬您为师长，天底下没有人不知道的，更何况秦国呀! 现在我蒙傲作为秦王的将领，统领着秦兵，我原以为韩国这样小，没料到竟敢公然违逆秦国的命令，夺走您的封地，我还活着干什么? 还不如一死了之。"应侯向蒙傲下拜说："希望把这件事委托给您。"蒙傲便把这一

情况向昭王回报了。

从此以后，应侯每谈到韩国的事情，秦昭王都不相信，总以为他是为了夺回汝南的封地。

秦攻邯郸

秦攻邯郸，十七月不下。庄谓王稽曰①："君何不赐军吏乎？"王稽曰："吾与王也，不用人言。"庄曰："不然。父之于子也，令有必行者，必不行者。曰：'去贵妻，卖爱妾'，此令必行者也；因曰：'毋敢思也'，此令必不行者也。守闾妪曰②，'其夕，某孺子内某士。'贵妻已去，爱妾已卖，而心不有。欲教之者，人心固有。今君虽幸于王，不过父子之亲；军吏虽贱，不卑于守闾妪。且君擅主轻下之日久矣。闻'三人成虎③，十夫揉椎④。众口所移，毋翼而飞。'故曰，不如赐军吏而礼之。"王稽不听。军吏穷，果恶王稽、杜挚以反。

秦王大怒，而欲兼诛范雎⑤。范雎曰："臣，东鄙之贱人也⑥，开罪于魏⑦，遁逃来奔。臣无诸侯之援，亲习之故⑧，王举臣于羁旅之中，使职事⑨，天下皆闻臣之身与王之举也。今遇惑或与罪人同心⑩，而王明诛之，是王过举显于天下，而为诸侯所议也。臣愿请药赐死，而恩以相葬臣，王必不失臣之罪，而无过举之名。"王曰："有之。"遂弗杀而善遇之。

【注释】

①庄：姓佚，名庄，秦国人。②闾：门。妪（yù）：年老的女人，老妇人。③孺子：年轻的美女。三人成虎：是说有三人谎报市上有虎，听者就信以为真。比喻谣言或讹传一再反复，就有使人信以为真的可能。④揉椎：矫揉直的木棒可以使它弯曲。⑤兼诛范雎：一起处死范雎。秦法规定，举荐人任官不善，举主人连罪。王稽为范雎所荐，王稽弃市，因此说要同时诛杀范雎。⑥东鄙：魏在秦之东，因此说东鄙。鄙，边邑。⑦开罪：即得罪。⑧亲习：指近习故旧之人，王所亲信者。⑨职事：意即主持国事。职，主。⑩罪人：此指王稽。

【译文】

秦军进攻邯郸，连续攻打七个月都没有攻下。佚庄对王稽说："您为何不赏赐军中的官吏呢？"王稽说："我和父王的事，用不着别人插嘴。"佚庄说："不对。父亲对儿子来说，有的父命必须得执行，有的父命不一定行得通。如果父亲说：'赶走你那宝贝老婆，卖掉你那心爱的小妾'，这个父命就肯定做得到；要是说'不许去想念她们'，这个父命肯定行不通。再举个例子，有个看守闾里大门的老太婆说'某天晚上，某个年轻的美女进了某位男士的屋里媳妇招进一个野男人'。对前一件事来看，儿子喜爱的妻子已经离去，心爱的小妾已经卖掉，而父亲不应说不许有思念之情。而针对后一件事来说，要想控告他们通奸，每一个人本来都会产生这种想法。如今您虽然受到大王的宠爱。却不过是父子的亲情罢了；军中的官吏虽然卑贱，却不比那守门的老妇更下贱吧！再说您擅自处理人主的大事，藐视手下的兵将，这时间也不短了。您难道曾经没有听说过这样一句谚语：'三人传播谎言，可以把没有虎的街市说成有虎；十人弯曲木椎，可以把直木变成曲木。众口可以搬弄一切，即使没有翅膀也可以高飞。'因此我说，不如赏赐军中官吏，并且对他们以礼相待。"王稽没有采纳佚庄的意见。当军吏处在困境时，后来果真有人返回秦国。控告了王稽和杜挚谋反。

　　秦王听到控告后异常脑怒，想要一起处死范雎。范雎说："我，是东方卑贱的下等人，曾经得罪魏王，逃命来到秦国。我原本没有任何诸侯的授助，更没有亲近的王侯朋友，是大王从流亡中将我提拔上来，让我主管国家大事，天下人都知道我的身世和大王对我的提拔。现在我遇到谗谄，有人认为我与罪人王稽是同一个心思，若是大王明确下令将我处死，这倒在天下人面前显露出您提拔错了，并且将成为诸侯们议论的对象。我愿意请大王赐给我毒药，让我一死，并请恩准以故相国的名义将我埋葬，这样大王必定是既没有放弃对我的惩处，又不会有胡乱举荐的名声。"秦王说："说得有道理。"于是秦王没有杀范雎而是仍然对他很友好。

蔡泽见逐于赵

　　蔡泽见逐于赵[①]，而入韩、魏，遇夺釜鬲于涂[②]。闻应侯任郑安平、王稽皆负重罪，应侯内惭，乃西入秦。将见昭王，使人宣言以感怒应侯曰："燕客蔡泽，天下骏雄弘辩之士也。彼一见秦王，秦王必相之而夺君位。"

　　应侯闻之，使人召蔡泽。蔡泽入，则揖应侯，应侯固不快，及见之，又倨。应侯因让之曰："子常宣言代我相秦，岂有此乎？"对曰："然。"应侯曰："请闻其说。"蔡泽曰："吁！何君见之晚也。夫四时之序，成功者去[③]。夫人生手足坚强，耳目聪明圣知，岂非士之所愿与？"应侯曰："然。"蔡泽曰："质仁秉义[④]，行道施德于天下，天下怀乐敬爱，愿以为君王，岂不辩智之期与[⑤]？应侯曰："然"。蔡泽复曰："富贵显荣，成理万物[⑥]，万物各得其所；生命寿长，终其年而不夭伤；天下继其统[⑦]，守其业，传之无穷，名实纯粹，泽流千世，称之而毋绝，与天下终。岂非道之符，而圣人所谓吉祥善事与？"应侯曰："然。"泽曰："若秦之商君，楚之吴起[⑧]，越之大夫种[⑨]，其卒亦可愿矣。"应侯知蔡泽之欲困己以说，复曰："何为不可？夫公孙鞅事孝公，极身无二[⑩]，尽公不还私，信赏罚以致治，竭智能，示情素[⑪]，蒙怨咎[⑫]，欺旧交，虏魏公子卬[⑬]，卒为秦禽将，破敌军，攘地千里[⑭]。吴起事悼王，使私不害公，谗不蔽忠，言不取苟合，行不取苟容，行义不固毁誉，必有伯主强国[⑮]，不辞祸凶。大夫种事越王，主离困辱[⑯]，悉忠而不解[⑰]，主虽亡绝，尽能而不离，多功而不矜，贵富不骄怠。若此三子者，义之至，忠之节也。故君子杀身以成名，义之所在，身虽死，无憾悔，何为不可哉？"蔡泽曰：主圣臣贤，天下之福也；君明臣忠，国之福也；父慈子孝，夫信妇贞，家之福也。故比干忠，不能存殷；子胥知，不能存吴；申生孝，而晋惑乱。是有忠臣孝子，国家灭乱，何也？无明君贤父以听之。故天下以其君父为戮辱，怜其臣子。夫待死而后可以立忠成名，是微子不足仁，孔子不足圣，管仲不足大也。"于是应侯称善。

【注释】

　　①蔡泽：燕人，多智善辩，曾游说诸侯，不被任用。后入秦，秦昭王用他取代范雎任相国，号刚成君。②釜鬲（lì）：蒸锅和曲足鼎，泛指炊具。涂：同途。③四时之序，成功者也：一年四季的次序，春生、夏长、秋收、冬藏，各尽其功，功成则前者让位于后者。这里用来比喻人应当功成而身退。④质仁秉

义：意即依仗仁义。质　主。秉，操持。⑤辩智之期：能言辩有智慧的人所期望的。⑥成：使成长，长养。理：治理。⑦统：传统。⑧吴起：卫国人，曾从学于曾参，初仕于鲁、魏，后入秦为相，辅佐悼王变法；悼王死，宗室大臣作乱，吴起被杀害。⑨大夫种：春秋时越国大夫文种，字少禽，辅佐越王勾践灭吴雪耻，有大功，后被勾践赐剑自杀。⑩公孙鞅：即商鞅。极身无二：竭尽自己的才智，没有二心。⑪情素：真情实意。素，亦作"愫"，真情。⑫蒙怨咎：受到怨恨和责难。⑬公子卬（áng）：魏将，公元前340年，秦孝公命公孙鞅率兵伐魏，魏使公子卬迎击。公孙鞅设计诱获公子卬，大破魏军。公子卬是公孙鞅的旧友，故上句说"欺旧交"。⑭攘（rǎng）：夺取，侵夺。⑮必有：若为。必，如果。有，义通为。⑯离：通罹，遭受。⑰解：通懈，懈怠。

【译文】

蔡泽被赵国驱赶到境外，便到韩国和魏国去，在路途中被人把锅鼎等炊具夺走了。他听说应侯范雎所任用的郑安平、王稽都身负重罪，范雎因此而内心惭愧，于是就向西进入秦国。他将去拜谒见秦昭王，先指使人公开扬言用以使范雎激怒说："燕客蔡泽，是当今社会才智超群能言善辩的策士。他一会见秦王，秦王必定会任用他为相国而夺取您的地位。"

范雎听说之后，便派人把蔡泽召来相见。蔡泽进来时只向范雎拱手拜礼，并没有拜他，范雎本来就非常不高兴，等到走近看见他，那态度又那么傲慢。范雎因而责备他说："您曾经公开扬言要取代我担任秦国的相国，难道真有这种事情吗？"蔡泽回答说："是的。"范雎说："请让我听一听您的高见吧。"蔡泽说："啊！为何您的见识如此迟钝呢？"春夏秋冬四时的顺序是春生、夏长、秋收、冬藏，前面的成功了，就让位给后面的。一个人活在世上，手脚坚强，耳聪目明，通达事理，机敏明智慧，这难道不是士人所希望的吗？"范雎说："对。"蔡泽说："凭借仁义，对天下施行道义和德政，天下的百姓就会从心里往外高兴而敬爱他，愿意让他成为君王，这难道不是能言善辩有智慧的士人所期望的吗？"范雎说："是的。"蔡泽又说："取得荣华富贵，长养治理万物，让万物各得其所；使生命得到延长，享尽应有的寿命而不夭折；让天下继承他的传统，保卫他的事业，无穷无尽地传递下去，使名和实都完美无缺，使恩泽播洒千秋万代，后人称颂之声不绝，与天地共始终。这难道不正是合乎客观规律，而被圣人称为吉祥的好事吗？"范雎说："对。"蔡泽说："像秦国的商君，楚国的吴起，越国的大夫文种，他们的结局也是能够实现愿望的。"范雎知道蔡泽想要用雄辩的辞令使自己处于困境，于是又说："为何不可以呢？公孙鞅为秦孝公服务，竭尽自己的才智，从来没有二心，尽公不顾私，赏罚讲信用，达到社会安定太平，他竭尽全力贡献自己的聪明才干，表现出真情实意，遭受到怨恨和责难，将他的旧友欺骗了，诱俘了魏国的公子卬，终于替秦国擒敌将，将敌军攻破，夺取了近千里的土地。吴起为楚悼王服务，使得私家不能损害公家的利益，谗言不能蒙蔽忠良，他言论不接受苟且相合，行为不采纳苟且相容，只要行动合乎义理就不顾毁谤或者赞誉，必须要让楚国成为霸主强国，所以也就不畏惧什么凶祸。大夫文种为越王勾践服务，越王遭到困窘和耻辱，他尽心竭力赤胆忠心而不懈怠，越王即使处于危亡绝境，他却总是尽力而不肯离开的，他的功劳虽然很多但不自我夸耀，他既尊贵且富足但不骄傲也不懈怠。像这三位先生，达到了义的顶点和忠的最高境界。所以君子甘愿牺牲自我成就美名，只要是义所存在的地方，即使为它而死，也没有什么值得遗憾和悔恨，为什么不可以呢？"蔡泽说："君主圣德，臣子贤能，这是天下的福气；君主英明臣子忠诚，这完全是国家的福气；父亲慈爱儿子孝顺，丈夫诚信妻子贞节，这是家庭的福气。比干那么一片忠心，却不能保全殷商；伍子胥那么聪明智慧，却不能将吴国保全；申生那么孝顺，晋国却内乱不止。这就是有了忠臣孝子，国家仍然灭亡或混乱，为什么呢？因为没有英明的君主和贤良的父亲来听从他们的缘故。因此天下人都以那些昏君愚父为耻辱，而同情怜悯那些忠臣孝子。如果真的等到死了以后才能立忠成名，要是这样，就是微子不值得称为‘仁’，孔子不值得称为‘圣’，管仲不值得称为‘大’了。”于是范睢说他讲得好。

蔡泽得少间，因曰：“商君、吴起、大夫种，其为人臣，尽忠致功，则可愿矣。闳夭事文王，周公辅成王也，岂不亦忠乎？以君臣论之，商君、吴起、大夫种，其可愿孰与闳夭、周公哉？”应侯曰：“商君、吴起、大夫种不若也。”蔡泽曰：“然则君之主，慈仁任忠①，不欺旧故，孰与秦孝公、楚悼王、越王乎？”应侯曰：“未知何如也。”蔡泽曰：“主固亲忠臣，不过秦孝、越王、楚悼②。君之为主，正乱、批患、折难③，广地殖谷，富国、足家、强主，威盖海内，功章万里之外④，不过商君、吴起、大夫种。而君之禄位贵盛，私家之富过于三子，而身不退，窃为君危之。语曰：‘日中则移，月满则亏。’物盛则衰，天之常数也⑤；进退、盈缩、变化，圣人之常道也。昔者，齐桓公九合诸侯，一匡天下⑥，至葵丘之会⑦，有骄矜之色，畔者九国。吴王夫差无适于天下，轻诸侯，凌齐、晋，遂以杀身亡国。夏育、太史启叱呼骇三军，然而身死于庸夫。此皆乘至盛不及道理也⑧。夫商君为孝公平权衡、正度量、调轻重⑨，决裂阡陌⑩，教民耕战，是以兵动而地广，兵休而国富，故秦无敌于天下，立威诸侯。功已成，遂以车裂。楚地持戟百万，白起率数万之师⑪，以与楚战，一战举鄢、郢，再战烧夷陵⑫，南并蜀、汉，又越韩、魏攻强赵，北坑马服⑬，诛屠四十余万之众，流血成川，沸声若雷，使秦业帝。自是之后，赵、楚慑服，不敢攻秦者，白起之势也。身所服者，七十余城。功已成矣，赐死于杜邮⑭。吴起为楚悼罢无能，废无用，损不急之官，塞私门之请，一楚国之俗，南攻杨越⑮，北并陈、蔡⑯，破横散从，使驰说之士无所开其口。功已成矣，卒支解。大夫种为越王垦草创邑，辟地殖谷，率四方士，上下之力，以禽劲吴，成霸功。勾践终棓而杀之⑰。此四子者，成功而不去，祸至于此。此所谓信而不能诎，往而不能反者也。范蠡知之，超然避世，长为陶朱⑱。君独不观博者乎？或欲分大投，或欲分功。此皆君之所明知也。今君相秦，计不下席，谋不出廊庙，坐制诸侯，利施三川⑲，以实宜阳，决羊肠之险⑳，塞太行之口，又斩范、中行之途㉑，栈道千里于蜀、汉，使天下皆畏秦。秦之欲得矣，君之功极矣。此亦秦之分功之时也！如是不退，则商君、白公、吴起、大夫种是也。君何不以此时归相印，让贤者授之，必有伯夷之廉；长为应侯，世世称孤，而有乔、松之寿㉒。孰与以祸终哉！此则君何居焉？”应侯曰：“善。”乃延入坐为上客。

后数日，入朝，言于秦昭王曰：“客新有从山东来者蔡泽，其人辩士。臣之见人甚众，莫有及者，臣不如也。”秦昭王召见，与语，大说之，拜为客卿。

应侯因谢病，请归相印。昭王强起应侯，应侯遂称笃㉓，因免相。昭王新说蔡泽计画，遂拜为秦相，东收周室。

蔡泽相秦王数月，人或恶之，惧诛，乃谢病归相印，号为刚成君。秦十余年，事昭王、孝文王、庄襄王，卒事始皇帝。为秦使于燕，三年而燕使太子丹入质于秦。

【注释】

①任忠：信任忠臣。②过：意即超过。③正乱：拨乱反正。批患、折难：即排除患难。④章：同彰，显著。⑤常数：此指客观存在的一定规则。与下文的"常道"义同。⑥合：会盟。一匡天下：指齐桓公定周襄王为太子之位，避免了周室之乱。匡，扶正。⑦葵丘之会：指《公羊传》载"葵丘之会，桓公震而矜之，叛者九国。"葵丘，地名，在今河南省兰考县境内。⑧乘：凭借。至盛：指威名全盛。⑨平权衡、正度量：指商鞅变法时，统一度量衡，颁布标准的度量衡器。调轻重：调整赋税的轻重。⑩决裂阡陌：指破除井田制的疆界，重新划分土地。阡陌，田间小路；南北为阡，东西为陌。⑪白起：一称公孙起，战国时秦国名将，郿（在今陕西省眉县）人，他屡建战功，封为武安君，后为范雎所嫉，被迫自杀。⑫夷陵：战国楚邑名，今湖北省宜昌市东南。⑬马服：即赵括，战国时赵国将领。他善于纸上谈兵，实无指挥才能，长平之战，被白起包围，突围不成，被射死，赵军四十万全部被俘坑杀。⑭杜邮：地名，今陕西省咸阳市东。⑮杨越：地区名，包括今江苏省南部、浙江省北部。⑯陈：国名，建都宛丘（今河南省淮阳县）。蔡：国名，始建都上蔡（今河南省上蔡县），后多次迁移，昭侯迁都州来（今安徽省寿县西北）。⑰倍：疑是"倍"之误。倍，背弃。⑱范蠡（lǐ）：字少伯，楚国宛（今河南南阳市）人，春秋末越国大夫。他辅佐越王勾践灭亡吴国，后游齐国，称鸱夷子皮，后居于陶（今山东定陶县西北），改名为陶朱公，经商致富。⑲三川：韩国郡名，在今河南省，因境内有黄河、洛水、伊水得名。⑳宜阳：地名，在今河南省宜阳县西。原为韩地，公元前308年被秦所攻占。羊肠：即羊肠坂，太行山上的坂道，盘曲如羊肠，故名。㉑斩范、中行之途：即断三晋之路。范、中行为春秋末晋六卿之二，此用以指三晋（赵、韩、魏）。㉒乔、松：乔，王子乔；松，赤松子。二者都是古代传说中长寿的仙人。㉓笃：此指病重。

【译文】

蔡泽又获得了一个对话的机会，因而对范雎说："商君、吴起、大夫文种，他们作为人臣，一片赤胆忠心建立功业，算得上如愿以偿了。闳夭事奉周文王，周公辅佐周成王，难道不也是忠心耿耿么？如果就君臣关系来说，商君、吴起、大夫文种，他们与闳夭、周公比较起来，又怎么样呢？"范雎说："商君、吴起、大夫种是比不过闳夭、周公的。"蔡泽说："这样说来，您的国君在慈爱仁德，信任忠臣，不欺骗旧友方面，与秦孝公、楚悼王和越王勾践比起来，又如何呢？"范雎说："不知道怎么样。"蔡泽说："您的国君固然亲信忠臣，但不会超过秦孝公、越王勾践和楚悼王。您为您的国君进行拨乱反正，排除忧患，将领土拓展，种植庄稼，使国富家足，国君强大，威力胜过天下诸侯，功劳昭著万里之外，也还不能超过商君、吴起、大夫文种。但是您地位尊贵俸禄丰厚，私家的财富超过了这三位先生，您却还不引退，我暗自为您感到非常危险。俗话说：'太阳过了中午就要慢慢西移，月亮到了满月就要渐渐亏缺。'事物发展到了盛极的时候就要衰退，这是自然界的客观规律。无论是前进还是后退，伸长还是缩短，以及随着时间的推移而发生变化，这些都符合圣人的一定规则。从前齐桓公九次主持诸侯间的盟会，使天下一切得到校正，到葵丘之会的时候，表露骄傲自满的神情，背叛他的就有九个国家。吴王夫差无敌于天下，可由于他轻视诸侯，欺凌齐国和晋国，最终因此而国破身亡。夏育、太史启一声呼喝三军为之惊骇，然而最终还是被平庸的人杀死。这都是凭借自己威名全盛而不通达道理所造成的。商君为秦孝公把度量衡统一起来，颁布标准的度量衡器，调整赋税的轻重，废除井田制的疆界，重新划分土地，教百姓学习耕种操练军事，所以，军队一出动，疆土便扩大，军队停战休养，国家就富足。所以秦国无敌于天下，在诸侯中树立了崇高的威信。功业已经成就了，商鞅却终于被车裂而死。楚国有百万持戟的战士，白起率领数万军队，与楚军作战。一战就把鄢和郢都攻下了，再战烧毁了夷陵，南面兼并了蜀、汉，又越过韩、魏二国去攻打强大的赵国，北面射杀了马服君赵括，屠杀活埋赵军四十多万，血流成河，巨大的吼声如雷鸣，使秦国成就了帝业。从此以后，赵国、楚国恐惧而驯服，不敢攻打秦国，怕的就是白起的威力。白起亲身所降服的，就有七十多座城池。功业已经建成了，他终于被秦昭王赐死在杜邮。吴起为楚悼王罢免无能之辈，解除废弃无用之徒，删减那些不是急需的官员，堵塞来自私门的请求，使楚国的风俗得以统一，然后南面攻打杨越，北面并吞陈、蔡，破除连横，解散合纵，使得那些往来游说连横合纵的游说之士们没有地方开口。功业已经成就了，吴起却终究被乱箭加身而死。大夫种为越王勾践大力垦荒，创建城邑，开辟田地，种植庄稼，率领各方人士，使上下力量集中起来，降服了强劲的吴国，成就了霸王的功业。勾践终于背弃并杀害了他。这四位先生，都是成就了功业而不肯离去官位，以致身受祸害到了此种境地。这就是所谓能伸却不能屈，能进而不能退的人了。范蠡懂得功成身退的道理，他超然地避开了官场世俗，长时间地做着经商致富的陶朱公。您难道没见过进行赌博的人吗？有的想要大下赌注以求得达到全胜，有的想要分取获胜的利益。这都是您明明白白地知道的。现在您身为秦国的相国，用计不离开坐席，施谋不出朝廷，坐着操纵诸侯，好处施达三川，充实了宜阳的兵力，将羊肠险阻为己所用了，堵塞了太行山的入口，又断绝了三晋的道路，修筑了上千里栈道与蜀、汉相通，使天下都害怕秦国。秦国的欲望得到实现，您的功劳也达到顶点了。这也正是秦国人来分取您的利益的时候了！要是这时候还不隐退，那么，商君、白公、吴起、大夫种就是您的榜样。您为什么不乘这个时候归还相印，把位子让给贤能的人，把相印授给他，您这样做，一定会获得伯夷那样清廉的声誉，长久地做应侯，世世代代称孤为王侯，而且还能享有王子乔、赤松子那样的长寿，与以遭受祸害而告终的结局比起来，哪个更好呢？那么您应当如何处理呢？"范雎说："你说的守全正确。"于是请他就坐，如同上宾一样对待。

　　几天过后，范雎上朝，对秦昭王说："有一位新近从山东来的客人名叫蔡泽，这人是一位辩士。我所见过的人很多，没有谁能赶得上他的，我就比不上他。"秦昭王于是召见蔡泽，与他谈论大事，对他非常喜欢，赐予他客卿的职位。

　　范雎于是称病辞官，请求归还相印。秦昭强行起用他出来做事，他就声称病重，于是被免去了相国的职位。秦昭王新近正喜欢蔡泽的计划，便授予他秦国的相国职位，没过多久，秦国在东面灭掉了周王室。

　　蔡泽辅佐秦昭王几个月以后，有人憎恶他，他害怕遭到诛杀，就称病辞官，归还了相印，被封在刚成就以刚成君为名号。他住在秦国已经十多年，事奉秦昭王、秦孝文王、秦庄襄王，最后事奉秦始皇帝。他替秦国出使燕国三年，燕国就派了太子丹作为人质来到秦国。

秦取楚汉中

　　秦取楚汉中，再战于蓝田[1]，大败楚军。韩、魏闻楚之困，乃南袭至邓[2]，楚王引归。后三国谋攻楚[3]，恐秦之救也，或说薛公："可发使告楚曰：'今三国之兵且去楚[4]，楚能应而共攻秦，虽蓝田岂难得哉！况于楚之故地[5]？'楚疑于秦之未必救己也，而今三国之辞云，则楚之应之也必劝，是楚与三国谋出秦兵矣[6]。秦为知之，必不救也[7]。三国疾攻楚，楚必走秦以急[8]；秦愈不敢出，则是我离秦而攻楚也[9]，兵必有功。"

　　薛公曰："善。"遂发重使之楚，楚之应之果劝。于是三国并力攻楚，楚果靠急于秦，秦遂不敢出兵。大胜有功。

【注释】

　　①蓝田：地名，在今陕西蓝田县西部。秦夺取楚地汉中，楚怀王大怒，又出兵袭秦，最终楚军再次战败于蓝田。②袭：不击钟鼓而进兵谓袭。邓：邑名，在今河南郾城县东南，战国时属楚。③三国：指齐、韩、魏三国。④且去楚：将要离开楚国，意即不攻打楚国转而攻秦。⑤况于楚之故也：更何况楚国原来的失地。⑥劲：有力、积极。是楚与三国谋出秦兵：这就造成了楚国和齐、韩、魏三国谋划出兵攻打秦国的局面。⑦秦为知之：是说秦国如果知道了楚与三国合谋出兵攻秦的事。为，如果，假若。⑧走秦以急：到秦国去告急。⑨离秦：离间秦国。

【译文】

　　秦国夺取楚国的汉中之后，又与楚军在蓝田交锋，大败了楚军。韩、魏两国听到楚国处在困难境地，就向南面不宣而战攻击楚国一直打到邓地，楚王领着军队失败而归。后来齐、韩、魏三国又谋划进攻楚国，唯恐秦兵救助楚国，有人向薛公田文建议说："可以先派使者去告诉楚王说：'现在三国的军队打算离开楚国，如果楚国能够响应我们共同攻打秦国，别说是蓝田，就算再多的地方还怕得不到吗？更何况楚国失去的旧地？'楚国早就怀疑秦国不一定愿意救助自己，如今又听说三国退兵攻秦，那么楚国的响应肯定会更加积极，这就造成楚国想和三国谋划进攻秦国的局面了。如果秦国知道了这件事情，必定不肯对它进行救助。这样三国再反过来加紧进攻楚国，楚国一定要到秦国去告急；秦国就更不敢出兵救助楚国，这就是我们离间秦国攻打楚国之计，这次出兵一定会建立大功。"

　　薛公田文说："好。"于是就派出特使出使楚国。楚国最后果然积极响应。到这时三国才团结起来攻打楚国，楚国真的向秦国告急，秦国自然不敢出兵。结果三国大获全胜，战果相当辉煌。

三国攻秦入函谷

　　三国攻秦①，入函谷。秦王谓楼缓曰②："三国之兵深矣，寡人欲割河东而讲③。"对曰："割河东，大费也；免于国患，大利也。此父兄之任也。王何不召公子池而问焉④？"

　　王召公子池而问焉，对曰："讲亦悔，不讲亦悔。"王曰："何也？"对曰："王割河东而讲，三国虽去，王必曰：'惜矣⑤！三国且去，吾特以三城从之⑥。'此讲之悔也。王不讲，三国入函谷，咸阳必危⑦，王又曰：'惜矣！吾爱三城而不讲。'此又不讲之悔也。"王曰："钧吾悔也，宁亡三城而悔，无危咸阳而悔也。寡人决讲矣。"卒使公子池以三城讲于三国，三国之兵乃退。

【注释】

　　①三国：齐、韩、魏三国。②秦王：即秦昭王。楼缓：赵国人，当时为秦相国。③河东：今山西黄河以东的地区。先属魏，后属秦。讲：通媾，媾和。④公子池：即公子他，昭王的庶兄。⑤惜：此指惜河东之地。⑥三城：指河东三县，即武遂、封陵、齐城。⑦咸阳：秦国京都（今咸阳市北）。

【译文】

齐、韩、魏三国联合攻打秦国，攻到了函谷关。秦昭王对相国楼缓说："三国的兵力很强大，我想将河东割让出去以求和解。"楼缓回答说："割让河东损失太大；再说避免祸患又是国家根本利益所在。这是父兄交给的责任。大王为何不召见公子他来商量一下呢？"

于是秦王召见公子他询问此事，公子他答道："割地讲和要后悔，不割地讲和也要后悔。"秦王说："这是为什么呢？"公子他回答说："大王割让河东讲和，齐、韩、魏三国虽然撤兵离去，但大王必定要说：'实在是可惜我的土地了！三国将要离去的时候，我们却偏偏拿出三座城池送给他们。'这是讲和的悔恨。要是大王不割地讲和，三国的军队打过函谷关。咸阳就一定特别危险了，大王又会说：'真可惜，我们却因为爱惜三座城池而不去讲和。'这又是不讲和的悔恨。"秦王说："既然讲和与不讲和其结果都是悔恨，我宁可因为失去三城而悔恨，也不愿意让咸阳遭到危险而悔恨。我下定决心割地讲和了。"终于让公子他用三座城与齐、韩、魏三国讲和，这样三国联合的军队才渐渐退去。

秦昭王谓左右

秦昭王谓左右曰："今日韩、魏，孰与始强？"对曰："弗如也。"王曰："今之如耳、魏齐①，孰与孟尝、芒卯之贤②？"对曰："弗如也。"王曰："以孟尝、芒卯之贤，帅强韩、魏之兵以伐秦，犹无奈寡人何也！今以无能之如耳、魏齐，帅弱韩、魏以攻秦，其无奈寡人何，亦明矣！"左右皆曰："甚然。"

中期推琴对曰③："王之料天下过矣④。昔者六晋之时⑤，智氏最强，灭破范、中行⑥，帅韩、魏以围赵襄子于晋阳⑦。决晋水以灌晋阳，城不沈者三板耳⑧。智伯出行水，韩康子御，魏桓子骖乘⑨。智伯曰：'始，吾不知水之可亡人之国也，乃今知之。汾水利以灌安邑⑩，绛水利以灌平阳⑪。'魏桓子肘韩康子⑫，康子履魏桓子，蹑其踵。肘足接于车上，而智氏分矣。身死国亡⑬，为天下笑。今秦之强，不能过智伯；韩、魏虽弱，尚贤在晋阳之下也⑭。此乃方其用肘足时也，愿王之勿易也⑮。"

【注释】

①如耳：魏大夫，后仕韩。魏齐：魏臣。②孟尝：即孟尝君田文。芒卯：即孟卯，魏将。③中期：秦国的辩士，初事秦武王，后事秦昭王。④王之料：大王的估量。⑤六晋：春秋时晋国的六个卿相，即韩氏、赵氏、魏氏、范氏、中行氏、智氏。晋昭公时六卿强大，各霸一方，后来相互吞并，三家分晋。⑥灭破范、中行：指智氏占有范氏、中行氏之地。⑦帅韩、魏以围赵襄子于晋阳：指智伯瑶灭范氏、中行氏，又要求赵襄子割地，襄子不同意，智伯便率韩、魏讨伐赵氏，围困襄子封邑晋阳（今山西太原市西南）。⑧沈：通沉，淹没。三板：六尺，高二尺为一板。⑨骖乘：骖者三也 取三人为名。⑩安邑：魏桓子的城邑，今山西夏县西北。⑪平阳：韩康子都城，今山西临汾县。⑫肘：名词动用，用肘碰触。⑬身死国亡：指周贞王十六年，韩、赵、魏击败智氏杀死智伯，瓜分他的封地。⑭尚贤在晋阳之下：还胜过赵襄子被围困在晋阳的时候。贤，意即胜过。⑮易：意即轻视。

【译文】

秦昭王对左右的臣子说:"今天的韩国和魏国与过去作一下比较,哪个时期更强大呢?"大臣们说:"当然比不上过去强大。"秦昭王又问:"现在的韩国大臣如耳和魏国大臣魏齐与过去的孟尝君和芒卯相比较,哪个更有才能呢?"大臣们答道:"都不如孟尝君和芒卯。"秦昭王说:"刚开始,凭着孟尝君和芒卯的才干,率领着强大的韩、魏联军来讨伐秦国,对我们还无可奈何!现在,以无能的如耳和魏齐,率领着已经弱小了的韩、魏军队进攻秦国,他能把我怎么样也是显而易见的了!"大臣们都说:"确实是这样。"

大臣中期推开弦琴回答说:"大王错误地预料了天下的形势。过去晋国的韩氏、赵氏、魏氏、范氏、智氏和中行氏这六个卿相,智氏最强大,它消灭了范氏和中行氏之后,又率领韩氏和魏氏的军队在晋阳围困赵襄子。然后掘开晋水的河口将晋阳城要淹没了,城墙只有六尺没有没入水中。智伯出来巡视大水形势,韩康子驾着马车,魏桓子陪侍旁边。智伯说:"开始我还不知道用河水可以消灭别人的国家,今天才懂得了这个办法。用汾水淹没安邑很方便,用绛水淹没平阳也很省事。'这时魏桓子用胳膊肘把韩康子碰了一下,韩康子也用脚踩了一下魏桓子,后来又踢了他的脚跟。正是肘脚在车上相碰的时候,智伯的土地就已经开始被分割了。最后智伯国破身死,被天下人所嘲笑。现在秦国的强大比不上智伯,韩、魏即使软弱,也比赵襄子被围困在晋阳城时强盛多了。我们现在可是正处在'肘脚相碰'的时期,希望大王千万不可轻视韩、魏。"

楚魏战于陉山

楚、魏战于陉山①。魏许秦以上洛②,以绝秦于楚。魏战胜,楚败于南阳。秦责赂于魏,魏不与。营浅谓秦王曰③:"王何不谓楚王曰④,魏许寡人以地,今战胜,魏王倍寡人也⑤。王何不与寡人遇。魏畏秦、楚之合,必与秦地矣。是魏胜楚而亡地于秦也;是王以魏地德寡人,秦之楚者多资矣。魏弱,若不出地,则王攻其南,寡人绝其西,魏必危。"秦王曰:"善。"以是告楚。楚王扬言与秦遇,魏王闻之恐,效上洛于秦⑥。

【注释】

①陉山:地名,今河南新郑县南,与密县接界。②上洛:地名,今陕西商县。秦孝公以其地封给商鞅。楚、魏战陉山在秦惠王九年,上洛并入秦国已久,疑误。③营浅:秦臣。秦王:指秦惠王。④楚王:指楚怀王。⑤魏王:指魏襄王。⑥资:钱币。效:致,献给。

【译文】

楚、魏两军在陉山进行大战。魏国答应把上洛那块土地送给秦国,以此断绝秦楚联合。后来魏国获胜,楚军在南阳以失败告终。这时秦国向魏国索取上洛这块土地,魏国却坚决不给。秦臣营浅对秦王说:"大王为什么不对楚王说,魏国曾经答应送给我土地,如今他们获胜了,魏王却背叛我。楚王为何不与我会盟一次。如果能会盟,魏国害怕秦楚联合,一定会把土地给我们秦国送来的。这样魏国虽然战胜了楚国却把土地丢失在秦国;这也就相当于楚王把魏国的土地恩赐给了秦国,将来秦国酬报楚国的钱财一定更多。魏国软弱,如果他们不交出土地,那么大王去攻打他们的南部，我们去截断他们的西部，魏国就必遭灭亡。"秦王说："相当正确。"于是派人把这番话告诉了楚王。楚王也极为明显地表示要与秦国联合，魏王听到这事之后十分恐慌，便主动把上洛献给了秦国。

秦王与中期争论

　　秦王与中期争论①，不胜。秦王大怒，中期徐行而去。或为中期说秦王曰："悍人也。中期适遇明君故也，向者遇桀、纣②，必杀之矣。"秦王因不罪。

【注释】

　　①中期：秦国人，能言善辩之士。②向者：意即假若。

【译文】

　　秦王和辩士中期争论问题，没有争论赢。秦王十分恼怒，中期慢慢地走出宫去。有人替中期去劝秦王说："中期实在是个急性而又十分鲁莽的人，中期正好遇上圣明的君主，假使遇到夏桀或商纣那样的人，非要将他杀了。"秦王因此没有治他的罪。

濮阳人吕不韦贾于邯郸

　　濮阳人吕不韦贾于邯郸①，见秦质子异人②，归而谓父曰："耕田之利几倍？"曰："十倍。""珠玉之赢几倍？"曰："百倍。""立国家之主赢几倍？"曰："无数。"曰："今力田疾作，不得暖衣余食；今建国立君，泽可以遗世③。愿往事之④。"

　　秦子异人质于赵，处于聊城。故往说之曰："子傒有承国之业⑤，又有母在中。今子无母于中，外托于不可知之国⑥，一日倍约⑦，身为粪土。今子听吾计事⑧，求归，可以有秦国。吾为子使秦，必来请子。"

　　乃说秦王后弟阳泉君曰⑨："君之罪至死，君知之乎？君之门下不居高尊位，太子门下无贵者⑩。君之府藏珍珠宝玉，君之骏马盈外厩，美女充后庭。王之春秋高⑪，一日山陵崩，太子用事⑫，君危于累卵，而不寿于朝生⑬。说有可以一切而使君富贵千万岁⑭，其宁于太山四维⑮，必无危亡之患矣。"阳泉君避席⑯，请闻其说。不韦曰："王年高矣，王后无子，子傒有承国之业，士仓又辅之⑰。王一日山陵崩，子傒立，士仓用事，王后之门，必生蓬蒿。子异人贤材也，弃在于赵，无母于内，引领西望⑱，而愿一得归。王后诚请而立之，是子异人无国而有国，王后无子而有子也。"阳泉君曰："然。"入说王后，王后乃请赵而归之。

　　赵未之遣，不韦说赵曰："子异人，秦之宠子也，无母于中，王后欲取而子之⑲。使秦而欲屠赵，不顾一子以留计⑳，是抱空质也㉑。若使子异人归而得立，赵厚送遣之，是不敢倍德畔施㉒，是自为德讲㉓。秦王老矣，一日晏驾㉔，虽有子异人，不足以结秦。"赵乃遣之。

【注释】

①濮阳：卫国都城，今河南濮阳县西南。吕不韦：翟阳大商人，后因助秦庄襄王继位，封文信侯。贾（gǔ）：商人，有行商坐贾之说，做买卖。②质子：作人质的王子。异人：昭襄王之孙，孝文王之子，昭王时质于赵，后为庄襄王。③建：定，安定。泽：恩泽。遗世：遗留给后代。④事：从事，意即经营之。⑤子傒：孝文王长子，异人的异母兄。孝文王立子傒为太子，将以之继承王位，所以说"有承国之业"。⑥外托于不可知之国：是说异人在外做人质，寄居在不测之国，安危祸福不可知。⑦倍约：背弃信约。倍，通背。⑧计事：犹言计谋。⑨王后：指秦孝文王后，华阳夫人。阳泉君：华阳夫人之弟。⑩太子：指子傒。⑪春秋高：指年岁大，年老。⑫用事：即位治理国家政事。⑬朝生：指木槿（jǐn）朝花夕落，短命不寿。⑭说有可以一切：意即有一个权宜之计。说，意即主张。一切，意即权宜，稳妥。⑮宁于太山四维：比支撑泰山的四角还要坚实安稳。太山，即泰山。四维，四角。⑯避席：离开座位而起来，表示对人尊敬。⑰士仓：秦臣。⑱引领：伸长脖颈。⑲子之：以异人为子。之，指代异人。⑳留计：停止攻赵的计划。㉑是抱空质：这是抓着一个无用的人质。㉒倍德畔施：意思是忘恩负义。倍，通背。畔，通叛。㉓是自为德讲：这是秦国必以恩德讲和于赵国。讲，讲和，修好。㉔晏驾：本指宫车晚出，此比喻君王的死亡。

【译文】

濮阳人吕不韦在赵国邯郸做买卖，见到了秦国送到赵国做人质的王子异人，吕不韦回到家里对父亲说："种田获利能有多少倍？"他父亲说："十倍。"吕不韦再问："贩卖珠玉赢利能有多少倍？"他父亲说："一百倍。"吕不韦又问："那么拥立国家的君主赢利能有多少倍？"他父亲说："无数倍。"吕不韦说："当今老百姓极力耕田劳作，还不能得到温饱；现在如果为了安定国家拥戴一位君主，恩泽福分却可以传给后世。我愿意去完成这件事。"

秦国的王子异人在赵国做人质，住在聊城。吕不韦特地去向异人游说："子傒已经具备继承王位和基业的资格，又有母后在宫中做后盾。现在您既没有母后在宫中，自己在外又委身于一个不测的敌国，倘若有一天秦、赵背弃信约，那么您将成为一文不值的东西。现在您假如能听从我的计划，先取得回国的机会，就能有掌握秦国大权的机会了。我替您去秦国活动，秦王一定会请您回去的。"

于是吕不韦就向秦王后的弟弟阳泉君游说道："您已经犯了死罪，您知道吗？您手下的人全部是位居高官的，太子手下的人却没有一个高官显贵。您的府库中藏着珍珠宝玉，您的马圈里伺养着许多骏马，您的后院里住满了美女。如今大王年岁已老，一旦过世，太子掌权，那么您的处境比堆积起来的鸡蛋还危险，比朝荣夕落的木槿花的寿命还短。现在有一个稳妥的计划可以使您保持拥有荣华富贵千万年，它像泰山一样地安稳，肯定不会有即将丧失的忧虑。"阳泉君听后便从座席上站起来，请求指教。吕不韦说："大王年事已高，王后又未生一子，子傒有继承国业的权利，又有士仓的辅佐。大王一旦逝世，子傒即位，士仓掌握大权，那时王后的门庭，便一定会门庭冷落。现在王子异人是一位贤德的人才，可是他却被遗弃在赵国做人质，宫内又没有母亲，他常伸首西望，期望回到秦国。王后如果是真的请大王立异人为太子，这样王子异人本没有国却有了国，王后本没有儿子却有了儿子，阳泉君说："是这样的。"便进宫游说王后，王后于是请求赵国将异人送回。

在赵国还没有把作人质的异人送回的时候，吕不韦劝说赵王道："王子异人是秦王的宠爱，宫中虽然没有母亲，秦王后却想领回去认他做儿子。倘若秦国想要消灭赵国，它就不会为一个王子而停止进攻的计划，赵国分明是抓着一个无用的人质。假若让王子异人回去做太子，赵国再用厚重的礼物送行，这样他自然不敢忘掉赵国施给他的恩德，他自会以德相报。秦王老了，一旦去世，即使异人留在赵国，也不能与秦国结为友好的。"赵王于是送异人回国。

异人至，不韦使楚服而见。王后悦其状，高其知①，曰："吾楚人也。"而自子之②，乃变其名曰楚。王使子诵，子曰："少弃捐在外，尝无师傅所教学，不习于诵。"王罢之，乃留止③。间曰："陛下尝轫车于赵矣④，赵之豪杰，得知名者不少⑤。今大王反国，皆西面而望。大王无一介之使以存⑥，臣恐其皆有怨心。使边境早闭晚开。"王以为然，奇其计⑦。王后劝立之。王乃召相，令之曰："寡人子莫若楚。"立以为太子。

子楚立，以不韦为相，号曰信文侯，食蓝田十二县⑧。王后为华阳太后，诸侯皆致秦邑⑨。

【注释】

①高其知：认为异人智慧高。高，用作意动词。②自子之：以异人作为自己的儿子。③留止：留异人住宫中。④轫（rèn）车于赵：在赵国居留。轫车，停车，意思是居留。轫，阻止车轮转动的木头。⑤得知名者：得以被王知其名的，即被王结识的人。⑥存：犹意思是存问，慰问。⑦奇其计：惊奇他的心计。⑧食蓝田十二县：以蓝田等十二县的租赋为他的官禄。蓝田，今陕西蓝田县西。⑨致秦邑：送给秦国城邑。

【译文】

异人回到秦国，吕不韦让他穿着楚人服装去拜见王后。王后很高兴见到他这副模样，认为他聪明，并说："我原本是楚国人。"于是认他为自己的儿子，并把他的名字改做楚。秦王让异人诵读经书，异人说："我小时候流离在外，从来没有老师教我学习，不熟悉怎样诵读经书。"秦王这才不再强求，可是异人还不走。过了一会他又向秦王说："陛下也曾在赵国呆过，赵国的豪杰被大王结识的不在少数。如今大王回国，可他们都还在面朝西方翘首盼望您。大王却没有派遣一位使臣去慰问他们，我担心他们都要存有怨心的。不如让边境的关卡早闭晚开，加强戒备。"秦王认为有道理，惊奇他有这样的心计。王后鼓动秦王立异人为太子。于是秦王召见相国下令道："我的儿子没有哪个比得上楚的。"于是就立异人为太子了。

后来王子楚登上王位，用吕不韦做相国，封号为信文侯，以蓝田等十二个县为俸禄。王后封为华阳太后，诸侯都给秦国奉送土地。

文信侯欲攻赵以广河间

文信侯欲攻赵以广河间①，使刚成君蔡泽事三年②，而燕太子质于秦。文信侯因请张唐相燕③，欲与燕共伐赵，以广河间之地。张唐辞曰："燕者必径于赵④，赵人得唐者⑤，受百里之地。"文信侯去而不快。少庶子甘罗⑥曰："君侯何不快甚也？"文信侯曰："吾令刚成君蔡泽事燕三年，而燕太子已入质矣。今吾自请张卿相燕⑦，而不肯行。"甘罗曰："臣行之⑧。"文信君叱去曰："我自行之而不肯，汝安能行之也？"甘罗曰："夫项橐生七岁而为孔子师，今臣生十岁于兹矣！君其试臣，奚以遽言叱也⑨？"

甘罗见张唐曰："卿之功，孰与武安君？"唐曰："武安君战胜攻取，不知其数；攻城堕邑⑩，不知其数。臣之功不如武安君也。"甘罗曰："卿明知功之不如武安君欤？"曰："知之。""应侯之用秦也⑪，孰与文信侯专？"曰："应侯不如文信侯专。"曰："卿明知为不如文信侯专欤？"曰："知之。"甘罗曰："应侯欲伐赵，武安君难之⑫，去咸阳七里，绞而杀之。今文信侯自请卿相燕，而卿不肯行，臣不知卿所死之处矣⑬！"唐曰："请因孺子而行⑭！"令库具车，厩具马，府具币，行有日矣。甘罗谓文信侯曰："借臣车五乘，请为张唐先报赵。"

见赵王⑮，赵王郊迎。谓赵王曰："闻燕太子丹之入秦与？⑯"曰："闻之。""闻张唐之相燕与？"曰："闻之。""燕太子入秦者，燕不欺秦也。张唐相燕者，秦不欺燕也。秦、燕不相欺，则伐赵，危矣。燕、秦所以不相欺者，无异故，欲攻赵而广河间也。今王赍臣五城以广河间⑰，请归燕太子，与强赵攻弱燕。"赵王立割五城以广河间，归燕太子。赵攻燕，得上谷三十六县⑱，与秦什一⑲。

【注释】

①文信侯：即吕不韦。广河间：扩大河间地区的土地。河间，地名，今河北省河间县一带，当时为赵地。②蔡泽：燕人，封为刚成君，曾任秦相。③张唐：秦国大臣，昭王时为将军，曾率兵攻魏、赵等国。④径：通经，经过。⑤得：意即捕获。张唐曾为秦昭王伐赵，赵国恨他，因此以百里地悬赏捉拿张唐。⑥少庶子：官名，君侯的近臣。甘罗：甘茂之孙，吕不韦的家臣。⑦张卿：指张唐。卿，为尊称。⑧行之：使之行，使张唐前往燕国。⑨奚以遽言叱也：为什么匆忙地喝叱呢？奚，何。遽，匆忙。⑩堕（huī）：同隳，毁坏，引申为攻陷。⑪应侯：即范雎。⑫难（nàn）之：责难他。秦昭王四十八年，秦军攻打赵国都城邯郸，战斗不利。次年范雎亲自去请白起前往指挥。白起认为不可能取胜，拒不从命。⑬不知卿所死之处：是说白起死于杜邮，但不知您死在何处。⑭请因孺子而行：请让我通过你请示文信侯而去燕国吧。因，通过。孺子，童子，此指甘罗。⑮赵王：即赵悼襄王，名偃，孝成王之子。⑯与：通欤。⑰赍（jī）：以物送人。⑱上谷：燕地，在河北省宣化、涿鹿一带地方。⑲什一：十分之一。

【译文】

文信侯想进攻赵国来扩大河间的土地，于是派刚成君蔡泽去事奉燕国，共经过了三年，并派燕太子丹到秦国做了人质。文信侯又请张唐到燕国做相国，计划与燕国共同征讨赵国，以扩大河间的土地。张唐推辞说："到燕国去一定要经过赵国，赵人捉到我的，可以得到一百里的封地。"文信侯离开张唐后非常不高兴。少庶子甘罗说："君侯为何这般不高兴？"文信侯说："我让刚成君蔡泽去伺候燕国只用了三年，燕太子丹就已经到我们这里做了人质。如今我亲自请张唐到燕国去做相国，可是他不肯去。"甘罗说："我能让他去。"文信侯呵斥他走开说："我亲自让他去都没答应，你怎么能让他去呢？"甘罗说："项橐七岁时就能做孔子的老师，今天我已经十二岁了！您还是让我试一试，凭什么如此蛮横地呵斥我呢？"

甘罗见到张唐说："您的功绩，与武安君相比谁更大？"张唐说："武安君战胜攻取，不计其数；攻城掠地，也无法用数字来计算。我的功劳当然比不上武安君。"甘罗说："您确实知道功劳比不上武安君吗？"张唐说："知道。"甘罗问："应侯在秦国做事时，与文信侯相比谁更专权？"张唐说："应侯比不上文信侯专制。"甘罗说："过去应侯想讨伐赵国，武安君反对他，在离咸阳七里的地方，应侯把他绞死了。如今文信侯亲自请您到燕国任相国，您却不答应，我不知道您将死在何处！"张唐说："请允许我通过您的协助再到燕国去！"甘罗于是命令仓库里准备车子，马厩里准备马匹，府库里准备财物，这时，张唐已经启程好几天了。甘罗对文信侯说："借给我五辆兵车，请允许我替张唐先去通知赵国。"

　　甘罗去见赵王，赵王到郊外亲自迎接。甘罗对赵王说："听说燕太子丹已经到了秦国吗？"赵王说："听说了。"甘罗又说："听说张唐要做燕国的相国，是吗？"赵王说："听说过这件事。"甘罗说："燕太子到秦国做人质这件事，表明燕国是不会欺骗秦国的；张唐做燕相国这件事，说明秦国也不想欺压燕国。秦、燕两国不相互欺瞒，那么赵国就危险了。秦、燕两国之所以不想相互欺诈，不为别的，只是想通过攻打赵国来扩大河间的土地。现在大王只要给我五座城邑用以扩大河间的土地，我请求秦王归还燕国太子，再反过来帮助强大的赵国去攻击弱小的燕国。"赵王立即割让出五座城邑用以扩大河间的土地，秦国送回了燕太子丹。于是赵国攻打燕国，夺得了上谷地区三十六县，并将十分之一的土地分给了秦国。

四国为一将以攻秦

　　四国为一①，将以攻秦。秦王召群臣宾客六十人而问焉，曰："四国为一，将以图秦，寡人屈于内，而百姓靡于外，为之奈何？"群臣莫对。姚贾对曰②："贾愿出使四国，必绝其谋，而安其兵③。"乃资车百乘，金千斤，衣以其衣④，冠带以其剑。姚贾辞行，绝其谋，止其兵，与之为交以报秦。秦王大悦。贾封千户⑤，以为上卿。

　　韩非知之，曰："贾以珍珠重宝，南使荆、吴，北使燕、代之间三年，四国之交未必合也，而珍珠重宝尽于内。是贾以王之权，国之宝，外自交于诸侯，愿王察之。且梁监门子⑥，尝盗于梁，臣于赵而逐⑦。取世监门子，梁之大盗，赵之逐臣，与同知社稷之计⑧，非所以厉群臣也⑨。"

　　王召姚贾而问曰："吾闻子以寡人财交于诸侯，有诸？"对曰："有。"王曰："有何面目复见寡人？"对曰："曾参孝其亲，天下愿以为子；子胥忠于君，天下愿以为臣；贞女工巧⑩，天下愿以为妃⑪？今贾忠王而王不知也。贾不归四国，尚焉之⑫？使贾不忠于君，四国之王尚焉用贾之身？桀听谗而诛其良将⑬，纣闻谗而杀其忠臣⑭，至身死国亡⑮。今王听谗则无忠臣矣。"

　　王曰："子监门子，梁之大盗，赵三逐臣。"姚贾曰："太公望，齐之逐夫，朝歌之废屠⑯，子良之逐臣，棘津之雠不庸⑰，文王用之而王。管仲，其鄙人之贾人也⑱，南阳之弊幽⑲，鲁之免囚⑳，桓公用之而伯。百里奚㉑，虞之乞人，传卖以五羊之皮，穆公相之而朝西戎㉒。文公用中山盗，而胜于城濮。此四士者，皆有诟丑，大诽天下，明主用之，知其可与立功。使若卞随、务光、申屠狄，人主岂得其用哉！故明主不敢其汙，不听其非，察其为己用㉓。故可以存社稷者，虽有外诽者不听；虽有高世之名，无咫尺之功者不赏㉔。是以群臣莫敢以虚愿望于上㉕。"

　　秦王曰："然。"乃复使姚贾而诛韩非。

【注释】

①四国：即下文所说的荆、吴、燕、代四国。荆即楚，吴并于越亦称吴，代并于赵亦称代。②姚贾：魏国人，曾仕赵，后仕于秦。③安其兵：使四国按兵不出。安，止。④衣（yì）以其衣：即使姚贾穿上王的衣服。⑤贾封千户：封姚贾食邑千户。⑥梁监门子：魏国守门人的儿子。梁，即魏，魏惠王九年由安邑（今山西夏县西北一带）迁都大梁（今河南开封市），故魏又称梁。监门，即守城门的小官吏。⑦臣于赵而逐：在赵国做臣而被驱逐。⑧与同知社稷之计：和他一起执掌国家大计。知，主持，掌管。⑨非所以厉群臣也：这不是用来勉励群臣的做法。厉通励，勉励。⑩贞女工巧：贞洁的女子善于纺织缝纫。⑪妃：配偶。⑫尚焉之：还能到哪里去？之，到……去，动词。⑬桀听信谗而诛其良将：指夏桀听信谗言，杀死强谏的关龙逄。⑭纣闻谗而杀其忠臣：殷纣听信谗言，剖了忠心谏诤的叔父比干的心。⑮身死国亡：指商汤伐桀，桀兵败，被流放在南巢而死，夏亡。周武王伐纣，纣兵败自焚死，商亡。⑯朝歌之废屠：朝歌地方卖不出肉的屠夫。朝歌（今河南省淇县），为殷朝后期的京都。⑰棘津之雠不庸：在棘津地方出卖劳动力而无人雇用。棘津，地名，今山东日照县。雠，出售。庸，受雇，出卖劳力。⑱其鄙人之贾人也：他是鄙人那地方的商人。⑲弊幽：隐身苟活而被埋没的人。此指管仲与鲍叔行贩于南阳，贫贱度日，不被任用。弊，通蔽。幽，即隐。⑳鲁之免囚：齐国无知之乱，管仲奉公子纠之命奔鲁，及小白入齐，子纠被杀，管仲请囚以谢罪，故谓"鲁之免囚"。㉑百里奚：春秋时虞国人。少贫贱，早年游齐，曾向人乞食。又曾以五张羊皮自卖，为人养牛。后为虞大夫。晋灭虞，被俘，做秦穆公夫人的陪嫁之臣到秦，又逃亡到楚国。穆公闻其贤，以五张羊皮赎回，任以国政，号五穀（gǔ）大夫。㉒穆公：秦国国君，名任好，成公弟，春秋五霸之一。朝西戎：使西戎来朝。㉓察其为己用：考察他们可以为自己所用的方面而用之。㉔咫尺之功：意思是功劳小。咫，八寸。㉕以虚愿望于上：用不切实际的想法希求国君。

【译文】

　　楚、吴、燕、代四国联合在一起，要攻打秦国。秦始皇召见群臣和六十位宾客，问他们道："四国结成联盟，打算图谋秦国，我在国内财力困乏，百姓的力量又都消耗在外边，对四国联军的进攻应当怎么办好？"群臣中无人回答。只有姚贾回答说："我姚贾愿意出使四国，一定能击破他们的阴谋，制止他们联合出兵。"秦王于是给了他一百辆车子，一千斤金子，让姚贾穿上自己的衣服，又把王冠、御带、宝剑交给他。姚贾辞别秦王。游说各国，终于击破了四国的阴谋，制止了他们出兵，最后与他们结成邦交，姚贾才回报秦王。秦王异常高兴，用千户的城邑封赐姚贾，并任命他为上卿。

　　韩非知道了这件事，便去对秦王说："姚贾用珍珠和贵重的宝物，往南出访到楚国、吴国，往北出使到燕国、代国，这期间共经过了整整三年的时间。四国的邦交未必真正联合成功了，然而却把国内的珍珠和贵重的宝物几乎耗尽。这就是姚贾用大王您的威望和势力，以及国家的珍宝，自己在外边交结诸侯，希望大王慎察这件事。再说他是魏国看门人的儿子，曾经在大梁做过贼人，在赵国做臣子时被驱逐过。大王起用几辈子是看门人的后代，魏国的大盗，赵国的逐臣，跟这样的人一同治理国家大事，我认为不是用来勉励群臣的好方法。"

　　秦王召见姚贾问他说："我听说你用我的财物去交结四家诸侯，有这样的事情吗？"姚贾回答说："有这样的事。"秦王说："你有什么颜面再来见我？"姚贾回答说："曾参对他的双亲孝顺异常，天下的父母愿意让这样的人做儿子；伍子胥忠心耿耿于他的君主，天下的诸侯愿意让这样的人做他的大臣；贞节的女子擅长纺织缝纫，天下的男人愿意让这样的人做他的妻子。现在我忠于大王然而大王不知道。倘若我不让四国归服秦王，还能让他们归服谁呢？假使我不忠于大王，四家诸侯还怎么能相信我自己呢？夏桀听信谗言杀死自己的忠臣，终于使自己身死国亡。现在大王如果听信谗言，那可就没有忠臣了。"

　　秦王说："你过去曾经是看门人的儿子，魏国的盗贼，赵国的逐臣。"姚贾说："太公吕望，在被封为齐侯之前曾是被老婆赶出家门的男子汉，在朝歌时曾是连肉都卖不出去的屠夫，还被子良赶走了。在棘津时连出卖劳力都没有人雇佣，然而周文王任用他却统一了天下。管仲，他曾经是鄙人那地方的商贩，在南阳时行贩为生贫贱度日，在鲁国时又是一个没有定罪的阶下囚，然而齐桓公任用他便在诸侯中建立霸业。百里奚曾经是虞国的乞丐，传说他的身价仅值五张羊皮，然而秦穆公用他做相国，竟使西戎各国都来朝见。晋文公也任用了中山的大盗，才在濮城地方战胜楚国。这四个人都有不光采的出身，让天下人看不起，然而英明的君主用了他们，知道可以同他们建立功业。就像卞随、务光、申屠狄这样的人，人主哪里能任用他们呢？所以英明的君主不取他们的污点，不听他们的错误言论，只考虑那些对自己有用的地方。所以只要可以使国家得以保存的，哪怕外界有人说他们的坏话也决不听信；即使有高出世人的名声，没有建立尺寸功劳的也不予以封赏。因此群臣没有谁敢对不建立功劳就向君王索取奖赏。"

　　秦王说："完全如同你所说的。"于是仍然任用姚贾并杀掉了韩非。

齐　策

齐人有冯谖者

　　齐人有冯谖者，贫乏不能自存，使人属孟尝君^①，愿寄食门下。孟尝君曰："客何好?"曰："客无好也。"曰："客何能?"曰："客无能也"。孟尝君笑而受之曰："诺。"左右以君贱之也，食以草具^②。

【注释】

　　①属：委托，请求。②食（sì）以草具：给他吃粗糙的食物。草具，本指装盛粗劣饮食的食具，此代指粗糙的食物。

【译文】

　　齐国有个叫冯谖的人，穷困到自己不能养活自己，请别人把自己托付给孟尝君，希望能由孟尝君赏口饭吃。孟尝君说："客人有什么爱好?"冯谖说："我没有什么爱好。"孟尝君又问："客人有什么才能?"冯谖说："我也没有什么才能。"孟尝君笑着接受了他说："好吧。"旁边的侍从认为孟尝君轻视他，就给他吃粗劣的饭菜。

　　居有顷，倚柱弹其剑，歌曰："长铗归来乎^①！食无鱼。"左右以告。孟尝君曰："食之，比门下之客^②。"居有顷，复弹其铗，歌曰："长铗归来乎！出无车。"左右皆笑之，以告。孟尝君曰："为之驾，比门下之车客"。于是乘其车，揭其剑^③，过其友曰^④："孟尝君客我。"后有顷，复弹其剑铗，歌曰："长铗归来乎！无以为家。"左右皆恶之，以为贪而不知足。孟尝君问："冯公有亲乎?"对曰："有老母。"孟尝君使人给其食用，无使乏。于是冯谖不复歌。

【注释】

　　①长铗（jiá）：此指长剑。铗，剑把，此以局部代整体。来：语助词。②比门下之客：如同门下吃鱼的客人。孟尝君门下客有三等，上等食肉，中等食鱼，下等食菜。③揭：高举。④过：拜访。

【译文】

　　住了不长时间，冯谖靠着柱子弹着自己的宝剑，唱道："长剑啊，咱们回去吧！吃饭没有鱼。"左右把这件事告诉孟尝君。孟尝君说："给他吃，就像对待门下吃鱼的客人一样。"过了几天，冯谖又弹着他的剑，唱道："长剑啊，咱们还是回去吧！出门没有车。"左右的人都嘲笑他，把这事报告给孟尝君。孟尝君说："给他准备车马，如同门下有车的客人。"于是冯谖乘着孟尝君给他的车辆，高举着他的剑，拜访他的朋友说："孟尝君把我当客人看待。"此后又过不久，冯谖又弹着他的剑，唱道："长剑啊，咱们还是回去吧！没有什么用来养家糊口。"左右的人都很厌恶他，认为他贪婪不知满足。孟尝君问："冯先生还有亲人吗？"回答说："我有位老母亲。"孟尝君命令人供给她衣食费用，不让她缺少什么。得到这些以后，冯谖不再唱歌了。

后孟尝君出记①，问门下诸客："谁习计会②，能为文收责于薛者乎③？"冯谖署曰："能。"孟尝君怪之，曰："此谁也？"左右曰："乃歌夫长铗归来者也。"孟尝君笑曰："客果有能也，吾负之，未尝见也。"请而见之，谢曰："文倦于事④，愦于忧⑤，而性愞愚⑥，沉于国家之事，开罪于先生⑦。先生不羞，乃有意欲为收责于薛乎？"冯谖曰："愿之。"于是约车治装，载券契而行，辞曰："责毕收，以何市而反⑧？"孟尝君曰："视吾家所寡有者。"

【注释】

①记：布告。②计会：即会计。③责：同债。④事：指国家之事。⑤愦（kuì）于忧：困于忧虑，以致心中昏乱。意谓所思虑的事情很多。愦，昏乱。忧，虑，指有关国事的忧虑。⑥愞（nuò）：同懦，怯懦。⑦开罪：得罪。⑧以何市而反：用收来的钱买什么东西回来，反，同返。

【译文】

后来孟尝君贴出一张布告，问门下的各位客人："谁善长会计，能为我到薛地去收取债务呢？"冯谖签名说："我能。"孟尝君看了布告上的签名感到很诧异，问左右的人："这个人是谁呀？"左右的人说："就是唱长剑啊，我们还是回去吧的那个人。"孟尝君笑着说："他果然有才能，我亏待了他，还没有正式接见过他呢。"于是请他来会见，孟尝君道歉说："我被一些琐碎的小事弄得很疲倦，被搅扰弄得心烦意乱，而我的生性又怯懦愚蠢，沉溺在国家的事务之中，得罪了先生。先生不以此为羞辱，还愿意替我到薛地去收债吗？"冯谖说："我愿意去。"于是就准备车辆，收拾好行李，载着收债契约出发了，辞别时孟尝君问道："债务收完以后，为您买些什么东西回来？"孟尝君说："看我家缺少的是什么东西就买些回来。"

驱而之薛，使吏召诸民当偿者，悉来合券。券徧合①，起，矫命以责赐诸民②，因烧其券，民称万岁。

【注释】

①券徧合：债券全部核对完毕。徧，同遍，全部。②矫命：指假托孟尝君的命令。矫，假托。

【译文】

冯谖驱车来到薛地，让管事的召集应当还债的百姓，都来核对债券。债券全部核对完毕，冯谖站起来，假借孟尝君的名义把债款全部封赏给百姓，因此烧毁了那些债券，百姓高呼万岁。

长驱到齐，晨而求见。孟尝君怪其疾也，衣冠而见之，曰："责毕收乎？来何疾

也!"曰:"收毕矣"。"以何市而反?"冯谖曰:"君云'视吾家所寡有者'。臣窃计,君宫中积珍宝,狗马实外厩①,美人充下陈②。君家所寡有者乃义耳!窃以为君市义。"孟尝君曰:"市义奈何?"曰:"今君有区区之薛,不拊爱子其民③,因而贾利之④。臣窃矫君命,以责赐诸民,因烧其券,民称万岁。乃臣所以为君市义也。"孟尝君不说⑤,曰:"诺,先生休矣⑥!"

【注释】

①实:充实,充满。②下陈:后列。陈,列。一说,下陈,后宫。③拊爱:抚爱。拊,同抚。子其民:以其民为子。④贾利之:以商贾手段向人民谋取利息。⑤说,同悦,高兴。⑥休矣:意即得了,算了。

【译文】

　　冯谖驱车一直赶回齐国都城,一大早就去求见孟尝君。孟尝君对他这么快就回来了感到诧异,穿戴好衣帽去见他,说:"债务都收完了吗?怎么回来这么快!"冯谖说:"收完了。"孟尝君又问:"用债款买什么东西回来了?"冯谖说:"您说'看我家缺少什么东西'。我暗地考虑,您家里堆满了珍宝,良狗骏马聚满了外面的圈棚,后宫充满了美女。您家里所缺少的只是义而已!私下为您买回了义。"孟尝君说:"买义又能怎么样?"冯谖说:"如今您只有区区的薛地,不把那里的百姓当作自己的儿子一样疼爱,却用商贾的手段向他们谋取利息。我私下假托您的命令,把债款封赏给那些百姓,因此烧了那些券契,百姓对您崇拜到了极点。这就是我所为您买义的办法。"孟尝君很不高兴,说:"好,算了吧先生!"

　　后期年,齐王谓孟尝君曰:"寡人不敢以先王之臣为臣。"孟尝君就国于薛①,未至百里,民扶老携幼,迎君道中。孟尝君顾谓冯谖:"先生所为文市义者,乃今日见之。"冯谖曰:"狡兔有三窟,仅得免其死耳。今君有一窟,未得高枕而卧也。请为君复凿二窟。"孟尝君予车五十乘,金五百斤,西游于梁,谓惠王曰:"齐放其大臣孟尝君于诸侯,诸侯先迎之者,富而兵强。"于是梁王虚上位,以故相为上将军,遣使者,黄金千斤,车百乘,往聘孟尝君。冯谖先驱诫孟尝君曰:"千金,重币也;百乘,显使也。齐其闻之矣。"梁使三反,孟尝君固辞不往也。齐王闻之,君臣恐惧,遣太傅赍黄金千斤②,文车二驷③,服剑一④,封书谢孟尝君曰⑤:"寡人不祥⑥,被于宗庙之祟⑦,沉于谄谀之臣,开罪于君,寡人不足为也⑧。愿君顾先王之宗庙,姑反国统万人乎?"冯谖诫孟尝君曰:"愿请先王之祭器,立宗庙于薛⑨。"庙成,还报孟尝君曰:"三窟已就,君姑高枕为乐矣。"

【注释】

①就国:回到自己的领地去。②赍(jī):携带。③文车:绘有文采的车。驷:四匹马拉的车。④服剑:齐王所自佩的剑。⑤封书:加封泥于书端。⑥不祥:不善。⑦被:遭受。祟(suì):灾祸。⑧不足为:不值得一提,不值得一说。为,通谓。⑨立宗庙于薛:在薛地建立齐国先王的宗庙。薛有宗庙,齐国一定全力保护,不必担心外来侵犯,同时可以使孟尝君的地位更加巩固。

【译文】

　　过了一年之后，齐王对孟尝君说："寡人不敢用先王的大臣当做自己的大臣。"孟尝君只好回到自己的封地薛邑，离薛邑还有一百里，百姓扶老携幼，站立在路上迎接孟尝君。孟尝君回头对冯谖说："先生所给我买义的效果，竟在今天看到了。"冯谖说："狡猾的兔子有三个窝，才能免掉一死罢了。现在您只有一处安身之地，我难以高枕而卧。请让我为您再置两处安居。"孟尝君给他五十辆车，五百斤黄金，冯谖到西边的魏国去游说，对魏惠王说："齐国想将他的大臣孟尝君放逐到诸侯国去，诸侯首先迎接他的就会国富而兵强。"于是魏王空出最高的职位，把原来的相国调任为上将军，派遣使者，携带黄金千斤，百辆车子，前去聘请孟尝君。冯谖先驱车回薛邑告诉孟尝君说："千金黄金，是贵重的聘礼；百辆车子，是显耀的使者。齐国可能听到这件事了。"魏国使者往返多次，孟尝君坚决推辞不去。齐王听到这些情况，君臣十分恐慌，派遣太傅送去黄金千斤，彩车两辆，佩剑一把，封好书信向孟尝君表示歉意，信中说："寡人无德，遭受到祖宗降下的灾祸，被谄媚奉迎的臣子所迷惑，得罪了您，寡人不值得一提。希望您顾念先王的宗庙，暂且回到朝中统治万民好吗？"冯谖告诫孟尝君说："希望求得祭祀先王的礼器，在薛邑建立宗庙。"宗庙建成后，冯谖回去向孟尝君禀报说："三处安身立命之地已经设置完成，您暂且高枕而卧，过快乐的日子吧。"

　　孟尝君为相数十年，无纤介之祸者①，冯谖之计也。

【注释】

　　①介：微。纤介：微小。

【译文】

　　孟尝君做了几十年相国，没有微小的灾祸，全仗冯谖的计谋。

鲁仲连谓孟尝

　　鲁仲连谓孟尝："君好士也？雍门养椒亦①，阳得子养②，饮食、衣裘与之同之，皆得其死③。今君之家富于二公，而士未有为君尽游者也④。"君曰："文不得是二人故也。使文得二人者，岂独不得尽⑤？"对曰："君之厩马百乘，无不被绣衣而食菽粟者⑥，岂有骐麟、绿耳哉⑦？后宫十妃，皆衣缟纻，食粱肉，岂有毛嫱、西施哉⑧？色于马取于今之世，士何必待古哉？故曰君之好士未也。"

【注释】

　　①雍门：本是齐都临淄城门名，此为以地为姓，下脱人名。椒亦：姓椒，名亦，雍门子所养的门客。②阳得子：人名事迹无考。③皆得其死：意即都得到门客效死力。④尽游：尽力。⑤独：就。⑥被：披着。菽粟：豆子和小米。⑦骐麟、绿（lǜ）耳：俱良马名。绿耳，又作"绿骐"、"绿耳"。⑧缟（gǎo）纻（zhù）：洁白细布。毛嫱（qiáng）：古代传说中的美女。

【译文】

鲁仲连对孟尝君说:"您是喜爱贤士的吗? 过去雍门供养椒亦,阳得子供养人才,饮食和衣物都和自己一样,门客们都愿意为他们效尽死力。如今您的家比雍门子、阳得子富有,然而士却没有为您尽力的人。"孟尝君说:"这是因为我没有得到像椒亦那样两位贤人的缘故。如果我能得到这样的两个人,难道不能使他们为我尽力?"鲁仲连回答说:"您的马棚里有能够拉一百辆车子的马,没有一匹不披着华丽的马衣并吃着豆子和米类饲养的,难道只有骐麟,骡耳才能以这样的待遇以对吗? 后宫的十个妃子,都穿着洁白的细布衣,吃的是上等的米和肉,难道只有毛嫱、西施那样的美女才可以有这样的待遇吗? 您的美女与骏马都是从当世挑选的,用士为何一定要用古代一样的呢? 因此说您喜欢贤士还是很不够的。"

孟尝君逐于齐而复反

孟尝君逐于齐而复反。谭拾子迎之于境①,谓孟尝君曰:"君得无有所怨齐士大夫?"

孟尝君曰:"有。""君满意杀之乎②?"孟尝君曰:"然。"谭拾子曰:"事有必至,理有固然,君知之乎?"孟尝君曰:"不知"。谭拾子曰:"事之必至者,死也;理之固然者,富贵则就之,贫贱则去之。此事之必至,理之固然者。请以市谕③。市,朝则满,夕则虚,非朝爱市而夕憎之也,求存故往④,亡故去。愿君勿怨。"孟尝君乃取所怨五百牒削去之⑤,不敢以为言。

【注释】

①谭拾子:齐人。②满意杀之:杀掉他们才感到满意。③谕:比喻。④求存故往:意即想要买东西所以到集市去。⑤牒(dié):书札。古时小竹简为牒。

【译文】

齐国把孟尝君驱逐出境又请回来。谭拾子到边境迎接他,对孟尝君说:"您恐怕对齐国的士大夫有所埋怨怨嫉恨吧?"孟尝君说:"是的。"谭拾子说:"您想杀掉他们才感到满意吗?"孟尝君说:"是的。"谭拾子说:"事情有必然产生的,道理有本来如此的,您了解吗?"孟尝君说:"不了解。"谭拾子说:"事情必定产生的就是死亡;道理原本如此的就是富贵了有人靠近他,贫贱了就有人远离他。这就是所说的事情必定产生,道理原本如此。请让我以市场为比喻,市场早晨人满满的,晚上就空荡荡的,这不是人们爱早市而恨晚市,而是想要买东西,所以早晨去,要买的东西晚上没有,所以就离开。希望您不要怨恨别人。"孟尝君于是就削掉刻在五百块小竹简上的仇人的名字,不敢再说了。

苏秦谓齐王

苏秦谓齐王曰:"齐、秦立为两帝①,王以天下为尊秦乎? 且尊齐乎?"王曰:"尊秦。""释帝则天下爱齐乎②? 且爱秦乎?"王曰:"爱齐而憎秦。""两帝立,约伐赵,孰与伐宋之利也？"王曰："不如伐宋。"对曰："夫约然与秦为帝，而天下独尊秦而轻齐；齐释帝，则天下爱齐而憎秦；伐赵不如伐宋之利。故臣愿王明释帝，以就天下；倍约傧秦勿使争重③；而王以其间举宋。夫有宋则卫之阳地危；有淮北则楚之东国危④；有济西则赵之河东危⑤；有阴、平陆则梁门不启⑥。故释帝而贰之以伐宋之事，则国重而名尊，燕、楚以形服，天下不敢不听，此汤武之举也。敬秦以为名⑦，而后使天下憎之，此所谓以卑易尊者也！愿王之熟虑之也！"

【注释】

①两帝：指齐称东帝，秦称西帝。②释帝：放弃帝号。③倍：同背。傧：同摈，斥弃。④淮北：淮水之北。东国：指楚国的东部地区。⑤济西：济水以西之地，位于今山东菏泽、郓城、寿张一带。河东：赵国边邑，位于今山东临清市以西。⑥阴：即陶，在今山东菏泽市。平陆：故鲁中都，在今山东汶上县北。梁门：魏国都城大梁之门。⑦名：名义。

【译文】

苏秦对齐闵王说："齐国、秦国各称东帝西帝以后，大王认为天下是尊重秦国呢？还是尊重齐国呢？"齐王说："尊重秦国。"苏秦说："抛弃帝号，那么天下各国是爱戴齐国呢？还是爱戴秦国呢？"齐王说："爱戴齐国而憎恨秦国。"苏秦说："齐、秦两国称帝，相约攻打赵国，那和攻打宋国比哪个有利？"齐王说："不如攻打宋国。"苏秦说："所谓条约是这样，可是假如我们与秦国并立帝号，天下各国只会尊重秦国而蔑视齐国；如果齐国放弃帝号，那么天下各国就会爱戴齐国而憎恨秦国；攻打赵国不如攻打宋国有利。所以臣下希望大王表面放弃帝号，来向天下诸侯靠近；违背盟约排斥秦国，不让他们和我们争夺帝权；然而大王可以趁此机会攻占宋国。占有了宋国，那么卫国的濮阳就有危险了；占据了淮水之北，那么楚国的东部地区就有危险了。占有了济水以西的土地，那么赵国的边境地区就有危险了；占据了阴地、平陆，那么魏国都城大梁就得闭门防守。所以我们放弃帝号以进攻宋国表明与秦国怀有二心，那么齐国就会被重视而名声也会更加显贵。燕国、楚国因为形势归服，天下诸侯没有人敢不听从我们，这是商汤、周武王的举动。名义上尊重秦国，然后使天下各国憎恨他们，这就是所说的用卑贱换取尊贵的方法呀！希望大王仔细思考这件事！"

苏秦说齐闵王

苏秦说齐闵王曰："臣闻用兵而喜先天下者忧①，约结而喜主怨者孤②。夫后起者籍也③，而远怨者时也。是以圣人从事，必籍于权，而务兴于时。夫权籍者，万物之率也④；而时势者，百事之长也。故无权籍，倍时势⑤，而能事成者寡矣。

【注释】

①先天下：先于天下，意即抢在天下诸侯前面。②约结：组织联盟。③籍：依靠。④权籍：权变和凭借。率：同帅，统帅。⑤倍时势：违背时机去行动。

【译文】

苏秦向齐闵王游说说："臣下听说喜欢首先在天下挑起战争的人，一定会招来忧虑，缔结盟约而喜欢为君主结怨的人，一定会被孤立。那后来兴起的人是有所依靠的，而远离怨恨的人是把握了时机。因此圣人创建事业，一定依靠权变，并且务必在一定时机才能兴盛起来。权变和依靠是统帅万物的关键；而时机和形势是办好各种事情的首要条件。所以没有权变和靠山，违背时机和形势去行动，却能办成大事的人太少了。

"今虽干将、莫邪①，非得人力，则不能割刿矣。坚箭利金，不得弦机之利②，则不能远杀矣。矢非不铦③，而剑非不利也，何则？权藉不在焉。何以知其然也？昔者赵氏袭卫，车不舍人不休④，传卫国，城割平，卫八门土而二门堕矣④，此亡国之形也。卫君跣行⑤，告愬于魏⑥。魏王身披甲底剑⑦，挑赵索战。邯郸之中骛⑧，河、山之间乱。卫得是藉也，亦收余甲而北面⑨，残刚平，堕中牟之郭⑩。卫非强于赵也，譬之卫矢而魏弦机也，藉力魏而有河东之地⑪。赵氏惧，楚人救赵而伐魏，战于州西⑫，出梁门，军舍林中⑬，马饮于大河。赵得是藉也，亦袭魏之河北烧棘沟⑭，坠黄城⑮。故刚平之残也，中牟之堕也，黄城之坠也，棘沟之烧也，此皆非赵、魏之欲也。然二国劝行之者⑯，何也？卫明于时权之藉也。今世之为国者不然矣。兵弱而好敌强，国罢而好众怨，事败而好鞠之⑰，兵弱而憎下人也⑬，地狭而好敌大，事败而好长诈。行此六者而求伯⑱，则远矣。

【注释】

①干将、莫邪（yé）：剑名。②金：镞戈或矛一类的武器。机：弩机。③铦（xiān）：锐利。④车不舍：战车不停止。⑤跣（xiǎn）行：光脚而行。⑥愬：同溯，即告诉，诉说。⑦魏王：即魏武侯，当时还没称王。底：同砥，磨石，此处名词动用，磨。⑧骛（wù）：马受惊乱奔。⑨北面：指赵国。⑩中牟：赵国邑名，位于今河南鹤壁市西。⑪河东之地：卫国原来的土地，也就是今河南浚县、滑县以东一带。⑫州西：州城之西。州，魏国邑名，位于今河南沁阳县东。⑬林中：魏国地名，位于今河南新郑县。⑭棘沟：赵邑名，位于今河北赵县。⑮黄城：本赵邑，位于今山东冠县南，后属魏。一说，位于今河南内黄县。⑯劝行：意思是高兴而去做。⑰鞠：穷，此处犹言打到底。⑱伯：通霸。

【译文】

"如今看来即使是拥有干将、莫邪那样的宝剑，如果不凭借人的力量，那么也不能切割东西了。坚固的箭、锐利的箭头，如果得不到弓弦和弩机的相互配合，那么就不能射杀远处的敌人了。箭头不是不锐利，宝剑不是不锋利，那是为什么呢？是由于没有权变和依靠的缘故。凭什么知道是这样的？以前赵国袭击卫国，战车不停止进攻人也不休息，消息传到卫国都城，城里被迫割地求和，当时卫国都城的八个城门用土堵塞，而两个城门已经被攻陷了，这是亡国的形势。卫国国君光着脚出逃，向魏国讲叙苦难。魏武侯身披铠甲磨快宝剑，向赵国挑战。邯郸城中战马狂奔，黄河太行山之间一片混乱。卫国得到了这种依靠，也聚集残兵向北进攻，摧毁了刚平，攻破了中牟的外城。卫国没有赵国强大，打个比方，卫国就像箭而魏国就像弦弓和弩机，这是凭借魏国的力量才占有河东之地。赵国恐惧，楚国人救助赵国而进攻魏国，在州西交战，经过魏国的梁门，军队驻扎在林中地区，到黄河里饮马。赵国得到这个依靠，也攻击魏国的河北烧毁棘沟，攻陷黄城。因此说刚平的摧毁，中牟的攻破，黄城的陷落，棘沟的烧毁，这些都不是赵国、魏国能想到的。然而两国高兴地这样做了，什么原因？是因为卫国对于时势权变的依靠。现代治理国家的人就不这样了。兵力软弱却喜欢对抗强大的敌人，国势疲惫却喜欢招惹天下人怨恨，战事失败却偏要打到底；兵力软弱却怕位居人下，地域狭小却喜欢抵抗大国，战事失败却喜欢多用诈谋诡计。实行这六种办法却想图求霸业，那就会越来越远了。

　　"臣闻善为国者，顺民之意，而料兵之能，然后从于天下。故约不为人主怨①，伐不为人挫强。如此，则兵不费，权不轻，地可广，欲可成也。昔者，齐之与韩、魏伐秦、楚也，战非甚疾也，分地又非多韩、魏也，然而天下独归咎于齐者，何也？以其为韩、魏主怨也。且天下遍用兵矣，齐、燕战，而赵氏兼中山，秦、楚战韩、魏不休，而宋、越专用其兵。此十国者，皆以相敌为意，而独举心于齐者②，何也？约而好主怨，伐而好挫强也。

【注释】

　　①约不为人主怨：缔结盟约不给君主结下怨仇。②举心：注意。

【译文】

　　"臣下听说善于治理国家的人，都能顺乎民众的心意，并且有预料战争的能力，然后顺应天下的大势。所以缔结盟约不给君主结下怨仇，攻击敌国不替他人去挫败强敌。能做到这样，那么兵力就不会消耗，自己的权力就不会被轻视，土地可以扩大，想办法就可实现。从前，齐国、韩国和魏国进攻秦国和楚国的时候，战斗不是非常激烈，分得的土地又不比韩国、魏国多多少，然而天下各国唯独归罪于齐国，为什么？因为是齐国给韩国、魏国招来祸患。再说天下各国诸侯都在进行战争，齐国、燕国进行交战，而赵国兼并了中山，秦国、楚国与韩国、魏国征战不停，而宋国、越国又专心一意地使用他们的军队。这十个国家，都把互相敌对做为心中主要的事情，但又却对齐国十分注意，这是为什么？这是由于缔结条约时齐国喜欢与别国结下怨仇，进攻时又喜欢专心一意打败强大的敌人。

　　"且夫强大之祸，常以王人为意也①；夫弱小之殃，常以谋人为利也。是以大国危，小国灭也。大国之计，莫若后起而重伐不义②。夫后起之藉与多而兵劲，则事以众强适罢寡也③，兵必立也④。事不塞天下之心⑤，则利必附矣⑥。大国行此，则名号不攘而至⑦，伯王不为而立矣。小国之情，莫如谨静而寡信诸侯⑧。谨静则四邻不反；寡信诸侯，则天下不卖。外不卖，内不反，则槟祸朽腐而不用⑨，币帛矫蠹而不服矣⑩。小国道此⑪，则不祠而福矣，不贷而足矣⑫。故曰：祖仁者王，立义者伯⑬，用兵穷者亡⑭。何以知其然也？昔吴王夫差以强大为天下先，强袭郢而栖越⑮，身从诸侯之君，而卒身死国亡，为天下戮者⑯，何也？此夫差平居而谋王，强大而喜先天下之祸也。昔者莱、莒好谋⑰，陈、蔡好诈，莒恃越而灭，蔡恃晋而亡，此皆内长诈，外信诸侯之殃也。由此观之，则强弱大小之祸，可见于前事矣。

【注释】

①王人：想要自己称王。②重伐：慎重地讨伐。③事：古通是。适：通敌。④兵必立：即言兵威必立。⑤塞：犹逆，违背。⑥附：归附。⑦攘：取。⑧谨静：谨慎冷静。⑨槟祸：避开祸患。⑩矫蠹：虫蚀腐烂。⑪道：名词用如动词，行。⑫足：丰足。⑬祖：效法。立：实行。⑭用兵穷者：用兵达到了极点，犹言穷兵黩武。⑮栖越：困越王勾践于会稽山上；一说，拘禁越王。两说均通。⑯戮：羞辱，此意即耻笑。⑰莱：春秋时小国，被齐国所灭。

【译文】

"再说强大国家的灾祸，常常是因为想要自我称王的心意造成的；弱小国家的灾祸，常常是因为算计别人为自己谋利而招来的。所以大国危险了，小国灭亡了。大国的计策，没有不后发制人谨重地讨伐不仁义的国家。后发制人可以有托辞，助战的人多并且兵力强大，因此人多势强抵敌疲急弱小的国家，必定能树立军队的威势。所做的事业不违背天下人的心意，那么利益一定在握。大国能够这样做，那么名号不取而自至，不想称王却自然而然树立了霸王的威严。小国的情形，还不如谨慎冷静并且不要过于相信其他诸侯。谨慎冷静四邻就不会反对；少相信其他诸侯，就不会被人出卖。如果在国外不被叛卖，在国内不被人反对，那么就会避开灾祸，不信用腐朽的势力，国库中的财物即使干裂、虫蚀也是用不完的了。小国走这条路，那么不用祭祀神明而福气自然到来，不用借贷自然丰富满足了。所以说：效法仁德的可以做王，实行仁义的可以称霸，穷兵黩武的只能是自取灭亡。依据什么知道是这样的？从前吴王夫差依靠自己的强大，首先在天下发难，强袭郢城并拘禁越王，身后跟随着许多诸侯国的君主，可是终最还是身死国亡，天下都耻笑他们，为什么？这是因为夫差平时就谋求称王，凭借自己的强大喜欢首先在天下挑起祸端。从前莱国、莒国好耍阴谋，陈国、蔡国喜欢施诈术，莒国靠着越国却灭亡了，蔡国仗恃晋国也灭亡了，这些都是在国内多用诈术，在国外轻信诸侯造成的灾祸。由此看来，国家无论强弱或者大小，所遭到的祸患，都能够在前面的事实中得到证明。

"语曰：'骐骥之衰也，驽马先之；孟贲之倦也①，女子胜之。'夫驽马、女子，筋骨力劲，非贤于骐骥、孟贲也。何则？后起之藉也。今天下之相与也不并灭，有而案兵而后起②，寄怨而诛不直，微用兵而寄于义，则亡天下可跼足而须也。明于诸侯之故，察于地形之理者，不约亲，不相质而固，不趋而疾，众事而不反，交割而不相憎③，俱强而加以亲④。何则？形同忧而兵趋利也⑤。何以知其然也？昔者齐、燕战于桓之曲⑥，燕不胜，十万之众尽。胡人袭燕楼烦数县⑦，取其牛马。夫胡之与齐非素亲也，而用兵又非约质而谋燕也，然而甚于相趋者，何也？何则形同忧而兵趋利也。由此观之，约于同形则利长，后起则诸侯可趋役也⑧。

【注释】

①孟贲：又称孟说，秦国大力士。②相与：相持。③交割：互相割让土地。④俱强而加以亲：双方都强大我们就都设法亲近；一说，强国相遇而彼此亲善。⑤形同忧：形势上虽然同有忧患。兵趋利：战争是为了夺取利益。⑥桓之曲：地名，在齐国、鲁国之间；一说，桓即权，位于今河北正定北二十里。⑦楼烦：古县名，战国赵武灵王所置，位于今山西宁武县附近。⑧趋役：意即赶来协助作战。

【译文】

"谚语说：'良马衰老的时候，劣马就能够跑在它的前面；大力士孟贲疲倦的时候，女子的力量也能胜过他。'"劣马、女子，他们的筋骨力气，并不胜过良马、孟贲。为什么有这样的结果呢？这就是后发制人取胜的依据。现在天下诸侯的力量相持不下，谁也不能够兼并消灭对方，有谁能够按兵不动后发制人，把怨恨转嫁给别人再去征伐不正直的人，隐匿发动战争的真情而托依于正义，那么灭亡天下诸侯就可举足而待了。对于诸侯的变故非常明了，对地理形势详察，不组织联合不缔结姻亲，不互相交换人质而稳固联合，不用急躁却可以使事情进展迅速，诸侯间互相往来我们不要反对，交相割让土地而不互相憎恨，双方都强大我们就都没有办法亲近。为什么这样做？因为形势上虽然同有忧虑，可是战争是为了获取利益。凭什么知道是这样的呢？从前齐国、燕国在桓曲交战，燕国战败，十万军队被消灭。胡人趁着这个机会偷偷进攻燕国和楼烦几个县，夺走他们的牛马。胡人和齐国从来就不亲近，并且发动战争时，又没有与齐国结盟、交换人质来图谋燕国，然而比互相协调作战还一致，这是什么原因呢？这是因为形势上同处忧患之中而战争的实质都是为了获取利益。由此看来，跟形势相同的国家结盟利益就会长远，后发制人就会有诸侯赶来帮助作战。

"故明主察相[1]，诚欲以伯王也为志，则战攻非所先。战者，国之残也[2]，而都县之费也。残费已先，而能从诸侯者寡矣。彼战者之为残也，士闻战则输私财而富军市[3]，输饮食而待死士，令折辕而炊之，杀牛而觞士[4]，则是路军之道也。中人祷祝[5]，君翳禳[6]，通都小县置社，有市之邑莫不止事而奉王，则此虚中之计也。夫战之明日，尸死扶伤[7]，虽若有功也，军出费，中哭泣，则伤主心矣[8]。死者破家而葬[9]，夷伤者空财而共药[10]，完者内酺而华乐[11]，故其费与死伤者钧[12]。故民之所费也，十年之田而不偿也[13]。军之所出，矛戟折，镮弦绝[14]，伤弩，破车，罢马，亡矢之大半。甲兵之具，官之所私出也，士大夫之所匿，厮养士之所窃[15]，十年之田而不偿也。天下有此再费者，而能从诸侯寡矣。攻城之费，百姓理襜蔽，举冲橹，家杂总，身窟穴[16]，中罢于刀金[17]。而士困于土功[18]，将不释甲，期数而能拔城者为亟耳[19]。上倦于教，士断于兵，故三下城而能胜敌者寡矣。故曰彼战攻者，非所先也。何以知其然也？昔智伯瑶攻范、中行氏[20]，杀其君，灭其国，又西围晋阳，吞兼二国，而忧一主，此用兵之盛也。然而智伯卒身死国亡，为天下笑者，何谓也？兵先战攻，而灭二子患也[21]。昔者，中山悉起而迎燕、赵，南战于长子，败赵氏；北战于中山，克燕军，杀其将。夫中山千乘之国也，而敌万乘之国二，再战比胜，此用兵之上节也[22]。然而国遂亡，君臣于齐者，何也？不啬于战攻之患也[23]。由此观之，则战攻之败，可见于前事。

【注释】

①察相：明察的相国。②国之残：毁坏国家。残：害，患，祸害。③军市：军队的市场。④觞士：觞：古盛酒器，设酒宴款待战士。⑤中人祷祝：国中人为出征的祈祷。⑥翳（yì）禳：掩埋祭祀。翳，掩盖，掩埋。禳，祭祀。⑦尸死：此指装殓死者。扶伤：扶持受伤的。⑧伤主心：损伤了主上的心。⑨破家而葬：破了家产安葬。⑩夷伤：受伤。夷，伤。共：同供。⑪完者：指健全者，没受伤的。内酺（pú）：在国内相聚大饮；一说，在家相聚大饮。两说均通。酺，大饮，聚饮。华乐：欢乐。⑫钧：同均。⑬十年

之田：十年的土地收成。⑭镮（huán）：刀镮。⑮厮养士：劈柴养马的人。⑯理：治，此制作。襜（chān）
蔽：遮蔽矢石的器具。冲：即陷阵战车。橹：即战阵中的高巢车或是大盾。家杂总：全家编入队伍之中。
身窟穴：身居窟穴，住在地道之中。⑰罢：疲惫。刀金：指兵戈。⑱土功：指筑营垒等土木工事。⑲期数
而能拔城者亟耳：按期而能攻下城来就是迅速的了。⑳智伯瑶：即荀瑶。公元前 458 年，智伯瑶率领韩、
赵、魏灭掉范氏、中行氏并瓜分了他们的土地。晋阳：赵国地名，位于今山西太原市。公元前 455 年，智
伯瑶与韩、魏围赵襄子于晋阳。一主：指赵襄子。㉑二子：指范氏、中行氏。㉒上节：上等。㉓啬：即
图，考虑。

【译文】

　　"所以贤明的君主与明察的相国，如果的确想把称霸诸侯统一天下作为自己理想的话，那
么就不能首先发动攻战。战争是毁坏国家，并耗费大量资财的事情。国家残余资财耗费既已在
先，却想使诸侯听从自己命令的国家太少了。那战争既然有这么强大的破坏性，可是士人听说
发生战争就拿出自己的财物使军队的市场充实，输送饮食招待不怕死的人，让人折断自己的车
辕为士兵做饭，杀掉耕牛设酒宴让士兵痛饮，这些都是自己削弱军队实力的做法。战前国人为
出征将士祈祷祝贺，国君派人为战死者祭祀埋葬尸体，繁华的大都城和小的邑县都设置社祭，
有市场的各邑也都停止营业事奉军队，这些都是使国库空虚的计划。等到战后的第二天，装殓
死去的扶持帮助受伤的，即使是军队建立了战功，可是战争消耗的费用，国人的悲哀哭泣，都
已经伤透了主上的心。死者的家属破费了家产安葬，受伤者的家属用尽钱财供给伤者药物，健
全的人在国内要庆祝生还相聚欢快地饮宴，因此他们的花费与死伤者的花费相同。因而民众所
花费的钱财，十年的土地收成也无法抵偿。军队战争所损失的物资更多，矛和戟折了，刀镮和
弓弦断了，损坏了弩，破坏了车，累坏了马，失去了一大半箭。铠甲和兵器这些战具，是官家
自己出钱买的，士大夫所隐藏的东西，劈柴养马一类人所偷盗的东西，十年的土地收成也没法
补偿这些损失。天下有这两种大费用的国家，却想使诸侯听从他的命令，恐怕也是很少的了。
攻城的费用更是浩大，百姓制作遮蔽矢石的器具，支起防御用的大盾，全家编入军队中服役，
住在地道里，民众疲惫于制作兵戈之中，士兵苦难在修筑营垒等土木工事的劳动中，将军也不
能脱下甲胄休息，能够按期攻下城池来就是非常快的了。长官因久战而无力教化，士卒也会在
战争中专断起来。所以三次攻下城池并能战胜敌国的也是很少的了。因此说那些攻战之事，不
应该首先发动。依靠什么知道是这样的呢？从前智伯瑶攻打范氏、中行氏，杀死他们的君主，
灭亡他们的国家，又向西围攻晋阳，把这两个国家吞并了，并使赵襄子十分忧虑，这可以说是
强盛的用兵了。然而智伯终于身死国灭，天下人都耻笑他，这是什么缘故？这是因为智伯首先
发动战争，并灭亡范氏、中行氏造成的祸患。以前，中山国调动所有的军队迎战燕国和赵国的
军队，南面在长子交战，打败了赵国；北面在中山交战，战胜了燕军，杀死燕国大将。中山不
过是一个拥有千辆兵车的国家，却能抵挡住两个拥有万辆兵车的国家，两战连胜，这可说是上
等的用兵了。然而国家随后灭亡，中山的国君只好向齐国称臣，这是为什么呢？这是不考虑征
战攻伐的忧患而造成的。由此看来，攻战的失败，从前面的事实中能够看到。

　　"今世之所谓善用兵者，终战比胜，而守不可拔，天下称为善，一国得而保之，则
非国之利也。臣闻战大胜者，其士多死而兵益弱；守而不可拔者，其百姓罢而城郭露。
夫士死于外，民残于内，而城郭露于境，则非王之乐也。今夫鹄的非咎罪于人也，便

弓引弩而射之，中者则善，不中则愧，少长贵贱，则同心于贯之者①，何也？恶其示人以难也②。今穷战比胜，而守必不拔，则是非徒示人以难也，又且害人者也，然则天下仇之必矣。夫罢士露国，而多与天下为仇，则明君不居也③；素用强兵而弱之，则察相不事。彼明君察相者，则五兵不动而诸侯从④，辞让而重赂至矣。故明君之攻战也，甲兵不出于军而敌国胜⑤，冲櫓不施而边城降，士民不知而王业至矣。彼明君之从事也，用财少，旷日远而为利长者。故曰：兵后起则诸侯可趋役也。

【注释】

①鹄的：犹如今箭靶子上的红心。便弓：意思是巧妙地拉开弓。②示人以难：表示它让人难以射中。③不居：不占，不取。④五兵：泛指各种兵器。⑤敌国胜：即胜敌国。

【译文】

"当今社会所说的善于用兵，攻人是战争结束前连战连胜，守己则是坚守城池不被攻破，天下人才赞扬他善战，一个国家仗恃善于动用武力，对国家是不利的。臣下听说打仗可以获大胜的国家，它的士兵一定死亡很多并且兵力更加削弱；坚守城池牢不可破的国家，它的百姓一定疲劳不堪并且城郭破败。那士兵在国外战死，人民在国内伤残，城郭在边境上破败，这可不是君王所喜欢的事情。如今再说那箭靶子的红心，并没有得罪过什么人，可是谁都想巧妙地拉开弓射中它，射中的人们叫好，射不中的感觉受到羞辱，无论老少贵贱，谁都一心想射中它，这是为什么呢？因为它向人们表示难以射中。如今百战百胜，并且坚守城池牢不可破的国家，不只是向人表示难以攻克，并且又是危害他人的，这样一来，那么天下人必定都仇视它。使士兵疲倦国家破败，并与天下人结下许多怨仇，那是贤明的君主所不去采取的；经常用兵虽强必弱，那是明察的相国所不做的。那贤明的国君明察的相国，没有启用各种兵器而诸侯听从他的命令，讲究辞让之礼贵重的财物就会自然到来。因此英明的君主作战，不用出动军队就能够战胜敌对的国家，攻城的器具没有使用而边城就向他们投降了，百姓还没有觉察而王业已经成功。那些英明君主治理国事，使用的财物少，花费的时间长，可是却获取了长远利益。因此说：军队后发制人可以役使诸侯。

"臣之所闻，攻战之道非师者①，虽有百万之军，北之堂上②；虽有阖间、吴起之将③，禽之户内④；千丈之城，拔之尊俎之间⑤；百尺之冲，折之衽席之上⑥。故钟鼓竽瑟之音不绝，地可广而欲可成；和乐倡优侏儒之笑不乏⑦，诸侯可同日而致也。故名配天地不为尊，利制海内不为厚⑧。故夫善为王业者，在劳天下而自佚⑨，乱天下而自安，诸侯无成谋⑩，则其国无宿忧也⑪。何以知其然？佚治在我，劳乱在天下，则王之道也。锐兵来则拒之，患至则趋之，使诸侯无成谋，则其国无宿忧矣。何以知其然矣？昔者魏王拥土千里⑫，带甲三十六万，恃其强而拔邯郸，西围定阳⑬，又从十二诸侯朝天子，以西谋秦。秦王恐之⑭，寝不安席，食不甘味，令于境内，尽堞中为战具⑮，竟为守备⑯，为死士置将，以待魏氏。卫鞅谋于秦王曰：'夫魏氏其功大，而令行于天下，有从十二诸侯而朝天子⑰，其与必众。故以一秦而敌大魏，恐不如。王何不使见臣魏王，则臣请必北魏矣⑱。'秦王许诺。卫鞅见魏王曰：'大王之功大矣，令行于天下矣。今大王之所从十二诸侯，非宋、卫也，则邹、鲁、陈、蔡，此固大王之所以鞭箠使也⑲，不足以王天下。大王不若北取燕，东伐齐，则赵必从矣；西取秦，南伐楚，则韩必从矣。大王有伐齐、楚心，而从天下之志，则王业见矣。大王不如先行王服⑳，然后图齐、楚。'魏王悦于卫鞅之言也，故身广公宫，制丹衣柱㉑，建九斿，从七星之斿㉒。此天子之位也，而魏王处之。于是齐、楚怒，诸侯奔齐，齐人伐魏，杀其太子㉓，覆其十万之军。魏王大恐，跣行按兵于国㉔，而东次于齐，然后天下乃舍之。当是时，秦王垂拱受西河之外㉕，而不以德魏王。故曰卫鞅之始与秦王计也，谋约不下席，言于尊俎之间，谋成于堂上，而魏将以禽于齐矣；冲橹未施㉖，而西河之外入于秦矣。此臣之所谓北之堂上，禽将户内，拔城于尊俎之间，折冲席上者也。"

【注释】

①非师：不用军队。②北之堂上：打败在朝堂之上。③阖闾、吴起之将：阖闾吴起那样的大将。④禽：同擒。⑤尊俎（zǔ）：古代盛酒肉的器具，尊以盛酒，俎以陈肉，此借为宴会之称。⑥衽席：卧席。⑦倡优：女乐。侏儒：短小的人，优人之类。⑧厚：此指富厚。⑨自佚（yì）：自己安逸。⑩无成谋：犹言图我之谋不成。⑪宿忧：留忧，积忧。⑫魏王：指魏惠王，名䓨。⑬定阳：秦魏交界上的城邑，今陕西洛川县北。⑭秦王：指秦孝公。此事后追叙之辞，故称秦王。⑮堞（dié）：城上的矮墙；也称女墙。⑯竟：同境。⑰有：读为又。"有"字下据上下文当有"从"字。⑱北魏：败魏。⑲箠（chuí）：马鞭子。⑳先行王服：先准备帝王的服制。㉑制丹衣柱：犹言裁制红色的龙袍。㉒斿（yú）：古代旗之一种。㉓太子：指魏惠王太子申。㉔跣（xiǎn）：光着脚。意即狼狈而逃。㉕垂拱：垂衣拱手之间。形容毫不费力。㉖冲橹：攻城守城的战具。

【译文】

"臣下听过这样的道理，攻战的方法主要并不在动用军队，即使有百万军队，也能够运筹于朝堂之上打败他们；即使有阖闾、吴起那样的将领，也可以在门内擒住他们；千丈高的城池，可以在宴饮之间攻取它；百尺高的陷阵战车，可以在卧席之上折断它。因此钟、鼓、竽、瑟演奏的音乐不绝于耳，土地同样可以扩展，想要做的事情一样可以成功；和着音乐的节拍起舞的歌女、矮人的戏笑永不休止，各国诸侯可以同时前来朝拜。因而名号齐于天地并不算尊贵，财权可以制服海内并不算富实。所以那些擅长成就王业的人，在于使天下人劳苦而自己安逸，扰乱天下而使自己安定，使诸侯的图谋不能成功，那么它的国家就不会有长久地忧虑了。凭什么知道是这样的呢？生活安逸社会安定在于自己，辛劳扰乱都在天下人，这才是成就王业的根本办法。精兵来攻打就抵抗它，祸患到来就转移它，使诸侯的图谋不能获得成功，那么它的国家就没有由来已久的忧患了。凭什么知道是这样的呢？从前魏惠王拥有千里土地，武装士兵三十六万，依仗自己的强大占领了邯郸，向西围攻定阳，又联合十二个诸侯去朝见周天子，以便向西去谋取秦国。秦孝公很恐惧，觉睡不安稳，吃饭不香甜，向国内下令，所有城池的城墙之上全部设置攻守的战具，边境上加强守卫备战，派死士遣将官，等候魏国的进攻。商鞅向秦孝公谋划说：'魏国功业很大，并且号令通行天下，又集合十二个诸侯朝见周天子，那响应他们的一定很多。因此用一个秦国去抵抗强大的魏国，恐怕比不上人家。大王为什么不派我去拜见魏王，如果让臣下去，我必然能使魏国失败。'秦孝公答应了他的请求。商鞅拜见魏惠王说：'大王的功业大极了，号令可以通行于天下了。可是现在大王所联合的十二个诸侯，不是宋国、卫国，就是邹国、鲁国、陈国、蔡国，这些原本就是大王用马鞭子就能驱使的国家，依靠它们不能够称霸天下。大王不如向北联合燕国，向东攻打齐国，那么赵国必定服从大王的命令了；向西联合秦国，向南征伐楚国，那么韩国必定服从大王的命令了。大王有讨伐齐国、楚国的心，就顺服了天下人的意愿，那么王业就可以看到了。大王不如先准备帝王的服制，然后再图谋齐国、楚国。'魏惠王非常高兴地听信了商鞅的话，因此亲自指挥扩建宫殿，裁制红色龙袍，树立天子龙旗，预备了帝王进兵时使用的画有朱雀七星的旗。这些都是位居天子的人才可以使用的，可是魏惠王全用上了。在这种情况下，齐国、楚国大为恼火，各国诸侯都奔到齐国去了，齐国率兵攻打魏国，杀了魏国太子，歼灭了魏国十万大军。魏惠十分害怕，狼狈不堪地逃回国内命令停止进军，后来又向东奔到齐国请求讲和，然后天下诸侯才停止向魏国进攻。正当这个时候，秦孝公就毫不费力地取得了西河之外的土地，并不感激魏惠王的恩惠。所以说商鞅开始和秦孝公谋划的时候，谋划没有走下坐席，谈论在宴饮之间，计谋形成在朝堂之上，可是魏国的将领已经被齐国抓获了；攻守城池大器具还没能够施用，而西河以外的土地已经划入秦国版图了。这就是臣下所说的在朝堂上打败敌人，在门内擒获敌将，在宴饮之间攻取城池，在坐席之中击毁装备精良的军队了。"

燕攻齐齐破

燕攻齐，齐破。闵王奔莒，淖齿杀闵王。田单守即墨之城，破燕兵，复齐墟。襄王为太子征①。齐以破燕，田单之立疑②，齐国之众，皆以田单为自立也。襄王立，田单相之。

【注释】

①襄王为太子征：襄王就是太子得到了证实。起初襄王改换姓名为太史敫家的庸人，这时得到了证实。②以：通已。田单之立疑：对田单立谁为王表示怀疑。

【译文】

燕人攻进齐国，齐国都城被攻破。齐闵王逃奔到莒地，淖齿杀死了闵王。当时田单守卫即墨城，打败了燕国军队，在废墟上重建齐国都城。襄王就是太子已经得到了证明。齐国已经打败了燕国，对田单立谁为齐王表示怀疑，齐国的民众，都觉得田单将自立为王。最终襄王即位，田单辅佐他。

过菑水①，有老人涉菑而寒，而不能行，坐于沙中。田单见其寒，欲使后车分衣，无可以分者，单解裘而衣之。襄王恶之，曰："田单之施，将欲以取我国乎？不早图，恐后之。"左右顾无人，岩下有贯殊者②，襄王呼而问之曰："女闻吾言乎③？"对曰："闻之。"王曰："女以为何若④？"对曰："王不如因以为己善。王嘉单之善，下令曰：'寡人忧民之饥也，单收而食之；寡人忧民之寒也，单解裘而衣之；寡人忧劳百姓，而单亦忧之，称寡人之意。'单有是善而王嘉之，善单之善，亦王之善已。"王曰："善！"乃赐单牛酒，嘉其行⑤。

【注释】

①菑（zī）水：即淄水。菑，通淄。②岩下：殿岩之下。贯殊：姓贯名殊。③女：通汝，你。④若：如。⑤嘉：称赞。

【译文】

一次，田单路过淄水岸边，看见一位老人徒步蹚过淄水十分寒冷，从水里走出来就不能走了，坐在沙滩上。田单看见老人冷得厉害，想让后车的人分给他一件衣服，可是自己又没有什么可以分的，田单就脱下自己的皮衣给老人穿上。齐襄王听说后，很讨厌这件事，自言自语地说："田单施小恩小惠，是不是以后想要夺取我的国家吗？不早计划，恐怕事情发生就晚了。"左右一看没有人，殿岩之下有一个叫贯殊的人，襄王把他召来问道："你听到我的话了吗？"贯殊回答说："听到了。"襄王说："你认为应该怎么办呢？"贯殊回答说："大王不如趁机把它做为自己的善行。大王可以嘉奖田单的善行，下令说：'寡人担心民众的饥荒情况，田单就收来粮食给他们吃；寡人担心民众寒冷，田单就脱下皮衣给他们穿；寡人担心百姓辛苦，田单也忧虑这些事，他这样做很符合我的心意。'田单有这些善行，大王称赞他，称赞田单的善行，也就是大王的善行了。"襄王说："好！"于是就把牛肉和酒赏赐给田单，并称赞他的行为。

后数日，贯殊者复见王曰："王至朝日，宜召田单而揖之于庭，口劳之。乃布令求百姓之饥寒者，收谷之①。"乃使人听之于闾里，闻丈夫之相与语，举曰："田单之爱人！嗟，乃王之教泽也！"

【注释】

①收谷之：收容起来抚养他们。谷，意即抚养。

【译文】

过了几天，贯殊又来拜见襄王说："到了群臣朝见的日子，大王应该召见田单并在朝庭上向他拱手行礼，亲自慰劳他。就在当时颁布命令，寻找百姓中饥寒的人，收容抚养他们。"于是又派人到闾里去听取反映，听到男子汉们互相谈论，都说："田单爱护百姓！啊，是大王教导的恩泽！"

田单将攻狄

田单将攻狄，往见鲁仲子①。仲子曰："将军攻狄，不能下也。"田单曰："臣以五里之城，七里之郭，破亡余卒，破万乘之燕，复齐墟。攻狄而不下，何也？"上车弗谢而去。遂攻狄，三月而不克之也。

【注释】

①狄：齐国邑名，在今山东高苑县西北。春秋时长狄所居，所以叫狄。鲁仲子：即鲁仲连。

【译文】

　　田单将要进攻狄地，前去参见鲁仲连。鲁仲连说："将军进攻狄地，是不能被攻克的。"田单说："我凭借五里的内城、七里的外城，率领残兵败将，打败了拥有万辆兵车的燕国，收复了齐国的失地。攻打狄地却攻不下来，为什么？"田单说完上车没告辞就离开了。于是就领兵攻打狄地，果真三个月没有攻克。

　　齐婴儿谣曰："大冠若箕，修剑拄颐，攻狄不能，下垒枯丘①。"田单乃惧，问鲁仲子曰："先生谓单不能下狄，请闻其说。"鲁仲子曰："将军之在即墨，坐而织蒉②，立则丈插，为士卒倡曰③：'可往矣！宗庙亡矣！云白尚矣④！归于何党矣！'当此之时，将军有死之心，而士卒无生之气，闻若言，莫不挥泣奋臂而欲战，此所以破燕也。当今将军东有夜邑之奉⑤，西有菑上之虞⑥，黄金横带⑦，而驰乎淄、渑之间，有生之乐，无死之心，所以不胜者也。"田单曰："单有心，先生志之矣。"明日，乃厉气循城⑧，立于矢石之所及⑨，援枹鼓之，狄人乃下。

【注释】

　　①箕：簸箕。拄：支着。攻狄不能，下垒枯丘，攻狄没能成功，下望垒垒枯坟。②织蒉（kuì）：编织草筐。蒉，草筐。③丈插：荷臿（chā），此指用臿挖土。丈，通仗，凭，荷。插，同臿，挖土器。倡：倡导，犹言鼓动。④云白尚矣：犹言魂魄飞去了。⑤夜邑之奉：有夜邑租赋之奉。⑥菑上之虞：淄水上游观之乐。菑，通淄，淄水。虞，通娱，娱乐。⑦黄金横带：犹言腰带的带钩是用黄金装饰的。⑧厉气循城：犹言勉励士气，在攻城部队中巡视。⑨石：即雷石。

【译文】

　　齐国儿童的歌谣唱道："大帽子像簸箕，长宝剑支着下巴，攻狄不能下，地上枯坟垒垒。"田单这才觉得害怕，询问鲁仲连说："先生说我不能攻下狄地，我非常想知道您根据什么说的。"鲁仲连说："将军在即墨的时候，坐下就编织草筐，站起来就用臿挖土，对士兵鼓动说：'可以出征了！宗庙灭亡！魂魄飞了！家在何处啊！'在这个时候，将军有誓死为国效力的决心，士兵没有贪生的念头，听到了这样的话，没有一个不挥泪振臂而请求决一死战的，这就是击败燕国的缘故。如今将军东面有封地夜邑的租赋之奉，西面有淄水上游观之乐，腰带的带钩上装饰着黄金，骑马、驾车驰骋在淄水、渑水之间，有活着的快乐，没有赴死的心情，这就是不能获胜的原因。"田单说："我是有决心的，先生记住我的话。"第二天，就去鼓励士气在攻城部队中巡视，站在弓箭和雷石都能打到的地方，亲自拿起鼓槌擂鼓，狄人这才投降。

齐王建入朝于秦

　　齐王建入朝于秦，雍门司马前曰①："所为立王者，为社稷耶？为王立王耶？"王曰："为社稷。"司马曰："为社稷立王，王何以去社稷而入秦？"齐王还车而反。

　　即墨大夫以雍门司马谏而听之②，则以为可与为谋，即入见齐王曰："齐地方数千里，带甲数百万。夫三晋大夫，皆不便秦，而在阿、鄄之间者百数③，王收而与之百万之众，使收三晋之故地，即临晋之关可以入矣；鄢、郓大夫，不欲为秦，而在城南下者百数④，王收而与之百万之师，使收楚故地，即武关可以入矣。如此，则齐威可立，秦国可亡。夫舍南面之称制⑤，乃西面而事秦，为大王不取也。"齐王不听。

【注释】

①雍门司马：齐国都城临淄的雍门掌兵之官。雍门，齐都临淄的城门之一。②以：以为。③阿：齐国邑名，位于山东阳谷县东北五十里处。郓（juàn）：齐国邑名，现山东东郓城县北二十里处。④城南下：即南城下。南城，齐威王派檀子所守卫的城市。⑤称制：意即称王。制，指君主的政令。

【译文】

　　齐国王建将要到秦国去入朝称臣，雍门司马前来劝谏说："我们所立大王的缘故，是为国家呢？还是为了立王而立王呢？"齐王说："是为了国家。"雍门司马说："为了国家立王，大王依靠什么离开国家到秦国去？"齐王这才调转车头返回都城。

　　即墨大夫以为齐王接受了雍门司马的劝谏，就觉得可以和他商量计谋，立即去进见齐王说："齐国土地方圆有数千里，带甲的士兵有数百万。那些三晋的大夫，都不情愿靠近秦国，仅住在阿地、郓地之间的就有几百人，大王收罗他们，并将数百万军队给他们，让他们去收复三晋原来的土地，即使是临晋之关也可以攻打下来；鄢地、郓地的大夫，不愿为秦国效力，而住在南城下的就有几百人，大王收罗他们，并给他们百万军队，让他们去收复楚国以前的土地，即使是武关也可以攻打下来。如果能这样，那么齐国的威望就可以树立起来，秦国就会被破亡。如果您抛弃面南称王的想法，却要向西去服事秦国，这是大王不应该采取的方法。"齐王没有依从他的意见。

　　秦使陈驰诱齐王内之①，约与五百里之地，齐王不听即墨大夫而听陈驰，遂入秦。处之共松柏之间②，饿而死。先是，齐为之歌曰："松邪！柏邪！住建共者，客耶③！"

【注释】

①陈驰：疑为齐国内奸。②处：处置，这里指软禁。共（gōng）：秦国地名，现今河南辉县。③客：各国入秦之客，指陈驰。

【译文】

　　秦国派陈驰诱骗齐王到秦国去，说是签订送给齐国五百里土地的盟约，齐王不听即墨大夫的劝说而听信陈驰的谎言，于是就到秦国去了。秦王把齐王软禁在共地的松柏林里，将他饥饿而死。在这件事之前，齐国就有人为这事唱道："松树啊！柏树啊！让王建住在共地的人，就是那位齐国到秦国去的客人啊！"